전국연합 학력평가 기출
집중 훈련 문학 자신감 UP

개인의 학습 능력에 맞는
학습 계획 OK

3단계 3독 3해 학습법으로
세 번 학습 OK

문학 개념 이해를 바탕으로
작품 감상 방법 학습 OK

처음
비문학

[실력 완성 문제편]

꿈을담는틀
Dream Matrix

지은이 이운영
20여 년간 국어 문제집을 집필하고 제작하면서 쌓아 온 경험과 지식을 바탕으로
수능 기출문제를 분석하고 독해법과 문제 풀이법을 제시합니다.

현재 출간 교재
- 첫 수능 국어 기본완성
- 명강 현대시 / 고전시가 / 현대소설 / 고전산문
- 국어는 꿈틀 문학
- 국어 개념 완성
- 밥 먹듯이 매일매일 시리즈 - 처음 시작하는 비문학 독서 / 비문학 독서 / 처음 시작하는 문학 / 문학 / 언어와 매체 / 화법과 작문 / 어휘력
- 현대시의 모든 것 / 현대산문의 모든 것 / 고전산문의 모든 것
- 문학 비책
- 고등국어 고고 기본 / 독서

4판 1쇄 2023년 6월 30일

지은이 이운영
편집 관리 윤용민
편집 기획 김령희 김연경 선예림
디자인 이현지 임성자
온라인 강진식
마케팅 박진용
관리 장희정
용지 영지페이퍼
인쇄 제본 벽호 · GKC
유통 낙앤북

처음 받는 문

실력 완성 문제편

처음 밥문으로 기출 문학 영역 끝내기

'3독(讀) 3해(解)'

1단계 전체 문제 1독 1해

3독(讀) 3해(解)의 첫 단계로, 교재의 전체 내용을 차례대로 학습한다. 제시된 시간을 고려하여 기출문제를 풀고, '제대로 감상법'에 제시된 활동들을 통해 작품의 내용을 꼼꼼하게 정리한다. 아울러 〈작품 분석 해설편〉의 '제대로 작품 분석'을 참고하여 작품의 핵심 내용을 제대로 파악했는지 확인한다.

★ 학습 전 준비물   처음 밥문, 스톱워치, 개인 노트, 필기구

[학습 전]

1. 권장 학습 플랜(10p)을 참고하여 자신의 1단계 학습 플랜(11p)을 작성

맞아! 권장 학습 플랜이 있었지? ㅎㅎ

2. 자신의 1단계 학습 플랜에 따라 매일매일 꾸준히 학습할 것을 다짐!

얍!

[매일 학습 시작]

3. 스톱워치를 켜고 문제 풀이 시작. 실제 시험을 본다는 마음가짐으로 임할 것
   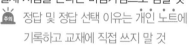
   주의 정답 및 정답 선택 이유는 개인 노트에 기록하고 교재에 직접 쓰지 말 것
   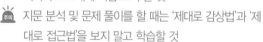
   주의 지문 분석 및 문제 풀이를 할 때는 '제대로 감상법'과 '제대로 접근법'을 보지 말고 학습할 것

4. 문제를 풀고 나면 실제 소요 시간을 체크하여 권장 풀이 시간과 차이가 있는지 확인!

아하!! 개인 노트를 활용~

5. '빠른 정답 CHECK'를 이용하여 개인 노트에 채점하고 틀린 문제는 교재에도 표시
   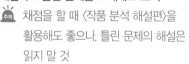
   주의 채점을 할 때 〈작품 분석 해설편〉을 활용해도 좋으나, 틀린 문제의 해설은 읽지 말 것

[매일 학습 마무리]

6. 채점까지 끝냈으면 복습으로 학습 마무리

6-1. 맞은 문제의 '제대로 접근법' 확인. 자신의 접근법과 일치하면 ○표, 일치하지 않으면 다른 내용을 간단히 메모함.
   주의 메모한 다른 내용은 네이버 카페(http://cafe.naver.com/baps)에 질문할 것

6-2. 〈작품 분석 해설편〉에서 맞은 문제의 정·오답 이유를 확인
   주의 틀린 문제는 2단계에서 다시 풀어야 하므로, '제대로 접근법'과 〈작품 분석 해설편〉의 내용을 읽지 말 것

6-3. 지문을 다시 한 번 정독하며 옆의 '제대로 감상법'을 풀고 채점까지 진행

〈제대로 감상법〉과 〈제대로 접근법〉은 문제를 풀고 나서 봐야 한다구!!

7. '학습 점검표'에 채점 결과를 체크하며 학습 마무리

[1단계 학습 마무리]

8. 〈매일 학습 시작〉 ➡ 〈매일 학습 마무리〉의 과정으로 전체 내용을 처음부터 끝까지 학습
   주의 학습 분량이나 학습 기간 등은 개인의 학습 능력에 따라 다를 수 있으니, 자신의 계획에 맞추어 꾸준히 공부하는 데에만 신경 쓸 것
   주의 1단계 학습이 마무리된 후 교재의 상태는?
   • 틀린 문제 '/' 표시, 맞은 문제 '제대로 접근법' 메모 또는 ○표
   • '제대로 감상법' 채점 완료, '학습 점검표' 점검 표시

3독(讀) 3해(解)는 '처음 밥문'을 3단계에 걸쳐 공부하는 학습법이다. 1단계에서는 제시되어 있는 전체 문제를 빠짐없이 풀고, 2단계에서는 1단계에서 틀린 문제들을 풀며, 3단계에서는 2단계에서 틀린 문제들만 다시 푼다. 3단계에서도 정답을 맞히지 못한 문제만 지문·문제·해설을 오려서 1·2단계에서 사용한 개인 노트에 정리한다. 이렇게 문학 영역 정리 노트를 스스로 만들어 시간이 날 때마다 복습한다.

1단계에서 틀린 문제만 다시 1독 1해

2 단계

3독(讀) 3해(解)의 두 번째 단계로, 1단계에서 맞힌 문제는 제외하고 '틀린' 문제만을 학습한다. 개개인에 따라 2단계에서 학습할 양이 교재 전체 분량의 반이 넘을 수도 있고, 1/3이 되지 않을 수도 있다. 틀린 문제를 다시 풀며 답을 찾고, 왜 틀렸는지 그 이유를 확인하는 것이 2단계의 목표이다.

★ 학습 전 준비물   처음 밥문, 1단계에서 사용한 개인 노트, 필기구

[2단계 학습 전]

1. 1단계에서 틀린 문제의 양에 따라 자신의 2단계 학습 플랜(11p)을 다시 작성

2. 자신의 2단계 학습 플랜에 따라 매일매일 꾸준히 학습할 것을 다짐!

1단계에서 틀린 양에 따라 다시 시작할 거야! 앗!

[매일 학습 시작]

3. 1단계에서 틀린 문제만 다시 풀기 때문에 스톱워치는 더 이상 필요 없음.

1단계에서 틀린 문제만 다시 푸는 거야!!

4. 문제 풀이 시간에 구애받지 말고 '/' 표시된 문제를 다시 풂.
   주의   대략 한 달 이전에 풀었던 문제이므로 새로운 느낌으로 풀 수 있을 것임.

5. 문제를 풀고 난 후, 정답 및 정답 선택 이유는 1단계와 마찬가지로 개인 노트에 기록
   주의   2단계에서도 정답 및 정답 선택 이유를 교재에 직접 쓰지 말 것 → 3단계에서 한 번 더 풀 것임.

6. '빠른 정답 CHECK'를 이용하여 개인 노트에 채점하고 틀린 문제는 교재에도 표시
   주의   채점에 〈작품 분석 해설편〉을 활용해도 좋으나, 틀린 문제의 해설은 읽지 말 것

[매일 학습 마무리]

7. 채점까지 끝냈으면 복습으로 학습 마무리

7-1. 2단계에서도 틀린 문제는 '/' 표시 위에 '\' 표시를 추가함.
   주의   'X' 표시된 문제는 3단계에서 다시 학습할 문제임.

7-2. 맞은 문제의 '제대로 접근법' 확인. 자신의 접근법과 일치하면 ○표, 일치하지 않으면 다른 내용을 메모함.
   주의   메모한 다른 내용은 카페에 질문할 것

7-3. 〈작품 분석 해설편〉에서 맞은 문제의 정·오답 이유를 확인
   주의   틀린 문제는 3단계에서 다시 풀어야 하므로, '제대로 접근법'과 〈작품 분석 해설편〉의 내용을 읽지 말 것

7-4. 지문 옆의 '제대로 감상법'을 다시 풀면서 작품을 확실하게 이해했는지 확인

8. '학습 점검표'에 채점 결과를 체크하며 학습 마무리

제공된 해설과 다른 생각은 그냥 넘어가지 말구 카페에서 확인하라구!!

[2단계 학습 마무리]

9. 〈매일 학습 시작〉 ➡ 〈매일 학습 마무리〉의 과정을 통해 틀렸던 문제를 다시 학습
   주의   틀린 문제만 풀게 되므로 매일 학습하는 분량은 1단계보다 많은 양으로 계획하기를 권장함.

   주의   **2단계 학습이 마무리된 후 교재의 상태는?**
   1단계 학습에서 표시했던 것들과 더불어 2단계 학습에서 틀린 문제에 'X' 표시가 추가되어 있을 것. 단, 문제를 풀기 위해 메모하거나 필기한 내용은 있어도 됨.

3단계 2단계에서 틀린 문제만 다시 1독 1해

3독(讀) 3해(解)의 마지막 단계로, 같은 문제집을 세 번째 학습한다! 만약 3단계에서도 학습할 양이 전체 분량의 1/3 이상 남았다면, 일단 최선을 다해 3단계 학습을 마무리한 뒤 문학 영역 학습에 대한 계획을 처음부터 다시 세워 보도록 한다.

★ 학습 전 준비물　처음 밥문, 2단계에서 사용한 개인 노트, 필기구, 가위, 풀

[3단계 학습 전]

1. 2단계에서 틀린 문제의 양에 따라 자신의 3단계 학습 플랜 (11p)을 다시 작성
   주의 두 번째 반복이므로 2주 이내로 계획할 것을 권장함.

2. 자신의 3단계 학습 플랜에 따라 매일매일 꾸준히 학습할 것을 다짐!

3. 2단계에서 틀린 문제만을 마지막으로 다시 풀어 보는 단계라는 것을 기억할 것!

[매일 학습 시작]

4. 문제 풀이 시간에 구애받지 말고 교재에 'X' 표시된 문제를 다시 풂.
   주의 이 문제를 마지막으로 보겠다는 심정으로 풀 것!

5. 문제를 풀고 난 후, 1, 2단계 때와는 달리 정답 및 정답 선택 이유를 교재의 해당 문제에 직접 기록
   주의 3단계에서도 틀린 문제는 오리거나 발췌하여 개인 노트에 정리할 것임.

6. 〈작품 분석 해설편〉을 이용하여 교재에 직접 채점함. 맞은 문제에는 Ⓧ 표시

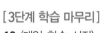

[매일 학습 마무리]

7. 맞은 문제는 '제대로 접근법', 〈작품 분석 해설편〉의 정답과 오답의 이유를 정독함.
   주의 〈작품 분석 해설편〉의 해설 방향이 자신의 생각과 다르면, 빈 공간 등에 메모를 하였다가 카페에 질문할 것

8. 3단계에서도 틀린 문제의 경우, ⚠ 표시를 하고 지문·문제·해설을 개인 노트에 오려 붙이거나 옮겨 적어 정리함.

9. 개인 노트에 정리한 '3단계에서도 틀린 문제'는 시간이 날 때마다 반복하여 살펴봄.

[3단계 학습 마무리]

10. 〈매일 학습 시작〉 ➡ 〈매일 학습 마무리〉에 따라 개인 노트가 완성되면 3단계 학습 마무리
    주의 각 단계의 학습을 중간에 멈추지 말고 계획에 따라 진행할 것
    주의 단계별로 작성하는 오답 노트는 학습 효과가 크지 않은 경우가 많음. 3단계 학습까지 완료한 후에 틀린 문제만으로 개인 노트를 만들어 활용할 것
    주의 기출로 구성된 처음 밥문 한 권을 자신이 틀린 문제 중심으로 세 번 반복 학습하여 수능 문학 영역을 완성함.

나만의 문학 교재 (정리 노트)

CONTENTS

이 책의 차례

Ⅰ부 현대 소설 · 극

Ⅱ부 고전 소설

현대시

고전 시가

V부 갈래 복합

구분	지문 제목과 기출 출처	실력 완성 문제편	작품 분석 해설편	학습 플랜		
				중위	상위	스스로
갈래 복합 01	노계가(박인로) / 자연과 문헌(이태준) _ 2023 3월 고2 학력평가	152	118	21일	13일	
갈래 복합 02	십 년을 경영ㅎ여~(송순) / 농가구장(위백규) / 접목설(한백겸) _ 2021 6월 고1 학력평가	155	121			
갈래 복합 03	도산십이곡(이황) / 인형과 인간(법정) _ 2021 3월 고1 학력평가	158	125	22일	14일	
갈래 복합 04	임진록(작자 미상) / 명량(전철홍·김한민) _ 2020 11월 고1 학력평가	161	128			
갈래 복합 05	태산이 놉다 하되~(양사언) / 사청사우(김시습) / 이옥설(이규보) _ 2020 6월 고1 학력평가	166	131	23일		
갈래 복합 06	오우가(윤선도) / 꽃 출석부 1(박완서) _ 2020 3월 고1 학력평가	168	134			
갈래 복합 07	삭주구성(김소월) / 당신(이성복) / 길의 열매 집을 매단 골목길이여(함민복) _ 2019 9월 고1 학력평가	172	138	24일	15일	
갈래 복합 08	잠노래(작자 미상) / 귓도리 저 귓도리~(작자 미상) / 어부(이옥) _ 2019 6월 고1 학력평가	175	141			
갈래 복합 09	강호구가(나위소) / 거미를 읊은 부(이옥) _ 2018 9월 고1 학력평가	178	145	25일		
갈래 복합 10	누항사(박인로) / 가난한 날의 행복(김소운) _ 2018 6월 고1 학력평가	182	148		16일	
갈래 복합 11	한국 서정 시가의 전통 / 초부가(작자 미상) / 길(김소월) _ 2018 3월 고1 학력평가	186	152	26일		
갈래 복합 12	황계사(작자 미상) / 봄의 단상(이규보) _ 2019 11월 고1 학력평가	190	155			

❖ **빠른 정답 CHECK** ➡ <해설편> 159, 160쪽 참조

❖ **일러두기**
① 예 '2023 3월 고1 전국연합' ➡ 2023년 3월에 교육청에서 실시한 고1 전국연합 학력평가를 뜻합니다.
② 문학 작품에 대한 해석은 독자마다 다를 수 있습니다. 내신 대비를 할 때는 반드시 해당 학교의 선생님께서 어떻게 해석하고 있는지 확인해 주세요.

구성과 특징 STRUCTURE

실력 완성 문제편

▶ **학습 제안** | 지문과 문제의 난이도에 따라 하루 학습 분량이 달라질 수 있습니다. 권장 학습 플랜을 참조하여 자신의 학습 능력에 따라 나만의 학습 플랜을 수립해 보세요.

❶ 수준 높은 기출문제 총망라

- 최근 교육청 전국연합 학력평가 기출문제 선별 수록. 고1 기출문제를 중심으로 일부 수준 높은 고2 기출문제도 수록
- 기출문제를 통해 문학 영역의 출제 경향을 파악하고 제대로 된 작품 감상법과 문제 풀이법을 익힐 수 있도록 구성

❷ 갈래별로 구분하고 갈래 복합 지문을 별도로 구성

- 문학 영역의 각 갈래를 마스터할 수 있도록 갈래별로 나누어 문항을 구성
- 문학 영역에서 어렵게 출제되어 고득점을 좌우하는 갈래 복합 제재의 지문을 별도로 구성

❸ 작품 감상 능력 향상을 위한 '제대로 감상법' 배치

- 작품의 구성 요소에 따라 간단한 활동을 하며 작품을 체계적으로 분석해 보는 '제대로 감상법' 배치
- 먼저 기출문제를 풀고 채점까지 마친 다음 '제대로 감상법'에 제시된 활동들을 수행하며 작품 감상 능력을 기를 것

❹ 문제 해결력 향상을 위한 '제대로 접근법' 배치

- 문제 유형과 문제에 대한 접근 방법, 해결 전략 등을 익힐 수 있는 '제대로 접근법' 배치
- 먼저 기출문제를 풀고 채점까지 마친 다음 '제대로 접근법'을 학습하면서 문제 해결 능력을 기를 것

❺ 실력 향상을 위한 문학 학습 방법 제시

- 갈래별로 작품 감상 방법, 출제 문제 유형, 필수 개념, 빈출 어휘 등 '꼭 알아야 할 핵심 이론' 제시
- 문제를 풀기 전에 '꼭 알아야 할 핵심 이론'을 학습하고, 문제를 풀면서 공부한 내용을 제대로 활용했는지 확인할 것

▶ 학습 제안 | 정답을 찾는 방법, 오답을 피하는 요령, 매력적인 오답 대처법 등을 풀이하였습니다. 꼼꼼하게 학습하고 문제 해결 능력을 키워 1등급에 도전해 보세요.

❶ 친절하고 자세한 첨삭식 작품 분석

• 고전 문학의 전 지문을 재수록하여 해설
• 현대 문학 지문의 핵심 구절을 인용하여 해설
• 중심 내용, 어휘의 뜻, 구절의 의미, 내용 전개상의 특징, 소주제 등을 꼼꼼하게 분석하여 제시

❷ 지문 이해를 돕는 작품 해제

• 제목의 의미, 작가 소개, 전체 줄거리, 현대어 풀이(고전 시가), 주제, 특징 등 작품 이해를 돕기 위한 풍부한 해설 제시
• 문제 해결의 바탕이 되는 작품의 핵심 내용을 일목요연하게 정리할 수 있도록 구성

❸ 모든 문항에 대한 첨삭식 문제 해설

• 〈실력 향상 문제편〉에 수록된 전 문항을 재수록하여 문제와 해설을 한눈에 살펴볼 수 있도록 구성
• 〈보기〉의 내용을 꼼꼼하게 분석하여 제시
• 선택지에서 맞는 진술과 틀린 진술을 파악할 수 있도록 구분하여 풀이

❹ 정답률, 매력적인 오답 제시

• 문제의 난이도를 알려 주는 정답률 제시
• 헷갈리는 선택지를 알려 주는 매력적인 오답 제시
• 정답률이 높은 문제를 틀렸을 경우, '제대로 접근법'을 통해 문제 풀이 방법을 점검할 것

❺ 정답의 이유와 오답의 이유 제시

• 정답의 이유와 근거를 쉽고 명쾌하게 풀어서 해설
• 문제의 선택지별로 오답의 이유와 근거를 명쾌하게 풀어서 해설
• 어려운 어휘나 국어 개념이 나올 경우, 예문과 함께 그 뜻을 알기 쉽게 풀이

처음 시작하는 밥문 학습 플랜

수준별 권장 학습 플랜

처음 밥문이 제시하는 표준 학습 계획입니다.
이를 참고하되, 반드시 자신만의 학습 플랜을 세워 보세요.

중위권을 위한 1단계 학습 플랜

공부할 날(월/일)			학습 내용
1일차(	월	일)	현대 소설·극 01~02
2일차(	월	일)	현대 소설·극 03~04
3일차(	월	일)	현대 소설·극 05~06
4일차(	월	일)	현대 소설·극 07~08
5일차(	월	일)	현대 소설·극 09~10
6일차(	월	일)	현대 소설·극 11~12
7일차(	월	일)	고전 소설 01~02
8일차(	월	일)	고전 소설 03~04
9일차(	월	일)	고전 소설 05~06
10일차(	월	일)	고전 소설 07~08
11일차(	월	일)	고전 소설 09~10
12일차(	월	일)	고전 소설 11~12
13일차(	월	일)	현대시 01~02
14일차(	월	일)	현대시 03~04
15일차(	월	일)	현대시 05~06
16일차(	월	일)	현대시 07~09
17일차(	월	일)	고전 시가 01~02
18일차(	월	일)	고전 시가 03~04
19일차(	월	일)	고전 시가 05~06
20일차(	월	일)	고전 시가 07~09
21일차(	월	일)	갈래 복합 01~02
22일차(	월	일)	갈래 복합 03·04
23일차(	월	일)	갈래 복합 05~06
24일차(	월	일)	갈래 복합 07~08
25일차(	월	일)	갈래 복합 09~10
26일차(	월	일)	갈래 복합 11~12

상위권을 위한 1단계 학습 플랜

공부할 날(월/일)			학습 내용
1일차(	월	일)	현대 소설·극 01~04
2일차(	월	일)	현대 소설·극 05~08
3일차(	월	일)	현대 소설·극 09~12
4일차(	월	일)	고전 소설 01~04
5일차(	월	일)	고전 소설 05~08
6일차(	월	일)	고전 소설 09~12
7일차(	월	일)	현대시 01~03
8일차(	월	일)	현대시 04~06
9일차(	월	일)	현대시 07~09
10일차(	월	일)	고전 시가 01~03
11일차(	월	일)	고전 시가 04~06
12일차(	월	일)	고전 시가 07~09
13일차(	월	일)	갈래 복합 01~03
14일차(	월	일)	갈래 복합 04~06
15일차(	월	일)	갈래 복합 07~09
16일차(	월	일)	갈래 복합 10~12

나만의 3독 3해 학습 플랜

자신의 학습 능력과 상황에 따라 스스로 학습 플랜을 완성하고,
3독 3해 학습에 반드시 활용해 보세요.

1단계 학습 플랜

공부할 날(월/일)	학습 내용
(월 일)	
(월 일)	
(월 일)	
(월 일)	
(월 일)	
(월 일)	
(월 일)	
(월 일)	
(월 일)	
(월 일)	
(월 일)	
(월 일)	
(월 일)	
(월 일)	
(월 일)	
(월 일)	
(월 일)	
(월 일)	
(월 일)	
(월 일)	
(월 일)	
(월 일)	
(월 일)	
(월 일)	
(월 일)	
(월 일)	

2단계 학습 플랜

공부할 날(월/일)	학습 내용
(월 일)	
(월 일)	
(월 일)	
(월 일)	
(월 일)	
(월 일)	
(월 일)	
(월 일)	
(월 일)	
(월 일)	
(월 일)	
(월 일)	
(월 일)	
(월 일)	

3단계 학습 플랜

공부할 날(월/일)	학습 내용
(월 일)	
(월 일)	
(월 일)	
(월 일)	
(월 일)	
(월 일)	
(월 일)	

수능 1등급을 위한 10가지 공부 습관

1 매일매일 일정한 분량을 꾸준하게 공부한다.

• 국어 실력을 기르는 가장 좋은 방법은 좋은 기출문제를 꾸준하게 공부하는 것이다. 매일 자신의 학습 수준과 능력에 맞는 분량의 문제를 꾸준히 풀다 보면 작품 감상 능력과 문제 해결 능력이 향상된다.
• 매일 자신의 학습 능력에 따라 적절한 학습 분량을 공부할 수 있도록 구성(5~7p 참조)하였으므로, 이에 맞추어 학습 플랜을 수립한다.

2 기본적인 국어 개념을 충분히 숙지한다.

• 시에서의 화자나 표현 방법, 소설에서의 인물과 구성 등과 같은 국어 개념은 작품 이해와 문제 해결의 토대가 된다. 이러한 토대가 갖춰져 있지 않으면 국어 영역에서 결코 고득점을 얻을 수가 없다.
• 수능에 자주 출제되는 개념이 아주 많지는 않다. 화자, 설의, 반어, 서술자, 대비, 병치 등 기출문제를 풀면서 자주 등장하는 개념이 있으면 이를 확실하게 이해하고 넘어가야 한다.
• 갈래별로 꼭 필요한 국어 개념과 빈출 어휘를 정리해 놓았으므로 이를 참고한다.

3 필수 문학 작품을 공부한다.

• 교과서에 수록된 작품, 모의고사에 출제된 작품 등 필수 문학 작품을 미리 공부해 둔다.
• 현대 문학은 시대별로, 고전 문학은 주제별로 작품을 묶어 공부하면 보다 효율적으로 작품을 정리할 수 있다.
• 운문 문학은 시적 화자의 정서와 태도를 중심으로, 산문 문학은 중심인물 및 대략적인 줄거리를 중심으로 기본적인 내용을 머릿속에 담아 둔다.

4 작품 감상 및 분석 방법을 익힌다.

• 수능에서는 낯선 작품도 자주 출제된다. 따라서 문학 작품을 바르게 감상하는 방법을 익히지 않고 암기만 하는 것은 좋은 학습 방법이 아니다.
• 작품마다 스스로 작품 분석 연습을 할 수 있는 '제대로 감상법'을 배치하였으므로, 주어진 활동 내용에 따라 스스로 작품의 핵심 내용을 정리해 본다.
• 〈작품 분석 해설편〉에 제시된 '제대로 작품 분석'을 참고하여 작품의 맥락을 파악하는 연습을 한다. 이를 '제대로 감상법'과 병행해서 공부하면 더욱 학습 효과를 높일 수 있다.

5 고전 문학을 두려워하지 말자.

• 고전 시가나 고전 소설이 어려운 이유는 고어 표기에 익숙하지 않아 작품을 제대로 해석하고 감상하지 못하기 때문이다. 오히려 문제 자체는 현대 문학에 비해 쉬운 경우가 많다.
• 고전 작품을 공부하다가 모르는 어휘가 나오면 반드시 그 뜻을 확인하고 암기해 둔다. 고전 시가는 화자의 정서를 중심으로, 고전 소설은 인물 간의 관계를 중심으로 작품을 정리하는 습관을 들인다.

6 ▸ 출제 경향과 문제 유형을 파악한다.

- 낯선 작품이나 새로운 문제 유형이 출제되면 당황하여 문제를 풀지 못하는 경우가 있다. 수능에 출제되는 작품과 문제는 일정한 경향과 패턴을 보이는데, 이를 미리 알아 두면 문제 해결에 도움이 된다.
- 기출문제를 풀면서 자주 출제되는 작가나 작품, 최근의 문제 유형과 난이도 등을 확인한다. 이렇게 꾸준히 공부하다 보면 어떤 유형의 작품과 문제가 자주 출제되는지 감을 잡을 수 있다.

7 ▸ 갈래 복합 유형에 당황하지 말자.

- 최근에는 갈래 복합 지문의 출제 비중이 늘고, 갈래를 묶는 방식도 다양해졌다. '현대시＋고전 시가', '운문＋수필'의 기본적인 복합 형태는 물론, '현대시＋희곡', '시나리오＋현대 소설', '문학 작품＋비문학 지문'의 익숙하지 않은 복합 형태도 출제되고 있다.
- 갈래 복합 문제를 어렵다고 느낄 수 있지만, 문제 유형이 낯설 뿐 문제 자체가 더 어려운 것은 아니다. 각 갈래별 문제를 해결할 수 있다면 갈래 복합 문제도 충분히 해결할 수 있다.
- 갈래 복합 유형에서는 〈보기〉나 비문학 지문 등을 통해 작품 간의 연결 고리를 제시해 주는 경우가 많다. 이를 활용하여 작품을 이해하고 작품 간의 비교 감상 문제를 해결하는 것이 좋다.

8 ▸ 〈보기〉에 주목한다.

- 보통 작품마다 〈보기〉 문제가 하나 이상씩 출제된다. 그리고 〈보기〉에는 작품 이해와 문제 해결을 돕는 중요한 단서들이 제시되는 경우가 많다.
- 특히 잘 모르는 작품이 출제되었을 경우, 〈보기〉의 내용을 먼저 확인하면 시간을 단축하고 문제 해결의 실마리를 잡을 수 있다.

9 ▸ 지문에 답의 근거가 있다는 점을 기억하자.

- 수능에서 다양하게 해석될 여지가 있는 문제는 출제되지 않는다. 답의 근거는 지문, 문제의 발문, 〈보기〉, 선택지 안에 있다는 점을 기억한다.
- 기출문제를 반복해서 풀다 보면 자연스럽게 문제를 푸는 방법이 몸에 익게 된다. 문제마다 접근 방법과 해결 전략을 해설한 '제대로 접근법'을 배치하였으므로, 이를 참고하여 문제를 정확하게 해결할 수 있는 요령을 터득한다.

10 ▸ 문제를 틀렸다면 왜 틀렸는지 그 이유를 확인한다.

- 문제를 틀렸다는 것은 작품을 잘못 해석했거나, 문제의 발문이나 선택지를 잘못 이해했다는 뜻이다. 왜 그 문제를 틀렸는지 이유를 알아야 다음에 같은 실수를 반복하지 않을 수 있다.
- 〈작품 분석 해설편〉에 정답인 이유와 오답인 이유를 꼼꼼하게 풀이하였으므로, 이를 참고하여 문제를 왜 틀렸는지 확실하게 이해하고 넘어가야 한다.

수능 문학 생생 공부법

선생님이 들려주는 생생 공부법

♥ 고등학생이 되었다면 먼저 자신의 공부 방법을 점검할 필요가 있습니다. 문학 실력을 키우려면 관련된 국어 개념을 익혀야 하고, 다양한 작품을 폭넓게 감상해야 하며, 기출 유형에 맞추어 문제 풀이 훈련도 해야 합니다. 이때 지식을 암기하는 방식으로 공부해서는 좋은 결과를 얻을 수 없어요. 깊이 있는 사고력과 독해력이 뒷받침되어 있지 않으면 수능형 문제를 해결할 수 없기 때문이죠. 단기간에 성과를 내려 하지 말고 국어 기본기를 착실히 익히려 노력하세요. — 김선영(강북, 분당)

♥ 평소에 많은 작품을 읽어 보아야 합니다. 수능에 임박해서 한꺼번에 작품을 읽는다고 감상 능력이 향상되지는 않아요. 문학 작품에는 세상과 인간에 대한 작가의 깊이 있는 성찰이 담겨 있죠. 이러한 작품들을 꾸준히 읽다 보면 생각의 폭이 넓어지고, 사고력이 향상되면 문제를 푸는 것도 쉬워집니다. 현대 문학 작품은 시대별로 묶어 주요 작가의 작품을 중심으로 공부하고, 고전 문학 작품은 주제별로 묶어 빈출 작품을 중심으로 공부하는 것이 좋습니다. — 김진(분당)

♥ 수능에는 익숙한 작품이 나오기도 하지만 낯선 작품이 출제되기도 합니다. 따라서 어떤 작품이 출제되어도 바르게 해석할 수 있는 능력이 필요해요. 처음에는 시간이 걸리더라도 한 작품, 한 작품을 꼼꼼하게 분석해 보세요. 시는 화자, 표현, 시상 전개, 주제를 중심으로 분석하고, 소설은 서술자, 인물, 사건과 갈등, 주제를 중심으로 분석합니다. 이런 훈련을 반복하다 보면 어느 순간 작품을 감상할 때 핵심 내용이 머릿속에 체계적으로 정리될 것입니다. — 박혜영(부천)

♥ 국어 개념은 문제 풀이에 직접 활용되기도 하지만 작품 감상의 토대가 되기도 합니다. 시의 화자나 소설의 서술자, 시의 시상 전개 방식이나 소설의 구성 방식, 시의 표현 방법이나 소설의 서술 방법 등에 대한 이해가 부족하면 작품을 깊이 있게 이해할 수 없어요. 개별 작품 학습에 앞서 필수적인 국어 개념을 반드시 익혀 두어야 합니다. 그리고 문제를 풀 때 모르는 문학 용어나 어휘가 나오면 그때마다 자기만의 어휘 사전에 정리해 두는 것도 필요하겠죠. — 서민찬(서울)

♥ 기출문제를 통해 문학 영역의 출제 경향과 문제 유형을 파악해 두세요. 문제 유형에 익숙해지면 그렇지 않을 때보다 훨씬 편안하게 문제를 풀 수 있습니다. 그리고 답의 근거는 항상 지문과 문제 자체에 있다는 점도 기억하세요. 문제의 유형을 이해하고, 출제자의 의도를 파악한 다음, 문제의 요구 조건에 해당하는 것을 지문과 〈보기〉 등에서 찾는 훈련을 반복합니다. 만약 문제의 답을 잘못 골랐다면 왜 그 문제를 틀렸는지 확실하게 점검해 보세요. — 설규환(강남)

♥ 수능에서 다양하게 해석될 여지가 있는 문제는 출제되지 않아요. 문학 작품은 사람마다 다르게 감상할 수 있기 때문에 감상의 방향을 제한하는 〈보기〉의 자료가 제공되곤 하죠. 〈보기〉는 작품에 대한 배경지식을 제공할 뿐만 아니라 선택지의 옳고 그름을 판단할 수 있는 중요한 근거가 되기도 합니다. 따라서 〈보기〉를 먼저 검토하면 작품 이해와 문제 풀이에 큰 도움을 받을 수 있습니다. 〈보기〉의 자료를 효과적으로 활용할 수 있는 방법을 연구해 보세요. — 옥성훈(부천)

♥ 고전 문학을 어려워하는 학생이 많습니다. 낯선 어휘와 표현 때문에 작품의 독해 자체가 쉽지 않기 때문이죠. 실제로 오답률도 매우 높은 편입니다. 하지만 고전 어휘를 익혀 작품을 현대어로 해석할 수만 있다면 문제 자체는 훨씬 쉬운 경우가 많아요. 고전 시가의 경우, 각 갈래의 특징을 미리 익히고 주요 작품을 현대어로 풀이할 수 있을 정도로 공부합니다. 또 고전 소설의 경우, 인물 간의 관계와 전체 줄거리를 중심으로 주요 작품을 정리합니다. — 이석호(산본)

♥ 모든 공부가 그렇지만, 문학 영역 역시 꾸준하고 반복적으로 공부하는 것이 실력 향상의 지름길입니다. 그리고 수준 높은 기출 문제를 재료로 해서 작품 분석 능력과 문제 해결 능력을 기르는 것이 좋죠. 이 교재의 '제대로 감상법'과 '제대로 작품 분석'은 작품 분석 요령을 알려 주고, '제대로 접근법'과 '정답·오답인 이유'는 문제 해결 요령을 알려 줍니다. 이 교재에서 제시하고 있는 방법에 따라 기출문제를 공부하다 보면 문학 공부에 큰 성과가 있을 것입니다. — 전용희(목동)

졸업생이 들려주는 비문학 생생 공부법

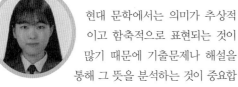

김이준 | 서울대학교 경영학과

현대 문학에서는 의미가 추상적이고 함축적으로 표현되는 것이 많기 때문에 기출문제나 해설을 통해 그 뜻을 분석하는 것이 중요합니다. 고전 문학에서는 어휘의 뜻을 잘 알지 못해서 내용을 이해하지 못하는 경우가 대부분이기 때문에 다양한 작품을 읽어 보고 헷갈리는 고전 어휘를 정리하는 것이 중요합니다. 문제를 풀 때, 맞는 선택지라면 작품에서 해당 내용을 찾아보고, 적절하지 않은 선택지라면 작품의 내용과 비교해 보는 활동이 필요합니다.

심은영 | 서울대학교 지구과학교육과

현대 문학은 시대에 따라 주제가 고정적인 편이기 때문에 일제 강점기, 군사 독재, 근대화 등 연도별로 나올 수 있는 주제들을 정리해 보는 것이 좋습니다. 또한 고전 문학은 내용 전개 방식, 표현 방법 등 출제되는 문제의 종류가 한정적이기 때문에 여러 작품을 스스로 분석해 보는 것이 많은 도움이 됩니다. 〈보기〉가 활용된 문학 문제는 〈보기〉에서 바라보는 시각을 통해 해당 작품을 이해하면 많은 도움을 줍니다.

김현경 | 서울대학교 농경제사회학부

문학 중에서도 특히 고전 작품이 어려운 이유는 단어 해석이 안 되기 때문입니다. 따라서 자주 나오는 단어들을 익혀 두는 것이 필요합니다. 또한 예비 고 또는 고등 저학년부터 기출문제를 많이 풀어 볼 것을 추천합니다. 기출문제를 통해 출제 유형을 파악할 수 있기 때문입니다. 마지막으로 국어는 조금씩이라도 매일매일 시간을 정해 두고 공부하는 습관을 들이는 것이 중요합니다.

오여진 | 서울대학교 경제학부

문제를 풀 때, 문학 지문을 읽기 전 문제와 〈보기〉를 먼저 읽고 작품의 주제를 파악하는 연습을 하면 지문 이해가 더 수월합니다. 또한 여러 작품이 함께 제시되는 복합 문제의 경우 어떤 기준으로 작품들이 묶여서 제시됐는지 파악해 보는 것도 도움이 됩니다. 작품을 공부할 때 작가의 의도나 작품의 배경을 함께 알면 작품과 문제에 접근하는 방향을 정하는 데에 도움이 됩니다.

권태훈 | 고려대학교 생명과학부

문학은 다양한 작품을 읽어 보는 것이 중요합니다. 특히 고전 작품은 시험에서 마주하게 되었을 때 겪는 압박감이 매우 큽니다. 그러므로 평소에 다양한 작품을 접해서 작품을 마주쳤을 때 당황하는 일을 줄이는 것이 좋은 방법입니다. 또한 문학의 어휘는 실생활에서 사용하는 것과는 거리가 좀 있기 때문에 자주 나오는 문학 작품의 어휘들을 정리하여 공부하는 것도 큰 도움이 됩니다.

조혜린 | 고려대학교 산업경영공학부

저는 문학 지문을 읽으며 등장인물 모두를 표시하고 동일 인물에 대한 다양한 명칭들은 줄로 연결하였습니다. 또한 등장인물에 대한 정보를 파악하기 위해 다양한 인물 관계도를 직접 그려 보았습니다. 이렇게 인물뿐만 아니라 작품 속 장소, 시간 등에 대해서도 나만의 방식을 정해서 작품을 정리하며 읽으면 지문의 내용에 대한 기억이 생생해서 문제 푸는 시간을 줄일 수 있습니다.

작품 찾아보기 INDEX

I부 | 현대 소설·극

❖ **출제 경향과 학습 대책**

① 주로 한 작품이 단독으로 출제된다.
현대 소설은 한 작품이 단독 지문으로 출제되는 경우가 일반적이다. 갈래 복합 지문의 출제 비중이 늘면서 다른 갈래와 함께 묶여 출제되는 경우도 있다. 극 역시 주로 한 작품이 단독 지문으로 출제되지만, 수필 지문이 나올 경우 출제되지 않을 수 있다.

② 문학사적으로 중요한 작가와 작품들이 출제된다.
현대 소설과 극에서는 문학사적으로 중요한 작가의 작품이 주로 출제된다. 학력평가에서는 수능과 달리 2000년대 이후의 최근 작품도 자주 출제되는 편이다. 현대 소설은 1930년대나 1960~70년대의 작품에 주목하고, 극은 인물 간의 갈등이 두드러진 작품에 주목한다. 교과서와 EBS 교재에 수록된 작품들은 빼놓지 말고 정리해 두어야 한다.

③ 작품의 맥락을 파악할 수 있는 능력이 필요하다.
현대 소설과 극에서는 낯선 작품이 출제되는 경우도 있고, 익숙한 제목의 작품이더라도 잘 다루어지지 않았던 대목을 골라 출제하는 경우가 많다. 따라서 평소에 인물과 주요 사건을 중심으로 작품의 맥락을 파악할 수 있는 능력을 길러야 한다. 필수 작품의 전체 줄거리와 주제 등은 미리 정리해 둔다.

④ 기출 유형을 익히자.
출제되는 문제 유형은 거의 정해져 있다. 현대 소설은 소설의 구성 요소에 맞추어 인물의 심리와 태도, 사건과 갈등, 서사 구조와 서술상의 특징, 소재와 배경, 종합적 이해와 감상 등을 묻는다. 극은 갈래의 특성을 반영해 무대 형상화 방법을 묻는 유형이 포함된다. 학습의 효율성을 위해서는 기본적인 국어 개념을 반드시 미리 익혀 두어야 한다.

⑤ 외적 준거에 따른 감상 문항에 주목하자.
〈보기〉를 주고 작품의 종합적 이해와 감상을 묻는 문제도 자주 출제되는 유형이다. 〈보기〉는 문제 풀이의 방향을 지시하는 한편, 변별력 확보를 위한 수단으로 활용되기도 한다. 〈보기〉에 주어진 정보를 활용하면 지문을 빠르게 감상할 수 있을 뿐만 아니라 다른 문제를 풀 때도 도움을 받을 수 있다.

⑥ 지문 이해에 최선을 다하자.
현대 소설과 극은 지문의 길이가 길 뿐더러 다른 갈래에 비해 쉽다고 생각하는 경향이 있어 학습량을 줄이는 경우가 있다. 하지만 지문을 꼼꼼하게 읽지 않고 성급하게 답을 선택하면 의외로 낭패를 당할 수도 있다는 점에 유의할 필요가 있다.

꼭 알아야 할 핵심 이론

❶ 현대 소설과 극 작품 감상 방법

[1단계] 먼저 작가와 제목을 확인한다.

아는 작가나 작품인지 확인한다. 모르는 작품이라면 제목을 통해 작품의 내용을 추측해 본다.

[2단계] 모르는 어휘는 문맥을 통해 뜻을 유추한다.

일상생활에서 잘 쓰지 않는 어휘는 지문 말미에 뜻풀이가 제공된다. 그렇지 않은 어휘라면 문맥을 통해 충분히 그 뜻을 유추할 수 있다.

[3단계] 인물의 성격과 인물 간의 관계를 파악한다.

해당 인물이 중심 인물인지 주변 인물인지, 긍정적 인물인지 부정적 인물인지 등을 파악하고 인물 간의 관계를 도식화해 본다.

[4단계] 중심 사건과 갈등의 양상을 파악한다.

소설과 극 작품은 대체로 서사적인 흐름 속에서 갈등이 드러난다. 갈등의 원인이 무엇인지, 갈등의 진행과 해결 과정은 어떠한지 등을 정리한다.

[5단계] 인물의 심리와 태도를 파악한다.

사건을 대하는 인물의 심리와 태도를 파악하면, 작가가 그 인물을 통해 드러내려고 하는 바를 짐작할 수 있다.

[6단계] 작품의 주제 의식을 파악한다.

갈등의 양상과 인물의 심리와 태도를 종합하여 작가가 전달하려고 하는 바가 무엇인지 파악한다.

❷ 현대 소설과 극 문제 유형

[유형 1] 인물의 심리와 태도 파악

다른 인물이나 사건에 대한 인물의 심리와 태도를 묻는 유형

⑩ 윗글의 인물에 대한 이해로 가장 적절한 것은?

[유형 2] 사건과 갈등 양상 파악

사건의 세부 내용이나 전개 과정, 갈등의 양상을 묻는 유형

⑩ [A], [B]에서 각각 드러나는 부자간의 갈등에 대한 이해로 적절하지 않은 것은?

[유형 3] 소재와 배경의 의미 파악

사건 전개에 있어 중요한 역할을 하는 소재나 배경의 의미를 파악하는 유형

⑩ '노을빛'에 대한 이해로 가장 적절한 것은?

[유형 4] 서술상의 특징 파악

작품 전체 또는 특정 부분에 사용된 서술상의 특징을 파악하는 유형

⑩ 윗글의 서술상 특징으로 가장 적절한 것은?

[유형 5] 외적 준거에 따른 감상

〈보기〉에 제시된 정보를 바탕으로 작품을 종합적으로 감상하는 유형

⑩ 〈보기〉를 바탕으로 윗글을 감상한 내용으로 적절하지 않은 것은?

[유형 6] 무대 형상화 방법의 이해

희곡이나 시나리오를 연극이나 영화로 제작할 때의 방법을 묻는 유형

⑩ 다음은 윗글을 영상화하기 위한 촬영 및 편집 계획이다. 적절하지 않은 것은?

빈출 개념&어휘

● 거리: 사람과 사람 사이에 느껴지는 간격. 물리적 거리가 '공간적으로 떨어진 길이'를 의미한다면, 소설에서의 심리적 거리는 '정서적으로 느끼는 간격'을 의미함.

● 교차: 서로 엇갈리거나 마주침.
⑩ 여기는 세 방향의 길이 교차하는 곳이다.

● 내적 독백: '독백'이 '혼자서 중얼거림.'이라는 뜻이므로, '내적 독백'은 '속으로 혼자서 중얼거림.'이라는 의미가 됨. 등장인물의 내면을 있는 그대로 드러내는 데 쓰는 기법

● 다각적: 여러 방면이나 부문에 걸친 것
⑩ 문제를 해결할 수 있는 방법을 다각적으로 강구해 봅시다.

● 대비: 둘 사이의 차이를 밝히기 위하여 서로 맞대어 비교하는 방법. 이를 통해 대상의 상태와 주제를 선명하게 부각하는 효과를 얻을 수 있음.

● 동일시: 둘 이상의 것을 똑같은 것으로 봄. ⑩ 노인들은 드라마를 현실과 동일시하는 경향이 있다.

● 반전: 일의 형세가 뒤바뀜.
⑩ 사태의 반전을 꾀하다.

● 병렬적: 나란히 늘어서는 방식의 것
⑩ 병렬적인 구조

● 복선: 앞으로 일어날 사건에 대해 독자에게 미리 암시하는 방법. 사건 전개에 필연성을 부여하게 됨.

● 삽화: 어떤 이야기나 사건의 줄거리에 끼인 짤막한 토막 이야기. 인물의 성격이나 배경의 의미를 독자가 작은 사건을 통해 스스로 추론하게 만드는 기능을 함.

● 서술자: 소설에서 독자에게 이야기를 전달하는 인물. 시에서의 화자와 비슷한 역할을 함.

● 서술자의 교체: 소설의 내용을 독자에게 이야기해 주는 서술자가 바뀌는 것

● 시점: 소설에서 독자에게 이야기를 전달하는 서술자의 위치와 태도

❸ 소설의 시점에 대한 이해

• 소설에서 독자에게 이야기를 전달하는 서술자의 위치와 태도를 시점이라고 한다.
• 서술자가 작품 속에 등장하는 '나'이면 1인칭 시점이며, 서술자가 작품 밖에 위치하여 '그(그녀)'에 대해 서술하면 3인칭 시점이다.
• 작품 속에 '나'가 등장할 때, '나'가 주인공이면 1인칭 주인공 시점, '나'가 관찰자면 1인칭 관찰자 시점이다.
• 작품 속에 '나'가 등장하지 않을 때, 서술자가 모든 것을 알려 주면 전지적 작가 시점, 서술자가 관찰자면 작가 관찰자 시점이다.

1인칭 주인공 시점	주인공인 '나'가 자신의 이야기를 전달하는 시점. '나'의 내면세계가 잘 드러나며 독자에게 신뢰감과 친근감을 줌.
1인칭 관찰자 시점	관찰자인 '나'가 주인공의 이야기를 전달하는 시점. 서술의 제약으로 주인공의 심리가 간접적으로 제시됨.
전지적 작가 시점	서술자가 작품 밖에서 등장인물과 사건에 대해 서술하는 시점. 서술자가 신처럼 전지전능한 입장에서 인물의 심리 및 사건을 해석하여 전달함.
작가 관찰자 시점	작품 밖의 서술자가 관찰자의 입장에서 외부적 사실만을 관찰하고 묘사하는 시점. 독자는 사건 전개나 작가의 의도에 대해 적극적으로 상상해 의미를 찾아내야 함.

❹ 희곡과 시나리오의 차이

• 희곡은 무대 상연을 전제로 한 문학으로, 관객의 눈앞에서 벌어지는 사건으로 현재화하여 표현한다.
• 시나리오는 영화나 드라마 상영을 전제로 한 문학으로, 촬영이나 편집 기술과 관련된 특수한 시나리오 용어를 사용한다.

	희곡	시나리오
성격	연극의 대본	영화, 드라마의 대본
표현 방식	배우가 직접 공연	영상
등장인물의 제약	제약이 있음	제약이 거의 없음
시·공간적 제약	제약이 있음	제약이 거의 없음
영속성	순간적임	영구적임
구성 단위	막과 장	장면

❺ 현대 소설과 극의 차이

	현대 소설	극
서술자	있음	없음
사건 전개	서술과 대화	배우의 말과 행동
사건 제시	제한 없음	현재형
제약	배경이나 인물의 수에 제약이 없음	배경이나 인물의 수에 제약이 있음

빈출 개념&어휘

◉ 액자식 구성: 액자 안에 사진이 있는 것처럼, 이야기 안에 또 다른 이야기가 들어 있는 구성

◉ 연쇄적: 서로 연결되어 관련이 있는 것 ㉠ 사건이 연쇄적으로 일어났다.

◉ 열린 결말: 결말 부분에서 인물의 운명이 명확하게 결정되지 않고 마치 이야기가 중간에 멈춘 것처럼 끝나는 방식. 독자의 상상력을 자극하고 여운을 줌.

◉ 오버랩: 하나의 화면이 끝나기 전에 다음 화면이 겹치면서 먼저 화면이 차차 사라지게 하는 기법

◉ 입체적 구성: 시간의 역전이 일어나면서 사건이 전개되는 구성. 역순행적 구성

◉ 작중 인물: 작품 속에 나오는 인물

◉ 장면의 빈번한 전환: 하나의 장면에서 다음 장면으로 바뀌는 전환이 여러 번 이루어졌을 때 빈번한 전환이라고 함. 장면을 자주 전환하면 호흡이 빨라지고 사건 전개에 속도가 붙으면서 긴장감을 고조시킬 수 있음.

◉ 클로즈업: 등장하는 배경이나 인물의 일부를 화면에 크게 나타내는 일

◉ 특정 인물의 시각: 작품 밖의 전지적 서술자가 작품 속 인물의 입장에서 사건을 서술하는 것. 해당되는 인물의 심리를 보다 효과적으로 드러낼 수 있음.

◉ 평면적 구성: 시간의 순서에 따라 사건이 전개되는 구성. 순행적 구성

◉ 풍자: 부조리한 일, 부당한 권위, 비논리 등을 다른 대상에 빗대어 놀리듯이 표현하는 방법

◉ 현장감: 어떤 일이 이루어지고 있는 현장에서 느낄 수 있는 느낌

◉ 현학적: 자신의 학문적 수준을 자랑하며 뽐내는 것 ㉠ 이 글은 너무 현학적이어서 내용을 이해하기 어렵다.

◉ 희화화: 대상을 익살맞고 우스꽝스럽게 그리는 방법. 이를 통해 해학과 풍자의 효과를 얻을 수 있음.

[01~04] 다음 글을 읽고 물음에 답하시오.

[A] ⎡ 만수 씨는 명절 앞두고 업자들한테서 들어오는 구두표 같은 **상품권**은 사양하다 못해 받아서는 자신은 가지지 않고 구두 많이 닳은 사람부터 순서대로 나눠 줬다. 그것도 평 ⎣ 소에 사람 하나하나를 잘 지켜보지 않으면 힘든 일이었다. 그렇게 시간이 흘렀다.

ⓐ구내식당 아줌마들이나 여직원들 사이에서 만수 씨는 노총각에 사람 좋고 하니 인기가 하늘을 찌를 듯했다. 공장 전체 인원 육백 명 중 여자는 서른 명도 안 되는데 그중 삼 분의 일이 구내식당에 있었다.

그런데 어느 때부터인가 여자들 사이에 이상한 소문이 났다. 만수 씨와 내가 전부터 사귀던 사이이고 둘 사이에 아기가 있는데 그 아이를 만수 씨가 키우고 있다는 식이었다. 내가 딴 남자하고 바람이 나서 아기를 버리고 떠나갔다가 그 남자한테 싫증이 나자 다시 만수 씨에게 빌붙어 피를 빨아먹고 있다는 것이었다. 소문이라는 게 원래 어처구니없는 것이지만 해도 너무한다 싶었다. ㉠건드리면 더 커질 것 같아서 아예 아무 말을 하지 않았다. 하지만 몇 달이 지나기도 전에 소문은 온 공장 안에서 기정사실이 되었다. 여자들 모두가 나를 질투하고 미워하게 되었다. 지옥이 따로 없었다. 내 칫솔에 새똥이 묻어 있기도 하고 면도날이 내가 조리를 담당한 냄비 속에 들어 있기도 했다. ㉡도저히 견딜 수가 없어 만수 씨를 찾아갔다.

－미안합니다. 저 때문에 오해를 받아서 많이 괴로우신 걸 잘 압니다. 제가 아무리 아니라고 해도 사람들이 의심을 더 하니까 어쩔 수가 없네요. 좀 잠잠해질 때까지 다른 데 가 계시면 어떨까요. 제 여동생이 결혼하고 나서 저 사는 동네 중학교 앞에서 ⓑ분식집을 합니다. 거기를 좀 도와주세요. 월급은 지금보다 많이 드리라 할게요. 부탁합니다.

만수 씨는 그렇게 말했다. ㉢오래도록 생각했지만 다른 도리가 없었다. 사실 나는 만수 씨를 좋아했다. 만수 씨를 처음 봤을 때부터 좋아하고 있었다.

[B] ⎡ 오빠가 그 여자를 데리고 와서 주방을 맡기라고 했을 때는 억장이 무너지는 것 같았다. 튀김, 어묵, 떡볶이 같은 아이들 주전부리 음식 파는 가게 크기라는 게 어른 세 사람만 서 있어도 꽉 차는데 어떻게 사람을 더 들이라는 것인가. 칼과 도마, 싱크대는 여자들한테는 양보할 수 없는 고유 영역 같은 것인데 하루아침에 물러나라니 말도 안 되는 소리였다. 떡볶이나 어묵에 무슨 솜씨를 부릴 일이 있는가. 어린 학생들 코 묻은 돈 받아서 월급을 주고 월세 내고 나면 남는 게 뭐가 있을 것인가. 내가 거기까지 얘기했을 때 오빠가 점퍼 안주머니에서 **적금 통장**을 꺼내 놓았다. 그동안 나온 월급을 모은 것이라며 건물 주인한테 이야기해서 가게를 키워 가지고 제대로 된 식당을 해 보자고 했다. 이제까지 무슨 생각으로 아무 말도 하지 않았는지 원망스러웠고 그다지 고맙지도 않았다.

[중략 부분의 줄거리] 구내식당에서 일하던 여자의 음식 솜씨 덕분에 새로 차린 기사 식당은 자리를 잡는다. 하지만 IMF 이후 공장을 되살리려는 투쟁에 여자가 참여하면서 식당 운영에 차질이 생긴다. 이에 여동생의 남편이 만수에게 불만을 토로한다.

－아니, 형님 다니던 회사가 형님이 게으르고 일 안 해서 망한 겁니까. 망해도 그렇지, 자본가라는 놈들이 어떤 놈들인데 그놈들이 형님네처럼 아무것도 없이 나갔겠냐고요. 지금도 홍콩이나 하와이 해변 같은 데 가서 빼돌린 돈 가지고 떵떵거리면서 잘살고 있어요.

[C] ⎡ 처남이 착하다는 건 인정한다. 성실하기도 했다. 그런데 방향이 틀렸다. 같이 해야 할 일은 같이 열심히 하겠지만 싸울 일은 싸워서 해결해야 하지 않는가. 또 싸울 때도 상대를 제⎣ 대로 골라서 싸워야지 제 편, 제 식구에게 피해를 입혀 가며 제 살 깎아 먹기 식으로 하는

제대로 감상법

성석제, 〈투명 인간〉

제목의 의미

이 작품의 주인공 '만수'는 선량한 인물로, 가족과 동료를 위해 자신의 것을 나누는 희생적 삶을 살다 '투명 인간'이 된다. 제목 '투명 인간'은 보이지 않는 존재, 있어도 없는 것 같은 존재로 현대 사회의 삶 속에서 자신을 소진하고 결국 소외되어 버린 존재로 볼 수 있다.

구성

◼ **중요 인물**
• **만수**: 선량한 성품을 지닌 주인공. 가족과 주변 사람들을 도우며 가난하더라도 소박하게 행복한 삶을 살고자 함.
• **진주**: 만수가 일하던 회사에서 이상한 소문으로 괴롭힘을 당한 뒤 만수 여동생의 식당에서 일하게 됨. 만수를 좋아하며 이후 투쟁을 함께함.
• (❶   ): 분식집을 하다 만수의 도움으로 기사 식당을 하게 되지만 진주와 식당 운영 문제 때문에 만수에게 불만을 가짐.
• **여동생의 남편**: 식당 운영과 수입을 나누는 문제로 만수에게 불만을 토로함.

◼ **사건과 갈등**: 진주는 이상한 소문 때문에 괴롭힘을 당하다 만수의 제안에 따라 만수 여동생의 분식집에서 일을 하게 되고, 만수 여동생은 이에 못마땅해함. 만수와 진주가 회사를 살리려는 투쟁에 참여하느라 새로 차린 (❷   ) 운영에 차질이 생기자 만수 여동생의 남편이 만수에게 불만을 토로함.

◼ **소재와 배경의 의미**
• **상품권**: 만수의 선량한 성품을 보여 줌.
• (❸   )의 사용처: 주변인들을 위해 자신의 것을 나누며 희생하는 주인공의 모습을 보여 줌.

문체 － 서술상의 특징
• 장면에 따라 서로 다른 인물이 서술자 '나'로 등장하면서 각 서술자의 입장과 생각이 드러남.
• 1인칭 서술자가 교체되면서 (❹   )의 삶을 입체적으로 드러냄.

주제

선량한 주인공의 우직하고 희생적인 삶과 비극적 결말

▶ 작가: 성석제 － 〈해설편〉 2쪽 참조

└건 나부터 용납할 수 없었다. 그냥 놔두니까 처남은 계속 주절주절 말을 이어가고 있었다.

─우리 어릴 때 굶기를 밥 먹듯 하던 때를 생각해 봐. 나는 원망하는 사람이 없어. 내 팔자가 그런 걸 뭐. 또 원망해서 뭐해? 그 사람들이 잘못을 뉘우치고 제자리로 돌려놓을 것도 아니고 그럴 능력도 없고. 그 사람들이 그러고 싶어서 그러겠냐고. 부도내고 싶어 부도내는 회사가 어디 있겠어? 나는 이렇게 가난하지만 소박하게, 보통 사람 나름의 행복을 누리면서 살아가면 된다고 생각하네.

ㄹ 그런 건 내 알 바가 아니었다. 나부터 살길을 찾아야 했다.

─지금 저 주방에 있는 아줌마하고는 무슨 사이인 겁니까?

─진주 씨? 우리는 같이 싸우고 있어. 투쟁.

─뭐 때문에 투쟁하는데요? 누구를 상대로요?

─우리가 공장을 지키기 위해서 싸우다 보면 사장님이 투자자를 데리고 돌아오실 거야. 그럼 회사 주식을 담보로 가지고 있는 채권단한테 빚도 갚고 공장이 다시 돌아가는 거지. 우리는 희망이 있어. 희망 때문에 싸우는 거야.

─그런데 수민이 엄마가 저 아줌마하고 앞으로 어쩔 거냐고 자꾸 그러는데요. 계속 이렇게 살 수는 없다고.

─지금처럼 일이 있으면 투쟁 현장에 가서 밥도 해 주고 옛날 회사 사람들하고 일주일에 한 번 만나는 데 같이 가고 끝나면 여기 와서 바쁠 때 음식 제대로 하는지 감독하고 하면 되지.

─우리 식당 하루 스물네 시간 돌아가는 뎁니다. 누구는 자기 하고 싶은 대로 멋대로 일했다 말았다 하고 월급은 사장보다 더 챙겨 가고 누구는 하루 스물네 시간 꼬박 일하고 있는데…… 수민이 엄마가 무슨 죄를 졌습니까. 그런다고 형님이 돈이나 많이 주는 것도 아니고. 집도 그렇지요. 지금 애들 자꾸 크니까 교육 문제도 그렇고 집을 옮겨야 되고 하는데 돈 생기는 데는 ㄷ 기사 식당밖에 없잖습니까. 그런데 그 돈을 형님이 다 통장에 집어넣고 꼭 움켜쥐고 있다고……

[D]
┌ ─아니, 그건 아닌데. 여기 재료비하고 인건비, 월세 제하고 나서 또 우리 공장에서 같이
│ 투쟁하는 식구들 먹고 자고, 각자 가족이 있으니까 최소한 앞가림은 해야 하고 그러느라
│ 고 다 썼지. 우리 공장 때문에 소송도 걸려 있고 거기도 돈이 엄청나게 들어가서 말이지.
└ 내가 뭘 쥐고 있겠어. 내가 장부에 다 기록해 놨어.

ㅁ 어처구니가 없었다. 아이들이 좁아터진 집 안에서 열대야가 기상 관측 이래 신기록을 내고 있는 한여름에 온몸에 땀띠가 나서 잠을 못 자고 울고 아내는 손이 불어 터지도록 설거지하고 일해서 번 돈을 엉뚱한 데 처넣어 왔다는 말이었다.

─ 성석제, 〈투명 인간〉

☑ 한 걸음 더 ☑

〈투명 인간〉의 서술상 특징

〈투명 인간〉에서는 만수의 가족, 친구, 직장 동료 등 여러 명의 1인칭 서술자('나')가 등장하여 각자 자신의 삶을 이야기하면서 그들의 눈에 비친 주인공 만수의 다양한 모습을 서술한다. 서술자들은 만수의 긍정적인 면뿐만 아니라 부정적인 면도 서술하고 있는데 이러한 부분적인 삽화들이 모자이크처럼 짜 맞추어져 만수의 삶 전체를 형상화한다. 이를 통해 만수라는 인물의 여러 특성이 입체적으로 드러나고, 독자들은 객관적인 위치에서 만수의 삶을 바라볼 수 있다.

☑ 제대로 구조화하기 ☑

'나'(진주): 만수와의 이상한 소문으로 괴롭힘을 당하자 동생의 분식집에서 일하라는 만수의 제안을 받아들임.

↓ 호감

만수

불만 ↙ ↘ 불만

'나'(여동생): 만수가 분식집에 진주를 데리고 온 것을 못마땅해 함.

'나'(여동생의 남편): 식당 수익금의 사용처로 만수에게 불만을 가짐.

01 윗글의 내용에 대한 이해로 적절하지 않은 것은?

① 진주가 느끼는 만수에 대한 호감은 첫 만남에서부터 시작되었다.

② 만수의 노력에도 진주에 대한 공장 사람들의 오해는 풀리지 않았다.

③ 만수는 공장이 다시 돌아갈 것이라는 기대를 품고 투쟁을 계속하였다.

④ 만수 여동생의 남편은 식당 운영에 따른 수익금 배분의 불공평함을 문제 삼았다.

⑤ 만수의 여동생은 불성실함 때문에 진주에 대한 생각이 부정적으로 바뀌게 되었다.

02 ㉠~㉤에 대한 설명으로 가장 적절한 것은?

① ㉠: 주변 상황에 신경 쓰지 않는 '나'의 무던함을 보여 준다.

② ㉡: 질투와 괴롭힘으로 인한 '나'의 고통이 한계점에 이르렀음을 보여 준다.

③ ㉢: 상대가 제시한 대안이 '나'가 내심 바라고 있었던 내용임을 드러낸다.

④ ㉣: 이상적인 삶의 방식만을 고집하는 상대에 대해 빈정거리는 '나'의 태도를 드러낸다.

⑤ ㉤: 공장에서 투쟁하는 사람들에 대한 '나'의 안타까운 심정을 드러낸다.

03 ⓐ~ⓒ를 이해한 내용으로 가장 적절한 것은?

① ⓐ에서 조성된 인물 간의 긴장감은 ⓑ에서 심화된다.

② ⓐ로 인한 인물 간 유대감은 ⓒ에서 반감된다.

③ ⓑ에서의 인물과 사회와의 갈등이 ⓒ에서 인물 간의 갈등으로 전환된다.

④ ⓐ, ⓒ에서는 특정 인물이 갈등 해결의 실마리를 제공한다.

⑤ ⓑ, ⓒ와 관련된 갈등은 특정 인물이 타인을 대하는 태도가 원인으로 작용한다.

04 〈보기〉를 참고하여 윗글을 감상한 내용으로 적절하지 <u>않은</u> 것은? [3점]

〈보기〉

　〈투명 인간〉은 선량한 주인공이 근현대사를 관통하면서 물질 만능의 한국 사회로부터 어떻게 소외되어 가는지를 그린 장편 소설이다. 특히 주인공은 가족과 동료를 위해 자신의 것을 나누며 희생하다 결국 '투명 인간'이 된다. '투명 인간'이 된 주인공 대신 주변인들이 서술자로 등장하면서 주인공에 관한 이야기를 풀어낸다. 이런 서술 방식은 주인공에 관한 다양한 정보를 제공하고 이 정보들을 통해 주인공의 삶을 다각도에서 조명한다. 이를 통해 주인공을 입체적으로 드러낸다.

① [A]의 '상품권'을 동료들에게 나눠 주는 모습을 통해 주인공의 선량한 성품을 확인할 수 있겠군.

② [B]의 '적금 통장'을 통해 물질 만능의 한국 사회로부터 주인공이 소외당하고 있는 현실을 확인할 수 있겠군.

③ [D]의 '돈'의 사용처를 통해 주변인들을 위해 자신의 것을 나누며 희생하는 주인공의 면모를 확인할 수 있겠군.

④ [A], [B]에서 주인공을 지칭하는 표현을 통해 주변인들이 서술자로 등장하고 있음을 확인할 수 있겠군.

⑤ [B], [C]에서 주변인들이 제공한 정보를 통해 주인공의 삶을 다각도에서 조명하고 있음을 확인할 수 있겠군.

04
외적 준거를 활용한 작품 감상하기 유형이다. 〈보기〉에서 작품의 주제 의식, 주인공의 성격과 운명, 서술 방식의 변화를 통해 얻게 되는 효과 등이 제시된다. 만수는 '상품권'을 동료들에게 나눠 주는 선량한 인물이라고 평가할 수 있다. 또한 만수가 자신, 그리고 진주와 만수 여동생의 문제를 해결하기 위해 내놓은 '적금 통장'이 선택지에서 설명하고 있는 의미를 담고 있는지 생각해 본다.

그리고 만수는 식당의 운영, 공장 동료들을 위해 '돈'을 사용하고 있는데 이 모습이 주인공의 희생적 면모로 볼 수 있는지 생각해 본다. 또한 주인공 '만수'를 지칭하는 표현을 통해 서술자 '나'가 작품의 전개에 따라 어떤 인물로 변화하고 있는지와 서술자로 등장하는 주변인의 시각을 통해 제시되는 주인공 '만수'의 삶은 어떠한지 확인해 보자. 이러한 과정을 통해 선택지 감상의 내용 중 적절하지 않은 것을 찾아 문제를 해결한다.

1차 채점

맞은 문항 수	개
틀린 문항 수	개
헷갈리는 문항 번호	

・틀린 문항 '/' 표시

→

2차 채점

맞은 문항 수	개
틀린 문항 수	개
헷갈리는 문항 번호	

・틀린 문항 '×' 표시

→

3차 채점

맞은 문항 수	개
틀린 문항 수	개
헷갈리는 문항 번호	

・틀린 문항 △ 표시

◉ 권장 풀이 시간 : 6분 10초

[01-04] 다음 글을 읽고 물음에 답하시오.

만두 집을 했던 엄마가 어떻게 피아노를 가르칠 생각을 했는지 알 수 없다. 욕심이거나 뭔가 강요하려 한 것은 아니었다. 엄마는 배움이 짧았고, 자신의 교육적 선택에 늘 자신감을 갖지 못했다. 다만 그때 엄마는 어떤 '보통'의 기준들을 따라가고 있었으리라. 놀이 공원에 가고, 엑스포에 가는 것처럼, 어느 시기에는 어떠어떠한 것을 해야 한다는 풍문들을 말이다. 돌이켜보면 어릴 때 엑스포에 가고 박물관에 간 것이 그렇게 재밌었던 것 같지는 않다. 하지만 나를 엑스포에 보내 주고, 놀이 공원에 함께 가 준 엄마에게 고마운 마음이 든다. 누구나 겪는, 평범한 유년의 프로그램 중 하나였을 뿐이지만, 무지한 눈으로 시대의 풍문들에 고개 끄덕였을, 김밥을 싸고 관광버스에 올랐을 엄마의 피로한 얼굴이 떠오르는 까닭이다. 이따금 내가 회전목마 위에서 비명을 지르는 동안, 한 손으로 얼굴을 가린 채 벤치에 누워 있던 엄마의 모습이 떠오르곤 한다. 신을 벗고 짧은 잠을 청하던 엄마의 얼굴은 도—처럼 낮고 고요했던가 그렇지 않았던가. 엄마를 따라 하느라, 피아노 의자 위에 누워 있던 나를 보고, 선생님은 라—처럼 놀랐던가 그렇지 않았던가. 일과 중 가장 중요한 일이 '엄마 100원만'인 줄 알았던 때이긴 했지만. 나는 헨델이 없는 헨델의 방에서 음악을 했고, 엄마는 베토벤같이 풀린 파마머리를 한 채 귀머거리처럼 만두를 빚었다. ㉠마침 동네에 음악 학원이 생겼고, 엄마의 만두가 불티나게 팔리던 시절이라 가능했던 일인지도 모른다.

엄마는 내게 피아노를 사 줬다. 읍내서부터 먼짓길을 달려 온 파란 트럭이 집 앞에 섰을 때, 엄마가 무척 기뻐했던 기억이 난다. 세탁기도 냉장고도 아닌 피아노라니. 어쩐지 우리 삶의 질이 한 뼘쯤 세련돼진 것 같았다. 피아노는 노릇한 원목으로 돼, 학원에 있는 어떤 것보다 좋아 보였다. ㉡원목 위에 양각된 우아한 넝쿨무늬, 은은한 광택의 금속 페달, 건반 위에 깔린 레드 카펫은 또 얼마나 선정적인 빛깔이던지. 그것은 우리 집에 있는 가재들과 때깔부터 달랐다. 다만 좀 멋쩍은 것은 피아노가 가정집 '거실'이 아닌, ⓐ만두 가게 안에 놓인다는 사실이었다. 우리 가족은 생계와 주거를 한 건물 안에서 해결하고 있었다. ㉢낮에는 방에 손님을 들이고, 밤에는 식구들이 이불을 펴고 자는 식으로 말이다. 피아노는 나와 언니가 쓰는 작은방에 놓았다. 안방은 주방을, 작은방은 홀을 마주보고 있었다.

나는 오후 내 가게에 붙어 피아노를 연주했다. 울림 폭을 크게 해주는 오른쪽 페달을 밟고, 멋을 부려 〈소녀의 기도〉나 〈아드린느를 위한 발라드〉와 같은 곡을 말이다. 찜통에선 수증기가 푹푹 나고, 홀에서는 장사꾼과 농부들이 흙 묻은 장화를 신은 채 우적우적 만두를 씹고 있는 공간에서, 누구라도 만두를 삼키다 말고 울고 가게 만들었을 그런 연주를. 쉽고 아름답지만 촌스러워서 누구라도 가게 앞을 지나다 얼굴을 붉히게 만들었을, 그러나 좀 더 정직한 사람이라면 만두 접시를 집어던지며 '다 때려치우라 그래!' 소리쳤을 그런 연주를 말이다. 한 번은 연주가 끝난 뒤 박수 소리가 들려 고개를 돌린 적이 있다. 홀에서 웬 백인 남자가 손뼉을 치며 "원더풀"이라 외치고 있었다. 외국인과 나 사이에 어정쩡한 침묵이 흘렀다. 나는 부끄러웠지만 수줍게 한마디 했다. 땡큐…… 집 안에선 밀가루 입자가 햇빛을 받으며 분분히 날렸고, 건반을 짚은 손가락 아래본 지문이 하얗게 묻어났다.

[중략 부분의 줄거리] 아빠의 빚보증 때문에 가계가 어려워졌지만 엄마는 피아노만은 빼앗기지 않고 싶어 했다. 대학 진학을 앞두고 언니의 서울 반지하방으로 이사하게 된 '나'는, 피아노를 가지고 가 달라는 엄마의 부탁을 받게 된다.

언니의 표정은 뜨악했다. 외삼촌이 담배를 피우는 사이, 나는 사정을 설명하느라 애를 먹었다. 엄마가 다 얘기한 줄 알았는데, 언니는 아무것도 모르고 있었다. 언니가 답답한 듯 말

제대로 감상법

☆ 문제 풀이까지 마친 후 복습할 때 보세요.

김애란, 〈도도한 생활〉

제목의 의미

'도도한 생활'은 피아노 음계 '도'의 반복되는 소리와 피아노를 자유롭게 연주하며 살아가는 도도한 생활을 이중적으로 의미한다. 이는 주인공인 '나'의 현실 속 생활과는 거리가 먼 표현으로, 역설적으로 현실의 고단함을 보여 준다.

구성

■ 중요 인물

• (❶   ): 만두 가게를 하는 생활력이 강한 인물로, 보통의 기준에 따라 자식을 키우고자 함.

• '나' : 대학에 진학하면서 언니의 서울 반지하방으로 이사하게 됨. 삶의 발판을 마련하기 힘든 젊은 세대를 대변함.

■ 사건과 갈등 : '피아노'를 매개로 하여 유년 시절과 성년이 된 현재의 경험 및 감정을 감각적으로 전달함. 유년 시절에 엄마는 자식의 도도한 생활을 꿈꾸며 피아노를 사 주고, 현재의 '나'는 엄마의 요청에 따라 서울 반지하방에 피아노를 가지고 이사를 함.

■ 소재와 배경의 의미

• (❷   ): '나'의 도도한 생활을 상징하는 소재. 어린 시절에는 엄마와 '나'에게 기쁨을 주었으나, 서울 반지하방으로 이사할 때는 '나'의 얼굴이 붉어지게 함.

문제 – 서술상의 특징

• 상징적 소재를 활용하여 인물의 심리와 처한 상황을 부각함.

• 개인의 일상적인 삶을 그리며 그에 내재되어 있는 (❸   )의 문제를 표현함.

• 참신하고 감각적인 표현을 사용함.

주제

20대 젊은이의 고단한 삶

▶ 작가: 김애란 – 〈해설편〉 5쪽 참조

했다.

"여기, ⓑ반지하야."

나는 조그맣게 대꾸했다.

"나도 알아."

우리는 트럭 앞에 모여 피아노를 올려다봤다. ⓒ그것은 몰락한 러시아 귀족처럼 끝까지 체면을 차리며 우아하고 담담하게 서 있었다. 외삼촌의 트럭은 길 한가운데를 막고 있었다. 우리는 서둘러 목장갑을 꼈다. 외삼촌이 피아노의 한쪽 끝을, 언니와 내가 반대쪽을 잡았다. 외삼촌이 신호를 보냈다. 나는 깊은 숨을 쉰 뒤 피아노를 번쩍 들어 올렸다. 1980년대 산(産) 피아노가 잠시 세기말 도시의 하늘 위로 비상했다. 그 모습이 꽤 아름다워 하마터면 탄성을 지를 뻔했다. 우리는 한 걸음씩 이동했다. 다리가 후들거리고 진땀이 났다. 사람들이 우리를 흘긋거렸다. 뒤에서 승용차 한 대가 비켜달라는 듯 경적을 울려댔다. 곧 건물 2층에 사는 집주인이 체육복 차림으로 내려왔다. 동글동글한 체구에, 아침 체조를 빼먹지 않을 것같이 생긴 50대 중반의 사내였다. 그는 집 앞에서 벌어진 풍경이 믿기지 않는다는 듯 아연한 표정으로 서 있었다. 나는 피아노를 든 채 어색하게 웃으며 목례했다. 언니 역시 눈치껏 사내에게 인사했다. 좁고 가파른 계단 아래로 피아노가 천천히 머리를 디밀고 있었다. 세탁기도, 냉장고도 아닌 피아노라니. 우리 삶이 세 뼘쯤 민망해지는 기분이었다. 갑자기 쿵— 하는 소리가 났다. 외삼촌이 피아노를 놓친 모양이었다. 우당탕탕— 피아노가 계단을 미끄러져 나갔다. 언니와 나는 다급하게 피아노 다리를 붙잡았다. 윙— 하는 공명감 사이로, 악기 속 여러 개의 시간이 뭉개지는 소리가 났다. 피아노 넝쿨무늬가 고장 난 스프링처럼 흔들리고 있는 모습이 보였다. 충격 때문에 몸에서 떨어져 나간 모양이었다. 그제야 나는 내가 오랫동안 양각된 거라 믿어온 문양이 사실은 본드로 붙여져 있던 것이라는 걸 깨달았다. 우리는 외삼촌의 안색을 살폈다. 외삼촌은 괜찮다는 신호를 보낸 뒤 다시 계단을 내려갔다. 나는 외삼촌의 부상이나 피아노의 상태가 걱정되지 않았다. 그보다는 쿵— 소리, 내가 처음 도착한 도시에 울려 퍼지는 그 사실적이고, 커다랗고, 노골적인 소리에 얼굴이 붉어졌다. 집주인은 어이없고 못마땅하다는 표정으로 ⓔ언니와, 나와, 피아노와, 외삼촌과, 다시 피아노를 번갈아 쳐다봤다.

"학생."

주인 남자가 언니를 불렀다. 언니는 재빨리 계단을 올라갔다. 출구 쪽, 네모난 햇살 아래 뭔가 열심히 설명하고 있는 언니의 모습이 보였다. 언니는 승용차 운전자에게도 양해를 구했다. 우리는 결국 관리비를 더 내고, 피아노를 절대 치지 않겠다는 조건으로 집주인을 돌려보냈다. 집주인은 돌아서며 한마디 했는데, 치지도 않을 피아노를 왜 갖고 있느냐는 거였다.

– 김애란, 〈도도한 생활〉

➕ 한 걸음 더 ➕

'나'가 지내는 '방'의 상징성

유년 시절에 어머니가 '나'에게 사 준 피아노는 가게 안에 있는 작은 방에 놓인다. 즉, 중산층을 향한 욕망과 허영을 상징하는 피아노는 그들이 힘겹게 살아가는 노동 공간인 가게에 자리 잡은 것이다. 이때 피아노가 놓인 '작은 방'은 허영의 공간인 동시에 현실적 삶을 상징하는 공간으로 볼 수 있다. 그리고 집이 망한 뒤 피아노를 가지고 상경하여 찾은 '반지하방'은 피아노를 들여놓자 '나'와 언니가 겨우 누울 공간밖에 남지 않는다. 게다가 주인집 때문에 피아노를 칠 수조차 없다. 이는 꿈마저도 버려야 하는 고단한 현실을 상징한다.

➕ 제대로 구조화하기 ➕

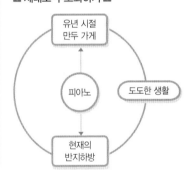

01

윗글의 서술상 특징으로 가장 적절한 것은?

① 동일한 사건을 여러 인물의 관점에서 다양하게 서술하고 있다.
② 서술자가 교체되면서 인물 간의 갈등을 다각적으로 조명하고 있다.
③ 이야기 외부의 서술자가 특정 인물의 관점에서 사건을 해석하고 있다.
④ 사건에 개입되지 않은 인물의 관점을 통해 사건을 객관적으로 전달하고 있다.
⑤ 이야기 내부의 서술자가 인물의 행위를 묘사하며 자신의 내면을 드러내고 있다.

제대로 접근법

☆ 문제 채점까지 마친 후 복습할 때 보세요.

01

서술상의 특징을 파악하는 유형이다. 비교적 기본적인 개념들로 선택지가 구성되어 정답률이 높은 편이었다.

'나'가 작품에 등장하는지 찾아본 후에, '나'가 자신과 관련된 이야기를 독자에게 전달하고 있는지, 아니면 '나'가 주인공과 관련된 사건을 관찰하고 있는지 확인한다. 서술자의 위치와 서술 태도로 시점을 파악하여 답을 찾아낼 수 있는 문제임을 기억하자.

02 ㉠~㉤에 대한 이해로 적절하지 않은 것은?

① ㉠은 추측과 짐작을 드러내는 표현을 사용하여 현재의 시각에서 지나간 일의 의미를 진술하고 있다.

② ㉡은 외양에 대한 묘사를 나열하여 인물이 대상에서 받은 인상의 근거를 제시하고 있다.

③ ㉢은 앞서 언급한 내용을 부연하여 자신의 경험에 대한 이해의 폭이 확장되었음을 강조하고 있다.

④ ㉣은 비유적인 표현을 사용하여 어울리지 않는 곳에 놓이게 된 대상을 바라보는 마음을 드러내고 있다.

⑤ ㉤은 쉼표를 빈번하게 사용하여 예기치 않은 상황에 대한 인물의 불편한 심리를 부각하고 있다.

03 ⓐ와 ⓑ를 바탕으로 윗글을 이해한 내용으로 적절하지 않은 것은?

① '파란 트럭'에 의해 ⓐ로 옮겨져 엄마를 기쁘게 했던 피아노는, '외삼촌의 트럭'에 의해 ⓑ로 옮겨지면서 언니를 당황하게 했다.

② ⓐ에서 '나'는 '손뼉을 치'는 사람이 부끄러워하는 모습을 발견하고 있고, ⓑ에서 '나'는 '우리를 흘깃거'리는 시선에서 부끄러움을 느끼고 있다.

③ ⓐ는 우리 가족이 '생계와 주거'를 모두 해결해야 했던 공간이고, ⓑ는 '나'와 언니가 '좁고 가파른 계단'을 오르내리며 살아야 하는 공간이다.

④ ⓐ에서 '나'가 누구라도 '얼굴을 붉히게 만들었을' 연주를 했던 피아노는 ⓑ로 옮겨지는 과정에서 '쿵— 하는 소리'로 '나'의 '얼굴이 붉어'지게 했다.

⑤ ⓐ에서 피아노에 대한 반가움을 드러내던 '세탁기도 냉장고도 아닌 피아노라니.'라는 표현은, ⓑ로 피아노가 옮겨지는 과정에서 나타나는 무안함을 드러내는 데 활용되고 있다.

04 〈보기〉를 참고하여 윗글을 감상한 내용으로 적절하지 않은 것은? [3점]

〈보기〉

엄마가 내게 사 준 피아노는 엄마가 꿈꾸었던 '도도한 생활'의 상징으로, 부모로서 자녀가 누리기를 희망했던 삶의 기준을 의미한다. '나'는 성년이 되면서 엄마가 애써 마련해 준 환경에서 벗어나 새로운 환경에 직면하게 되는데, 이 환경은 '나'의 욕구를 제한하고 지금까지 '나'가 살아왔던 환경을 재평가하도록 한다. 윗글은 이러한 과정에서 인물이 겪는 각성의 순간을 포착하고 있다.

① '놀이공원에 가고, 엑스포에 가는 것'과 같은 '평범한 유년의 프로그램'은, 엄마가 자녀에게 마련해 주고 싶었던 환경의 일부이겠군.

② '베토벤같이 풀린 파마머리를 한 채 귀머거리처럼 만두를 빚'던 모습은, 피아노가 상징하는 삶에 가까워지기 위한 엄마의 수고를 보여 주는군.

③ '한 뼘쯤 세련돼진' 느낌을 주던 피아노에서 '세 뼘쯤 민망해지는 기분'을 느끼게 된 것은 '나'를 둘러싼 환경의 변화 때문이겠군.

④ '피아노가 잠시 세기말 도시의 하늘 위로 비상'하는 모습에서 '나'는 자신의 욕구를 제한해 온 환경이 변화하고 있음을 확인하게 되는군.

⑤ '오랫동안 양각된 거라 믿어온 문양이 사실은 본드로 붙여져 있던 것'임을 깨달으면서, '나'는 엄마가 애써 마련해 준 환경이 그리 견고하지 못한 것이었음을 알게 되는군.

제대로 **접근법** ☆ 문제 채점까지 마친 후 복습할 때 보세요.

02
구절에 나타난 표현상의 특징과 내포된 의미를 함께 묻는 유형이다.
먼저 서술어의 기능, 비유적 표현의 의미, 문장부호의 역할 등에 유의하여 ㉠~㉤의 의미를 파악한다. 다음으로 그 의미를 드러내기 위한 표현 방법과 그 효과까지 확인한다. 선택지가 '~하여 ~하고 있다.'와 같이 구성되어 있으므로, 앞뒤의 내용이 모두 적절한지 살펴야 한다.

03
작품의 세부적인 내용을 파악하는 유형이다. 기본적인 문제 유형인데도 정답률이 낮았다. 이 작품에는 감각적인 표현들이 많이 쓰였는데, 그러한 표현의 의미를 바르게 이해하지 못한 듯하다.
먼저 '나'에게 '만두 가게'와 '반지하'라는 공간이 어떤 의미인지 생각해 보자. 그리고 '나'가 '피아노'에 대해 어떤 심리를 나타내고 있는지 찾아보자. 이를 바탕으로 선택지의 적절성을 판단한다.

04
외적 준거를 바탕으로 작품을 감상하는 유형으로, 정답률이 매우 낮았다.
먼저 〈보기〉의 내용을 참고하여 피아노의 상징적 의미와 '나'가 처한 환경의 변화가 의미하는 바를 정리해 본다. 엄마가 자식에게 마련해 주려고 한 교육 환경의 의미, 엄마가 피아노를 사 준 이유, '나'가 유년 시절과 성년이 된 현재에 피아노를 바라보는 감정의 차이 등에 대한 이해를 바탕으로 선택지의 적절성을 판단한다.

1차 채점	맞은 문항 수	개		2차 채점	맞은 문항 수	개		3차 채점	맞은 문항 수	개
	틀린 문항 수	개	→		틀린 문항 수	개	→		틀린 문항 수	개
	헷갈리는 문항 번호				헷갈리는 문항 번호				헷갈리는 문항 번호	

• 틀린 문항 '/' 표시   • 틀린 문항 'X' 표시   • 틀린 문항 △ 표시

[01~03] 다음 글을 읽고 물음에 답하시오.

[A] ┌ 버들댁은 들판과 바다를 왼쪽에 끼고 걸었다. 들판에는 겨울 보리들이 파랬다. 바다에는 부연 먼지 같은 안개가 덮여 있었다. 그 우중충한 안개가 그녀의 마음속에도 끼어 있었다. 한숨을 쉬었다. 이 자식은 언제나 철이 들어 제 앞가림을 하고 살려는가. 죽기 전에 그놈 당당하게 사는 모습 보는 것이 소망인데 좀처럼 기미가 보이지 않았다. 그 암담한 생각을 하자 다리가 팍팍해졌다. 후유, 하고 한숨을 쉬었다. ┘

이날 용복은 방 안으로 들어오자마자, "춥구먼 불 조끔 때제잉" 하고 보일러의 센서를 오른편으로 틀 수 있는 데까지 틀어 놓았다. 화살표가 마지막 단계인 '연속'에 가 닿았다. 곧 보일러가 부르릉 소리를 내며 가동되었다. 버들댁은 **아깝다고 밤에 잘 때 한 차례만 때**곤하는 기름을 용복은 집 안에 들어와 앉아 있는 한 **계속 때려고** 들었다. 그렇지만 버들댁은 손자가 하는 일을 **말리지 않았다.** 보일러 돌아가는 소리를 들으며 용복은 이불을 덮고 드러누웠다. 버들댁이 이렇게 **불편한 몸을 이끌고 살아가는** 것은 눈앞에 얼씬거리는 유일한 손자 용복 때문이었다. 용복은 그녀에게 있어서 **삶의 허기를 충족시켜 주는** 보물이었다.

늦둥이 아들 하나가 있었는데 막일을 하러 다니다가 싸움질을 하고는 교도소에 갔다. 두 해 뒤 겨울에 나와서 어디엔가 취직을 하고 요리 학원을 다닌다고 하더니 어느 날 갓난아기를 안고 나타났다. 앞으로 결혼할 미장원 처녀가 낳은 아기라는 것이었다. 잠시만 맡아 키워 주면 돈 벌어 결혼식 하고 살림 차린 다음 데려가겠다는 것이었다. 한데 아들은 아기를 맡기고 간 다음 종무소식이었다. 버들댁은 그 아기를 우유도 먹이고 밥도 씹어 먹여 키웠다. 그 아이가 용복이었다.

한데 용복도 제 아비의 길을 가고 있었다. 농고를 졸업하고 자동차 정비 공장에 다닌다더니 그것을 그만두고 식당 일을 한다고 했다. 이 자식도 싸움질을 하는지 가끔 눈두덩이 멍들거나 입술이 터진 채 밤 깊어 차를 몰고 찾아오곤 했다. 버들댁은 손자의 다친 얼굴을 보면 가슴이 아리고 쓰리고 미어지는 듯싶었다. 끌어안고 손으로 만지고 멍든 자리를 볼과 입술로 비벼 주었다.

"주인 양반이 시키는 대로 고분고분 일이나 할 일이지 누구하고 싸웠기에 이러냐아?"

버들댁이 애달은 소리로 말하자, 용복은 장차 국가 대표 선수가 되려고 도장에서 운동 연습을 한다고 했다.

"국가 대포가 멋 하는 것이라냐?"

"금메달만 몇 개 따면은 가만히 앉아 편히 먹고 사는 것이지잉."

⊙버들댁은 자기도 모르는 사이에 "호다!" 하고 말했다. 그것은 새각시 시절에 꼬부랑 시할머니가 쓰던 말이었다. 기대한 만큼 좋은 결과가 나타나지 않을지도 모른다고 생각은 되지만, 그래도 어찌할 수 없이 더러운 소망으로 기대하면서 지껄이는 말. '좋은 일에! 제발 그렇게만 좀 된다면 얼마나 얼마나 좋겠느냐'는 말이었다.

"그런디 얼굴은 어쩌다가 그렇게 다쳤냐?"

할머니는 ⓒ손자의 멍든 곳을 어루만지고 쓰다듬었다. 아이고, 여기 다칠 때에 내 새끼 살이 얼마나 아팠을까. 가슴이 아리고 쓰렸다. 용복은 퉁명스럽게 말했다.

"연습하느라고 그런 것인께 염려 말고 얼른 이달 치 돈이나 내놓소."

"지난달에 가져간 돈 다 썼냐?"

ⓒ"삼십만 원 그것이 돈이란가?"

제대로 감상법

☆ 문제 풀이까지 마친 후 복습할 때 보세요.

한승원, 〈버들댁〉

제목의 의미

'버들댁'은 작품의 주인공으로, 정부의 생활 보조금으로 살아가면서도 손자에게 희생과 헌신을 다하는 인물이다. 이 작품은 빈곤, 고립된 생활 환경, 젊은 이의 무관심으로 인한 노인 계층의 소외된 삶 및 피붙이에 대한 조건 없는 희생과 내리사랑을 그리고 있다.

구성

■ 중요 인물
• (❶   ): 손자 용복에게 조건 없는 희생과 사랑을 실천하는 인물로 소외된 노인 계층을 대변함.
• (❷   ): 자기 앞가림을 못하고 궁핍한 할머니에게 기생하며 살아가는 인물

■ 사건과 갈등: 가난한 버들댁은 아들이 맡긴 손자 용복을 어렵게 키움. 어느 날 용복이 사고를 치고, 버들댁은 이를 해결하기 위해 돈을 꾸러 다니지만 빌리지 못함.

■ 소재와 배경의 의미
• (❸   ): 궁핍한 환경에 놓인 버들댁의 삶의 모습이자 제 앞가림을 못하는 손자에 대한 암담한 정서를 드러내는 소재

문제 – 서술상의 특징

• 노인 계층의 고단한 삶과 이를 도외시하는 젊은 계층의 모습을 대비함.
• 구체적 (❹   )을 통해 인물의 정서를 드러냄.
• 사투리와 인물 간의 대화를 통해 이야기가 현장감 있게 제시됨.

주제

노인 계층의 소외된 삶과 가족에 대한 헌신적 사랑

▶ 작가: 한승원 – 〈해설편〉 8쪽 참조

"이 사람아, 그것이 먼 소리냐?"

그 돈은 버들댁이 번 돈이 아니었다. 면사무소에서 다달이 통장에 넣어 주는 무연고의 **독 거노인에게 주는 생계비**였다. 버들댁은 그 돈을 **한 푼도 쓰지 않고** 모두 놔두었다가 손자에 게 주곤 하는 것이었다.

[중략 부분의 줄거리] 사고를 친 용복 때문에 버들댁은 돈을 꾸러 다닌다. 하지만 돈을 빌리지 못한 버들댁은 결국 광주 양반을 찾아간다.

버들댁은 광주 양반을 향해 "광주 양반, 나 돈 삼십만 원만 조끔 꿉시다이. 열흘 뒤에 돈 나오면 주께." 하고 말했다. 수문댁이 "아이고, 어질벵 앓는 사람이 염벵 하는 사람 보고 벵 고쳐 주라고 하네이. ㉣광주 양반도 시방 맘이 천근만근이라요." 하고 말했다. 그러자 교동 댁이 그 말을 받았다.

"부산 딸이 시방 많이 아프다요."

초등학교를 마치자마자 공장에 다니겠다고 마산 공단으로 간 딸이었다. 처음에는 신발 공 장에 다니다가 나중에는 버스 차장을 했다. 버스 회사들이 차장들을 해고시키자 함께 사는 남자하고 술집을 차렸다고 했다. 광주 양반은 그 딸에게 부채가 많았다. 결혼식도 치러 주지 못하고 혼수 한 가지 해 주지 못한 것이었다.

"돈 한 푼 못 벌고, **벌어 놓은 재산**이 있는 것도 아니고, 똑똑한 자식들이 있어 다달이 돈 을 보내 주는 것도 아니고, 그래 장차 무슨 희망이 있는 것도 아닌디, **동네 사람**들이 불쌍 하고 가련하다고 조금씩 보태 주는 **곡식이나 반찬 얻어먹고** 사는 것이 부끄럽고 구차하지 도 않아서 그렇게 끈질기게 살고 있소?"

먼 일가의 조카뻘 되는 상근이 시제를 모시러 왔다가 술 얼근해진 김에 찾아와서 이 말을 하고 갔다는 소문이 난 적이 있었다. 그 말에 광주 양반은 얼굴을 붉힌 채 "글쎄 말이시이" 하고 얼버무렸다고 했다. 그러나 상근이 돌아간 다음 그는 "개자식, 지놈이 나한테 쌀 한 됫 박을 보태 주었다냐, 돈 백 원짜리 한 개를 던져 주었다냐? ㉤지가 어쩐다고 부끄럽고 구차 하지도 않아서 이렇게 끈질기게 살고 있느냐고 그래? 내사 불불 기어 다니든지 바람벽에 똥 을 바르고 살든지 집어 묵고 살든지 지놈이 아랑곳할 것이 무엇이여잉?" 하고 노여워했다는 말이 마을 안에 나돌아 다녔다.

방 안에는 침묵이 흘렀다. 수문댁이 말했다.

"그 딸이 위암에 걸렸닥 안 하요? 그런디 수술비가 없어서 수술을 못한다요. 그래서 광주 양반이 그동안 **모아 놓은 돈** 사백만 원을 **다 보내** 줘뿌렀다요."

"아이고, 그래서 어쩌께라우잉? 그래도 광주 양반이 살아 있기 땜세……. 아부지 노릇 참 말로 잘 하셨구먼이라우. 아부지나 된께 그런 돈을 보태 주제 세상 어느 누가 깽전 한 푼 보태 준다요?"

이렇게 위로의 말을 하는 것이지만, 버들댁의 마음은 벌써 절실 집으로 달려가고 있었다.

– 한승원, 〈버들댁〉

■ 제대로 구조화하기 ■

01 [A]에 나타난 서술상의 특징으로 가장 적절한 것은?

① 구체적 자연물을 통해 인물의 정서를 드러내고 있다.
② 인물의 반복적 행위를 통해 성격의 변화를 암시하고 있다.
③ 요약적 진술을 통해 구체적인 시대 배경을 보여 주고 있다.
④ 과거의 회상을 통해 내적 갈등의 해소 과정을 서술하고 있다.
⑤ 현실과 환상의 교차를 통해 사건을 입체적으로 제시하고 있다.

제대로 접근법 🌟 문제 채점까지 마친 후 복습할 때 보세요.

01
서술상의 특징을 파악하는 유형이다. 작품 전체가 아니라 특정 부분에 한정하여 묻고 있기 때문에 특징을 찾는 것이 비교적 수월하다.
먼저 구체적 자연물, 인물의 반복적 행위, 요약적 진술, 과거 회상, 현실과 환상의 교차가 [A]에 나타나는지 확인하고 확실한 오답부터 지운다. 다음으로 인물이 처한 상황과 심리, 서술 태도 등을 고려하여 서술상의 특징에 따른 효과를 점검한다.

02 ㉠~㉤에 대한 설명으로 적절하지 않은 것은?

① ㉠: 버들댁은 기대한 만큼 좋은 일이 있을 것이라 확신하고 있다.
② ㉡: 버들댁은 상처 입은 용복을 가엾게 여기며 마음 아파하고 있다.
③ ㉢: 용복은 버들댁이 주었던 돈을 대수롭지 않게 여기고 있다.
④ ㉣: 수문댁은 광주 양반의 마음이 힘들다는 것을 인식하고 있다.
⑤ ㉤: 광주 양반은 자신의 처지에 참견하는 상근의 말에 분노하고 있다.

02
인물의 심리를 파악하는 유형이다. 주어진 지문의 내용을 있는 그대로 확인하면 어렵지 않게 문제를 해결할 수 있다.
먼저 사건의 전개 과정을 이해한 다음, 인물이 처한 상황과 인물 간의 관계를 고려하여 상황에 따른 인물의 심리를 추리한다. ㉠~㉤의 앞뒤에 부연되어 있는 설명에 유의하여 선택지의 적절성을 판단한다.

03 〈보기〉를 참고하여 윗글을 감상한 내용으로 적절하지 않은 것은? [3점]

〈보기〉

이 작품은 빈곤, 고립된 생활 환경, 젊은이의 무관심으로 인한 노인 계층의 소외된 삶과 피붙이에 대한 조건 없는 희생과 내리사랑을 서사의 중심에 두고 있다. 특히 쇠약한 몸과 경제적 궁핍 속에서도 손자를 삶의 희망으로 여기는 인물을 통해 노인 계층이 직면한 삶의 문제에 대한 주제 의식을 드러내고 있다.

① 버들댁이 '아깝다고 밤에 잘 때 한 차례만 때'는 기름을 용복이 '계속 때리려고 들'어도 '말리지 않'는 것에서 피붙이에 대한 내리사랑을 짐작할 수 있겠군.
② 버들댁이 '불편한 몸을 이끌고 살아가'면서 용복을 통해 '삶의 허기를 충족'하는 것에서 쇠약한 노인이 손자에게 삶의 희망을 얻고 있음을 짐작할 수 있겠군.
③ 버들댁이 '독거노인에게 주는 생계비'를 '한 푼도 쓰지 않고 모두' 손자에게 주는 것에서 조건 없는 희생을 구현하고 있는 소외된 노인의 모습을 짐작할 수 있겠군.
④ 광주 양반이 '벌어 놓은 재산'도 없이 '동네 사람들'에게 '곡식이나 반찬 얻어먹고' 산다고 상근이 말한 것에서 노인 계층의 빈곤 문제를 짐작할 수 있겠군.
⑤ 광주 양반이 '모아 놓은 돈'을 딸에게 '다 보내'서 수술을 하지 못한다고 수문댁이 말한 것에서 노인의 경제적 궁핍에 대한 젊은이의 무관심을 짐작할 수 있겠군.

03
외적 준거에 따라 작품을 감상하는 유형이다. 〈보기〉에는 작품의 주제 의식과 인물의 처지 등 중요한 정보가 제시되어 있다. 〈보기〉를 먼저 읽고 지문을 감상하면 문제 풀이 시간을 단축할 수 있다.
먼저 작품의 내용과 선택지의 언급이 일치하는지 확인하고, 인물이 다른 인물에게 느끼는 정서를 〈보기〉에 제시된 정보를 토대로 추측해 보자. 버들댁과 광주 양반이 처한 빈곤의 상황, 피붙이에 대한 희생과 사랑 등을 작품의 어떤 내용을 통해 확인할 수 있는지 살핀다.

1차 채점

맞은 문항 수	개
틀린 문항 수	개
헷갈리는 문항 번호	

· 틀린 문항 '/' 표시

→

2차 채점

맞은 문항 수	개
틀린 문항 수	개
헷갈리는 문항 번호	

· 틀린 문항 'X' 표시

→

3차 채점

맞은 문항 수	개
틀린 문항 수	개
헷갈리는 문항 번호	

· 틀린 문항 △ 표시

[01-04] 다음 글을 읽고 물음에 답하시오.

적어도 그 다락 속에는 어머니의 은밀한 움직임에 명분을 줄 만한 물건들을 찾아볼 수 없었다. 그러나 나는 곧 그것을 발견했고 해답도 얻어 낼 수 있었다. 그것은 무심코 지독*의 뚜껑을 열어 봤을 때였다. 지독의 뚜껑을 열어제치는 순간, 나는 굳어 버린 듯 그 자리에서 꼼짝할 수 없었다. 나는 못 볼 것을 본 것처럼 소스라쳐 지독의 뚜껑을 닫고 문 쪽으로 기어 나갔다. 이불이 깔려 있는 방은 조용했고 툇마루에서는 옹알이를 하고 있는 아우의 기척이 들려왔다. 나는 다시 안쪽으로 들어가서 지독의 뚜껑을 벗겼다. 놀랍게도 그 지독엔 가녁까지 넘쳐 내릴 것 같은 곡식이 가득 채워져 있었다. 그것은 도정까지 마친 하얀 멥쌀이었고 옆에 있는 지독엔 보리쌀이 반 넘어나 채워져 있었다. 채워 놓은 곡식에서 풍기는 특유의 비릿한 누린내가 코로 스며들었다. 문득 지독 속으로 손을 집어넣고 싶은 충동을 느꼈다. 그러나 그럴 수 없었다. 평두가 되게 손등으로 꼭꼭 다져 놓은 곡식 사래 위에는 ㉠다섯 손가락의 형용이 너무나 선명한 손도장이 찍혀 있었기 때문이었다. 다식판에 요형(凹形)으로 파놓은 음각 무늬처럼 선명한 어머니의 손자국을 보는 순간 나는 섬짓한 긴장을 느꼈다. 그것은 함부로 범접할 수 없는 장군의 견장과 같은 것이었다. 내가 만일 그 쌀독 속을 헤적여 놓게 되면 어머니는 당장 다른 사람의 범접을 눈치 채게 될 것이었다. 어머니가 곡식을 다루는 꼼꼼한 경계심이 그 손자국에는 선명하게 드러나 있었다. 어머니는 심란해질 때, 그리고 우리들의 모습에서 찢어지는 가난을 목도했을 때 이 다락으로 올라와서 지독의 뚜껑을 열어 보곤 했을 것이었다. 그리고 어떤 때는 우리 형제들을 밖으로 내몰고 몰래 지독의 곡식을 채워 왔을 것이었다. 나는 오랫동안 지독을 물끄러미 바라보며 앉아 있었다. 이 많은 곡식을 다락 위에다 채워 두고도 우리 세 식구는 속절없이 배를 주려 왔던 것이었다. 나는 어머니 스스로 파 놓고 있는 함정의 모순 을 어떻게 삭여 내야 할지 전혀 궁리가 닿지 않았다. 그때처럼 어머니를 미워했었던 적은 없었다. 단 한 톨의 손상인들 결코 용납하지 않겠다는 어머니의 섬짓한 의지를 손자국에서 발견하는 순간, 나는 사냥꾼에게 불을 맞고 죽을 때를 기다리는 짐승처럼 처절한 기분이었다. 곡식들이 지독 가녁으로 넘쳐 날 것 같이 채워질 동안 어머니는 얼마나 많은 손자국으로 채워지는 곡식을 가늠해 왔을까. 그리고 굶주림 속에서도 어머니 스스로 만든 위안 속에서 살아온 것이었다. 그 곡식이 밥이나 죽으로 둔갑하지 않는 한 그것은 언제까지나 어머니의 곡식일 뿐 우리 세 식구의 곡식은 될 수 없었다. 그러나 바로 그때였다. ㉡마루로부터 와락 뛰어든 아우의 다급한 말소리가 들려왔다.

"히야, 엄마 온다."

[중략 부분의 줄거리] 다락에 숨어 있다가 어머니에게 발각된 그날 밤 어머니는 우리를 혼내는 대신 쌀밥을 해 주셨다.

어머니가 우리들의 자존심을 부추기고 나온 결정적인 사건이 있었다. 그것은 갑자기 너무 많은 양의 밥을 먹고 난 뒤 설사에 부대끼느라고 밤잠을 설쳐야 했던 **그날 밤** 이후로 어머니는 고미다락의 문을 채우지 않았다는 것이다. 다락에 대해서는 각별한 경계심을 갖고 채워 두기를 게을리하지 않던 어머니가 채워 둔다는 수칙을 스스로 깨뜨려 버린 것이었다. 어머니가 왜 그랬는지 그 내심을 알 수 없었다. 한동안이 지난 뒤에야 그것을 발견했던 우리는, 채워진 다락에 대해서 가졌던 강렬한 호기심보다 더욱 강렬하게 다락의 일에 빨려 들고 말았다. 어느 날 아우는 다락이 채워지지 않았다는 것을 어머니에게 일깨워 준 적이 있었다. 그러

김주영, 〈고기잡이는 갈대를 꺾지 않는다〉

제목의 의미

고기잡이에게 갈대는 고기를 잡는 데 방해가 되는 존재이지만, 갈대가 없다면 고기가 깃들 곳이 없기 때문에 고기잡이 역시 피해를 보게 된다. 따라서 고기잡이가 살아가기 위해서는 갈대 역시 필요하다. '고기잡이는 갈대를 꺾지 않는다'는 서로 다른 모습을 배제하기보다 포용하는 태도가 삶을 더 낫게 만들 수 있음을 암시한다고 볼 수 있다.

구성

■ 중요 인물

• '나' : 주인공이자 서술자로, 굶주리며 살아가다 곡식이 담긴 지독을 발견하고 놀람. 쪽지 및 그림과 관련된 사건을 일으키는 인물로 여러 사건과 이별을 겪으며 성장해 감.

• 아우 : '나'의 동생으로 어머니가 (❶   )을 개방한 후 그에 대한 책임감을 보임.

• 어머니 : 가난한 살림살이에 남편 없이 두 아이를 힘겹게 키우는 인물. 지독 안에 곡식을 모았으면서도 이를 숨겨 가족을 굶주리게 하는 모순된 태도를 보임.

■ 사건과 갈등 : '나'와 아우는 (❷   )와 함께 가난하게 살아가는데, 어머니가 다락에 있는 지독에 곡식을 숨겨 두고도 배를 주리게 했다는 사실에 미움을 느낌. 곡식이 담긴 지독을 발견한 '그날 밤' 이후 아이들은 달라진 어머니의 행동으로 인해 스스로 다락을 지키려 하게 됨.

■ 소재와 배경의 의미

• 지독 : 어머니가 곡식을 채워 놓고도 감추고 있던 소재로, 어머니의 모순된 태도를 드러냄.

• (❸   ) : 다락에 숨어 있다 어머니에게 발각된 날로, 다락에 대한 어머니의 태도 변화가 나타나는 기점이 됨.

문체 – 서술상의 특징

• 성인이 된 서술자가 과거를 (❹   )하는 방식으로 내용이 전개됨.

• 시골 마을을 배경으로 향토적 어휘를 사용하여 생동감을 부여함.

주제

궁핍한 현실에서 형제가 겪는 고통과 성장 과정

▶ 작가: 김주영 – 〈해설편〉 10쪽 참조

나 어머니는 코대답만 할 뿐 화들짝 놀라서 단속하려 들지 않았다. 그렇다고 어머니가 다락 출입을 중지해 버린 것도 아니었다. 옛날과 다른 점이 있다면, 우리가 바라보는 앞에서 그곳을 출입하기 시작했다는 것과 조마조마하고 비밀스런 발자국 소리도, 우리들 몰래 길게 몰아 쉬던 숨소리도 그 뒤로는 들을 수 없게 되었다는 점이었다. 어머니는 자주 허리가 저리다는 둥, 청소를 해야겠다는 둥 혼잣소리로 다락 출입의 고초를 늘어놓곤 하였다. 지극히 일상적인 그런 말들이 우리들로 하여금 다락에 대한 신비감을 반감시키는 단서가 됐을지도 몰랐다. 그렇다 해서 다락에 대한 원천적인 호기심이 희석되진 않았다. 다만 호기심의 방향이 바뀌어진 셈이었다. 그 다락에 자물쇠가 채워져 있는 동안 그것은 오직 어머니의 것이었다. 그런데 다락문이 개방된 이후로 그것은 우리 세 사람 모두의 것이 되었다. 아우와 나 사이에 은연중에 지켜진 관행에 따른다면, 내가 학교에서 생활하는 시간을 제외한 모든 시간을 아우와 짝이 되어 보낸다는 점이었다. 심지어 측간을 가는 일조차 행동 통일이 되어야 직성이 풀렸다. 그런데 어느 날이었다. 그날 우리는 한길에 있을 아이들을 찾아서 무심코 고샅길을 벗어나고 있었다. 그때 아우는 걸음을 딱 멈추었다.

"히야?"

"⋯⋯?"

"집 비워 두고 우리 둘 다 나가면 안 된다."

ⓒ아우의 반란은 의외였다. 우리는 어머니가 돌아온다는 보장이 없는 시각이라면 종일토록 줄곧 집을 비워 두고 쏘다녔었기 때문이었다. 그것이 어머니에게도 그랬었겠지만 우리들에게도 편했다.

"니는 가기 싫어졌나?"

"아니다, 가고 싶다."

"그런데 왜 앙탈이고?"

"히야는 다락문이 열려 있는 거 모르나, 누가 들어와서 다락문 열면 우짤락꼬."

그랬다. 그제서야 나도 뒤통수가 찡했다. 우리는 한길로 진출하려던 속셈을 바꾸어야 했다. 다락문을 예전처럼 다시 채워 놓는다면 우리들 나들이에 꺼림칙함을 지워 버릴 수도 있었다. 그러나 우리들 능력으로는 그것이 손쉬운 일이 아니었고, 또 ⓔ어머니가 열쇠를 지니고 있는 것인지도 의문이었다. 그것이 난감했다. 나는 공연히 아우에게 쏘아붙였다.

"그러면 우짤래? 니 혼자서 집 지키고 있을래?"

아우는 아무런 갈등도 보이지 않고 고개를 주억거렸다. 고개만 주억거렸을 뿐만 아니라 그때까진 좀처럼 내뱉은 적이 없던 한마디를 서슴없이 덧붙였다.

"히야 혼자 갔다 오느라."

그러한 ⓜ아우의 대견함은 낯설고 놀라운 것이었다.

— 김주영, 〈고기잡이는 갈대를 꺾지 않는다〉

＊ 지독 : 종이를 삶아 짓찧어서 만든 독

＋ 제대로 구조화하기 ＋

01 윗글의 서술상 특징으로 가장 적절한 것은?

① 회상을 통해 주인공이 직접 경험한 사건을 전달하고 있다.
② 반복되는 사건을 통해 인물 간의 갈등을 심화시키고 있다.
③ 장면의 빈번한 전환을 통해 사건의 이면을 폭로하고 있다.
④ 동시에 발생한 사건의 병치를 통해 긴장감을 조성하고 있다.
⑤ 공간적 배경에 대한 묘사를 통해 미래의 일을 암시하고 있다.

제대로 접근법 ☆ 문제 채점까지 마친 후 복습할 때 보세요.

01
서술상의 특징을 파악하는 유형이다. 이야기를 전개하는 다양한 방식 중 선택지에서 언급한 방법이 작품에 적용된 부분이 있는지 판단해야 한다.
지난 일을 돌이켜 생각하고 있는지, 동일한 사건이 반복되는지, 장면이 자주 바뀌는지, 사건이 동시에 일어나는지, 공간에 대한 묘사가 나타나는지 등을 점검하여 선택지의 적절성을 판단한다.

02 함정의 모순에 대한 이해로 가장 적절한 것은?

① 곡식을 많이 모았지만 정작 모은 곡식을 숨겨 가족이 굶주리게 한 것을 의미하는군.
② 명분이 있을 만한 물건들이 없었음에도 어머니가 다락을 소중히 여겼던 것을 의미하는군.
③ 다락에 채워 놓은 자물쇠가 도난의 위험을 근본적으로 막을 수 없었다는 것을 의미하는군.
④ 쌀로 채워져 있을 것이라는 생각과 달리 보리쌀로만 채워진 지독을 발견한 것을 의미하는군.
⑤ 곡식을 온전히 보관하기 위해 지독을 이용했지만 곡식의 누린내를 막을 수 없었던 것을 의미하는군.

02
비유적 표현이 의미하는 내용을 파악하는 유형이다. '모순'이라는 표현이 사용되었으므로 각각의 선택지에 제시된 두 가지 내용이 서로 맞지 않는 부분이 있어야 함을 염두에 두고 답을 찾아본다. '함정의 모순'은 '나'가 곡식이 들어 있는 지독을 보고 떠올린 말로, 바로 앞에 있는 문장을 통해 '나'가 지독에 곡식이 가득 차 있는 상황에 '모순'이라는 말을 떠올리는 이유를 유추할 수 있다.

03 ㉠~㉢에 대한 설명으로 적절하지 않은 것은?

① ㉠: 누구도 범접할 수 없게 하기 위한 어머니의 의지를 나타내고 있다.
② ㉡: 어머니가 허용하지 않은 공간에 출입한 것을 들킬까 염려하는 마음이 담겨 있다.
③ ㉢: 행동 통일이 되어 왔던 관행을 '나'가 깨뜨리려 한 일에 대한 아우의 불만을 표현하고 있다.
④ ㉣: 아이들과 함께 놀고 싶은 생각에 제동이 걸리는 이유 중 하나로 작용하고 있다.
⑤ ㉤: 혼자서라도 다락을 지키겠다는 아우의 언행이 뜻밖이었음을 드러내고 있다.

03
구절의 의미와 기능을 파악하는 유형이다. 전체적인 이야기의 맥락을 파악하고 이를 바탕으로 문장의 의미나 기능을 이해해야 한다. ㉠에서는 곡식 위에 손도장이 찍힌 이유, ㉡에서는 아우의 말소리가 다급한 이유, ㉢에서는 '반란'이라 평가된 행동을 한 주체, ㉣에서는 의문이 '나'와 아우의 행동에 미치는 영향, ㉤에서는 '대견함과 낯섦, 놀람'이라는 감정을 느끼는 이유를 파악해 본다.

04 〈보기〉의 선생님의 질문에 대한 대답으로 적절하지 <u>않은</u> 것은? [3점]

─────〈보기〉─────

선생님 : 이 작품을 감상할 때는 '그날 밤'을 전후로 달라지는 인물의 행동과 심리, 사건의 전개 양상에 주목하는 것이 중요합니다. 작품에 나타난 시간의 흐름을 아래와 같이 정리할 때, 그날 밤 이전과 이후에 변화된 것이 무엇인지를 파악해 볼까요?

```
┌─────────┐     ┌─────────┐     ┌─────────┐
│  Ⓐ 이전  │─────│  그날 밤  │─────│  Ⓑ 이후  │
└─────────┘     └─────────┘     └─────────┘
```

① Ⓐ에서 다락에 대해 품었던 '나'의 원천적인 호기심이, Ⓑ에서 모두 희석되었음을 알 수 있습니다.

② Ⓐ에서 다락의 곡식에 대해 가졌던 어머니의 꼼꼼한 경계심이, Ⓑ에서 느슨해지고 있음을 알 수 있습니다.

③ Ⓐ에서 다락의 곡식에 대해 어머니가 가졌던 애착을, Ⓑ에서 '나'와 아우도 가지게 되었음을 알 수 있습니다.

④ Ⓐ에서 어머니만 짊어졌던 다락에 대한 책임감이, Ⓑ에서 '나'와 아우에게도 부여되고 있음을 알 수 있습니다.

⑤ Ⓐ에서 몰래 다락방에 출입했던 어머니가, Ⓑ에서 '나'와 아우가 바라보는 앞에서도 출입하고 있음을 알 수 있습니다.

04
'그날 밤'을 기준으로 전후에 나타난 변화를 파악하는 유형이므로, 먼저 '그날 밤'에 대해 이해해야 한다. '그날 밤'은 '나'와 아우가 다락에 숨어 있다가 어머니에게 발각된 날이므로 다락과 관련한 어머니의 비밀이 드러난 날이기도 하다. 따라서 '다락'을 중심으로 변화를 파악해야 한다. 다락문의 개방 여부, 다락을 드나드는 방식, 다락과 그곳에 있는 곡식에 대한 태도를 파악하여 선택지의 적절성을 판단한다.

[01-04] 다음 글을 읽고 물음에 답하시오.

"좌우간, 내가 그만침이나 **청백**했기 망정이지, 다른 동간들 당했단 소리 들었지? 누구는 맞아죽구, 누구는 집에다 불을 지르구, 누구는 팔대리가 부러지구."

푸시시 일어서다가, 비 오는 뜰을 이윽히 내다보면서, 맹 순사는 곰곰이 그렇게 아낙을 타이르듯 한다. 서분이에게는 그러나, 그런 소리가 다 말 같지도 아니한 소리요 억지엣발명이었다.

"흥, 가네모도상은 그렇게 들이 긁어 먹구두, 되려 승찰 해서 부장이 된 건 어떡하구?"

⊙"며칠 가나."

"그렇게만 생각허믄 뱃속은 무척 편하겠수. 여주루 내려갔든 기노시다상낸, 이살 해오는데, 재봉틀이 인장표루다 손틀 발틀 두 개에, 방안 짐이 여덟 개에, 옷이 옥상옷만 도랑꾸루 열다섯 도랑꾸드래요. 그리구두 서울루 **뻐젓이** 와서 기계 방아 사놓구 **돈벌이만** 잘 **허믄서, 활개 펴구** 삽디다. 죽길 어째 죽으며, 팔대리가 부러질 팔대린 어딨어?"

"그런 게 글쎄 다 불한당질루 장만한 거 아냐?"

"뱃속에서 꼬록 소리가 나두, 만날 청백야?"

"아무렴, 사람이 청백하면, 가난해두 두려울 게 없는 법야, 헴."

맹 순사는 마침내 양복장 문을 연다. 연방 청백을 뇌던 끝에, 이 양복장을 보자니 얼굴이 간지러웠다. 유치장 간수로 있을 때에, 가구 장수 하나가 경제범으로 들어와 있었는데, 서분이가 쪽지 한 장을 그에게다 주어 달라고 졸랐다. 못 이기는 체하고 전해 주었다. 그런 지 이틀 만에 이 양복장이 방 윗목에 가 처억 놓여진 것을 보았으나, 그는 내력을 물으려고 아니 하였다.

양복점 안에서 떼어 입은 대마직 국민복은 양복장보다도 조금 더 청백 순사를 얼굴 간지럽게 하였다.

작년 초가을, 좋지 못한 풍문이 들리는 파출소 건너편의 양복점에서 맞추어 입은 것이었다. 공정 가격 삼십이 원 각순데, 양복을 찾아 들고는 지갑을 꺼내는 체하면서,

⊙"얼마죠?"

하고 물었다. 지갑에는 돈이라야 삼 원밖에 없었다.

양복점 주인은, 온 천만에 말씀을 다 하신다면서, 어서 가시라고 등을 밀어 내었다.

이 양복장이나 양복은 한 예에 불과하고, 팔 년 동안 순사를 다니면서, 그중에서도 통제 경제가 강화된 이삼 년, 육십 몇 원이라는 월급으로는 도저히 지탱해 나갈 수 없는 생활을 뇌물 받는 것으로써 보태어 나왔다. 몇십 원씩, 돈 백 원씩 쥐어 주는 것을, 사양하다가 못 이기는 체 받아 넣기 얼말는지 모른다. 자청해 주는 것을 따담기만 한 것이 아니라, 아쉴 때면 그럴싸한 사람을 찾아가서,

⊙"수히 갚을 테니 백 원만……."

하고 가져다 쓰기도 여러 번이었다.

술대접을 받기는 실로 부지기수였다. 쌀, 나무, 고기, 생선, 술 모두 다 그립지는 아니할 만큼 들어도 오고, 청해다 먹기도 하고 하였다. 못 해주었네 못 해주었네 하여도, 아낙의 옷감도 여러 번 얻어다 준 것이었었다. 공교로이 그 뉴똥치마만은 기회가 없고서 8·15가 덜컥 달려들고 말았지만.

이렇게 그는 작은 것이나마 뇌물을 먹지 아니한 것이 아니면서도, 스스로 청백하였노라고 팔분의 자신이 있었다. 맹 순사의 생각엔 양복벌이나 빼앗아 입고, 돈이나 몇십 원, 돈 백 원 받아 쓰고, 쌀 나무며 찬거리나 조금씩 얻어먹고, 술대접이나 받고 하는 것은, 아무나 예사로 하는 일이요, 하여도 죄 될 것이 없고, 따라서 독직이 되거나 죄가 되는 것이 아니었다.

제대로 **감상법**   ☆ 문제 풀이까지 마친 후 복습할 때 보세요.

채만식, 〈맹 순사〉

제목의 의미

'맹 순사'라는 인물을 통해 해방 전후의 혼란한 현실과 달성하지 못한 친일파 청산 문제를 다루고 있는 소설이다. 일제 시대에 순사를 했던 인물이 해방 이후 다시 경찰 행세를 하는 혼탁한 현실이 주된 비판의 대상이다.

구성

■ 중요 인물

• (**❶**): 일제 강점기에 순사 생활을 했으며, 해방 직후 잠시 그만두었다가 다시 순사가 됨.

• 서분: 맹 순사의 아내로, 다른 순사들처럼 뇌물을 챙기지 못하는 맹 순사를 못마땅하게 여김.

• (**❷**): 해방 전에는 우미관패에서 깡패 생활을 하다가, 해방 후에 맹 순사의 동료 순사가 됨.

■ 사건과 갈등: 서분은 뇌물을 크게 챙기지 못하는 맹 순사를 못마땅해하고, 맹 순사는 해방 후 깡패가 순사가 되는 혼탁한 현실에 기막혀함.

■ 소재와 배경의 의미

• (**❸**): 재물에 욕심이 없고 깨끗하다는 뜻으로, 다른 순사들보다 뇌물을 덜 받았다고 생각하는 맹 순사의 자부심이 드러남.

• XX 파출소: 친일 잔재를 청산하지 못해 비극적인 역사가 반복되는 것을 확인할 수 있는 공간

문체 – 서술상의 특징

• 일제 강점기와 해방 후의 시대적 배경이 드러나는 어휘와 대화를 제시함.

• 특정 인물의 시각에서 사건을 서술하여 인물의 (**❹**)을 드러냄.

• 부정적 인물이 스스로를 (**❺**)적으로 인식하는 모습을 통해 인물의 허위와 위선을 고발함.

주제

해방 후의 혼탁한 사회 현실에 대한 비판과 풍자

▶ 작가: 채만식 – 〈해설편〉 13쪽 참조

그것이 적어도 독직이나 죄가 되자면, 몇만 원 집어먹고서 소위 팔자를 고친다는 둥, 허리띠를 푼다는 둥의 수준에 올라야 비로소 문제가 되는 것이었다.

[중략 부분의 줄거리] 해방 직후 순사를 그만두고 사람들을 피해 다니던 맹 순사는 생활고로 인해 다시 순사가 되어 파출소로 첫 출근을 한다.

옛날의 순사와 꼭 같이 차리고 하였건만 맹 순사는 웬일인지 우선 스스로가 위엄도 없고, 신도 나는 줄을 모르겠고 하였다. 만나거나 지나치는 행인들의 동정이, 전처럼 조심하는 것 같은, 무서워하는 것 같은 기색이 없고, 그저 본숭만숭이었다. 더러는 다뿍 적의와 경멸의 눈초리로 흘겨 보기까지 하였다.

함부로 체포도 아니 하고, 위협도 아니 하고, 뺨 같은 것은 물론 때리지 못하게 되었고 하니, 전보다 친근스럽고 안심한 얼굴로 대하고 하여야 할 것인데, 대체 웬일인지를 모르겠었다.

걸으면서 곰곰 생각하여 보았다.

ㄹ'전에 많이들 행악을 했대서?'

정녕 그것인 성싶었다.

'애먼 사람, 불쌍한 사람한테 못할 짓도 많이 했지.'

'쯧, 지금 와서 푸대접받아도 한무내하지.'

'화무십일홍이요, 달도 차면 기우는 법인데, 한때 잘들 해먹었으니 인제는 그 대갚음도 받아야겠지.'

무엇인지 모를 한숨이 절로 내쉬어졌다.

마침내 ×× 파출소에 당도하였다. 여기서 맹 순사는, 백성들이 순사를 멸시하는 눈으로 보는 연유를 또 한 가지 발견하여야 하였다.

뚜벅뚜벅 파출소 안으로 들어서는 소리에, 테이블에 엎드려 졸고 있다가 놀라 깨어 고개를 번쩍 드는 동간……

맹 순사는 무심결에,

ㅁ"아니, 네가 웬일이냐?"

하면서 다시금 짯짯이 그를 바라다보았다.

노마. / 볼때기에 있는 붉은 점이 아니더라면, 얼굴 같은 딴사람인가 하였을 것이었다.

행랑아들 노마였다.

맹 순사는 금년 봄, 시방 사는 홍파동으로 이사해 오기까지 여섯 해를 눌러, 사직동 그 집에서 살았다. 그 행랑에 노마네가 전 주인 때부터 들어 있었고, 왼편 볼때기에 붉은 점이 박힌 노마는 열두 살이었다. 근처의 삼 년짜리 학원을 일 년에 작파하고서, 저무나 새나 우미관 앞에 가 놀다간, 깃대도 받아 주고 삐라도 뿌려 주고 하는 것이 일이요, 집에 들어와서는 어멈 아범한테 매맞기가 일이요 하였다. 조금 더 자라더니, 우미관패에 들어 가지고, 밤거리로 행패를 하고 다녔고, 사람을 치다 붙잡혀 간 것을 몇 차례 놓이게 하여 주기도 하였다.

노마는 겸연쩍은 듯, 그러나 일변 반갑기도 한 듯 싱글싱글 웃으면서,

"이렇게 됐습니다, 나리. 많이 점 가르켜 줍쇼, 나리."

"동간끼리두 나린가, 이 사람."

나이가 시킴이리라. 맹 순사는 내색을 아니 하고 소탈히 그러면서 같이 웃었다.

그러나 속으로는,

'저런 것이 다 순사니, 수모도 받아 싸지.'

하였다.

– 채만식, 〈맹 순사〉

➕ 한 걸음 더 ➕

채만식 문학의 특징

채만식의 문학은 풍자적이고 반어적이라는 특징을 지니고 있다. 그는 당대 사회의 모순과 중산 계층의 부정적 인물들을 예리하게 풍자한다. 특히 판소리 사설과 탈춤을 계승한 독특한 문체와 표현을 사용하여 독자들에게 골계미(滑稽美)를 느끼게 하는 경우가 많다. 또한 부정적 인물을 주인공으로 내세워 희화화하고 독자가 그 인물을 평가하게 하고 있다.

➕ 제대로 구조화하기 ➕

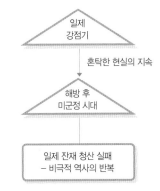

01 윗글의 서술상의 특징으로 가장 적절한 것은?

① 서술자를 교체하여 새로운 사건을 도입하고 있다.

② 장면을 빈번하게 전환하여 긴박한 분위기를 형성하고 있다.

③ 인물의 외양을 묘사하여 인물의 성격 변화를 암시하고 있다.

④ 특정 인물의 시각에서 사건을 서술하여 인물의 내면을 드러내고 있다.

⑤ 서로 다른 장소에서 동시에 일어난 사건을 제시하여 인물들의 상황을 대비하고 있다.

제대로 접근법 ☆ 문제 채점까지 마친 후 복습할 때 보세요.

01
서술상의 특징을 파악하는 유형이다. 선택지에 사용되는 국어 개념을 이해한 다음, 이를 작품에 적용하여 적절성을 판단할 수 있어야 한다.

서술자가 작품 속에 있는지 작품 밖에 있는지, 인물이 처한 장소와 시간의 변화가 빈번한지 확인한다. 선택지가 '~하여 ~하고 있다.'와 같이 구성되어 있는 경우, 앞뒤의 내용이 모두 적절한지 살펴야 한다.

02 ㄱ~ㅁ에 대한 설명으로 적절하지 않은 것은?

① ㄱ: 맹 순사는 서분이가 알고 있는 상황이 지속되지 않을 것이라고 말하고 있다.

② ㄴ: 맹 순사는 양복 값을 지불할 의사가 없으면서도 가격을 물어보고 있다.

③ ㄷ: 맹 순사는 뇌물을 받는 것으로도 모자라 상대에게 돈을 요구하고 있다.

④ ㄹ: 맹 순사는 과거의 행악을 생각하며 자신이 저지른 행동을 부인하고 있다.

⑤ ㅁ: 맹 순사는 의외의 장소에서 뜻밖의 인물인 노마를 만나 놀라고 있다.

02
발화의 의도를 추리하는 유형이다. 밑줄 친 발화의 앞뒤 내용을 통해 발화의 의도와 의미를 이해해야 한다.

주고받는 대화에서 발화의 의도를 파악할 때에는 발화자 및 발화 상대자의 심리와 태도를 함께 고려해야 한다. 그렇기 때문에 해당 발화의 앞뒤에 제시되어 있는 내용에 주목할 필요가 있다. 예를 들어 ㄴ의 앞에 있는 '지갑을 꺼내는 체하면서'와 뒤에 있는 '삼 원밖에 없었다.'를 참고하면 ㄴ에 담겨 있는 발화 의도를 추리할 수 있다.

03 다음은 윗글에 대한 [학습 활동] 과제이다. 이를 수행한 결과로 적절하지 않은 것은?

03
인물의 심리를 파악하는 유형이다. 작품의 내용을 통해 공간의 의미를 이해하고, 문제에 제시된 '질문 – 답변'과 연결하여 선택지에 제시된 인물의 심리가 적절한지 판단해야 한다.

다른 순사들과 달리 뇌물을 챙기지 않았다고 생각하는 맹 순사, 이를 못마땅해하는 아내 서분, 해방 전과 후에 맹 순사를 대하는 사람들의 태도 변화, 동료 순사가 된 건달 출신의 노마를 마주쳤을 때의 맹 순사의 심정 등을 정리한 다음 문제를 해결하자.

[학습 활동] ⓐ~ⓔ에 들어갈 인물의 심리를 작품의 내용을 바탕으로 서술하시오.

공간	질문	답변	심리
방	맹 순사와 대화를 나눌 때, 서분이의 심정을 드러내는 소재는?	재봉틀	ⓐ
	맹 순사가 양복장을 보며 얼굴이 간지럽다고 느낀 이유는?	뇌물로 받은 것이어서	ⓑ
파출소 가는 길	행인들이 다시 순사가 된 맹 순사를 바라보는 시선은?	흘겨 봄	ⓒ
	맹 순사가 길을 걸으며 여러 생각들을 한 뒤 보인 행동은?	한숨을 쉼	ⓓ
파출소	맹 순사가 노마와 인사를 나누며 보인 행동은?	내색을 아니 하고 웃음	ⓔ

① ⓐ: 자신들보다 부유하게 살고 있는 사람들에 대한 서분이의 부러움을 알 수 있다.

② ⓑ: 팔자를 고칠 만큼 뇌물을 많이 받지 못했다고 생각하는 모습에서 맹 순사가 다른 사람들에게 느끼는 질투심을 알 수 있다.

③ ⓒ: 예전과 다른 눈초리에서 순사를 적대시하는 행인들의 마음을 알 수 있다.

④ ⓓ: 예전과 달라진 자신의 처지에 대한 맹 순사의 착잡한 마음을 알 수 있다.

⑤ ⓔ: 동간이라고 말하면서도 속으로 노마를 무시하는 것에서 노마에 대해 못마땅해하는 맹 순사의 마음을 알 수 있다.

04 〈보기〉를 참고하여 윗글을 감상한 내용으로 적절하지 <u>않은</u> 것은? [3점]

제대로 접근법 ✩✩ 문제 채점까지 마친 후 복습할 때 보세요.

───────〈보기〉───────

이 작품은 혼란스러웠던 해방 전후의 사회 현실 속에서 도덕적 관념이 부족한 인물들을 비판적으로 드러내고 있다. 특히, 부정적 인물이 스스로를 긍정적으로 인식하는 모습을 제시한 뒤 그의 실상을 드러내는 방법을 통해 인물의 허위와 위선을 고발하고 있다. 또한 해방 이후 친일 잔재를 청산하지 못해서 나타나게 된 비극적 역사의 반복을, 당대 인물들의 모습을 통해 보여 주고 있다.

① 맹 순사가 '다른 동간들'과 달리 자신은 '청백'하다고 말하는 모습에서 부정적 인물이 스스로를 긍정적으로 인식하고 있음을 확인할 수 있겠군.

② '뻐젓이' '돈벌이만 잘 허믄서, 활개 펴구' 사는 사람에 대한 서분이의 말에서 혼란스러운 당대 사회 모습을 확인할 수 있겠군.

③ 스스로 청백하다고 여기면서 '술대접'을 받은 것은 '죄가 되는 것이 아니었다'라고 생각하는 맹 순사의 모습에서 인물의 허위와 위선을 확인할 수 있겠군.

④ 해방 후 다시 '순사'가 되어 '×× 파출소'에서 일하게 된 맹 순사의 모습에서 친일 잔재를 청산하지 못해 비극적인 역사가 반복되는 것을 확인할 수 있겠군.

⑤ '우미관패'에 들어가 '사람을 치다 붙잡'힌 노마를 놓아줬던 맹 순사의 모습에서 맹 순사가 도덕적 관념을 회복하는 과정을 확인할 수 있겠군.

04

외적 준거에 따라 작품을 감상하는 유형이다. 〈보기〉에 제시된 '혼란스러웠던 해방 전후의 사회 현실'과 작품 속의 인물인 '맹 순사, 서분, 노마'의 특성을 이해한 다음 적절한 선택지를 찾는다.

─────〈보기〉 분석─────

• 작품의 주제 의식: 혼란스러웠던 해방 전후의 사회 현실 속에서 도덕적 관념이 부족한 인물들 비판

• 주제 의식을 드러내는 방식: ① 스스로를 긍정적으로 인식하는 부정적 인물의 모습을 통해 허위와 위선 고발 ② 당대 인물들의 모습을 통해 친일 잔재를 청산하지 못해 나타나는 비극적 역사의 반복 제시

위와 같이 〈보기〉를 요약한 다음, 인물과 사건, 주제 의식 등과 연결하여 선택지에 언급된 내용이 적절한지 판단해 보자.

1차 채점	맞은 문항 수	개		2차 채점	맞은 문항 수	개		3차 채점	맞은 문항 수	개
	틀린 문항 수	개	→		틀린 문항 수	개	→		틀린 문항 수	개
	헷갈리는 문항 번호				헷갈리는 문항 번호				헷갈리는 문항 번호	

• 틀린 문항 '/' 표시   • 틀린 문항 '×' 표시   • 틀린 문항 △ 표시

1부 현대 소설·극　37

[01-03] 다음 글을 읽고 물음에 답하시오.

☆ 문제 풀이까지 마친 후 복습할 때 보세요.

제대로 감상법

"그 아이는 안 죽었소. 누가 내린 자식이라고 그리 쉽게 죽을 것 같소? 틀림없이 미륵보살님이 지켜 주고 계실 것이요."

"뭣이라고? 함께 갔던 친구가 하는 말인데, 그러면 그 녀석이 거짓말을 했단 말이여?"

"어젯밤 꿈에도 그 아이가 저 건너 미륵바위 곁에 서 있습디다. 꼭 옛날 당신이 징용 가셨을 때 미륵바위 곁에 서 계셨던 것맨키로 의젓하게 서서 웃고 있습디다."

한몰댁은 마치 남의 이야기하듯 차근하게 말했다.

"뭣이? 옛날 징용 갔을 적에 임자 꿈에 내가 미륵바위 곁에 서 있었던 것맨키로?"

영감은 눈을 끔벅이며 할멈을 건너다봤다. ㉠그때 일은 너무도 신통했다. 탄광에서 갱도가 무너져 죽었다고 집에 사망 통지서까지 온 영감이 죽지 않고 살아왔던 것이다.

왜정 때 북해도 탄광에 징용으로 끌려갔을 때였다. 교대를 하러 갱으로 들어가려는데 갑자기 배탈이 났다. 평소 그를 곱게 보던 십장이 함바에서 쉬라고 했다. 그 뒤 한 시간도 채 못 되어 탄광은 수라장이 되고 말았다. 낙반 사고였다. 구조를 하느라 탄광은 벌집을 쑤셔 놓은 꼴이었다. 그러나 갱 사정을 손바닥 보듯 알고 있던 영감은 그들을 구출할 수 없다는 걸 잘 알고 있었다. 순간, 도망치자는 생각이 번개처럼 머리를 쳤다. 도둑놈은 시끄러울 때가 좋더라고 도망치기에는 이보다 좋은 기회가 없을 것 같았다. 더구나 자기가 갱 속에 들어가지 않았다는 것은 십장만 알고 있는데, 그도 갱 속에 들어갔으므로 자기가 없으면 갱에서 죽은 걸로 치부할 게 틀림없었다.

주먹을 사려쥐었다. 그러나 탈주는 목숨을 거는 일이었다. 잡히면 그대로 총살이었다. 광부였지만 전시 동원령에 따라 끌려왔기 때문에 그들의 탈주도 군인들 탈영하고 똑같이 취급됐다. 그렇지만 여기 있으면 자기도 언제 죽을지 몰랐다. 전시물자 수급이 달리자 목표량 채우기에만 눈이 뒤집혀 안전 따위는 안중에도 없고, 몽둥이로 소 몰듯 몰아치기만 했다. 작업 조건도 조건이지만 우선 밥이 적어 견딜 수가 없었다. 이판사판이었다. 예사 때도 지나새나* 궁리가 그 궁리였으므로 도망칠 길목은 웬만큼 어림잡고 있었다. 밤이 이슥하기를 기다려 철조망을 뛰어넘었다.

집에는 사망 통지서와 함께 유골이 왔다. 무슨 일인가 하고 나간 시어머니는 그 자리에서 짚단 무너지듯 까무러쳤다. 그러나 한몰댁은 어리벙벙한 표정으로 서 있었다. 아무래도 그게 자기 남편 유골 같지 않았고, 죽었다는 실감도 들지 않았다. 그 순간 전날 밤 꿈에 나타난 미륵보살이 떠올랐다. 미륵보살이 인자하게 웃고 있었고, 그 곁에 남편이 의젓하게 서 있었다.

"그이는 안 죽었소."

한몰댁은 시어머니에게 꿈 이야기를 하며 틀림없이 미륵보살님이 지켜 주고 계실 거라 했다. 그러나 시어머니는 그런 소리는 귀여겨듣지도 않고 시름시름 앓다가 그 길로 세상을 뜨고 말았다. 그렇지만 한몰댁은 눈물 한 방울 흘리지 않고, 그때까지 그래왔듯이 새벽마다 미륵바위 앞에서 더 정성스레 치성을 드렸다. 8·15가 되었다. 꿈결에 싸여 온 듯 남편이 살아왔다.

[중략 부분의 줄거리] 한몰 영감 내외는 6·25 때 의용군으로 나간 아들이 북쪽에 살아 있다고 믿으며 살아간다. 산업화에 의한 댐 건설로 마을이 수몰되기 전 지낸 마지막 당제가 끝나고 한몰 영감은 혼자 남아 도깨비들에게 아들의 안전을 지켜 달라고 부탁한다.

"자네들 사는 길속을 내가 잘 몰라서 하는 말인디, 만당 간에 그런 일이 있으면 우리 집 녀

송기숙, 〈당제〉

[제목의 의미]

'당제(堂祭)'는 마을 사람들이 무병과 풍년을 빌며 마을을 지켜 주는 신에게 지내는 제사를 뜻하는 말로, 민속 신앙을 통해서 자신들이 겪어온 아픔을 극복해 나가려는 사람들의 모습을 그리고 있는 소설이다.

[구성]

■ 중요 인물
• (　　　　　　　): 일제 강점기에 징용으로 끌려갔다가 살아와, 한국 전쟁 때 의용군으로 나가 죽었다는 아들이 살아오기를 기다림.
• 한몰댁: 민속 신앙을 믿으며 남편과 아들까지 연이어 닥치는 고난을 참고 견디어 냄.

■ 사건과 갈등: 징용으로 끌려갔다가 기적적으로 살아온 한몰 영감과 그의 아내 한몰댁은 삼십 년 전 한국 전쟁 때 (②　　　　　)으로 나가 죽었다는 아들이 살아 있다고 믿음. 그리고 댐 건설로 마을이 수몰된 후에도 댐 근처에 집을 짓고 안내판을 세운 뒤 그곳에서 살아감.

■ 소재와 배경의 의미
• (③　　　　　　　): 인간이 초월적 세계를 향해 직접적으로 기원할 수 있는 대상
• 당제: 마을신에게 지내는 제사로, 인간의 세계와 초월적 세계를 매개하는 의식
• 도깨비: 마을 사람들의 일상과 함께하는 존재로, 인간의 세계와 초월적 세계를 이어주는 매개자

[문체] – 서술상의 특징
• (④　　　　　)을 사용하여 사실감과 생동감을 부여함.
• 인물의 (⑤　　　　　)을 통해 과거의 사건을 전달하면서 현재 인물의 행동의 근거를 제공함.
• 초월적 세계에 대한 믿음으로 현실의 문제를 해결하려는 인물이 제시됨.

[주제]

민속 신앙을 통한 수난 극복 의지

▶ 작가: 송기숙 – 〈해설편〉 16쪽 참조

▶ 해설편 15쪽

석한테 말을 전할 방도를 한번 생각해 보게. 천행으로 그런 방도가 있거든 그 녀석한테 이렇게 쪼깐 전해 주게. 자네 부모들은 둘이 다 무탈한께 그것은 하나도 걱정 말고, 혹간에 그쪽에서 간첩으로 내려가라고 하거든 죽으면 거그서 죽제 간첩으로는 절대로 내려오지 말라더라고 전해 줘. 이쪽 남한에는 어디를 가나 골목골목 간첩 잡으라는 표때기 안 붙은 데가 없고, 군인이야, 경찰이야, 예비군이야, 더구나 삼천만 원, 오천만 원 상금까지 걸려 어느 한구석 발붙일 데가 없다고 저저이 일러줘. 아무리 지가 홍길동이라 하더라도 여그 와서야 어느 골목에 발을 붙일 것이며, 어느 그늘에 은신을 할 것인가? 없네, 없어, 발붙일 데가 없어."

영감은 손사래까지 치며 절레절레 고개를 젓는다.

"자네들한테 이런 말이라도 하고 난께 속이 쪼깐 터진 것 같네. 사상이 뭣인가 모르겄네마는, 그 사상이란 것도 사람이 살자는 사상이제 죽자는 사상은 아닐 것인디, 피붙이들이 생나무 가지 찢어지듯 찢어져서 삼십 년을 내리 소식 한 번 듣지 못하고 산대서야 그것이 지대로 된 사상이겄어? 아무리 이빨 감시로 총 겨누고 있어도 이 꼴이라면 이제는 피차에 쪼깐⋯⋯."

영감은 말을 뚝 그친다. 저쪽에서 플래시 불이 나타났다. 서울서 밤차를 타고 온 사람들 같았다.

"아이고, 사람이 오네. 나 가야겄네. 그럼 돌아온 한식날 보세."

영감은 담배꽁초를 짓이겨 끄고 부랴부랴 동네로 내닫는다.

이듬해 봄부터 댐에 물이 차기 시작했다. 산중턱까지 물이 찬 댐은 물빛이 유난히 푸르렀다. 멀리 바다로 날아가던 물새들도 푸른 물빛에 끌려 여기 내려앉아 자맥질을 하다 떠나고, 하늘에 떠 있는 흰구름도 제 아름다운 자태를 수면에 비춰 보며 한가롭게 멈춰 있기도 했다.

감내골 가는 장구목재 잿길은 재를 넘어 조금 내려가다가 물속으로 들어가 버린다. 동네가 없어졌으므로 댐을 막은 뒤부터 이 길을 다니는 사람은 거의 없다. 이따금 극성스런 낚시꾼들이나 바쁜 걸음을 칠 뿐이다. 새벽 장꾼들처럼 바삐 나대던 낚시꾼들은 느닷없이 앞을 가로막는 큼직한 안내판 앞에 우뚝 걸음을 멈춘다. 관광지 안내판 크기의 이 안내판을 읽고 난 낚시꾼들은 어리둥절한 표정으로 고개를 갸웃거리다가 눈을 옆으로 돌린다.

거기 오두막집이 한 채 있다. 싸리나무 울타리가 가지런하고 마당이며 토방이 여간 정갈하지 않다. 토방과 집터서리에는 벌통이 여남은 통 놓여 있고, 집 근처 네댓 마지기 밭에는 조그마한 남새밭을 내놓고는 모두 메밀을 갈아, 가을이면 하얗게 핀 메밀꽃이 따가운 햇살에 눈이 부실 지경이다.

발길이 바쁜 낚시꾼들이지만, 이 집을 보고 나면 고개를 갸웃거리다가 다시 안내판으로 눈이 간다. 안내판 한쪽 귀퉁이에는 호롱불이 걸려 위쪽이 시커멓게 그을려 있고, 그 곁에는 끄트머리에 창의비라 쓰인 비석도 하나 서 있다. 그들은 서툰 글씨지만 정성 들여 또박또박 쓰여 있는 안내판을 다시 읽는다.

"이 재 너매 잇든 감내골 동내는 저수지 땜을 마거서 한집도 업씨 모두 다 업써저불고, 거그 살든 부님이 어매 한몰댁하고 아배 한몰 영감은 이 집서 산다. 부님이 아배 이름은 김진구다."

— 송기숙, 〈당제〉

---

* **지나새나**: 해가 지거나 날이 새거나 밤낮없이

⬛ 제대로 구조화하기 ⬛

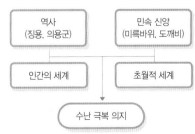

01

〈보기〉에서 윗글에 대한 설명으로 적절한 것을 모두 골라 바르게 짝지은 것은?

〈보기〉

ㄱ. 방언을 사용하여 대화를 실감나게 전달하고 있다.
ㄴ. 사건이 반복되면서 인물 간 갈등이 심화되고 있다.
ㄷ. 배경 묘사를 통해 장면을 선명하게 제시하고 있다.
ㄹ. 주인공이 서술자가 되어 자신의 경험을 서술하고 있다.

① ㄱ, ㄷ   ② ㄴ, ㄷ   ③ ㄷ, ㄹ   ④ ㄱ, ㄴ, ㄹ   ⑤ ㄴ, ㄷ, ㄹ

제대로 접근법 ☆ 문제 채점까지 마친 후 복습할 때 보세요.

01
서술상의 특징을 파악하는 유형이다. 소설의 감상 요소인 인물, 사건과 갈등, 배경, 시점, 서술 방식 등을 기준으로 작품을 감상하고 문제를 해결한다. 〈보기〉로 제시된 내용이 작품에 드러나는지 하나하나 확인해 보자. 어려운 개념어가 사용되지 않아 비교적 쉽게 선택지의 적절성을 판단할 수 있다.

02

㉠에 대하여 '한몰 영감'이 회상했을 법한 내용으로 적절한 것은?

① '낙반 사고 이전에는 탈출을 감행할 생각을 하지 않았지.'
② '탈출을 결심하고도 동료에 대한 의리 때문에 괴로워했어.'
③ '갱도가 붕괴되었을 때 나도 동료들을 구하려 노력했었지.'
④ '탄광 사람들은 내가 갱도에서 죽었다고 생각했었을 거야.'
⑤ '내가 갱도에 들어가지 않은 것을 십장이 몰라 다행이었어.'

02
작품의 세부적 내용을 파악하는 유형이다. 지문의 내용만 제대로 확인한다면 어렵지 않게 답을 찾을 수 있으므로 절대 틀려서는 안 되는 문제이다. 먼저 ㉠의 '그때 일'이 무엇인지 파악한다. 그리고 '그때 일'과 관련된 구체적인 내용을 정리한 다음, 이를 바탕으로 선택지의 적절성을 판단한다.

03

〈보기〉를 바탕으로 윗글을 감상한 내용으로 적절하지 <u>않은</u> 것은? [3점]

〈보기〉

〈당제〉는 민족 수난의 역사와 산업화를 겪은 농촌을 배경으로 한몰 영감 내외와 마을 사람들이 경험한 아픔을 보여 준다. 아래와 같이 이 작품의 두 축은 '역사'와 '신앙'으로, 초월적 세계에 대한 믿음을 통해 현실의 문제들을 해결해 가고자 하는 사람들의 모습을 드러낸다.

역사(현실) ········ 신앙(초월적 세계)

'미륵바위'는 개개인이 초월적 세계를 향해 직접적으로 기원할 수 있는 대상이고, '마을신'에게 제사를 지내는 '당제'는 두 세계를 매개하는 의식이다. '도깨비'는 두 세계의 매개자로서 마을 사람들의 일상과 함께한다. 이처럼 소설은 현실의 삶이 초월적 세계와의 교류를 통해 지탱되고 이어져 감을 보여 주고 있다.

① 남편이 살아 있다는 '한몰댁'의 확신은 '꿈'이 소망을 이루어 주어 초월적 세계를 구현한다는 믿음에서 비롯된 것이겠군.
② '한몰댁'이 수난을 겪을 때 '미륵바위'를 찾은 것은 초월적 세계를 통해 현실의 문제를 해결하고자 한 것이겠군.
③ '한몰 영감'이 '도깨비'에게 아들을 부탁한 것은 현실과 초월적 세계가 교류하는 모습을 보여 주는 것이겠군.
④ '댐' 건설로 '감내골'이 물에 잠기게 된 것은 산업화 시대의 농촌 사람들이 겪어야 했던 아픔을 보여 주는 것이겠군.
⑤ '한몰 영감' 부부가 '안내판'을 세운 것은 초월적 세계에 대한 믿음이 그들의 삶을 지탱하고 있음을 보여 주는 것이겠군.

03
외적 준거를 바탕으로 작품을 감상하는 유형이다. 〈보기〉의 내용을 정리한 다음, 작품의 세부적 내용에 대한 감상이 〈보기〉의 정보를 바탕으로 이루어졌는지 확인한다.

〈보기〉 분석
• 작품의 두 축: '역사'와 '신앙'
• 작품의 내용: 초월적 세계에 대한 믿음을 통해 현실의 문제들을 해결해 가고자 하는 사람들의 모습 형상화
• 소재의 의미: ① 미륵바위 – 초월적 세계를 향해 기원할 수 있는 대상 ② 당제 – 인간의 세계와 초월적 세계를 매개하는 의식 ③ 도깨비 – 인간의 세계와 초월적 세계를 이어주는 매개자

정답률이 매우 낮은 문제였다. 작품 및 〈보기〉의 내용을 자의적으로 판단해서는 안 된다는 점을 명심하자.

1차 채점	맞은 문항 수	개	2차 채점	맞은 문항 수	개	3차 채점	맞은 문항 수	개
	틀린 문항 수	개		틀린 문항 수	개		틀린 문항 수	개
	헷갈리는 문항 번호			헷갈리는 문항 번호			헷갈리는 문항 번호	

• 틀린 문항 '/' 표시   • 틀린 문항 'x' 표시   • 틀린 문항 △ 표시

[01-03] 다음 글을 읽고 물음에 답하시오.

[앞부분의 줄거리] 떡볶이 가게에서 일하는 '나'는 주인 아줌마가 약속한 날짜에 임금을 주지 않자 홧김에 가게의 봉숭아 화분을 망가뜨린다. 그리고 아르바이트 경력이 많은 용우의 도움을 받아 밀린 임금을 받아 내려고 한다.

어느새 모여든 사람들에게 들으라는 듯이 아줌마가 악을 쓴다.

"대드는 게 아니고, 돈 달라고 하는 건데요."

용우도 지지 않는다. ㉠삶의 현장이 용우를 저렇게 단련시켰다. 그런데 나 이민수는 뭐란 말인가.

"자아, 그래, 돈 줄란다. 나한테 대드는 꼴은 밉지만 그래도 친구랍시고 와서 거드는 것이 가상해서 내가 돈을 주긴 준다마는……. 가만있어봐라, 아이 민수야, 니 지난번에 말도 안 하고 무단결근한 날 있었지? 그것도 하필 제일 바쁜 날에."

"말하고 빠졌는데요."

㉡그날은 학교 폭력 문제로 학원이고 알바고 어떤 이유가 있어도 학교 끝나고 모두 남으라고 담임이 오금을 박는 바람에 어쩔 수가 없었다. 우리는 그날 담임에게 기합을 받았고 나는 분명히 아줌마한테 전화를 했는데 단지 아줌마가 전화를 받지 않았을 뿐이다. ㉢그런데 이제 와서 무단결근이라니.

"무단결근 시 이틀 치 일당 제한다는 약속 안 잊었지?"

나는 그런 약속을 한 기억이 없다. 그러나,

"그리고, 망가진 화분 값은 당연히 민수 니가 물어야겠지? 자아, 그러면 얼마야, 삼천 곱하기 이십며칠……."

아줌마와의 담판은 지루했다. 용우는 삼천칠백칠십 원을 들이댔고 아줌마는 끝까지 삼천 원을 고수했다. ㉣두 사람의 대결은 팽팽했고 나는 웬일인지 너무도 피곤해서 알바비고 뭐고 다 그만두고만 싶은 마음이 간절해지기 시작했다. 나는 문득, 내가 망가뜨린 봉숭아 화분에 눈이 갔다. 화분은 깨졌지만 봉숭아는 다행히 아직 살아 있었다. 뿌리에 흙덩이를 감은 채 넘어진 봉숭아는 천연덕스럽게 꽃을 피우고 있었다. 나는 문득 봉숭아꽃이 참 아름답다는 생각을 했다. 봉숭아는 아름다운데 아름다운 봉숭아를 키우는 떡볶이집 아줌마는 왜 아름답지 않을까. ㉤아줌마가 원래부터 저렇게 아름답지 않은 사람이었을까? 원래부터 아름답지 않은 사람도 아름다운 꽃을 기를 수 있을까? 아줌마에게도 이 꽃처럼 아름다운 때가 있기나 했을까. 내가 한참 돈보다 꽃 생각을 하고 있는데 느닷없이 천지를 진동하는 아줌마의 울음소리가 났다.

"내가아, 내가아, 저놈의 쥐알만 한 새끼들한테 무시를 당할 만큼, 나쁜 사람이 아녀어, 근데에, 저놈의 새끼들이 나를 떡볶이집 아줌마로 보고 무시하는 거야아……. 아이고, 내가 떡볶이 팔아서 무신 부자가 되겠다고 저런 놈의 새끼들한테……. 아이고오……."

고개를 들 수가 없었다. 아줌마가 원망하는 대상이 나라는 사실이 죽고 싶도록 괴로워서 나는 꼼짝도 할 수가 없었다. 아줌마가 애끊는 소리로 우는 것이 꼭 엄마 같아서 더 그랬다. 용우가 내 등을 탁 쳤다.

"야아, 이 아줌마 진짜 독하다. 죽어도 삼천칠백칠십으로 안 준다."

"세상에, 우리 회사 말이다. 무섭다. 무서워."

"왜?"

제대로 감상법

★ 문제 풀이까지 마친 후 복습할 때 보세요.

공선옥, 〈힘센 봉숭아〉

제목의 의미

'힘센 봉숭아'는 주인공이 아름다운 것들은 힘이 세다는 것을 깨닫는 계기를 제공하는 소재로, 이 작품은 주인공인 고등학생 이민수가 각박한 현실 속에서 물질보다 더 중요한 가치가 있음을 깨닫는 과정을 그린 성장 소설이다.

구성

■ 중요 인물
• (❶   ): 세상과 사람들의 각박한 인심을 경험하지만, 봉숭아를 통해 물질보다 더 중요한 가치가 있다는 것을 깨달음.
• 용우: 떡볶이집 주인 아줌마와의 담판을 통해 밀린 아르바이트 임금을 받아 내는 '나'의 친구

■ 사건과 갈등: '나'는 아르바이트 임금을 받아 내기 위해 떡볶이집 주인과 담판을 벌임. 엄마는 직장에서 (❷   )를 당할까 봐 불안해하고, 아버지는 새로운 일거리를 구하지 못해 힘들어함.

■ 소재와 배경의 의미
• (❸   ): 세상에는 물질보다 더 중요한 가치가 있다는 것을 깨닫게 해주는 자연물

문제 – 서술상의 특징

• 인물 간의 (❹   )를 통해 생생하고 간결하게 사건을 전달함.
• 인간과 (❺   )의 대비를 통해 주제 의식을 부각함.

주제

물질보다 더 소중한 가치에 대한 깨달음

▶ 작가: 공선옥 – 〈해설편〉 18쪽 참조

"듣자 하니, 노조 만든다고 짜르고 잡담한다고 짤라서들 데모를 한다네."

"그러게, 내가 그랬잖아, 그 빈자리에 엄마가 들어갔다고, 그러니, 엄마도 안심할 순 없잖아."

"내가 뭘? 나야 뭐 노조도 안 할 거고 잡담도 안 할 건데."

"그게 문제야. 노동자가 당연히 노조 하고 일하면서 말도 할 수 있는 거지, 사람이 기계야, 말도 못 하게?"

"그러다 짤리면?"

"내 말은 엄마같이 짤릴 거 무서워하는 사람들이 함부로 짤리지 않는 세상 만들어야 한다는 거지, 그러려면……."

"그러려면?"

"노동자끼리 단결해야지."

"근데, 이 기집애가 갈수록 이상한 소리 하네. 그래서 내가 짤리기라도 해봐라, 니 등록금이 나오나."

엄마와 누나는 오늘도 '엄마 회사' 이야기다.

밖에 나갔다 온 아버지에게서 술 냄새가 진동한다. 아버지가 철퍼덕 현관에 주저앉는다.

"아이고, 이놈의 세상, 먹고살기가 왜 이리 힘드냐. 당최 헐 수 있는 일이 없구나."

아버진 새로운 일거릴 끝내 못 찾은 모양이다. 잡담만 해도 일하는 사람을 쫓아내는 회사에 들어간 엄마도 왠지 불안하다. 용우가 어렵게 받아낸 돈을 꺼내 본다. 돈이 돈이 아니라 왠지 자꾸만 눈물로 보인다. 저 돈 때문에 내가 울고 아줌마가 울고 엄마가 울고 아버지가 운다. 돈 때문에 울지 않는 건 무엇일까. 아줌마네 집 가게 앞에 나뒹그러진 봉숭아가 생각난다. **봉숭아는 돈 때문에 울지 않는다.** 내가 발로 차버렸는데도 죽지도 않는다. 아, 그리고 보면 봉숭아가 이 세상에 가장 힘이 센가, 그 아름다운 꽃, 봉숭아! 그리고 보면 아름다운 것들은 힘이 센지도 모른다. 그렇다는 것을 알게 된 것도 어쩌면 내가 아줌마네 가게에서 일을 했기 때문에, 아버지 말씀대로 **밖에서 공부를 한** 덕분이 아닐까. 이렇게 생각하니 아줌마가 그리 밉지가 않은 것이 참 이상한 일이다.

"아이고, 아무리 세상 험해도 젤 이쁜 것은 요것들이구나."

엄마는 베란다에 나가 식물들에 물을 주고 있다. 나는 돈이 든 봉투를 안방에 밀어놓고 집을 나왔다.

'아줌마 떡볶이' 집 봉숭아가 아직도 무사하길 바라며 나는 화분 가게로 갔다. 내가 아줌마네 봉숭아를 다시 화분에 심으려는 이유는, 내가 황폐해지지 않기 위해서다. 나는 아름다워서 **힘센 봉숭아**를 닮아 넘어져도 기를 쓰고 살아나리라. 나는 화분을 안고 밤바람을 가르며 떡볶이 가게로 달려갔다.

– 공선옥, 〈힘센 봉숭아〉

⊞ 제대로 구조화하기 ⊞

01 윗글에 대한 설명으로 적절하지 <u>않은</u> 것은?

① '아버지'는 새로운 일거리를 찾지 못한 것을 가족의 탓으로 돌리고 있다.
② '엄마'는 일자리를 잃을 것이 두려워 노조에 가입하는 것을 꺼려하고 있다.
③ '누나'는 노동자의 권리가 보장되는 세상을 만들어야 한다고 생각하고 있다.
④ '아줌마'는 '나'의 무단결근을 이유로 지급해야 할 임금을 줄이려 하고 있다.
⑤ '용우'는 '나'의 밀린 아르바이트 임금을 받아 내기 위해 아줌마와 맞서고 있다.

02 ㉠~㉤에 나타난 '나'의 심리로 가장 적절한 것은?

① ㉠: 삶의 현장에서 단련된 용우를 안타깝게 여기고 있다.
② ㉡: 아줌마와의 약속을 지키지 못한 것을 뉘우치고 있다.
③ ㉢: 아줌마의 일방적인 주장에 억울해하고 있다.
④ ㉣: 아줌마와의 담판에서 진 용우에게 실망하고 있다.
⑤ ㉤: 아줌마가 원래부터 나쁜 사람이었음을 확신하고 있다.

03 〈보기〉를 참고하여 윗글을 감상한 내용으로 적절하지 <u>않은</u> 것은? [3점]

> 〈보기〉
>
> 이 작품에서 '나'는 삶의 현장에서 돈이 우선인 세상과 사람들의 각박한 인심을 경험한다. 그러나 '나'는 '봉숭아'를 보며 위기 속에서도 생명력을 유지하는 것이 얼마나 아름다운지를 느낀다. 이를 통해 물질보다 더 중요한 가치가 있다는 것을 깨닫고 정신적 황폐함을 이겨 낼 수 있다는 희망을 가지며 한층 성장하게 된다.

① '나'는 넘어진 봉숭아가 '천연덕스럽게 꽃을 피우고' 있는 것을 보며 위기 속에서도 생명력을 유지하는 것의 아름다움을 발견하고 있군.
② '나'가 '아줌마가 원망하는 대상이 나라는 사실'에 괴로워한 것은 돈이 우선인 세상에 적응하지 못하는 자신이 부끄러웠기 때문이겠군.
③ '나'는 '봉숭아는 돈 때문에 울지 않는다'는 것을 알고 물질보다 더 중요한 가치가 있다는 것을 깨닫게 되었군.
④ '나'는 '밖에서 공부를 한 덕분'에 아름다운 것들이 힘이 세다는 것을 알게 되며 성장할 수 있게 되었군.
⑤ '나'는 '힘센 봉숭아'를 닮아 정신적 황폐함을 이겨 내고 희망을 갖고 살아가야겠다고 다짐하고 있군.

제대로 접근법 ☆ 문제 채점까지 마친 후 복습할 때 보세요.

01
작품의 세부적인 내용을 파악하는 유형이다. 작품이 이해하기 쉽고 문제도 어렵지 않으므로 틀려서는 안 된다.
'아버지'의 처지가 어떠한지, '엄마'와 누나는 노조 가입에 대해 어떻게 생각하고 있는지, '나'와 '용우' 그리고 '아줌마'는 왜 대립하고 있는지 등을 정리해 본다.

02
인물의 심리를 파악하는 유형이다. 사건의 전개 과정과 인물 간의 관계를 정리한 다음, 각각의 사건과 인물에 대한 '나'의 심리가 어떠한지 추리한다.
'나'는 아르바이트를 하면서 세상의 각박함을 경험하고 있다. 그 과정에서 '나'의 심리가 비교적 명료하게 드러나고 있으므로 문제를 해결하는 데 큰 어려움은 없을 것이다.

03
외적 준거에 따라 작품을 감상하는 유형이다. 〈보기〉의 내용을 정리한 다음, '나'에 대한 〈보기〉의 정보를 활용하여 선택지의 내용이 적절한지 판단한다.

> 〈보기〉 분석
>
> • '나'의 경험: 돈이 우선인 세상과 사람들의 각박한 인심을 경험함.
> • 깨달음의 계기: '봉숭아'를 보며 위기 속에서도 생명력을 유지하는 것이 얼마나 아름다운지를 느낌.
> • '나'의 깨달음: 물질보다 더 중요한 가치가 있다는 것을 깨달음.

문제가 어렵지 않았음에도 불구하고 특정한 오답 선택지를 선택한 경우가 많았다. 함정에 빠지지 않는 문제 풀이 요령이 필요하다.

1차 채점

맞은 문항 수	개
틀린 문항 수	개
헷갈리는 문항 번호	

• 틀린 문항 '/' 표시

→

2차 채점

맞은 문항 수	개
틀린 문항 수	개
헷갈리는 문항 번호	

• 틀린 문항 'X' 표시

→

3차 채점

맞은 문항 수	개
틀린 문항 수	개
헷갈리는 문항 번호	

• 틀린 문항 '△' 표시

[01~03] 다음 글을 읽고 물음에 답하시오.

[앞부분의 줄거리] 덕순은 동네 어른으로부터 이상한 병에 걸린 사람이 병원에 가면 월급도 주고 병도 고쳐 준다는 말을 듣는다. 덕순은 열세 달이 되도록 배가 불러만 있는 아내가 이상한 병에 걸렸다고 믿고, 아내를 업고 팔자를 고칠 희망에 차 대학 병원으로 향한다.

"이 뱃속에 어린애가 있는데요, 나올려다 소문이 적어서 그대로 죽었어요. 이걸 그냥 둔다면 앞으로 일주일을 못 갈 것이니 불가불 수술을 해야 하겠으나 또 그 결과가 반드시 좋다고 단언할 수도 없는 것이매 배를 가르고 아이를 꺼내다 만일 사불여의*하여 불행을 본다더라도 전혀 관계없다는 승낙만 있으면 내일이라도 곧 수술을 하겠어요."

하고 나 어린 간호부는 조금도 거리낌 없는 어조로 줄줄 쏟아 놓다가,

"어떻게 하실 테야요?"

"글쎄요……."

덕순이는 이렇게 얼떨떨한 낯으로 다시 한번 뒤통수를 긁지 않을 수 없었다.

간호부의 말이 무슨 소린지 다는 모른다 하더라도 속대중으로 저쯤은 알아챘던 것이니 아내의 생명이 위험하다는 그 말이 두렵기도 하려니와 겨우 아이를 뱄다는 것쯤, 연구거리는 못 되는 병인 양 싶어 우선 낙심하고 마는 것이다. 하나 이왕 버린 노릇이매,

"그럼 먹을 것이 없는데요……."

"그건 여기서 입원시키고 먹일 것이니까 염려 마셔요……."

"그런데요 저……."

하고 덕순이는 열적은* 낯을 무얼로 가릴지 몰라 주볏주볏,

"월급 같은 건 안 주나요?"

"무슨 월급이오?"

"왜 여기서 병을 고치면 월급을 주는 수도 있다지요."

"제 병 고쳐 주는데 무슨 월급을 준단 말이오?"

하고 맨망스레도 톡 쏘는 바람에 덕순이는 고만 얼굴이 벌게지고 말았다. 팔자를 고치려던 그 계획이 완전히 어그러졌음을 알자, 그의 주린 창자는 척 꺾이며 두꺼운 손으로 이마의 진땀이나 훑어보는 밖에 별 도리가 없는 것이다. 하나 아내의 생명은 어차피 건져야 하겠기로 공손히 허리를 굽신하여,

"그럼 낼 데리고 올게, 어떻게 해주십시오."

하고 되도록 빌붙어 보았던 것이, 그때까지 끔찍끔찍한 소리에 얼이 빠져서 멀뚱히 누웠던 아내가 별안간 기급을 하여 일어나 살똥맞은 목성으로,

"나는 죽으면 죽었지 배는 안 째요."

하고 얼굴이 노랗게 되는 데는 더 할 말이 없었다. 죽이더라도 제 원대로나 죽게 하는 것이 혹은 남편 된 사람의 도릴지도 모른다. 아내의 꼴에 하도 어이가 없어,

"죽는 거보담야 수술을 하는 게 좀 낫겠지요!"

비소*를 금치 못하고 섰는 간호부와 의사가 눈에 보이시 않노록, 덕순이는 시선을 외면하여 뚱싯뚱싯 아내를 업고 나왔다. 지게 위에 올려놓은 다음 엎디어 다시 지고 일어나려니 이게 웬일일까, 아까 오던 때와는 갑절이나 무거웠다.

㉠덕순이는 얼마 전에 희망이 가득히 차 올라가던 길을 힘 풀린 걸음으로 터덜터덜 내려오고 있었다. 보지는 않아도 지게 위에서 소리를 죽여 훌쩍훌쩍 울고 있는 아내가 눈앞에 환한 것이다. 학식이 많은 의사는 일자무식인 덕순이 내외보다는 더 많이 알 것이니 생명이 한

제대로 감상법

☆ 문제 풀이까지 마친 후 복습할 때 보세요.

김유정, 〈땡볕〉

제목의 의미

한여름의 뜨거운 '땡볕'은 1930년대 소외된 하층민들의 고달픈 삶을 상징하는 것으로, 이 작품은 어리숙한 덕순 내외가 겪는 사건을 통해 개인이 어찌할 수 없는 가난과 자본주의의 비인간성을 보여 주고 있다.

구성

■ 중요 인물
• (❶　　　　　) : 냉철한 판단력은 없고 정에 이끌려 행동하는 인물로, 죽어가는 아내를 보고 있을 수밖에 없는 무식하고 가난한 이농민
• 아내 : 자신의 죽음이 임박했음을 알고 남아 있을 남편의 생활을 걱정하는 따뜻한 인물

■ 사건과 갈등 : 아내의 병을 고치고 월급까지 받으려는 생각에 (❷　　　　　)으로 향했던 덕순이, 병원에서 아내가 일주일밖에 살지 못할 것이라는 진단만을 받은 후 허탈하게 돌아오다 아내에게 먹을 것을 사 줌.

■ 소재와 배경의 의미
• (❸　　　　　) : 인물들이 겪고 있는 절망적인 현실을 상징하며, 소외된 하층민들이 겪는 비극적인 삶의 고통을 드러냄.

문제 ─ 서술상의 특징

• 덕순이라는 특정 인물의 (❹　　　　　)에 초점을 맞추어 사건을 서술함.
• (❺　　　　　)한 인물의 행동을 통해 씁쓸한 웃음과 슬픔을 동시에 느끼게 함.

주제

가난에서 느끼는 좌절과 자본주의 사회의 비인간성

▶ 작가 : 김유정 ─ 〈해설편〉 20쪽 참조

이레를 못 가리라던 그 말을 어째 볼 도리가 없다. 인제 남은 것은 우중충한 그 냉골에 갖다 다시 눕혀 놓고 죽을 때나 기다리고 있을 따름이었다.

덕순이는 눈 위로 덮는 땀방울을 주먹으로 훔쳐 가며 장차 캄캄하여 올 그 전도를 생각해 본다. 서울을 장대고 왔던 것이 벌이도 제대로 안 되고 게다가 인젠 아내까지 잃는 것이다. 지에미붙을! 이놈의 팔자가, 하고 딱한 탄식이 목을 넘어오다 꽉 깨무는 바람에 한숨으로 터져 버린다.

한나절이 되자 더위는 더한층 무서워진다.

덕순이는 통째 짓무를 듯싶은 등어리를 견디지 못하여 먼젓번에 쉬어 가던 나무 그늘에 지게를 벗어 놓는다. 땀을 들여 가며 아내를 가만히 내려다보니 그동안 고생만 시키고 변변히 먹이지도 못하였던 것이 갑자기 후회가 나는 것이다. ⓒ이럴 줄 알았더면 동넷집 닭이라도 훔쳐다 먹였을 걸 싶어,

"울지 말아, 그것들이 뭘 아나 제까짓 게!"

하고 소리를 빽 지르고는,

"채미* 하나 먹어 볼 테야?"

"채민 싫어요."

아내는 더위에 속이 탔음인지 한길 건너 저쪽 그늘에서 팔고 있는 얼음냉수를 손으로 가리킨다. 남편이 한푼 더 보태어 담배를 사려던 그 돈으로 얼음냉수를 한 그릇 사다가 입에 먹여 까지 주니 아내도 황송하여 한숨에 들이켠다. ⓒ한 그릇을 다 먹고 나서 하나 더 사다 주랴 물었을 때 이번엔 왜떡이 먹고 싶다 하였다. 덕순이는 이것이 마지막이라는 생각으로 나머지 돈으로 왜떡 세 개를 사다 주고는 그대로 눈물도 씻을 줄 모르고 그걸 오직오직 깨물고 있는 아내를 이윽히 바라보고 있었다. 그러나 아내가 무슨 생각을 하였는지 왜떡을 입에 문 채 훌쩍훌쩍 울며,

ⓔ"저 사촌 형님께 쌀 두 되 꿔다 먹은 거 부대 잊지 말구 갚우."

하고 부탁할 제 이것이 필연 아내의 유언이라 깨닫고는,

"그래 그건 염려 말아!"

"그리구 임자 옷은 영근 어머니더러 사정 얘길 하구 좀 빨아 달래우."

하고 이야기를 곧잘 하다가 다시 입을 일그리고 훌쩍훌쩍 우는 것이다.

덕순이는 그 유언이 너무 처량하여 눈에 눈물이 핑 돌아 가지고는 지게를 도로 지고 일어선다. 얼른 갖다 눕히고 죽이라도 한 그릇 더 얻어다 먹이는 것이 남편의 도릴 게다.

ⓜ때는 중복, 허리의 쇠뿔도 녹이려는 뜨거운 땡볕이었다.

덕순이는 빗발같이 내려붓는 등골의 땀을 두 손으로 번갈아 훔쳐 가며 끙끙 내려올 제, 아내는 지게 위에서 그칠 줄 모르는 그 수많은 유언을 차근차근 남기자, 울자, 하는 것이다.

– 김유정, 〈땡볕〉

＊ 사불여의 : 일이 뜻대로 되지 아니함.
＊ 열적은 : 부끄러운
＊ 비소 : 남을 비방하거나 비난하여 웃음.
＊ 채미 : 참외의 사투리

➕ 한 걸음 더 ➕

'땡볕'이라는 배경의 의미

'땡볕'은 덕순 부부의 고달픈 삶을 상징하고 있다. 쌀을 꾸어다 먹어야 하는 가난과 아내의 병으로 팔자를 고쳐 보겠다고 기대하는 무지. 그러한 허황된 기대마저 좌절된 절망적 상황이 '중복, 허리의 쇠뿔도 녹이려는 뜨거운 땡볕'으로 나타나고 있다. 1930년대라는 식민지 현실에서 사회적·경제적으로 소외된 하층민들의 비극적인 삶이 '땡볕'이라는 상징적 배경 속에 잘 형상화되어 있다.

🔲 제대로 구조화하기 🔲

01 윗글의 서술상 특징으로 가장 적절한 것은?

① 시점의 변화를 통해 사건을 다각적으로 제시하고 있다.
② 특정 인물의 심리에 초점을 맞춰 사건을 서술하고 있다.
③ 객관적인 시선으로 등장인물들의 행동을 관찰하고 있다.
④ 이야기 속의 이야기를 통해 인물의 심리를 드러내고 있다.
⑤ 과거와 현재의 반복적인 교차로 사건의 원인을 드러내고 있다.

★ 문제 채점까지 마친 후 복습할 때 보세요.

제대로 접근법

01
서술상의 특징을 파악하는 유형이다. 확실한 오답을 정답으로 선택한 경우가 많았는데, 소설의 기본적인 개념에 대한 이해가 부족하기 때문인 것으로 보인다.
덕순이 아내를 데리고 병원에 갔다 돌아오기까지의 사건이 어떻게 전달되고 있는지, 작품의 주제 의식이 어떤 방식으로 드러나고 있는지 확인해 본다.

02 ㉠~㉤에 대한 이해로 적절하지 않은 것은?

① ㉠ : 상황에 대한 덕순의 인식이 달라졌음을 보여 준다.
② ㉡ : 덕순의 어려운 가정 형편과 아내에 대한 안타까운 마음을 드러낸다.
③ ㉢ : 아내를 위로함으로써 상황이 나아질 것이라는 기대감을 드러낸다.
④ ㉣ : 비정한 현실 속에서도 따뜻한 인간미를 잃지 않는 아내의 모습을 보여 준다.
⑤ ㉤ : 덕순 내외가 겪는 삶의 힘겨움과 가혹한 현실을 드러낸다.

02
특정 장면의 의미를 바르게 이해했는지 확인하는 유형이다. 인물이 처한 상황과 그 상황에서 드러나는 인물의 태도와 심리를 파악한다.
특정 장면의 의미는 전체 맥락 속에서 파악해야 한다. 덕순 내외가 왜 대학 병원에 갔는지, 그 병원에서 무슨 일이 있었는지, 덕순은 왜 아내에게 '얼음냉수'와 '왜떡'을 사 주고 있는지 등을 생각해 본다.

03 〈보기〉를 참고하여 윗글을 감상한 내용으로 적절하지 않은 것은? [3점]

〈보기〉

　김유정 작품의 특징은 중심인물들이 대부분 순박하고 어리숙하다는 점이다. 작가는 그런 인물들을 연민의 시선으로 바라봄으로써 인물이 겪는 문제의 원인이 개인이 아니라 부조리한 사회에 있음을 보여 준다.
　작가는 〈땡볕〉에서 이러한 문제의식을 보여 주기 위해 인물의 성격과 대비되는 속성을 가진 대학 병원을 배경으로 설정했다. 덕순 내외는 동네 어른의 말만 믿고 희망에 차 대학 병원을 찾았으나 돈이 없어 병을 치료하지 못하고 비극적 죽음을 앞두게 된다. 이를 통해 근대 자본주의 사회의 비인간성과 모순을 비판하고 있다.

① 돈이 없어 죽음을 맞을 수밖에 없는 부조리한 현실을 통해 당대 사회의 문제를 비판하고 있군.
② 동네 어른의 말만 믿고 무작정 병원을 찾아가는 모습을 통해 덕순의 어리숙한 성격을 알 수 있군.
③ 죽음을 앞두고 소리 죽여 우는 아내의 모습을 통해 비극적 상황에 좌절하는 개인을 형상화하고 있군.
④ 덕순이 월급을 받을 수 없다는 사실에 실망하는 장면을 통해 자본주의 사회의 비인간성을 보여 주고 있군.
⑤ 순박한 인간미를 가진 인물과 냉정한 속성을 지닌 대학 병원의 대비를 통해 작가의 문제의식이 부각되고 있군.

03
외적 준거에 따라 작품을 감상하는 유형이다. 〈보기〉는 작품 해석에 꼭 필요한 요소이다. 짧은 지문 안에서 잘 이해되지 않았던 내용이 있다면, 〈보기〉를 바탕으로 그 내용을 재해석할 필요가 있다.

〈보기〉 분석
・김유정 작품의 특징: 중심인물들의 어리숙함 → 문제의 원인이 사회에 있음을 보여 줌.
・〈땡볕〉의 특징: 어리숙한 인물과 비인간적인 대학 병원의 대비 → 자본주의 사회의 비인간성과 모순 비판

위와 같이 〈보기〉에 제시된 정보를 정리한 다음, 이를 작품에 나타난 사건 및 인물의 태도와 연결하여 감상하고 선택지의 적절성을 판단한다.

1차 채점	맞은 문항 수	개	→	2차 채점	맞은 문항 수	개	→	3차 채점	맞은 문항 수	개
	틀린 문항 수	개			틀린 문항 수	개			틀린 문항 수	개
	헷갈리는 문항 번호				헷갈리는 문항 번호				헷갈리는 문항 번호	

・틀린 문항 '/' 표시　　　　　・틀린 문항 'X' 표시　　　　　・틀린 문항 △ 표시

46　문제편

[01~04] 다음 글을 읽고 물음에 답하시오.

[앞부분의 줄거리] 아버지는 도시 변두리에서 노새 마차를 몰면서 연탄 배달 일을 한다. 어느 날 가파른 골목을 오르던 마차가 넘어지면서 노새가 달아나 버리고 아버지와 '나'는 노새를 찾아 헤맨다.

[A]
까마귀 새끼라는 것은 우리 아버지가 까맣게 연탄재를 뒤집어쓰고 다닌대서 그 아들인 나를 가리키는 말이다. 사실 아버지는 노상 시커먼 몰골을 하고 다녔다. 옷은 물론 국방색 신발도 어느새 깜장 구두가 되어 있었다. 손 얼굴 할 것 없이 온몸이 껌정투성이였다. 어쩌다가 헹 하고 코를 풀면 콧물조차도 까맸다. 그런 가운데에서도 눈 하나만은 퀭하니 크게 빛났다. 아이들은 그런 아버지를 보고 까마귀라고 불러댔으나 차마 대놓고 그러지는 못하고, 만만한 나만 보면 까마귀 새끼라고 놀려댔다. 하지만 저희네들 아버지는 별것이었던가. 영길이네 아버지는 조그마한 기계와 연탄불을 피워가지고 다니면서, 뻥 소리와 함께 생쌀을 납작하게 눌러 튀겨내는 장사를 하고 있었고, 종달이네 형님은 번데기 장수였다. 순철이네 아버지는 시장 경비원이었고, 귀달네 아버지는 포장마차에서 장사를 하고 있었다. 그래서 우리는 영길이더러 '뻥', 종달이더러는 '뻔'이라는 별명을 붙여주었으며, 순철이 귀달이도 모두 하나씩 별명을 가지고 있었다. 그러니까 내가 까마귀 새끼라는 별명을 가지고 있다는 것은 어떻게 보면 당연한 것이고 별로 억울할 것도 없었다.

ㄱ내가 집에 돌아온 것은 밤 열 시도 넘어서였으나 아버지는 그때까지 돌아오지 않고 있었다. 할머니와 어머니는 동네 사람들의 귀띔으로 미리 사건 을 알고 있었던지, 내가 들어서자 얼른 뛰어나오며 허겁지겁 물었다.

"찾았니?"

"아버지는 어떻게 되셨어?"

내가 혼자 들어서는 걸 보면 찾지 못한 것을 번연히 알면서도 어머니는 다그쳐 물어댔다. 어머니는 나에게 밥을 줄 생각도 하지 않고 한숨만 내리 쉬고 올려 쉬곤 하였다.

아버지가 돌아온 것은 통행금지 시간이 거의 되어서였다. 예상한 일이지만 아버지는 빈 몸이었고 형편없이 힘이 빠져 있었다. 그때까지 식구들은 아무도 잠들지 않았다. 작은형도 일이 일인지라 기타도 치지 않고 죽은 듯이 방안에만 처박혀 있었다. ㄴ아버지를 보고도 아무도 말을 하지 않았다. 다만 할머니만이 말을 걸었다.

"이제 오니?" / "네."

그뿐, 아버지는 더는 말이 없었다. 그리고는 어머니가 보아온 밥상을 한옆으로 밀어놓고는 쓰러지듯 방 한가운데 드러눕고 말았다. 아버지는 지금 내일부터 당장 벌이를 나갈 수 없는 아픔보다도 길들여 키워온 노새가 가여워서 저러는지도 모를 일이었다. 아버지는 원래가 마부였다. 서울에 올라오기 전 시골에서도 줄곧 말마차를 끌었다. 어쩌다가 소달구지를 끄는 적도 있기는 했으나 얼마 가지 않아서 도로 말마차로 바꾸곤 했다. 그런 아버지였으므로 서울에 올라와서는 내내 말마차 하나로 버텨나왔었는데 어떻게 마음먹었는지 노새로 바꾸고 만 것이다. 노새나 말이나 요즘은 그놈의 삼륜차 때문에 아버지의 일감이 자칫 줄어드는 듯하기도 했다. 웬만한 오르막길도 끄떡없이 오르고, 웬만한 골목 안 집까지도 드르륵 들이닥치니 아버지의 말마차가 위협을 느낌직도 했고, 사실 일감을 빼앗기기도 했다. 그런데도 그때마다 아버지는 큰소리였다. "휘발유 한 방울 안 나오는 나라에서 자동차만 많으면 뭘 해." 마치 애국자처럼 말하는 것이었으나 나는 아버지의 그 말 뒤에 숨은 오기 같은 것을 느낄 수 있었다. 너무 고단해서였을까, 이날 밤 나는 앞뒤를 가릴 수 없을 만큼 깊이 잠에 빠졌던 것 같다.

제대로 **감상법** ☆ 문제 풀이까지 마친 후 복습할 때 보세요.

최일남, 〈노새 두 마리〉

제목의 의미

'노새'는 급격한 시대의 변화에 적응하지 못한 존재를 상징하는 소재로, '노새 두 마리'에서 한 마리는 실제 노새를 의미하고, 다른 한 마리는 도시 하층민으로 살아가는 아버지를 의미한다.

구성

◼ 중요 인물
• (①   ): 아버지의 연탄 배달을 도우며 힘겹게 일하는 아버지를 관찰하는 인물
• (②   ): 산업화와 도시화로 인한 시대의 변화에 적응하지 못하고 노새를 몰며 연탄 배달을 하는 인물

◼ 사건과 갈등: 아버지와 '나'는 달아난 노새를 찾지 못하고 집에 돌아오는데, 어머니에게 달아난 노새가 사람을 다치게 하고 물건을 박살냈다는 소식을 듣게 됨. 경찰서에 가기 위해 아버지는 아무 말 없이 다시 집을 나섬.

◼ 소재와 배경의 의미
• (③   ): 급격한 산업화 속에서 도시의 삶에 적응하지 못하고 고단하게 살아가는 아버지의 모습을 상징
• 비행기, 헬리콥터, (④   ), 자전거: 급격한 산업화의 진행을 보여 주는 소재들

문제 – 서술상의 특징

• 어린아이인 '나'의 눈을 통해서 아버지의 삶을 (⑤   )하여 보여 줌.
• 상징적 소재를 통해 주제를 형상화함.
• 시대적 배경을 드러내는 소재(연탄 배달, 통행금지, 삼륜차 등)가 사용됨.

주제

시대의 변화에 적응하지 못하는 도시 하층민의 고단한 삶

▶ 작가: 최일남 – 〈해설편〉 22쪽 참조

(중략)

아버지는 술이 약한 편이어서 저러다가 어쩌나 하고 걱정이 되었다.

"아버지, 고만 드세요. 몸에 해로워요." / "으응."

대답하면서도 아버지는 술잔을 놓지 않았다. 얼마나 지났을까. 안주를 계속 주워 먹었으므로 어느 정도 시장기를 면한 나는 비로소 아버지를 쳐다보았다.

ⓒ "이제부터 내가 노새다. 이제부터 내가 노새가 되어야지 별수 있니? 그놈이 도망쳤으니까. 이제 내가 노새가 되는 거지."

기분 좋게 취한 듯한 아버지는 놀라는 나를 보고 히힝 한 번 웃었다. 나는 어쩐지 그런 아버지가 무섭지만은 않았다. 그러면 형들이나 나는 노새 새끼고, 어머니는 암노새고, 할머니는 어미 노새가 되는 것일까? 나도 아버지를 따라 히히힝 웃었다. 어른들은 이래서 술집에 오는 모양이었다. 나는 안주만 집어먹었는데도 술 취한 사람마냥 턱없이 즐거웠다. 노새 가족 ─ 노새 가족은 우리 말고는 이 세상에 또 없을 것이었다.

그러나 이러한 생각은 아버지와 내가 집에 당도했을 때 무참히 깨어지고 말았다. 우리를 본 어머니가 허둥지둥 달려 나와 매달렸다.

ⓔ "이걸 어쩌우. 글쎄 경찰서에서 당신을 오래요. 그놈의 노새가 사람을 다치고 가게 물건들을 박살을 냈대요. 이걸 어쩌지."

"노새는 찾았대?"

"찾고나 그러면 괜찮게요? 노새는 간데온데없고 사람들만 다치고 하니까, 누구네 노새가 그랬는지 수소문 끝에 우리 집으로 순경이 찾아왔지 뭐유."

오늘 낮에 지서에서 나온 사람이 우리 노새가 튀는 바람에 여기저기서 많은 피해를 입었으니 도로 무슨 법이라나 하는 법으로 아버지를 잡아넣어야겠다고 이르고 갔다는 것이었다. 아버지는 술이 확 깨는 듯 그 자리에 선 채 한동안 눈만 뒤룩뒤룩 굴리고 서 있더니 힝 하고 코를 풀었다. 그리고는 아무 말 없이 스적스적 문밖으로 걸어 나갔다. 나는 "아버지" 하고 뒤를 따랐으나 아버지는 돌아보지도 않고 어두운 골목길을 나가고 있었다.

ⓜ 나는 그 순간 또 한 마리의 노새가 집을 나가는 것 같은 착각을 일으켰다. 그리고는 무엇인가가 뒤통수를 때리는 것을 느꼈다. 아, 우리 같은 노새는 어차피 이렇게 비행기가 붕붕거리고, 헬리콥터가 앵앵거리고, 자동차가 빵빵거리고, 자전거가 쌩쌩거리는 대처에서는 발붙이기 어려운 것인가 하는 생각이 들었다. 언젠가 남편이 택시 운전사인 칠수 어머니가 하던 말, "최소한도 자동차는 굴려야지 지금이 어느 땐데 노새를 부려." 했다는 말이 생각났다. 그러나 그것은 잠깐 동안이고 나는 금방 아버지를 쫓았다. 또 한 마리의 노새를 찾아 캄캄한 골목길을 마구 뛰었다.

─ 최일남, 〈노새 두 마리〉

☑ 한 걸음 더 ☑

〈노새 두 마리〉의 사회·문화적 배경

1970년대 우리나라는 산업화·도시화가 확산되면서 급격한 사회 변화가 일어났다. 도시에 인구가 집중되면서 빈부 격차, 주택·교통·환경 문제 등 많은 문제가 발생하였다. 또한 산업화·도시화에 적응하지 못하거나 혜택을 받지 못하고 소외되는 도시 빈민층이 새로운 사회 문제로 대두되기도 했다. 〈노새 두 마리〉는 이러한 사회·문화적 상황을 배경으로 하고 있다.

☑ 제대로 구조화하기 ☑

01 윗글에 대한 설명으로 가장 적절한 것은?

① 상징적 소재를 통해 주제를 형상화하고 있다.
② 풍자적 기법을 통해 인물을 희화화하고 있다.
③ 시점의 전환을 통해 상황을 입체적으로 보여 주고 있다.
④ 사건의 반전을 통해 갈등이 해소될 것임을 암시하고 있다.
⑤ 회상을 통해 외부 이야기에서 내부 이야기로 이동하고 있다.

제대로 접근법 ☆문제 채점까지 마친 후 복습할 때 보세요.

01
서술상의 특징을 파악하는 유형이다. 기출문제를 통해 반복적으로 출제되는 개념을 확인하고, 필수적인 국어 개념을 반드시 익혀 두자.
작품을 감상하면서 상징적 소재가 나타나는지, 인물을 우스꽝스럽게 표현한 부분이 있는지, 시점이 바뀌었는지, 사건의 흐름이 바뀌었는지, 액자식 구조가 나타나는지 등을 확인한다.

02 [사건]에 대한 이해로 가장 적절한 것은?

① '아버지'가 '칠수 어머니'의 충고를 받아들이는 계기가 된다.
② '나'와 '노새'가 동네 아이들의 놀림거리가 되는 계기가 된다.
③ '나'의 가족이 시골을 떠나 도시에 정착하게 되는 계기가 된다.
④ '아버지'가 당장 벌이를 나갈 수 없는 어려움에 처하는 계기가 된다.
⑤ '동네 사람들'이 '아버지'가 노새를 끄는 이유를 알게 되는 계기가 된다.

제대로 접근법 ☆ 문제 채점까지 마친 후 복습할 때 보세요.

02
작품의 세부적인 내용을 파악하는 유형이다. 문제에 제시된 '사건'은 노새가 달아난 일을 말한다. 대부분의 선택지가 작품의 내용에서 크게 벗어나 있어 어렵지 않게 답을 찾을 수 있다.
아버지는 노새를 부려 연탄 배달 일을 하며 생계를 유지하고 있다. 그런데 노새가 달아나 버리는 '사건'이 벌어진다. 이 사건이 아버지와 '나'의 가족에게 어떤 영향을 미칠지 생각해 본다.

03 [A]를 〈보기〉와 같이 바꾸어 썼을 때 나타나는 효과로 가장 적절한 것은?

〈보기〉

"까마귀 새끼."
영길이가 놀렸다.
"너네 아버지는 까마귀, 넌 까마귀 새끼."
종달이가 거들었다.
"신발도 깜장 구두, 연탄재 뒤집어쓴 껌정투성이."
아버지가 시장 경비원인 순철이도 한마디 했다.
"그래, 나 까마귀 새끼다. 그러는 니들은 뭐가 달라서."
"너네 아버지는 콧물도 까맣더라."
귀달네 아버지는 포장마차에서 장사를 하는데, 귀달이도 나를 놀린다. 나도 뻥튀기 장수 아들 영길이와 번데기 장수 동생 종달이의 별명을 불렀다.
"영길이는 뻥, 종달이는 뻔."

① 외양을 묘사하여 인물의 성격을 드러내고 있다.
② 호흡이 긴 문장을 사용하여 인물의 심리를 드러내고 있다.
③ 인물의 성격 변화 과정을 제시하여 긴장감을 고조하고 있다.
④ 새로운 인물을 등장시켜 인물 간의 대립 구도를 드러내고 있다.
⑤ 인물 간의 대화를 보여 주어 상황을 현장감 있게 제시하고 있다.

03
표현상의 효과를 비교하는 유형이다. 〈보기〉는 [A]를 인물 간의 대화로 바꾸어 제시하였다. 〈보기〉와 [A]를 비교하고, [A]와 같이 제시했을 때의 효과가 무엇인지 생각해 본다.

[A]	〈보기〉
서술 위주 → 장면을 자세하게 서술하여 이해하기 쉽게 전달함.	대화 위주 → [A]와 똑같은 내용을 인물들 간의 대화로 바꾸어 제시함.

04 ㉠~㉤에 대한 이해로 적절하지 않은 것은?

① ㉠: 늦게까지 '노새'를 찾는 '아버지'의 절박함을 느낄 수 있군.
② ㉡: 가족들이 '노새'를 찾지 못한 '아버지'의 무능력함에 실망하고 있음을 알 수 있군.
③ ㉢: 달아난 '노새'를 대신하려는 '아버지'의 가장으로서의 책임감을 느낄 수 있군.
④ ㉣: '어머니'가 '노새'로 인해 생긴 문제를 걱정하고 있음을 알 수 있군.
⑤ ㉤: '나'는 힘들고 지친 '아버지'를 '노새'와 같다고 생각하고 있음을 알 수 있군.

04
구절의 의미를 파악하는 유형이다. 작품의 전체 맥락에 대한 이해를 바탕으로 각 구절에 담긴 의미를 유추하면 어렵지 않게 답을 찾을 수 있다.
노새를 찾아 다니는 아버지의 심정은 어떠할지, 노새를 찾지 못해 상심한 아버지를 바라보는 가족들의 심정은 어떠할지 등을 중심으로 ㉠~㉤에 내포되어 있는 인물들의 심리와 태도를 판단해 본다.

1차 채점 맞은 문항 수 ___개 / 틀린 문항 수 ___개 / 헷갈리는 문항 번호 · 틀린 문항 '/' 표시
2차 채점 맞은 문항 수 ___개 / 틀린 문항 수 ___개 / 헷갈리는 문항 번호 · 틀린 문항 'X' 표시
3차 채점 맞은 문항 수 ___개 / 틀린 문항 수 ___개 / 헷갈리는 문항 번호 · 틀린 문항 △ 표시

[01-04] 다음 글을 읽고 물음에 답하시오.

제대로 **감상법** ✿ 문제 풀이까지 마친 후 복습할 때 보세요.

[앞부분의 줄거리] 숙부가 별세했다는 전보를 받은 저녁, '나'는 노을을 보고 핏빛을 연상한다. 숙부의 장례를 치르러 아들 '현구'와 함께 고향을 방문한 '나'는 백정인 아버지와 살던 어린 시절을 떠올린다.

갑득이가 뒤따르며 외쳤으나 나는 들은 척하지 않았다. 땀이 쏟아지고 숨이 턱에 닿았으나, 나는 내 눈으로 그 증거물을 빨리 찾아내고 싶었다. 집 마당으로 들어섰으나 또출이 할머니는 잔칫집에 가 버려 보이지 않았다. 나는 집 뒤란 채마밭을 빠져 대숲길로 들어섰다. 숨을 가라앉히고 걸으며 길섶을 샅샅이 훑었다. 땅을 판 자리나 웅덩이나, 양철통을 감출 만한 곳을 빠뜨리지 않고 대숲을 뒤져나갔다.

"새이야 머 찾노?"

뒤쫓아온 갑득이가 헐떡이며 물었다.

㉠나는 대답 않고 대숲을 빠져나와 과녁판이 세워진 언덕길을 내리 걸었다. 선달바우산과 중앙산이 골을 파며 마주친 곳이 개울이었고, 개울 건너 완만한 더기에 과녁판이 있었다. 물 마른 개울까지 내려갔을 때, 상류 쪽에 설핏 눈이 갔다. 사태진 돌 틈으로 무엇인가 희끄무레한 게 보였다. 나는 개울을 거슬러 올랐다. 물 마른 모래 바닥 웅덩이 옆에 작은 양철통이 쑤셔박혀 있었다. 그 아가리에 횟가루 묻은 옷가지가 비어져 나왔다.

"그거 아부지 주봉 아인가?"

쨍쨍한 한낮 햇볕 아래 내가 펼쳐 든 바지를 보고 갑득이가 말했다. 아버지 바지는 온통 흰 횟가루가 누덕누덕 묻어 있었다. 콩뜰이가 내 글씨보다 삐뚤삐뚤하더라고 말했는데, 그게 아버지 글씬가 하는 생각이 들었다. ㉡그러나 아버지는 글자를 쓸 줄 모른다. 백묵으로 글자를 써 놓으면 그걸 그대로 베껴낼 수는 있을 터이다. 나는 눈앞이 캄캄했다. 이제 나는 어느 누구 귀띔을 들어서가 아닌, 아버지 행적에 따른 실제 증거물을 손에 쥔 셈이었다. 내 앞을 막아선 선달바우산의 짙푸른 감나무잎도 그 위 더위로 끓는 하늘도 눈에 들어오지 않았다. ㉢모든 게 물속처럼 흐릿하게 흘러갈 뿐이었다. 바지를 든 채 떨고 섰는 나를 보고 갑득이가 무엇인가 눈치를 챘는지 조그만 소리로 중얼거렸다.

"그라모 새이야, 아부지가 **어젯밤에 미창에 갔단 말이가?**"

나는 아우에게, 그 비밀을 **누구에게도 말해서는 안 된다**는 부탁도, 또 다른 어떤 말도 못한 채 뙤약볕 아래 구슬땀을 흘리며 망연히 섰기만 했다. 아버지마저 삼돌이 삼촌이나 우출이 아저씨나 저 배도수 씨처럼 우리 형제를 버리고 장터마당에서 사라진다면, 그렇게 되어 죽어버리거나 감옥소에 갇히거나 산사람이 되어 버린다면, 정말 우리 형제는 이제 누구를 의지하고 살아야 할는지, 그 생각만이 크나큰 두려움으로 나를 슬픔 속에 내동댕이쳤다. 그 슬픔은 배가 고픈 따위의 서러움조차 우습게 **여겨질 정도여서, ㉣어떤 막강한 힘이 나와 갑득이를 엿가락처럼 꼬아 걸레 짜듯 쥐어짰다.** 다 늙어 언제 죽을지 모르는 또출이 할머니를 의지하고 살기엔 우리 형제는 아직 어렸다. 어느 집 꼴머슴으로 뿔뿔이 팔려가는 길밖에 없었다.

"새이야, 와 우노? 머시 슬퍼 우노? 아부지가 좌익, 그런 거 해서 우나? 그라모 우리가 아부지한테 그런 짓 하지 말라고 빌모 안 되나? 그런 짓 하모 학교도 안 가고 부산이나 마산으로 도망가뿌리겠다고 말하지러?"

갑득이가 내 손을 잡고 흔들며 울먹이는 목소리로 애원했다.

"가자, 배 주사 집에. 우신에 묵고 바야제."

김원일, 〈노을〉

제목의 의미

'노을'은 주인공인 '나'의 심리적 변화를 드러내고 있는 소재이다. 이 작품은 이러한 심리 변화를 통해 분단의 상처를 감싸 안는 화해에 대한 열망을 보여 주고 있다.

구성

■ 중요 인물
• (❶   ): 아버지 때문에 수난을 당하며 살다가, 숙부의 죽음을 계기로 고향을 방문하여 과거의 상처를 치유해 감.
• 아버지: 어린 시절 '나'의 원망의 대상으로, 좌익 폭동에 가담하여 활동하다가 산으로 들어감.

■ 사건과 갈등: 고향을 방문한 '나'는 아버지가 사라진 흔적을 찾고 막막해하던 어린 시절을 떠올림. 현재 아버지가 된 '나'는 과거의 상처와 마주하면서 고향과 아버지에 대한 (❷   )을 되찾게 됨.

■ 소재와 배경의 의미
• (❸   ): 주인공인 '나'의 심리적 변화를 드러내는 소재. '핏빛'이 아니라 여러 가지 색이 섞인 '무지갯빛'임을 깨달으면서 '나'는 마음속으로 아버지와 화해하게 됨.

문제 – 서술상의 특징

• 1인칭 주인공 시점을 취하고 있으며, 주인공의 내면 심리를 구체적으로 드러냄.
• (❹   ) 묘사를 통해 인물의 심리 변화를 암시함.
• 현재와 과거의 (❺   )를 통해 사건이 입체감 있게 전개됨.

주제

현대사의 비극 속에서 받았던 상처의 치유와 극복 의지

▶ 작가: 김원일 – 〈해설편〉 25쪽 참조

나는 아우에게 웃어 보이며 눈물을 닦았다. ⓗ나마저 울고 있을 수 없다는 생각이 내 다리에 힘을 뻗쳤다. 어느 사이 땀 밴 손에서 구겨지고 만 장 선생님 편지 쪽지를 나는 찢어버렸다.

(중략)

노을에 비낀 고향이 차츰 내 눈앞에서 빠르게 흘러간다. 이제 언제쯤 나는 다시 고향을 찾게 되는지 알 수 없다. 차창 밖으로 지나가는 여래리와 선달바우산이 눈앞에 스쳐간다. 숙모가 돌아가시면 그때쯤 내려오게 되는지, 어쩌면 영원히 고향을 찾지 못하는지도 모른다. 내가 고향을 버렸으므로 내려올 이유를 구태여 만들 필요는 없다. 그러나 고향을 떠나 산 스물아홉 해 동안 나는 하루도 고향을 잊어본 적 없다. 치모 말처럼 고향을 잊으려 노력해 온 만큼 이곳은 나로 하여금 더욱 잊지 못하게 하는 어떤 힘을 지니고 있었다. 그 점을 그 시절 폭동의 상처라 해도 좋고 굶주림이라 해도 좋다. 그런 이유를 떠나서라도 **고향은 오늘의 나를 있게 한 모태**가 된 것만은 사실이다. 인간은 누구나 두 군데 고향을 가질 수 없으므로 나는 객지의 햇살과 비와 눈발 속에 떠돌면서도 **뿌리만은 언제나 고향에 내리고 살아왔다.**

산 위에 걸린 쌘구름이 노을빛에 물들었다. 노을은 산과 가까운 쪽일수록 찬란한 금빛을 띠고 있다. 가운데는 벌겋게 타오르는 주황색, 멀어질수록 보라색 쪽으로 여리어져, 노을을 단순히 붉다고 볼 수만은 없다. 자세히 보면 그 속에는 여러 가지 색이 섞여 있음에도 사람들은 노을을 단순히 붉다고 말한다. 핏빛만이 아닌, 진노란색, 옅은 푸른색, 회색도 노을에 섞여 있다. 그런데도 사람들은 무엇인가 한 가지로 뭉뚱그려 말하기를 좋아한다. 문득 아버지와 헤어져 봉화산에서 내려온 저녁이 생각난다. 장마 뒤끝이라 노을이 아름다웠다. 폭동의 잔재도 소멸되고, 백태도 기수도 죽고 없는 텅 빈 장터마당에서 절름발이 미송이만이 홀로 종이비행기를 날리고 있었다. 제대로 걷지 못하기에 하늘로 날고 싶은 꿈을 키우던 병약한 미송이가 그날따라 날려 올리는 종이비행기는 유연하게 포물선을 그리며 노을빛 고운 하늘을 맴돌았다. "갑수야, 저 노을 있제? 저 노을꺼정 이 비행기가 날아 올라간데이. 내 태우고 말이데이." 미송이가 웃으며 말했다. 그는 노을에 힘차게 종이비행기를 띄워 보냈다. 미송이가 그렇게 나는 희망을 키우는 만큼, 그의 눈에 비친 하늘은 어둠을 맞는 핏빛 노을이 아니라 내일 아침을 기다리는 오색찬란한 무지갯빛일 터이다.

지금 노을 진 차창 밖을 내다보는 **현구 눈에 비친 아버지 고향도 반드시 어둠을 기다리는 상처 깊은 고향이기보다, 내일 아침을 예비하는 다시 오고 싶은 아버지 고향**일 수 있으리라.

– 김원일, 〈노을〉

➕ 제대로 구조화하기 ➕

01 윗글에 대한 설명으로 적절하지 <u>않은</u> 것은?

① '나'는 미송이가 종이비행기를 날리던 일을 회상하며 인지하지 못했던 것을 깨닫는다.
② '나'가 비밀을 지키지 못해 삼돌이 삼촌과 배도수 씨는 가족과 헤어져 살게 된다.
③ '나'는 주봉에 묻은 가루와 콩뜰이가 이야기한 글씨가 연관이 있다고 생각한다.
④ '나'는 치모의 말을 떠올리며 고향에 대한 자신의 인식을 드러낸다.
⑤ '나'는 선달바우산에서의 일을 통해 아버지의 행적을 알게 된다.

제대로 접근법 ☆ 문제 채점까지 마친 후 복습할 때 보세요.

01
작품의 세부적인 내용을 파악하는 유형이다. 작품의 전체 줄거리를 미리 알고 있지 않았다면 제시된 내용을 이해하기가 쉽지 않았을 것이다. 내용 파악을 묻는 기본적인 유형인데도 비교적 정답률이 낮았다.
작품의 시대적 배경을 고려하며 작품을 꼼꼼하게 읽는다. 그리고 선택지에 언급된 내용이 작품의 어느 부분과 연관되는지 찾아본다.

02 ㉠~㉤에 대한 설명으로 적절하지 않은 것은?

① ㉠ : 사건의 정황을 빨리 확인하고 싶은 '나'의 조바심이 드러나 있다.
② ㉡ : 사회적으로 천대받는 아버지의 모습에 대한 '나'의 수치심이 나타나 있다.
③ ㉢ : 짐작했던 상황이 실제로 벌어졌음을 지각한 '나'의 막막함이 드러나 있다.
④ ㉣ : 아버지의 부재로 인해 일어날 상황에 대한 '나'의 두려움이 나타나 있다.
⑤ ㉤ : 어려운 처지에서 형으로서 동생을 챙겨야 한다는 '나'의 책임감이 드러나 있다.

02

인물의 심리를 파악하는 유형이다. 사건의 전개 과정과 주인공인 '나'가 처한 상황을 이해한 다음 선택지의 적절성을 판단한다.
아버지의 행적을 빨리 확인하고 싶은 심정, 그것을 확인한 후의 막막함과 두려움, 그리고 동생을 챙겨야 한다는 책임감 등 사건에 따른 '나'의 심리를 짐작해 본다.

03 노을빛에 대한 이해로 가장 적절한 것은?

① 반목하던 인물들이 화해하는 계기가 되고 있다.
② 인물들을 둘러싼 사건을 객관적으로 보여 주고 있다.
③ 인물이 다른 사람들의 생각에 공감하도록 유도하고 있다.
④ 현실의 모순에 맞서 인물이 지향했던 삶의 모습을 암시하고 있다.
⑤ 인물이 시간의 흐름에 따라 새롭게 자각한 인식이 투영되어 있다.

03

소재의 기능을 파악하는 유형이다. '노을빛'에 대한 '나'의 인식이 어떻게 변화하고 있는지 살펴본다.

어린 시절의 '노을빛'
핏빛 (아버지를 연상시키는 색)
↓
아버지를 용서한 후의 '노을빛'
오색찬란한 무지갯빛 (화해와 희망을 나타내는 색)

04 〈보기〉를 바탕으로 윗글을 감상한 내용으로 적절하지 않은 것은? [3점]

〈보기〉

김원일의 〈노을〉은 유년의 '나'와 현재의 '나'의 의식이 교차 서술되고 있다. 유년의 순수한 눈을 통해 이데올로기에 휩쓸린 아버지의 행위가, 자신을 포함한 주변 인물들에게 가져다 준 고통을 드러내고 있다. 그러나 사건의 본질을 이해하지 못하여 상처 극복의 과정까지는 보여 주지 못한다. 한편 아버지가 된 현재의 '나'는 과거의 상처와 마주하면서 정체성을 확인하고 상처가 치유되어 가는 모습도 보여 주고 있다.

① 아버지가 '어젯밤에 미창에 갔다'는 '비밀을 누구에게도 말해서는 안 된다'고 생각하는 것은 유년의 '나'가 이데올로기에 휩쓸린 아버지에 대해 연민을 느끼고 있는 것이군.
② '배가 고픈 따위의 서러움조차 우습게 여겨질 정도'로 유년의 '나'가 '슬픔'을 느끼는 것은 아버지의 행위로 인해 겪은 주변 인물들의 고통을 드러낸 것이군.
③ '고향은 오늘의 나를 있게 한 모태'라고 인정하는 것에서 현재의 '나'가 유년의 상처를 마주했음을 알 수 있군.
④ '뿌리만은 언제나 고향에 내리고 살아왔다'고 생각하는 것은 자신의 정체성을 확인하는 현재의 '나'의 의식을 나타낸 것이군.
⑤ '현구 눈에 비친 아버지 고향'을 '내일 아침을 예비하는' 고향일 수 있다고 여기는 것에서 상처를 치유하려는 현재의 '나'를 확인할 수 있군.

04

외적 준거에 따라 작품을 감상하는 유형이다. 〈보기〉는 작품을 이해하고 문제를 해결하는 중요한 실마리라는 점을 명심하자.

〈보기〉 분석
• 작품의 특징: 유년의 '나'와 현재의 '나'의 의식이 교차 서술
• 유년의 '나' : 이데올로기에 휩쓸린 아버지의 행위로 인한 고통과 상처
• 현재의 '나' : 과거의 상처와 마주하면서 정체성을 확인하고 상처 치유

〈보기〉에 언급된 이데올로기에 휩쓸린 아버지의 행위, 주변 인물들에게 가져다 준 고통, 상처가 치유되어 가는 모습 등의 정보를 바탕으로 작품을 다시 점검한 후 선택지의 적절성을 판단해 본다.

1차 채점	맞은 문항 수	개	→	2차 채점	맞은 문항 수	개	→	3차 채점	맞은 문항 수	개
	틀린 문항 수	개			틀린 문항 수	개			틀린 문항 수	개
	헷갈리는 문항 번호				헷갈리는 문항 번호				헷갈리는 문항 번호	
• 틀린 문항 '/' 표시				• 틀린 문항 'X' 표시				• 틀린 문항 △ 표시		

[01~03] 다음 글을 읽고 물음에 답하시오.

S#49. 몽타주*

○산채 정식처럼 각종 산나물과 된장찌개를 정갈하게 무치고 끓이고 소박한 상을 정사에게
　　올리는 장금.　　　○사신, 먹으며 가운데 미간이 찡그려진다.

○보는 장금과 장번 내시, 오겸호, 불안하고.

○다음날은 각종 해조류 반찬이 눈에 띄게 많은 밥상.

○보는 정사. 미역국에 고기 대신 생선이 들어가 있다.

○먹고는 역시 가운데 미간이 찡그려지는 정사.

○보는 장금과 장번 내시, 오겸호, 불안.　　○흰 생선 살을 잘 발라내고 있는 장금.

○생선 살을 넣은 두부로 두부전골을 끓이는 장금.　　○두부전골을 중심으로 올려지는 상.

○먹어 보고는 역시 미간이 심하게 찡그려지는 사신 정사.

○말린 나물과 버섯들을 걷어 가는 장금.　　○대나무 밥을 하는 장금.

○사신에게 올려지는 상. 보면 물김치와 톳나물, 버섯나물과 산나물 그리고 대나무 밥이 올
　　려져 있고.

○먹고는 미간을 찡그리는 사신의 모습.　　○보는 장금의 모습.

S#55. 태평관 연회장

　들어오는 장금, 보면, 화려하게 차려진 음식상이 있다. 이때, 오겸호와 장번 내시가 사신을 모
시고 나오고, 상을 보는 정사, 놀라는데, 그를 바라보는 최 상궁과 금영의 표정에 자신감이 넘친
다. 한 켠에는 불안한 표정으로 서 있는 장금.

오겸호: 그동안 (장금을 보며) 궁녀의 불경한 짓거리로 본의 아니게 무례를 저질렀습니다.

정　사: …….

오겸호: 하여 오늘부터는 만한전석을 올릴 것입니다!

정　사: 만한전석을? (장금을 본다.)

오겸호: 오늘은 저 불경한 것의 처결이 있는 날이니 원하시는 대로 벌을 내리고 마음껏 드십
　　시오!

장　금: …….

금　영: (장금을 보는데)

　정사, 역시 장금을 본다. 그러고는 자신의 앞에 놓인 음식을 보고, 다시 한 번 장금을 보고는 수
저를 들어 음식을 먹기 시작한다. 보는 최 상궁과 금영, 희색이 가득하고, 정사는 계속 먹어 보는
데, 미간이 찌푸려지지 않는다. 오겸호, 정사의 미간을 보고는 입가에 미소를 띠며 최 상궁을 보
면 최 상궁 목례를 하고, 불안한 장금, 계속 먹는 사신 정사. 최 상궁과 장번 내시의 표정, 이제는
끝이라는 듯 바라보는 금영의 표정. 절망에 휩싸이는 장금의 표정.

S#56. 태평관 연회장 안

　모두가 지켜보는 가운데 음식을 먹던 정사, 수저를 놓는다. 모두들 정사를 바라보는데,

오겸호: 대인! 대인을 능멸한 나인이옵니다.　　　정　사: …….

제대로 감상법

☆ 문제 풀이까지 마친 후
복습할 때 보세요.

김영현 각본, 〈대장금〉

제목의 의미

'장금'은 조선 중종 때 최초로 어의녀를 지낸 실존
인물이다. 이 작품은 어려서 부모를 잃은 장금이 궁
궐의 수라간 궁녀로 들어가서 온갖 고초를 겪은 끝
에 의녀가 되기까지의 과정을 영상화한 드라마 〈대
장금〉의 시나리오이다.

구성

■ 중요 인물
• (❶ 　　　　): 먹는 사람의 건강을 지키는 음식
을 만드는 것이 음식을 하는 자의 도리라고 생각
하는 수라간의 나인
• 정사: 입에 맞지 않는 음식을 만들어 올리는 장금
의 뜻을 알고 장금을 신뢰하게 되는 중국의 사신

■ 사건과 갈등: 장금은 정사의 건강을 위해 위험을
무릅쓰고 건강에 도움이 되는 음식을 만들어 올
리고, 정사는 이를 알고 장금에게 (❷ 　　　)
를 보내며 음식을 맡김.

■ 소재와 배경의 의미
• (❸ 　　　　　): 정사의 입맛을 충족시키는
산해진미로, 장금이 정사의 몸에 해가 되지 않게
하기 위해 만들어 올린 음식과 대비되는 기름진
음식

문체 – 서술상의 특징
• (❹ 　　　　　　) 기법을 활용하여 사건을 속도감
있게 전개함.
• 인물의 행동과 표정을 통해 극적 (❺ 　　　　)
을 드러냄.
• 대사를 통해 음식에 대한 인물의 가치관을 직접 제
시함.

주제

대장금의 인생 역경과 성공담(음식을 만드는 사람
과 먹는 사람의 도리)

▶ 작가: 김영현 – 〈해설편〉 27쪽 참조

오겸호: 어찌 하올까요?

정　사: 앞으로 산해진미는 이것으로 끝이오!

모　두: ……?

정　사: (장금에게) 이 정도 먹은 것은 용서해 주겠느냐?

장　금: …….

정　사: 오늘의 만한전석은 참으로 훌륭하였소.

오겸호: 예, 앞으로 연회는 이틀 동안 계속될 것이옵니다.

정　사: 정성은 고마우나, 사양해야 할 듯하오.

오겸호: 대인, 그게 무슨 말씀이온지, 그동안, 저 나인의 방자한 행동으로 입에 맞지 않는 음식을 드시느라 고생하셨던 것을 송구하게 생각하여 준비한 음식입니다. 어찌하여 마다시는지요.

정　사: (웃으며) 저 방자한 나인 때문이오.　　오겸호: 무슨 말씀이신지?

정　사: 그동안 나는 맛있고 기름진 음식만을 탐해 왔소. 하여, 지병인 소갈을 얻었음에도, 사람이란 참으로 약한 존재인지라, 알면서도 그런 음식을 끊을 수가 없었소이다.

모　두: …….

정　사: (장금에게) 나는 조선의 사람도 아니며, 오래 있을 사람도 아니다. 대충 내가 원하는 음식을 해 주어 보내면 될 것을, 어찌하여 고집을 피웠느냐?

장　금: …….

장번 내시: 어서 아뢰어라.

장　금: 저는 다만 마마님의 뜻을 따랐을 뿐이옵니다.

정　사: 그 뜻이 무엇이냐?

장　금: 그 어떠한 경우에도, 먹는 사람에게 해가 되는 것을, 올려서는 안 된다는 것입니다. 그것이 음식을 하는 자의 도리라 하셨습니다.

정　사: 그로 인해 자신에게 크나큰 위험이 닥쳐도 말이냐?

장　금: 이미, 한 상궁 마마님께서 끌려가시며 제게 몸소 보여 주시지 않으셨습니까?

정　사: (웃으며) 참으로 고집불통인 스승과 제자로다.

모　두: (보면)

정　사: 그래, 하여, 알았다. 음식을 하는 자가 도리와 소신이 있듯이 음식을 먹는 자 또한 도리가 있어야 한다는 것을.　　모　두: …….

정　사: 음식을 해 주는 자가 올곧은 마음으로 내 몸을 지켜 주려는데 정작 먹는 자인 내가 내 몸을 소홀히 하여, 나를 해치는 음식을 먹는다는 것이 말이 안 되지. 먹는 자에게도 도리가 있는 것이었어.

모　두: …….

정　사: 갖은 향신료에 절어 있던 차라 네가 올린 음식이 처음에는 풀 냄새만 나더니 먹으면 먹을수록, 그 재료 고유의 맛이 느껴지면서 참으로 맛있었다. 또 다른 맛의 공간이더구나. 비록 조선의 작은 땅덩어리에 사나, 네 배포와 심지는 대륙의 땅보다도 크구나.

장　금: …….

정　사: 가는 날까지 내 음식은 고집불통인 네 스승과 너에게 맡기겠노라!

- 김영현 각본, 〈대장금(大長今)〉

＊몽타주: 각각 촬영한 화면을 이어 붙여 다양한 효과를 연출하는 기법으로, 사건을 속도감 있게 보여 주는 효과를 나타내기도 함.

＋ 한 걸음 더 ＋

드라마 〈대장금〉

〈대장금〉은 조선 시대 중종의 신임을 받은 의녀였던 장금의 삶을 재구성한 대하드라마(극본 김영현, 연출 이병훈)이다. 2003년 9월 15일부터 2004년 3월 30일까지 방영되었는데, 최고 시청률이 55%가 넘을 정도로 많은 사랑을 받았다. 중국, 홍콩, 대만, 일본, 미국 등지에도 수출되어 큰 인기를 끌었다.

＋ 제대로 구조화하기 ＋

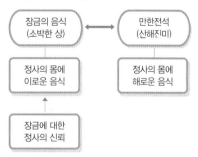

장금의 음식 (소박한 상) ↔ 만한전석 (산해진미)

정사의 몸에 이로운 음식 ／ 정사의 몸에 해로운 음식

장금에 대한 정사의 신뢰

01 윗글을 통해 알 수 있는 내용으로 적절한 것은?

① 한 상궁은 정사의 뜻을 알고 장금에게 음식을 준비하도록 했다.
② 장금과 금영은 정사가 먹을 음식을 기쁜 마음으로 함께 준비하였다.
③ 정사는 오겸호의 조언에 따라 장금이 만든 음식을 억지로 먹고 있었다.
④ 오겸호는 만한전석을 준비하라고 한 정사의 지시에 불만을 가지고 있었다.
⑤ 정사는 떠나는 날까지 음식을 준비하라고 할 만큼 장금에 대한 신뢰를 보였다.

02 〈보기〉를 통해 윗글을 감상한 내용으로 적절하지 않은 것은? [3점]

〈보기〉

음식은 먹는 사람의 건강을 지키는 수단이자 맛에 대한 욕망을 충족하는 수단이기도 하다. 이 둘은 상충되기도 하지만 조화를 이루기도 한다. 〈대장금〉은 다양한 음식을 소재로 한 일련의 사건과 음식에 대한 소신을 지키는 장금의 모습에서 전통 음식 문화에 대한 자부심을 느끼게 한다.

① 정사는 '소갈'에 걸리고도 맛있고 '기름진 음식'을 끊을 수 없었다는 점에서 맛에 대한 욕망을 제어하지 못하였음을 알 수 있군.
② 장금이 정사가 싫어하는 것을 알면서도 '생선'과 '산나물'을 이용하여 만든 음식을 올리는 것은 정사의 건강을 우선시했기 때문이군.
③ 정사는 장금이 만든 음식에서 '재료 고유의 맛'을 느끼며 건강을 지키는 것과 맛에 대한 욕망이 조화를 이룰 수 있음을 깨닫게 되는군.
④ 장금은 정사가 '만한전석'과 같이 건강을 해치는 음식을 선호하는 것을 보고 음식을 먹는 자의 도리를 지키지 않는다고 말하며 안타까워했군.
⑤ 장금이 위험을 무릅쓰고 먹는 사람의 건강에 도움이 되는 음식을 고집하는 것에서 '음식을 하는 자의 도리'를 지키고자 하는 소신을 확인할 수 있군.

03 S#49를 제작하기 위한 회의 내용으로 적절하지 않은 것은?

① 음식을 정성스럽게 만드는 장금의 솜씨를 강조할 필요가 있습니다. 음식을 만드는 손을 클로즈업하면 좋겠습니다.
② 이틀에 걸친 사건을 짧은 장면으로 이어 붙인 장면입니다. 사건이 속도감 있게 전달될 수 있도록 편집하면 좋겠습니다.
③ 불안해하는 오겸호를 담은 장면이 반복됩니다. 배우의 표정 연기를 통해 긴장감이 고조되도록 연출을 하면 좋겠습니다.
④ '음식 준비 – 사신의 시식 – 장금의 기대 – 사신의 평가'가 이어지고 있습니다. 이 순서대로 장면들을 편집하면 좋겠습니다.
⑤ 조선 시대를 배경으로 하고 있습니다. 사실성이 드러나도록 당시의 의복과 소품을 고증하여 준비하는 것이 좋겠습니다.

제대로 접근법 ☆ 문제 채점까지 마친 후 복습할 때 보세요.

01
작품의 세부적인 내용을 파악하는 유형이다. 지문에서 선택지의 내용과 연관된 부분을 확인한다. 그리고 확인할 수 없거나 제시된 내용에 어긋나는 선택지를 제외해 나간다.

02
외적 준거에 따라 작품을 감상하는 유형이다. 〈보기〉의 내용을 정리하고 음식에 대한 인물들의 가치관을 확인해 보자.

〈보기〉 분석
• 음식의 성격: 먹는 사람의 건강을 지키는 수단이자 맛에 대한 욕망을 충족하는 수단
• 작품의 특징: ① 다양한 음식을 소재로 한 사건 제시 ② 음식에 대한 소신을 지키는 인물 제시 ③ 전통 음식 문화에 대한 자부심 고취

'장금'은 사람에게 해가 되는 음식을 올려서는 안 된다고 생각한다. '정사'는 맛있고 기름진 음식만을 탐해 왔지만, 장금을 통해 음식을 먹는 자에게도 도리가 있음을 깨닫게 된다. 이러한 인물들의 가치관을 바탕으로 선택지의 적절성을 판단한다.

03
시나리오를 실제 드라마로 제작할 때 유의할 점을 묻는 유형이다. S#49의 특징을 정리한 다음, 이를 효과적으로 영상화하기 위해 필요한 사항들이 무엇일지 생각해 본다.
S#49에서는 음식을 정성스럽게 만드는 장금의 모습을 부각하고 있으며, 이틀에 걸친 사건을 짧은 장면으로 이어 붙여 속도감 있게 전달하고 있다. 또 장금의 음식 준비와 사신의 시식 및 반응을 반복적으로 보여 주어 긴장감을 고조시키고 있다.

1차 채점				2차 채점				3차 채점		
맞은 문항 수		개		맞은 문항 수		개		맞은 문항 수		개
틀린 문항 수		개	→	틀린 문항 수		개	→	틀린 문항 수		개
헷갈리는 문항 번호				헷갈리는 문항 번호				헷갈리는 문항 번호		
• 틀린 문항 '/' 표시				• 틀린 문항 'x' 표시				• 틀린 문항 △ 표시		

[01-03] 다음 글을 읽고 물음에 답하시오.

[앞부분의 줄거리] 서울에 살던 7살 상우는 엄마의 사업 실패로 형편이 어려워지자 시골에 사는 외할머니에게 맡겨진다.

㉠S#7. 동네 정류장 (해질녘)

　요란한 먼지바람을 일으키며 떠나는 버스. 휑뎅그렁하게 남겨진 상우와 할머니. 상우는 역시 먼지를 질색한다. 할머니는 앉으나 서나 상우의 키만 하다. 꽤 꼬부랑이시다. 벌써 노을이 지려 한다. 서먹서먹한 둘.

　할머니, 같이 가자는 시늉을 하자 상우는 더욱 할머니를 우습게 보고, 상우가 움직일 생각을 안 하자 할머니 혼자 앞서 걷는다. 사이가 멀어지자 그제서야 걷기 시작하는 상우. 할머니, 가다가 돌아보면 상우는 딴전을 피우고, 다시 할머니가 걸으니까 상우도 마지못한 듯 따라간다. 카메라, 앞뒤로 떨어져 걷는 둘과 노을 지는 하늘을 멀리서 잡는다.

S#54. 장터 노점상 앞 (아침)

　모퉁이에 숨어서 보고 있는 상우. 창피하고 난감하고 슬픈 표정이다. 길 건너편에서는 할머니가 보따리를 풀고 앉아 나물과 채소를 팔고 있다. 젊은 엄마들 사이에 끼어서 손님을 향해 손짓을 하는 할머니. 더 집어 가는 손님을 막지 못하고 손해 보듯 팔고 있다. 할머니 때문에 슬프고 화난다.

S#56. 중국 음식점 (낮)

　허름한 중국집. 그래도 손님은 많다. 상우는 짜장면을 허겁지겁 먹고 있고, 할머니는 양파 한 점을 오물거리며 간간이 엽차를 마신다. 자기만 먹는 게 신경 쓰인 상우가 할머니를 보면, 할머니는 '어여 먹어. 난 배 안 고파'라는 손짓을 해 보인다.

　　　　　　　　　　　　　　　　　(시간 경과)

　계산대 앞. 허리춤에서 꼬깃꼬깃한 천 원짜리 몇 장을 꺼내 간신히 계산을 하는 할머니. 전 재산인 듯한 분위기. 상우, 그 광경을 유심히 본다.

㉡S#63. 동네 정류장 (해질녘)

　상우, 정류장까지 또 와 버렸다. 버스 한 대가 금방 도착하고 내리는 사람 없이 떠난다. 그런데 저 멀리 버스가 온 방향에서 할머니가 걸어오고 있는 게 아닌가. 그 보따리를 힘들게 들고서. 의아해하는 상우. '왜 버스를 안 타고 걸어올까?' 무척 피곤해 보이는 할머니의 땀에 전 얼굴을 보고 상우는 짐작이 간다. 울고 싶어진다…….

할머니: (수화로) '왜 나와 있어? 집에 있지.'

　상우는 미안한 마음에 심통을 부린다. 할머니는 예의 그 '미안'이라는 뜻의 수화를 하는데 이번에는 상우가 짜증을 안 낸다. 대신 할머니의 보따리를 화난 듯 낚아채고 성큼성큼 앞서 걷는다. 걷다가 생각난 듯 주머니의 초코파이를 꺼내 보따리에 살짝 넣어 준다.

S#83. 방 (밤)

　상우, 지나간 달력 뒷면을 펼쳐 놓고 할머니에게 글자를 가르치고 있다. '아프다', '보고싶다'라

제대로 감상법

이정향 극본, 〈집으로〉

제목의 의미
시골 외할머니와 도시 손자의 세대 차이와 갈등을 극복해 가는 과정을 보여 주는 영화 〈집으로〉의 시나리오 대본이다. 이 작품은 꾸미지 않은 소박한 진행과 클라이맥스를 배제한 잔잔한 감동이 특징이다.

구성

■ 중요 인물
• (①　　　　): 엄마의 사업 실패로 시골에 사는 외할머니에게 맡겨지는 7살 아이. 버릇이 없고 이기적이었지만 할머니의 사랑을 깨닫게 됨.
• (②　　　　): 77살의 상우 외할머니. 순박하고 너그러우며 손자를 헌신적으로 사랑함.

■ 사건과 갈등: 시골에 사는 외할머니에게 맡겨진 상우는 서울과는 다른 낯선 환경에 쉽게 적응하지 못하고 할머니에게 (③　　　)을 부리지만 점차 할머니의 사랑을 깨닫게 됨. 다시 서울로 올라가게 된 상우는 혼자 남을 할머니가 걱정되어 그림엽서를 남김.

■ 소재와 배경의 의미
• (④　　　　): 상우가 말을 못하는 할머니를 위해 남긴 것으로, 할머니에 대한 상우의 걱정과 사랑이 담긴 소재

문체 – 서술상의 특징
• 대사보다는 인물의 표정과 행동을 중심으로 내용이 전개됨.
• 극이 진행될수록 인물들의 심리적 (⑤　　　)가 가까워짐.
• 일상적 소재들을 활용해 인물의 심리를 효과적으로 드러냄.

주제
외할머니의 진정한 사랑을 깨달아 가는 상우
▶ 작가: 이정향 – 〈해설편〉 29쪽 참조

는 단어가 상우의 솜씨로 큼지막하게 쓰여 있다. 할머니, 상우가 써 준 글자를 따라 써 보지만 눈도 잘 안 보이고 게다가 까막눈이 아니던가…… 글자 폼이 영 아니다.

상 우: (자기가 쓴 글을 짚으며) 이건 '아프다', 요건 '보고 싶다' 써 봐, 다시.

할머니, 미안한 표정으로 애를 써 보지만 역시 이상한 선만 그어진다.

상 우: 에이 참! 그것도 하나 못 해? (화를 내지만 예전의 상우랑은 다르다.)

할머니, 다시 노력해 보지만…….

상 우: 할머니 말 못하니까 전화도 못 하는데 편지도 못 쓰면 어떡해……!

할머니, 면목 없다는 듯 노력해 본다. 애처롭다.

상 우: (그 모습 보다가) …… 할머니, 많이 아프면 그냥 아무것도 쓰지 말고 보내. 그럼 상우가 할머니가 보낸 건 줄 알고 금방 달려올게. 응? 알았지? (울먹울먹하더니 줄줄 운다.)

할머니, 노력해도 안 된다는 걸 아는지라 연필을 꼭 쥔 채로 고개만 주억거리며 눈물을 참는다. 잠시 우는 시간…….

(시간 경과)

할머니는 자고 있고, 상우는 구석에서 등 돌리고 무엇엔가 열중. 보면, 바늘에다 실을 꿰고 있다. 적당한 길이로 실을 끊는다. 반짇고리의 모든 바늘에 실을 꿰어 놓았다.

S#86. 마당 (밤)

창호지 문으로 보이는 실루엣. 흐릿한 불빛 아래 상우가 바닥에다 대고 무언가를 그리고 있다. 밤이 깊어가도록…….

ⓒ S#87. 동네 정류장 (낮)

엄마, 상우, 할머니가 서 있다. 상우는 올 때와 달리 단출한 짐이다. 많이 운 얼굴이다. 버스가 온다. 상우, 타기 전에 할머니에게 무언가를 소중하게 건네고 홱 돌아 타 버린다.

차창에 작은 키로 붙어서 상우를 보려고 애쓰는 할머니. 상우, 할머니를 외면하고 고개를 떨어뜨리고 있다. 쏟아지는 눈물을 참는 듯. 차가 움직이기 시작하자 할머니를 보려고 뒷좌석으로 달려간다. 멀어져 가는 할머니를 놓치지 않으려는 다급함으로 '미안' 수화를 보낸다. 글썽글썽……. 할머니, 아쉬움에 차를 쫓지만 금세 멀어진다. 그래도 계속 따라간다. 이미 차는 꽁지도 안 보이는데……. 할머니, 드디어 멈춰 선다. 미동도 않고 버스가 사라진 길만 보고 있다. 한참을 보다가 상우가 주고 간 것들을 펴 본다. 상우가 아꼈던 로봇 그림엽서들이다. 뒤집어 보면 다섯 장 모두에 주소와 상우 이름이 상우 글씨로 쓰여 있다. 보내는 사람 칸에는 '할머니', 우표 칸에는 '상우한테 바드세요', 사연 칸에는 할머니가 누워 있는 그림과 할머니 얼굴 그림이 한 장마다 번갈아 그려져 있고, 그 밑에는 '아프다', '보고싶다'라고 쓰여 있다. 모두 다섯 장. '아프다', '보고싶다', '아프다', '보고싶다', 그리고 '보고싶다'……. 엽서를 한 장 한 장 넘기는 할머니의 거친 손이 눈을 찌른다.

할머니가 집을 향하여 걸어가는 모습이 멀리서 보인다. 마치 아무 일도 없었다는 듯 차곡차곡 걸어가는 뒷모습…….

– 이정향 극본, 〈집으로〉

➕ 한 걸음 더 ➕

영화 〈집으로〉

〈집으로〉는 이정향 감독이 자신이 외할머니로부터 받았던 무조건적인 사랑을 소재로 하여 각본을 쓰고 영화로 만들어 2002년에 개봉했다. 이 영화는 8가구만 사는 충청북도 영동군 오지 마을에서 6개월 동안 촬영되었고, 주인공 상우를 제외하고는 외할머니 역의 김을분 할머니를 비롯한 모든 인물을 현지에서 즉석 캐스팅을 하여 영화를 만든 것이 특징이다.

➕ 제대로 구조화하기 ➕

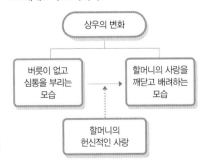

상우의 변화

버릇이 없고 심통을 부리는 모습 → 할머니의 사랑을 깨닫고 배려하는 모습

할머니의 헌신적인 사랑

01 윗글에 대한 설명으로 가장 적절한 것은?

① 상우는 할머니가 겪을 수 있는 어려움을 생각하여 도움을 주려 한다.
② 상우는 서울로 돌아가며 시골에 다시 오지 않을 것이라고 다짐한다.
③ 상우는 할머니가 동네 정류장까지 걸어온 것을 알아채지 못한다.
④ 할머니는 상우와 함께 서울로 올라가려고 시도한다.
⑤ 할머니와 상우는 수화로 인해 갈등을 겪는다.

☆ 문제 채점까지 마친 후 복습할 때 보세요.

제대로 접근법

01
작품의 세부적인 내용을 파악하는 유형이다. 지문에서 선택지의 내용과 연관된 부분을 찾아 적절성 여부를 판단한다. 이런 유형의 문제를 틀렸다면, 작품을 좀 더 꼼꼼하게 읽고 선택지와 지문의 내용을 일대일로 대응시켜 보는 연습을 해 보자.

02 ㉠~㉢을 이해한 것으로 적절하지 않은 것은?

① ㉠은 인물 간의 심리적 거리감을 물리적인 거리로 보여 준다.
② ㉠에서 '정류장'은 동행의 출발점으로 인물 간의 심리적 거리는 가깝지 않다.
③ ㉡에서 인물의 달라진 심리적 거리감은 물리적 거리에 영향을 준다.
④ ㉡에서 '정류장'은 만남의 공간으로 인물 간의 가까워진 심리가 드러난다.
⑤ ㉢에서 인물 간의 물리적인 거리가 멀어지면서 심리적 거리도 멀어진다.

02
사건이 전개되면서 인물의 심리와 태도가 어떻게 변화하고 있는지 묻는 유형이다. 물리적 거리와 심리적 거리에 대한 이해가 필수적이다.
물리적 거리가 공간적으로 떨어진 길이를 뜻한다면, 심리적 거리는 정서적으로 떨어진 간격을 뜻한다. 예를 들어 ㉠에서 상우와 할머니는 아직 서먹서먹한 사이이므로 심리적 거리가 멀다고 할 수 있다. 이와 같은 식으로 ㉠~㉢의 상황을 분석해 보자.

03 다음은 윗글을 영상화하기 위한 촬영 및 편집 계획이다. 적절하지 않은 것은? [3점]

■ 촬영 및 편집 계획

• S#54에서 슬프고 화가 나는 상우의 표정을 강조하기 위해 할머니를 바라보는 상우를 멀리서 촬영해야겠어. ·························· ㉮
• S#56에서 꼬깃꼬깃한 천 원짜리로 간신히 계산하는 할머니의 상황을 부각하기 위해 할머니의 의상을 허름한 것으로 준비해야겠어. ·················· ㉯
• S#83에서 상우의 진심을 보여 주기 위해 겉으로는 화를 내는 표정을 짓지만 속으로는 안타까워하는 감정이 느껴지게 연기하도록 해야겠어. ············ ㉰
• S#83에서 관객들이 할머니와 상우의 감정에 공감할 수 있도록 할머니가 눈물을 참는 부분부터 슬픈 배경 음악을 삽입해야겠어. ·············· ㉱
• S#87에서 관객들에게 여운을 남기기 위해 할머니의 뒷모습이 있는 마지막 장면을 서서히 어두워지게 편집해야겠어. ·············· ㉲

---

① ㉮   ② ㉯   ③ ㉰   ④ ㉱   ⑤ ㉲

03
시나리오를 실제로 영상화할 때 유의할 점을 묻는 유형이다. 각 장면의 내용을 파악하고, 이에 어울리는 촬영 및 편집 계획이 무엇인지 생각해 본다.
인물의 표정을 강조하려고 할 때 필요한 촬영 방법, 할머니의 궁핍한 상황을 부각하고자 할 때 필요한 의상, 상우의 진심을 보여 주기 위한 배우의 연기 방법, 이별을 앞둔 할머니와 상우의 심정에 어울리는 배경 음악, 여운을 남길 수 있는 마무리 방법을 생각하며 선택지의 적절성을 판단한다.

1차 채점	맞은 문항 수	개	2차 채점	맞은 문항 수	개	3차 채점	맞은 문항 수	개
	틀린 문항 수	개		틀린 문항 수	개		틀린 문항 수	개
	헷갈리는 문항 번호			헷갈리는 문항 번호			헷갈리는 문항 번호	

→ · 틀린 문항 '/' 표시   · 틀린 문항 'X' 표시   · 틀린 문항 △ 표시

II부 | 고전 소설

❖ 출제 경향과 학습 대책

❶ 주로 한 작품이 단독으로 출제된다.

고전 소설은 한 작품이 단독 지문으로 출제되는 경우가 일반적이다. 갈래 복합 지문의 출제 비중이 늘면서 평론과 같이 제시되거나 다른 갈래의 작품과 함께 묶여 출제되는 경우도 있지만, 아직까지는 단독으로 출제되는 경향이 유지되고 있다.

❷ 조선 후기의 작품에 주목한다.

문학사적으로 중요한 작가의 작품이나, 작가를 알 수 없지만 문학사적 가치가 높은 작품들이 주로 출제된다. 때로는 전혀 들어보지 못한 낯선 작품을 발굴하여 출제하는 경우도 있다. 시기별로 보면 조선 후기의 작품이 압도적이므로, 이를 감안하여 학습 계획을 수립하는 것이 좋다. 교과서와 EBS 교재에 수록된 작품이나 김만중, 김시습, 박지원, 이옥 등 주요 작가의 작품은 빼놓지 말고 공부해야 한다.

❸ 기출 작품이 다시 출제되는 경우도 있다.

문학사적 가치가 검증된 고전 소설은 한정되어 있기 때문에 기출 작품이 다시 출제되는 경우가 적지 않다. 그렇더라도 다루어지지 않았던 대목을 골라 출제하게 되므로, 작품의 줄거리나 주제, 특징 등 기본적인 내용 학습에 소홀해서는 안 된다.

❹ 작품의 바른 독해가 기본이다.

고전 소설에는 오늘날 쓰이지 않는 고어(古語)와 낯선 문체가 사용되어 내용 이해에 어려움을 겪을 수 있다. 하지만 주제나 서사 구조가 전형화되어 있기 때문에, 학습이 충실하게 이루어진다면 현대 소설에 비해 작품 감상이 훨씬 쉬울 수 있다.

❺ 인물 간의 관계를 정리하는 습관을 들이자.

고전 소설에 등장하는 인물은 선인과 악인으로 확연히 구분되는 경우가 많다. 그리고 같은 인물이 신분이나 관직 이름에 따라 여러 명칭으로 표기되는 경우도 있다. 이러한 관계를 명확하게 정리하지 않으면 독해에 치명적인 실수를 범할 수 있다.

❻ 기출 유형을 익히자.

고전 소설에서 출제되는 문제 유형은 현대 소설과 크게 다르지 않다. 인물과 사건, 서사 구조와 서술상의 특징, 소재와 배경, 종합적 이해와 감상, 한자 성어 등을 묻는다. 다만 현대 소설에 비해 작품의 기본적인 내용 이해를 묻는 문제의 비중이 높은 편이다. 상황에 맞는 한자 성어나 속담을 찾는 문제가 자주 출제되므로, 수능이나 학력 평가에 자주 출제되는 한자 성어와 속담은 꼭 정리해 두어야 한다.

꼭 알아야 할 핵심 이론

❶ 고전 소설 작품 감상 방법

• 현대 소설과 작품 감상 방법이 크게 다르지 않다. 다만 오늘날 잘 쓰이지 않는 고어(古語)가 사용되므로, 그 의미를 유추하여 작품의 전체 맥락을 파악해야 한다.

[1단계] 고어의 의미를 파악한다.

고전 소설에 자주 등장하는 어휘의 의미를 미리 익혀 두고, 뜻을 모르는 어휘는 문맥을 통해 의미를 유추한다.

[2단계] 인물 간의 관계를 파악한다.

인물의 신분이나 관직 이름 등을 고려하여 인물들을 동일한 인물, 조력자, 적대적인 인물 등으로 구분해 본다.

❷ 고전 소설 문제 유형

• 문제 유형 역시 현대 소설과 크게 다르지 않다. 다만 고전 소설 영역에서만 유독 자주 출제되는 문제 유형도 있다.

[유형 1] 말하기 방식의 파악

특정 부분에 나타난 인물의 말하기 전략, 의도, 방법을 묻는 유형

예 [A]와 [B]의 말하기 방식으로 가장 적절한 것은?

[유형 2] 소재의 기능 파악

작품에 사용된 주요 소재의 기능이나 의미를 묻는 유형

예 윗글의 거울에 대한 설명으로 가장 적절한 것은?

[유형 3] 한자 성어의 이해

상황에 어울리는 한자 성어를 찾는 유형

예 ⓐ의 상황을 나타내는 한자 성어로 가장 적절한 것은?

❸ 고전 소설의 특징

• 고전 소설은 현대 소설에 비해 서사 구조가 단순하므로 그 특징을 알고 작품을 감상하면 내용 이해에 유리하다.

주제	착한 인물은 복을 받고 악한 인물은 벌을 받는다는 권선징악, 인과응보의 가치관을 드러내는 경우가 많음.
구성	인물이 일생 동안 겪은 일이 시간 순서에 따라 전개되는 평면적, 일대기적 구성이 많으며, 대부분 행복한 결말임.
인물	성격이 변하지 않는 평면적 인물, 특정 부류나 계층의 공통적인 성격을 대표하는 전형적 인물이 많음. 주인공은 대개 비범한 능력과 빼어난 재주를 지닌 재자가인형 인물임.
사건	우연적이고 비현실적인 사건이 자주 나타남. 귀신이 등장한다든지 도술을 사용하는 등의 전기적 사건도 나타남.
서술	일상생활에서는 잘 쓰이지 않는 문어체, 운율을 지닌 운문체가 자주 사용됨. 서술자의 개입이나 언어유희, 해학적 표현이 자주 나타남.
배경	주로 중국을 배경으로 한 작품이 많으나, 조선 후기에는 우리나라를 배경으로 한 소설이 다수 창작되었음.

④ 고전 소설의 유형

애정(염정) 소설	남녀 간의 사랑과 이별을 주제로 하는 소설 ⑩ 운영전
영웅 · 군담 소설	비범한 인물의 영웅적인 삶을 다룬 소설로, 전쟁을 승리로 이끌어 나라를 위기에서 구하는 영웅의 활약상을 그림. ⑩ 임경업전
풍자 소설	부정적 인물들의 무능과 위선을 비판 · 풍자하여 현실의 모순을 드러내는 소설 ⑩ 양반전
몽자류 소설	중심인물이 꿈속에서 새로운 삶을 체험한 뒤 꿈에서 깨어나 깨달음을 얻는 이야기로, 제목에 '몽(夢)' 자가 붙음. ⑩ 옥루몽
가정 소설	가족 사이의 갈등 관계, 처첩 간의 갈등, 계모의 학대 등 가정 내 불화와 그 극복 과정을 다룸. ⑩ 사씨남정기
우화 소설	동물이나 식물 등을 의인화하여 인간 사회의 결함이나 부조리를 비판 · 풍자함. ⑩ 장끼전
판소리계 소설	구전되던 이야기가 판소리 사설을 거쳐 소설로 정착된 것으로, 서민들의 익살과 해학, 소망 등을 담고 있음. ⑩ 춘향전

⑤ 고전 소설 빈출 개념&어휘

◉ 서술자의 개입 : 작품 밖의 서술자가 자신의 생각을 직접 드러내는 것. 서술자가 인물의 행위와 동기에 대해 직접적으로 평가하거나, 사건에 개입하여 견해를 제시함. ≒ 편집자적 논평
　⑩ 길동이 재배 하직하고 문을 나매, 운산 첩첩하여 지향없이 행하니 어찌 가련하지 아니하리요.

◉ 언어유희 : 소리나 의미의 유사성, 도치 등을 이용하여 말놀이를 하듯 재미있게 표현하는 것 ⑩ 어. 추워라. 문 들어온다 바람 닫아라. 물 마르다 목 들여라.

◉ 요약적 설명 : 비교적 긴 시간 동안 이루어진 사건이나 상황을 압축해서 짧게 서술하는 것. 내용 이해를 돕고 사건 전개를 빠르게 하는 효과를 줌.

◉ 우회적 : 곧바로 가지 않고 멀리 돌아서 가는 것 ⑩ 우회적인 방법

◉ 일대기적 구성 : 주인공의 일생 동안의 일에 초점을 맞추어 서술하는 구성

◉ 입신양명(立身揚名) : 출세하여 이름을 세상에 떨침.

◉ 재자가인(才子佳人) : 재주 있는 남자와 아름다운 여자를 아울러 이르는 말

◉ 적강 구조 : 주인공(신성한 인물)이 천상계에서 죄를 짓고 지상계로 추방당하는 내용으로 이루어진 구조

◉ 전기적(傳奇的) : 현실에서 일어날 수 없는 기이하고 신기한 이야기가 나오는 것. 귀신과 인연을 맺는다거나 도술을 사용한다거나 하는 내용이 나타남.

◉ 조력자 : 어려움에 처한 주인공을 도와주는 사람

◉ 환몽 구성 : '현실 – 꿈 – 현실'의 구조로 이루어진 구성

◉ 회유 : 어루만지고 잘 달래어 시키는 말을 듣도록 함.
　⑩ 그를 회유하기 위해 갖가지 방법이 동원되었다.

◉ 순망치한(脣亡齒寒) : 입술이 없으면 이가 시리다는 뜻. 서로 이해관계가 밀접한 사이에 어느 한쪽이 망하면 다른 한쪽도 그 영향을 받아 온전하기 어려움을 이르는 말

◉ 어부지리(漁夫之利) : 두 사람이 이해관계로 서로 싸우는 사이에 엉뚱한 사람이 애쓰지 않고 가로챈 이익

◉ 역지사지(易地思之) : 처지를 바꾸어서 생각하여 봄.

◉ 연목구어(緣木求魚) : 나무에 올라가서 물고기를 구한다는 뜻. 도저히 불가능한 일을 굳이 하려 함.

◉ 오매불망(寤寐不忘) : 자나 깨나 잊지 못함.

◉ 오월동주(吳越同舟) : 서로 적의를 품은 사람들이 한자리에 있게 된 경우나 서로 협력하여야 하는 상황을 이르는 말

◉ 온고지신(溫故知新) : 옛것을 익히고 그것을 미루어서 새것을 앎.

◉ 이심전심(以心傳心) : 마음과 마음으로 서로 뜻이 통함.

◉ 자승자박(自繩自縛) : 자기가 한 말과 행동에 자기 자신이 옭혀 곤란하게 됨.

◉ 적반하장(賊反荷杖) : 도둑이 도리어 매를 든다는 뜻. 잘못한 사람이 아무 잘못도 없는 사람을 나무람.

◉ 절치부심(切齒腐心) : 몹시 분하여 이를 갈며 속을 썩임.

◉ 조변석개(朝變夕改) : 아침저녁으로 뜯어 고친다는 뜻. 계획이나 결정 따위를 일관성이 없이 자주 고침.

◉ 중언부언(重言復言) : 이미 한 말을 자꾸 되풀이함.

◉ 진퇴양난(進退兩難) : 이러지도 저러지도 못하는 어려운 처지

◉ 풍수지탄(風樹之嘆) : 효도를 다하지 못한 채 어버이를 여읜 자식의 슬픔

◉ 호가호위(狐假虎威) : 남의 권세를 빌려 위세를 부림.

◉ 혼비백산(魂飛魄散) : 혼백이 어지러이 흩어진다는 뜻. 몹시 놀라 넋을 잃음.

[01-03] 다음 글을 읽고 물음에 답하시오.

[앞부분의 줄거리] 전생에 부부였던 남해 용왕의 딸과 동해 용왕의 아들은 각각 금방울과 해룡으로 환생한다. 해룡은 피란 도중에 부모와 헤어져 장삼과 변 씨의 집에서 자라게 된다.

어느 추운 겨울날, 눈보라가 내리치는 밤에 변 씨는 소룡과 함께 따뜻한 방에서 자고 해룡에게는 방아질을 시켰다. 해룡은 어쩔 수 없이 밤새도록 방아를 찧었는데, 얇은 홑옷만 입은 아이가 어찌 추위를 견딜 수 있겠는가? 추위를 이기지 못해 잠깐 쉬려고 제 방에 들어가니, 눈보라가 방 안에까지 들이치고 덮을 것이 하나도 없었다. 해룡이 몸을 잔뜩 웅크리고 엎드려 있는데, 갑자기 방 안이 대낮처럼 밝아지고 여름처럼 더워져 온몸에 땀이 났다. 놀라고 또 이상해 바로 일어나 밖을 자세히 살펴보니, 아직 날이 밝지 않았는데 하얀 눈이 뜰에 가득했다. 방앗간에 나가 보니 밤에 못다 찧은 것이 다 찧어져 그릇에 담겨 있었다. 해룡이 더욱 놀라고 괴이하게 여겨 방으로 돌아오니 방 안은 여전히 밝고 더웠다.

아무리 생각해도 이상해 방 안을 두루 살펴보니, 침상 위에 예전에 없었던 북만 한 방울 같은 것이 놓여 있었다. 해룡이 잡으려 했으나, 방울이 이리 미끈 달아나고 저리 미끈 달아나며 요리 구르고 저리 굴러 잡히지 않았다. 더욱 놀라고 신통해서 자세히 보니, 금빛이 방 안에 가득하고, 방울이 움직일 때마다 향취가 가득히 퍼져 코를 찔렀다. 이에 해룡은 생각했다.

'이것은 반드시 무슨 까닭이 있어서 일어난 일일 테니, 좀 더 두고 지켜봐야겠다.'

해룡은 마음속으로 기뻐하며 자리에 누웠다. 그동안 굶주림과 추위에 시달린 몸이 따뜻해지니, 마음이 절로 놓여 아침 늦도록 곤히 잠을 잤다. 이때 변 씨 모자는 추워 잠을 자지 못하고 떨며 앉아 있다가 날이 밝자마자 밖으로 나와보니, 눈이 쌓여 온 집 안을 뒤덮었고 찬바람이 얼굴을 깎듯이 세차게 불어 몸을 움직이는 것마저 어려웠다. 이에 변 씨는 생각했다.

'해룡이 틀림없이 얼어 죽었겠구나.'

해룡을 불러도 대답이 없자, 해룡이 얼어 죽었으리라 생각하고 눈을 헤치고 나와 문틈으로 방 안을 엿보았다. 그랬더니 해룡이 벌거벗은 채 깊이 잠들어 있는데 놀라서 깨우려다가 자세히 살펴보니 하얀 눈이 온 세상 가득 쌓여 있는데, 오직 해룡이 자고 있는 사랑채 위에는 눈이 한 점도 없고 더운 기운이 연기처럼 일어나고 있었다. 이것이 어찌 된 일인지 알 수가 없었다.

변 씨가 놀라 소룡에게 이런 상황을 이야기했다.

"매우 이상한 일이니, 해룡의 거동을 두고 보자꾸나."

문득 해룡이 놀라 잠에서 깨어 내당으로 들어가 변 씨에게 문안을 올린 뒤 비를 잡고 눈을 쓸려 하는데, 갑자기 한 줄기 광풍이 일어나며 반 시간도 채 안 되어 눈을 다 쓸어버리고는 그쳤다. 해룡은 이미 짐작하고 있었으나, 변 씨는 그 까닭을 전혀 알지 못해 더욱 신통히 여기며 마음속으로 생각했다.

'분명 해룡이 요술을 부려 사람을 속인 것이로다. 만약 해룡을 집에 오래 두었다가는 큰 화를 당하리라.'

변 씨는 어떻게든 해룡을 죽여 없앨 생각으로 이리저리 궁리하다가, 한 가지 계교를 생각해 내고는 해룡을 불러 말했다.

[A] "가군*이 돌아가신 뒤 우리 가산이 점점 줄어들게 된 것은 너 또한 잘 알 것이다. 구호동에 우리 집 논밭이 있는데, 근래에는 호환이 자주 일어나 사람을 다치게 해 농사를 짓지 못하고 묵혀 둔 지 벌써 수십여 년이 되었구나. 이제 그 땅을 다 일구어 너를 장

제대로 감상법 ✿ 문제 풀이까지 마친 후 복습할 때 보세요.

작자 미상, 〈금방울전〉

제목의 의미

주인공 '금방울'이 시련과 고난을 극복하고, 사랑을 이루어 내는 과정을 그린 고전 소설이다. 남해 용왕의 딸이었던 금방울은 적강하여 금빛 방울의 모습으로 태어나는데, 신이한 능력이 있어 자신에게 주어진 고난을 극복하고 남자 주인공 해룡을 여러 번 위기에서 구하는 한편 그가 공을 세우는 데도 도움을 준다. 그리고 모든 문제를 해결한 뒤에 아름다운 여인의 모습으로 변신하여 행복을 누린다.

구성

■ 중요 인물

• (①): 신이한 능력을 지닌 여성 영웅. 북만 한 방울로 금빛이며 신통한 능력을 발휘해 해룡을 위기에서 구함.

• (②): 남자 주인공. 신중하고 예의 바른 인물. 변 씨의 학대와 계략으로 여러 번 죽을 위기를 겪음.

• 변 씨: 부모와 헤어진 해룡을 거둔 장삼의 아내로, 장삼이 죽은 뒤 해룡을 학대함.

■ 사건과 갈등: 추운 겨울날 변 씨의 지시에 따라 밤새도록 방아를 찧던 해룡은 얼어 죽을 위기에 처하는데, 이때 금방울이 나타나 방을 따뜻하게 해 주고 방아를 다 찧어 줌. 이에 해룡을 수상하게 여긴 변 씨는 해룡에게 호랑이가 나오는 구호동에 가 논밭을 일구라고 하는데, 구호동에서 해룡이 (③)의 공격을 받게 되었을 때 금방울이 나타나 호랑이를 물리침.

■ 소재와 배경의 의미

• (④): 호환이 자주 일어나 농사를 짓지 못하고 묵혀 둔 논밭이 있는 곳으로, 변 씨가 해룡을 죽여 없앨 생각으로 이곳에 보냄.

문제 - 서술상의 특징

• '해룡의 위기 - 금방울의 조력을 통한 위기 극복'의 구조가 반복됨.

• 금방울의 존재와 그 신이한 능력이라는 (⑤) 요소가 두드러짐.

주제

금방울이 고난을 극복하고 사랑을 이루는 과정

가보내고 우리도 네 덕에 잘살게 된다면, 어찌 기쁘지 않겠느냐? 다만 너를 그 위험한 곳에 보내면, 혹시 후회할 일이 생길까 걱정이구나."

해룡이 기꺼이 허락하고 농기구를 챙겨 구호동으로 가려 하니, 변 씨가 짐짓 말리는 체했다. 이에 해룡이 웃으며 말했다.

"사람의 목숨은 하늘에 달려 있으니, 어찌 짐승에게 해를 당하겠나이까?"

해룡이 가벼운 발걸음으로 집을 나서자, 변 씨가 문밖에까지 나와 당부하며 말했다.

"쉬이 잘 다녀오너라."

해룡이 공손하게 대답하고 구호동으로 들어가 보니, 사면이 절벽으로 둘러싸여 있고 그 사이에 작은 들판이 하나 있는데, 초목이 아주 무성했다. 해룡이 등나무 넝쿨을 붙들고 들어가니, 오직 호랑이와 표범, 승냥이와 이리의 자취뿐이요, 인적은 아예 없었다. 해룡은 조금도 두려워하지 않고 옷을 벗은 뒤 잠깐 쉬었다. 해가 서산으로 넘어가려 할 무렵 자리에서 일어나 밭을 두어 이랑 갈고 있는데, 갑자기 바람이 거세게 불고 모래가 날리면서 산꼭대기에서 이마가 흰 칡범이 주홍색 입을 벌리고 달려들었다. 해룡이 정신을 바짝 차리고 손으로 호랑이를 내리치려 할 때, 또 서쪽에서 큰 호랑이가 벽력같은 소리를 지르며 달려들어 해룡이 매우 위급한 상황에 처하게 되었다. 그 순간 갑자기 등 뒤에서 금방울이 달려와 두 호랑이를 한 번씩 들이받았다. 호랑이들이 소리를 지르며 달려들었으나, 금방울이 나는 듯이 뛰어서 연달아 호랑이를 들이받으니 두 호랑이가 동시에 거꾸러졌다.

해룡이 달려들어 호랑이 두 마리를 다 죽이고 돌아보니, 금방울이 번개같이 굴러다니며 한 시간도 채 안 되어 그 넓은 밭을 다 갈아 버렸다. 해룡은 기특하게 여기며 금방울에게 거듭거듭 사례했다. 해룡이 죽은 호랑이를 끌고 산을 내려오면서 돌아보니, 금방울은 어디로 갔는지 사라지고 없었다.

한편, 변 씨는 해룡을 구호동 사지에 보내고 생각했다.

'해룡은 반드시 호랑이에게 물려 죽었을 것이다.'

변 씨가 집 안팎을 들락날락하며 매우 기뻐하고 있는데, 문득 밖에서 사람들이 요란하게 떠드는 소리가 들려와 급히 나아가 보니, 해룡이 큰 호랑이 두 마리를 끌고 왔다. 변 씨는 크게 놀랐지만 무사히 잘 다녀온 것을 칭찬했다. 또한 큰 호랑이를 잡은 것을 기뻐하는 체하며 해룡에게 말했다.

"일찍 들어가 쉬어라."

해룡이 변 씨의 칭찬에 감사드리고 제 방으로 들어가 보니, 방울이 먼저 와 있었다.

– 작자 미상, 〈금방울전〉

＊가군 : 남에게 자기 남편을 이르는 말

✚ 제대로 구조화하기 ✚

01 윗글의 내용에 대한 이해로 적절하지 **않은** 것은?

① 변 씨는 소룡에게 잠자는 해룡을 깨우라고 지시했다.
② 변 씨는 해룡을 도운 것이 금방울이라는 것을 몰랐다.
③ 해룡은 밤에 방아질을 하다가 추워 방 안으로 들어갔다.
④ 해룡은 방 안에서 움직이는 금방울을 보고 신통해했다.
⑤ 금방울은 구호동에서 사라진 후 해룡보다 먼저 방에 도착했다.

제대로 접근법 ☆ 문제 채점까지 마친 후 복습할 때 보세요.

01
작품의 세부 내용 파악하기 유형이다. 작품의 세부 내용이 선택지와 일치하는지를 확인하는 문제로, 인물의 행동과 태도가 나타난 부분과 선택지의 내용이 일치하는지를 확인한다. 비문학 지문의 세부 내용 파악하기와 같은 유형의 문제로, 비문학보다 풀기에 수월하지만 실수하지 않도록 유의하자.

02 [A]에 대한 설명으로 가장 적절한 것은?

① 지난 일의 책임을 상대방에게 전가하며 태도 변화를 촉구하고 있다.
② 상대방으로 인한 자신의 손해를 언급하며 요청 사항을 전달하고 있다.
③ 상대방의 역할에 대해 의문을 제기하며 자신의 입장을 수정하고 있다.
④ 자신이 제안한 바가 서로에게 이익이 됨을 근거로 상대방을 설득하고 있다.
⑤ 상대방이 취하려는 행위를 만류하기 위해 상대방과 자신의 관계를 언급하고 있다.

제대로 접근법 ☆ 문제 채점까지 마친 후 복습할 때 보세요.

02
인물의 말하기 방식 파악하기 유형이다. [A]는 변 씨가 해룡을 죽여 없앨 생각으로 궁리한 계교의 내용이다. 변 씨는 가산이 줄어들게 되었다는 점, 호환으로 구호동의 논밭에 농사를 짓지 못하고 있다는 점, 그 땅을 일구면 잘살게 되고 해룡도 장가를 보낼 수 있게 된다는 점을 들면서 해룡을 위험한 곳으로 내몰려는 계교를 부리고 있다. 변 씨가 [A]에서 집안뿐만 아니라 해룡에게도 이익이 되는 내용이라고 주장하고 있다는 것을 확인하고, 이에 가장 걸맞은 내용이 제시된 선택지를 찾아보자.

03 〈보기〉는 윗글의 서사 구조를 도식화한 것이다. ㄱ~ㄹ에 대한 설명으로 적절하지 않은 것은? [3점]

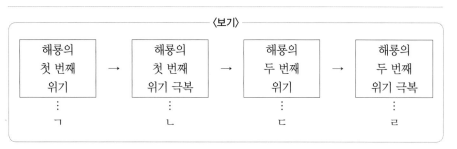

〈보기〉

해룡의 첫 번째 위기	→	해룡의 첫 번째 위기 극복	→	해룡의 두 번째 위기	→	해룡의 두 번째 위기 극복
⋮ ㄱ		⋮ ㄴ		⋮ ㄷ		⋮ ㄹ

① ㄱ은 집에서 얼어 죽게 될, ㄷ은 구호동에서 짐승에게 해를 입게 될 상황이다.
② ㄱ과 ㄷ은 모두 해룡에게 수행하기 어려운 과제가 주어지는 상황이다.
③ ㄴ은 장차 해룡에게 화를 입을 것을 염려한 변 씨가 ㄷ을 계획하는 계기가 된다.
④ ㄴ과 ㄹ은 신이한 능력을 지닌 금방울에 의해 주도적으로 진행된다.
⑤ ㄱ~ㄹ의 과정에서 해룡은 겉과 속이 다르게 자신을 대하는 변 씨의 이중성을 눈치채고 반발하게 된다.

03
외적 준거를 바탕으로 한 작품 감상하기 유형이다. 〈보기〉의 도식으로 제시된 서사 구조를 이해하고, 선택지의 내용을 확인한다. 작품에서 얼어 죽을 뻔하거나 호랑이에게 해를 입을 뻔한 해룡의 상황을 이해하고, 변 씨가 해룡에게 해를 가하기 위해 방아질을 시키거나 구호동에 보내는 과제를 제시한 것도 확인한다. 해룡을 위기에서 구해 주는 인물이 신이한 능력을 지닌 금방울이라는 것도 작품의 내용에서 확인해 본다. 끝으로 변 씨를 대하는 해룡의 태도가 어떠한지를 확인하고, 선택지에 제시된 내용이 적절한지 판단하여 문제를 해결하도록 하자.

1차 채점	맞은 문항 수	개		2차 채점	맞은 문항 수	개		3차 채점	맞은 문항 수	개
	틀린 문항 수	개	→		틀린 문항 수	개	→		틀린 문항 수	개
	헷갈리는 문항 번호				헷갈리는 문항 번호				헷갈리는 문항 번호	

· 틀린 문항 '/' 표시   · 틀린 문항 'X' 표시   · 틀린 문항 △ 표시

[01-04] 다음 글을 읽고 물음에 답하시오.

[A]

이때 춘향 어미는 삼문간에서 들여다보고 땅을 치며 우는 말이,

"신관 사또는 사람 죽이러 왔나? 팔십 먹은 늙은 것이 무남독녀 딸 하나를 금이야 옥이야 길러 내어 이 한 몸 의탁코자 하였더니, 저 지경을 만든단 말이오? 마오 마오. 너무 마오!" / 와르르 달려들어 춘향을 얼싸안고,

"아따, 요년아. 이것이 웬일이냐? 기생이라 하는 것이 수절이 다 무엇이냐? 열 소경의 외막대 같은 네가 이 지경이 되었으니 어디 가서 의탁하리? 할 수 없이 죽었구나."

향단이 들어와서 춘향의 다리를 만지면서,

"여보 아가씨, 이 지경이 웬일이오? 한양 계신 도련님이 내년 삼월 오신댔는데, 그동안을 못 참아서 황천객이 되시겠네. 아가씨, 정신 차려 말 좀 하오. 백옥 같은 저 다리에 유혈이 낭자하니 웬일이며, 실낱같이 가는 목에 큰 칼*이 웬일이오?"

(중략)

칼머리 세워 베고 우연히 잠이 드니, 향기 진동하며 여동 둘이 내려와서 춘향 앞에 꿇어앉으며 여쭈오되,

"소녀들은 **황릉묘 시녀**로서 부인의 명을 받아 낭자를 모시러 왔사오니 사양치 말고 가사이다."

춘향이 공손히 답례하는 말이,

"황릉묘라 하는 곳은 소상강 **만 리 밖** 멀고도 먼 곳인데, 어떻게 가잔 말인가?"

"가시기는 염려 마옵소서."

손에 든 **봉황 부채** 한 번 부치고 두 번 부치니 **구름같이 이는 바람** 춘향의 몸 훌쩍 날려 공중에 오르더니 여동이 앞에 서서 길을 인도하여 석두성을 바삐 지나 한산사 구경하고, 봉황대 올라가니 왼쪽은 동정호요 오른쪽은 팽려호로다. 적벽강 구름 밖에 열두 봉우리 둘렸는데, 칠백 리 동정호의 오초동남 여울목에 오고 가는 상인들은 순풍에 돛을 달아 범피중류 떠나가고, 악양루에서 잠깐 쉬고, 푸른 풀 무성한 군산에 당도하니, 흰 마름꽃 핀 물가에 갈까마귀 오락가락 소리하고, 숲속 원숭이가 자식 찾는 슬픈 소리, 나그네 마음 처량하다. 소상강 당도하니 경치도 기이하다. 대나무는 숲을 이루어 아황 여영 눈물 흔적 뿌려 있고, 거문고 비파 소리 은은히 들리는데, 십층 누각이 구름 속에 솟았도다. 영롱한 전주발과 안개 같은 비단 장막으로 주위를 둘렀는데, 위의도 웅장하고 기세도 거룩하다.

여동이 앞에 서서 춘향을 인도하여 문 밖에 세워 두고 대전에 고하니,

"**춘향이 바삐 들라 하라.**"

춘향이 황송하여 계단 아래 엎드리니 부인이 명령하시되, / "대전 위로 오르라."

춘향이 대전 위에 올라 손을 모아 절을 하고 공손히 자리에서 일어나 좌우를 살펴보니, 제일 층 옥가마 위에 아황 부인 앉아 있고 제이 층 황옥가마에는 여영 부인 앉았는데, 향기 진동하고 옥으로 만든 장식 소리 쟁쟁하여 하늘나라가 분명하다. 춘향을 불러다 자리를 권하여 앉힌 후에,

"춘향아, 들어라. 너는 **전생** 일을 모르리라. 너는 부용성 영주궁의 운화 부인 시녀로서 서왕모 요지연에서 장경성에 눈길 주어 복숭아로 희롱하다 인간 세상에 귀양 가서 시련을 겪고 있거니와 머지않아 장경성을 다시 만나 부귀영화를 누릴 것이니 **마음을 변치 말고 열녀**를 본받아 후세에 이름을 남기라."

춘향이 일어서서 두 부인께 절을 한 후에 달나라 구경하려다가 발을 잘못 디뎌 깨달으니

제대로 감상법 ✿ 문제 풀이까지 마친 후 복습할 때 보세요.

작자 미상, 〈춘향전(春香傳)〉

제목의 의미

'춘향전'은 주인공인 춘향이 이몽룡을 만나 신분의 차이를 극복하고 사랑을 완성하는 과정을 담은 '춘향 이야기'이다. 제시된 작품은 수많은 이본 중 '황릉묘 모티프'가 활용된 '이고본 춘향전'이다. '이고본 춘향전'은 국문학자 이명선이 발굴하여 1940년에 《문장》에 발표했던 '춘향전'으로, 이고본은 '이명선 소장 고사본'의 약칭이다.

구성

■ 중요 인물
• (❶): 퇴기 월매의 딸. 신분이 낮지만 정절을 지켜 이몽룡과의 사랑을 이루어 냄.
• 춘향 어미: 무남독녀인 춘향을 고이 길렀으며 춘향이 옥에 갇히자 수절을 만류하고 앞날을 걱정함.
• 향단: 춘향의 몸종으로 옥에 갇힌 춘향을 염려하고 보살핌.
• 이몽룡(이 도령): 춘향과 백년가약을 맺음. 춘향과 헤어져 서울로 와서 과거에 급제하고 남원에 내려가 춘향을 구함.

■ 사건과 갈등: 신관 사또의 수청을 거절하여 옥에 갇힌 춘향은 꿈속에서 아황 부인과 여영 부인을 만나 (❷)의 일과 미래의 일에 대해 듣지만, 그 말을 믿지 못하고 계속 근심함. 한편 서울로 올라간 이 도령은 열심히 공부하여 과거에 급제함.

■ 소재와 배경의 의미
• (❸): 정절의 표상인 아황 부인과 여영 부인이 있는 곳으로, 춘향의 전생과 앞날에 대한 정보를 제공함.

문제 ─ 서술상의 특징

• 판소리의 영향을 받아 운문체와 산문체가 혼합되어 서술됨.
• (❹)을 표상하는 중국 고사 속 인물을 끌어들여 작품의 주제를 효과적으로 전달함.

주제

• (❺)을 초월한 남녀 간의 사랑
• 신분적 제약을 벗어난 인간 해방과 지배 계층에 대한 민중의 저항

한바탕 꿈이라. 잠을 깨어 탄식하는 말이,

"이 꿈이 웬 꿈인가? 뜻 이룰 큰 꿈인가? 내가 죽을 꿈이로다."

[B]
칼을 비스듬히 안고

"애고 목이야, 애고 다리야. 이것이 웬일인고?" / 향단이 원미를 가지고 와서,

"여보, 아가씨. 원미 쑤어 왔으니 정신 차려 잡수시오." / 춘향이 하는 말이,

"원미라니 무엇이냐, 죽을 먹어도 이죽을 먹고, 밥을 먹어도 이밥을 먹지, 원미라니 나는 싫다. 미음물이나 하여 다오."

미음을 쑤어다가 앞에 놓고,

[C]
"이것을 먹고 살면 무엇할꼬? 어두침침 옥방 안에 칼머리 비스듬히 안고 앉았으니, 벼룩 빈대 온갖 벌레 무른 등의 피를 빨고, 궂은비는 부슬부슬, 천둥은 우루루, 번개는 번쩍번쩍, 도깨비는 휙휙, 귀신 우는 소리 더욱 싫다. 덤비는 것이 헛것이라. 이것이 웬일인고? 서산에 해 떨어지면 온갖 귀신 모여든다. 살인하고 잡혀 와서 아흔 되어 죽은 귀신, 나라 곡식 훔쳐 먹다 곤장 맞아 죽은 귀신, 죽은 아낙 능욕하여 고문당해 죽은 귀신, 제각기 울음 울고, 제 서방 해치고 남의 서방 즐기다가 잡혀 와서 죽은 귀신 처량히 슬피 울며 '동무 하나 들어왔네' 하고 달려드니 처량하고 무서워라. 아무래도 못 살겠네. 동방의 귀뚜라미 소리와 푸른 하늘에 울고 가는 기러기는 나의 근심 자아낸다."

한없는 근심과 그리움으로 날을 보낸다.

이때 이 도령은 서울 올라가서 밤낮을 가리지 않고 공부하여 글짓는 솜씨가 당대에 제일이라. 나라가 태평하고 백성이 평안하니 태평과를 보려 하여 팔도에 널리 알려 선비를 모으니 춘당대 넓은 뜰에 구름 모이듯 모였구나. 이 도령 복색 갖춰 차려 입고 시험장 뜰에 가서 글 제목 나오기 기다린다.

시험장이 요란하여 현제판을 바라보니 '강구문동요*'라 하였겠다. 시험지를 펼쳐놓고 한번에 붓을 휘둘러 맨 먼저 글을 내니, 시험관이 받아보고 글자마다 붉은 점이요 구절마다 붉은 동그라미를 치는구나. 이름을 뜯어 보고 승정원 사령이 호명하니, 이 도령 이름 듣고 임금 앞에 나아간다.

– 작자 미상, 〈춘향전〉

✽ 칼: 죄인에게 씌우던 형틀
✽ 강구문동요(康衢聞童謠): 길거리에서 태평세월을 칭송하는 아이들 노래를 들음.

➕ 한 걸음 더 ➕

갈등 양상이 반영하는 당대 사회의 특징

| 춘향 | ↔ | 신관 사또 |

신관 사또가 신분을 이용해 자신의 뜻에 따르지 않는 춘향을 핍박함. → 권력자가 힘없는 백성을 괴롭히는 사회 분위기

| 춘향 | ↔ | 사회 |

신분이 낮은 춘향과 신분이 높은 이몽룡의 사랑이 사회적으로 용납되지 않음. → 신분이 다른 남녀 간의 사랑을 받아들이지 않는 사회 분위기

➕ 제대로 구조화하기 ➕

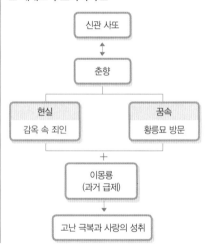

---

01 [A]와 [B]를 통해 인물을 이해한 내용으로 가장 적절한 것은?

① [A]에서는 '춘향 어미'의 비난을 통해, [B]에서는 '향단'의 옹호를 통해 '신관 사또'에 대한 두 인물의 상반된 인식을 알 수 있다.

② [A]에서는 '춘향 어미'의 만류를 통해, [B]에서는 '향단'의 재촉을 통해 '춘향'의 수절에 대한 두 인물의 상반된 인식을 알 수 있다.

③ [A]에서는 앞날을 걱정하는 '춘향 어미'를 통해, [B]에서는 '춘향'의 현재 상태를 염려하는 '향단'을 통해 '춘향'의 고난에 대한 상이한 반응을 확인할 수 있다.

④ [A]에서는 격양된 '춘향 어미'를 진정시키는 모습을 통해, [B]에서는 '춘향'에게 음식을 정성스레 건네는 모습을 통해 '향단'의 침착한 태도를 확인할 수 있다.

⑤ [A]에서 '도련님'의 약속을 신뢰하는 '춘향 어미'의 모습과 [B]에서 '춘향'의 앞날을 걱정하는 '향단'의 모습으로 인해 '춘향'의 내적 갈등이 심화되고 있음을 확인할 수 있다.

제대로 접근법 ✰ 문제 채점까지 마친 후 복습할 때 보세요.

01
특정 장면에 드러난 인물의 심리와 태도를 파악하는 유형이다. 선택지의 내용은 춘향 어미와 향단의 반응을 중심으로 서술되어 있다. 따라서 이 두 인물에 초점을 맞추어 [A]와 [B]에 나타나 있는 말과 행동을 분석할 필요가 있다. 옥에 갇혀 고초를 겪는 춘향과 그 원인 제공자인 신관 사또에 대한 춘향 어미와 향단의 태도를 중심으로 내용을 정리해 본다.

02 [C]에 대한 이해로 적절하지 <u>않은</u> 것은?

① 공간의 특징을 열거하여 자신의 비참한 처지를 드러내고 있다.
② 비현실적인 존재를 언급하며 자신이 느끼는 두려움을 드러내고 있다.
③ 청각적 경험을 자극하는 자연물을 통해 자신의 근심을 드러내고 있다.
④ 미래에 대한 부정적 전망과 함께 자신의 신세에 대한 한탄을 드러내고 있다.
⑤ 자신과 같이 억울한 처지에 놓인 사람들에 대한 연민의 감정을 드러내고 있다.

※ 〈보기〉를 참고하여 03번과 04번의 두 물음에 답하시오.

─────〈보기〉─────

서사적 모티프란 전체 이야기를 구성하는 작은 이야기 단위이다. 이 작품에서는 황릉묘의 주인이자 정절의 표상인 아황 부인과 여영 부인이 등장하는 황릉묘 모티프가 사용되었다. 이는 천상계와 인간 세상, 전생과 현생, 꿈과 현실의 대응을 형성하면서 공간적 상상력을 풍요롭게 하는 동시에 주인공의 또 다른 정체성을 드러낸다.

서사적 모티프는 작품을 읽는 독자에게 서사 이해의 실마리를 제공함으로써 작품의 전개 방향을 예측하게 한다. 황릉묘 모티프에서 '머지않아 장경성을 다시 만나 부귀영화를 누릴 것'이라는 두 부인의 말을 감안하여, 독자는 이어지는 내용에서 ㉮ .

03 〈보기〉를 참고하여 윗글을 감상한 내용으로 적절하지 <u>않은</u> 것은? [3점]

① 춘향이 잠이 들어 '황릉묘 시녀'를 만난 것은 황릉묘 모티프를 통해 꿈과 현실의 연결이 일어나게 됨을 보여 주는군.
② '봉황 부채'에 의한 '구름 같이 이는 바람'을 타고 '소상강 만 리 밖' 황릉묘까지 춘향이 날려가는 것은 꿈속 공간의 초월적 성격을 드러내는군.
③ 아황 부인과 여영 부인이 '춘향이 바삐 들라'라고 명령하는 것은 자신의 문제를 서둘러 해결하고자 하는 춘향에게 인간 세상에 대비되는 천상계의 질서가 있음을 보여 주는군.
④ '전생'에 춘향이 '운화 부인 시녀'였다는 아황 부인과 여영 부인의 말은 전생과 현생의 대응을 드러내면서 공간적 상상력의 확장을 유도하는군.
⑤ 아황 부인과 여영 부인이 춘향에게 '마음을 변치 말고 열녀를 본받'으라고 당부하는 것은 춘향이 정절을 지켜나갈 인물임을 암시하는군.

04 〈보기〉의 ㉮에 들어갈 내용으로 가장 적절한 것은?

① '내가 죽을 꿈이로다'라는 춘향의 말보다는 이 도령이 과거에 급제한 상황에 주목하며 두 인물의 재회를 예상할 것이다.
② 꿈에 대해 자문하며 탄식하는 춘향의 모습을 보고 춘향이 현실에서의 정체성에 의문을 갖게 되리라고 예상할 것이다.
③ 두 부인과의 만남이 꿈임을 깨닫는 춘향의 모습을 보고 꿈과 현실의 대비가 주는 허무함을 절감하게 될 것이다.
④ 춘향이 자신의 실수로 꿈에서 깨어나는 장면을 춘향의 고난이 지속될 것이라는 암시로 받아들일 것이다.
⑤ 꿈에서 '달나라 구경'을 이루지 못하고 깨어난 춘향이 꿈에 대한 미련을 보이리라고 예상할 것이다.

제대로 접근법 ☆ 문제 채점까지 마친 후 복습할 때 보세요.

02
특정 장면에 나타난 표현 방식과 인물의 심리를 파악하는 유형이다. [C]는 춘향이 자신이 갇혀 있는 공간과 상황을 언급하며 감정을 토로하고 있는 장면이다. 먼저 공간의 특징 열거, 비현실적 존재 언급, 청각적 경험을 자극하는 자연물, 미래에 대한 부정적 전망 등이 나타나는지 확인한다. 이와 함께 비참함, 두려움, 근심, 한탄, 연민과 같은 정서가 드러나는지도 확인한다. 선택지에 '~하여, ~을 통해'와 같은 말이 사용되었으므로 표현 방식과 심리가 서로 관련이 있는 것이어야 함에 유의한다.

03
외적 준거에 따라 작품을 감상하는 유형이다. 선택지의 내용은 주로 〈보기〉의 첫 번째 문단의 내용과 관련되어 있다. 꿈속의 내용이 황릉묘 모티프에 해당한다는 것, 정절의 표상인 두 부인을 만남으로써 천상계로 이야기의 공간이 확장되고, 전생이 밝혀지며, 인물의 성격이 암시되는 것 등에 초점을 맞추어 감상 내용의 적절성을 판단한다.

04
〈보기〉의 내용을 파악하고 빈칸으로 제시된 독자의 반응을 예상하는 문제이다. ㉮의 앞부분에 언급된 내용이 일종의 조건이 되므로, 선택지의 내용이 조건에 부합하는지를 확인하며 답을 찾아야 한다. '머지않아 장경성을 다시 만나게 되고 '부귀영화를 누릴 것'이라고 하였으므로, 춘향이 맞이하게 될 긍정적 미래를 예상한 것이 ㉮에 들어갈 내용으로 적절하다.

1차 채점				2차 채점				3차 채점		
맞은 문항 수	개			맞은 문항 수	개			맞은 문항 수	개
틀린 문항 수	개	→		틀린 문항 수	개	→		틀린 문항 수	개
헷갈리는 문항 번호				헷갈리는 문항 번호				헷갈리는 문항 번호	

• 틀린 문항 '/' 표시 　　　　　• 틀린 문항 'X' 표시 　　　　　• 틀린 문항 △ 표시

[01~04] 다음 글을 읽고 물음에 답하시오.

　각설 토끼는 만수산에 들어가 바위 구멍에 숨어 사니 신세가 태평하고 만사에 무심하여 혹은 일어났다 앉았다 하고 혹은 벽에 기대어 눕기도 하는 중 용왕의 말이 귀에 들리는 듯하고 용궁의 경치가 눈앞에 삼삼하여 기쁨을 이기지 못한 채 마음에 생각하기를,

　'내 만수산의 일개 토끼로서 간사한 놈의 꼬임으로 거의 죽을 뻔하였지. 그러나 두세 치밖에 안 되는 혀로 만승의 임금을 유혹하여 용궁을 두루 구경하고 만수산으로 돌아왔으니 비록 소장*의 구변*이나 양평*의 지혜라도 이보다 낫지 못 할 거야. 이후에 다시는 동해 가를 밟지도 말고 맹세코 용궁 사람들과 말도 말고 돌베개나 괴고 살아갈 뿐야.'

　이때 홀연히 한 떼의 검은 구름이 남쪽으로부터 오더니 조금 있다가 광풍이 일어나 소나기가 쏟아진다. 또 우레 소리가 울리고 번갯불이 번쩍번쩍하더니 조용하고 컴컴해져 지척을 분간할 수 없었다. 토끼가 크게 놀라,

　'이는 필시 용왕의 조화야.'

하고, 막 피하여 숨으려 할 제 뇌공이 바위 구멍으로 쳐들어오더니 토끼를 잡아가는데 날아가듯 빨라 잠깐 사이에 남천문 밖에 이르렀다. 토끼가 혼이 나가고 기운을 잃어 땅에 엎어졌다가 다시 깨어나 머리를 들고 보니 천상의 백옥경이었다. 토끼가 영문을 몰라 섬돌 아래에 기고 있는데 문지기가 달려들어와,

　"동해용왕 광연이 명을 받아 문 밖에 왔습니다."

한다. 토끼가 이 말을 듣고 크게 놀라 마음속으로 생각하기를,

　'이는 반드시 용왕이 상제에게 고하여 나를 죽이려 하는구나. 지난 번에는 궤변으로 죽을 고비를 넘겼으나 이번에는 죽음을 면할 수 없을 거야.'

하고, 머리를 구부리고 턱을 고인 채 말없이 정신 나간 듯 있었더니 조금 이따가 전상에서 한 선관이 부른다.

　"상제의 명이니 용왕과 토끼를 판결하라."

　말이 끝나기도 전에 용왕은 전하에 꿇어 앉고 토끼를 바라보면서 몹시 한스러워했다. 한 선관이 지필묵을 두 사람 앞에 놓더니,

　"상제의 명이니 각자 느낀 바를 진술하고 **처분을 기다리라**."

한다. 용왕이 붓을 잡고 진술을 하는데 그 대강은 이러했다.

[A]
　"엎드려 생각건대 소신은 모든 관리들의 장으로서 직책이 사해의 우두머리가 되어 구름과 안개를 일으키는 변화를 부리고 하늘에 오르내려 비를 내립니다. 삼가 나라의 신을 받들어 아래로 수많은 백성을 훈육하고 감히 어리석은 정성을 다하여 위로 임금님의 은혜에 보답하여 왔습니다. 하온데 한 병이 깊이 들어 몸의 위태로움이 바늘방석에 앉은 듯하고 백 가지 약이 효험이 없으니 목숨이 조석에 달려 있습니다. 그러나 삼신산이 아득히 머니 선약을 어디서 구하며 편작이 이미 죽고 양의가 다시 나오지 않았습니다만 도사의 한마디 말을 듣고 만수산에서 토끼를 얻었으나 마침내 그 간교한 꾀에 빠져 후회한들 무슨 소용이 있겠습니까마는 세상에 놓쳐버렸으니 다만 속수무책일 뿐입니다. 오늘 이렇게 다시 와 뵈오니 굶은 자가 밥을 얻은 듯하고 온갖 병이 다 나아 고목에 꽃이 핀 듯합니다. 엎드려 원하옵건대 전하께서는 제왕께서 작은 것을 가지고 큰 것을 바꾼 인자함을 본받아 소신의 병으로 죽게 된 목숨을 구해 주소서. 엎드려 임금님께 비오니 가엾고 불쌍히 여겨 주소서."

제대로 감상법

작자 미상, 〈토공전〉

제목의 의미

'토공'은 '토끼'를 높여 부르는 말로, 이 작품은 널리 알려진 〈토끼전〉을 고쳐 쓴 한문 소설이다. 개작 과정에서 재판을 통해 갈등을 해결하는 송사 설화의 모티프를 빌리고 있다. 〈토공전〉을 통해 〈토끼전〉에 여러 이본(異本)이 존재하며, 그 주제도 다양함을 알 수 있다.

구성

■ 중요 인물
• (❶　　　　) : 놓친 토끼를 다시 잡아 병을 고치기 위해 옥황상제에게 자신의 입장을 진술하고 판결을 기다림.
• (❷　　　　) : 용궁에서 도망쳐 나왔다가 다시 옥황상제에게 끌려가 재판을 받지만 자신의 진술이 받아들여져 풀려나게 됨.
• 옥황상제: 용왕과 토끼 사이의 갈등을 판결을 통해 해결하는 인물

■ 사건과 갈등: 용궁에서 살아 돌아와 태평하게 지내던 토끼가 옥황상제에게 끌려가 용왕과 함께 재판을 받게 됨. 용왕과 토끼의 진술을 들은 옥황상제는 (❸　　　　)와 상관없이 모든 생명은 소중하다며 토끼를 놓아주라고 판결함.

■ 소재와 배경의 의미
• 천상의 백옥경: 병을 고치고 싶은 용왕의 욕망과 목숨을 부지하고 싶은 토끼의 욕망이 충돌하고, 옥황상제의 판결을 통해 그 갈등이 해결되는 공간

문제 – 서술상의 특징
• 판소리계 소설을 한문으로 개작함.
• (❹　　　　) 설화의 모티프를 빌려 후반부를 새로운 이야기로 구성함.
• 동물을 의인화한 우의적 수법으로 인간 사회를 풍자함.

주제
① 허욕에 대한 경계 ② 권력의 횡포에 대한 비판
③ 지위와 상관없는 생명의 소중함

토끼가 또한 진술하기를,

[B]
"엎드려 생각건대 소신은 만수산에서 낳고 만수산에서 자라 오로지 성명*을 산중에서 다하였을 뿐 세상에 출세함을 구하지 않았습니다. 수양산에서 고사리 캐 먹다 죽은 백이의 높은 절개를 본받고 동고에서 시를 읊은 도잠의 기풍을 따랐습니다. 아침에 구름 낀 산에 올라 고라니 사슴들과 짝하여 놀고 밤에는 월궁에서 상아*와 함께 약방아를 찧었습니다. 그러는 동안에 세상 사람들에게 해를 끼치지 않았는데 어찌하다 용왕에게 원망을 사서 결박하여 섬돌 아래 놓이니 절인 생선이 줄에 꿰인 듯하고 전상에서 호령하니 뜨거운 불바람이 부는 듯합니다. 사는 것을 좋아하고 죽는 것을 싫어하는 마음에 어찌 대소가 있겠습니까? 목숨을 살려 몸을 보전함에 귀천이 있을 수 없고 더불어 죄 없이 죽게 됨은 속여서라도 살아남과 같지 않으니 오늘 뜻밖에 용왕의 비위를 거슬렸으니 어찌 감히 삶을 구하겠으며 다시 위태로운 땅을 밟아 스스로 화를 받을 것을 알겠습니다. 말을 이에 마치고자 하오니 엎드려 비옵건대 살펴주소서."

옥황이 다 읽고 나서 여러 신선들과 의논하니 일광노가 나와 말한다.

"두 사람이 진술한 바로 그 옳고 그름이 불을 보듯 환하게 되었습니다. 폐하께서 병든 자를 위하여 죄 없는 자를 죽인다면 그 원망을 어찌하겠습니까? 강자를 누르고 약자를 도와 공정한 처결을 하소서."

옥황이 그 말이 옳다 하고 다음과 같이 판결하였다.

"대체로 천지는 만물이 머물다 가는 여관과 같고 세월은 백 대에 걸쳐 지나는 손님과 같다. 낳으면 늙고 늙으면 죽는 것은 인간의 일상적 일이오 사물의 항상 되는 일인즉 진실로 이에 초연하여 혼자 존재함을 듣지 못했고 날개가 돋아 신선이 된다 함을 듣지 못했노라. 또 혹 병이 들어 일찍 죽는 자나 혹 상처를 입어 죽는 자는 모두 다 명이니 어찌 원혼이겠는가? 동해용왕 광연은 병이 들었으나 도리어 살고 만수산 토끼는 죄가 없으나 죽는다면 이는 마땅히 살 자가 죽는 것이다. 광연이 비록 살아날 약이 있다 하나 토끼인들 어찌 죽음을 싫어하는 마음이 없겠는가? 광연은 용궁으로 보내고 토끼는 세상으로 놓아주어 그 천명을 즐기게 함이 하늘의 뜻에 순응함이라."

이에 다시 뇌공을 시켜 토끼를 만수산에 압송하니 토끼가 백배사례하며 가버렸다.

[C]
이날 용왕이 적혼공에게,

"옥황이 죄 없이 죽는다 하여 토끼를 보내 주는 모양이니 너는 문 밖에 그가 나오는 것을 기다리고 있다가 바로 죽여라. 그렇지 않으면 죽음을 면할 수 없으리니 입조심을 하여 비밀이 새어나지 않도록 해라."

하니 적혼공이,

"대왕의 입에서 나와 소신의 귀에 들어온 말을 어찌 아는 이가 있겠습니까?"

말을 마치자 우레 소리가 나고 광풍이 갑자기 일어 뇌공이 토끼를 압령하여 북쪽을 향하여 가니 날아가는 화살 같고 추상 같았다. 적혼공이 감히 손도 못 대고 손을 놓고 물러가니 용왕이 크게 탄식하며,

"하늘이 망해 놓은 화이니 다시 바랄 게 없구나."

하고 적혼공과 더불어 손을 잡고 통곡하며 돌아갔다.

– 작자 미상, 〈토공전〉

✱ 소장: 전국 시대의 소진과 장의를 아울러 이르는 말   ✱ 구변: 말을 잘하는 재주나 솜씨
✱ 양평: 중국 한나라 시대의 장양과 진평을 아울러 이르는 말
✱ 성명: '목숨'이나 '생명'을 달리 이르는 말
✱ 상아: 달 속에 있다는 전설 속의 선녀. 항아

🔸 한 걸음 더 🔸

'송사 소설'의 의미

송사 소설은 억울한 일을 관청에 호소하여 해결하는 과정을 그린 고전 소설을 말한다. 이에 해당하는 작품으로는 〈황새결송〉, 〈까치전〉, 〈장화홍련전〉 등이 있다. 우리나라는 유교의 영향으로 인해 송사에 의한 분쟁 해결을 바람직하게 여기지 않았다. 그런데 조선 후기에 사람들의 의식이 성장하면서 각종 분쟁을 관청에 의뢰해 해결하려는 시도가 늘어났다. 이러한 변화에 따라 송사 소설이 많이 창작되면서 소설의 한 유형으로 자리잡게 되었다. 송사 소설은 대립되는 당사자 간의 갈등과 그 해결 과정이 나타나므로 독자의 흥미를 유발하는 요소가 많다.

🔸 제대로 구조화하기 🔸

01 윗글을 이해한 내용으로 적절하지 <u>않은</u> 것은?

① 만수산에서 토끼는 갑작스러운 날씨 변화가 옥황 때문이라고 생각하여 두려워했다.
② 토끼는 백옥경에서 용왕을 만나기 전까지는 자신이 잡혀 온 이유를 알지 못했다.
③ 만수산에서 토끼는 자신의 뛰어난 말솜씨에 대해 자부심을 느꼈다.
④ 토끼는 용궁에서 만수산으로 돌아온 것에 대해 만족감을 느꼈다.
⑤ 만수산에서 지내던 토끼는 용궁에서의 기억을 떠올렸다.

02 [A]와 [B]를 비교한 내용으로 적절하지 <u>않은</u> 것은?

① [A]와 [B]는 모두 자신의 내력을 요약하며 진술을 시작하고 있다.
② [A]와 [B]는 모두 비유적 표현을 사용하여 자신이 고난에 처했음을 부각하고 있다.
③ [A]는 제안의 문제점을 스스로 인정하고 있고, [B]는 제안에 대한 확신을 드러내고 있다.
④ [A]에는 자신에게 유리한 결과를 기대하는 모습이, [B]에는 자신에게 불리한 결과를 예상하는 모습이 나타나 있다.
⑤ [A]와 [B]는 모두 자신의 요구를 제시하며 진술을 마무리하고 있다.

03 [C]의 서사적 기능으로 가장 적절한 것은?

① 적혼공의 말을 통해 앞서 일어난 사건을 평가하고 있다.
② 용왕의 시도가 실패하였음을 보여 주어 주제 의식을 강조하고 있다.
③ 용왕의 탄식을 통해 용왕과 옥황 간의 새로운 갈등을 예고하고 있다.
④ 뇌공에 의해 공간이 전환되는 과정에서 공간적 배경의 사실성을 강조하고 있다.
⑤ 용왕의 지시를 따르지 않는 적혼공의 반응을 제시하여 독자의 흥미를 유발하고 있다.

04 〈보기〉를 바탕으로 윗글을 감상한 내용으로 적절하지 <u>않은</u> 것은? [3점]

─────〈보기〉─────

윗글은 〈토끼전〉을 고쳐 쓴 한문 소설로 재판을 통해 갈등을 해결하는 송사 설화의 모티프가 나타난다. 용왕과 토끼는 옥황상제가 주관하는 재판 상황에 놓이게 되고, 이 상황에서는 지위의 우열보다는 진술의 우위가 판결에 영향을 미친다. 이 판결의 내용은 지위의 높고 낮음보다 생명의 가치를 존중하는 작가의 의식을 드러내고 있다.

① '상제의 명이니 용왕과 토끼를 판결하라.'라는 말에서, 송사 설화의 모티프가 쓰였음을 확인할 수 있군.

② 꿇어 앉아 함께 '처분을 기다리'는 것에서, 용왕과 토끼가 재판 당사자로서 대등한 처지에 놓이게 되었음을 알 수 있군.

③ '강자를 누르고 약자를 도와 공정한 처결을 하소서.'라는 일광노의 말에서, 토끼의 진술에 대한 지지를 확인할 수 있군.

④ '낳으면 늙고 늙으면 죽는 것은 인간의 일상적 일'이라는 말에서, 옥황이 판결을 망설이는 이유를 짐작할 수 있군.

⑤ '토끼인들 어찌 죽음을 싫어하는 마음이 없겠는가?'라는 말에서, 모든 생명은 소중하다는 작가의 의식을 확인할 수 있군.

04

외적 준거에 따라 작품을 감상하는 유형이다. 작품의 기본적인 내용과 흐름만 이해했다면 어렵지 않게 문제를 해결할 수 있다. 답이 되는 선택지에서 작품에 나타난 인물의 태도와는 상반되는 내용을 제시하고 있기 때문이다.

〈보기〉의 내용 중 송사 설화의 모티프, 재판 상황, 지위의 우열보다는 진술의 우위가 판결에 영향, 생명의 가치를 존중하는 작가의 의식 등에 주목하여 선택지의 적절성을 판단한다.

1차 채점	맞은 문항 수	개	→	2차 채점	맞은 문항 수	개	→	3차 채점	맞은 문항 수	개
	틀린 문항 수	개			틀린 문항 수	개			틀린 문항 수	개
	헷갈리는 문항 번호				헷갈리는 문항 번호				헷갈리는 문항 번호	

- 틀린 문항 '/' 표시
- 틀린 문항 'X' 표시
- 틀린 문항 △ 표시

[01~03] 다음 글을 읽고 물음에 답하시오.

[앞부분의 줄거리] 명나라 효종 때, 김생이라는 선비는 상사동 길가에서 영영을 보고 사랑에 빠진다. 영영을 만날 궁리를 하던 김생은 막동의 도움으로 영영의 이모인 노파에게 접근한다.

　그 날도 두 사람은 술이 떨어질 때까지 마셨다.
　김생은 빨간 보자기를 풀어 비단 적삼 하나를 내놓았다.
　"매일 할머니를 괴롭히고도 갚을 것이 없어 걱정했는데 이것이라도 제 정성으로 아시고 받아 주시오."
　노파는 김생의 마음 씀씀이에 감동하면서도 그 속마음을 알 수 없어 근심이 되었다. 노파는 아무래도 안 되겠다 싶었는지 바로 일어나서 절을 하였다.
　"제가 과부 되어 살아온 지 오래지만 이웃 사람조차 도와주지 않았습니다. 그런데 도련님께서 이렇게 마음을 써 주시니 몸 둘 바를 모르겠습니다. 혹 도련님께서 소망이 있으시다면 비록 죽는 일이라도 말씀하소서."
　그제야 김생은 얼굴에 슬픈 빛을 띠고 입을 열기 시작했다.
　"그렇게 말씀하시니 어찌 사실대로 말하지 않겠소? 제가 어느 날 집으로 가는 길에 한 낭자를 보았습니다. 나이 어린 협기로 뒤를 쫓아왔더니 그 낭자가 들어 간 곳이 바로 이 곳이었소. 그런데 그 낭자를 본 뒤부터 마음이 취한 듯 모든 일에 흥미를 잃고 그 낭자만 생각하니, 애끊는 괴로움이 벌써 여러 날이라오."
　노파는 김생이 여인을 본 날짜와 여인의 복장을 물었다. 노파는 짚이는 사람이 있는 모양이었다.
　"도련님께선 제 죽은 언니의 딸을 보신 것 같습니다. 그 애의 이름은 영영(英英)이라 하는데 정말 탐스러운 아이이지요. 하지만……."
　"하지만 뭐란 말이요?"
　김생은 노파가 무슨 말을 할지 걱정되었다. 그걸 아는지 모르는지 노파는 김생보다 더 심각한 표정으로 말을 이었다.
　"도련님은 그 애를 만나는 것조차 어려울 것입니다."
　"그건 무슨 말이요?"
　"그 애는 회산군(檜山君)의 시녀입니다. 궁중에서 나고 자라 문밖을 나서지 못합니다."
　"그렇다면 전에 내가 본 날은 어인 나들이었소?"
　"그 때는 마침 그 애 부모의 제삿날이라 제가 회산군 부인께 청하고 겨우 데려왔었지요."
　"……."
　"영영은 자태가 곱고 음률이나 글에도 능통해 회산군께서 첩을 삼으려 하신답니다. 다만 그 부인의 투기가 두려워 뜻대로 못할 뿐이랍니다."
　김생은 크게 한숨을 내쉬며 탄식하였다.
　"결국 하늘이 나를 죽게 하는구나!"
　노파는 김생의 병이 깊은 것을 보고 안타까워했다. 노파는 그렇게 김생을 바라보고 있다가 한참만에 입을 열었다.
　"방법이 없는 것은 아닙니다."
　"그래요? 그, 그것이 무엇이오? 빨리 말해 보시오."
　"단오가 한 달이 남았으니 그 때 다시 작은 제사상을 벌이고 부인에게 **영아를 보내 주십사**

제대로 감상법

☆ 문제 풀이까지 마친 후 복습할 때 보세요.

작자 미상, 〈영영전〉

제목의 의미

'영영'은 여자 주인공의 이름으로, 이 작품은 지체 높은 선비인 김생이 궁녀인 영영을 열렬히 사모하여 결국은 사랑을 이룬다는 내용의 애정 소설이다. 〈운영전〉과 사건 전개가 유사하나, 현실에서 남녀가 인연을 이루어 행복한 결말로 끝난다는 차이점을 보인다.

구성

■ 중요 인물
· (❶　　　　): 명나라의 선비. 신분의 차이를 뛰어넘는 순수한 사랑을 끝내 이루어 냄.
· (❷　　　　): 궁중에서 나고 자란 회산군의 궁녀이자 노파의 조카. 김생에 대한 그리움과 지조를 끝까지 지킴.
· 노파, 이정자: 김생과 영영의 사랑이 이루어지도록 돕는 조력자

■ 사건과 갈등: 김생은 우연히 영영을 본 뒤 상사의 병을 얻어 죽을 고비에 처하지만, 노파와 이정자의 도움으로 결국 사랑의 결실을 맺게 됨.

■ 소재와 배경의 의미
· (❸　　　　): 영영이 사는 곳이자, 김생과 영영의 사랑을 가로막는 역할을 하는 공간

문체 ─ 서술상의 특징

· 사실적인 표현과 생동감 있는 비유를 사용함.
· 전기성, 우연성 등이 나타나지 않음.
· 서술자의 (❹　　　　)적 논평을 통해 인물의 심리를 드러냄.

주제

고난을 뛰어넘는 사랑의 실현

고 청하면 그리 될 수도 있습니다."

김생은 그 말을 듣고 뛸 듯이 기뻐했다.

"할머니 말대로 된다면 인간의 오월 오일은 곧 천상의 칠석이오."

김생과 노파는 그렇게 서로 이야기를 하면서 **영영을 불러낼 계획을 세웠다.**

마침내 노파와 약속한 날이 되었다. 김생은 날이 밝기도 전에 그 집으로 달려갔다.

(중략)

영영을 그리는 마음은 예전보다 두 배나 더 간절하였다. 그러나 청조가 오지 않으니 소식을 전하기 어렵고, 흰기러기는 오래도록 끊기어 편지를 전할 길도 없었다. 끊어진 거문고 줄은 다시 맬 수가 없고 깨어진 거울은 다시 합칠 수가 없으니, 가슴을 졸이며 근심을 하고 이리저리 뒤척이며 잠 못 이룬들 무슨 소용이 있겠는가? 김생은 마침내 몸이 비쩍 마르고 병이 들어 자리에 누워 있었다. 그렇게 두어 달이 지나니 김생은 죽은 몸이나 다름없었다. 마침 김생의 친구 중에 이정자(李正字)라고 하는 이가 문병을 왔다. 정자는 김생이 갑자기 병이 난 것을 이상해했다. 병들고 지친 김생은 그의 손을 잡고 모든 이야기를 털어놓았다. 정자는 모든 이야기를 듣고 놀라며 말했다.

[A]
"자네의 병은 곧 나을 걸세. 회산군 부인은 내겐 고모가 되는 분이라네. 그 분은 의리가 있고 인정이 많으시네. 또 부인이 소천(所天)*을 잃은 후로부터, 가산과 보화를 아끼지 아니하고 희사(喜捨)와 보시(布施)를 잘 하시니, 내 자네를 위하여 애써 보겠네."

김생은 뜻밖의 말을 듣고 너무 기뻐서 병든 몸인데도 일어나 정자의 손이 으스러져라 꽉 잡을 정도였다. 김생은 신신 부탁하며 정자에게 절까지 하였다. 정자는 그 날로 부인 앞에 나아가 말했다.

"얼마 전에 장원 급제한 사람이 문 앞을 지나다가, 말에서 떨어져 정신을 차리지 못한 것을 고모님이 시비에게 명하여 사랑으로 데려간 일이 있사옵니까?"

"있지."

"그리고 영영에게 명하여 차를 올리게 한 일이 있사옵니까?"

"있네."

[B]
"그 사람은 바로 저의 친구로 김 모라 하는 이옵니다. 그는 재기(才氣)가 범인(凡人)을 지나고 풍도(風度)가 속되지 않아, 장차 크게 될 인물이옵니다. 불행하게도 상사의 병이 들어 문을 닫고 누워서 신음하고 있은 지 벌써 두어 달이 되었다 하더이다. 제가 아침저녁으로 왔다 갔다 하면서 문병하는데, 피부가 파리해지고 목숨이 아침저녁으로 불안하니, 매우 안타까이 여겨 병이 든 이유를 물어 본 즉 영영으로 인함이라 하옵니다. 영영을 김생에게 주시는 것이 어떻겠습니까?"

부인은 듣고 나서,

"내 어찌 영영을 아껴 사람이 죽도록 하겠느냐?"

하였다. 부인은 곧바로 영영을 김생의 집으로 가게 하였다. 그리하여 꿈에도 그리던 두 사람이 서로 만나게 되니 그 기쁨이야 말할 수 없을 정도였다. 김생은 기운을 차려 다시 깨어나고, 수일 후에는 일어나게 되었다. 이로부터 김생은 공명(功名)을 사양하고, **영영과 더불어 평생을 해로하였다.**

– 작자 미상, 〈영영전〉

*소천(所天): 아내가 남편을 일컫는 말

⊞ 한 걸음 더 ⊞

〈영영전〉과 〈운영전〉의 비교

구분	영영전	운영전
공통점	• 궁녀와 선비의 사랑을 소재로 함. • 노파가 조력자로 등장함. • 한시를 삽입하여 인물의 심리를 표현함.	
차이점	• 사랑이 이루어지는 행복한 결말 • 추보식 구성을 취함.	• 두 주인공이 모두 죽는 불행한 결말 • 액자식 구성을 취함.

⊞ 제대로 구조화하기 ⊞

01 윗글에 대한 설명으로 가장 적절한 것은?

① 전기적 요소를 활용해 긴박한 분위기를 조성하고 있다.
② 비유적 표현을 활용해 인물 간의 갈등을 심화하고 있다.
③ 인물의 외양 묘사를 통해 영웅적 면모를 보여 주고 있다.
④ 역순행적 구성을 통해 사건을 입체적으로 구성하고 있다.
⑤ 서술자의 주관적 논평을 통해 인물의 심리를 드러내고 있다.

제대로 접근법 ☆ 문제 채정까지 마친 후 복습할 때 보세요.

01
서술상의 특징을 파악하는 유형으로, 정답률이 무척 낮았다. 기본적인 국어 개념을 익혀 두고, 이런 유형의 문제를 반복해서 풀어 보아야 한다.
상사의 병을 얻은 김생이 영영과의 사랑을 이루는 이야기에 적합한 선택지를 찾는다. 지문에서 전기적 요소, 인물 간의 갈등 심화, 인물의 영웅적 면모, 역순행적 구성, 서술자의 주관적 논평이 나타나는지 확인하고 선택지의 적절성을 판단해 보자.

02 [A]와 [B]에 나타난 인물의 말하기에 대한 설명으로 가장 적절한 것은?

① [A]는 상대에게 조언하고, [B]는 상대에게 거래를 제안하고 있다.
② [A]는 상대에게 칭찬하고, [B]는 상대에게 서운함을 토로하고 있다.
③ [A]는 상대에게 위로하고, [B]는 상대에게 원하는 것을 부탁하고 있다.
④ [A]는 상대에게 공감하고, [B]는 상대에게 자신의 능력을 자랑하고 있다.
⑤ [A]는 상대에게 충고하고, [B]는 상대에게 자신의 친구를 소개하고 있다.

02
말하기 방식의 특징을 파악하는 유형이다. [A], [B]의 내용과 선택지의 내용이 명확하여 어렵지 않게 문제를 해결할 수 있다.
대화의 대상과 대화의 내용을 확인하고 적절한 선택지를 찾아보자. [A]는 이정자가 문병을 와서 김생에게 하는 말이고, [B]는 이정자가 김생을 위해 회산군 부인을 찾아가 하는 말이다.

03 〈보기〉를 참고하여 윗글을 감상한 내용으로 적절하지 않은 것은? [3점]

〈보기〉

　　〈영영전〉은 궁녀인 영영과 선비인 김생의 신분을 초월한 사랑을 그린 작품이다. 주인공 영영을 통해 조선 시대 궁녀들의 폐쇄적인 생활상을 엿볼 수 있으며, 영영의 신분은 김생과의 사랑을 가로막는 장애물로 작용한다. 김생은 영영을 만나기 위해 노력하며, 이 과정에서 김생이 영영을 만나도록 도와주는 인물들이 등장한다. 결국, 조력자들의 도움으로 영영과 김생은 사랑의 장애물을 극복하고 사랑을 성취하여 행복한 결말을 맞이하게 된다.

① '궁중에서 나고 자라 문밖을 나서지 못합니다.'에서 조선 시대 궁녀들의 폐쇄적인 생활상을 확인할 수 있군.
② '부인의 투기가 두려워 뜻대로 못할 뿐이랍니다.'에서 회산군 부인의 투기가 김생과 영영의 사랑을 가로막는 장애물임을 확인할 수 있군.
③ '영아를 보내 주십사고 청하면 그리 될 수도 있습니다.'에서 노파도 김생이 영영을 만나도록 도와주는 조력자임을 확인할 수 있군.
④ '영영을 불러낼 계획을 세웠다.'에서 김생이 영영을 만나기 위해 노력하고 있음을 확인할 수 있군.
⑤ '영영과 더불어 평생을 해로하였다.'에서 영영과 김생이 사랑을 성취하여 행복한 결말을 맞이했음을 확인할 수 있군.

03
외적 준거에 따라 작품을 감상하는 유형이다. 먼저 〈보기〉에 제시된 정보를 정리해 보자.

〈보기〉 분석
• 작품의 주제 의식: 궁녀인 영영과 선비인 김생의 신분을 초월한 사랑
• 작품의 특징: ① 조선 시대 궁녀들의 폐쇄적인 생활상을 보여 줌. ② 영영의 신분은 김생과의 사랑을 가로막는 장애물 ③ 조력자들의 도움 ④ 사랑의 성취와 행복한 결말

인물 간의 관계와 사건의 흐름을 고려하여, 〈보기〉의 내용과 지문의 내용을 잘못 연결한 선택지를 찾는다. 김생과 영영의 사랑, 노파와 이정자의 도움, 이정자의 부탁을 들은 회산군 부인의 반응 등이 작품의 핵심 내용임을 기억하자.

1차 채점				2차 채점				3차 채점		
	맞은 문항 수	개	→		맞은 문항 수	개	→		맞은 문항 수	개
	틀린 문항 수	개			틀린 문항 수	개			틀린 문항 수	개
	헷갈리는 문항 번호				헷갈리는 문항 번호				헷갈리는 문항 번호	
• 틀린 문항 '/' 표시				• 틀린 문항 '×' 표시				• 틀린 문항 △ 표시		

[01-03] 다음 글을 읽고 물음에 답하시오.

중국 황제가 크게 화를 내어 신라를 침공하고자 하여 계란을 솜으로 여러 번 싸서 돌함에 넣고 황초를 불에 녹여 그 안을 채워서 흔들리지 않게 하고 또 구리쇠를 녹여 함에 부어 열어 보지 못하게 하여 봉서와 함께 신라에 보내었다. 봉서의 내용인즉,

⊙'너희 나라가 만약 이 함 속에 있는 물건을 알아내어 시를 바치지 못한다면, 너희 나라를 도살하여 없애 버리겠다.'

하였더라. 대국 사신이 조서를 받들고 신라에 도착하니 신라왕이 몸소 사신을 맞이하고 조서를 읽어 보시고는 즉시 나라의 선비들을 불러 모아 이르시기를,

⊙"너희 유생 중에 이 함 속에 있는 물건을 알아내어 시를 짓는 사람은 장차 관직을 높여 땅을 나누어 줄 것이다."

하시매 아무도 그 속 물건을 알아내지 못하여 온 조정이 들끓더라.

이때 아이도 왕이 내린 명령을 들었다. 또 나 승상의 딸아이가 아름답고 재예*가 뛰어나며 게다가 절개가 있다는 소문을 들은 터인지라, 떨어진 옷으로 갈아입고 거울을 수선하는 장사로 사칭하고는 서울로 들어갔다. 그러고는 승상 댁 문 앞에 이르러 '거울 수선하라'는 말을 여러 차례 외쳤다. 이에 나 승상의 딸이 그 소리를 듣고 낡은 거울을 유모에게 주어 보내고, 인해 유모를 따라 외문 밖으로 나와 사립문 틈으로 엿보았다. 그 장사 역시 몰래 눈으로 바라보고 아름다운 아가씨라 여기고는 쥐고 있던 [거울]을 고의로 떨어뜨려 깨뜨렸다. 유모가 발을 구르며 다급하게 화를 내자 장사 아이가 말하기를,

"이미 거울이 깨졌으니 발은 굴러 무엇하겠습니까? 이 몸이 노복이 되어 거울 깨뜨린 보상을 하겠으니 청을 들어주소서."

하는지라. 유모가 돌아가 승상께 고하니 승상께서 허락하시고 묻기를,

"너의 이름은 무엇이며 어디에 살고 있느냐?"

아이가 대답하되,

"거울을 고치다 깨뜨렸으니 파경노라 불러 주시옵고, 일찍 부모를 여의고 갈 곳이 없나이다."

하는지라. 승상은 파경노에게 말 먹이는 일을 하도록 하였다. 파경노가 말을 타고 나가면 말무리들이 열을 지어 뒤따랐으며 조금도 싸우는 일이 없었다. 이후로 말들이 살찌고 여윈 말이 없었다. ⓒ아침에 파경노가 말 무리들을 이끌고 나가 사방에 흩어 놓고 숲 속에서 온종일 시를 읊으면, 청의동자* 수 명이 어디서 왔는지 혹은 말을 먹이고 혹은 채찍으로 훈련시키더라. 해가 지면 말들이 구름같이 모여 파경노 앞에 늘어서서 머리를 조아리니 보는 이마다 신기함을 칭찬하지 않는 이 없더라. 나 승상 부인께서 이 소문을 듣고 승상에게 말하기를,

"파경노는 생김새가 기이하고 말 다룸도 또한 기이하니 필시 비범한 사람일 것입니다. 천한 일을 맡게 하지 마옵소서."

하니 승상도 옳게 여기고 그 말을 따랐다. 예전에 동산에다 나무와 꽃을 많이 심었으나 잘 가꾸지 못하여 거칠어지고 매몰되어 잡초 속에 묻혀 버렸는지라, 파경노로 하여금 꽃밭 가꾸는 일을 맡기었다. 파경노는 또한 한가로이 꽃밭에 앉아서 시만 읊고 있을 뿐 가꾸는 일은 하지 않으나 하늘에서 선녀가 밤에 내려와 혹은 거름을 주어 가꾸고 혹은 풀을 뽑으니 전보다 배나 더 아름답고 무성하였다.

[중략 부분의 줄거리] 승상은 시를 지으라는 임금의 명을 받고 시름에 빠진다. 파경노의 비범함을 알아차린 딸의 권

◈ 문제 풀이까지 마친 후 복습할 때 보세요.

제대로 감상법

작자 미상, 〈최고운전〉

제목의 의미

통일 신라 말기의 학자인 '최치원'의 삶을 바탕으로 창작된 소설로, '고운'은 최치원의 호이다. 이 작품은 당나라에 대한 최치원의 저항·공격·승리를 통해 우리 민족의 자부심을 고취하고 있다.

구성

■ 중요 인물
• (❶   ): 아이, 파경노. 승상의 사위가 되어 나라의 난제를 해결해 내는 비범한 인물
• (❷   ): 부인과 딸의 말을 귀담아 듣는 인물로, 최치원이 지은 시를 왕에게 바침.

■ 사건과 갈등: 중국 황제가 신라를 (❸   ) 하기 위해 풀기 어려운 문제를 신라에 보냄. 나 승상의 사위가 된 최치원이 비범한 능력을 발휘해 시를 지어 이 문제를 해결함.

■ 소재와 배경의 의미
• (❹   ): 중국 황제가 신라를 침공할 구실을 만들기 위해 조서와 함께 신라에 보낸 물건. 최치원이 비범한 능력을 발휘할 기회가 됨.

문제 – 서술상의 특징

• 역사적 실존 인물인 최치원의 삶을 바탕으로 창작됨.
• 최치원을 중국 황제와 대결시킴으로써 민족의 (❺   )을 고취함.

주제

최치원의 영웅적 활약을 통한 민족의 자긍심 고취

유로 승상이 파경노에게 시 짓는 일을 명하자 파경노는 자신을 사위로 삼는다면 시를 짓겠다고 말한다. 파경노가 노비라는 이유로 혼인을 반대하던 승상은 딸이 설득하자 결국 파경노를 사위로 맞이한다.

다음날 아침 승상이 사람을 시켜 시 짓는 모습을 엿보라 하였다. 이때 파경노가 자기 이름을 지어 치원이라 하고, 자를 고운이라 하더라. 승상의 딸이 옆에 앉아서 시 짓기를 재촉하니 치원이 말하기를,

"시는 내일 중으로 지을 것이니 너무 재촉하지 마오."

하고는 승상의 딸더러 종이를 벽 위에 붙여 놓도록 하고 스스로 붓 대롱을 잡아 발가락에 끼우고 잤다. 승상의 딸이 근심하다가 고단하여 자는데 꿈속에 쌍룡이 하늘에서 내려와 함 위에서 서로 벗으며 무늬 옷을 입은 동자 십여 명이 함을 받들고 서서 소리 내어 노래하니 함이 열리는 듯하였다. 이윽고 쌍룡의 콧구멍에서 여러 가지 빛깔의 상서로운 기운이 나와 함 속을 환히 비추니 그 안에 붉은 옷을 입고 푸른 수건을 쓴 사람이 좌우로 늘어서서 어떤 자는 시를 지어 읊고 어떤 자는 붓을 잡아 글씨를 쓰는데, 승상이 빨리 시를 지으라고 재촉하는 소리에 놀라 깨어 보니 꿈이더라. ㉣치원 역시 깨어나 시를 지어 벽에 붙은 종이에다 써 놓으니 용과 뱀이 놀라 꿈틀거리는 듯하더라. 시의 내용인즉,

둥글고 둥근 함 속의 물건은
반은 희고 반은 노란데,
밤마다 때를 알아 울려 하건만
뜻만 머금을 뿐 토하지 못하도다.

이더라. 치원이 승상의 딸을 시켜 승상께 바치게 하니 승상이 믿지 않다가 딸의 꿈 이야기를 듣고서야 믿고 대궐로 들어가 왕께 바치었다. 왕이 보시고서 크게 놀라 물으시기를,

"경이 어떻게 알아 가지고 시를 지었느뇨?"

하시니 대답하여 아뢰되,

㉤"신이 지은 것이 아니옵고 신의 사위가 지은 것이옵니다."

하니 왕은 사신으로 하여금 대국 황제께 바치었다. 황제가 그 시를 보시고 말씀하시기를,

"'둥글고 둥근 함 속의 물건은 반은 희고 반은 노란데'는 맞는 구절이나 '밤마다 때를 알아 울려 하건만 뜻만 머금을 뿐 토하지 못하도다'라 한 것은 잘못이로다."

하고 함을 열고 달걀을 보시니 여러 날 따뜻한 솜 속에서 병아리로 되어 있으매 황제가 탄복하면서 말하기를,

"이는 천하의 기재로다."

하고 학사를 불러 보이시니, 칭찬하지 않는 자가 없었다.

– 작자 미상, 〈최고운전〉

＊ 재예: 재능과 기예를 아울러 이르는 말
＊ 청의동자: 신선의 시중을 든다는 푸른 옷을 입은 사내아이

◀ 한 걸음 더 ▶

최치원

최치원(857~?)은 통일 신라 말기의 학자이자 문장가이다. 능력이 뛰어났으나 6두품 출신이어서 골품제 중심의 신라에서 대접을 받지 못했다. 12세에 중국 당나라에 유학하여 과거에 급제하고 황소의 난이 일어나자 격문(檄文)을 써서 이름을 높였다. 귀국한 다음에는 현실 정치에 실망을 느껴 시무 10조를 진성여왕에게 바치고 지방직으로 물러났다. 얼마 후 관직에서 은퇴, 가야산에서 일생을 마쳤다.

◀ 제대로 구조화하기 ▶

신라 침공의 구실

중국 황제 ── 돌함

최치원 ── 시

국가의 난제 해결

01 윗글에서 알 수 있는 내용으로 적절하지 <u>않은</u> 것은?

① '아이'는 승상 댁의 노복이 된 이후에 돌함의 존재에 대해 알게 되었다.
② '승상의 부인'은 파경노의 외모와 행동을 근거로 그가 범상한 인물이 아님을 알아보았다.
③ '승상'은 파경노에게 천한 일을 맡기지 말라는 부인의 말을 따랐다.
④ '파경노'는 승상의 딸과 결혼한 이후 자신의 이름을 스스로 치원이라 지었다.
⑤ '승상의 딸'은 치원이 지은 시에 대해 회의적인 태도를 보이는 승상에게 자신의 꿈 이야기를 들려주었다.

제대로 접근법   ✿ 문제 채점까지 마친 후 복습할 때 보세요.

01
작품의 세부적인 내용을 파악하는 유형이다. 어렵지 않은 문제인데도 정답률이 낮았다.
고전 소설에서는 낯선 문체와 인물의 명칭 때문에 내용을 제대로 파악하지 못하는 경우가 많다. 이 작품에서 '아이', '파경노', '치원'은 모두 같은 인물을 뜻하는 명칭이다. 이를 참고하여 선택지의 내용을 점검해 보자.

02 윗글의 거울에 대한 설명으로 가장 적절한 것은?

① 아이가 승상에게 자신의 능력을 증명하는 데 사용된 소재이다.
② 승상 댁에 노복으로 들어간 아이가 겪게 될 고난을 암시하는 소재이다.
③ 아이가 승상의 사위가 되려는 내적 욕망을 실현하는 데 동원된 소재이다.
④ 혼인을 둘러싸고 아이와 승상 사이에 긴장감이 조성될 것을 예고하는 소재이다.
⑤ 아이가 승상 딸의 뛰어난 재예와 절개를 시험할 수 있는 기회를 제공하는 소재이다.

02
소재의 서사적 기능을 이해하고 있는지 묻는 유형이다. 아이(최치원)가 승상의 사위가 되는 과정에서 '거울'이 어떤 역할을 하는지 살펴본다.
아이가 왜 승상 댁을 찾아갔는지, 거울을 깨뜨린 이유가 무엇인지, 이후에 아이의 신분이 어떻게 변화하는지 등을 고려하면 선택지의 적절성을 판단할 수 있다.

03 〈보기〉를 바탕으로 ㉠~㉤을 이해한 내용으로 적절하지 <u>않은</u> 것은? [3점]

〈보기〉

　〈최고운전〉은 '시 짓기'를 통해 주인공과 국가가 당면한 문제 상황이 해결되는 구조로 서사가 전개되고 있다. 이 작품은 뛰어난 능력을 가지고 있으나 신분적 한계로 인해 자신의 능력을 제대로 펼치지 못했던 실존 인물 최치원의 삶을 바탕으로 창작되었다. 최치원의 삶이 주인공에 투영되어 형상화되는 과정에서 그의 비범함이 극적으로 부각되며, 이는 주로 '시 짓기'를 통해 발휘된다.

① ㉠에서 '시 짓기'는 중국 황제가 신라를 문제 상황에 빠뜨리기 위해 내세운 불합리한 요구로군.
② ㉡에서 '시 짓기'는 국가적 문제를 해결할 수 있는 인재가 없는 신라의 상황을 보여 주는군.
③ ㉢에서 '시 짓기'는 초월적 요소와 결합하여 인물의 비범함을 드러내는군.
④ ㉣에서 '시 짓기'는 신분적 한계로 인한 울분을 직접적으로 토로하는 수단이로군.
⑤ ㉤에서 '시 짓기'는 개인의 능력을 드러냄과 동시에 국가의 위기를 해결하는 방법이 되는군.

03
외적 준거에 따라 작품을 감상하는 유형이다. 사건의 전개 과정을 이해한 다음 '시 짓기'가 어떤 의미를 지니고 있는지 파악한다. 먼저 〈보기〉의 정보를 정리하면 다음과 같다.

〈보기〉 분석

뛰어난 능력을 가지고 있으나 신분적 한계로 인해 능력을 펼치지 못했던 최치원 → '시 짓기' → 최치원의 비범함을 극적으로 부각하는 장치

이러한 정보를 바탕으로 ㉠~㉤의 상황에서 '시 짓기'의 역할이 바르게 진술되었는지 판단한다.

1차 채점	맞은 문항 수	개	2차 채점	맞은 문항 수	개	3차 채점	맞은 문항 수	개
	틀린 문항 수	개	→	틀린 문항 수	개	→	틀린 문항 수	개
	헷갈리는 문항 번호			헷갈리는 문항 번호			헷갈리는 문항 번호	

· 틀린 문항 '/' 표시　　　　· 틀린 문항 'X' 표시　　　　· 틀린 문항 △ 표시

[01-03] 다음 글을 읽고 물음에 답하시오.

[앞부분의 줄거리] 경기도 장단에 사는 선비 김 주부는 무남독녀 매화를 슬하에 두고 있었다. 조정의 간신들이 김 주부를 해치려고 하자, 그는 매화를 남장시켜 길거리에 두고 부인과 함께 구월산으로 몸을 피한다. 부모를 잃은 매화는 조 병사 집 시비에게 발견되어 그 집 아들인 양유와 함께 글공부를 하면서 성장한다.

이때에 양유 매화를 찾아 학당으로 돌아오매 매화 눈물 흔적 있거늘 양유가 가로되,

"그대 어찌하여 먼저 왔으며 슬픈 기색이 있느뇨. 아마도 곡절이 있도다. 오늘 사람들이 여자가 남복을 입었다 하니 그 일로 그러한가 싶으니 그럼 여자가 분명한가?"

하더라. 매화 흔연히 웃으며 가로되,

"어린아이 부모를 생각하니 어찌 아니 슬프리요. 또 내 몸이 여자면 여자로 밝히고 길쌈을 배울 것이지 남복을 입고 남을 속이리요. 본디 골격이 연연하매 지각없는 사람들이 여자라 하거니와, 일후 장성하여 골격이 웅장하면 장부 분명하올지라."

하고 단정히 앉아 풍월을 읊으니 소리 웅장하여 호치(晧齒)를 들어 옥반(玉盤)을 치는 듯 진시 남자의 소리 같은지라. 양유 그 소리 들으며 남자가 분명하되 이향(異香)이 만당(滿堂)하여 다만 매화의 태도를 보고 마음만 상할 따름일러라.

이때는 놀기 좋은 춘삼월이라. 춘풍을 못 이겨 양유 매화를 데리고 경개(景槪)를 따라 놀더니 서로 풍월 지어 화답하매 매화 ⓐ양유 글을 받아 보니 하였으되,

양유선득춘(楊柳先得春) 양유는 먼저 봄빛을 얻었는데,
매화하불락(梅花何不樂) 매화는 어찌 즐겁지 아니하는고.

하였더라. 양유가 ⓑ매화의 글을 받아 보니 하였으되,

호접미지화(胡蝶未知花) 나비가 꽃을 알지 못하고,
원앙부득수(鴛鴦不得水) 원앙새가 물을 얻지 못하였도다.

하였거늘 이에 양유가 그 글을 받아 보고 크게 놀라 기뻐하여 가로되,

."그대 행색이 다르기로 사랑하였더니 풍모가 정녕 여자로다. 그러하면 백년해로 어떠하뇨."

매화 고개를 숙이고 수색(愁色)이 만안하여 가로되,

"나는 과연 여자이거니와 그대는 사부(士夫)집 자제요. 나는 유리걸식하는 사람이라. 어찌 부부 되기 바라리요. 낸들 양지작을 모르리요마는 피차 부모의 명이 없삽고 또한 예절을 행치 못하면 문호에 욕이 되올 것이니 어찌 불효짓을 하리요. 부모의 명을 받아 백년해로 한다면 낸들 아니 좋으리까."

양유 희색이 만안하여 가로되,

"그대 말이 당연하도다."

마침 이때에 시비 옥란이 급히 와 여쭈오되,

"외당에 상객이 왔으매 생원님이 급히 찾나이다."

양유 매화를 데리고 외당으로 들어가매 과연 상객이 있는지라. 병사가 가로되,

"두 아이 상을 보라."

한대 상객이 가로되,

"매화의 상을 보니 여자로소이다."

제대로 감상법 ☆ 문제 풀이까지 마친 후 복습할 때 보세요.

작자 미상, 〈매화전〉

제목의 의미

'매화'는 여주인공의 이름으로, 이 작품은 여러 가지 설화적 모티프가 결합되어 있는 조선 후기의 애정 소설이다. 이 작품에는 남녀 주인공들의 혼사 실현을 주요 내용으로 하면서 부모로부터 버림받음, 계모의 모함, 도술을 통한 권선징악 등 여러 모티프가 제시되어 있다.

구성

■ 중요 인물
• (❶   ): 매화의 용모를 보고 연정을 느끼던 중, 매화가 여자라는 사실을 털어놓자 부모의 승낙을 받은 뒤 혼인하자고 약속함.
• (❷   ): 김 주부의 무남독녀로, 남장을 하고 조 병사의 집에 살면서 양유와 함께 공부하며 성장함.

■ 사건과 갈등 : 매화에게 연정을 느끼던 양유는 매화가 여자임을 알고 부모의 승낙을 얻어 혼인하자고 약속함. 어느 날 (❸   )이 찾아와 양유가 호랑이에게 잡아먹힐 상이므로 매화와 혼인시켜야 한다는 편지를 남기고 사라짐.

■ 소재와 배경의 의미
• (❹   ): 양유와 매화를 혼인시켜야 한다는 내용을 담고 있는 것으로, 조 병사가 양유와 매화의 혼사 문제에 대해 부인과 의논하게 됨.

문제 - 서술상의 특징

• 삽입 시와 인물 간의 대화로 사건이 전개됨.
• 인물의 심리를 (❺   )가 직접 제시하여 독자의 이해를 도움.
• 일반적인 가정 소설과 다르게 계모가 자신의 동생과 주인공의 혼인을 위해 계략을 꾸밈.

주제

남녀의 애틋한 이별과 우여곡절 끝에 이루어진 사랑

▶해설편 47쪽

병사가 가로되,

"그대 상을 잘못 보았도다. 어찌 여자라 하리요."

상객이 가로되,

"여자가 남복을 입고 남을 속이려니와, 내 눈에 어찌 벗어나리요."

매화 무료하여 학당에 돌아가니라. 양유의 상을 보고 가로되,

"내두(來頭)*에 일국의 재상이 되었으되, 불쌍코 가련토다. 나이 16세 되면 호식(虎食)*할 상이오니 어찌 가련치 아니하리요."

병사가 크게 놀라 가로되,

"어디서 미친놈이 상객이라 하고 왔도다."

하인을 불러 쫓아내라 한대 상객 일어나 두 걸음에 인홀불견(仞忽不見)*이거늘 실로 고이하여 살펴보니 상객 앉았던 자리에 한 봉서 놓였거늘 즉시 개탁(開坼)*하니 하였으되,

'양유와 매화로 부부 아니 되면 임진 3월 초삼일에 필연 호식(虎食)하리라.'

하였더라. 병사 대경하여 무수히 슬퍼하다가 매화를 불러 가로되,

"너를 보고 여자라 하니 실로 고이하도다."

하시고 무수히 슬퍼하시거늘 매화 두 번 절하고 가로되,

"소녀 어찌 기망(欺罔)*하오리까. 소녀 과연 여자로소이다. 일찍 부모를 이별하옵고 일신을 감출 길 없사와 남복을 입고 기망하였사오니 죄를 범하였나이다."

하거늘 병사 크게 놀라며 또한 크게 기뻐하여 더욱 사랑하여 가로되,

"오늘부터 내당에 들어가 출입치 말라."

하시고 매화의 손을 이끌어 내당에 들어가 부인을 대하여 가로되,

"매화는 여자라 하니 어찌 사랑치 아니하리요. 행실을 가르치라."

하거늘 최 씨 부인이 크게 기뻐하여 연연하더라. 이때 병사 외당에 나가 양유를 불러 가로되,

"매화는 여자라 하니 일후는 매화로 더불어 한자리에 앉지 말라."

하신대 양유 어찌 부모의 명령을 거역하리요.

차설이라. 매화는 여복을 입고 내당에 거처하고, 양유는 학당에 있으매, 시서(詩書)에 뜻이 없고 다만 생각이 매화뿐이로다. 월명사창(月明紗窓)* 빈 방 안에 홀로 앉아 탄식할 제,

"매화야, 너는 무슨 일로 남복을 입고 나를 속였느냐. 부모의 명이 지엄하시니 뉘로 하여금 공부하며 뉘로 하여금 노잔 말가."

이렇듯이 자탄할 제, 이때 최 씨 부인 양유의 계모라 매화의 인물 탐하여 매일 사랑하시더니 제 상처한 남동생 있으매 혼사할 뜻이 있어 모계(謀計)를 꾸미더라. 하루는 병사 내당에 들어와 부인 최 씨를 대하여 가로되,

"전일 상객이 이러이러하니 내두 길흉을 어찌하리요. 매화는 양유와 동갑이요, 인물이 비범하니 혼사함이 어떠하리이까."

부인이 변색하여 가로되,

"병사 어찌 그런 말씀을 하시나이까. 양유는 사부 후계요, 매화는 유리걸식하는 아이라, 근본도 아지 못하고 어찌 인물만 탐하리까."

병사 옳이 여겨 가로되,

"부인의 말씀이 옳도다. 일후에 장단골 가서 매화 근본을 알리라."

— 작자 미상, 〈매화전〉

＊ 내두: 지금부터 다가오게 될 앞날

＊ 인홀불견: 보이다가 슬쩍 없어져 보이지 않음.

＊ 기망: 그럴듯하게 속여 넘김.

＊ 호식: 호랑이에게 잡아먹힘.

＊ 개탁: 봉한 편지나 서류를 뜯음.

＊ 월명사창: 달이 밝게 비치는 창

▣ 한 걸음 더 ▣

〈매화전〉의 다양한 성격

〈매화전〉은 기본적으로 남자 주인공 양유와 여자 주인공 매화의 결연담을 다룬 애정 소설이다. 하지만 작품 전개에 도술이 크게 영향을 미치고 있어 도술 소설로 볼 수 있으며, 두 사람의 혼사를 방해하는 인물로 계모가 설정되어 있어 가정 소설의 요소도 지니고 있다. 아울러 임진왜란이라는 역사적 사실을 담고 있어 역사·군담계 소설의 성격도 지니고 있으며, 판소리 사설의 문체가 나타나므로 판소리계 소설로 볼 수도 있다.

▣ 제대로 구조화하기 ▣

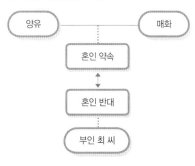

01 윗글의 서술상의 특징으로 가장 적절한 것은?

① 사건 진행 과정에서 과거와 현재가 교차되고 있다.
② 장면을 빈번하게 전환하여 긴박한 분위기를 조성하고 있다.
③ 공간적 배경을 활용하여 주제를 암시적으로 드러내고 있다.
④ 인물과 인물의 첨예한 갈등을 중심으로 사건이 전개되고 있다.
⑤ 인물의 심리를 서술자가 직접 제시하여 독자의 이해를 돕고 있다.

제대로 접근법 ☆ 문제 채점까지 마친 후 복습할 때 보세요.

01
서술상의 특징을 파악하는 유형으로, 정답률이 매우 낮았다. 서술상의 특징을 묻는 문제에서 반복적으로 출제되는 개념은 꼭 익혀 두어야 한다.
과거와 현재가 엇갈리고 있는지, 장면이 자주 바뀌는지, 주제를 암시하는 공간적 배경이 나타나는지, 인물 간의 첨예한 갈등이 드러나는지, 인물의 심리를 어떻게 제시하고 있는지 등을 하나하나 따져 본다.

02 윗글의 인물에 대한 이해로 적절하지 <u>않은</u> 것은?

① 양유는 여자가 남복을 입었다는 사람들의 말을 듣고 매화의 정체를 의심하고 있다.
② 매화는 부모의 허락을 전제로 양유의 청혼을 긍정적으로 받아들이고 있다.
③ 상객은 양유와 매화가 혼인하지 않으면 양유에게 불행이 닥칠 것을 예고하고 있다.
④ 병사는 매화의 용모와 양유의 적극적인 결혼 의지를 바탕으로 둘의 혼인에 대해 최 씨의 동의를 구하고 있다.
⑤ 최 씨는 매화의 근본을 핑계 삼아 양유와 매화의 혼인을 반대하고 있다.

02
인물의 태도를 파악하는 유형이다. 사건 전개와 등장하는 인물이 단순한데도 오답률이 높은 것은, 낯선 문제와 어려운 어휘 때문에 작품 감상이 제대로 이루어지지 않았기 때문일 것이다.
혼인을 약속하는 양유와 매화, 혼인의 실마리를 제공하는 상객, 혼인을 시킬 의사를 보이는 병사, 혼인을 반대하며 계략을 꾸미는 최 씨 부인 등 각 인물의 성격 및 인물 간의 관계에 대한 이해를 바탕으로 선택지의 적절성을 판단한다.

03 〈보기〉를 참고할 때, ⓐ와 ⓑ에 대한 이해로 적절하지 <u>않은</u> 것은? [3점]

〈보기〉

　고전 소설 속에 삽입된 시는 서사 맥락 속에서 다양한 역할을 수행한다. 인물의 심리를 함축적으로 드러내거나 인물을 비유적으로 표현하기도 하고, 주제를 집약적으로 전달하기도 한다. 또한 사건을 전개시키거나 사건 전개의 방향을 암시하기도 하고 분위기 형성, 인물들 간의 의사소통의 매개체 역할을 수행하기도 한다.

① ⓐ는 양유의 심리 상태를 함축적으로 드러내고 있다.
② ⓐ를 본 후 매화가 ⓑ로 답한 것은 인물 간의 의사소통 행위로 볼 수 있다.
③ ⓑ에서 '나비'는 양유를, '꽃'은 매화를 비유적으로 표현한 것으로 볼 수 있다.
④ ⓑ를 본 후 양유가 매화에게 청혼한 것으로 볼 때 ⓑ는 사건을 전개하는 역할을 했다고 볼 수 있다.
⑤ ⓐ와 ⓑ는 양유와 매화의 앞날이 순탄하지 않을 것이라는 사건 전개의 방향을 암시하고 있다.

03
작품에 삽입된 시의 의미와 기능을 바르게 이해했는지 묻는 유형이다. 〈보기〉가 제시되었지만, 그보다는 ⓐ와 ⓑ에 제시된 양유와 매화의 시를 바르게 이해하는 것이 관건이다.
ⓐ는 양유가 봄을 즐기는 자신과 달리 쓸쓸한 모습을 하고 있는 매화에 대한 안타까움을 드러내는 내용이다. 그리고 ⓑ는 매화가 자신이 여자라는 사실을 우회적으로 밝히는 내용이다. 양유와 매화가 시를 주고받으며 의사소통을 하고 있음에 주목하여 선택지의 적절성을 판단한다.

1차 채점	맞은 문항 수	개	→	2차 채점	맞은 문항 수	개	→	3차 채점	맞은 문항 수	개
	틀린 문항 수	개			틀린 문항 수	개			틀린 문항 수	개
	헷갈리는 문항 번호				헷갈리는 문항 번호				헷갈리는 문항 번호	

· 틀린 문항 '/' 표시　　　　　· 틀린 문항 'x' 표시　　　　　· 틀린 문항 △ 표시

[01~04] 다음 글을 읽고 물음에 답하시오.

[앞부분의 줄거리] 유연과 최월혜의 혼례 날 도적 장군이 최 씨를 납치하여 서해무릉으로 끌고 간다. 유연은 부모의 명을 거역하고 최 씨를 찾기 위해 집을 나온다.

마침내 일 년이 지났을 때 유생은 강원도 금산사에 이르렀다. 여기서 유생은 부처님에게 빌어볼 결심을 하고 머리를 깎고 중이 되었다. 이어 부처님에게 나아가 이렇게 빌었다.

[A] "소생 유연은 부모님께 근심을 끼치고 길가를 떠도는 나그네가 되었다가 이곳에 이르렀습니다. 이렇게 노상유객(路上遊客)이 되어 떠도는 이유는 잃어버린 배필을 다시 만나 끊어진 인연을 잇기 위해서입니다. 엎드려 바라건대 부처님께서는 대자대비의 은덕을 내리시어 유연의 정성을 살펴주시기 바라옵니다. 부처님의 은덕으로 최 씨를 만난다면 금은보화를 아끼지 않고 절을 중수(重修)하여 부처님에게 공양하겠습니다."

이렇게 축원하고 절 방으로 돌아와 그 밤을 지낼 때 유생이 한 꿈을 꾸었는데, 꿈속에서 부처님이 나타나 말하였다.

"너희 부부의 정성이 이미 하늘에 이르렀으니 장차 하늘의 도움이 있을 것이다. 또 네 아내는 아직 빙옥(氷玉) 같은 절행을 지키며 살아 있으니 안심하여라. 그러나 네게는 아직 인연이 멀었으니 삼 년이 지나야 만날 수 있으리라. 아내를 찾게 되거든 절을 중수하여라."

유생이 놀라 잠에서 깨어 보니 남가일몽이었다. 놀랍기도 하고 기쁘기도 하여 다시 절을 올리고 축원을 드린 뒤 유생은 금산사를 떠났다.

동구 밖에 나오자마자 유생은 곧바로 동네 아낙에게 고깔과 누비 바랑을 만들어 달라 하여 어깨에 걸쳐 메고 구절죽장(九節竹杖)을 짚고 길을 나섰는데 영락없는 스님의 행색이었다.

유생이 길을 나선 뒤 팔도강산 방방곡곡과 사해팔방으로 두루 돌아다니며 산속이든 바닷가든 아니 간 곳이 없었다. 고갯마루 남쪽이나 북쪽에 들어가든지 산골짜기에 들어가든지 집집마다 하나하나 방문하여 탐문하였으니 그가 겪은 천신만고의 고생과 세상사의 모진 고통은 말로 표현할 수 없을 정도였다.

이렇게 길거리를 전전하며 어느덧 이 년의 세월이 지난 어느 봄날이었다. 이때 유생은 장삿배를 따라 아니 간 데 없이 다녔는데, 아무리 찾아도 최 씨의 거처를 알 수 없었다. 또 기력도 다하여 겨우 근근이 머리 들 힘밖에 없었다. 이에 하늘을 우러러보며 길이 탄식하여 말하였다.

[B] "아득하고 아득한 하늘이시여! 유연과 최 씨를 낳으시고 어찌 이처럼 서로의 연분을 막으십니까? 저는 이제 조상과 부모에게 큰 죄를 지은 몸이 되었습니다. 천 가지 만 가지 일을 겪으며 고생한 것은 모두 최 씨를 만나 연분을 잇기 위함이온데, 천지신명께서는 어찌 이다지 무심하시어 끝내 조금의 도움도 주지 않으십니까?"

말을 마치고 유생은 정신이 아득해져 선창(船窓)에 기대어 쓰러지고 말았다. 이때 비몽사몽 사이에 문득 금산사 부처님이 나타나 이렇게 말하였다.

"네 수액(數厄)이 이제 거의 다 사라졌으므로 머지않아 최 씨를 만날 것이니라. 그러나 최 씨의 거처가 깊고 깊으니 신중하게 찾아야 하느니라. 이후 다시 몽조(夢兆)가 있을 것이다."

유생이 깨어나 꿈속의 일을 생각해보니 바로 최 씨를 만날 수 있다는 몽조였다. 이에 마음속으로 크게 기뻐하고 다시 기운을 차려 최 씨를 찾아 나섰다.

이때 도적 장군이 최 씨를 훔쳐온 뒤, 그녀가 옥 같은 얼굴에 선녀 같은 자태를 지녔음을 보고 만고의 절색이라 여겼다. 이에 크게 기뻐하고 즐거워하며 급히 길일을 택하여 혼례를

제대로 감상법

작자 미상, 〈서해무릉기(西海武陵記)〉

제목의 의미

'서해무릉'은 도적 장군의 근거지이자 여성 주인공 최 씨가 납치된 곳으로, 등장인물들이 시련을 겪기도 하고 애정을 확인하기도 하는 공간이다. 이 작품은 남자 주인공이 '서해무릉'에 납치되어 있는 신부를 구해 돌아오는 이야기를 담은 혼사 장애담이다.

구성

■ 중요 인물
• (❶   ): 혼례 날 도적에게 납치된 부인을 찾기 위해 전국 방방곡곡을 떠돌다 초월적 존재의 도움으로 서해무릉에서 아내와 상봉함.
• (❷   ): 도적에게 서해무릉으로 잡혀와 밤낮으로 울부짖으며 지내다 초월적 존재의 계시를 통해 남편 유연과 상봉하게 됨.

■ 사건과 갈등 : 유연은 도적에게 납치된 아내를 찾아 헤매고, 납치된 최 씨는 서해무릉에서 밤낮으로 울부짖으며 보냄. (❸   )적 존재의 도움을 받아 두 사람이 다시 만나게 됨.

■ 소재와 배경의 의미
• (❹   ): '지하국 대적 퇴치 설화'의 '지하국'에 해당하는 공간적 배경으로, 최 씨를 납치해 간 도적의 근거지이자 주인공들의 재회가 실현되는 공간

문체 – 서술상의 특징
• 전형적인 혼사 장애담으로 '지하국 대적 퇴치 설화'를 근원 설화로 함.
• 서술자의 (❺   )을 통해 주관적 견해를 드러냄.
• 구체적인 공간적 배경을 제시함.

주제

고난을 극복하고 이룬 사랑

치르고자 하였으나, 최 씨가 송죽(松竹)처럼 꼿꼿한 마음으로 정절을 지키며 목숨을 지푸라기처럼 여겼기 때문에 만약 위력으로 핍박하다가는 아름다운 보옥이 부서지고 향기로운 꽃이 떨어지는 환란이 있을 것 같았다. 이에 장군은 다만 빨리 세월이 지나 최 씨가 체념하고 마음을 돌릴 때까지 기다리기로 하였다.

(중략)

최 씨가 서해무릉에 온 지 수삼 년이 지났으나 몸을 일으켜 연보(蓮步)를 옮김이 없었는데, 이 날은 꿈속 일에 의심이 생겨 한번 나갈 결심을 하였다. 이에 계선이 크게 기뻐하며 하인들에게 채비를 차리라고 일렀다.

계선이 이끄는 대로 따라와 나와 보니, 서쪽으로 강물이 굽돌아 흐르는 곳에 산 우물이 있었고, 그 앞에 흰 옷을 입은 여승이 바랑을 메고 대나무 막대기를 쥐고 표연히 서 있었다. 최 씨가 은근히 눈을 들어 살펴보니, 삿갓 밑에 옥 같은 얼굴을 한 여승은 다름이 아니라 바로 자신의 지아비 유연이었다.

최 씨가 보니 낯빛과 용모가 바뀌고 풍채와 신수가 초췌하여 가슴이 찢어지는 듯하였다. 더구나 이렇게 머리를 깎고 중이 되는 부끄러움도 무릅쓰고 허다한 풍상(風霜)과 천신만고의 고생을 겪은 것이 모두 자신 때문이었으니, 최 씨의 심정이 오죽하였겠는가?

아주 놀라고 무척 기뻐하며 침통해하다 가만히 생각해보니 지금이 오히려 아주 위태로운 상황이었다. 남들이 유생의 정체를 안다면 어찌 될 것인가? 생각이 여기에 미치자 몸과 마음이 어지러워 능히 진정할 수 없었으나, 옆에 계선이 있고 또 좌우의 눈과 귀가 두려워 반갑고 놀라운 기색을 억지로 참으며 어찌할 바를 몰라 하였다.

한편 유생은 온 나라를 떠돌아다녔어도 끝내 찾지 못하다가 오늘 여기서 최 씨를 만나게 되니 천만의외였다. 그때 유생은 그저 대문 밖에 앉아 좌우로 경치를 구경하고 있었는데 안으로부터 사람 소리가 아스라이 들리더니 한 소저가 아리따운 비단 옷을 입고 걸어오고 있었다. 혹시나 하여 여러 번 살펴보니 초췌해진 얼굴과 슬픔에 젖은 모습 때문에 바로 알아보기 어려웠으나 선명하고 참신하며 미려한 그 모습은 완연히 최 씨였다.

– 작자 미상, 〈서해무릉기(西海武陵記)〉

➕ 한 걸음 더 ➕

〈지하국 대적 퇴치 설화〉의 구조

〈지하국 대적 퇴치 설화〉는 우리나라뿐 아니라 전 세계적으로 널리 분포되어 있는 이야기로, 그 모티프는 〈서해무릉기〉나 〈김원전〉 등 많은 고전 소설에 차용되었다. 보통 '고귀한 신분이거나 뛰어난 용모의 여인이 도적에게 납치됨. → 퇴치자는 영웅의 모습을 보이기도 하지만 대체로 평범한 인물임. → 도적을 퇴치할 수 있는 방법이나 능력은 납치된 여인의 기지에 의존하거나 초월적 존재의 도움을 받게 됨. → 도적을 퇴치하고 여인과 결혼'의 구조를 지니고 있다.

🔲 제대로 구조화하기 🔲

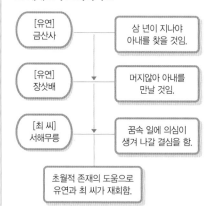

---

01 〈보기〉를 참고하여 윗글을 이해한 내용으로 적절하지 <u>않은</u> 것은?

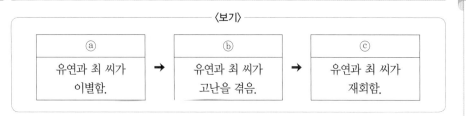

① ⓐ는 도적 장군이 최 씨를 납치한 사건으로 인한 것이군.
② ⓑ에서 유연은 ⓒ를 위해 팔도강산을 헤매게 되는군.
③ ⓑ에서 유연은 초월적 존재를 통해 ⓒ를 예상하게 되는군.
④ ⓑ에서 최 씨는 계선의 신뢰를 얻어 ⓒ를 준비하게 되는군.
⑤ ⓒ에서 최 씨는 유연의 정체가 탄로날까 봐 걱정하고 있군.

☆ 문제 채점까지 마친 후 복습할 때 보세요.

제대로 **접근법** ◀

01
사건의 전개 양상을 파악하는 유형이다. 지문의 내용과 한 치도 어긋나면 안 되므로, 자의적으로 판단하지 말고 철저하게 지문에 근거해서 선택지의 적절성을 점검해야 한다.
〈보기〉에 제시되어 있는 ⓐ, ⓑ, ⓒ의 각 단계에 맞게 사건의 내용을 정리한다. 인물들의 이별, 고난, 재회 과정에서 벌어진 사건과 다른 내용이 담긴 선택지를 찾는다.

02 윗글에 대한 설명으로 가장 적절한 것은?

① 언어유희를 통해 웃음을 유발하고 있다.
② 풍자적 서술을 통해 인물의 행위를 비판하고 있다.
③ 서술자의 개입을 통해 주관적 견해를 드러내고 있다.
④ 구체적 시대 상황을 통해 인물의 처지를 나타내고 있다.
⑤ 사건의 반전을 통해 인물 간의 갈등을 구체화하고 있다.

03 [A]와 [B]의 말하기 방식으로 가장 적절한 것은?

① [A]는 예상되는 부정적 결과를 경고하고 있고, [B]는 자신의 말을 들어주지 않는 상대를 비판하고 있다.
② [A]는 문제의 원인을 찾아 해결 방법을 제시하고 있고, [B]는 상황을 가정하며 자신의 요구를 드러내고 있다.
③ [A]는 조건을 내세워 자신의 입장을 밝히고 있고, [B]는 자신의 잘못을 인정하며 상대에게 용서를 구하고 있다.
④ [A]는 상대의 잘못으로 인해 겪은 어려움을 호소하고 있고, [B]는 자신의 어려움을 해결해 줄 것을 요청하고 있다.
⑤ [A]는 행동의 이유를 밝히며 원하는 바를 드러내고 있고, [B]는 자신에게 도움을 주지 않는 상대를 원망하고 있다.

04 다음은 윗글을 읽고 문학 탐구 보고서를 쓰기 위해 작성한 계획서이다. (가)에 들어갈 내용으로 적절하지 않은 것은? [3점]

〈보기〉

[의문] 왜 제목을 '유연전'이나 '최씨전'이라고 하지 않고 '서해무릉기'라고 했을까?
[탐구 과제 설정] '서해무릉'이라는 장소가 지닌 의미가 중요한 것 같으니 인물별로 그 의미를 탐구해 봐야겠어.
[자료 조사] '서해무릉'에서 등장인물들은 개인적 욕망을 꿈꾸기도 하고 시련을 겪기도 한다. 또한 애정을 지켜 나가거나 소망을 실현하기도 하며 내적으로 성숙해지기도 한다.
[탐구 결과] (가)

① 수삼 년이 지나도록 유연과 떨어져 지낸 것을 보니 '최 씨'에게는 시련을 겪는 공간으로 볼 수 있다.
② 최 씨를 납치한 뒤 혼례하려고 한 것을 보니 '도적 장군'에게는 욕망을 드러내는 공간으로 볼 수 있다.
③ 잃어버린 배필인 최 씨와 다시 만나게 된 것을 보니 '유연'에게는 소망을 실현하는 공간으로 볼 수 있다.
④ 도적 장군으로부터 정절을 지키며 마음을 돌리지 않은 것을 보니 '최 씨'에게는 애정을 지키는 공간으로 볼 수 있다.
⑤ 유연이 최 씨의 도움으로 용맹과 지략을 갖추게 되는 것을 보니 '유연'에게는 내적으로 성숙해지는 공간으로 볼 수 있다.

1차 채점 맞은 문항 수 개 틀린 문항 수 개 헷갈리는 문항 번호 · 틀린 문항 '/' 표시 → 2차 채점 맞은 문항 수 개 틀린 문항 수 개 헷갈리는 문항 번호 · 틀린 문항 '×' 표시 → 3차 채점 맞은 문항 수 개 틀린 문항 수 개 헷갈리는 문항 번호 · 틀린 문항 △ 표시

2부 고전 소설 83

[01-04] 다음 글을 읽고 물음에 답하시오.

조중인이 무녀를 보내어 요사한 모함을 저질러 놓고, 녹재에게 부탁하여 황성 왕래하는 길에 주막을 차려 놓게 하였음이라. 지나가는 사람 중 왕진사 댁 하인이라 하면 억지로라도 데려와서 술과 고기를 많이 먹이고 밥값을 적게 받으니, 내왕하는 하인들이 어디로 갈 때는 반드시 녹재의 주막에 들르는 것처럼 되어 어길 때가 없더라.

무녀가 녹재의 주막으로 돌아와 하는 말이,

㉠"이리이리하여 불을 질러 놓았으니 조만간에 하인이 이리를 지나가리라." 하더라.

과연 며칠이 지나매, 소주 왕진사 댁 하인이 서간을 가지고 가는 중이라. 그가 주막 앞을 지나가자 녹재가 깜짝 놀라는 척 반기며 오래 못 본 안부를 묻고, 술을 많이 먹이자 하인이 취하여 편지보를 녹재에게 맡기고는 거꾸러져 잠이 드는지라. 녹재가 편지보를 헤치고 봉한 것을 떼어 보니 편지 사연이 과연 그 말이매, 편지를 없애고 다시 글씨를 본떠 써넣되

"안부를 전하노니 집안은 무사하고 공직에 힘쓰라."

라는 내용으로 하여 다시 봉하여 편지보에 넣었더라. 이튿날 하인이 떠나려 하여, 편지보를 내어 주니 의심 없이 받아 가지고 올라가더라.

하인이 황성에 득달하여 서간을 올리되 왕시랑도 범연히 간과하고, 집안은 무사한 모양이라 답장을 봉하여 환송하였더니, 하인이 내려가는 길에 다시 녹재의 집에 찾아들었는지라. 녹재가 반가워하며 간곡하게 술대접을 하니 하인이 또한 술 힘을 이기지 못하여 대취하매, 녹재가 답장 편지를 또 떼어 없애고 다시 시랑의 필적으로 답장을 위조하여,

"집안 괴변을 어찌 일부러 뜻하였으리까마는, 들자오매 소자의 처로 인하여 심란한 일이 많사옵니다. 그 전에도 의심할 일이 많사오나 그 허물을 따로 묻지 않은 채 그저 집에 두었삽는데, 필경은 탄로나게 되었으니 소자의 사람 몰라본 불찰입니다. 복중에 무엇이 있다는 말씀은 더구나 소자는 모르는 일이라, 어찌하여 거짓을 사뢰리까? 소자의 소견에는 그런 더러운 인물은 어찌 잠시라도 집에 두며, 죽어도 죄가 남사오니 내치면 저에게 덕이 될 것이오나 처분대로 하사이다." 하였더라.

이튿날 하인이 편지를 찾아보고 내려가 왕진사께 올리니, 진사가 그 사연을 보고 안으로 들어와 오부인과 의논하였는데, 죽이자 하여도 거지중난(擧止重難)*하고 내쳐도 남에게 부끄러운지라. 이리저리 생각하다가 마지못하여 즉시 송부인을 불러 앞에 세우고는 수죄(數罪)*하여,

㉡"네 내 집에 들어와 몇 해 아니 되었는데 내가 너를 믿고 내 집안 살림을 맡겼거늘, 요망한 무녀를 통하여 흉측한 태도로 음담패설을 주고받느냐? 네 복중에 있다는 자식에 대해서도 네 남편은 모른다 하니 그것은 어찌된 일이냐?"

하고는 장패주의 편지와 왕시랑의 답장을 던지는지라. 송씨가 기색(氣塞)하여 한동안 진정하지 못하다가,

"자부(子婦)가 불초(不肖)하여 구고(舅姑)*님의 노함을 끼쳤사오니 산들 무엇하리까마는, 다만 신명을 생각하니 절통한 일이옵니다. 부모 양친을 십여 세에 여의옵고 부앙천지(俯仰天地) 의지할 데 없사와 어린 동생과 외가에 탁신(託身)하온바 외숙부께 사랑을 받지는 못하였으나 무한히 공경하며 대하여 나갔삽더니, 천우신조(天佑神助)하여 어진 시댁을 만났사와 일평생을 모시고자 하였사오나, 이런 악명(惡名)을 입사오니 다시 무슨 말씀을 하오리까? 처분대로 할 뿐이로소이다."

[중략 부분의 줄거리] 강제 결혼의 무산에 대한 보복으로 조중인에 의해 모함 받은 송부인은 시댁에서 쫓겨나게 되

작자 미상, 〈송부인전〉

제목의 의미

여자 주인공 '송부인(송경패)'이 남성 중심 사회의 모순 때문에 희생당하는 모습을 다룬 가정 소설이다. 남편이 없는 상황에서 모함을 받게 된 송부인은 집에서 쫓겨나 시련을 겪지만, 이후 입신양명을 이룬 남편과의 재회를 통해 오해를 풀고 모함에서 벗어나게 된다.

구성

■ 중요 인물
• (❶   ): 왕시랑의 아내이자 갈용의 어머니. 모함을 받아 고난을 겪지만 입신양명한 남편의 도움으로 위기에서 벗어남.
• (❷   ): 송부인의 남편. 송부인이 모함을 당한 사실을 모르고 있다가 송부인과 재회하여 진실을 알게 됨.
• 왕진사: 왕시랑의 아버지. 송부인을 며느리로 맞아들이지만 오해를 하여 쫓아냄.

■ 사건과 갈등: 송부인은 조중인의 모함으로 집에서 쫓겨나 아들인 갈용을 낳아 기르는데, 어느 날 아들이 살인 사건에 휘말리자 이를 해결하기 위해 조정에서 (❸   )으로 내려온 남편 왕시랑과 재회하여 위기에서 벗어나게 됨.

■ 소재와 배경의 의미
• (   ): 왕진사와 왕시랑이 각각 보낸 편지를 녹재가 중간에서 가로채 위조함으로써 송부인을 위기에 처하게 하는 장소

문제 - 서술상의 특징

• 대화를 통해 인물이 처한 상황을 보여 줌.
• (❺   ) 모티프를 활용해 갈등을 유발하고 긴장감을 높임.

주제

가부장적 사회에서 송부인이 겪는 수난과 그 극복 과정

고 홀로 아들인 갈용을 낳아 기른다. 어느 날 갈용은 살인 사건에 휘말리고, 이를 해결하기 위해 조정에서 명사관으로 파견된 왕시랑은 송부인과 재회하게 된다.

이때 송부인, 명사관*이 들어와 갈용의 초사를 받는다는 말에 오가는 말을 듣고자 하여 관문 밖에서 엿보고 있었더라. 바라보니 그 명사관이 다른 이 아니라 자신의 남편 왕시랑이라. 이것이 어찌된 일인고 하여, 송부인이 여광여취(如狂如醉)하여 부지불각(不知不覺) 중에 몸이 절로 움직여 뜰 아래 들어서서는,

"첩은 죄인의 어미옵더니, 사람이 불민(不敏)하여 시댁에서 쫓겨났사오나, 가장은 천 리 밖에 있사왔고, 첩을 불쌍히 생각하기는커녕 인편에 대어 죽여라, 내쫓아라 하오니, 첩이 어디 가서 살며 어찌 시댁이 용납하리니까? 그런 연유로 이 지경이 되었삽는데, 듣사오매 명사관께서 명사를 잘하신다 하오니, 살옥*은 차치(且置)하옵고 그 일부터 명사하옵소서. 첩의 무고함을 어찌 보지 못하고, 멀리 있음에도 그리 집안을 자세히 알면서 복중지물(腹中之物)이 자기 자식인 줄 어찌 모르며, 첩이 그전부터 수상한 짓을 하는 것을 보았다 하나 무슨 일을 보셨던고? 첩에게 죄가 설령 있거든 여기서 죽여 주시고, 만일 무죄한 듯하거든 소상히 명사하와 애매한 누명을 씻어 주옵소서. 복명지신(復命之臣)이 그만 일을 명사치 못하오면 그 녹을 자시옵기 어찌 부끄럽지 아니하시리까? 만일 첩의 말을 곧이 아니 들을 터이면, 여기 증거할 것이 있사오니 이것을 보옵소서."

하고 송부인이 품에서 편지 봉투를 내어 앉은 앞에 던지니, 왕시랑이 상혼실백(傷魂失魄)*하여 그것을 아니 보지 못할 터이라. 차차로 펴 보니 한 장은 자신의 답장이라 하나 사연은 전혀 알지 못하는 것이라 막측기단*하여, 다시 묻고자 하나 하인들 앞에 말하기가 편치 않기에 따로 분부하여

ⓒ "심기 불평하니 죄인을 물리라."

하시니 갈용과 송부인이 함께 물러나오더라.

이 날 밤에 왕시랑이 일을 마친 후에, 통인 하나를 불러 초롱을 들리고 호장의 집을 찾아 별당으로 들어가니, 송부인이 촛불을 돋우고 혼자 앉았다가 처연히 보고는

ⓡ "이 어찌된 일이시니까? 더러운 죄라 하신 터에 무엇이 답답하여 첩을 찾아보러 와서는 계시니이까? 모르는 자식을 낳았으니 더럽다고 하다가 죽이거라 내치거라 하와 다시 준절답장(峻節答狀)하오시고 다시 보려 하심은 천만뜻밖이로소이다."

왕시랑이 다 듣고는

"이것이 어찌된 일이오?" 라고 도리어 물으니, 송부인이 대답하여

"날더러 도로 물으시니 무슨 말씀으로 대답하오리까?"

하매, 왕시랑이 대답하기를

"나도 내 죄를 아오이다. 비록 그러하오나 이 일은 알아보고 말 것이니, 그리 염려하지 마소서. 편지도 답장도 내 한 바 아니라, 난들 어찌 알았으리오? 이것이 운명사이니, 분명히 괴상한 용무를 꾸민 놈이 있는 모양이라. ⓜ 설마 그 놈을 잡지 못하리니까? 내 사환이 분주하여 오래 근친 못한 탓이로소이다."

라고 하더라. 송부인이 그 말을 들으니 자신의 발명도 대강된 듯하고, 왕시랑의 편지에 서운했던 것이 비로소 풀리는지라. 그런 줄 이제 알았으니 어찌 소회를 서로 풀어놓으며 정다운 이야기가 서로 없으리오?

– 작자 미상, 〈송부인전〉

* 거지중난: 일을 함이 중대하고도 어려움.   * 수죄: 범죄 행위를 들추어냄.   * 구고: 시부모님
* 명사관: 중요한 사건을 조사하는 일을 맡아 하는 관리   * 살옥: 살인 사건에 대한 죄를 다스리는 일
* 상혼실백: 상심하여 제정신을 잃음.   * 막측기단: 일의 시작을 헤아려 알지 못함.

◈ 제대로 구조화하기 ◈

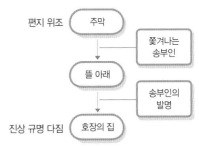

편지 위조 — 주막 → 쫓겨나는 송부인

뜰 아래 → 송부인의 발명

진상 규명 다짐 — 호장의 집

01 윗글에 대한 설명으로 가장 적절한 것은?

① 대화를 통해 인물이 처한 상황을 보여 주고 있다.
② 전기적 요소를 통해 비현실적 장면을 부각하고 있다.
③ 과장된 상황을 통해 인물의 해학성을 강조하고 있다.
④ 배경에 대한 묘사를 통해 낭만적 분위기를 형성하고 있다.
⑤ 꿈과 현실의 교차를 통해 사건을 입체적으로 구성하고 있다.

제대로 접근법 ☆ 문제 채점까지 마친 후 복습할 때 보세요.

01
서술상의 특징을 파악하는 유형이다. 대화, 전기적 요소, 해학성, 배경 묘사, 꿈과 현실의 교차 등과 같은 개념을 바르게 이해하고 있다면 어렵지 않게 문제를 해결할 수 있다.
선택지에 언급된 특징이 작품에 나타나는지 확인한다. 선택지가 '~를 통해 ~하고 있다.'와 같이 구성되어 있으므로, 앞뒤의 진술이 모두 적절한지 살펴야 한다.

02 ㉠~㉤에 대한 설명으로 적절하지 않은 것은?

① ㉠: 왕진사 댁 하인이 주막을 지나갈 것이라는 무녀의 예측이 드러나 있다.
② ㉡: 송부인이 죄를 지었다고 생각하여 질책하는 왕진사의 태도가 드러나 있다.
③ ㉢: 주변 상황을 의식하여 질문하기를 미루는 왕시랑의 모습이 드러나 있다.
④ ㉣: 왕시랑이 명사관으로서 공과 사를 구분하기를 바라는 송부인의 마음이 드러나 있다.
⑤ ㉤: 사건의 진상을 밝히려는 왕시랑의 태도가 드러나 있다.

02
발화의 의도와 의미를 파악하는 유형이다. 발화의 의미를 파악하려면 사건의 전개 과정, 발화를 둘러싼 상황, 그 상황에 대한 인물의 심리와 태도 등을 이해해야 한다.
㉠을 예로 들어 보자. 앞의 '내왕하는 하인들이 ~ 녹재의 주막에 들르는 것처럼 되어'와 뒤의 '과연 ~ 가지고 가는 중이라.'와 연결 지어 생각하면 ㉠의 의미를 파악할 수 있다.

03 〈보기〉를 바탕으로 윗글을 감상한 내용으로 적절하지 않은 것은? [3점]

〈보기〉

　이 작품은 남편이 부재한 상황에서 가족 외부의 인물에 의해 모함을 받게 된 주인공이, 남성 중심 사회의 현실적 모순에 의해 희생당하는 모습을 다루고 있다. 이 과정에서 주인공은 자신의 억울함을 적극적으로 항변하지 못하고 가정에서 퇴출당해 시련과 고난을 겪게 되지만, 이후 입신양명을 이룬 남편과의 만남에서 적극적인 태도로 오해를 풀고 모함에서 벗어나게 된다.

① 송부인이 왕시랑에게 명사를 부탁하는 장면에서, 오해를 풀고자 하는 적극적인 모습을 확인할 수 있겠군.
② 왕진사가 송부인을 수죄하는 장면에서, 여성의 정절을 중시하는 남성 중심 사회의 모습을 짐작할 수 있겠군.
③ 왕시랑이 송부인에게 누명을 벗겨주기로 약속하는 장면에서, 왕시랑이 입신양명을 이룬 목적을 짐작할 수 있겠군.
④ 녹재가 왕진사 댁 하인에게 술을 먹이는 장면에서, 가족 외부의 인물이 주인공을 모함하려는 모습을 확인할 수 있겠군.
⑤ 송부인이 왕시랑에게 자신의 처지를 밝히며 억울함을 호소하는 장면에서, 과거에 송부인이 겪은 시련과 고난을 짐작할 수 있겠군.

03
외적 준거에 따라 작품을 감상하는 유형이다. 〈보기〉에 작품의 개괄적인 내용이 제시되어 있다. 지문을 읽기 전에 〈보기〉를 먼저 점검한다면 지문 독해와 문제 풀이 시간을 줄일 수 있다는 점을 기억하자.
선택지가 지문의 내용과 〈보기〉의 내용을 모두 만족시키고 있는지 확인한다. 어느 한쪽을 만족시키면서 다른 한쪽의 내용을 살짝 비틀어 오답을 유도하는 것이 일반적이다.

04 〈보기〉는 윗글의 서간의 이동을 도식화한 것이다. 이를 이해한 내용으로 가장 적절한 것은?

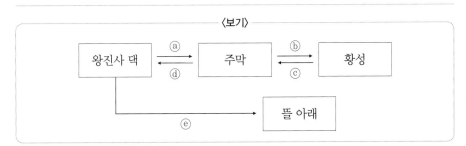

① ⓐ의 서간에는 집안은 무사하고 공직에 힘쓰라는 내용이 담겨 있다.

② 왕시랑은 ⓑ의 서간을 통해 집안에 문제가 생겼음을 알게 되었다.

③ ⓑ의 서간과 ⓓ의 서간은 모두 녹재에 의해 위조된 것이다.

④ ⓒ의 서간과 ⓓ의 서간은 모두 송부인에게 전달되지 않았다.

⑤ 왕시랑은 ⓔ의 서간의 내용을 송부인과 만나기 전부터 알고 있었다.

제대로 접근법
☆ 문제 채점까지 마친 후 복습할 때 보세요.

04
서사 구조와 작품의 내용을 바르게 이해했는지 확인하는 유형이다. 오답률이 무척 높았는데, 이는 사건의 전개 과정을 정확하게 파악하지 못했기 때문일 것이다.
ⓐ는 왕진사가 왕시랑에게 보낸 서간이고, ⓒ는 왕시랑이 보낸 서간이다. 서간의 내용이 주막에서 녹재에 의해 뒤바뀌었다는 점에 주목한다. ⓔ는 송부인이 받았던 뒤바뀐 서간임도 기억하자. 이러한 내용을 바탕으로 선택지의 적절성을 판단한다.

1차 채점

맞은 문항 수	개
틀린 문항 수	개
헷갈리는 문항 번호	

• 틀린 문항 '/' 표시

→

2차 채점

맞은 문항 수	개
틀린 문항 수	개
헷갈리는 문항 번호	

• 틀린 문항 'X' 표시

→

3차 채점

맞은 문항 수	개
틀린 문항 수	개
헷갈리는 문항 번호	

• 틀린 문항 △ 표시

2부 고전 소설 **87**

[01-04] 다음 글을 읽고 물음에 답하시오.

[앞부분의 줄거리] 선관의 점지로 태어난 신유복은 어려서 부모를 잃고 유리걸식한다. 유복의 인물됨을 알아본 상주 목사는 호장의 딸 경패를 유복과 혼인하게 한다. 그러나 유복은 가난하다는 이유로 호장 부부, 경패의 두 언니, 그 남편 유소현, 김평의 미움을 받고 경패와 함께 쫓겨난다.

해는 서산에 걸렸다. 처녀가 저녁연기를 쫓아 밥을 빌러 다녔다. 유복이 처녀와 마을로 들어가 밥을 빌어먹고 방앗간을 찾아가 거적을 얻어다 깔고 둘이 마주 누워 팔을 베고 같이 자니 신세가 궁했다. 유복은 활달한 영웅이요, 처녀 역시 여자 중의 군자였다. 고어에 흥이 다하면 슬픔이 오고 괴로움이 다하면 즐거움이 온다고 하였는데 하늘이 어찌 어진 사람을 곤궁 속에 던져두시겠는가. 처녀도 유복의 늠름한 풍채와 잘 생긴 용모를 대하니 정이 깊이 들었다. 그러므로 고생을 어찌 한탄할 것인가. 이튿날 밥을 빌어먹고 처녀가 유복에게 말했다.

"슬프도다. 이 세상에서 가장 귀한 것이 사람인데, 사람만 못한 짐승도 집이 있건만, 우리는 어째서 의지할 곳조차 없나하고 생각하면 애달픈 생각이 듭니다. 저 건너 북쪽 돌각담이 임자가 없는 것이니 돌각담을 헐고 움이나 한 간 묻어 봅시다."

동리로 재목과 이엉을 구걸하니 사람들이 불쌍히 여겨 서로 다투어가며 주었다. 처녀가 유복과 더불어 움을 묻고 거적을 얻어 깔고 밥을 빌어다가 나눠 먹고 그 밤을 지내니, 마치 커다란 저택에서 좋은 음식을 먹은 것같이 흐뭇하였다. 그러나 깊은 정이야 어디다 비할 수 있으랴. 남의 방앗간에서 잠자던 것은 한바탕 꿈이었다. 인근 사람들이 유복의 가련한 정상과 경패의 지극한 정성을 불쌍히 여겨 음식을 아끼지 않고 주며, 호장 부부를 욕하지 않는 사람이 없었다. 유복이 남의 집의 물도 길어주고 방아질도 해주니 허기를 면하였다. 그러나 의복이 없어 초라하였다.

처녀가 하루는 유복에게 말했다.

[A]
"옛글에 '장부 세상에 나서 입신하여 세상에 이름을 드날려 문호를 빛나게 하며, 조상 향불을 빛나게 하라' 하였으니 문필을 배우지 않으면 공명을 어떻게 바라겠습니까? 그래서 옛 사람도 낮이면 밭 갈고, 밤이면 글을 읽어, 성공하여 길이길이 기린각에 화상을 그린 족자가 붙어 훗날에 유전하는 것을 장부다운 일로 여겼습니다. 무식한 사람으로 영웅호걸이 되었다는 말은 듣지 못했습니다."

유복이 처녀의 말을 듣고 감동되어 말했다.

[B]
"내 어려서 글자나 읽었지만 어찌 이런 마음이 없겠소마는 글을 배우려 한들 어디서 배우며 책 한 권도 없으니 어쩌겠소. 또한 장차 외로운 당신은 누구를 의지한단 말이요?"

낭자가 말했다.

"그것은 염려 마십시오. 나는 혼자라도 이 움을 떠나지 않을 것이오. 내가 양식을 당할 것이니 아무 염려 마십시오. 들리는 말에 의하면 뒤 절에 원강 대사라 하는 중이 도승이며, 또한 천하 문장이라 하니 거기 가서 간절히 부탁하면 글을 가르쳐 줄 듯하오니 올라가십시오."

낭자는 바로 나아가 책 한 권을 얻어다가 주며 말했다.

"공자의 나이 열세 살이니 팔 년을 공부하여 이십이 되거든 내려오십시오. 그렇게 하시면 반가이 맞아들이겠지만 만일 그 전에 내려오시면, 절대로 세상에 있지 않겠습니다."

이렇듯 가기를 재촉하였다. 유복이 낭자의 정성을 거절 못하여 책을 옆에 끼고 절로 올라갔다. 그리고 대사를 보고 자초지종을 말하니 대사는 유복을 보고 놀라며 위로하였다.

제대로 감상법

★ 문제 풀이까지 마친 후 복습할 때 보세요.

작자 미상, 〈신유복전(申遺腹傳)〉

제목의 의미

주인공 '신유복'의 일대기를 담은 영웅 소설이다. 아내가 희생적인 사랑으로 남편을 출세시키는 내용은 기존 고전 소설에서 흔히 찾아볼 수 없는 독특한 점이다.

구성

■ 중요 인물
• (❶   ): 어려서 부모를 잃고 유리걸식하다가 상주 목사의 눈에 들어 호장의 딸인 경패와 혼인하지만 집에서 쫓겨나 고난을 겪음. 경패의 적극적인 권유로 학문을 닦아 과거에 급제함.
• (❷   ): 남편인 신유복과 함께 집에서 쫓겨나 고난을 겪음. 희생적인 사랑으로 남편을 입신출세하게 만드는 진취적인 여성

■ 사건과 갈등 : 유복과 경패는 가족에게 쫓겨나 궁핍하게 살아감. 경패의 권유로 학문을 수학한 유복은 과장에서 두 (❸   )를 만나 모욕을 당하지만 결국 장원 급제하여 벼슬길에 오르게 됨.

■ 소재와 배경의 의미
• (❹   ): 경패가 신유복의 학문 수양을 독려하기 위해 마련한 것으로, 남편을 영웅으로 만들고자 하는 의지가 드러남.

문체 – 서술상의 특징

• (❺   )인 사랑으로 남성을 영웅으로 만드는 적극적인 여인상이 나타남.
• 다른 고전 소설에 비해 전기성이나 우연성이 적음.
• 서술자가 등장인물이나 사건에 대한 자신의 생각을 직접 드러냄.

주제

신유복의 고난 극복과 영웅적인 행적

"십삼 년 전에 규성이 무주 땅에 떨어졌기 때문에 영웅이 난 줄 알았으나 다시 광명이 없기에 분명히 곤란이 있다는 것을 짐작했지만, 오늘에야 겨우 만나게 되었군. 장부의 초년고생은 영웅호걸의 사업 재료가 되는 법, 사람이 고초를 겪지 못하면 교만한 사람이 되리라."

그 날부터 글을 가르쳐 주니 유복은 본래 하늘의 선동이라 한 자를 가르치면 백자를 능통하였다.

(중략)

유복은 그럭저럭 과거 날이 당도하여 과거 보는 장소의 기구를 차려 가지고 과거 보는 곳으로 들어갔다. 자리를 얻지 못하고 민망해 하다가 한 곳을 바라보니 유소현, 김평이 자리를 넓게 점령하고 앉았다. 그러나 저네들이 제 글을 짓지 못하여 남의 손을 빌려 과거를 보려고 주안을 많이 차려 같이 과거 보는 이를 관대히 대하고 있었다. 유복이 속마음에 반가워 그 옆으로 들어갔다. 세상에 용서받지 못할 놈이 유복을 보고 벌컥 화를 내며 꾸짖었다.

"이 거지 놈이 어디로 들어왔냐? 저놈을 어서 잡아내라. 사람이 많이 모인 것을 보고 쫓아 왔으니 빨리 잡아내라. 눈앞에서 썩 없어져라."

유복이 분한 마음을 먹고 다른 곳으로 가서 헌 거적을 얻어 깔고 앉았다. 이윽고 글 제목이 내어 걸리었다. 유복이 한번 보고 한숨에 줄기차게 써 내려가서 순식간에 제일 먼저 바치고 여관으로 돌아와 방 붙기를 기다리고 있었다.

그런데 유소현, 김평 두 놈이 겨우 남에게 글장이나 얻어 보고는 방 기다릴 염치가 없었던지 곧 출발하여 내려갔다. 이때 호장 부부와 경옥 경란이 반기며 나와 영접하였다. 술상을 차려 놓고 술을 권하니 그 두 놈이 널리 친구를 청하여 흥청댔다. 이때 경패 그 두 사람이 과거에 갔다가 무사히 돌아온 것을 알고 행여나 낭군을 과거 보는 장소에서 만나 보았는가 궁금히 여겨 소식을 들으러 갔었다. 마침 흘러나오는 소리를 들었다. 유소현, 김평이 바깥사랑에서 호장더러 '유복을 과거 보는 장소에서 만나 끌어 쫓아냈다.'는 말을 하니까 호장이 듣고 큰소리로 '그 놈을 잘 박대하였네.'하고 손뼉을 치며 말했다. 이때 낭자는 그 지껄이는 말을 듣고 낭군이 과거 보는 장소에 무사히 간 것을 알고 기뻐했으나 그 두 놈의 소위를 생각하면 괘씸하기 짝이 없었다. 움집으로 돌아와 탄식하며 말했다.

"세상에 몹쓸 놈도 있구나. ㉠낭군이 타인과 달라 찾아갔으면 함께 과거를 볼 것이지 도리어 많은 사람 앞에서 모욕을 주다니! 낭군인들 오죽이나 분통이 터졌나?"

겨죽을 쑤어 놓고 먹으려 하나 목이 메어 못 먹고 하늘을 우러러 축원하였다.

"유유히 공중 높이 솟아 있는 일월은 굽어 살피소서. 낭군의 몸이나 무사히 돌아오게 하여 주옵소서."

낭자는 몹시 서러워하였다.

유복이 궐문 밖에서 기다리고 있었다. 이 날 전하께서 시험관을 데리고 글을 고르시더니 갑자기 유복의 글을 보시고 칭찬하시었다.

"이 글은 만고의 충효를 겸하였으니 만장 중에 제일이라."

급히 비밀히 봉한 것을 뜯어보시니 전라도 무주 남면 고비촌 신유복이라 있었다. 그래서 장원랑의 신유복을 대궐에 입시시키라고 하교를 전달하는 전명사알에게 하교하시었다.

– 작자 미상, 〈신유복전(申遺腹傳)〉

□ 한 걸음 더 □

〈신유복전〉의 특징

〈신유복전〉에서 아내가 희생적인 사랑으로 남편을 출세시키는 내용은 기존 고전 소설에서 흔히 찾아볼 수 없는 독특한 점이다. 또 주인공 신유복이 청병 원수가 되어 명나라를 구한다는 내용은 우리나라의 국력을 중국에 과시하려는 민족적인 긍지를 표현한 것이라 할 수 있다. 후반의 영웅담을 제외하면 대체적으로 모든 사건이 현실적으로 표현되어 있으며, 전기성(傳奇性)이나 우연성을 찾아볼 수 없다는 점도 독특하다.

□ 제대로 구조화하기 □

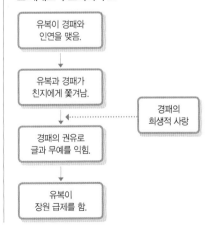

유복이 경패와
인연을 맺음.

↓

유복과 경패가
친지에게 쫓겨남.

↓

경패의 권유로
글과 무예를 익힘.

↓

유복이
장원 급제를 함.

경패의
희생적 사랑

01 윗글의 서술상 특징으로 가장 적절한 것은?

① 순간적으로 장면을 전환하여 사건의 환상적 면모를 부각하고 있다.
② 서술자가 등장인물이나 사건에 대한 자신의 생각을 직접 드러내고 있다.
③ 장면마다 서술자를 달리 설정하여 사건의 전모를 명확히 드러내고 있다.
④ 시대적 배경에 대한 요약적 설명을 통해 사건의 인과 관계를 드러내고 있다.
⑤ 인물의 외양을 과장되게 묘사하여 부정적 인물에 대한 풍자를 드러내고 있다.

제대로 접근법 ☆ 문제 채점까지 마친 후 복습할 때 보세요.

01
서술상의 특징을 파악하는 유형이다. 정답률보다 오답률이 높은 까다로운 문제였다. 장면 전환, 서술자, 요약적 설명, 외양 묘사 등과 같은 개념어는 반드시 익혀 두어야 한다.
작품에서 선택지에 언급된 특징이 드러나는 문장이나 구절을 찾아보자. 예를 들어 ①의 경우, 장면이 순간적으로 바뀐 부분이 있는지, 사건 전개에서 환상적인 부분이 있는지 확인한다.

02 [A]와 [B]에 나타난 인물의 말하기에 대한 설명으로 적절하지 않은 것은?

① [A]에서 경패는 옛글을 인용하여 상대방의 각성을 촉구하고 있다.
② [A]에서 경패는 상대방의 동정심에 호소해 자신의 결정을 따르도록 유도하고 있다.
③ [A]에서 경패는 설의적 물음을 구사하여 자신의 의중을 상대방에게 드러내고 있다.
④ [B]에서 유복은 자신의 현재 처지를 들어 답답한 심경을 토로하고 있다.
⑤ [B]에서 유복은 상대방이 처하게 될 상황을 우려하여 행동에 나서기를 주저하고 있다.

02
말하기 방식의 특징을 파악하는 유형이다. 발화의 의미와 그 말에 담긴 발화자의 의도를 추리한 다음, 그것을 어떤 표현 방법으로 나타내고 있는지도 고려하여 선택지의 적절성을 판단한다.
[A]에서 경패는 유복에게 학문에 힘써 입신양명을 이루라고 촉구하고 있고, [B]에서 유복은 경패에게 그렇게 할 마음이 있지만 여건이 되지 않는다며 행동에 나서기를 주저하고 있다.

03 ㉠에 나타난 '경패'의 마음을 속담으로 표현할 때, 가장 적절한 것은?

① '선무당이 사람 잡는다'라고 어설픈 행동을 마구 일삼아 낭군을 곤경에 빠뜨리려 했군.
② '믿는 도끼에 발등 찍힌다'라고 낭군이 철석같이 믿었던 사람들인데 도리어 배신하고 괴로움을 주었군.
③ '달면 삼키고 쓰면 뱉는다'라고 베풀어 준 은혜도 모르고 낭군이 어려울 때 헌신짝처럼 도리를 저버렸군.
④ '동냥은 못 줘도 쪽박은 깨지 마라'라고 도움을 주지는 못할망정 낭군을 곤란한 지경에 처하게 만들었군.
⑤ '닭 잡아먹고 오리발 내민다'라고 얕은꾀로 자신들의 이익을 취하고도 낭군에게 아무 잘못이 없는 척했군.

03
상황에 맞는 속담을 찾는 유형이다. 평소에 들어보지 못한 낯선 속담은 잘 출제되지 않으므로, 기본적인 속담들은 미리 익혀 두어야 한다.
먼저 ㉠에 나타난 인물의 심정을 추리한 다음, 이를 속담에 담긴 의미와 연결해 본다. ㉠은 유복을 박대한 유소현과 김평에 대한 경패의 분노가 담긴 말이다. 이러한 경패의 마음을 나타내기에 적절한 속담을 찾는다.

04 〈보기〉를 바탕으로 윗글을 정리할 때, ⓐ~ⓔ에 대한 설명으로 적절하지 <u>않은</u> 것은?
[3점]

제대로 접근법 ☆ 문제 채점까지 마친 후 복습할 때 보세요.

─────〈보기〉─────

〈신유복전〉은 하늘에서 내려온 적강(謫降)의 인물인 유복의 일대기를 다룬 영웅담이다. 이 소설에는 쫓겨난 여성이 남편을 출세시키는 이야기인 '쫓겨난 여인 발복(發福) 설화'가 수용되어 있다. 이 소설은 대체로 아래와 같은 기본 구조를 바탕으로 서사가 전개된다.

적강을 한 남성 주인공이 태어남.	·············· ⓐ
↓	
비천한 처지의 남성 주인공이 뛰어난 품성을 지닌 여성 주인공과 인연을 맺음.	·············· ⓑ
↓	
주인공들이 친지에 의해 쫓겨나 고난을 겪음.	·············· ⓒ
↓	
여성 주인공의 뜻에 따라 남성 주인공이 수학(修學)함.	·············· ⓓ
↓	
남성 주인공이 시험을 통과해 입신출세함.	·············· ⓔ

① ⓐ: 규성이 무주 땅에 떨어져서 영웅이 난 줄 알았다는 원강 대사의 말에서 유복이 적강의 인물임이 제시된다.

② ⓑ: 떠돌아다니는 처지였던 유복이 여자 중의 군자인 경패와 부부가 되어 서로 사랑하며 살아간다.

③ ⓒ: 호장 부부에 의해 쫓겨나고 인근 동리 사람들에게조차 외면을 당하여 움집에서 곤궁하게 살아간다.

④ ⓓ: 이십이 될 때까지는 절에서 내려오지 말라는 경패의 뜻에 따라 유복이 원강 대사에게 글을 배운다.

⑤ ⓔ: 유복이 과거 시험에서 뛰어난 실력을 발휘하여 장원 급제하고 전하의 명령으로 대궐에 입시하게 된다.

04
작품의 서사 구조를 바르게 이해했는지 확인하는 유형이다. 문제가 그렇게 어렵지 않았는데도 오답률이 무척 높았다. 기출문제를 반복해 풀면서 고전 소설 작품과 문제 유형에 익숙해질 필요가 있다.
〈보기〉에 작품의 구조와 단계별 내용이 제시되어 있으므로, 이에 맞추어 지문을 정확하게 독해했는지 점검한 다음 문제를 해결한다. 지문에서 ⓐ~ⓔ의 각 단계에 해당하는 부분을 찾아 일대일로 대응시킨 다음 선택지의 적절성을 판단해 보자.

- -

1차 채점	맞은 문항 수	개
	틀린 문항 수	개
	헷갈리는 문항 번호	

• 틀린 문항 '/' 표시

→

2차 채점	맞은 문항 수	개
	틀린 문항 수	개
	헷갈리는 문항 번호	

• 틀린 문항 '×' 표시

→

3차 채점	맞은 문항 수	개
	틀린 문항 수	개
	헷갈리는 문항 번호	

• 틀린 문항 '△' 표시

[01-04] 다음 글을 읽고 물음에 답하시오.

[앞부분의 줄거리] 군관 직책의 배비장은 제주 목사가 벌인 잔치에 자신은 여색을 멀리한다며 참석하지 않는다. 이에 제주 목사는 기생 애랑을 시켜 배비장을 유혹하게 하고, 애랑은 자신에게 반한 배비장에게 삼경에 집으로 오라는 편지를 보낸다.

강호에 병이 들어 덧없이 죽겠더니, 낭자 회답이 반갑도다. 삼경에 기약 두고, 해 지기만 바라더니, 석양이 다 저물어 간다. 방자 입시(入侍) 보내고 빈방 안에 문을 닫고 그 여자에게 잘 뵈려고 다시 의관을 차릴 적에, 외올 망건 정주 탕건, 쾌자, 전립 관대 띠에 동개*를 차 제법 그럴싸하고 빈방 안에 혼자 우뚝 서서 도깨비 들린 듯이 혼잣말로 두런거리며 연습 삼아 하는 말이,

"가만가만 걸어가서 여자 문 앞에 들어서며 기침 한 번을 가만히 하면 그 여인이 기척 채고 문을 펄쩍 열것다. 걸음을 한번 팔자걸음으로 이렇게 걸어 들어가, 옛말에 이르기를, '수인사(修人事) 대천명(待天命)이라.' 하니, ㉠여자에게 한번 이렇게 군대의 예절로 뵈렸다."

한창 이리 연습할 제, 방자 놈이 뜻밖에 문을 펄쩍 열며, / "나리, 무엇하오?"

배비장 깜짝 놀라, / "너 벌써 왔느냐?"

"예, 군례 전에 대령하였소."

㉡"이놈, 내 깜짝 놀라 바로 땀이 난다."

하며 동개한 채로 썩 나서니, 달이 진 산에 까마귀 울고, 고기잡이 불빛이 물에 비친다. 앞개울에 있던 사람은 돌아가고, 봄바람에 학이 운다.

"앞서 기약 맺은 낭자, 이 밤중에 어서 찾아가자."

거들거려 가려 할 제 방자 놈 이른 말이,

[A] ┌ "나으리, 생각이 전혀 없소. 밤중에 유부녀 희롱 가오면서 비단 옷 입고 저리 하고 가다가는 될 일도 안 될 것이니, 그 의관 다 벗으시오."

"벗으면 초라하지 않겠느냐?" / "초라하거든 가지 마옵시다."

"이 애야, 요란히 굴지 마라. 내 벗으마."

활짝 벗고 알몸으로 서서, / "어떠하냐?"

"그것이 참 좋소마는, 누가 보면 한라산 매 사냥꾼으로 알겠소. 제주 인물 복색으로 차리시오."

"제주 인물 복색은 어떤 것이냐?"

"개가죽 두루마기에 노펑거지*를 쓰시오."

"그것은 너무 초라하구나." / "초라하거든 그만두시오."

└ "말인즉 그러하단 말이다. 개가죽이 아니라, 도야지가죽이라도 내 입으마."

하더니, 구록피(狗鹿皮) 두루마기에 노펑거지를 쓰고 나서서 앞뒤를 살펴보며,

"이 애야, 범이 보면 개로 알겠다. 군기총(軍器銃) 하나만 내어 들고 가자."

"무섭거든 가지 마옵시다."

"이 애야, 그러하단 말이냐? 네 성정 그러한 줄 몰랐구나. ㉢정 못 갈 터이면, 내 업고라도 가마."

배비장이 뒤따라가며 하는 말이, / "기약 둔 사랑하는 여자, 어서 가 반겨 보자."

서쪽으로 낸 대나무로 얽은 창 돌아들어, 동쪽에 있는 소나무로 만든 댓돌에 다다르니, 북쪽 창에 밝게 켠 등불 하나만이 외로이 섰는데, 밤은 깊은 삼경이라. 높은 담 구멍 찾아가서 방자 먼저 기어들며,

"쉬, 나리 잘못하다가는 일 날 것이니, 두 발을 한데 모아 요령 있게 들이미시오."

배비장이 방자 말을 옳게 듣고 두 발을 모아 들이민다. 방자 놈이 안에서 배비장의 두 발목을 모아 쥐고 힘껏 잡아당기니, ⓐ부른 배가 딱 걸려서 들도 나도 아니하는구나. 배비장 두 눈을 희게 뜨고 이를 갈며, / "좀 놓아다고!"

하면서, 죽어도 문자(文字)는 쓰던 것이었다.

"포복불입(飽腹不入)하니 출분이기사(出糞而幾死)로다.*"

방자가 안에서 웃으며 탁 놓으니, 배비장이 곤두박질하였다가 일어나 앉으며 하는 말이,

"매사가 순리로 아니 되니 큰 낭패로다. 산모의 해산법으로 말하여도 아이를 머리부터 낳아야 순산이라 하니, 내 상투를 들이밀 것이니 잘 잡아당겨라."

방자 놈이 배비장의 상투를 노펑거지 쓴 채 왈칵 잡아당기나, 아무리 하여도 나은 줄 모르겠다. 죽을 고비에서 살아났으니, 목숨은 원래 하늘에 달렸음이라. 뻥 하고 들어가니 배비장이 아프단 말도 못 하고,

ⓔ"어허, 아마도 내 등에는 꼰질곤자판*을 놓았나 보다."

(중략)

배비장이 한편 좋기도 하고 한편 조심도 되어, **가만가만 자취 없이 들어가서 이리 기웃 저리 기웃** 문 앞에 가서 사뿐사뿐 손가락에 침을 발라 문 구멍을 배비작 배비작 뚫고 한 눈으로 들여다보니, 깊은 밤 등불 아래 앉은 저 여인, 나이 겨우 이팔의 고운 태도라, 켜 놓은 등불이 밝다 한들 너를 보니 어두운 듯, 피는 복숭아꽃이 곱다 하되 너를 보니 무색한 듯, **저 여인 거동 보소** 김해 간죽 백통관에 삼등초를 서뿐 담아 청동 화로 백탄 불에 사뿐 질러 빨아낸다. 향기로운 담배 연기가 한 오라기 보랏빛으로 피어나니 붉은 안개 피어 도는 듯, 한 오리 두 오리 풍기어서 창 구멍으로 돌아 나온다. 배비장이 그 담뱃내를 손으로 움키어 먹다가 생 담뱃내가 콧구멍으로 들어가서 재채기 한 번을 악칵 하니, 저 여인이 놀라는 체하고 문을 펄쩍 열뜨리고, / "도적이야."

소리 하니, 배비장이 엉겁결에, / "문안드리오."

저 여인이 보다가 하는 말이, / ⓜ"호랑이를 그리다가 솜씨 서툴러서 강아지를 그림이로고, 아마도 뉘 집 미친개가 길 잘못 들어 왔나 보다."

인두판으로 한 번 지끈 치니 배비장이 하는 말이,

"나는 개가 아니오." / "그러면 무엇이냐?"

"배 걸덕쇠요."

– 작자 미상, 〈배비장전(裵裨將傳)〉

* 동개: 활과 화살을 찬 주머니 * 노펑거지: 노끈으로 만든 벙거지
* 포복불입하니 출분이기사로다.: 배가 불러 들어갈 수 없으니 똥이 나와 죽겠구나.
* 꼰질곤자판: 고누판. '고누'는 장기와 비슷한 옛날의 놀이

✚ 한 걸음 더 ✚

〈배비장전〉에 등장하는 인물들의 한계

〈배비장전〉에서 배비장의 허위와 위선을 폭로하는 애랑과 방자는 지배 계층과 대립하는 민중적 인물이자 긍정적 인물로 볼 수 있다. 하지만 애랑과 방자는 지배 계층과의 대립 구도 외에 자신의 삶의 방향성을 적극적으로 드러내고 있지는 않다. 애랑과 방자의 능동적이고 적극적인 풍자 행위는 상대에 대한 공격적 힘을 갖지만, 자신의 삶에 대한 적극적 전망과는 무관하다.

✚ 제대로 구조화하기 ✚

01 ㉠~㉤에 대한 설명으로 적절하지 않은 것은?

① ㉠: 애랑의 환심을 사기 위해 노력을 하고 있는 배비장의 모습이 나타나 있다.

② ㉡: 방자에게 자신의 행동을 들켰을까 봐 당황하는 배비장의 태도가 나타나 있다.

③ ㉢: 애랑을 만나고 싶어 하는 배비장의 간절한 마음이 나타나 있다.

④ ㉣: 방자에 대한 불만을 노골적으로 드러내는 배비장의 모습이 나타나 있다.

⑤ ㉤: 배비장의 정체를 알고도 짐짓 모른 체하는 애랑의 태도가 나타나 있다.

제대로 접근법 ✍ 문제 채점까지 마친 후 복습할 때 보세요.

01

인물의 심리와 태도를 파악하는 유형이다. 사건의 전체 맥락에 대한 이해를 바탕으로 ㉠~㉤의 대화에 담긴 인물들의 태도를 추론해 본다.

배비장은 애랑의 유혹에 넘어가 애랑을 만나러 가고 있으며, 방자는 위선에 찬 배비장을 조롱하고 있다. 사건의 전개 과정과 인물의 특성을 이해했다면 선택지의 적절성을 판단할 수 있다.

02 〈보기〉를 바탕으로 윗글을 감상할 때, 적절하지 <u>않은</u> 것은? [3점]

───────── 〈보기〉 ─────────

〈배비장전〉은 판소리계 소설로, 판소리 창자의 말투가 고스란히 드러나 있고 리듬 감이 있는 율문체를 통해 당대 서민들의 삶과 정서를 드러내고 있다. 또한 다른 사람의 책략에 의해 주인공이 금욕적 다짐을 훼손당해 웃음거리가 되는 남성 훼절형 모티프를 바탕으로 하는 서사 구조를 보여 준다. 이를 통해 지배 계층의 허세에 대한 풍자와 조 롱을 드러내고 신분 질서가 무너져 가는 당대 시대상 등을 반영하고 있다.

① '가만가만 자취 없이 들어가서 이리 기웃 저리 기웃'에서 글자 수를 규칙적으로 반복하 여 인물의 행동을 리듬감 있게 묘사하는 율문체를 확인할 수 있겠군.
② '저 여인 거동 보소'라는 표현에서 청중을 향한 판소리 창자의 목소리가 직접 드러나는 판소리계 소설로서의 특징을 확인할 수 있겠군.
③ 배비장이 방자에 의해 '구록피 두루마기에 노펑거지'까지 쓰면서 훼절한 상황에서 서 민 계층에 의해 조롱당하는 지배 계층의 모습을 엿볼 수 있겠군.
④ 담 구멍에 걸려 있는 상황에서도 '죽어도 문자는 쓰'는 배비장의 모습을 통해 지배 계 층의 허세에 대한 풍자를 엿볼 수 있겠군.
⑤ 배비장이 애랑을 만나자마자 '배 걸덕쇠요.'라고 격식을 차리며 말하는 데서 신분 질서 가 무너져 가는 당대의 시대적 현실을 확인할 수 있겠군.

03 [A]의 재담 구조를 〈보기〉와 같이 도식화할 때, 이에 대한 설명으로 적절하지 <u>않은</u> 것은?

─────────────── 〈보기〉 ───────────────

① ㉮에서 방자는 배비장의 권위를 깎아내리는 말을 하고 있다.
② ㉯에서 배비장은 자신의 체면을 생각하며 반응하고 있다.
③ ㉰에서 방자는 긍정적인 결과를 제시하며 설득하고 있다.
④ ㉱에서 배비장은 방자의 말에 할 수 없이 호응하고 있다.
⑤ ㉮~㉱에서 방자가 대화를 주도하며 재담의 구조가 반복되고 있다.

04 ⓐ의 상황을 나타내는 한자 성어로 가장 적절한 것은?

① 진퇴양난(進退兩難)
② 중과부적(衆寡不敵)
③ 역지사지(易地思之)
④ 난형난제(難兄難弟)
⑤ 고장난명(孤掌難鳴)

제대로 접근법 ☆ 문제 채점까지 마친 후 복습할 때 보세요.

02
외적 준거에 따라 작품을 감상하는 유형이다. 먼저 〈보기〉의 내용을 정리해 보자.

〈보기〉 분석
• 〈배비장전〉의 특징: ① 판소리 창자의 말투가 드러나는 판소리계 소설 ② 리듬감 있는 율문 체 ③ 남성 훼절형 모티프를 바탕으로 한 서사 구조
• 〈배비장전〉의 주제 의식: ① 지배 계층의 허세 에 대한 풍자와 조롱 ② 신분 질서가 무너져 가 는 시대상 반영

〈보기〉에 제시되어 있는 판소리계 소설의 특징, 서 사 구조, 주제 의식 등을 참고하여 구절의 의미를 재해석해 본다.

03
작품의 재담 구조를 바르게 이해했는지 확인하는 유형이다. [A]에서는 비슷한 내용의 재담이 반복되 고 있다.
방자는 배비장에게 서민의 옷을 입으라고 제안(㉮) 하고, 배비장은 초라하지 않겠냐고 주저(㉯)한다. 이 에 방자는 가지 말라고 자극하며 배비장의 욕구를 부추기고(㉰), 배비장은 방자의 말대로 하겠다며 제 안을 수용(㉱)하고 있다. 이를 바탕으로 선택지의 적 절성을 판단해 보자.

04
상황에 맞는 한자 성어를 찾는 유형이다. 먼저 ⓐ에 나타난 상황을 파악해야 한다.
배비장은 애랑을 만나러 가다가 담 구멍에 걸려 오 도 가도 못하게 된 상황에 처해 있다. 이에 어울리는 한자 성어를 찾는다.

1차 채점	맞은 문항 수	개		2차 채점	맞은 문항 수	개		3차 채점	맞은 문항 수	개
	틀린 문항 수	개	→		틀린 문항 수	개	→		틀린 문항 수	개
	헷갈리는 문항 번호				헷갈리는 문항 번호				헷갈리는 문항 번호	
• 틀린 문항 '/' 표시				• 틀린 문항 'X' 표시				• 틀린 문항 △ 표시		

[01~03] 다음 글을 읽고 물음에 답하시오.

장 선생 맏손자가 여쭈되

"우리 집 잔치를 벌이려 하오매 각처 손님을 청하려니와 만일 산중의 왕 백호산군(白虎山君)을 청치 아니하오면 후일에 필경 화가 될 듯하오니 어찌하오리까."

장 선생이 눈을 감고 오래 생각하다가 이르되

"백호산군은 힘만 믿고 사나워 친구를 모르고, 연전에 네 아비를 해하려고 급히 쫓아오니 네 아비가 뛰기를 잘 못하였던들 하마 죽을 뻔하였나니, 그러므로 내 집에 험한 기억이 있고, 또한 **산군이 좌석에 참례하면 각처 손님이 필경 겁이 나고 두려워 잘 놀지 못할 것이니 청치 아니함이 마땅하도다.**"

이때 이화도화 만발하고, 왜철쭉 두견화가 새로이 피고 각색 방초가 드리웠으니 만학천봉에 춘흥이 가득하여 경개절승(景槪絶勝)한지라. 주인 장 선생이 자리를 마련할 새 구름으로 차일 삼고 산세로 병풍 삼고 잔디로 포진하고, 장 선생은 갈건야복(葛巾野服)으로 손님을 기다리더니 동서남북 짐승 손님이 들어올 제, 뿔 긴 사슴이며, 요망한 토끼며, 열없는 승냥이며, 방정맞은 잔나비며, 요괴로운 여우며, 얼룽덜룽 두꺼비며, 까칠한 고슴도치며, 빛 좋은 오소리며, 만신이 미련한 두더지며, 어이없는 수달피 등이 앞서며 뒤서며 펄펄 뛰어 문이 메게 들어오니, 주인은 동쪽 계단에 읍하고 객은 서쪽 계단에 올라 상좌를 다투어 좌석의 차례를 결단치 못하여 분분 난잡하니 주인은 어찌할 줄을 몰랐다. 두꺼비는 원래 위엄이 없는지라 어수선하고 소란스러운 중에 아무 말도 못 하고 목구멍을 벌떡이며 엉금엉금 기어 한 모퉁이에 엎드려 거동만 보더니, 그중에 토끼란 놈이 깡충 뛰어 내달아 눈을 깜짝이며 말하되

"모든 손님은 훤화치 말고 내 말을 잠깐 들어보소."

주인 노루 대답하되 / "무슨 말씀이오니까."

토끼 왈

[A] "오늘 잔치에 조용히 좌를 정하여 예법을 정할 것이거늘 한갓 요란만 하고 무례하니, 아무리 우리 잔치인들 놀랍지 아니하랴."

노루란 놈이 턱을 끄덕이며 웃어 왈

"말씀이 가장 유리하니 원컨대 선생은 좋은 도리를 가르쳐 좌정케 하소서."

토끼 모든 손님을 돌아보며 가로되

"내 일찍 들으니 '조정은 벼슬이요 향당은 나이'라 하오니 부질없이 다투지 말고 **연치(年齒)를 차려 좌를 정하소서.**"

노루가 허리를 수그리고 펄쩍 뛰어 내달아 왈

"내가 나이 많아 허리가 굽었노라. 상좌에 처함이 마땅하다."

하고, 암탉의 걸음으로 엉금엉금 기어 상좌에 앉으니, 여우란 놈이 생각하되, '저놈이 한갓 허리 굽은 것으로 나이 많은 체하고 상좌에 앉으니, **난들 어찌 무슨 간계로 나이 많은 체 못하리오.**' 하고 나룻을 쓰다듬으며 내달아 왈

"내 나이 많아서 나룻이 세었노라."

한대, 노루 답 왈

"네 나이 많다 하니 어느 갑자에 났는가. 호패를 올리라."

하니, 여우 답 왈

[B] "소년 시절에 호방하고 의협심이 있어 주색청루(酒色靑樓)에 다닐 적에 술이 대취하여 오다가, 대신 가시는 길을 건넜다 하여 호패를 떼여 이때까지 찾지 못하였거니와, 천

제대로 **감상법** ⭐ 문제 풀이까지 마친 후 복습할 때 보세요.

작자 미상, 〈두껍전〉

제목의 의미

'두꺼비'가 다른 동물들과의 나이 자랑에서 자신이 가장 나이가 많음을 주장하여 상좌(上座)에 앉게 된다는 내용을 담은 우화 소설이다. 신분 제도에 따른 지배 질서가 흔들리던 조선 후기의 사회상을 반영하고 있다.

구성

■ 중요 인물
• (❶   ): 여우의 말을 맞받아치며 궤변을 늘어놓아 결국 상좌를 차지하는 인물
• (❷   ): 상좌를 차지하기 위해 두꺼비와 설전을 벌이다 결국 패하여 상좌를 양보하는 인물

■ 사건과 갈등: 노루가 연 잔치에서 (❸   )에 따라 앉는 자리를 정하기로 한 짐승들은 상좌를 차지하기 위해 서로 나이 많음을 주장함. 여우는 상좌에 앉게 된 두꺼비를 계속 추궁하고, 두꺼비는 궤변을 늘어놓으며 이에 응수함.

■ 소재와 배경의 의미
• (❹   ): 조선 후기 신분제의 동요 속에서 새롭게 형성되는 질서를 상징함.

문제 – 서술상의 특징

• 나이를 다투는 쟁년(爭年) 모티프가 바탕이 됨.
• 동물을 사람처럼 (❺   )하여 당대의 사회상을 풍자함.
• 자리 다툼을 통해 조선 후기 신분제의 동요 양상을 제시함.
• 상대가 먼저 말을 하게 하고 이를 되받아치며 조롱하는 말하기 방식이 반복됨.

주제

짐승들의 자리 다툼을 통해 보는 조선 후기 신분제의 동요 양상

지개벽한 후 처음에 황하수 치던 시절에 나더러 힘세다 하고 가래장부 되었으니 내 나이 많지 아니 하리오. 나는 이러하거니와 너는 어느 갑자에 났느냐."

노루 답 왈

"천지개벽하고 하늘에 별 박을 때에, 날더러 궁통(窮通)하다 하여 별자리를 분간하여 도수를 정하였으니 내 나이 많지 아니하리오."

하고 둘이 상좌를 다투거늘 두꺼비 곁에 엎드렸다가 생각하되, '저놈들이 서로 거짓말로 나이 많은 체하니 난들 거짓말 못 하리오.' 하고 공연히 건넛산을 바라보고 슬피 눈물을 흘리거늘 여우 꾸짖어 왈

"저 흉간한 놈은 무슨 설움이 있기에 남의 잔치에 참례하여 상상치 못한 형상을 뵈느냐."

(중략)

또 여쭈되

"존장이 천지만물을 무불통지하오니, 글도 아시나이까."

두꺼비 왈

"미련한 짐승아. 글을 못 하면 어찌 천자 만고 역대를 이르며 음양지술을 어찌 알리오."

하거늘 여우 가로되

"존장은 문학도 거룩하니 풍월을 들으리이다."

두꺼비 부채로 서안(書案)을 치며 크게 읊어 왈

"대월강우입(待月江隅入)하니 고루석연부(高樓夕烟浮)라.
금일군회중(今日群會中)에 유오대장부(惟吾大丈夫)라."

읽기를 그치니 여우 왈

"존장의 문학이 심상치 아니하거니와, 실없이 묻잡느니 존장의 껍질이 어찌 우둘투둘하시나이까."

두꺼비 답 왈

"소년에 장안 팔십 명을 밤낮으로 데리고 지내다가, 남의 몸에서 옴이 올라 그리하도다."

여우 또 문 왈

"그리하면 눈은 왜 그리 노르시나이까."

"눈은 보은현감 갔을 때에 대추 찰떡과 고욤을 많이 먹었더니 열이 성하여 눈이 노르도다."

또 물어 왈

"그리하면 등이 굽고 목정이 움츠러졌으니 그는 어찌한 연고입니까."

두꺼비 답 왈

"평양감사로 갔을 때에 마침 중추 팔월이라 연광정에 놀음하고 여러 기생을 녹의홍상에 초립을 씌워 좌우에 앉히고, 육방 하인을 대하에 세우고 풍악을 갖추고 술에 대취하여 노닐다가, 술김에 정하에 떨어지며 곱사등이 되고 길던 목이 움츠러졌음에, 지금까지 한탄하되 후회막급이라. 술을 먹다가 종신(終身)을 잘못할 듯하기로 지금은 밀밭 가에도 가지 않느니라. 이른바 소 잃고 외양간 고치는 격이라."

또 문 왈

"존장의 턱 밑이 왜 빌떡빌떡하시나이까."

두꺼비 답 왈

"너희 놈들이 어른을 몰라보고 말을 함부로 하기에 분을 참노라고 자연 그러하도다."

– 작자 미상, 〈두껍전〉

01 윗글에 대한 이해로 적절하지 <u>않은</u> 것은?

① 주인은 토끼의 제안에 따라 동쪽에 있는 계단에 올랐다.
② 여우는 슬피 우는 두꺼비의 속마음을 의심하여 꾸짖었다.
③ 노루는 여우의 주장을 확인하기 위해 호패를 올리라고 하였다.
④ 장 선생의 아들은 백호산군에게 죽임을 당할 위기를 겪었었다.
⑤ 노루는 허리가 굽었다는 이유를 들어 자신의 나이가 많음을 주장하였다.

제대로 접근법
✿✿ 문제 채점까지 마친 후
복습할 때 보세요.

01
작품의 세부적인 내용을 파악하는 유형이다. 기본
적인 유형인데도 정답률이 매우 낮았다.
지문에서 선택지에 언급된 내용을 뒷받침하는 부분
을 찾아 선택지의 적절성을 판단한다. 성급하게 결
정하지 말고, 반드시 지문에서 근거를 찾아 확인하
며 오답을 하나씩 지워 나간다.

02 [A]와 [B]의 말하기 방식에 대한 설명으로 적절한 것은?

① [A]는 상대를 설득하기 위해 고사를 인용하고 있으며, [B]는 상대의 주장을 반박하기
위해 자신의 경험을 언급하고 있다.
② [A]는 상황을 정리하기 위해 문제를 지적하고 있으며, [B]는 상황을 모면하기 위해 변
명을 내세우고 있다.
③ [A]는 자신의 의도를 직접적으로 드러내고, [B]는 자신의 의도를 우회적으로 드러내
고 있다.
④ [A]는 자신이 원하는 바를 부탁하고 있으며, [B]는 상대방 주장의 부당함을 언급하고
있다.
⑤ [A]는 자신의 권위를 내세우고 있으며, [B]는 상대의 권위를 깎아내리고 있다.

02
말하기 방식의 특징을 파악하는 유형이다. 잔치에
참석한 손님들이 앉을 자리를 정하는 과정에서 토
끼와 여우가 어떤 의도를 가지고 그와 같은 발화를
했는지 추리해 본다.
[A]는 자리를 정하지 못해 어수선하고 소란스러운
상황에서 토끼가 한 말이고, [B]는 노루가 나이를
확인하기 위해 호패를 요구하자 여우가 한 말이라
는 점에 주목하여 선택지의 적절성을 판단한다.

03 〈보기〉를 참고하여 윗글을 감상한 내용으로 적절하지 <u>않은</u> 것은? [3점]

〈보기〉
〈두껍전〉은 등장인물들의 행태를 통해 조선 후기 사회의 단면을 풍자한 우화 소설이
다. 조선 후기는 기존의 신분 제도에 따른 지배 질서가 약화되면서 새로운 질서가 대두
되는 시기였다. 〈두껍전〉에서 중요한 관심사는 이전과 다른 질서에 의해 누가 상좌에
앉아야 하느냐이다. 이 질서에 따라 펼쳐지는 인물들의 행위는 풍자의 대상이 된다. 풍
자는 상대에게 우위를 점하기 위해 외양을 우스꽝스럽게 표현하거나 속임수를 쓰는 등
의 비윤리적인 모습으로, 또 한문구를 이용하여 유식한 체하는 모습으로도 드러난다.

① 장 선생이 '산군'을 '청치 아니함이 마땅하도다'라고 말하는 장면을 통해, 기존의 신분
질서가 약화된 사회의 모습을 드러내는군.
② 노루가 '연치를 차려 좌를 정하'자는 기준에 동조하는 모습을 통해, 기존의 신분 질서
를 옹호하는 인물을 풍자하는군.
③ 여우가 '난들 어찌 무슨 간계로 나이 많은 체 못 하리오'라고 생각하며 언변 대결에 참
여하는 장면을 통해, 비윤리적 행위로 목적을 이루고자 하는 부정적인 행태를 드러내
는군.
④ 두꺼비가 '부채로 서안을 치며 크게 읊'으며 말하는 내용을 통해, 유식한 체하는 인물
의 모습을 풍자하는군.
⑤ 여우가 두꺼비의 '껍질', '눈', '목정' 등에 대해 언급한 내용을 통해, 상대에게 우위를
점하고자 외양을 우스꽝스럽게 표현하는 모습을 풍자하는군.

03
외적 준거에 따라 작품을 감상하는 유형이다. 〈보
기〉에는 〈두껍전〉의 주제 의식과 사회적 배경이 제
시되어 있다. 이 내용을 바탕으로 작품을 재해석해
야 한다.
이 작품이 우화 소설이라는 점에 주목한다. 잔치에
서 자리 다툼을 하는 인물들의 행태는 조선 후기
신분 질서의 변화를 암시하고 있다. 〈보기〉의 내용
을 작품에 바르게 적용하지 못한 선택지를 찾는다.

1차 채점	맞은 문항 수	개	2차 채점	맞은 문항 수	개	3차 채점	맞은 문항 수	개
	틀린 문항 수	개		틀린 문항 수	개		틀린 문항 수	개
	헷갈리는 문항 번호			헷갈리는 문항 번호			헷갈리는 문항 번호	

• 틀린 문항 '/' 표시 → • 틀린 문항 '×' 표시 → • 틀린 문항 △ 표시

[01-04] 다음 글을 읽고 물음에 답하시오.

[앞부분의 줄거리] 유백로는 조은하에게 백학선(백학이 그려진 부채)을 주며 결혼을 약속한다. 유백로는 조은하를 보호하기 위해 가달과의 전쟁에 원수로 출전하였으나, 간신 최국낭이 군량 보급을 끊어 적군에 사로잡힌다. 태양선생과 충복의 도움으로 유백로의 소식을 접한 조은하는 황제 앞에서 능력을 증명하고 정남대원수로 출전한다. 가달과 대결하던 중 조은하는 선녀가 알려 준 백학선의 사용 방법을 떠올린다.

원수가 말에서 내려 하늘에 절하고 주문을 외워 백학선을 사면으로 부치니 천지가 아득하고 뇌성벽력이 진동하며 무수한 신장(神將)이 내려와 도우니 저 가달이 아무리 용맹한들 어찌 당하리오? 두려워하여 일시에 말에서 내려 항복하니 원수가 가달과 마대영을 마루 아래 꿇리고 크게 꾸짖어,

"네가 유 원수를 모셔 와야 목숨을 용서하려니와, 그렇지 않은즉 군법을 시행하리라."

하니, 가달이 급히 마대영에게 명하여 유 원수를 모셔오라 하거늘 마대영이 급히 달려 유 원수 있는 곳에 나아가,

"원수는 저의 구함이 아니런들 벌써 위태하셨을 터이오니 저의 공을 잊지 마소서."

하고 수레에 싣고 몰아가거늘 원수가 아무런 줄 모르고 마루 아래 다다르니 한 소년 대장이 맞이하여,

"낭군이 대대 명가 자손으로 이렇듯 곤함은 모두 운명이라. 안심하여 개의치 마소서."

하거늘, 유 원수가 눈을 들어본즉 이는 평생에 전혀 알지 못한 사람이라. 손을 들어 칭찬하며,

"뉘신지는 모르거니와 뜻밖에 죽어 가는 사람을 살려 본국 귀신이 되게 하시니 (㉮)이오나, 이제 패군한 장수가 되어 군부(君父)를 욕되게 하오니 무슨 면목으로 군부를 뵈오리오? 차라리 이곳에서 죽어 죄를 갚을까 하나이다."

원수가 재삼 위로하며,

"장수 되어 일승일패(一勝一敗)는 병가상사(兵家常事)*이오니 과히 번뇌치 마소서."

유 원수가 예를 갖추어 인사하더라. 가달과 마대영을 죄인이 타는 수레에 싣고 회군할 새 먼저 승전한 첩서*를 올리고 승전고를 울리며 행군하는데 유 원수가 부끄러워하는 기색이 가득한 것을 보고 조 원수가 묻기를,

"장군이 이제 사지(死地)를 벗어나 고국으로 돌아오시니 다행하거늘 어찌 이렇듯 수척하신 지요?"

원수가 탄식하며,

"제가 불충불효한 죄를 짓고 돌아오니 무엇이 즐거우리이까? 원수가 이렇듯 걱정하시니 황공 불안하여이다."

조 원수가 짐짓 묻기를,

"들자온즉 원수가 일개 여자를 위하여 자원 출전하셨다 하오니 이 말이 옳으니이까?"

유 원수가 부끄러워하며 대답이 없거늘 조 원수가 또 묻기를,

[A] "장군이 전에 길에서 일개 여자를 만나 백학선에 글을 써 주었더니 그 여자가 장성하여 백년을 기약하나 임자를 만나지 못하여 사면으로 찾아 서주에 이르러 장군의 비문을 보고 기절하여 죽었다 하오니 어찌 애석하지 않으리오?"

유 원수가 듣고서 비참하여 탄식하기를,

"제가 군부에게 욕을 끼치고 또 여자에게 원한을 쌓게 하였으니 내 차라리 죽어 모르고자 하나이다."

원수가 미소하고 백학선을 내어 부치거늘 유 원수가 이윽고 보다가 묻기를,

제대로 **감상법** ☆ 문제 풀이까지 마친 후 복습할 때 보세요.

작자 미상, 〈백학선전〉

▷ **제목의 의미**

'백학선'은 백학 모양의 그림이 그려진 부채로, 남자 주인공인 유백로가 여자 주인공인 조은하에게 정표로 준 것이다. 이 작품은 백학선이라는 소재를 중심으로 복잡한 서사를 긴밀히 구조화하고 있는데, 애정 소설과 여성 영웅 소설의 성격을 모두 가지고 있다.

▷ **구성**

■ **중요 인물**

• (❶): 백학선을 가지고 있는 인물. 유백로와 백년가약을 맺기 위해 노력하며 포로가 된 백로를 직접 구출하기도 함.

• (❷): 조은하에게 백학선을 정표로 준 인물. 은하로 인해 상사병에 걸리고 은하를 찾기 위해 백방으로 노력함.

■ **사건과 갈등**: 조은하는 출정하여 백학선을 사용해 적을 물리치고 위기에 처한 유백로를 구출함. 이후 두 사람은 금의환향하고 간신 (❸)은 처벌을 받음.

■ **소재와 배경의 의미**

• (❹): 유백로가 조은하에게 준 사랑의 정표. 조은하가 위기를 극복하는 것과 유백로가 조은하를 알아보는 것에 기여함.

▷ **문체** – 서술상의 특징

• 남성을 구출하는 적극적인 여성상이 제시됨.

• 충효와 같은 유교적 윤리보다는 애정을 더 중시하는 가치관이 드러나 있음.

• 서사의 진행 과정에 (❺)인 요소가 개입되어 있음.

• '백학선'이라는 사물이 작품의 제목으로 사용됨.

▷ **주제**

남녀 간의 신의 있는 사랑과 우국충정

"원수는 그 부채를 어디서 얻었나이까?"

원수가 대답하기를,

"제 조부께서 상강현령으로 계실 때에 용왕의 현몽을 받고 얻으신 것이오니다."

유 원수가 다시 묻지 아니하고 내심 헤아리기를, '세상에 같은 부채가 있도다.' 하고 재삼 보거늘 원수가 이를 보고 참지 못하여,

"장군이 정신이 가물거려 친히 쓴 글씨를 몰라보시는도다."

하고 부채를 유 원수 앞에 놓으니 유 원수가 비로소 조 소저인 줄 알고 비회를 이기지 못하여 나아가 그 손을 잡고

[B]
"이것이 꿈인지 생시인지 깨닫지 못하리로다. 나는 대장부로 불충불효를 범하고 몸이 죽을 곳에 들었으되 그대는 규중 여자로 출전입공(出戰立功)하고 죽은 사람을 살리니 가히 규중 호걸이로다."

하며 여취여광(如醉如狂)*하거늘 조 소저가 또한 슬픔과 기쁨이 교차하나 군중이라 말씀할 곳이 아니오, 황상이 기다리심을 생각하고 행군을 재촉하니라.

위수에 이르러 용신(龍神)께 제사하고 3만 군 혼백을 위로한 후 사당을 지어 사적(事績)*을 기록하고 농토를 나누어주고 철마다 제사를 받들고 장졸을 놓아 보내어 말하기를,

"돌아가 부모처자를 반기라."

하고 남은 군졸을 거느려 행하여 아미산에 이르러서 유 원수의 선산(先山)에 성묘하고 전날 주인과 이웃을 모아 옛일을 이르며 금은을 흩어주고 태양선생을 찾아 전날 베푼 덕택을 사례한 후 늙은 종 충복을 찾아 천금을 상사*한 후 서울로 향하니라.

조 원수가 표(表)를 올리기를,

"정남대원수 조은하는 돈수백배*하옵고 천자께 올리나니 신첩이 폐하의 특은을 입어 한 번 북을 울려 오랑캐를 소멸하옵고 유 원수를 구하오니 신첩의 외람하온 죄를 거의 갚을 듯하옵니다. 어전에 보고하올 일이 급하오나 조상 분묘를 수리하고 죄를 기다리겠나이다."

하였더라.

상이 다 읽으시고 칭찬하여,

"기특하도다. 조은하는 규중여자로 출전입공함은 고금에 희한한 일이로다."

하시고 최국냥은 허리를 베어 죽이라 하시며 그 가족을 귀양 보내라 하시었다.

— 작자 미상, 〈백학선전〉

* 병가상사 : 전쟁에서 흔히 있는 일   * 첩서 : 보고하는 글
* 여취여광 : 이성을 잃은 상태를 비유적으로 이르는 말   * 사적 : 일의 실적이나 공적
* 상사 : 칭찬하여 상으로 물품을 내려 줌.   * 돈수백배 : 머리가 땅에 닿도록 계속 절을 함.

➕ 한 걸음 더 ➕

〈백학선전〉의 성격

〈백학선전〉은 처음부터 끝까지 백로와 은하의 사랑이 사건 전개의 주된 바탕이 된다는 점에서 애정 소설의 특징이 강하게 나타난다. 그리고 은하가 혼인에 관한 자신의 의사를 밝히며 전쟁에 나가 백로를 구하고 오랑캐를 물리치는 모습에서 여성 영웅 소설의 면모가 드러나기도 한다. 아울러 두 남녀가 사랑을 이루기까지 넘어야 할 장애물이 많이 등장하는 것에서 '혼사 장애담' 모티프가 나타난다고 볼 수 있다.

➕ 제대로 구조화하기 ➕

---

01 윗글에 대한 설명으로 적절한 것만을 고른 것은?

ㄱ. 서사의 진행 과정에 비현실적인 요소가 개입되어 있다.
ㄴ. 꿈과 현실을 교차하여 사건을 입체적으로 구성하고 있다.
ㄷ. 인물의 심리를 구체적인 외양 묘사를 통해 드러내고 있다.
ㄹ. 공간의 이동에 따른 인물의 행적을 요약적으로 제시하고 있다.

① ㄱ, ㄴ   ② ㄱ, ㄷ   ③ ㄱ, ㄹ
④ ㄴ, ㄷ   ⑤ ㄷ, ㄹ

제대로 접근법 ☆ 문제 채점까지 마친 후 복습할 때 보세요.

01
서술상의 특징을 파악하는 유형이다. 비현실적 요소, 꿈과 현실의 교차, 외양 묘사, 요약적 제시 등은 서술상의 특징을 묻는 문제에서 자주 등장하는 개념인데도 정답률이 매우 낮았다.
사건 전개 과정에서 비현실적 요소가 나타나는지, 꿈속의 일이 나타나는지, 외양을 묘사한 부분이 있는지, 인물의 행적을 요약적으로 서술한 부분이 있는지 하나하나 따져 본다.

02 [A]와 [B]에 대해 이해한 내용으로 가장 적절한 것은?

① [A]는 상대의 잘못을 꾸짖고 있으며, [B]는 상대를 위로하고 있다.
② [A]는 상대의 속마음을 떠보고 있으며, [B]는 상대를 칭송하고 있다.
③ [A]는 상대의 처지를 걱정하고 있으며, [B]는 상대를 치하하고 있다.
④ [A]는 상대의 능력을 시험하고 있으며, [B]는 상대를 회유하고 있다.
⑤ [A]는 상대에 대한 서운함을 드러내고 있으며, [B]는 상대를 설득하고 있다.

제대로 접근법 🌟 문제 채점까지 마친 후 복습할 때 보세요.

02
말하기 방식의 특징을 파악하는 유형이다. 먼저 해당 장면을 둘러싼 맥락을 이해한 다음, 대화에 담긴 인물의 심리와 태도를 추측해 본다.
[A]는 유백로와 재회한 조은하가 자신이 죽었다고 거짓말을 하는 장면이다. [B]는 유백로가 자신을 구한 사람이 조은하임을 알고 조은하를 규중 호걸이라고 말하는 장면이다. 왜 이와 같이 말하고 있는지 인물들의 발화 의도를 생각해 보자.

03 〈보기〉를 바탕으로 윗글을 감상한 내용으로 적절하지 <u>않은</u> 것은? [3점]

〈보기〉

〈백학선전〉은 결혼을 약속한 남녀 주인공이 고난을 이겨내고 재회하는 애정 소설의 성격을 지닌다. 또한 남성 중심의 사회적 규범을 극복한 여자 주인공이 영웅적 면모를 보이는 여성 영웅 소설의 성격도 지닌다. 〈백학선전〉은 백학선이라는 소재에 다양한 서사적 기능을 부여함으로써 두 가지 성격을 유기적으로 구현했지만, 여자 주인공을 예외적인 존재로 그려 여성에 대한 사회적 인식을 변화시키지 못했다는 한계를 지니기도 한다.

① 조은하가 오랑캐를 물리친 것에서 영웅으로서의 모습을 확인할 수 있군.
② 황상의 말을 통해 조은하를 예외적인 존재로 여기고 있음을 확인할 수 있군.
③ 유백로와 조은하가 백년을 기약하고 헤어졌다가 다시 만났다는 점에서 애정 소설의 성격을 지닌다고 할 수 있군.
④ 조은하가 공적을 세운 후 황상에게 죄를 기다린다고 한 점에서 남성 중심의 사회적 규범을 극복하였음을 알 수 있군.
⑤ 조은하가 위기를 극복하는 것과 유백로가 조은하를 알아보는 것에 기여한다는 점에서 백학선의 서사적 기능을 알 수 있군.

03
외적 준거에 따라 작품을 감상하는 유형이다. 먼저 〈보기〉의 내용을 정리해 보자.

〈보기〉 분석
• 〈백학선전〉의 성격: ① 애정 소설 ② 여성 영웅 소설
• 주제 구현 방식: 백학선이라는 소재에 다양한 서사적 기능 부여
• 작품의 한계: 여성에 대한 사회적 인식을 변화시키지 못함.

이를 바탕으로 작품의 내용을 다시 점검해 보자. 선택지의 적절성을 판단할 때는 그 내용이 〈보기〉에 제시된 정보 및 작품에 나타난 정보를 모두 포괄하고 있는지 검토해야 한다.

04 ㉮에 들어갈 말로 가장 적절한 것은?

① 백골난망(白骨難忘)
② 사면초가(四面楚歌)
③ 어부지리(漁夫之利)
④ 이심전심(以心傳心)
⑤ 적반하장(賊反荷杖)

04
문맥에 어울리는 한자 성어를 찾는 유형이다. 선택지에는 일상생활에서 널리 쓰이는 익숙한 한자 성어들이 제시되었다.
먼저 ㉮가 포함된 문장의 의미를 파악해야 한다. 유백로가 조은하에게 목숨을 구해 주어 감사하다고 말하는 상황이다. 이러한 상황에 어울리는 한자 성어를 찾아보자.

1차 채점	맞은 문항 수	개
	틀린 문항 수	개
	헷갈리는 문항 번호	

• 틀린 문항 '/' 표시

→

2차 채점	맞은 문항 수	개
	틀린 문항 수	개
	헷갈리는 문항 번호	

• 틀린 문항 'X' 표시

→

3차 채점	맞은 문항 수	개
	틀린 문항 수	개
	헷갈리는 문항 번호	

• 틀린 문항 △ 표시

III부 | 현대시

❖ 출제 경향과 학습 대책

❶ 두 작품이 묶여 출제된다.

현대시가 단독으로 출제될 경우, 두 작품이 묶여 구성되는 것이 일반적이다. 주제나 소재, 화자의 정서, 대상에 대한 화자의 태도, 시의 이미지나 분위기 등이 유사한 작품들이 묶여서 출제된다. 최근 갈래 복합의 출제 비중이 늘고 있는데, 현대시가 단독으로 출제되지 않고 고전 시가나 수필 등 다른 갈래의 작품과 묶여 출제되는 경우도 있다.

❷ 문학사적으로 중요한 작가와 작품들이 출제된다.

문학사적으로 중요한 작가의 작품이나 문학사적 가치가 높은 작품이 주로 출제된다. 그리고 시기별로 보면 광복 이전의 작품과 광복 이후의 작품이 골고루 안배되는 경향을 보인다. 교과서와 EBS 교재에 수록된 작품들은 빼놓지 말고 꼼꼼하게 정리해 두어야 한다.

❸ 유명 작가의 낯선 작품에 주목하자.

두 작품을 묶을 때, 익숙한 작품과 유명 작가의 낯선 작품을 선택하는 경우가 많다. 낯선 작품이 출제되더라도 작품을 감상하고 문제를 해결하는 원리는 다르지 않다. 평소에 작품 감상 및 분석 훈련을 반복하여 낯선 작품에 대한 적응력을 키우는 것이 좋다.

❹ 기출 유형을 익히자.

출제되는 문제 유형은 시의 구성 요소에 맞추어 거의 정해져 있다. 화자의 정서와 태도, 시어나 시구의 의미, 시상 전개 방식, 표현상의 특징, 작품 간의 공통점과 차이점 등을 묻는다. 일부 변형을 보이더라도 기본적인 유형에서 크게 벗어나지는 않는다. 특히 표현상의 특징을 묻는 문제는 거의 빠지지 않고 출제되며, 오답률이 매우 높은 편이다. 자주 출제되는 국어 개념을 미리 공부해 두어야 한다.

❺ 작품 간의 비교 감상 문항에 주목하자.

〈보기〉를 주고 두 작품의 공통점이나 차이점, 종합적 이해를 묻는 문제도 자주 출제되는 유형이다. 이때 〈보기〉는 작품 감상과 문제 풀이의 방향을 안내하는 중요한 역할을 한다. 따라서 〈보기〉를 적극적으로 활용한다면, 작품을 분석할 때는 물론 다른 문제를 풀 때도 도움을 받을 수 있다.

❻ 제목에 실마리가 담겨 있는 경우가 있다.

다른 갈래에 비해 현대시에서는 제목이 작품 해석에 도움을 주는 경우가 많다. 낯선 작품이라서 작품 감상에 어려움을 겪을 때는 제목에서 감상의 실마리를 찾는 것도 한 방법이다.

꼭 알아야 할 핵심 이론

① 현대시 작품 감상 방법

1단계 시인과 제목을 확인한다.
아는 시인이나 작품인지 확인한다. 같은 시인의 작품은 비슷한 경향을 보이는 경우가 많다. 모르는 작품이라면 제목을 통해 작품의 내용을 추측해 본다.

2단계 시적 화자를 찾는다.
시인은 화자를 통해 자신의 사상과 정서를 전달한다. 먼저 화자가 누구인지 찾고, 그의 시선으로 작품을 읽어 나간다.

3단계 시적 상황을 확인한다.
시적 화자를 찾았다면, 그 화자가 어떤 상황과 조건에 처해 있는지, 어떻게 행동하고 있는지 확인한다.

4단계 화자의 정서와 태도를 파악한다.
화자는 시적 상황에 대해 어떤 감정이나 자세를 보이기 마련이다. 화자의 감정이 드러나는 시어를 찾아 화자가 보이는 정서와 태도를 파악한다.

5단계 시상 전개의 흐름을 파악한다.
화자의 행동 및 정서를 기준으로 시상이 어떻게 전개되고 있는지 파악하여 시의 전체 맥락을 이해한다.

6단계 작품의 주제 의식을 정리한다.
파악한 내용을 중심으로 작품의 주제를 정리한다. 이때 시인의 창작 의도 및 작품에 반영된 시대상을 고려한다.

② 현대시 문제 유형

유형 1 화자의 정서와 태도 파악
화자가 처한 상황 및 화자의 정서와 태도를 파악하는 유형
예 (가), (나)의 화자와 관련된 설명으로 가장 적절한 것은?

유형 2 시어 및 시구의 의미 파악
작품의 전체 맥락 속에서 시어 및 시구의 함축적, 구체적 의미를 파악하는 유형
예 ㉠∼㉤에 대한 이해로 적절하지 않은 것은?

유형 3 시상 전개 과정의 이해
시의 구조와 시상 전개 과정상의 특징을 파악하는 유형
예 [A]∼[D]에 대한 감상으로 적절하지 않은 것은?

유형 4 표현상의 특징 파악
작품 전체 또는 특정 부분에 사용된 표현상의 특징을 파악하는 유형
예 (가)와 (나)의 표현상의 특징에 대한 설명으로 가장 적절한 것은?

유형 5 작품 간의 공통점과 차이점 파악
주제 의식, 시적 화자, 표현 방법 등 두 작품에 공통적으로 나타나는 특징이나 차이점을 파악하는 유형 예 (가)와 (나)의 공통점으로 가장 적절한 것은?

유형 6 외적 준거에 따른 감상
〈보기〉에 제시된 정보를 바탕으로 작품을 종합적으로 감상하는 유형
예 〈보기〉를 바탕으로 (가)와 (나)를 감상한 내용으로 적절하지 않은 것은?

빈출 개념 & 어휘

● **객관적 상관물**: 작가가 자신의 사상과 감정을 구체적인 사물을 통해 간접적으로 나타낼 때 활용되는 사물

● **공감각적 이미지**: 하나의 감각적 대상을 다른 종류의 감각으로 전이시켜 표현한 이미지
예 가을밤같이 차게 울었다.(청각의 촉각화)

● **관조적**: 고요한 마음으로 사물이나 현상을 관찰하거나 비추어 보는 것
예 관조적인 태도

● **냉소적**: 쌀쌀한 태도로 업신여기어 비웃는 것
예 그 친구는 나에게 늘 냉소적이었다.

● **대비**: 둘 이상의 대상이 지닌 상반되는 점을 견주어 표현하는 방법. 말하고자 하는 바를 강조하는 효과를 얻을 수 있음. 예 색채 대비, 계절의 대비, 과거와 현재의 대비, 인간과 자연의 대비 등

● **도치**: 문법에 맞는 정상적인 문장의 어순을 바꾸어 표현하는 방법
예 보고 싶어요, 어머니.

● **동적 이미지**: 힘차고 활발한 움직임이 느껴지게 하는 이미지 예 모든 산맥들이 / 바다를 연모해 휘달릴 때에도

● **매개**: 둘 사이에서 양편의 관계를 맺어 줌. 예 문학은 우리 두 사람 사이를 이어 주는 매개의 역할을 하고 있다.

● **병치**: 두 가지 이상의 대상을 그 인상이 선명하게 드러나도록 나란히 배열하는 방법

● **상승 이미지**: 낮은 데서 높은 데로 올라가는 느낌을 주는 이미지

● **색채어**: 색깔을 나타내는 시어. 색채어를 사용하면 강렬한 시각적 심상이 나타남. 예 푸른 바다

● **성찰적**: 지나간 일을 되돌아보며 반성하고 살피는 것 예 성공하는 사람들은 항상 성찰적인 자세를 잃지 않는다.

● **시상의 집약**: 시상을 한곳에 집중하여 강렬한 인상을 남기는 것

❸ 시적 화자에 대한 이해

시적 화자	시에서 이야기하는 사람. 시인이 자신의 감정을 전달하기 위해 설정한 인물 = 서정적 자아
시적 대상	시에서 다루어지는 인물이나 사물, 관념 등. 혹은 화자가 말을 건네는 대상인 청자
시적 상황	화자 또는 시적 대상이 처해 있는 형편이나 처지, 환경, 심리적 상태 등
정서와 태도	화자가 시적 대상이나 상황에 대해 갖는 다양한 감정과 생각, 자세, 대응 방식 등
어조	화자가 시적 대상이나 청자, 독자에게 취하는 언어적 태도(말투)

❹ 시상 전개 방식

시간의 흐름	아침 → 점심 → 저녁, 봄 → 여름 → 가을 → 겨울, 과거 → 현재 → 미래 등 시간의 흐름에 따라 전개
공간의 이동	공간의 이동이나 장면의 이동에 따라 전개
시선의 이동	원경 → 근경, 아래 → 위 등 대상을 바라보는 시선의 움직임에 따라 전개
선경후정	자연의 경치나 시적 상황을 먼저 제시하고, 화자의 정서를 나중에 제시
수미상관	시의 처음과 끝에 형태적, 의미적으로 동일하거나 유사한 시구를 배열

❺ 시의 표현 방법

직유	보조 관념에 연결어(~같이, ~처럼, ~인 양 등)를 붙여 표현하는 방법 예 돌담에 속삭이는 햇발같이 / 풀 아래 웃음 짓는 샘물같이
은유	원관념을 보조 관념에 연결어 없이 빗대어 표현하는 방법 예 마음은 제 고향 지니지 않고 / 머언 항구로 떠도는 구름.
설의	의문문의 형식으로 누구나 알고 있거나 예측되는 결과를 표현하는 방법 예 그곳이 차마 꿈엔들 잊힐 리야.
반어	말하고자 하는 의도나 감정을 정반대로 표현하는 방법 예 죽어도 아니 눈물 흘리우리다.
역설	논리적으로 이치에 맞지 않는 말이지만 그 속에 진리를 담아 표현하는 방법 예 찬란한 슬픔의 봄
감정 이입	화자의 감정을 자연물과 같은 대상에 이입하여 대상이 마치 그러한 감정을 가지고 있는 것처럼 표현하는 방법 예 사슴의 무리도 슬피 운다.
의인법	사람이 아닌 대상에 인격을 부여하여 사람처럼 표현하는 방법 예 삼각산이 일어나 더덩실 춤이라도 추고
대구법	같거나 비슷한 구조의 문장을 나란히 배열하여 표현하는 방법 예 꽃 피는 사월이면 진달래 향기 / 밀 익는 오월이면 보리 내음새
점층법	문장의 뜻을 점점 강하게, 크게, 정도가 높아지게 표현하는 방법 예 울지요. 때를 지어 웁니다. 벽이 무너지라고 웁니다.

빈출 개념 & 어휘

● **시적 긴장감**: 독자가 시를 끝까지 주의 깊게 감상하게 하는 힘

● **시적 허용**: 문법에 어긋난 표현이지만 시적 효과를 위해 허용하는 표현
예 하이얀 모시 수건

● **애상적**: 슬퍼하거나 가슴 아파하는 것
예 바이올린 연주자의 선율이 너무나 애상적이다.

● **열거**: 같거나 비슷한 단어나 구절을 나열하여 내용을 강조하는 방법

● **음성 상징어**: 의성어나 의태어를 사용하여 표현하는 방법

● **의성어**: 사람이나 사물의 소리를 흉내 낸 말 예 멍멍, 땡땡, 우당탕 등

● **의태어**: 사람이나 사물의 모양이나 움직임을 흉내 낸 말
예 아장아장, 엉금엉금, 번쩍번쩍 등

● **자연물**: 시에 등장하는 자연 또는 자연을 구성하는 사물
예 꽃은 무슨 일로 피면서 쉬이 지고

● **중의**: 하나의 단어에 두 가지 이상의 뜻을 곁들여 표현하는 방법
예 황진이의 시조에서 '벽계수'

● **통사 구조의 반복**: 같거나 비슷한 문장 구조를 반복하여 운율을 형성하는 방법 = 문장 구조의 반복

● **투영**: 시인의 감정을 다른 사물에 반영하여 나타내는 것 예 판소리는 민중의 의식이 잘 투영되어 있다.

● **하강 이미지**: 위에서 아래로 내려오는 느낌을 주는 이미지

● **행간 걸침**: 의미상 한 행으로 배열되어야 할 시어나 시구를 다음 행에 걸쳐 놓는 것 예 그립다 / 말을 할까 / 하니 그리워

● **향토적 정감**: 고향의 정취가 묻어나는 느낌 예 얼룩백이 황소가 / 해설피 금빛 게으른 울음을 우는 곳

● **환기**: 시를 읽고 어떤 느낌을 느끼게 하거나 어떤 장면이 떠오르게 하는 것
예 계절적 배경을 통해 시적 분위기를 환기하고 있다.

[01-03] 다음 글을 읽고 물음에 답하시오.

가

　　┌ 까마득한 날에
[A]　하늘이 처음 열리고
　　└ 어데 닭 우는 소리 들렸으랴

　　┌ 모든 산맥들이
[B]　바다를 연모해 휘달릴 때도
　　└ 차마 이곳을 범하던 못하였으리라

　　┌ 끊임없는 광음*을
[C]　부지런한 계절이 피어선 지고
　　└ **큰 강물이 비로소 길을 열었다**

지금 눈 나리고
매화 향기 홀로 아득하니
내 여기 **가난한 노래의 씨**를 뿌려라

다시 천고의 뒤에
백마 타고 오는 ㉠초인이 있어
이 광야에서 목 놓아 부르게 하리라

　　　　　　　　　　　　　　　　　　　– 이육사, 〈광야〉

✽ 광음 : 햇빛과 그늘. 즉 낮과 밤이라는 뜻으로, 시간이나 세월을 이르는 말

나

　　┌ 머리가 마늘쪽같이 생긴 고향의 소녀와
[D]　한여름을 알몸으로 사는 고향의 소년과
　　└ 같이 낯이 설어도 사랑스러운 들길이 있다

　　┌ 그 길에 아지랑이가 피듯 태양이 타듯
　　│ 제비가 날듯 길을 따라 물이 흐르듯 그렇게
[E]　그렇게
　　└ 천연(天然)히*

울타리 밖에도 ㉡화초를 심는 마을이 있다
오래오래 **잔광**이 부신 마을이 있다
밤이면 더 많이 **별**이 뜨는 마을이 있다

　　　　　　　　　　　　　　　　　　　– 박용래, 〈울타리 밖〉

✽ 천연히 : 생긴 그대로 조금도 꾸밈이 없이

제대로 **감상법**　　　✻ 문제 풀이까지 마친 후
　　　　　　　　　　　복습할 때 보세요.

가 이육사, 〈광야〉

【 **화자** 】

■ **화자와 시적 상황** : 눈 내리는 지금, 광야에 가난한 노래의 씨를 뿌리고자 함.

■ **화자의 정서와 태도** : 암울한 현실에 대한 극복 의지를 보이며, 밝은 (❶　　　　)를 확신함.

【 **시어** 】

• **눈** : 현재의 부정적인 상황을 드러내는 소재
• **가난한 노래의 씨** : 부정적 현실을 극복하려는 화자의 의지를 담은 소재
• (❷　　　　) : 화자의 이상을 실현할 존재. 부정적 현실에서 민족을 구원할 존재

【 **표현** 】

• (❸　　　　)의 흐름에 따라 시상을 전개함.
• 추상적 개념을 구체적 사물로 형상화함.
• 설의법, 의인법, 활유법 등을 활용함.

【 **주제** 】

조국 광복에 대한 신념과 의지

▶ 작가: 이육사 – 〈해설편〉 69쪽 참조

나 박용래, 〈울타리 밖〉

【 **화자** 】

■ **화자와 시적 상황** : 고향 마을의 모습을 회상함.

■ **화자의 정서와 태도** : 고향의 소녀와 소년, 아름다운 자연의 모습을 묘사하여 이상적이었던 고향에 대한 그리움을 표현함.

【 **시어** 】

• **소녀, 소년** : 고향의 순수한 사람들
• (❶　　　　) : 인정이 있는 마을 공동체의 모습을 보여 주는 소재
• **잔광이 부신 마을, 별이 뜨는 마을** : 아름다운 자연이 있는 마을

【 **표현** 】

• (❷　　　　) 심상과 비유를 통해 마을의 모습을 드러냄.
• 동일한 종결 어미와 시어의 (❸　　　　)으로 운율을 형성하고 의미를 강조함.

【 **주제** 】

천연하고 아름다운 고향 마을에 대한 그리움

▶ 작가: 박용래 – 〈해설편〉 69쪽 참조

01 [A]~[E]에 대한 설명으로 적절하지 않은 것은?

① [A]: 설의적 표현을 활용하여 원시성을 지닌 태초 광야의 모습을 강조하고 있다.
② [B]: 인격화된 대상의 행위를 추측하여 광야의 신성성을 부각하고 있다.
③ [C]: 추상적 대상을 구체화하여 광야가 끊임없이 생성되고 소멸되는 순환성을 나타내고 있다.
④ [D]: 시각적 심상을 활용하여 고향의 모습을 선명하게 표현하고 있다.
⑤ [E]: 비유적인 표현을 활용하여 인위적이지 않은 마을의 모습을 드러내고 있다.

제대로 접근법 ☆ 문제 채점까지 마친 후 복습할 때 보세요.

01
표현상의 특징 파악하기 유형이다. 선택지에 언급된 표현상의 특징을 해당 시의 연에서 확인해 본다. 이어서 표현의 효과로 언급된 선택지의 내용이 적절한지 판단해 본다. 시간의 순환이 공간의 생성이나 소멸을 표현하는 것이 아니라는 점을 이해하고, 작품을 감상한 후 선택지의 적절성을 판단해 보자.

02 ㉠과 ㉡에 대한 이해로 가장 적절한 것은?

① ㉠은 화자를 각성하게 하는 존재이며, ㉡은 화자를 성찰하게 하는 대상이다.
② ㉠은 공간의 황폐함을 심화하는 존재이며, ㉡은 공간에 생명력을 부여하는 대상이다.
③ ㉠은 공간의 변화를 가져오는 존재이며, ㉡은 공동체의 인식 전환을 일으키는 대상이다.
④ ㉠은 화자가 위화감을 느끼게 하는 존재이며, ㉡은 화자가 애상감을 느끼게 하는 대상이다.
⑤ ㉠은 화자가 지향하는 이상을 실현하는 존재이며, ㉡은 화자가 지향하는 공동체의 모습을 드러내는 대상이다.

02
시어의 의미 이해하기 유형이다. 시의 내용을 통해 ㉠과 ㉡이 긍정적인 존재나 대상인지 혹은 그렇지 않은지 판단하여 그 결과에 맞지 않는 설명이 제시된 선택지를 지운 뒤 남은 선택지에서 답을 찾는다. 각 화자가 지향하는 이상의 내용을 유추해 보고 이를 실현하는 존재와 대상이 시에 어떻게 제시되어 있는지 확인해 본다.

03 〈보기〉를 바탕으로 (가), (나)를 감상한 내용으로 적절하지 않은 것은? [3점]

〈보기〉

시에서의 시간 양상은 화자의 지향성을 내포하고 있다. 화자가 미래 지향성을 보이는 경우, 시에서의 시간은 현재에서 미래로 나아가는 순방향의 흐름을 보인다. 이때 화자는 현재의 결핍을 인식하고 과거로의 회귀 대신 발전된 미래에 대한 신뢰를 바탕으로 부정적인 현재 상황을 적극적으로 극복하려 한다. 화자가 과거 상황을 긍정적으로 인식하는 과거 지향성을 보이는 경우, 화자는 미래에 대한 신뢰 없이 과거의 공간을 훼손되지 않은 원형으로 여기는 모습을 보인다. 이때 화자의 과거 회상이 현재 시제로 표현되기도 하는데, 이는 과거 공간이 존속하기를 소망하는 화자의 심리가 반영된 것으로 볼 수 있다.

① (가)의 화자는 '큰 강물이 비로소 길을' 연 것을 통해 발전된 미래를 향한 희망을 확인하여 극복의 자세를 드러낸 것이겠군.
② (가)의 화자가 '가난한 노래의 씨'를 뿌리고자 하는 것은 현재의 결핍을 인식하고 있기 때문이겠군.
③ (나)의 '소녀', '소년', '들길'이 존재하는 고향의 모습을 통해 화자가 고향을 훼손되지 않은 원형으로 여기고 있음을 알 수 있겠군.
④ (나)의 '잔광'이 부시고 '별'이 뜨는 마을의 모습을 통해 화자가 마을을 긍정적으로 인식하고 있음을 알 수 있겠군.
⑤ (나)의 '마을'을 '있다'로 표현하는 것은 마을의 모습이 존속하기를 소망하는 화자의 심리를 드러낸 것이겠군.

03
외적 준거를 활용한 작품 감상하기 유형이다. 〈보기〉에서 '미래 지향성을 보이는 경우', '현재의 결핍을 인식', '현재 상황을 적극적으로 극복', '과거 상황을 긍정적으로 인식', '과거 지향성을 보이는 경우', '훼손되지 않은 원형', '과거 공간이 존속하기를 소망' 등의 내용을 활용하여 시구나 시어에서 찾을 수 있는 의미를 적절하게 설명한 선택지와 그렇지 않은 선택지를 가려내 본다.
(가)에서 '가난한 노래의 씨'를 뿌리는 것과 '큰 강물이 비로소 길을' 연 것 중에서 미래 지향성을 보이는 화자의 모습, 미래에 대한 희망을 품고 있는 모습, 현실 극복의 자세 등과 관련이 있는 것은 무엇인지 생각해 보자.

1차 채점	맞은 문항 수	개	→	2차 채점	맞은 문항 수	개	→	3차 채점	맞은 문항 수	개
	틀린 문항 수	개			틀린 문항 수	개			틀린 문항 수	개
	헷갈리는 문항 번호				헷갈리는 문항 번호				헷갈리는 문항 번호	
• 틀린 문항 '/' 표시				• 틀린 문항 'X' 표시				• 틀린 문항 ⚠ 표시		

[01-03] 다음 글을 읽고 물음에 답하시오.

가 여기저기서 단풍잎 같은 슬픈 가을이 뚝뚝 떨어진다. 단풍잎 떨어져 나온 자리마다 봄을 마련해 놓고 나뭇가지 위에 하늘이 펼쳐 있다. 가만히 하늘을 들여다보려면 눈썹에 파란 물감이 든다. 두 손으로 **따뜻한 볼을 쏫어*** 보면 손바닥에도 **파란 물감**이 묻어난다. 다시 손바닥을 들여다본다. 손금에는 **맑은 강물**이 흐르고, **맑은 강물**이 흐르고, 강물 속에는 사랑처럼 슬픈 얼굴 — 아름다운 순이의 얼굴이 어린다. 소년은 황홀히 눈을 감아 본다. 그래도 맑은 강물은 흘러 사랑처럼 슬픈 얼굴 — 아름다운 순이의 얼굴은 어린다.

- 윤동주, 〈소년〉

* 쏫어 : 씻어

나
```
[A]  ┌ 할머니들이 아파트 앞에 모여 햇볕을 쪼이고 있다.
     │  굵은 주름 잔주름 하나도 놓치지 않고
     │ 꼼꼼하게 햇볕을 채워넣고 있다.
     │  겨우내 얼었던 뼈와 관절들 다 녹도록
     └ 온몸을 노곤노곤하게 지지고 있다.

[B]  ┌ 마른버짐 사이로 아지랑이 피어오를 것 같고
     └ 잘만 하면 한순간 뽀얀 젖살도 오를 것 같다.

     ┌ 할머니들은 마음을 저수지마냥 넓게 벌려
     │  한철 폭우처럼 쏟아지는 빛을 양껏 받는다.
[C]  │ 미처 몸에 스며들지 못한 빛이 흘러넘쳐
     └ 할머니들 모두 눈부시다.

     ┌ 아침부터 끈질기게 추근거리던 봄볕에 못 이겨
     │  나무마다 푸른 망울들이 터지고
[D]  │ 할머니들은 사방으로 바삐 눈을 흘긴다.
     └ 할머니 주름살들이 일제히 웃는다.

     ┌ 오오, 얼마 만에 환해져보는가.
     │  일생에 이렇게 환한 날이 며칠이나 되겠는가.
     │  눈앞에는 햇빛이 종일 반짝거리며 떠다니고
[E]  │ 환한 빛에 한나절 한눈을 팔다가
     │  깜빡 졸았던가? 한평생이 그새 또 지나갔던가?
     └ 할머니들은 가끔 눈을 비빈다.
```

- 김기택, 〈봄날〉

---

01 (가)와 (나)의 공통점으로 가장 적절한 것은?

① 현재 시제를 활용하여 시적 상황을 제시하고 있다.
② 연쇄법을 활용하여 역동적인 분위기를 형성하고 있다.
③ 다양한 음성 상징어를 사용하여 대상을 묘사하고 있다.
④ 말을 건네는 방식을 통해 대상과의 친밀감을 높이고 있다.
⑤ 지시어의 연속적 배치로 대상에 대한 주목을 유도하고 있다.

제대로 접근법 ★ 문제 채점까지 마친 후 복습할 때 보세요.

01
표현상의 공통점 파악하기 유형이다. 선택지에 언급된 표현상의 특징이 나타난 부분을 두 시에서 찾아 표시한다. 두 시에서 공통적으로 찾을 수 없는 표현의 특징이 제시된 선택지를 지우고, 남은 선택지에 제시된 표현의 효과가 적절한지를 판단하여 답을 찾는다.

02 〈보기〉를 바탕으로 (가)에 대해 이해한 내용으로 적절하지 <u>않은</u> 것은? [3점]

〈보기〉

(가)에 제시된 자연물들은 서로 간의 유사성을 바탕으로 연결되고 변용된다. 또한 이 과정을 거쳐 맞닿은 주체의 신체적 변화를 유발하고 내면의 정서를 표면화하는 것으로 제시된다. 이때 주체의 변화는 자연물의 속성에 조응하는 것으로 그려진다.

① '하늘'을 '들여다보'려는 소년의 '눈썹'에 든 '파란 물감'은 자연물의 속성이 주체에 영향을 주었음을 드러낸다.
② '따뜻한 볼'을 만지는 소년의 행동은 '하늘'과 연결되어 자연과의 합일을 이룬 소년의 '황홀'함을 환기한다.
③ '손바닥'에 묻어난 '파란 물감'은 '손금'으로 스며들면서 '맑은 강물'로 변용되어 제시된다.
④ '강물'에 '순이의 얼굴이 어리'는 것은 소년이 '강물'의 '맑은' 속성에 조응해 '아름다운 순이'를 떠올린 것임을 드러낸다.
⑤ 소년이 '황홀히 눈을 감'아도 '순이의 얼굴은 어린다'는 것은 '순이'가 소년의 내면에 자리 잡은 대상임을 드러낸다.

02
외적 준거를 바탕으로 한 작품 감상하기 유형이다. 〈보기〉에 사용된 '변용된다', '주체의 신체적 변화', '내면의 정서를 표면화', '자연물의 속성에 조응하는 것' 등이 작품의 내용과 어떻게 연관되는지를 구체적으로 파악한 후 선택지의 내용이 적절한지를 판단해야 한다.
(가)에서 파란 하늘은 소년의 신체(눈썹, 볼, 손바닥)를 물들이고, 손금에 스며들면서 맑은 강물이 흐르게 하고, 강물 속에서 사랑처럼 슬프고 아름다운 순이의 얼굴을 마주하게 한다. 소년은 강물에 어린 순이의 얼굴을 보고 황홀히 눈을 감는 행위를 하는데 이는 자연과의 합일을 이룬 황홀함이 아니라, 강물을 통해 순이의 얼굴을 보았기 때문이라는 점을 이해하고 답이 되는 선택지를 찾아보자.

03 [A]~[E]에 대한 감상으로 적절하지 <u>않은</u> 것은?

① [A]에서 화자는 '햇볕을 쪼이'고 있는 할머니들의 행동을 '꼼꼼하게 햇볕을 채워넣'는 것으로 구체화하면서 할머니들의 모습에 능동성을 부여하고 있군.
② [B]의 '잘만 하면'이라는 시구는 '아지랑이'뿐만 아니라 '뽀얀 젖살'까지 상상하게 되었음을 부각하여 할머니들의 변화에 대한 화자의 기대를 드러내고 있군.
③ [C]에서 화자는 '쏟아지는 빛'이 할머니들을 '모두 눈부신' 존재로 만들고 있다고 표현하여 '미처 몸에 스며들지 못한 빛'마저 담고자 하는 할머니들의 의지를 부각하고 있군.
④ [D]의 화자는 '푸른 망울들'이 터지는 것을 보고 '주름살들이 일제히 웃'는 할머니들에 주목하여 봄의 생명력에 기뻐하는 할머니들에 대한 정감 어린 시선을 드러내고 있군.
⑤ [E]에서 할머니들이 '가끔 눈을 비비'는 것을 보고 화자는 이를 '한나절 한눈을 팔'던 '환한 빛'으로 인해 '환한 날'을 떠올렸기 때문이라고 여기고 있군.

03
시구의 의미 이해하기 유형이다. 화자가 햇볕을 쪼이는 할머니들의 모습에 어떤 의미를 부여하고, 어떤 기대감을 나타내며, 어떤 시선으로 바라보는지 그리고 할머니들의 행동을 어떻게 해석하는지를 생각해 본다. 봄볕을 한가롭게 쪼이고 있는 할머니들을 따뜻하게 바라보고 있는 화자의 시각을 확인하고, 할머니들을 아직도 눈부시게 환한 웃음을 지을 수 있는 존재들로 바라보는 화자의 애정 어린 시선을 이해한다. 볕을 쪼이는 할머니들의 의지가 드러나는 표현을 찾을 수 있는지, 할머니들의 의지는 무엇인지 확인하여 답이 되는 선택지를 정하도록 한다.

1차 채점	맞은 문항 수	개	→	2차 채점	맞은 문항 수	개	→	3차 채점	맞은 문항 수	개
	틀린 문항 수	개			틀린 문항 수	개			틀린 문항 수	개
	헷갈리는 문항 번호				헷갈리는 문항 번호				헷갈리는 문항 번호	
• 틀린 문항 '/' 표시				• 틀린 문항 '×' 표시				• 틀린 문항 △ 표시		

[01-03] 다음 글을 읽고 물음에 답하시오.

가 사개 틀린* 고풍(古風)의 ㉠툇마루에 없는 듯이 앉아

아직 떠오를 기척도 없는 달을 기다린다

아무런 생각 없이

아무런 뜻 없이

이제 저 감나무 그림자가

사뿐 한 치씩 옮아오고

이 마루 위에 빛깔의 방석이

보시시 깔리우면

나는 내 하나인 외론 벗

가냘픈 내 그림자와

말없이 몸짓 없이 서로 맞대고 있으려니

이 밤 옮기는 발짓이나 들려오리라

– 김영랑, 〈사개 틀린 고풍의 툇마루에〉

＊ 사개 틀린 : 사개가 틀어진. 한옥에서 못을 사용하지 않고 목재의 모서리를 깎아 요철을 끼워 맞추는 부분을 '사개'라고 한다.

나 우수* 날 저녁

그 전날 저녁부터

오늘까지 연 닷새 간을

고향, 내 새벽 ㉡산 여울을

찰박대며 뛰어 건너는

이쁜 발자욱 소리 하날

듣고 지내었더니

그 새끼발가락 하날

가만가만 만지작일 수도 있었더니

나 실로 정결한 말씀만 고를 수 있었더니

그가 왔다.

진솔* 속곳을 갈아입고

그가 왔다.

이른 아침,

난 그를 위해 닭장으로 내려가고

따뜻한 달걀

두 알을 집어내었다.

경칩*이 멀지 않다 하였다.

– 정진규, 〈따뜻한 달걀〉

＊ 우수(雨水), 경칩(驚蟄) : 입춘(立春)과 춘분(春分) 사이에 드는 절기. 우수는 눈이 그치고 봄비가 오기 시작하는 시기, 경칩은 벌레가 깨어나고 겨울잠을 자던 개구리가 땅 밖으로 나오는 시기이다.
＊ 진솔 : 옷이나 버선 따위가 한 번도 빨지 않은 새것 그대로인 것

제대로 **감상법**

☆ 문제 풀이까지 마친 후
복습할 때 보세요.

가 김영랑, 〈사개 틀린 고풍의 툇마루에〉

화자

■ 화자와 시적 상황 : 화자는 '나'로, 세월의 흔적을 간직한 한옥의 툇마루에 앉아 달이 떠오르기를 기다리고 있음.

■ 화자의 정서와 태도 : 적막한 공간에서 외로움과 고독감을 느끼고 있음.

시어

• (❶) : 예스러운 풍취나 모습
• 달 : 화자가 기다리고 있는 대상(자연)
• 빛깔의 방석 : 달빛으로 생긴 그림자
• 외론 벗 : 화자의 그림자. 화자의 외로움과 고독감이 드러남.

표현

• 대상의 움직임을 '사뿐', '(❷)'라는 음성 상징어를 활용하여 나타냄.
• 가정적 표현을 활용하여 화자의 정서를 드러냄.

주제

달이 떠오르기를 기다리며 자연과 교감하는 마음

▶ 작가 : 김영랑 – 〈해설편〉 74쪽 참조

나 정진규, 〈따뜻한 달걀〉

화자

■ 화자와 시적 상황 : 화자는 '나'로, 우수가 지나 계절의 변화가 느껴지는 상황에서 (❶)을 꺼내며 곧 경칩이 올 것을 생각함.

■ 화자의 정서와 태도 : 봄기운이 뚜렷해져 가는 것을 감각적으로 느끼며 자연과 교감함.

시어

• (❷) : '만지작'과 함께 어울려 움직임의 정도를 드러냄.
• 그 : 봄기운
• 진솔 속곳을 갈아입고 : 새것의 빛깔을 통해 뚜렷해진 봄기운을 표현함.
• 따뜻한 달걀 : 자연과의 교감

표현

• '(❸)'를 반복하여 운율을 형성하고 의미를 강조함.
• 우수, 경칩이라는 시어를 통해 겨울이 지나고 봄기운이 점점 뚜렷해지는 때가 계절적 배경임을 나타냄.

주제

봄기운을 느끼며 다가오는 봄의 절기를 기다리는 마음

▶ 작가 : 정진규 – 〈해설편〉 74쪽 참조

01 (가)와 (나)의 공통점으로 가장 적절한 것은?

① 음성 상징어를 활용하여 움직임의 정도를 드러내고 있다.
② 원경과 근경을 대비하여 심리적 거리감을 표현하고 있다.
③ 청자를 명시적으로 드러내어 화자의 바람을 표출하고 있다.
④ 가정의 진술을 활용하여 현실 극복의 의지를 드러내고 있다.
⑤ 추측을 나타내는 표현으로 시상을 종결하여 시적 여운을 자아내고 있다.

제대로 접근법 ☆☆ 문제 채점까지 마친 후 복습할 때 보세요.

01
두 작품의 표현상의 공통점을 파악하는 유형이다. 선택지의 앞부분은 표현 방법이, 뒷부분은 그러한 표현 방법을 사용해서 얻은 효과가 제시되어 있다. 먼저 선택지의 앞부분에 제시된 표현 방법이 나타나는지를 확인해야 하는데, 두 작품 모두에서 표현 방법이 나타나야 함에 유의한다. 이를 확인한 다음 설명된 효과를 점검한다.

02 ㉠과 ㉡에 대한 설명으로 가장 적절한 것은?

① ㉠과 ㉡은 모두 오랜 세월의 흔적을 간직한 일상적 삶의 공간이다.
② ㉠과 ㉡은 모두 화자가 현실을 관조하며 스스로를 성찰하는 공간이다.
③ ㉠은 상승하는 대상과 친밀감을, ㉡은 하강하는 대상과 일체감을 느끼는 공간이다.
④ ㉠은 고독하고 적막한 상황이, ㉡은 생동하는 청량한 기운이 형상화되는 공간이다.
⑤ ㉠은 지나온 삶에 대한 그리움이, ㉡은 현재의 삶에 대한 만족감이 드러나는 공간이다.

02
시어의 의미와 기능을 파악하는 유형이다. '툇마루'와 '산 여울'의 공간적 특징과 그 공간이 드러내는 분위기, 그곳에 대한 화자의 정서 등을 이해해야 한다. ㉠과 ㉡에 대한 설명이 모두 맞게 진술되어야 하므로, 선택지를 보며 ㉠ 또는 ㉡의 특징 중 판단하기 쉬운 부분부터 먼저 확인하여 오답을 제외해 나가는 것이 좋다.

03 〈보기〉를 참고하여 (가)와 (나)를 감상한 내용으로 적절하지 않은 것은? [3점]

〈보기〉

(가)와 (나)는 자연의 순환적 질서에 감응하는 화자의 모습을 보여 준다. (가)의 화자는 밤이 깊어지면서 달이 떠오르기를 기다리고 있고, (나)의 화자는 절기가 바뀌면서 봄빛이 점점 뚜렷해지고 있음을 느끼고 있다. 시간의 흐름에 따른 자연의 점진적 변화를 감지하기 위해 화자는 온몸의 감각을 집중하면서, 자연을 자신과 교감을 이루는 주체로 인식한다.

① (가)의 화자가 '아무런 생각'이나 '뜻 없이' 달이 떠오르기를 기다리는 것은, 자연의 변화를 감지하기 위해 온몸의 감각을 집중하는 것으로 볼 수 있군.
② (나)에서 소리로 인식되던 대상의 '새끼발가락'을 만질 수 있게 되었다는 것은, 시간의 흐름에 따라 자연이 변화하는 양상을 표현한 것으로 볼 수 있군.
③ (가)의 '떠오를 기척도 없는 달'과 (나)의 '이쁜 발자욱 소리' 하나는 자연의 순환적 질서가 지연되는 것에 대한 화자의 조바심을 유발하는 것으로 볼 수 있군.
④ (가)에서는 달이 뜨는 것을 '이 밤 옮기는 발짓'을 한다고 표현하고, (나)에서는 뚜렷해진 봄빛을 '진솔 속곳을 갈아입'은 것으로 표현하여 자연을 행위의 주체로 인식하고 있군.
⑤ (가)에서는 달이 만든 '내 그림자'를 '벗' 삼아 '서로 맞대고 있으려'는 데서, (나)에서는 '경칩'을 예감하며 '달걀'의 온기를 느끼는 데서 화자와 자연이 교감하는 모습이 나타나는군.

03
두 작품에 드러나는 화자의 모습에 대해 설명한 뒤, 이에 근거하여 시의 내용을 해석하는 유형이다. 〈보기〉의 내용이 화자와 자연의 관계에 초점을 맞추고 있으므로, 두 작품의 화자가 자연에 대해 긍정적 기대를 표현하고 있음을 염두에 두면서 선택지의 내용을 살펴본다. 특히 (가)에서 화자가 느끼는 정서가 자연물에서 유발된 것인지 유의해서 살펴보아야 한다.

1차 채점	맞은 문항 수	개
	틀린 문항 수	개
	헷갈리는 문항 번호	

· 틀린 문항 '/' 표시

2차 채점	맞은 문항 수	개
	틀린 문항 수	개
	헷갈리는 문항 번호	

· 틀린 문항 '×' 표시

3차 채점	맞은 문항 수	개
	틀린 문항 수	개
	헷갈리는 문항 번호	

· 틀린 문항 △ 표시

[01~03] 다음 글을 읽고 물음에 답하시오.

👉 문제 풀이까지 마친 후 복습할 때 보세요.

제대로 감상법

가 1

양철로 만든 달이 하나 수면 위에 떨어지고
부숴지는 얼음 소리가 / 날카로운 호적같이 옷소매에 스며든다.

해맑은 밤바람이 이마에 서리는 / 여울가 모래밭에 홀로 거닐면
노을에 빛나는 은모래같이 / 호수는 한 포기 화려한 꽃밭이 되고

여윈 추억의 가지가지엔
조각난 빙설(氷雪)이 눈부신 빛을 하다.

2

낡은 고향의 허리띠같이
강물은 길—게 얼어붙고

차창에 서리는 황혼 저 멀—리 / 노을은
나 어린 향수(鄕愁)처럼 희미한 날개를 펴고 있었다.

3

앙상한 잡목림 사이로
한낮이 겨운 하늘이 투명한 기폭(旗幅)을 떨어뜨리고

푸른 옷을 입은 송아지가 한 마리 / 조그만 그림자를 바람에 나부끼며
서글픈 얼굴을 하고 논둑 위에 서 있다.

— 김광균, 〈성호 부근〉

나 갈아놓은 논고랑에 고인 물을 본다.
마음이 행복해진다.
나뭇가지가 꾸부정하게 비치고 / 햇살이 번지고
날아가는 새 그림자가 잠기고 / 나의 얼굴이 들어 있다.
늘 홀로이던 내가 / 그들과 함께 있다.
누가 높지도 낮지도 않다. / 모두가 아름답다.
그 안에 나는 거꾸로 서 있다.
거꾸로 서 있는 모습이
본래의 내 모습인 것처럼 / 아프지 않다.
산도 곁에 거꾸로 누워 있다.
늘 떨며 우왕좌왕하던 내가 / 저 세상에 건너가 서 있기나 한 듯
무심하고 아주 선명하다.

— 이성선, 〈논두렁에 서서〉

가 김광균, 〈성호 부근〉

화자

■ 화자와 시적 상황: 겨울 호수와 그 부근의 풍경을 바라보고 있음.

■ 화자의 정서와 태도: 쓸쓸하고 (❶) 인 정서를 느낌.

시어

• (❷)로 만든 달: 날카로운 금속성의 이미지로 차가운 겨울 분위기를 나타낸 표현

• 강물, 노을: 향수를 불러일으키는 매개체

• (❸): 화자의 애상적 정서가 투영된 소재

표현

• (❹)의 이동에 따라 시상을 전개함.

• 감각적 묘사와 비유를 통해 이미지를 제시함.

• 현재 시제를 사용하여 시적 상황을 드러냄.

주제

달빛에 비친 겨울 호수의 쓸쓸한 풍경

▶ 작가: 김광균 – 〈해설편〉 77쪽 참조

나 이성선, 〈논두렁에 서서〉

화자

■ 화자와 시적 상황: 화자는 '나'로, 논고랑에 고인 물에 비친 사물과 자신을 관찰함.

■ 화자의 정서와 태도: 물에 비친 모습을 통해 자신과 자신을 둘러싼 존재들의 의미를 성찰함.

시어

• 논고랑에 고인 (❶): 자아 성찰의 매개체

• 그들: 물에 비친 사물들을 의인화한 표현. 나를 둘러싼 존재들

• (❷) 아주 선명하다: 현재 자신의 모습. 성찰을 통한 인식의 변화를 드러냄.

표현

• (❸) 시제를 사용하여 시적 상황을 드러냄.

• 솔직하고 담백한 어조로 성찰의 자세를 드러냄.

• 과거의 자신과 현재의 자신을 대비하여 주제를 강조함.

주제

자신과 자신을 둘러싼 존재들의 관계에 대한 성찰

▶ 작가: 이성선 – 〈해설편〉 77쪽 참조

01 (가)와 (나)에 대한 설명으로 가장 적절한 것은?

① (가)와 (나)는 음성 상징어를 사용하여 대상의 생동감을 강조하고 있다.
② (가)와 (나)는 현재 시제를 활용하여 시적 상황에 주목하도록 하고 있다.
③ (가)와 (나)는 청자와 대화하는 방식을 활용하여 주제를 형상화하고 있다.
④ (가)와 달리 (나)는 시선을 원경에서 근경으로 이동하면서 시상을 전개하고 있다.
⑤ (나)와 달리 (가)는 동일한 시어를 반복하여 리듬감을 형성하고 있다.

제대로 접근법 ☆ 문제 채점까지 마친 후 복습할 때 보세요.

01
표현상의 특징을 파악하는 유형이다. 현대시 제재에서 반드시 출제되는 유형이지만 보통 정답률이 높지 않은 편이다. 기본적인 국어 개념을 미리 익히고 있어야 한다는 점을 명심하자.
두 작품 중 보다 익숙한 작품을 골라 선택지에 언급된 특징과 그 효과가 나타나는지 확인한다. 적절하지 않은 선택지부터 하나씩 지워 나가는 방식으로 실수를 줄이도록 한다.

02 〈보기〉를 바탕으로 (가)를 이해한 내용으로 적절하지 않은 것은? [3점]

〈보기〉

(가)는 숫자로 구별된 세 개의 장면으로 구성되어 있다. 각 장면에서는 다양한 이미지를 통해 겨울 호수와 그 부근의 풍경이 형상화되고, 이 과정에서 애상적 정서가 환기된다.

① '1'에서는 '한 포기 화려한 꽃밭'으로 표현된 호수의 모습에 '양철'과 '얼음'이 환기하는 날카롭고 차가운 감각이 연결되면서 겨울 호수의 이미지가 형상화되고 있다.
② '1'에서 '달이 하나 수면 위에 떨어지'는 모습은 겨울 호숫가를 '홀로' 거니는 화자의 상황과 맞물리면서 쓸쓸한 정서를 드러내고 있다.
③ '2'의 '강물'과 '노을'은 '낡은 고향'과 '향수'의 이미지로 연결되면서 고향에 대한 그리움의 정서를 떠올리게 한다.
④ '2'의 '희미한 날개를 펴고 있었다'는 '3'의 '논둑 위에 서 있다'와 연결되면서, '송아지'의 '서글픈 얼굴'이 드러내는 정서가 극복될 수 있는 가능성을 암시하고 있다.
⑤ '1', '2', '3'에서는 각각 '조각난 빙설', '얼어붙'은 '강물', '앙상한 잡목림'과 같은 시구가 스산한 분위기를 자아내면서 애상적 정서를 심화하고 있다.

02
외적 준거에 따라 작품을 감상하는 유형이다. 작품을 주관적으로 해석하지 말고, 반드시 〈보기〉에 제시된 기준에 따라 해석해야 한다. 〈보기〉에서 다양한 이미지, 겨울 호수와 그 부근의 풍경, 애상적 정서의 환기라는 대목에 주목해 보자.
이를 참고하여 시의 흐름과 시어의 의미를 생각해 본다. 이때 시어가 형성하는 이미지와 그 이미지를 통해 환기되는 정서를 연결할 수 있어야 한다. 예를 들어 '양철', '얼음'과 같은 시어가 어떤 이미지를 형성하는지, 그것이 화자의 어떤 정서를 환기하는지 생각해 본다.

03 (나)를 감상한 내용으로 적절하지 않은 것은?

① 화자는 '늘 떨며 우왕좌왕하던' 과거 자신의 모습과 '곁에 거꾸로 누워 있는' '산'의 모습을 동일시하고 있군.
② '누가 높지도 낮지도 않'은 모습을 '아름답다'고 한 것에서 화자가 물에 비친 세상을 긍정적으로 보고 있음을 알 수 있군.
③ '거꾸로 서 있는 모습'을 '아프지 않'은 것으로 받아들이는 화자에게서 물에 비친 자신의 모습을 부정적이지 않은 것으로 수용하는 태도가 드러나는군.
④ '늘 홀로'라고 생각했던 화자는 '나뭇가지', '햇살', '새 그림자'와 '나의 얼굴'이 '함께 있는' 모습에서 자신이 다른 존재들과 공존하고 있음을 발견하는군.
⑤ 물에 비친 자신의 모습을 '무심하고 아주 선명하다'라고 한 것에서, 화자가 물을 보는 행위를 통해 자기 자신에 대한 인식을 달리하게 되었음을 알 수 있군.

03
시어 및 시구의 의미를 해석하면서 화자의 정서와 태도를 파악하는 유형이다. (나)에는 화자만의 특별한 경험과 그로 인한 화자의 인식 변화가 나타나 있다. 이를 제대로 이해하지 못해서인지 정답률이 무척 낮았다.
화자는 논고랑에 고인 물을 보며 마음이 행복해진다. 물에 비친 나뭇가지, 햇살, 새 그림자, 자신의 얼굴을 보며 자신이 혼자가 아니라고 느꼈기 때문이다. 성찰의 과정에서 화자는 우왕좌왕하던 과거와 달리 무심하고 선명한 자신의 모습을 발견하게 된다. 작품의 내용을 바르게 이해한 다음, 이를 바탕으로 선택지의 적절성을 판단해 보자.

1차 채점	맞은 문항 수	개	→	2차 채점	맞은 문항 수	개	→	3차 채점	맞은 문항 수	개
	틀린 문항 수	개			틀린 문항 수	개			틀린 문항 수	개
	헷갈리는 문항 번호				헷갈리는 문항 번호				헷갈리는 문항 번호	

· 틀린 문항 '/' 표시 　　　　· 틀린 문항 'x' 표시 　　　　· 틀린 문항 △ 표시

[01-04] 다음 글을 읽고 물음에 답하시오.

가 ⓐ해는 출렁거리는 빛으로 / 내려오며

제 빛에 겨워 흘러넘친다

㉠모든 초록, 모든 꽃들의 / 왕관이 되어

자기의 왕관인 초록과 꽃들에게

웃는다, 비유의 아버지답게

초록의 샘답게

하늘의 푸른 넓이를 다해 웃는다

하늘 전체가 그냥

기쁨이며 신전이다

해여, 푸른 하늘이여,

그 빛에, 그 공기에

취해 찰랑대는 자기의 즙에 겨운,

공중에 뜬 물인

나뭇가지들의 초록 기쁨이여

흙은 그리고 깊은 데서

㉡큰 향기로운 눈동자를 굴리며

넌지시 주고받으며 / 싱글거린다

오 이 향기 / 싱글거리는 흙의 향기

㉢내 코에 댄 칼대기와도 같은

하늘의, 향기

나무들의 향기!

— 정현종, 〈초록 기쁨 – 봄 숲에서〉

가 정현종, 〈초록 기쁨 – 봄 숲에서〉

화자

▣ 화자와 시적 상황: 햇빛이 비치는 봄 숲을 바라보고 있음.

▣ 화자의 정서와 태도: 봄 숲의 생동감 넘치는 모습을 (❶　　　　)함.

시어

• (❷　　　　): 햇빛이 나무와 꽃에 비쳐 빛나는 모습을 형상화한 표현

• 비유의 아버지: 햇빛이 나무와 꽃을 다양하게 변화시키는 모습을 형상화한 표현

• 웃는다, 싱글거린다: 의인화를 통해 화자가 자연과 교감하는 모습을 보여 줌.

표현

• 다양한 감각적 이미지로 대상에 대한 인상을 표현함.

• 자연물을 (❸　　　　)하여 대상과의 교감을 나타냄.

• 동일한 시어를 반복하여 의미를 강조함.

• 영탄적 표현을 사용하여 화자의 정서를 나타냄.

주제

생명력이 넘치는 봄 숲에 대한 예찬

▶ 작가: 정현종 – 〈해설편〉 79쪽 참조

4 ㉣들길은 마을에 들자 붉어지고

마을 골목은 들로 내려서자 푸르러졌다

바람은 넘실 천 이랑 만 이랑

㉤이랑 이랑 햇빛이 갈라지고

보리도 허리통이 부끄럽게 드러났다

꾀꼬리는 엽태 혼자 날아 볼 줄 모르나니

암컷이라 쫓길 뿐

수놈이라 쫓을 뿐

황금빛 난 길이 어지럴 뿐

얇은 단장하고 아양 가득 차 있는

ⓑ산봉우리야 오늘밤 너 어디로 가 버리련?

― 김영랑, 〈오월〉

---

4 김영랑, 〈오월〉

화자

■ **화자와 시적 상황:** 오월의 생동감 넘치는 마을과 자연 정경을 감상함.

■ **화자의 정서와 태도:** 오월의 생동감 넘치는 모습을 (❶　　　)함.

시어

• 붉어지고, 푸르러졌다: 색채 대비를 통해 봄의 정경을 드러냄.

• 이랑 이랑 햇빛이 갈라지고: 보리밭의 이랑 사이로 햇빛이 비춰 반짝이는 모습 표현

• (❷　　　): 암수가 정답게 노니는 모습을 통해 봄의 생명력을 드러내는 소재

표현

• (❸　　　)의 이동에 따라 시상을 전개함.

• 의인화와 색채 대비를 통해 오월의 생동감을 강조함.

• 향토적 소재를 사용하고 있으며, 경쾌한 리듬감을 느낄 수 있음.

주제

오월에 느끼는 봄의 생동감

▶ 작가: 김영랑 ― 〈해설편〉 80쪽 참조

---

01 (가)와 (나)의 공통점으로 가장 적절한 것은?

① 화자가 인식한 사물의 특징에서 삶의 교훈을 이끌어 내고 있다.
② 이상과 현실을 대비시켜 이상에 대한 화자의 염원을 나타내고 있다.
③ 과거와 현재를 교차시켜 현실의 삶에 대한 반성의 태도를 나타내고 있다.
④ 자연물에 인격을 부여하여 화자가 자연과 교감하는 모습을 보여 주고 있다.
⑤ 자연의 모습을 부각하여 자연에 합일되지 못하는 인간의 고독감을 드러내고 있다.

제대로 접근법 ☆문제 채점까지 마친 후 복습할 때 보세요.

01
두 작품의 공통점을 파악하는 유형이다. 비교적 두 작품의 특징이 두드러져 어렵지 않게 공통점을 확인할 수 있다.
자연을 대하는 화자의 정서와 태도를 살펴보자. 화자가 삶의 교훈을 이끌어 내는지, 이상과 현실을 대비시키는지, 과거와 현재를 교차시키는지, 자연과 교감하는지, 고독감을 드러내는지 생각해 본다.

---

02 (가)의 표현상 특징에 대한 설명으로 적절하지 않은 것은?

① 문장부호를 활용하여 호흡의 흐름을 조절하고 있다.
② 반어적 표현을 사용하여 숨은 의미를 나타내고 있다.
③ 동일한 시어를 반복함으로써 의미를 강조하고 있다.
④ 감각적 이미지로 대상에 대한 인상을 표현하고 있다.
⑤ 영탄적 표현을 사용하여 화자의 정서를 나타내고 있다.

02
표현상의 특징을 파악하는 유형이다. 정답을 제외한 나머지 네 개의 선택지는 맞는 진술을 담고 있다. 작품 전반에 나타나는 특징뿐 아니라 세부적으로 나타나는 특징도 확인해야 한다는 의미이다.
먼저 쉼표와 같은 문장부호, 반어적 표현, 동일한 시어 반복, 감각적 이미지, 영탄적 표현이 사용된 시구나 시행을 찾는다. 그러한 표현이 나타난다면 그 효과가 바르게 진술되었는지도 살핀다.

03 ⓐ와 ⓑ에 대한 설명으로 가장 적절한 것은?

① ⓐ는 화자의 지난 삶을 떠올리게 하는 대상이다.
② ⓐ는 기쁨을 느끼는 화자와 동일시되는 대상이다.
③ ⓑ는 화자에게 새로운 행동을 촉구하는 대상이다.
④ ⓑ는 화자가 밤의 시간에 관찰하여 파악한 대상이다.
⑤ ⓐ, ⓑ는 모두 화자가 관심을 갖고 주관적으로 인식하는 대상이다.

제대로 접근법 ✿✿ 문제 채점까지 마친 후 복습할 때 보세요.

03
시어의 의미와 기능을 파악하는 유형이다. 시의 전체적인 흐름과 화자의 정서만 이해했다면 어렵지 않게 문제를 해결할 수 있다.
(가)와 (나)에서 '해'와 '산봉우리'가 어떤 역할을 하고 있는지, 화자가 이들을 어떻게 바라보고 있는지 생각해 보자. 화자가 생명력 넘치는 자연의 모습을 예찬하고 있다는 점을 고려하여 선택지의 적절성을 판단한다.

04 〈보기〉를 참고하여 ㉠~㉤을 감상한 내용으로 적절하지 <u>않은</u> 것은? [3점]

〈보기〉

> 두 시는 모두 봄을 소재로 한 작품이다. (가)는 숲을 배경으로 해, 하늘, 나무, 꽃, 흙 등이 어우러지는 조화로움을 보여 준다. (나)는 보리밭이 펼쳐진 시골을 배경으로 봄날의 정감을 표현하고 있다. 이 시에서는 들, 보리, 꾀꼬리, 산봉우리 등으로 화자의 시선이 옮겨간다.

① ㉠ : 햇빛이 나무와 꽃에 비쳐 빛나는 모습을 '왕관'으로 표현한 것이라 볼 수 있어.
② ㉡ : '큰 향기로운 눈동자를 굴리며'의 주체는 흙을 바라보는 화자라 볼 수 있어.
③ ㉢ : 자연의 향기가 코로 전해지는 것을 비유적으로 나타낸 것이라 볼 수 있어.
④ ㉣ : 화자가 본 시골길과 들판의 모습을 감각적으로 표현한 것이라 볼 수 있어.
⑤ ㉤ : 보리밭의 이랑 사이로 햇빛이 비쳐 반짝이는 모습을 나타낸 것이라 볼 수 있어.

04
외적 준거에 따라 작품을 감상하는 유형이다. 〈보기〉에는 (가)와 (나)의 소재와 주제 의식 등에 관한 정보가 제시되어 있다. 이를 잘 활용하면 작품 이해와 문제 풀이 시간을 단축할 수 있다.
'왕관'은 무엇을 비유한 것인지, '눈동자를 굴리며'의 주체는 누구인지, '내 코에 댄 깔대기'는 무엇을 표현한 것인지, '붉어지고, 푸르러졌다'에는 어떤 표현이 사용되었는지, '이랑 이랑 햇빛이 갈라지고'는 어떤 모습을 표현한 것인지 생각해 보자.

1차 채점	맞은 문항 수	개	2차 채점	맞은 문항 수	개	3차 채점	맞은 문항 수	개
	틀린 문항 수	개	→	틀린 문항 수	개	→	틀린 문항 수	개
	헷갈리는 문항 번호			헷갈리는 문항 번호			헷갈리는 문항 번호	

• 틀린 문항 '/' 표시   • 틀린 문항 '×' 표시   • 틀린 문항 ⚠ 표시

[01-04] 다음 글을 읽고 물음에 답하시오.

가 아배는 타관 가서 오지 않고 산비탈 **외따른 집**에 **엄매**와 나와 **단둘이서** 누가 죽이는 듯이 무서운 **밤** 집 뒤로는 어느 산골짜기에서 소를 잡어먹는 노나리꾼들이 도적놈들같이 쿵쿵거리며 ⊙**다닌다**

날기멍석을 져간다는 닭보는 할미를 차 굴린다는 땅아래 고래 같은 기와집에는 언제나 니차떡에 청밀에 은금보화가 그득하다는 외발 가진 조마구* 뒷산 어늬메도 조마구네 나라가 있어서 **오줌 누러 깨는 재밤*** 머리맡의 문살에 대인 유리창으로 **조마구 군병**의 새까만 대가리 새까만 눈알이 들여다보는 때 나는 이불 속에 자즈러붙어 숨도 쉬지 못한다

또 이러한 밤 같은 때 **시집갈 처녀 막내고무**가 고개 너머 큰집으로 치장감을 가지고 와서 **엄매**와 둘이 소기름에 쌍심지의 불을 밝히고 밤이 들도록 **바느질**을 하는 **밤** 같은 때 나는 아룻목의 삿귀를 들고 **쇠든밤***을 내여 다람쥐처럼 발어먹고 은행여름을 인두불에 구워도 먹고 그러다는 이불 우에서 광대넘이를 뒤이고* 또 누워 굴면서 엄매에게 웃목에 두른 평풍의 새빨간 천두의 이야기를 듣기도 하고 고무더러는 밝는 날 멀리는 못 난다는 꾀추라기를 잡어 달라고 조르기도 하고

내일같이 **명절날**인 **밤**은 부엌에 째듯하니 불이 밝고 솥뚜껑이 놀으며 **구수한 내음새 곰국**이 무르끓고 방안에서는 일가집 할머니가 와서 마을의 소문을 펴며 조개송편에 달송편에 죈두기송편에 떡을 빚는 곁에서 나는 밤소 팥소 **설탕 든 콩가루소를 먹으**며 설탕 든 콩가루소가 가장 맛있다고 생각한다
나는 얼마나 반죽을 주무르며 흰가루손이 되여 떡을 빚고 싶은지 모른다

섣달에 냅일날이 들어서 냅일날 **밤**에 눈이 오면 이 밤엔 째하얀 **할미귀신의 눈귀신**도 냅일눈*을 받노라 못 난다는 말을 든든히 녀기며 엄매와 나는 앙궁 우에 떡돌 우에 곱새담우에 함지에 버치며 대냥푼을 놓고 치성이나 드리듯이 정한 마음으로 냅일눈 약눈을 ⓒ**받는다**
이 눈세기물을 냅일물이라고 제주병에 **진상항아리**에 **채워두고**는 해를 묵여가며 고뿔이 와도 배앓이를 해도 갑피기를 앓어도 먹을 물이다

— 백석, 〈고야(古夜)〉

＊**조마구** : 옛 설화에 나오는 키가 매우 작다는 심술궂은 난쟁이를 의미함.
＊**재밤** : '재밤중'의 준말. '한밤중'의 평안 방언 ＊**쇠든밤** : 말라서 생기가 없어진 밤
＊**광대넘이를 뒤이고** : 물구나무를 섰다 뒤집으며 노는 모습을 의미함.
＊**냅일눈** : 한 해 동안 지은 농사 형편 등을 여러 신에게 제사 지내는 날인 냅일에 내리는 눈. 이 눈을 받아 녹인 물은 약용으로 썼음.

나 겨울산에 가면
밑둥만 남은 채 눈을 맞는 나무들이 ⓒ**있다**
쌓인 눈을 손으로 헤쳐내면
드러난 나이테가 나를 ⓔ**보고 있다**

제대로 감상법
☆ 문제 풀이까지 마친 후
복습할 때 보세요.

가 백석, 〈고야〉

화자
■ **화자와 시적 상황** : 화자는 '나'로, 어린 시절의 '밤'에 대한 기억을 떠올리고 있음.
■ **화자의 정서와 태도** : 무섭기도 했고 정겹기도 했던 어린 시절의 '밤'에 대한 기억을 떠올리며 (❶   )을 그리워함.

시어
• 밤 : 무섭고 두려운 생각에 겁이 났던 시간이자 전통적 풍속을 따르며 가족 공동체와 정겹게 함께 한 풍요롭고 평온한 시간
• (❷   ) : 약용으로 쓰이기도 하는, 냅일에 내리는 눈. 전통적 풍속을 따르는 모습을 보여주는 소재

표현
• 어린 시절의 추억을 (❸   )으로 구성함.
• 다양한 감각적 이미지를 활용하여 화자의 기억을 구체적으로 형상화함.
• (❹   )을 사용하여 향토적 정감을 환기함.
• 현재 시제를 사용하여 현장감을 부여함.

주제
어린 시절의 밤에 관한 추억과 고향에 대한 그리움

▶ 작가 : 백석 – 〈해설편〉 82쪽 참조

나 나희덕, 〈겨울산에 가면〉

화자
■ **화자와 시적 상황** : 겨울산에 가서 밑둥만 남은 나무의 나이테를 바라봄.
■ **화자의 정서와 태도** : 나무의 나이테를 보며 변함 없이 자식을 위해 (   )하는 어머니의 헌신적 사랑을 생각함.

들여다볼수록 / 비범하게 생긴 넓은 이마와

도타운 귀, 그 위로 오르는 외길이 보인다

그새 쌓인 눈을 다시 쓸어내리면

거무스레 습기에 지친 손등이 있고

신열에 들뜬 입술 위로 / 물처럼 맑아진 눈물이 흐른다

잘릴 때 쏟은 톱밥 가루는 지금도

마른 껍질 속에 흩어져 / 해산한 여인의 땀으로 맺혀 빛나고,

그 옆으로는 아직 나이테도 생기지 않은

꺾으면 문드러질 만큼 어린것들이

뿌리박힌 곳에서 ⑩자라고 있다

도끼로 찍히고 / 베이고 눈 속에 묻히더라도

고요히 남아서 기다리고 계신 어머니,

눈을 맞으며 산에 들면 / 처음부터 끝까지 나를 바라보는

나이테 가 있다.

– 나희덕, 〈겨울산에 가면〉

시어

• (❷   ): 화자가 위치한 공간적 배경으로, 나이테를 보고 있는 곳

• (❸   ): 시련과 고난 속에서도 자식을 지키는 어머니의 희생적 사랑을 연상하게 하는 매개체

표현

• 대상을 의인화하여 주제 의식을 형상화함.

• (❹   )의 표현으로 긴장감을 조성함.

• 시어('있다')의 반복을 통해 대상에 관심이 집중되도록 함.

주제

나이테를 통해 깨달은 어머니의 희생적 사랑

▶ 작가: 나희덕 – 〈해설편〉 83쪽 참조

01 (가)와 (나)의 표현상 특징에 대한 설명으로 가장 적절한 것은?

① (가)는 (나)와 달리 방언을 사용하여 향토적 정감을 환기하고 있다.

② (가)는 (나)와 달리 명사형으로 시행을 종결하여 시상을 집약하고 있다.

③ (나)는 (가)와 달리 비유를 사용하여 시상을 구체화하고 있다.

④ (나)는 (가)와 달리 색채어를 활용하여 대상의 특징을 드러내고 있다.

⑤ (가)와 (나)는 모두 음성 상징어를 활용하여 시적 상황을 부각하고 있다.

02 〈보기〉를 바탕으로 ㉠~㉤을 이해한 내용으로 적절하지 않은 것은? [3점]

〈보기〉

서정 갈래의 현재 시제는 물리적 시간으로서의 현재가 아닌 가상적 현재를 의미하며 이를 통해 시적 효과를 유발한다. 즉, 과거 혹은 특정할 수 없는 어느 시점에서의 시적 대상과 상황에 대한 화자의 시적 체험을 현재 시제로 표현하게 되면, 독자는 화자의 주관적 인상과 인식, 그리고 감정과 행위에 집중하게 되고 그 상황이 마치 지금 여기에서 벌어지고 있는 듯한 생생함을 느끼게 된다.

① (가)의 ㉠은 소를 잡아먹는 노나리꾼이 다니는 상황이 마치 지금 여기에서 벌어지고 있는 듯한 느낌을 유발한다.

② (가)의 ㉡은 정한 마음으로 냅일눈을 받는 화자의 행위와 주관적 감정에 집중하게 한다.

③ (나)의 ㉢은 밑둥만 남아 눈을 맞고 있는 나무들에 대한 인상을 물리적 시간인 현재로 표현하고 있다.

④ (나)의 ㉣은 나이테가 자신을 보고 있다는 화자의 인식을 가상적 현재로 표현하고 있다.

⑤ (나)의 ㉤은 밑둥 옆에 어린 나무가 자라고 있는 상황을 생생하게 느끼도록 하는 시적 효과를 얻고 있다.

☆ 문제 채점까지 마친 후 복습할 때 보세요.

제대로 접근법

01

표현상의 특징을 파악하는 유형이다. 선택지에 언급된 특징이 작품에 나타나는지 확인한다. 선택지가 '(가)는 (나)와 달리 ~'와 같이 이루어져 있다면, 그 특징이 (가)에는 나타나야 하고 (나)에는 나타나지 않아야 한다는 점을 기억하자.

(가)와 (나)에서 방언, 시행의 끝에 사용된 단어의 형태, 비유적 표현, 색채어, 음성 상징어 등을 확인하고 그 효과를 생각해 보자.

02

외적 준거에 따라 작품을 감상하는 유형으로, 정답률이 무척 낮았다. 먼저 〈보기〉의 내용을 정리해 보자.

〈보기〉 분석

• 서정 갈래에서 현재 시제의 의미: 물리적 시간으로서의 현재가 아닌 가상적 현재를 의미

• 현재 시제의 시적 효과: ① 화자의 주관적 인상과 인식, 그리고 감정과 행위에 집중하게 됨. ② 지금 여기에서 벌어지고 있는 듯한 생생함을 느끼게 됨.

〈보기〉에서 서정 갈래의 현재 시제는 물리적 시간으로서의 현재가 아닌 가상적 현재를 의미한다고 하였다. 〈보기〉에 제시된 내용에 반하는 선택지가 있는지 찾아보자.

03 〈보기〉를 바탕으로 (가)에 대해 감상한 내용으로 적절하지 않은 것은?

─〈보기〉─

이 작품은 '밤'에 대한 화자의 기억을 병렬적으로 드러내고 있다. 어린 시절의 화자에게 '밤'은 무섭고 두려운 생각에 겁이 났던 시간이자 전통적 풍속을 따르며 가족 공동체와 정겹게 함께 한 풍요롭고 평온한 시간이었는데, 행위의 나열과 선명한 감각 이미지를 통해 구체적으로 형상화되는 기억은 유년 시절 고향에 대한 화자의 그리움을 짐작하게 한다.

① 1연의 밤은 '외따른 집'에서 '엄매'와 '단둘이서' 지내며 무서움을 느꼈던 시간으로, 그 기억은 청각적 이미지를 통해 구체적으로 형상화되고 있군.

② 2연의 밤은 '오줌 누러' 잠이 깨었는데 '조마구'의 '새까만 눈알'이 자신을 들여다본다고 생각해 두려움을 느꼈던 시간으로, 그 기억은 시각적 이미지를 통해 구체적으로 형상화되고 있군.

③ 3연의 밤은 '엄매'와 '시집갈' '막내고무'가 '바느질'을 할 때 그 옆에서 놀면서 화자가 가족 공동체와 보낸 정겨운 시간으로, 그 기억은 행위의 나열을 통해 구체적으로 형상화되고 있군.

④ 4연의 밤은 '명절날' '곰국'의 '구수한 내음새'가 나고 화자가 '설탕 든 콩가루 소를 먹'는 등 먹을거리로 풍요로운 시간으로, 그 기억은 후각적 이미지와 미각적 이미지를 통해 구체적으로 형상화되고 있군.

⑤ 5연의 밤은 '할미귀신'을 '든든히' 여기고 '눈'을 받아 '진상항아리'에 '채워두'는 전통적 풍속을 따르던 평온한 시간으로, 그 기억은 행위의 나열을 통해 구체적으로 형상화되고 있군.

제대로 접근법 ☆문제 채점까지 마친 후 복습할 때 보세요.

03
외적 준거에 따라 작품을 감상하는 유형으로, 역시 정답률이 무척 낮았다. 방언과 낯선 시어로 인해 내용 해석이 제대로 이루어지지 않은 듯하다. 〈보기〉에 제시된 정보를 참고하여 작품의 내용을 다시 정리해 본다.
작품의 내용만 바르게 이해한다면 문제는 어렵지 않게 해결할 수 있다. 화자가 엄마와 단둘이 지내며 무서움을 느꼈는지, 새까만 눈알이 자신을 들여다본다고 생각했는지, 막내고무가 바느질을 할 때 그 옆에서 놀았는지, 먹을거리로 풍요로웠는지, 할미귀신을 든든하게 여겼는지 등을 확인하고 선택지의 적절성을 판단해 보자.

04 (나)의 나이테에 대한 이해로 가장 적절한 것은?

① 자식을 향한 어머니의 모성을 떠올리게 하는 대상이다.
② 자식에게 어머니의 편안한 삶을 떠올리게 하는 계기이다.
③ 자식에 대한 어머니의 희생적 사랑을 단절시키는 소재이다.
④ 어머니를 위해 헌신하는 자식의 강인함을 의미하는 소재이다.
⑤ 성장한 자식을 떠나보낸 어머니의 무상감을 드러내는 대상이다.

04
시어의 의미와 기능을 파악하는 유형이다. '나이테'는 작품의 주제 의식을 이끌어 내는 중요한 매개체이므로, 주제 의식을 바르게 이해했다면 쉽게 '나이테'의 의미와 기능을 유추할 수 있다.
'도끼로 찍히고 / 베이고 눈 속에 묻히더라도 / 고요히 남아서 기다리고 계신 어머니'라는 시행의 의미를 생각해 보자. 이를 바탕으로 '나이테'의 의미를 바르게 진술한 선택지를 찾는다.

1차 채점	맞은 문항 수	개
	틀린 문항 수	개
	헷갈리는 문항 번호	

• 틀린 문항 '/' 표시

→

2차 채점	맞은 문항 수	개
	틀린 문항 수	개
	헷갈리는 문항 번호	

• 틀린 문항 'X' 표시

→

3차 채점	맞은 문항 수	개
	틀린 문항 수	개
	헷갈리는 문항 번호	

• 틀린 문항 △ 표시

[01-03] 다음 글을 읽고 물음에 답하시오.

☆ 문제 풀이까지 마친 후
제대로 감상법 복습할 때 보세요.

가 설악산 대청봉에 올라

　발아래 구부리고 엎드린 작고 큰 산들이며

　떨어져 나갈까 봐 잔뜩 겁을 집어먹고

　언덕과 골짜기에 바짝 달라붙은 마을들이며

　다만 무릎께까지라도 다가오고 싶어

　안달이 나서 몸살을 하는 바다를 내려다보니

　온통 세상이 다 보이는 것 같고

　또 세상살이 속속들이 다 알 것도 같다

　그러다 속초에 내려와 하룻밤을 묵으며

　중앙 시장 바닥에서 다 늙은 함경도 아주머니들과

　노령노래 안주 해서 소주도 마시고

　피난민 신세타령도 듣고

　다음 날엔 원통으로 와서 뒷골목엘 들어가

　지린내 땀내도 맡고 악다구니도 듣고

　싸구려 하숙에서 마늘 장수와 실랑이도 하고

　젊은 군인 부부 사랑싸움질 소리에 잠도 설치고 보니

　세상은 아무래도 산 위에서 보는 것과 같지만은 않다

　지금 우리는 혹시 세상을

　너무 멀리서만 보고 있는 것은 아닐까 아니면

　너무 가까이서만 보고 있는 것은 아닐까

- 신경림, 〈장자를 빌려 – 원통에서〉

가 신경림, 〈장자를 빌려 – 원통에서〉

[화자]

■ 화자와 시적 상황: 설악산 대청봉, 속초, 원통에서 세상을 바라봄.

■ 화자의 정서와 태도: 세상을 너무 쉽게 또는 어렵게 바라보는 것을 (❶　　　　)함.

[시어]

• (❷　　　　　　　): 세상을 너무 멀리에서 쉽게 보게 되는 공간적 배경

• 속초, 원통: 세상을 너무 가까이에서 어렵게 보게 되는 공간적 배경

[표현]

• 산 위와 산 아래의 세상의 모습을 (❸　　　　) 하여 삶에 대한 관점을 제시함.

• (❹　　　　)의 이동에 따라 시상을 전개함.

• 설의적 표현으로 주제 의식을 드러냄.

[주제]

단순하기도 하고 복잡하기도 한 삶에 대한 깨달음

▶ 작가: 신경림 – 〈해설편〉 85쪽 참조

나 누군가 나에게 물었다. 시가 뭐냐고

　나는 시인이 못됨으로 잘 모른다고 대답하였다.

　무교동과 종로와 명동과 남산과

　서울역 앞을 걸었다.

　저녁녘 남대문 시장 안에서

　빈대떡을 먹을 때 생각나고 있었다.

　그런 사람들이

　엄청난 고생 되어도

　순하고 명랑하고 맘 좋고 인정이

　있으므로 슬기롭게 사는 사람들이

　그런 사람들이

　이 세상에서 알파이고

　고귀한 인류이고

　영원한 광명이고

　다름 아닌 시인이라고.

- 김종삼, 〈누군가 나에게 물었다〉

나 김종삼, 〈누군가 나에게 물었다〉

[화자]

■ 화자와 시적 상황: 화자는 '나'로, (❶　　　　)가 무엇이냐는 질문에 대한 답을 찾기 위해 거리를 배회함.

■ 화자의 정서와 태도: 평범하고 소박한 삶에서 인간적인 가치를 발견함.

[시어]

• 알파, 고귀한 인류, (❷　　　　　　　), 시인: 서민들의 삶에 높은 가치를 부여한 표현

[표현]

• 일상의 경험을 소재로 하여 시상을 전개함.

• 묻고 답하는 방식으로 주제 의식을 드러냄.

• (❸　　　　)의 이동에 따른 화자의 깨달음이 나타남.

[주제]

시인의 사회적 책무와 서민들의 성실하고 건강한 삶에 대한 긍정

▶ 작가: 김종삼 – 〈해설편〉 85쪽 참조

01 (가)와 (나)의 공통점으로 가장 적절한 것은?

① 도치의 방식을 활용하여 주제를 부각하고 있다.
② 자연물을 이용하여 화자의 정서를 표현하고 있다.
③ 계절적 배경을 통해 시적 분위기를 조성하고 있다.
④ 유사한 시구를 반복하여 시적 의미를 강조하고 있다.
⑤ 설의적 표현을 통해 현실에 대한 화자의 인식을 드러내고 있다.

제대로 접근법 ☆ 문제 채점까지 마친 후 복습할 때 보세요.

01
두 작품의 표현상의 공통점을 파악하는 유형이다. 반드시 출제되는 유형이기 때문에 그 해결 방법을 잘 익혀 두어야 한다.
선택지에 언급된 특징들이 두 작품에 모두 드러나는지 확인하며 오답을 하나씩 지워 나간다. 섣부르게 판단하지 말고 반드시 지문에서 근거를 찾아야 한다.

02 〈보기〉를 참고하여 (가)를 감상한 내용으로 적절하지 않은 것은? [3점]

〈보기〉

이 시는 장자의 〈추수편〉에 실린 '대지관어원근(大知觀於遠近)'을 빌려 '큰 지혜는 멀리서도 볼 줄 알고, 가까이서도 볼 줄 아는 것'이라는 생각을 드러낸 작품이다. 특히 공간의 이동에 따른 관점의 변화를 그리며, 삶을 바라보는 태도에 대한 성찰을 드러내고 있다.

① '설악산 대청봉'에서 화자가 본 '산들'과 '마을들'은 '멀리'에서 본 세상의 모습이라 할 수 있겠군.
② 화자는 '바다'를 내려다보며 '세상살이 속속들이' 알기 위해서는 '가까이'에서 보아야 함을 깨달았겠군.
③ '함경도 아주머니들', '마늘 장수' 등을 만난 것은 화자에게 '가까이'에서 세상을 보는 경험이 되었겠군.
④ '속초'와 '원통'에서 겪은 일들로 인해 삶을 바라보는 화자의 관점이 변화하였겠군.
⑤ 화자는 '멀리'와 '가까이'에서 본 세상의 모습을 비교하며 삶을 바라볼 때 두 관점이 모두 필요하다고 느꼈겠군.

02
외적 준거에 따라 작품을 감상하는 유형이다. 먼저 〈보기〉의 내용을 정리해 보자.

〈보기〉 분석

• 작품의 주제 의식: 세상을 바라볼 때는 멀리서도 볼 줄 알고 가까이서도 볼 줄 알아야 한다는 생각을 드러냄.
• 작품의 특징: ① 공간의 이동에 따른 관점의 변화를 그림. ② 삶을 바라보는 태도에 대한 성찰을 드러냄.

'설악산 대청봉', '속초', '원통'이라는 공간에서 화자의 관점이 어떻게 변화하고 있는지만 이해한다면 문제를 어렵지 않게 해결할 수 있다.

03 다음은 학생이 (나)를 감상한 내용이다. 적절하지 않은 것은?

이 시의 제목을 보니, ㉠시란 무엇인가에 대한 질문이 이 시를 쓴 계기가 된 것 같아. 화자는 이 질문에 대해, ㉡자신은 '시인이 못됨으로' 모른다고 대답하였어. 그래서 ㉢여러 곳을 다니며 사람들에게 그 답을 물어보던 중, ㉣남대문 시장에서 질문에 대한 답을 얻게 되었어. 화자는 이런 경험을 통해 ㉤삶이 고되어도 맘 좋고 인정 넘치는 사람들이 다름 아닌 시인이라고 생각하게 된 것 같아.

① ㉠   ② ㉡   ③ ㉢   ④ ㉣   ⑤ ㉤

03
작품의 내용을 바르게 이해했는지 묻는 유형이다. (나)에서 ㉠~㉤에 대한 근거가 될 수 있는 시구나 시행을 찾아 하나하나 연결해 본다.
작품의 이해가 어렵지 않으며 선택지도 평이한 내용으로 구성되어 있다. 이런 문제는 결코 틀려서는 안 되는 문제이다.

1차 채점		개
맞은 문항 수		개
틀린 문항 수		개
헷갈리는 문항 번호		

• 틀린 문항 '/' 표시

2차 채점		개
맞은 문항 수		개
틀린 문항 수		개
헷갈리는 문항 번호		

• 틀린 문항 'X' 표시

3차 채점		개
맞은 문항 수		개
틀린 문항 수		개
헷갈리는 문항 번호		

• 틀린 문항 △ 표시

[01-03] 다음 글을 읽고 물음에 답하시오.

가 [A] 이 길을 만든 이들이 누구인지를 나는 안다

[B]
┌ 이렇게 길을 따라 나를 걷게 하는 그이들이
│ 지금 조릿대밭 눕히며 소리치는 바람이거나
│ 이름 모를 풀꽃들 문득 나를 쳐다보는 수줍음으로 와서
└ 내 가슴 벅차게 하는 까닭을 나는 안다

[C]
┌ 그러기에 짐승처럼 그이들 옛 내음이라도 맡고 싶어
│ 나는 자꾸 집을 떠나고
└ 그때마다 서울을 버리는 일에 신명나지 않았더냐

[D]
┌ 무엇에 쫓기듯 살아가는 이들도
│ 힘을 다하여 비칠거리는 발걸음들도
│ 무엇 하나씩 저마다 다져놓고 사라진다는 것을
└ 뒤늦게나마 나는 배웠다

[E]
┌ 그것이 부질없는 되풀이라 하더라도
│ 그 부질없음 쌓이고 쌓여져서 마침내 길을 만들고
│ 길 따라 그이들을 따라 오르는 일 / 이리 힘들고 어려워두
└ 왜 내가 지금 주저앉아서는 안 되는지를 나는 안다

– 이성부, 〈산길에서〉

나 잃어버렸습니다. / 무얼 어디다 잃었는지 몰라
두 손이 주머니를 더듬어 / 길에 나아갑니다.

돌과 돌과 돌이 끝없이 연달아
길은 돌담을 끼고 갑니다.

담은 쇠문을 굳게 닫아
길 위에 긴 그림자를 드리우고

길은 아침에서 저녁으로
저녁에서 아침으로 통했습니다.

돌담을 더듬어 눈물짓다
쳐다보면 하늘은 부끄럽게 푸릅니다.

풀 한 포기 없는 이 길을 걷는 것은
담 서쪽에 내가 남아 있는 까닭이고

내가 사는 것은, 다만,
잃은 것을 찾는 까닭입니다.

– 윤동주, 〈길〉

제대로 감상법

☆ 문제 풀이까지 마친 후 복습할 때 보세요.

가 이성부, 〈산길에서〉

화자
■ 화자와 시적 상황: 화자는 '나'로, 산길을 오르며 깨달음을 얻고 있음.
■ 화자의 정서와 태도: 새로운 (❶   )를 만들어 가는 과정을 묵묵히 수행할 것을 다짐함.

시어
• (❷   ): 하루하루 최선을 다해 살아간 민중들이 만들어 낸 성과이자 역사를 의미함.

표현
• 일상적인 소재인 '길'을 통해 역사의식을 드러냄.
• (❸   ) 어조를 반복하여 화자의 깨달음을 강조함.
• 자연물에 (❹   )을 부여하여 대상과의 교감을 드러냄.

주제
산길에서 깨닫는 삶의 가치와 의미

▶ 작가: 이성부 – 〈해설편〉 87쪽 참조

나 윤동주, 〈길〉

화자
■ 화자와 시적 상황: 화자는 '나'로, 길을 걸으며 잃어버린 (❶   )를 찾고자 함.
■ 화자의 정서와 태도: 자신을 성찰하며 참된 자아를 찾고자 하는 결의를 보임.

시어
• (❷   ): 자아 성찰의 공간이자 삶의 여정
• (❸   ), 쇠문: 참된 자아에 대한 지향을 가로막는 장애물

표현
• (❹   )인 시어를 통해 내면세계를 형상화함.
• '길'을 걷는 여정을 통해 본질적 자아를 찾고 현실을 극복하려는 의지를 드러냄.
• 고백적이고 성찰적인 어조로 내면적 결의를 드러냄.

주제
참된 자아의 회복과 현실 극복에 대한 의지

▶ 작가: 윤동주 – 〈해설편〉 88쪽 참조

01 (가)와 (나)에 대한 설명으로 가장 적절한 것은?

① (가)는 (나)와 달리 자연물에 인격을 부여하여 대상과의 교감을 드러내고 있다.

② (나)는 (가)와 달리 동일한 종결 어미를 반복하여 운율감을 높이고 있다.

③ (가)와 (나)는 모두 색채어를 활용하여 공간에 대한 인식을 드러내고 있다.

④ (가)와 (나)는 모두 공감각적 심상을 제시하여 대상에 입체감을 부여하고 있다.

⑤ (가)는 계절의 변화를 통해, (나)는 공간의 이동을 통해 시상을 구체화하고 있다.

제대로 접근법

☆ 문제 채점까지 마친 후 복습할 때 보세요.

01
표현상의 특징을 파악하는 유형으로, 정답률이 무척 낮았다. 두 작품의 공통점은 물론 차이점까지 확인해야 하므로 까다롭게 느껴졌을 것이다.
선택지의 형태에 대해서도 유의해야 한다. 예를 들어 '(가)는 (나)와 달리 ~'와 같이 이루어져 있다면, (가)에는 그 특징이 나타나야 하고 (나)에는 그 특징이 나타나지 않아야 한다. 이를 착각하여 오답을 선택하는 경우도 적지 않다.

02 (가)의 화자에 대한 이해로 적절하지 않은 것은?

① [A]: 길을 만든 이들이 누구인지 지각하고 있다.

② [B]: 삶의 고달픔이 어디에서 비롯되는지를 깨닫고 있다.

③ [C]: 집을 버리고 산길을 찾는 것에 즐거움을 느끼고 있다.

④ [D]: 사람은 누구나 삶의 자취를 남긴다는 사실을 알게 되었다.

⑤ [E]: 산길을 걷는 과정에서 포기하지 않는 삶의 태도를 다짐하고 있다.

02
화자에 대해 바르게 이해하고 있는지를 묻는 유형이다. 화자의 정서와 태도, 깨달음 등이 드러나는 시구를 찾아 선택지의 진술이 맞는지 확인한다.
무엇보다도 이 작품에서 화자가 산길을 오르며 깨닫고 있는 것이 무엇인지, 그리고 '길'이 의미하는 바가 무엇인지를 이해해야 한다. 아울러 그러한 깨달음이 어떤 과정을 거쳐 이루어지는지 정리한 다음 선택지의 적절성을 판단한다.

03 〈보기〉를 참고하여 (나)를 감상한 내용으로 적절하지 않은 것은? [3점]

〈보기〉

이 시는 '길'이라는 상징적 소재를 통해 '잃어버린 나'를 되찾으려는 화자의 모습을 잘 보여 주는 작품이다. 이 시의 화자는 부정적 상황 속에서 자기 탐색과 성찰을 통해, '잃어버린 나'를 회복하려고 끊임없이 노력하는 모습을 보인다.

① 굳게 닫힌 '쇠문'을 통해 화자가 처한 부정적 상황을 드러낸다고 할 수 있군.

② 길이 '저녁에서 아침으로 통했다'는 것은 자기 탐색의 과정이 끊임없이 이어짐을 의미하겠군.

③ '눈물짓'는 행위는 절망적 상황을 극복하려는 화자의 노력을 나타낸 것이겠군.

④ '부끄럽게'를 통해 화자가 하늘을 보며 자기 성찰을 하고 있음을 짐작할 수 있군.

⑤ 화자가 길을 걷는 이유는 '담 저쪽'의 '나'를 회복하기 위해서이겠군.

03
외적 준거에 따라 작품을 감상하는 유형이다. 작품을 주관적으로 해석하지 말고, 반드시 〈보기〉에 제시된 기준에 따라 해석해야 한다.
〈보기〉의 관점을 수용하여 작품을 감상했다면, 이제 시어 및 시구의 의미를 잘못 풀이한 선택지를 찾는다. '길', '돌담', '쇠문', '하늘'과 같은 시어의 상징적 의미를 제대로 이해했다면 문제를 해결하는 데 어려움이 없었을 것이다.

1차 채점	맞은 문항 수	개		2차 채점	맞은 문항 수	개		3차 채점	맞은 문항 수	개
	틀린 문항 수	개	→		틀린 문항 수	개	→		틀린 문항 수	개
	헷갈리는 문항 번호				헷갈리는 문항 번호				헷갈리는 문항 번호	

• 틀린 문항 '/' 표시 •틀린 문항 'X' 표시 •틀린 문항 △ 표시

[01-04] 다음 글을 읽고 물음에 답하시오.

가 어느 집 담장을 넘어 달겨드는
  이것은,
  치명적인 ㉠냄새

  식은 ㉡감자알 갉작거리며 평상에 엎드려 산수 숙제를 하던, 엄마 내 친구들은 내가 감자가 좋아서 감자밥 도시락만 먹는 줄 알아. 열한 식구 때꺼리를 감자 없이 무슨 수로 밥을 해 대냐고, 귀밝은 할아버지는 땅 밑에서 감자알 크는 소리 들린다고 흐뭇해하셨지만 엄마 난 땅속에서 자라는 것들이 무서운데, 뿌리 끝에 댕글댕글한 어지럼증을 매달고 식구들이 밥상머리를 지킨다 하나둘 숟가락 내려놓을 때까지 엄마 밥주발엔 숟가락 꽂히지 않는다.

  어릴 적 질리도록 먹은 건 싫어하게 된다더니, 감자 삶는 냄새
  이것은,
  치명적인 그리움

  꽃은 꽃대로 놓아두고 저는 땅 밑으로만 궁그는,
  ㉢꽃 진 자리엔 얼씬도 하지 않는,
  열한 개의 구덩이를 가진 늙은 애기집

  – 김선우, 〈감자 먹는 사람들〉

나 ┌ 산 너머 고운 노을을 보려고
  │ 그네를 힘차게 차고 올라 발을 굴렀지
  [A] 노을은 끝내 **어둠**에게 잡아먹혔지
  │ 나를 태우고 날아가던 ㉣그넷줄이
  └ 오랫동안 삐걱삐걱 떨고 있었어

  ┌ 어릴 때는 ㉤나비를 좇듯
  │ 아름다움에 취해 땅끝을 찾아갔지
  │ 그건 아마도 끝이 아니었을지도 몰라
  [B] 그러나 살면서 몇 번은 **땅끝**에 서게도 되지
  │ 파도가 끊임없이 땅을 먹어 들어오는 막바지에서
  └ 이렇게 뒷걸음질치면서 말야

  ┌ 살기 위해서는 이제
  │ 뒷걸음질만이 허락된 것이라고
  │ **파도**가 아가리를 쳐들고 달려드는 곳
  │ 찾아나선 것도 아니었지만
  [C] 끝내 발 디디며 서 있는 땅의 끝,
  └ 그런데 이상하기도 하지

제대로 감상법 ☆문제 풀이까지 마친 후 복습할 때 보세요.

가 김선우, 〈감자 먹는 사람들〉

화자
■ **화자와 시적 상황**: 화자는 '나'로, 감자 삶는 냄새를 맡으며 어머니의 (❶   )인 사랑을 회상함.
■ **화자의 정서와 태도**: 유년 시절의 헌신적인 어머니를 그리워함.

시어
• 냄새: 과거 회상의 매개체
• (❷   ): 어머니가 사랑으로 보살폈던 열한 명의 식구
• (❸   ): 가족을 위해 희생한 어머니

표현
• 독백과 대화를 통해 시상을 전개함.
• (❹   ) 이미지를 이용하여 과거 회상의 매개체로 사용함.
• 땅 밑에서 자라는 감자와 가족을 위해 헌신하는 어머니를 동일시함.

주제
희생적인 삶을 살았던 어머니에 대한 그리움
▶ 작가: 김선우 – 〈해설편〉 90쪽 참조

나 나희덕, 〈땅끝〉

화자
■ **화자와 시적 상황**: 화자는 '나'로, 절망적인 상황에서도 삶의 (❶   )을 발견하고 있음.
■ **화자의 정서와 태도**: 삶을 살아가는 바람직한 자세에 대해 깨달음.

시어
• (❷   ): 꿈을 이루기 위한 노력이 좌절된 후의 절망감이 투영된 대상
• (❸   ): 절망적이지만 희망을 품고 있는 공간. 중의적 의미를 지님.
• 위태로움 속에 아름다움이 스며 있다: 절망 속에서 삶의 희망을 발견할 수 있다는 의미의 역설적 표현

표현
• 구체적인 지명이 중의적 의미로 활용됨.
• 과거에서 현재로 시상이 전개됨.
• (❹   ) 표현을 사용하여 주제를 부각함.

주제
인생의 절망 속에서 깨달은 역설적인 희망
▶ 작가: 나희덕 – 〈해설편〉 90쪽 참조

위태로움 속에 아름다움이 스며 있다는 것이

땅끝은 늘 젖어 있다는 것이

그걸 보려고

또 몇 번은 **여기**에 이르리라는 것이

– 나희덕, 〈땅끝〉

01 (가)와 (나)에 대한 설명으로 가장 적절한 것은?

① (가)는 설의적 표현을 통해 대상의 속성을 강조하고 있다.
② (가)는 반어적 표현을 활용하여 대상에 대한 냉소적 태도를 드러내고 있다.
③ (나)는 구체적 청자와의 대화를 통해 시상을 전개하고 있다.
④ (나)는 특정한 종결 어미를 반복하여 운율을 형성하고 있다.
⑤ (가)와 (나)는 화자의 이동 경로에 따라 화자의 정서를 구체화하고 있다.

제대로 접근법 ☆☆ 문제 채점까지 마친 후 복습할 때 보세요.

01
표현상의 특징을 파악하는 유형이다. 선택지의 내용과 작품에 드러난 특징을 연결 지어 하나하나 확인해 보자.
먼저 (가)에서 설의적 표현이나 반어적 표현이 나타나는지 찾고, (나)에서 구체적 청자나 특정한 종결 어미의 반복이 나타나는지 확인한다. 만약 답을 찾지 못했다면 (가)와 (나)에서 화자의 이동 경로가 나타나는지 확인한다.

02 다음은 (가)의 화자가 어머니께 쓴 편지의 일부이다. 시적 상황을 고려할 때, ⓐ~ⓔ 중 적절하지 않은 것은?

> … 어머니, 그 시절 저는 ⓐ학교에 감자밥 도시락을 싸서 다니는 것이 그렇게 좋지만은 않았습니다. 그래서 어느 날인가 그 얘기를 했더니 곁에 계시던 ⓑ할아버지께서는 감자 드시는 것이 오히려 좋다시며 저를 나무라셨지요. 지금 생각해 보면 감자라도 밥에 섞지 않으면 11명이나 되는 식구들을 먹이기가 쉽지 않았음을 이해하게 됩니다. 특히 ⓒ식구들의 밥이 모자랄까 봐 식구들이 밥을 다 먹을 때까지 기다리시던 어머니의 모습이 아직도 눈에 선합니다. 하지만 그때 저는 어렸고, ⓓ감자에 대한 거부감까지 가지고 있었습니다. ⓔ그런데 지금은 왜 이렇게 그리운지 모르겠습니다. 그것은 아마 어머니의 가족에 대한 사랑을 깨달아서가 아닌가 합니다. …

① ⓐ   ② ⓑ   ③ ⓒ   ④ ⓓ   ⑤ ⓔ

02
작품의 내용을 바르게 이해했는지 묻는 유형이다. 작품의 전체적인 내용을 쉽게 풀어 쓴 편지글이 제시되어 있으므로, 이를 먼저 읽고 작품을 감상하는 것이 효율적이다.
편지글의 내용에 대한 근거가 될 수 있는 시구나 시행을 찾아 직접 연결해 본다. 작품에 나타나지 않은 내용을 언급하여 연결되지 않는 선택지가 있을 것이다.

03 [A]~[C]에 대한 이해로 적절하지 <u>않은</u> 것은? [3점]

① [A]에서 화자는 '어둠'을 통해 자신이 느끼는 암담한 심정을 드러내고 있다.
② [A]에서 화자는 '그네'를 굴림으로써 이상적 대상에 다가가고 싶은 마음을 표현하고 있다.
③ [B]에서 화자는 '땅끝'을 현실에서 벗어난 이상적 공간으로 인식하고 있다.
④ [C]에서 화자는 달려드는 '파도'를 삶의 위태로움으로 인식하고 있다.
⑤ [C]에서 화자는 '여기'에서 삶에 대한 역설적 깨달음을 얻고 있다.

제대로 접근법

☆ 문제 채점까지 마친 후 복습할 때 보세요.

03
시상 전개에 따른 화자의 정서와 태도를 파악하는 유형이다. 먼저 시어의 상징적 의미를 파악하고, 이를 바탕으로 화자의 정서와 태도를 유추해 보자.
시어의 상징적 의미를 파악하려면 시의 전체 맥락을 이해해야 한다. [A]는 어린 시절을 회상하고 있고, [B]의 '그러나'를 기점으로 과거에서 현재로 전환되고 있으며, [C]의 '그런데'를 기점으로 절망에서 희망으로 전환되고 있다. 아울러 '땅끝'이 중의적 의미를 지니고 있다는 점에 주목하여 선택지의 적절성을 판단한다.

04 〈보기〉를 참고할 때, ㉠~㉤ 중 ㉮에 해당되는 것으로 가장 적절한 것은?

〈보기〉

기억은 어떻게 재생되느냐에 따라 자발적 기억과 비자발적 기억으로 나눌 수 있다. 자발적 기억은 우리 의지에 따라 수행되는 기억이고, 비자발적 기억은 어떤 사건이나 사물 혹은 사람과 우연히 마주쳤을 때 발생하는 기억이다. 완전히 잊었다고 생각했던 과거의 일이 어떤 일을 계기로 우연히 떠오를 때가 있는데 이런 기억이 바로 비자발적 기억이다. 이때 ㉮비자발적 기억을 우연히 떠오르게 하는 요인으로 시각적 경험뿐 아니라 후각, 촉각적 경험 등도 작용한다.

---

① ㉠   ② ㉡   ③ ㉢   ④ ㉣   ⑤ ㉤

04
시어의 기능을 파악하는 유형이다. 〈보기〉에서 설명하고 있는 기능의 시어를 찾아보자.

〈보기〉 분석

• 비자발적 기억: 어떤 사건이나 사물 혹은 사람과 우연히 마주쳤을 때 발생하는 기억
• 비자발적 기억을 우연히 떠오르게 하는 요인: 시각, 후각, 촉각적 경험 등

이렇게 정리했을 때 ㉮에 해당하는 시어는 우연한 경험, 그리고 시각, 후각, 촉각적 경험과 관련되어 있을 것으로 짐작할 수 있다.

1차 **채점**	맞은 문항 수	개
	틀린 문항 수	개
	헷갈리는 문항 번호	

• 틀린 문항 '/' 표시

→

2차 **채점**	맞은 문항 수	개
	틀린 문항 수	개
	헷갈리는 문항 번호	

• 틀린 문항 'X' 표시

→

3차 **채점**	맞은 문항 수	개
	틀린 문항 수	개
	헷갈리는 문항 번호	

• 틀린 문항 △ 표시

IV부 | 고전 시가

❖ 출제 경향과 학습 대책

❶ 한 작품 단독, 또는 두 작품 이상이 묶여 출제된다.
고전 시가가 단독으로 출제될 경우 한 작품만으로 지문이 구성되기도 하고, 시조와 같이 짧은 작품이 포함되면 두세 작품이 묶여 지문이 구성되기도 한다. 고전 시가가 단독으로 출제되지 않을 경우 현대시나 수필과 묶여 갈래 복합으로 출제된다.

❷ 현대시에 비해 묶이는 방식이 단순하다.
둘 이상의 고전 시가 작품이 묶여 출제될 경우에 주제, 화자의 정서와 태도, 표현상의 특징이 유사한 작품을 묶는 경우가 많다. 이때 현대시 지문 구성에 비해 그 유사성이 명백하므로, 이를 실마리로 삼아 문제를 푸는 것도 한 방법이다.

❸ 가사와 시조 작품이 많이 출제된다.
가사와 시조 작품이 압도적으로 높은 출제 비중을 차지하고 있다. 다른 갈래의 작품이 출제될 것에 대비하여, 각 갈래의 기본적인 특성과 대표 작품에 대한 학습도 빼놓지 말아야 한다. 교과서와 EBS 교재에 수록된 작품, 문학사적 가치가 높은 작품이 주로 출제된다는 것은 다른 갈래와 마찬가지이다. 다만 고전 시가는 작품이 한정되어 있어 기출 작품이 다시 출제될 가능성도 있다.

❹ 작품을 현대어로 해석할 수 있어야 한다.
문제가 그다지 어렵지 않음에도 불구하고 고어(古語)로 되어 있는 고전 시가 작품을 온전히 해석하지 못해 문제를 틀리는 경우가 많다. 고전 시가에 자주 등장하는 어휘를 익히면서 작품을 현대어로 해석하는 연습을 반복해야 한다.

❺ 주제별로 묶어 작품을 공부하자.
고전 시가는 자연 친화, 임에 대한 그리움, 연군(戀君) 등 현대시에 비해 주제가 한정적이며, 이러한 주제가 지문 구성과 문제 풀이에도 영향을 미친다. 따라서 고전 시가의 주제 양상을 이해하고, 이에 맞추어 작품을 공부하는 것이 효율적이다.

❻ 기출 유형을 익히자.
출제되는 문제 유형은 현대시와 크게 다르지 않다. 화자의 정서와 태도, 시어나 시구의 의미, 시상 전개 방식, 표현과 발상의 특징, 종합적 이해와 감상 등을 묻는다. 어떤 유형의 문제이든 작품의 기본적인 의미 해석과 연관되어 있는 경우가 많다. 고전 시가 작품과 문제를 어렵게 생각할 수 있다. 하지만 작품 해석만 제대로 할 수 있다면 문제 자체는 현대시에 비해 쉽게 해결할 수도 있다.

꼭 알아야 할 핵심 이론

❶ 고전 시가 작품 감상 방법

• 현대시와 작품 감상 방법이 크게 다르지 않다. 다만 고어(古語)로 되어 있는 고전 시가 작품을 현대어로 해석하여 이해하고 감상할 수 있어야 한다.

[1단계] 현대어로 풀어 감상한다.

고전 시가에 자주 등장하는 어휘의 의미를 익히고, 작품을 현대어로 해석할 수 있는 능력을 기른다.

[2단계] 갈래별 특징을 이해한다.

고려 가요, 시조, 가사 등 고전 시가의 갈래별 특징을 이해하고 있으면 작품 감상에 도움을 받을 수 있다.

❷ 고전 시가 문제 유형

• 문제 유형 역시 현대시와 다르지 않다. 다만 고전 시가 영역에서만 유독 자주 출제되는 문제 유형도 있다.

[유형 1] 작품 간의 비교 감상

두 작품을 비교하여 공통점과 차이점을 파악하는 유형

⑩ (마)와 〈보기〉를 비교하여 감상한 내용으로 적절하지 <u>않은</u> 것은?

[유형 2] 갈래의 특성을 반영한 감상

〈보기〉에 제시된 갈래의 특성이 작품에 어떻게 적용되어 있는지 파악하는 유형

⑩ 〈보기〉를 참조하여 윗글을 감상한 내용으로 적절하지 <u>않은</u> 것은?

❸ 고전 시가의 주제

자연 친화	공명(功名)도 날 씌우고, 부귀(富貴)도 날 씌우니, / 청풍명월(淸風明月) 외(外)예 엇던 벗이 잇스올고. - 정극인, 〈상춘곡〉
사랑과 그리움	묏버들 갈히 것거 보내노라 님의손딕, / 자시는 창(窓) 밧긔 심거 두고 보쇼셔. - 홍랑의 시조
연군과 충의	뎌 믹화 것거 내여 님 겨신 딕 보내오져. / 님이 너를 보고 엇더타 너기실고. - 정철, 〈사미인곡〉
유교적 가치	아바님 날 나흐시고 어마님 날 기르시니 / 부모(父母)옷 아니시면 내 모미 업슬랏다. - 주세붕, 〈오륜가〉
유배 생활	이 마음 어리기도 님 위한 탓이로세. / 아뫼 아무리 일러도 임이 혜여 보소셔. - 윤선도, 〈견회요〉
기행	방물을 졍검ᄒ고 힝장을 슈습ᄒ여 / 압녹강변 다다르니 송객정이 여긔로다. - 홍순학, 〈연행가〉
풍자와 비판	누터비 프리를 물고 두험 우희 치ᄃ라 안자 / 것넌 산(山) ᄇ라보니 백송골(白松鶻)이 ᄲ러잇거늘 - 작자 미상의 사설시조
여성의 고통	형님 형님 사촌 형님 시집살이 어떱뎁까? / 이애 이애 그 말 마라 시집살이 개집살이. - 〈시집살이 노래〉
삶의 시름	노래 삼긴 사룸 시름도 하도할샤. / 닐러 다 못 닐러 불러나 푸돗든가. - 신흠의 시조

필수 고전 어휘

◉ **강호**: 강과 호수 = 자연
⑩ **강호**(江湖)에 봄이 드니(자연에 봄이 찾아오니) - 맹사성, 〈강호사시가〉

◉ **괴다**: 사랑하다 ⑩ 어머님ᄀ티 **괴시리** 업세라.(어머님같이 사랑하실 이가 없습니다.) - 작자 미상, 〈사모곡〉

◉ **녀다, 녜다**: 가다, 살다
⑩ 즈믄 히를 외오곰 **녀신돌**(천 년을 홀로 살아간들) - 작자 미상, 〈서경별곡〉

◉ **니르다**: 말하다 ⑩ 흐믈며 못다 핀 곳이야 **닐러** 므슴 흐리오.(하물며 아직 피지 못한 꽃이야 말해 무엇하겠는가.) - 유응부의 시조

◉ **도화**: 복숭아꽃
⑩ 떠오느니 **도화** l 로다.(떠오는 것이 복숭아꽃이로구나.) - 정극인, 〈상춘곡〉

◉ **됴타(둏다)**: 좋다 ⑩ 인간(人間)을 도라보니 머도록 더욱 **됴타**.(속세를 돌아보니 멀수록 더욱 좋구나.) - 윤선도, 〈어부사시사〉

◉ **백구**: 흰 갈매기
⑩ **백구**(白鷗) l 야 말 무러보쟈.(흰 갈매기야, 말 물어보자.) - 김천택의 시조

◉ **버히다**: 베다 ⑩ 동지ㅅ돌 기나긴 밤을 한 허리를 **버혀** 내어(동짓달 기나긴 밤의 한가운데를 베어 내어) - 황진이의 시조

◉ **삼경**: 밤 11시에서 새벽 1시
⑩ **삼경**(三更)이 깊어 갈 제(밤이 깊어 갈 때) - 박인로, 〈상사곡〉

◉ **싀어디다**: 사라지다, 죽다 ⑩ ᄎ랄리 **싀어디여** 범나븨 되오리라.(차라리 죽어서 범나비가 되리라.) - 정철, 〈사미인곡〉

◉ **시비**: 사립문 ⑩ **시비**(柴扉)룰 여지 마라.(사립문을 열지 마라.) - 신흠, 〈방옹시여〉

◉ **실솔**: 귀뚜라미
⑩ **실솔**(蟋蟀)이 상(床)에 울 제(귀뚜라미가 침상에서 울 때) - 허난설헌, 〈규원가〉

◉ **암향**: 그윽한 향기
⑩ **암향**(暗香)좃추 부동(浮動)터라.(그윽한 향기조차 떠도는구나.) - 안민영, 〈매화사〉

◉ **어리다**: 어리석다 ⑩ 이 마음 **어리기도** 님 위한 탓이로세.(이 마음 어리석은 것도 모두 임을 위하기 때문일세.) - 윤선도, 〈견회요〉

④ 고전 시가의 갈래별 특징

1 고대 가요
- 개념: 향가가 나타나기 이전까지 우리 민족이 향유하던 시가
- 전승: 배경 설화 속에 삽입된 형태로 구전
- 변천: 의식요, 노동요의 성격을 지닌 집단 가요에서 개인적 서정을 노래한 가요로 변천
- 작품: 공무도하가, 구지가, 황조가, 정읍사 등

2 향가
- 개념: 한자의 음과 뜻을 빌려 적는 향찰로 표기된 신라의 노래
- 작가: 주로 승려나 화랑과 같은 귀족 계층
- 형식: 4구체, 8구체, 10구체 등. 10구체 향가는 가장 정제되고 세련된 형태의 노래
- 작품: 서동요, 헌화가, 제망매가, 안민가 등

3 고려 가요
- 개념: 향가의 쇠퇴 후 새로이 나타나 고려의 서민층에서 널리 향유된 노래
- 내용: 사랑, 이별, 자연 등을 소재로 하여 소박하고 풍부한 서민들의 정서를 노래
- 형식: 주로 분절체, 후렴구, 3·3·2조의 3음보
- 작품: 동동, 청산별곡, 가시리, 서경별곡 등

4 악장
- 개념: 조선 건국 초기에 궁중의 여러 의식과 행사에 사용하던 음악 가사
- 내용: 조선 창업과 문물제도에 대한 찬양, 왕덕(王德)에 대한 기원을 다룬 송축가
- 작품: 신도가, 용비어천가 등

5 시조
- 개념: 고려 중엽에 발생하고 말엽에 완성되어 현재까지 이어진 우리 고유의 정형시
- 작가: 양반, 부녀자, 기생 등 다양
- 형식: 3장 6구 45자 내외, 3·4조(4·4조)의 음수율, 4음보. 종장의 첫 음보는 3음절
- 종류: 평시조, 엇시조(한 구절이 길어진 형태), 사설시조(두 구절 이상이 길어진 형태)

6 가사
- 개념: 고려 말에 발생하여 조선 후기까지 창작된 운문과 산문의 중간 형태의 노래
- 내용: 자연 및 연군을 다룬 작품에서 일상 체험을 다룬 작품으로 확대
- 형식: 주로 3·4조(4·4조)의 연속체, 4음보
- 종류: 은일 가사, 내방 가사, 유배 가사 등
- 작품: 상춘곡, 사미인곡, 규원가, 누항사 등

7 한시
- 개념: 한문으로 이루어진 정형시
- 성격: 중국의 양식이지만, 우리 민족의 사상과 감정을 담은 한시는 우리 문학에 포함
- 구조: 기승전결과 선경후정의 시상 전개 구조
- 작품: 추야우중, 송인, 사리화, 보리타작 등

8 민요
- 개념: 민중들 사이에서 자연스럽게 발생하여 오랫동안 전해오는 구전 가요
- 내용: 삶의 애환과 고달픔, 남녀의 사랑 등
- 형식: 주로 4음절 4음보, 후렴구
- 작품: 시집살이 노래, 논매기 노래 등

필수 고전 어휘

- 어엿브다: 불쌍하다
  예 어엿브다 져 귓도리(불쌍하다 저 귀뚜라미) – 작자 미상의 시조

- 어즈버: 감탄사 '아아' 예 어즈버 씨두라니 진시황의 타시로다.(아아, 깨달으니 진시황의 탓이로다.) – 박인로, 〈선상탄〉

- 역군은이샸다: 임금의 은혜 덕분이다
  예 이렁 굼도 역군은이샷다.(이렇게 지내는 것도 임금의 은혜 덕분이다.) – 송순, 〈면앙정가〉

- 외다: 틀리다, 그르다 예 슬프나 즐거오나 옳다 하나 외다 하내(슬프나 즐거우나 옳다 하나 그르다 하나) – 윤선도, 〈견회요〉

- 이화: 배꽃
  예 이화(梨花)에 월백(月白)하고(하얀 배꽃에 달빛이 은은히 비치고) – 이조년의 시조

- 자규: 두견새
  예 일지춘심(一枝春心)을 자규ㅣ야 아랴마논(나뭇가지에 맺은 봄의 정서를 두견새가 알겠느냐마는) – 이조년의 시조

- 져근덧: 잠깐 사이에, 문득
  예 져근덧 밤이 드러(잠깐 사이에 밤이 되어) – 정철, 〈관동별곡〉

- 조타(좋다): 깨끗하다
  예 구룸 비치 조타 하나(구름의 빛깔이 깨끗하다고 하나) – 윤선도, 〈오우가〉

- 하다: 많다 예 널라와 시름 한 나도(너보다 시름이 많은 나도) – 작자 미상, 〈청산별곡〉

- 행화: 살구꽃 예 도화 행화(桃花杏花)눈 석양리예 퓌여 잇고(복숭아꽃과 살구꽃은 석양 속에 피어 있고) – 정극인, 〈상춘곡〉

- 혜다: 헤아리다, 생각하다 예 도로혀 혜여 흐니 마누라 타시로다.(돌이켜 생각하니 주인님 탓이로다.) – 이원익, 〈고공답주인가〉

- 홍진: 속세 예 홍진(紅塵)에 뭇친 분네(속세에 묻혀 사는 사람들이여) – 정극인, 〈상춘곡〉

- ~도곤: ~보다
  예 삼공(三公)도곤 낫다 흐더니(삼정승보다 낫다 하더니) – 윤선도, 〈만흥〉

- ~ㄹ셰라: ~할까 두렵다
  예 선흐면 아니 올셰라.(서운하면 아니 오실까 두렵습니다.) – 작자 미상, 〈가시리〉

◉ 권장 풀이 시간 : 4분 30초

[01-03] 다음 글을 읽고 물음에 답하시오.

☆ 문제 풀이까지 마친 후
복습할 때 보세요.

제대로 감상법

가 석양(夕陽)이 비꼈으니 그만하고 돌아가자 / 돛 내려라 돛 내려라

버들이며 물가의 꽃은 굽이굽이 새롭구나 / 지국총 지국총 어사와

㉠삼공(三公)*을 부러워하랴 만사(萬事)를 생각하랴

〈춘(春) 6〉

궂은 비 멎어 가고 시냇물이 맑아 온다 / 빈 떠라 빈 떠라

낚싯대 둘러메니 깊은 흥(興)을 못 금(禁)하겠다 / 지국총 지국총 어사와

㉡연강(煙江)* 첩장(疊嶂)*은 뉘라서 그려낸고

〈하(夏) 1〉

㉢물외(物外)에 조흔 일이 어부 생애 아니러냐 / 빈 떠라 빈 떠라

어옹(漁翁)을 운디 마라 그림마다 그렷더라 / 지국총 지국총 어사와

사시(四時) 흥(興)이 흔 가지나 추강(秋江)이 으뜸이라

〈추(秋) 1〉

㉣물가의 외로운 솔 혼자 어이 씩씩흔고 / 빈 미여라 빈 미여라

험한 구름 흔(恨)치 마라 세상(世上)을 가리운다 / 지국총 지국총 어사와

㉤파랑성(波浪聲)*을 싫어 마라 진훤(塵喧)*을 막는도다

〈동(冬) 8〉

– 윤선도, 〈어부사시사(漁父四時詞)〉

* 삼공 : 삼정승으로, 영의정, 좌의정, 우의정을 일컬음.   * 연강 : 안개 낀 강

* 첩장 : 겹겹이 둘러싼 산봉우리   * 파랑성 : 물결 소리   * 진훤 : 속세의 시끄러움

나 초당 늦은 날에 깊이 든 잠 겨우 깨어

대창문을 바삐 열고 작은 뜰에 방황하니

시내 위의 버들잎은 봄바람을 먼저 얻어

위성 땅 아침 비*에 원객(遠客)의 근심이라

수풀 아래 뻐꾹새는 계절을 먼저 알아

태평세월 들일에는 농부를 재촉한다

아아 내 일이야 잠을 깨어 생각하니

세상의 모든 일이 모두가 허랑(虛浪)하다

공명(功名)이 때가 늦어 백발은 귀밑이요

산업(産業)에 꾀가 없어 초가집 몇 칸이라

백화주 두세 잔에 산수에 정이 들어

홍도 벽도(紅桃碧桃)* 난발(爛發)한데 지팡이 짚고 들어가니

산은 첩첩 기이하고 물은 청청 깨끗하다

안개 걷어 구름 되니 남산 서산 백운(白雲)이요

구름 걷혀 안개 되니 계산 안개 봉이 높다

가 윤선도, 〈어부사시사(漁父四時詞)〉

제목의 의미·갈래

'어부사시사'는 '어부의 한가로운 사계절 삶을 담은 노래'라는 뜻으로, 춘 · 하 · 추 · 동 각 10수씩 모두 40수로 이루어진 연시조이다.

화자

자연에서 세속적 가치를 멀리하고 (❶   )의 흥취를 즐기며 여유롭고 한적한 나날을 보냄.

시어

• (❷   ) : 속세를 벗어난 곳. 화자가 지향하는 공간

• 사시 흥 : 사계절의 흥취. 화자의 정서가 직접 제시됨.

• (❸   ) : 변함없이 절개를 지키는 소나무의 모습. 화자가 긍정적으로 평가하는 대상

표현

• (❹   )의 변화에 따라 시상을 전개함.

• 초장과 중장, 종장과 종장 사이에 여음(후렴구)을 배치하여 운율을 형성하고 단조로운 흐름에 변화를 줌.

• 대구법, 반복법, 의성어의 사용 등 다양한 표현법을 사용함.

주제

계절에 따라 바뀌는 자연의 아름다움과 어부 생활의 흥취

▶ 작가 : 윤선도 – 〈해설편〉 93쪽 참조

나 남석하, 〈초당춘수곡(草堂春睡曲)〉

제목의 의미·갈래

'초당춘수곡'은 '초가집에서 봄에 잠을 자다가 일어나 읊은 노래'라는 뜻으로, 잠을 자다가 일어나 봄을 만끽한 사연을 그린 가사 작품이다.

화자

늦은 봄날 (❶   )을 이루지 못한 자신의 신세를 한탄하다가, 근심과 무상감에서 벗어나 산수를 둘러보며 자연을 즐김.

시어

• (❷   ) : 봄이 와 바쁘게 들일을 해야 하는 인물. 화자의 저지와 대비됨.

• 백발은 귀밑 : 화자가 입신양명을 이루지 못하고 나이가 들었음을 나타냄.

• (❸   ) : 풍류를 즐기는 화자의 모습을 드러내는 소재. 화자의 정서 변화에 기여함.

• 탁영대, 세심대 : 갓끈을 씻고 마음을 씻는다는 뜻으로, 세속을 초월함을 의미함.

앉아 보고 서서 보니 별천지가 여기로다

때 없는 두 귀밑을 돌시내에 다시 씻고

탁영대(濯纓臺) 잠깐 쉬고 세심대(洗心臺)로 올라가니

풍대(風臺)의 맑은 바람 심신이 시원하고

월사(月榭)의 밝은 달은 맑은 의미 일반이라

– 남석하, 〈초당춘수곡(草堂春睡曲)〉

＊ 위성 땅 아침 비 : 왕유의 시 구절로 벗과 이별하던 장소에 아침 비가 내리는 풍경을 말함.

＊ 홍도 벽도 : 복숭아꽃

표현

• 봄의 계절감이 드러나는 소재를 사용함.
• (❶   ) 어조를 통해 화자의 정서를 부각함.
• 대구법을 사용해 운율감을 형성함.

주제

봄날의 자연에서 느끼는 흥취

▶ 작가: 남석하 – 〈해설편〉 94쪽 참조

01 (가)와 (나)의 공통점으로 가장 적절한 것은?

① 의인화된 대상을 통해 세태를 비판하고 있다.
② 설의적 표현을 통해 시적 의미를 강조하고 있다.
③ 영탄적 어조를 통해 화자의 정서를 부각하고 있다.
④ 촉각적 심상을 통해 시적 분위기를 조성하고 있다.
⑤ 역설적 표현을 통해 이상향에 대한 의지를 드러내고 있다.

02 (가)와 (나)에 대한 설명으로 적절하지 <u>않은</u> 것은?

① (가)의 '버들'과 (나)의 '뻐꾹새'는 계절감을 드러내는 소재이다.
② (가)의 '흥'과 (나)의 '정'은 자연에서 화자가 느끼는 정서이다.
③ (가)의 '어옹'과 (나)의 '농부'는 화자의 처지에 공감하는 인물이다.
④ (가)의 '추강'과 (나)의 '밝은 달'은 화자가 긍정적으로 인식하는 대상이다.
⑤ (가)의 '낚싯대'와 (나)의 '백화주'는 풍류를 즐기는 화자의 모습을 드러내는 소재이다.

03 〈보기〉를 참고하여 ㉠~㉤을 감상한 내용으로 적절하지 <u>않은</u> 것은? [3점]

〈보기〉

(가)에는 속세를 벗어나 자연의 아름다움을 즐기면서 유유자적한 삶을 살고자 하는 화자의 모습이 드러나 있다. 이 작품에서 자연은 화자가 지향하는 공간으로 인간 세상과 대립되는 공간을 의미한다. 화자는 인간 세상을 멀리하고 자연에 귀의하고자 하는 태도를 보이고 있다.

① ㉠은 속세의 사람들이 추구하는 가치에서 벗어난 화자의 모습을 드러낸다고 볼 수 있군.
② ㉡은 화자가 자연의 아름다움에 감탄하며 이를 즐기고 있다고 볼 수 있군.
③ ㉢은 인간 세상과 대립되는 자연으로 화자가 지향하는 공간으로 볼 수 있군.
④ ㉣은 자연에 귀의하지 못한 사람으로 화자가 안타까워하는 대상으로 볼 수 있군.
⑤ ㉤은 인간 세상을 멀리하고자 하는 화자의 태도를 드러낸다고 볼 수 있군.

제대로 접근법

☆ 문제 채점까지 마친 후 복습할 때 보세요.

01
표현상의 공통점을 파악하는 유형으로, 정답률이 무척 낮았다. 고전 시가 작품을 현대어로 해석할 수 있어야 표현 방법에 대한 정확한 검토가 가능하다는 점을 기억하자.
선택지에 언급된 특징이 (가)와 (나)에 나타나는지, 나타난다면 그 효과가 선택지의 뒷부분에 제시된 것과 같은지 판단해 보자.

02
시어의 의미와 기능을 파악하는 유형이다. 시의 전체적인 흐름과 그에 따른 화자의 정서와 태도를 고려하여 시어의 의미를 판단한다.
(가)의 화자는 계절의 변화에 따라 바뀌는 자연의 아름다움을 즐기고 있고, (나)의 화자는 입신양명을 이루지 못한 자신의 신세를 한탄하다가 이후에 술을 마시며 자연을 즐기는 모습을 보이고 있다. 이를 바탕으로 시어의 의미를 유추해 보자.

03
외적 준거에 따라 작품을 감상하는 유형이다. 작품을 현대어로 해석하기 어려울 때는, 〈보기〉에 제시된 정보를 통해 작품의 개괄적인 내용을 확인한 다음 작품을 감상하는 것이 좋다.
〈보기〉를 통해 (가)에서 속세와 자연이 대립적 의미를 지닌다는 것, 화자는 자연에서 유유자적한 삶을 살고자 한다는 것을 알 수 있다. 이를 참고하면 화자가 긍정적으로 여기는 대상과 부정적으로 여기는 대상이 무엇인지 판단할 수 있다.

1차 채점	맞은 문항 수	개		2차 채점	맞은 문항 수	개		3차 채점	맞은 문항 수	개
	틀린 문항 수	개	→		틀린 문항 수	개	→		틀린 문항 수	개
	헷갈리는 문항 번호				헷갈리는 문항 번호				헷갈리는 문항 번호	
• 틀린 문항 '/' 표시				• 틀린 문항 '×' 표시				• 틀린 문항 △ 표시		

[01-04] 다음 글을 읽고 물음에 답하시오.

가 ᄆᆞ을 사람들하 올ᄒᆞᆫ 일 ᄒᆞ쟈스라

사람이 되여 나셔 올티곳 못ᄒᆞ면

ᄆᆞ쇼ᄅᆞᆯ 갓 곳갈 싀워 밥 머기나 다ᄅᆞ랴

〈제8수〉

풀목 쥐시거든 두 손으로 바티리라

나갈 데 겨시거든 막대 들고 ⓐ조츠리라

향음쥬 다 파ᄒᆞᆫ 후에 뫼셔 가려 ᄒᆞ노라

〈제9수〉

오늘도 다 새거다 호ᄆᆡ 메고 가쟈스라

내 논 다 매여든 네 논 졈 매여 주마

올 길에 뽕 따다가 누에 먹겨 보쟈스라

〈제13수〉

– 정철, 〈훈민가〉

나 일곱 되 사온 ᄡᆞᆯ 꾸어 온 ᄡᆞᆯ 두 되 갑고

부족타 ᄒᆞ지 않는 말이 뜻을 순하게 ᄒᆞ오미라

깨진 그릇 좋단 말은 시가를 존중ᄒᆞ미라

날고 기는 개 달긴덜 어른 압헤 감히 치며 / 부인의 목소리를 문 밧게 감히 내며

해가 져서 황혼되니 무탈과경* 다행이요

달기 우러 새벽 되면 오는 날을 엇지 할고

전전긍긍 조심 마음 시각을 노흘손가

행여 혹시 눈 밖에 날가 조심도 무궁ᄒᆞ다

㉠친정에 편지하여 서러운 ᄉᆞ셜 불가ᄒᆞ다

시원치 아닌 달란 말이 한 번 두 번 아니여던

번번이 염치 읍시 편지마다 ᄒᆞᆫ잔 말가

㉡빈궁(貧窮)이 내 팔ᄌᆞ니 뉘 탓슬 ᄒᆞᆫ잔 말가

설매를 보내어서 이웃집에 꾸러가니

도라와서 우넌 말이 전에 꾼 ᄡᆞᆯ 아니 주고

㉢염치 읍시 또 왔느냐 두 말 말고 바삐 가라

한심ᄒᆞ다 이 내 몸이 금의옥식 길녀 ᄂᆞ셔

전곡(錢穀)을 모르다가 일조(一朝)에 이음 보니

이목구비 남 갓트되 엇지 이리 되얏넌고

수족이 건강ᄒᆞ니 내 힘써 벌게 되면 / 어느 뉘가 시비ᄒᆞ리 천한 욕을 면ᄒᆞ리라

분한 마음 다시 먹고 치산범절* 힘쓰리라

김장ᄌᆞ 이부ᄌᆞ가 제 근본 부ᄌᆞ런가

㉣밤낮으로 힘써 벌면 난들 아니 부ᄌᆞ될가

가 정철, 〈훈민가〉

제목의 의미·갈래

'훈민가'는 '백성을 가르치는 노래'라는 뜻으로, 작가가 백성들을 교화하기 위해 지은 총 16수의 연시조이다. 유교를 보편화하고 윤리 도덕의 실천을 가르치고자 한 목민가(牧民歌)로, 정감 어린 어휘와 청유형 어미를 활용하여 강한 설득력을 얻고 있다.

화자

유교적 도리와 덕목을 권장하며 백성을 계몽하고 (❶   )하고자 함.

시어

• (❷   ): 옳은 일. 화자가 권장하는 유교적 도리와 덕목

• 두 손으로 바티리라: 일어서려는 노인을 부축하는 모습. 노인에 대한 공경

• 내 논 다 매여든 네 논 졈 매여 주마: 서로 돕는 상부상조의 실천을 강조함.

표현

• 백성들의 교화를 위한 계몽적 성격의 노래임.

• 우리말로 된 일상어의 사용으로 백성들의 이해를 도움.

• (❸   ) 어미의 사용으로 설득력을 높임.

• 유사한 통사 구조의 반복으로 운율을 형성함.

주제

유교 윤리의 실천 권장

▶ 작가: 정철 – 〈해설편〉 96쪽 참조

나 작자 미상, 〈복선화음록〉

제목의 의미·갈래

'복선화음록'은 '착한 이에게 복을 주고 악한 이에게 재앙을 주는 내용을 기록한 글'이라는 뜻으로, 어머니가 시집가는 딸에게 올바른 부녀자의 삶에 대해 가르치기 위해 쓴 계녀 가사이다. 화자 자신에 관한 이야기를 통해 바람직한 시집살이의 모습을, 괴똥어미에 관한 이야기를 통해 잘못된 시집살이의 모습을 제시하고 있다.

화자

(   )을 가는 딸에게 올바른 부녀자의 삶에 대해 가르치고자 함.

오색당수 가는 실을 오리오리 주아내니

유황제 곤베틀에 필필이 주아내어 / 한림 주서 관복감이며 병수 수수 군복감이며

⑰ 길쌈도 ᄒ려니와 전답 으더 역농ᄒ니

때를 맞춰 힘써 ᄒ니 가업이 초성*이라

(중략)

산에 가 제수ᄒ기 절에 가 불공ᄒ기

불효부제* 제살흔덜 귀신인덜 도와줄가

악병이며 중병이며 이질이며 구창이며

이질 앓던 시아버지 초상흔덜 상관ᄒ랴

저의 심수 그러ᄒ니 서방인덜 온전할가

아들 죽고 우넌 말이 아기딸이 마저 죽어

세간이 탕진ᄒ니 노복인덜 잇슬손가

제수음식 추릴 적에 정성 읍시 ᄒ엿스니

앙화(殃禍)가 엇지 읍실손가 셋째 아들 반신불수

문전옥답 큰 농장이 물난리에 내가 되고

안팎 기와 수백간이 불이 붓터 밧치 되고

태산갓치 쌓인 전곡 뉘 물건이 되단말가

춤혹ᄒ다 괴똥어미 단독일신 뿐이로다

일간 움집 으더 드니 기한(飢寒)을 견딜손가

다 떠러진 베치마를 이웃집의 으더 입고

뒤축 읍넌 흔 집신을 짝을 모와 으더 신고

압집에 가 밥을 ⓑ빌고 뒤집에 가 장을 빌고

초요기를 겨우 ᄒ고 불 못때넌 찬 움집에 / 헌 거적을 뒤여스고 밤을 겨우 새여ᄂ셔

새벽 바람 찬바람에 이 집 가며 저 집 가며

다리 절고 곰배팔에 희희소리 요란ᄒ다

불효악행 ᄒ던 죄로 앙화를 바더시니

복선화음* ᄒ넌 줄을 이를 보면 분명ᄒ다

딸아딸아 요내딸아 시집스리 조심ᄒ라

어미 행실 본을 바다 괴똥어미 경계ᄒ라

— 작자 미상, 〈복선화음록〉

* **무탈과경**: 아무 탈 없이 하루를 보냄.　　* **치산범절**: 재산을 늘리는 일
* **초성**: 기반이 마련됨.　　　　　　　　　* **불효부제**: 효도와 공경을 하지 않음.
* **복선화음**: 착한 이에게 복을 주고 악한 이에게 재앙을 줌.

시어

• (❷　　　　): 가난한 시집의 살림을 나타
냄.

• 오는 날을 엇지 할고: 하루를 힘들게 보내야 하는
상황에 대한 걱정

• 길쌈도 ᄒ려니와 전답 으더 역농ᄒ니: 길쌈을 하
고 힘써 농사를 지음. 재산을 늘리기 위해 열심히
일하는 모습

• 단독일신: 도리를 지키지 않아 참혹한 상황에 놓
이게 된 괴똥어미의 모습을 보여 줌.

• (❸　　　　): 착한 사람에게는 복을 주고
악한 사람에게는 재앙을 준다는 말. 작품의 주제
의식이 담겨 있음.

표현

• 청자를 설정하여 직접 교훈을 전달함.
• 바람직한 사례와 부정적인 사례를 (❹　　　)
하여 제시함.
• 설의적 표현을 사용하여 의미를 강조함.
• 유사한 통사 구조의 반복으로 운율을 형성함.

주제

부녀자로서의 올바른 삶의 자세와 태도

01　(가)와 (나)의 공통점으로 가장 적절한 것은?

① 청유형 어미를 활용하여 대상을 예찬하고 있다.
② 선경후정 방식을 활용하여 시상을 전개하고 있다.
③ 고사성어를 활용하여 주제 의식을 강조하고 있다.
④ 유사한 통사 구조를 활용하여 운율을 형성하고 있다.
⑤ 계절의 순환을 활용하여 시적 의미를 부각하고 있다.

제대로 접근법　☆ 문제 채점까지 마친 후
　　　　　　　　　복습할 때 보세요.

01
표현상의 공통점을 파악하는 유형이다. 선택지가
'~하여 ~하고 있다.'와 같이 구성되어 있으므로, 앞
과 뒤의 진술이 모두 적절한지 따져야 한다.
먼저 선택지 앞부분에 언급된 특징이 작품에 나타
나는지 확인하고 확실한 오답부터 하나씩 지워 나
간다. 다음으로 선택지 뒷부분에 진술된 효과가 적
절한지도 판단해 본다.

① ㉠: 자신의 서러운 처지를 친정에 알리기 어려워하고 있는 화자의 모습이 나타나 있다.
② ㉡: 가난의 원인을 타인의 잘못이 아닌 자신의 운명으로 돌리는 화자의 모습이 나타나 있다.
③ ㉢: 쌀을 꾸러 찾아간 이웃집에서 들은 말을 설매에게 하소연하는 화자의 모습이 나타나 있다.
④ ㉣: 자신도 김 장자와 이 부자처럼 부자가 될 수 있다고 생각하는 화자의 모습이 나타나 있다.
⑤ ㉤: 재산을 늘리기 위해 열심히 일하는 화자의 모습이 나타나 있다.

03 ⓐ와 ⓑ에 대한 이해로 가장 적절한 것은?

① ⓐ는 타인을 위한, ⓑ는 자신을 위한 주체의 행위를 의미한다.
② ⓐ는 절망감이 반영된, ⓑ는 기대감이 반영된 주체의 행위를 의미한다.
③ ⓐ는 단절을 초래하는, ⓑ는 화합을 유도하는 주체의 행위를 의미한다.
④ ⓐ는 자연에 순응하는, ⓑ는 자연으로 도피하는 주체의 행위를 의미한다.
⑤ ⓐ는 제기된 문제를 해결하기 위한, ⓑ는 해결된 문제의 원인을 찾기 위한 주체의 행위를 의미한다.

04 〈보기〉를 바탕으로 (가)와 (나)를 감상한 내용으로 적절하지 <u>않은</u> 것은? [3점]

〈보기〉

조선 시대에는 옳은 일의 실천, 어른 공경, 상부상조, 부녀자의 덕목과 같은 가르침을 전달하고자 하는 작품들이 있었다. 이러한 작품들은 가르침의 전달 효과를 높이기 위해 비유 대상 혹은 화자와 대비되는 대상을 활용하고, 구체적인 청자를 제시했다. 또한 화자가 스스로 실천하려는 행위를 제시하는 방식을 활용하여 설득 효과를 높이기도 하였다.

① (가)에서 '갓 곳갈'을 쓰고 '밥'을 먹는 '무쇼'를 통해, 비유 대상으로 옳은 일의 실천을 강조하고 있음을 짐작할 수 있군.
② (나)에서 '이질 앓던 시아버지'를 도와주지 않는 '귀신'을 통해, 화자와 대비되는 대상으로 상부상조를 강조하고 있음을 짐작할 수 있군.
③ (가)의 '무 올 사룸 둘'에게 '올흔 일 ᄒ쟈스라'라고 한 것과 (나)의 '딸'에게 '시집스리 조심ᄒ라'라고 한 것을 통해, 구체적인 청자를 제시하고 있음을 짐작할 수 있군.
④ (가)의 '풀목'을 '쥐시'면 '두 손으로 바티리라'는 것을 통해 어른에 대한 공경을, (나)의 '시가를 존중'하여 '깨진 그릇 좋단 말'을 한 것을 통해 부녀자의 덕목을 드러내고 있음을 짐작할 수 있군.
⑤ (가)의 '내'가 자신의 '논'을 다 매거든 '네 논'도 매어 준다는 것과 (나)의 '수족이 건강'한 '내'가 '힘써' 벌겠다는 것을 통해, 화자가 스스로 실천하려는 행위를 제시하고 있음을 짐작할 수 있군.

제대로 접근법 ☆☆ 문제 채점까지 마친 후 복습할 때 보세요.

02
시구의 의미를 파악하는 유형이다. 낯선 표기와 어려운 어휘 때문에 작품 해석에 어려움을 겪을 수 있다. 평소에 기출문제를 반복하여 풀면서 고전 시가 작품과 문제 풀이에 익숙해질 필요가 있다.
먼저 화자의 상황 및 정서를 중심으로 시의 전체 흐름을 이해해야 한다. '중략'의 앞부분에서는 화자 자신에 관한 이야기를 통해 바람직한 시집살이의 모습을 제시하고, 뒷부분에서는 괴똥어미에 관한 이야기를 통해 잘못된 시집살이의 모습을 제시하고 있다는 점에 유의하자.

03
시어의 의미와 기능을 파악하는 유형이다. 작품의 전반적인 내용을 바르게 이해했는지 묻고 있다.
먼저 각 서술어의 주어가 무엇인지 확인해야 한다. ⓐ에서 막대를 들고 좇는 주체가 누구인지, 왜 막대를 들고 좇으려 하는지 생각해 보자. 그리고 ⓑ에서 앞집에 가 밥을 빌어먹는 주체가 누구인지, 왜 그러한 상황에 처했는지 생각해 보자. 이를 바탕으로 선택지의 적절성을 판단한다.

04
외적 준거에 따라 작품을 감상하는 유형으로, 정답률이 무척 낮았다. 〈보기〉에는 (가)와 (나)의 주제 의식 및 특징이 제시되어 있다. 작품의 내용을 잘못 해석했거나 〈보기〉에 제시된 정보를 바르게 활용하지 못한 선택지를 찾는다.
(가)는 백성을 교화하기 위한 작품으로, 〈보기〉에서 옳은 일의 실천, 어른 공경, 상부상조는 (가)와 관련된 항목이다. (나)는 시집가는 딸에게 가르침을 주기 위한 작품으로, 〈보기〉에서 부녀자의 덕목은 (나)와 관련된 항목이다. 이를 바탕으로 선택지의 적절성을 판단한다.

1차 채점	맞은 문항 수	개	→	2차 채점	맞은 문항 수	개	→	3차 채점	맞은 문항 수	개
	틀린 문항 수	개			틀린 문항 수	개			틀린 문항 수	개
	헷갈리는 문항 번호				헷갈리는 문항 번호				헷갈리는 문항 번호	

· 틀린 문항 '/' 표시 · 틀린 문항 'X' 표시 · 틀린 문항 △ 표시

[01-03] 다음 글을 읽고 물음에 답하시오.

✿ 문제 풀이까지 마친 후 복습할 때 보세요.
제대로 감상법

가 백성들의 어려움이여, 백성들의 어려움이여 　　　蒼生難蒼生難

흥년 들어 ㉠너희들은 먹을 것이 없구나 　　　　　年貧爾無食

㉡나는 너희들을 구제할 마음이 있어도 　　　　　我有濟爾心

너희들을 구제할 힘이 없구나 　　　　　　　　　而無濟爾力

백성들의 괴로움이여, 백성들의 괴로움이여 　　　蒼生苦蒼生苦

날이 추워 네가 이불이 없을 때 　　　　　　　　　天寒爾無衾

㉢저들은 너희들을 구제할 힘이 있어도 　　　　　彼有濟爾力

너희들을 구제할 마음이 없구나 　　　　　　　　　而無濟爾心

원컨대, 잠시라도 소인배의 마음을 돌려서 　　　願回小人腹

군자의 생각을 가져 보게나 　　　　　　　　　　暫爲君子慮

군자의 귀를 빌려 　　　　　　　　　　　　　　　暫借君子耳

백성의 말을 들어 보게나 　　　　　　　　　　　試聽小民語

백성은 할 말 있어도 임금은 알지 못하니 　　　小民有語君不知

오늘 백성들은 모두 살 곳을 잃었구나 　　　　今歲蒼生皆失所

궁궐에서는 매양 백성을 걱정하는 조서 내리는데 北闕雖下憂民詔

지방 관청에 전해져서는 한갓 헛된 종이 조각 　州縣傳看一虛紙

서울에서 관리를 보내 백성의 고통을 물으려 　特遣京官問民瘼

역마로 날마다 삼백 리를 달려도 　　　　　　　馹騎日馳三百里

백성들은 문턱에 나설 힘도 없어 　　　　　　　吾民無力出門限

어느 겨를에 마음속 일을 말이나 하겠소 　　　何暇面陳心內事

비록 한 고을에 한 서울 관리 온다고 해도 　　縱使一郡一京官

서울 관리는 귀가 없고 백성은 입이 없다네 　京官無耳民無口

급회양* 같은 착한 관리를 불러다가 　　　　　不如喚起汲淮陽

아직 죽지 않은 백성을 구해봄만 못하리라 　未死孑遺猶可救

　　　　　　　　　　　　　　　 – 어무적, 〈유민탄(流民歎)〉

＊ 급회양 : 중국 한나라 때 선정(善政)을 베푼 것으로 유명한 태수

나 내 이미 **백구** 잊고 **백구**도 나를 잊네

둘이 서로 잊었으니 누군지 모르리라

언제나 해옹을 만나 이 둘을 가려낼꼬

붉은 잎 산에 가득 **빈 강**에 쓸쓸할 때

가랑비 낚시터에 낚싯대 제 맛이라

세상에 득 찾는 **무리** 어찌 알기 바라리

내 귀가 시끄러움 네 바가지 버리려믄

네 귀를 씻은 샘에 내 소는 못 먹이리*

공명은 해진 신이니 벗어나서 즐겨보세

가 어무적, 〈유민탄(流民歎)〉

제목의 의미·갈래

'유민탄'은 '떠돌아다니는 백성들의 탄식'이라는 뜻으로, 가난한 백성의 어려움을 대변하며 관리들의 선정을 촉구하고 있는 한시이다.

화자

화자는 '나'로, 고통 받는 백성을 구제할 마음이 없는 관리들을 (❶　　　　)함.

시어

• (❷　　　　　　)의 마음: 백성의 고통을 외면하는 마음
• 군자의 생각: 백성의 고통을 헤아리는 마음

표현

• 반복과 대구를 활용하여 운율을 형성하고 의미를 강조함.
• (❸　　　　)적 표현으로 현실에 대한 안타까움을 부각함.

주제

백성의 고통을 외면하는 부패한 관리들에 대한 비판

▶ 작가: 어무적 – 〈해설편〉 100쪽 참조

나 이별, 〈장육당육가(藏六堂六歌)〉

제목의 의미·갈래

'장육당'은 작가기 옥계산에 은거할 때 살던 거처이고 '육가'는 6수를 단위로 한 연시조를 말하는데, 이 작품은 현재 4수만 남아 전한다.

화자

화자는 '나'로, 옳고 그름을 분간하지 못하는 세속의 무리들을 (❶　　　　)하면서 자연에서의 삶에 만족해함.

시어

• (❷　　　　　　): 세속적 가치를 추구하는 사람들

표현

• 설의적 표현과 중국 고사를 활용하여 화자의 태도를 드러냄.
• (❸　　　　)적 표현으로 운율을 형성하고 의미를 강조함.
• 자연과 속세의 대비를 통해 주제를 강조함.

주제

속세에서 벗어나 자연에 묻혀 사는 즐거움

▶ 작가: 이별 – 〈해설편〉 100쪽 참조

옥계산 흐르는 물 못 이루어 달 띄우네

맑으면 갓끈 씻고 흐리거든 발 씻으리

어찌타 세상 사람 청탁(淸濁)* 있는 줄 모르는고

– 이별, 〈장육당육가(藏六堂六歌)〉

＊ 네 귀를 ~ 못 먹이리: 벼슬 제안을 듣고 귀가 더럽혀졌다며 영수에 귀를 씻은 허유와 그 물을 소에게도 먹이지
  않으려 했다는 소부의 고사에서 차용한 것임.
＊ 청탁: 맑음과 흐림을 아울러 이르는 말

---

01 (가)와 (나)에 대한 설명으로 가장 적절한 것은?

① (가)는 (나)와 달리 색채 대비를 통해 시적 분위기를 환기하고 있다.
② (가)는 (나)와 달리 선경후정의 방식을 통해 시상을 전개하고 있다.
③ (나)는 (가)와 달리 대구적 표현을 사용하여 시적 운율감을 형성하고 있다.
④ (가)와 (나) 모두 설의적 표현을 활용하여 시적 의미를 부각하고 있다.
⑤ (가)와 (나) 모두 자연물에 인격을 부여하여 화자의 정서를 드러내고 있다.

제대로 접근법 ☆ 문제 채점까지 마친 후
복습할 때 보세요.

01
표현상의 특징을 파악하는 유형으로, 정답률이 무척 낮았다. 두 작품의 공통점은 물론 차이점까지 확인해야 하므로 문제를 해결하기가 쉽지 않다.
선택지는 색채 대비, 선경후정, 대구, 설의, 의인화 등 기본적인 개념들로 구성되어 있다. 기출문제를 반복해서 풀면서 이러한 개념들을 정확하게 익힐 필요가 있다. 확실한 오답을 먼저 제외하고, 나머지 선택지의 개념들을 작품에 대입하여 꼼꼼하게 체크해 본다.

02 ㉠~㉢에 대한 설명으로 적절하지 않은 것은?

① ㉠은 자신들의 삶을 돌보지 않는 ㉡을 원망하고 있다.
② ㉡은 ㉠을 구제하지 못하는 것에 안타까움을 느끼고 있다.
③ ㉡은 ㉢이 군자와 같은 생각을 갖기를 바라고 있다.
④ ㉢은 ㉠의 삶을 구제할 힘을 지니고 있다.
⑤ ㉢은 ㉠이 겪고 있는 문제를 해결하지 않고 있다.

02
시어의 의미 관계를 파악하는 유형이다. 작품의 전체 맥락을 이해했다면 어렵지 않게 문제를 해결할 수 있다.
먼저 ㉠~㉢이 누구를 가리키는지 정리해 보자. ㉠은 고통받는 백성, ㉡은 백성에게 연민을 느끼는 화자, ㉢은 백성의 고통을 외면하는 관리들이다. 이를 바탕으로 선택지의 적절성을 판단한다.

03 〈보기〉를 참고하여 (나)를 감상한 내용으로 적절하지 <u>않은</u> 것은? [3점]

〈보기〉

(나)는 갑자사화로 인해 유배되었다 풀려난 작가가 옥계산에 은거하며 쓴 작품이다. 이 작품을 통해 작가는 세속적 가치를 멀리하고 자연 속에서 자연과 하나 되어 풍류를 즐기는 삶을 추구하고 있음을 보여 주고 있다. 또한 옳고 그름을 분간하지 못하는 사람들을 비판하면서 분별 있는 삶의 자세에 대한 의지도 드러내고 있다.

① '백구'와 '나'가 서로 잊어 누군지 모른다는 것에서 화자가 자연과 하나가 된 삶을 살고 있음을 보여 주는군.

② '빈 강'에서 쓸쓸해 하는 모습에서 유배되었다 풀려나도 '득 찾는 무리'로부터 벗어나기 어려운 화자의 현실이 드러나는군.

③ '공명'을 '해진 신'에 비유한 것에서 화자가 세속적 삶의 가치를 멀리하고 있음이 드러나는군.

④ '옥계산'에서 '물', '달'과 함께 지내는 모습에서 화자의 자연 친화적 삶의 태도가 드러나는군.

⑤ '세상 사람'을 '청탁'을 모르는 사람들로 여기는 것에서 맑고 탁함을 분간할 수 있어야 한다는 화자의 인식이 드러나는군.

제대로 접근법
☆ 문제 채점까지 마친 후 복습할 때 보세요.

03
외적 준거에 따라 작품을 감상하는 유형이다. 〈보기〉를 먼저 읽고 작품을 감상하면 시간을 단축할 수 있다. 〈보기〉의 내용을 정리해 보자.

〈보기〉 분석
• 작품의 창작 배경: 유배되었다 풀려나 옥계산에 은거하며 쓴 작품
• 작품의 주제 의식: ① 세속적 가치를 멀리하고 자연과 하나 되어 풍류를 즐기는 삶 추구 ② 옳고 그름을 분간하지 못하는 사람들 비판 ③ 분별 있는 삶의 자세에 대한 의지

작품과 〈보기〉의 내용을 잘못 해석하여 적용한 선택지를 찾는다.

1차 채점

맞은 문항 수	개
틀린 문항 수	개
헷갈리는 문항 번호	

• 틀린 문항 '/' 표시

→

2차 채점

맞은 문항 수	개
틀린 문항 수	개
헷갈리는 문항 번호	

• 틀린 문항 '×' 표시

→

3차 채점

맞은 문항 수	개
틀린 문항 수	개
헷갈리는 문항 번호	

• 틀린 문항 △ 표시

4부 고전 시가　135

[01-03] 다음 글을 읽고 물음에 답하시오.

☆ 문제 풀이까지 마친 후 복습할 때 보세요.

제대로 감상법

가 방(房) 안에 켜 있는 촉(燭)불 눌과 이별하였기에

겉으로 눈물 지고 속 타는 줄 모르는고

저 촉(燭)불 날과 같아서 속 타는 줄 모르도다

– 이개

가 이개, 〈방 안에 켜 있는 촉불~〉

화자

화자는 '나'로, 임과 이별한 상황에서 촛불을 자신과 (❶   )하며 슬퍼함.

시어

• (❷   ): 임과 이별한 화자의 슬픔이 이입된 객관적 상관물

표현

• 촛불을 의인화하고, 화자의 슬픈 감정을 촛불에 (❸   )하여 표현함.

주제

(단종과의) 이별의 슬픔

▶ 작가: 이개 – 〈해설편〉 102쪽 참조

나 꿈에 다니는 길이 자취가 남는다면

님의 집 창(窓) 밖에 석로(石路)라도 닳으리라

꿈길이 자취 없으니 그를 슬퍼하노라

– 이명한

나 이명한, 〈꿈에 다니는 길이~〉

화자

화자는 임과 이별한 사람으로, 임에 대한 자신의 사랑을 알릴 수 없어 안타까워함.

시어

• (❶   ): 화자가 꿈에서 임을 자주 만나러 갔음을 강조하는 표현

표현

• 불가능한 상황의 가정과 (❷   )된 표현으로 화자의 정서를 강조함.

주제

임에 대한 간절한 그리움

▶ 작가: 이명한 – 〈해설편〉 102쪽 참조

다 님이 오마 하거늘 저녁밥을 일찍 지어 먹고

중문 나서 대문 나가 지방 위에 치달아 앉아 이수(以手)로 가액(加額)하고* 오는가 가는가 건넌 산 바라보니 거머횟들* 서 있거늘 저야 님이로다. 버선 벗어 품에 품고 신 벗어 손에 쥐고 곰븨님븨 님븨곰븨 천방지방 지방천방* 진 데 마른 데 가리지 말고 워렁충창* 건너가서 정(情)엣말 하려 하고 곁눈을 흘깃 보니 상년(上年) 칠월 사흗날 갉아 벗긴 주추리 삼대* 살뜰이도 날 속였구나

모쳐라 밤일세망정 행여 낮이런들 남 웃길 뻔 하괘라

– 작자 미상

✱ 이수로 가액하고 : 손을 들어 이마에 얹고
✱ 거머횟들 : 검은 듯 흰 듯한 것
✱ 곰븨님븨 님븨곰븨 천방지방 지방천방 : 엎치락뒤치락 허둥거리는 모양
✱ 워렁충창 : 우당탕퉁탕
✱ 주추리 삼대 : 밭머리에 모아 세워 둔 삼의 줄기

다 작자 미상, 〈님이 오마 하거늘~〉

화자

화자는 '나'로, 삼의 줄기를 자신을 만나러 오는 임으로 착각하고 (❶   )을 느낌.

시어

• (❷   ): 화자가 임으로 착각한 대상의 실체

표현

• (❸   )를 사용한 과장된 행동 묘사로 화자의 심리를 생동감 있게 표현함.

주제

임을 기다리는 애타는 마음

01 (가)~(다)의 공통점에 대한 설명으로 가장 적절한 것은?

① 청각적 심상을 활용하여 애상적 분위기를 조성하고 있다.
② 영탄적 표현을 통해 시적 상황에 대한 화자의 정서를 부각하고 있다.
③ 자조적 어조를 통해 과거의 행동에 대한 화자의 자책감을 드러내고 있다.
④ 역설적 표현을 통해 부정적인 상황에 대한 화자의 극복 의지를 나타내고 있다.
⑤ 가정적 상황을 제시하여 현재에 비해 미래가 나아질 것이라는 기대감을 드러내고 있다.

02 (가), (나)에 대한 이해로 적절하지 않은 것은?

① (가)의 '겉으로 눈물 지고'에서 '눈물'은 촛농이 흘러내리는 모습을 비유한 것으로 화자의 슬픔을 형상화하고 있다.
② (가)의 '저 촉(燭)불 날과 같아서'에서 '촉(燭)불'은 화자와 동일시되는 대상이다.
③ (나)의 '꿈에 다니는 길'에서 '꿈'에는 화자의 소망이 투영되어 있다.
④ (나)의 '석로(石路)라도 닳으리라'에서 '닳으리라'는 임에 대한 화자의 간절한 그리움을 드러내고 있다.
⑤ (나)의 '그를 슬퍼하노라'에서 '슬퍼하노라'는 자신을 찾아 주지 않는 임에 대한 화자의 원망이 담겨 있다.

03 〈보기〉를 바탕으로 (다)를 감상한 내용으로 적절하지 않은 것은? [3점]

〈보기〉

조선 후기에 등장한 사설시조는 형식 면에서 평시조와 달리 중장이 제한 없이 길어졌다. 내용 면에서는 실생활 소재들을 활용하여 일상에서 일어나는 문제를 주로 다루었는데 솔직함, 해학성, 애정을 서슴없이 표현하려는 대담성 등을 그 특징으로 하며 비유, 상징 등 다양한 표현 기법을 활용하여 대상을 생동감 있게 그려 냈다.

① '곰븨님븨', '천방지방' 같은 음성 상징어를 활용하여 화자의 행동을 생동감 있게 표현하고 있군.
② 일상에서 흔히 볼 수 있는 '버선', '신'이라는 소재를 활용하여 임의 소중함을 상징하고 있군.
③ '주추리 삼대'를 임으로 착각하여 달려가는 화자의 우스꽝스러운 모습에서 해학성을 느낄 수 있군.
④ 임을 그리워하는 절실한 마음을 드러내기 위해 화자의 행동을 구체적으로 제시하다 보니 중장이 길어졌군.
⑤ '진 데 마른 데 가리지' 않고 임에게 가서 '정(情)엣말'을 하려는 모습에서 애정을 표현하려는 화자의 대담성을 엿볼 수 있군.

[01-03] 다음 글을 읽고 물음에 답하시오.

적객*에게 벗이 없어 공량(空樑)*의 제비로다
㉠종일 하는 말이 무슨 사설 하는지고
어즈버 내 풀어낸 시름은 널로만 하노라*

〈4장〉

인간(人間)에 유정*한 벗은 명월밖에 또 있는가
㉡천 리를 멀다 아녀 간 데마다 따라오니
어즈버 반가운 옛 벗이 다만 너인가 하노라

〈5장〉

설월(雪月)에 매화를 보려 잔을 잡고 창을 여니
섞인 꽃 여윈 속에 잦은 것이 향기로다
어즈버 호접(胡蝶)*이 이 향기 알면 애 끊일까 하노라

〈6장〉
― 이신의, 〈단가육장〉

＊ **적객** : 귀양살이하는 사람
＊ **공량** : 들보
＊ **널로만 하노라** : 너보다 많도다.
＊ **유정** : 인정이나 동정심이 있음.
＊ **호접** : 나비

01 윗글에 대한 설명으로 가장 적절한 것은?

① '4장'은 동일한 시어를 반복하여 주제 의식을 강화하고 있다.
② '5장'은 설의적 표현을 사용하여 화자의 정서를 효과적으로 드러내고 있다.
③ '6장'은 점층적으로 시상을 전개하여 화자의 의지를 강조하고 있다.
④ '4장'과 '5장'은 현재와 과거를 대조하여 화자의 내적 갈등을 드러내고 있다.
⑤ '5장'과 '6장'은 색채의 대비를 활용하여 대상을 구체적으로 묘사하고 있다.

02 〈보기〉를 참고하여 윗글을 감상한 내용으로 적절하지 <u>않은</u> 것은? [3점]

〈보기〉

이신의는 충절과 신의를 중시했던 사대부로, 인목대비 폐위에 반대하는 글을 올렸다는 이유로 귀양을 가게 된다. 〈단가육장〉은 그가 귀양살이를 하면서 느낀 생각과 감정을 풀어낸 작품으로, 화자는 자연물을 친화적인 시선으로 바라보며 자신의 감정을 투영하기도 한다. 또한 자연물에 자신이 지향하는 유교적 이념을 투사하기도 한다.

① '풀어낸 시름'은 '적객'으로 살아가는 화자의 처지와 관련이 있다고 볼 수 있군.
② '간 데마다 따라오'는 '명월'은 화자가 지향하는 '신의'가 투사된 자연물로 볼 수 있겠군.
③ '명월'을 '너'로 지칭하고 '매화를 보려 잔을 잡고 창을 여'는 행위에서 자연물에 친화적인 화자의 시선을 엿볼 수 있군.
④ '설월'에 핀 '매화'는 화자가 지향하는 '충절'의 이념과 관련지을 수 있겠군.
⑤ '이 향기'에는 귀양살이를 오기 전의 삶에 대한 화자의 동경이 투영되어 있군.

제대로 접근법 ☆☆ 문제 채점까지 마친 후 복습할 때 보세요.

02
외적 준거에 따라 작품을 감상하는 유형이다. 〈보기〉에 작품의 창작 배경과 특징이 정리되어 있으므로, 이를 참고하면 작품 감상에 도움을 받을 수 있다.

〈보기〉 분석
· 작품의 창작 배경: 충절과 신의를 중시했던 작가가 귀양살이를 하면서 느낀 생각과 감정을 표현
· 작품의 특징: ① 자연물을 친화적인 시선으로 바라보며 자신의 감정을 투영 ② 자연물에 자신이 지향하는 유교적 이념 투사

〈보기〉에 제시되지 않은 내용을 다루었거나, 작품의 내용을 잘못 해석하여 진술한 선택지를 찾는다.

03 ㉠과 ㉡에 대해 이해한 내용으로 적절한 것은?

① ㉠과 ㉡은 화자의 '벗'에 대한 태도 변화를 이끌어 낸다고 볼 수 있다.
② ㉠과 ㉡은 화자가 처한 상황을 부각하는 시간과 거리로 볼 수 있다.
③ ㉠과 ㉡은 화자와 '인간'과의 심리적 거리감을 구체화한 것으로 볼 수 있다.
④ ㉠은 화자의 내적 갈등이 심화되는 시간, ㉡은 화자의 내적 갈등이 해소되는 공간으로 볼 수 있다.
⑤ ㉠은 미래에 대한 화자의 낙관적 전망을, ㉡은 비관적 전망을 드러낸다고 할 수 있다.

03
시어의 의미와 기능을 파악하는 유형이다. 그렇게 어렵지 않은 문제인데도 정답률이 매우 낮았다. 앞의 문제에 제공된 〈보기〉의 내용을 참고하여 화자의 상황과 처지를 이해하고, ㉠과 ㉡의 앞뒤에 제시된 내용을 고려하여 그 의미를 유추한다. 유배 생활을 하는 화자에게 '종일'과 '천 리'가 어떤 의미일지 생각해 본다.

1차 채점	맞은 문항 수	개	→	2차 채점	맞은 문항 수	개	→	3차 채점	맞은 문항 수	개
	틀린 문항 수	개			틀린 문항 수	개			틀린 문항 수	개
	헷갈리는 문항 번호				헷갈리는 문항 번호				헷갈리는 문항 번호	

· 틀린 문항 '/' 표시 　　　　· 틀린 문항 '×' 표시 　　　　· 틀린 문항 '△' 표시

[01-03] 다음 글을 읽고 물음에 답하시오.

슬프나 즐거오나 옳다 하나 외다* 하나
내 몸의 해올 일만 닦고 닦을 뿐이언정
그 밖의 여남은 일이야 분별할 줄 이시랴

〈제1수〉

내 일 망령된* 줄을 내라 하여 모를 것인가
이 마음 어리석기도 임 위한 탓이로세
아무가 아무리 일러도 임이 생각하여 보소서

〈제2수〉

　　┌ 추성(楸城)* 진호루(鎭胡樓) 밖에 울어 예는 저 시내야
[A]　므음 호리라* 주야에 흐르는가
　　└ 임 향한 내 뜻을 조차 그칠 줄을 모르는가

〈제3수〉

　　┌ 뫼흔 길고 길고 물은 멀고 멀고
[B]　어버이 그린 뜻은 많고 많고 하고 하고
　　└ 어디서 외기러기는 울고 울고 가느니

〈제4수〉

어버이 그릴 줄을 처음부터 알아마는
임금 향한 뜻도 하늘이 삼겨시니
진실로 임금을 잊으면 그 불효인가 여기노라

〈제5수〉
– 윤선도, 〈견회요(遣懷謠)〉

＊ 외다 : 그르다, 잘못되다.
＊ 망령된 : 언행이 상식에서 벗어나 주책이 없는
＊ 추성(楸城) : 지은이가 유배되었던 함경북도 경원
＊ 므음 호리라 : 무엇을 하려고

윤선도, 〈견회요(遣懷謠)〉

제목의 의미·갈래

'견회요'는 '시름을 달래는 노래'라는 의미로, 작가가 유배지에서 자신의 억울한 심정과 결백을 하소연하며 부모와 임금을 그리워하는 마음을 담아낸 전 5수의 연시조 작품이다.

화자

화자는 (❶   ) 상황에 처해 있는 '나'로, 억울함을 호소하면서 임금에 대한 변함없는 충성심과 부모에 대한 그리움을 드러냄.

시어

• (❷   ): 임금을 향한 변함없는 충정의 마음을 이입한 대상물
• (❸   ): 부모에 대한 그리움의 감정을 이입한 대상물

표현

• 감정 이입을 통해 화자의 정서를 드러냄.
• (❹   )과 반복법을 사용하여 운율감을 살리고 의미를 강조함.

주제

유배지에서 느낀 우국충정과 부모님에 대한 그리움

▶ 작가: 윤선도 – 〈해설편〉 107쪽 참조

01 윗글에 나타난 표현상 특징으로 적절한 것은?

① 반어적 표현을 통해 시적 긴장감을 높이고 있다.
② 설의적 표현을 통해 화자의 의지를 드러내고 있다.
③ 점강적 표현을 통해 대상의 특성을 강조하고 있다.
④ 과장된 표현을 통해 현실 비판 의식을 나타내고 있다.
⑤ 감각적 표현을 통해 대상의 아름다움을 나타내고 있다.

제대로 접근법
☆☆ 문제 채점까지 마친 후 복습할 때 보세요.

01
표현상의 특징을 파악하는 유형이다. 반어, 설의, 점강, 과장, 감각적 표현 등으로 선택지가 구성되어 있다.
작품에서 선택지에 언급된 특징을 확인할 수 있는지 점검해 본다. 작품의 길이가 길지 않고, 비교적 뚜렷하게 표현상의 특징이 나타나 있어 어렵지 않게 선택지의 적절성을 판단할 수 있다.

02 [A]와 [B]에 대한 이해로 적절한 것은?

① [A]에는 과거의 공간이, [B]에는 현재의 공간이 나타나고 있다.
② [A]에는 화자의 고뇌하는 모습이, [B]에는 유유자적하는 모습이 나타나고 있다.
③ [A]와 [B]에는 화자가 동경하는 세계가 구체적으로 드러나고 있다.
④ [A]와 [B]에는 대상의 속성에 빗대어 화자의 심정이 드러나고 있다.
⑤ [A]와 [B]에는 자연의 모습을 관조하는 화자의 태도가 드러나고 있다.

02
특정 장면을 비교·해석하는 유형이다. 보통 오답 선택지는 [A]와 [B]에 모두 해당하지 않는 내용으로 구성하거나, 둘 중에 하나는 해당하지만 다른 하나는 해당하지 않는 내용으로 구성하므로 하나하나 꼼꼼하게 확인해야 한다.
'추성'은 화자의 유배지, '시내'와 '외기러기'는 감정 이입의 대상물임을 이해하고 있다면 선택지의 적절성을 판단할 수 있다.

03 〈보기〉를 바탕으로 윗글을 이해할 때 적절하지 <u>않은</u> 것은?

〈보기〉

〈견회요〉는 윤선도가 유배 생활 동안 지은 작품이다. 옛사람들에게 유배(流配)는 세상과의 격리로 외롭고 힘든 것이었다. 유배 동안에 작가는 작품을 통해, 자신의 내면을 들여다보면서 자신이 추구하는 삶의 자세를 드러내거나, 자연물을 매개로 임금이나 어버이에 대한 그리움을 표현하기도 하였다. 때로는 작품 속에 자신의 억울함을 호소하거나 모함을 한 상대편에 대한 부정적인 감정을 드러내기도 하였다.

① 제1수의 '내 몸의 해올 일만 닦고 닦을 뿐'은 작가가 내면 성찰을 위해서 자신을 세상과 격리시킨 것이라 볼 수 있겠군.
② 제2수의 '임이 생각하여 보소서'는 작가가 임금에게 자신의 억울함을 호소하는 것으로 볼 수 있겠군.
③ 제3수의 '울어 예는 저 시내야'는 작가가 자연물을 매개로 임금에 대한 그리움을 드러내는 것으로 볼 수 있겠군.
④ 제4수의 '길고 길고', '멀고 멀고'는 작가가 거리감을 통해 어버이에 대한 그리움을 드러낸 것으로 볼 수 있겠군.
⑤ 제5수의 '불효인가 여기노라'는 작가가 추구하는 삶의 자세를 드러낸 것으로 볼 수 있겠군.

03
외적 준거에 따라 작품을 감상하는 유형이다. 〈보기〉는 작품 감상의 방향을 지시하는 장치이므로, 익숙한 작품이라고 하더라도 〈보기〉의 내용을 바탕으로 작품을 재해석해야 한다.

〈보기〉 분석
• 작품의 창작 배경: 유배 생활 동안 지은 작품
• 작품의 내용: ① 자신이 추구하는 삶의 자세 제시 ② 자연물을 매개로 임금이나 어버이에 대한 그리움 표현 ③ 억울함 호소 ④ 모함을 한 상대편에 대한 부정적 감정 표현

〈보기〉에 제시되지 않은 내용을 다루었거나, 작품의 내용을 잘못 해석하여 진술한 선택지를 찾는다.

1차 채점 맞은 문항 수 ___개 / 틀린 문항 수 ___개 / 헷갈리는 문항 번호 ___ • 틀린 문항 '/' 표시
2차 채점 맞은 문항 수 ___개 / 틀린 문항 수 ___개 / 헷갈리는 문항 번호 ___ • 틀린 문항 'X' 표시
3차 채점 맞은 문항 수 ___개 / 틀린 문항 수 ___개 / 헷갈리는 문항 번호 ___ • 틀린 문항 △ 표시

◉ 권장 풀이 시간 : 5분 50초

[01~04] 다음 글을 읽고 물음에 답하시오.

가 ㉠남은 다 쟈는 밤에 닉 어이 홀로 찌야

옥장(玉帳) 깊푼 곳에 쟈는 님 싱각는고

㉡천리(千里)예 외로운 쑴만 오락가락 ᄒ노라

― 송이

나 그립고 그리워도 볼 수가 없어

마음은 바람에 나부끼는 종이 연 같아라

㉢돗자리라면 말아 두고 돌이라면 굴려 낼 수 있으련만

이 마음의 응어리 어느 때나 고칠까

그리운 사람은 멀리 하늘 모퉁이에 있는데

구름 뜬 하늘 아래 늘어진 푸른 버들

아득한 시름은 끝이 없어라

㉣홀로 앉아 공후를 타니

공후는 하소연하는 듯 흐느끼는 듯

다 타도록 비단 적삼 젖는 줄도 몰랐네

원컨대 쌍쌍이 나는 새가 되어서

임 향한 창 앞에 서 있고자

원컨대 밝은 달이 되어

임의 창문 휘장 뚫어 비춰 들고자

㉤슬픈 노래 잠 못 드는 밤 어찌 이리 긴고

꿈속에서도 요산 남쪽 건너지 못하였네

기나긴 그리움에 공연히 애만 끊노라

― 성현, 〈장상사(長相思)〉

다 명황(明皇)*은 귀비(貴妃)*룰 주겨나 여히여니

셟다 셟다 ᄒ들 우리ᄀᆞ티 셜울런가

사라셔 못 보니 더욱 ᄒ나 망극(岡極)ᄒ다

수심(愁心)은 블이 되여 가슴애 픠여나니

절로 난 그 블이 늠의 탓도 아니로ᄃᆡ

내히 하 셜워 수인씨(燧人氏)*룰 원(怨)ᄒ노라

함양궁전(咸陽宮殿)*이 다몬 삼월(三月) 블거셔도

지금(至今)에 그 블룰 오래 탄다 ᄒ것마는

이 원수(怨讎) 이 블은 몃 삼월(三月)을 디내연고

눈물은 임우(霖雨)가 되고 한숨은 ᄇᆞ룸이 되여

불거니 쯰리거니 그츨 적도 업서시니

이 비로 뎌 블을 쩜즉도 ᄒ다마는

엇찌ᄒ ᄒ 블인디 풍우중(風雨中)에 탇노왜라

제대로 감상법
☆ 문제 풀이까지 마친 후
복습할 때 보세요.

가 송이, 〈남은 다 쟈는 밤에~〉

화자
화자는 '나'로, (❶　　　)은 다 자는 밤에 홀로 깨어 임을 생각함.

시어
· (❷　　　): 옥으로 장식한 장막. 이별한 임이 있는 곳

표현
· '남'과 화자의 상황을 (❸　　　)하여 화자의 외로운 처지를 부각함.
· 의문형 표현으로 임에 대한 그리움을 강조함.

주제
임에 대한 그리움

▶ 작가: 송이 ― 〈해설편〉 108쪽 참조

나 성현, 〈장상사(長相思)〉

제목의 의미·갈래
'장상사'는 '긴 그리움'이라는 뜻으로, 여성 화자를 등장시켜 임에 대한 그리움을 형상화하고 있는 한시이다.

화자
임이 그리워도 임에게 갈 수 없는 화자가 깊은 시름에 젖어 임을 간절히 그리워함.

시어
· (❶　　　): 임을 그리워하는 화자의 내면을 형상화한 소재
· 새, 달: 화자의 분신

표현
· 적절한 비유와 상징적 소재를 동원하여 화자의 섬세한 내면을 표현함.
· (❷　　　) 화자를 등장시켜 임에 대한 그리움을 형상화함.

주제
임에 대한 그리움

▶ 작가: 성현 ― 〈해설편〉 109쪽 참조

다 박인로, 〈상사곡(相思曲)〉

제목의 의미·갈래
'상사곡'은 '임을 그리워하는 마음을 담은 노래'라는 뜻으로, 장부가 임을 그리워하는 형식을 빌려 변함없는 연군(戀君)의 정을 드러내고 있는 가사 작품이다.

수화상극(水火相克)*도 거즛말이 되엿고야

픠거니 쓰리거니 승부(勝負) 업시 싸호거든

죠고만혼 몸은 전장(戰場)이 되엿느다

아이고 하느님아

칠석(七夕)비 느리워 이 싸홈 말이쇼셔

어엿쓴 이 몸은 살가 너겨 ㅂ라닛다

알고져 전생(前生)의 므슴 죄(罪)롤 지어두고

여흴 제 검던 머리 희도록 못 보눈고

ᄉ랑은 혜염업서* 노소(老少)도 모릭눈가

십년전(十年前) 맹서(盟誓)룰 오늘 믄득 싱각호니

금석(金石) ᄀ튼 말숨이 어제론덧 그제론덧 귀예 징징호야시니

이 ᄆ음 이 맹서(盟誓) 진토(塵土)이 되다 니줄소냐

아소온 내 뜻은 다시 볼가 ㅂ라거든

일년(一年) 삼백일(三百日)에 니친 홀니 이실소냐

– 박인로, 〈상사곡(相思曲)〉

＊ 명황, 귀비 : 당나라 현종과 양귀비. 안사의 난으로 양귀비가 죽음.
＊ 수인씨 : 중국 고대 전설상의 제왕. 불을 쓰는 법을 전하였다고 함.
＊ 함양궁전 : 진나라 때 중국 함양에 지어진 궁전으로 항우가 불태웠는데 삼 개월 동안 꺼지지 않았다고 함.
＊ 수화상극 : 물과 불은 서로 용납하지 않는다는 뜻
＊ 혜염업서 : 생각이 없어서

화자
화자는 '나'로, 임과 이별한 후 임을 그리워하고 있음.

시어
•(❶   ): 화자의 깊은 수심을 시각적으로 형상화한 소재

표현
• 군신 관계를 (❷   ) 관계에 빗대어 우의적으로 표현함.
• 설의적 표현으로 화자의 정서를 강조함.
• 중국 고사에 나오는 소재를 활용하여 내용을 효과적으로 나타냄.

주제
임에 대한 그리움(변함없는 연군의 정)

▶ 작가: 박인로 – 〈해설편〉 109쪽 참조

---

01 (가)~(다)에 대한 공통점으로 가장 적절한 것은?

① 의문형 표현을 활용하여 화자의 정서를 강조하고 있다.
② 색채어를 활용하여 대상을 감각적으로 형상화하고 있다.
③ 언어유희를 활용하여 화자의 태도를 해학적으로 표현하고 있다.
④ 풍자의 기법을 활용하여 대상에 대한 비판 의식을 드러내고 있다.
⑤ 계절감을 나타내는 시어를 활용하여 시적 분위기를 조성하고 있다.

제대로 접근법
☆ 문제 채점까지 마친 후 복습할 때 보세요.

01
세 작품의 표현상의 공통점을 파악하는 유형이다. 작품의 수가 많고 작품 감상도 쉽지 않아 까다로운 문제이다.
오답의 경우, 세 작품 모두 해당하지 않는 특징일 수도 있고, 어느 작품에는 해당하지만 다른 작품에는 해당하지 않는 특징일 수도 있다. 확실한 오답을 제거하고, 나머지 선택지에 제시된 특징이 세 작품 모두에 나타나는지 확인한다.

02 ㉠~㉤에 대한 설명으로 적절하지 <u>않은</u> 것은?

① ㉠ : '남'과 화자의 서로 다른 상황을 통해 화자가 놓인 외로운 처지를 표현하고 있다.
② ㉡ : 화자의 '꿈'을 통해 화자가 먼 곳에서 여유롭게 살고자 하는 염원을 표현하고 있다.
③ ㉢ : '돗자리', '돌'과 대비되는 화자의 마음을 통해 화자의 맺혀 있는 감정을 강조하고 있다.
④ ㉣ : 화자가 연주하는 '공후'의 소리를 통해 화자의 답답함과 슬픔을 표현하고 있다.
⑤ ㉤ : 화자가 '밤'에 잠을 자지 못하는 상황을 통해 화자의 애절한 감정을 강조하고 있다.

02
시구의 의미를 파악하는 유형이다. 다른 선택지와는 이질적인 내용을 담고 있는 선택지가 있어 문제를 해결하는 데 어려움이 없었을 것이다.
(가)와 (나) 모두 임과 이별한 화자가 임을 그리워하고 있는 상황이다. 이러한 맥락에서 벗어난 진술을 담고 있는 선택지를 찾아보자.

03

〈보기〉를 바탕으로 (나)와 (다)를 감상한 내용으로 적절하지 않은 것은? [3점]

─────〈보기〉─────

'충신연주지사'는 충성스러운 신하가 왕을 그리워하며 부른 노래를 의미하는데, (나)와 (다)가 여기에 속한다. 이러한 주제 의식을 담은 노래들은 신하가 왕으로부터 멀리 떨어져 이별이 오래 지속된 상황에서 생긴 감정을 표현하고 있다. 왕에 대한 신하의 사랑과 그리움을 주로 표현하며, 자신의 마음을 몰라주는 왕에 대한 원망을 드러내기도 한다.

① (나)의 '그리운 사람'이 '멀리 하늘 모퉁이에 있는데'라고 한 것은 신하가 왕으로부터 멀어져 있는 상황을 나타낸 것이겠군.

② (나)의 '기나긴 그리움에 공연히 애만 끊노라'라고 한 것은 신하가 왕을 그리워하고 있음을 나타낸 것이겠군.

③ (다)의 '수심'이 '가슴'에 피어난 것이 '님의 탓도 아니로되'라고 한 것은 신하가 자신의 마음을 몰라주는 왕을 원망하고 있음을 나타낸 것이겠군.

④ (다)의 '여흴 제 검던 머리 희도록 못 보는고'라고 한 것은 신하와 왕이 오랫동안 이별하고 있음을 나타낸 것이겠군.

⑤ (나)의 '밝은 달이 되어' '임의 창문 휘장'에 비추겠다는 것과 (다)의 '내 쯧은 다시 볼가 브라거든'이라고 한 것은 왕에 대한 신하의 사랑을 나타낸 것이겠군.

04

새 와 블 에 대한 설명으로 가장 적절한 것은?

① '새'는 화자의 심리 전환을 표출하고, '블'은 화자의 성격 변화를 유도하고 있다.

② '새'는 화자의 현재 상황을 표현하고, '블'은 화자의 미래 모습을 암시하고 있다.

③ '새'는 화자의 내적인 갈등을 강조하고, '블'은 화자의 외적인 화해를 보여 주고 있다.

④ '새'는 화자의 간절한 바람을 드러내고, '블'은 화자의 애타는 정서를 부각하고 있다.

⑤ '새'는 화자의 반성적인 태도를 나타내고, '블'은 화자의 실천적인 행위를 제시하고 있다.

03

외적 준거에 따라 작품을 감상하는 유형이다. 먼저 〈보기〉의 내용을 정리해 보자.

〈보기〉 분석

• '충신연주지사'의 개념: 충성스러운 신하가 왕을 그리워하며 부른 노래

• '충신연주지사'의 특징: ① 신하가 왕으로부터 멀리 떨어져 이별이 오래 지속된 상황에서 생긴 감정 표현 ② 왕에 대한 신하의 사랑과 그리움을 표현 ③ 때로는 왕에 대한 원망을 드러내기도 함.

(나)와 (다)가 '충신연주지사'에 속한다고 하였으므로, 이를 근거로 하여 시구의 의미를 해석해야 한다. 〈보기〉와 작품의 내용을 잘못 연결하여 해석하고 있는 선택지를 찾는다.

04

소재의 의미와 기능을 비교하는 유형이다. 비교적 정답과 오답이 명확하게 구별되는 내용으로 선택지가 구성되어 있어 문제 해결이 어렵지 않을 것이다. 보통 문제의 발문에 제시되는 소재는 화자의 정서와 긴밀하게 관련되어 있다. (나)에서 임 향한 창 앞에 서 있고자 하는 '새', (다)에서 비바람에도 꺼지지 않는 '블'이 화자의 어떤 정서를 대변하고 있는지 생각해 보자.

1차 채점	맞은 문항 수	개
	틀린 문항 수	개
	헷갈리는 문항 번호	

• 틀린 문항 '/' 표시

2차 채점	맞은 문항 수	개
	틀린 문항 수	개
	헷갈리는 문항 번호	

• 틀린 문항 'X' 표시

3차 채점	맞은 문항 수	개
	틀린 문항 수	개
	헷갈리는 문항 번호	

• 틀린 문항 △ 표시

◉ 권장 풀이 시간 : 4분 30초

[01-03] 다음 글을 읽고 물음에 답하시오.

가 鷰子初來時　　못 보던 제비 날아와

喃喃語不休　　지지배배 지지배배 조잘대네

語意雖未明　　무얼 말하는지 잘은 모르겠으나

似訴無家愁　　집 없는 서러움을 호소하는 듯

榆槐老多穴　　느릅 홰나무 늙어 구멍 많은데

何不此淹留　　어찌 거기에 깃들지 않니

燕子復喃喃　　제비 다시 지지배배 지지배배

似與人語酬　　마치 묻는 이에게 대답하듯

榆穴鸛來啄　　느릅나무 구멍은 황새 와 쪼고

槐穴蛇來搜　　홰나무 구멍은 뱀이 와 뒤지네요

　　　　　　　　　　　　　　　　－ 정약용, 〈고시(古詩)〉

나 형님 온다 형님 온다 분고개로 형님 온다

형님 마중 누가 갈까 형님 동생 내가 가지

형님 형님 사촌 형님 시집살이 어떱뎁까

이애 이애 그 말 마라 시집살이 개집살이

앞밭에는 당추(唐楸)* 심고 뒷밭에는 고추 심어

㉠고추 당추 맵다 해도 시집살이 더 맵더라

둥글둥글 수박 식기(食器) 밥 담기도 어렵더라

도리도리 도리소반(小盤)* 수저 놓기 더 어렵더라

㉡오 리(五里) 물을 길어다가 십 리(十里) 방아 찧어다가

아홉 솥에 불을 때고 열두 방에 자리 걷고

외나무다리 어렵대야 시아버니같이 어려우랴

나뭇잎이 푸르대야 시어머니보다 더 푸르랴

㉢시아버니 호랑새요 시어머니 꾸중새요

동세 하나 할림새요 시누 하나 뾰족새요

시아지비 뾰중새요 남편 하나 미련새요

자식 하난 우는 새요 나 하나만 썩는 샐세

귀먹어서 삼 년이요 눈 어두워 삼 년이요

말 못해서 삼 년이요 석 삼 년을 살고 나니

㉣배꽃 같던 요내 얼굴 호박꽃이 다 되었네

삼단 같던 요내 머리 비사리춤*이 다 되었네

백옥 같던 요내 손길 오리발이 다 되었네

열새 무명 반물치마* 눈물 씻기 다 젖었네

두 폭 붙이 행주치마 콧물 받기 다 젖었네

울었던가 말았던가 베갯머리 소(沼)* 이뤘네

가 정약용, 〈고시(古詩)〉

제목의 의미·갈래

'고시'는 한시의 한 종류이다. 이 작품은 정약용이 쓴 〈고시〉 27수 중 한 수로, 조선 후기 지배층의 횡포를 우의적인 수법으로 풍자하고 있는 한시이다.

화자

제비가 지저귀는 모습에서 백성의 고통을 연상한 화자가 백성에게 (❶　　　　)을 느끼며 현실을 비판하고 풍자함.

시어

• (❷　　　　): 지배 계층에게 수탈당하는 백성

• 황새, 뱀: 백성의 삶의 터전을 짓밟고 수탈하는 관리(지배층)

표현

• 제비를 (❸　　　　)하여 우의적 수법으로 세태를 풍자함.

• 화자와 제비의 대화 형식으로 시상을 전개함.

주제

지배층의 횡포와 피지배층의 고통

▶ 작가: 정약용 – 〈해설편〉 112쪽 참조

나 작자 미상, 〈시집살이 노래〉

제목의 의미·갈래

'시집살이'의 고충을 사촌 자매끼리 대화하는 형식으로 표현한 민요로, 남성 중심의 가족 관계 속에서 시집살이를 하는 여인들의 삶의 애환을 드러내고 있다.

화자

주된 화자는 '형님'으로, 사촌 동생의 질문에 대답하며 (❶　　　　)의 고충을 드러냄.

시어

• (❷　　　　): 언어유희로 시집살이의 어려움을 드러낸 표현

• 호박꽃, 비사리춤, 오리발: 결혼 후 초라해진 화자의 모습을 비유한 표현

표현

• 사촌 동생의 물음과 형님의 대답으로 이루어진 (❸　　　　) 형식을 취함.

• 언어유희와 비유를 통해 해학성을 유발함.

• 대구와 반복으로 리듬감을 형성함.

주제

시집살이의 한(恨)과 체념

ⓜ그것도 소(沼)이라고 거위 한 쌍 오리 한 쌍

쌍쌍이 때 들어오네

– 작자 미상, 〈시집살이 노래〉

* **당추**: 고추의 한 종류
* **도리소반**: 둥글게 생긴 작은 밥상
* **비사리춤**: 싸리나무의 껍질
* **반물치마**: 짙은 남색 치마
* **소**: 작은 연못

01 (가)와 (나)의 공통점으로 가장 적절한 것은?

① 반어적인 표현을 사용하여 시적 정서를 부각하고 있다.
② 대화 형식을 활용하여 현실에 대한 인식을 드러내고 있다.
③ 시간의 흐름을 통해 깨달음에 이르는 과정을 제시하고 있다.
④ 감각적 이미지를 활용하여 자연의 아름다움을 드러내고 있다.
⑤ 자연물에 감정을 이입하여 대상에 대한 안타까움을 강조하고 있다.

제대로 접근법 ☆☆ 문제 채점까지 마친 후 복습할 때 보세요.

01
표현상의 공통점을 파악하는 유형으로, 정답률이 무척 낮았다. 사실 (가)와 (나)의 작품을 미리 공부해 놓았다면 문제 해결이 어렵지 않았을 것이다. 작품의 내용을 바르게 해석할 수 있어야 표현상의 특징도 파악할 수 있기 때문이다. 고전 시가는 현대시에 비해 작품의 수가 한정되어 있으므로, 주요 작품은 반드시 미리 공부해야 한다.
작품을 다시 꼼꼼하게 읽어 보고, 선택지에 언급된 개념들을 작품에 하나하나 대입해 보자.

02 ⓐ~ⓔ 중 (가)를 이해한 내용으로 적절하지 않은 것은?

> 오늘 수업 시간에 정약용의 〈고시〉가 조선 후기 지배층의 횡포와 피지배층의 고난을 드러낸 작품임을 배웠어. 이 작품에서 ⓐ'황새'와 '뱀'은 백성들을 괴롭히는 지배 세력을 상징하고, ⓑ'제비'는 지배 세력으로부터 착취당하는 백성들을 상징해. ⓒ피지배층의 고난은 삶의 터전마저 빼앗기는 절박한 상황으로 그려지고 있어. ⓓ그런 상황에서도 백성들은 현실에 굴하지 않는 꿋꿋한 모습을 보여. 이 작품을 통해 ⓔ작가는 당대의 부정적 현실을 우회적으로 고발하고 있어.

① ⓐ   ② ⓑ   ③ ⓒ   ④ ⓓ   ⑤ ⓔ

02
작품의 내용을 바르게 이해하고 있는지 묻는 유형이다. 만약 (가)가 미리 공부하지 않은 작품이라면, 문제에 붙어 있는 설명이 작품 이해에 많은 도움을 준다.
설명된 내용을 참고하여 (가)를 다시 해석하고, '황새', '뱀', '제비'의 상징적 의미를 정리해 보자. 아울러 이들이 시적 상황 속에서 어떤 태도를 보이고 있는지도 생각해 본다.

03 〈보기〉를 바탕으로 (나)를 감상한 내용으로 적절하지 않은 것은? [3점]

★☆ 문제 채점까지 마친 후
복습할 때 보세요.

제대로 접근법

━━━━〈보기〉━━━━

〈시집살이 노래〉는 고통스러운 시집살이를 하는 아녀자들의 생활을 진솔하게 표현한 민요이다. 이 작품 속 여인은 대하기 어려운 시집 식구와 과중한 가사 노동으로 인해 힘든 삶을 살고 있다. 이러한 삶 속에서 여인은 자신의 처지를 한탄하기도 하고, 체념하는 태도를 보이기도 한다.

① ㉠에서 '고추', '당추'와 비교하여 시집살이의 고통을 표현하고 있군.
② ㉡에서 '오 리'와 '십 리'를 활용하여 감당해야 할 노동이 과중함을 강조하고 있군.
③ ㉢에서 '호랑새'와 '꾸중새'를 활용하여 시아버지와 시어머니를 대하기 힘든 존재로 표현하고 있군.
④ ㉣에서 '배꽃'과 '호박꽃'을 대비하여 초라하게 변한 자신의 모습을 한탄하고 있군.
⑤ ㉤에서 '거위'와 '오리'에 빗대어 현실에 대응하지 못하고 체념하는 자신을 드러내고 있군.

03
외적 준거에 따라 작품을 감상하는 유형이다. 〈보기〉를 어떻게 활용하느냐가 작품 이해와 문제 해결을 좌우하므로, 이런 유형의 문제를 풀면서 자신만의 활용법을 익혀 두자.

〈보기〉 분석
• 작품의 주제 의식: 고통스러운 시집살이를 하는 아녀자들의 생활을 진솔하게 표현
• 화자의 상황과 태도: ① 대하기 어려운 시집 식구와 과중한 가사 노동으로 인해 힘든 삶 ② 자신의 처지 한탄 ③ 체념의 태도를 보이기도 함.

〈보기〉에 제시된 정보를 참고하여 작품의 내용을 다시 정리하고, 이를 바탕으로 각 시구의 의미와 특징을 파악한다.

1차 채점 맞은 문항 수 ___개 / 틀린 문항 수 ___개 / 헷갈리는 문항 번호 ___ · 틀린 문항 '/' 표시
2차 채점 맞은 문항 수 ___개 / 틀린 문항 수 ___개 / 헷갈리는 문항 번호 ___ · 틀린 문항 '×' 표시
3차 채점 맞은 문항 수 ___개 / 틀린 문항 수 ___개 / 헷갈리는 문항 번호 ___ · 틀린 문항 △ 표시

[01-04] 다음 글을 읽고 물음에 답하시오.

가
— 뎨 가는 뎌 각시 본 듯도 흐뎌이고.
텬샹(天上) 빅옥경(白玉京)을 엇디흐야 니별(離別)흐고,
히 다 뎌 져믄 날의 눌을 보라 가시는고.
어와 네여이고 내 스셜 드러 보오.
내 얼굴 이 거동이 님 괴얌 즉흔가마는
엇딘디 날 보시고 네로다 녀기실시
[A] 나도 님을 미더 군쁘디 전혀 업서
이리야 교틴야 어즈러이 구돗썬디
반기시는 눗비치 녜와 엇디 다르신고.
누어 싱각흐고 니러 안자 혜여흐니
내 몸의 지은 죄 뫼フ티 빠혀시니
하늘히라 원망흐며 사름이라 허믈흐랴
— 셜워 플뎌 혜니 조믈(造物)의 타시로다.

(중략)

모쳠(茅簷) 춘 자리의 밤듕만 도라오니
반벽쳥등(半壁靑燈)은 눌 위흐야 불갓는고.
오르며 느리며 헤쓰며 바니니
져근덧 역진(力盡)흐야 픗줌을 잠간 드니
졍셩(精誠)이 지극흐야 쑴의 님을 보니
옥(玉) フ튼 얼굴이 반(半)이나마 늘거셰라.
무옴의 머근 말슴 슬크장 솗쟈 흐니
눈믈이 바라 나니 말인들 어이흐며
졍(情)을 못다흐야 목이조차 메여흐니
오뎐된 ⓐ계셩(鷄聲)의 줌은 엇디 끼돗던고.
어와, 허사(虛事)로다. 이 님이 어디 간고.
결의 니러 안자 창(窓)을 열고 브라보니
어엿븐 그림재 날 조출 쑨이로다.
출하리 싀여디여 **낙월(落月)**이나 되야이셔
님 겨신 창(窓) 안히 번드시 비최리라.
각시님 둘이야키니와 구준 비나 되쇼셔.

– 정철, 〈속미인곡〉

나
— 봄은 오고 쏘 오고 플은 플으고 쏘 플으니
나도 이 봄 오고 이 플 프르기 フ티
어느날 고향(故鄕)의 도라가 **노모(老母)**씌 뵈오려뇨. 〈1수〉

친년(親年)*은 칠십오(七十五) | 오 영로(嶺路)*는 수천리(數千里)오
[B] 도라갈 기약(期約)은 가디록 아득흐다.
— 아마도 줌 업슨 중야(中夜)의 눈믈 계워 셜웨라. 〈2수〉

ⓑ기럭이 아니 누니 편지(片紙)를 뉘 전(傳)ᄒᆞ리

시름이 ᄀᆞ득ᄒᆞ니 ᄌᆞᆷ인들 이룰손가

매일(每日)의 노친(老親) 얼굴이 눈의 삼삼(森森)ᄒᆞ야라.   〈6수〉

동산(東山)을 올라 보니 고국(故國)도 멀셔이고

태행(太行)이 어드메오 **구룸**이 머흐레라

갈ᄉᆞ록 애일촌심(愛日寸心)*이 여림심연(如臨深淵)* ᄒᆞ여라.   〈7수〉

내 죄(罪)를 아�옵거니 유찬(流竄)이 박벌(薄罰)*이라

지처(至處) 성은(聖恩)을 어이 ᄒᆞ야 갑ᄉᆞ올고

노친(老親)도 플텨 혜시고 하 그리 마오쇼셔.   〈10수〉

하늘이 놉흐시나 ᄂᆞ즌 ᄃᆡ를 드르시ᄂᆡ

일월(日月)이 갓가오샤 하토(下土)의 비최시ᄂᆡ

아ᄆᆞ라타 우리 모자지정(母子至情)을 슬피실 제 업ᄉᆞ오랴.   〈11수〉

                                                                 – 이담명, 〈사노친곡〉

＊ 친년 : 어머님 연세
＊ 영로 : 고갯길
＊ 애일촌심 : 부모님을 모실 시간이 흐르는 것을 안타까워하는 마음
＊ 여림심연 : 깊은 못 가에 있는 듯 조심스러움
＊ 유찬이 박벌 : 죄가 너무 커서 귀양 보내는 일이 오히려 가벼운 처벌임.

시어

• (❷   ): 노모에게 소식을 전할 수 없음을 깨닫게 하는 자연물

• (❸   ): 고향을 더욱 멀게 느끼게 하는 장애물

표현

• 자연 현상과 화자의 처지를 (❹   )하여 화자의 그리움을 부각함.

• 대구법과 설의법 등을 사용하여 화자의 정서를 드러냄.

주제

고향에 계신 노모에 대한 그리움

▶ 작가: 이담명 – 〈해설편〉 116쪽 참조

---

01 [A]와 [B]에 대한 설명으로 가장 적절한 것은?

① [A]와 달리 [B]는 직유법을 사용하여 대상의 속성을 드러내고 있다.
② [B]와 달리 [A]는 대구법을 사용하여 운율을 형성하고 있다.
③ [A]와 [B]는 모두 설의적 표현을 사용하여 의미를 강조하고 있다.
④ [A]와 [B]는 모두 의성어를 활용하여 대상의 생동감을 드러내고 있다.
⑤ [A]와 [B]는 모두 의인법을 활용하여 대상을 친근하게 드러내고 있다.

제대로 접근법   ※ 문제 채점까지 마친 후 복습할 때 보세요.

01
특정 장면을 중심으로 표현상의 특징을 비교하는 유형이다. 한 작품에만 나타난 특징, 두 작품 모두에 나타난 특징을 구분하여 선택지의 적절성을 꼼꼼하게 따져야 한다.
기본적으로 작품을 현대어로 해석할 수 있어야 언급된 특징에 대한 정확한 검토가 가능하다. 또 선택지가 '[A]와 달리 [B]는 ~'과 같이 이루어져 있다면, [B]에는 그 특징이 나타나야 하고 [A]에는 그 특징이 나타나지 않아야 한다는 점을 기억하자.

02 ⓐ와 ⓑ의 공통점으로 가장 적절한 것은?

① 화자의 소망을 실현시켜 주는 소재이다.
② 화자의 감정이 이입되어 있는 소재이다.
③ 화자가 추구하는 이상향을 드러내는 소재이다.
④ 자연에 대한 화자의 경외감을 보여 주는 소재이다.
⑤ 화자가 처한 현실 상황을 깨닫게 하는 소재이다.

02
소재의 기능을 파악하는 유형이다. 정답률이 매우 낮았는데, 특정 오답에 답한 비율이 높았다. 작품의 흐름과 그 속에서 각 소재들이 하는 기능을 제대로 이해하지 못한 것으로 보인다.
먼저 (가)와 (나)에서 화자가 어떤 상황에 처해 있는지, 그런 상황에서 어떤 정서와 태도를 보이고 있는지 확인한다. 이를 바탕으로 해당 소재가 어떤 기능을 하고 있는지 생각해 본다.

03 〈보기〉를 바탕으로 (가)와 (나)를 감상한 내용으로 적절하지 <u>않은</u> 것은? [3점]

〈보기〉

정쟁(政爭)으로 인한 낙향이나 유배는 많은 문학 작품 창작의 계기가 되었다. 이러한 작품에 드러난 그리움과 원망의 정서는 충과 효를 적극적으로 실현할 수 없는 작가의 처지에서 기인한다. 그리움은 이별의 슬픔, 임금에 대한 연모와 감사, 가족에 대한 염려 등으로 표출되며 이 과정에서 우의적 형상화가 나타나기도 한다. 또한 원망은 정치적 반대 세력에 대한 울분, 자신을 잊은 임금에 대한 서운함, 죄를 지은 자신에 대한 자책 등으로 드러난다.

① (가)는 임금을 떠난 작가의 처지를 '님'을 잃은 여인의 모습으로 설정함으로써 군신 관계를 우의적으로 형상화하여 드러내고 있군.

② (나)는 '노모'와의 거리감을 '영로는 수천리'로 나타내어 작가가 유배지에서 느끼는 가족과의 이별의 슬픔을 드러내고 있군.

③ (가)는 '내 몸의 지은 죄'를 생각하며 자신의 잘못을 탓하는 모습을, (나)는 '유찬이 박벌'이라며 자신이 지은 죄를 인정하는 모습을 드러내고 있군.

④ (가)는 '셜워 플텨 혜'는 모습에서 임금에 대한 서운함을, (나)는 '구룸'이 험한 모습에서 정치적 반대 세력에 대한 울분을 드러내고 있군.

⑤ (가)는 죽어서 '낙월'이 되고 싶어 하는 모습을 통해 임금에 대한 연모를, (나)는 '성은'을 생각하는 모습을 통해 임금에 대한 감사를 드러내고 있군.

04 (나)에 대해 이해한 내용으로 적절하지 <u>않은</u> 것은?

① 〈1수〉의 '봄은 오고 쏘 오'는 것에서 〈2수〉의 '도라갈 기약'이 실현될 것이라는 화자의 확신이 드러나는군.

② 〈2수〉의 '중야'에 '줌'을 이루지 못하고 흘리는 '눈믈'을 통해 화자의 시름이 드러나는군.

③ 〈2수〉의 '친년은 칠십오'라는 것을 떠올리는 모습과 〈7수〉의 '갈ㅅ록 애일촌심'을 느끼는 모습에서 화자의 근심이 드러나는군.

④ 〈6수〉의 '매일' 노친 얼굴'을 떠올리는 모습과 〈7수〉의 '동산을 올라' '고국'을 바라보는 행위에는 화자의 간절함이 드러나는군.

⑤ 〈11수〉의 '모자지정을 술피실' 때가 있으리라고 생각하는 것에서 화자의 기대감이 드러나는군.

제대로 접근법 ☆ 문제 채점까지 마친 후 복습할 때 보세요.

03
외적 준거에 따라 작품을 감상하는 유형이다. 〈보기〉에는 유배 문학의 특징에 대한 정보가 제시되어 있다.

〈보기〉 분석
• 유배 문학의 주된 정서: 그리움과 원망
• 그리움 표출: ① 이별의 슬픔 ② 임금에 대한 연모와 감사 ③ 가족에 대한 염려 → 우의적 형상화
• 원망 표출: ① 정치적 반대 세력에 대한 울분 ② 임금에 대한 서운함 ③ 자신에 대한 자책

〈보기〉에 제시된 정보를 참고하여 선택지의 적절성을 판단한다. 선택지의 내용이 〈보기〉의 설명과 어긋나지 않는지를 확인하고, 시어 및 시구에 대한 해석이 작품의 전체 맥락에서 벗어나지 않는지를 점검해야 한다.

04
시상 전개의 흐름에 맞추어 시구의 의미를 파악하는 유형이다. 정답률이 매우 낮았는데, 작품의 전체 맥락을 제대로 이해하지 못한 것으로 보인다.
먼저 이 작품이 유배 와 있는 화자가 멀리 떨어져 있는 노모를 그리워하는 상황임을 이해해야 한다. 혹시 잘 모르는 어휘가 있다면, 알고 있는 어휘를 중심으로 시적 상황에 맞게 내용을 유추해야 한다. 이를 바탕으로 시구에 담긴 의미를 추론한다.

1차 채점	맞은 문항 수	개	→	**2차 채점**	맞은 문항 수	개	→	**3차 채점**	맞은 문항 수	개
	틀린 문항 수	개			틀린 문항 수	개			틀린 문항 수	개
	헷갈리는 문항 번호				헷갈리는 문항 번호				헷갈리는 문항 번호	

• 틀린 문항 '/' 표시 　　　　　• 틀린 문항 '×' 표시 　　　　　• 틀린 문항 △ 표시

V부 | 갈래 복합

❖ 출제 경향과 학습 대책

❶ 갈래를 묶는 방식이 다양해졌다.

종합적인 사고력을 측정하기 위해 갈래 복합의 출제 비중이 늘고 있다. 갈래 복합은 유형이 낯설고 지문의 길이가 길며 문항 수도 많아 어렵게 느껴질 수 있다. 예전에는 현대시와 고전 시가를 묶거나 시와 수필을 묶는 방식이 일반적이었다. 하지만 지금은 문학과 비문학 지문이 함께 출제되는 등 갈래를 묶는 방식이 다양해졌다. 따라서 어떤 갈래든 묶여서 출제될 수 있다고 전제하고 실전에 임하는 것이 좋다.

❷ 복합의 방식 ① - 같은 계열의 작품이 묶이는 경우

현대시와 고전 시가처럼 운문은 운문끼리, 소설과 극처럼 산문은 산문끼리 묶는 방식이다. 특히 후자의 경우에는 원작 소설과 이를 각색한 시나리오를 함께 묶는 것이 일반적인데, 두 작품을 비교하고 그 차이를 찾아낼 수 있어야 한다.

❸ 복합의 방식 ② - 다른 계열의 작품이 묶이는 경우

시와 수필, 시와 소설, 시와 극처럼 운문과 산문을 구분하지 않고 서로 다른 갈래의 작품을 묶는 방식이다. 서로 다른 특성을 가진 갈래의 작품을 묶어 놓았기 때문에 유형이 낯설 뿐더러 작품 간의 공통점이나 차이점을 찾기가 쉽지 않은 경우가 많다.

❹ 복합의 방식 ③ - 문학과 비문학이 묶이는 경우

문학사나 문학 이론 등의 비문학 지문과 문학 작품을 묶는 방식이다. 문학 작품과 비문학 이론이 함께 제시되어 독해에 어려움을 느낄 수 있다. 하지만 기존에 제시되던 〈보기〉의 자료가 지문으로 추가되었다고 이해하면 혼란을 느낄 이유가 없다.

❺ 각 갈래별 학습에 충실해야 한다.

갈래 복합 문제가 단독 갈래 문제보다 특별히 어렵다고 볼 수는 없다. 오답률이 높은 편이기는 하지만, 이는 문제 자체가 더 어렵다기보다는 새로운 유형에 익숙해지지 못한 탓이 크다. 따라서 기출문제를 반복해서 풀면서 갈래 복합 유형에 익숙해지는 것이 무엇보다 중요하다. 단독 갈래 문제를 풀 수 있다면 갈래 복합 문제도 풀 수 있다. 각 세부 갈래의 특성을 이해하고 그 대응 방법을 익히는 것이 기본이다.

❻ 작품을 묶은 연결 고리를 찾자.

서로 다른 갈래를 묶어 지문을 구성하기 때문에 그 작품들을 묶은 기준이 암시되는 경우가 많다. 작품 간의 공통점이나 차이점을 묻는 문제, 〈보기〉의 자료, 감상의 기준을 제시한 비문학 지문 등에 주목하여 문제 해결의 실마리를 찾아야 한다.

[01-04] 다음 글을 읽고 물음에 답하시오.

✿ 문제 풀이까지 마친 후
복습할 때 보세요.
제대로 **감상법**

가 지팡이 짚고 바람 쐬며 좌우를 돌아보니

누대의 맑은 경치 아마도 깨끗하구나

㉠물도 하늘 같고 하늘도 물 같으니

푸른 물과 긴 하늘이 한빛이 되었거든

물가에 갈매기는 오는 듯 가는 듯 그칠 줄을 모르네

㉡바위 위 산꽃은 수놓은 병풍 되었고

시냇가 버들은 초록 장막 되었는데

좋은 날 좋은 경치 나 혼자 거느리고

㉢꽃피는 시절 허송하지 말리라 하고

아이 불러 하는 말, 이 깊은 산속에서 해산물을 볼쏘냐

㉣살진 고사리, 향기로운 당귀를 돼지고기, 사슴고기 섞어서 크나큰 바구니에 흡족히

담아두고

붕어회에다 눌러, 꿩 섞어 먹음직하게 구워지거든

술동이의 맑은 술을 술잔에 가득 부어

한잔, 또 한잔 취토록 먹은 후에

㉤복숭아꽃 붉은 비 되어 취한 낮에 뿌리는데

낚시터 넓은 돌을 높이 베고 누우니

무회씨 때 사람인가, 갈천씨 때 백성*인가

태평성대를 다시 보는가 생각노라

이 힘이 누구 힘인가, 성은이 아니신가

강호에 물러난들 임금 걱정이야 어느 때에 잊을까

때때로 머리 들어 북극성 바라보고

남모르는 눈물을 하늘 끝에서 흘리도다

평생에 품은 뜻을 빕니다, 하느님이시여

마르고 닳도록 우리 임금 만세를 누리소서

태평한 세상에 삼대일월 비추소서

영원무궁토록 전란을 없애소서

밭 갈고 샘 파서 격양가*를 부르게 하소서

이 몸은 이 강산풍월에 늙을 줄을 모르도다

— 박인로, 〈노계가〉

＊**무회씨 때 사람, 갈천씨 때 백성** : 중국 상고시대 전설상의 제왕인 무회씨와 갈천씨 때의 태평성대의 사람
＊**삼대일월** : 중국에서 왕도 정치가 행해졌던 하·은·주 시대
＊**격양가** : 중국 요 임금 때 늙은 농부가 배를 두드리고 땅을 치면서 천하가 태평하다며 불렀다는 노래

나 자연은 왜 존재해 있나? 모른다. 그것은 영원한 신비다.

자연은 왜 아름다운가? 모른다. 그것도 영원한 불가사의다.

자연은 왜 말이 없는가? 그것도 모른다. 그것도 영원한 그의 침묵, 그의 성격이다.

우리는 자연의 모든 것을 모른다. 우리는 영원히 그의 신원도, 이력도 캐어낼 수 없을 것이

가 박인로, 〈노계가〉

제목의 의미·갈래

〈노계가〉는 전란을 겪은 작가가 말년에 은거지인
노계에 머무르며 그곳의 경치를 예찬하고 자연에
묻혀 사는 흥취를 노래한 가사이다.

화자

화자 '나'는 강호에서 아름다운 경치를 감상하고 풍
류를 즐기는 한편, (❶   )에 대한 걱정을
잊지 않음.

시어

• 물가에 (❷   ) : 조화로운 자연의 모습
• 술 : 자연을 즐기는 화자의 풍류를 드러내는 소재
• (❸   ) : 현재 생활에 대한 화자의 인
식이자, 화자가 영원히 계속되기를 바라는 상태

표현

• 자연에서 한가롭게 생활하는 화자의 모습을 구체
적으로 형상화함.
• 색채 이미지와 비유를 활용해 자연의 모습을 표현
함.
• (❹   )에게 직접 기원하는 방식으로
주제 의식을 드러냄.

주제

강호에서의 만족스러운 삶과 태평성대가 영원히 계
속되기를 바라는 소망

▶ 작가 : 박인로 — 〈해설편〉 118쪽 참조

나 이태준, 〈자연과 문헌〉

제목의 의미

'문헌'에 의존하여 '자연'을 표현하는 예술가들에 대
한 비판적 인식을 드러낸 수필이다.

▶ 해설편 118쪽

다. 오직 그의 신성한 존재 앞에 백지와 같은 마음으로 경건한 직감이 있을 뿐이다. 직감 이상으로 자연의 정체를 볼 수 없고 들을 수 없을 것이다. 자연에 대한 우리 인류의 최고 능력은 직감일 것이다.

한 사람이라도 좋다. 자연에 대한 솔직한 감각을 표현하라. 금강산에 어떠한 **문헌**이 있든지 말든지, 백두산에서 어떠한 인간의 때 묻은 내력이 있든지 없든지, 조금도 그따위에 관심할 것이 없어 산이면 산대로, 물이면 물대로 보고 느끼고 노래하는 시인은 없는가? 경승지에 가려면 문헌부터 뒤지는, 극히 독자(獨自)의 감각력엔 자신이 없는 사람은 예술가가 아니다. 조그만 학문과 고고의 사무가일 뿐, ▢빛나는 생명의 예술가▢는 아니다.

금강산은 금강산이라 이름 붙여지기 훨씬 전부터, 태고 때부터 엄연히 존재해 있는 것이다. **옥녀봉**이니 **명경대**니 하는 이름과 전설은 가장 최근의 일이다. 본래의 금강산과는 아무런 관계도 없는 그야말로 무근지설이다. **소문거리의 '모델'**로서의 금강산, 일만 이천 봉이니 열두 폭이니 하고 **계산된 삽화**로서의 금강산을 보지 못해 애쓸 필요야 무엇인가. 금강산이나 백두산이나 무슨 산이나 간에 그들은 태고 때부터 항구히 살아 가지고 있는 것이다. 물은 지금도 흐르고 꽃과 단풍은 지금도 그들의 품에서 피고 지거늘 문헌과 전설이 무슨 상관인가. 고완품이나 고적이라면 모르거니와 죽을 줄 모르는 생명의 덩어리인 자연에게 있어 문헌이란 별무가치인 것이다.

흔히 시인들은 자연을 대상으로 한 시편에서나 기행문에서는 너무들 문헌에 수족이 묶인다. 고완품을 보는 것 같고 자연을 보는 것 같지 않은 것이 흔히 독자에게 주는 불유쾌다.

문헌은 학자들에게 던져두라. 예술가에게는 언제, 어디든지가 신대륙, 신세계여야 할 것이다.

– 이태준, 〈자연과 문헌〉

체험과 느낌

■ **글쓴이의 경험**: 시인들이 문헌에 기대어 자연을 소재로 한 시편이나 기행문을 창작하는 경향이 있음을 포착함.

■ **글쓴이의 관점과 태도**: 문헌에 기대어 자연을 표현하려는 태도를 (❶   )하며, 직관으로 자연에 대한 감각을 표현할 것을 강조함.

소재

• 직감: 자연의 정체를 보고 들을 수 있는 최고의 방법
• (❷   ): 인간이 만든 기록으로, 자연에게 있어 별무가치이며 자연의 본질에 대한 접근을 방해하는 요소

표현

• (❸   )의 방식을 통해 본래 자연의 모습과 바람직한 예술가의 태도를 부각함.
• 문답의 방식, 설의법, 명령형 어미 등을 활용하여 작가의 의도를 강조함.

주제

고유한 직관을 통해 자연의 생명을 드러내는 예술가의 태도 촉구

▶ 작가: 이태준 – 〈해설편〉 119쪽 참조

---

01 (가)와 (나)에 대한 설명으로 가장 적절한 것은?

① (가)와 (나)는 모두 명령형 어미를 통해 주제 의식을 드러내고 있다.
② (가)와 (나)는 모두 문답의 방식을 통해 현실에 대한 비판을 드러내고 있다.
③ (가)와 (나)는 모두 대조의 방식을 활용하여 태도의 변화를 드러내고 있다.
④ (가)와 달리 (나)는 시선의 이동을 통해 계절적 배경을 다채롭게 드러내고 있다.
⑤ (나)와 달리 (가)는 초월적 공간을 설정하여 고조된 감정을 드러내고 있다.

제대로 접근법 ☆문제 채점까지 마친 후 복습할 때 보세요.

01
표현상의 특징을 파악하는 유형이다. 선택지에 제시된 표현 방식과 표현의 효과를 함께 확인해야 한다. 명령형 어미, 문답의 방식, 대조의 방식, 시선의 이동, 초월적 공간 등을 지문에서 확인하고, 그에 대한 표현의 효과가 선택지에 적절하게 제시되었는지 판단한다.

02 ㉠~㉤에 대한 이해로 적절하지 않은 것은?

① ㉠: 유사한 문장 구조를 반복하여 자연물 간의 경계가 사라진 풍광을 묘사하고 있다.
② ㉡: 일상의 사물에 빗대어 화자를 둘러싼 자연의 모습을 표현하고 있다.
③ ㉢: 의지적인 어조를 활용하여 학문 수양을 게을리하지 않으려는 자세를 드러내고 있다.
④ ㉣: 자연에서 얻을 수 있는 재료를 나열하여 상황에 대한 만족감을 표현하고 있다.
⑤ ㉤: 자연물의 색채 이미지를 활용하여 화자의 취흥을 강조하고 있다.

02
시어와 구절의 의미를 파악하는 유형이다. ㉠에서 푸른 물과 긴 하늘이 한빛이 되었다는 내용과 문장의 짜임을 살펴보고, ㉡에서 일상의 사물이 나타나는지와 그를 통해 표현된 자연은 무엇인지 확인하고, ㉢에서 서술어를 찾아 종결 어미의 성격을 확인하고, ㉣에서 나열된 재료의 성격과 화자의 정서를 파악하고, ㉤에서 화자의 취흥이 나타나는지와 자연물의 색채가 드러난 단어가 무엇인지를 확인하여 적절하지 않은 선택지를 골라 보자.

03 〈보기〉를 읽고 (가), (나)를 감상한 내용으로 적절하지 <u>않은</u> 것은? [3점]

─── 〈보기〉 ───

(가)의 작가는 전란을 체험한 후 강호에 은거하며 태평성대를 추구하고, (나)의 작가는 자연의 본질에 대한 통찰을 촉구한다. 이들은 일관되고 영속적인 가치를 지향한다. 비록 작가의 지향을 방해하는 일시적인 요소가 있더라도, 이 지향은 과거에서 현재로, 다시 미래로 지속성을 갖고 이어진다.

① (가)의 '물가에 갈매기'가 '오는 듯 가는 듯 그칠 줄을 모르네'라는 구절에서 어울림에 영속성을 부여하고 이를 지향하는 작가의 태도를 확인할 수 있군.

② (가)에서 작가가 자신을 '무회씨 때 사람', '갈천씨 때 백성'과 동일시하여 과거와 현재를 잇는 것은 시간이 흘러도 영속되는 가치에 대한 작가의 인식을 드러낸 것으로 볼 수 있군.

③ (가)의 '영원무궁토록 전란을 없애소서'라는 구절에서 전란이라는 일시적인 요소가 '태평한 세상'이라는 영속적인 가치를 방해하지 않기를 바라는 작가의 인식을 확인할 수 있군.

④ (나)에서 '옥녀봉', '명경대'와 같은 이름으로 자연을 규정하는 것은 자연의 일관성과 지속성에 대한 통찰의 결과라는 작가의 인식을 확인할 수 있군.

⑤ (나)에서 '문헌'은 '소문거리의 '모델'', '계산된 삽화'를 양산함으로써 자연의 영속적인 본질에 대한 접근을 방해하는 요소가 된다는 작가의 인식을 확인할 수 있군.

03
외적 준거를 바탕으로 한 작품 이해하기 유형이다. 〈보기〉에 제시된 외적 준거를 확인하고, 선택지의 감상이 적절한지 판단하자. 〈보기〉를 통해 작가가 추구하고 지향하는 바와 작가의 태도가 무엇인지 확인하고, 선택지에 언급된 소재나 구절을 〈보기〉의 내용과 관련지어 이해할 수 있는지 판단해 보자.
(가), (나)에는 작가가 긍정적으로 인식하는 소재와 부정적으로 인식하는 소재가 제시되어 있다. 작가의 지향을 방해하거나 지향의 지속성을 갖지 못하게 하는 것이 부정적으로 인식되는 소재임을 이해하고, 적절하지 않은 감상의 내용을 제시한 선택지를 찾는다.

04 (나)의 빛나는 생명의 예술가가 갖추어야 할 태도로 가장 적절한 것은?

① 자연의 모든 것을 알아낼 수 있다는 확신으로 탐구에 임해야 한다.

② 직관을 통해 자연에 대한 솔직한 감각을 드러낼 수 있어야 한다.

③ 여러 기록을 참고하며 자연의 새로운 경지를 소개할 수 있어야 한다.

④ 경승지를 보고 이를 대상으로 한 시편을 인용하여 작품을 창작할 수 있어야 한다.

⑤ 자연과 관련된 인간의 내력을 소재로 삼아 자신의 예술성을 표현할 수 있어야 한다.

04
작품의 표현에 담긴 작가의 의도를 파악하는 유형이다. 해당 구절에 담긴 표현 의도를 파악하기 위해 앞에 제시된 내용의 의미를 이해해 본다. '자연에 대한 우리 인류의 최고 능력은 직감', '자연에 대한 솔직한 감각을 표현하라.'와 같은 문장에서 작가는 직관을 통해 자연에 대한 솔직한 감각을 드러내는 것이 빛나는 생명의 예술가가 갖추어야 할 태도라고 말하고 있다. 이와 같은 내용을 담고 있는 선택지를 답으로 골라 보자.

1차 채점

맞은 문항 수	개
틀린 문항 수	개
헷갈리는 문항 번호	

• 틀린 문항 '/' 표시

→

2차 채점

맞은 문항 수	개
틀린 문항 수	개
헷갈리는 문항 번호	

• 틀린 문항 'x' 표시

→

3차 채점

맞은 문항 수	개
틀린 문항 수	개
헷갈리는 문항 번호	

• 틀린 문항 △ 표시

154 문제편

[01-05] 다음 글을 읽고 물음에 답하시오.

(가) 십 년(十年)을 경영(經營)ᄒᆞ여 **초려삼간(草廬三間)** 지여 내니
나 ᄒᆞᆫ 간 ᄃᆞᆯ ᄒᆞᆫ 간에 **청풍(淸風)** ᄒᆞᆫ 간 맛져 두고
강산(江山)은 들일 듸 업스니 둘러 두고 보리라

– 송순

(나) 서산의 아침별 비치고 구름은 낮게 떠 있구나
비 온 뒤 **묵은 풀**이 뉘 **밭**에 더 짙었든고
두어라 차례 정한 일이니 매는 대로 매리라 〈제1수〉

둘러내자* 둘러내자 긴 고랑 둘러내자
바라기 역고*를 고랑마다 둘러내자
잡초 짙은 긴 사래 마주 잡아 둘러내자 〈제3수〉

땀은 듣는 대로 듣고 볕은 쬘 대로 쬔다
청풍에 옷깃 열고 긴 휘파람 흘리 불 때
어디서 길 가는 손님네 아는 듯이 머무는고 〈제4수〉

밥그릇에 **보리밥**이요 사발에 **콩잎 나물**이라
내 밥 많을세라 네 반찬 적을세라
먹은 뒤 한숨 졸음이야 너나 나나 다를소냐 〈제5수〉

돌아가자 돌아가자 해 지거든 돌아가자
냇가에 손발 씻고 **호미 메고** 돌아올 제
어디서 **우배초적(牛背草笛)***이 함께 가자 재촉하는고 〈제6수〉

– 위백규, 〈농가구장(農歌九章)〉

* **둘러내자** : 휘감아서 뽑자.
* **바라기 역고** : 잡초의 일종
* **우배초적** : 소의 등에 타고 가면서 부는 풀피리 소리

(다) 우리 집 뒷동산에 복숭아나무가 하나 있었다. 그 꽃은 **빛깔이 시원치 않**고 그 열매는 맛이 없었다. 가지에도 **부스럼이 돋**고 잔가지는 무더기로 자라 참으로 볼 것이 없었다. 지난 봄에 이웃에 박 씨 성을 가진 이의 손을 빌어 **홍도 가지**를 접붙여 보았다. 그랬더니 그 꽃이 아름답고 열매도 아주 튼실하였다. 애초에 한창 잘 자라는 나무를 베어 버리고 잔가지 하나를 접붙였을 때에 나는 그것을 보고 '대단히 어긋난 일을 하는구나' 하고 생각하였다. 그런데 어느새 밤낮으로 싹이 나 자라고 비와 이슬이 그것을 키워 눈이 트고 가지가 뻗어 얼마 지나지 않아 울창하게 자라 제법 그늘을 드리우게 되었다. 올봄에는 꽃과 잎이 많이 피어서 붉고 푸른 비단이 찬란하게 서로 어우러진 듯하니 그 경치가 진실로 볼 만하였다.

오호라, 하나의 복숭아나무, 이것이 심은 땅의 흙도 바꾸지 않고 그 뿌리의 종자도 바꾸지

제대로 감상법 문제 풀이까지 마친 후 복습할 때 보세요.

(가) 송순, 〈십 년을 경영ᄒᆞ여~〉

화자
화자는 '나'로, 작은 초가집을 짓고 (❶   ) 과 하나가 되어 안분지족하며 살아감.

표현
• '돌, 청풍'이라는 자연물을 (❷   )하여 표현함.
• 자연과 벗하며 살아가려는 화자의 정서를 기발한 발상으로 표현함.

주제
자연 속에서 안빈낙도하며 사는 삶

▶ 작가: 송순 – 〈해설편〉 121쪽 참조

(나) 위백규, 〈농가구장〉

제목의 의미
'(❶   )'는 농촌에서 일하며 부르는 노래 또는 농민이 부르는 노래라고 이해할 수 있다. 또한 '구장'은 이 작품이 전 9수로 이루어져 있음을 나타낸다. 즉, '농가구장'은 노동하는 농민의 입장에서 농촌의 생활을 노래한 9수의 연시조라는 의미이다.

화자
화자는 농촌에서 (❷   )을 하며 살아가는 사람으로, 일과에 따라 열심히 일하면서 흥취를 느끼고 있음.

표현
• 아침에 일을 시작할 때부터 해 질 무렵 농사일을 마칠 때까지 (❸   )의 흐름에 따라 내용을 전개함.
• '둘러내자', '돌아가자'와 같은 동일한 시어를 반복하여 운율을 형성함.

주제
농가의 생활과 농사일을 하는 즐거움

▶ 작가: 위백규 – 〈해설편〉 121쪽 참조

(다) 한백겸, 〈접목설〉

제목의 의미
'접목설'에서 '설(說)'은 한문 문체의 하나로, 보통 글쓴이의 (❶   )을 제시하고 그것에서 얻은 깨달음을 서술하는 방식으로 전개된다. '접목'은 나무를 접붙이는 것을 나타내는 말로, 글쓴이가 복숭아나무에 홍도 가지를 접붙였던 경험을 가리킨다. 즉, '접목설'은 '나무에 접붙였던 경험에서 얻은 깨달음을 서술한 수필'임을 알려 주는 제목이다.

않았으며 단지 접붙인 한 줄기의 기운으로 줄기도 되고 가지도 되어 아름다운 꽃이 밖으로 피어나 그 자태가 돌연히 다른 모습으로 바뀌니 보는 이로 하여금 눈을 씻게 하고 지나가는 이가 많이 찾아 오솔길을 내게 되었다. 이러한 기술을 가진 이는 그 조화의 비밀을 아는 이가 아닌가! 신기하고 또 신기하도다.

내가 여기에 이르러 느낀 바가 있었다. 사물이 변화하고 바뀌어 개혁을 하게 되는 것은 오로지 초목에 국한한 것이 아니오, 내 몸을 돌이켜 본다 하여도 그런 것이니 어찌 그 관계가 멀다 할 것인가! **악한 생각**이 나는 것을 결연히 내버리는 일은 나무의 옛 가지를 잘라 내버리듯 하고 **착한 마음**의 실마리 싹을 끊임없이 움터 나오게 하기를 새 가지로 접붙이듯 하여, 뿌리를 북돋아 잘 기르듯 마음을 닦고 가지를 잘 자라게 하듯 깊은 진리에 이른다면 이것은 시골 사람에서 성인에 이르기까지 나무 접붙임과 다른 것이 무엇이겠는가!

《주역》에 이르기를 ⊙"땅에서 나무가 자라나는 것은 승괘(升卦)*이니 군자가 이로써 덕을 순하게 하여 작은 것을 쌓아 높고 크게 한다." 하였으니, 이것을 보고 어찌 스스로 힘쓰지 아니하겠는가. 그리고 또 느낀 바가 있다. 오늘부터 지난 봄을 돌이켜보면 겨우 추위와 더위가 한 번 바뀐 것뿐인데 한 치 가지를 손으로 싸매어 놓은 것이 저토록 지붕 위로 높이 자라 꽃을 보게 되었고, 또 장차 그 열매를 먹게 되었으니 만약 앞으로 내가 몇 해를 더 살게 된다면 이 나무를 즐김이 그 얼마나 더 많을 것인가! 세상 사람들은 자기가 **늙는 것만 자랑하여 팔다리를** 게을리 움직이고 그 마음 씀도 별로 소용되는 바가 없다. 이로 미루어 보면 또한 어찌 마음을 분발하여 뜻을 불러일으키기를 권하지 아니하겠는가. 이 모든 것은 다 이 늙은이를 경계함이 있으니 이렇게 글을 지어 마음에 새기노라.

– 한백겸, 〈접목설(接木說)〉

* 승괘: 육십사괘의 하나. 땅에 나무가 자라남을 상징함.

체험과 느낌
볼 것 없던 (❷)를 접붙였다가 복숭아나무가 아주 좋게 바뀐 것을 본 경험을 바탕으로 끊임없이 자신을 개선하며 진리에 이르기 위해 노력해야 한다는 것을 깨달음.

표현
• 나무 접붙이기라는 일상적인 경험에서 얻은 (❸)을 제시함.
• 권위 있는 글의 내용을 (❹)하여 자신의 깨달음을 뒷받침함.

주제
접목의 경험에서 얻은 삶의 자세에 대한 깨달음

▶ 작가: 한백겸 – 〈해설편〉 122쪽 참조

---

01 (가)~(다)에 대한 설명으로 적절한 것은?

① (가)는 공간의 이동에 따라 시상을 전개하고 있다.
② (나)는 색채어의 대비를 활용하여 주제를 강조하고 있다.
③ (다)는 음성 상징어를 사용하여 생동감을 드러내고 있다.
④ (가)와 (나)는 시어의 반복을 통해 리듬감을 형성하고 있다.
⑤ (가)와 (다)는 구체적인 묘사를 통해 계절감을 부각하고 있다.

제대로 접근법 ☆ 문제 채점까지 마친 후 복습할 때 보세요.

01
표현상의 특징을 파악하는 유형이다. 작품에서 표현 방법을 찾아내는 것이 쉽지 않으므로, 선택지에 제시된 표현 방법을 먼저 읽고 지문에서 이러한 방식이 사용된 부분을 찾으면서 오답과 정답을 가려내는 편이 문제를 풀어나가는 데 도움이 된다. 공간의 이동, 색채어의 대비, 음성 상징어의 사용, 시어의 반복과 리듬감 형성, 묘사와 계절감 등에 주목하여 표현 방법을 확인한다.

02 (나)를 활용하여 '전원일기'라는 제목으로 영상시를 제작하기 위해 학생들이 협의한 내용으로 적절하지 <u>않은</u> 것은?

① 〈제1수〉는 아침부터 농기구를 가지고 밭을 가는 농부의 모습을 보여 주면 좋겠어.
② 〈제3수〉는 농부들이 함께 잡초를 뽑고 있는 모습을 보여 주면 좋겠어.
③ 〈제4수〉는 옷깃을 열고 바람을 쐬고 있는 농부의 모습을 보여 주면 좋겠어.
④ 〈제5수〉는 농부들이 모여 식사하고 있는 모습을 보여 주면 좋겠어.
⑤ 〈제6수〉는 해 질 무렵에 농사일을 마치고 마을로 돌아오는 농부의 모습을 보여 주면 좋겠어.

02
작품의 내용을 바르게 이해했는지 확인하는 유형이다. 선택지에 제시된 장면을 이끌어 낼 수 있는 내용이 각 수에 실제로 드러나는지 파악하며 정답을 찾는다. 이러한 문제는 시나 소설의 내용을 영화로 제작하거나 영상 홍보물로 제작하는 형태 등으로 변형되어 출제될 수 있다.

03 〈보기〉를 참고하여 (가)와 (나)를 감상한 내용으로 적절하지 않은 것은? [3점]

보기〉

조선 시대 사대부들의 시조에는 자연이 자주 등장하는데, 작품 속 자연에 대한 인식이 같지는 않다. (가)에서의 자연은 속세를 벗어난 화자가 동화되어 살고 싶어 하는 공간이자 안빈낙도(安貧樂道)의 공간으로 그려져 있다. 반면에 (나)에서의 자연은 소박하게 살아가는 삶의 현장이자 건강한 노동 속에서 흥취를 느끼는 공간으로 그려져 있다.

① (가)의 '초려삼간'은 화자가 안빈낙도하며 사는 공간으로 볼 수 있군.
② (가)의 화자는 '강산'에서 벗어나 '둘', '청풍'과 하나가 되어 살아가려는 태도를 보이고 있군.
③ (나)의 '묵은 풀'이 있는 '밭'은 화자가 땀 흘리며 일해야 하는 공간으로 볼 수 있군.
④ (나)의 '보리밥'과 '콩잎 나물'은 노동의 현장에서 맛보는 소박한 음식으로 볼 수 있군.
⑤ (나)의 화자가 '호미 메고 돌아올' 때에 듣는 '우배초적'에서 농부들의 흥취를 느낄 수 있군.

제대로 접근법
☆ 문제 채점까지 마친 후 복습할 때 보세요.

03
외적 준거에 따라 작품을 감상하는 유형이다. 〈보기〉를 참고하여 (가)와 (나)에 드러나는 '자연'의 특성을 먼저 정리하고, 이를 바탕으로 시어의 의미를 생각해 본다. (나)의 경우 양반이 창작하였음에도 자연을 실제 노동의 공간으로 인식하는 태도가 드러나 있다. 이 때문에 자연을 이상적 공간이나 풍류와 안빈낙도를 즐기는 공간으로 여기는 다른 양반들의 작품과 대비하여 출제되는 경우가 많음을 알아 두자.

04 (다)의 글쓴이가 ㉠을 인용한 이유로 가장 적절한 것은?

① 자신이 깨달은 바를 뒷받침하기 위해
② 자신의 상황을 반어적으로 드러내기 위해
③ 자신의 지식이 보잘것없음을 성찰하기 위해
④ 자신과 군자의 삶이 다르지 않음을 강조하기 위해
⑤ 자신이 살고 있는 세태를 지난날과 비교하기 위해

04
인용된 구절의 기능을 파악하는 유형이다. 이 작품이 창작되었던 조선 시대에 유교 오경의 하나인 《주역》이 권위가 있었음을 떠올려 보고, 해당 책의 권위를 이용하려 한 목적이 무엇일지 생각해 본다. 또한 인용문 앞뒤의 문장을 읽어 보면서 (다)에서 인용문을 통해 얻고자 하는 효과가 무엇인지 구체적으로 확인해야 한다. ㉠의 뒤에 이어지는 '이것을 보고 어찌 스스로 힘쓰지 아니하겠는가'가 선택지의 내용 중 무엇과 관련되는지 점검한다.

05 다음은 학생이 (다)를 읽고 정리한 메모이다. ⓐ～ⓔ 중 적절하지 않은 것은?

접목설(接木說)

ⓐ 글쓴이는 '빛깔이 시원치 않'은 꽃과 '부스럼이 돋'은 가지가 달린 복숭아나무를 소재로 글을 썼다.
ⓑ 글쓴이는 이웃에 사는 박 씨의 도움으로 '홍도 가지'를 접붙인 후 자라난 꽃과 열매를 본 경험을 제시하였다.
ⓒ 글쓴이는 사물이 '자태가 돌연히 다른 모습'으로 바뀌기 위해서는 근본의 변화가 중요함을 강조하였다.
ⓓ 글쓴이는 사물이 변화하는 이치를 사람들이 깨달아 실천하게 되면, '악한 생각'을 버리고 '착한 마음'을 자라게 하는 변화가 가능하다고 여겼다.
ⓔ 글쓴이는 '늙는 것만 자랑하여 팔다리를 게을리 움직이'는 사람들에게 삶의 태도를 바꾸도록 권하고 싶어 한다.

① ⓐ   ② ⓑ   ③ ⓒ   ④ ⓓ   ⑤ ⓔ

05
작품의 내용을 바르게 이해했는지 확인하는 유형이다. ⓐ는 작품의 중심 소재를 찾아 그 특징을 파악하여, ⓑ는 작품에 제시된 글쓴이의 경험 내용을 파악하여 적절성을 판단한다. 또한 ⓒ는 사물의 변화가 어떤 방법을 통해 이루어졌는지 파악하여, ⓓ와 ⓔ는 글쓴이가 경험을 통해 얻은 깨달음을 어떻게 확장하고 있는지 파악하여 적절성을 판단한다.

1차 채점	맞은 문항 수	개	2차 채점	맞은 문항 수	개	3차 채점	맞은 문항 수	개
	틀린 문항 수	개		틀린 문항 수	개		틀린 문항 수	개
	헷갈리는 문항 번호			헷갈리는 문항 번호			헷갈리는 문항 번호	

· 틀린 문항 '/' 표시   · 틀린 문항 'X' 표시   · 틀린 문항 △ 표시

5부 갈래 복합 157

[01-04] 다음 글을 읽고 물음에 답하시오.

☆ 문제 풀이까지 마친 후 복습할 때 보세요.
제대로 감상법

가
　고인(古人)*도 날 못 보고 나도 고인 못 뵈네
[A] 고인을 못 봐도 가던 길 앞에 있네
　가던 길 앞에 있거든 아니 가고 어찌할까

〈제9수〉

　당시(當時)에 가던 길을 몇 해를 버려 두고
[B] 어디 가 다니다가 이제야 돌아왔는고
　이제야 돌아왔으니 딴 데 마음 말으리

〈제10수〉

청산(靑山)은 어찌하여 만고(萬古)에 푸르르며
유수(流水)는 어찌하여 주야(晝夜)에 그치지 않는고
우리도 그치지 마라 만고상청(萬古常靑)*하리라

〈제11수〉

– 이황, 〈도산십이곡〉

＊ **고인** : 옛 성인(聖人), 성현
＊ **만고상청** : 아주 오랜 세월 동안 항상 푸름.

가 이황, 〈도산십이곡〉

제목의 의미·갈래

'도산십이곡'은 '도산 서원에서 지은 열두 곡의 노래'라는 뜻으로, 작가가 벼슬을 사직하고 향리로 돌아와 도산 서원에서 후학을 양성할 때 지은 전 12수의 연시조이다.

화자

화자는 '나'(향리에서 후학을 양성하는 학자)로, 학문 (❶　　　　)에 전념할 것을 다짐함.

시어

• (❷　　　　) : 학문과 덕이 높은 성현
• **딴 데** : 학문에서 벗어난 길. 벼슬길
• (❸　　　　) : 오랜 세월 동안 항상 푸름을 뜻하는 말. 변함없는 학문 수양에 대한 다짐

표현

• 유학자의 자연 관조적 자세와 학문 정진에 대한 의지가 잘 나타남.
• 작품 전체적으로 보면 어려운 한자어가 많이 쓰임.
• 대구법, 설의법, (❹　　　　) 등을 사용하여 주제를 부각함.

주제

자연 친화적 삶의 추구(언지 6곡)와 학문 수양에 대한 변함없는 의지(언학 6곡)

▶ 작가: 이황 – 〈해설편〉 125쪽 참조

나 지나간 성인들의 가르침은 하나같이 간단하고 명료했다. 들으면 누구나 다 알아들을 수 있는 내용이었다. 그런데 학자(이 안에는 물론 신학자도 포함되어야 한다)라는 사람들이 튀어나와 불필요한 접속사와 수식어로써 **말의 갈래를 쪼개고 나누어** 명료한 진리를 어렵게 만들어 놓았다. 어떻게 살아야 할 것인가에 대한 자기 **자신의 문제는 묻어** 둔 채, 이미 뱉어 버린 말의 찌꺼기를 가지고 시시콜콜하게 뒤적거리며 이러쿵저러쿵 따지려 든다. 생동하던 언행은 이렇게 해서 지식의 울안에 갇히고 만다.

이와 같은 학문이나 지식을 나는 신용하고 싶지 않다. 현대인들은 자기 행동은 없이 남의 흉내만을 내면서 살려는 데에 맹점이 있다. 사색이 따르지 않는 지식을, 행동이 없는 지식인을 어디에다 쓸 것인가. 아무리 바닥이 드러난 세상이기로, 진리를 사랑하고 실현해야 할 지식인들까지 곡학아세(曲學阿世)*와 비겁한 침묵으로써 처신하려 드니, 그것은 지혜로운 일이 아니라 진리에 대한 배반이다.

얼마만큼 많이 알고 있느냐는 것은 대단한 일이 못 된다. 아는 것을 어떻게 살리고 있느냐가 중요하다. 인간의 탈을 쓴 인형은 많아도 인간다운 인간이 적은 현실 앞에서 지식인이 할 일은 무엇일까. 먼저 무기력하고 나약하기만 한 그 인형의 집에서 나오지 않고서는 어떠한 사명도 할 수가 없을 것이다.

무학(無學)이란 말이 있다. 전혀 배움이 없거나 배우지 않았다는 뜻이 아니다. 학문에 대한 무용론도 아니다. 많이 배웠으면서도 배운 자취가 없는 것을 가리킴이다. 학문이나 지식을 코에 걸지 않고 지식 과잉에서 오는 관념성을 경계한 뜻에서 나온 말일 것이다. 지식이나 정보에 얽매이지 않은 자유롭고 발랄한 삶이 소중하다는 말이다. 여러 가지 지식에서 추출된

나 법정, 〈인형과 인간〉

제목의 의미

'인형'은 주체적이지 못하고 수동적인 존재, '인간'은 주체적이고 실천하는 존재를 의미한다. 이 작품은 '인형'과 '인간'의 대비를 통해 배운 지식을 실천하는 자세의 중요성을 강조하고 있는 수필이다.

체험과 느낌

■ **글쓴이의 경험**: 성인들의 간단명료한 가르침과 달리, 진리를 어렵게 포장하고 배운 지식을 실천하지 않는 학자들이 있음을 인식함.

■ **글쓴이의 관점과 태도**: 수동적이고 실천하지 않는 지식인들을 (❶　　　　)함.

소재

• (❷　　　　) : 주체적이지 못하고 남의 흉내만을 내는 삶을 사는 사람을 의미함.
• **인형의 집** : 실천하지 않고 지식 자체에만 집착하는 삶을 의미함.

진리에 대한 신념이 일상화되지 않고서는 지식 본래의 기능을 다할 수 없다. 지식이 인격과 단절될 때 그 지식인은 사이비요 위선자가 되고 만다.

책임을 질 줄 아는 것은 인간뿐이다. 이 시대의 실상을 모른 체하려는 무관심은 비겁한 회피요, 일종의 범죄다. 사랑한다는 것은 함께 나누어 짊어진다는 뜻이다. 우리에게는 우리 이웃의 기쁨과 아픔에 대해 나누어 가질 책임이 있다. 우리는 인형이 아니라 살아 움직이는 인간이다. 우리는 끌려가는 짐승이 아니라 신념을 가지고 당당하게 살아야 할 인간이다.

– 법정, 〈인형과 인간〉

* 곡학아세 : 바른 길에서 벗어난 학문으로 세상 사람들에게 아첨함.

▶ 해설편 125쪽

표현
• '인형'과 '인간'이라는 비유적 표현의 대비를 통해 주제를 강조함.
• (❸　　　　　)적 표현을 사용하여 의미를 강조함.

주제
배운 지식을 실천하는 자세의 필요성

▶ 작가: 법정 – 〈해설편〉 125쪽 참조

01 (가)와 (나)의 공통점으로 가장 적절한 것은?

① 옛사람의 행적을 긍정적으로 바라보고 있다.
② 새로운 도전에 대한 기대감을 형상화하고 있다.
③ 사물의 아름다움에 대한 예찬적 태도를 드러내고 있다.
④ 자연과 하나 되는 삶의 과정을 순차적으로 제시하고 있다.
⑤ 지식인의 부정적 태도에 대한 냉소적인 인식을 나타내고 있다.

제대로 접근법
☆ 문제 채점까지 마친 후 복습할 때 보세요.

01
두 작품의 공통점을 파악하는 유형으로, 정답률이 무척 낮았다. 학문 수양을 다짐하고 있는 (가)의 고전 시가 작품뿐 아니라 지식인의 자세를 비판하고 있는 (나)의 수필 작품도 제대로 독해하지 못한 듯하다. (가)의 화자가 '고인'에 대해 어떤 태도를 보이고 있고, (나)의 글쓴이가 '성인'에 대해 어떤 태도를 보이고 있는지 확인한다. 화자와 글쓴이의 태도를 파악하는 것은 문학 작품 감상의 기본이다.

02 [A]와 [B]에 대한 설명으로 적절하지 않은 것은?

① [A]는 유사한 문장 구조를 활용하여 운율감을 형성하고 있다.
② [B]는 시간과 관련된 표현을 활용하여 상황 변화의 기점을 강조하고 있다.
③ [A]와 [B]는 모두 의문형 어구를 활용하여 화자의 태도를 드러내고 있다.
④ [A]와 [B]는 모두 부정 표현을 사용하여 반성하는 자세를 드러내고 있다.
⑤ [A]와 [B]는 모두 앞 구절의 일부를 다음 구절에서 반복하여 내용을 연결하고 있다.

02
특정 장면에 담긴 표현상의 특징과 그 의미를 비교·감상하는 유형이다. 먼저 (가)의 작품이 학문 수양에 정진하겠다는 의지를 노래하고 있다는 것을 이해해야 한다.
유사한 문장 구조가 나타나는지, 시간과 관련된 표현이 쓰였는지, 의문형 어구가 나타나는지, 부정 표현이 사용되었는지, 연쇄법이 쓰였는지 확인해 보자. 표현상의 특징을 확인했다면, 선택지의 뒷부분에 진술된 의미가 적절한지 점검한다.

─〈보기〉─

　문학 작품의 감상 과정에서 독자는 작품에 제시된 대상이나 상황 간의 관계를 파악함으로써 내용을 더 잘 이해할 수 있다. (가)와 (나)의 독자는 이러한 방식을 통해 ⊙학문의 길을 걷는 사람이 지녀야 하는 올바른 삶의 태도를 발견하게 된다.

03 (가)와 (나)를 감상한 내용으로 적절하지 <u>않은</u> 것은? [3점]

① (가)의 9수에서는 '고인'과 '나'가 만나지 못하는 현실을 인식하고 학문 수양이라는 '가던 길'을 매개로 '고인'을 따르겠다는 화자의 의도가 드러나고 있다.

② (가)의 10수에서는 '당시에 가던 길'과 '딴 데'가 대비되면서 학문 수양 이외에 다른 것에는 힘을 쏟지 않겠다는 화자의 의지가 드러나고 있다.

③ (가)의 11수에서는 '청산'과 '유수'의 공통적 속성이 '우리도 그치지' 않겠다는 다짐과 연결되면서 끊임없이 학문에 정진하겠다는 자세가 드러나고 있다.

④ (나)에서는 '말의 갈래를 쪼개고 나누'는 태도와 '자신의 문제는 묻어' 두는 태도가 대비되면서 학문 수양에서 자기 중심적 태도를 버려야겠다는 다짐이 드러나고 있다.

⑤ (나)에서는 '살아 움직이는 인간'과 '끌려가는 짐승'이 대비되면서 학문을 통해 배운 신념을 바탕으로 당당하게 살아가겠다는 태도가 드러나고 있다.

03
외적 준거에 따라 작품을 감상하는 유형이다. 〈보기〉에서는 작품에 제시된 대상이나 상황 간의 관계를 파악해야 내용을 더 잘 이해할 수 있다고 제시하고 있다.
따라서 선택지에 제시되어 있는 시구나 구절의 관계를 바르게 파악하는 것이 핵심이다. (가)는 학문 수양에 정진하겠다고 다짐하고 있고, (나)는 배운 지식을 실천하지 않는 지식인들을 비판하고 있다. 이를 고려하여 두 시구나 구절의 관계가 바르게 진술되었는지 판단해 보자.

04 (나)의 무학(無學)의 의미를 바탕으로 〈보기〉의 ⊙을 설명한 내용으로 적절하지 <u>않은</u> 것은?

① 지식의 과잉에서 오는 관념성을 경계하는 태도이다.

② 배움이 부족하여 지식을 인격과 별개로 보는 태도이다.

③ 많이 배웠으면서 배운 자취를 자랑하지 않는 태도이다.

④ 지식에서 추출된 진리에 대한 신념이 일상화된 태도이다.

⑤ 지식이나 정보에 얽매이지 않은 자유롭고 발랄한 태도이다.

04
작품의 내용을 바르게 이해했는지 확인하는 유형이다. 기본적인 문제 유형인데도 정답률이 무척 낮았다. 문제의 출제 의도를 제대로 파악하지 못한 것으로 보인다.
(나)에서 '무학'에 대해 설명하고 있는 문단의 내용과 어긋난 선택지를 찾으면 된다. '무학'은 많이 배웠으면서도 배운 자취가 없는 것이라고 하였다. 이를 바탕으로 학문의 길을 걷는 사람이 지녀야 하는 올바른 삶의 태도가 무엇인지 생각해 보자.

1차 채점	맞은 문항 수	개		2차 채점	맞은 문항 수	개		3차 채점	맞은 문항 수	개
	틀린 문항 수	개	→		틀린 문항 수	개	→		틀린 문항 수	개
	헷갈리는 문항 번호				헷갈리는 문항 번호				헷갈리는 문항 번호	

・틀린 문항 '/' 표시 　　　　　・틀린 문항 'x' 표시 　　　　　・틀린 문항 △ 표시

[01~04] 다음 글을 읽고 물음에 답하시오.

㉮ 행장이 거제에 진을 치고 이순신을 해치기 위해 온갖 계책을 내고 있었다. 하루는 행장이 부하 장수인 요시라에게 말하였다.

"이순신을 결딴낼 계책을 행하라."

요시라가 명을 듣고 평소 교류가 있던 김응서를 찾아가 은근히 말하였다.

[A] ┌ "우리 평행장은 본래 처음부터 화친하고자 했으나, 청정이 홀로 싸움을 주장하는 통에, 서로 틈이 생겨 이제는 청정을 죽이려 하고 있소이다. 오래지 않아 청정이 다시 바다에 나오리니, 내가 연락하거든 그 즉시 수군을 거느리고 나아가 공격하면 청정을 죽일 수 있을 것이오. 그렇게 되면 조선의 원수도 갚고 우리 장군의 한도 씻을 것이오." └

응서가 이 일을 조정에 고하니, 조정에서는 요시라의 말을 믿고 이순신에게 바다로 나아가 청정을 치게 하였다. 권율 또한 한산도에 이르러 순신에게 말하였다.

"그대는 마땅히 요시라의 약속을 믿고 기회를 잃지 않도록 하라."

하지만 이순신은 이것이 도적의 간사한 계략인 줄 알고 출전을 주저하였다.

정유년 정월에 드디어 웅천에서 보고가 올라왔다.

"이번 달 십오 일에 청정의 선봉 부대가 장문포에 이르렀다."

뒤이어 요시라에게서도 연락이 왔다.

"청정이 이미 뭍에 내렸다."

이미 기회를 잃었다는 소식이었다. 조정에서는 이 소식을 듣고 그 허물을 순신에게 물었다.

[중략 부분의 줄거리] 통제사로 임명된 원균은 칠천도에서 크게 패하고, 선조는 이순신을 다시 통제사에 임명한다.

순신이 군관 십여 명과 아전 수십 명을 데리고 **진주를 지나** 옥과에 이르니, 백성들이 길을 메우고 순신을 따르거늘, 순신의 군사가 이미 백여 명이 넘었다. 순천에 이르러 무기를 내어 가지고 **보성에** 가서 보니, 겨우 십여 척의 전선이 남아 있을 뿐이었다. 전라 수사 김억추를 불러, 전선을 수습하라 하고, 또 다른 상수에는 서둘러 진선을 만들라 하고, 또한 장수들을 모아 엄하게 주의를 주어 말하였다.

"우리는 왕명을 받자왔으니 **마땅히 죽기를 각오**하고 나라의 은혜를 갚으리라."

말씀에 의기가 깊게 배어 있으니, 장수들 중에 감동하지 않는 이가 없었다. 한편 조정에서는 이순신이 가진 배가 저어 도적을 막지 못할까 걱정하여, 차라리 육지에 올라 싸우라고 명하였다. 그러자 순신이 이렇게 임금께 아뢰어 청하였다.

임진년부터 오륙 년 동안 적이 감히 전라도와 충청도를 침범하지 못한 것은 우리 수군이 요해처를 지킨 결과입니다. 이제 신이 전선 육십 척을 거느리고 나아가 죽기를 각오하고 싸우면 가히 승리할 수 있을 것입니다. 만약 바다를 버리면 적이 서해 바다를 거쳐 한강으로 들어갈 것이니, 어찌 두렵지 아니하리이까. 그러하오나 신이 죽기 전에는 도적이 감히 업신여기지 못하리이다.

정유년 구월에 적선 수백 척이 바다를 덮어 오거늘, 순신이 **다급하게 명령**하길,

"십여 척 전선으로 맞아 싸우라."

하는데, 거제 부사 안위가 가만히 도망하려 하는 것이었다. 순신이 이를 보고 맨 앞에서 외쳤다.

㉮ 작자 미상, 〈임진록〉

제목의 의미

'임진왜란'이라는 역사적 사실에 허구적 요소를 가미한 역사 군담 소설로, 실존 인물을 등장시켜 패전으로 인한 수모를 정신적으로 보상받기 위한 소망을 드러내고 있는 작품이다. 임진왜란 이후 조선 사회가 지닌 여러 가지 문제점들을 민중의 시각에서 제기하고 있다.

구성

■ 중요 인물

• (❶   ): 임진왜란 당시 조선을 구한 명장이자 민족적 영웅. 살신성인의 자세로 위기에서 나라를 구함.

■ 사건과 갈등: 이순신은 왜군의 계략으로 조정에 책임 추궁을 당하게 되지만, 원균이 패하자 다시 통제사에 임명되어 적은 수의 군사와 전선으로 왜군과 맞서 싸워 이김.

■ 소재와 배경의 의미

• 임진왜란: 패전에 대한 정신적 보상과 민족적 자부심의 회복을 위해 전쟁 중에 활약한 영웅들의 활약상이 제시됨.

• (❷   ): 임금이 나라의 정치를 신하들과 의논하거나 집행하는 곳. 조선을 분열시키려는 왜군의 계략에 넘어가는 무능함을 보임.

문제 – 서술상의 특징

• 역사적 사실을 바탕으로 민중의 (❸   )을 반영함.

• 임진왜란을 전후하여 전해지는 전쟁 설화들을 문자로 정착시킴.

• 임진왜란 중에 활약한 인물들의 영웅적 활약상을 나열하는 방식으로 전개됨.

주제

임진왜란 패배에 대한 정신적 보상과 승리

➕ **한 걸음 더** ➕

〈임진록〉의 특징

임진록은 이본(異本)에 따라 강조된 인물이 다르지만, 전체적으로는 임진왜란 중에 활약한 영웅들의 활약상을 나열하는 방식으로 구성되어 있다. 이는 특정 인물의 생애와 업적을 중심으로 전개되는 일반적인 고전 소설의 구성과는 다른 방식이다. 작품에 등장하는 인물들은 거의가 실존 인물이지만, 역사적 사실을 그대로 반영하지 않고 민중의 정서와 역사의식에 따라 조금씩 변용되어 서술되고 있다.

"안위 너가 어찌 군법에 죽으려 하느냐? 너가 이제 달아나면 살 수 있을 거라 생각하느냐!"

안위가 당황하여 큰 소리로 대답하길,

"어찌 진격치 아니하리이까."

하고는, 적진에 달려들어 싸우는데, 적선이 안위의 배를 둘러싸고 공격하니 안위가 거의 죽게 되었다. 이를 본 순신이 급히 구원하러 가는데, 적선 수백 척이 함께 나와 순신을 둘러싸고 어지러이 공격하니, 대포 소리가 바다에 진동하고 **창검이 사방을 둘러싸는지라**. 순신이 바다에서 곤경에 처한 것을 보고 장수들이 탄식하여 말하길,

"우리가 이곳에 있는 것은 오로지 통제사를 믿기 때문이다. 이제 이렇듯 위태로우니 어찌 가만히 있으리오."

하고는, **전선을 휘몰아 적을 공격하니라**. 조선 수군이 죽음을 각오하고 싸우니, 적이 당황하여 잠깐 물러나게 되었다. 그러자 순신이 그 틈을 타 적을 많이 죽이니 결국 적이 패하여 달아나더라.

– 작자 미상, 〈임진록〉

나 S#51. 우수영. 이순신 집무실.

한 획… 한 획… 혼이 담기는 글씨. 숙연한 얼굴의 이순신이 붓을 들고 장계를 쓰고 있다.

[B]
이순신(NA*): 전하… 지금 신에게는 아직 열두 척의 배가 남아 있사옵니다. 죽을힘을 다하여 싸우면 오히려 할 수 있는 일입니다.

글씨를 쓰던 오른손이 **경련으로 파르르 떨린다**. 왼손으로 잡고 **다시 글씨를 이어 가는** 이순신.

이순신(NA): (힘주어) 신이 살아 있는 한 적들이… 감히 우리를 업신여기지 못할 것이옵니다.

장계 쓰기를 마치자 지그시 눈을 감고 호흡을 고르는 이순신. 이때, 밖에서 소란스러운 소리가 들리더니 문이 벌컥 열린다. 안위를 비롯한 송여종, 김응함, 김억추, 송희립 등의 장수들이 몰려들어온다.

[중략 부분의 줄거리] 장수들이 출병을 앞두고 대책을 묻자, 이순신은 울돌목의 좁은 수로에서 적과 싸우려는 계획을 밝힌다.

안 위: 장군! 소장 목숨을 걸고 한 말씀 올리겠습니다. 이 싸움은 불가합니다!

상기되는 이순신의 얼굴. 다른 장수들도 일제히 무릎을 꿇고 외친다.

장수 일동: 불가합니다!

안 위: 아무리 적들을 울돌목의 좁은 수로에서 막는다 한들 구선도 없는 마당에 결코 **승산이 없는 싸움입니다!** 훗날을 도모하십시오. 전선이 귀하고 군사 한 명이 귀한 때입니다!

이순신: (짐짓) 정녕 그리 생각하는 것이냐?

안 위: (눈물을 흘리며) 뜻을 거두지 않으시려거든 소장의 목을 베어 주십쇼. 차라리 장군의 칼에 죽겠습니다!

이순신: (의외로 담담하게) 그대들의 뜻이 정히 그러하다면……. 좋다, 군사들을 마당에 모으거라.

이순신의 의외의 태도에, 장수들의 안색이 다소나마 밝아진다.

✚ 제대로 구조화하기 ✚

영웅적   무능함
이순신 ◄──────► 조정
전쟁   계략
왜군

나 전철홍 · 김한민, 〈명량〉

제목의 의미

'명량'은 전라남도 해남군 화원반도와 진도 사이에 있는 좁은 해협을 가리킨다. 이 작품은 1597년(선조 30년) 이순신이 이끄는 조선 수군이 명량에서 왜군을 크게 무찌른 명량대첩을 바탕으로 한 영화 〈명량〉의 시나리오이다.

구성

■ 중요 인물
• 이순신: 결사 항전의 자세로 왜군과 싸워 승리하고 나라를 위기에서 구하는 민족적 영웅
• (❶   )를 비롯한 장수들: 왜군과의 싸움에서 이길 수 없다고 생각해 이순신의 계획에 반대함.

■ 사건과 갈등: 장수들이 왜군과 싸우려는 계획에 반대하자, 이순신은 (❷   ) 본채를 불태우고 군사들을 독려하며 결사 항전의 자세를 강조함.

■ 소재와 배경의 의미
• (❸   ): 열악한 상황에서 이순신이 왜군과 싸우려고 선택한 장소. 좁은 수로를 이용해 적과 싸우려는 계획을 세움.

문제 – 서술상의 특징

• 대비되는 인물들의 태도를 통해 주인공의 영웅적인 모습을 부각함.
• (❹   )을 활용하여 인물들의 심리, 행동, 상황 등을 효과적으로 제시함.

주제

이순신이 영웅저 활약

▶ 해설편 128쪽

S#52. 우수영. 마당. (밤).

바람에 흔들리는 햇불의 화광(火光)이 어지럽게 군사들을 비추고 있다. 두려움과 불안함, 그리고 뭔가 기대감들이 섞여 있는 긴장된 분위기다. 앞줄에 서 있는 안위 등 장수들의 표정에는 기대감이 크다. 이순신이 칼을 옆에 들고 군사들 앞으로 나온다.

이순신 : (군사들을 쓱 훑고는) 김돌손과 황보만은 가져왔는가?

"예!" 하며 커다란 기름통을 들고 나타나는 김돌손, 황보만. 군사들의 이목이 집중된다.

이순신 : 부어라!
김돌손, 황보만 : (망설인다) …….
이순신 : 붓지 않고 뭐 하느냐!

김돌손과 황보만이 동시에 "예!" 하고는 기름통을 들고 가서, 이순신의 등 뒤(군사들의 정면)에 위치한 우수영 **본채**에 기름을 **붓기** 시작한다. 놀라며 웅성거리는 군사들. 안위 등 장수들이 어안이 벙벙한 얼굴로 이순신을 쳐다본다. 군사들 뒤쪽, 나대용 옆에 서 있던 혜희가 두 눈을 지그시 감는다. 김돌손과 황보만이 기름을 다 붓자

이순신 : 불을 놓아라!
김돌손 : 예!

'뭔 일이래!' '안 돼!' '장군님!' '안 됩니다!' …소란스러운 소리가 터져 나온다. 안위의 표정이 싸늘하게 얼어붙는다. 김돌손이 본채 앞에 햇불을 들고 서서 이순신을 쳐다본다.

이순신 : 놓아!

김돌손이 햇불을 던져 넣으면 순식간에 불길에 휩싸이는 본채. 설마설마하며 지켜보던 군사들의 낯빛이 파랗게 질린다. 할 말을 잃고 멍한 얼굴들이다. 불타는 본채를 뒤로하고 선 이순신이 입을 연다.

이순신 : 아직도 살고자 하는 자가 있다니……. 통탄을 금치 못할 일이다! 우리는 죽음을 피할 수 없다!

탄식을 쏟아 내는 절망에 빠지는 군사들의 면면.

이순신 : 우수사 배설이 그저 살고자 하는 욕심으로 구선에 불을 질렀다. 그래서 우리는 구선도 더 이상 없다! 싸움을 피하는 것이 사는 길이냐! 육지라고 무사할 듯싶으냐!

이미 사색이 된 군사들이 고개를 떨군다.

이순신 : 똑똑히 보고 있느냐! 나는 바다에서 죽고자 우수영을 불태운다! 살아도 더 이상 돌아올 곳이 없다! 우리가 죽어야! 나라가 산다!

– 전철홍 · 김한민, 〈명량〉

＊ NA(내레이션) : 화면 밖에서 들리는 설명 형식의 대사

＋ 한 걸음 더 ＋

영화 〈명량〉

〈명량〉은 1597년 이순신이 이끄는 조선 수군이 명량에서 왜군을 크게 무찌른 명량대첩을 소재로 한 영화이다. 김한민이 감독을 맡고, 최민식, 류승룡, 조진웅 등의 배우가 출연했다. 2014년 7월에 개봉하여 우리나라 역대 1위의 흥행 기록을 세웠다. 당시 진정한 리더를 갈망하는 대중의 욕구를 충족시켰다는 평가를 받았다. 이와 함께 절체절명의 전쟁을 승리로 이끈 영웅의 이야기라는 점, 전쟁 액션 영화 특유의 오락성을 가미했다는 점 등이 성공 요인으로 꼽힌다.

＋ 제대로 구조화하기 ＋

이순신

↓ 결사 항전의 의지

부하들이 싸움을 망설이자 우수영 본채를 불태움.

(가)에 대한 이해로 적절하지 <u>않은</u> 것은?

① 요시라는 행장의 명을 수행하기 위해 김응서를 찾아갔다.
② 권율은 순신에게 요시라를 믿고 청정을 공격할 것을 지시했다.
③ 김억추는 순신으로부터 전선을 수습하라는 명을 받았다.
④ 순신은 바다를 버리면 적이 한강으로 들어갈 것이라고 생각했다.
⑤ 안위는 적을 피해 달아나다가 적선에 둘러싸여 위기에 처했다.

01
작품의 세부적인 내용을 파악하는 유형이다. (가)에 나타난 사건 전개 과정이 뚜렷하여 문제를 해결하는 데 어려움이 없을 것이다.
인물을 중심으로 작품의 내용을 정리해 보자. 지문에서 선택지에 언급된 내용을 뒷받침하는 부분을 찾아 선택지의 적절성을 판단한다. 지문의 해당 부분에 밑줄을 그어 헷갈리지 않도록 하자.

02 (나)에 대한 설명으로 가장 적절한 것은?

① S#51에서 이순신이 숙연한 얼굴로 장계를 쓴 것은 S#52에서 장수들이 기대감을 키우는 것의 원인이 된다.
② S#51에서 안위가 이순신에게 무릎을 꿇은 것은 S#52에서 이순신의 망설임이 표출되는 것의 근거가 된다.
③ S#51에서 안위가 군사 한 명도 귀하다고 한 것은 S#52에서 군사들이 생각을 바꾸어 절망을 극복하는 것의 이유가 된다.
④ S#51에서 이순신이 군사들을 모으라 명령한 것은 S#52에서 군사들이 두려움으로 구선에 불을 지르는 것의 동기가 된다.
⑤ S#51에서 장수들이 싸움이 불가하다고 한 것은 S#52에서 이순신이 우수영 본채를 불태워 자신의 결심을 드러내는 것의 계기가 된다.

02
사건의 전개 과정과 사건 간의 인과 관계를 파악하는 유형이다. (나)에 나타난 사건을 순서대로 정리하면 '적과 싸우려는 이순신의 계획 → 부하 장수들의 반대 → 우수영 본채를 불태움. → 결사 항전의 의지'와 같다.
선택지에서 앞부분의 진술은 원인, 근거, 이유, 동기, 계기이고, 뒷부분의 진술은 그 결과이다. 이러한 연결이 적절한 것을 찾는다. 예를 들어 ①에서 '이순신이 숙연한 얼굴로 장계를 씀.'이 원인이고, '장수들이 기대감을 키움.'이 그 결과인지 판단해 보자.

03 [A]와 [B]의 말하기 방식으로 가장 적절한 것은?

① [A]는 역사적 사실을 제시하며 상대를 조롱하고 있고, [B]는 자신의 신분을 언급하며 상대를 질책하고 있다.
② [A]는 현실의 상황을 고려하며 자신의 주장을 유보하고 있고, [B]는 주어진 상황을 분석하며 상대의 희생을 강요하고 있다.
③ [A]는 과거의 경험을 회상하며 자신의 행위를 비판하고 있고, [B]는 미래의 상황을 가정하며 자신의 행위를 정당화하고 있다.
④ [A]는 벌어질 상황을 언급하며 상대에게 정보를 제공하고 있고, [B]는 현재의 상황을 언급하며 자신의 의지를 표현하고 있다.
⑤ [A]는 문제 상황을 언급하며 상대에게 해결 방법을 제시하고 있고, [B]는 문제가 해결된 현실을 언급하며 자신의 감정을 토로하고 있다.

03
말하기 방식의 특징을 파악하는 유형이다. 먼저 [A]와 [B]의 발화자, 대화의 대상, 대화의 의도와 목적 등을 정리해 보자.
[A]에서는 왜군의 장수 요시라가 조선의 장수 김응서를 대상으로 이순신을 없애기 위한 책략을 펼치고 있다. [B]에서는 이수신이 임금을 대상으로 적과 맞서 싸우겠다는 의지를 보이고 있다. 이를 바탕으로 선택지의 적절성을 판단한다.

04 〈보기〉를 바탕으로 (가)와 (나)를 비교한 내용으로 적절하지 <u>않은</u> 것은? [3점]

제대로 접근법 ★ 문제 채점까지 마친 후 복습할 때 보세요.

〈보기〉

서사 갈래에서는 서술자가 이야기 진행 과정을 요약하여 서술하거나 상황을 직접 묘사할 수 있고, 인물의 정서나 태도, 행동 등을 독자에게 직접 설명하기도 한다. 반면 극 갈래에서는 서술자가 없어 주로 대사를 활용하여 이야기의 진행 과정이 제시되는데, 연출을 위한 지시문을 통해 인물의 정서나 태도, 행동, 상황 등이 제시되기도 한다.

① (가)에서는 순신이 '진주를 지나' '보성에' 이르기까지의 과정을 서술자가 요약하여 서술하고 있고, (나)에서는 안위가 '승산이 없는 싸움'이라며 이순신을 설득하는 과정이 대사를 통해 제시되고 있다.

② (가)에서는 '마땅히 죽기를 각오'해야 한다는 장수들의 결심에 감동하는 순신의 정서를 서술자가 직접 설명하고 있고, (나)에서는 '본채에 기름을 붓기 시작'하자 당황하는 군사들의 정서가 지시문을 통해 제시되고 있다.

③ (가)에서는 전투를 '명령하'는 순신의 '다급'한 태도를 서술자가 직접 설명하고 있고, (나)에서는 장수들에게 대답을 하는 이순신의 '담담'한 태도가 지시문을 통해 제시되고 있다.

④ (가)에서는 '창검이 사방을 둘러싸'서 순신이 위기에 처한 상황을 서술자가 묘사하고 있고, (나)에서는 '화광이 어지럽게 군사들을 비추'는 긴장된 상황이 지시문을 통해 제시되고 있다.

⑤ (가)에서는 장수들이 '전선을 휘몰아 적을 공격하'는 행동을 서술자가 직접 설명하고 있고, (나)에서는 이순신이 '파르르 떨'리는 손의 '경련'에도 '다시 글씨를 이어 가'는 행동이 지시문을 통해 제시되고 있다.

04

갈래의 특성을 바르게 이해하고 있는지 확인하는 유형이다. 〈보기〉에는 서술자가 이야기를 진행하는 서사 갈래의 특징, 서술자가 없으므로 대사와 지시문을 통해 이야기가 전개되는 극 갈래의 특징이 제시되어 있다.

이런 문제는 일반적으로 작품을 잘못 해석했거나, 〈보기〉를 잘못 이해했거나, 혹은 작품의 내용과 〈보기〉의 내용을 잘못 연결했거나 하는 식으로 답이 구성된다. 따라서 각 선택지에서 작품의 해석과 〈보기〉의 적용, 그리고 작품과 〈보기〉를 연결한 내용이 모두 맞게 진술되었는지를 점검해야 한다.

1차 채점	맞은 문항 수	개
	틀린 문항 수	개
	헷갈리는 문항 번호	

• 틀린 문항 '/' 표시

→

2차 채점	맞은 문항 수	개
	틀린 문항 수	개
	헷갈리는 문항 번호	

• 틀린 문항 '×' 표시

→

3차 채점	맞은 문항 수	개
	틀린 문항 수	개
	헷갈리는 문항 번호	

• 틀린 문항 △ 표시

[01-04] 다음 글을 읽고 물음에 답하시오.

가 태산이 높다 하되 하늘 아래 뫼히로다.

　　오르고 또 오르면 못 오를 리 업건마는

　　사람이 제 아니 오르고 뫼만 높다 하더라.

　　　　　　　　　　　　　　　　　　　　　　　　　　　　　– 양사언의 시조

나
[A]
 乍晴還雨雨還晴　언뜻 개었다가 다시 비가 오고 비 오다가 다시 개이니,
 天道猶然況世情　하늘의 도도 그러하거늘, 하물며 세상 인정이라.

[B]
 譽我便是還毀我　나를 기리다가 문득 돌이켜 나를 헐뜯고,
 逃名却自爲求名　공명을 피하더니 도리어 스스로 공명을 구함이라.

[C]
 花門花謝春何管　꽃이 피고 지는 것을, 봄이 어찌 다스릴고.
 雲去雲來山不爭　구름 가고 구름 오되, 산은 다투지 않음이라.

[D]
 寄語世人須記認　세상 사람들에게 말하노니, 반드시 기억해 알아 두라.
 取歡無處得平生　기쁨을 취하려 한들, 어디에서 평생 즐거움을 얻을 것인가를.

　　　　　　　　　　　　　　　　　　　　　　　– 김시습, 〈사청사우(乍晴乍雨)*〉

* 사청사우(乍晴乍雨) : 날이 맑았다 비가 오다 함, 변덕스런 날씨를 가리킴.

다 행랑채가 퇴락*하여 지탱할 수 없게끔 된 것이 세 칸이었다. 나는 마지못하여 이를 모두 수리하였다. 그런데 그 두 칸은 앞서 장마에 비가 샌 지가 오래되었으나, 나는 그것을 알면서도 망설이다가 손을 대지 못했던 것이고, 나머지 한 칸은 비를 한 번 맞고 샜던 것이라 서둘러 기와를 갈았던 것이다. ㉮이번에 수리하려고 본즉 비가 샌 지 오래된 것은 그 서까래, 추녀, 기둥, 들보가 모두 썩어서 못 쓰게 되었던 까닭으로 수리비가 엄청나게 들었고, 한 번밖에 비를 맞지 않았던 한 칸의 재목들은 완전하게 하여 다시 쓸 수 있었던 까닭으로 그 비용이 많지 않았다.

　나는 이에 느낀 것이 있었다. 사람의 몸에 있어서도 마찬가지라는 사실을. 잘못을 알고서도 바로 고치지 않으면 곧 그 자신이 나쁘게 되는 것이 마치 나무가 썩어서 못 쓰게 되는 것과 같으며, 잘못을 알고 고치기를 꺼리지 않으면 해(害)를 받지 않고 다시 착한 사람이 될 수 있으니, 저 집의 재목처럼 말끔하게 다시 쓸 수 있는 것이다.

　뿐만 아니라 나라의 정치도 이와 같다. 백성을 좀먹는 무리들을 내버려두었다가는 백성들이 도탄*에 빠지고 나라가 위태롭게 된다. 그런 연후에 급히 바로잡으려 하면 이미 썩어 버린 재목처럼 때는 늦은 것이다. 어찌 삼가지 않겠는가.

　　　　　　　　　　　　　　　　　　　　　　　– 이규보, 〈이옥설(理屋說)〉

* 퇴락(頹落) : 낡아서 무너지고 떨어짐.
* 도탄(塗炭) : 몹시 곤궁하거나 고통스러운 지경을 이르는 말

제대로 감상법

가 양사언, 〈태산이 높다 하되~〉

화자
(❶　　　　　　)하지 않는 사람들을 비판함.

표현
• 이상을 이루기 위한 도전과 노력을 (❷　　　　)에 오르는 것에 비유함.

주제
목표를 이루기 위한 실천과 노력의 중요성

▶ 작가: 양사언 – 〈해설편〉 131쪽 참조

나 김시습, 〈사청사우(乍晴乍雨)〉

제목의 의미·갈래
'사청사우'는 '날이 맑았다 비가 오다 함.'을 뜻하는 말로, 이러한 날씨에 빗대어 세상 인정의 변덕스러움을 노래한 한시 작품이다.

화자
세태에 따라 처세를 달리하는 사람들을 비판함.

표현
• 변덕스러운 사람들의 인정을 (❶　　　　　)에 빗대어 표현함.
• (❷　　　　)를 이루는 소재를 통해 주제를 효과적으로 전달함.

주제
변덕스러운 인간 세상에 대한 비판

▶ 작가: 김시습 – 〈해설편〉 132쪽 참조

다 이규보, 〈이옥설(理屋說)〉

제목의 의미
'이옥'은 '집을 수리하다'라는 뜻으로, 집을 수리한 경험을 통해 삶의 이치를 깨닫는다는 내용의 고전 수필이다.

체험과 느낌
퇴락한 (❶　　　　　)를 수리한 경험을 통해, 사람이나 나라의 정치도 잘못을 알고 빨리 고쳐야 한다는 것을 깨달음.

표현
• '사실 – 의견(깨달음)'의 구성 방식을 취함.
• (❷　　　　)의 방법으로 내용을 전개함.

주제
잘못을 알고 바로 고쳐 나가는 자세의 중요성

▶ 작가: 이규보 – 〈해설편〉 132쪽 참조

01 (가)~(다)의 공통점으로 가장 적절한 것은?

① 자신의 가치관을 성찰하며 개선하고 있다.
② 현재 처한 상황을 극복하고자 노력하고 있다.
③ 바른 삶을 살아가는 자세에 대해 말하고 있다.
④ 이념과 현실 사이의 갈등 속에서 방황하고 있다.
⑤ 추구하는 이상 세계의 모습을 구체적으로 언급하고 있다.

제대로 접근법 ☆ 문제 채점까지 마친 후 복습할 때 보세요.

01
세 작품의 공통점을 파악하는 유형이다. 각 작품의 주제 의식을 이해했다면 어렵지 않게 문제를 해결할 수 있다.
(가)는 노력하는 자세, (나)는 순리대로 사는 삶, (다)는 잘못을 알고 고쳐 나가는 자세에 대해 말하고 있다. 이를 포괄할 수 있는 내용을 담고 있는 선택지를 찾아보자.

02 [A]~[D]에 대한 설명으로 적절하지 않은 것은?

① [A]에서는 자연 현상에 빗대어 세상 인정에 대한 화자의 부정적 인식을 드러내고 있다.
② [B]에서는 대구법을 사용하여 세상 인정에 대한 구체적인 사례를 들고 있다.
③ [C]에서는 가변적인 대상과 불변적인 대상을 대조하여 화자의 의도를 분명히 하고 있다.
④ [D]에서는 도치법을 활용하여 화자가 전달하고자 하는 바를 강조하고 있다.
⑤ [A]~[D]에서는 세상 사람들을 청자로 설정하여 묻고 답하며 시상을 전개하고 있다.

02
각 부분에 나타난 표현상의 특징과 의미를 파악하는 유형으로, 정답률이 무척 낮았다. 선택지가 '~하여 ~하고 있다.'와 같이 구성되어 있으므로, 앞뒤의 내용이 모두 적절한지 따져야 한다.
세상 인정을 자연 현상에 빗대었는지, 대구법을 사용했는지, 서로 다른 두 대상을 대조했는지, 도치법을 활용했는지, 문답법을 사용했는지 살펴본다. 이러한 특징이 나타난다면 뒷부분에 진술된 의미가 적절한지 확인한다.

03 〈보기〉를 참고하여 (다)를 이해한 내용으로 가장 적절한 것은? [3점]

〈보기〉

설(說)은 일반적으로 두 단계의 구조로 나뉜다. 글쓴이의 개인적인 경험을 들려주는 ⓐ전반부와 그로부터 얻은 결과를 독자에게 전하는 ⓑ후반부로 구분된다. 글쓴이의 주관이 직접적으로 드러나고 경험담이 기반이 되기 때문에 수필과 비슷하다.

① ⓐ은 문제에 대해 다양한 해결책을 제시하고 있다.
② ⓐ과 ⓑ은 서로 상반되는 견해를 제시하고 있다.
③ ⓐ이 사건의 결과라면 ⓑ은 그 원인에 해당한다.
④ ⓑ은 ⓐ의 사실적 상황을 바탕으로 유추한 것이다.
⑤ ⓐ은 ⓑ에서 얻은 깨달음을 자신의 생활에 적용한 것이다.

03
'설'이라는 갈래의 특징과 그에 따른 작품의 구조를 바르게 이해했는지 묻는 유형이다. 〈보기〉에서 '설'은 개인적 경험을 담은 전반부(ⓐ)와 그로부터 얻은 깨달음을 담은 후반부(ⓑ)로 구분된다고 하였다.
(다)에서 ⓐ에 해당하는 것은 행랑채를 수리한 경험이고, ⓑ에 해당하는 것은 사람의 삶과 나라의 정치에 대한 깨달음이다. 이를 이해했다면 ⓐ과 ⓑ의 내용, 관계, 역할에 대해 판단할 수 있을 것이다.

04 ㉮에 대한 반응으로 가장 적절한 것은?

① 호미로 막을 걸 가래로 막았군.
② 낫 놓고 기역자도 모르는 격이군.
③ 까마귀 날자 배 떨어진 상황이군.
④ 개구리 올챙이 적 생각 못하는군.
⑤ 우물에 가서 숭늉을 찾는 경우이군.

04
상황에 맞는 속담을 찾는 유형이다. 시험에 출제되는 속담은 보통 일상생활에서 자주 쓰이는 것들이다. 기본적인 속담의 의미를 정확하게 익혀 놓는 것이 좋다.
㉮는 비가 새는 것을 알았을 때 바로 고쳤다면 수리비가 적게 들었을 텐데 제때 고치지 않아 수리비가 많이 들었다는 내용이다. 이런 상황에 어울리는 속담이 무엇인지 생각해 보자.

1차 채점	맞은 문항 수	개		2차 채점	맞은 문항 수	개		3차 채점	맞은 문항 수	개
	틀린 문항 수	개	→		틀린 문항 수	개	→		틀린 문항 수	개
	헷갈리는 문항 번호				헷갈리는 문항 번호				헷갈리는 문항 번호	

• 틀린 문항 '/' 표시
• 틀린 문항 'X' 표시
• 틀린 문항 △ 표시

갈래 복합 **06** 2020 3월 고1 전국연합

◉ 권장 풀이 시간 : 7분 10초

[01-05] 다음 글을 읽고 물음에 답하시오.

가 내 벗이 몇이나 하니 수석(水石)과 송죽(松竹)*이라.
동산(東山)에 달 오르니 긔 더욱 반갑구나.
두어라 이 다섯 밧긔 또 더하여 무엇하리.

〈제1수〉

구름 빛이 좋다 하나 검기를 자로 한다.
바람 소리 맑다 하나 그칠 적이 하노매라.
좋고도 그칠 뉘 없기는 물뿐인가 하노라.

〈제2수〉

㉠꽃은 무슨 일로 피면서 쉬이 지고
풀은 어이 하여 푸르는 듯 누르나니
아마도 변치 아닐손 바위뿐인가 하노라.

〈제3수〉

더우면 꽃 피고 추우면 잎 지거늘
솔아 너는 어찌 눈서리를 모르느냐.
구천(九泉)의 뿌리 곧은 줄을 글로 하여 아노라.

〈제4수〉

나무도 아닌 것이 풀도 아닌 것이
곧기는 뉘 시키며 속은 어이 비었느냐.
저렇게 사시(四時)에 푸르니 그를 좋아하노라.

〈제5수〉

작은 것이 높이 떠서 만물을 다 비추니
밤중에 광명(光明)이 너만한 이 또 있느냐.
보고도 말 아니 하니 내 벗인가 하노라.

〈제6수〉
– 윤선도, 〈오우가(五友歌)〉

＊송죽: 소나무와 대나무

나 작년 가을에 이웃집에서 복수초를 나누어 받았다. 뿌리는 구근이 아니라 흑갈색 잔뿌리와 검은 흙이 한데 엉겨 있고, 키는 땅에 닿을 듯이 작은데 잎도 새의 깃털처럼 잘게 갈라져 있어서 전체적으로 볼륨이 느껴지지 않아 하찮은 잡초처럼 보였다. 그전에 나는 복수초라는 화초를 사진으로 본 적은 있지만 실물을 본 적은 없기 때문에 그게 과연 눈 속에서 핀다는 그 복수초인지 잘 믿기지 않았다. 생각해서 나누어 준 분 앞이라 당장 양지바른 곳에 심긴 했지

제대로 감상법

☆ 문제 풀이까지 마친 후 복습할 때 보세요.

가 윤선도, 〈오우가(五友歌)〉

[제목의 의미·갈래]
'물, 바위, 소나무, 대나무, 달' 등 자연의 '다섯 벗(오우)'이 지닌 덕성을 예찬하고 있는 연시조이다. 시적 대상인 자연물을 불변성이나 영원성, 절개, 지조 등 인간의 덕성을 지닌 존재로 그림으로써 조선 시대의 선비가 중시했던 유교적인 세계관을 드러내고 있다.

[화자]
화자는 '나'로, 벗이라 여기는 다섯 가지 자연물에 내재된 덕성을 (❶   )함.

[시어]
• (❷   ): '구름', '바람'과 대조되며 영원성을 상징하는 소재
• (❸   ): '꽃', '풀'과 대조되며 불변성을 상징하는 소재
• 솔: '눈서리'를 모르는 존재로 지조와 절개를 상징하는 소재

[표현]
• 자연물을 의인화하여 그것이 지닌 긍정적 속성을 예찬함.
• (❹   )되는 속성의 자연물을 함께 제시하여 의미를 강조함.
• 문답법, 대구법, 대조법, 설의법 등 다양한 표현 방법을 사용함.

[주제]
자연의 다섯 벗에 대한 예찬

▶ 작가: 윤선도 – 〈해설편〉 135쪽 참조

만 곧 가을이 깊어지니 워낙 시원치 않아 보이던 이파리들은 자취도 없어지고 나 역시 그게 있던 자리조차 기억 못하게 되었다.

아마 3월이 되자마자였을 것이다. 샛노란 꽃이 두 송이 땅에 닿게 피어 있었다. 하도 키가 작아서 하마터면 밟을 뻔했다. 그러나 빛깔은 진한 황금색이어서 아직 아무것도 싹트지 않은 황량한 마당에 몹시 생뚱스러워 보였다. 그리고 곧 큰 눈이 왔다. 아무리 눈 속에도 피는 꽃이라고 알려져 있어도 그 작은 키로 견디기엔 너무 많은 눈이었다. 나는 눈으로는 눈의 무게를 이기지 못해 꺾인 듯이 축 처진 소나무 가지를 바라보면서 마음으로는 그 샛노란 꽃의 속절없음을 생각하고 있었다. 대문 밖의 눈은 쳐 주었지만 마당의 눈은 그대로 방치해 두었기 때문에 녹아 없어지는 데 며칠 걸렸다. 놀랍게도 제일 먼저 녹은 데가 복수초 언저리였다. ⓛ그 작은 풀꽃의 머리칼 같은 뿌리가 땅속 어드메서 따뜻한 지열을 길어 올렸기에 그 두터운 눈을 녹이고 더욱 샛노랗게 더욱 싱싱하게 해를 보고 있었다. 온종일 그렇게 피어 있다가 해질 무렵에는 타원형으로 오므라든다. 그러다가 아주 시들어 버릴 줄 알았는데 다음날 해만 뜨면 다시 활짝 핀다. 그러나 마냥 그럴 수는 없는 일이다. 곧 안 깨어나고 져 버리는 날이 있겠기에 그게 피어 있는 동안만이라도 누구에겐가 보여 주고 자랑하고 싶어서 나는 집에 손님만 오면 그걸 구경시킨다. 그러나 내가 기대하는 것만치 신기해 해 주는 이가 별로 없다. 어떤 친구는 마당에 피는 꽃이 백 가지도 넘는다고 해서 부러워했는데 이런 것까지 쳐서 백 가지냐고 기막힌 듯이 물었다. 듣고 보니 내가 그런 자랑을 한 적이 있는 것 같았다. 그러나 거짓말을 한 건 아니다. 그 친구는 아마 기화요초*가 어우러진 광경을 상상했었나 보다. 내가 백 가지도 넘는다고 한 것은 복수초 다음으로 피어날 민들레나 제비꽃, 할미꽃까지 다 합친 수효다. 올해는 복수초가 1번이 되었지만 작년까지만 해도 산수유가 1번이었다. 곧 4월이 되면 목련, 매화, 살구, 자두, 앵두, 조팝나무 등이 다투어 꽃을 피우겠지만 그래도 조금씩 날짜를 달리해 순서대로 피면서 그 그늘에 제비꽃이나 민들레, 은방울꽃을 거느린다. 꽃이 제일 먼저 핀 것은 복수초지만 잎이 제일 먼저 흙을 뚫고 모습을 드러낸 것은 상사초고 그 다음이 수선화다. 수선화는 벚꽃이 필 무렵에나 필 것 같고 상사초는 잎이 시들어 지상에서 사라지고 나서도 한참이나 더 있다가 꽃대를 밀어 올릴 것이다. 이렇게 그것들을 기다리고 마중하다 보니 내 머릿속에 ⓐ출석부가 생기게 되고, 출석부란 원래 이름과 함께 번호를 매기게 되어 있는지라 100번이 넘는다는 걸 알게 되었다. 이름을 모르면 100번이라는 숫자도 나오지 않았을 것이다. 그것들이 순서를 지키지 않고 멋대로 피고 지면 이름이 궁금하지 않았을지도 모른다.

내가 출석을 부르지 않아도 그것들은 올 것이다. 그대로 나는 그것들이 올해도 하나도 결석하지 않고 전원 출석하기를 바라기 때문에 그것들이 뿌리로, 씨로 잠든 땅을 함부로 밟지 못한다. 그것들이 왕성하게 자랄 여름에는 그것들이 목마를까 봐 마음 놓고 어디 여행도 못할 것이다. 그것들은 출석할 때마다 내 가슴을 기쁨으로 뛰놀게 했다. 100식구는 대식구다. 나에게 그것들을 부양할 마당이 있다는 걸 생각만 해도 뿌듯한 행복감을 느낀다. 내가 이렇게 사치를 해도 되는 것일까. 괜히 송구스러울 때도 있다.

그것들은 내가 기다리지 않아도 올 것이다. 그래도 나는 기다린다. 기다리는 기쁨 때문에 기다린다.

– 박완서, 〈꽃 출석부 1〉

＊기화요초: 옥같이 고운 풀에 핀 구슬같이 아름다운 꽃

나 박완서, 〈꽃 출석부 1〉

제목의 의미

글쓴이는 마당에 피는 꽃들의 이름과 그 꽃이 피는 시기 등을 모두 알고 있는데, 피는 순서에 따라 꽃의 이름과 함께 번호를 매긴 것을 '꽃 출석부'라고 부르고 있다. 이 작품은 계절의 질서에 맞추어 차례대로 피어나는 꽃들에 대한 애정을 드러내고 있는 수필이다.

체험과 느낌

■ 글쓴이의 경험: 마당에 심은 복수초가 눈을 녹이고 피어나는 모습을 관찰함.

■ 글쓴이의 관점과 태도: 복수초의 강한 생명력에 감탄하면서, 자연의 (❶   )에 따라 차례대로 피는 꽃들에 애정을 담아 꽃 출석부를 만듦.

소재

• (❷   ): 중심 소재이자 글쓴이가 글을 쓰게 된 계기

• (❸   ): 피는 순서에 따라 꽃의 이름과 함께 번호를 매긴 것. 차례대로 피고 지는 꽃들에 대한 글쓴이의 애정과 기대감이 담겨 있는 표현

표현

• 마당에서 꽃을 기르는 글쓴이의 경험을 바탕으로 함.

• 글쓴이의 세심한 (❹   )과 섬세한 감정이 잘 드러남.

• '꽃 출석부'라는 비유적 표현을 통해 꽃이 피기를 기다리는 설렘과 기쁨을 드러냄.

주제

봄꽃에 대한 애정

▶ 작가: 박완서 – 〈해설편〉 135쪽 참조

01 (가)와 (나)의 공통점으로 가장 적절한 것은?

① 색채어를 사용하여 대상을 감각적으로 묘사하고 있다.
② 설의적 표현을 통해 대상에 대한 그리움을 강조하고 있다.
③ 음성 상징어를 사용하여 상황을 생동감 있게 그리고 있다.
④ 말을 건네는 방식을 통해 대상과의 유대감을 드러내고 있다.
⑤ 반어적 표현을 사용하여 심리 변화의 양상을 나타내고 있다.

02 〈보기〉를 바탕으로 (가)와 (나)를 감상한 내용으로 적절하지 않은 것은? [3점]

〈보기〉

(가)의 화자와 (나)의 글쓴이는 모두 관찰한 경험을 바탕으로 사물의 속성을 인식하고 있다. 사물의 속성을 인식하는 것은 사물의 모습에서 추상적인 의미를 발견해 내는 것이다. 그런데 관찰된 겉모습은 사물의 속성을 인식하는 데 도움이 되기도 하지만, 경우에 따라서는 방해가 되기도 한다.

① (가)의 〈제4수〉에서 화자는 눈서리 속에서도 잎이 지지 않는 모습에서, 시련에 굴하지 않는 굳건함을 '솔'의 속성으로 인식하고 있군.
② (가)의 〈제5수〉에서 화자는 곧고 사계절 그 푸름을 잃지 않는 모습에서, 본모습을 지켜 나가는 꿋꿋함을 '대나무'의 속성으로 인식하고 있군.
③ (가)의 〈제6수〉에서 화자는 '달'이 높이 떠 있는 것이, 보고도 말 아니 하는 과묵함이라는 속성을 인식하는 데 방해가 된다고 생각하고 있군.
④ (나)에서 글쓴이는 하찮은 잡초처럼 보이는 겉모습으로 인해 눈 속에서 피는 '복수초'의 강인함이라는 속성을 한동안 인식하지 못했던 것이군.
⑤ (나)의 글쓴이는 작은 키로는 견디기 어려운 두터운 눈을 녹이고 꽃을 피운 모습에서, 역경을 이겨 내는 생명력을 '복수초'의 속성으로 인식하고 있군.

03 〈보기〉는 (가)의 시상 전개 과정을 나타낸 것이다. 이를 바탕으로 (가)를 이해한 내용으로 적절하지 않은 것은?

〈보기〉

제1수	제2, 3수	제4, 5수	제6수
A	B	C	D

① A에서는 중심 소재를 무생물, 생물, 천상의 자연물로 묶어 제시하고 있다.
② B에서는 대조의 방식을 활용하여 중심 소재를 예찬하고 있다.
③ C에서는 B와 유사하게 대구의 방법을 활용하여 시적 운율감을 이어가고 있다.
④ B와 C에서 중심 소재로 향했던 화자의 시선이 D에서는 내면으로 이동하고 있다.
⑤ B, C, D의 각 수에서는 A에서 언급된 중심 소재를 순차적으로 배치하고 있다.

▶ 해설편 134쪽

04 '꽃'에 대한 심리적 태도를 고려할 때 ⊙과 ⓒ에 대한 이해로 가장 적절한 것은?

① ⊙에는 화자의 동질감이, ⓒ에는 글쓴이의 이질감이 담겨 있다.
② ⊙에는 화자의 안도감이, ⓒ에는 글쓴이의 불안감이 담겨 있다.
③ ⊙에는 화자의 거리감이, ⓒ에는 글쓴이의 친근감이 담겨 있다.
④ ⊙에는 화자의 비애감이, ⓒ에는 글쓴이의 애상감이 담겨 있다.
⑤ ⊙에는 화자의 자괴감이, ⓒ에는 글쓴이의 만족감이 담겨 있다.

제대로 접근법 ☆ 문제 채점까지 마친 후 복습할 때 보세요.

04
대상에 대한 심리적 태도를 파악하는 유형이다. 단순한 문제 유형인데도 정답률이 매우 낮았다. 선택지에 쓰인 비애감, 애상감, 이질감, 자괴감 등의 의미를 제대로 이해하지 못한 것으로 보인다.
먼저 전체적인 내용 전개의 흐름을 이해한다. 그리고 ⊙에서 쉬이 지는 꽃에 대한 화자의 태도가 어떠한지, ⓒ에서 눈을 이겨 내고 꽃을 피운 복수초에 대한 글쓴이의 태도가 어떠한지 파악한다. 이를 바탕으로 바르게 진술된 선택지를 찾는다.

05 (나)의 내용을 고려할 때, ⓐ에 담긴 의미로 가장 적절한 것은?

① 더 많은 종류의 꽃들을 마당에 심고 싶어 하는 글쓴이의 소망이 담겨 있다.
② 소박한 꽃보다 화려한 꽃의 가치를 우선시했던 자신을 돌아보는 태도가 담겨 있다.
③ 추웠던 겨울이 지나고 꽃이 피는 봄이 빨리 오기를 기다리는 글쓴이의 조급함이 담겨 있다.
④ 자연의 질서에 따라 차례대로 피고 지는 꽃들에 대한 글쓴이의 애정과 기대감이 담겨 있다.
⑤ 소중하게 가꾼 꽃들을 자신만이 아니라 주변 사람들과 함께 즐기기를 바라는 마음이 담겨 있다.

05
제목에 담긴 의미를 파악하는 유형으로, 틀려서는 안 되는 문제이다.
ⓐ의 앞뒤 내용을 살펴보면 글쓴이가 왜 '출석부'라는 말을 쓰게 되었는지 알 수 있다. 작품의 주제 의식 및 꽃을 대하는 글쓴이의 태도를 고려하면서, '꽃 출석부'를 부를 때 글쓴이가 어떤 심정일지 생각해 본다.

1차 채점	맞은 문항 수	개	→	2차 채점	맞은 문항 수	개	→	3차 채점	맞은 문항 수	개
	틀린 문항 수	개			틀린 문항 수	개			틀린 문항 수	개
	헷갈리는 문항 번호				헷갈리는 문항 번호				헷갈리는 문항 번호	

• 틀린 문항 '/' 표시   • 틀린 문항 'X' 표시   • 틀린 문항 △ 표시

[01~05] 다음 글을 읽고 물음에 답하시오.

가

[A]
물로 사흘 배 사흘
먼 삼천 리
더더구나 걸어 넘는 먼 삼천 리
삭주구성*은 산을 넘은 육천 리요

[B]
물 맞아 함빡히 젖은 제비도
가다가 비에 걸려 오노랍니다
저녁에는 **높은 산** / 밤에 높은 산

[C]
삭주구성은 산 너머
먼 육천 리
가끔가끔 **꿈**에는 사오천 리
가다 오다 돌아오는 길이겠지요

[D]
서로 떠난 몸이길래 몸이 그리워
님을 둔 곳이길래 곳이 그리워
못 보았소 새들도 집이 그리워
남북으로 오며 가며 아니합디까

[E]
들 끝에 날아가는 나는 구름은
밤쯤은 어디 바로 가 있을 텐고
삭주구성은 산 너머 / 먼 육천 리

– 김소월, 〈삭주구성(朔州龜城)〉

＊삭주구성: '삭주'와 '구성'은 평안북도에 있는 지역. '구성'은 김소월의 고향임.

나 이른 아침 차를 타고 나가 보니 아낙네들은 **얼어붙은 땅**을 파고 무씨를 갈고 있었습니다 그네들의 등에 업힌 아이들은 고개를 떨군 채 잠들어 있었습니다 남정네들은 어디 갔는지 보이지 않았습니다 ㉠논두렁에 불이 타고 흰 연기가 천지를 둘렀습니다

진흙길을 따라가다 당신을 만났습니다 무릎까지 오는 장화를 신고 **당신**은 아직 물이 마르지 않은 뻘밭에서 흙투성이 연뿌리를 캐고 있었습니다

혹시 당신이 찾은 것은 연뿌리보다 질기고 뻣센 **당신의 상처**가 아니었습니까 삽에 찍힌 연뿌리의 동체에서 굵다란 물관 구멍을 통해 사라진 것은 **도로(徒勞)*뿐인 한 생애**가 아니었습니까 **목청을 다해 불러도** 한사코 당신은 삽을 찍어 얼어붙은 연뿌리를 캐고 있었습니다

– 이성복, 〈당신〉

＊도로: 헛되이 수고함. 보람 없이 애씀.

가 김소월, 〈삭주구성(朔州龜城)〉

화자

■ 화자와 시적 상황: 고향인 (❶)에 가고 싶어 하지만 갈 수 없는 상황임.

■ 화자의 정서와 태도: 고향을 간절히 그리워하면서 고향에 갈 수 없는 현실에 절망함.

시어

• (❷): 화자의 분신. 삭주구성으로 돌아갈 수 없는 화자의 처지를 보여 주는 존재

• 새, 구름: 삭주구성으로 돌아갈 수 없는 화자의 처지와 대비되는 존재

표현

• 7 · 5조, 3음보의 민요적 율격과 시구의 반복을 통해 리듬감을 줌.

• 자연물과의 (❸)를 통해 화자의 처지를 부각함.

• 명사로 시상을 마무리하여 여운을 남김.

주제

삭주구성에 대한 그리움

▶ 작가: 김소월 – 〈해설편〉 138쪽 참조

나 이성복, 〈당신〉

화자

■ 화자와 시적 상황: 얼어붙은 땅을 파고 무씨를 갈고, 물이 마르지 않은 뻘밭에서 연뿌리를 캐는 사람들을 바라봄.

■ 화자의 정서와 태도: 힘겨운 노동을 하며 고달프게 살아가는 사람들에게 (❶)의 정을 느낌.

시어

• 얼어붙은 땅, (❷): 고단하고 힘든 삶을 살아가는 사람들의 힘겨운 삶의 현장

• 도로뿐인 한 생애: 나아지지 않는 삶을 살아가는 사람들의 고달픈 처지를 드러냄.

표현

• 소외된 사람들의 삶을 사실적으로 묘사함.

• (❸)형 문장을 반복하여 대상에 대한 연민을 드러냄.

• 비교적 담담한 어투와 산문적 진술을 이용하여 시상을 전개함.

주제

힘겨운 삶을 살아온 사람들에 대한 연민의 정

▶ 작가: 이성복 – 〈해설편〉 138쪽 참조

(다) 담장 위 장미가 붉은 혀를 깨물고 있다. 비누 냄새 풍기는 하수도 물이 길 따라 흘러내린다. 물소리도 길 따라 휘어지며 흘러내린다. 저녁 식사 시간 골목길은 음식 냄새들의 유원지다. 종량제 쓰레기봉투를 뜯고 있던 고양이가 도망간다. 전봇대에는 가스 배달, 중국집 전화번호 스티커가 신속히 붙는다. 한때 골목대장이었던 아이가 가장이 되어 아파트 경비하러 급히 내닫는다. 처녀가 힐끗 뒤돌아본다. 사내의 발짝 소리가 멈칫한다. 두부장수가 리어카를 세워 놓고 더 좁은 골목길로 종을 울리며 들어가자 붉은 장화를 신은 비둘기 분대가 후드득 리어카에 낙하한다. 아침 일곱 시, 더 넓은 골목길에 가 살기 위하여 직장 나가는 샐러리맨들의 발짝 소리가 발짝 소리에 밟힌다. 얼어붙은 길 위에 던진 연탄재가 부지직 소리를 낸다. 허리가 낫처럼 휜 할머니가 숨이 찬지 허리는 펴지 못하고 고개만 들고 숨을 고른다. 가로등이 켜지고 나방 그림자가 벽에 부딪친다.

(중략)

　건축가 이일훈 선생의 강의를 들은 적이 있다. 강의 중 슬라이드를 보는 시간이 있었다. 고건축물에서 현대 최첨단 건축물까지 다양한 건축물 설명을 듣는 도중 느닷없이 한적한 곳에 덩그렇게 서 있는 시골 방앗간 풍경이 떴다. 이 선생은 잠깐 사이를 두더니 말을 이었다. "나는 이 방앗간을 보는 순간 눈시울이 뜨거워지고 눈물이 났습니다. 완벽한 건축물을 만났기 때문이죠. 장식이라곤 아무것도 없이 양철 지붕만 올려놓았지만, 여기 어디 버릴 게 있습니까, 부족한 게 있습니까?" 가슴이 찡했다. 나도 어느 골목길에서였던가 그 비슷한 느낌을 받아 보았기에 더 그랬을 것이다. 나도 완벽한 골목길을 만났다. 그 골목길은 밥을 먹고 있는 방이, 변을 보고 있는 화장실이, 달팽이만한 초인종 달린 대문이 양쪽으로 잇닿아 있었다. 이 골목은 담장이 없어 길이 담장이구나. 길이 담장이 될 수 있다니! 이렇게 평화롭고 완벽한 담장이 어디 있겠는가. 이렇게 완벽한 담장을 가진 골목길에서 사람들이 살아가고 있다니. 불신의 산물로 세워지는 담장과, 함께 살아가는 똑같은 인간이라는 믿음으로 세운 이 길 담장과의 그 어마어마한 차이. 길 담장 체험 후 나는 왠지 모르게 골목길이 건강해 보이기 시작했다. 그도 그런 것이, 그도 그럴 수 있는 것이, 우리가 살고 있는 ⓛ골목길이 어떤 길인가!

　노동을 마치고 술 취해 귀가하던 가장이, 아내와 자식새끼들 생각에 머리채를 흔들며 정신을 가다듬고 발걸음을 바로잡던 길 아닌가. 만삭의 아낙네들이 한 손에 남편과 자식새끼들에게 먹일 시장바구니를 들고 한 손으로 허리를 짚으며 가족이 살고 있는 집을 향해 걷던 길 아닌가. 철없는 아이들 즐겁게 뛰어 노는 웃음소리가 흘러넘치는 길 아닌가. 밥숟가락보다도 더 우리들의 삶 때가 묻어 반질반질 윤기가 도는 길 아닌가…….

－ 함민복, 〈길의 열매 집을 매단 골목길이여〉

(다) 함민복, 〈길의 열매 집을 매단 골목길이여〉

제목의 의미

'골목길'은 서민들이 어우러져 생활을 이어가는 삶의 터전을 의미한다. 이 작품은 골목길의 다양한 풍경과 그 안에서 펼쳐지는 삶의 모습을 구체적으로 보여 줌으로써 담장이 없이 어우러져 살아가는 공간으로서의 '골목길'에 대한 애정을 드러내고 있다.

체험과 느낌

■ 글쓴이의 경험: 이일훈 선생의 강의를 들었던 경험과 (❶　　　　) 골목길을 만났던 자신의 체험을 떠올림.
■ 글쓴이의 관점과 태도: 서민들의 삶의 모습이 깃든 골목길에 대해 애정을 드러냄.

소재

• (❷　　　　): 건축가 이일훈 선생이 완벽하다고 생각하는 건축물
• (❸　　　　): 서민들이 어우러져 생활을 이어가는 삶의 터전
• 길 담장: 담장이 없어 길이 담장 역할을 하는 것을 가리킴. 불신의 산물로 세워지는 담장과 대비됨.

표현

• 골목길의 다양한 풍경을 구체적으로 열거함.
• (❹　　　　) 시제를 사용하여 생동감을 줌.
• 대비적 상황을 제시하여 주제 의식을 강조함.

주제

다양한 삶의 모습이 어우러진 골목길에 대한 애정

▶ 작가: 함민복 － 〈해설편〉 139쪽 참조

01　(가)~(다)에 대한 설명으로 가장 적절한 것은?

① (가)와 (나)는 명사로 시행을 마무리하여 여운을 주고 있다.
② (가)와 (다)는 대비적 상황을 제시하여 주제 의식을 강조하고 있다.
③ (나)와 (다)는 반어적 표현을 통해 대상의 의미를 부각하고 있다.
④ (가)~(다)는 모두 음성 상징어를 사용하여 생동감을 부여하고 있다.
⑤ (가)~(다)는 모두 공감각적 이미지를 통해 계절감을 드러내고 있다.

제대로 접근법　☆ 문제 채점까지 마친 후 복습할 때 보세요.

01
표현상의 특징을 파악하는 유형으로, 정답률이 무척 낮았다. 시의 경우 시상 전개 과정의 특징과 화자의 상황 및 정서를 고려하고, 수필의 경우 작품의 주제 의식과 소재의 의미를 고려하여 선택지의 적절성을 판단해야 한다.
먼저 확실한 오답을 제거한다. 예를 들어 ①의 경우 명사로 시행을 마무리했는지의 여부는 짧은 시간에 확인할 수 있다. 남은 선택지의 특징을 각 작품에 대입하여 답을 좁혀 나간다.

02 [A]~[E]를 감상한 내용으로 적절하지 않은 것은?

① [A]에서는 '물로 사흘 배 사흘'을 통해 삭주구성이 먼 곳에 있음을 보여 주고 있군.
② [B]에서는 '높은 산'을 반복하며 삭주구성이 가기 어려운 곳임을 나타내고 있군.
③ [C]에서는 삭주구성이 더 멀어진 '꿈속 상황'을 제시하여 화자의 안타까움을 드러내고 있군.
④ [D]에서는 '님을 둔 곳이길래'를 통해 삭주구성을 그리워하는 이유를 제시하고 있군.
⑤ [E]에서는 자유롭게 '날아가는 나는 구름'을 통해 삭주구성에 가고 싶은 화자의 마음을 부각하고 있군.

03 〈보기〉를 바탕으로 (나)를 감상한 내용으로 적절하지 않은 것은? [3점]

───── 〈보기〉 ─────

　이 작품의 화자는 노동을 하며 고단하게 살아온 사람들의 모습을 그리고 있다. 그리고 그들의 고달픈 처지와 삶의 상처를 떠올리며, 그들에 대한 연민의 정서를 드러내고 있다.

① '얼어붙은 땅'은 아낙네들이 일하는 것을 더 고단하게 한다고 볼 수 있겠군.
② 물이 마르지 않은 뻘밭에서 일하는 '당신'은 고된 노동을 하고 있는 사람으로 볼 수 있겠군.
③ 화자가 '당신의 상처'를 연뿌리보다 질기고 뻣세다고 한 것은 그들의 삶에 대한 연민을 드러낸 것으로 볼 수 있겠군.
④ '도로뿐인 한 생애'는 나아지지 않는 삶을 살아가는 사람들의 고달픈 처지를 드러냈다고 볼 수 있겠군.
⑤ 화자가 '목청을 다해' 당신을 부른 것은 삶의 상처를 위로받고 싶은 마음을 드러낸 것으로 볼 수 있겠군.

04 ㉠과 ㉡에 대한 설명으로 가장 적절한 것은?

① ㉠은 ㉡과 달리 지나온 삶에 대한 그리움의 공간이다.
② ㉠은 ㉡과 달리 실현하고 싶은 소망이 드러나는 공간이다.
③ ㉡은 ㉠과 달리 현실에 대한 부정적 인식이 드러나는 공간이다.
④ ㉠과 ㉡은 모두 생활을 이어가는 삶의 터전으로서의 공간이다.
⑤ ㉠과 ㉡은 모두 자연의 섭리에 대한 깨달음이 나타나는 공간이다.

05 다음은 (다)에 대한 학생의 감상문이다. ⓐ~ⓔ 중, 적절하지 않은 것은?

　이 글에서 ⓐ글쓴이는 골목길의 다양한 풍경과 그 안의 모습을 보여 주고 있다. ⓑ글쓴이는 시골 방앗간이 완벽한 건축물이라고 말하는 이일훈 선생의 강의에 공감하며, ⓒ자신이 만났던 완벽한 골목길을 떠올리게 되었다. ⓓ이일훈 선생의 강의는 글쓴이가 골목길에 대한 자신의 편견을 발견하고 후회하는 계기가 되었다. 그리고 ⓔ글쓴이는 골목길을 우리들의 삶 때가 묻은 길이라고 표현하며 골목길에 대한 애정을 드러내고 있다.

① ⓐ　　　② ⓑ　　　③ ⓒ　　　④ ⓓ　　　⑤ ⓔ

제대로 접근법 ☆ 문제 채점까지 마친 후 복습할 때 보세요.

02
감상의 적절성을 판단하는 유형이다. 먼저 작품을 전체적으로 감상하면서 화자의 상황 및 정서를 이해하고 시상 전개의 흐름을 정리한다.
(가)에서 화자는 간절하게 고향인 삭주구성에 가고 싶어 하지만 갈 수 없는 상황에 처해 있다. 이러한 상황과 정서에 어긋나게 시구의 의미를 해석한 선택지를 찾는다.

03
외적 준거에 따라 작품을 감상하는 유형이다. 〈보기〉에서는 작품에 나타난 화자의 주된 정서를 알려 주고 있다. 이를 활용하면 보다 효과적으로 (나)의 작품을 이해할 수 있다.
〈보기〉에 따르면 시적 대상은 '노동을 하며 고단하게 살아온 사람들'이고, 화자는 그들에 대해 '연민의 정서'를 보이고 있다. 이를 고려하여 시구의 의미를 잘못 해석한 선택지를 찾는다.

04
공간의 의미와 기능을 파악하는 유형이다. 선택지가 대체로 명료한 내용으로 구성되어 있어 어렵지 않게 문제를 해결할 수 있을 것이다.
작품의 주제 의식과 전체적인 흐름을 머릿속에 떠올리면서, 작품 안에서 해당 공간이 어떤 역할을 하고 있는지 살펴보자.

05
작품의 내용을 바르게 이해했는지 확인하는 유형이다. 제시되어 있는 '학생의 감상문'을 활용하면 작품 감상과 문제 풀이 시간을 단축할 수 있다는 점을 기억하자.
글쓴이는 서민들의 삶의 터전인 골목길에 대해 애정을 보이고 있으므로, 이러한 관점을 바탕으로 선택지의 적절성을 판단한다.

1차 채점	맞은 문항 수	개
	틀린 문항 수	개
	헷갈리는 문항 번호	

· 틀린 문항 '/' 표시

2차 채점	맞은 문항 수	개
	틀린 문항 수	개
	헷갈리는 문항 번호	

· 틀린 문항 'X' 표시

3차 채점	맞은 문항 수	개
	틀린 문항 수	개
	헷갈리는 문항 번호	

· 틀린 문항 △ 표시

[01-05] 다음 글을 읽고 물음에 답하시오.

가 잠아 잠아 짙은 잠아 이내 눈에 쌓인 잠아

　　염치 불구 이내 잠아 검치 두덕* 이내 잠아

　　어제 간밤 오던 잠이 오늘 아침 다시 오네

　　잠아 잠아 무삼 잠고 가라 가라 멀리 가라

　　세상 사람 무수한데 구태 너는 간 데 없어

　　원치 않는 이내 눈에 이렇듯이 자심(滋甚)*하뇨

　　주야에 한가하여 월명 동창 혼자 앉아

　　삼사경 깊은 밤을 허도(虛度)이 보내면서

　　잠 못 들어 한하는데 그런 사람 있건마는

　　㉠무상불청(無常不請)* 원망 소래 온 때마다 듣난고니

　　석반(夕飯)*을 거두치고 황혼이 대듯마듯

　　㉡낮에 못 한 남은 일을 밤에 할랴 마음먹고

　　언하당(言下當)* 황혼이라 섬섬옥수(纖纖玉手)* 바삐 들어

　　등잔 앞에 고개 숙여 실 한 바람 불어 내어

　　드문드문 질긋 바늘 두엇 뜸 뜨듯마듯

　　난데없는 이내 ⓐ잠이 소리 없이 달려드네

　　㉢눈썹 속에 숨었는가 눈알로 솟아 온가

　　이 눈 저 눈 왕래하며 무삼 요수 피우든고

　　맑고 맑은 이내 눈이 절로 절로 희미하다

　　　　　　　　　　　　　　　　　　　　　- 작자 미상, 〈잠노래〉

* 검치 두덕 : 욕심 언덕
* 자심(滋甚) : 더욱 심함.
* 무상불청(無常不請) : 청하지 않은
* 석반(夕飯) : 저녁밥
* 언하당(言下當) : 말이 끝나자마자 바로. 여기서는 '그런 생각을 하자마자 바로'의 뜻임.
* 섬섬옥수(纖纖玉手) : 가냘프고 고운 여자의 손

나 귓도리 저 귓도리 어여쁘다 저 귓도리

　　어인 귓도리 지는 달 새는 밤의 긴 소리 쟈른 소리 ㉣절절(節節)이 슬픈 소리 제 혼자 우러 녜어 사창(紗窓) ⓑ여왼 잠을 살뜰히도* 깨우는구나

　　두어라 제 비록 미물(微物)이나 ㉤무인동방(無人洞房)에 내 뜻 알 이는 너뿐인가 하노라

　　　　　　　　　　　　　　　　　　　　　- 작자 미상

* 살뜰히도 : 알뜰하게도, 여기서는 '얄밉게도'의 뜻임.

다 물은 하나의 국가요, 용은 그 나라의 군주다. 물고기 가운데 큰 것으로 고래, 곤어, 바닷장어 같은 것은 군주를 안팎에서 모시는 여러 신하이다. 그 다음으로 메기, 잉어, 다랑어, 자가사리 같

제대로 감상법　📖 문제 풀이까지 마친 후 복습할 때 보세요.

가 작자 미상, 〈잠노래〉

제목의 의미·갈래

'잠'을 의인화하여 쏟아지는 잠을 참으며 밤에도 일해야 하는 고달픈 삶의 모습을 형상화한 작품으로, 대구 지방에 전해지는 민요이다.

화자

화자는 '나'로, 염치없이 자신을 찾아와 괴롭히는 잠을 원망하며 밤늦게까지 (❶　　　　　)을 하고 있음.

시어

• (❷　　　　　) : 청하지도 않았는데 염치없이 자신을 찾아와 괴롭히는 잠에 대한 화자의 정서가 드러나는 표현

표현

• '잠'을 (❸　　　　　)하여 청자로 설정함.
• 일하지 않아도 되는 다른 사람과 노동에 시달리는 화자의 처지를 대조함.
• 해학적이고 익살스러운 표현을 사용함.

주제

밤새워 바느질하는 삶의 고달픔

나 작자 미상, 〈귓도리 저 귓도리~〉

화자

화자는 '나'로, 임과 이별하고 홀로 외롭게 지내는 상황에서 (❶　　　　　)가 우는 소리에 잠을 깸.

시어

• 귓도리 : 화자의 감정이 이입된 대상이자, 화자가 동병상련을 느끼는 존재
• (❷　　　　　) : 비단 창문이라는 뜻으로, 여인이 거처하는 방을 의미함.

표현

• 대상에 화자의 감정을 (❸　　　　　)하여 표현함.
• 청각적 심상을 사용하여 화자의 외로움을 드러냄.
• 귀뚜라미에 대한 원망의 마음을 반어적으로 표현함.

주제

독수공방의 외로움

은 것은 서리나 아전의 무리다. 이밖에 크기가 한 자 못 되는 것들은 물나라의 만백성이라 할 수 있다. 상하가 서로 차례가 있고 큰 놈이 작은 놈을 통솔하니, 그것이 어찌 사람과 다르겠는가?

그러므로 용은 물나라를 다스리면서, 날이 가물어 마르면 반드시 비를 내려 주고, 사람이 물고기를 다 잡아 버릴까 염려하여서는 큰 물결을 겹쳐 일어나게 하여 덮어 준다. 그러한 것이 물고기에 대해서 은혜를 끼침이 아닌 것은 아니다.

하지만 물고기에게 인자하게 베푸는 것은 한 마리 용뿐이요, 물고기를 학대하는 것은 수많은 큰 물고기들이다. 고래와 암코래는 조류를 들이마셔서 작은 물고기를 잡아먹는 일을 자신의 시서(詩書)로 삼고, 교룡과 악어는 물결을 헤치며 삼키고 씹어 먹어 작은 물고기를 잡아먹는 것을 거친 땅의 농사일로 삼으며, 문절망둑, 쏘가리, 두렁허리, 가물치의 족속은 틈을 타서 발동을 해서 작은 물고기를 자신의 은이요 옥으로 삼는다. 강자는 약자를 삼키고, 지위가 높은 자는 아랫것을 약탈하니, 진실로 강한 자, 높은 자가 싫증 내지 않는다면 작은 물고기는 반드시 남아나지 않을 것이다.

슬프다! 작은 물고기가 없다면 용이 누구와 더불어 군주가 되며, 저 큰 물고기들이 어찌 으스댈 수 있겠는가? 그러므로 용의 도리란 작은 물고기들에게 구구한 은혜를 베풀어 주는 것보다, 차라리 먼저 그들을 해치는 족속들을 물리치는 것만 못하리라!

아아, 사람들은 물고기에게만 큰 물고기가 있는 줄 알고 사람에게도 큰 물고기가 있는 줄 알지 못하니, 물고기가 사람을 슬퍼하는 것이 어찌 사람이 물고기를 슬퍼하는 것보다 심하지 않다고 하랴?

— 이옥, 〈어부(魚賦)〉

다 이옥, 〈어부(魚賦)〉

제목의 의미

'부(賦)'는 한문 문체의 하나로, '어부'는 '물고기에 붙이는 글'이라는 뜻이다. 국가의 상황을 물속의 세계에 빗대어 현실을 비판하고 있는 고전 수필이다.

체험과 느낌

■ 글쓴이의 경험: 국가의 상황을 물속의 세계에 빗대어 현실을 비판함.
■ 글쓴이의 관점과 태도: (❶   )들을 잘 다스리는 것이 군주로서 해야 할 가장 중요한 일임을 강조함.

소재

• (❷   ): 군주
• (❸   ): 조정의 신하. 또는 백성을 괴롭히는 탐관오리
• 작은 물고기: 백성

표현

• 국가의 상황을 물속의 세계에 빗대어 표현함.
• 부정적 정치 현실을 (❹   )적으로 비판함.

주제

올바른 국가 경영의 중요성 강조

▶ 작가: 이옥 – 〈해설편〉 142쪽 참조

---

01 (가)~(다)의 공통점으로 가장 적절한 것은?

① 대상의 부재로 인한 그리움의 심정을 드러내고 있다.
② 현실의 어려움을 극복하려는 의지적 태도를 보이고 있다.
③ 이상과 현실의 괴리에 대해 절망적인 심경을 표출하고 있다.
④ 부정적인 현재 상황에 대해 탄식하는 태도를 드러내고 있다.
⑤ 일상생활과 관련된 사물의 속성에서 삶의 교훈을 이끌어 내고 있다.

제대로 접근법 ☆☆ 문제 채점까지 마친 후 복습할 때 보세요.

01
작품 간의 공통점을 파악하는 유형으로, 정답률이 매우 낮았다. 문제 자체가 어려웠다기보다는 고전 문학 작품을 제대로 해석하지 못한 것으로 보인다. 평소에 고전 문학 작품을 자주 접해 문제나 어휘에 익숙해질 필요가 있다.
화자 또는 글쓴이가 시적 상황이나 시적 대상에 대해 어떤 태도를 보이고 있는지 확인해 보자. 익숙한 작품부터 하나씩 그리움, 의지, 절망, 탄식, 교훈 등이 나타나는지 점검한다.

02 (가), (나)에 대한 설명으로 적절한 것은?

① (가)와 달리 (나)는 동일한 시어의 반복을 통해 운율을 형성하고 있다.
② (나)와 달리 (가)는 청각적 심상을 통해 계절감을 드러내고 있다.
③ (가)와 (나)는 모두 시간적 배경을 통해 시적 상황을 구체화하고 있다.
④ (가)와 (나)는 모두 설의적 표현을 통해 시적 의미를 강조하고 있다.
⑤ (가)와 (나)는 모두 색채의 대비를 통해 표현 효과를 높이고 있다.

02
표현상의 특징을 파악하는 유형이다. 두 작품의 공통점은 물론 차이점까지 확인해야 하는 까다로운 문제이다.
작품에서 선택지에 언급된 특징이 나타나는 부분을 찾아 그 적절성 여부를 판단한다. 선택지가 '(가)와 달리 (나)는 ~'과 같이 이루어져 있다면, (나)에는 그 특징이 나타나야 하고 (가)에는 그 특징이 나타나지 않아야 한다는 점을 기억하자.

03 ⓐ, ⓑ에 대한 이해로 가장 적절한 것은?

① ⓐ는 화자의 목적을 이루기 위한 보조적 수단이다.
② ⓑ는 외부적 요인으로 인해 방해받고 있다.
③ ⓐ와 달리 ⓑ는 화자가 현실로부터 벗어나기 위한 행위이다.
④ ⓑ와 달리 ⓐ는 화자의 고통을 해소시키고 있다.
⑤ ⓐ와 ⓑ는 모두 화자가 거부하는 대상이다.

제대로 접근법 ✮ 문제 채점까지 마친 후 복습할 때 보세요.

03
시어의 기능을 파악하는 유형이다. 단순한 문제 유형인데도 불구하고 정답률이 낮았다.
작품의 전체 맥락을 이해하고 화자의 정서와 태도를 고려하여 소재의 의미와 기능을 추리한다. (가)에서는 밤늦게까지 일해야 하는 화자에게 '잠'이 어떤 의미인지 생각해 보고, (나)에서는 '여읜 잠'을 자던 화자에게 '귓도리'가 어떤 영향을 미치고 있는지 생각해 본다.

04 ㉠~㉤을 감상한 내용으로 적절하지 않은 것은?

① ㉠: 화자와 상반된 처지에 있는 사람이 '잠'에게 불만을 드러내고 있다.
② ㉡: 쉬지도 못하고 밤늦게까지 일을 해야 하는 화자의 고달픈 삶이 나타나 있다.
③ ㉢: '잠'을 의인화하여 잠이 쏟아지는 화자의 현재 상황을 해학적으로 표현하고 있다.
④ ㉣: 화자의 내면적 슬픔을 '귓도리'의 울음소리를 통해 간접적으로 드러내고 있다.
⑤ ㉤: 혼자 살아가는 자신의 외로운 처지를 알아주는 유일한 대상이 '귓도리'라는 화자의 인식이 드러나 있다.

04
시구의 의미를 파악하고 그 의미를 드러내기 위한 표현 방법과 연결하는 유형이다. 고전 시가 작품을 현대어로 바르게 해석하여 이해한다면 쉽게 해결할 수 있지만, 그렇지 않다면 해결하기가 쉽지 않다.
화자가 처한 상황, 화자의 정서와 태도, 이를 드러내기 위한 표현 방법 등을 확인한다. 그런 다음 ㉠~㉤의 앞뒤 내용을 고려하여 선택지의 적절성 여부를 판단한다.

05 〈보기〉를 바탕으로 (다)를 감상한 내용으로 적절하지 않은 것은? [3점]

〈보기〉

〈어부〉는 국가의 상황을 물속의 세계에 빗대고, 군주를 '용'에, 여러 신하를 '큰 물고기'에, 백성을 '작은 물고기'에 빗대어 현실 세계를 비판하고 있다. 글쓴이는 나라의 근본은 '작은 물고기'인 백성이므로 백성들을 수탈하는 '큰 물고기', 즉 관리들을 잘 다스리는 것이 군주로서 해야 할 가장 중요한 일임을 강조하고 있다.

① 용이 큰 물결을 일어나게 하여 물고기를 덮어 주는 것은 백성을 어질게 살피는 군주의 모습으로 볼 수 있군.
② 교룡과 악어가 작은 물고기를 잡아먹는 것은 백성을 수탈하는 관리들의 모습으로 볼 수 있군.
③ 작은 물고기가 없으면 용이 군주가 될 수 없다고 하는 것은 나라의 근본이 백성에게 있다는 글쓴이의 인식을 보여 주는군.
④ 작은 물고기를 해치는 족속을 물리치는 것이 용의 도리라고 하는 것은 군주가 해야 할 가장 중요한 일이 관리를 잘 다스리는 일임을 말해 주는군.
⑤ 사람들이 사람에게도 큰 물고기가 있는 줄을 알지 못한다고 하는 것은 관리들의 수탈에 적극적으로 저항하지 않는 백성의 태도를 비판하는 것이군.

05
외적 준거에 따라 작품을 감상하는 유형이다. 먼저 〈보기〉의 내용을 정리해 보자.

〈보기〉 분석

· 비유의 대상: 국가의 상황 = 물속의 세계, 군주 = 용, 신하 = 큰 물고기, 백성 = 작은 물고기
· 작품의 주제 의식: 백성들을 수탈하는 관리들을 잘 다스리는 것이 군주의 가장 중요한 역할임을 강조

〈보기〉에는 작품의 주제 의식과 각 비유의 대상이 잘 정리되어 있다. 이를 적용하여 선택지의 적절성을 판단한다.

1차 채점	맞은 문항 수	개	2차 채점	맞은 문항 수	개	3차 채점	맞은 문항 수	개
	틀린 문항 수	개		틀린 문항 수	개		틀린 문항 수	개
	헷갈리는 문항 번호			헷갈리는 문항 번호			헷갈리는 문항 번호	
· 틀린 문항 '/' 표시			· 틀린 문항 '×' 표시			· 틀린 문항 △ 표시		

[01-05] 다음 글을 읽고 물음에 답하시오.

가 어와 성은(聖恩)이야 망극(罔極)할사 성은(聖恩)이다
　　강호(江湖) 안로(安老)도 분(分) 밧긔 일이어든
　　하물며 두 아들 정성을 다해 봉양함은 또 어인가 하노라

〈제2수〉

　　전나귀 바삐 몰아 다 저문 날 오신 손님
　　보리피 거친 밥에 찬물(饌物)*이 아조 업다
　　아희야 배 내어 띄워라 그물 놓아 보리라

〈제4수〉

　　달 밝고 바람 잔잔하니 물결이 비단일다
　　단정(短艇)*을 비스듬히 놓아 오락가락 하는 흥(興)을
　　백구(白鷗)야 하 즐겨 마라 세상(世上) 알가 하노라

〈제5수〉

　　모래 우희 자는 ㉠백구(白鷗) 한가(閑暇)할샤
　　강호(江湖) 풍취(風趣)를 네가 지닐 때 내가 지닐 때
　　석양(夕陽) 반범귀흥(半帆歸興)*은 너도 날만 못 하리라

〈제6수〉

　　식록(食祿)*을 긋친 후(後)로 어조(漁釣)*을 생애(生涯)하니
　　혬 업슨 아이들은 괴롭다 하지마는
　　두어라 강호한적(江湖閑適)이 이 내 분(分)인가 하노라

〈제9수〉

– 나위소, 〈강호구가(江湖九歌)〉

* 찬물 : 반찬이 될 만한 것
* 단정 : 자그마한 배
* 반범귀흥 : 돛을 반쯤 올리고 돌아오는 멋
* 식록 : 먹고 살기 위한 벼슬
* 어조 : 낚시질

나 이자(李子)가 저녁의 서늘함을 맞아, 뜰에 나가 거닐다가 ㉡거미가 있는 것을 보았다. 짧은 처마 앞에 거미줄을 날리며 해바라기 가지에 그물을 펴고 있었다. 가로로 치고 세로로 치고 벼리로 하고 줄로 하는데, 그 너비는 한 자가 넘고 그 제도는 규격에 맞으며 촘촘하며 성글지 않아 실로 교묘하고도 기이하였다. 이자는 그것이 간교한 마음이 있다고 여겨 지팡이를 들어서 거미줄을 걷어버렸다. 그것을 다 걷어내고는 또 내치려고 하는데, 거미줄 위에서 소리치는 것이 있는 듯하였다.

　“나는 내 줄을 짜서 내 배를 도모하려 하거늘 그대에게 무슨 관계가 있다고 이같이 나를 해치는가?”

☆ 문제 풀이까지 마친 후 복습할 때 보세요.

제대로 감상법

가 나위소, 〈강호구가(江湖九歌)〉

제목의 의미·갈래

'강호'에서의 삶을 노래한 '9수'의 연시조이다. 이 작품은 나이가 들어 벼슬에서 물러난 화자가 임금에 대한 감사의 마음을 드러내면서, 강호에서 자연을 즐기며 소박하게 살아가는 생활을 노래하고 있다.

화자

화자는 '나'로, (❶ 　　　　)에서 물러나 자연 속에서 한가롭게 지냄. 성은의 감격과 함께, 자연을 즐기며 소박하게 살아가는 삶에 대해 만족감을 드러냄.

시어

• 백구 : 비교를 통해 자연에서 느끼는 화자의 흥취를 부각하는 소재
• (❷ 　　　　) : 먹고 살기 위한 벼슬. 세속적인 삶을 의미함.
• (❸ 　　　　) : 낚시질. 자연 속의 삶을 의미함.

표현

• (❹ 　　　　)적 표현을 통해 화자의 정서를 효과적으로 드러냄.
• 의인화된 청자를 설정해 말을 건네며 화자의 흥취를 드러냄.
• 소박한 삶에 대한 만족감과 함께 연군지정을 노래함.

주제

소박하지만 한가한 자연 생활에서 느끼는 흥취

▶ 작가 : 나위소 – 〈해설편〉 145쪽 참조

이자가 성내어 말하였다.

"덫을 설치하여 산 것을 죽이니 벌레들의 적이다. 나는 다시 또 너를 제거하여 다른 벌레들에게 덕을 베풀려고 한다."

다시 웃으며 말하는 것이 있었다.

"아, 어부가 설치한 그물에 바닷물고기가 걸려드는 것이 어부가 포학해서이겠는가? 우인(虞人)*이 놓은 그물에 들짐승이 푸줏간에 올려지는 것이 어찌 우인의 교(敎)이겠는가? 법관이 내건 법령에 뭇 완악한 사람이 옥에 갇히는 것이 어찌 법관의 잘못이겠는가? 그대는 어찌하여 복희씨(伏羲氏)의 그물*을 시비하지 아니하고 백익(伯益)의 불태움*을 부정하지 아니하며 고요(皐陶)의 형벌 제정을 책망하지 아니하는가? 무엇이 이것과 다르겠는가? 더구나 그대는 내 그물에 걸려든 놈을 알기나 하는가? 나비는 허랑방탕한 놈일 뿐 분단장을 하여 세상을 속이고 번화함을 좋아하여 좇으며 흰 꽃에 아첨하고 붉은 꽃에 아양 떤다. 이 때문에 내가 그물로 잡게 되는 것이다. 파리는 참으로 소인배라. 옥 또한 참소를 입었고 술과 고기에 자기 목숨을 잊어버리고 이익을 좋아하여 싫증 내지 않는다. 이 때문에 내가 그물로 잡게 되는 것이다. 매미는 자못 청렴 정직하여 글하는 선비와 비슷하지만 '선명(善鳴)'이라 스스로 자랑하며 시끄럽게 울어 그칠 줄 모른다. 이리하여 내 그물에 걸려들게 된 것이다. 벌은 실로 시랑 같은 놈이라. 제 몸에 꿀과 칼을 지니고 망령되이 관아에 나아간다고 하면서 공연히 봄꽃 탐하기를 일삼는다. 이리하여 내 그물에 걸려든 것이다. 모기는 가장 엉큼한 놈이라. 성질이 흉악한 짐승 같아 낮에는 숨고 밤에는 나타나서 사람의 고혈을 빨아댄다. 그렇기에 내 그물에 걸려든 것이다. 잠자리는 품행이 없어 경박한 공자처럼 편안히 있을 겨를이 없으며 홀연히 회오리바람인 양 날아다닌다. 그렇기에 또한 내가 그물로 잡게 되는 것이다. 그 밖에 부나방이 화(禍)를 즐기는 것, 초파리가 일을 좋아하는 것, 반딧불이가 허장성세하여 불빛을 내는 것, 하늘소가 함부로 그 이름을 훔치는 것, 선명한 옷차림을 한 하루살이 무리, 수레바퀴를 막아서는 말똥구리 무리와 같은 것들은 재앙을 스스로 만들어 흉액을 피할 줄 모르니 그물에 몸이 걸려 간과 뇌가 땅바닥을 칠하게 된다. 아, 세상은 성강(成康)의 시절이 아니어서 형벌을 놓아두고 쓰지 않을 수 없고, 사람은 신선이나 부처가 아니어서 소찬(素餐)만 먹을 수도 없다. 저들이 그물에 걸린 것은 곧 저들의 잘못이지 내가 그물을 쳤다고 하여 어찌 나를 미워한단 말인가? 또 그대가 저들에게 어찌하여 사랑을 베풀면서 나에게만은 어찌하여 화를 내고, 나를 훼방하면서까지 도리어 저들을 감싸준단 말인가? 아, 기린은 사로잡을 수 없는 것이고 봉황은 유인할 수 없는 것이니 군자는 도를 알아서 죄를 지어 구속됨으로써 재앙을 입지 않아야 한다. 이러한 것을 거울 삼아 삼가고 힘쓸지어다! 그대의 이름을 팔지 말며 그대의 재주를 자랑하지 말며 이욕으로 화를 부르지 말며 재물에 목숨을 바치지 마라. 경박하거나 망령되이 굴지 말며 원망하거나 시기하지 말며 땅을 잘 가려서 밟고 때에 맞추어 오고 가야 한다. 그렇지 않으면 세상에는 더 큰 거미가 있으니 그 그물이 나보다 천 배, 만 배가 될 뿐이 아닐 것이다."

이자가 이 말을 듣고, 지팡이를 던지고 달아나다가 세 번이나 자빠지면서 문지방에 이르렀는데 문에 자물쇠를 채우고서야 몸을 구부리고 비로소 한숨을 쉬었다. 거미는 그 실을 내어 다시 처음과 같이 그물을 치고 있었다.

— 이옥, 〈거미를 읊은 부〉

＊ 우인 : 고대 중국에서 산림(山林)을 맡아보던 벼슬아치
＊ 복희씨의 그물 : 복희는 중국 신화 속에 나오는 사람으로 노끈을 맺어 그물을 만들어서 사냥하고 고기를 잡았다고 함.
＊ 백익의 불태움 : 백익은 순임금의 신하로 산에 불을 질러 태우자 짐승이 도망하여 숨었다고 함.

---

4 이옥, 〈거미를 읊은 부〉

제목의 의미

'부(賦)'는 한문 문체의 하나를 말한다. 이 작품은 '거미'의 목소리를 빌려 허영심과 물욕 등 잘못된 품성을 갖고 있는 존재들은 벌을 받아야 하며, 인간 역시 벌을 면하기 위해서는 도를 지키고 죄를 짓지 말아야 한다고 주장하고 있다.

체험과 느낌

■ 글쓴이의 경험 : 거미줄을 걷어버렸다가 거미의 반박과 충고를 듣고 깨달음을 얻게 됨.

■ 글쓴이의 관점과 태도 : 허영심과 물욕에 가득찬 존재는 벌을 받아야 한다는 거미의 말에 공감하며 부끄러움을 느낌.

소재

• (❶　　　　) : 거미줄을 쳐서 벌레들을 잡는 이유를 설명함으로써 이자에게 깨달음을 주는 소재
• (❷　　　　), 파리, 매미, 벌, 모기, … : 군자와 대조되는 존재들로, 허영심과 물욕에 사로잡힌 인간을 비유하는 소재

표현

• 거미를 (❸　　　　)하여 현실의 모습을 비판함.
• 일상적이고 평범한 사물을 새로운 시각으로 바라봄.

주제

인간 세태에 대한 비판과 경계

▶ 작가 : 이옥 – 〈해설편〉 146쪽 참조

01   (가)와 (나)에 대한 설명으로 가장 적절한 것은?

① (가)에는 유한한 삶에 대한 회의적 태도가 드러나 있다.
② (가)에는 초월적 세계에 대한 동경의 태도가 드러나 있다.
③ (나)에는 자신의 한계를 극복하려는 의지적 태도가 드러나 있다.
④ (나)에는 부정적인 세상의 모습을 비판하는 태도가 드러나 있다.
⑤ (가)와 (나)에는 이상과 현실의 괴리에 대해 고뇌하는 태도가 드러나 있다.

제대로 접근법   ☆ 문제 채점까지 마친 후 복습할 때 보세요.

01
화자 또는 글쓴이의 태도를 파악하는 유형이다. 선택지가 명료한 내용으로 구성되어 있어 비교적 어렵지 않게 문제를 해결할 수 있다.
(가)의 화자는 자연 속에서의 삶을 노래하고 있고, (나)의 글쓴이는 거미의 말을 통해 자신의 생각을 드러내고 있다. (가)의 화자가 자연 속에서의 삶을 어떻게 느끼고 있는지, (나)의 글쓴이가 거미의 말을 통해 드러내려는 바가 무엇인지 생각하며 선택지의 적절성을 판단한다.

02   ㉠과 ㉡을 비교한 내용으로 가장 적절한 것은?

① ㉠은 화자의, ㉡은 이자의 심리적 갈등을 해소시켜 주는 소재이다.
② ㉠은 화자에게, ㉡은 이자에게 인생의 무상함을 느끼게 하는 소재이다.
③ ㉠은 화자의 정서를 부각하는 소재이고, ㉡은 이자에게 깨달음을 주는 소재이다.
④ ㉠은 화자가 외로움을 느끼게 하는 소재이고, ㉡은 이자에게 두려움을 주는 소재이다.
⑤ ㉠은 화자의 과거를 떠올리게 하는 소재이고, ㉡은 이자가 미래를 예측하게 하는 소재이다.

02
소재의 의미와 기능을 파악하는 유형이다. 소재의 의미는 화자의 정서 및 글쓴이의 태도와 밀접하게 관련되어 있다는 것을 기억하자.
(가)에서 화자가 자신과 백구를 비교함으로써 무엇을 강조하고 있는지, (나)에서 글쓴이가 거미의 말을 통해 무엇을 드러내고 있는지 생각해 본다. 확실한 오답부터 하나씩 제거하며 답을 점점 좁혀 나간다.

03   (가)의 표현상의 특징으로 가장 적절한 것은?

① 과거와 미래를 대비하여 주제를 부각하고 있다.
② 연쇄법을 사용하여 시적 의미를 강조하고 있다.
③ 반어적 표현을 통해 시적 긴장감을 조성하고 있다.
④ 영탄적 어조를 통해 화자의 정서를 표현하고 있다.
⑤ 근경에서 원경으로 시선을 이동하며 시상을 전개하고 있다.

03
표현상의 특징을 파악하는 유형으로, 정답률이 무척 낮았다. 대비, 연쇄법, 반어, 영탄, 근경과 원경 등의 국어 개념을 미리 익히고 있어야 하며, 기출문제를 풀면서 이런 문제에 익숙해져야 한다.
화자의 어조 및 정서와 태도를 이해하고, 이것이 어떤 표현 방법을 통해 구현되고 있는지 확인한다. '~하여(~을 통해)'를 기준으로 앞뒤의 내용이 모두 적절한지도 따져야 한다.

04 〈보기〉를 참고하여 (가)를 감상한 내용으로 적절하지 <u>않은</u> 것은? [3점]

─〈보기〉─

〈강호구가〉는 나위소가 관직에서 물러난 뒤 고향인 나주에 돌아와 영산강을 배경으로 지은 작품이다. 이 작품은 나이가 들어 벼슬에서 물러난 처지에서 성은(聖恩)의 감격을 드러내며, 강호에서 자연을 즐기며 소박하게 살아가는 어부의 생활을 노래하였다. 또한 세속의 삶을 부러워하지 않고, 강호의 삶에 만족하는 태도가 잘 표현되어 있다.

① '망극할사 성은이다'에는 자연을 즐기며 자식의 봉양을 받는 것을 임금의 은혜로 여기는 모습이 드러나 있군.

② '아희야 배 내어 띄워라 그물 놓아 보리라'에는 손님을 대접하기 위해 낚시를 하는 소박한 삶의 모습이 드러나 있군.

③ '세상 알가 하노라'에는 자연에서 누리는 흥을 세속의 사람들에게 알리고자 하는 모습이 드러나 있군.

④ '식록을 긋친 후로 어조을 생애하니'에는 관직에서 물러난 뒤 강호에서 어부의 삶을 살고 있는 모습이 드러나 있군.

⑤ '이 내 분인가 하노라'에는 자연에서 유유자적하는 삶에 만족하는 모습이 드러나 있군.

05 〈보기〉를 바탕으로 (나)를 이해한 내용으로 적절하지 <u>않은</u> 것은?

─〈보기〉─

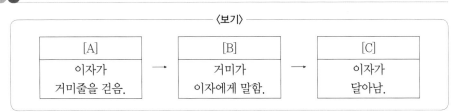

① 이자는 다른 벌레들을 살리기 위해 [A]의 행동을 하는군.

② 거미는 [B]에서 벌레들이 그물에 걸린 이유를 설명하고 있군.

③ 거미는 [B]에서 벌레들의 모습을 인간들의 삶의 모습으로 확장하고 있군.

④ [B]에서 거미는 근거를 들어 [A]의 행동이 잘못되었음을 지적하고 있군.

⑤ [C]에서 이자는 [B]에 의문을 품고 이를 해결할 방법을 모색하고 있군.

1차 채점				2차 채점				3차 채점		
맞은 문항 수	개		→	맞은 문항 수	개		→	맞은 문항 수	개
틀린 문항 수	개			틀린 문항 수	개			틀린 문항 수	개
헷갈리는 문항 번호				헷갈리는 문항 번호				헷갈리는 문항 번호	

• 틀린 문항 '/' 표시   • 틀린 문항 'X' 표시   • 틀린 문항 △ 표시

[01-04] 다음 글을 읽고 물음에 답하시오.

가 어리석고 세상 물정 어둡기는 나보다 더한 이 없다

길흉화복을 하늘에 맡겨 두고

누항(陋巷)* 깊은 곳에 초가를 지어 두고

궂은 날씨에 썩은 짚이 땔감이 되어

세 홉 밥 닷 홉 죽에 연기(煙氣)도 많기도 많구나

설 데운 숭늉에 고픈 배를 속일 뿐이로다

㉠생애 이러하다 대장부의 뜻을 옮기겠는가

안빈일념(安貧一念)*을 적을망정 품고 이셔

옳은 일을 좇아 살려 하나 날이 갈수록 어긋난다

(중략)

소 한 번 주마 하고 엉성하게 하는 말씀

친절하다 여긴 집에

㉡달 없는 황혼에 허위허위 달려가서

┌ 굳게 닫은 문 밖에 우두커니 혼자 서서

　큰 기침 에헴이를 오래토록 하온 후에

　어와 그 뉘신고 염치 없는 내옵노라

　초경도 거윈데 그 어찌 와 계신고

　해마다 이러하기 구차한 줄 알건마는

　소 없는 가난한 집에 걱정 많아 왔노라

　공짜로나 값을 쳐서나 줌 직도 하지마는

　다만 어제 밤에 건넛집 저 사람이

　목 붉은 수꿩을 구슬 같은 기름에 구워 내고

[A] 갓 익은 삼해주(三亥酒)를 취하도록 권하거든

　이러한 은혜를 어이 아니 갚을런고

　내일로 주마 하고 큰 언약 하였거든

　실약(失約)이 미편(未便)하니* 말하기가 어려왜라

　사실이 그러하면 설마 어이할고

　헌 모자 숙여 쓰고 축 없는 짚신에 설피설피 물러 오니

　풍채 적은 모습에 개 짖을 뿐이로다

　누추한 집에 들어간들 잠이 와서 누웠으랴

　북창에 기대 앉아 새벽을 기다리니

└ 무정한 오디새는 이 내 한을 돕는구나

㉢아침이 끝나도록 슬퍼하며 먼 들을 바라보니

즐거운 농가(農歌)도 흥 없이 들리는구나

세상 인정 모른 한숨은 그칠 줄을 모르는구나

㉣아까운 저 쟁기*는 볏보님도 좋을시고*

가시 엉킨 묵은 밭도 쉽게 갈련마는

빈 집 벽 가운데에 쓸데없이 걸렸구나

봄농사도 거의로다 팽개쳐 던져 두자

제대로 감상법 ✿ 문제 풀이까지 마친 후 복습할 때 보세요.

가 박인로, 〈누항사(陋巷詞)〉

제목의 의미·갈래

'누항사'는 '누추한 거리에서의 노래'라는 뜻으로, 박인로가 벼슬에서 물러나 고향에 돌아가 생활하던 중에 한음 이덕형이 찾아와 누항 생활의 어려움을 묻자 그에 대한 답으로 지은 가사이다. 전란 후의 궁핍한 생활과 함께, 자연에서 안빈낙도하며 유교적 가치관을 추구하는 삶을 살고자 하는 마음을 노래하고 있다.

화자

화자는 '나'로, 전쟁 후 벼슬에서 물러나 궁핍한 상황에서 (❶　　　　)를 지으려 함. 가난 속에서 비애와 좌절감을 느끼면서도 이를 원망하지 않고 안빈낙도의 삶을 추구하려고 함.

시어

• (❷　　　　): 작품의 주제 의식이 집약된 시어로, 가난하지만 편안히 즐기며 살겠다는 의미가 담겨 있음.

• (❸　　　　), 무정한 오디새 : 화자의 참담하고 서글픈 심정을 고조시키는 소재

표현

• (❹　　　　)를 사용함.

• 전쟁(임진왜란) 직후의 궁핍한 삶을 사실적이고 구체적으로 형상화함.

• 농촌의 일상생활과 관련된 어휘들과 어려운 한자어가 함께 쓰임.

주제

누항에 사는 선비의 곤궁한 삶과 안빈낙도의 추구

▶ 작가: 박인로 – 〈해설편〉 149쪽 참조

강호(江湖)에서 큰 꿈을 생각한 지도 오래더니

먹고 사는 것이 누가 되어 아아 잊었구나

저 물가를 바라보니 푸른 대나무가 많기도 많구나

ⓜ교양 있는 선비들아 낚싯대 하나 빌려다오

갈대꽃 깊은 곳에 명월청풍(明月淸風) 벗이 되어

임자 없는 풍월강산(風月江山)에 절로절로 늙으리라

– 박인로, 〈누항사(陋巷詞)〉

＊**누항**: 누추한 곳

＊**안빈일념**: 가난 속에서도 마음을 편히 갖겠다는 생각

＊**실약이 미편하니**: 약속을 어기기가 어려우니

＊**쟁기**: 말이나 소에 끌려 논밭을 가는 농기구

＊**볏보님도 좋을시고**: 쟁기 날이 잘 관리된 상태라는 의미로 추정됨.

ⓛ 다음은 어느 중로(中老)의 여인에게서 들은 이야기다. 여인이 젊었을 때였다. 남편이 거듭 사업에 실패하자, 이들 내외는 갑자기 가난 속에 빠지고 말았다.

남편은 다시 일어나 사과 장사를 시작했다. 서울에서 사과를 싣고 춘천에 갔다 넘기면 다소의 이윤이 생겼다.

그런데 한 번은, 춘천으로 떠난 남편이 이틀이 되고 사흘이 되어도 돌아오지를 않았다. 제 날로 돌아오기는 어렵지만, 이틀째에는 틀림없이 돌아오는 남편이었다. 아내는 기다리다 못해 닷새째 되는 날 남편을 찾아 춘천으로 떠났다.

"춘천에만 닿으면 만나려니 했지요. 춘천을 손바닥만하게 알았나 봐요. 정말 막막하더군요. 하는 수 없이 여관을 뒤졌지요. 여관이란 여관은 모조리 다 뒤졌지만, 그이는 없었어요. 하룻밤을 여관에서 뜬눈으로 새웠지요. 이튿날 아침, 문득 그이의 친한 친구 한 분이 도청에 계시다는 것이 생각나서, 그분을 찾아 나섰지요. 가는 길에 혹시나 하고 정거장에 들러 봤더니……."

매표구 앞에 늘어선 줄 속에 남편이 서 있었다. 아내는 너무 반갑고 원망스러워 말이 나오지 않았다.

[B]
> 트럭에다 사과를 싣고 춘천으로 떠난 남편은, 가는 길에 사람을 몇 태웠다고 했다. 그들이 사과 가마니를 깔고 앉는 바람에 사과가 상해서 제 값을 받을 수 없었다. 남편은 도저히 손해를 보아서는 안 될 처지였기에 친구의 집에 기숙을 하면서, 시장 옆에 자리를 구해 사과 소매를 시작했다. 그래서, 어젯밤 늦게서야 겨우 다 팔 수 있었다는 것이다. 전보도 옳게 제 구실을 하지 못하던 8·15 직후였으니…….
>
> 함께 춘천을 떠나 서울로 향하는 차 속에서 남편은 아내의 손을 꼭 쥐었다. 그때만 해도 세 시간 남아 걸리던 경춘선, 남편은 한 번도 그 손을 놓지 않았다. 아내는 한 손을 맡긴 채 너무도 행복해서 그저 황홀에 잠길 뿐이었다.
>
> 그 남편은 그러나 6·25 때 죽었다고 한다. 여인은 어린 자녀들을 이끌고 모진 세파(世波)와 싸우지 않으면 안 되었다.
>
> "이제 아이들도 다 커서 대학엘 다니고 있으니, 그이에게 조금은 면목이 선 것도 같아요. 제가 지금까지 살아 올 수 있었던 것은, 춘천서 서울까지 제 손을 놓지 않았던 그이의 손길, 그것 때문일지도 모르지요."
>
> 여인은 조용히 웃으면서 이렇게 말을 맺었다.

ⓛ 김소운, 〈가난한 날의 행복〉

제목의 의미

'가난' 속에서도 서로에 대한 애정과 배려를 잃지 않는 사람들의 모습을 통해 진정한 '행복'의 의미를 생각하게 하는 수필이다. 가난하지만 서로 사랑하며 행복하게 살아가는 세 쌍의 부부 이야기를 옴니버스 형식으로 제시하고 있다.

체험과 느낌

■ 글쓴이의 경험: 어느 여인에게서 남편을 찾으러 춘천에 갔다가 함께 돌아왔던 일화를 들음.

■ 글쓴이의 관점과 태도: 참된 (❶   )은 물질적 풍요에서 오는 것이 아니라 상대에 대한 배려와 사랑에서 오는 것이라고 생각함.

소재

• (❷   ): 남편의 사랑 때문에 힘든 삶을 견디며 살아올 수 있었던 아내의 추억이 깃든 공간

표현

• 옴니버스식 구성(하나의 주제를 중심으로 몇 개의 독립된 짧은 이야기를 한데 엮은 구성)으로 이루어짐.

• 세 쌍의 가난한 부부의 (❸   )를 제시함.

• 주제를 직접적으로 드러냄.

주제

가난 속에서 피어난 따뜻한 사랑과 행복

▶ 작가: 김소운 – 〈해설편〉 150쪽 참조

지난날의 가난은 잊지 않는 게 좋겠다. 더구나 그 속에 빛나던 사랑만은 잊지 말아야겠다. "행복은 반드시 부와 일치하진 않는다."라는 말은 결코 진부한 일 편의 경구(警句)만은 아니다.

　　　　　　　　　　　　　　　　　　　　　　　　　　　　　　　- 김소운, 〈가난한 날의 행복〉

---

01 (가)와 (나)의 공통점으로 가장 적절한 것은?

① 특정한 인물을 통해 자신의 삶을 반성하고 있다.
② 감정의 절제를 통해 사건을 객관적으로 바라보고 있다.
③ 공간의 이동을 통해 대상에 대한 그리움을 드러내고 있다.
④ 영탄적 표현을 활용하여 화자의 간절한 소망을 드러내고 있다.
⑤ 구체적 일화를 활용하여 지향하는 삶의 태도를 드러내고 있다.

제대로 접근법 ☆☆ 문제 채점까지 마친 후 복습할 때 보세요.

01
두 작품의 공통점을 파악하는 유형이다. 서로 다른 갈래의 공통점을 묻고 있으므로 헷갈릴 수 있다. 각 작품의 주제 의식을 떠올리고, 이를 어떤 방법으로 구현하고 있는지 생각해 보자.
선택지에 언급된 특징이 두 작품 모두에 나타나는지 확인한다. 아울러 선택지의 앞뒤 내용이 모두 적절한지도 따져야 한다. 예를 들어 ①의 경우 특정한 인물이 등장하는지, 등장한다면 그 인물을 통해 삶을 반성하고 있는지를 모두 살펴야 한다.

02 [A]와 [B]에 대한 이해로 적절하지 않은 것은?

① [A]는 규칙적인 음보 사용을 통해 리듬감을 형성하고 있다.
② [B]는 경구를 활용하여 글을 효과적으로 마무리하고 있다.
③ [A]는 [B]와 달리 비유적 표현을 활용하여 인물의 특징을 드러내고 있다.
④ [B]는 [A]와 달리 특정한 어휘를 사용하여 구체적 시대상을 반영하고 있다.
⑤ [A]와 [B]는 모두 대화를 활용하여 중심인물의 상황을 전달하고 있다.

02
두 작품을 비교 감상하는 유형이다. 정답률이 무척 낮았는데, (가)의 작품을 제대로 해석하지 못한 듯하다. 시험에 자주 출제되는 고전 시가 필수 작품은 반드시 미리 공부해야 한다는 점을 기억하자.
[A]는 소를 빌리러 갔다가 빌리지 못하고 그냥 돌아온 내용, [B]는 춘천에서 남편과 함께 돌아오는 길에 느꼈던 남편의 따뜻한 손길에 관한 내용을 담고 있다. 이를 고려하여 선택지의 적절성을 판단한다.

03 〈보기〉를 참고하여 ㉠~㉤을 이해한 것으로 적절하지 않은 것은? [3점]

───────〈보기〉───────

　　〈누항사〉는 전란을 겪은 사대부가 누항에서 스스로 노동하며 가난하게 살면서도 이상적 삶을 추구하려고 노력하는 모습을 그리고 있다. 화자가 처한 상황과 심리의 변화는 다음과 같은 흐름을 나타낸다.

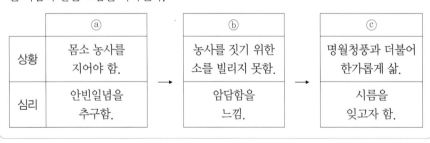

	ⓐ		ⓑ		ⓒ
상황	몸소 농사를 지어야 함.	→	농사를 짓기 위한 소를 빌리지 못함.	→	명월청풍과 더불어 한가롭게 삶.
심리	안빈일념을 추구함.		암담함을 느낌.		시름을 잊고자 함.

① ㉠에는 ⓐ의 심리에서 드러나는 가치를 이루고자 하는 화자의 의지가 드러나고 있다.
② ㉡에는 ⓐ의 상황을 해결하고자 하는 화자의 다급한 심정이 제시되어 있다.
③ ㉢에는 ⓑ의 심리가 화자의 처량한 모습을 통해 드러나고 있다.
④ ㉣에는 ⓒ의 심리가 화자의 눈에 비친 대상에 투영되어 있다.
⑤ ㉤에는 ⓒ의 상황을 실천하기 위한 화자의 의도가 드러나고 있다.

03
외적 준거에 따라 작품을 감상하는 유형이다. 〈보기〉에 화자의 상황과 심리가 잘 정리되어 있으므로, 이를 참고하여 (가)의 작품을 다시 분석해 보자.
먼저 작품의 내용이 '가난하지만 안빈일념을 추구함. → 농사를 짓기 위한 소를 빌리지 못해 암담함을 느낌. → 농사를 포기하고 자연과 벗 삼아 살고자 함.'과 같이 전개된다는 것을 이해해야 한다. 이를 바탕으로 선택지에서 각 시구의 의미를 바르게 해석했는지 판단해 보자.

▶ 해설편 148쪽

04 (가)의 풍월강산과 (나)의 경춘선에 대한 설명으로 가장 적절한 것은?

① '풍월강산'은 환상적 세계를, '경춘선'은 낭만적 세계를 의미하는 공간이다.

② '풍월강산'은 현재의 소망을 다짐하는, '경춘선'은 과거의 추억이 깃든 공간이다.

③ '풍월강산'은 과거에 대한 동경을, '경춘선'은 현재의 자긍심을 드러내는 공간이다.

④ '풍월강산'은 현재의 어려움을 비판하는, '경춘선'은 미래의 희망을 기원하는 공간이다.

⑤ '풍월강산'은 전통적인 삶의 모습을, '경춘선'은 현대적인 삶의 모습을 드러내는 공간이다.

제대로 접근법 ☆☆ 문제 채점까지 마친 후 복습할 때 보세요.

04

공간의 상징적 의미를 파악하는 유형이다. 공간의 의미는 화자 또는 인물의 심리 및 태도와 밀접하게 관련되어 있다.

(가)에서 화자는 '풍월강산'에서 '절로절로 늙으리라' 라고 말하고 있고, (나)애서 아내는 '경춘선'에서 '너무도 행복'했다고 말하고 있다. 안빈일념의 삶을 추구하는 (가)의 화자, 남편의 손길에서 진정한 사랑을 느낀 (나)의 아내에게 해당 공간이 어떤 의미일지 생각해 보자.

1차 채점

맞은 문항 수	개
틀린 문항 수	개
헷갈리는 문항 번호	

• 틀린 문항 '/' 표시

→

2차 채점

맞은 문항 수	개
틀린 문항 수	개
헷갈리는 문항 번호	

• 틀린 문항 'x' 표시

→

3차 채점

맞은 문항 수	개
틀린 문항 수	개
헷갈리는 문항 번호	

• 틀린 문항 △ 표시

[01~05] 다음 글을 읽고 물음에 답하시오.

가 한국 서정 시가는 고대로부터 현대에 이르기까지 형식적 요소와 내용적 요소가 계승되거나 새롭게 변용, 창조되면서 문학적 전통을 이어왔다. 서정 시가의 전통은 일반적으로 형식적 측면에서는 3음보, 또는 4음보의 율격을 바탕으로 한 규칙적인 음보율을 보이고 있다는 점을, 내용적 측면에서는 한(恨)의 정서, 해학과 풍자, 자연 친화, 이상향 추구 등을 담아내고 있다는 점을 들 수 있다. (나)의 〈초부가(樵夫歌)〉는 4음보를 바탕으로 산간에서 나무꾼들이 나무를 하면서 부르던 민요이고, (다)의 〈길〉은 3음보를 바탕으로 나그네의 처지를 노래한 현대시이다. (나)와 (다)는 형식적, 내용적 측면에서 한국 서정 시가의 전통을 잇고 있는 작품이라고 할 수 있다.

나

[A]
나무하러 가자 이히후후* 에헤
남 날 적에 나도 나고 나 날 적에 남도 나고
세상 인간 같지 않아 이놈 팔자 무슨 일고
지게 목발 못 면하고 어떤 사람 팔자 좋아
고대광실 높은 집에 사모*에 풍경 달고
만석록*을 누리건만 이런 팔자 어이하리

[B]
항상 지게는 못 면하고 남의 집도 못 면하고
죽자 하니 청춘이요 사자 하니 고생이라
세상사 사라진들 치마 짧은 계집 있나
다박머리 자식 있나 광 넓은 논이 있나
사래 긴 밭이 있나 버선짝도 짝이 있고
토시짝도 짝이 있고 털먹신도 짝이 있는데
쳉이* 같은 내 팔자야 자탄한들 무엇하리
한탄한들 무엇하나 청천에 ㉠저 기럭아
너도 또한 임을 잃고 임 찾아서 가는 길가

[C]
더런 놈의 팔자로다 이놈의 팔자로다
언제나 면하고 오늘도 이 짐을 안 지고 가면
어떤 놈이 밥 한 술 줄 놈이 있나
가자 이히후후

– 작자 미상, 〈초부가(樵夫歌)〉

* **이히후후** : 나무를 할 때 내뱉는 한숨 소리
* **사모** : 관복을 입을 때 쓰는 모자
* **만석록** : 만 석의 녹봉
* **쳉이** : 곡식을 까불러 쭉정이 등을 골라내는 '키'의 방언

다 어제도 하로밤

나그네 집에

가마귀 가왁가왁 울며 새웠소.

제대로 감상법 ☆ 문제 풀이까지 마친 후 복습할 때 보세요.

가 한국 서정 시가의 전통

주제
한국 서정 시가의 (❶   )적, 내용적 측면에서의 특질과 전통의 계승

중심 내용

한국 서정 시가의 전통

형식적 측면	내용적 측면
3음보, 또는 4음보의 율격을 바탕으로 한 규칙적인 음보율	한의 정서, 해학과 풍자, (❷), 이상향 추구

나 작자 미상, 〈초부가(樵夫歌)〉

제목의 의미·갈래
'초부'는 '나무꾼'을 뜻하는 말로, 이 작품은 나무꾼들이 나무를 하면서 불렀던 민요이다. 남의 집에서 머슴살이를 하면서 평생 지게를 지고 산에서 나무를 해야 하는 화자의 고통스러운 삶과 외로움이 잘 드러나 있다.

화자
화자는 '나'(나무꾼)로, 아무리 힘들게 일해도 나아지지 않는 고달픈 삶을 살고 있는 자신의 운명과 처량한 신세를 (❶   )함.

시어
• (❷   ) : 화자의 신분이 나무꾼임을 알 수 있게 하는 소재
• 버선짝, 토시짝, 털먹신 : 화자의 처지와 대조되는 소재. 화자의 서글픈 처지를 부각함.
• (❸   ) : 화자의 감정이 이입되어 있는 대상

표현
• 화자의 처지와 (❹   )되는 소재를 제시하여 주제를 강조함.
• 열거, 대조, 대구 등 다양한 표현 방법을 사용하여 효과적으로 표현함.
• 객관적 상관물을 통해 화자의 정서를 드러냄.

주제
머슴살이하는 나무꾼의 신세 한탄

오늘은

또 몇 십 리

어디로 갈까.

산으로 올라갈까

들로 갈까

오라는 곳이 없어 나는 못 가오.

말 마소, 내 집도

정주(定州) 곽산(郭山)*

차(車) 가고 배 가는 곳이라오.

여보소, 공중에

ⓛ저 기러기

공중엔 길 있어서 잘 가는가?

여보소, 공중에

저 기러기

열 십자(十字) 복판에 내가 섰소.

갈래갈래 갈린 길

길이라도

내게 바이* 갈 길은 하나 없소.

― 김소월, 〈길〉

✽ 정주(定州) 곽산(郭山): 김소월의 고향
✽ 바이: 아주 전혀

다 김소월, 〈길〉

화자

■ **화자와 시적 상황**: 화자는 '나'(나그네)로, 고향을 떠나 (❶   )을 하고 있음.

■ **화자의 정서와 태도**: 어디로 가야 할지 막막해 하며, 자기가 가야 할 길이 없어 절망함.

시어

• (❷   ): 화자의 처지와 상반된 존재로, 부러움의 대상

• (❸   ): 네거리를 뜻하는 시어. 가야 할 곳이 없는 화자의 막막한 처지를 드러냄.

표현

• 특정 대상에게 말을 건네는 방식으로 시상을 전개함.

• (❹   )의 전통적 율격을 사용함.

• 객관적 상관물을 통해 화자의 정서를 드러냄.

주제

유랑하는 삶의 비애와 정한

▶ 작가: 김소월 – 〈해설편〉 153쪽 참조

---

01 **(가)를 바탕으로 (나)와 (다)를 감상한 내용으로 적절하지 않은 것은?**

① (나)의 '세상 인간 같지 않아 이놈 팔자 무슨 일고'에서는 4음보의 전통적인 율격을 확인할 수 있군.

② (나)의 '지게 목발 못 면하고'를 통해 작품 속의 화자가 나무꾼임을 알 수 있군.

③ (나)의 '사자 하니 고생이라'에서는 고달픈 삶을 살아가는 화자의 한의 정서를 엿볼 수 있군.

④ (다)의 '어제도 하로밤 / 나그네 집에'에서는 3음보의 전통적 율격이 두 행에 걸쳐 구현되어 있음을 알 수 있군.

⑤ (나)의 '나무하러 가자'와 (다)의 '산으로 올라갈까'에서는 모두 이상향을 추구하는 화자의 태도를 엿볼 수 있군.

제대로 **접근법**

☆ 문제 채점까지 마친 후 복습할 때 보세요.

01

외적 준거에 따라 작품을 감상하는 유형이다. 준거가 〈보기〉로 주어지지 않고 지문으로 제시되었지만, 〈보기〉로 주어진 형태와 같은 방법으로 문제를 해결하면 된다.

먼저 선택지의 내용이 (가)에서 벗어나지는 않았는지 확인한다. 그리고 (나)와 (다)의 시구를 바르게 해석하고 있는지 점검한다. 아울러 (가)의 내용과 (나), (다)의 해석을 바르게 연결하고 있는지도 살핀다.

02 (나)와 (다)의 공통점으로 가장 적절한 것은?

① 말을 건네는 듯한 어투를 통해 정서를 나타내고 있다.
② 선명한 색채 대비를 통해 화자의 심리를 부각하고 있다.
③ 수미상응의 시상 전개를 통해 구성상 안정감을 주고 있다.
④ 공감각적 이미지를 활용하여 계절의 흐름을 표현하고 있다.
⑤ 반어적 표현을 활용하여 화자가 처한 상황을 강조하고 있다.

03 ㉠과 ㉡에 대한 설명으로 가장 적절한 것은?

① ㉠은 ㉡과 달리 화자에게 삶의 깨달음을 주고 있다.
② ㉠은 ㉡과 달리 화자가 부러워하는 대상에 해당한다.
③ ㉡은 ㉠과 달리 화자의 처지와 대조를 이루고 있다.
④ ㉡은 ㉠과 달리 임에 대한 화자의 그리움을 환기한다.
⑤ ㉠과 ㉡은 모두 화자의 심정을 위로해 주는 대상이다.

04 [A]~[C]에 대한 설명으로 적절하지 않은 것은?

① [A]는 빈부와 귀천의 불평등한 상황을 제시하여 현실에서 느끼는 괴로움을 토로하고 있다.
② [B]는 유사한 문장 구조를 사용하여 가난하고 외롭게 살아가는 화자의 모습을 강조하고 있다.
③ [C]는 체념적인 어조를 활용하여 고생을 면할 기약이 없는 삶을 한탄하고 있다.
④ [A]와 [C]는 고된 노동을 할 때 내뱉는 한숨 소리를 통해 화자의 심정을 표현하고 있다.
⑤ [A]~[C]는 모두 짝이 있는 물건을 열거하며 화자의 애상감을 점층적으로 표현하고 있다.

02
두 작품의 표현상의 공통점을 파악하는 유형이다. 기본적인 국어 개념은 반드시 미리 익히고 있어야 한다는 점을 명심하자.
말을 건네는 듯한 어투, 색채 대비, 수미상응, 공감각적 이미지, 반어적 표현이 두 작품 모두에 나타나는지 확인한다. 다음으로 그러한 특징으로 인한 효과가 바르게 진술되었는지도 점검해야 한다.

03
시어의 의미와 기능을 파악하는 유형이다. 작품의 전체 흐름, 화자의 정서와 태도를 이해해야 ㉠과 ㉡의 의미와 기능을 제대로 파악할 수 있다.
(나)의 화자는 임도 자식도 없는 외로운 처지이고, (다)의 화자는 고향을 잃고 떠도는 막막한 처지이다. 이러한 화자의 정서와 태도를 바탕으로 시어의 의미를 유추한다.

04
작품의 시상 전개 과정을 바르게 이해했는지 확인하는 유형이다. 맞는 진술과 틀린 진술을 비교적 쉽게 구분할 수 있어 정답률이 높은 편이었다.
화자의 상황과 정서에 대한 이해를 바탕으로 구체적 표현에 담겨 있는 의미를 해석할 수 있어야 한다. [A]~[C]에 담긴 내용, 그 의미, 의미를 드러내기 위한 표현 방법을 하나씩 확인해 보자.

05 〈보기〉를 참고하여 (다)를 감상한 내용으로 적절하지 <u>않은</u> 것은? [3점]

〈보기〉

'길'은 목적지를 향한 길일 수도 있고, 원점으로 되돌아오는 길일 수 있으며, 지향점을 상실한 채 방황하는 길일 수도 있다. 김소월의 〈길〉은 이와 같은 길의 속성을 바탕으로 일제 강점기에 삶의 터전인 고향을 상실한 우리 민족의 비애를 길과 연결된 다양한 공간을 통해 형상화하고 있다.

① '나그네 집'에 '어제도' 머물렀던 것은 목적지를 잃은 화자의 방황이 계속되고 있음을 보여 준다고 할 수 있겠군.

② '들'은 삶의 터전인 고향을 잃어 어디로도 갈 수 없는 화자의 비애와 연관 지어 이해할 수 있겠군.

③ '정주 곽산'은 지향점이지만 '오라는 곳'이 아니라는 점에서 화자의 슬픔을 심화한다고 볼 수 있겠군.

④ '열십자 복판'은 화자가 되돌아가고 싶은 원점으로서 화자의 갈등을 야기하는 공간이라고 할 수 있겠군.

⑤ '갈린 길'은 일제 강점기에 삶의 방향을 잃어버린 우리 민족의 모습을 상징적으로 보여 준다고 할 수 있겠군.

제대로 접근법

✦ 문제 채점까지 마친 후 복습할 때 보세요.

05
외적 준거에 따라 작품을 감상하는 유형이다. 작품의 내용을 해설한 〈보기〉가 있다면, 항상 〈보기〉를 먼저 읽은 다음 해당 작품을 감상하고 문제를 푸는 습관을 들이는 것이 좋다.
〈보기〉에서는 '길'의 다양한 의미와 작품의 주제 의식에 대해 설명하고 있다. 이를 참고하여 선택지의 적절성을 판단한다. 이런 문제는 보통 시어 및 시구를 잘못 해석했거나, 〈보기〉의 내용을 잘못 활용했거나, 의미 해석과 〈보기〉의 내용을 엉뚱하게 연결하는 식으로 정답이 구성된다는 점을 기억하자.

1차 채점	맞은 문항 수	개
	틀린 문항 수	개
	헷갈리는 문항 번호	

• 틀린 문항 '/' 표시

→

2차 채점	맞은 문항 수	개
	틀린 문항 수	개
	헷갈리는 문항 번호	

• 틀린 문항 '×' 표시

→

3차 채점	맞은 문항 수	개
	틀린 문항 수	개
	헷갈리는 문항 번호	

• 틀린 문항 △ 표시

[01-04] 다음 글을 읽고 물음에 답하시오.

㉮ 일조(一朝) 낭군(郎君) 이별 후에 소식조차 돈절(頓絕)*하야

자네 일정 못 오던가 무삼 일로 아니 오더냐

이 아해야 말 듣소

황혼 저문 날에 개가 짖어 못 오는가

이 아해야 말 듣소

춘수(春水)가 만사택(滿四澤)*하니 물이 깊어 못 오던가

이 아해야 말 듣소

하운(夏雲)이 다기봉(多奇峰)*하니 산이 높아 못 오던가

이 아해야 말 듣소

한 곳을 들어가니 육관대사 성진(性眞)이는 석교상(石橋上)에서 팔선녀 다리고 희롱한다

지어자 좋을시고

병풍에 그린 황계(黃鷄) 수탉이 두 나래 둥덩 치고 짜른 목을 길게 빼어 긴 목을 에후리어

사경일점(四更一點)*에 날 새라고 **꼬꾀요** 울거든 **오랴는가**

자네 어이 그리하야 아니 오던고

너란 죽어 **황하수(黃河水)** 되고 날란 죽어 **도대선(都大船)*** 되야

밤이나 낮이나 낮이나 밤이나

바람 불고 물결치는 대로 어하 둥덩실 **떠서 노자**

저 ㉠달아 보느냐

임 계신 데 명휘(明暉)를 빌리려문* 나도 보게

이 아해야 말 듣소

추월(秋月)이 양명휘(揚明暉)하니 달이 밝아 못 오던가

어데를 가고서 네 아니 오더냐

지어자 좋을시고

- 작자 미상, 〈황계사〉

* **돈절** : 편지, 소식 따위가 갑자기 끊어짐.
* **춘수가 만사택** : 봄철의 물이 사방의 못에 가득함.
* **하운이 다기봉** : 여름 구름이 많은 기이한 봉우리를 이룸.
* **사경일점** : 새벽 1시에서 3시 사이인 사경(四更)의 한 시점(時點)
* **도대선** : 큰 나룻배
* **명휘를 빌리려문** : 밝은 빛을 비춰 주렴.

㉯ 온갖 꽃들 피어나 고운 비단을 펼쳐 놓은 듯한데, 푸른 숲 사이로 다문다문 보이니 참으로 알록달록하다. 들판에는 푸른 풀이 무성이 돋아 소들이 흩어져 풀을 뜯는다. 여인들은 광주리 끼고 야들야들한 뽕잎을 따는데 부드러운 가지를 끌어당기는 손이 옥처럼 곱다. 그들이 서로 주고받는 민요는 무슨 가락의 무슨 노래일까.

가는 사람과 앉은 사람, 떠나는 사람과 돌아오는 **사람들** 모두가 **봄을 즐기느라** 온화한 표정이니 그 따뜻한 기운이 나에게도 전해지는 것 같다. 그런데 먼 사방을 바라보는 나의 마음은 왜 이토록 민망하고 답답하기만 할까.

㉮ 작자 미상, 〈황계사〉

제목의 의미·갈래

'황계'는 털빛이 누런 닭을 뜻하는데, 임에 대한 간절한 그리움을 병풍에 그린 황계 수탉에 의탁하여 표현하고 있는 가사 작품이다. 돌아오지 않는 임을 원망하며 임이 속히 돌아오기를 바라는 간절한 심정을 노래하고 있다.

화자

화자는 '나'로, 임과 이별한 후 (❶   )조차 끊긴 상황에서 오지 않는 임을 기다리고 있음.

시어

• 병풍에 그린 (❷   ): 불가능한 상황을 설정하여 임에 대한 원망을 드러내기 위해 사용된 소재

• 개, 물, (❸   ), 달: 임을 못 오게 하는 장애물

표현

• (❹   )한 상황을 설정하여 임에 대한 원망과 그리움을 강조함.

• 잘 알려진 문학 작품을 인용하여 화자의 정서를 구체화함.

• 가창을 고려하여 후렴구가 나타남.

주제

임에 대한 간절한 그리움

봄이 되어 붉게 장식한 궁궐에도 해가 길어지니, 온갖 일들로 바쁜 **천자(天子)**에게도 여유가 생긴다. 화창한 봄빛에 설레어 가끔 높은 대궐에 올라 먼 곳을 바라보노라면 장구 소리는 높이 울려 퍼지고, 발그레한 살구꽃이 일제히 꽃망울 터뜨린다. 너른 중국 땅의 아름다운 **경치**를 바라보니 기쁘고 흡족하여 옥잔에 술을 가득 부어 마신다. 부귀한 사람이 봄을 볼 때는 이러하리라.

왕족과 귀족의 자제들은 호탕한 벗들과 더불어 꽃을 찾아다니는데, 수레 뒤에는 붉은 옷 입은 기생들을 태웠다. 가는 곳마다 자리를 펼쳐 옥피리와 생황을 연주하게 하며, 곱게 짠 비단 같은 울긋불긋한 꽃을 바라보고, 취한 눈을 치켜뜨고 이리저리 거닌다. 화려하고 사치스러운 사람이 봄을 볼 때는 이러하리라.

한 어여쁜 부인이 빈 방을 지키고 있다. 천 리 멀리 떠도는 남편과 이별한 뒤 소식조차 아득해져 한스럽다. 마음은 물처럼 일렁거려, 쌍쌍이 나는 ⓒ제비를 보다가 난간에 기대어 눈물 흘린다. 슬프고 비탄에 찬 사람이 봄을 볼 때는 이러하리라.

(중략)

군인이 출정하여 멀리 고향을 떠나와 지내다가 변방에서 또 봄을 맞아 풀이 무성히 돋는 걸 볼 때나, 남쪽 지방으로 귀양 간 나그네가 어두워질 무렵 푸른 단풍나무를 보게 될 때면, 언제나 발길을 멈추고 고개를 들어 이윽히 보고 있지만 마음은 조급하고 한스러워진다. 집 떠난 나그네가 봄을 볼 때는 이러하리라.

여름날에는 찌는 듯한 더위가 고생스럽고, 가을은 쓸쓸하기만 하며, 겨울에는 꽁꽁 얼어붙어 괴롭다는 걸 나는 잘 알고 있다. 이 세 계절은 너무 한 가지에만 치우쳐서 변화의 여지도 없이 꽉 막힌 것 같다. 그러나 봄날만은 **보이는 경치와 처한 상황**에 따라, 때로는 따스하고 즐거운 마음이 들게도 하고, 때로는 슬프고 서러워지게 하기도 하고, 때로는 절로 노래가 나오게 하기도 하고, 때로는 흐느껴 울고 싶게 만들기도 한다. 사람들의 마음을 하나하나 건드려 움직이니 그 마음의 가닥은 천 갈래 만 갈래로 모두 다르다.

그런데 나 같은 이는 어떠한가. 취해서 바라보면 즐겁고, 술이 깨어 바라보면 서럽다. 곤궁한 처지에서 바라보면 구름과 안개가 가려진 것 같고, 출세하고 나서 바라보면 햇빛이 환히 비치는 것 같다. 즐거워할 일이면 즐거워하고 슬퍼할 일이면 슬퍼할 일이다. 닥쳐오는 상황을 마주하고 변화하는 조짐을 순순히 따르며 나를 **둘러싼 세상**과 더불어 움직여 가리니, 한 가지 법칙만으로 헤아릴 수는 없는 것이다.

− 이규보, 〈봄의 단상〉

---

④ 이규보, 〈봄의 단상〉

제목의 의미

'단상'은 '생각나는 대로의 단편적인 생각'을 뜻하므로, '봄의 단상'은 봄에 대해 떠오르는 생각들을 적은 글이라는 뜻이다. 상황과 처지에 따라 봄을 대하는 태도가 다르다는 인식을 바탕으로, 글쓴이 역시 상황의 변화를 따르며 유연하게 살겠다는 태도를 드러내고 있는 고전 수필이다.

체험과 느낌

- 글쓴이의 경험: 봄을 대하는 사람들의 태도에 차이가 있는 이유를 생각함.
- 글쓴이의 관점과 태도: (❶)과 처지에 따라 봄을 대하는 사람들의 태도가 달라진다는 것을 깨달음.

소재

- (❷): 한 가지에만 치우쳐 변화의 여지가 없는 다른 계절과 달리, 바라보는 사람들의 마음을 다채롭게 만드는 계절

표현

- '경험 → 생각 → (❸)'의 순으로 내용이 전개됨.
- 추측과 열거를 통해 상황에 따른 사람들의 다양한 정서를 드러냄.
- 봄과 다른 계절을 대조하여 봄의 특성을 강조함.

주제

각자의 상황과 처지에 따라 다르게 느껴지는 봄

▶ 작가: 이규보 − 〈해설편〉 156쪽 참조

---

01 **(가)와 (나)의 공통점으로 가장 적절한 것은?**

① 환상적 공간의 묘사를 통해 긴장된 분위기를 드러내고 있다.
② 부르는 말의 반복을 통해 자신의 고조된 감정을 드러내고 있다.
③ 추측을 나타내는 표현을 통해 자신의 생각을 드러내고 있다.
④ 언어유희를 통해 현실에 대한 태도를 간접적으로 드러내고 있다.
⑤ 명령형 어조를 통해 대상에 대한 생각을 강조하여 드러내고 있다.

제대로 접근법 ☆ 문제 채점까지 마친 후 복습할 때 보세요.

01
두 작품의 표현상의 공통점을 파악하는 유형이다. (가)의 화자는 임과의 재회를 갈망하고 있고, (나)의 글쓴이는 상황에 따른 태도의 차이를 말하고 있다. (가)와 (나)에서 그 생각을 어떤 방법으로 드러내고 있는지 생각해 보자.

그런 다음 환상적 공간의 묘사, 부르는 말의 반복, 추측을 나타내는 표현, 언어유희, 명령형 어조가 두 작품 모두에 나타나는지 확인한다.

02 ⑦과 ⓒ에 대한 설명으로 가장 적절한 것은?

① ⑦은 화자의 소망을 드러내는, ⓒ은 인물의 처지를 부각하는 소재이다.
② ⑦은 화자의 처지와 동일시되는, ⓒ은 인물의 상황과 대비되는 소재이다.
③ ⑦은 화자의 행동을 유도하는, ⓒ은 인물의 외적 갈등을 해소하는 소재이다.
④ ⑦은 화자와 대상을 연결해 주는, ⓒ은 인물과 대상을 단절시키는 소재이다.
⑤ ⑦은 화자의 부정적 인식을 내포하는, ⓒ은 긍정적 인식을 투영하는 소재이다.

03 〈보기〉를 바탕으로 (가)를 감상한 내용으로 적절하지 않은 것은? [3점]

〈보기〉

〈황계사〉는 임과 이별한 상황에서 화자가 느끼는 답답함과 그리움을 형상화한 작품이다. 화자는 임과의 재회가 늦어지는 이유를 외부적 요인에서 찾으려 하거나, 불가능한 상황을 가정함으로써 임이 돌아오지 않는 것에 대한 원망을 드러내고 있다. 그런데 이런 원망에는 이별의 상황에서 벗어나 임과 재회하기를 간절하게 바라는 화자의 마음이 담겨 있다.

① '이별 후'에 '소식조차 돈절'한 것에서, 화자가 임과 이별한 상황임을 알 수 있군.
② '무삼 일로 아니 오더냐'라고 하는 것에서, 임과 이별한 상황에서 느끼는 화자의 답답한 심정을 알 수 있군.
③ '물'이 깊고 '산'이 높다는 것에서, 화자가 임과 이별하게 된 이유를 외부적 요인에서 찾고 있음을 알 수 있군.
④ '병풍에 그린 황계'가 '꼬꾀요 울거든 오라는가'라고 하는 것에서, 불가능한 상황을 가정하여 임이 돌아오지 않는 것에 대한 원망을 드러내고 있음을 알 수 있군.
⑤ '황화수'와 '도대선'이 되어 '떠서 노자'라고 한 것에서, 화자가 재회를 간절히 바라고 있음을 알 수 있군.

04 〈보기〉는 (나)의 내용을 구조화한 것이다. 이에 대한 이해로 적절하지 않은 것은?

〈보기〉

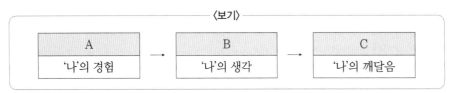

① A에서 자신과 달리 '봄을 즐기느라 온화한 표정'인 '사람들'을 바라본 경험은 B가 시작되는 계기가 된다고 볼 수 있군.
② B에서 '천자'가 봄의 '경치'를 바라보는 모습을 통해 봄을 대하는 부귀한 사람의 태도를 생각하고 있군.
③ B에서 '왕족과 귀족의 자제들'과 '나그네'가 봄을 대하는 입장은 서로 대비되는군.
④ B의 생각들은, 봄을 '보이는 경치와 처한 상황'에 따라 다르게 받아들일 수 있다는 C의 깨달음으로 이어지는군.
⑤ A의 경험으로부터 이어진 C의 깨달음은 자신을 '둘러싼 세상'을 변화시키고자 하는 의지로 확장되는군.

제대로 접근법 ☆☆ 문제 채점까지 마친 후 복습할 때 보세요.

02
소재의 의미와 기능을 파악하는 유형이다. 내용 전개의 흐름을 이해하고, 화자 또는 인물이 어떤 상황에 처해 있는지 검토해 본다.
(가)에서 화자는 임과 이별해 있는 상황에서 '달'에게 임 계신 데 밝은 빛을 비춰 주라고 말하고 있고, (나)에서 남편과 이별한 부인은 쌍쌍이 나는 '제비'를 보다가 눈물을 흘리고 있다.

03
외적 준거에 따라 작품을 감상하는 유형으로, 정답률이 무척 낮았다. 〈보기〉에 제시되어 있는 화자의 상황과 정서를 바탕으로 선택지의 적절성을 판단해야 한다.

〈보기〉 분석
• 작품의 주제 의식: 임과 이별한 상황에서 화자가 느끼는 답답함과 그리움을 형상화
• 화자의 정서와 태도: ① 임과의 재회가 늦어지는 이유를 외부적 요인에서 찾음. ② 불가능한 상황을 가정하여 임에 대한 원망을 드러냄. ③ 임과의 재회를 간절하게 바람.

작품의 내용을 잘못 해석한 것, 또는 〈보기〉의 내용을 잘못 적용한 것을 찾아보자.

04
내용 전개에 따른 글쓴이의 관점과 태도를 파악하는 유형이다. 수필 갈래에서 빈번하게 출제되는 유형이므로, 문제 해결 방법을 잘 익혀 놓아야 한다.
먼저 중심 소재가 무엇인지 찾고, 글쓴이가 그 중심 소재를 어떻게 바라보고 있는지 확인해야 한다. 〈보기〉에 제시되어 있는 구조에 따라 지문을 구분한 다음, 각 단계에서 중심 소재에 대한 글쓴이의 인식과 태도가 어떻게 달라지고 있는지 살펴보자.

1차 채점	맞은 문항 수	개
	틀린 문항 수	개
	헷갈리는 문항 번호	

• 틀린 문항 '/' 표시

2차 채점	맞은 문항 수	개
	틀린 문항 수	개
	헷갈리는 문항 번호	

• 틀린 문항 'X' 표시

3차 채점	맞은 문항 수	개
	틀린 문항 수	개
	헷갈리는 문항 번호	

• 틀린 문항 △ 표시

처음 받았문

현대소설 01 투명 인간

▶ 문제편 20~23쪽

정답 | 01 ⑤   02 ②   03 ⑤   04 ②

[01~04] 다음 글을 읽고 물음에 답하시오.   2022 9월 고1 전국연합

제대로 작품 분석 ▶ 〈보기〉에서 적절한 것을 골라 넣으며 작품을 분석해 보자.

[장면 1] (처음 ~ 처음 봤을 때부터 좋아하고 있었다)

소주제: 이상한 소문으로 괴롭힘을 당하는 진주에게 만수가 분식집에서 일할 것을 제안함.

▪ 만수: 주인공

▪ 명절 앞두고 ~ 순서대로 나눠 줬다: 만수의 선량한 성품이 드러남.

▪ 만수 씨는 노총각에 ~ 하늘을 찌를 듯했다: 만수의 평판

▪ 만수 씨와 내가 전부터 ~ 피를 빨아먹고 있다는 것이었다: 만수와 진주에 대한 이상한 소문의 내용

▪ 내: 진주 - 서술자 1

▪ 어처구니없는: 일이 너무 뜻밖이어서 기가 막히는 듯한

▪ 건드리면 더 ~ 아무 말을 하지 않았다: 소문에 대한 진주의 대응 - 대응하면 소문이 더 커질 것 같아서 반응하지 않음.

▪ 내 칫솔에 새똥이 ~ 들어 있기도 했다: 소문 때문에 심한 괴롭힘을 당하는 진주

▪ 도저히 견딜 수가 없어 만수 씨를 찾아갔다: 진주가 소문의 다른 당사자인 만수를 찾아가 하소연함.

▪ 좀 잠잠해질 때까지 ~ 거기를 좀 도와주세요: 1

▪ 오래도록 생각했지만 다른 도리가 없었다: 진주가 만수의 제안을 받아들임.

[장면 2] (오빠가 그 여자를 데리고 와서 ~ 중략 이전)

소주제: 만수가 진주를 데려와 함께 식당을 해 보자고 하자 여동생이 못마땅해함.

▪ 오빠가 그 여자를 ~ 말도 안 되는 소리였다: 2

▪ 오빠: 만수

▪ 그 여자: 진주

▪ 억장이 무너지는: 극심한 슬픔이나 절망 따위로 몹시 가슴이 아프고 괴로운

▪ 내: 만수의 여동생 - 서술자 2

▪ 원망스러웠고 그다지 고맙지도 않았다: 만수의 제안에 대한 여동생의 반응

[장면 3] (중략 이후 ~ 끝)

소주제: 여동생의 남편이 식당의 운영과 수익금 배분 문제로 만수에게 불만을 토로함.

▪ 형님, 처남: 만수

▪ 착하다는 건 인정한다. 성실하기도 했다: 만수에 대한 평가

▪ 제 편, 제 식구에게 ~ 용납할 수 없었다: 만수의 생각에 동의하지 않음.

▪ 나: 만수 여동생의 남편 - 서술자 3

▪ 나는 이렇게 가난하지만 ~ 된다고 생각하네: 3

▪ 그런 건 내 알 바가 아니었다: 만수의 이상적 태도에 대한 반응

▪ 나부터 살길을 찾아야 했다: 만수 여동생의 남편 - 현실을 중시함.

▪ 우리는 희망이 ~ 싸우는 거야: 만수가 투쟁을 하는 이유

▪ 수민이 엄마: 만수의 여동생

▪ 누구는 자기 하고 싶은 대로 ~ 꼬박 일하고 있는데: 투쟁을 하느라 식당 일을 자주 빠지는 진주에 대한 불만

▪ 형님이 돈이나 많이 주는 것도 아니고: 수익금 배분에 대한 불만

▪ 우리 공장에서 ~ 다 썼지: 돈의 사용처 - 투쟁하는 사람들을 위해 써 버림.

▪ 어처구니가 없었다: 식당 수익금을 다른 사람들을 위해 쓴 것에 어이없어함.

– 성석제, 〈투명 인간〉

❖ **제대로 작품 분석의 〈보기〉**

ⓐ 만수가 가진 삶의 태도
ⓑ 만수의 제안 – 구내식당을 떠나 다른 일을 할 것을 제안함.
ⓒ 만수가 분식집에 진주를 데려온 것에 대한 여동생의 반응 – 부정적

❖ **제목의 의미**

주인공 만수는 외모나 능력이 뛰어나지 않아 존재감이 약한 인물이지만, 가족과 동료를 위해 자신을 희생하는 삶을 산다. 어려운 환경 속에서도 노력하며 자신보다 남을 위해 살았으나 그에 대한 보상을 받지 못한 그는 결국 투명 인간이 되고 만다. 제목 '투명 인간'은 보이지 않는 존재, 있어도 없는 것 같은 존재로 현대 사회의 삶 속에서 자신을 소진하고 결국 소외되어 버린 존재로 볼 수 있다.

❖ **작가 소개**

성석제(成碩濟, 1960~): 소설가. 해학과 풍자, 과장과 익살을 통해 인간사의 여러 모습을 그리면서 독창적인 문체를 보여 주는 소설들을 썼다. 대표작으로 〈그곳에는 어처구니들이 산다〉, 〈황만근은 이렇게 말했다〉, 〈조동관 약전〉, 〈내 생애 가장 큰 축복〉 등이 있다.

❖ **전체 줄거리**

만수의 조부는 일제 강점기 때 독립운동을 하다 일제를 피해 산골 화전민 마을에 숨어 살게 되고, 이곳에서 만수의 부모는 육 남매를 낳고 농사를 지으며 산다. 대학에 다니던 만수의 큰형 백수는 베트남 전쟁에 참전했다가 죽고, 남매들은 살길을 찾아 서울로 온다. 첫째 누나 금희는 구로 공단에 취직하기 위해 가출하고, 둘째 누나 명희는 셋방에서 연탄가스 중독으로 장애를 얻는다. 이후 만수는 생계를 책임지며 두 동생 석수, 옥희를 대학까지 뒷바라지하는데, 석수는 가족과 연을 끊고 사라지고 옥희는 결혼한 뒤 만수의 도움으로 식당을 차린다. IMF로 인해 만수가 다니던 회사가 부도가 나자, 만수는 회사를 지키기 위해 동료들과 함께 투쟁한다. 그러던 중 만수는 불법 투쟁을 했다는 이유로 손해 배상 소송을 당해 큰 빚을 지게 되고, 새벽부터 밤늦게까지 쉬지 않고 돈을 벌어 빚을 갚으며 지내다 '투명 인간'이 된다.

❖ **핵심 정리**

• 갈래: 장편 소설, 세태 소설
• 성격: 관찰적, 삽화적, 풍자적
• 배경: 일제 강점기 ~ 2000년대 초
• 시점: 다중 1인칭 주인공 시점과 1인칭 관찰자 시점의 혼용
• 주제: 선량한 주인공의 우직하고 희생적인 삶과 비극적 결말
• 특징: ① 주인공의 주변 인물들이 서술자 '나'로 등장하여 주인공의 모습을 입체적으로 드러냄. ② 주인공의 삶의 모습을 과거부터 현재까지 여러 일화들을 통해 드러냄.

제대로 감상법 모범 답안

성석제, 〈투명 인간〉

❶ 여동생 ❷ 기사 식당 ❸ 돈 ❹ 주인공

❖ **제대로 작품 분석**

1 ⓑ 2 ⓒ 3 ⓐ

01

윗글의 내용에 대한 이해로 적절하지 <u>않은</u> 것은?

☀ 정답인 이유

⑤ 만수의 여동생은 불성실함 때문에 진주에 대한 생각이 부정적으로 바뀌게 되었다. × → 처음부터 일관되게 부정적이었음.

⋯ 만수의 여동생은 진주에게 주방을 맡기라는 만수의 말에 대해 '억장이 무너지는 것 같았다', '말도 안 되는 소리'라고 하며, 진주와 함께 일하는 것을 부정적으로 여기고 있다. 이후 새로 차린 기사 식당에서도 만수의 여동생은 진주와 함께 일하면서 '저 아줌마하고 앞으로 어쩔 거냐', '계속 이렇게 살 수는 없다'와 같은 반응을 보이고 있다. 즉 만수의 여동생은 처음 진주를 만났을 때부터 진주에 대한 생각이 부정적이었고 그것이 지속되었으므로, 불성실함 때문에 진주에 대한 생각이 부정적으로 바뀌게 되었다는 것은 적절하지 않다.

☂ 오답인 이유

① 진주가 느끼는 만수에 대한 호감은 첫 만남에서부터 시작되었다.

⋯ 진주가 '만수 씨를 처음 봤을 때부터 좋아하고 있었다.'라고 한 것을 통해 알 수 있다.

② 만수의 노력에도 진주에 대한 공장 사람들의 오해는 풀리지 않았다.

⋯ 공장 안에 진주와 만수에 대한 잘못된 소문이 퍼지자 진주는 공장 사람들의 오해 속에 괴롭힘을 당하였다. 이에 만수가 '제가 아무리 아니라고 해도 사람들이 의심을 더 하니까 어쩔 수가 없네요.'라고 한 것을 통해 만수가 소문이 사실이 아님을 밝히려고 노력했으나, 공장 사람들의 오해는 풀리지 않았음을 알 수 있다.

③ 만수는 공장이 다시 돌아갈 것이라는 기대를 품고 투쟁을 계속하였다.

⋯ 무엇 때문에 투쟁하느냐는 여동생 남편의 질문에 만수가 공장을 지키기 위해서 싸우다 보면 사장님이 투자자를 데리고 돌아와 빚도 갚고 공장이 다시 돌아갈 것이라는 희망 때문에 싸운다고 대답한 것을 통해 알 수 있다.

④ 만수 여동생의 남편은 식당 운영에 따른 수익금 배분의 불공평함을 문제 삼았다.

⋯ '누구는 자기 하고 싶은 대로 멋대로 일했다 말았다 하고 월급은 사장보다 더 챙겨 가고 누구는 하루 스물네 시간 꼬박 일하고 있는데', '형님이 돈이나 많이 주는 것도 아니고' 등을 통해, 만수 여동생의 남편은 식당의 수익금 배분이 불공평하다고 생각하고 있으며, 이를 문제 삼고 있음을 알 수 있다.

02

㉠~㉤에 대한 설명으로 가장 적절한 것은?

☀ 정답인 이유

② ㉡: 질투와 괴롭힘으로 인한 '나'의 고통이 한계점에 이르렀음을 보여 준다.

⋯ '여자들 모두가 나를 질투하고 미워하게 되었다.', '내 칫솔에 새 똥이 묻어 있기도 하고 면도날이 내가 조리를 담당한 냄비 속에 들어 있기도 했다.'에서 '나'(진주)는 이상한 소문으로 인해 공장 사람들에게 심한 괴롭힘을 당했음을 알 수 있다. 이에 '나'는 '지옥이 따로 없'다고 느끼고 결국 '도저히 견딜 수가 없'다고 생각해 만수를 찾

아갔다고 했으므로, ㉡은 질투와 괴롭힘으로 인한 고통이 한계점에 이르렀음을 보여 준다고 할 수 있다.

☂ 오답인 이유

① ㉠: 주변 상황에 신경 쓰지 않는 '나'의 무던함*을 보여 준다. ×

⋯ '나'(진주)는 여자들 사이에 '이상한 소문'이 나자 '너무한다 싶'었지만, '건드리면 더 커질 것 같아서' 아예 아무 말도 하지 않은 것이다. 즉 상황이 더 나빠질 것을 우려하여 가만히 있었던 것이지 주변 상황에 신경 쓰지 않는 무던함 때문에 아무 말도 하지 않은 것은 아니다.

> * 무던하다: 성질이 너그럽고 수더분하다. ⑩ 워낙 김 서방이 무던하고 순박하여 딸네 집에 얹혀사는 것이 편안했다.

③ ㉢: 상대가 제시한 대안이 '나'가 내심 바라고 있었던 내용임을 드러낸다. × → 다른 대안이 없다고 여기고 있음.

⋯ 만수는 이상한 소문 때문에 괴롭힘을 당하는 진주에게 '좀 잠잠해질 때까지 다른 데 가 계시면 어떨까요.'라며 자신의 여동생의 분식집에서 일하는 것을 대안으로 제시했다. 이에 진주는 오래도록 생각한 끝에 '다른 도리', 즉 다른 해결 방법이 없다고 생각했을 뿐 만수가 제시한 대안을 내심 바라고 있었던 것은 아니다.

④ ㉣: 이상적인 삶의 방식만을 고집하는 상대에 대해 빈정거리는* '나'의 태도 ×를 드러낸다.

⋯ '가난하지만 소박하게, 보통 사람 나름의 행복을 누리면서 살아가면 된다'는 민수의 말에 '나'(여동생의 남편)가 '그런 건 내 알 바가 아니었다.'라고 한 것은, '나부터 살길을 찾아야' 한다는 현실적인 생각에서 비롯된 것일 뿐 빈정거리는 의도를 담은 것이 아니다.

> * 빈정거리다: 남을 은근히 비웃는 태도로 자꾸 놀리다. ⑩ 내 성적이 떨어진 것을 보고 빈정거리는 형의 태도에 기분이 상했다.

⑤ ㉤: 공장에서 투쟁하는 사람들에 대한 '나'의 안타까운 심정을 드러낸다. × → 드러나지 않음.

⋯ '나'(여동생의 남편)는 만수가 기사 식당의 수익금을 '우리 공장에서 같이 투쟁하는 식구들 먹고 자고' 하는 일 등에 다 썼다고 하자 어처구니없음을 느끼고 있다. '어처구니없다'는 '일이 너무 뜻밖이어서 기가 막히는 듯하다.'라는 의미로, '나'는 만수가 가족들이 힘들게 번 돈을 가족이 아닌 공장에서 같이 투쟁하는 사람들을 위해 사용했다는 것에 어이없어하는 것이지 공장에서 투쟁하는 사람들에 대해 안타까움을 느끼고 있는 것은 아니다.

03

ⓐ~ⓒ를 이해한 내용으로 가장 적절한 것은?

☀ 정답인 이유

⑤ ⓑ, ⓒ와 관련된 갈등은 특정 인물이 타인을 대하는 태도가 원인으로 작용한다.

⋯ 만수는 회사에서 괴롭힘을 당하는 진주에게 자신의 여동생의 분식집(ⓑ)에서 일할 것을 제안하였다. 그리고 만수는 여동생에게 분식집 주방을 진주한테 맡기라고 이야기하는데, 이를 달가워하지 않는 만수의 여동생과 만수가 갈등을 겪게 되었다. 이후 기사 식당(ⓒ)에서 일하게 된 진주는 만수와 투쟁 현장에 다니느라 식당 일에 자주 빠졌고, 이에 불만을 드러내는 여동생의 남편과 진주를 옹호하는 만수가 갈등을 겪게 되었다. 따라서 분식집과 관련된 만수와 만

수 여동생의 갈등, 기사 식당과 관련된 만수와 여동생 남편의 갈등
은 모두 진주에게 선의를 베푸는 만수의 태도가 원인으로 작용했음
을 알 수 있다.

☂ **오답인 이유**

③ 매력적인 오답 ⓑ에서의 인물과 사회와의 갈등이 ⓒ에서 인물 간의 갈등으
로 전환된다.
     ×→ 인물과 인물 간의 갈등

⋯ 분식집(ⓑ)에서는 진주를 데려와 주방을 맡기라고 한 만수와 이
를 못마땅하게 여기는 만수 여동생 사이의 갈등이 나타날 뿐, 인물
과 사회와의 갈등은 나타나 있지 않다. 기사 식당(ⓒ)에서는 식당 운
영과 수익금 배분에 불만을 품은 여동생 남편과 만수 사이의 갈등이
나타나 있다.

① ⓐ에서 조성된 인물 간의 긴장감은 ⓑ에서 심화된다.
                          ×→ 또 다른 갈등임.
⋯ 구내식당(ⓐ)에서 이상한 소문 때문에 여자들이 진주를 질투하고
괴롭히면서 인물 간의 긴장감이 조성되었다. 만수는 이를 해결하기
위해 진주에게 여동생의 분식집(ⓑ)에서 일할 것을 제안하였으므로,
구내식당(ⓐ)에서 형성된 긴장감이 분식집(ⓑ)으로 이어져 심화된다
고 볼 수 없다.

② ⓐ로 인한 인물 간 유대감은 ⓒ에서 반감*된다.
                     ×→ 함께 투쟁에 참여하여 유대감이 형성됨.
⋯ 구내식당(ⓐ)에서 진주가 만수와 얽힌 이상한 소문으로 여자들의
질투를 사며 심한 괴롭힘을 당하자, 만수는 진주를 돕고자 하였다.
이후 진주는 기사 식당(ⓒ)에서 일하며 만수와 함께 공장을 되살리
려는 투쟁에 참여하였으므로, 만수와 진주 사이의 유대감이 ⓒ에서
반감되었다고 볼 수 없다.

┌───┐
│ * 반감(半減): 절반으로 줆. 또는 절반으로 줄임. 예 영화의 결말을 알게 │
│   되자 보고 싶은 마음이 반감되었다.   │
└───┘

④ ⓐ, ⓒ에서는 특정 인물이 갈등 해결의 실마리를 제공한다.
                    ×→ 갈등 해결의 실마리가 나타나지 않음.
⋯ 구내식당(ⓐ)에서 진주가 만수와 얽힌 이상한 소문으로 여자들의
질투를 사며 심한 괴롭힘을 당하자, 만수는 진주에게 소문이 잠잠
해질 때까지 다른 곳에 가 있는 것이 좋겠다며 자신의 여동생이 하
는 분식집에서 일할 것을 제안하였다. 따라서 ⓐ에서 벌어진 갈등과
관련하여 만수가 갈등 해결의 실마리를 제공했다고 볼 수 있다. 기
사 식당(ⓒ)에서는 식당 운영과 수익금 배분에 불만을 품은 여동생
남편과 만수 사이의 갈등이 나타나는데, 이에 대한 해결의 실마리를
제공하는 인물이 나타나 있지 않다.

04
정답률 64% | 매력적인 오답 ⑤ 15%

〈보기〉를 참고하여 윗글을 감상한 내용으로 적절하지 않은 것은? [3점]

┌─────────────────────────〈보기〉─────────────────────────┐
│   〈투명 인간〉은 선량한 주인공이 근현대사를 관통하면서 물질 만능의   │
│   〈투명 인간〉의 주제 의식   │
│ 한국 사회로부터 어떻게 소외되어 가는지를 그린 장편 소설이다. 특히   │
│ 주인공은 가족과 동료를 위해 자신의 것을 나누며 희생하다 결국 '투명   │
│   주인공 만수의 인간성   │
│ 인간'이 된다. '투명 인간'이 된 주인공 대신 주변인들이 서술자로 등장   │
│   주변인이 '나'로 등장해 만수의 이야기를 전달함. │
│ 하면서 주인공에 관한 이야기를 풀어낸다. 이런 서술 방식은 주인공에   │
│ 관한 다양한 정보를 제공하고 이 정보들을 통해 주인공의 삶을 다각도   │
│ 서술 방식의 효과   │
│ 에서 조명한다. 이를 통해 주인공을 입체적으로 드러낸다.   │
└───┘

☀ **정답인 이유**

② [B]의 '적금 통장'을 통해 물질 만능의 한국 사회로부터 주인공이 소외당하
고 있는 현실을 확인할 수 있겠군.
        ×→ 적금 통장과 관련 없음.
⋯ [B]의 '적금 통장'은 만수가 그동안 자신의 월급을 모은 돈이 담
겨 있는 것으로, 만수는 이것을 여동생에게 건네며 분식집을 '제대로
된 식당'으로 키우자고 이야기하고 있다. 이는 분식집을 하는 여동생
과, 여동생의 음식점에서 일하게 될 진주를 돕기 위한 것이므로, 이
를 통해 만수가 가족과 동료를 위해 자신이 가진 것을 나누며 희생
하는 인물임을 알 수 있다. 하지만 '적금 통장'으로 물질 만능의 한국
사회로부터 주인공이 소외당하고 있는 현실을 확인할 수 있다는 것
은 적절하지 않다.

☂ **오답인 이유**

⑤ 매력적인 오답 [B], [C]에서 주변인들이 제공한 정보를 통해 주인공의 삶을
다각도에서 조명하고 있음을 확인할 수 있겠군.

⋯ [B]의 서술자 '나'는 만수의 여동생으로, 만수가 진주를 데려와 분
식집 일을 시키라고 한 일과 적금 통장을 주며 제대로 된 식당을 차
리자고 한 일을 전달하고 있다. [C]의 서술자 '나'는 만수 여동생의
남편으로, 만수가 착하고 성실한 인물이라는 시각을 보여 주는 한편
가족이 아닌 남을 위해 희생하는 만수에 대한 불만을 드러내고 있
다. 즉 [B], [C]에서는 만수의 주변인인 여동생과 만수 여동생의 남
편이 제공한 정보를 통해 만수의 삶을 다각도로 조명하고 있다.

① [A]의 '상품권'을 동료들에게 나눠 주는 모습을 통해 주인공의 선량한* 성품
을 확인할 수 있겠군.
⋯ [A]에서 만수는 업자들한테서 들어오는 상품권을 사양하다 못해
받아서는 자신이 가지지 않고 주변을 살펴 구두 많이 닳은 사람부터
순서대로 나눠 주고 있음이 드러나는데, 이를 통해 만수가 선량한
인물임을 알 수 있다.

┌───┐
│ * 선량(善良)하다: 성품이 착하고 어질다. 예 그녀는 주변 사람들이 말하 │
│   기를 법 없이 살 수 있을 정도로 선량한 사람이라고 했다.   │
└───┘

③ [D]의 '돈'의 사용처를 통해 주변인들을 위해 자신의 것을 나누며 희생하는
주인공의 면모를 확인할 수 있겠군.
⋯ [D]에서 만수는 식당 운영으로 생긴 돈을 자신을 위해 쓴 것이 아
니라 공장에서 같이 투쟁하는 식구들을 위해 다 썼다고 했는데, 이
를 통해 주변인들을 위해 자신의 것을 나누며 희생하는 만수의 면모
를 확인할 수 있다.

④ [A], [B]에서 주인공을 지칭하는* 표현을 통해 주변인들이 서술자로 등장하
고 있음을 확인할 수 있겠군.
⋯ [A]의 서술자 '나'(진주)는 주인공을 '만수 씨'로 지칭하고 있고,
[B]의 서술자 '나'(만수의 여동생)는 주인공을 '오빠'로 지칭하고 있
다. 이를 통해 주인공 만수의 주변인들이 서술자로 등장하고 있음을
확인할 수 있다.

┌───┐
│ * 지칭(指稱)하다: 어떤 대상을 가리켜 이르다. 예 자기 나라를 지칭할 때 │
│   에는 겸양의 표현을 쓰지 않는다.   │
└───┘

현대 소설 02 도도한 생활

▶ 문제편 24~26쪽

정답 | 01 ⑤   02 ③   03 ②   04 ④

[01~04] 다음 글을 읽고 물음에 답하시오.

2021 3월 고1 전국연합

제대로 작품 분석   ▶〈보기〉에서 적절한 것을 골라 넣으며 작품을 분석해 보자.

[장면 1] (처음 ~ 가능했던 일인지도 모른다)

소주제: 엄마가 '나'에게 피아노를 가르친 이유

- 만두 집: 우리 가족의 생계 유지 수단
- 피아노: ¹
- 다만 그때 엄마는 ~ 따라가고 있었으리라: 엄마가 자신에게 피아노를 가르친 이유에 대한 추측
- 놀이 공원에 가고, 엑스포에 가는 것: 보통의 기준을 따르는 것의 예
- 나: 이 글의 서술자이자 주인공 – 1인칭 주인공 시점
- 평범한 유년의 프로그램 중 하나: 엄마가 자녀에게 마련해 주고 싶었던 환경의 일부
- 엄마의 피로한 얼굴: 자식들에게 보통의 기준을 충족시켜 주기 위한 엄마의 노력
- 신을 벗고 짧은 잠을 ~ 고요했던가 그렇지 않았던가: ²
- 엄마는 베토벤같이 ~ 만두를 빚었다: 피아노가 상징하는 삶에 가까워지기 위한 엄마의 수고
- 마침 동네에 음악 학원이 ~ 가능했던 일인지도 모른다: 성년이 된 시점에서 유년 시절에 있었던 일의 의미를 추측하여 서술함.

[장면 2] (엄마는 내게 피아노를 사 줬다 ~ 중략 이전)

소주제: 집에 어울리지 않는 피아노를 사 준 엄마

- 세탁기도 냉장고도 아닌 ~ 세련돼진 것 같았다: 유년 시절의 피아노에 대한 '나'의 느낌
- 원목 위에 양각된 ~ 건반 위에 깔린 레드 카펫: ³
- 만두 가게: 피아노가 놓이기에는 어울리지 않는 공간
- 낮에는 방에 손님을 ~ 자는 식으로 말이다: 생계와 주거를 한 건물 안에서 해결하고 있는 상황을 부연 설명함.
- 찜통에선 수증기가 푹푹 ~ 만두를 찌고 있는 공간: ⁴
- 쉽고 아름답지만 촌스러워서 ~ 소리쳤을 그런 연주: 어설프고 형편없는 '나'의 연주

[장면 3] (중략 이후 ~ 끝)

소주제: 피아노를 가지고 언니의 반지하방으로 이사하는 '나'

- 반지하: 피아노를 들여놓기 적절하지 않은 공간
- 그것은 몰락한 러시아 ~ 담담하게 서 있었다: ⁵
- 1980년대 산(産) 피아노가 ~ 하늘 위로 비상했다: 피아노를 옮기기 위해 들어올리는 모습을 참신하게 표현함.
- 집 앞에서 벌어진 ~ 아연한 표정으로: 반지하방에 피아노를 들여놓고 있어서
- 세탁기도, 냉장고도 아닌 ~ 민망해지는 기분이었다: 반지하방에 피아노를 들여놓는 민망함 – 유년 시절의 세련돼지는 기분과 대비
- 나는 내가 오랫동안 ~ 있던 것이라는 걸 깨달았다: 엄마가 마련해 준 환경이 그리 견고하지 못한 것이었음을 깨닫는 계기
- 내가 처음 도착한 ~ 소리에 얼굴이 붉어졌다: ⁶
- 언니와, 나와, 피아노와, 외삼촌과, 다시 피아노를 번갈아 쳐다봤다: 쉼표를 빈번하게 사용하여 집주인의 불편한 심리를 부각함.
- 관리비를 더 내고 ~ 치지 않겠다는 조건: 반지하방에 피아노를 들여놓는 조건
- 치지도 않을 피아노를 왜 갖고 있느냐: 피아노에 대한 집착을 이해하지 못함.

– 김애란, 〈도도한 생활〉

❖ **제대로 작품 분석의 〈보기〉**

ㄱ 도도한 생활을 상징하는 소재
ㄴ 엄마의 피곤한 모습을 피아노 음계에 비유함.
ㄷ 외양 묘사를 통해 피아노에서 받은 인상을 서술함.
ㄹ 반지하방에 피아노를 들여놓는 것에 대한 부끄러움
ㅁ 만두 가게의 모습 – 피아노를 연주하기에 어울리지 않는 공간
ㅂ 어울리지 않는 곳에 놓이게 된 피아노를 바라보는 '나'의 안타까운 마음

❖ **제목의 의미**

'도도한 생활'은 피아노 음계 '도'의 반복되는 소리와 피아노를 자유롭게 연주하며 살아가는 도도한 생활을 이중적으로 의미한다. 반지하의 좁은 방에, 쳐서는 안 되는 피아노를 들여놓은 '나'는 폭우로 방이 빗물에 잠기고 있는 상황에서 피아노를 연주한다. 이는 '나'의 도도한 생활, 즉 인간으로서의 자존감을 지키려는 태도로 볼 수 있다. 이 작품은 2000년대를 살아가는 20대들의 고단한 삶을 형상화한 단편 소설이다.

❖ **작가 소개**

김애란(金愛爛, 1980~): 소설가. 2002년 단편 〈노크하지 않는 집〉으로 제1회 대산대학문학상을 수상하고, 2003년 같은 작품으로 〈창작과비평〉을 통해 작품 활동을 시작했다. 주요 작품으로 〈달려라, 아비〉, 〈침이 고인다〉, 〈두근두근 내 인생〉 등이 있다. 이상문학상, 동인문학상, 오늘의 젊은 예술가상 등을 수상했다.

❖ **전체 줄거리**

초등학교 시절 '나'가 피아노를 배우자, 특별히 음악적 재능이 있는 것이 아닌데도 어머니가 집에 어울리지 않는 피아노를 사 준다. 아버지의 빚보증 때문에 집안이 망하고, 서울권 대학에 합격한 '나'는 언니가 있는 서울로 온다. 어머니의 요구로 피아노를 가지고 온 '나'는 언니의 반지하방에서 타이핑 아르바이트를 하며 지낸다. 피아노는 습기와 곰팡이로 점점 망가져 간다. 어느 날 폭우로 방에 빗물이 들어오는데, 아버지는 돈이 필요하다고 전화하고 언니의 옛 애인은 술에 취해 찾아온다. 무릎까지 빗물이 차오르는 상황에서, '나'는 피아노를 치지 말라는 집주인의 말을 어기고 피아노를 연주하며 나의 '도도한 생활'을 지키려고 한다.

❖ **핵심 정리**

- 갈래: 단편 소설
- 성격: 감각적, 상징적
- 배경: 시간 – 1980년대 말 ~ 2000년대 초
         공간 – 시골(작은 읍 마을), 서울 변두리
- 시점: 1인칭 주인공 시점
- 주제: 20대 젊은이의 고단한 삶
- 특징: ① 상징적 소재를 활용하여 인물의 심리와 처한 상황을 부각함. ② 개인의 일상적인 삶을 그리며 그에 내재된 사회의 문제를 표현함. ③ 참신하고 감각적인 표현을 사용함.

제대로 감상법 모범 답안

김애란, 〈도도한 생활〉

❶ 엄마 ❷ 피아노 ❸ 사회

❖ **제대로 작품 분석**

1 ㄱ 2 ㄴ 3 ㄷ 4 ㅁ 5 ㅂ 6 ㄹ

01

정답률 85%

윗글의 서술상 특징으로 가장 적절한 것은?

☀ **정답인 이유**

⑤ 이야기 내부의 서술자가 인물의 행위를 묘사하며 자신의 내면을 드러내고 있다.
○ → '나'가 엄마, 언니, 외삼촌, 주인 남자 등의 행위를 묘사함.

⋯⋯ 이 글에서 이야기 내부의 서술자인 '나'는 엄마, 언니, 외삼촌, 주인 남자 등 여러 인물의 행위를 묘사하며 자신의 생각과 심리를 드러내고 있다.

🌂 **오답인 이유**

① 동일한 사건을 여러 인물의 관점에서 다양하게 서술하고 있다.
⋯⋯ 동일한 사건을 여러 인물의 관점에서 서술한 것이 아니라, 어릴 적 엄마가 사 준 피아노를 중심으로 한 여러 사건을 '나'의 관점에서 서술하고 있다.

② 서술자가 교체되면서 인물 간의 갈등을 다각적으로 조명하고 있다.
⋯⋯ 주인 남자와 언니 사이에 피아노로 인한 갈등이 드러나지만, 서술자는 교체되지 않고 '나'로 유지되고 있다.

③ 이야기 외부의 서술자가 특정 인물의 관점에서 사건을 해석하고 있다.
⋯⋯ 이야기 외부의 서술자가 아니라, 이야기 내부에 등장하는 '나'에 의해 사건이 서술되고 있다.

④ 사건에 개입되지 않은 인물의 관점을 통해 사건을 객관적으로 전달하고 있다.
⋯⋯ 사건을 서술하는 '나'는 이야기 속의 사건과 긴밀한 관련을 맺고 있으며, 주관적인 느낌 위주로 사건을 전달하고 있다.

02
정답률 75% | 매력적인 오답 ⑤ 10%

㉠~㉤에 대한 이해로 적절하지 **않은** 것은?

☀️ **정답인 이유**

③ ㉢은 앞서 언급한 내용을 부연하여 자신의 경험에 대한 이해의 폭이 확장되었음을 강조하고 있다.
× → 이해하기 쉽게 덧붙여 설명함.
⋯⋯ ㉢은 바로 앞에 나온 '우리 가족은 생계와 주거를 한 건물에서 해결하고 있었다.'를 이해하기 쉽게 풀어서 설명한 것일 뿐, 이해의 폭이 확장된 것과는 관련이 없다.

🌂 **오답인 이유**

⑤ (매력적인 오답) ㉤은 쉼표를 빈번하게 사용하여 예기치 않은 상황에 대한 인물의 불편한 심리를 부각하고 있다.
⋯⋯ ㉤은 쓰지 않아도 될 곳에 쉼표를 빈번하게 사용하고 있다. 이를 통해 피아노와 어울리지 않는 반지하방에 피아노를 들이려고 하는 상황에 대한 주인 남자의 불편한 심리를 효과적으로 드러내고 있다.

① ㉠은 추측과 짐작을 드러내는 표현을 사용하여 현재의 시각에서 지나간 일의 의미를 진술하고 있다.
⋯⋯ ㉠은 '~ 일인지도 모른다'와 같이 추측과 짐작을 드러내는 표현을 사용하여, 성인이 된 현재의 시각에서 어렸을 때 엄마가 자신에게 피아노를 가르친 일의 의미를 돌이켜보고 있다.

② ㉡은 외양에 대한 묘사를 나열하여 인물이 대상에서 받은 인상의 근거를 제시하고 있다.
⋯⋯ ㉡은 피아노의 넝쿨무늬, 금속 페달, 레드 카펫 등에 대한 묘사를 나열한 것으로 '우리 집에 있는 가재들과 때깔부터' 다른 세련된 피아노의 외양을 그리고 있다. 이는 '나'가 '학원에 있는 어떤 것보다 좋아 보였다.'라고 생각하는 근거로 제시되고 있다.

④ ㉣은 비유적인 표현을 사용하여 어울리지 않는 곳에 놓이게 된 대상을 바라보는 마음을 드러내고 있다.
⋯⋯ ㉣은 언니의 반지하방에 놓이게 된 피아노를 '몰락한 러시아 귀족'에 비유하여, 어울리지 않는 곳에 놓이게 된 피아노에 대한 '나'의 안타까운 마음을 드러내고 있다.

03
정답률 65% | 매력적인 오답 ⑤ 15%

ⓐ와 ⓑ를 바탕으로 윗글을 이해한 내용으로 적절하지 **않은** 것은?

☀️ **정답인 이유**

② ⓐ에서 '나'는 '손뼉을 치'는 사람이 부끄러워하는 모습을 발견하고 있고, ⓑ에서 '나'는 '우리를 흘깃거'리는 시선에서 부끄러움을 느끼고 있다.
× → '나'가 부끄러워하고 있음.
⋯⋯ ⓐ(만두 가게)에서 '나'는 어설픈 연주에도 불구하고 백인 남자가 손뼉을 치자 부끄러워하고 있다. 하지만 손뼉을 친 백인 남자가 부끄러워하는 모습은 나타나 있지 않다. 그리고 ⓑ(반지하)에서 '나'는 반지하방과 어울리지 않는 피아노를 보며 흘깃거리는 사람들의 시선에 부끄러움을 느끼고 있다.

🌂 **오답인 이유**

⑤ (매력적인 오답) ⓐ에서 피아노에 대한 반가움을 드러내던 '세탁기도 냉장고도 아닌 피아노라니.'라는 표현은, ⓑ로 피아노가 옮겨지는 과정에서 나타나는 무안함을 드러내는 데 활용되고 있다.
⋯⋯ ⓐ에서 '세탁기도 냉장고도 아닌 피아노라니.'라는 표현은, '우리 삶의 질이 한 뼘쯤 세련돼진 것'과 같은 반가움을 드러내기 위해 활용되었다. 하지만 ⓑ에서 이 표현은 다시 반복 사용되면서 '우리 삶이 세 뼘쯤 민망해지는 기분'과 같은 무안함을 효과적으로 드러내기 위해 활용되고 있다.

① '파란 트럭'에 의해 ⓐ로 옮겨져 엄마를 기쁘게 했던 피아노는, '외삼촌의 트럭'에 의해 ⓑ로 옮겨지면서 언니를 당황하게 했다.
⋯⋯ '엄마가 무척 기뻐했던 기억이 난다.'를 통해 파란 트럭에 의해 ⓐ로 옮겨졌던 피아노가 엄마를 기쁘게 했음을 알 수 있다. 그리고 '언니의 표정은 뜨악했다.'를 통해 외삼촌의 트럭에 의해 ⓑ로 옮겨진 피아노가 언니를 당황하게 했음을 알 수 있다.

③ ⓐ는 우리 가족이 '생계와 주거'를 모두 해결해야 했던 공간이고, ⓑ는 '나'와 언니가 '좁고 가파른 계단'을 오르내리며 살아야 하는 공간이다.
⋯⋯ ⓐ는 '나'가 유년 시절에 살던 곳으로, '낮에는 방에 손님을 들이고, 밤에는 식구들이 이불을 펴고 자는 식으로' 우리 가족이 생계와 주거를 모두 해결해야 했던 공간이다. 그리고 ⓑ는 '나'가 성년이 되어 언니와 함께 살아야 하는 곳으로, 좁고 가파른 계단 아래에 있는 공간이다.

④ ⓐ에서 '나'가 누구라도 '얼굴을 붉히게 만들었을' 연주를 했던 피아노는 ⓑ로 옮겨지는 과정에서 '쿵— 하는 소리'로 '나'의 '얼굴이 붉어'지게 했다.
⋯⋯ ⓐ에서 '나'의 어설픈 연주는 '쉽고 아름답지만 촌스러워서 누구라도 가게 앞을 지나다 얼굴을 붉히게 만들었을' 연주였다. 그리고 ⓑ에서 '나'는 피아노를 놓쳐 '쿵— 하는 소리'를 듣고 '그 사실적이고, 커다랗고, 노골적인 소리에 얼굴이 붉어졌다.'고 하였다.

04

정답률 55% | 매력적인 오답 ② 22%

〈보기〉를 참고하여 윗글을 감상한 내용으로 적절하지 않은 것은? [3점]

─〈보기〉─

엄마가 내게 사 준 피아노는 엄마가 꿈꾸었던 '도도한 생활'의 상징으
로, 부모로서 자녀가 누리기를 희망했던 삶의 기준을 의미한다. '나'는
─── 피아노의 상징적 의미 ②
성년이 되면서 엄마가 애써 마련해 준 환경에서 벗어나 새로운 환경에
─── 대학에 합격하여 언니가 사는 서울의 반지하방으로 오게 됨.
직면하게 되는데, 이 환경은 '나'의 욕구를 제한하고 지금까지 '나'가 살
─── 집주인이 피아노를 치지 못하게 함.
아왔던 환경을 재평가하도록 한다. 윗글은 이러한 과정에서 인물이 겪
는 각성의 순간을 포착하고 있다.

☀ 정답인 이유

④ '피아노가 잠시 세기말 도시의 하늘 위로 비상'하는 모습에서 '나'는 자신의
─── 피아노를 들어올리는 모습을 묘사한 것
욕구를 제한해 온 환경이 변화하고 있음을 확인하게 되는군.
× → '나'의 환경이 욕구를 제한하는 쪽으로 변화하고 있음.

⋯ '피아노가 잠시 세기말 도시의 하늘 위로 비상했다.'는 피아노를
옮기기 위해 '나', 언니, 외삼촌이 들어올리는 모습을 묘사한 것일
뿐, 환경의 변화와는 관련이 없다. 그리고 '나'의 욕구를 제한해 온
환경이 변화하고 있는 것이 아니라, 집주인이 피아노를 치지 못하게
하는 등 '나'를 둘러싼 환경이 욕구를 제한하는 쪽으로 변화하고 있
는 것이다.

☂ 오답인 이유

② **매력적인 오답** '베토벤같이 풀린 파마머리를 한 채 귀머거리처럼 만두를
빚던 모습은, 피아노가 상징하는 삶에 가까워지기 위한 엄마의 수고를 보여
주는군.

⋯ 〈보기〉에서 피아노는 엄마가 꿈꾸었던 '도도한 생활'을 상징한다
고 했는데, '도도한 생활'이란 인간으로서의 자존감을 지키려는 태도
라고 할 수 있다. 어머니는 이러한 생활을 위해 하루종일 만두 가게
에서 만두를 빚어 파는 수고를 한 것이다.

① '놀이공원에 가고, 엑스포에 가는 것'과 같은 '평범한 유년의 프로그램'은, 엄
마가 자녀에게 마련해 주고 싶었던 환경의 일부이겠군.

⋯ '놀이공원에 가고, 엑스포에 가는 것' 등은 '배움이 짧았고, 자신
의 교육적 선택에 늘 자신감을 갖지 못'했던 엄마가 '어느 시기에는
어떠어떠한 것을 해야 한다는 풍문'에 따라 '나'에게 마련해 주었던
'평범한 유년의 프로그램'이라고 할 수 있다.

③ '한 뼘쯤 세련돼진' 느낌을 주던 피아노에서 '세 뼘쯤 민망해지는 기분'을 느
끼게 된 것은 '나'를 둘러싼 환경의 변화 때문이겠군.

⋯ 〈보기〉에서 '나'는 '성년이 되면서 엄마가 애써 마련해 준 환경에
서 벗어나 새로운 환경에 직면'한다고 하였다. 유년 시절에 피아노
가 생기면서 '한 뼘쯤 세련돼진' 느낌을 받았던 '나'는, 언니네 반지하
방으로 유년 시절의 피아노를 옮기면서 '세 뼘쯤 민망해지는 기분'을
느끼고 있다.

⑤ '오랫동안 양각된 거라 믿어온 문양이 사실은 본드로 붙여져 있던 것'임을
깨달으면서, '나'는 엄마가 애써 마련해 준 환경이 그리 견고하지 못한 것이
었음을 알게 되는군.

⋯ 오랫동안 원목 위에 우아하게 양각된 거라 믿어온 피아노 넝쿨무
늬가 고장 난 스프링처럼 흔들리는 모습을 보면서 '나'는 그 문양이
양각된 것이 아니라 본드로 붙여져 있던 것임을 깨닫는다. 즉, 엄마
가 애써 마련해 준 환경도 피아노의 문양처럼 견고하지 못한 것임을
알게 된다.

현대소설 03 버들댁

▶ 문제편 27~29쪽

정답 | 01 ① 02 ① 03 ⑤

[01~03] 다음 글을 읽고 물음에 답하시오.

2020 11월 고1 전국연합

제대로 작품 분석 ▶〈보기〉에서 적절한 것을 골라 넣으며 작품을 분석해 보자.

[장면 1] (처음 ~ 중략 이전)

소주제: 용복에게 무한한 사랑을 쏟는 버들댁

■ 버들댁: 작품의 주인공. 어려운 생활 형편에도 손자에게 무한한 내리사랑을 베푸는 인물

■ 그 우중충한 안개가 그녀의 마음속에도 끼어 있었다: ¹

■ 이 자식: 손자인 용복

■ 죽기 전에 그놈 당당하게 사는 모습 보는 것: 버들댁의 소망

■ 버들댁은 아깝다고 ~ 계속 때리려고 들었다: 버들댁과 용복의 상반된 태도

■ 버들댁은 손자가 하는 일을 말리지 않았다: 손자를 사랑하는 마음 때문에

■ 버들댁이 이렇게 불편한 몸을 ~ 손자 용복 때문이었다: 손자에게 삶의 희망을
얻고 있는 버들댁

■ 삶의 허기를 충족시켜 주는 보물: ²

■ 늦둥이 아들 하나가 있었는데 ~ 그 아이가 용복이었다: 버들댁이 용복을 키우게
된 내력을 요약적으로 제시함.

■ 늦둥이 아들: 버들댁의 아들이자 용복의 아버지

■ 종무소식: 끝내 아무 소식이 없음.

■ 용복도 제 아비의 길을 가고 있었다: 제 아버지처럼 싸움질을 하며 문제를 일으킴.

■ 끌어안고 손으로 ~ 입술로 비벼 주었다: 상처 입은 용복에 대한 애틋한 마음

■ "국가 대포가 멋 하는 것이라냐?": 버들댁이 세상 물정에 어두움을 알 수 있음.

■ 기대한 만큼 좋은 결과가 ~ 기대하면서 지껄이는 말: '호다'라는 말의 의미

■ 손자의 멍든 곳을 어루만지고 쓰다듬었다: ³

■ "삼십만 원 그것이 돈이란가?": 버들댁이 주었던 돈을 대수롭지 않게 여기는 용복

■ 무연고: 혈통, 정분, 법률 따위로 맺어진 관계가 없음.

■ 버들댁은 그 돈을 ~ 손자에게 주곤 하는 것이었다: 용복에 대한 버들댁의 희생과
헌신

[장면 2] (중략 이후 ~ 끝)

소주제: 사고를 친 용복 때문에 돈을 꾸러 다니는 버들댁

■ 어질벵 앓는 사람: 경증 환자

■ 염벵 하는 사람: 중증 환자

■ 광주 양반도 시방 맘이 천근만근이라요: 수문댁은 광주 양반의 마음이 힘들다는 것을
인식하고 있음.

■ "부산 딸이 시방 많이 아프다요.": ⁴

■ 초등학교를 마치자마자 공장에 ~ 해 주지 못한 것이었다: 광주 양반의 딸에게
있었던 일을 요약적으로 제시함.

■ 부채: 결혼식도 치러 주지 못하고 혼수 한 가지 해 주지 못한 것을 뜻함.

■ "돈 한 푼 못 벌고, ~ 구차하지도 않아서 그렇게 끈질기게 살고 있소?":
노인 계층의 빈곤 문제를 엿볼 수 있음.

■ 시제: 제사

■ 지가 어쩐다고 부끄럽고 ~ 살고 있느냐고 그래?: ⁵

■ 그 딸이 위암에 걸렸닥 안 하요?: 광주 양반의 마음이 무거운 이유

■ 그동안 모아 놓은 돈 사백만 원을 다 보내 줘뿌렀다요: 딸에 대한 광주 양반의 조
건 없는 희생과 내리사랑

■ 버들댁의 마음은 벌써 절실 집으로 달려가고 있었다: 돈을 빌리지 못해서 빨리 집
에 가야 하기 때문에

– 한승원, 〈버들댁〉

1부 현대 소설·극 **7**

⦿ 광주 양반의 마음이 천근만근인 이유
⦿ 상처 입은 용복을 가엾게 여기며 마음 아파함.
⦿ 용복을 비유한 표현 – 버들댁에게 있어 용복의 의미
⦿ 자신의 처지에 참견하는 상근의 말에 분노하는 광주 양반
⦿ 구체적인 자연물을 통해 손자에 대한 버들댁의 암담한 마음을 드러냄.

◈ 제목의 의미
'버들댁'은 작품의 주인공으로, 정부의 생활 보조금으로 살아가면서도 손자에게 희생과 헌신을 다하는 인물이다. 이 작품은 빈곤, 고립된 생활 환경, 젊은이의 무관심으로 인한 노인 계층의 소외된 삶과 피붙이에 대한 조건 없는 희생과 내리사랑을 그리고 있다.

◈ 작가 소개
한승원(韓勝源, 1939~): 소설가. 1968년 대한일보에 〈목선〉이 당선되어 등단하였다. 자신의 고향인 장흥, 바다를 배경으로 서민들의 애환과 생명력, 한(恨)의 문제를 지속적으로 다루어왔다. 소설집으로 《앞산도 첩첩하고》, 《아제아제 바라아제》, 《새터말 사람들》, 《해산 가는 길》 등이 있다.

◈ 전체 줄거리
버들댁은 다 쓰러져 가는 양철집에서 손자 용복이 원하는 대로 하면서 살아간다. 용복은 교도소에서 나온 늦둥이 아들이 버들댁에게 맡긴 아이로, 아들은 갓난아이를 맡기고 간 후 종무소식이다. 버들댁은 올 때마다 돈을 달라는 용복에게 면사무소에서 무연고 독거노인에게 주는 생계비와 돈 되는 것이면 무엇이든지 팔아 번 돈을 모두 내어 준다. 용복은 급기야 버들댁의 보금자리인 양철집마저 팔아 돈을 챙기려 한다. 버들댁은 용복의 감옥살이를 면하게 하려고 삼백만 원을 빌리려 하지만 쉽지 않다. 빈손으로 돌아온 버들댁에게 용복은 담 너머에 있는 우사 주인에게 가서 이 집을 삼백만 원에 사라 하라고 소리친다.

◈ 핵심 정리
- 갈래: 단편 소설, 연작 소설
- 성격: 사실적
- 배경: 광주 인근의 시골
- 시점: 전지적 작가 시점
- 주제: 노인 계층의 소외된 삶과 가족에 대한 헌신적 사랑
- 특징: ① 노인 계층의 고단한 삶과 이를 도외시하는 젊은 계층의 모습을 대비함. ② 구체적 자연물을 통해 인물의 정서를 드러냄. ③ 사투리와 인물 간의 대화를 통해 이야기가 현장감 있게 제시됨.

제대로 감상법 모범 답안

한승원, 〈버들댁〉

❶ 버들댁 ❷ 용복 ❸ 안개 ❹ 자연물

◈ 제대로 작품 분석
1 ⦿ 2 ⦿ 3 ⦿ 4 ⦿ 5 ⦿

01
정답률 80%

[A]에 나타난 서술상의 특징으로 가장 적절한 것은?

☀ **정답인 이유**

① **구체적 자연물**을 통해 인물의 정서를 드러내고 있다.
　○ → '그 우중충한 안개가 그녀의 마음속에도 끼어 있었다.'
⋯⋯ '그 우중충한 안개가 그녀의 마음속에도 끼어 있었다.'라는 표현에서, 구체적 자연물인 '우중충한 안개'를 통해 제 앞가림도 못하고 있는 철없는 손자 용복에 대한 버들댁의 암담한 마음을 잘 드러내고 있다.

＊자연물(自然物): 작품에 등장하는 자연, 또는 자연을 구성하는 사물 ⑩ 꽃, 새, 안개 등

☂ **오답인 이유**

② 인물의 반복적 행위를 통해 성격의 변화를 암시하고 있다.
　　　　　　　　　　　　　　　×
⋯⋯ 버들댁이 한숨을 쉬는 행위가 반복되고 있지만, 이를 통해 버들댁의 성격 변화를 암시하고 있지는 않다.

③ **요약적 진술**＊을 통해 구체적인 시대 배경을 보여 주고 있다.
　　　　　　　　　　×
⋯⋯ 요약적으로 사건을 진술하고 있다고 보기 어려우며, 구체적인 시대 배경을 보여 주는 표현도 나타나 있지 않다.

＊요약적 진술: 비교적 긴 시간 동안 이루어진 사건이나 상황을 압축해서 짧게 서술하는 것

④ 과거의 회상을 통해 내적 갈등의 해소 과정을 서술하고 있다.
　×
⋯⋯ 버들댁은 손자에 대한 걱정으로 암담한 마음을 느끼고 있을 뿐 과거를 회상하고 있지 않으며, 버들댁의 내적 갈등이나 그 갈등의 해소 과정도 나타나 있지 않다.

⑤ 현실과 환상의 교차를 통해 사건을 입체적으로 제시하고 있다.
　　　×
⋯⋯ 현실의 사건만 보여 주고 있을 뿐 환상적인 장면을 제시하고 있지 않다.

02
정답률 75%

⦿~⦿에 대한 설명으로 적절하지 않은 것은?

☀ **정답인 이유**

① ⦿: 버들댁은 기대한 만큼 좋은 일이 있을 것이라 확신하고 있다.
　　　　　　× → 기대한 만큼 좋은 결과가 나타나지 않을지도 모른다고 생각함.
⋯⋯ ⦿의 뒤에 있는 문장에서 '호다'라는 말의 의미를 설명하고 있다. '기대한 만큼 좋은 결과가 나타나지 않을지도 모른다고 생각은 되지만, 그래도 어찌할 수 없이 더러운 소망으로 기대하면서 지껄이는 말'이라고 하였으므로, 기대한 만큼 좋은 일이 있을 것이라 확신하고 있다는 설명은 적절하지 않다.

☂ **오답인 이유**

② ⦿: 버들댁은 상처 입은 용복을 가엾게 여기며 마음 아파하고 있다.
⋯⋯ ⦿의 뒤에 있는 문장에서 '가슴이 아리고 쓰렸다.'라고 한 것으로 보아, 버들댁은 상처 입은 용복을 가엾게 여기며 마음 아파하고 있음을 알 수 있다.

③ ⦿: 용복은 버들댁이 주었던 돈을 대수롭지 않게 여기고 있다.
⋯⋯ '삼십만 원 그것이 돈이란가?'라는 말투로 보아, 용복은 버들댁이 한 푼도 쓰지 않고 모은 돈을 대수롭지 않게 여기고 있음을 알 수 있다.

④ ⦿: 수문댁은 광주 양반의 마음이 힘들다는 것을 인식하고 있다.
⋯⋯ 결혼식도 치러 주지 못하고 혼수 한 가지 해 주지 못한 딸이 아프다는 광주 양반의 사정을 알고 있는 수문댁이 '맘이 천근만근이라요.'라고 말한 것으로 보아, 수문댁은 광주 양반의 마음이 힘들다는 것을 인식하고 있음을 알 수 있다.

⑤ ⦿: 광주 양반은 자신의 처지에 참견하는 상근의 말에 분노하고 있다.
⋯⋯ ⦿의 뒤에 이어지는 '지놈이 아랑곳할 것이 무엇이여잉?'이라는 말을 통해, 광주 양반이 자신의 처지에 참견하는 상근의 말에 분노하고 있음을 알 수 있다.

〈보기〉를 참고하여 윗글을 감상한 내용으로 적절하지 <u>않은</u> 것은? [3점]

> ─────────〈보기〉─────────
>
> 이 작품은 빈곤, 고립된 생활 환경, 젊은이의 무관심으로 인한 노인
> _{작품의 중심 내용 ①}
> 계층의 소외된 삶과 피붙이에 대한 조건 없는 희생과 내리사랑을 서사
> _{작품의 중심 내용 ②}
> 의 중심에 두고 있다. 특히 쇠약한 몸과 경제적 궁핍 속에서도 손자를
> 삶의 희망으로 여기는 인물을 통해 노인 계층이 직면한 삶의 문제에 대
> _{작품의 주제 의식}
> 한 주제 의식을 드러내고 있다.

☀ 정답인 이유

⑤ 광주 양반이 '모아 놓은 돈'을 딸에게 '다 보내'서 수술을 하지 못한다고 수문
　　　　　× → 지문의 내용과 일치하지 않음.
댁이 말한 것에서 노인의 경제적 궁핍에 대한 젊은이의 무관심을 짐작할 수
　　　　　× → 피붙이에 대한 조건 없는 희생과 내리사랑
있겠군.

⋯ 수술비가 없어 수술을 못한다는 딸에게 광주 양반이 모아 놓은
돈을 보낸 것이지, 모아 놓은 돈을 딸에게 보내서 광주 양반이 수술
을 하지 못하는 것은 아니다. 그리고 이와 관련된 내용은 피붙이에
대한 조건 없는 희생과 내리사랑을 보여 주는 것이지, 노인의 경제
적 궁핍에 대한 젊은이의 무관심과는 관련이 없다.

☂ 오답인 이유

③ (매력적인 오답) 버들댁이 '독거노인에게 주는 생계비'를 '한 푼도 쓰지 않고
모두' 손자에게 주는 것에서 조건 없는 희생을 구현하고 있는 소외된 노인의
　　　　　○ → 〈보기〉의 '노인 계층의 소외된 삶과 피붙이에 대한 조건 없는 희생'
모습을 짐작할 수 있겠군.

⋯ 버들댁이 무연고의 독거노인에게 주는 생계비를 받는다는 점에서
소외된 노인의 모습을 짐작할 수 있고, 그 생계비를 한 푼도 쓰지 않고
모두 손자에게 주는 모습에서 피붙이에 대한 조건 없는 희생과 내리사
랑을 엿볼 수 있다.

① 버들댁이 '아깝다고 밤에 잘 때 한 차례만 때'는 기름을 용복이 '계속 때려
들'어도 '말리지 않'는 것에서 피붙이에 대한 내리사랑을 짐작할 수 있겠군.
　　　　　○ → 〈보기〉의 '피붙이에 대한 조건 없는 희생과 내리사랑'

⋯ 궁핍한 처지에 있는 자신은 한 차례만 때는 보일러를 손자 용복
이 계속 때려고 들어도 말리지 않는 버들댁의 모습에서, 피붙이에
대한 노인의 내리사랑을 짐작할 수 있다.

② 버들댁이 '불편한 몸을 이끌고 살아가'면서 용복을 통해 '삶의 허기를 충족'
하는 것에서 쇠약한 노인이 손자에게 삶의 희망을 얻고 있음을 짐작할 수 있
　　　　　○ → 〈보기〉의 '쇠약한 몸과 경제적 궁핍 속에서도 손자를 삶의 희망으로 여기는 인물'
겠군.

⋯ 쇠약하고 경제적으로 궁핍한 버들댁이 용복을 '삶의 허기를 충족
시켜 주는 보물'이라고 여기는 대목에서, 버들댁이 용복에게 삶의 희
망을 얻고 있음을 짐작할 수 있다.

④ 광주 양반이 '벌어 놓은 재산'도 없이 '동네 사람들'에게 '곡식이나 반찬 얻어
먹고' 산다고 상근이 말한 것에서 노인 계층의 빈곤 문제를 짐작할 수 있겠군.
　　　　　○ → 〈보기〉의 '빈곤, 고립된 생활 환경, 젊은이의 무관심으로 인한 노인 계층의 소외된 삶'

⋯ '돈 한 푼 못 벌고, 벌어 놓은 재산이 있는 것도 아니고, ~ 곡식이
나 반찬 얻어먹고 사는 것이 부끄럽고 구차하지도 않아서 그렇게 끈
질기게 살고 있소?'라는 상근의 말에서 광주 양반으로 대표되는 노
인 계층의 빈곤 문제가 심각하다는 것을 짐작할 수 있다.

[01~04] 다음 글을 읽고 물음에 답하시오.　　　　2022 3월 고2 전국연합

제대로 작품 분석　　▶〈보기〉에서 적절한 것을 골라 넣으며 작품을 분석해 보자.

[장면 1] (처음 ~ 중략 이전)

소주제: '나'가 다락에서 곡식이 담긴 지독을 발견함.

■ 나: 서술자 − 1인칭 주인공 시점

■ 지독의 뚜껑을 열어제치는 ~ 꼼짝할 수 없었다: 지독 안의 곡식을 보고 놀란 심정
이 행동으로 제시됨.

■ 나는 못 볼 것을 본 것처럼 소스라쳐: 가난하여 배를 주리고 있었기 때문에 곡식이 있으
리라 예상하지 못함.

■ 다섯 손가락의 형용이 너무나 선명한 손도장: [1]

■ 다식판에 요형(凹形)으로 파놓은 음각 무늬: 곡식 위에 손가락을 편 채 눌러 선명한 모
양을 만들어 놓은 것을 비유함.

■ 이 많은 곡식을 ~ 배를 주려 왔던 것이었다: [2]

■ 그때처럼 어머니를 미워했었던 적은 없었다: 서술자가 과거를 회상하며 이야기를 전
달하고 있음을 보여 줌.

■ 단 한 톨의 손상인들 ~ 어머니의 섬찟한 의지: '나'가 어머니의 손자국에서 느낀 것

■ 마루로부터 와락 뛰어든 아우의 다급한 말소리: 다락에 있는 것을 어머니에게 들킬
까 봐 염려함.

■ 히야: 형을 부르는 경상도 방언

[장면 2] (중략 이후 ~ 끝)

소주제: 다락이 개방된 후, 아우가 스스로 다락을 지키려는 모습을 보임.

■ 어머니가 우리들의 ~ 사건이 있었다: [3]

■ 그날 밤: 다락에 숨어 있다 발각된 밤

■ 고미다락의 문을 채우지 않았다: [4]

■ 다락에 대한 원천적인 호기심이 ~ 바뀌어진 셈이었다: 다락에 대한 호기심은 여
전하지만 호기심의 방향이 바뀜.

■ 모든 시간을 아우와 ~ 직성이 풀렸다.: '나'와 아우가 항상 같이 움직임.

■ 아우의 반란: 집을 비워 두고 나가는 것에 반대하고 혼자라도 지독을 지키려 결심한 것

■ "히야는 다락문이 ~ 열면 우짤락꼬.": [5]

■ 우리들 능력으로는 ~ 의문이었다: 아이들과 함께 놀고 싶은 생각에 제동이 걸린 이유

■ 그때까진 좀처럼 내뱉은 적이 없던: 아우가 항상 형을 따라다녔음을 알 수 있음.

■ 아우의 대견함은 낯설고 놀라운 것: [6]

　　　　　　　　　　　　　　　− 김주영, 〈고기잡이는 갈대를 꺾지 않는다〉

◆ 제대로 작품 분석의 〈보기〉

> ㉠ 곡식을 지키려는 어머니의 의지를 보여 줌.
> ㉡ '그날 밤' 이후 어머니의 행동 변화 − 경계심의 약화
> ㉢ 서술자가 과거를 회상하며 이야기를 전달하고 있음을 보여 줌.
> ㉣ 문이 잠겨 있지 않은 다락에 대한 걱정 − 곡식에 대한 책임감
> ㉤ 다락을 지키기 위해 혼자 남으려 한 것에 대한 대견함과 놀라움
> ㉥ 함정의 모순 − 가족을 위해 곡식을 모아 놓고 이를 숨겨 가족을 주리게 한 상황

◆ 제목의 의미

고기잡이에게 갈대는 고기를 잡는 데 방해가 되는 존재이지만, 갈대가 없다면 고기가
깃들 곳이 없기 때문에 고기잡이 역시 피해를 보게 된다. 따라서 고기잡이가 살아가기
위해서는 갈대 역시 필요하다. 작품에서 주인공 '나'와 아우는 여러 사건을 겪고 여러
사람과 이별하며 성장해 가는데, 부재하거나 떠나가는 인물들의 모습에서 가난, 이념,
사회적 모순과 부조리가 야기하는 고통스러운 삶의 모습이 드러난다. 여기서 작품의

제목은 서로 다른 모습을 배제하기보다 포용하는 태도가 삶을 더 낫게 만들 수 있음을 암시한다고 볼 수 있다.

❖ 작가 소개
김주영(金周榮, 1939~): 소설가. 1939년 경상북도 청송에서 태어났으며 가난한 유년 시절을 보냈다. 1971년 〈휴면기〉로 등단하였으며 소외되고 가난한 사람들의 이야기를 진솔하게 담아내는 작품을 주로 창작하였다. 작품에 《객주》, 《천둥소리》 등이 있다.

❖ 전체 줄거리
'나'는 고향의 사진이 담긴 한 통의 편지를 받고 어린 시절을 회상한다. 6 · 25 전쟁 직후 시골에서 어머니, 아우와 함께 가난하게 살아가던 '나'는 고미다락에서 곡식이 든 지독을 발견하고 충격을 받는다. 그리고 낯선 남자가 차린 이발소에 갔다가 그곳에 있던 그림에 매료된다. 어느 날 여선생님이 이발사에게 전해 달라며 '나'에게 쪽지를 주지만 '나'는 그 쪽지를 잃어버린다. 다음 날 이발사는 빨갱이로 지목되어 경찰서로 끌려가고 여선생님은 자취를 감춘다. '나'는 동네 아저씨인 삼손(장석도)에게 부탁해 빈 이발소 문을 따고 들어가 그림을 손에 넣지만, 이 때문에 삼손과 '나'의 어머니까지 경찰서에 불려가 곤욕을 치른다. 풀려난 삼손은 마을을 떠나고 여인숙 딸 옥화도 '나'가 5학년이 되던 해 세상을 떠난다. 성인이 된 '나'는 아우와 거리감을 느끼고, 백령도에서 근무하던 아우는 북쪽을 향해 헤엄쳐 갔다가 유골이 되어 돌아온다.

❖ 핵심 정리
• 갈래: 현대 소설, 장편 소설
• 성격: 회상적, 향토적
• 배경: 1950년대의 가난한 농촌
• 시점: 1인칭 주인공 시점
• 주제: 궁핍한 현실에서 형제가 겪는 고통과 성장 과정
• 특징: ① 성인이 된 화자가 편지를 매개로 과거를 회상하는 방식으로 전개됨. ② 궁핍한 현실을 배경으로 사람들의 다양한 삶의 모습을 제시함. ③ 시골 마을을 배경으로 향토적 어휘를 사용하여 생동감을 부여함.

제대로 감상법 모범 답안 〈

김주영, 〈고기잡이는 갈대를 꺾지 않는다〉
❶ 다락 ❷ 어머니 ❸ 그날 밤 ❹ 회상

❖ 제대로 작품 분석
1 ㉠ 2 ㉾ 3 ㉢ 4 ㉡ 5 ㉣ 6 ㉤

01
정답률 72%

윗글의 서술상 특징으로 가장 적절한 것은?

☀ 정답인 이유

① 회상을 통해 주인공이 직접 경험한 사건을 전달하고 있다.
○ → 주인공 '나'가 자신이 직접 겪은 일들을 회상하여 전달함.

⋯ 이 글의 주인공은 서술자인 '나'로, '나'는 어린 시절 다락* 속에 있는 지독에서 쌀을 발견한 사건, 다락에 숨어 있다 발견된 날 어머니가 쌀밥을 해 준 사건, 그런 이후 스스로 고미다락에 신경을 쓰고 지키려 하게 된 사건을 전달하고 있는데, 이는 모두 주인공이 직접 경험한 사건들이다. 지독 속에 가득 찬 쌀을 발견했던 것에 대해 '그때처럼 어머니를 미워했던 적은 없었다.'고 한 것이나, 중략 이후 부분에서 '어머니가 우리들의 자존심을 부추기고 나온 결정적인 사건이 있었다.'고 서술한 데서, 이 글이 과거 회상으로 이루어지고 있음을 알 수 있다.

⌐ * 다락: 주로 부엌 위에 이 층처럼 만들어서 물건을 넣어 두는 곳. 보통 출입구는 방 쪽에 있다. ㉎ 할아버지 댁 다락에는 아버지가 어렸을 적 사용하시던 물건들이 쌓여 있었다. ⌐

☂ 오답인 이유

② 반복되는 사건을 통해 인물 간의 갈등을 심화시키고 있다.
× → 사건이 반복되지 않으며 인물 간 갈등도 나타나지 않음.

⋯ 작품 속에 동일한 사건이 여러 번 나타나야 사건이 반복된다고 말할 수 있다. 그런데 중략 부분 이전에는 '나'가 다락에서 쌀이 가득한 지독을 발견하게 되는 사건이, 중략 부분 이후에는 어머니가 다락에 열쇠를 채우지 않게 되자 나타난 '나'와 아우의 반응이 드러나 있어 사건이 반복된다고 보기 어렵다. 또한 '나'가 지독을 발견했을 때 어머니에 대한 미움이 일어나기는 하였으나 '나'가 어머니와 갈등을 일으키지는 않았고, 어머니 역시 다락에 숨어 있던 '나'와 아우를 발견한 후 쌀밥을 해 주고 다락의 문을 잠그지 않는 행동을 보였을 뿐 자식들과 갈등을 일으키지 않았다.

③ 장면의 빈번한 전환을 통해 사건의 이면을 폭로하고 있다.
× → 장면이 빈번하게 전환되지 않았으며 사건의 이면을 폭로한 내용도 없음.

⋯ 이 글에서는 '중략 부분의 줄거리'에서 언급한 '그날 밤'을 기준으로 그 이전과 이후의 사건을 제시하고 있는데, 두 사건 모두 다락과 지독에 관련된 내용을 다루고 있다. 따라서 이 글에서 장면이 빈번하게 전환되었다고 말할 수는 없다. 또한 이 글의 서술자 '나'는 자신이 겪은 사건과 자신의 생각을 말하고 있을 뿐 사건의 이면을 폭로하고 있지 않다.

④ 동시에 발생한 사건의 병치*를 통해 긴장감을 조성하고 있다.
× → 시간의 흐름에 따라 사건을 순차적으로 제시하였으며 긴장감이 조성되지 않음.

⋯ '중략 부분의 줄거리' 이전 부분에서는 '그날 밤' 이전에 일어난 사건이 서술되어 있고, 이후 부분에서는 '그날 밤' 이후에 일어난 일이 제시되어 있다. 따라서 동시에 발생한 사건이 병치되어 있는 것이 아니라, 시간의 흐름에 따라 그때그때 발생한 사건이 제시되어 있음을 알 수 있다. 또한 '중략 부분의 줄거리' 이전 부분에서 '나'가 지독을 발견한 때에 아우가 엄마가 돌아왔다고 말한 부분에서 긴장감이 느껴진다고 볼 수 있으나 글 전체적으로 볼 때 '그날 밤' 이전과 이후의 사건들에서 긴장감이 조성된다고 보기는 어렵다.

⌐ * 병치(竝置/倂置): 두 가지 이상의 것을 한곳에 나란히 두거나 설치함. ㉎ 이 건축물은 현대적인 것과 전통적인 것의 병치로 독특한 아름다움을 구현하였다. ⌐

⑤ 공간적 배경에 대한 묘사를 통해 미래의 일을 암시하고 있다.
× → 공간적 배경에 대한 묘사가 거의 드러나지 않으며, 미래의 일에 대한 암시도 없음.

⋯ 이 글의 공간적 배경은 다락과 집인데, 이러한 공간에 대해 묘사한 내용은 거의 나타나지 않는다. 주로 그러한 공간에서 발생한 사건과 그에 대한 인물의 생각, 태도 변화 등이 나타나 있다. 따라서 공간적 배경에 대한 묘사를 통해 미래의 일을 암시하고 있다는 설명은 적절하지 않다.

02
정답률 85%

함정의 모순 에 대한 이해로 가장 적절한 것은?

☀ 정답인 이유

① 곡식을 많이 모았지만 정작 모은 곡식을 숨겨 가족이 굶주리게 한 것을 의미하는군.
○ → 가족을 위한 곡식이 있는 상황과 가족이 굶주리는 상황이 서로 모순됨.

⋯ '모순(矛盾)'은 어떤 사실의 앞뒤, 또는 두 사실이 이치상 어긋나서 서로 맞지 않음을 이르는 말이다. 따라서 '어머니 스스로 파 놓고

있는 함정의 모순'에 담긴 의미 역시 서로 맞지 않는 상황과 관련된 것임을 알 수 있다. '나'의 가족은 가난하여 속절없이 배를 주리며 살아왔는데 실상 다락에는 쌀이 가득한 지독이 있었다. 이는 어머니가 가족이 배를 곯지 않기 위해 모아 놓은 것일 터이나, 쌀이 있음에도 가족들은 굶주리며 살아왔다. 이처럼 어머니가 곡식을 많이 모았음에도 이를 숨겨 정작 가족이 굶주리게 한 것은 서로 맞지 않기 때문에 '나'는 이를 '함정의 모순'이라는 말로 표현한 것이다.

🌂 오답인 이유

② 명분이 있을 만한 물건들이 없음에도 어머니가 다락을 소중히 여겼던 것
✕ → 어머니의 행동에 대한 '나'의 생각으로, '함정의 모순'과는 관련이 없음.
을 의미하는군.

⋯ '나'는 명분이 있을 만한 물건들이 없음에도 어머니가 다락을 소중히 여겼다고 생각하였다. 그리고 처음에는 다락에서 어머니의 은밀한 움직임에 명분을 줄 만한 물건들을 찾지 못했다. 그런데 어머니와 다락에 대해 '나'가 처음에 가지고 있던 생각은 '나'가 곡식이 담긴 '지독'을 발견한 후 느끼게 된 '함정의 모순'과는 상관이 없는 내용이다.

③ 다락에 채워 놓은 자물쇠가 도난의 위험을 근본적으로 막을 수 없었다는 것
✕ → 자물쇠나 도난은 '함정의 모순'과는 관련이 없음.
을 의미하는군.

⋯ 문을 잠그기 위해 채워 놓은 자물쇠가 도난의 위험을 근본적으로 막을 수 없었다는 상황 자체에 대해서는 모순된 일면이 있다고 생각할 수도 있다. 그러나 이 글에서 언급한 '함정의 모순'은 자물쇠나 도난과는 관련이 없다. '나'가 다락에서 알게 된 것처럼 어머니가 가족을 위해 많은 쌀을 모았다는 상황과 그럼에도 불구하고 이를 감추었기 때문에 '나'의 가족이 배를 주리며 사는 상황이 서로 모순된다는 것을 드러내기 위해 사용한 표현이기 때문이다.

④ 쌀로 채워져 있을 것이라는 생각과 달리 보리쌀로만 채워진 지독을 발견한
✕ → '나'는 지독에 곡식이 있을 것이라고 예상하지 못했음.
것을 의미하는군.

⋯ 처음에 '나'는 다락 속에 어머니의 은밀한 움직임에 명분을 줄 만한 물건, 즉 중요한 물건이 없다고 생각하였다. 그러다가 무심코 지독의 뚜껑을 열어 보고는 그 안에 하얀 멥쌀이 가득 든 것을 발견하게 된다. 그리고 너무 놀란 나머지 뚜껑을 닫고 문 쪽으로 기어 나간다. 그러다 다시 들어가 지독을 열어 보았으며, 옆에 있는 다른 지독엔 보리쌀이 반 넘어 들어 있는 것을 보게 된다. 즉, '나'는 우연히 쌀로 채워진 지독과 보리쌀로 채워진 지독을 발견하였으므로 지독이 쌀로 채워져 있을 것이라고 생각했다는 설명은 적절하지 않다. 또한 지독에 채워진 곡식의 종류는 '곡식이 있음에도 그것을 숨겨 가족이 굶는 상황'을 의미하는 '함정의 모순'과는 관련이 없다.

⑤ 곡식을 온전히 보관하기 위해 지독을 이용했지만 곡식의 누린내를 막을 수
✕ → 곡식의 보관 상태는 '함정의 모순'과는 관련이 없음.
없었던 것을 의미하는군.

⋯ '나'는 다락에 들어갔다가 우연히 곡식이 담겨 있는 지독을 발견하였다. 이에 대해 어머니가 소중한 곡식을 온전히 잘 보관하려 했을 것이고 그래서 지독에 보관했다고 생각할 수는 있다. 하지만 채워진 곡식에서 나는 냄새에 대해 '특유의 비릿한 누린내'라고 한 데서, 이 냄새가 곡식에서 나는 특유의 냄새인 것이지 잘못 보관되어서 그러한 냄새가 나는 것은 아님을 알 수 있다. 이 글에서 '함정의 모순'이라고 한 것은, 어머니가 가족을 위해 곡식을 모아 놓았음에도 그 사실을 숨겨 결국 가족이 굶주리며 살아온 상황을 가리키며, 곡식의 보관 상태와는 관련이 없다.

㉠~㉤에 대한 설명으로 적절하지 않은 것은?

☀ 정답인 이유

③ ㉢: 행동 통일이 되어 왔던 관행을 '나'가 깨뜨리려 한 일에 대한 아우의 불
✕ → 아우가 깨뜨리려 함.
만을 표현하고 있다.

⋯ '나'와 아우 사이에는 은연중에 지켜진 관행이 있었는데, 그것은 '나'가 학교에서 생활하는 시간을 제외한 모든 시간을 아우와 짝이 되어 보낸다는 것이었다. 심지어 측간을 가는 일조차 행동 통일이 되어야 직성이 풀렸다는 데서, '나'와 아우가 무엇을 하든지 같이 행동하는 것이 관행이었음을 알 수 있다. 그런데 어머니가 없을 때는 집을 비워 두고 쏘다니던 대로 '나'와 아우가 집을 나오고 있을 때, 아우는 돌연 둘 다 나가면 안 된다면서 혼자라도 남아서 지독을 지키겠다고 말하는데, ㉢의 '아우의 반란'은 바로 이 행동을 가리키는 것이다. 즉, 행동 통일이 되어 왔던 관행을 깨뜨리고 있는 사람은 아우이므로, 행동 통일이 되어 왔던 관행을 '나'가 깨뜨리려 한 일에 대한 아우의 불만을 표현하고 있다는 설명은 적절하지 않다.

🌂 오답인 이유

④ 매력적인 오답 ㉣: 아이들과 함께 놀고 싶은 생각에 제동이 걸리는 이유
✕ → 다락문 다시 채우기도 어려움. + 어머니가 열쇠를 지니고 있는지도 의문임.
중 하나로 작용하고 있다.

⋯ '나'와 아우는 아이들과 놀기 위해 집 밖을 나섰지만 '한길로 진출하려던 속셈을 바꾸어야' 하는 상황에 처하게 된다. 그 이유는 다락문이 잠겨 있지 않아서 누가 들어와 다락문을 열 수 있기 때문이다. '나'와 아우는 다락문을 예전처럼 다시 채워 놓는 것도 자신들 능력으로 손쉬운 일이 아닌데, 어머니가 열쇠를 지니고 있는 것인지도 의문이어서 놀러 나가지 못하고 난감해하고 있다. 따라서 ㉣이 아이들과 함께 놀고 싶은 생각에 제동이 걸리는 이유 중 하나로 작용하고 있음을 알 수 있다.

① ㉠: 누구도 범접* 할 수 없게 하기 위한 어머니의 의지를 나타내고 있다.
✕ → 어머니의 경계심과 섬짓한 의지가 담겨 있음.
⋯ '나'가 다락에서 발견한 지독 안에는 곡식이 가득 채워져 있었고, 꼭꼭 다져 놓은 곡식의 윗부분에는 어머니의 손도장이 찍혀 있었다. 쌀 위에 손도장을 찍은 것은 다른 사람이 쌀에 손을 대었을 때 그것을 빨리 알아차리기 위해서, 또 누군가 쌀에 손을 대려 할 때에 그렇게 하지 말라고 경고하기 위해서 찍은 것이라 할 수 있다. 서술자인 '나'는 그 도장을 보면서 단 한 톨의 손상인들 결코 용납하지 않겠다는 어머니의 섬짓한 의지를 손자국에서 발견하였다고 말하고 있는데, 이로 보아 ㉠은 누구도 곡식에 범접할 수 없게 하기 위한 어머니의 의지를 나타낸다고 할 수 있다.

> * 범접(犯接): 함부로 가까이 범하여 접촉함. 예 집주인은 집 주변에 울타리를 쳐서 멧돼지의 범접을 막으려고 하였다.

② ㉡: 어머니가 허용하지 않은 공간에 출입한 것을 들킬까 염려하는 마음이 담
✕ → '나'가 다락 안에 있는 것을 어머니에게 들킬까 봐 다급하게 말한 것임.
겨 있다.

⋯ '중략 부분의 줄거리' 이후에서 어머니가 '그날 밤' 이후 고미다락의 문을 채우지 않았다고 한 것으로 보아 '그날 밤' 전에는 어머니 혼자 다락에 드나들고 '나'와 아우에게는 출입을 허용하지 않았음을 알 수 있다. '나'는 다락에서 어머니의 은밀한 움직임에 명분을 줄 만한 물건들을 찾다가 곡식이 든 지독을 보고 충격을 받고, 여러 가지 생

각에 잠긴다. 그때 다락 밖의 마루로부터 와락 뛰어들며 어머니가 온다는 것을 알리는 아우의 말에는, 어머니가 허용하지 않은 공간에 출입한 것을 들킬까 염려하는 마음이 담겨 있다고 할 수 있다.

⑤ ㉤: 혼자서라도 다락을 지키겠다는 아우의 언행이 뜻밖이었음을 드러내고
○ → '낯설고 놀라운 것'으로 인식함.
있다.

⋯ '나'와 아우는 늘 하던 대로, 어머니가 없는 사이에 집을 비워 두고 아이들과 놀기 위해 나온다. 그런데 도중에 아우가 문이 열려 있는 다락을 걱정하며, 혼자서 집을 지키겠냐고 쏘아붙이는 형에게 선선히 그러겠다고 말한다. 형제가 측간에 가는 것조차 행동 통일을 하며 늘 행동을 함께했던 것이나, 아우의 말에 대해 '나'가 '그때까진 좀처럼 내뱉은 적이 없던 한마디'라고 한 것으로 보아, 아우의 언행이 뜻밖이었기 때문에 '나'가 '낯설고 놀라운 것'이라고 표현했음을 알 수 있다.

04

〈보기〉의 선생님의 질문에 대한 대답으로 적절하지 **않은** 것은? [3점]

─〈보기〉─
선생님: 이 작품을 감상할 때는 '그날 밤'을 전후로 달라지는 인물의 행
다락에 숨어 있다가 어머니에게 발각된 날 밤
동과 심리, 사건의 전개 양상에 주목하는 것이 중요합니다. 작품에
나타난 시간의 흐름을 아래와 같이 정리할 때, 그날 밤 이전과 이후
에 변화된 것이 무엇인지를 파악해 볼까요?

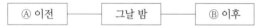

Ⓐ 이전 ──── 그날 밤 ──── Ⓑ 이후

☀ 정답인 이유

① Ⓐ에서 다락에 대해 품었던 '나'의 원천적인 호기심이, Ⓑ에서 모두 희석되었
× → 방향만 바뀜.
음을 알 수 있습니다.

⋯ '나'와 아우가 다락에 숨어 있다가 발각된 '그날 밤' 이후로 어머니는 고미다락의 문을 잠그지 않고 열어 둔다. '나'와 아우는 얼마 뒤 다락문이 열려 있다는 사실을 알게 된 후, '채워진 다락에 대해서 가졌던 강렬한 호기심보다 더욱 강렬하게 다락의 일에 빨려 들고 말았다.'고 하였다. 그리고 '나'는 '다락에 대한 원천적인 호기심이 희석되진 않았다.'면서 '다만 호기심의 방향이 바뀌어진 셈'이라고 하였다. 따라서 Ⓐ에서 다락에 대해 품었던 '나'의 원천적인 호기심은, 방향이 바뀌었을 뿐 여전히 Ⓑ에 남아 있음을 알 수 있다.

☂ 오답인 이유

③ 매력적인 오답 Ⓐ에서 다락의 곡식에 대해 어머니가 가졌던 애착을, Ⓑ에서 '나'와 아우도 가지게 되었음을 알 수 있습니다.

⋯ Ⓐ에서 어머니는 혼자 다락에 드나들며, 지독 안 곡식에 손도장을 찍어 둘 정도로 애착을 보였다. 그런데 '그날 밤' 이후 Ⓑ에서 어머니는 더 이상 다락의 문을 잠그지 않았다. '다락에 자물쇠가 채워져 있는 동안'에 '오직 어머니의 것'이었던 그곳은 '다락문이 개방된 이후', 즉 Ⓑ에서는 세 사람 모두의 것이 되었고, '나'와 아우 역시 다락의 곡식에 대해 애착을 가지게 되었다. 이는 아이들과 놀기 위해 나가던 길에 아우가 다락문이 열려 있으므로 집을 비운 채 나갈 수 없다고 말하는 것과, 그 이야기를 듣고 아이들과 어울려 놀려고 했

던 생각에 제동이 걸리는 것에서도 확인할 수 있다.

② Ⓐ에서 다락의 곡식에 대해 가졌던 어머니의 꼼꼼한 경계심이, Ⓑ에서 느슨해지고 있음을 알 수 있습니다.

⋯ Ⓐ에서 어머니는 다락의 문을 잠그고 혼자 은밀하게 다락을 드나들었다. 그러나 '그날 밤' 이후 어머니는 고미다락의 문을 채우지 않았고 옛날과 달리 '나'와 아우가 바라보는 앞에서 다락을 출입하기 시작하였다. 이로 보아 Ⓐ에서 다락의 곡식에 대해 가졌던 어머니의 꼼꼼한 경계심이, Ⓑ에서 느슨해지고 있음을 알 수 있다.

④ Ⓐ에서 어머니만 짊어졌던 다락에 대한 책임감이, Ⓑ에서 '나'와 아우에게도 부여되고 있음을 알 수 있습니다.

⋯ Ⓐ에서 어머니가 다락문을 잠그고 혼자만 그곳에 드나들었던 것에서, 다락에 대한 책임감을 혼자 짊어졌음을 알 수 있다. 그런데 Ⓑ에서 다락이 세 사람의 것이 되면서 '나'와 아우 역시 다락문이 열려 있는 상황에서 집을 비워 둔 채 나가서 노는 것을 망설이게 된다. 이는 다락에 대한 책임감이, Ⓑ에 이르러서는 '나'와 아우에게도 부여되고 있음을 보여 준다.

⑤ Ⓐ에서 몰래 다락방에 출입했던 어머니가, Ⓑ에서 '나'와 아우가 바라보는 앞에서도 출입하고 있음을 알 수 있습니다.

⋯ Ⓐ에서 '나'는 다락에 다니는 어머니의 행동을 '은밀한 움직임'이라고 표현하였으며, 어머니는 다락문에 자물쇠를 채워 두었다. 또한 Ⓑ에서 어머니는 '우리가 바라보는 앞에서' 다락을 출입하기 시작했다고 했는데, 이에 대해 '나'는 그것이 '옛날과 다른 점'이라고 말하였다. 이를 종합할 때, 어머니는 Ⓐ에서 몰래 다락방에 출입하였으나 Ⓑ에서는 '나'와 아우가 바라보는 앞에서도 출입하며 변화된 모습을 보이고 있음을 알 수 있다.

▶ 문제편 34~37쪽

정답 | **01** ④　　**02** ④　　**03** ②　　**04** ⑤

[01~04] 다음 글을 읽고 물음에 답하시오.　　2019 11월 고1 전국연합

제대로 작품 분석　　▶ 〈보기〉에서 적절한 것을 골라 넣으며 작품을 분석해 보자.

[장면 1] (처음 ~ 중략 이전)

소주제: 부정을 저질렀지만 스스로를 청렴하다고 생각하는 맹 순사

■ 내가 그만침이나 청백했기 망정이지: 1

■ **청백:** 재물에 대한 욕심이 없이 곧고 깨끗함.

■ **동간:** 동료, 동기

■ **맹 순사:** 청산하지 못한 친일 잔재를 상징하는 인물. 부정적 인물이지만 스스로를 긍정적으로 생각함.

■ **서분이:** 맹 순사의 아내. 남편이 자신을 호강시켜 주지 못하는 것을 불만스러워함.

■ **억지엣발명:** 억지 변명

■ "흥, 가네모도상은 그렇게 ~ 부장이 된 건 어떡하구?": 부정을 저지르고도 승진까지 한 인물의 예를 들어 남편의 말을 반박함. 혼탁한 사회 현실 암시 ①

■ **승찰:** 승진

■ "며칠 가나?": 2

■ "그렇게만 생각허믄 뱃속은 ~ 부러질 팔대린 어딨어?": 부정을 저지르고 부유하게 살고 있는 사람을 부러워함. 혼탁한 사회 현실 암시 ②

■ **불한당:** 떼를 지어 돌아다니며 재물을 마구 빼앗는 사람들의 무리

■ **양복장:** 맹 순사가 그리 청렴하지 않음을 보여 주는 소재 ①

■ 그는 내력을 물으려고 아니 하였다: 양복장이 뇌물로 받은 것임을 짐작하면서도 모르는 척 슬쩍 넘어감.

■ **대마직 국민복:** 맹 순사가 그리 청렴하지 않음을 보여 주는 소재 ②

■ "얼마죠?": 3

■ "수히 갚을 테니 백 원만……": 뇌물을 받는 것으로 모자라 상대에게 돈을 요구함.

■ 따라서 독직이 되거나 죄가 되는 것이 아니었다: 스스로를 청렴하다고 생각하는 이유. 맹 순사가 허위와 위선에 찬 인물임을 드러냄.

■ **독직:** 어떤 직책에 있는 사람이 그 직책을 더럽힘.

[장면 2] (중략 이후 ~ 끝)

소주제: 건달마저 순사가 되자 수모를 받아도 당연하다고 생각하는 맹 순사

■ 다시 순사가 되어 파출소로 첫 출근을 한다: 일제의 잔재를 청산하지 못한 해방 이후의 세태를 보여 줌.

■ 만나거나 지나치는 행인들의 ~ 경멸의 눈초리로 흘겨 보기까지 하였다: 맹 순사를 위축되게 만드는 요인들

■ 함부로 체포도 아니 하고, ~ 때리지 못하게 되었고 하니: 4

■ '전에 많이들 행악을 했대서?': 사람들이 친근스럽고 안심한 얼굴로 대하지 않는 이유에 대한 맹 순사의 생각

■ **행악:** 모질고 나쁜 짓을 행함.

■ '쯧, 지금 와서 푸대접받아도 한무내하지.': 예전과 달라진 자신의 처지에 대한 맹 순사의 착잡한 마음이 드러남.

■ **한무내하지:** 어쩔 수 없지

■ **화무십일홍:** 열흘 동안 붉은 꽃은 없다는 뜻으로, 한 번 성한 것이 얼마 못 가서 반드시 쇠하여짐을 비유적으로 이르는 말

■ 달도 차면 기운다: 5

■ 백성들이 순사를 멸시하는 눈으로 보는 연유를 또 한 가지 발견: '노마'와 같이 변변치 않고 행패를 부리던 인물도 순사가 되기 때문에

■ "아니, 네가 웬일이냐?": 의외의 장소에서 뜻밖의 인물인 노마를 만나 놀람.

■ **짯짯이:** 주의를 기울여 빈틈없고 자세히

■ 근처의 삼 년짜리 학원을 ~ 놓이게 하여 주기도 하였다: 6

■ **작파:** 어떤 계획이나 일을 중도에서 그만두어 버림.

■ **우미관:** 1912년에 세워진 영화관

■ **삐라:** 전단지

■ '저런 것이 다 순사니, 수모도 받아 싸지.': 속으로는 노마를 무시하고 못마땅해함.

　　　　　　　　　　　　　　　　　　　　– 채만식, 〈맹 순사〉

❖ **제대로 작품 분석의 〈보기〉**

　ㄱ 일제 시대 순사들의 횡포를 짐작할 수 있음.

　ㄴ 양복값을 지불할 의사가 없으면서도 가격을 물어봄.

　ㄷ 서분이가 알고 있는 상황이 지속되지 않을 것이라고 생각함.

　ㄹ 세상의 온갖 것이 한번 번성하면 다시 쇠하기 마련이라는 말

　ㅁ 인물에 대한 정보 요약 – 노마는 제대로 배우지 못한 건달이었음.

　ㅂ 실제로는 부정을 저질렀음에도 불구하고 스스로를 깨끗하다고 생각하는 맹 순사

❖ **제목의 의미**

'맹 순사'라는 인물을 통해 해방 전후의 혼란한 현실과 달성하지 못한 친일파 청산 문제를 다루고 있는 소설이다. 이 작품은 해방 이후 친일 잔재를 청산하지 못해서 나타나게 된 비극적 역사의 반복을, 당대 인물들의 모습을 통해 보여 주고 있다. 일제 시대에 순사를 했던 인물, 제대로 배우지 못한 건달이나 살인강도를 저지른 흉악범까지 버젓이 경찰 행세를 하는 혼탁한 현실이 주된 비판의 대상이다.

❖ **작가 소개**

채만식(蔡萬植, 1902~1950): 소설가. 호는 백릉(白菱). 와세다 대학 영문과 중퇴. 1924년 《조선 문단》에 〈세 길로〉를 발표하며 등단하였다. 소설 작품을 통해 당시 지식인 사회의 고민과 약점을 풍자하고, 사회 부조리와 갈등을 사실적으로 묘사하였다. 주요 작품으로 〈탁류〉, 〈태평천하〉, 〈치숙〉, 〈미스터 방〉 등이 있다.

❖ **전체 줄거리**

일제 시대 순사였던 맹 순사는 광복 직후 순사직을 그만둔다. 그는 순사 생활을 하는 동안 양복을 빼앗아 입거나 술대접을 받는 등의 부정을 저질렀지만, 남들에 비해 큰 죄를 짓지 않았으므로 스스로 깨끗하다고 생각한다. 순사를 그만둔 후 생활난에 쫓겨 다시 경찰에 지원한 맹 순사는 경력자라는 이유로 바로 채용되어 어느 파출소에 배속받는다. 그런데 근무할 파출소에 가 보니, 학교도 제대로 다니지 않고 행패나 일삼던 예전의 행랑아들 노마가 순사가 되어 그를 맞이하였다. 그러나 맹 순사를 더욱 놀라게 한 것은 전출 간 노마 대신에 온 새로운 동료 강봉세였다. 그는 맹 순사가 경찰서에서 유치장 간수로 있을 때 살인강도죄로 붙잡혀 들어왔던 인물로, 맹 순사에게 복수의 칼을 갈던 사람이었다. 집으로 돌아온 맹 순사는 강봉세의 칼에 찔리지 않은 것만도 다행이라고 생각하며 사직원을 쓴다. 그리고 예전이나 지금이나 순사라는 게 살인강도와 다를 게 없다고 넋두리한다.

❖ **핵심 정리**

• **갈래:** 단편 소설, 풍자 소설

• **성격:** 비판적, 풍자적

• **배경:** 시간 – 해방 후

　　　　　공간 – 서울

• **시점:** 전지적 작가 시점

• **주제:** 해방 후의 혼탁한 사회 현실에 대한 비판과 풍자

• **특징:** ① 특정 인물의 시각에서 사건을 서술하여 인물의 내면을 드러냄. ② 일제의 잔재를 청산하지 못해 비극적인 역사가 반복되는 현실을 비판함. ③ 부정적 인물이 스스로를 긍정적으로 인식하는 모습을 통해 인물의 허위와 위선을 고발함.

제대로 감상법 모범 답안

채만식, 〈맹 순사〉

❶ 맹 순사 ❷ 노마 ❸ 청백 ❹ 내면 ❺ 긍정

❖ **제대로 작품 분석**

　1 ㅂ　2 ㄷ　3 ㄴ　4 ㄱ　5 ㄹ　6 ㅁ

정답률 65% | 매력적인 오답 ③ 15%

윗글의 서술상의 특징으로 가장 적절한 것은?

☀ 정답인 이유

④ 특정 인물의 시각에서 사건을 서술하여 인물의 내면을 드러내고 있다.
   ○ → 맹 순사의 시각
   ⋯ 이 글은 '스스로 청백하였노라고 팔분의 자신이 있었다.', '따라서 독직이 되거나 죄가 되는 것이 아니었다.'와 같이 맹 순사의 시각에서 사건을 서술하여 인물의 내면을 드러내고 있다. 이처럼 부정적 인물이 스스로를 긍정적으로 인식하는 모습을 통해 인물의 허위와 위선을 고발하고 있다.

☂ 오답인 이유

③ 매력적인 오답 인물의 외양을 묘사하여 인물의 성격 변화를 암시하고 있다.
   ⋯ '볼때기에 있는 붉은 점'이 인물의 외양을 묘사한 것으로 볼 수도 있지만, 인물의 성격 변화가 나타나 있지는 않다.

① 서술자를 교체하여 새로운 사건을 도입하고 있다.
   ⋯ '중략 부분' 이후에 맹 순사가 파출소에 출근하는 사건이 나타나기는 하지만, 서술자가 바뀌지는 않았다.

② 장면을 빈번하게 전환*하여 긴박한 분위기를 형성하고 있다.
   ⋯ '중략 부분'을 전후로 서로 다른 사건이 나타나기는 하지만 장면을 빈번하게 전환하고 있다고 보기 어려우며, 이를 통해 긴박한 분위기를 형성하고 있지도 않다.

> * 장면의 빈번한 전환: 장면의 전환은 하나의 장면에서 다음 장면으로 변화시키는 것을 말하는데, 이러한 전환이 여러 번 이루어졌을 때 빈번한 전환이라고 함. 장면을 자주 전환하면 호흡이 빨라지고 사건 전개에 속도가 붙으면서 긴장감을 고조시킬 수 있음.

⑤ 서로 다른 장소에서 동시에 일어난 사건을 제시하여 인물들의 상황을 대비하고 있다.
   ⋯ 서로 다른 장소에서 동시에 일어난 사건이 나타나지 않으며, 인물들의 상황을 대비하고 있지도 않다.

02

정답률 83%

㉠~㉤에 대한 설명으로 적절하지 않은 것은?

☀ 정답인 이유

④ ㉣: 맹 순사는 과거의 행악을 생각하며 자신이 저지른 행동을 부인하고 있다.
   × → 자신이 저지른 행악을 떠올리고 있음.
   ⋯ ㉣에서 맹 순사는 사람들이 자신과 같은 순사를 친근스럽고 안심한 얼굴로 대하지 않는 이유를 생각하며 예전에 저지른 행악을 떠올리고 있다. 따라서 자신이 저지른 행동을 부인하고 있다는 설명은 적절하지 않다.

☂ 오답인 이유

① ㉠: 맹 순사는 서분이가 알고 있는 상황이 지속되지 않을 것이라고 말하고 있다.
   ⋯ ㉠은 맹 순사가, 친일 인사가 부정을 저지르고도 승진해서 잘 살고 있는 상황이 지속되지는 않을 것이라고 서분이에게 말한 것이다.

② ㉡: 맹 순사는 양복 값을 지불할 의사가 없으면서도 가격을 물어보고 있다.
   ⋯ ㉡은 맹 순사가 양복 값을 지불할 의사가 없으면서도 돈이 삼 원밖에 없는 지갑을 꺼내는 체하며 양복 가격을 물어본 것이다.

③ ㉢: 맹 순사는 뇌물을 받는 것으로도 모자라 상대에게 돈을 요구하고 있다.
   ⋯ ㉢은 맹 순사가 못 이기는 체 주는 뇌물을 받는 것으로도 모자라 그럴싸한 사람을 찾아가 직접 돈을 요구한 것이다.

⑤ ㉤: 맹 순사는 의외의 장소에서 뜻밖의 인물인 노마를 만나 놀라고 있다.
   ⋯ ㉤은 파출소에서 만날 것이라고 생각하지 못했던 뜻밖의 인물인 노마를 만나 놀라서 한 말이다.

정답률 78%

다음은 윗글에 대한 [학습 활동] 과제이다. 이를 수행한 결과로 적절하지 않은 것은?

> [학습 활동] ⓐ~ⓔ에 들어갈 인물의 심리를 작품의 내용을 바탕으로 서술하시오.
>
> | 공간 | 질문 | 답변 | 심리 |
> |---|---|---|---|
> | 방 | 맹 순사와 대화를 나눌 때, 서분이의 심정을 드러내는 소재는? | 재봉틀 | ⓐ |
> | 방 | 맹 순사가 양복장을 보며 얼굴이 간지럽다고 느낀 이유는? | 뇌물로 받은 것이어서 | ⓑ |
> | 파출소 가는 길 | 행인들이 다시 순사가 된 맹 순사를 바라보는 시선은? | 흘겨 봄 | ⓒ |
> | 파출소 가는 길 | 맹 순사가 길을 걸으며 여러 생각들을 한 뒤 보인 행동은? | 한숨을 쉼 | ⓓ |
> | 파출소 | 맹 순사가 노마와 인사를 나누며 보인 행동은? | 내색을 아니 하고 웃음 | ⓔ |

☀ 정답인 이유

② ⓑ: 팔자를 고칠 만큼 뇌물을 많이 받지 못했다고 생각하는 모습에서 맹 순사가 다른 사람들에게 느끼는 질투심을 알 수 있다.
   × → 스스로를 청렴하다고 생각함.   × → 부끄러움을 느낌.
   ⋯ 맹 순사는 숱한 부정을 저질렀으면서도 스스로를 청렴하고 깨끗한 사람이라고 생각하고 있다. 맹 순사가 양복장을 보며 얼굴이 간지럽다고 느낀 이유는, 청렴하다는 그의 생각과 달리 실제로는 양복장이 뇌물로 받은 것이어서 부끄러움을 느꼈기 때문이다.

☂ 오답인 이유

① ⓐ: 자신들보다 부유하게 살고 있는 사람들에 대한 서분이의 부러움을 알 수 있다.
   ⋯ 서분이는 재봉틀 등을 언급하며 부정을 저지르고도 부유하게 잘 살고 있는 사람들에 대한 부러움을 드러내고 있다.

③ ⓒ: 예전과 다른 눈초리에서 순사를 적대시하는 행인들의 마음을 알 수 있다.
   ⋯ 행인들은 예전처럼 순사를 무서워하지 않고 적의와 경멸의 눈초리로 흘겨 보고 있다.

④ ⓓ: 예전과 달라진 자신의 처지에 대한 맹 순사의 착잡한 마음을 알 수 있다.
   ⋯ 맹 순사는 예전과는 다른 행인들의 반응에, 불쌍한 사람들한테

못할 짓을 많이 한 대갚음을 받는 것이라고 생각하고는 한숨을 쉬며 착잡해하고 있다.

⑤ ⓔ: 동간이라고 말하면서도 속으로 노마를 무시하는 것에서 노마에 대해 못마땅해하는 맹 순사의 마음을 알 수 있다.

⋯ 맹 순사는 배운 것이 없는 건달 출신의 노마가 순사가 된 것에 대해, 겉으로는 내색을 하지 않으면서도 속으로는 무시하고 못마땅해하고 있다.

04
정답률 83%

〈보기〉를 참고하여 윗글을 감상한 내용으로 적절하지 않은 것은? [3점]

〈보기〉

이 작품은 혼란스러웠던 해방 전후의 사회 현실 속에서 도덕적 관념
작품의 주제 의식
이 부족한 인물들을 비판적으로 드러내고 있다. 특히, 부정적 인물이
스스로를 긍정적으로 인식하는 모습을 제시한 뒤 그의 실상을 드러내
작품의 특징 ① - 반어와 풍자의 기법을 사용함.
는 방법을 통해 인물의 허위와 위선을 고발하고 있다. 또한 해방 이후
친일 잔재를 청산하지 못해서 나타나게 된 비극적 역사의 반복을, 당대
작품의 특징 ② - 당대의 현실을 사실적으로 드러냄.
인물들의 모습을 통해 보여 주고 있다.

☀ 정답인 이유

⑤ '우미관패'에 들어가 '사람을 치다 붙잡'힌 노마를 놓아줬던 맹 순사의 모습에서 맹 순사가 도덕적 관념을 회복하는 과정을 확인할 수 있겠군.
　　　　　　　× → 도덕적 관념의 회복과는 관련이 없음.

⋯ 맹 순사가 노마를 놓아준 것은 안면이 있는 사람을 풀어준 것일 뿐 도덕적 관념의 회복과는 관련이 없다.

☂ 오답인 이유

① 맹 순사가 '다른 동간들'과 달리 자신은 '청백'하다고 말하는 모습에서 부정적 인물이 스스로를 긍정적으로 인식하고 있음을 확인할 수 있겠군.
　○ → 〈보기〉의 '부정적 인물이 스스로를 긍정적으로 인식하는 모습을 제시'

⋯ 양복을 빼앗아 입거나 술대접을 받는 등의 숱한 부정을 저질렀음에도 불구하고 자신이 청백하다고 생각하는 맹 순사의 모습에서 부정적 인물이 스스로를 긍정적으로 인식하고 있음을 확인할 수 있다.

② '뼈젓이' '돈벌이만 잘 허믄서, 활개 펴구' 사는 사람에 대한 서분이의 말에서 혼란스러운 당대 사회 모습을 확인할 수 있겠군.
　○ → 〈보기〉의 '혼란스러웠던 해방 전후의 사회 현실'

⋯ 부정한 짓을 저지른 사람들이 부유하게 잘살고 있다는 서분이의 말에서 혼탁한 당대 사회의 모습을 확인할 수 있다.

③ 스스로 청백하다고 여기면서 '술대접'을 받은 것은 '죄가 되는 것이 아니었다'라고 생각하는 맹 순사의 모습에서 인물의 허위와 위선을 확인할 수 있겠군.
　　　　　　　○ → 〈보기〉의 '인물의 허위와 위선을 고발'

⋯ 자신이 저지른 부정을 죄가 아니라고 생각하는 맹 순사의 모습에서 인물의 허위와 위선을 확인할 수 있다.

④ 해방 후 다시 '순사'가 되어 '×× 파출소'에서 일하게 된 맹 순사의 모습에서 친일 잔재를 청산하지 못해 비극적인 역사가 반복되는 것을 확인할 수 있겠군.
　○ → 〈보기〉의 '친일 잔재를 청산하지 못해서 나타나게 된 비극적 역사의 반복'

⋯ 일제 시대 때 불쌍한 사람한테 못할 짓을 많이 하고도 해방 후에 다시 순사가 된 맹 순사의 모습에서 친일 잔재를 청산하지 못해 비극적인 역사가 반복되는 것을 확인할 수 있다.

[01~03] 다음 글을 읽고 물음에 답하시오.
2019 3월 고1 전국연합

제대로 작품 분석　▶〈보기〉에서 적절한 것을 골라 넣으며 작품을 분석해 보자.

[장면 1] (처음 ~ 영감이 죽지 않고 살아왔던 것이다)

소주제: 아들이 죽지 않았을 것이라고 믿는 한몰댁

■ 그 아이는 안 죽었소: 미륵보살이 지켜 주기 때문에 아들이 죽지 않았을 것이라고 믿는 한몰댁

■ 그 아이: '한몰 영감 내외의 아들'을 가리킴.

■ 미륵보살님: ¹

■ 꼭 옛날 당신이 징용 가셨을 때 미륵바위 곁에 서 계셨던 것맨키로: 미륵보살 곁에 서 있는 남편(한몰 영감)의 꿈을 꾼 이후에 사망 통지서를 받았던 남편이 살아 돌아옴.

■ 한몰댁: 한몰 영감의 아내. 민속 신앙으로 남편과 아들이 무사하다고 믿고 기다림.

■ 영감: '한몰 영감'을 가리킴. 한몰댁의 남편. 일제 강점기 때 구사일생으로 살아와, 죽었다는 아들도 살아오기를 희망함.

■ 할멈: '한몰댁'을 가리킴.

[장면 2] (왜정 때 북해도 탄광에 ~ 중략 이전)

소주제: 사망 통지서에도 불구하고 한몰댁의 믿음대로 살아 돌아온 한몰 영감

■ 왜정 때 북해도 탄광에 징용으로 끌려갔을 때였다: 과거의 사건(일제 강점기 때) 제시

■ 갑자기 배탈이 났다: ²

■ 십장: 일꾼들을 감독 · 지시하는 우두머리

■ 함바: 건설 현장에 임시로 지어 놓은 식당

■ 낙반: 천장이나 벽의 암석이 떨어짐.

■ 치부: 마음속으로 그러하다고 보거나 여김.

■ 예사 때도 지나새나 궁리가 그 궁리였으므로: 낙반 사고 이전에도 탈출을 생각하고 있었음.

■ 지나새나: 해가 지거나 날이 새거나 밤낮으로

■ "그이는 안 죽었소.": 미륵보살이 지켜 주기 때문에 남편이 죽지 않았을 것이라고 믿는 한몰댁

■ 한몰댁은 눈물 한 방울 흘리지 않고: ³

■ 남편이 살아왔다: 한몰댁의 믿음이 실현됨. – 아들 역시 살아 있을 것이라고 믿는 근거

[장면 3] (중략 이후 ~ 부랴부랴 동네로 내닫는다)

소주제: 도깨비들에게 아들의 안전을 부탁하는 한몰 영감

■ 수몰: 물속에 잠김.

■ "자녜들 사는 길속을 ~ 발붙일 데가 없어.": ⁴

■ 자녜들: '도깨비들'을 가리킴.

■ 우리 집 녀석: '한몰 영감 내외의 아들'을 가리킴.

■ 피붙이들이 생나무 가지 ~ 듣지 못하고 산대서야: ⁵

[장면 4] (이듬해 봄부터 댐에 물이 ~ 끝)

소주제: 수몰된 마을 앞에 집을 짓고 안내판을 세운 한몰 영감 내외

■ 댐에 물이 차기 시작했다: 산업화로 인해 마을이 없어지고 댐이 생김.

■ 산중턱까지 물이 찬 댐은 ~ 한가롭게 멈춰 있기도 했다: 배경 묘사를 통한 선명한 장면 제시 ①

■ 자맥질: 물속에서 팔다리를 놀리며 떴다 잠겼다 하는 짓

■ 잿길: 재(높은 산의 고개)에 난 길

■ 큼직한 안내판: ⁶

■ 싸리나무 울타리가 가지런히고 ~ 햇살에 눈이 부실 지경이다: 배경 묘사를

통한 선명한 장면 제시 ②

■ "이 재 너머 잇뜬 감내골 ~ 부님이 아배 이름은 김진구다.": 안내판의 내용 – 아들이 살아올지도 모른다는 한몰 영감 내외의 소망이 담겨 있음.

■ 김진구: 한몰 영감의 이름

– 송기숙, 〈당제〉

❖ 제대로 작품 분석의 〈보기〉

ⓐ 분단으로 인한 비극
ⓑ 초월적 존재. 기원의 대상
ⓒ 남편이 살아 있다고 믿기 때문에
ⓓ 한몰 영감이 죽지 않고 살아 돌아올 수 있었던 계기
ⓔ 한몰 영감 내외가 아들이 살아 돌아오면 보라고 세운 표시판
ⓕ 도깨비들에게 아들의 안전을 지켜 달라고 부탁하는 한몰 영감

❖ 제목의 의미

'당제(堂祭)'는 마을 사람들이 무병과 풍년을 빌며 마을을 지켜 주는 신에게 지내는 제사를 말한다. 이 작품은 당제, 도깨비 등의 민속 신앙을 통해 일제 강점기에서 6·25 전쟁, 근대의 산업화에 이르기까지 자신들이 겪어온 아픔을 극복해 나가려는 감내골 사람들의 모습을 보여 주는 소설이다.

❖ 작가 소개

송기숙(宋基淑, 1935~): 소설가. 전라남도 장흥 출생. 1964년 먼저 평론가로 등단했다가, 1966년 단편 소설 〈대리복무〉를 발표하면서 소설가로 활동하기 시작했다. 분단의 아픔과 그 극복 의지를 주로 다루었으며 민속 신앙과 관련된 소재를 통해 인간의 존엄성에 대한 탐구를 보여 주기도 했다. 주요 작품으로 〈암태도〉, 〈녹두장군〉, 〈오월의 미소〉 등이 있다.

❖ 전체 줄거리

한몰 영감 내외는 30년 전 6·25 전쟁 때 의용군으로 나간 아들을 기다리며 살아간다. 부부는 죽었다고 소문 난 아들이 북쪽에 살아 있다고 믿는데, 이는 한몰댁이 꾼 꿈 때문이다. 일제 강점기 때 한몰댁은 미륵보살 곁에 서 있는 한몰 영감의 꿈을 꾼 다음날, 징용에 끌려갔던 남편의 사망 통지서를 받는다. 그러나 그녀는 미륵보살이 남편을 지켜 줄 것이라 믿으며 평소와 다름없이 생활하고, 죽은 줄로만 알았던 한몰 영감은 살아서 돌아온다. 그런데 아들이 지리산에서 죽었다는 소문이 난 상황에서 한몰댁은 다시 미륵보살 옆에 서 있는 아들의 꿈을 꾼 것이다. 한편 댐 건설로 인해 마을이 수몰될 처지에 놓이고, 한몰 영감은 마을에서 지내는 마지막 당제의 제주(祭主)가 되기를 자청한다. 당제가 끝난 뒤 한몰 영감은 홀로 남아 도깨비들에게 아들의 안전을 지켜 달라고 부탁한다. 한몰 영감 내외는 마을이 수몰된 이후에도 댐 근처에 집을 짓고, 그 집이 누구의 집인지를 알리는 안내판을 세운 뒤 그곳에서 살아간다.

❖ 핵심 정리

• 갈래: 단편 소설, 분단 소설
• 성격: 토속적, 의지적
• 배경: 시간 – 1970년대
　　　　공간 – 농촌
• 시점: 전지적 작가 시점
• 주제: 민속 신앙을 통한 수난 극복 의지
• 특징: ① 농촌을 배경으로 민족 수난의 역사와 산업화의 상처를 형상화함. ② 전라도 방언을 활용하여 사실감과 생동감을 부여함. ③ 배경 묘사를 통해 장면을 선명하게 제시함.

┌─ 제대로 감상법 모범 답안 ─┐

송기숙, 〈당제〉

❶ 한몰 영감 ❷ 의용군 ❸ 미륵바위 ❹ 방언 ❺ 회상

❖ 제대로 작품 분석

1 ⓑ　2 ⓔ　3 ⓒ　4 ⓕ　5 ⓐ　6 ⓓ

01

정답률 82%

〈보기〉에서 윗글에 대한 설명으로 적절한 것을 모두 골라 바르게 짝지은 것은?

┌────────── 〈보기〉 ──────────┐

ㄱ. 방언을 사용하여 대화를 실감나게 전달하고 있다.
　　○ → '것맨키로', '말인디', '쪼깐' 등
ㄴ. 사건이 반복되면서 인물 간 갈등이 심화되고 있다.
　　× → 제시된 부분에는 인물 간의 갈등이 나타나지 않음.
ㄷ. 배경 묘사를 통해 장면을 선명하게 제시하고 있다.
　　○ → '댐'과 '오두막집'의 풍경을 묘사함.
ㄹ. 주인공이 서술자가 되어 자신의 경험을 서술하고 있다.
　　× → 작품 밖의 서술자가 내용을 전개하고 있음.
└──────────────────────────┘

☀ 정답인 이유

① ㄱ, ㄷ

⋯ 이 글은 '서 계셨던 것맨키로', '잘 몰라서 하는 말인디', '쪼깐 전해 주게' 등에서 전라도 방언을 활용하여 사실감과 생동감을 부여하고 있다. 또한 댐의 풍경(산중턱까지 물이 찬 댐은 ~ 한가롭게 멈춰 있기도 했다.)과 오두막집의 풍경(싸리나무 울타리가 가지런하고 ~ 햇살에 눈이 부실 지경이다.)을 묘사하여 배경을 선명하게 제시하고 있다. 따라서 이 글에 대한 설명으로 적절한 것은 ㄱ과 ㄷ이다.

☂ 오답인 이유

② ㄴ, ㄷ

⋯ ㄴ은 이 글에 대한 설명으로 적절하지 않다. 한몰 영감이 일제 강점기 때 징용으로 끌려간 사건과 그 아들이 6·25 전쟁 때 의용군으로 나간 사건이 반복되고 있다고도 볼 수 있으나, 제시된 부분에는 인물 간의 갈등이 나타나 있지 않다.

③ ㄷ, ㄹ

⋯ ㄹ은 이 글에 대한 설명으로 적절하지 않다. 주인공이 서술자가 되어 자신의 경험을 서술하는 것은 1인칭 주인공 시점인데, 이 글은 작품 밖의 서술자가 내용을 전개하는 전지적 작가 시점을 취하고 있다.

④ ㄱ, ㄴ, ㄹ

⋯ ㄴ, ㄹ은 이 글에 대한 설명으로 적절하지 않다.

⑤ ㄴ, ㄷ, ㄹ

⋯ ㄴ, ㄹ은 이 글에 대한 설명으로 적절하지 않다.

02

정답률 85%

㉠에 대하여 '한몰 영감'이 회상*했을 법한 내용으로 적절한 것은?

＊ 회상(回想): 지난 일을 돌이켜 생각함. ❷ 나는 옛 친구의 편지를 읽으며 학창 시절을 회상했다.

☀ 정답인 이유

④ '탄광 사람들은 내가 갱도에서 죽었다고 생각했있을 거야.'

⋯ ㉠은 징용으로 끌려갔다가 탄광의 갱도가 무너져 죽었다고 집에 사망 통지서까지 왔던 한몰 영감이 죽지 않고 살아왔던 일을 말한다. 한몰 영감이 과거를 회상하는 장면에서 '자기가 갱 속에 들어가지 않았다는 것은 십장만 알고 있는데, 그도 갱 속에 들어갔으므로 자기가 없으면 갱에서 죽은 걸로 치부할 게 틀림없었다.'라고 하였다. 따라서 한몰 영감이 '탄광 사람들은 내가 갱도에서 죽었다고 생

각했었을 거야.'라고 회상하는 것은 적절하다.

오답인 이유

① '낙반 사고 이전에는 탈출을 감행*할 생각을 하지 않았지.'
　　　　　　　　　　　　× → 밤낮없이 탈출할 궁리를 했음.

⋯⋯ '예사 때도 지나새나 궁리가 그 궁리였으므로 도망칠 길목은 웬만큼 어림잡고 있었다.'라고 하였으므로, 한몰 영감은 낙반 사고 이전에도 탈출을 감행할 생각을 했었음을 알 수 있다.

> * 감행(敢行) : 과감하게 실행함. 예 노조는 파업을 감행하기로 결정했다.

② '탈출을 결심하고도 동료에 대한 의리 때문에 괴로워했어.'
　　　　　　　　　　　　　　　　× → 나타나 있지 않음.

⋯⋯ '갱 사정을 손바닥 보듯 알고 있던 영감은 그들을 구출할 수 없다는 걸 잘 알고 있었다. 순간, 도망치자는 생각이 번개처럼 머리를 쳤다.'라고 하였다. 낙반 사고가 일어나자 한몰 영감은 탈출을 결심하지만, 동료에 대한 의리 때문에 괴로워했다는 내용은 나타나 있지 않다.

③ '갱도가 붕괴되었을 때 나도 동료들을 구하려 노력했었지.'
　　　　　　　　　　　　× → 동료들을 구할 수 없다는 걸 알고 있었음.

⋯⋯ '갱 사정을 손바닥 보듯 알고 있던 영감은 그들을 구출할 수 없다는 걸 잘 알고 있었다.'라고 하였다. 한몰 영감이 동료들을 구하려 노력했다는 내용은 나타나 있지 않다.

⑤ '내가 갱도에 들어가지 않은 것을 십장이 몰라 다행이었어.'
　　　　　　　　　　　　　　× → 십장은 알고 있음.

⋯⋯ '평소 그를 곱게 보던 십장이 함바에서 쉬라고 했다.'라고 하였으므로, 십장은 한몰 영감이 갱도에 들어가지 않은 것을 알고 있었음을 짐작할 수 있다.

03
정답률 20% | 매력적인 오답 ⑤ 45%

〈보기〉를 바탕으로 윗글을 감상한 내용으로 적절하지 않은 것은? [3점]

> ─〈보기〉─
> 　〈당제〉는 민족 수난의 역사와 산업화를 겪은 농촌을 배경으로 한몰 영감 내외와 마을 사람들이 경험한 아픔을 보여 준다. 아래와 같이 이 작품의 두 축은 '역사'와 '신앙'으로, 초월적 세계에 대한 믿음을 통해 현실의 문제들을 해결해 가고자 하는 사람들의 모습을 드러낸다.
>
> | 역사(현실) | ⋯⋯⋯⋯ | 신앙(초월적 세계) |
>
> '미륵바위'는 개개인이 초월적 세계를 향해 직접적으로 기원할 수 있는 대상이고, '마을신'에게 제사를 지내는 '당제'는 두 세계를 매개하는 의식이다. '도깨비'는 두 세계의 매개자로서 마을 사람들의 일상과 함께한다. 이처럼 소설은 현실의 삶이 초월적 세계와의 교류를 통해 지탱되고 이어져 감을 보여 주고 있다.

④의 근거 / ②의 근거 / ③의 근거 / ⑤의 근거

정답인 이유

① 남편이 살아 있다는 '한몰댁'의 확신은 '꿈'이 소망을 이루어 주어 초월적 세계를 구현한다는 믿음에서 비롯된 것이겠군.
　　　　　× → 꿈을 통해 본 초월적 세계에 대한 믿음

⋯⋯ 한몰댁은 남편의 사망 통지서와 함께 유골이 왔음에도 불구하고 "그이는 안 죽었소."라며 남편이 살아 있음을 확신하고 있다. 한몰댁의 이러한 확신은 전날 밤 꿈에 나타난 미륵보살이 남편을 지켜 줄

것이라는 믿음 때문으로, 〈보기〉에서는 이를 '초월적 세계에 대한 믿음을 통해 현실의 문제들을 해결해 가고자 하는 사람들의 모습'을 드러낸 것으로 보았다. 따라서 남편이 살아 있다는 한몰댁의 확신은 꿈을 통해 본 초월적 세계에 대한 믿음에서 비롯된 것이지, 꿈이 소망을 이루어 주어 초월적 세계를 구현한다는 믿음에서 비롯된 것이 아니다.

오답인 이유

⑤ [매력적인 오답] '한몰 영감' 부부가 '안내판'을 세운 것은 초월적 세계에 대한 믿음이 그들의 삶을 지탱하고 있음을 보여 주는 것이겠군.
　　　　　○ → 〈보기〉의 '현실의 삶이 초월적 세계와의 교류를 통해 지탱'

⋯⋯ 한몰 영감 내외는 미륵보살이 지켜 주기 때문에 아들이 살아 있을 것이라 믿으며, 아들이 돌아올 때 무사히 집을 찾을 수 있도록 안내판을 세웠다. 이는 초월적 세계에 대한 믿음이 그들의 삶을 지탱하고 있음을 보여 주는 것이다.

② '한몰댁'이 수난을 겪을 때 '미륵바위'를 찾은 것은 초월적 세계를 통해 현실의 문제를 해결하고자 한 것이겠군.
　　　　　○ → 〈보기〉의 '초월적 세계에 대한 믿음을 통해 현실의 문제들을 해결'

⋯⋯ 한몰댁은 남편의 사망 소식을 듣고도 남편이 살아 있다고 믿으며 미륵바위 앞에서 더 정성스레 치성을 드렸다. 이는 초월적 세계를 통해 현실의 문제를 해결하고자 한 것이다.

③ '한몰 영감'이 '도깨비'에게 아들을 부탁한 것은 현실과 초월적 세계가 교류하는 모습을 보여 주는 것이겠군.
　　　　　○ → 〈보기〉의 '도깨비는 두 세계의 매개자', '현실의 삶이 초월적 세계와의 교류'

⋯⋯ 한몰 영감은 도깨비에게 자기네 부부의 소식을 아들에게 전해 주고 아들의 안전을 지켜 달라고 부탁하였다. 이는 초월적 존재인 도깨비를 통해 현실과 초월적 세계가 교류하는 모습을 보여 주는 것이다.

④ '댐' 건설로 '감내골'이 물에 잠기게 된 것은 산업화 시대의 농촌 사람들이 겪어야 했던 아픔을 보여 주는 것이겠군.
　　　　　○ → 〈보기〉의 '산업화를 겪은 농촌을 ~ 마을 사람들이 경험한 아픔'

⋯⋯ 산업화에 의한 댐의 건설로 감내골이 수몰되면서 마을 사람들은 어쩔 수 없이 마을을 떠나야 했다. 이는 산업화 시대의 농촌 사람들이 겪어야 했던 아픔을 보여 주는 것이다.

[01~03] 다음 글을 읽고 물음에 답하시오.　　2019 9월 고1 전국연합

제대로 작품 분석　　▶〈보기〉에서 적절한 것을 골라 넣으며 작품을 분석해 보자.

[장면 1] (처음 ~ 죽어도 삼천칠백칠십으로 안 준다)
소주제: 밀린 임금을 받기 위해 용우의 도움을 받는 '나'

- **'나'**: 용돈을 벌기 위해 아르바이트를 하는 고등학생. 순수하고 긍정적인 인물
- **약속한 날짜에 임금을 주지 않자**: ¹
- **용우**: 임금을 제때 받지 못하고 있는 '나'를 도와주는 친구
- **"대드는 게 아니고, 돈 달라고 하는 건데요."**: '나'의 밀린 아르바이트 임금을 받아 내기 위해 주인 아줌마와 맞서는 용우
- **삶의 현장이 용우를 저렇게 단련시켰다**: 힘든 세상을 살다 보니 용우가 강인해졌다는 의미
- **가상해서**: 착하고 기특해서
- **"니 지난번에 말도 안 하고 무단결근한 날 있었지?"**: 아르바이트 비용을 줄이기 위해 트집을 잡음.
- **무단결근**: 사전에 허락을 받지 않고 출근하지 않음.
- **그날은 학교 폭력 문제로 ~ 어쩔 수가 없었다**: ²
- **오금을 박는**: 다른 사람에게 함부로 말이나 행동을 하지 못하게 단단히 이르는
- **그런데 이제 와서 무단결근이라니**: 아줌마의 일방적인 주장에 억울해하는 '나'
- **담판**: 서로 맞선 관계에 있는 쌍방이 의논하여 옳고 그름을 판단함.
- **용우는 삼천칠백칠십 원을 들이댔고 아줌마는 끝까지 삼천 원을 고수했다**: 최저 시급을 받아내려는 용우와 이에 못 미치는 돈을 주려는 아줌마의 대립
- **나는 웬일인지 너무도 피곤해서 ~ 마음이 간절해지기 시작했다**: 이익을 위해 심하게 다투어야 하는 상황에 점점 지쳐 가는 '나'
- **봉숭아는 천연덕스럽게 꽃을 피우고 있었다**: 위기 속에서도 변함없이 생명력을 유지하고 있는 봉숭아
- **봉숭아**: ³
- **봉숭아는 아름다운데 ~ 떡볶이집 아줌마는 왜 아름답지 않을까**: 꽃을 키우면서도 꽃처럼 순수하지 않은 사람들의 모습에 대한 의문
- **아줌마가 원망하는 대상이 ~ 엄마 같아서 더 그랬다**: 아줌마가 우는 모습에 엄마를 떠올리며 괴로워하는 '나'

[장면 2] (세상에, 우리 회사 말이다 ~ 봉투를 안방에 밀어놓고 집을 나왔다)
소주제: 물질보다 더 중요한 가치가 있다는 것을 깨닫는 '나'

- **"내가 뭘? 나야 뭐 노조도 안 할 거고 잡담도 안 할 건데."**: 노조 가입에 대한 엄마의 부정적 태도
- **"그게 문제야. 노동자가 당연히 ~ 사람이 기계야, 말도 못 하게?"**: 노조 가입에 대한 누나의 긍정적 태도
- **"내 말은 엄마같이 짤릴 거 ~ 만들어야 한다는 거지,"**: ⁴
- **"아이고, 이놈의 세상 ~ 당최 헐 수 있는 일이 없구나."**: 일거리를 구하지 못해 세상을 탓하는 아버지
- **봉숭아는 돈 때문에 울지 않는다**: ⁵
- **아름다운 것들은 힘이 센지도 모른다**: '나'가 아르바이트 경험을 통해 정신적으로 한층 성장했음을 알 수 있음.

[장면 3] ('아줌마 떡볶이' 집 봉숭아가 ~ 끝)
소주제: 정신적으로 황폐해지지 않겠다고 의지를 다지는 '나'

- **내가 황폐해지지 않기 위해서다**: ⁶

- **힘센 봉숭아를 닮아 넘어져도 기를 쓰고 살아나리라**: 정신적으로 황폐해지지 않고 희망을 품고 살아가겠다는 '나'의 다짐

– 공선옥, 〈힘센 봉숭아〉

❖ **제대로 작품 분석의 〈보기〉**
　　㉠ 강인한 생명력을 지닌 존재
　　㉡ '나'와 주인 아줌마가 갈등하는 이유
　　㉢ 봉숭아를 다시 화분에 심으려는 이유
　　㉣ 아르바이트를 빠질 수밖에 없었던 이유
　　㉤ 물질보다 더 중요한 가치가 있다는 것을 깨닫는 '나'
　　㉥ 노동자의 권리가 보장되는 세상을 만들어야 한다고 생각하는 누나

❖ **제목의 의미**
아르바이트를 하다가 최저 시급도 안 되는 임금마저 제때 받지 못하는 경험을 한 '나'는, 화분이 망가졌어도 강인하게 생명력을 유지하고 있는 '봉숭아'를 보며 아름다운 것들은 힘이 세다는 것을 깨닫는다. 이 작품은 주인공인 고등학생 이민수가 각박한 현실 속에서 물질보다 더 중요한 가치가 있음을 깨닫는 과정을 그린 성장 소설로, 《나는 죽지 않겠다》라는 소설집에 수록되어 있다.

❖ **작가 소개**
공선옥(孔善玉, 1963~): 소설가. 전라남도 곡성 출생. 1991년 《창작과비평》에 중편 소설 〈씨앗불〉을 발표하며 등단하였다. 여성을 포함한 사회적 약자들에게 깊은 애정을 가지고 그들의 삶을 생동감 넘치게 형상화했다는 평을 받는다. 소설집으로 《피어라 수선화》, 《명랑한 밤길》, 《나는 죽지 않겠다》 등이 있다.

❖ **전체 줄거리**
넉넉하지 못한 가정 환경에서 살아가고 있는 '나'(이민수)는 여자 친구와 이별하고 방황하다가 떡볶이 가게에서 아르바이트를 시작한다. '나'는 주인 아줌마가 약속한 날짜에 임금을 주지 않자 홧김에 가게의 봉숭아 화분을 망가뜨리고, 아르바이트 경력이 많은 용우의 도움을 받아 밀린 임금을 받아 낸다. 용우와 아줌마의 다툼에 지친 '나'는 망가뜨린 봉숭아 화분을 보며 넘어져도 꽃을 피우고 있는 봉숭아가 아름답다고 생각한다. 집으로 돌아온 '나'는 해고당할까 봐 불안해하는 엄마와 일거리를 구하지 못해 힘들어하는 아버지를 보며 돈이 우선인 세상을 한탄한다. '나'는 돈보다 힘이 센 것은 무엇인지 생각하다가 떡볶이 가게의 봉숭아를 떠올린다. '나'는 아름다운 것이 힘이 세다는 것을 깨닫고 힘센 봉숭아를 닮아 넘어져도 기를 쓰고 살아나겠다고 다짐한다.

❖ **핵심 정리**
- 갈래: 단편 소설, 연작 소설, 성장 소설
- 성격: 현실 비판적, 희망적, 긍정적
- 배경: 현대의 어느 도시
- 시점: 1인칭 주인공 시점
- 주제: 물질보다 더 소중한 가치에 대한 깨달음
- 특징: ① 작품 속의 인물인 1인칭 서술자에 의해 사건이 서술됨. ② 서술자의 내면 심리를 상세하게 제시함. ③ 자연물('봉숭아')을 활용해 물질보다 더 중요한 가치가 있음을 깨닫게 함. ④ 청소년의 현실과 고민을 생생하게 묘사함.

제대로 감상법 모범 답안

공선옥, 〈힘센 봉숭아〉
❶ '나'　❷ 해고　❸ 봉숭아　❹ 대화　❺ 자연물

❖ **제대로 작품 분석**
1 ㉡　2 ㉣　3 ㉠　4 ㉥　5 ㉤　6 ㉢

01

윗글에 대한 설명으로 적절하지 <u>않은</u> 것은?

☀ 정답인 이유

① '아버지'는 새로운 일거리를 찾지 못한 것을 가족의 탓으로 돌리고 있다.

<u>× → 세상을 탓함.</u>

⋯▶ 아버지는 '아이고, 이놈의 세상, 먹고살기가 왜 이리 힘드냐, 당최 헐 수 있는 일이 없구나.'라며 일자리를 구할 수 없는 세상을 탓하고 있다. 아버지가 가족을 탓하고 있는 내용은 나타나 있지 않다.

☂ 오답인 이유

② '엄마'는 일자리를 잃을 것이 두려워 노조에 가입하는 것을 꺼려하고 있다.

<u>○ → '나야 뭐 노조도 안 할 거고', '그러다 짤리면?'</u>

⋯▶ '나야 뭐 노조도 안 할 거고 잡담도 안 할 건데.', '그러다 짤리면?' 등을 통해, 엄마가 일자리를 잃을 것이 두려워 노조에 가입하는 것을 꺼려하고 있음을 알 수 있다.

③ '누나'는 노동자의 권리가 보장되는 세상을 만들어야 한다고 생각하고 있다.

<u>○ → '사람들이 함부로 짤리지 않는 세상 만들어야'</u>

⋯▶ '노동자가 당연히 노조 하고 일하면서 말도 할 수 있는 거지.', '엄마같이 짤릴 거 무서워하는 사람들이 함부로 짤리지 않는 세상 만들어야 한다는 거지.' 등을 통해, 누나가 노동자의 권리가 보장되는 세상을 만들어야 한다고 생각하고 있음을 알 수 있다.

④ '아줌마'는 '나'의 무단결근을 이유로 지급해야 할 임금을 줄이려 하고 있다.

<u>○ → '무단결근 시 이틀 치 일당 제한다는 약속 안 잊었지?'</u>

⋯▶ '니 지난번에 말도 안 하고 무단결근한 날 있었지?', '무단결근 시 이틀 치 일당 제한다는 약속 안 잊었지?' 등을 통해, 아줌마가 무단결근을 이유로 '나'의 임금을 줄이려 하고 있음을 알 수 있다.

⑤ '용우'는 '나'의 밀린 아르바이트 임금을 받아 내기 위해 아줌마와 맞서고 있다.

<u>○ → '용우의 도움을 받아', '돈 달라고 하는 건데요'</u>

⋯▶ '아르바이트 경력이 많은 용우의 도움을 받아 밀린 임금을 받아 내려고 한다.'라는 앞부분의 줄거리와 '대드는 게 아니고, 돈 달라고 하는 건데요.' 등을 통해, 용우가 '나'의 밀린 아르바이트 임금을 받아 내기 위해 아줌마와 맞서고 있음을 알 수 있다.

02

㉠~㉤에 나타난 '나'의 심리로 가장 적절한 것은?

☀ 정답인 이유

③ ㉢: 아줌마의 일방적*인 주장에 억울해하고 있다.

⋯▶ 아줌마는 '나'가 무단결근을 했다고 일방적으로 주장하며 아르바이트 비용을 줄이려 하고 있다. 이에 대해 '나'는 사정이 있어 결근을 하겠다는 사실을 알리기 위해 전화를 했지만 아줌마가 전화를 받지 않았을 뿐이라며 억울한 심정을 드러내고 있다.

> * 일방적(一方的): 어느 한쪽으로 치우친 것 ⓔ 회장은 다음 모임의 일정이 변경되었다고 일방적으로 통보하였다.

☂ 오답인 이유

① ㉠: 삶의 현장에서 단련된 용우를 안타깝게 여기고 있다.

<u>× → 자기 자신을 답답하게 여김.</u>

⋯▶ '나'는 아줌마에게 당당하게 맞서는 용우를 대단하다고 생각하고 있다. '나'는 밀린 임금을 스스로 받아 내지 못하는 자신의 모습을 답답하게 여기고 있을 뿐, 용우를 안타깝게 여기고 있지 않다.

② ㉡: 아줌마와의 약속을 지키지 못한 것을 뉘우치고 있다.

<u>× → 어쩔 수 없었다고 생각함.</u>

⋯▶ '나'는 사정이 있어 아르바이트를 빠질 수밖에 없었다고 생각할 뿐, 아줌마와의 약속을 지키지 못한 것을 뉘우치고 있지 않다.

④ ㉣: 아줌마와의 담판에서 진 용우에게 실망하고 있다.

<u>× → 계속되는 담판에 피곤해함.</u>

⋯▶ '나'는 용우와 아줌마의 계속되는 담판에 피곤해하고 있을 뿐이다. 용우가 아줌마와의 담판에서 진 것도 아니고, '나'가 용우에게 실망하고 있지도 않다.

⑤ ㉤: 아줌마가 원래부터 나쁜 사람이었음을 확신하고 있다.

<u>× → 아름다운 마음을 가졌을 때가 있었는지를 생각함.</u>

⋯▶ '나'는 아줌마도 아름다운 마음을 가졌을 때가 있었는지에 대해 생각하고 있을 뿐, 아줌마가 원래부터 나쁜 사람이었음을 확신하고 있다고 볼 수 없다.

03

〈보기〉를 참고하여 윗글을 감상한 내용으로 적절하지 <u>않은</u> 것은? [3점]

〈보기〉

이 작품에서 '나'는 삶의 현장에서 돈이 우선인 세상과 사람들의 각박한 인심을 경험한다. <u>('나'의 경험 → 이를 통해 정신적으로 성장하게 됨)</u> 그러나 '나'는 '봉숭아'를 보며 위기 속에서도 생명력을 유지하는 것이 얼마나 아름다운지를 느낀다. <u>(깨달음의 계기 / '나'의 깨달음)</u> 이를 통해 물질보다 더 중요한 가치가 있다는 것을 깨닫고 정신적 황폐함을 이겨 낼 수 있다는 희망을 가지며 한층 성장하게 된다. <u>(작품의 주제 의식)</u>

☀ 정답인 이유

② '나'가 '아줌마가 원망하는 대상이 나라는 사실'에 괴로워한 것은 돈이 우선인 세상에 적응하지 못하는 자신이 부끄러웠기 때문이겠군.

<u>× → 아줌마가 우는 모습을 보며 엄마를 떠올렸기 때문</u>

⋯▶ '나'는 아줌마가 애끓는 소리로 우는 것을 보면서 엄마를 떠올리게 되고 그로 인해 괴로워하고 있다. '나'가 돈이 우선인 세상에 적응하지 못해 자신을 부끄러워하고 있는 것은 아니다.

☂ 오답인 이유

④ (매력적인 오답) '나'는 '밖에서 공부를 한 덕분'에 아름다운 것들이 힘이 세다는 것을 알게 되며 성장할 수 있게 되었군.

<u>○ → 〈보기〉의 '물질보다 더 중요한 가치가 있다는 것을 깨닫고 ~ 한층 성장'</u>

⋯▶ '나'는 밖에서 아르바이트를 하며 세상 공부를 한 덕분에 아름다운 것들이 힘이 세다는 것을 깨닫고 한층 성장하고 있다.

① '나'는 넘어진 봉숭아가 '천연덕스럽게 꽃을 피우고' 있는 것을 보며 위기 속에서도 생명력을 유지하는 것의 아름다움을 발견하고 있군.

<u>○ → 〈보기〉의 '위기 속에서도 생명력을 유지하는 것이 얼마나 아름다운지'</u>

⋯▶ '나'는 화분이 망가져 넘어져도 꽃을 피우고 있는 봉숭아를 보며 위기 속에서도 생명력을 유지하는 것의 아름다움을 발견하고 있다.

③ '나'는 '봉숭아는 돈 때문에 울지 않는다'는 것을 알고 물질보다 더 중요한 가치가 있다는 것을 깨닫게 되었군.

<u>○ → 〈보기〉의 '물질보다 더 중요한 가치가 있다는 것을 깨닫고'</u>

⋯▶ '나'는 봉숭아를 보고 아름다운 것들이 힘이 세다고 생각하며 물질보다 더 중요한 가치가 있다는 것을 깨닫고 있다.

⑤ '나'는 '힘센 봉숭아'를 닮아 정신적 황폐함을 이겨 내고 희망을 갖고 살아가야겠다고 다짐하고 있군.

<u>○ → 〈보기〉의 '정신적 황폐함을 이겨 낼 수 있다는 희망을 가지며 한층 성장'</u>

⋯▶ '나'는 아름다워서 힘센 봉숭아를 닮아 넘어져도 황폐해지지 않고 기를 쓰고 살아나겠다고 다짐하고 있다.

▶ 문제편 44~46쪽

정답 | 01 ② 02 ③ 03 ④

2018 6월 고1 전국연합

[01~03] 다음 글을 읽고 물음에 답하시오.

제대로 작품 분석 ▶ 〈보기〉에서 적절한 것을 골라 넣으며 작품을 분석해 보자.

[장면 1] (처음 ~ 아까 오던 때와는 갑절이나 무거웠다)

소주제: 아내의 병을 확인하고 다시 집으로 향하는 덕순

■ 덕순: 가난하여 죽어 가는 아내를 바라볼 수밖에 없는 처지이나, 아내에 대한 깊은 애정을 보여 주는 인물

■ 아내: 자신의 죽음보다 남편에 대한 걱정과 사랑을 보여 주는 인물

■ 이 뱃속에 어린애가 ~ 그대로 죽었어요: ¹

■ 소문: 자궁문

■ 이걸 그냥 둔다면 앞으로 일주일을 못 갈 것이니: 아내가 매우 위독한 상태임.

■ 사불여의: ²

■ 불행을 본다더라도: 죽더라도

■ 조금도 거리낌 없는 어조로: 상대를 배려하지 않는 비인간적 태도

■ 덕순이는 이렇게 얼떨떨한 ~ 긁지 않을 수 없었다: 어떻게 할지를 결정하지 못하는 모습

■ 속대중: 마음속으로만 생각하는 대강의 짐작

■ 연구거리는 못 되는 병인 양 싶어 우선 낙심하고 마는 것이다: ³

■ 낙심: 바라던 일이 이루어지지 아니하여 마음이 상함.

■ 열적은: 부끄러운

■ "왜 여기서 병을 고치면 월급을 주는 수도 있다지요.": 병원에 오면 아내의 병도 고치고 월급도 받을 수 있으리라 생각한 덕순의 어리숙함

■ 팔자를 고치려던 그 계획: 아내의 병이 연구거리가 되어 병원에서 월급을 받아 잘 살려던 계획

■ "나는 죽으면 죽었지 배는 안 째요.": 수술을 거부하는 아내

■ 비소를 금치 못하고 섰는 간호부와 의사: 덕순 내외에 대한 태도 – 자본주의 사회의 비인간성이 드러남.

■ 비소: 남을 비방하거나 비난하여 웃음.

■ 아까 오던 때와는 갑절이나 무거웠다: ⁴

[장면 2] (덕순이는 얼마 전에 희망이 가득히 ~ 끝)

소주제: 아내를 위해 먹을 것을 사다 주는 덕순과 유언을 남기는 아내

■ 덕순이는 얼마 전에 희망이 ~ 터덜터덜 내려오고 있었다: 걸음걸이의 변화를 통해 덕순이의 심리 변화를 드러냄.

■ 일자무식: 글자를 한 자도 모를 정도로 무식함.

■ 이레: 칠일

■ 냉골: 찬 방고래(방의 구들장 밑으로 나 있는, 불길과 연기가 통하여 나가는 길)

■ 그동안 고생만 시키고 ~ 후회가 나는 것이다: 아내에 대한 미안함과 안쓰러움

■ 채미: 참외의 사투리

■ 얼음냉수: 아내에 대한 덕순의 애정이 드러나는 소재 ①

■ 왜떡: 아내에 대한 덕순의 애정이 드러나는 소재 ②

■ "저 사촌 형님께 쌀 ~ 잊지 말구 갚우.": 아내의 유언 ① – 아내의 착한 성품이 드러남.

■ "그리구 임자 옷은 ~ 좀 빨아 달래우.": ⁵

■ 입을 일그리고 훌쩍훌쩍 우는 것이다: 죽음을 앞둔 비극적인 상황에서 좌절하는 개인의 모습이 형상화됨.

■ 얼른 갖다 눕히고 ~ 남편의 도릴 게다: 아내를 위하는 덕순의 마음

■ 허리의 쇠뿔도 녹이려는 뜨거운 땡볕: ⁶

■ 땡볕: 따갑게 내리쬐는 뜨거운 볕

– 김유정, 〈땡볕〉

❖ 제대로 작품 분석의 〈보기〉

ㄱ 일이 뜻대로 되지 아니함.

ㄴ 기대와 다른 결과에 대한 실망감 때문에

ㄷ 아내가 아픈 이유 – 뱃속에서 태아가 자라다 죽음.

ㄹ 아내의 유언 ② – 남편에 대한 걱정. 비극적 상황에서 웃음을 유발함.

ㅁ 아내의 병이 병원의 연구 대상이 될 만한 특이한 병이 아닌 것에 실망함.

ㅂ 가혹한 현실 속에서 가난한 이들이 겪는 삶의 힘겨움을 상징적으로 드러내는 배경

❖ 제목의 의미

한여름의 뜨거운 '땡볕'은 1930년대 식민지 현실에서 사회적·경제적으로 소외된 하층민들의 고달픈 삶을 상징한다. 이 작품은 어리숙한 덕순 내외가 대학 병원에서 겪는 사건을 통해 개인이 어찌할 수 없는 가난과 자본주의의 비인간성을 보여 주고 있다. 김유정의 다른 작품들처럼 웃음을 유발하고 있기는 하지만, 동시에 깊은 슬픔을 느끼게 하는 작품이다.

❖ 작가 소개

김유정(金裕貞, 1908~1937): 소설가. 1935년 단편 소설 〈소낙비〉가 《조선일보》 신춘문예에, 〈노다지〉가 《조선중앙일보》 신춘문예에 각각 당선되어 문단에 올랐다. '구인회'에 참가하였으며, 농촌과 도시의 토속적 인간상을 유머러스한 필치로 그려 내었다. 주요 작품으로 〈봄봄〉, 〈동백꽃〉, 〈따라지〉 등이 있다.

❖ 전체 줄거리

덕순은 시골에서 살기 어려워 도시로 이주한 가난한 농부이다. 덕순은 아내의 배가 열세 달이 되도록 불러 있어도 돈이 없어 병원에 가지 못한다. 그러다가 서울의 대학 병원에서 특이한 병을 가진 사람들을 연구 목적으로 무료로 치료해 준다는 말을 듣고, 아내를 지게에 지고 땡볕이 내리쬐는 길을 걸어 병원에 찾아간다. 그러나 아내의 병은 특이한 병이 아니라 태아가 자라다가 죽은 것으로 밝혀져 무료 치료를 받지 못한다. 병원에서는 당장 수술하여 죽은 태아를 제거하지 않으면 아내의 생명이 위독하다고 말한다. 수술을 거부하는 아내를 업고 나온 덕순은 아내에게 먹을 것을 사 주고, 아내는 사촌 형님께 빌린 쌀을 갚으라는 등 유언 같은 말을 한다. 뜨거운 땡볕 아래 덕순은 아내의 유언과 울음 소리를 들으며 힘겹게 집으로 돌아간다.

❖ 핵심 정리

• 갈래: 단편 소설, 농촌 소설

• 성격: 비극적, 사실적, 해학적

• 배경: 시간 – 1930년대 여름
　　　　공간 – 농촌, 서울

• 시점: 전지적 작가 시점

• 주제: 가난에서 느끼는 좌절과 자본주의 사회의 비인간성

• 특징: ① 특정 인물(덕순)의 심리에 초점을 맞추어 사건을 서술함. ② 인물에 대한 연민의 시선을 통해 부조리한 당대 현실을 비판함. ③ 비극적 상황을 해학적 문체로 그려 내어 슬픔과 웃음의 이중적 구조가 드러남.

제대로 감상법 모범 답안

김유정, 〈땡볕〉

❶ 덕순 ❷ 병원 ❸ 땡볕 ❹ 심리 ❺ 무지

❖ 제대로 작품 분석

1 ㄷ 2 ㄱ 3 ㅁ 4 ㄴ 5 ㄹ 6 ㅂ

01

정답률 60% | 매력적인 오답 ③ 20%

윗글의 서술상 특징으로 가장 적절한 것은?

☀ 정답인 이유

② **특정 인물의 심리에 초점을 맞춰 사건을 서술하고 있다.**

⟶ 덕순이라는 인물의 심리에 초점을 맞춰 사건을 서술함.

… 이 글은 전지적 작가 시점의 작품으로, 덕순이라는 인물의 심리에 초점을 맞추어 사건을 서술하고 있다. '연구거리는 못 되는 병인 양 싶어 우선 낙심하고 마는 것이다.', '그동안 고생만 시키고 변변히 먹이지도 못하였던 것이 갑자기 후회가 나는 것이다.', '죽이라도 한 그릇 더 얻어다 먹이는 것이 남편의 도릴 게다.' 등과 같이 사건 전개에 따른 덕순의 심리가 잘 드러나 있다.

☂ 오답인 이유

③ (매력적인 오답) **객관적인 시선으로 등장인물들의 행동을 관찰하고 있다.**

× → 관찰자 시점에 대한 설명

… 서술자가 객관적인 시선으로 등장인물들의 행동을 관찰하는 것은 관찰자 시점인데, 이 글은 전지적 작가 시점의 작품이다.

① **시점*의 변화를 통해 사건을 다각적으로 제시하고 있다.**

× → 일관되게 전지적 작가 시점으로 사건 제시

… 처음부터 끝까지 전지적 작가 시점으로 서술하고 있을 뿐, 시점의 변화가 나타나지 않고 사건을 다각적으로 제시하고 있지도 않다.

> **＊시점(視點)**: 소설에서 독자에게 이야기를 전달하는 서술자의 위치와 태도. 서술자가 작품 안에 등장하는 '나'이면 1인칭 시점이며, 서술자가 작품 밖에 위치하여 '그(그녀)'에 대해 서술하면 3인칭 시점임.

④ **이야기 속의 이야기를 통해 인물의 심리를 드러내고 있다.**

× → 액자식 구조가 드러나지 않음.

… 이야기 속의 이야기를 통해 인물의 심리를 드러내는 액자식 구조는 드러나지 않는다.

⑤ **과거와 현재의 반복적인 교차로 사건의 원인을 드러내고 있다.**

× → 현재의 사건만 나타남.

… 현재의 사건만 나타날 뿐, 과거와 현재가 번갈아 나오는 반복적 교차는 드러나지 않는다.

02

정답률 80%

㉠~㉤에 대한 이해로 적절하지 않은 것은?

☀ 정답인 이유

③ ㉢: **아내를 위로함으로써 상황이 나아질 것이라는 기대감을 드러낸다.**

× → 기대감은 드러나지 않음.

… 덕순은 아내가 먹고 싶어 하는 음식을 사다 주며 죽음을 앞둔 아내를 위로하고 있다. 하지만 이 장면에 상황이 나아질 것이라는 기대감은 드러나 있지 않다. 이것이 마지막이라는 생각으로 왜떡을 사다 주는 덕순의 행동에는 아내에 대한 안쓰러운 심정이 담겨 있다.

☂ 오답인 이유

① ㉠: **상황에 대한 덕순의 인식이 달라졌음을 보여 준다.**

… ㉠에서는 덕순의 발걸음을 통해 병원을 찾아가던 때와 나올 때의 상황에 대한 덕순의 인식이 달라졌음을 보여 주고 있다.

② ㉡: **덕순의 어려운 가정 형편과 아내에 대한 안타까운 마음을 드러낸다.**

… ㉡에는 가정 형편이 어려워 아내를 제대로 먹이지 못했던 덕순의 안타까움이 드러나 있다.

④ ㉣: **비정한 현실 속에서도 따뜻한 인간미를 잃지 않는 아내의 모습을 보여 준다.**

… ㉣에서는 돈이 없어 죽음을 앞둔 상황에서도 다른 사람을 걱정하는 아내의 따뜻한 인간미를 보여 주고 있다.

⑤ ㉤: **덕순 내외가 겪는 삶의 힘겨움과 가혹한 현실을 드러낸다.**

… ㉤에서는 가혹한 현실 속에서 덕순 내외가 겪는 삶의 힘겨움을 '땡볕'이라는 배경을 통해 상징적으로 드러내고 있다.

03

정답률 67% | 매력적인 오답 ③ 12%

〈보기〉를 참고하여 윗글을 감상한 내용으로 적절하지 않은 것은? [3점]

> ───────〈보기〉───────
>
> 김유정 작품의 특징은 중심인물들이 대부분 순박하고 어리숙하다는 점이다. ②의 근거 작가는 그런 인물들을 연민의 시선으로 바라봄으로써 인물이 겪는 문제의 원인이 개인이 아니라 부조리한 사회에 있음을 보여 준다. ③의 근거
> 작가는 〈땡볕〉에서 이러한 문제의식을 보여 주기 위해 인물의 성격과 대비되는 속성을 가진 대학 병원을 배경으로 설정했다. ⑤의 근거 덕순 내외는 동네 어른의 말만 믿고 희망에 차 대학 병원을 찾았으나 돈이 없어 병을 치료하지 못하고 비극적 죽음을 앞두게 된다. ①의 근거 이를 통해 근대 자본주의 사회의 비인간성과 모순을 비판하고 있다.

☀ 정답인 이유

④ **덕순이 월급을 받을 수 없다는 사실에 실망하는 장면을 통해 자본주의 사회의 비인간성을 보여 주고 있군.**

× → 자본주의 사회의 비인간성은 대학 병원을 통해 드러남.

… 덕순이 월급을 받을 수 없다는 사실에 실망하는 장면에서 덕순의 순박함과 어리숙함을 엿볼 수 있는데, 〈보기〉에서 작가는 그런 인물들을 연민의 시선으로 바라본다고 하였다. 자본주의 사회의 비인간성은 대학 병원의 간호부와 의사가 돈이 없어 병을 치료하지 못하는 덕순 내외를 비웃는 장면에서 확인할 수 있다.

☂ 오답인 이유

③ (매력적인 오답) **죽음을 앞두고 소리 죽여 우는 아내의 모습을 통해 비극적 상황에 좌절하는 개인을 형상화하고 있군.**

⟶ 〈보기〉의 '문제의 원인이 개인이 아니라 부조리한 사회에 있음'

… 돈이 없어 병을 치료하지 못하고 죽음을 앞둔 아내의 모습을 통해 비극적 상황에 좌절하는 개인의 모습을 형상화하고 있다.

① **돈이 없어 죽음을 맞을 수밖에 없는 부조리한 현실을 통해 당대 사회의 문제를 비판하고 있군.**

⟶ 〈보기〉의 '근대 자본주의 사회의 비인간성과 모순을 비판'

… 돈이 없어 병을 치료하지 못하는 부조리한 모습을 통해 자본주의 사회의 비인간성과 모순을 비판하고 있다.

② **동네 어른의 말만 믿고 무작정 병원을 찾아가는 모습을 통해 덕순의 어리숙한 성격을 알 수 있군.**

⟶ 〈보기〉의 '중심인물들이 대부분 순박하고 어리숙하다'

… 아내의 병이 무엇인지도 모르면서 동네 어른의 말만 믿고 무작정 병원을 찾아가는 모습에서 덕순의 어리숙한 성격을 알 수 있다.

⑤ **순박한 인간미를 가진 인물과 냉정한 속성을 지닌 대학 병원의 대비를 통해 작가의 문제의식이 부각되고 있군.**

⟶ 〈보기〉의 '인물의 성격과 대비되는 속성을 가진 대학 병원을 배경으로 설정'

… 순박한 인간미를 가진 덕순 내외와 비인간적인 대학 병원의 대비를 통해 부조리한 사회에 대한 작가의 문제의식을 부각하고 있다.

현대소설 09 노새 두 마리

▶ 문제편 47~49쪽

정답 | 01 ① 02 ④ 03 ⑤ 04 ②

[01~04] 다음 글을 읽고 물음에 답하시오. 2018 9월 고1 전국연합

제대로 작품 분석 ▶ 〈보기〉에서 적절한 것을 골라 넣으며 작품을 분석해 보자.

[장면 1] (처음 ~ 중략 이전)

소주제: 오랜 시간을 아버지와 함께 한 노새를 잃어버림.

- 아버지: ¹
- '나': 이 작품의 서술자. 정이 많고 긍정적인 인물
- 까마귀 새끼: ²
- 아버지는 노상 시커먼 몰골을 하고 다녔다: 연탄 배달로 인해 온몸에 까만 연탄 가루가 묻어 있었기 때문에
- 영길이네 아버지는 조그마한 ~ 장사를 하고 있었다: 단순노동이나 육체노동에 종사함. – 경제적으로 넉넉하지 못한 형편
- 내가 까마귀 새끼라는 ~ 억울할 것도 없었다: '나'의 긍정적인 삶의 자세
- 내가 집에 돌아온 것은 ~ 돌아오지 않고 있었다: 늦게까지 노새를 찾는 아버지의 절박함
- 사건: 노새가 달아나 버린 일. 아버지가 당장 벌이를 나갈 수 없는 어려움에 처하는 계기
- 번연히: 어떤 일의 결과나 상태 따위가 훤하게 들여다보이듯이 분명하게
- 어머니는 나에게 밥을 ~ 올려 쉬곤 하였다: 아버지에 대한 걱정
- 아버지는 빈 몸이었고 형편없이 힘이 빠져 있었다: 노새를 찾지 못해 절망함.
- 아버지는 지금 내일부터 ~ 저러는지도 모를 일이었다: ³
- 노새나 말이나 요즘은 ~ 줄어드는 듯하기도 했다: 변화된 시대의 흐름
- 웬만한 오르막길도 끄떡없이 ~ 드르륵 들이닥치니: 삼륜차의 장점 – 말마차가 하지 못하는 일을 할 수 있음.
- "휘발유 한 방울 ~ 자동차만 많으면 뭘 해.": 시대의 변화에 기죽지 않으려는 아버지의 자존심
- 숨은 오기: 자신이 평생 해 온 마부 일이 중요한 일이라는 자부심

[장면 2] (중략 이후 ~ 끝)

소주제: 아버지의 모습에서 도시에 적응하지 못하는 노새의 모습을 봄.

- 아버지는 술잔을 놓지 않았다: 노새를 잃어버린 괴로운 마음 때문에
- "이제부터 내가 노새다 ~ 내가 노새가 되는 거지.": ⁴
- 노새 가족은 우리 말고는 이 세상에 또 없을 것이었다: 세상을 긍정적으로 보는 '나'의 어린아이다운 순수함이 드러남.
- 노새가 사람을 다치고 가게 물건들을 박살: 노새로 인해 생긴 문제들
- 지서: 경찰 지서. 파출소
- 아버지는 술이 확 깨는 듯 ~ 힝 하고 코를 풀었다: ⁵
- 나는 그 순간 ~ 착각을 일으켰다: 힘들고 지친 아버지를 노새와 같다고 생각함.
- 아, 우리 같은 노새는 ~ 어려운 것인가 하는 생각이 들었다: ⁶
- 또 한 마리의 노새: 아버지를 의미함.
- '노새 두 마리'의 상징적 의미

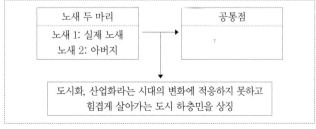

노새 두 마리	공통점
노새 1: 실제 노새 노새 2: 아버지	⁷

도시화, 산업화라는 시대의 변화에 적응하지 못하고
힘겹게 살아가는 도시 하층민을 상징

– 최일남, 〈노새 두 마리〉

❖ 제대로 작품 분석의 〈보기〉

  ㉠ 어린아이다운 순수한 추측
  ㉡ 함께 연탄 배달 일을 하며 고된 삶을 살아감.
  ㉢ '나'가 연탄 배달을 하는 아버지로 인해 갖게 된 별명
  ㉣ 변화된 현실에 적응하지 못하는 도시 하층민의 힘겨움
  ㉤ 예상치 못한 상황에 당황한 아버지 – 청천벽력(靑天霹靂)
  ㉥ 달아난 노새를 대신하려는 아버지의 가장으로서의 책임감
  ㉦ 가장으로서의 책임감이 있으나 시대의 변화에 적응하지 못하는 인물

❖ 제목의 의미

'노새'는 급격한 시대의 변화에 적응하지 못한 존재를 상징한다. 이 작품은 '노새'라는 상징적 소재를 활용하여 시골에서 도시로 상경한 가족이 도시에 적응하는 것이 얼마나 힘든 일인지를 보여 주고 있다. '노새 두 마리'에서 한 마리는 실제 노새를 의미하고, 다른 한 마리는 도시 하층민으로 살아가는 아버지를 의미한다.

❖ 작가 소개

최일남(崔一男, 1932~): 소설가. 전북 전주 출생. 1953년 《문예》에 단편 〈쑥 이야기〉가 추천된 데 이어, 1956년 《현대문학》에 단편 〈파양〉이 추천되어 등단하였다. 가난한 사람들의 생활과 인간성의 회복을 다룬 작품을 주로 썼다. 주요 작품으로 〈서울 사람들〉, 〈거룩한 응답〉, 〈흐르는 북〉 등이 있다.

❖ 전체 줄거리

고향을 떠나 도시 변두리에 자리를 잡은 아버지는 노새로 연탄 배달을 하며 생계를 이어 간다. 그런데 어느 날 연탄을 실은 마차를 끌고 가파른 골목길을 오르던 노새는 마차가 엎어지자 갑자기 달아나 버린다. 아버지와 '나'는 노새를 찾아 헤매지만 찾지 못하고, 그날 밤 '나'는 노새가 고속도로를 따라 멀리 달아나는 꿈을 꾼다. 다음 날 새벽부터 아버지와 '나'는 다시 노새를 찾아 나선다. 노새를 찾다가 우연히 동물원에 들어가게 된 '나'는 얼룩말 우리 앞에 서 있는 아버지의 모습을 보며 아버지와 노새가 닮았다고 생각한다. 동물원에서 나와 들어간 대폿집에서 아버지는 앞으로 자신이 노새가 되겠다고 말한다. 집에 돌아와 도망친 노새가 사고를 치고 다녀 경찰서에서 오라고 했다는 말을 듣고 아버지는 경찰서로 향한다. 집을 나서는 아버지의 모습을 보며 '나'는 아버지와 노새 모두 도시적 삶에 적응하며 사는 것이 힘겨운 일임을 깨닫는다.

❖ 핵심 정리

- 갈래: 단편 소설, 사회 소설
- 성격: 상징적, 현실 비판적
- 배경: 시간 – 1970년대 겨울
    공간 – 서울 변두리 동네
- 시점: 1인칭 관찰자 시점
- 주제: 시대의 변화에 적응하지 못하는 도시 하층민의 고단한 삶
- 특징: ① 어린아이인 '나'의 눈을 통해 아버지의 삶을 관찰하여 보여 줌. ② 상징적 소재를 통해 고단하게 살아가는 도시 하층민의 삶을 형상화함. ③ 산업화와 도시화로 인한 현대 사회의 문제점을 드러냄.

제대로 감상법 모범 답안

최일남, 〈노새 두 마리〉

❶ '나' ❷ 아버지 ❸ 노새 ❹ 자동차 ❺ 관찰

❖ 제대로 작품 분석

1 ㉦ 2 ㉢ 3 ㉠ 4 ㉥ 5 ㉤ 6 ㉣ 7 ㉡

01

윗글에 대한 설명으로 가장 적절한 것은?

☀ 정답인 이유

① 상징적 소재를 통해 주제를 형상화하고 있다.
　○ → 노새　　　　　× → 시대의 변화에 적응하지 못하는 도시 하층민의 삶
　⋯ 이 글은 '노새'라는 상징적 소재를 통해 산업화와 도시화라는 시대의 변화에 제대로 적응하지 못하는 아버지(도시 하층민)의 고달픈 삶을 형상화하고 있다.

☂ 오답인 이유

② (매력적 오답) 풍자*적 기법을 통해 인물을 희화화*하고 있다.
　　　　　　　×
　⋯ 풍자적 기법이 사용된 부분이나 인물을 희화화한 부분이 나타나 있지 않다.

> *풍자(諷刺): 부조리한 일, 부당한 권위, 비논리 등을 다른 대상에 빗대어 놀리듯이 표현하는 방법
> *희화화(戲畫化): 대상을 익살맞고 우스꽝스럽게 그리는 방법. 이를 통해 해학과 풍자의 효과를 얻을 수 있음.

③ 시점의 전환을 통해 상황을 입체적으로 보여 주고 있다.
　　　×
　⋯ 작품 속의 '나'가 아버지를 관찰하여 서술하는 1인칭 관찰자 시점이 유지되고 있지, 시점의 전환은 나타나지 않는다.

④ 사건의 반전*을 통해 갈등이 해소될 것임을 암시하고 있다.
　　　　　　　　　×
　⋯ 잃어버렸던 노새가 다시 등장한 것은 사건의 흐름이 바뀐 것으로 볼 수 있다. 하지만 그 노새가 사람을 다치게 하는 등 새로운 문제를 일으켰으므로, 갈등이 해소될 것이라고 기대할 수는 없다.

> *반전(反轉): 일의 형세가 뒤바뀜. ⑩ 후반전에 경기 분위기가 반전되었다.

⑤ 회상을 통해 외부 이야기에서 내부 이야기로 이동하고 있다.
　　　　　×
　⋯ 과거의 특정 사건을 회상하고 있다고 볼 수 없으며, 외부 이야기에서 내부 이야기로 이동하는 액자식 구조는 나타나지 않는다.

02

사건에 대한 이해로 가장 적절한 것은?

☀ 정답인 이유

④ '아버지'가 당장 벌이를 나갈 수 없는 어려움에 처하는 계기가 된다.
　　　　　　　　　○ → '아버지는 지금 내일부터 당장 벌이를 나갈 수 없는 아픔보다도'
　⋯ '사건'은 노새가 달아나 버린 일을 뜻한다. 아버지는 노새를 부려 연탄 배달 일을 하며 생계를 유지하고 있었다. 따라서 노새가 달아나 버린 사건으로 인해 아버지는 내일부터 당장 벌이를 나갈 수 없는 어려움에 처하게 된다.

☂ 오답인 이유

① '아버지'가 '칠수 어머니'의 충고를 받아들이는 계기가 된다.
　　　　　　　× → 칠수 어머니의 충고를 받아들이고 있지 않음.
　⋯ 칠수 어머니는 "최소한도 자동차는 굴려져야 지금이 어느 땐데 노새를 부려."라고 말했다고 하였다. 하지만 노새가 달아나 버린 사건과 칠수 어머니의 충고는 아무 관련이 없으며, 아버지가 칠수

어머니의 충고를 받아들이고 있는 것도 아니다.

② '나'와 '노새'가 동네 아이들의 놀림거리가 되는 계기가 된다.
　　× → '나'는 연탄 배달을 하는 아버지 때문에 놀림을 받음.
　⋯ '나'는 노새가 달아나 버린 사건 때문이 아니라 연탄 배달로 인해 항상 시커먼 몰골을 하고 다니는 아버지 때문에 동네 아이들에게 놀림을 받았다. 그리고 노새가 동네 아이들의 놀림거리가 되었다는 내용은 나타나 있지 않다.

③ '나'의 가족이 시골을 떠나 도시에 정착하게 되는 계기가 된다.
　　　　× → 노새를 잃어버리기 전부터 도시에 정착해서 살고 있었음.
　⋯ '나'의 가족은 노새를 잃어버리기 전부터 이미 도시 변두리에 정착해서 살고 있었다.

⑤ '동네 사람들'이 '아버지'가 노새를 끄는 이유를 알게 되는 계기가 된다.
　　　　　　　　× → 아버지가 노새를 끄는 이유는 나타나 있지 않음.
　⋯ 노새가 달아나 버린 사건과 아버지가 노새를 끄는 이유는 아무 관련이 없으며, 동네 사람들이 아버지가 노새를 끄는 이유를 알게 되는 내용은 나타나 있지 않다.

03

[A]를 〈보기〉와 같이 바꾸어 썼을 때 나타나는 효과로 가장 적절한 것은?

> ─〈보기〉─
> "까마귀 새끼."
> 　대화 ① – 영길
> 영길이가 놀렸다.
>
> "너네 아버지는 까마귀, 넌 까마귀 새끼."
> 　대화 ② – 종달
> 종달이가 거들었다.
>
> "신발도 깜장 구두, 연탄재 뒤집어쓴 껌정투성이."
> 　대화 ③ – 순철
> 아버지가 시장 경비원인 순철이도 한마디 했다.
>
> "그래, 나 까마귀 새끼다. 그러는 니들은 뭐가 달라서."
> 　대화 ④ – '나'
> "너네 아버지는 콧물도 까맣더라."
> 　대화 ⑤ – 귀달
> 귀달네 아버지는 포장마차에서 장사를 하는데, 귀달이도 나를 놀린다. 나도 뻥튀기 장수 아들 영길이와 번데기 장수 동생 종달이의 별명을 불렀다.
>
> "영길이는 뻥, 종달이는 뻔."
> 　대화 ⑥ – '나'

☀ 정답인 이유

⑤ 인물 간의 대화를 보여 주어 상황을 현장감* 있게 제시하고 있다.
　○ → [A]에 서술된 내용이 〈보기〉에서 인물 간의 대화로 재구성됨.
　⋯ 〈보기〉에서는 [A]에 서술된 내용을 인물 간의 대화로 바꾸어 제시하였다. 이와 같이 대화를 통해 사건을 전개하면 서술자가 서술하는 것보다 상황을 훨씬 현장감 있게 표현할 수 있다.

> *현장감(現場感): 어떤 일이 이루어지고 있는 현장에서 느낄 수 있는 느낌 ⑩ 현장감 있는 보도

☂ 오답인 이유

① 외양을 묘사하여 인물의 성격을 드러내고 있다.
　× → [A]에만 나타나고 〈보기〉에는 나타나지 않음.
　⋯ [A]에는 '손 얼굴 할 것 없이 온몸이 껌정투성이', '눈 하나만은 퀭하니 크게 빛났다.'와 같이 아버지의 외양을 묘사한 부분이 나타나지만, 〈보기〉에는 인물의 외양을 묘사한 부분이 나타나지 않는다.

② 호흡이 긴 문장을 사용하여 인물의 심리를 드러내고 있다.
× → [A]에만 나타나고 〈보기〉에는 나타나지 않음.
⋯ [A]에는 호흡이 긴 문장이 일부 나타나지만, 〈보기〉에는 주로 호흡이 짧은 문장이 사용되었다.

③ 인물의 성격 변화 과정을 제시하여 긴장감을 고조하고 있다.
× → [A]와 〈보기〉 모두 나타나지 않음.
⋯ [A]와 〈보기〉 모두 인물의 성격 변화 과정이 나타나지 않으며 긴장감이 고조되고 있지도 않다.

④ 새로운 인물을 등장시켜 인물 간의 대립 구도를 드러내고 있다.
× → [A]와 〈보기〉에 등장하는 인물이 동일함.
⋯ [A]에 없는 새로운 인물이 〈보기〉에 등장하고 있지 않다.

04
정답률 87%

㉠~㉤에 대한 이해로 적절하지 <u>않은</u> 것은?

☀ 정답인 이유

② ㉡: 가족들이 '노새'를 찾지 못한 '아버지'의 무능력함에 실망하고 있음을 알 수 있군.
× → 상심한 아버지를 걱정하고 있음.
⋯ 가족들이 노새를 찾아 헤매다가 밤늦게 빈 몸으로 돌아온 아버지를 보고 아무도 말을 하지 않은 것은 상심한 아버지에 대한 걱정과 배려 때문이다. 가족들이 아버지의 무능력함에 실망하고 있는 것은 아니다.

☂ 오답인 이유

① ㉠: 늦게까지 '노새'를 찾는 '아버지'의 절박함을 느낄 수 있군.
⋯ 늦게까지 노새를 찾느라 집에 돌아오지 않는 모습에서, 아버지의 절박함을 느낄 수 있다.

③ ㉢: 달아난 '노새'를 대신하려는 '아버지'의 가장으로서의 책임감을 느낄 수 있군.
⋯ 이제부터 자신이 노새라고 말하며 달아난 노새를 대신해 가족의 생계를 책임지려는 모습에서, 아버지의 가장으로서의 책임감을 느낄 수 있다.

④ ㉣: '어머니'가 '노새'로 인해 생긴 문제를 걱정하고 있음을 알 수 있군.
⋯ 노새가 사람들에게 피해를 입혔다는 사실을 전하며 어쩔 줄 몰라하는 모습에서, 어머니가 노새로 인해 생긴 문제를 걱정하고 있음을 알 수 있다.

⑤ ㉤: '나'는 힘들고 지친 '아버지'를 '노새'와 같다고 생각하고 있음을 알 수 있군.
⋯ 경찰서를 향해 골목길을 나가고 있는 아버지를 보고 노새를 떠올리는 모습에서, '나'가 힘들고 지친 아버지를 노새와 같다고 생각하고 있음을 알 수 있다.

[01~04] 다음 글을 읽고 물음에 답하시오.
2019 9월 고2 전국연합

제대로 작품 분석
▶〈보기〉에서 적절한 것을 골라 넣으며 작품을 분석해 보자.

[장면 1] (처음 ~ 중략 이전)
소주제: 아버지가 사라진 흔적을 찾고 막막해하던 어린 시절의 '나'

- '나'(김갑수): 좌익 폭동에 가담한 아버지 때문에 수난을 당하며 살다가 숙부의 죽음을 계기로 고향과 아버지에 대한 애정을 되찾게 되는 인물

- 노을을 보고 핏빛을 연상한다: '핏빛'은 어린 시절 '나'에게 고통과 상처를 주었던 아버지를 연상시키는 색임.

- 아버지(김삼조): 좌익 폭동의 앞잡이로 이용당하는 인물

- 갑득이: '나'의 동생

- 그 증거물: 1

- 길섶: 길의 가장자리

- 새이야: 갑득이가 '나'를 부르는 말

- 나는 대답 않고 ~ 언덕길을 내리 걸었다: 2

- 더기: 고원의 평평한 땅

- 횟가루 묻은 옷가지: '나'가 찾고자 했던 아버지의 흔적

- 주봉: '바지'의 방언

- 아버지 행적에 따른 실제 증거물을 손에 쥔 셈이었다: 아버지가 남겨 놓은 바지를 아버지가 사라진 증거물로 생각함.

- 모든 게 물속처럼 흐릿하게 흘러갈 뿐이었다: 3

- 미창: 쌀창고

- 그 비밀을 누구에게도 말해서는 안 된다: 아버지의 행적이 사람들에게 밝혀져 '나'와 갑득이가 의지하고 살 사람이 없어질까 하는 두려움 때문

- 배도수: 좌익 폭동의 주동자 중 하나

- 그 슬픔은 배가 ~ 걸레 짜듯 쥐어짰다: 4

- 꼴머슴: 땔나무나 꼴을 베는 일을 하는 어린 머슴

- 나마저 울고 ~ 다리에 힘을 뻗쳤다: 어려운 처지에서 형으로서 동생을 챙겨야 한다는 '나'의 책임감

[장면 2] (중략 이후 ~ 끝)
소주제: 과거의 상처를 극복하고 마음속으로 아버지와 화해하는 '나'

- 구태여: 일부러 애써

- 치모: 서울 공대 재학 중 데모를 하다가 제적당하는 인물. '나'의 올바른 현실 인식을 도움.

- 그 시절 폭동의 ~ 굶주림이라 해도 좋다: '나'에게 고향은 도피하고 싶은 상처의 공간이었음.

- 고향은 오늘의 나를 있게 한 모태가 된 것만은 사실이다: 현재의 '나'가 유년의 상처를 마주함.

- 모태: 사물의 발생·발전의 근거가 되는 토대를 비유적으로 이르는 말

- 뿌리만은 언제나 고향에 내리고 살아왔다: 자신의 정체성을 확인하는 현재의 '나'의 의식

- 쌘구름: 적운. 뭉게뭉게 피어올라 윤곽이 확실하게 나타나는 구름

- 노을빛: 5

- 노을을 단순히 붉다고 볼 수만은 없다: 어린 시절의 기억으로 인해 아버지를 미워하기만 했던 '나'의 태도가 변화하고 있음을 나타냄.

- 그런데도 사람들은 ~ 뭉뚱그려 말하기를 좋아한다: 아버지를 폭동의 주동자로만 기억하는 세상 사람들에 대한 '나'의 비판적 인식이 담겨 있음.

- 오색찬란한 무지갯빛: 6

- 현구: '나'의 아들

■ **내일 아침을 예비하는 다시 오고 싶은 아버지 고향:** 마음속으로 아버지와 화해한 이후의 고향의 모습

■ **예비하는:** 필요할 때 쓰기 위하여 미리 마련하거나 갖추어 놓는

– 김원일, 〈노을〉

✤ 제대로 작품 분석의 〈보기〉

⑦ 인물의 인식 변화를 암시하는 소재
ⓒ 아버지가 사라진 흔적을 보여 주는 물건
ⓒ 아버지의 부재로 인해 일어날 상황에 대한 '나'의 두려움
ⓔ 아버지의 행적을 빨리 확인하고 싶은 '나'의 조바심이 드러남.
ⓜ 짐작했던 아버지의 행적을 실제로 확인한 '나'의 막막함이 드러남.
ⓑ '나'가 아버지로 인한 상처를 극복하고 새로운 미래를 맞이할 것임을 암시함.

✤ 제목의 의미

이 작품에서 '노을'은 주인공인 '나'의 심리적 변화를 드러내고 있다. '핏빛'의 노을은 어린 시절 '나'에게 고통과 상처를 주었던 아버지를 연상시키는 색이다. 하지만 아버지를 용서하고 마음속으로 아버지와 화해하게 되면서, '나'는 노을이 핏빛이 아니라 여러 가지 색이 섞인 '무지갯빛'임을 깨닫는다. 이러한 심리 변화를 통해 이 작품은 분단의 상처를 감싸 안는 화해에 대한 열망을 보여 주고 있다.

✤ 작가 소개

김원일(金源一, 1942~): 소설가. 1966년 《대구매일신문》에 단편 소설 〈1961년 알제리아〉, 1967년 《현대문학》에 장편 소설 〈어둠의 축제〉가 당선되어 등단하였다. 민족 분단의 비극을 주로 다룬 대표적인 작가로 꼽힌다. 주요 작품으로 〈어둠의 혼〉, 〈마당 깊은 집〉, 〈도요새에 관한 명상〉 등이 있다.

✤ 전체 줄거리

출판사 편집국장인 '나'는 숙부가 별세했다는 소식을 듣고 고향으로 내려갔다가 어린 시절을 떠올린다. 백정인 아버지는 술과 도박으로 매일 밤을 지새울 뿐만 아니라 난폭하기 짝이 없고 아버지를 참다못한 어머니는 일찍이 어디론가 도망쳐 버렸다. 정부 수립 직후 좌익 폭동이 일어났을 때, 아버지는 폭동의 앞잡이가 되어 사람 잡는 백정이 되고 폭동이 진압되자 산으로 들어가 버렸다. 이후 '나'는 좌익 폭동에 연루된 아버지로 인해 갖은 고생을 한다. 숙부의 장례를 치르면서 '나'는 마음속에서 지워 버리고 싶었던 고향의 기억이 점점 되살아남을 느낀다. 서울로 돌아온 후 '나'는 소년 시절의 추억이 담긴 고향 산천을 다시 떠올리면서, 그동안 미워하기만 했던 아버지를 용서하고 마음속으로 아버지와 화해를 하게 된다.

✤ 핵심 정리

• 갈래: 장편 소설, 분단 소설
• 성격: 회상적, 휴머니즘적
• 배경: 정부 수립 직후의 경남 진영 / 1970년대 말의 서울
• 시점: 1인칭 주인공 시점
• 주제: 현대사의 비극 속에서 받았던 상처의 치유와 극복 의지
• 특징: ① 서술자 '나'의 현재와 29년 전의 소년 시절이 교차하면서 사건이 전개됨. ② 현재와 과거 모두 여름 며칠 간에 일어난 사건을 중심으로 서술됨. ③ 분단의 상처와 그 상처를 치유하는 방법을 모색함. ④ 배경 묘사를 통해 인물의 심리 상태를 제시함.

〔 제대로 감상법 모범 답안 〕

김원일, 〈노을〉

❶ '나' ❷ 애정 ❸ 노을 ❹ 배경 ❺ 교차

✤ 제대로 작품 분석

1 ⓒ 2 ⓔ 3 ⑦ 4 ⓒ 5 ⓜ 6 ⓑ

01

윗글에 대한 설명으로 적절하지 않은 것은?

☀ 정답인 이유

② '나'가 비밀을 지키지 못해 삼돌이 삼촌과 배도수 씨는 가족과 헤어져 살게
× → 지문에 나타나 있지 않은 내용
된다.

⋯▶ '아버지마저 삼돌이 삼촌이나 우출이 아저씨나 저 배도수 씨처럼 우리 형제를 버리고 장터마당에서 사라진다면'을 통해, '나'는 아버지가 삼돌이 삼촌과 배도수 씨처럼 장터마당에서 사라질까 봐 걱정하고 있음을 알 수 있다. '나'가 비밀을 지키지 못해 삼돌이 삼촌과 배도수 씨가 가족과 헤어져 살게 된다는 내용은 나타나 있지 않다.

☂ 오답인 이유

⑤ 〔매력적인 오답〕 '나'는 선달바우산에서의 일을 통해 아버지의 행적을 알게
○ → '그 아가리에 횟가루 묻은 옷가지가 비어져 나왔다.'
된다.

⋯▶ '나'는 선달바우산의 개울에서 횟가루 묻은 아버지의 바지를 찾아내면서 어젯밤 아버지의 행적을 알게 된다.

① '나'는 미송이가 종이비행기를 날리던 일을 회상하며 인지하지 못했던 것을
→ '핏빛 노을이 아니라 내일 아침을 기다리는 오색찬란한 무지갯빛'
깨닫는다.

⋯▶ '나'는 하늘로 날고 싶은 꿈을 키우던 미송이가 종이비행기를 날리던 일을 회상하며, 희망을 잃지 않은 그에게 노을은 '핏빛'이 아니라 '오색찬란한 무지갯빛'이었을 것이라는 사실을 깨닫는다.

③ '나'는 주봉에 묻은 가루와 콩돌이가 이야기한 글씨가 연관이 있다고 생각한
○ → '콩돌이가 내 글씨보다 삐뚤삐뚤하더라고 말했는데'
다.

⋯▶ '나'는 아버지의 바지에 묻어 있는 흰 횟가루를 보고, 콩돌이가 이야기한 삐뚤삐뚤한 글씨가 아버지가 쓴 글씨일지도 모른다고 생각한다.

④ '나'는 치모의 말을 떠올리며 고향에 대한 자신의 인식을 드러낸다.
→ '고향이 오늘의 나를 있게 한 모태'
⋯▶ '나'는 고향을 잊으려 노력한 만큼 더욱 고향을 잊지 못했을 것이라는 치모의 말을 떠올리며, 고향이 오늘의 자신을 있게 한 모태라는 인식을 드러내고 있다.

02

⑦~ⓜ에 대한 설명으로 적절하지 않은 것은?

☀ 정답인 이유

② ⓒ: 사회적으로 천대*받는 아버지의 모습에 대한 '나'의 수치심이 나타나 있
× → 아버지가 글자를 쓸 줄 모른다는 사실
다.

⋯▶ '나'는 글자를 쓸 줄 모르는 아버지가, 백묵으로 쓴 글자를 보고 그대로 베껴 미창에 글씨를 쓴 게 아닐까 추측하고 있다. ⓒ에는 아버지가 글자를 쓸 줄 모른다는 사실만 제시되어 있을 뿐, 사회적으로 천대받는 아버지에 대한 '나'의 수치심은 나타나 있지 않다.

* 천대(賤待): 업신여기어 천하게 대우하거나 푸대접함. ⓔ 그는 서출로서 집안에서 천대를 받았다.

☂ 오답인 이유

① ⑦: 사건의 정황을 빨리 확인하고 싶은 '나'의 조바심이 드러나 있다.

…→ ㉠에는 아버지의 행적을 빨리 확인하고 싶은 '나'의 조바심이 드러나 있다.

③ ㉡: 짐작했던 상황이 실제로 벌어졌음을 지각한 '나'의 막막함이 드러나 있다.

…→ ㉡에는 짐작했던 아버지의 행적을 실제로 확인한 '나'의 막막함이 드러나 있다.

④ ㉢: 아버지의 부재*로 인해 일어날 상황에 대한 '나'의 두려움이 나타나 있다.

…→ ㉢에는 정말 아버지가 사라졌을 때 누구를 의지하고 살아야 하는지에 대한 '나'의 두려움이 드러나 있다.

* 부재(不在): 그곳에 있지 아니함. 예 이 분야에 대한 연구가 사실상 부재하다.

⑤ ㉣: 어려운 처지에서 형으로서 동생을 챙겨야 한다는 '나'의 책임감이 드러나 있다.

…→ ㉣에는 울먹이는 동생을 보며 자신마저 울고 있을 수는 없다고 생각하는 '나'의 책임감이 드러나 있다.

03

정답률 68% | 매력적인 오답 ④ 15%

노을빛에 대한 이해로 가장 적절한 것은?

☀ 정답인 이유

⑤ 인물이 시간의 흐름에 따라 새롭게 자각한 인식이 투영*되어 있다.
○ → '나'의 심리적 변화를 암시함.

…→ '나'는 고향에 돌아와 '노을빛'이 단순히 핏빛이 아니라 여러 가지 색이 섞여 있는 무지갯빛임을 깨닫는다. 그러면서 어린 시절 '나'에게 고통과 상처를 주었던 아버지를 마음속으로 용서하게 된다. 따라서 '노을빛'은 '나'가 시간의 흐름에 따라 새롭게 자각한 인식이 투영되어 있는 소재라고 할 수 있다.

* 투영(投影): 다른 것에 반영되어 나타남. 예 판소리에는 민중의 의식이 투영되어 있다.

☂ 오답인 이유

④ (매력적인 오답) 현실의 모순에 맞서 인물이 지향했던 삶의 모습을 암시하고 있다. ✕

…→ '노을빛'은 '나'의 심리적 변화를 암시할 뿐, '나'가 지향했던 삶의 모습과는 관련이 없다.

① 반목*하던 인물들이 화해하는 계기가 되고 있다. ✕

…→ '나'의 심리적 변화를 '노을빛'이라는 소재를 통해 암시하고 있는 것이지, '노을빛'이 화해의 계기가 되는 것은 아니다.

* 반목(反目): 서로서로 시기하고 미워함. 예 우리는 더이상 반목할 이유가 없다고 생각한다.

② 인물들을 둘러싼 사건을 객관적으로 보여 주고 있다. ✕

…→ '노을빛'은 인물의 심리 변화를 암시할 뿐, 사건의 객관적 제시와는 관련이 없다.

③ 인물이 다른 사람들의 생각에 공감하도록 유도하고 있다. ✕

…→ '노을빛'은 인물의 심리 변화를 암시할 뿐, 공감의 유도와는 관련이 없다.

04

정답률 55% | 매력적인 오답 ② 18%

〈보기〉를 바탕으로 윗글을 감상한 내용으로 적절하지 않은 것은? [3점]

─〈보기〉─

김원일의 〈노을〉은 유년의 '나'와 현재의 '나'의 의식이 교차 서술되고 있다. 작품의 서술상의 특징 유년의 순수한 눈을 통해 이데올로기에 휩쓸린 아버지의 행위가, 자신을 포함한 주변 인물들에게 가져다 준 고통을 드러내고 있다. 그러②의 근거 나 사건의 본질을 이해하지 못하여 상처 극복의 과정까지는 보여 주지 못한다. 한편 아버지가 된 현재의 '나'는 과거의 상처와 마주하면서 정③의 근거 체성을 확인하고 상처가 치유되어 가는 모습도 보여 주고 있다.④의 근거   ⑤의 근거

☀ 정답인 이유

① 아버지가 '어젯밤에 미창에 갔다'는 '비밀을 누구에게도 말해서는 안 된다'고 생각하는 것은 유년의 '나'가 이데올로기에 휩쓸린 아버지에 대해 연민을 느
✕ → 의지하고 살 사람이 없어질까 하는 두려움 때문임.
끼고 있는 것이군.

…→ '나'가 아버지가 어젯밤에 미창에 갔다는 비밀을 누구에게도 말해서는 안 된다고 생각하는 이유는, 아버지의 행적이 사람들에게 밝혀져 '나'와 갑득이가 의지하고 살 사람이 없어질까 하는 두려움 때문이다. 이는 이데올로기에 휩쓸린 아버지에 대한 연민과는 관련이 없다.

☂ 오답인 이유

② (매력적인 오답) '배가 고픈 따위의 서러움조차 우습게 여겨질 정도'로 유년의 '나'가 '슬픔'을 느끼는 것은 아버지의 행위로 인해 겪은 주변 인물들의 고
○ → 〈보기〉의 '자신을 포함한 주변 인물들에게 가져다 준 고통을 드러내고
통을 드러낸 것이군.

…→ 〈보기〉에서 이 작품은 아버지의 행위가 주변 인물들에게 가져다 준 고통을 드러내고 있다고 하였다. 유년 시절의 '나'가 아버지가 사라질 수 있다는 생각에 서러움과 두려움을 느끼는 모습에서 주변 인물들의 고통을 확인할 수 있다.

③ '고향은 오늘의 나를 있게 한 모태'라고 인정하는 것에서 현재의 '나'가 유년의 상처를 마주했음을 알 수 있군.
○ → 〈보기〉의 '현재의 나는 과거의 상처와 마주하면서'

…→ 〈보기〉에서 아버지가 된 현재의 '나'는 과거의 상처와 마주하면서 정체성을 확인한다고 하였다. 고향을 버렸던 '나'가 '고향은 오늘의 나를 있게 한 모태'라고 인정하는 모습에서 '나'가 과거의 상처와 마주하고 있음을 확인할 수 있다.

④ '뿌리만은 언제나 고향에 내리고 살아왔다'고 생각하는 것은 자신의 정체성을 확인하는 현재의 '나'의 의식을 나타낸 것이군.
○ → 〈보기〉의 '나는 과거의 상처와 마주하면서 정체성을 확인'

…→ 〈보기〉에서 현재의 '나'는 과거의 상처와 마주하면서 정체성을 확인한다고 하였다. '나'에게 고향은 도피하고 싶은 상처의 공간인데, '뿌리만은 언제나 고향에 내리고 살아왔다.'라고 생각하는 모습에서 자신의 정체성을 확인하는 '나'의 의식을 엿볼 수 있다.

⑤ '현구 눈에 비친 아버지 고향'을 '내일 아침을 예비하는' 고향일 수 있다고 여기는 것에서 상처를 치유하려는 현재의 '나'를 확인할 수 있군.
○ → 〈보기〉의 '상처가 치유되어 가는 모습'

…→ 〈보기〉에서 아버지가 된 현재의 '나'는 상처가 치유되어 가는 모습을 보여 주고 있다고 하였다. 현구의 눈에 비친 고향이 상처 깊은 고향이 아니라 내일 아침을 예비하는 고향일 것이라고 여기는 모습에서 상처를 치유하려는 현재의 '나'를 확인할 수 있다.

▶ 문제편 53~55쪽

정답 | **01** ⑤   **02** ④   **03** ④

[01~03] 다음 글을 읽고 물음에 답하시오.   2019 3월 고1 전국연합

제대로 작품 분석
▶ 〈보기〉에서 적절한 것을 골라 넣으며 작품을 분석해 보자.

[장면 1] (S#49)

소주제: 장금이 준비한 음식을 먹으며 미간을 찡그리는 정사

- **소박한 상:** ¹
- **정사:** 사신 가운데 우두머리가 되는 사람
- **장금:** 수라간의 나인. 스스로의 노력으로 고난을 극복하고 성공하는 인물
- **미간이 찡그려진다:** 무언가 마음에 들지 않는다는 의미의 표정을 지음.
- **장번 내시:** 장기간 궁중에서 유숙하며 교대하지 아니하고 근무하는 내시
- **오겸호:** 우의정
- **보는 장금과 장번 내시, 오겸호, 불안:** 불안해하는 모습을 반복적으로 제시하여 긴장감을 조성함.
- **S#49의 특징**

> ① 음식을 정성스럽게 만드는 장금의 모습을 부각함.
> ② ²
> ③ 장금의 음식 준비와 사신의 시식 및 반응이 반복되며 긴장감이 고조됨.

[장면 2] (S#55)

소주제: 만한전석을 대접받는 정사

- **태평관:** 조선 시대에 중국 사신이 와서 머무르던 숙소
- **화려하게 차려진 음식상:** 장금이 준비했던 소박한 상과 대조됨.
- **최 상궁과 금영의 표정에 자신감이 넘친다:** ³
- **한 켠에는 불안한 표정으로 서 있는 장금:** 산해진미는 정사의 건강을 해칠 수 있기 때문에
- **궁녀의 불경한 짓거리:** 장금이 사신의 입맛에 맞지 않는 소박한 음식상을 차린 것
- **불경:** 경의를 표해야 할 자리에서 무례함.
- **만한전석:** ⁴
- **미간이 찌푸려지지 않는다:** 장금이 준비한 음식을 먹을 때와는 다른 표정을 보임.

[장면 3] (S#56)

소주제: 음식을 준비하는 사람의 도리를 지킨 장금

- **대인:** 정사를 가리킴.
- **대인을 능멸한 나인:** 장금을 가리킴.
- **앞으로 산해진미는 이것으로 끝이오:** ⁵
- **산해진미:** 산과 바다에서 나는 온갖 진귀한 물건으로 차린, 맛이 좋은 음식
- **그동안 나는 맛있고 기름진 음식만을 탐해 왔소:** 음식에 대한 욕망을 제어하지 못한 정사
- **소갈:** 물을 많이 마시고 음식을 많이 먹으나 몸은 여위고 오줌의 양이 많아지는 병
- **그런 음식:** 맛있고 기름진 음식
- **나는 조선의 사람도 ~ 어찌하여 고집을 피웠느냐?:** 자신에게 소박한 음식을 대접한 이유를 물음.
- **그 어떠한 경우에도, ~ 도리라 하셨습니다:** ⁶
- **음식을 먹는 자 또한 도리가 있어야 한다는 것을:** 정사가 장금의 음식을 통해 깨달음을 얻음.
- **네 배포와 심지는 대륙의 땅보다도 크구나:** 장금의 음식에 대한 신념을 칭송함.

– 김영현 각본, 〈대장금(大長今)〉

❖ 제대로 작품 분석의 〈보기〉

> ㉠ 음식에 대한 장금의 신념
> ㉡ 극적 반전 – 화려한 음식을 그만 먹겠다고 함.
> ㉢ 사신에게 대접하기에는 부족해 보이는 상차림
> ㉣ 만주족의 요리와 한족의 요리를 두루 갖춘 음식
> ㉤ 이틀에 걸친 사건을 짧은 장면으로 이어 붙여 속도감 있게 전달함.
> ㉥ 화려한 음식상을 차렸기 때문에 – 보기만 좋고 건강에는 좋지 않음.

❖ 제목의 의미
'장금'은 조선 중종 때 최초로 어의녀를 지낸 인물로, 〈중종실록〉에 등장하는 실존 인물이다. 이 글은 어려서 부모를 잃은 장금이 궁궐의 수라간 궁녀로 들어가서 온갖 고초를 겪은 끝에 의녀가 되기까지의 과정을 영상화한 대하드라마 〈대장금〉의 시나리오이다.

❖ 작가 소개
김영현(1966~): 드라마 작가. 2010년 서울드라마어워즈 한류특별상 작가상, 2012년 백상예술대상 TV부문 극본상 등을 수상했다. 주요 작품으로 〈히트〉, 〈대장금〉, 〈선덕 여왕〉, 〈뿌리 깊은 나무〉 등이 있다. 〈대장금〉은 최고 시청률이 55%가 넘을 정도로 많은 사랑을 받았으며 중국, 홍콩, 대만, 일본, 미국 등지에도 수출되어 큰 인기를 끌었다.

❖ 전체 줄거리
쫓겨난 관리와 궁녀 사이에서 태어난 장금은 수라간 최고 상궁이 되라는 어머니의 유언에 따라 궁궐에 들어간다. 밝고 성실한 장금은 어머니의 친구였던 한 상궁 밑에서 실력을 쌓아 가며 주위에서 인정을 받게 된다. 그러나 한 상궁과 장금은 최 상궁 세력의 음모에 의해 제주로 유배를 가게 되고, 그 과정에서 한 상궁은 죽게 된다. 제주도에서 장덕의 가르침을 받아 의녀가 된 장금은 다시 궁궐로 돌아와 왕의 신임을 얻는다. 결국 장금은 어머니와 한 상궁의 억울한 죽음을 밝히고, 수라간 최고 상궁을 거쳐 중종의 주치의가 된다. 중종의 배려로 장금은 궁녀의 신분에서 벗어나 민정호와 결혼하여 고향 마을에서 백성들에게 의술을 펼치며 행복하게 살아간다.

❖ 핵심 정리
- 갈래: 시나리오
- 성격: 교훈적
- 배경: 시간 – 조선 중종 때
  공간 – 궁궐
- 주제: 대장금의 인생 역경과 성공담(음식을 만드는 사람과 먹는 사람의 도리)
- 특징: ① 실존 인물의 삶을 재구성하여 그 일대기를 그림. ② 궁궐 내 하급 계층의 삶을 형상화함. ③ 몽타주 기법을 활용해 사건을 축약적으로 제시함. ④ 대사를 통해 음식에 대한 인물의 가치관을 드러냄.

제대로 감상법 모범 답안

김영현 각본, 〈대장금(大長今)〉

❶ 장금 ❷ 신뢰 ❸ 만한전석 ❹ 몽타주 ❺ 긴장감

❖ 제대로 작품 분석
1 ㉢   2 ㉥   3 ㉣   4 ㉣   5 ㉡   6 ㉠

01

정답률 80%

윗글을 통해 알 수 있는 내용으로 적절한 것은?

☀ 정답인 이유

⑤ 정사는 떠나는 날까지 음식을 준비하라고 할 만큼 장금에 대한 신뢰를 보였다.
ㅇ → '가는 날까지 내 음식은 고집불통인 네 스승과 너에게 맡기겠노라!'

⋯ 정사는 '가는 날까지 내 음식은 고집불통인 네 스승과 너에게 맡기겠노라!'라고 말하고 있다. 정사는 자신이 떠나는 날까지 음식을 준비하라고 할 만큼 장금에 대한 신뢰를 보인 것이다.

☂ 오답인 이유

① 한 상궁은 정사의 뜻을 알고 장금에게 음식을 준비하도록 했다.
×

⋯ 한 상궁이 정사의 뜻을 알고 장금에게 음식을 준비하도록 한 내용은 나타나 있지 않다.

② 장금과 금영은 정사가 먹을 음식을 기쁜 마음으로 함께 준비하였다.
×

⋯ 장금과 금영이 정사가 먹을 음식을 준비한 것은 맞지만, 함께 준비한 것이 아니라 각자 준비한 것이다.

③ 정사는 오겸호의 조언에 따라 장금이 만든 음식을 억지로 먹고 있었다.
×

⋯ 오겸호는 소박한 상을 올린 장금에게 벌을 내려야 한다고 말할 뿐, 정사에게 장금이 만든 음식을 권하고 있지 않다.

④ 오겸호는 만한전석을 준비하라고 한 정사의 지시에 불만을 가지고 있었다.

⋯ 정사는 만한전석을 준비했다는 오겸호의 말에 놀라고 있으므로, 정사가 오겸호에게 만한전석을 준비하라고 지시했다고 볼 수 없다.

02

정답률 70% | 매력적인 오답 ③ 10%

〈보기〉를 통해 윗글을 감상한 내용으로 적절하지 않은 것은? [3점]

─〈보기〉─

　음식은 먹는 사람의 건강을 지키는 수단이자 맛에 대한 욕망을 충족
②의 근거
하는 수단이기도 하다. 이 둘은 상충되기도 하지만 조화를 이루기도 한
①의 근거
다. 〈대장금〉은 다양한 음식을 소재로 한 일련의 사건과 음식에 대한
③의 근거 ⑤의 근거
소신을 지키는 장금의 모습에서 전통 음식 문화에 대한 자부심을 느끼
게 한다.

☀ 정답인 이유

④ 장금은 정사가 '만한전석'과 같이 건강을 해치는 음식을 선호하는 것을 보고
ㅇ → '그동안 나는 맛있고 기름진 음식만을 탐해 왔소.'
음식을 먹는 자의 도리를 지키지 않는다고 말하며 안타까워했군.
×

⋯ '그동안 나는 맛있고 기름진 음식만을 탐해 왔소.'를 통해 정사가 만한전석과 같이 건강을 해치는 음식을 선호해 왔다는 것을 알 수 있다. 하지만 장금이 정사가 음식을 먹는 자의 도리를 지키지 않는다고 말하며 안타까워하는 모습은 나타나 있지 않다.

☂ 오답인 이유

③ 【매력적인 오답】 정사는 장금이 만든 음식에서 '재료 고유의 맛'을 느끼며 건강을 지키는 것과 맛에 대한 욕망이 조화를 이룰 수 있음을 깨닫게 되는군.
ㅇ → 〈보기〉의 '이 둘은 상충되기도 하지만 조화를 이루기도 한다.'

⋯ 정사는 장금의 음식을 먹을수록 재료 고유의 맛이 느껴지면서 맛

있었다고 말하고 있다. 이는 정사가 건강을 지키는 것과 맛에 대한 욕망이 조화를 이룰 수 있음을 깨닫게 된 것으로 볼 수 있다.

① 정사는 '소갈'에 걸리고도 맛있고 '기름진 음식'을 끊을 수 없었다는 점에서 맛에 대한 욕망을 제어하지 못하였음을 알 수 있군.
ㅇ → 〈보기〉의 '맛에 대한 욕망을 충족하는 수단'

⋯ 정사는 그동안 맛있고 기름진 음식만을 탐해 소갈을 얻었음에도 그런 음식을 끊을 수 없었다고 말하고 있다.

② 장금이 정사가 싫어하는 것을 알면서도 '생선'과 '산나물'을 이용하여 만든 음식을 올리는 것은 정사의 건강을 우선시했기 때문이군.
ㅇ → 〈보기〉의 '먹는 사람의 건강을 지키는 수단'

⋯ 장금은 사람에게 해가 되는 음식을 올려서는 안 된다고 말하고 있다. 따라서 장금은 정사의 건강을 우선시했기 때문에 정사가 싫어하는 것을 알면서도 생선과 산나물을 이용한 음식을 만들었다고 볼 수 있다.

⑤ 장금이 위험을 무릅쓰고 먹는 사람의 건강에 도움이 되는 음식을 고집하는 것에서 '음식을 하는 자의 도리'를 지키고자 하는 소신을 확인할 수 있군.
ㅇ → 〈보기〉의 '음식에 대한 소신을 지키는 장금의 모습'

⋯ 장금은 자신에게 크나큰 위험이 닥쳐도 음식을 하는 자의 도리를 지키겠다고 말하고 있다. 이를 통해 음식을 하는 자의 도리를 지키고자 하는 장금의 소신을 확인할 수 있다.

03

정답률 55% | 매력적인 오답 ② 18%

S#49를 제작하기 위한 회의 내용으로 적절하지 않은 것은?

☀ 정답인 이유

④ '음식 준비 – 사신의 시식–장금의 기대–사신의 평가'가 이어지고 있습니
×→ '장금의 기대'나 '사신의 평가'는 나타나지 않음.
다. 이 순서대로 장면들을 편집하면 좋겠습니다.

⋯ S#49에서는 장금의 음식 준비, 사신(정사)의 시식, 이에 대한 사신의 반응이 반복되고 있다. 하지만 사신의 시식에 대한 장금의 기대나 음식에 대한 사신의 구체적인 평가는 나타나 있지 않다.

☂ 오답인 이유

② 【매력적인 오답】 이틀에 걸친 사건을 짧은 장면으로 이어 붙인 장면입니다. 사건이 속도감 있게 전달될 수 있도록 편집하면 좋겠습니다.

⋯ '다음날'이라는 말을 통해 S#49가 이틀에 걸쳐 벌어지는 사건임을 알 수 있다. '몽타주'에 대한 풀이를 참고할 때, S#49를 사건이 속도감 있게 전달될 수 있도록 편집하는 것은 적절하다.

① 음식을 정성스럽게 만드는 장금의 솜씨를 강조할 필요가 있습니다. 음식을 만드는 손을 클로즈업*하면 좋겠습니다.

⋯ 음식에 대한 장금의 정성을 강조하기 위해 장금의 손을 클로즈업하는 것은 적절하다.

┄┄┄┄┄┄┄┄┄┄┄┄┄┄┄┄┄┄┄┄┄┄┄┄┄┄┄┄┄┄┄┄
*클로즈업(close-up): 등장하는 배경이나 인물의 일부를 화면에 크게 나타내는 일
┄┄┄┄┄┄┄┄┄┄┄┄┄┄┄┄┄┄┄┄┄┄┄┄┄┄┄┄┄┄┄┄

③ 불안해하는 오겸호를 담은 장면이 반복됩니다. 배우의 표정 연기를 통해 긴장감이 고조되도록 연출을 하면 좋겠습니다.

⋯ 불안해하는 오겸호가 담긴 장면이 반복되므로 배우의 표정 연기를 통해 긴장감이 고조되도록 연출하는 것은 적절하다.

⑤ 조선 시대를 배경으로 하고 있습니다. 사실성이 드러나도록 당시의 의복과 소품을 고증하여 준비하는 것이 좋겠습니다.

⋯ 정사의 말을 통해 조선 시대가 배경임을 알 수 있으므로 시대에 맞는 의복과 소품을 준비하는 것은 적절하다.

극 **12** 집으로

▶ 문제편 56~58쪽

정답 | **01** ① **02** ⑤ **03** ①

[01~03] 다음 글을 읽고 물음에 답하시오.
2019 9월 고2 전국연합

제대로 작품 분석 ▶〈보기〉에서 적절한 것을 골라 넣으며 작품을 분석해 보자.

[장면 1] (S#7)

소주제: 상우와 할머니의 어색한 동거가 시작됨.

■ **휑뎅그렁하게:** 속이 비고 넓기만 하여 매우 허전하게

■ **상우:** 버릇이 없고 이기적이었지만 할머니의 사랑을 깨닫게 되는 인물

■ **할머니:** 순박하고 너그러우며 손자를 헌신적으로 사랑하는 인물

■ **서먹서먹한 둘:** ¹

■ **같이 가자는 시늉을 하자:** 할머니는 말을 하지 못함.

■ **카메라, 앞뒤로 떨어져 ~ 멀리서 잡는다:** 물리적인 거리를 통해 인물 간의 심리적 거리감을 보여 줌.

[장면 2] (S#54 ~ S#63)

소주제: 점점 할머니의 사랑을 깨달아 가는 상우

■ **모퉁이에 숨어서 보고 있는 상우:** ²

■ **할머니 때문에 슬프고 화난다:** 할머니에 대한 상우의 감정을 직접 제시함. 상우의 감정을 전달하기 위해 상우의 얼굴을 클로즈업해 보여 주는 것이 효과적임.

■ **자기만 먹는 게 ~ 손짓을 해 보인다:** ³

■ **허리춤에서 꼬깃꼬깃한 ~ 전 재산인 듯한 분위기:** 할머니의 궁핍한 생활 형편이 나타남.

■ **상우, 정류장까지 또 와 버렸다:** 할머니를 마중 나온 상우

■ **울고 싶어진다:** 할머니에 대한 상우의 연민

■ **수화:** 청각 장애가 있는 사람들이 손과 손가락의 모양, 손바닥의 방향, 손의 위치, 손의 움직임을 달리하여 의미를 전달하는 언어

■ **대신 할머니의 보따리를 ~ 보따리에 살짝 넣어 준다:** 상우는 버릇없이 할머니에게 투덜대지만 따뜻한 마음씨를 지님.

[장면 3] (S#83)

소주제: 이별을 앞두고 혼자 남을 할머니를 걱정하는 상우

■ **할머니에게 글자를 가르치고 있다:** 엄마가 상우를 데리러 오기로 함. 할머니와 연락을 주고받기 위해 할머니에게 한글을 가르치는 상우

■ **보고싶다:** ⁴

■ **까막눈:** 글을 읽을 줄 모르는 무식한 사람의 눈

■ **에이 참! 그것도 하나 못 해?:** 할머니가 글씨를 쓰지 못해 속상하고 안타까워하는 상우

■ **할머니 말 못하니까 ~ 편지도 못 쓰면 어떡해:** 할머니가 아플 때 연락하지 못할까 봐 걱정하는 상우

■ **할머니, 많이 아프면 ~ 금방 달려올게:** ⁵

■ **할머니는 자고 있고 ~ 실을 꿰어 놓았다:** 할머니를 위해 자신이 떠난 뒤에 쓸 실까지 꿰어 놓는 상우

[장면 4] (S#86 ~ S#87)

소주제: 할머니에게 그림엽서를 남기고 엄마를 따라 떠나는 상우

■ **상우가 바닥에다 대고 무언가를 그리고 있다:** 할머니에게 남길 그림엽서를 그림.

■ **엄마:** 상우를 데리러 옴.

■ **단출한:** 일이나 차림이 간편한

■ **로봇 그림엽서들:** ⁶

■ **차곡차곡 걸어가는 뒷모습……:** 관객들에게 잔잔한 여운을 남김.

– 이정향 극본, 〈집으로〉

제대로 작품 분석의 〈보기〉

ㄱ 상우에 대한 할머니의 배려심

ㄴ 혼자 있을 할머니를 걱정하는 상우

ㄷ 상우가 아직 맞춤법을 잘 모름 – 어린아이다움

ㄹ 할머니를 부끄러워하는 상우의 마음이 나타난 행동

ㅁ 심리적 거리감이 있는 상태에서 상우와 할머니의 생활이 시작됨.

ㅂ 상우가 할머니에게 남긴 것 – 할머니에 대한 상우의 사랑을 보여 주는 물건

❖ 제목의 의미

시골 외할머니와 도시 손자의 세대 차이와 갈등을 극복해 가는 과정을 보여 주는 영화 〈집으로〉의 시나리오 대본이다. 이 작품은 꾸미지 않은 소박한 진행과 클라이맥스를 배제한 잔잔한 감동이 특징이다. 폭력성이 난무하던 당시 한국 영화에 각성을 불러일으킨 작품으로 평가된다.

❖ 작가 소개

이정향(1964~): 영화감독이자 시나리오 작가. 1998년 〈미술관 옆 동물원〉을 통해 감독으로 데뷔했다. 2002년 〈집으로〉가 흥행에 성공하면서 상업성이 짙은 영화계에 순수한 영화도 성공할 수 있다는 것을 보여 주었다. 1999년 청룡영화상 각본상, 2002년 올해의 여성영화인상 등을 수상했다.

❖ 전체 줄거리

서울에 살던 상우는 가정 형편이 어려워지자 시골의 외할머니 댁에 맡겨진다. 7살의 상우는 서울에서 가져온 전자 오락기로 심심함을 달래 보지만, 말도 못하고 글도 못 쓰는 외할머니와 함께 지내는 것을 힘들어한다. 상우는 돈이 없어서 전자 오락기의 건전지를 사 주지 못하는 할머니에게 심통을 부리고, 할머니는 그런 상우를 너그럽게만 바라본다. 켄터키 치킨을 먹고 싶어 하는 상우를 위해 할머니가 비를 맞으며 닭을 사 와 백숙을 만들어 주지만, 상우는 먹지 않는다. 다음 날 아침, 비를 맞아 감기 몸살이 난 할머니를 위해 밥상을 차리면서 상우는 할머니의 고단함을 알게 된다. 할머니가 건전지를 사라고 오락기 밑에 넣어 둔 이천 원을 발견한 상우는 할머니의 사랑을 깨닫고 울음을 터뜨린다. 상우를 데리러 온다는 엄마의 편지가 오고, 상우는 이별을 앞두고 혼자 남을 할머니를 걱정한다. 글씨를 모르는 할머니를 위해 상우는 그림엽서를 만들어 아프거나 자신이 보고 싶을 때 부치라고 준 뒤 울면서 떠난다.

❖ 핵심 정리

• 갈래: 시나리오

• 성격: 향토적, 휴머니즘적

• 배경: 시간 – 현대
　　　　공간 – 외할머니가 사는 시골

• 주제: 외할머니의 진정한 사랑을 깨달아 가는 상우

• 특징: ① 주인공이 외할머니의 사랑을 깨달아 가는 과정을 감동적으로 그리고 있음.
② 대사보다는 인물의 표정과 행동을 중심으로 내용이 전개됨. ③ 일상적 소재들을 활용해 인물의 심리를 효과적으로 드러냄. ④ 극이 진행될수록 인물들의 심리적 거리가 가까워짐.

제대로 감상법 모범 답안

이정향 극본, 〈집으로〉

❶ 상우 ❷ 할머니 ❸ 심통 ❹ 그림엽서 ❺ 거리

❖ 제대로 작품 분석

1 ㅁ 2 ㄹ 3 ㄱ 4 ㄷ 5 ㄴ 6 ㅂ

01

윗글에 대한 설명으로 가장 적절한 것은?

☀ 정답인 이유

① 상우는 할머니가 겪을 수 있는 어려움을 생각하여 도움을 주려 한다.

○ → 바늘에 실 꿰기, 그림엽서 그리기

…→ S#83에서 상우는 홀로 남을 할머니를 위해 모든 바늘에 실을 꿰어 놓는다. 그리고 S#86에서 상우는 말을 못하고 글씨도 못 쓰는 할머니를 위해 그림엽서에 '아프다', '보고싶다'라는 단어를 써 둔다. 이와 같이 상우는 할머니가 겪을 수 있는 어려움을 생각하여 할머니에게 도움을 주려 한다.

☂ 오답인 이유

② 상우는 서울로 돌아가며 시골에 다시 오지 않을 것이라고 다짐한다.
×

…→ 상우가 시골에 다시 오지 않을 것이라고 다짐하는 부분은 나타나 있지 않다. 오히려 상우는 S#83에서 '할머니, 많이 아프면 ~ 금방 달려올게.'라고 말하고 있다.

③ 상우는 할머니가 동네 정류장까지 걸어온 것을 알아채지 못한다.
×

…→ S#63에서 '왜 버스를 안 타고 걸어올까?'라고 생각하는 것으로 보아, 상우는 할머니가 동네 정류장까지 걸어왔다는 것을 알고 있다.

④ 할머니는 상우와 함께 서울로 올라가려고 시도한다.
×

…→ S#87에서 할머니는 상우와 헤어진 아쉬움에 차를 쫓았을 뿐, 상우와 함께 서울로 올라가려고 시도한 것은 아니다.

⑤ 할머니와 상우는 수화로 인해 갈등을 겪는다.
×

…→ 할머니와 상우가 수화로 인해 갈등을 겪는 부분은 나타나 있지 않다.

02

㉠~㉢을 이해한 것으로 적절하지 않은 것은?

☀ 정답인 이유

⑤ ㉢에서 인물 간의 물리적인 거리*가 멀어지면서 심리적 거리도 멀어진다.
× → 심리적 거리는 가까움.

…→ 상우와 할머니가 헤어지고 있기 때문에, ㉢에서 인물 간의 물리적인 거리는 멀어진다. 하지만 서로 사랑하며 헤어지기 싫어하는 모습으로 보아, 상우와 할머니 사이의 심리적 거리는 가깝다고 할 수 있다.

> *거리(距離): 사람과 사람 사이에 느껴지는 간격. 물리적 거리가 '공간적으로 떨어진 길이'를 의미한다면, 소설에서의 심리적 거리는 '정서적으로 느끼는 간격'을 의미한다. 예 그 친구와는 왠지 거리가 느껴진다.

☂ 오답인 이유

① ㉠은 인물 간의 심리적 거리감을 물리적인 거리로 보여 준다.

…→ ㉠에서 상우와 할머니는 아직 서먹서먹한 사이이다. ㉠에서는 상우와 할머니가 떨어져 걷고 있는 물리적인 거리를 통해 이러한 심리적 거리감을 드러내고 있다.

② ㉠에서 '정류장'은 동행의 출발점으로 인물 간의 심리적 거리는 가깝지 않다.

…→ ㉠에서 '정류장'은 상우와 할머니가 어색한 동행을 시작하는 곳으로, 아직 둘 사이의 심리적 거리는 가깝지 않다.

③ ㉡에서 인물의 달라진 심리적 거리감은 물리적 거리에 영향을 준다.

…→ ㉡에서 상우가 할머니의 보따리를 들어 주고 보따리에 초코파이를 넣어 주는 것으로 보아, 상우와 할머니의 심리적 거리가 가까워졌음을 알 수 있다. 이렇게 둘 사이의 가까워진 심리적 거리감은 물리적 거리에 영향을 주고 있다.

④ ㉡에서 '정류장'은 만남의 공간으로 인물 간의 가까워진 심리가 드러난다.

…→ ㉡에 나타나는 상우의 행동을 통해 상우와 할머니 사이의 심리적 거리가 가까워졌음을 알 수 있다.

03

다음은 윗글을 영상화하기 위한 촬영 및 편집 계획이다. 적절하지 않은 것은? [3점]

> ■ 촬영 및 편집 계획
> • S#54에서 슬프고 화가 나는 상우의 표정을 강조하기 위해 할머니를 바라보는 상우를 멀리서 촬영해야겠어. ……………… ㉮
> × → 상우의 얼굴을 클로즈업해 보여 주는 것이 효과적임.
> • S#56에서 꼬깃꼬깃한 천 원짜리로 간신히 계산하는 할머니의 상황을 부각하기 위해 할머니의 의상을 허름한 것으로 준비해야겠어. … ㉯
> • S#83에서 상우의 진심을 보여 주기 위해 겉으로는 화를 내는 표정을 짓지만 속으로는 안타까워하는 감정이 느껴지게 연기하도록 해야겠어. ……………… ㉰
> • S#83에서 관객들이 할머니와 상우의 감정에 공감할 수 있도록 할머니가 눈물을 참는 부분부터 슬픈 배경 음악을 삽입해야겠어. … ㉱
> • S#87에서 관객들에게 여운을 남기기 위해 할머니의 뒷모습이 있는 마지막 장면을 서서히 어두워지게 편집해야겠어. ……………… ㉲

☀ 정답인 이유

① ㉮

…→ 슬프고 화가 나는 상우의 표정을 강조하기 위해서는 상우의 얼굴을 클로즈업해 보여 주는 것이 효과적이다. 멀리서 촬영하는 방법으로는 인물의 표정을 강조하기 어렵다.

☂ 오답인 이유

④ 매력적인 오답 ㉱

…→ 슬픈 배경 음악을 통해 관객으로 하여금 이별을 앞둔 할머니와 상우의 감정에 공감할 수 있도록 유도하는 것은 적절하다.

② ㉯

…→ 허름한 의상을 통해 궁핍한 할머니의 생활 형편을 부각하는 것은 적절하다.

③ ㉰

…→ 배우의 연기를 통해 이별을 앞두고 혼자 남을 할머니를 안타까워하는 상우의 심정을 드러내는 것은 적절하다.

⑤ ㉲

…→ 마지막 장면을 서서히 어두워지게 편집해 관객들에게 감동과 여운을 남기는 것은 적절하다.

Ⅱ부 　고전 소설

[01~03] 다음 글을 읽고 물음에 답하시오.　　　2023 3월 고1 전국연합

제대로 작품 분석　　▶ 〈보기〉에서 적절한 것을 골라 넣으며 작품을 분석해 보자.

[앞부분의 줄거리] 전생에 부부였던 남해 용왕의 딸과 동해 용왕의 아들은 각각 <u>금방울과 해룡</u>
으로 환생한다. 해룡은 피란 도중에 부모와 헤어져 장삼과 변 씨의 집에서 자라게 된다.
　　　　　　　　　　　　　　　　　　　　　　시련

「어느 추운 겨울날, 눈보라가 내리치는 밤에 변 씨는 소룡과 함께 따뜻
「」: 해룡이 처한 첫 번째 위기 – 추위에 얼어 죽게 된 상황　　　　①
한 방에서 자고 해룡에게는 방아질을 시켰다. 「해룡은 어쩔 수 없이 밤새도
　　　　　　　　　　　　　　　「」: 편집자적 논평, 서술자의 개입
록 방아를 찧었는데, 얇은 <u>홑옷</u>만 입은 아이가 어찌 추위를 견딜 수 있겠
　　　　　　　　　한 겹으로 지은 옷
는가?, 추위를 이기지 못해 잠깐 쉬려고 제 방에 들어가니, 눈보라가 방 안
에까지 들이치고 덮을 것이 하나도 없었다.」 해룡이 몸을 잔뜩 웅크리고 엎
드려 있는데, 갑자기 방 안이 대낮처럼 밝아지고 여름처럼 더워져 온몸에
　　　　　　　　　　　금방울의 조력 ① – 전기적 요소
땀이 났다. 놀라고 또 이상해 바로 일어나 밖을 자세히 살펴보니, 아직 날
이 밝지 않았는데 하얀 눈이 뜰에 가득했다. 방앗간에 나가 보니 밤에 못
다 찧은 것이 다 찧어져 그릇에 담겨 있었다. 해룡이 더욱 놀라고 괴이하
금방울의 조력 ② – 전기적 요소
게 여겨 방으로 돌아오니 방 안은 여전히 밝고 더웠다.

아무리 생각해도 이상해 방 안을 두루 살펴보니, 침상 위에 예전에 없었
던 북만 한 방울 같은 것이 놓여 있었다. 해룡이 잡으려 했으나, 방울이 이
②
리 미끈 달아나고 저리 미끈 달아나며 요리 구르고 저리 굴러 잡히지 않았
다. 더욱 놀라고 신통해서 자세히 보니, <u>금빛이 방 안에 가득하고, 방울이</u>
　　움직이는 금방울을 보고 신통해함.　　　　　　'북만 한 방울'의 특징: 금빛이며 향취가 가득함.
<u>움직일 때마다 향취가 가득히 퍼져 코를 찔렀다.</u> 이에 해룡은 생각했다.

'이것은 반드시 무슨 까닭이 있어서 일어난 일일 테니, 좀 더 두고 지켜
봐야겠다.'

해룡은 마음속으로 기뻐하며 자리에 누웠다. 그동안 굶주림과 추위에 시
달린 몸이 따뜻해지니, 마음이 절로 놓여 아침 늦도록 곤히 잠을 잤다. 이
때 변 씨 모자는 추워 잠을 자지 못하고 떨며 앉아 있다가 날이 밝자마자
밖으로 나와보니, 눈이 쌓여 온 집 안을 뒤덮었고 찬바람이 얼굴을 깎듯이
세차게 불어 몸을 움직이는 것마저 어려웠다. 이에 변 씨는 생각했다.

'해룡이 틀림없이 얼어 죽었겠구나.'
해룡이 얼어 죽었으리라 예상함.
<u>해룡을 불러도 대답이 없자, 해룡이 얼어 죽었으리라 생각하고 눈을 헤</u>
변 씨가 해룡이 얼어 죽었는지 직접 확인함.
<u>치고 나와 문틈으로 방 안을 엿보았다.</u> 그랬더니 해룡이 벌거벗은 채 깊이
잠들어 있는데 놀라서 깨우려다가 자세히 살펴보니 하얀 눈이 온 세상 가
　　　　　　　　　　　　　　　　　　　　비현실적인 상황
득 쌓여 있는데, 오직 해룡이 자고 있는 사랑채 위에는 눈이 한 점도 없고
더운 기운이 연기처럼 일어나고 있었다. 이것이 어찌 된 일인지 알 수가

없었다.　　　　　　　▶ 해룡이 금방울의 도움으로 얼어 죽을 뻔한 위기에서 벗어남.

변 씨가 놀라 소룡에게 이런 상황을 이야기했다.

"매우 이상한 일이니, 해룡의 거동을 두고 보자꾸나."

문득 해룡이 놀라 잠에서 깨어 내당으로 들어가 변 씨에게 문안을 올린
뒤 비를 잡고 눈을 쓸려 하는데, 갑자기 한 줄기 광풍이 일어나며 반 시간
　　　　　　　　　　　　　　　　　　　　　　　　　　　③
도 채 안 되어 눈을 다 쓸어버리고는 그쳤다. <u>해룡은 이미 짐작하고 있었</u>
<u>으나, 변 씨는 그 까닭을 전혀 알지 못해 더욱 신통히 여기며 마음속으로</u>
해룡은 금방울 덕분임을 알고 있었으나, 변 씨는 기이한 상황의 원인을 알지 못함.
생각했다.

'분명 해룡이 요술을 부려 사람을 속인 것이로다. 만약 해룡을 집에 오래
두었다가는 큰 화를 당하리라.'　　　해룡 주변에 일어나는 기이한 일에 위협을 느끼고,
　　　　　　　　　　　　　　　　　　해룡을 해치고자 함.
변 씨는 어떻게든 해룡을 죽여 없앨 생각으로 이리저리 궁리하다가, 한
가지 계교를 생각해 내고는 해룡을 불러 말했다.

┌ "<u>가군</u>*이 돌아가신 뒤 우리 가산이 점점 줄어들게 된 것은 너 또한
　　　　　　　　　　장삼
│ 잘 알 것이다. 구호동에 우리 집 논밭이 있는데, 근래에는 호환이
　　　　　　　　　　　　　　　　　　　　　호랑이에게 당하는 화
│ 자주 일어나 사람을 다치게 해 농사를 짓지 못하고 묵혀 둔 지 벌써
[A]│ 수십여 년이 되었구나. 이제 그 땅을 다 일구어 너를 장가보내고 우
│　　　　　　　　　　　　변 씨의 말하기 방식 – 서로에게 이익이 됨을 근거로 해룡을 설득하려 함.
│ 리도 네 덕에 잘살게 된다면, 어찌 기쁘지 않겠느냐? 다만 너를 그
│　　　　　　　　　　　　　　　　　　　　④
└ 위험한 곳에 보내면, 혹시 후회할 일이 생길까 걱정이구나."

해룡이 기꺼이 허락하고 농기구를 챙겨 구호동으로 가려 하니, 변 씨가
<u>짐짓 말리는 체했다.</u> 이에 해룡이 웃으며 말했다.
겉과 속이 다른 변 씨의 모습 ②
"사람의 목숨은 하늘에 달려 있으니, 어찌 짐승에게 해를 당하겠나이
목숨이 길고 짧은 것은 사람의 힘으로 어쩔 수 없음. – 운명론적 사고
까?"

해룡이 가벼운 발걸음으로 집을 나서자, 변 씨가 문밖에까지 나와 당부
하며 말했다.

"쉬이 잘 다녀오너라."　　　　▶ 변 씨가 해룡을 해치기 위해 해룡을 구호동으로 보냄.

해룡이 공손하게 대답하고 구호동으로 들어가 보니, 사면이 절벽으로
둘러싸여 있고 그 사이에 작은 들판이 하나 있는데, 초목이 아주 무성했
다. 해룡이 등나무 넝쿨을 붙들고 들어가니, 오직 호랑이와 표범, 승냥이
와 이리의 자취뿐이요, 인적은 아예 없었다. 해룡은 조금도 두려워하지 않
고 옷을 벗은 뒤 잠깐 쉬었다. 해가 서산으로 넘어가려 할 무렵 자리에서
일어나 밭을 두어 이랑 갈고 있는데, 갑자기 바람이 거세게 불고 모래가
날리면서 「산꼭대기에서 이마가 흰 칡범이 주홍색 입을 벌리고 달려들었
　　　　　　「」: 해룡이 처한 두 번째 위기 – 호랑이에게 물려 죽게 된 상황
다. 해룡이 정신을 바짝 차리고 손으로 호랑이를 내리치려 할 때, 또 서쪽
에서 큰 호랑이가 벽력같은 소리를 지르며 달려들어 해룡이 매우 위급한
상황에 처하게 되었다.」 그 순간 갑자기 등 뒤에서 금방울이 달려와 두 호
랑이를 한 번씩 들이받았다. 호랑이들이 소리를 지르며 달려들었으나, 금
방울이 나는 듯이 뛰어서 연달아 호랑이를 들이받으니 두 호랑이가 동시
금방울의 조력 ④ – 전기적 요소
에 거꾸러졌다.

해룡이 달려들어 호랑이 두 마리를 다 죽이고 돌아보니, 금방울이 번개

같이 굴러다니며 한 시간도 채 안 되어 그 넓은 밭을 다 갈아 버렸다. 해룡
<small>금방울의 조력 ⑤ – 전기적 요소</small>
은 기특하게 여기며 금방울에게 거듭거듭 사례했다. 해룡이 죽은 호랑이
를 끌고 산을 내려오면서 돌아보니, 금방울은 어디로 갔는지 사라지고 없
었다.

한편, 변 씨는 해룡을 구호동 사지에 보내고 생각했다.

'해룡은 반드시 호랑이에게 물려 죽었을 것이다.'
<small>변 씨는 해룡이 호랑이에 의해 죽었으리라 예상함.</small>
변 씨가 집 안팎을 들락날락하며 매우 기뻐하고 있는데, 문득 밖에서 사
람들이 요란하게 떠드는 소리가 들려와 급히 나아가 보니, 해룡이 큰 호랑
이 두 마리를 끌고 왔다. 변 씨는 크게 놀랐지만 무사히 잘 다녀온 것을 칭
<small>겉과 속이 다른 변 씨의 모습 ③</small>
찬했다. 또한 큰 호랑이를 잡은 것을 기뻐하는 체하며 해룡에게 말했다.

"일찍 들어가 쉬어라."

해룡이 변 씨의 칭찬에 감사드리고 제 방으로 들어가 보니, 방울이 먼저
<small>해룡의 예의 바른 태도</small>
와 있었다.　　　　▶ 해룡이 금방울의 도움으로 호랑이에게 물려 죽을 뻔한 위기에서 벗어남.

– 작자 미상, 〈금방울전〉

* 가군: 남에게 자기 남편을 이르는 말

❖ **제대로 작품 분석의 〈보기〉**

　ⓐ 금방울
　ⓑ 해룡을 학대하는 인물
　ⓒ 금방울의 조력 ③ – 전기적 요소
　ⓓ 겉과 속이 다른 변 씨의 모습 ①

❖ **제목의 의미**

주인공 '금방울'이 시련과 고난을 극복하고, 사랑을 이루어 내는 과정을 그린 고전 소설이다. 남해 용왕의 딸이었던 금방울은 적강하여 금빛 방울의 모습으로 태어나는데, 신이한 능력이 있어 자신에게 주어진 고난을 극복하고 남자 주인공 해룡을 여러 번 위기에서 구하는 한편 그가 공을 세우는 데도 도움을 준다. 그리고 모든 문제를 해결한 뒤에 아름다운 여인의 모습으로 변신하여 행복을 누린다.

❖ **전체 줄거리**

남해 용왕의 딸 금령과 동해 용왕의 아들 해룡은 적강하여 각각 막 씨의 딸과 장원의 아들로 환생한다. 해룡은 세 살 때 피란을 가다 부모와 헤어져 장삼의 집에서 자라고, 금령은 방울의 모습으로 태어나 여러 고난을 겪게 되는데 신이한 능력으로 이를 극복한다. 해룡은 장삼이 죽은 뒤 그의 아내 변 씨의 학대로 여러 차례 죽을 고비를 맞는데, 이때 금방울이 나타나 도움을 준다. 이후 해룡이 금선 공주를 구출하는 일과 전장에 나가 적을 물리치는 일에도 금방울이 크게 조력한다. 해룡은 자신이 구출한 금선 공주와 혼인하고, 방울의 허물을 벗고 아름다운 여인이 된 금방울과도 만나 혼인하여 행복하게 살다가 함께 하늘나라로 올라간다.

❖ **핵심 정리**

　• 갈래: 전기 소설, 영웅 소설
　• 성격: 전기적, 영웅적
　• 배경: 중국 명나라 때
　• 주제: 금방울이 고난을 극복하고 사랑을 이루는 과정
　• 특징: ① '해룡의 위기 – 금방울의 조력을 통한 위기 극복'의 구조가 반복됨. ② 금방울의 존재와 그 신이한 능력이라는 전기적 요소가 두드러짐.

┌─────────────────────────────┐
│ **제대로 감상법 모범 답안** │
└─────────────────────────────┘

작자 미상, 〈금방울전〉
❶ 금방울　❷ 해룡　❸ 호랑이　❹ 구호동　❺ 전기적

❖ **제대로 작품 분석**
　1 ⓑ　2 ⓐ　3 ⓒ　4 ⓓ

01

윗글의 내용에 대한 이해로 적절하지 **않은** 것은?

☀ **정답인 이유**

① 변 씨는 소룡에게 잠자는 해룡을 깨우라고 지시했다.
　　　　　　　　<small>✕ → 변 씨가 직접 해룡을 부르고 방 안을 엿봄.</small>

⋯ '해룡을 불러도 대답이 없자, 해룡이 얼어 죽었으리라 생각하고 눈을 헤치고 나와 문틈으로 방 안을 엿보았다.'에서 변 씨는 직접 해룡을 부르다가 사실을 확인하기 위해 방 안을 엿보았음을 알 수 있다. 이후 변 씨가 소룡에게 이 상황에 대해 이야기했을 뿐, 소룡에게 잠자는 해룡을 깨우라고 지시하지는 않았다.

☂ **오답인 이유**

② 변 씨는 해룡을 도운 것이 금방울이라는 것을 몰랐다.

⋯ 해룡이 얼어 죽을 뻔한 상황에서 살아남은 뒤 비를 잡고 눈을 쓸려 할 때, 갑자기 광풍이 일어나며 반 시간도 채 안 되어 눈을 다 쓸어버리고는 그쳤다고 하였다. 이에 해룡은 금방울이 자신을 도운 것임을 짐작하는데, 변 씨는 그 까닭을 알지 못하고 신통히 여기며 '분명 해룡이 요술을 부려 사람을 속인 것이로다.'라고 생각하고 있다.

③ 해룡은 밤에 방아질을 하다가 추워 방 안으로 들어갔다.

⋯ 해룡은 추운 겨울날에 얇은 홑옷만 입은 채 변 씨의 지시에 따라 밤새도록 방아질을 하다가, 추위를 이기지 못해 잠깐 쉬려고 방 안으로 들어갔다.

④ 해룡은 방 안에서 움직이는 금방울을 보고 신통해했다.

⋯ 해룡은 방 안에서 '예전에 없었던 북만 한 방울' 같은 것이 놓여 있는 것을 발견하고 잡으려 했으나, 방울이 방 안을 이리저리 굴러다니며 잡히지 않자 더욱 놀라고 신통하다고 생각했다.

⑤ 금방울은 구호동에서 사라진 후 해룡보다 먼저 방에 도착했다.

⋯ 금방울은 구호동에서 해룡이 호랑이에게 죽을 위기에 처했을 때 나타나 해룡을 도와주고 사라졌는데, 해룡이 집에 돌아와 제 방으로 들어가 보니 금방울이 먼저 와 있었다.

02

[A]에 대한 설명으로 가장 적절한 것은?

☀ **정답인 이유**

④ 자신이 제안한 바가 서로에게 이익이 됨을 근거로 상대방을 설득하고 있다.
　　　<small>○ → '너를 장가보내고 우리도 네 덕에 잘살게 된다'</small>

⋯ [A]에서 변 씨는 해룡에게 구호동에 있는 논밭을 일굴 것을 제안하면서, '이제 그 땅을 다 일구어 너를 장가보내고 우리도 네 덕에 잘살게 된다면, 어찌 기쁘지 않겠느냐?'고 말하고 있다. 즉 변 씨는 해룡이 구호동의 논밭을 일구는 것이 변 씨 모자와 해룡 모두에게 이익이 된다는 것을 근거로 해룡을 설득하고 있다.

☂ **오답인 이유**

② (매력적인 오답) 상대방으로 인한 자신의 손해를 언급하며 요청 사항을 전
　　　　　　　　　　<small>✕ → 상대방으로 인한 자신의 손해를 언급하지는 않음.</small>
달하고 있다.

⋯ 변 씨는 남편이 죽은 뒤 가산이 점점 줄어들게 된 상황과 호환 때문에 구호동에 있는 논밭을 묵혀 두게 된 상황을 언급한 뒤, 해룡이

구호동의 땅을 일구면 자신들도 그 덕에 잘살게 될 것이라고 말하고 있다. 변 씨가 해룡으로 인한 손해를 언급하고 있지는 않다.

① 지난 일의 책임을 상대방에게 전가*하며 태도 변화를 촉구하고 있다.
   ×
… 변 씨는 해룡에게 남편이 죽은 뒤 가산이 점점 줄어들게 된 것에 대해 '너 또한 잘 알 것'이라고 언급했을 뿐, 지난 일의 책임을 상대방에게 전가하고 있지는 않다.

┌───┐
│ *전가(轉嫁): 잘못이나 책임을 다른 사람에게 넘겨씌움. 예 자신의 잘못 │
│ 을 남에게 전가하는 것은 옳지 못한 일이다. │
└───┘

③ 상대방의 역할에 대해 의문을 제기하며 자신의 입장을 수정하고 있다.
   ×
… 변 씨는 해룡의 역할에 대해서 의문을 제기하고 있지 않으며, 자신의 입장을 수정하고 있지도 않다.

⑤ 상대방이 취하려는 행위를 만류*하기 위해 상대방과 자신의 관계를 언급하고 있다.
                          ×
… [A]에서 변 씨는 해룡에게 구호동에 가서 논밭을 일굴 것을 제안하면서 해룡이 그곳에 가면 혹시 후회할 일이 생길까 걱정이라고 말하고 있다. 이는 자신의 속마음을 숨기고 해룡을 걱정하는 척하는 것일 뿐, 상대방이 취하려는 행위를 만류하는 것은 아니다.

┌───┐
│ *만류(挽留): 붙들고 못 하게 말림. 예 주위 사람들의 만류에도 불구하고 │
│ 그는 새로운 일을 시작했다. │
└───┘

03
정답률 76%

〈보기〉는 윗글의 서사 구조를 도식화한 것이다. ㄱ~ㄹ에 대한 설명으로 적절하지 않은 것은? [3점]

☀ 정답인 이유

⑤ ㄱ~ㄹ의 과정에서 해룡은 겉과 속이 다르게 자신을 대하는 변 씨의 이중성을 눈치채고 반발하게* 된다.

… 변 씨는 ㄴ에서 해룡이 위기를 극복하고 그 주변에 신통한 일이 일어나는 것을 보며 해룡을 죽일 계략을 꾸몄다. 해룡을 죽이기 위해 해룡에게 구호동에 가 논밭을 일굴 것을 제안하는데 이때 "다만 너를 그 위험한 곳에 보내면, 혹시 후회할 일이 생길까 걱정이구나."라고 하며 해룡을 걱정하는 척, 겉과 속이 다른 모습을 보였다. 하지만 해룡은 변 씨의 진짜 속마음을 알아채지 못했으며, ㄷ을 극복하고 구호동에서 돌아와서 변 씨가 하는 거짓된 칭찬에 감사해하며 예의 바른 모습을 보였다. 따라서 해룡이 변 씨의 이중성을 눈치채고 반발하게 되었다는 것은 적절하지 않다.

┌───┐
│ *반발(反撥)하다: 어떤 상태나 행동 따위에 대하여 거스르고 반항하다. │
│ 예 직원들이 사장의 독단적 행동에 반발해서 사표를 제출했다. │
└───┘

☂ 오답인 이유

① ㄱ은 집에서 얼어 죽게 될, ㄷ은 구호동에서 짐승에게 해를 입게 될 상황이다.

… 해룡의 첫 번째 위기는 추운 겨울날 밤새도록 방아질을 하다가 얼어 죽을 뻔한 것이고, 두 번째 위기는 호랑이가 나오는 구호동에서 짐승의 공격을 받아 죽을 뻔한 것이다.

② ㄱ과 ㄷ은 모두 해룡에게 수행*하기 어려운 과제가 주어지는 상황이다.

… ㄱ에서는 해룡에게 추운 겨울날 밤새도록 방아를 찧어야 하는 과제가 주어졌고, ㄷ에서는 호랑이가 나오는 구호동에서 논밭을 일구어야 하는 과제가 주어졌다.

┌───┐
│ *수행(遂行): 생각하거나 계획한 대로 일을 해냄. 예 전 사원은 직무 수 │
│ 행 능력을 향상시켜야 한다. │
└───┘

③ ㄴ은 장차 해룡에게 화를 입을 것을 염려한 변 씨가 ㄷ을 계획하는 계기가 된다.

… 해룡이 금방울의 도움으로 첫 번째 위기에서 벗어난 뒤 그 이유를 모르는 변 씨는 '분명 해룡이 요술을 부려 사람을 속인 것이로다. 만약 해룡을 집에 오래 두었다가는 큰 화를 당하리라.'라고 생각하며, 해룡을 죽여 없앨 생각으로 이리저리 궁리하다 ㄷ의 계교를 떠올린 것이다.

④ ㄴ과 ㄹ은 신이한* 능력을 지닌 금방울에 의해 주도적*으로 진행된다.

… ㄱ에서 해룡이 추운 방 안에 웅크리고 있을 때 방이 따뜻해지는 한편 방앗간에서는 해룡이 찧던 것이 다 찧어져 있었는데, 이는 방 안에 나타난 금방울이 한 일이다. ㄷ에서 해룡이 호랑이의 공격으로 매우 위험한 상황에 처해 있을 때 금방울이 나타나 호랑이를 쓰러뜨려 해룡을 구했다. 즉 ㄴ과 ㄹ의 위기 극복은 신이한 능력을 지닌 금방울에 의해 주도적으로 진행된 것이라고 볼 수 있다.

┌───┐
│ *신이(神異)하다: 신기하고 이상하다. 예 사람들은 그의 출생을 신이하 │
│ 게 여겨 그를 임금으로 받들어 모셨다. │
│ *주도적(主導的): 주동이 되어 이끄는 것 예 적극적인 성격을 가진 그녀 │
│ 는 모임을 주도적으로 이끌어 갔다. │
└───┘

▶ 문제편 65~67쪽

정답 | 01 ③   02 ⑤   03 ③   04 ①

[01~04] 다음 글을 읽고 물음에 답하시오.   2022 3월 고1 전국연합

제대로 작품 분석   ▶〈보기〉에서 적절한 것을 골라 넣으며 작품을 분석해 보자.

이때 춘향 어미는 삼문간에서 들여다보고 땅을 치며 우는 말이,

"신관 사또는 사람 죽이러 왔나? 팔십 먹은 늙은 것이 무남독녀 딸 하
나를 금이야 옥이야 길러 내어 이 한 몸 의탁코자 하였더니, 저 지경을
만든단 말이오? 마오 마오. 너무 마오!"

와르르 달려들어 춘향을 얼싸안고,

[A] "아따, 요년아. 이것이 웬일이냐? 기생이라 하는 것이 수절이 다 무엇
이냐? 열 소경의 외막대 같은 네가 이 지경이 되었으니 어디 가서 의
    춘향 어미가 수절을 만류함.
탁하리? 할 수 없이 죽었구나."
    춘향 어미는 앞으로 의탁할 곳이 없어졌다며 앞날을 걱정함.

향단이 들어와서 춘향의 다리를 만지면서,

"여보 아가씨, 이 지경이 웬일이오? 한양 계신 도련님이 내년 삼월 오
신댔는데, 그동안을 못 참아서 황천객이 되시겠네. 아가씨, 정신 차려
말 좀 하오. 백옥 같은 저 다리에 유혈이 낭자하니 웬일이며, 실낱같이
가는 목에 큰 칼*이 웬일이오?"   ▶ 옥에 갇힌 춘향을 찾아온 춘향 어미와 향단

(중략)

칼머리 세워 베고 우연히 잠이 드니, 향기 진동하며 여동 둘이 내려와서
춘향 앞에 꿇어앉으며 여쭈오되,

"소녀들은 **황릉묘 시녀**로서 부인의 명을 받아 낭자를 모시러 왔사오니
    춘향이 황릉묘 시녀를 만남. → 황릉묘 모티프를 통해 현실과 꿈이 연결됨.
사양치 말고 가사이다."

춘향이 공손히 답례하는 말이,

"황릉묘라 하는 곳은 **소상강 만 리 밖** 멀고도 먼 곳인데, 어떻게 가잔 말
인가?"

"가시기는 염려 마옵소서."

「손에 든 **봉황 부채** 한 번 부치고 두 번 부치니 **구름같이 이는 바람** 춘
    「」: 부채를 부쳐 바람을 타고 만 리 밖 소상강에 도착함(비현실적). → 꿈속 공간의 초월적 성격이 드러남.
향의 몸 훌쩍 날려 공중에 오르더니 여동이 앞에 서서 길을 인도하여 석
두성을 바삐 지나 한산사 구경하고, 봉황대 올라가니 왼쪽은 동정호요
오른쪽은 팽려호로다. 적벽강 구름 밖에 열두 봉우리 둘렀는데, 칠백 리
동정호의 오초동남 여울목에 오고 가는 상인들은 순풍에 돛을 달아 범피
중류 떠나가고, 악양루에서 잠깐 쉬고, 푸른 풀 무성한 군산에 당도하니,
흰 마름꽃 핀 물가에 갈까마귀 오락가락 소리하고, 숲속 원숭이가 자식
찾는 슬픈 소리, 나그네 마음 처량하다. 소상강 당도하니 경치도 기이하
다, 대나무는 숲을 이루어 아황 여영 눈물 흔적 뿌려 있고, 거문고 비파
소리 은은히 들리는데, 십층 누각이 구름 속에 솟았도다. 영롱한 전주발
과 안개 같은 비단 장막으로 주위를 둘렀는데, 위의도 웅장하고 기세도
거룩하다.

여동이 앞에 서서 춘향을 인도하여 문 밖에 세워 두고 대전에 고하니,

"**춘향이 바삐 들라** 하라."

춘향이 황송하여 계단 아래 엎드리니 부인이 명령하시되,

"대전 위로 오르라."

춘향이 대전 위에 올라 손을 모아 절을 하고 공손히 자리에서 일어나 좌
우를 살펴보니, 제일 층 옥가마 위에 아황 부인 앉아 있고 제이 층 황옥가
마에는 여영 부인 앉았는데, 향기 진동하고 옥으로 만든 장식 소리 쟁쟁하
여 하늘나라가 분명하다. 춘향을 불러다 자리를 권하여 앉힌 후에,

"춘향아, 들어라. 너는 **전생** 일을 모르리라. 너는 **부용성 영주궁의 운화
부인 시녀**로서 서왕모 요지연에서 장경성에 눈길 주어 복숭아로 희롱하
    전생의 이몽룡
다 인간 세상에 귀양 가서 시련을 겪고 있거니와 머지않아 장경성을 다
시 만나 부귀영화를 누릴 것이니 **마음을 변치 말고 열녀를 본받**아 후세
    춘향에게 정절을 지킬 것을 당부함. → 춘향이 정절을
에 이름을 남기라."
    지켜 나갈 인물임을 암시함.

춘향이 일어서서 두 부인께 절을 한 후에 달나라 구경하려다가 발을 잘
못 디뎌 깨달으니 한바탕 꿈이라. 잠을 깨어 탄식하는 말이,

"이 꿈이 웬 꿈인가? 뜻 이룰 큰 꿈인가? 내가 죽을 꿈로다."
    ▶ 춘향이 꿈속에서 아황 부인과 여영 부인을 만남.

칼을 비스듬히 안고
    춘향이 죄인이 되어 옥에 갇혀 있음.
"애고 목이야. 애고 다리야. 이것이 웬일인고?"

향단이 원미를 가지고 와서,

[B] "여보, 아가씨. 원미 쑤어 왔으니 정신 차려 잡수시오."

춘향이 하는 말이,

"원미라니 무엇이냐, 죽을 먹어도 이죽을 먹고, 밥을 먹어도 이밥을
먹지, 원미라니 나는 싫다. 미음물이나 하여 다오."

미음을 쑤어다가 앞에 놓고,

"이것을 먹고 살면 무엇할꼬? 어두침침 옥방 안에 칼머리 비스듬히
안고 앉았으니, 벼룩 빈대 온갖 벌레 무른 등의 피를 빨고, 굿은비
부슬부슬, 천둥은 우루루, 번개는 번쩍번쩍, 도깨비는 휙휙, 귀신 우
는 소리 더욱 싫다. 텀비는 것이 헛것이라. 이것이 웬일인고? 서산
에 해 떨어지면 온갖 귀신 모여든다. 「살인하고 잡혀 와서 아흔 되어
[C] 죽은 귀신, 나라 곡식 훔쳐 먹다 곤장 맞아 죽은 귀신, 죽은 아낙 능
    「」: 죄를 짓고 감옥에 갇혔다가 죽은 사람들의 귀신 → 춘향과는 처지가 다름.
욕하여 고문당해 죽은 귀신, 제각기 울음 울고, 제 서방 해치고 남
의 서방 즐기다가 잡혀 와서 죽은 귀신」 처량히 슬피 울며 '동무 하나
들어왔네' 하고 달려드니 처량하고 무서워라. 아무래도 못 살겠네.
    자신의 미래에 대한 부정적 전망.
동방의 귀뚜라미 소리와 푸른 하늘에 울고 가는 기러기는 나의 근심
자아낸다."

한없는 근심과 그리움으로 날을 보낸다.   ▶ 감옥에 갇힌 춘향이 두려움 속에서 근심함.

이때 이 도령은 서울 올라가서 밤낮을 가리지 않고 공부하여 글짓는 솜
씨가 당대에 제일이라. 나라가 태평하고 백성이 평안하니 태평과를 보려
하여 팔도에 널리 알려 선비를 보으니 춘당대 넓은 뜰에 구름 모이듯 모였
구나. 이 도령 복색 갖춰 차려 입고 시험장 뜰에 가서 글 제목 나오기 기다
    이몽룡이 과거 시험에 응시함.
린다.

시험장이 요란하여 현제판을 바라보니 '강구문동요*'라 하였겠다. 시험
지를 펼쳐놓고 한번에 붓을 휘둘러 맨 먼저 글을 내니, 시험관이 받아보고
글자마다 붉은 점이요 구절마다 붉은 동그라미를 치는구나. 이름을 뜯어

보고 승정원 사령이 호명하니, 이 도령 이름 듣고 임금 앞에 나아간다.
▶ 서울로 올라간 이 도령이 과거에 급제함.
– 작자 미상, 〈춘향전〉

＊칼: 죄인에게 씌우던 형틀
＊강구문동요(康衢聞童謠): 길거리에서 태평세월을 칭송하는 아이들 노래를 들음.

❖ 제대로 작품 분석의 〈보기〉
ㄱ 춘향을 반기는 말
ㄴ 춘향의 전생의 신분
ㄷ 춘향의 미래를 긍정적으로 예언함.
ㄹ 향단이 춘향을 염려하여 먹을 것을 권함.
ㅁ 향단은 이몽룡(도련님)의 말을 신뢰하고 있음.
ㅂ 신관 사또에 대한 춘향 어미의 부정적 태도가 드러남.
ㅅ 청각적 경험을 자극하는 자연물을 통해 근심을 드러냄.
ㅇ 이몽룡이 과거에 급제함. → 춘향에게 긍정적인 일이 생길 것임을 예상하게 함.

❖ 제목의 의미
'춘향전(春香傳)'은 주인공인 춘향이 이몽룡을 만나 신분의 차이를 극복하고 사랑을 완성하는 과정을 담은 '춘향 이야기'이다. 판소리 '춘향가'의 사설을 기록하여 형성된 판소리계 소설로, 구전되며 연창되던 판소리의 특징을 반영해 핵심 줄거리는 같지만 세부 내용은 조금씩 다른 많은 이본들이 존재한다. 그러나 신분이 낮은 춘향이 신분이 높은 이몽룡과 백년가약을 맺고, 변학도 때문에 고난을 겪지만 끝까지 정절을 지켜 행복한 결말을 맞는다는 공통된 내용을 지니고 있으면 모두 '춘향전'으로 불린다. 제시된 작품은 그중 '황릉묘 모티프'가 활용된 '이고본 춘향전'이다. '이고본 춘향전'은 국문학자 이명선이 발굴하여 1940년에 《문장》에 발표했던 '춘향전'으로, 이고본은 '이명선 소장 고사본'의 약칭이다.

❖ 전체 줄거리
춘향은 퇴기 월매의 딸이다. 남원부사의 아들 이몽룡이 춘향을 보고 반하여 둘은 백년가약을 맺지만, 이몽룡은 관직을 이동하게 된 아버지를 따라 춘향을 남원에 남겨 둔 채 떠나간다. 이몽룡이 떠난 후 남원에 부임한 신관 사또는 춘향에게 수청을 명하고, 춘향은 이를 거절하였다가 죄를 지었다 하여 옥에 갇힌다. 감옥에 갇힌 춘향은 고초를 겪다가 꿈속에서 황릉묘의 주인인 아황 부인과 여영 부인을 만나, 자신이 전생에 운화 부인의 시녀였으나 장경성에 눈길을 주었다가 벌을 받아 인간 세상에 태어나 시련을 겪고 있다는 것을 알게 된다. 그리고 두 부인은 춘향이 곧 장경성을 다시 만나 부귀영화를 누리게 될 것이라 예언한다. 남원을 떠나 서울로 간 이몽룡은 과거에 급제한 뒤 암행어사가 되어 남원에 내려와 변 사또를 벌하고 춘향을 구한다. 정절을 지킨 춘향은 이몽룡과 함께 서울로 올라가 백년해로한다.

❖ 핵심 정리
• 갈래: 판소리계 소설, 애정 소설
• 성격: 해학적, 풍자적
• 배경: 조선 후기 남원
• 주제: ① 신분을 초월한 남녀 간의 사랑 ② 신분적 제약을 벗어난 인간 해방과 지배 계층에 대한 민중의 저항
• 특징: ① 판소리로 불리다가 소설로 정착되었으며 수많은 이본이 존재함. ② 일반적인 '춘향전'의 줄거리를 갖추었으며, '황릉묘' 모티프가 활용됨. ③ 기존의 질서에 저항하는 민중의 사회적 비판 의식이 반영됨.

【 제대로 감상법 모범 답안 】

작자 미상, 〈춘향전〉

❶ 춘향 ❷ 전생 ❸ 황릉묘 ❹ 정절 ❺ 신분

❖ 제대로 작품 분석
1 ㅂ 2 ㄴ 3 ㅅ 4 ㄴ 5 ㄷ 6 ㄹ 7 ㅅ 8 ㅇ

정답률 58% | 매력적인 오답 ④ 17%

[A]와 [B]를 통해 인물을 이해한 내용으로 가장 적절한 것은?

☀ 정답인 이유

③ [A]에서는 앞날을 걱정하는 '춘향 어미'를 통해, [B]에서는 '춘향'의 현재 상태를 염려하는 '향단'을 통해 '춘향'의 고난에 대한 상이한 반응을 확인할 수 있다.

┈ [A]에서 춘향 어미는 옥에 갇힌 춘향을 보며 무남독녀 딸 하나를 길러 이 한 몸 의탁코자 하였으나 이 지경이 되었으니 어디 가서 의탁하느냐고 말하고 있다. 따라서 춘향 어미는 춘향의 고난이 야기할 앞으로의 상황을 걱정하고 있음을 알 수 있다. 이와 달리 [B]에서 향단은 '원미 쑤어 왔으니 정신 차려 잡수시오.'라고 말하고 있으므로, 감옥에서 고난을 겪고 있는 춘향의 현재 몸 상태를 염려하고 있음을 알 수 있다.

☂ 오답인 이유

④ (매력적인 오답) [A]에서는 격앙된 '춘향 어미'를 진정시키는 모습을 통해, [B]에서는 '춘향'에게 음식을 정성스레 건네는 모습을 통해 '향단'의 침착한 태도를 확인할 수 있다.

┈ [A]에서 춘향 어미는 삼문간에서 춘향을 보고는 땅을 치며 울면서 격앙된 모습을 보이고 있다. 향단 역시 큰 칼을 차고 있는 춘향을 보며 이 지경이 웬일이냐고 말하며 걱정스러워하는 모습을 보이지만, 춘향 어미를 진정시키는 모습을 보이지는 않았다. 또한 [B]에서 향단이 춘향에게 원미＊를 쑤어 와서는 정신 차려 음식을 먹으라고 말하고 있지만 특별히 침착한 태도가 드러난다고 보기는 어렵다.

＊원미(元味): 쌀을 굵게 갈아 쑨 죽. 여름에 꿀과 소주를 타서 차게 하여 먹는다. 예 고향에 갔더니 어머니께서 원미를 쑤어 주셨다.

① [A]에서는 '춘향 어미'의 비난을 통해, [B]에서는 '향단'의 옹호를 통해 '신관 사또'에 대한 두 인물의 상반된 인식을 알 수 있다.
× → 향단의 언급이나 인식은 드러나지 않음.

┈ [A]에서 춘향 어미는 감옥에 갇힌 춘향을 보며 '신관 사또는 사람 죽이러 왔나?'라고 비난하고 있어, 이를 통해 '신관 사또'에 대한 춘향 어미의 부정적 인식을 알 수 있다. 그러나 향단은 [B]에서 '신관 사또'에 대해 언급하지 않았으므로, 향단의 인식은 알 수 없다.

② [A]에서는 '춘향 어미'의 만류를 통해, [B]에서는 '향단'의 재촉을 통해 '춘향'의 수절에 대한 두 인물의 상반된 인식을 알 수 있다.
○ → 수절할 필요가 없다고 말함.   × → 수절에 대해 언급하지 않음.

┈ [A]에서 춘향 어미는 이몽룡에 대한 정절을 지키기 위해 고난을 겪고 있는 춘향에 대해 '기생이라 하는 것이 수절이 다 무엇이냐?'라며 수절을 만류하고 있다. 그러나 [B]에서 향단은 춘향에게 원미를 먹으라고 말하였을 뿐 춘향의 수절에 대해서는 언급하지 않았다.

⑤ [A]에서 '도련님'의 약속을 신뢰하는 '춘향 어미'의 모습과 [B]에서 '춘향'의
× → 춘향 어미가 아니라 향단이 신뢰하는 모습을 보임.
앞날을 걱정하는 '향단'의 모습으로 인해 '춘향'의 내적 갈등이 심화되고 있음을 확인할 수 있다.
× → 춘향의 현재 상태를 걱정함.

┈ [A]에서 춘향 어미는 춘향을 괴롭히는 신관 사또를 원망하며 울고 있지만 '도련님'에 대해서는 언급하지 않았다. '한양 계신 도련님이 내년 삼월 오신댔는데'라고 말하는 향단의 말에서, 도련님의 약속을 신뢰하는 모습을 보이는 사람은 춘향 어미가 아니라 향단임을 알 수 있다. 한편 [B]에서 향단은 춘향의 현재 몸 상태를 걱정하며 원미를 쑤어 와 먹으라고 말하고 있으나, 춘향의 앞날을 걱정하는 말은 하지 않았다.

02

정답률 62% | 매력적인 오답 ④ 12%

[C]에 대한 이해로 적절하지 <u>않은</u> 것은?

☀ 정답인 이유

⑤ 자신과 같이 억울한 처지에 놓인 사람들에 대한 연민*의 감정을 드러내고
있다.
×→ 춘향처럼 억울한 처지에 놓인 사람들이 언급되지 않음.

⋯ [C]에서 춘향은 어두침침한 옥방 안에 해 떨어진 후 온갖 귀신들
이 몰려와 처량히 슬피 우는 소리를 낸다고 말하였다. 그런데 그 귀
신들의 면면에 대해 '살인하고 잡혀 와서 아흔 되어 죽은 귀신, 나
라 곡식 훔쳐 먹다 곤장 맞아 죽은 귀신, 죽은 아낙 능욕하여 고문
당해 죽은 귀신, 제각기 울음 울고, 제 서방 해치고 남의 서방 즐
기다가 잡혀 와서 죽은 귀신'이라고 설명하고 있는데, 살인을 저지
르거나 곡식을 훔치는 등의 죄를 지었다가 죽어 귀신이 된 것이므
로 춘향과 같이 억울한 처지에 놓인 사람들이라 볼 수 없다. 따라서
[C]에 춘향과 같이 억울한 처지에 놓인 사람들에 대한 연민의 감정
이 드러난다는 이해는 적절하지 않다.

* 연민(憐憫/憐愍) : 불쌍하고 가련하게 여김. ⑩ 그는 병원 침대에 누워
잠든 아이를 <u>연민</u>에 찬 눈빛으로 바라보았다.

☔ 오답인 이유

④ (매력적인 오답) 미래에 대한 부정적 전망과 함께 자신의 신세에 대한 한탄
을 드러내고 있다.

⋯ 춘향은 미음을 앞에 놓고 '이것을 먹고 살면 무엇할꼬?'라며 굳이
음식을 먹고 살아날 이유가 없다고 생각하는 모습을 보여 주고 있
다. 또한 옥에 갇혔다가 죽은 귀신들이 '동무 하나 들어왔네.' 하고
달려든다고 하며 자신도 그 귀신들처럼 될 것이라는 생각으로 '아무
래도 못 살겠네.'라고 하는 데서, 춘향이 미래에 대해 부정적으로 전
망하며 한탄하고 있는 모습을 확인할 수 있다.

① 공간의 특징을 열거하여 자신의 비참한 처지를 드러내고 있다.

⋯ 춘향은 자신이 현재 갇혀 있는 옥방이 '어두침침'하고 벼룩 빈대 같
은 온갖 벌레가 있어 피를 빨리는 데다 궂은비가 내리고 천둥 번개가
치고 있다는 특징을 열거하면서, '이것이 웬일인고?'라며 자신의 비참
한 처지를 드러내고 있다.

② 비현실적인 존재를 언급하며 자신이 느끼는 두려움을 드러내고 있다.

⋯ 춘향은 도깨비는 획획 움직이고 귀신 우는 소리가 들리며 온갖
귀신이 모여들어서 달려드니 '처량하고 무서워라.'라고 말하고 있다.
따라서 '도깨비, 귀신'과 같은 비현실적인 존재를 언급하며 자신이
느끼는 두려움을 드러내고 있음을 확인할 수 있다.

③ 청각적 경험을 자극하는 자연물을 통해 자신의 근심을 드러내고 있다.

⋯ '동방의 귀뚜라미 소리와 푸른 하늘에 울고 가는 기러기'에서 귀
뚜라미와 기러기는 '소리'와 '울음'을 통해 청각적 경험을 자극하는
자연물이다. 춘향은 '나의 근심 자아낸다.'며 이러한 청각적 경험을
자극하는 자연물을 통해 자신의 근심을 드러내고 있다.

※ 〈보기〉를 참고하여 03번과 04번의 두 물음에 답하시오.

〈보기〉

서사적 모티프란 전체 이야기를 구성하는 작은 이야기 단위이다. 이
　　　　　　　　　서사적 모티프의 개념
작품에서는 황릉묘의 주인이자 정절의 표상인 아황 부인과 여영 부인
　　　　　　　　　　　황릉묘 모티프는 이야기에서 정절과 관련된 소재로 활용됨.
이 등장하는 황릉묘 모티프가 사용되었다. 이는 천상계와 인간 세상,
전생과 현생, 꿈과 현실의 대응을 형성하면서 공간적 상상력을 풍요롭
게 하는 동시에 주인공의 또 다른 정체성을 드러낸다.
이야기의 공간이 전생의 천상계까지 확장됨.

서사적 모티프는 작품을 읽는 독자에게 서사 이해의 실마리를 제공함
　　　　　　　　　서사적 모티프의 기능
으로써 작품의 전개 방향을 예측하게 한다. 황릉묘 모티프에서 '머지않
아 장경성을 다시 만나 부귀영화를 누릴 것'이라는 두 부인의 말을 감
춘향의 미래에 대해 긍정적으로 예언함.
안하여, 독자는 이어지는 내용에서 _____⑦_____

정답률 62% | 매력적인 오답 ④ 12%

〈보기〉를 참고하여 윗글을 감상한 내용으로 적절하지 <u>않은</u> 것은? [3점]

☀ 정답인 이유

③ 아황 부인과 여영 부인이 '춘향이 바삐 들라'라고 명령하는 것은 자신의 문
제를 서둘러 해결하고자 하는 춘향에게 인간 세상에 대비되는 천상계의 질
×→ 기다리던 춘향이 도착하자 환대하여 한 말임.
서가 있음을 보여 주는군.

⋯ 춘향은 꿈에서 황릉묘 시녀인 여동들의 인도를 받아 아황 부인과
여영 부인이 있는 곳에 가게 된다. 그리고 두 부인은 춘향이 도착했
다는 말을 듣고 '춘향이 바삐 들라 하라'고 시녀에게 명한다. 기다리
던 춘향이 도착했다는 소식을 듣고 춘향을 바삐 들어오게 하라고 말
한 것이므로 이는 춘향을 환대하는* 말임을 알 수 있다. 춘향이 황릉
묘에 가서 자신의 문제를 서둘러 해결하려는 모습을 보인 것도 아니
고, 이에 대해 천상계의 질서가 있음을 보여 주기 위해 명령을 내린
것도 아니다.

* 환대(歡待)하다 : 반갑게 맞아 정성껏 후하게 대접하다. ⑩ 어렸을 적
친구의 집에 놀러갔더니 친구의 부모님께서 나를 <u>환대</u>해 주셔서 몹시
고마웠다.

☔ 오답인 이유

④ (매력적인 오답) '전생'에 춘향이 '운화 부인 시녀'였다는 아황 부인과 여영 부
인의 말은 전생과 현생의 대응을 드러내면서 공간적 상상력의 확장을 유도
전생의 '운화 부인 시녀'와 '장경성' → 현생의 '춘향'과 '이몽룡'에 대응
하는군.

⋯ 춘향이 전생에 운화 부인의 시녀였고 서왕모 요지연에서 장경성에
게 눈길을 주었다가 인간 세상에 귀양을 가서 시련을 겪는다는 말과,
머지않아 장경성을 다시 만나 부귀영화를 누릴 것이라고 말한 것에서
전생의 '운화 부인 시녀'와 현생의 '춘향'이, 전생의 '장경성'과 현생의
'이몽룡'이 대응됨을 알 수 있다. 이러한 대응을 통해 현생에서 이루어
지는 춘향과 이몽룡의 서사가 전생의 서사로까지 확장되고 있다.

① 춘향이 잠이 들어 '황릉묘* 시녀'를 만난 것은 황릉묘 모티프를 통해 꿈과 현
실의 연결이 일어나게 됨을 보여 주는군.

⋯ 춘향은 잠이 들어 황릉묘 시녀를 만나면서 그들의 인도를 받아
아황 부인과 여영 부인을 만나게 된다. 즉, 잠이 들어 시녀를 만나는
것을 통해 꿈속 이야기와 현실의 연결이 이루어지는데, 이 시녀들이
'황릉묘 시녀'라는 점에서 황릉묘 모티프를 통해 꿈과 현실의 연결이
일어나게 됨을 알 수 있다.

* 황릉묘(黃陵廟)

황릉묘는 중국의 소상강가에 있는, 아황과 여영의 사당을 일컫는 말이다. 황릉묘를 다른 말로 상산사(湘山祠)라고 부르기도 한다. 아황과 여영은 중국 전설상의 황제인 요(堯)임금의 딸로, 뒤이어 황제가 된 순(舜)임금의 부인들이다. 순임금이 남방에 갔다가 창오산에서 병이 들어 죽자 이 소식을 들은 두 부인이 상강을 슬피 울며 헤매다 물에 빠져 죽었다. 이 둘을 기리기 위해 지어진 사당이 황릉묘로, 이후 황릉묘나 아황과 여영은 정절을 상징하는 존재가 되었다.

② '봉황 부채'에 의한 '구름 같이 이는 바람'을 타고 '소상강 만 리 밖' 황릉묘까
<small>비현실적 상황 → 초월적 공간에서 일어날 수 있는 상황임.</small>
지 춘향이 날려가는 것은 꿈속 공간의 초월적 성격을 드러내는군.

⋯› 부채가 일으킨 바람을 타고 만 리 밖에 있는 황릉묘까지 날아가는 것은 현실에서는 일어날 수 없는 일이다. 이러한 비현실적인 상황이 일어날 수 있다는 점에서, 꿈속 공간이 초월적 성격을 지닌 곳임을 알 수 있다.

⑤ 아황 부인과 여영 부인이 춘향에게 '마음을 변치 말고 열녀를 본받'으라고
<small>정절의 표상인 인물</small>
당부하는 것은 춘향이 정절을 지켜나갈 인물임을 암시하는군.

⋯› 〈보기〉에서 춘향이 꿈속에서 만난 아황 부인과 여영 부인은 정절의 표상*이라고 하였다. 이러한 두 사람은 춘향에게 현재 시련을 겪고 있지만 앞으로 부귀영화를 누리게 될 것이라며, '마음을 변치 말고 열녀를 본받아 후세에 이름을 남기라.'고 당부하고 있다. 춘향이 이몽룡에 대한 정절을 지키느라 현재 고난을 겪고 있고, 정절의 표상인 두 부인이 춘향에게 마음을 변치 말고 열녀를 본받으라고 하는 데서, 앞으로도 춘향이 정절을 지켜나갈 인물임을 암시하고 있음을 확인할 수 있다.

* 표상(表象): 대표로 삼을 만큼 상징적인 것 예 태극기는 우리 민족의 표상이다.

04
<small>정답률 65% | 매력적인 오답 ③ 10%</small>

〈보기〉의 ㉮에 들어갈 내용으로 가장 적절한 것은?

☀ 정답인 이유

① '내가 죽을 꿈이로다'라는 춘향의 말보다는 이 도령이 과거에 급제한 상황에 주목하며 두 인물의 재회를 예상할 것이다.

⋯› 황릉묘 모티프에서 두 부인은 현재 고난을 겪고 있는 춘향에게 '머지않아 장경성을 다시 만나 부귀영화를 누릴 것'이라고 긍정적으로 미래를 예언하는데, 이 내용은 독자가 작품의 전개 방향을 예측하는 데 영향을 끼치게 될 것이다. 따라서 독자들은 꿈을 깬 후 춘향이 말한 '내가 죽을 꿈이로다'라는 부정적인 말보다는 이 도령이 과거에 급제하는 상황에 주목하여, 황릉묘 모티프에서 머지않아 장경성을 다시 만나 부귀영화를 누릴 것이라고 했듯이 춘향과 이몽룡이 재회하게 되리라고 예상할 것이다.

☂ 오답인 이유

③ 〔매력적인 오답〕 두 부인과의 만남이 꿈을 깨닫는 춘향의 모습을 보고 꿈과 현실의 대비가 주는 허무함을 절감하게 될 것이다.
<small>✕ → 두 부인이 예언한 긍정적 미래 상황에 해당하지 않음.</small>

⋯› 〈보기〉에서 '서사적 모티프는 작품을 읽는 독자에게 서사 이해의 실마리를 제공함으로써 작품의 전개 방향을 예측하게 한다.'고 하였고, ㉮의 앞부분에는 '머지않아 장경성을 다시 만나 부귀영화를 누릴

것이라는 두 부인의 말을 감안한다*고 하였다. 이를 고려할 때 독자들은 두 부인과의 만남이 꿈임을 깨닫는 춘향의 모습에 주목하기보다는 황릉묘 모티프 속 두 부인의 긍정적 예언 내용에 더 주목하여 서사를 이해하게 될 것이다.

* 감안(勘案)하다: 여러 사정을 참고하여 생각하다. 예 시험을 앞둔 시기임을 감안하여 동아리 정기 모임을 다음 주로 미루었다.

② 꿈에 대해 자문하며* 탄식하는 춘향의 모습을 보고 춘향이 현실에서의 정체성에 의문을 갖게 되리라고 예상할 것이다.
<small>✕ → 두 부인의 예언 내용과 관련되지 않음.</small>

⋯› 춘향은 꿈속에서 아황 부인과 여영 부인을 만나 미래에 대한 긍정적 예언을 듣고 잠에서 깨어난다. 그러나 춘향은 꿈에 대해 무슨 꿈인지 자문하면서 탄식하는 모습을 보이는데 이는 꿈속 예언을 완전히 신뢰하지는 못하는 춘향의 태도를 드러낸다. 그러나 독자의 입장에서는 춘향의 이러한 태도와 달리 황릉묘 모티프 속 두 부인이 말한 '머지않아 장경성을 다시 만나 부귀영화를 누릴 것'이라는 긍정적 예언의 내용에 주목할 것이므로, 꿈에 대해 자문하며 탄식하는 춘향의 모습을 보고 춘향이 현실에서의 정체성에 의문을 갖게 되리라고 예상하게 되지는 않을 것이다.

* 자문(自問)하다: 자신 스스로에게 묻다. 예 그는 늘 자신이 과연 옳은 일을 했는지 자문해 보곤 한다.

④ 춘향이 자신의 실수로 꿈에서 깨어나는 장면을 춘향의 고난이 지속될 것이라는 암시로 받아들일 것이다.
<small>✕ → 두 부인이 예언한 긍정적 미래 상황에 해당하지 않음.</small>

⋯› 꿈속에서 춘향은 달나라를 구경하려다가 발을 잘못 디뎌 꿈에서 깨어나므로, 춘향이 자신의 실수로 꿈에서 깨어났다고 말할 수 있다. 그러나 ㉮의 바로 앞에서 독자의 서사 이해와 관련하여 황릉묘 모티프 때문에 독자들은 '머지않아 장경성을 다시 만나 부귀영화를 누릴 것'이라는 두 부인의 말을 감안한다고 하였다. 이는 곧 독자들이 춘향의 미래를 긍정적으로 예측하게 될 것이라는 뜻이므로, 춘향의 고난이 지속될 것이라는 암시로 받아들일 것이라는 설명은 적절하지 않다.

⑤ 꿈에서 '달나라 구경'을 이루지 못하고 깨어난 춘향이 꿈에 대한 미련을 보이리라고 예상할 것이다.
<small>✕ → 두 부인의 말을 감안한 반응이 아님.</small>

⋯› ㉮의 내용은 앞에 서술된 문장의 내용을 고려하여 파악해야 한다. 앞에 '황릉묘 모티프'의 두 부인의 말을 감안하여 독자가 내용을 예상할 것이라고 하였는데, 두 부인의 말은 '머지않아 장경성을 다시 만나 부귀영화를 누릴 것'이므로, 독자는 춘향과 이몽룡(장경성)의 만남과 춘향이 고난을 극복하고 부귀영화를 누리는 것에 주목하여 서사를 이해하게 될 것이다. 따라서 꿈에서 '달나라 구경'을 이루지 못하고 깨어난 춘향이 꿈에 대한 미련을 보일 것이라 예상한 것은 두 부인의 말을 감안하여 독자가 예상한 내용에는 해당하지 않으므로 ㉮에 들어갈 말로는 적절하지 않다.

[01~04] 다음 글을 읽고 물음에 답하시오.   2021 3월 고1 전국연합

제대로 작품 분석   ▶ 〈보기〉에서 적절한 것을 골라 넣으며 작품을 분석해 보자.

각설 토끼는 만수산에 들어가 바위 구멍에 숨어 사니 신세가 태평하고
└ 화제를 다른 쪽으로 돌릴 때 쓰는 말
만사에 무심하여 혹은 일어났다 앉았다 하고 혹은 벽에 기대어 눕기도 하

는 중 용왕의 말이 귀에 들리는 듯하고 용궁의 경치가 눈앞에 삼삼하여
　　　　　　　　　　　　└ 용궁에서의 기억을 떠올림.
기쁨을 이기지 못한 채 마음에 생각하기를,
└ 용궁에서 살아 돌아온 기쁨

'내 만수산의 일개 토끼로서 간사한 놈의 꼬임으로 거의 죽을 뻔하였지.

그러나 「두세 치밖에 안 되는 혀로 만승의 임금을 유혹하여 용궁을 두루

구경하고 만수산으로 돌아왔으니 비록 소장*의 구변*이나 양평*의 지혜

라도 이보다 낫지 못 할 거야.」 이후에 다시는 동해 가를 밟지도 말고 맹
　　　　　　　　　　　　　└ 스스로를 경계하고 욕심을 부리지 않겠다고 다짐함.
세코 용궁 사람들과 말도 말고 돌베개에 팔이나 괴고 살아갈 뿐야.'
　　　　　　　　　　　▶ 용궁에서 살아 돌아와 태평하게 살아가는 토끼
이때 「홀연히 한 떼의 검은 구름이 남쪽으로부터 오더니 조금 있다가 광
　　└ 갑작스런 날씨 변화로 긴장감을 유발함.
풍이 일어나 소나기가 쏟아진다. 또 우레 소리가 울리고 번갯불이 번쩍번

쩍하더니 조용하고 컴컴해져 지척을 분간할 수 없었다.」 토끼가 크게 놀라,

'이는 필시 용왕의 조화야.'

하고, 막 피하여 숨으려 할 제 뇌공이 바위 구멍으로 쳐들어오더니 토끼를
　　　　　　　　　　　　　└ 천둥을 맡고 있다는 신
잡아가는데 날아가듯 빨라 잠깐 사이에 남천문 밖에 이르렀다. 토끼가 혼

이 나가고 기운을 잃어 땅에 엎어졌다가 다시 깨어나 머리를 들고 보니 천

상의 백옥경이었다. 토끼가 영문을 몰라 섬돌 아래에 기고 있는데 문지기
　　　　　　└ 옥황상제가 사는 곳　　└ 토끼는 자신이 잡혀 온 이유를 알지 못함.
가 달려들어와,

"동해용왕 광연이 명을 받아 문 밖에 왔습니다."
└ 용왕도 옥황상제의 명령으로 불려옴.
한다. 토끼가 이 말을 듣고 크게 놀라 마음속으로 생각하기를,

'이는 반드시 용왕이 상제에게 고하여 나를 죽이려 하는구나. 지난 번에
　　　　　　　　　　　└ 옥황상제
는 궤변으로 죽을 고비를 넘겼으나 이번에는 죽음을 면할 수 없을 거야.'
└ 죽음을 피할 수 없을 것이라고 생각하는 토끼
하고, 머리를 구부리고 턱을 고인 채 말없이 정신 나간 듯 있었더니 조금

이따가 전상에서 한 선관이 부른다.
└ 전각이나 궁전의 위
"**상제의 명이니 용왕과 토끼를 판결하라.**" ▶ 상제에게 재판을 받게 되는 용왕과 토끼

말이 끝나기도 전에 용왕은 전하에 꿇어 앉고 토끼를 바라보면서 몹시
　　　　　　　　　　└ 전각의 아래
한스러워했다. 한 선관이 지필묵을 두 사람 앞에 놓더니,

"상제의 명이니 각자 느낀 바를 진술하고 **처분을 기다리라.**"
└ 용왕과 토끼가 재판 당사자로서 대등한 처지에 놓임.
한다. 용왕이 붓을 잡고 진술을 하는데 그 대강은 이러했다.

「엎드려 생각건대 소신은 모든 관리들의 장으로서 직책이 사해의 우
└「」: 용왕이 자신의 내력을 밝히며 진술을 시작함.
두머리가 되어 구름과 안개를 일으키는 변화를 부리고 하늘에 오르

내려 비를 내립니다. 삼가 나라의 신을 받들어 아래로 수많은 백성

을 훈육하고 감히 어리석은 정성을 다하여 위로 임금님의 은혜에 보
└ 품성이나 도덕 따위를 가르쳐 기름.
답하여 왔습니다.」 하온데 한 병이 깊이 들어 몸의 위태로움이 바늘

방석에 앉은 듯하고 백 가지 약이 효험이 없으니 목숨이 조석에 달

[A] 려 있습니다. 그러나 삼신산이 아득히 머니 선약을 어디서 구하며

편작이 이미 죽고 양의가 다시 나오지 않았습니다만 도사의 한마디
└ 중국 전국 시대의 의사　└ 의술이 뛰어난 의사
말을 듣고 만수산에서 토끼를 얻었으나 마침내 그 간교한 꾀에 빠

져 후회한들 무슨 소용이 있겠습니까마는 세상에 놓쳐버렸으니 다

만 속수무책일 뿐입니다. 오늘 이렇게 다시 와 뵈오니 굶은 자가 밥

을 얻은 듯하고 온갖 병이 다 나아 고목에 꽃이 핀 듯합니다. 엎드
└ 자신에게 유리한 재판 결과를 기대하는 용왕의 모습
려 원하옵건대 전하께서는 제왕께서 작은 것을 가지고 큰 것을 바꾼
　　　　　　　　　　　　　　　　└ 토끼의 생명　└ 용왕의 생명
인자함을 본받아 소신의 병으로 죽게 된 목숨을 구해 주소서. 엎드

려 임금님께 비오니 가엾고 불쌍히 여겨 주소서."
└ 옥황상제　　　　　└ 자신의 요구를 제시하며 진술을 마무리함.
토끼가 또한 진술하기를,

「엎드려 생각건대 소신은 만수산에서 낳고 만수산에서 자라 오로지
└「」: 토끼가 자신의 내력을 밝히며 진술을 시작함.
성명*을 산중에서 다하였을 뿐 세상에 출세함을 구하지 않았습니

다. 수양산에서 고사리 캐 먹다 죽은 백이의 높은 절개를 본받고 동
　　　　　　　　　　└ 절개를 지키다 굶어 죽은 중국의 충신
고에서 시를 읊은 도잠의 기풍을 따랐습니다. 아침에 구름 낀 산에
└ 도연명. 중국의 시인
올라 고라니 사슴들과 짝하여 놀고 밤에는 월궁에서 상아*와 함께

약방아를 찧었습니다. 그러는 동안에 세상 사람들에게 해를 끼치지

않았는데 어쩌하다 용왕에게 원망을 사서 결박하여 섬돌 아래 놓이
　　　　　　　　　　　　└ 비유적 표현을 통해 자신이 고난에 처했음을 부각함.
[B] 니 절인 생선이 줄에 꾀인 듯하고 전상에서 호령하니 뜨거운 불바람

이 부는 듯합니다. 사는 것을 좋아하고 죽는 것을 싫어하는 마음에
　　　　　　　　└ 누구나 생명은 소중한 것임.
어찌 대소가 있겠습니까? 목숨을 살려 몸을 보전함에 귀천이 있을

수 없고 더불어 죄 없이 죽게 됨은 속여서라도 살아남과 같지 않으
　　　　　　　　└ 죄 없이 죽는 것보다는 속여서라도 살려고 했다는 뜻
니 오늘 뜻밖에 용왕의 비위를 거슬렸으니 어찌 감히 삶을 구하겠으

며 다시 위태로운 땅을 밟아 스스로 화를 받을 것을 알겠습니다. 말

을 이에 마치고자 하오니 엎드려 비옵건대 살펴주소서."
└ 자신의 요구를 제시하며 진술을 마무리함. └ ▶ 재판에서 이기기 위해 진술하는 용왕과 토끼
옥황이 다 읽고 나서 여러 신선들과 의논하니 일광노가 나와 말한다.
└ 옥황상제
"두 사람이 진술한 바로 그 옳고 그름이 불을 보듯 환하게 되었습니다.

폐하께서 병든 자를 위하여 죄 없는 자를 죽인다면 그 원망을 어찌하겠
　　　　　　　└ 용왕　　　　└ 토끼
습니까? **강자를 누르고 약자를 도와 공정한 처결을 하소서.**"
　　　　└ 토끼를 지지하는 일광노의 발언
옥황이 그 말이 옳다 하고 다음과 같이 판결하였다.

"대체로 천지는 만물이 머물다 가는 여관과 같고 세월은 백 대에 걸쳐

지나는 손님과 같다. **낳으면 늙고 늙으면 죽는 것은 인간의 일상적 일**이
　　　　　　　　　└ 늙고 죽는 것은 피할 수 없는 일임.
오 사물의 항상 되는 일인즉 진실로 이에 초연하여 혼자 존재함을 듣지

못했고 날개가 돋아 신선이 된다 함을 듣지 못했노라. 또 혹 병이 들어

일찍 죽는 자나 혹 상처를 입어 죽는 자는 모두 다 명이니 어찌 원혼이
└ 병이 들거나 상처를 입어 죽는 것은 원통한 일이 아님.
겠는가? 동해용왕 광연은 병이 들었으나 도리어 살고 만수산 토끼는 죄

가 없으나 죽는다면 이는 마땅히 살 자가 죽는 것이다. 광연이 비록 살

아날 약이 있다 하나 **토끼인들 어찌 죽음을 싫어하는 마음이 없겠는가?**

광연은 용궁으로 보내고 토끼는 세상으로 놓아주어 그 천명을 즐기게
└ 옥황상제의 판결
함이 하늘의 뜻에 순응함이라."

이에 다시 뇌공을 시켜 토끼를 만수산에 압송하니 토끼가 백배사례하며
　　　　　　　　　　　　　　　　　　　└ 거듭 절을 하며 고맙다는 뜻을 나타냄.
가버렸다.

이날 용왕이 적혼공에게,

"옥황이 죄 없이 죽는다 하여 토끼를 보내 주는 모양이니 너는 문 밖

에 그가 나오는 것을 기다리고 있다가 바로 죽여라. 그렇지 않으면
〔용왕이 옥황상제의 판결에 따르지 않고 몰래 토끼를 죽이려 함.〕
죽음을 면할 수 없으리니 입조심을 하여 비밀이 새어나지 않도록 해
라."

하니 적혼공이,

[C]
"대왕의 입에서 나와 소신의 귀에 들어온 말을 어찌 아는 이가 있겠
〔적혼공이 용왕의 지시를 따르고자 함.〕
습니까?"

말을 마치자 우레 소리가 나고 광풍이 갑자기 일어 뇌공이 토끼를
〔죄인을 맡아서 데리고 옴.〕
압령하여 북쪽을 향하여 가니 날아가는 화살 같고 추상 같았다. 적혼
〔뇌공에 의해 토끼가 위기에서 벗어남.〕
공이 감히 손도 못 대고 손을 놓고 물러가니 용왕이 크게 탄식하며,

"하늘이 망해 놓은 화이니 다시 바랄 게 없구나."
〔용왕이 결국 토끼를 잡겠다는 생각을 포기함.〕
하고 적혼공과 더불어 손을 잡고 통곡하며 돌아갔다.
▶ 재판에서 이기고 무사히 만수산으로 돌아가는 토끼
– 작자 미상, 〈토공전〉

* 소장: 중국 전국 시대의 소진과 장의를 아울러 이르는 말
* 구변: 말을 잘하는 재주나 솜씨
* 양평: 중국 한나라 시대의 장양과 진평을 아울러 이르는 말
* 성명: '목숨'이나 '생명'을 달리 이르는 말
* 상아: 달 속에 있는 전설 속의 선녀. 항아

❖ 제대로 작품 분석의 〈보기〉
  ㉠ 송사 설화의 모티프가 나타남.
  ㉡ 지위에 상관없이 모든 생명은 소중함.
  ㉢ 자신의 뛰어난 말솜씨에 대해 자부심을 느낌.
  ㉣ 날씨 변화가 용왕 때문이라고 생각하며 두려워함.
  ㉤ 자신에게 불리한 재판 결과를 예상하는 토끼의 모습
  ㉥ 비유적 표현을 통해 자신이 고난에 처했음을 부각함.

❖ 제목의 의미
'토공'은 '토끼'를 높여 부르는 말로, 이 작품은 널리 알려진 〈토끼전〉을 고쳐 쓴 한문 소설이다. 개작 과정에서 재판을 통해 갈등을 해결하는 송사 설화의 모티프를 빌리고 있다. 용왕과 토끼는 옥황상제가 주관하는 재판을 받게 되고, 이러한 상황에서는 지위의 우열보다는 진술의 우위가 판결에 영향을 미치게 된다. 〈토공전〉을 통해 〈토끼전〉에 여러 이본(異本)이 존재하며, 그 주제도 다양함을 알 수 있다.

❖ 핵심 정리
• 갈래: 판소리계 소설, 우화 소설
• 성격: 풍자적, 우의적, 해학적, 교훈적
• 배경: 산속, 천상
• 주제: ① 허욕에 대한 경계 ② 권력의 횡포에 대한 비판 ③ 지위와 상관없는 생명의 소중함
• 특징: ① 판소리계 소설인 〈토끼전〉을 한문으로 개작한 작품임. ② 송사 설화의 모티프를 빌려 후반부를 새로운 이야기로 구성함. ③ 동물을 의인화한 우의적 수법으로 인간 사회를 풍자함.

제대로 감상법 모범 답안

작자 미상, 〈토공전〉

❶ 용왕 ❷ 토끼 ❸ 지위 ❹ 송사

❖ 제대로 작품 분석
1 ㉢ 2 ㉣ 3 ㉠ 4 ㉥ 5 ㉤ 6 ㉡

윗글을 이해한 내용으로 적절하지 않은 것은?

☀ 정답인 이유

① 만수산에서 토끼는 갑작스러운 날씨 변화가 옥황 때문이라고 생각하여 두려
     × → '이는 필시 용왕의 조화야.'
워했다.
⋯⋯ 용궁에서 도망쳐 나온 토끼가 만수산에서 숨어 살고 있는데, 갑
자기 '검은 구름', '광풍', '소나기', '우레 소리', '번갯불' 등 날씨 변화
가 일어났다고 하였다. 이에 대해 토끼는 '이는 필시 용왕의 조화야.'
라며 용왕 때문이라고 생각하고 있지, 옥황 때문이라고 생각하고 있
지 않다.

☂ 오답인 이유

② 매력적인 오답 토끼는 백옥경에서 용왕을 만나기 전까지는 자신이 잡혀 온
이유를 알지 못했다.
○ → '영문을 몰라 섬돌 아래에 기고 있는데'
⋯⋯ '혼이 나가고 기운을 잃어 땅에 엎어졌다가 다시 깨어나 머리를
들고 보니 천상의 백옥경이었다.'에서 만수산에 있던 토끼가 백옥경
에 온 것을 알 수 있다. 그리고 이어지는 '영문을 몰라 섬돌 아래에
기고 있는데'에서 토끼가 백옥경에 잡혀 온 이유를 모르고 있음을 확
인할 수 있다.

③ 만수산에서 토끼는 자신의 뛰어난 말솜씨에 대해 자부심*을 느꼈다.
○ → '두세 치밖에 안 되는 혀로 ~ 이보다 낫지 못 할 거야.'
⋯⋯ '두세 치밖에 안 되는 혀로 만승의 임금을 유혹하여 용궁을 두루
구경하고 만수산으로 돌아왔으니 비록 소장의 구변이나 양평의 지
혜라도 이보다 낫지 못 할 거야.'에서 토끼가 용궁에 끌려갔다가 살
아돌아온 후 자신의 뛰어난 말솜씨에 자부심을 느끼고 있음을 알 수
있다.

* 자부심(自負心): 자기 자신 또는 자기와 관련되어 있는 것에 대하여 스
스로 그 가치나 능력을 믿고 당당히 여기는 마음 예 그는 자부심이 대
단한 사람이다.

④ 토끼는 용궁에서 만수산으로 돌아온 것에 대해 만족감을 느꼈다.
○ → '신세가 태평하고 만사에 무심하여'
⋯⋯ '용궁을 두루 구경하고 만수산으로 돌아왔으니'에서 토끼가 용궁
에서 만수산으로 돌아온 것을 알 수 있다. 그리고 '신세가 태평하고
만사에 무심하여'에서 토끼가 만수산에서의 평온한 삶을 만족스럽게
여기고 있음을 확인할 수 있다.

⑤ 만수산에서 지내던 토끼는 용궁에서의 기억을 떠올렸다.
○ → '용왕의 말이 귀에 들리는 듯하고 용궁의 경치가 눈앞에 삼삼하여'
⋯⋯ '용왕의 말이 귀에 들리는 듯하고 용궁의 경치가 눈앞에 삼삼하여
기쁨을 이기지 못한 채'에서 만수산에서 태평하게 지내던 토끼가 용
궁에서의 기억을 떠올리고 있음을 알 수 있다.

[A]와 [B]를 비교한 내용으로 적절하지 않은 것은?

☀ 정답인 이유

③ [A]는 제안의 문제점을 스스로 인정하고 있고, [B]는 제안에 대한 확신을 드
   × → 인정하고 있지 않음.   × → 확신이 없음.
러내고 있다.
⋯⋯ [A]에서 용왕은 '작은 것을 가지고 큰 것을 바꾼 인자함을 본받아

소신의 병으로 죽게 된 목숨을 구해 주소서.'라고 제안하고 있는데, 이는 토끼를 죽여야 한다는 문제점을 인정하고 있지 않은 모습이라고 할 수 있다. [B]에서 토끼는 '엎드려 비옵건대 살펴주소서.'라며 자신의 목숨을 살려 달라고 제안하고 있는데, '용왕의 비위를 거슬렸으니 어찌 감히 삶을 구하겠으며'라고 말하는 것으로 보아 자신의 제안에 대해 확신하고 있다고 볼 수 없다.

④ 매력적인 오답 [A]에는 자신에게 유리한 결과를 기대하는 모습이, [B]에는 자신에게 불리한 결과를 예상하는 모습이 나타나 있다.

··· [A]에서 용왕이 '굶은 자가 밥을 얻은 듯하고 온갖 병이 다 나아 고목에 꽃이 핀 듯합니다.'라고 말하는 것으로 보아, 용왕은 자신에게 유리한 결과를 기대하고 있음을 알 수 있다. [B]에서 토끼가 '다시 위태로운 땅을 밟아 스스로 화를 받을 것을 알겠습니다.'라고 말하는 것으로 보아, 토끼는 자신에게 불리한 결과를 예상하고 있음을 알 수 있다.

① [A]와 [B]는 모두 자신의 내력을 요약하며 진술을 시작하고 있다.

··· [A]와 [B]의 앞부분에서 용왕과 토끼는 모두 자신이 살아온 내력을 요약하여 진술하고 있다.

② [A]와 [B]는 모두 비유적 표현을 사용하여 자신이 고난에 처했음을 부각하고 있다.

··· [A]에서 용왕은 '몸의 위태로움이 바늘방석에 앉은 듯하고'와 같이, [B]에서 토끼는 '절인 생선이 줄에 꾀인 듯하고, 뜨거운 불바람이 부는 듯합니다'와 같이 비유적 표현을 사용하여 각각 자신이 고난에 처했음을 부각하고 있다.

⑤ [A]와 [B]는 모두 자신의 요구를 제시하며 진술을 마무리하고 있다.

··· [A]에서 용왕은 '엎드려 임금님께 비오니 가엾고 불쌍히 여겨 주소서.', [B]에서 토끼는 '엎드려 비옵건대 살펴주소서.'라고 자신의 요구를 제시하며 진술을 마무리하고 있다.

03

정답률 65% | 매력적인 오답 ⑤ 12%

[C]의 서사적 기능으로 가장 적절한 것은?

② 용왕의 시도가 실패하였음을 보여 주어 주제 의식을 강조하고 있다.
○ → 토끼를 죽이려는 시도 실패 → '지위와 상관없는 생명의 소중함'이라는 주제 의식 강조

··· [C]에서 용왕은 옥황의 판결에도 불구하고 토끼를 다시 죽이려고 시도하지만 결국 실패하게 된다. 이를 통해 지위에 상관없이 모든 생명은 소중하다는 주제 의식을 강조하고 있다.

⑤ 매력적인 오답 용왕의 지시를 따르지 않는 적혼공의 반응을 제시하여 독자의 흥미를 유발하고 있다.

··· 적혼공이 토끼를 죽이라는 용왕의 지시를 따르지 않은 것이 아니라, 뇌공이 순식간에 토끼를 데리고 가서 어쩔 수 없이 손을 놓고 물러난 것이다.

① 적혼공의 말을 통해 앞서 일어난 사건을 평가하고 있다.

··· 적혼공은 용왕의 명령에 따르겠다고 말하고 있을 뿐, 앞서 일어난 사건을 평가하고 있지 않다.

③ 용왕의 탄식을 통해 용왕과 옥황 간의 새로운 갈등을 예고하고 있다.

··· '하늘이 망해 놓은 화이니 다시 바랄 게 없구나.'라는 용왕의 탄식은 새로운 갈등을 예고하는 것이 아니라, 용왕이 결국 토끼를 잡겠다는 생각을 포기하게 되었음을 보여 주고 있다.

④ 뇌공에 의해 공간이 전환되는 과정에서 공간적 배경의 사실성을 강조하고 있다.

··· 뇌공이 토끼를 데리고 북쪽을 향하여 갔으므로 공간이 전환되는 것은 맞지만, 그 과정에서 공간적 배경의 사실성을 강조하고 있지는 않다.

04

정답률 65% | 매력적인 오답 ③ 20%

〈보기〉를 바탕으로 윗글을 감상한 내용으로 적절하지 않은 것은? [3점]

──〈보기〉──

윗글은 〈토끼전〉을 고쳐 쓴 한문 소설로 재판을 통해 갈등을 해결하는 송사 설화의 모티프가 나타난다. 〈토공전〉의 특징 용왕과 토끼는 옥황상제가 주관하는 재판 상황에 놓이게 되고, 이 상황에서는 지위의 우열보다는 진술의 우위가 판결에 영향을 미친다. 송사 소설의 특징 이 판결의 내용은 지위의 높고 낮음보다 생명의 가치를 존중하는 작가의 의식을 드러내고 있다. 작품의 주제 의식

④ '낳으면 늙고 늙으면 죽는 것은 인간의 일상적 일'이라는 말에서, 옥황이 판결을 망설이는 이유를 짐작할 수 있군.
× → 판결을 망설이는 모습은 나타나 있지 않음.

··· 옥황은 '토끼는 세상으로 놓아주어 그 천명을 즐기게 함이 하늘의 뜻'이라고 판결하는데, '낳으면 늙고 늙으면 죽는 것은 인간의 일상적 일'은 그러한 판결을 내리게 된 이유라고 할 수 있다. 옥황이 판결을 망설이는 모습은 나타나 있지 않다.

③ 매력적인 오답 '강자를 누르고 약자를 도와 공정한 처결을 하소서.'라는 일광노의 말에서, 토끼의 진술에 대한 지지를 확인할 수 있군.
○ → 〈보기〉의 '지위의 높고 낮음보다 생명의 가치를 존중'

··· 토끼는 '사는 것을 좋아하고 죽는 것을 싫어하는 마음에 어찌 대소가 있겠습니까?'라고 진술하였다. 강자는 '용왕'이고 약자는 '토끼'이므로, 약자를 도와 공정한 처결을 하라는 일광노의 말은 결국 토끼의 진술을 지지한 것으로 이해할 수 있다.

① '상제의 명이니 용왕과 토끼를 판결하라.'라는 말에서, 송사 설화의 모티프가 쓰였음을 확인할 수 있군.
○ → 〈보기〉의 '송사 설화의 모티프가 나타난다.'

··· 용왕과 토끼의 갈등을 옥황이 판결을 통해 해결하는 모습에서, 이 작품에 송사 설화의 모티프가 쓰였음을 확인할 수 있다.

② 꿇어 앉아 함께 '처분을 기다리'는 것에서, 용왕과 토끼가 재판 당사자로서 대등한 처지에 놓이게 되었음을 알 수 있군.
○ → 〈보기〉의 '지위의 우열보다는 진술의 우위가 판결에 영향'

··· 용왕과 토끼가 함께 무릎을 꿇어 앉아 옥황의 판결을 기다리는 모습에서, 용왕과 토끼가 재판 당사자로서 대등한 처지에 놓이게 되었음을 알 수 있다.

⑤ '토끼인들 어찌 죽음을 싫어하는 마음이 없겠는가?'라는 말에서, 모든 생명은 소중하다는 작가의 의식을 확인할 수 있군.
○ → 〈보기〉의 '지위의 높고 낮음보다 생명의 가치를 존중하는 작가의 의식'

··· 옥황이 '토끼인들 어찌 죽음을 싫어하는 마음이 없겠는가?'라며 토끼를 놓아주라고 판결하는 모습에서, 지위에 상관없이 모든 생명은 소중하다는 작가의 의식을 확인할 수 있다.

고전소설 04 영영전

▶ 문제편 72~74쪽

정답 | 01 ⑤　　02 ③　　03 ②

[01~03] 다음 글을 읽고 물음에 답하시오.　2020 6월 고1 전국연합

제대로 작품 분석　▶ 〈보기〉에서 적절한 것을 골라 넣으며 작품을 분석해 보자.

[앞부분의 줄거리] 명나라 효종 때, 김생이라는 선비는 상사동 길가에서 영영을 보고 사랑에 빠진다. 영영을 만날 궁리를 하던 김생은 막동의 도움으로 영영의 이모인 노파에게 접근한다.

그 날도 두 사람은 술이 떨어질 때까지 마셨다.
_{김생과 노파}
김생은 빨간 보자기를 풀어 비단 적삼 하나를 내놓았다.
_{남자 주인공. 지체 높은 선비}　　_{노파의 환심을 사기 위한 김생의 선물}
"매일 할머니를 괴롭히고도 갚을 것이 없어 걱정했는데 이것이라도 제 정성으로 아시고 받아 주시오."

노파는 김생의 마음 씀씀이에 감동하면서도 그 속마음을 알 수 없어 근
₁
심이 되었다. 노파는 아무래도 안 되겠다 싶었는지 바로 일어나서 절을 하였다.

"제가 과부 되어 살아온 지 오래지만 이웃 사람조차 도와주지 않았습니다. 그런데 도련님께서 이렇게 마음을 써 주시니 몸 둘 바를 모르겠습니다. 혹 도련님께서 소망이 있으시다면 비록 죽는 일이라도 말씀하소서."
_{김생의 소망을 직접적으로 물음.}
그제야 김생은 얼굴에 슬픈 빛을 띠고 입을 열기 시작했다.

"그렇게 말씀하시니 어찌 사실대로 말하지 않겠소? 제가 어느 날 집으로 가는 길에 한 낭자를 보았습니다. 나이 어린 협기로 뒤를 쫓아왔더니
_{영영}　　　　　　　　　　　　　　　　_{의롭고 호탕하며 씩씩한 기개}
그 낭자가 들어 간 곳이 바로 이 곳이었소. 그런데 그 낭자를 본 뒤부터 마음이 취한 듯 모든 일에 흥미를 잃고 그 낭자만 생각하니, 애끊는 괴
_{영영을 보고 상사병에 걸림.}
로움이 벌써 여러 날이라오."

노파는 김생이 여인을 본 날짜와 여인의 복장을 물었다. 노파는 짚이는 사람이 있는 모양이었다.

"도련님께선 제 죽은 언니의 딸을 보신 것 같습니다. 그 애의 이름은 영
_{영영, 노파의 조카}
영(英英)이라 하는데 정말 탐스러운 아이지요. 하지만……."

"하지만 뭐란 말이요?"
_{김생의 다급함과 궁금함이 나타남.}
김생은 노파가 무슨 말을 할지 걱정되었다. 그걸 아는지 모르는지 노파는 김생보다 더 심각한 표정으로 말을 이었다.

"도련님은 그 애를 만나는 것조차 어려울 것입니다."
_{영영이 궁녀이기 때문에}
"그건 무슨 말이요?"

"그 애는 회산군(檜山君)의 시녀입니다. **궁중에서 나고 자라 문 밖을 나**
₂　　　　　　　　　_{조선 시대 궁녀들의 폐쇄적인 생활상}
서지 못합니다."

"그렇다면 전에 내가 본 날은 어인 나들이었소?"

"그 때는 마침 그 애 부모의 제삿날이라 제가 회산군 부인께 청하고 겨우 데려왔었지요."

"……."
_{영영을 쉽게 만날 수 없다는 생각에 막막함을 느낌.}
"영영은 자태가 곱고 음률이나 글에도 능통해 회산군께서 첩을 삼으려 하신답니다. 다만 **그 부인의 투기가 두려워 뜻대로 못할 뿐이랍니다.**"
_{회산군의 본부인}　　　　_{지나치게 시기함. 질투}

김생은 크게 한숨을 내쉬며 탄식하였다.
"결국 하늘이 나를 죽게 하는구나!"
₃
노파는 김생의 병이 깊은 것을 보고 안타까워했다. 노파는 그렇게 김생을 바라보고 있다가 한참만에 입을 열었다.

"방법이 없는 것은 아닙니다."

"그래요? 그, 그것이 무엇이오? 빨리 말해 보시오."

"단오가 한 달 남았으니 그 때 다시 작은 제사상을 벌이고 부인에게 **영아를 보내 주십사고 청하면 그리 될 수도 있습니다.**"
_{노파가 김생과 영영이 만날 수 있도록 도움. – 조력자의 역할}
김생은 그 말을 듣고 뛸 듯이 기뻐했다.

"할머니 말대로 된다면 인간의 오월 오일은 곧 천상의 칠석이오."
_{음력으로 칠월 초이렛날의 밤. 견우와 직녀가 일 년에 한 번 만난다는 전설이 있음.}
김생과 노파는 그렇게 서로 이야기를 하면서 **영영을 불러낼 계획을 세**
_{영영과 만나기 위한 김생의 노력}
웠다.

마침내 노파와 약속한 날이 되었다. 김생은 날이 밝기도 전에 그 집으로 달려갔다.
▶ 노파의 도움으로 영영과 만날 계획을 세우는 김생

(중략)

영영을 그리는 마음은 예전보다 두 배나 더 간절하였다. 「그러나 청조가
_{반가운 사자(使者)나 편지를 이르는 말}
오지 않으니 소식을 전하기 어렵고, 흰기러기는 오래도록 끊기어 편지를
_{「」: 영영에게 소식을 전할 방법이 없음.}
전할 길도 없었다. 끊어진 거문고 줄은 다시 맬 수가 없고 깨어진 거울은
₄
다시 합칠 수가 없으니, 가슴을 졸이며 근심을 하고 이리저리 뒤척이며 잠
_{서술자의 주관적 논평}
못 이룬들 무슨 소용이 있겠는가? 김생은 마침내 몸이 비쩍 마르고 병이 들어 자리에 누워 있었다. 그렇게 두어 달이 지나니 김생은 죽은 몸이나 다름없었다. 마침 김생의 친구 중에 이정자(李正子)라고 하는 이가 문병을 왔다. 정자는 김생이 갑자기 병이 난 것을 이상해했다. 병들고 지친 김생
_{김생과 영영의 만남을 돕는 조력자. 김생의 친구이자 회산군 부인의 조카}
은 그의 손을 잡고 모든 이야기를 털어놓았다. 정자는 모든 이야기를 듣고 놀라며 말했다.

[A] ┌ "자네의 병은 곧 나을 걸세. 회산군 부인은 내겐 고모가 되는 분이
│　　　　_{김생을 위로하는 이정자}
│ 라네. 그 분은 의리가 있고 인정이 많으시네. 또 부인이 소천(所天)*
│　　　　　　　　　　_{회산군 부인의 성품}
│ 을 잃은 후로부터, 가산과 보화를 아끼지 아니하고 희사(喜捨)와 보
│　　　　　　　　　　　　　　　　　　　　₅
└ 시(布施)를 잘 하시니, 내 자네를 위하여 애써 보겠네."
_{자비심으로 남에게 재물이나 불법을 베풂.}
김생은 뜻밖의 말을 듣고 너무 기뻐서 병든 몸인데도 일어나 정자의 손이 으스러져라 꽉 잡을 정도였다. 김생은 신신 부탁하며 정자에게 절까지
_{김생의 기쁨과 고마움을 나타내는 행동 ①}　　_{김생의 기쁨과 고마움을 나타내는 행동 ②}
하였다. 정자는 그 날로 부인 앞에 나아가 말했다.

"얼마 전에 장원 급제한 사람이 문 앞을 지나다가, 말에서 떨어져 정신
_{김생}
을 차리지 못한 것을 고모님이 시비에게 명하여 사랑으로 데려간 일이
_{회산군 부인}
있사옵니까?"

"있지."

"그리고 영영에게 명하여 차를 올리게 한 일이 있사옵니까?"

"있네."

[B] ┌ "그 사람은 바로 저의 친구로 김 모라 하는 이옵니다. 그는 재기(才
│ 氣)가 범인(凡人)을 지나고 풍도(風度)가 속되지 않아, 장차 크게 될
│　　　_{평범한 사람}　　　　　_{풍채와 태도}
│ 인물이옵니다. 불행하게도 상사의 병이 들어 문을 닫고 누워서 신음
│　　　　　　　　　　_{마음에 둔 사람을 몹시 그리워하는 데서 생기는 마음의 병}
│ 하고 있은 지 벌써 두어 달이 되었다 하더이다. 제가 아침저녁으로
│ 왔다 갔다 하면서 문병하는데, 피부가 파리해지고 목숨이 아침저녁
└ 으로 불안하니, 매우 안타까이 여겨 병이 든 이유를 물어 본 즉 영

영으로 인함이라 하옵니다. 영영을 김생에게 주시는 것이 어떻겠습니까?"
　　회산군 부인에게 두 사람의 결합을 부탁하는 이정자

　부인은 듣고 나서,

"내 어찌 영영을 아껴 사람이 죽도록 하겠느냐?"
　이정자의 부탁을 수락하는 회산군 부인

하였다. 부인은 곧바로 영영을 김생의 집으로 가게 하였다. 그리하여 꿈에도 그리던 두 사람이 서로 만나게 되니 그 기쁨이야 말할 수 없을 정도였다. 김생은 기운을 차려 다시 깨어나고, 수일 후에는 일어나게 되었다. 이로부터 김생은 공명(功名)을 사양하고, **영영과 더불어 평생을 해로하였다.**
　　행복한 결말
　　입신양명을 추구하지 않음.　▶ 이정자의 도움으로 영영과의 사랑을 이루는 김생
　　　　　　　　　　　　　　　　　　　　　　　　－ 작자 미상, 〈영영전〉

* 소천(所天): 아내가 남편을 일컫는 말

❖ 제대로 작품 분석의 〈보기〉
　㉠ 사랑을 성취하는 김생과 영영
　㉡ 두 사람의 처지 – 만날 수 없는 상황
　㉢ 이루어지기 어려운 사랑에 좌절하는 김생
　㉣ 김생과 영영의 만남을 돕는 조력자. 영영의 이모
　㉤ 어떤 목적을 위하여 기꺼이 돈이나 물건을 내놓음.
　㉥ 영영의 신분. 김생과 영영의 사랑을 가로막는 장애물

❖ 제목의 의미
'영영'은 여자 주인공의 이름으로, 이 작품은 지체 높은 선비인 김생이 궁녀인 영영을 열렬히 사모하여 결국은 사랑을 이룬다는 내용의 애정 소설이다. 다른 고전 소설과는 달리 전기성과 사건 전개의 우연성 등이 나타나지 않고, 두 인물이 필연에 의해서만 만나고 헤어지도록 구성되어 있다. 〈운영전〉과 사건 전개가 유사하나, 현실에서 남녀가 인연을 이루어 행복한 결말로 끝난다는 차이점을 보인다.

❖ 전체 줄거리
명나라 효종 때 지체 높은 선비인 김생은 우연히 회산군의 궁녀인 영영을 보고 사랑에 빠진다. 우여곡절 끝에 김생은 한 노파의 도움으로 회산군의 집에 몰래 들어가 영영을 만나 사랑을 확인한다. 하지만 회산군이 죽고 노파도 세상을 뜨자 서로 연락할 길이 끊어진다. 3년 후 김생은 과거에 장원 급제하고 삼일유가를 나와 영영을 다시 만나지만, 서로의 신분 때문에 아는 체하지 못하고 헤어진다. 영영에 대한 그리움으로 앓아누운 김생은 회산군 부인의 조카이자 친구인 이정자의 도움으로 영영과 재회한다. 김생은 영영과 해후하여 함께 여생을 보내며 백년해로한다.

❖ 핵심 정리
　• 갈래: 한문 소설, 애정 소설
　• 성격: 낭만적, 현실적
　• 배경: 명나라 효종 때
　• 주제: 고난을 뛰어넘는 사랑의 실현
　• 특징: ① 사실적인 표현과 생동감 있는 비유를 사용함. ② 전기성, 우연성 등이 나타나지 않음. ③ 서술자의 주관적 논평을 통해 인물의 심리를 드러냄.

┌─────────────────────────┐
│ **제대로 감상법 모범 답안** │
└─────────────────────────┘

작자 미상, 〈영영전〉

❶ 김생　❷ 영영　❸ 궁중　❹ 주관

❖ 제대로 작품 분석
1 ㉣　2 ㉥　3 ㉢　4 ㉡　5 ㉤　6 ㉠

윗글에 대한 설명으로 가장 적절한 것은?

　☀ **정답인 이유**

⑤ 서술자의 주관적 논평*을 통해 인물의 심리를 드러내고 있다.
　○ → '가슴을 졸이며 근심을 ~ 무슨 소용이 있겠는가?'
　⋯▶ '가슴을 졸이며 근심을 하고 이리저리 뒤척이며 잠 못 이룬들 무슨 소용이 있겠는가?'에 서술자가 직접 자신의 생각을 드러내는 서술자의 주관적 논평이 나타나 있다. 이를 통해 서술자는 영영을 그리워하며 가슴을 졸이고 잠을 이루지 못하는 김생에 대한 자신의 생각을 직접적으로 드러내고 있다.

　┌─────────────────────────────────────┐
　│ * 서술자의 주관적 논평: 고전 소설에서 자주 나타나는 '서술자의 개입'과 │
　│ 같은 뜻으로, 작품 밖의 서술자가 자신의 생각을 직접 드러내는 것을 │
　│ 말한다. 서술자가 인물의 행위나 심리에 대해 직접적으로 평가하거나, │
　│ 사건에 개입하여 견해를 제시한다. │
　└─────────────────────────────────────┘

　☂ **오답인 이유**

① 매력적인 오답　전기적* 요소를 활용해 긴박한 분위기를 조성하고 있다.
　　　　　　　　　　　×
　⋯▶ 제시된 부분에서 현실에서 일어날 수 없는 기이하고 신기한 이야기는 나타나 있지 않다.

　┌─────────────────────────────────────┐
　│ * 전기적(傳奇的): 현실에서 일어날 수 없는 기이하고 신기한 이야기가 │
　│ 나오는 것을 말한다. 귀신과 인연을 맺는다거나 도술을 사용한다거나 │
　│ 하는 내용이 이에 해당한다. 고전 소설에서는 이러한 전기적 사건들이 │
　│ 빈번하게 등장한다. │
　└─────────────────────────────────────┘

② 비유적 표현을 활용해 인물 간의 갈등을 심화하고 있다.
　　　　　　　　　　　　　×
　⋯▶ 김생이 영영과 만나지 못하는 상황을 '끊어진 거문고 줄', '깨어진 거울'에 비유하여 표현하고 있지만, 이것이 인물 간의 갈등을 심화하고 있지는 않다.

③ 인물의 외양 묘사를 통해 영웅적 면모를 보여 주고 있다.
　　　　　　　　　　　　×
　⋯▶ '몸이 비쩍 마르고'와 같이 김생의 외양을 묘사한 부분이 일부 있지만, 이를 통해 영웅적 면모를 보여 주고 있지는 않다. 이 글에서 김생은 영웅적 인물도 아니다.

④ 역순행적 구성*을 통해 사건을 입체적으로 구성하고 있다.
　　×
　⋯▶ 김생이 영영을 만나 평생을 해로하게 되는 과정이 시간의 순서에 따라 순행적으로 구성되어 있다.

　┌─────────────────────────────────────┐
　│ * 역순행적 구성: 시간의 순서에 따르지 않고 시간의 역전이 일어나면서 │
　│ 사건이 전개되는 구성 │
　└─────────────────────────────────────┘

02　　　　　　　　　　　　　　　　　　정답률 90%

[A]와 [B]에 나타난 인물의 말하기에 대한 설명으로 가장 적절한 것은?

　☀ **정답인 이유**

③ [A]는 상대에게 위로하고, [B]는 상대에게 원하는 것을 부탁하고 있다.
　○ → '자네의 병은 곧 나을 걸세.'　　○ → '영영을 김생에게 주시는 것이 어떻겠습니까?'
　⋯▶ [A]에서 이정자는 친구인 김생에게 문병을 와서 '자네의 병은 곧 나을 걸세.', '내 자네를 위하여 애써 보겠네.'라며 위로하고 있다.

[B]에서 이정자는 자신의 고모인 회산군 부인에게 '영영을 김생에게 주시는 것이 어떻겠습니까?'라며 부탁하고 있다.

☂ 오답인 이유

① [A]는 상대에게 조언하고, [B]는 상대에게 거래를 제안하고 있다.

┈▶ [A]에서 이정자는 김생에게 도움이 될 만한 내용을 조언하고 있지만, [B]에서 이정자는 회산군 부인에게 부탁하고 있을 뿐 거래를 제안하고 있지는 않다.

② [A]는 상대에게 칭찬하고, [B]는 상대에게 서운함을 토로*하고 있다.

┈▶ [A]에서 이정자는 김생을 칭찬하고 있지 않으며, [B]에서 이정자는 회산군 부인에게 서운함을 토로하고 있지 않다.

┄┄┄┄┄┄┄┄┄┄┄┄┄┄┄┄┄┄┄┄┄┄┄┄┄┄┄┄┄┄┄┄┄
* 토로(吐露): 마음에 있는 것을 죄다 드러내어서 말함. ⓔ 그는 학교 생활의 어려움을 어머니에게 토로하였다.
┄┄┄┄┄┄┄┄┄┄┄┄┄┄┄┄┄┄┄┄┄┄┄┄┄┄┄┄┄┄┄┄┄

④ [A]는 상대에게 공감하고, [B]는 상대에게 자신의 능력을 자랑하고 있다.

┈▶ [A]에서 이정자가 김생에게 공감하는 내용은 나타나 있지 않으며, [B]에서 이정자가 회산군 부인에게 자신의 능력을 자랑하고 있지도 않다.

⑤ [A]는 상대에게 충고하고, [B]는 상대에게 자신의 친구를 소개하고 있다.

┈▶ [A]에서 이정자는 김생에게 도움을 주겠다고 할 뿐 충고하고 있지 않으며, [B]에서 이정자는 회산군 부인에게 친구 김생을 '장차 크게 될 인물'이라고 소개하고 있다.

시대 궁녀들의 폐쇄적인 생활상을 확인할 수 있다.

┄┄┄┄┄┄┄┄┄┄┄┄┄┄┄┄┄┄┄┄┄┄┄┄┄┄┄┄┄┄┄┄┄
* 폐쇄적(閉鎖的): 외부와 통하거나 교류하지 않는 것 ⓔ 그 모임은 매우 폐쇄적이다.
┄┄┄┄┄┄┄┄┄┄┄┄┄┄┄┄┄┄┄┄┄┄┄┄┄┄┄┄┄┄┄┄┄

③ '영아를 보내 주십사고 청하면 그리 될 수도 있습니다.'에서 노파도 김생이 영영을 만나도록 도와주는 조력자임을 확인할 수 있군.
○ → 〈보기〉의 '김생이 영영을 만나도록 도와주는 인물들이 등장'

┈▶ 김생의 소망을 들은 노파가 김생을 위해 영영과 만날 수 있도록 도와주는 모습에서, 노파가 두 사람의 만남을 돕는 조력자임을 확인할 수 있다.

④ '영영을 불러낼 계획을 세웠다.'에서 김생이 영영을 만나기 위해 노력하고 있음을 확인할 수 있군.
○ → 〈보기〉의 '김생은 영영을 만나기 위해 노력'

┈▶ 노파는 김생을 위해 단오날 작은 제사상을 벌이고 영영을 불러오겠다고 한다. 그러자 김생은 매우 기뻐하며 노파와 함께 영영을 만나기 위해 계획을 세우는데, 이 모습에서 영영을 만나기 위한 김생의 노력을 확인할 수 있다.

⑤ '영영과 더불어 평생을 해로하였다.'에서 영영과 김생이 사랑을 성취하여 행복한 결말을 맞이했음을 확인할 수 있군.
○ → 〈보기〉의 '장애물을 극복하고 사랑을 성취하여 행복한 결말을 맞이'

┈▶ '이로부터 김생은 공명을 사양하고, 영영과 더불어 평생을 해로하였다.'를 통해 영영과 김생이 사랑을 성취하여 행복한 결말을 맞이했음을 확인할 수 있다.

03

〈보기〉를 참고하여 윗글을 감상한 내용으로 적절하지 않은 것은? [3점]

┌─────────────────〈보기〉─────────────────┐

〈영영전〉은 궁녀인 영영과 선비인 김생의 신분을 초월한 사랑을 그린 작품이다. [〈영영전〉의 주제 의식] 주인공 영영을 통해 조선 시대 궁녀들의 폐쇄적인 생활상을 엿볼 수 있으며, [작품의 특징 ①] 영영의 신분은 김생과의 사랑을 가로막는 장애물로 작용한다. [작품의 특징 ②] 김생은 영영을 만나기 위해 노력하며, 이 과정에서 김생이 영영을 만나도록 도와주는 인물들이 등장한다. 결국, 조력자들의 도움으로 영영과 김생은 사랑의 장애물을 극복하고 사랑을 성취하여 행복[작품의 특징 ③]한 결말을 맞이하게 된다. [작품의 특징 ④]

└───────────────────────────────────────┘

☀ 정답인 이유

② '부인의 투기가 두려워 뜻대로 못할 뿐이랍니다.'에서 회산군 부인의 투기가 김생과 영영의 사랑을 가로막는 장애물임을 확인할 수 있군.
✕ 궁녀라는 신분이 사랑을 가로막는 장애물임.

┈▶ 작품의 내용과 〈보기〉의 내용을 참고할 때, 김생과 영영의 사랑을 가로막는 장애물은 궁녀라는 영영의 신분임을 알 수 있다. 회산군은 부인의 투기가 두려워 영영을 첩으로 삼지 못하고 있을 뿐이다.

☂ 오답인 이유

① '궁중에서 나고 자라 문밖을 나서지 못합니다.'에서 조선 시대 궁녀들의 폐쇄적*인 생활상을 확인할 수 있군.
○ → 〈보기〉의 '조선 시대 궁녀들의 폐쇄적인 생활상'

┈▶ 궁녀인 영영이 자유롭게 문밖을 나서지 못하는 모습에서, 조선

2부 고전 소설 43

[01~03] 다음 글을 읽고 물음에 답하시오.

2020 3월 고1 전국연합

제대로 작품 분석 ▶ 〈보기〉에서 적절한 것을 골라 넣으며 작품을 분석해 보자.

중국 황제가 크게 화를 내어 신라를 침공하고자 하여 계란을 솜으로 여

러 번 싸서 돌함에 넣고 황초를 불에 녹여 그 안을 채워서 흔들리지 않게
열어 볼 수 없는 돌함에 계란을 넣어 보냄. – 신라를 침공할 구실을 얻기 위해
하고 또 구리쇠를 녹여 함에 부어 열어 보지 못하게 하여 봉서와 함께 신
겉봉을 봉한 편지
라에 보내었다. 봉서의 내용인즉,

㉠'너희 나라가 만약 이 함 속에 있는 물건을 알아내어 시를 바치지 못

한다면, 너희 나라를 도살하여 없애 버리겠다.'

하였더라. 대국 사신이 조서를 받들고 신라에 도착하니 신라왕이 몸소 사

신을 맞이하고 조서를 읽어 보시고는 즉시 나라의 선비들을 불러 모아 이
임금의 명령을 일반에게 알릴 목적으로 적은 문서
르시기를,

㉡'너희 유생 중에 이 함 속에 있는 물건을 알아내어 시를 짓는 사람은
신라왕이 문제를 해결하는 사람에게 포상을 약속함.
장차 관직을 높여 땅을 나누어 줄 것이다.'

하시매 아무도 그 속 물건을 알아내지 못하여 온 조정이 들끓더라.
국가적 문제를 해결할 수 있는 있는 인재가 없음. ▶ 중국 황제의 협박과 신라의 대응
이때 아이도 왕이 내린 명령을 들었다. 또 나 승상의 딸아이가 아름답고
최치원 – 통일 신라 말기의 역사적 실존 인물
재예*가 뛰어나며 게다가 절개가 있다는 소문을 들은 터인지라, 떨어진 옷

으로 갈아입고 거울을 수선하는 장사로 사칭하고는 서울로 들어갔다. 그
나 승상의 딸에게 접근하기 위해
러고는 승상 댁 문 앞에 이르러 '거울 수선하라'는 말을 여러 차례 외쳤다.

이에 나 승상의 딸이 그 소리를 듣고 낡은 거울을 유모에게 주어 보내고,

인해 유모를 따라 외문 밖으로 나와 사립문 틈으로 엿보았다. 그 장사 역

시 몰래 눈으로 바라보고 아름다운 아가씨라 여기고는 쥐고 있던 거울을

고의로 떨어뜨려 깨뜨렸다. 유모가 발을 구르며 다급하게 화를 내자 장사

아이가 말하기를,

"이미 거울이 깨졌으니 발은 굴러 무엇하겠습니까? 이 몸이 노복이 되
사내종
어 거울 깨뜨린 보상을 하겠으니 청을 들어주소서."

하는지라. 유모가 돌아가 승상께 고하니 승상께서 허락하시고 묻기를,

"너의 이름은 무엇이며 어디에 살고 있느냐?"

아이가 대답하되,

"거울을 고치다 깨뜨렸으니 파경노라 불러 주시옵고, 일찍 부모를 여의
거울을 깨뜨린 노비
고 갈 곳이 없나이다."

하는지라. 승상은 파경노에게 말 먹이는 일을 하도록 하였다. 파경노가 말

을 타고 나가면 말 무리들이 열을 지어 뒤따랐으며 조금도 싸우는 일이 없

었다. 이후로 말들이 살찌고 여윈 말이 없었다. ㉢아침에 파경노가 말 무

리들을 이끌고 나가 사방에 흩어 놓고 숲 속에서 온종일 시를 읊으면, 청
인물의 비범한 능력 – 시 짓기를 통해 초월적 존재의 도움을 이끌어 냄. ①
의동자* 수 명이 어디서 왔는지 혹은 말을 먹이고 혹은 채찍으로 훈련시

키더라. 해가 지면 말들이 구름같이 모여 파경노 앞에 늘어서서 머리를 조

아리니 보는 이마다 신기함을 칭찬하지 않는 이 없더라. 나 승상 부인께서

이 소문을 듣고 승상에게 말하기를,

"파경노는 생김새가 기이하고 말 다룸도 또한 기이하니 필시 비범한 사
람일 것입니다. 천한 일을 맡기지 마옵소서."

하니 승상도 옳게 여기고 그 말을 따랐다. 예전에 동산에다 나무와 꽃을
파경노에게 천한 일을 맡기지 말라는 부인의 말을 따름.
많이 심었으나 잘 가꾸지 못하여 거칠어지고 매몰되어 잡초 속에 묻혀 버

렸는지라, 파경노로 하여금 꽃밭 가꾸는 일을 맡기었다. 파경노는 또한 한

가로이 꽃밭에 앉아서 시만 읊고 있을 뿐 가꾸는 일은 하지 않으나 하늘에
인물의 비범한 능력 – 시 짓기를 통해 초월적 존재의 도움을 이끌어 냄. ②
서 선녀가 밤에 내려와 혹은 거름을 주어 가꾸고 혹은 풀을 뽑으니 전보다

배나 더 아름답고 무성하였다. ▶ 승상의 집에 들어가 비범한 능력을 보이는 최치원

[중략 부분의 줄거리] 승상은 시를 지으라는 임금의 명을 받고 시름에 빠진다. 파경노의 비범
함을 알아차린 딸의 권유로 승상이 파경노에게 시 짓는 일을 명하자 파경노는 자신을 사위로
삼는다면 시를 짓겠다고 말한다. 파경노가 노비라는 이유로 혼인을 반대하던 승상은 딸이 설
득하자 결국 파경노를 사위로 맞이한다.
승상의 사위가 되려는 목적을 달성한 최치원

다음날 아침 승상이 사람을 시켜 시 짓는 모습을 엿보라 하였다. 이때

파경노가 자기 이름을 지어 치원이라 하고, 자를 고운이라 하더라. 승상의
승상의 딸과 결혼한 이후 스스로 이름을 지음.
딸이 옆에 앉아서 시 짓기를 재촉하니 치원이 말하기를,

"시는 내일 중으로 지을 것이니 너무 재촉하지 마오."

하고는 승상의 딸더러 종이를 벽 위에 붙여 놓도록 하고 스스로 붓 대롱을

잡아 발가락에 끼우고 잤다. 승상의 딸이 근심하다가 고단하여 자는데 꿈

속에 쌍룡이 하늘에서 내려와 함 위에서 서로 벗하며 무늬 옷을 입은 동자

십여 명이 함을 받들고 서서 소리 내어 노래하니 함이 열리는 듯하였다. 이

윽고 쌍룡의 콧구멍에서 여러 가지 빛깔의 상서로운 기운이 나와 함 속을

환히 비추니 그 안에 붉은 옷을 입고 푸른 수건을 쓴 사람이 좌우로 늘어서

서 어떤 자는 시를 지어 읊고 어떤 자는 붓을 잡아 글씨를 쓰는데, 승상이

빨리 시를 지으라고 재촉하는 소리에 놀라 깨어 보니 꿈이더라. ㉣치원 역
황제가 제시한 문제를 해결한 최치원
시 깨어나 시를 지어 벽에 붙은 종이에다 써 놓으니 용과 뱀이 놀라 꿈틀거

리는 듯하더라. 시의 내용인즉,

둥글고 둥근 함 속의 물건은

반은 희고 반은 노란데,
함 속의 물건이 계란임을 알아맞힘.
밤마다 때를 알아 울려 하건만

뜻만 머금을 뿐 토하지 못하도다.

이더라. 치원이 승상의 딸을 시켜 승상께 바치게 하니 승상이 믿지 않다가

딸의 꿈 이야기를 듣고서야 믿고 대궐로 들어가 왕께 바치었다. 왕이 보시

고서 크게 놀라 물으시기를,

"경이 어떻게 알아 가지고 시를 지었느뇨?"

하시니 대답하여 아뢰되,

㉤"신이 지은 것이 아니옵고 신의 사위가 지은 것이옵니다."
최치원이 시 짓기를 통해 국가적 문제를 해결함.
하니 왕은 사신으로 하여금 대국 황제께 바치었다. 황제가 그 시를 보시고

말씀하시기를,

"'둥글고 둥근 함 속의 물건은 반은 희고 반은 노란데'는 맞는 구절이나

'밤마다 때를 알아 울려 하건만 뜻만 머금을 뿐 토하지 못하도다'라 한
돌함에 넣어 보낼 때는 아직 계란이 부화하지 않았기 때문에
것은 잘못이로다."

하고 함을 열고 달걀을 보시니 여러 날 따뜻한 솜 속에서 병아리로 되어 있으매 황제가 탄복하면서 말하기를,

"이는 천하의 기재로다."
⁶
하고 학사를 불러 보이시니, 칭찬하지 않는 자가 없었다.

▶ 문제를 해결하고 중국 황제의 인정을 받은 최치원
– 작자 미상, 〈최고운전〉

* 재예: 재능과 기예를 아울러 이르는 말
* 청의동자: 신선의 시중을 든다는 푸른 옷을 입은 사내아이

❖ 제대로 작품 분석의 〈보기〉
ㄱ 중국 황제의 인정을 받은 최치원
ㄴ 승상이 최치원이 지은 시를 믿게 하는 역할을 함.
ㄷ 신라를 곤경에 빠뜨리기 위해 내세운 불합리한 요구
ㄹ 파경노의 외모와 행동을 근거로 그가 범상한 인물이 아님을 알아봄.
ㅁ 계란이 부화하여 병아리가 되었지만 함 속에 갇혀 울지 못함을 뜻함.
ㅂ 승상의 사위가 되려는 최치원의 내적 욕망을 실현하는 데 동원된 소재

❖ 제목의 의미
통일 신라 말기의 학자인 '최치원'의 삶을 바탕으로 창작된 소설로, '고운'은 최치원의 호이다. 최치원은 뛰어난 학식과 문장력으로 당나라까지 이름을 떨쳤으나 신라 말기의 혼란한 현실 속에서 신분적 한계로 인해 능력을 제대로 펼치지 못하고 은거한 것으로 전해진다. 이 작품은 당나라에 대한 최치원의 저항·공격·승리를 통해 우리 민족의 자부심을 고취하고 있다.

❖ 전체 줄거리
최충의 부인은 금돼지에게 납치되었다가 돌아온 지 여섯 달 만에 아들 치원을 낳는데, 최충은 치원을 금돼지의 자식이라 여기고 내다 버린다. 그런데 선녀와 연꽃, 백조들이 버려진 최치원을 돌보는 기적이 일어나자 다시 집으로 데려온다. 치원은 어려서부터 뛰어난 학문과 문장으로 크게 이름을 떨친다. 어느 날 중국 황제가 돌로 만든 함 속에 달걀을 넣고 초로 밀봉한 다음 신라로 보내 돌함 속에 든 물건을 소재로 시를 지어 보내지 않으면 대국을 가볍게 본 죄로 다스리겠다고 위협한다. 최치원은 함 속에 달걀에서 부화한 병아리가 있다는 것을 알아맞히고, 최치원의 뛰어난 능력에 감탄한 황제가 그를 중국으로 보낼 것을 요구한다. 최치원은 중국으로 가는 길에 용의 아들과 늙은 할미를 만나 부적 세 개를 얻고, 이를 이용해 모든 재주 겨루기에서 이긴다. 또한 과거 시험에서 장원 급제를 한 뒤, 마침 황소의 난이 일어나자 '토황소격문'을 지어 반란을 진압하니 황제의 총애가 날로 두터워졌다. 그러나 이를 시기한 여러 대신들의 모함을 받은 최치원은 귀양을 간다. 황제가 부르자 낙양으로 돌아온 최치원은 신이한 능력을 발휘하여 황제의 사과를 받고 신라로 돌아와 가야산에서 신선이 된다.

❖ 핵심 정리
• 갈래: 영웅 소설, 설화 소설
• 성격: 영웅적, 설화적, 전기적(傳奇的)
• 배경: 통일 신라 시대, 신라와 중국
• 주제: 최치원의 영웅적 활약을 통한 민족의 자긍심 고취
• 특징: ① 역사적 실존 인물을 주인공으로 함. ② 전쟁을 소재로 한 대다수의 영웅 소설과 달리, 민족의 뛰어난 문재(文才)를 과시하고자 함. ③ 최치원을 중국 황제와 대결시킴으로써 민족의 자긍심을 고취함.

┌─ 제대로 감상법 모범 답안 ─┐

작자 미상, 〈최고운전〉

❶ 최치원 ❷ 나 승상 ❸ 침공 ❹ 돌함 ❺ 자긍심

❖ 제대로 작품 분석
1 ㄷ 2 ㅂ 3 ㄹ 4 ㅁ 5 ㄴ 6 ㄱ

윗글에서 알 수 있는 내용으로 적절하지 않은 것은?

☀ 정답인 이유

① '아이'는 승상 댁의 노복이 된 이후에 돌함의 존재에 대해 알게 되었다.
× → 돌함의 존재에 대해 알고 있는 상태에서 승상 댁의 노복으로 들어감.
⋯ '이때 아이도 왕이 내린 명령을 들었다. 또 나 승상의 딸아이가 아름답고 재예가 뛰어나며 게다가 절개가 있다는 소문을 들은 터인지라.'라고 하였다. 여기서 '왕이 내린 명령'이란 돌함 속에 있는 물건을 알아내어 시를 지으라는 것이므로, '아이'는 돌함의 존재를 알고 있는 상태에서 승상 댁의 노복으로 들어갔음을 알 수 있다.

☂ 오답인 이유

⑤ [매력적인 오답] '승상의 딸'은 치원이 지은 시에 대해 회의적*인 태도를 보이는 승상에게 자신의 꿈 이야기를 들려주었다.
⋯ '승상이 믿지 않다가 딸의 꿈 이야기를 듣고서야 믿고 대궐로 들어가 왕께 바치었다.'에서, '승상의 딸'이 치원이 지은 시에 대해 회의적인 태도를 보이는 승상에게 자신의 꿈 이야기를 들려주었음을 확인할 수 있다.

┌╌╌╌╌╌╌╌╌╌╌╌╌╌╌╌╌╌╌╌╌╌╌╌╌╌╌╌╌╌╌╌╌┐
╎ * 회의적(懷疑的): 어떤 일에 의심을 품는 것 **예** 많은 사람들이 행사의 성 ╎
╎ 공에 대해 매우 회의적이다.   ╎
└╌╌╌╌╌╌╌╌╌╌╌╌╌╌╌╌╌╌╌╌╌╌╌╌╌╌╌╌╌╌╌╌┘

② '승상의 부인'은 파경노의 외모와 행동을 근거로 그가 범상한* 인물이 아님을 알아보았다.
⋯ '파경노는 생김새가 기이하고 말 다룸도 또한 기이하니 필시 비범한 사람일 것입니다.'에서, '승상의 부인'이 파경노의 외모와 행동을 근거로 하여 그가 범상한 인물이 아님을 알아보았음을 확인할 수 있다.

┌╌╌╌╌╌╌╌╌╌╌╌╌╌╌╌╌╌╌╌╌╌╌╌╌╌╌╌╌╌╌╌╌┐
╎ * 범상(凡常)하다: 중요하게 여길 만하지 아니하고 예사롭다. **예** 그의 용 ╎
╎ 모로 보아 범상한 인물이 아닌 것 같다.   ╎
└╌╌╌╌╌╌╌╌╌╌╌╌╌╌╌╌╌╌╌╌╌╌╌╌╌╌╌╌╌╌╌╌┘

③ '승상'은 파경노에게 천한 일을 맡기지 말라는 부인의 말을 따랐다.
⋯ '승상도 옳게 여기고 그 말을 따랐다.'에서, '승상'이 파경노에게 천한 일을 맡기지 말라는 부인의 말을 따랐음을 확인할 수 있다.

④ '파경노'는 승상의 딸과 결혼한 이후 자신의 이름을 스스로 치원이라 지었다.
⋯ '결국 파경노를 사위로 맞이한다.'에서 '파경노'와 승상의 딸이 혼인하였음을 확인할 수 있고, '이때 파경노가 자기 이름을 지어 치원이라 하고'에서 '파경노'가 자신의 이름을 스스로 지었음을 확인할 수 있다.

윗글의 거울에 대한 설명으로 가장 적절한 것은?

☀ 정답인 이유

③ 아이가 승상의 사위가 되려는 내적 욕망을 실현하는 데 동원된 소재이다.
○ → 혼인을 통한 신분 상승과 능력의 입증이라는 욕망을 실현하는 데 동원된 소재
⋯ 아이(최치원)는 돌함 속에 있는 물건을 알아내어 시를 지으면 관직을 줄 것이라는 임금의 명령과, 나 승상의 딸이 아름답고 재예가 뛰어나며 절개가 있다는 소문을 듣고 서울로 간다. 그리고 승상의 딸과의 인연을 만들기 위해 일부러 거울을 깨뜨리는데, 이를 계기로 아이는 승상의 딸과 혼인하고 왕의 명령을 수행할 수 있게 된다. 즉,

아이가 거울을 깨뜨린 행동에는 승상의 딸과 혼인하여 신분 상승을 이루고, 나아가 시를 지음으로써 자신의 능력을 입증하기 위한 의도가 담겨 있다. 따라서 거울은 아이의 내적 욕망을 실현하는 데 동원된 소재라고 볼 수 있다.

☂ 오답인 이유

① [매력적인 오답] 아이가 승상에게 자신의 능력을 증명하는 데 사용된 소재이다.
× → 거울을 이용해 자신의 능력을 증명하지 않음.

⋯ 거울은 아이가 승상의 딸과 인연을 맺는 계기가 되었을 뿐, 아이가 거울을 이용해 승상에게 자신의 능력을 증명하고 있지는 않다.

② 승상 댁에 노복으로 들어간 아이가 겪게 될 고난을 암시하는 소재이다.
× → 아이가 고난을 겪지는 않음.

⋯ 아이는 초월적 존재의 도움을 받아 자기가 맡은 일을 수월하게 처리하는 비범한 능력을 보였으므로, 아이가 승상 댁에 노복으로 들어가서 고난을 겪었다고 볼 수는 없다.

④ 혼인을 둘러싸고 아이와 승상 사이에 긴장감이 조성될 것을 예고하는 소재이다.
× → 아이와 승상 사이에 긴장감이 조성되지 않음.

⋯ '중략 부분의 줄거리'를 통해 승상이 자신의 딸과 아이(파경노)의 혼인을 반대했었음을 알 수 있다. 하지만 아이와 승상 사이에 긴장감이 조성되지는 않으며, 거울 역시 이러한 긴장감과는 관련이 없다.

⑤ 아이가 승상 딸의 뛰어난 재예와 절개를 시험할 수 있는 기회를 제공하는 소재이다.
× → 아이가 승상 딸의 재예와 절개를 시험하지는 않음.

⋯ 아이는 거울을 수선하는 장사로 위장하여 몰래 승상의 딸을 훔쳐보고 재예와 절개에 대한 소문이 사실임을 확인하지만, 아이가 승상 딸의 재예와 절개를 시험하고 있지는 않다.

⋯ ㉠에서 중국 황제는 신라를 침공할 구실을 찾기 위해 봉인된 함 속에 있는 물건을 알아내어 시를 지으라고 요구한다. 여기서 '시 짓기'는 중국 황제가 내세운 불합리한 요구이자, 주인공과 신라가 당면한 문제 상황이라고 할 수 있다.

② ㉡에서 '시 짓기'는 국가적 문제를 해결할 수 있는 인재가 없는 신라의 상황을 보여 주는군.
○ → 아무도 함 속의 물건을 알아내지 못함.

⋯ ㉡에서 신라왕이 크게 포상하겠다고 약속했음에도 불구하고 아무도 함 속의 물건을 알아내지 못한다. 여기서 '시 짓기'는 국가적 문제를 해결할 수 있는 인재가 없는 신라의 상황을 보여 주고 있다.

③ ㉢에서 '시 짓기'는 초월적 요소와 결합하여 인물의 비범함을 드러내는군.
○ → 청의동자 수 명이 나타나 일을 도와줌.

⋯ ㉢에서 최치원이 시를 읊으면 '청의동자'와 같은 초월적 존재가 나타나 그의 일을 돕는다. 여기서 '시 짓기'는 최치원의 비범한 능력을 드러내고 있다.

⑤ ㉤에서 '시 짓기'는 개인의 능력을 드러냄과 동시에 국가의 위기를 해결하는 방법이 되는군.
○ → 중국 황제가 요구한 시를 지어 전달함.

⋯ ㉤에서 최치원이 쓴 시는 신라왕을 거쳐 중국 황제에게 전달되고 있다. 여기서 '시 짓기'는 개인의 능력을 부각하는 동시에 중국 황제가 요구한 문제를 해결함으로써 국가의 위기를 해결하는 방법이 되고 있다.

03
정답률 78%

〈보기〉를 바탕으로 ㉠～㉤을 이해한 내용으로 적절하지 않은 것은? [3점]

─〈보기〉─

〈최고운전〉은 '시 짓기'를 통해 주인공과 국가가 당면한 문제 상황이 해결되는 구조로 서사가 전개되고 있다. 이 작품은 뛰어난 능력을 가지고 있으나 신분적 한계로 인해 자신의 능력을 제대로 펼치지 못했던 실존 인물 최치원의 삶을 바탕으로 창작되었다. 최치원의 삶이 주인공에 투영되어 형상화되는 과정에서 그의 비범함이 극적으로 부각되며, 이는 주로 '시 짓기'를 통해 발휘된다.
작품의 서사 구조의 특징 / 서사 전개 과정에서 '시 짓기'의 역할

☀ 정답인 이유

④ ㉣에서 '시 짓기'는 신분적 한계로 인한 울분을 직접적으로 토로하는 수단이로군.
× → 황제가 요구한 문제를 해결했음을 드러냄.

⋯ ㉣에서 최치원은 시를 지어 용과 뱀이 꿈틀거리는 것같이 힘찬 서체로 종이에 적는다. 여기서 '시 짓기'는 최치원이 비범한 능력을 발휘해 황제가 요구한 문제를 해결했음을 드러내는 것으로, 신분적 한계로 인한 울분과는 관련이 없다.

☂ 오답인 이유

① ㉠에서 '시 짓기'는 중국 황제가 신라를 문제 상황에 빠뜨리기 위해 내세운 불합리한 요구로군.
○ → 봉인된 함 속의 물건을 알아맞히라고 요구함.

[01~03] 다음 글을 읽고 물음에 답하시오.   2019 6월 고1 전국연합

제대로 작품 분석   ▶〈보기〉에서 적절한 것을 골라 넣으며 작품을 분석해 보자.

[앞부분의 줄거리] 경기도 장단에 사는 선비 김 주부는 무남독녀 매화를 슬하에 두고 있었다.
(매화의 아버지. 도술을 부림.) (여자 주인공)
조정의 간신들이 김 주부를 해치려고 하자, 그는 매화를 남장시켜 길거리에 두고 부인과 함
(남장 모티프)
께 구월산으로 몸을 피한다. 부모를 잃은 매화는 조 병사 집 시비에게 발견되어 그 집 아들인
(양유의 아버지. 위기에 처한 어린 여주인공의 조력자)
양유와 함께 글공부를 하면서 성장한다.
(남자 주인공. 매화를 지극히 사랑함.)

이때에 양유 매화를 찾아 학당으로 돌아오매 매화 눈물 흔적 있거늘 양

유가 가로되,

"그대 어찌하여 먼저 왔으며 슬픈 기색이 있느뇨. 아마도 곡절이 있도

다. 오늘 사람들이 여자가 남복을 입었다 하니 그 일로 그러한가 싶으니
(매화가 여자임이 점점 드러나고 있음.)
그럼 여자가 분명한가?"
하더라. 매화 흔연히 웃으며 가로되,

「어린아이 부모를 생각하니 어찌 아니 슬프리요. 또 내 몸이 여자면 여
『 』: ①
자로 밝히고 길쌈을 배울 것이지 남복을 입고 남을 속이리요. 본디 골격

이 연연하매 지각없는 사람들이 여자라 하거니와, 일후 장성하여 골격
(뒷날) (자라서 어른이 되어)
이 웅장하면 장부 분명하올지라.」

하고 단정히 앉아 풍월을 읊으니 소리 웅장하여 호치(晧齒)를 들어 옥반
(희고 깨끗한 이)
(玉盤)을 치는 듯 진시 남자의 소리 같은지라. 양유 그 소리 들으며 남자가
(옥으로 된 쟁반) (거짓 없이 참되게)
분명하되 이향(異香)이 만당(滿堂)하여 다만 매화의 태도를 보고 마음만
(기이한 향기가 방 안에 가득하여) (매화가 여자가 아닌 것을 애석해함.)
상할 따름일러라.   ▶ 매화가 여자임을 의심하는 양유와 성별을 숨기는 매화

이때는 놀기 좋은 춘삼월이라. 춘풍을 못 이겨 양유 매화를 데리고 경개
(景槪)를 따라 놀더니 서로 풍월 지어 화답하매 매화 ⓐ양유 글을 받아 보
(경치)
니 하였으되,

양유선득춘(楊柳先得春) 양유는 먼저 봄빛을 얻었는데,
(봄의 경치를 보고 즐거워하는 심정을 드러냄.) (중의법 ① 버드나무 ② 양유의 이름)
매화하불락(梅花何不樂) 매화는 어찌 즐겁지 아니하는고.
(중의법 – ① 꽃 ② 매화의 이름)

하였더라. 양유가 ⓑ매화의 글을 받아 보니 하였으되,

호접미지화(胡蝶未知花) 나비가 꽃을 알지 못하고, → ②
(양유를 의미) (매화를 의미)
원앙부득수(鴛鴦不得水) 원앙새가 물을 얻지 못하였도다.
(사랑의 기회를 얻지 못함을 탄식함.)

하였거늘 이에 양유가 그 글을 받아 보고 크게 놀라 기뻐하여 가로되,

③
"그대 행색이 다르기로 사랑하였더니 풍모가 정녕 여자로다. 그러하면

백년해로 어떠하뇨."
(매화에게 혼인하자고 청함.)
매화 고개를 숙이고 수색(愁色)이 만안하여 가로되,
(근심스러운 기색)

"나는 과연 여자이거니와 그대는 사부(士夫)집 자제요, 나는 유리걸식하
(근심의 원인 – 신분이 맞지 않음.)
는 사람이라. 어찌 부부 되기 바라리요. 낸들 양지작을 모르리요마는 피

차 부모의 명이 없삽고 또한 예절을 행치 못하면 문호에 욕이 되올 것이
(대대로 내려오는 그 집안의 사회적 신분이나 지위)
니 어찌 불효짓을 하리요. 부모의 명을 받아 백년해로한다면 낸들 아니
④
좋으리까."
▶ 혼인을 약속하는 양유와 매화
양유 희색이 만안하여 가로되,

"그대 말이 당연하도다."

마침 이때에 시비 옥란이 급히 와 여쭈오되,

"외당에 상객이 왔으매 생원님이 급히 찾나이다."
(관상을 보는 사람) (양유의 아버지)
양유 매화를 데리고 외당으로 들어가매 과연 상객이 있는지라. 병사가

가로되,

"두 아이 상을 보라."

한대 상객이 가로되,

"매화의 상을 보니 여자로소이다."
(매화가 여자임이 탄로나는 계기가 됨.)
병사가 가로되,

"그대 상을 잘못 보았도다. 어찌 여자라 하리요."

상객이 가로되,

"여자가 남복을 입고 남을 속이려니와, 내 눈에 어찌 벗어나리요."

매화 무료하여 학당에 돌아가니라. 양유의 상을 보고 가로되,

"내두(來頭)*에 일국의 재상이 되었으되, 불쌍코 가련토다. 나이 16세

되면 호식(虎食)*할 상이오니 어찌 가련치 아니하리요."
(양유의 불길한 앞날을 예언함.)
병사가 크게 놀라 가로되,

"어디서 미친놈이 상객이라 하고 왔도다."

하인을 불러 쫓아내라 한대 상객 일어나 두 걸음에 인홀불견(因忽不見)*
⑤
이거늘 실로 고이하여 살펴보니 상객 앉았던 자리에 한 봉서 놓였거늘 즉
(매화와 양유가 결혼해야 하는 이유가 쓰인 글)
시 개탁(開坼)*하니 하였으되,

'양유와 매화로 부부 아니 되면 임진 3월 초삼일에 필연 호식(虎食)하리
(양유의 액운을 막을 수 있는 방법 제시)
라.'

하였더라. 병사 대경하여 무수히 슬퍼하다가 매화를 불러 가로되,

"너를 보고 여자라 하니 실로 고이하도다."

하시고 무수히 슬퍼하시거늘 매화 두 번 절하고 가로되,

"소녀 어찌 기망(欺罔)*하오리까. 소녀 과연 여자로소이다. 일찍 부모를
(호칭을 바꿔 자신이 여자임을 밝힘.)
이별하옵고 일신을 감출 길 없사와 남복을 입고 기망하였사오니 죄를

범하였나이다."

하거늘 병사 크게 놀라며 또한 크게 기뻐하여 더욱 사랑하여 가로되,
(양유의 액운을 피할 수 있게 되었기 때문에)
"오늘부터 내당에 들어가 출입치 말라."
(매화가 여자로 지낼 수 있도록 조처함.)
하시고 매화의 손을 이끌어 내당에 들어가 부인을 대하여 가로되,

"매화는 여자라 하니 어찌 사랑치 아니하리요. 행실을 가르치라."

하거늘 최 씨 부인이 크게 기뻐하여 연연하더라. 이때 병사 외당에 나가
(조 병사의 부인이자 양유의 계모)
양유를 불러 가로되,

"매화는 여자라 하니 일후는 매화로 더불어 한자리에 앉지 말라."
(남녀유별의 봉건적 가치관)
하신대 양유 어찌 부모의 명령을 거역하리요.
▶ 상객의 예언과 자신이 여자임을 밝히는 매화
차설이라. 매화는 여복을 입고 내당에 거처하고, 양유는 학당에 있으매,
(화제를 전환할 때 쓰는 말)
시서(詩書)에 뜻이 없고 다만 생각이 매화뿐이로다. 월명사창(月明紗窓)*
(공부를 하지 않고 매화 생각만 하고 있음.)

빈 방 안에 홀로 앉아 탄식할 제,

"매화야, 너는 무슨 일로 남복을 입고 나를 속였느냐. 부모의 명이 지엄

하시니 뉘로 하여금 공부하며 뉘로 하여금 노잔 말가."

이렇듯이 자탄할 제, 이때 최 씨 부인 양유의 계모라 매화의 인물 탐하

여 매일 사랑하시더니 제 상처한 남동생 있으매 혼사할 뜻이 있어 모계(謀

計)를 꾸미더라. 하루는 병사 내당에 들어와 부인 최 씨를 대하여 가로되,
  아내의 죽음을 당함.   6

"전일 상객이 이러이러하니 내두 길흉을 어찌하리요. 매화는 양유와 동
  양유와 매화를 혼인시키려는 조 병사

갑이요, 인물이 비범하니 혼사함이 어떠하리이까."

부인이 변색하여 가로되,
      놀라거나 화가 나서 얼굴빛이 달라짐.

"병사 어찌 그런 말씀을 하시나이까. 양유는 사부 후계요, 매화는 유리

걸식하는 아이라, 근본도 아지 못하고 어찌 인물만 탐하리까."
  둘의 혼인을 반대함. → 실제로는 자신의 남동생과 혼인시키기 위해서임.

병사 옳이 여겨 가로되,
            매화의 집안을 살펴보고 혼인을 결정하겠다는 의미

"부인의 말씀이 옳도다. 일후에 장단골 가서 매화 근본을 알리라."

                      ▶ 양유와 매화를 혼인시키려는 병사와 이를 반대하는 최 씨
                                            – 작자 미상, 〈매화전〉

＊내두: 지금부터 다가오게 될 앞날

＊호식: 호랑이에게 잡아먹힘.

＊인홀불견: 보이다가 슬쩍 없어져 보이지 않음.

＊개탁: 봉한 편지나 서류를 뜯음.

＊기망: 그럴듯하게 속여 넘김.

＊월명사창: 달이 밝게 비치는 창

◈ 제대로 작품 분석의 〈보기〉

  ㉠ 매화가 여자임을 알고 기뻐하는 양유
  ㉡ 정체를 감추기 위해 거짓말을 하는 매화
  ㉢ 상객이 범상치 않은 사람임을 드러냄. – 전기성
  ㉣ 자신이 여자임을 양유가 알아보지 못함을 나타냄.
  ㉤ 부모의 허락이 있으면 청혼을 받아들이겠다는 의미
  ㉥ 자신의 남동생과 매화를 혼인시키기 위해 계략을 꾸밈.

◈ 제목의 의미

  '매화'는 여주인공의 이름으로, 이 작품은 여러 가지 설화적 모티프가 결합되어 있는
  조선 후기의 애정 소설이다. 이 작품에는 남녀 주인공들의 혼사 실현(애정 모티프)을
  주요 내용으로 하면서 부모로부터 버림받음(기아 모티프), 계모의 모함(고난 모티프),
  도술을 통한 권선징악(영웅 모티프) 등 여러 모티프가 나타나 있다.

◈ 전체 줄거리

  경기도 장단에 사는 선비 김 주부는 조정의 간신들이 자신을 해치려 하자 무남독녀
  매화를 남장시켜 길에 버리고 구월산으로 몸을 피한다. 매화는 조 병사의 집에서 함
  께 자란 그의 아들 양유와 백년가약을 맺는다. 양유의 계모는 매화를 상처(喪妻)한 자
  신의 동생과 혼인시키기 위해 계략을 세우고, 매화는 조 병사에게 구박을 당하다 집
  에서 쫓겨난다. 집을 나온 매화는 계모의 하수인에게 납치될 위기에 처하지만 아버지
  김 주부의 도술로 구출된다. 한편 양유는 매화가 아닌 다른 사람과 혼인을 하기로 한
  전날 호랑이에게 물리는 바람에 구월산에 가서 혼례를 치르게 되었는데, 알고 보니
  신부가 바로 매화였다. 김 주부는 도사로 변하여 조 병사를 구월산으로 불러 아들을
  만나게 한다. 그리고 그들은 그곳에서 임진왜란을 피하게 된다. 그 뒤 김 주부는 신선
  이 되고, 다른 사람들은 고향에 돌아가 행복하게 산다.

◈ 핵심 정리

  • 갈래: 한글 소설, 애정 소설, 가정 소설, 전기 소설
  • 성격: 애정적, 전기적
  • 배경: 조선 후기
  • 주제: 남녀의 애틋한 이별과 우여곡절 끝에 이루어진 사랑
  • 특징: ① 여러 설화적 모티프가 결합되어 있음. ② 부분적으로 판소리 사설체가 보
    임. ③ 악인형 인물인 계모에 대한 징벌이 없음. ④ 일반적인 가정 소설과 다르게 계
    모가 자신의 동생과 주인공의 혼인을 위해 계략을 꾸밈.

작자 미상, 〈매화전〉

❶ 양유 ❷ 매화 ❸ 상객 ❹ 봉서 ❺ 서술자

◈ 제대로 작품 분석

1 ㉡ 2 ㉣ 3 ㉠ 4 ㉤ 5 ㉢ 6 ㉥

01   정답률 50% | 매력적인 오답 ④ 28%

윗글의 서술상의 특징으로 가장 적절한 것은?

☀ 정답인 이유

⑤ 인물의 심리를 서술자가 직접 제시하여 독자의 이해를 돕고 있다.

  ○ → '양유 ~ 마음만 상할 따름일러라.', '병사 대경하여 무수히 슬퍼하다가' 등

  ⋯› '양유 ~ 매화의 태도를 보고 마음만 상할 따름일러라.', '병사 대
  경하여 무수히 슬퍼하다가', '최 씨 부인이 크게 기뻐하여' 등에서 인
  물의 심리를 서술자가 직접 제시하고 있다. 이렇게 인물의 심리를 직
  접 제시하면 독자가 그 상황과 인물의 심리를 더욱 쉽게 이해할 수
  있다.

☂ 오답인 이유

④ 매력적인 오답 인물과 인물의 첨예한＊ 갈등을 중심으로 사건이 전개되고
                                    ✕ → 첨예한 갈등이 나타나지 않음.
  있다.

  ⋯› 제시된 부분에는 인물과 인물의 첨예한 갈등이 나타나지 않는다.
  조 병사가 '어디서 미친놈이 상객이라 하고 왔도다.'라고 화를 내며
  상객을 쫓아내지만, 상객이 홀연히 사라지므로 첨예한 갈등이 있다
  고 보기 어렵다. 또 조 병사와 최 씨 부인의 의견 차이가 나타나지
  만, 조 병사가 부인의 지적을 받아들이고 있으므로 이 역시 첨예한
  갈등이 있다고 보기 어렵다.

＊첨예(尖銳)하다: 상황이나 사태 따위가 날카롭고 격하다. 📝 양측의 대
  립이 첨예하다.

① 사건 진행 과정에서 과거와 현재가 교차되고 있다.
                  ✕ → 시간의 흐름에 따라 서술됨.
  ⋯› 시간의 흐름에 따라 사건이 전개되고 있을 뿐, 과거와 현재가 교
  차되는 장면은 나타나 있지 않다. 고전 소설에서는 대부분 시간의
  흐름에 따라 사건이 전개된다.

② 장면을 빈번하게 전환하여 긴박한 분위기를 조성하고 있다.
  ✕ → 장면이 빈번하게 전환되지 않으며 긴박한 분위기가 조성되지도 않음.
  ⋯› 양유와 매화가 시를 주고받는 장면, 조 병사와 상객이 양유와 매
  화의 관상을 보며 이야기를 나누는 장면, 조 병사와 최 씨 부인이 양
  유와 매화의 혼인에 대해 이야기를 나누는 장면 등 장면이 바뀌고 있
  다. 하지만 장면이 빈번하게 전환되고 있다고 보기는 어려우며, 장면
  의 전환으로 긴박한 분위기가 조성되고 있지도 않다.

③ 공간적 배경을 활용하여 주제를 암시적＊으로 드러내고 있다.
       ✕ → 공간적 배경이 주제를 암시하고 있지 않음.
  ⋯› '조 병사의 집'이라는 공간적 배경이 제시되어 있으나, 이러한 배
  경이 남녀의 이별과 사랑이라는 주제를 암시적으로 드러내고 있다고
  보기 어렵다.

＊암시적(暗示的): 명확히 드러내지 않고 넌지시 알리는 것 📝 그녀는 나
  에게 무언가를 알리고 싶어 하는 듯한 암시적인 행동을 취했다.

윗글의 인물에 대한 이해로 적절하지 <u>않은</u> 것은?

☀ 정답인 이유

④ 병사는 매화의 용모와 양유의 적극적인 결혼 의지를 바탕으로 둘의 혼인에
○   ×
대해 최 씨의 동의를 구하고 있다.

…› 병사는 양유가 매화와 혼인하지 않으면 큰 화를 입게 될 것이라
는 상객의 말, 매화와 양유가 동갑이라는 점, 매화의 인물이 비범하
다는 점 등을 들어 최 씨에게 양유와 매화를 혼인시키자고 말하고
있다. 제시된 부분에서 양유가 아버지인 병사에게 매화와 결혼하고
싶다는 의지를 밝히고 있지는 않다.

☂ 오답인 이유

② 매력적인 오답 매화는 부모의 허락을 전제로 양유의 청혼을 긍정적으로 받
아들이고 있다. ○ → '부모의 명을 받아 백년해로한다면 낸들 아니 좋으리까.'

…› 매화가 여자임을 알게 된 양유가 '백년해로 어떠하뇨.'라고 청혼하
자, 매화는 '부모의 명을 받아 백년해로한다면 낸들 아니 좋으리까.'라
며 부모가 허락하면 혼인하고 싶다는 생각을 양유에게 밝히고 있다.

① 양유는 여자가 남복을 입었다는 사람들의 말을 듣고 매화의 정체를 의심하
○ → '사람들이 여자가 남복을 입었다 하니 ~ 그럼 여자가 분명한가?'
고 있다.

…› 양유는 '사람들이 여자가 남복을 입었다 하니 그 일로 그러한가
싶으니 그럼 여자가 분명한가?'라며 매화의 성별에 대해 의문을 드
러내고 있다.

③ 상객은 양유와 매화가 혼인하지 않으면 양유에게 불행이 닥칠 것을 예고하고
○ → '양유와 매화로 부부 아니 되면 임진 3월 초삼일에 필연 호식하리라.'
있다.

…› 상객은 '양유와 매화로 부부 아니 되면 임진 3월 초삼일에 필연
호식하리라.'라며 양유와 매화가 혼인하지 않으면 양유가 호랑이에
게 잡아먹힐 것이라고 예고하고 있다.

⑤ 최 씨는 매화의 근본을 핑계 삼아 양유와 매화의 혼인을 반대하고 있다.
○ → '매화는 유리걸식하는 아이라, 근본도 아지 못하고'

…› 최 씨는 '매화는 유리걸식하는 아이라, 근본도 아지 못하고 어찌
인물만 탐하리까.'라며 양유와 매화의 혼인을 반대하고 있다. 이는
매화를 자신의 남동생과 혼인시키려는 최 씨가 매화의 근본을 핑계
삼아 둘의 혼인을 반대한 것이다.

〈보기〉를 참고할 때, ⓐ와 ⓑ에 대한 이해로 적절하지 <u>않은</u> 것은? [3점]

> ─────────〈보기〉─────────
>
> 고전 소설 속에 삽입된 시는 서사 맥락 속에서 다양한 역할을 수행한
> 다. 인물의 심리를 함축적으로 드러내거나 인물을 비유적으로 표현하
> 삽입시의 역할 ①
> 기도 하고, 주제를 집약적으로 전달하기도 한다. 또한 사건을 전개시
> 삽입시의 역할 ②   삽입시의 역할 ③
> 키거나 사건 전개의 방향을 암시하기도 하고 분위기 형성, 인물들 간의
> 삽입시의 역할 ④   삽입시의 역할 ⑤
> 의사소통의 매개체 역할을 수행하기도 한다.

☀ 정답인 이유

⑤ ⓐ와 ⓑ는 양유와 매화의 앞날이 순탄하지 않을 것이라는 사건 전개의 방향
× → 양유와 매화가 혼인을 약속하는 계기가 됨.
을 암시하고 있다.

…› ⓐ(양유 글)는 양유가 봄의 경치를 즐기는 자신과 달리 쓸쓸한 모습
을 하고 있는 매화에 대한 안타까움을 드러내는 내용이고, ⓑ(매화의
글)는 매화가 자신을 꽃, 양유를 나비에 비유하여 자신이 여자라는 사
실을 우회적으로 밝히는 내용이다. 이를 계기로 양유와 매화가 혼인을
약속하게 되므로, ⓐ와 ⓑ가 둘의 앞날이 순탄하지 않을 것이라는 사건
전개의 방향을 암시한다고 볼 수 없다.

☂ 오답인 이유

③ 매력적인 오답 ⓑ에서 '나비'는 양유를, '꽃'은 매화를 비유적으로 표현한
○ → 〈보기〉의 '인물을 비유적으로 표현'
것으로 볼 수 있다.

…› ⓑ(매화의 글)의 '나비가 꽃을 알지 못하고'는 양유를 '나비', 매화
자신을 '꽃'에 빗대어 자신이 여자라는 사실을 양유가 알아채지 못하
고 있음을 비유적으로 표현한 것이다.

① ⓐ는 양유의 심리 상태를 함축적으로 드러내고 있다.
○ → 〈보기〉의 '인물의 심리를 함축적으로 드러내거나'

…› ⓐ(양유 글)의 '양유는 먼저 봄빛을 얻었는데'는 봄의 경치를 보는
양유의 즐거운 마음을 함축적으로 드러낸 것이다.

② ⓐ를 본 후 매화가 ⓑ로 답한 것은 인물 간의 의사소통 행위로 볼 수 있다.
○ → 〈보기〉의 '인물들 간의 의사소통의 매개체 역할'

…› 어찌 즐겁지 않느냐고 묻는 ⓐ(양유 글)를 본 후 매화가 ⓑ(매화의
글)와 같이 자신이 여자라고 정체를 밝힌 것은 인물 간의 의사소통
행위로 볼 수 있다.

④ ⓑ를 본 후 양유가 매화에게 청혼한 것으로 볼 때 ⓑ는 사건을 전개하는 역
○ → 〈보기〉의 '사건을 전개시키거나'
할을 했다고 볼 수 있다.

…› ⓑ(매화의 글)를 보고 매화가 여자라는 사실을 알아차린 양유가
매화에게 청혼한 것으로 보아, ⓑ가 사건을 전개하는 역할을 했다고
볼 수 있다.

[01~04] 다음 글을 읽고 물음에 답하시오.   2019년 9월 고1 전국연합

제대로 작품 분석   ▶〈보기〉에서 적절한 것을 골라 넣으며 작품을 분석해 보자.

[앞부분의 줄거리] 유연과 최월혜의 혼례 날 도적 장군이 최 씨를 납치하여 서해무릉으로 끌
<u>남녀 주인공</u>   <u>최 씨를 납치하는 부정적 인물</u>
고 간다. 유연은 부모의 명을 거역하고 최 씨를 찾기 위해 집을 나온다.
<u>부모의 뜻보다 사랑을 중시함.</u>

마침내 일 년이 지났을 때 유생은 강원도 금산사에 이르렀다. 여기서 유
    <u>유연</u>   <u>구체적인 지명 제시</u>
생은 부처님에게 빌어볼 결심을 하고 머리를 깎고 중이 되었다. 이어 부처
    1
님에게 나아가 이렇게 빌었다.

[A] ┌ "소생 유연은 부모님께 근심을 끼치고 길가를 떠도는 나그네가 되었
  │ 다가 이곳에 이르렀습니다. 이렇게 노상유객(路上遊客)이 되어 떠도
  │   <u>길거리를 떠도는 사람</u>
  │ 는 이유는 잃어버린 배필을 다시 만나 끊어진 인연을 잇기 위해서입
  │   <u>최 씨에 대한 지극한 사랑 – 작품의 주제 의식</u>
  │ 니다. 엎드려 바라건대 부처님께서는 대자대비의 은덕을 내리시어
  │   <u>자신의 소망을 드러냄.</u>
  │ 유연의 정성을 살펴주시기 바라옵니다. 부처님의 은덕으로 최 씨를
  │ 만난다면 금은보화를 아끼지 않고 절을 중수(重修)하여 부처님에게
  │   <u>건축물 따위의 낡고 헌 것을 손질하며 고침.</u>
  └ 공양하겠습니다."

이렇게 축원하고 절 방으로 돌아와 그 밤을 지낼 때 유생이 한 <u>꿈</u>을 꾸
                    <u>초월적 존재의 뜻을 전달하는 매개체</u>
었는데, 꿈속에서 부처님이 나타나 말하였다.

"너희 부부의 정성이 이미 하늘에 이르렀으니 장차 하늘의 도움이 있을
<u>최 씨와 재회할 것임을 암시</u>
것이다. 또 네 아내는 아직 빙옥(氷玉) 같은 절행을 지키며 살아 있으니
    <u>맑고 깨끗하여 아무 티가 없음.</u> <u>절개를 지키는 행실</u>
안심하여라. 그러나 네게는 아직 인연이 멀었으니 삼 년이 지나야 만날
            <u>아직도 많은 시련을 겪어야 함.</u>
수 있으리라. 아내를 찾게 되거든 절을 중수하여라."

유생이 놀라 잠에서 깨어 보니 남가일몽이었다. 놀랍기도 하고 기쁘기
도 하여 다시 절을 올리고 축원을 드린 뒤 유생은 금산사를 떠났다.
<u>꿈과 같이 헌된 한때의 부귀영화</u>   ▶ 부처님에게 소원을 빌고 꿈에서 응답을 들은 유연
동구 밖에 나오자마자 유생은 곧바로 동네 아낙에게 고깔과 누비 바랑
                <u>승려가 등에 지고 다니는 자루 모양의 큰 주머니</u>
을 만들어 달라 하여 어깨에 걸쳐 메고 구절죽장(九節竹杖)을 짚고 길을
                    <u>마디가 아홉인 대나무로 만든, 승려가 짚는 지팡이</u>
나섰는데 영락없는 스님의 행색이었다.

유생이 길을 나선 뒤 팔도강산 방방곡곡과 사해팔방으로 두루 돌아다니
            <u>최 씨를 찾기 위한 유연의 노력</u>
며 산속이든 바닷가든 아니 간 곳이 없었다. 고갯마루 남쪽이나 북쪽에 들
어가든지 산골짜기에 들어가든지 집집마다 하나하나 방문하여 탐문하였
으니 <u>그가 겪은 천신만고의 고생과 세상사의 모진 고통은 말로 표현할 수</u>
    <u>2</u>
<u>없을 정도였다.</u>

이렇게 길거리를 전전하며 어느덧 이 년의 세월이 지난 어느 봄날이었
                <u>시간의 경과, 계절적 배경 제시</u>
다. 이때 유생은 장삿배를 따라 아니 간 데 없이 다녔는데, 아무리 찾아도
최 씨의 거처를 알 수 없었다. 또 기력도 다하여 겨우 근근이 머리 들 힘밖
에 없었다. 이에 하늘을 우러러보며 길이 탄식하여 말하였다.
<u>몹시 지쳐 있는 상태</u>

┌ "아득하고 아득한 하늘이시여! 유연과 최 씨를 낳으시고 어찌 이처
│ 럼 서로의 연분을 막으십니까? 저는 이제 조상과 부모에게 큰 죄를
│   3

[B] ┌ 지은 몸이 되었습니다. 천 가지 만 가지 일을 겪으며 고생한 것은
  │ 모두 최 씨를 만나 연분을 잇기 위함이온데, 천지신명께서는 어찌
  │   <u>자신을 돌지 않는 천지신명에 대한 원망</u>
  └ 이다지 무심하시어 끝내 조금의 도움도 주지 않으십니까?"

말을 마치고 유생은 정신이 아득해져 선창(船窓)에 기대어 쓰러지고 말았
다. 이때 비몽사몽 사이에 문득 금산사 부처님이 나타나 이렇게 말하였다.
        <u>완전히 잠이 들지도 잠에서 깨어나지도 않은 어렴풋한 상태</u>
"네 수액(數厄)이 이제 거의 다 사라졌으므로 머지않아 최 씨를 만날 것
<u>좋지 않은 운세</u>
이니라. 그러나 최 씨의 거처가 깊고 깊으니 신중하게 찾아야 하느니라.
이후 다시 몽조(夢兆)가 있을 것이다."
        <u>꿈에 나타나는 길흉의 징조</u>
유생이 깨어나 꿈속의 일을 생각해보니 바로 최 씨를 만날 수 있다는 몽
조였다. 이에 마음속으로 크게 기뻐하고 다시 기운을 차려 최 씨를 찾아
나섰다.
            ▶ 온갖 고생을 하다가 다시 꿈에서 부처님을 만난 유연

이때 도적 장군이 최 씨를 훔쳐온 뒤, 그녀가 옥 같은 얼굴에 선녀 같은
자태를 지녔음을 보고 만고의 절색이라 여겼다. 이에 크게 기뻐하고 즐거
            <u>세상에 비할 데가 없이 아름다운 여인</u>
워하며 급히 길일을 택하여 혼례를 치르고자 하였으나, 최 씨가 송죽(松
竹)처럼 꼿꼿한 마음으로 정절을 지키며 목숨을 지푸라기처럼 여겼기 때
<u>목숨을 걸고 절개를 지킨 최 씨</u>
문에 만약 위력으로 핍박하다가는 <u>아름다운 보옥이 부서지고 향기로운 꽃</u>
                    <u>4</u>
<u>이 떨어지는 환란이 있을 것 같았다.</u> 이에 장군은 다만 빨리 세월이 지나
최 씨가 체념하고 마음을 돌릴 때까지 기다리기로 하였다.
            ▶ 도적 장군으로부터 절개를 지키고 있는 최 씨
        (중략)

최 씨가 서해무릉에 온 지 수삼 년이 지났으나 몸을 일으켜 연보(蓮步)
                        <u>미인의 아름다운 걸음걸이</u>
를 옮김이 없었는데, 이 날은 꿈속 일에 의심이 생겨 한번 나갈 결심을 하
                <u>부처님이 나타나 남편이 찾아올 것이라고 함.</u>
였다. 이에 계선이 크게 기뻐하며 하인들에게 채비를 차리라고 일렀다.
    <u>최 씨의 시비</u>
계선이 이끄는 대로 따라와 나와 보니, 서쪽으로 강물이 굽돌아 흐르는
곳에 산 우물이 있었고, 그 앞에 <u>흰 옷을 입은 여승</u>이 바랑을 메고 대나무
                    <u>5</u>
막대기를 쥐고 표연히 서 있었다. 최 씨가 은근히 눈을 들어 살펴보니, 삿
갓 밑에 옥 같은 얼굴을 한 여승은 다름이 아니라 바로 자신의 지아비 유
                            <u>한눈에 남편을 알아본 최 씨</u>
연이었다.

최 씨가 보니 낯빛과 용모가 바뀌고 풍채와 신수가 초췌하여 가슴이 찢
            <u>최 씨를 찾기 위한 유연의 고난을 짐작하게 함.</u>
어지는 듯하였다. 더구나 이렇게 머리를 깎고 중이 되는 부끄러움도 무릅
쓰고 허다한 풍상(風霜)과 천신만고의 고생을 겪은 것이 모두 자신 때문이
            <u>세상의 어려움과 고생</u>
었으니, <u>최 씨의 심정이 오죽하였겠는가?</u>
                <u>서술자의 개입</u>
아주 놀라고 무척 기뻐하며 침통해하다 가만히 생각해보니 지금이 오히
려 아주 위태로운 상황이었다. <u>남들이 유생의 정체를 안다면 어찌 될 것인</u>
                    <u>6</u>
<u>가?</u> 생각이 여기에 미치자 몸과 마음이 어지러워 능히 진정할 수 없었으
나, 옆에 계선이 있고 또 좌우의 눈과 귀가 두려워 반갑고 놀라운 기색을
억지로 참으며 어찌할 바를 몰라 하였다.

한편 유생은 온 나라를 떠돌아다녔어도 끝내 찾지 못하다가 오늘 여기
서 최 씨를 만나게 되니 천만의외였다. 그때 유생은 그저 대문 밖에 앉아
            <u>전혀 생각하지 아니한 상태</u>
좌우로 경치를 구경하고 있었는데 안으로부터 사람 소리가 아스라이 들리
더니 한 소저가 아리따운 비단 옷을 입고 걸어오고 있었다. 혹시나 하여
            <u>최 씨</u>
여러 번 살펴보니 『초췌해진 얼굴과 슬픔에 젖은 모습 때문에 바로 알아보
기 어려웠으나 선명하고 참신하며 미려한 그 모습은 완연히 최 씨였다.』
        <u>아름답고 고운</u>   『 』: 유연 역시 헤어졌던 아내의 모습을 알아봄.
                        ▶ 우여곡절 끝에 재회한 유연과 최 씨
                    – 작자 미상, 〈서해무릉기(西海武陵記)〉

❖ 제대로 작품 분석의 〈보기〉

ㄱ 변장을 한 유연
ㄴ 최 씨가 죽을 것을 우려함.
ㄷ 유연의 정체가 탄로날까 봐 걱정함.
ㄹ 최 씨를 찾는 과정에서 겪는 유연의 고난
ㅁ 초월적 존재에 의지하여 소망을 이루고자 함.
ㅂ 부모의 명을 거역하고 세상을 떠돌아다니고 있기 때문에

❖ 제목의 의미

'서해무릉'은 도적 장군의 근거지이자 여성 주인공 최 씨가 납치된 곳으로, 등장인물들이 시련을 겪기도 하고 애정을 확인하기도 하는 공간이다. 이 작품은 남자 주인공이 '서해무릉'에 납치되어 있는 신부를 구해 돌아오는 이야기를 담은 혼사 장애담이다. '지하국 대적 퇴치 설화'와 유사한 형태를 취하고 있어 이 설화가 소설로 발전된 작품으로 보기도 한다.

❖ 전체 줄거리

전라도 전주에 사는 선비 유현중의 아들 유연은 장원 급제 후 금의환향하여 친척인 최 공의 딸 최월혜와 사랑에 빠진다. 그런데 혼례 날 밤에 갑자기 도적 무리가 쳐들어와 신부를 납치해 간다. 최 씨를 납치해 간 도적 장군은 서해무릉이라는 곳에 최 씨를 가두어 놓고 자신과의 혼인을 강요한다. 유연은 부친의 재혼 강요를 뿌리치고 최 씨를 찾기 위해 집을 떠난다. 전국 방방곡곡을 떠돌며 최 씨를 찾던 유연은 금강산에 들어가 중이 되어 부처님에게 지성으로 소원을 빈다. 유연은 꿈에 나타난 부처님에게 최 씨가 무사하다는 사실과 3년 뒤에는 만나게 되리라는 말을 듣고 다시 힘을 얻어 길을 떠난다. 유연은 여승으로 변장하고 최 씨의 자취를 수소문하다가 드디어 서해무릉에 다다른다. 한편 최 씨는 도적 장군과의 혼인을 거부하고 밤낮으로 울부짖으며 지내다가 꿈에 나타난 부처님으로 인해 남편이 찾아올 것을 알게 된다. 이후 유연과 최 씨는 극적으로 재회하고 계교를 써서 서해무릉을 탈출한다. 두 사람은 갖은 고생 끝에 집으로 돌아와 부귀영화를 누리다가 극락세계로 승천한다.

❖ 핵심 정리

• 갈래: 국문 소설, 애정 소설
• 성격: 비현실적, 불교적
• 배경: 전라도, 강원도, 서해무릉 등
• 주제: 고난을 극복하고 이룬 사랑
• 특징: ① 전형적인 혼사 장애담으로 '지하국 대적 퇴치 설화'를 근원 설화로 함. ② 구체적인 공간적 배경을 제시함. ③ 서술자의 개입을 통해 주관적 견해를 드러냄. ④ 불교 사상을 바탕으로 초월적 존재가 사건에 개입함.

제대로 감상법 모범 답안

작자 미상, 〈서해무릉기(西海武陵記)〉
❶ 유연 ❷ 최월혜 ❸ 초월 ❹ 서해무릉 ❺ 개입

❖ 제대로 작품 분석
1 ㅁ 2 ㄹ 3 ㅂ 4 ㄴ 5 ㄱ 6 ㄷ

01 정답률 73% | 매력적인 오답 ⑤ 12%

〈보기〉를 참고하여 윗글을 이해한 내용으로 적절하지 않은 것은?

ⓐ 유연과 최 씨가 이별함. → ⓑ 유연과 최 씨가 고난을 겪음. → ⓒ 유연과 최 씨가 재회함.

☀ 정답인 이유

④ ⓑ에서 최 씨는 계선의 신뢰를 얻어 ⓒ를 준비하게 되는군. ✕

⋯ 중략 이후 부분에서 '최 씨가 서해무릉에 온 지 수삼 년이 지났으나 몸을 일으켜 연보를 옮김이 없었는데, 이 날은 꿈속 일에 의심이 생겨 한번 나갈 결심을 하였다.'라고 하였다. 이로 보아 최 씨는 꿈속의 일로 인해 의문이 생겨 외출했다가 우연히 유연과 재회한 것이다. 최 씨가 ⓑ에서 미리 ⓒ를 준비한 것은 아니며, 계선의 신뢰를 얻었다는 내용도 나타나 있지 않다.

☂ 오답인 이유

⑤ 매력적인 오답 ⓒ에서 최 씨는 유연의 정체가 탄로날까 봐 걱정하고 있군.
○ → '남들이 유생의 정체를 안다면 어찌 될 것인가?'

⋯ 유연과 재회한 최 씨는 남들이 유연의 정체를 알게 될까 봐 몸과 마음을 진정하지 못하고 있다.

① ⓐ는 도적 장군이 최 씨를 납치한 사건으로 인한 것이군.
○ → '도적 장군이 최 씨를 납치하여 서해무릉으로 끌고 간다.'

⋯ 유연과 최 씨가 이별한 것은 두 사람의 혼례 날 도적 장군이 최 씨를 납치하여 서해무릉으로 끌고 갔기 때문이다.

② ⓑ에서 유연은 ⓒ를 위해 팔도강산을 헤매게 되는군.
○ → '팔도강산 방방곡곡과 사해팔방으로 두루 돌아다니며'

⋯ 유연은 납치된 최 씨를 찾기 위해 온갖 고난을 겪으며 팔도강산 방방곡곡과 사해팔방으로 두루 돌아다녔다.

③ ⓑ에서 유연은 초월적 존재를 통해 ⓒ를 예상하게 되는군.
○ → '머지않아 최 씨를 만날 것이니라.'

⋯ 최 씨를 찾아 헤매며 고난을 겪던 유연은 꿈에 나타난 초월적 존재인 부처님의 이야기를 듣고 최 씨와의 재회를 예상하게 된다.

02 정답률 60% | 매력적인 오답 ④ 20%

윗글에 대한 설명으로 가장 적절한 것은?

☀ 정답인 이유

③ 서술자의 개입을 통해 주관적 견해를 드러내고 있다.
○ → '최 씨의 심정이 오죽하였겠는가?'

⋯ '더구나 이렇게 머리를 깎고 중이 되는 부끄러움도 무릅쓰고 허다한 풍상과 천신만고의 고생을 겪은 것이 모두 자신 때문이었으니, 최 씨의 심정이 오죽하였겠는가?'에서, 서술자가 직접 개입하여 최 씨의 심정에 대한 주관적 견해를 드러내고 있다.

☂ 오답인 이유

④ 매력적인 오답 구체적 시대 상황을 통해 인물의 처지를 나타내고 있다. ✕

⋯ 강원도 금산사나 서해무릉과 같이 공간적 배경은 드러나지만, 구체적인 시대 상황은 나타나 있지 않다. 도적 장군을 통해 도적이 횡행했다는 사실을 알 수 있지만, 이를 구체적 시대 상황이라고 볼 수는 없다.

① 언어유희*를 통해 웃음을 유발하고 있다.

⋯ 언어유희를 사용해 웃음을 유발하고 있는 부분은 나타나 있지 않다.

* 언어유희(言語遊戱): 소리나 의미의 유사성 등을 이용해 말놀이를 하듯 재미있게 표현하는 것 예 어, 추워라. 문 들어온다 바람 닫아라. 물 마르다 목 들여라.

② 풍자적 서술을 통해 인물의 행위를 비판하고 있다.

┄➤ 부정적 대상을 다른 대상에 빗대어 놀리듯이 표현함으로써 비판의 효과를 높이는 풍자적 서술은 나타나 있지 않으며, 인물의 행위를 비판하고 있지도 않다.

⑤ 사건의 반전을 통해 인물 간의 갈등을 구체화하고 있다.

┄➤ 오랫동안 서로를 그리워하던 유연과 최 씨가 재회하고 있으므로 이를 사건의 반전이라고 볼 수는 없으며, 인물 간의 갈등이 구체화되고 있는 부분도 나타나 있지 않다.

03

[A]와 [B]의 말하기 방식으로 가장 적절한 것은?

☀ 정답인 이유

⑤ [A]는 행동의 이유를 밝히며 원하는 바를 드러내고 있고, [B]는 자신에게 도움을 주지 않는 상대를 원망하고 있다.
○ → '잃어버린 배필을 ~ 잇기 위해서', '유연의 정성을 살펴주시기 바라옵니다.'
○ → '조금의 도움도 주지 않으십니까?'

┄➤ [A]에서 유연은 '잃어버린 배필을 다시 만나 끊어진 인연을 잇기 위해서'라며 자신이 떠돌아다니는 행동의 이유를 밝히고, '유연의 정성을 살펴주시기 바라옵니다.'라며 자신이 원하는 바를 드러내고 있다. 그리고 [B]에서 유연은 '어찌 이다지 무심하시어 끝내 조금의 도움도 주지 않으십니까?'라며 도움을 주지 않는 천지신명을 원망하고 있다.

☂ 오답인 이유

① [A]는 예상되는 부정적 결과를 경고하고 있고, [B]는 자신의 말을 들어주지 않는 상대를 비판하고 있다.
× → 대가를 약속함.
× → 상대를 원망함.

┄➤ [A]에서 유연은 부정적 결과를 경고하는 것이 아니라, 금은보화를 아끼지 않고 절을 중수하겠다며 부처님에게 대가를 약속하고 있다. 또 [B]에서 유연은 상대를 비판하는 것이 아니라, 조금의 도움도 주지 않는다고 천지신명을 원망하고 있다.

② [A]는 문제의 원인을 찾아 해결 방법을 제시하고 있고, [B]는 상황을 가정하며 자신의 요구를 드러내고 있다.
×   ×

┄➤ [A]에서 유연은 부처님에게 대가를 약속하며 원하는 바를 드러내고 있을 뿐, 문제의 원인이나 해결 방법을 제시하고 있지 않다. 또 [B]에서 유연은 천지신명을 원망하고 있을 뿐, 상황을 가정하거나 자신의 요구를 드러내고 있지 않다.

③ [A]는 조건을 내세워 자신의 입장을 밝히고 있고, [B]는 자신의 잘못을 인정하며 상대에게 용서를 구하고 있다.
×

┄➤ [A]에서 유연은 최 씨를 만난다면 금은보화를 아끼지 않고 절을 중수하겠다며 조건을 내세워 자신의 입장을 밝히고 있다. 하지만 [B]에서 유연은 천지신명을 원망하고 있을 뿐, 자신의 잘못을 인정하거나 상대에게 용서를 구하고 있지 않다.

④ [A]는 상대의 잘못으로 인해 겪은 어려움을 호소하고 있고, [B]는 자신의 어려움을 해결해 줄 것을 요청하고 있다.
×   ×

┄➤ [A]에서 유연은 자신이 겪는 어려움이 상대인 부처님의 잘못이라고 생각하고 있지 않다. 또 [B]에서 유연은 천지신명을 원망하고 있을 뿐, 자신의 어려움을 해결해 줄 것을 요청하고 있지 않다.

04

다음은 윗글을 읽고 문학 탐구 보고서를 쓰기 위해 작성한 계획서이다. (가)에 들어갈 내용으로 적절하지 않은 것은? [3점]

─〈보기〉─

[의문] 왜 제목을 '유연전'이나 '최씨전'이라고 하지 않고 '서해무릉기'라고 했을까?
주인공의 이름이 아니라 특정 공간을 작품의 제목으로 삼은 데 대한 의문

[탐구 과제 설정] '서해무릉'이라는 장소가 지닌 의미가 중요한 것 같으니 인물별로 그 의미를 탐구해 봐야겠어.
'서해무릉기'라고 제목을 붙인 이유를 밝히기 위해 공간의 의미를 탐구함.

[자료 조사] '서해무릉'에서 등장인물들은 개인적 욕망을 꿈꾸기도 하고 시련을 겪기도 한다. 또한 애정을 지켜 나가거나 소망을 실현하기도 하며 내적으로 성숙해지기도 한다.
②의 근거
①의 근거 ④의 근거 ③의 근거

[탐구 결과]   (가)

☀ 정답인 이유

⑤ 유연이 최 씨의 도움으로 용맹과 지략을 갖추게 되는 것을 보니 '유연'에게는 내적으로 성숙해지는 공간으로 볼 수 있다.
× → 제시문에서 확인할 수 없는 내용

┄➤ '서해무릉'은 유연에게 최 씨를 만나고 싶다는 소망을 실현하는 공간이다. 제시된 부분에서 유연이 최 씨의 도움으로 용맹과 지략을 갖추게 되었다는 내용은 나타나 있지 않으며, 유연의 용맹과 지략 자체를 확인할 수 있는 내용도 없다.

☂ 오답인 이유

④ [매력적인 오답] 도적 장군으로부터 정절을 지키며 마음을 돌리지 않은 것을 보니 '최 씨'에게는 애정을 지키는 공간으로 볼 수 있다.

┄➤ '서해무릉'은 최 씨에게 도적 장군으로부터 정절을 지키며 유연에 대한 애정을 지켜 나가는 공간이다.

① 수삼 년이 지나도록 유연과 떨어져 지낸 것을 보니 '최 씨'에게는 시련을 겪는 공간으로 볼 수 있다.

┄➤ '서해무릉'은 최 씨에게 사랑하는 사람과 떨어져 도적 장군에 핍박을 당하는 시련을 겪는 공간이다.

② 최 씨를 납치한 뒤 혼례하려고 한 것을 보니 '도적 장군'에게는 욕망을 드러내는 공간으로 볼 수 있다.

┄➤ '서해무릉'은 도적 장군에게 최 씨와 혼례를 올리고 싶어 하는 자신의 욕망을 드러내는 공간이다.

③ 잃어버린 배필인 최 씨와 다시 만나게 된 것을 보니 '유연'에게는 소망을 실현하는 공간으로 볼 수 있다.

┄➤ '서해무릉'은 유연에게 사랑하는 최 씨와의 재회에 대한 소망을 실현하는 공간이다.

▶ 문제편 84~87쪽

정답 | 01 ① 02 ④ 03 ③ 04 ③

[01~04] 다음 글을 읽고 물음에 답하시오.   2019 11월 고1 전국연합

제대로 작품 분석 ▶〈보기〉에서 적절한 것을 골라 넣으며 작품을 분석해 보자.

조중인이 무녀를 보내어 요사한 모함을 저질러 놓고, 녹재에게 부탁하
[악인. 송부인을 모함하는 인물]   [조중인의 하수인]
여 황성 왕래하는 길에 주막을 차려 놓게 하였음이라. 지나가는 사람 중
왕진사 댁 하인이라 하면 억지로라도 데려와서 술과 고기를 많이 먹이고
[송부인의 시가]   [왕진사 댁 하인들에게 선심을 베풂.]
밥값을 적게 받으니, 내왕하는 하인들이 어디로 갈 때는 반드시 녹재의 주
막에 들르는 것처럼 되어 어길 때가 없더라.

무녀가 녹재의 주막으로 돌아와 하는 말이,

㉠"이리이리하여 불을 질러 놓았으니 조만간에 하인이 이리를 지나가리
라." 하더라.

과연 며칠이 지나매, 소주 왕진사 댁 하인이 서간을 가지고 가는 중이
[집안의 문제를 왕시랑(왕한춘)에게 알리는 편지]
라. 그가 주막 앞을 지나가자 녹재가 깜짝 놀라는 척 반기며 오래 못 본 안
부를 묻고, 술을 많이 먹이자 하인이 취하여 편지보를 녹재에게 맡기고는
거꾸러져 잠이 드는지라. 녹재가 편지보를 헤치고 봉한 것을 떼어 보니 편
지 사연이 과연 그 말이매, 편지를 없애고 다시 글씨를 본떠 써넣되
[송부인을 모함하기 위해 편지를 조작함.]
"안부를 전하노니 집안은 무사하고 공직에 힘쓰라."
[집안의 문제를 왕시랑에게 숨김.]
라는 내용으로 하여 다시 봉하여 편지보에 넣었더라. 이튿날 하인이 떠나
려 하여, 편지보를 내어 주니 의심 없이 받아 가지고 올라가더라.

하인이 황성에 득달하여 서간을 올리되 왕시랑도 범연히 간과하고, 집
[도달]   [왕한춘. 송부인의 남편]
안은 무사한 모양이라 답장을 봉하여 환송하였더니, 하인이 내려가는 길
에 다시 녹재의 집에 찾아들었는지라. 녹재가 반가워하며 간곡하게 술대
접을 하니 하인이 또한 술 힘을 이기지 못하여 대취하매, 녹재가 답장 편
지를 또 떼어 없애고 다시 시랑의 필적으로 답장을 위조하여,
[송부인을 모함하기 위해 왕시랑의 편지도 조작함.]
"집안 괴변을 어찌 일부러 뜻하였으리까마는, 듣자오매 소자의 처로 인
[괴상한 재난이나 사고]
하여 심란한 일이 많사옵니다. 그 전에도 의심할 일이 많사오나 그 허물
[송부인에게 허물이 있다고 누명을 씌움.]
을 따로 묻지 않은 채 그저 집에 두었삽는데, 필경은 탄로나게 되었으니
소자의 사람 몰라본 불찰입니다. 복중에 무엇이 있다는 말씀은 더구나
소자는 모르는 일이라, 어찌하여 거짓을 사뢰리까? 소자의 소견에는 그
런 더러운 인물은 어찌 잠시라도 집에 두며, 죽어도 죄가 남사오니 내치
면 저에게 덕이 될 것이오나 처분대로 하사이다." 하였더라.
[송부인은 부정을 저지른 사람이니 마음대로 처분하라고 꾸밈.]
이튿날 하인이 편지를 찾아보고 내려가 왕진사께 올리니, 진사가 그 사
[송부인의 시아버지]
연을 보고 안으로 들어와 오부인과 의논하였는데, 죽이자 하여도 거조중
[송부인의 시어머니]
난(擧止重難)*하고 내쳐도 남에게 부끄러운지라. 이리저리 생각하다가 마
지못하여 즉시 송부인을 불러 앞에 세우고는 수죄(數罪)*하여,

㉡"네 내 집에 들어와 몇 해 아니 되었는데 내가 너를 믿고 내 집안 살림
[송부인이 죄를 지었다고 확신하고 질책함.]
을 맡겼거늘, 요망한 무녀를 통하여 흉측한 태도로 음담패설을 주고받
느냐? 네 복중에 있다는 자식에 대해서도 네 남편은 모른다 하니 그것은

어찌된 일이냐?"

하고는 장패주의 편지와 왕시랑의 답장을 던지는지라. 송씨가 기색(氣塞)
[송부인을 모함하기 위해 조작된 편지]   [충격으로 호흡이 일시적으로 멎어]
하여 한동안 진정하지 못하다가,

"자부(子婦)가 불초(不肖)하여 구고(舅姑)*님의 노함을 끼쳤사오니 산들
[며느리. 자신을 가리킴.]   [시부모님]
무엇하리까마는, 다만 신명을 생각하니 절통한 일이옵니다. 부모 양친
을 십여 세에 여의옵고 부앙천지(俯仰天地) 의지할 데 없사와 어린 동생
[하늘을 우러러보고 땅을 굽어봄.]
과 외가에 탁신(託身)하온바 외숙부께 사랑을 받지는 못하였으나 무한
[남에게 몸을 의탁함.]   [심천수. 경해(송부인의 재산을 빼앗음.]
히 공경하며 대하여 나갔삽더니, 천우신조(天佑神助)하여 어진 시댁을
만나사와 일평생을 모시고자 하였사오나, 이런 악명(惡名)을 입사오니
다시 무슨 말씀을 하오리까? 처분대로 할 뿐이로소이다."

▶ 조중인의 모함에 의해 시댁에서 쫓겨나는 송부인

[중략 부분의 줄거리] 강제 결혼의 무산에 대한 보복으로 조중인에 의해 모함 받은 송부인
[조중인이 송부인을 모함한 이유]
은 시댁에서 쫓겨나게 되고 홀로 아들인 갈용을 낳아 기른다. 어느 날 갈용은 살인 사건에
[송부인의 시련]
휘말리고, 이를 해결하기 위해 조정에서 명사관으로 파견된 왕시랑은 송부인과 재회하게
된다.

이때 송부인, 명사관*이 들어와 갈용의 초사를 받는다는 말에 오가는 말
[죄인이 자기의 범죄 사실을 진술하던 말]
을 듣고자 하여 관문 밖에서 엿보고 있었더라. 바라보니 그 명사관이 다
[고전 소설의 우연성]
른 이 아니라 자신의 남편 왕시랑이라. 이것이 어찌된 일인고 하여, 송부
[자신도 모르는 사이에]
인이 여광여취(如狂如醉)하여 부지불각(不知不覺) 중에 몸이 절로 움직여
[미친 듯도 하고 취한 듯도 하다는 뜻으로, 이성을 잃은 상태]
뜰 아래 들어서서는,

"첩은 죄인의 어미옵더니, 사람이 불민(不敏)하여 시댁에서 쫓겨났사오
나, 가장은 천 리 밖에 있사왔고, 첩을 불쌍히 생각하기는커녕 인편에
[왕시랑]
대어 죽여라, 내쫓아라 하오니, 첩이 어디 가서 살며 어찌 시댁이 용납
[조작된 편지의 내용]
하리니까? 그런 연유로 이 지경이 되었삽는데, 듣사오매 명사관께서 명
사를 잘하신다 하오니, 살옥*은 차치(且置)하옵고 그 일부터 명사하옵소
서. 첩의 무고함을 어찌 보지 못하고, 멀리 있음에도 그리 집안을 자세
히 알면서 복중지물(腹中之物)이 자기 자식인 줄 어찌 모르며, 첩이 그
[임신한 아이]
전부터 수상한 짓을 하는 것을 보았다 하나 무슨 일을 보셨던고? 첩에
게 죄가 설령 있거든 여기서 죽여 주시고, 만일 무죄한 듯하거든 소상히
명사하와 애매한 누명을 씻어 주옵소서. 복명지신(復命之臣)이 그만 일
을 명사치 못하오면 그 녹을 자시옵기 어찌 부끄럽지 아니하시리까? 만
[제대로 판결을 하지 않으면 관리로서의 자격이 없다는 의미]
일 첩의 말을 곧이 아니 들을 터이면, 여기 증거할 것이 있사오니 이것
을 보옵소서."

하고 송부인이 품에서 편지 봉투를 내어 앞 앞에 던지니, 왕시랑이 상
혼실백(傷魂失魄)*하여 그것을 아니 보지 못할 터이라. 차차로 펴 보니
한 장은 자신의 답장이라 하나 사연은 전혀 알지 못하는 것이라 막측기
[편지가 조작되었기 때문에]
단*하여, 다시 묻고자 하나 하인들 앞에 말하기가 편치 않기에 따로 분부
하여

㉢"심기 불평하니 죄인을 물리라."

하시니 갈용과 송부인이 함께 물러나오더라.

이 날 밤에 왕시랑이 일을 마친 후에, 통인 하나를 불러 초롱을 들리고
호장의 집을 찾아 별당으로 들어가니, 송부인이 촛불을 돋우고 혼자 앉았
다가 처연히 보고는

㉣"이 어찌된 일이시니까? 더러운 죄라 하신 터에 무엇이 답답하여 첩
<u>왕시랑에 대한 서운한 마음</u>
을 찾아보러 와서는 서 계시니이까? 모르는 자식을 낳았으니 더럽다고

하다가 죽이거라 내치거라 하와 다시 준절답장(峻節答狀)하오시고 다시
<u>지조 높은 답장 – 반어적 표현</u>
보려 하심은 천만뜻밖이로소이다."

왕시랑이 다 듣고는

"이것이 어찌된 일이오?" 라고 도리어 물으니, 송부인이 대답하여

"날더러 도로 물으시니 무슨 말씀으로 대답하오리까?"

하매, 왕시랑이 대답하기를

"나도 내 죄를 아오이다. 비록 그러하오나 이 일은 알아보고 말 것이니,

그리 염려하지 마소서. 편지도 답장도 내 한 바 아니라, 난들 어찌 알았
<u>자신이 한 일이 아님을 밝힘.</u>
으리오? 이것이 운명사이니, 분명히 괴상한 용무를 꾸민 놈이 있는 모
<u>조중인</u>
양이라. ㉤설마 그 놈을 잡지 못하리니까? 내 사환이 분주하여 오래 근
6
친 못한 탓이로소이다."

라고 하더라. 송부인이 그 말을 들으니 자신의 발명도 대강된 듯하고, 왕
<u>죄나 잘못이 없음을 말하여 밝힘.</u>
시랑의 편지에 서운했던 것이 비로소 풀리는지라. 그런 줄 이제 알았으니
<u>갈등이 해소됨.</u>
어찌 소회를 서로 풀어놓으며 정다운 이야기가 서로 없으리오?
<u>편집자적 논평</u>
▶ 재회하여 오해를 푸는 왕시랑과 송부인
– 작자 미상, 〈송부인전〉

* 거지중난: 일을 함이 중대하고도 어려움.
* 수죄: 범죄 행위를 들추어냄.
* 구고: 시부모님.
* 명사관: 중요한 사건을 조사하는 일을 맡아 하는 관리
* 살옥: 살인 사건에 대한 죄를 다스리는 일
* 상혼실백: 상심하여 제정신을 잃음.
* 막측기단: 일의 시작을 헤아려 알지 못함.

❖ 제대로 작품 분석의 〈보기〉

　㉠ 사건의 진상을 밝히려는 왕시랑
　㉡ 주변 상황을 의식하여 질문하기를 미룸.
　㉢ 뱃속의 아이가 왕시랑의 아이가 아니라고 모함함.
　㉣ 왕진사 댁 하인이 주막을 지나갈 것이라는 무녀의 예측
　㉤ 소극적인 모습 – 자신의 억울함을 적극적으로 항변하지 못함.
　㉥ 갈용의 사건보다 자신의 죄 없음을 먼저 밝혀 달라고 요구함.

❖ 제목의 의미
남편이 없는 상황에서 모함을 받게 된 '송부인(송경패)'이 남성 중심 사회의 모순 때문에 희생당하는 모습을 다룬 가정 소설이다. 송부인은 자신의 억울함을 적극적으로 항변하지 못하고 집에서 쫓겨나 시련을 겪지만, 이후 입신양명을 이룬 남편과의 재회를 통해 오해를 풀고 모함에서 벗어나게 된다.

❖ 전체 줄거리
명나라 때 왕창영과 송생은 각각 아들과 딸을 낳아 혼약을 맺는다. 그 뒤 송생이 죽으니 부인 심씨는 왕창영에게 편지로 알린다. 왕창영의 아들 한춘은 14세가 되던 해 과거를 보러 가게 되고, 왕창영은 아들에게 송생과의 언약을 이야기한다. 한춘은 그 말을 듣고 송생의 딸 경패(송부인)를 만나 서로의 인연을 확인한다. 경패의 어머니마저 죽자 외삼촌인 심천수가 경패의 재산을 빼앗고 경패를 부자인 조중인에게 시집보내려 한다. 경패는 조중인과의 혼인날이 가까워오는 중 꿈의 계시로 한춘을 만난다. 한춘은 경패로부터 사실을 듣고 어사로 나타나 심천수와 조중인을 잡아 가두고, 한춘과 경패는 혼인한다. 송부인은 두 사람을 용서할 것을 남편에게 간청하여 석방한다. 조중인은 송부인과 혼인하지 못한 일에 대해 복수하려고 심천수, 무녀와 상의해 송부인을 모함한다. 송부인은 시댁에서 쫓겨나게 되고 홀로 아들 갈용을 낳아 기른다. 어느 날 갈용은 살인 사건에 휘말리고, 이를 해결하기 위해 조정에서 명사관으로 파견된 한춘은 송부인과 재회하게 된다. 한춘은 갈용을 무죄로 판결하여 석방하고, 송부인의 결백도 확인되어 시댁으로 돌아간다.

❖ 핵심 정리
・갈래: 애정 소설, 가정 소설
・성격: 애정적, 권선징악적
・배경: 중국 명나라 때
・주제: 가부장적 사회에서 송부인이 겪는 수난과 그 극복 과정
・특징: ① 남성 중심 사회의 모순에 의해 희생당하는 여성의 모습을 다룸. ② 대화를 통해 인물이 처한 상황을 보여 줌. ③ 모함 모티프를 활용해 갈등을 유발하고 긴장감을 높임. ④ 〈춘향전〉과 일부 유사한 점이 있음.

제대로 감상법 모범 답안 ◀

작자 미상, 〈송부인전〉

❶ 송부인 ❷ 왕시랑 ❸ 명사관 ❹ 주막 ❺ 모함

❖ 제대로 작품 분석
1 ㉣　2 ㉢　3 ㉤　4 ㉥　5 ㉡　6 ㉠

01

윗글에 대한 설명으로 가장 적절한 것은?

☀ 정답인 이유

① 대화를 통해 인물이 처한 상황을 보여 주고 있다.
　○ → '첩은 죄인의 어미옵더니 ~ 이 지경이 되었삽는데'
　⋯ '첩은 죄인의 어미옵더니~그런 연유로 이 지경이 되었삽는데'라는 송부인의 대화를 통해, 시댁에서 쫓겨난 후 지금까지 시련과 고난을 겪고 있는 송부인의 상황을 보여 주고 있다.

☂ 오답인 이유

② 전기적 요소를 통해 비현실적 장면을 부각하고 있다.
　⋯ 조중인의 모함과 이로 인한 송부인의 고난, 남편과의 재회 등 현실적인 사건이 벌어질 뿐, 현실에서 일어날 수 없는 기이하고 신기한 이야기가 나오는 전기적 요소나 비현실적 장면은 나타나 있지 않다.

③ 과장된 상황을 통해 인물의 해학성*을 강조하고 있다.
　⋯ 과장된 상황이나 인물의 해학성을 강조하는 부분은 나타나 있지 않다.

* 해학성(諧謔性): 익살스럽고도 품위가 있는 말이나 행동이 있는 성질
　예 이 작품에서는 언어유희와 인물의 외양 묘사를 통해 해학성을 유발하고 있다.

④ 배경에 대한 묘사를 통해 낭만적 분위기를 형성하고 있다.
　⋯ 배경을 묘사하고 있는 부분이 없으며 낭만적 분위기를 형성하고 있다고 볼 수도 없다.

⑤ 꿈과 현실의 교차를 통해 사건을 입체적으로 구성하고 있다.
　⋯ 꿈과 현실이 교차하고 있는 부분이 없으며 사건을 입체적으로 구성하고 있다고 볼 수도 없다.

⊙~⊙에 대한 설명으로 적절하지 <u>않은</u> 것은?

☀ 정답인 이유

④ ⊜: 왕시랑이 명사관으로서 공과 사를 구분하기를 바라는 송부인의 마음이 드
<small>✕ → 왕시랑에 대한 송부인의 원망과 서운한 마음</small>
러나 있다.

⋯ ⊜에는 왕시랑에 대한 송부인의 원망과 서운한 마음이 담겨 있다.
왕시랑이 명사관으로서 공과 사를 구분하기를 바라는 마음은 드러나
있지 않다.

☂ 오답인 이유

③ (매력적인 오답) ⊜: 주변 상황을 의식하여 질문하기를 미루는 왕시랑의 모
습이 드러나 있다.

⋯ '하인들 앞에 말하기가 편치 않기에'로 보아, ⊜은 왕시랑이 주변
상황을 의식하여 송부인에게 질문하는 것을 미룬 것이다.

① ⊙: 왕진사 댁 하인이 주막을 지나갈 것이라는 무녀의 예측이 드러나 있다.

⋯ '과연 며칠이 지나매, 소주 왕진사 댁 하인이 서간을 가지고 가는
중이라.'로 보아, ⊙은 무녀가 왕진사 댁 하인이 주막을 지나갈 것이
라고 예측한 것이다.

② ⊙: 송부인이 죄를 지었다고 생각하여 질책*하는 왕진사의 태도가 드러나
있다.

⋯ '수죄'라는 말을 고려할 때, ⊙은 왕진사가 송부인이 죄를 지었다
고 확신하고 송부인을 질책하고 있는 것이다.

* 질책(叱責): 꾸짖어 나무람. 📵 판매가 부진해서 사장에게 질책을 들
었다.

⑤ ⊙: 사건의 진상을 밝히려는 왕시랑의 태도가 드러나 있다.

⋯ '괴상한 용무를 꾸민 놈이 있는 모양이라.'로 보아, ⊙은 왕시랑이
사건의 진상을 밝히겠다는 태도를 드러낸 것이다.

을 풀어 주기 위해서 입신양명을 이루었다고 보는 것은 적절하지
않다.

* 입신양명(立身揚名): 출세하여 이름을 세상에 떨침. 📵 그는 자신이 하
루빨리 입신양명을 하여 부모님의 이름을 빛내는 것이 효도라고 생각
하였다.

☂ 오답인 이유

① (매력적인 오답) 송부인이 왕시랑에게 명사를 부탁하는 장면에서, 오해를 풀
고자 하는 적극적인 모습을 확인할 수 있겠군.
<small>○ → 〈보기〉의 '적극적인 태도로 오해를 풀고'</small>

⋯ '만일 무죄한 듯하거든 소상히 명사하여 애매한 누명을 씻어 주옵
소서.'라는 송부인의 말을 통해, 오해를 풀고자 하는 송부인의 적극
적인 모습을 확인할 수 있다.

② 왕진사가 송부인을 수죄하는 장면에서, 여성의 정절을 중시하는 남성 중심
사회의 모습을 짐작할 수 있겠군.
<small>○ → 〈보기〉의 '남성 중심 사회의 현실적 모순에 의해 희생당하는 모습'</small>

⋯ '네 내 집에 들어와 ~ 그것은 어찌된 일이냐?'라며 송부인을 수죄
하는 왕진사의 말을 통해, 여성의 정절을 중시하는 남성 중심 사회
의 모습을 짐작할 수 있다.

④ 녹재가 왕진사 댁 하인에게 술을 먹이는 장면에서, 가족 외부의 인물이 주인
공을 모함*하려는 모습을 확인할 수 있겠군.
<small>○ → 〈보기〉의 '가족 외부의 인물에 의해 모함을 받게 된 주인공'</small>

⋯ 조중인이 녹재를 시켜 편지를 조작하는 장면에서, 가족 외부의
인물이 주인공을 모함하려는 모습을 확인할 수 있다.

* 모함(謀陷): 나쁜 꾀로 남을 어려운 처지에 빠지게 함. 📵 나는 억울하
게도 모함을 받아 직장에서 쫓겨났다.

⑤ 송부인이 왕시랑에게 자신의 처지를 밝히며 억울함을 호소하는 장면에서,
과거에 송부인이 겪은 시련과 고난을 짐작할 수 있겠군.
<small>○ → 〈보기〉의 '가정에서 퇴출당해 시련과 고난을 겪게 되지만'</small>

⋯ 송부인이 명사관으로 내려온 왕시랑에게 과거의 고난과 억울함을
하소연하는 장면에서, 과거에 송부인이 겪은 시련과 고난을 짐작할
수 있다.

〈보기〉를 바탕으로 윗글을 감상한 내용으로 적절하지 <u>않은</u> 것은? [3점]

〈보기〉

이 작품은 남편이 부재한 상황에서 <u>가족 외부의 인물에 의해 모함을</u>
<small>④의 근거</small>
<u>받게 된 주인공</u>이, <u>남성 중심 사회의 현실적 모순에 의해 희생당하는</u>
<small>②의 근거</small>
<u>모습</u>을 다루고 있다. 이 과정에서 주인공은 자신의 억울함을 적극적으
로 항변하지 못하고 <u>가정에서 퇴출당해 시련과 고난을 겪게 되지만</u>, 이
<small>⑤의 근거</small>
후 입신양명을 이룬 <u>남편과의 만남에서 적극적인 태도로 오해를 풀고</u>
<small>①의 근거</small>
<u>모함에서 벗어나게 된다.</u>

☀ 정답인 이유

③ 왕시랑이 송부인에게 누명을 벗겨주기로 약속하는 장면에서, 왕시랑이 입신
양명*을 이룬 목적을 짐작할 수 있겠군.
<small>✕ → 왕시랑이 송부인의 누명을 풀어 주기 위해 입신양명을 한 것은 아님.</small>

⋯ '편지도 답장도 내 한 바 아니라, 난들 어찌 알았으리오?'를 통
해 왕시랑은 송부인과 재회하기 전까지는 송부인이 모함을 받은 사
실을 모르고 있었음을 알 수 있다. 따라서 왕시랑이 송부인의 누명

〈보기〉는 윗글의 서간의 이동을 도식화한 것이다. 이를 이해한 내용으로
가장 적절한 것은?

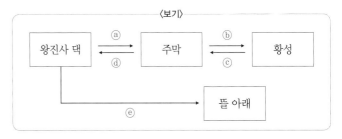

☀ 정답인 이유

③ ⓑ의 서간과 ⓓ의 서간은 모두 녹재에 의해 위조된 것이다.

⋯ ⓑ의 서간은 왕진사가 왕시랑에게 보낸 것을 녹재가 위조한 것이
고, ⓓ의 서간은 왕시랑이 왕진사에게 보낸 것을 녹재가 위조한 것
이다. 따라서 ⓑ의 서간과 ⓓ의 서간은 모두 녹재에 의해 위조된 것
이다.

④ (매력적인 오답) ⓒ의 서간과 ⓓ의 서간은 모두 송부인에게 전달되지 않았다.
　　　　　　　　　　　×→ⓓ의 서간은 송부인에게 전달됨.

··· 왕시랑이 보낸 ⓒ의 서간은 녹재에 의해 위조되었으므로 송부인에게 전달되지 않았다. 하지만 녹재에 의해 위조된 ⓓ의 서간은 송부인에게 전달되었다. 왕진사가 송부인을 수죄하는 자리에서 위조된 '왕시랑의 답장'을 송부인에게 집어던졌기 때문이다.

① ⓐ의 서간에는 집안은 무사하고 공직에 힘쓰라는 내용이 담겨 있다.
　　　　　　　　　　×→ⓑ의 서간에 담겨 있는 내용임.

··· ⓐ는 왕진사가 왕시랑에게 보낸 서간으로, '안부를 전하노니 집안은 무사하고 공직에 힘쓰라.'라는 내용이 담겨 있는 것은 녹재에 의해 조작된 ⓑ의 서간이다.

② 왕시랑은 ⓑ의 서간을 통해 집안에 문제가 생겼음을 알게 되었다.
　　　　　　　　　　　　×→ 집안이 무사하다고 생각함.

··· ⓑ의 서간에는 녹재의 조작에 의해 '집안은 무사하고 공직에 힘쓰라.'는 내용이 담겨 있으므로, 왕시랑은 ⓑ의 서간을 통해 집안에 문제가 생겼음을 알 수 없다.

⑤ 왕시랑은 ⓔ의 서간의 내용을 송부인과 만나기 전부터 알고 있었다.
　　　　　　　　×→ 왕시랑이 전혀 알지 못하는 것

··· ⓔ의 서간은 송부인이 왕시랑에게 집어던진 것으로 녹재에 의해 조작된 왕시랑의 답장이다. '자신의 답장이라 하나 사연은 전혀 알지 못하는 것이라 막측기단하여'라고 하였으므로, 왕시랑은 ⓔ의 서간의 내용을 송부인과 만나기 전에는 알지 못했다.

고전
소설 **09** 신유복전

▶ 문제편 88~91쪽

정답 | 01 ②　　02 ②　　03 ④　　04 ③

[01~04] 다음 글을 읽고 물음에 답하시오.　　2019 3월 고1 전국연합

제대로 작품 분석　　▶ 〈보기〉에서 적절한 것을 골라 넣으며 작품을 분석해 보자.

[앞부분의 줄거리] 선관의 점지로 태어난 신유복은 어려서 부모를 잃고 유리걸식한다. 유복
　　　　　　　　　　　　　　　　　　고아로 자랐으나 입신출세하는 영웅적 인물　　정처 없이 떠돌아다니며 빌어먹음.
의 인물됨을 알아본 상주 목사는 호장의 딸 경패를 유복과 혼인하게 한다. 그러나 유복은 가
　　　　　　　　　　유복의 인물됨을 알아보고 그와 혼인하여 출세시키는 인물
난하다는 이유로 호장 부부, 경패의 두 언니, 그 남편 유소현, 김평의 미움을 받고 경패와 함
　　　　　　　　　　　　　　　　친지에 의해 집에서 쫓겨나는 유복과 경패 – 주인공이 겪는 고난
께 쫓겨난다.

　해는 서산에 걸렸다. 처녀가 저녁연기를 쫓아 밥을 빌러 다녔다. 유복이
　　　　　　　　　　경패
처녀와 마을보 들어가 밥을 빌어먹고 방앗간을 찾아가 거적을 얻어다 깔고 둘이 마주 누워 팔을 베고 같이 자니 신세가 궁했다. 유복은 활달한 영웅이요, 처녀 역시 여자 중의 군자였다. 고어에 흥이 다하면 슬픔이 오고
　　　　　　　　　　　　　　　　　　흥진비래(興盡悲來), 고진감래(苦盡甘來)
괴로움이 다하면 즐거움이 온다고 하였는데 하늘이 어찌 어진 사람을 곤
　　　　　　　　　　　　　　　　　　　　　서술자의 개입
궁 속에 던져두시겠는가. 처녀도 유복의 늠름한 풍채와 잘 생긴 용모를 대하니 정이 깊이 들었다. 그러므로 고생을 어찌 한탄할 것인가. 이튿날 밥
　　　　　　　　　　　　　　서술자의 개입
을 빌어먹고 처녀가 유복에게 말했다.

　"슬프도다. 이 세상에서 가장 귀한 것이 사람인데, 사람만 못한 짐승도
집이 있건만, 우리는 어째서 의지할 곳조차 없나하고 생각하면 애달픈
　　　　　　　　　　　집 없는 신세를 한탄하는 경패
생각이 듭니다. 저 건너 북쪽 돌각담이 임자가 없는 것이니 돌각담을 헐
고 움이나 한 간 묻어 봅시다."
　땅을 파고 위에 거적 따위를 얹어 임시로 지은 집
　동리로 재목과 이엉을 구걸하니 사람들이 불쌍히 여겨 서로 다투어가며
　　　　　　　　　　　움을 만들 재료
주었다. 처녀가 유복과 더불어 움을 묻고 거적을 얻어 깔고 밥을 빌어다가 나눠 먹고 그 밤을 지내니, 마치 커다란 저택에서 좋은 음식을 먹은 것같
　　　　　　　　　　　　　　2
이 흐뭇하였다. 그러나 깊은 정이야 어디다 비할 수 있으랴. 남의 방앗간에서 잠자던 것은 한바탕 꿈이었다. 인근 사람들이 유복의 가련한 정상과
　　　　　　　　　　　　　　　　　　이웃 사람들이 유복과 경패를 도와줌.
경패의 지극한 정성을 불쌍히 여겨 음식을 아끼지 않고 주며, 호장 부부를 욕하지 않는 사람이 없었다. 유복이 남의 집의 물도 길어주고 방아질도 해주니 허기를 면하였다. 그러나 의복이 없어 초라하였다.
　　　　　　　　　　　　　　　▶ 집에서 쫓겨나 궁핍하게 살아가는 유복과 경패
　처녀가 하루는 유복에게 말했다.

　　"옛글에 '장부 세상에 나서 입신하여 세상에 이름을 드날려 문호를
　　　옛글을 인용하여 유복에게 학문에 정진할 것을 촉구함.
　　빛나게 하며, 조상 향불을 빛나게 하라' 하였으니 문필을 배우지 않
　　　　　　　　　　　　　　　　　　　　　　　3
　　으면 공명을 어떻게 바라겠습니까? 그래서 옛 사람도 낮이면 밭 갈
[A]　　　　　　　　　　　　　　　　　　　　　　　　　주경야독(晝耕夜讀)
　　고, 밤이면 글을 읽어, 성공하여 길이길이 기린각에 화상을 그린 족
　　　　　　　　　　　　　　중국 한나라의 무제가 궁중에 세운 전각. 공신의 초상을 걸었다고 함.
　　자가 붙어 훗날에 유전하는 것을 장부다운 일로 여겼습니다. 무식한
　　　　　　　　　　　　　세상에 널리 퍼짐.
　　사람으로 영웅호걸이 되었다는 말은 듣지 못했습니다."

　유복이 처녀의 말을 듣고 감동되어 말했다.

　　"내 어려서 글자나 읽었지만 어찌 이런 마음이 없겠소마는 글을 배
[B]　　우려 한들 어디서 배우며 책 한 권도 없으니 어쩌겠소. 또한 장차
　　　　자신의 현재 처지를 들어 답답한 심경을 토로함.
　　외로운 당신은 누구를 의지한단 말이요?"
　　　　홀로 남게 될 경패의 처지를 우려함.

낭자가 말했다.
경패 = 처녀
"그것은 염려 마십시오. 나는 혼자라도 이 움을 떠나지 않을 것이오. 내
경패의 올곧은 성품을 알 수 있음.
가 양식을 당할 것이니 아무 염려 마십시오. 들리는 말에 의하면 뒤 절
에 원강 대사라 하는 중이 도승이며, 또한 천하 문장이라 하니 거기 가
유복에게 무예와 글을 가르치는 인물
서 간절히 부탁하면 글을 가르쳐 줄 듯하오니 올라가십시오."

낭자는 바로 나아가 책 한 권을 얻어다가 주며 말했다.

"공자의 나이 열세 살이니 팔 년을 공부하여 이십이 되거든 내려오십시
유복 = 낭군
오. 그렇게 하시면 반가이 맞아들이겠지만 만일 그 전에 내려오시면, 절
4
대로 세상에 있지 않겠습니다."

이렇듯 가기를 재촉하였다. 유복이 낭자의 정성을 거절 못하여 책을 옆
에 끼고 절로 올라갔다. 그리고 대사를 보고 자초지종을 말하니 대사는 유
복을 보고 놀라며 위로하였다.

"십삼 년 전에 규성이 무주 땅에 떨어졌기 때문에 영웅이 난 줄 알았으
유복이 걸출한 인물임을 알 수 있음.
나 다시 광명이 없기에 분명히 곤란이 있다는 것을 짐작했지만, 오늘에
야 겨우 만나게 되었군. 장부의 초년고생은 영웅호걸의 사업 재료가 되
젊었을 때 겪는 고생
는 법, 사람이 고초를 겪지 못하면 교만한 사람이 되리라."

그 날부터 글을 가르쳐 주니 유복은 본래 하늘의 선동이라 한 자를 가르
유복의 비범함
치면 백자를 능통하였다.   ▶ 경패의 권유에 따라 원강 대사의 가르침을 받는 유복

(중략)

유복은 그럭저럭 과거 날이 당도하여 과거 보는 장소의 기구를 차려 가
지고 과거 보는 곳으로 들어갔다. 자리를 얻지 못하고 민망해 하다가 한
곳을 바라보니 유소현, 김평이 자리를 넓게 점령하고 앉았다. 그러나 저네
유복의 동서. 경패의 두 언니의 남편
들이 제 글을 짓지 못하여 남의 손을 빌려 과거를 보려고 주안을 많이 차
술과 안주를 차려 놓은 상
려 같이 과거 보는 이를 관대히 대하고 있었다. 유복이 속마음에 반가워
그 옆으로 들어갔다. 세상에 용서받지 못할 놈이 유복을 보고 벌컥 화를
내며 꾸짖었다.

"이 거지 놈이 어디로 들어왔냐? 저놈을 어서 잡아내라. 사람이 많이 모
5
인 것을 보고 쫓아 왔으니 빨리 잡아내라. 눈앞에서 썩 없어져라."

유복이 분한 마음을 먹고 다른 곳으로 가서 헌 거적을 얻어 깔고 앉았
다. 이윽고 글 제목이 내어 걸리었다. 유복이 한번 보고 한숨에 줄기차게
일필휘지(一筆揮之)
써 내려가서 순식간에 제일 먼저 바치고 여관으로 돌아와 방 붙기를 기다
리고 있었다.   ▶ 과거장에서 만난 유소현과 김평에게 박대를 당하는 유복

그런데 유소현, 김평 두 놈이 겨우 남에게 글장이나 얻어 보고는 방 기
다릴 염치가 없었던지 곧 출발하여 내려갔다. 이때 호장 부부와 경옥 경란
경패의 아버지와 어머니   경패의 두 언니
이 반기며 나와 영접하였다. 술상을 차려 놓고 술을 권하니 그 두 놈이 널
리 친구를 청하여 흥청댔다. 이때 경패 그 두 사람이 과거에 갔다가 무사
히 돌아온 것을 알고 행여나 낭군을 과거 보는 장소에서 만나 보았는가 궁
유복
금히 여겨 소식을 들으러 갔었다. 마침 흘러나오는 소리를 들었다. 유소
현, 김평이 바깥사랑에서 호장더러 '유복을 과거 보는 장소에서 만나 끌어
쫓아냈다.'는 말을 하니까 호장이 듣고 큰소리로 '그 놈을 잘 박대하였네.'
하고 손뼉을 치며 말했다. 이때 낭자는 그 지껄이는 말을 듣고 낭군이 과
거 보는 장소에 무사히 간 것을 알고 기뻐했으나 그 두 놈의 소위를 생각
남편을 박대한 유소현과 김평
하면 괘씸하기 짝이 없었다. 움집으로 돌아와 탄식하며 말했다.

"세상에 몹쓸 놈도 있구나. ㉠낭군이 타인과 달라 찾아갔으면 함께 과거
남편을 도와주지는 못할망정 곤란한 지경에 처하게 만든 두 사람에 대한 분노

를 볼 것이지 도리어 많은 사람 앞에서 모욕을 주다니! 낭군인들 오죽이
나 분통이 터졌겠나?"

겨죽을 쑤어 놓고 먹으려 하나 목이 메어 못 먹고 하늘을 우러러 축원하
쌀의 속겨로 쑨 죽
였다.

"유유히 공중 높이 솟아 있는 일월은 굽어 살피소서. 낭군의 몸이나 무
사히 돌아오게 하여 주옵소서."

낭자는 몹시 서러워하였다.   ▶ 박대를 당한 유복의 소식을 듣고 서러워하는 경패

유복이 궐문 밖에서 기다리고 있었다. 이 날 전하께서 시험관을 데리고
글을 고르시더니 갑자기 유복의 글을 보시고 칭찬하시었다.

"이 글은 만고의 충효를 겸하였으니 만장 중에 제일이라."

급히 비밀히 봉한 것을 뜯어보시니 전라도 무주 남면 고비촌 신유복이
라 있었다. 그래서 장원랑의 신유복을 대궐에 입시시키라고 하교를 전달
6
하는 전명사알에게 하교하시었다.   ▶ 장원 급제하여 벼슬길에 오르게 된 유복

– 작자 미상, 〈신유복전(申遺腹傳)〉

❖ 제대로 작품 분석의 〈보기〉
  ㉠ 입신출세를 이룬 유복
  ㉡ 유복을 박대하는 유소현과 김평
  ㉢ 궁핍한 처지지만 거처가 생겨 안도감을 느낌.
  ㉣ 남편에게 단호한 태도로 과거 공부를 권유함.
  ㉤ 설의적 표현으로 남편을 출세시키려는 의도를 드러냄.
  ㉥ 인물의 비범함 – 서술자가 등장인물에 대한 생각을 직접 드러냄.

❖ 제목의 의미
주인공 '신유복'의 일대기를 담은 영웅 소설이다. 후반의 영웅담을 제외하면 대체적으
로 모든 사건이 현실적으로 전개되고 있다. 아내가 희생적인 사랑으로 남편을 출세시
키는 내용은 기존 고전 소설에서 흔히 찾아볼 수 없는 독특한 점이다. 또 신유복이 청
병 원수가 되어 명나라를 구한다는 내용은 민족적 자부심을 드러내기 위한 것으로 볼
수 있다.

❖ 전체 줄거리
전라도 무주에서 신 진사의 유복자로 태어난 신유복자는 다섯 살 때 어머니마저 여의고
천애고아가 되어 걸식하는 신세가 된다. 그러다가 경상도 상주에 이르러 우연히 상주
목사를 만나게 되는데, 목사는 그의 비범함을 알고 호방 이성을 불러 그의 사위를 삼
게 한다. 이성은 목사의 엄명 때문에 마지못해 유복을 데려오나 추한 그의 모습 때문
에 온 식구가 그를 내쫓으라고 한다. 오직 셋째딸 경패만이 유복과 결혼하겠다고 나
서자 온 가족은 두 사람을 비웃으며 집에서 쫓아낸다. 내쫓긴 유복 부부는 산기슭에
움막을 치고 살게 되는데, 아내의 권유로 유복은 원강 대사를 찾아가 무예와 글을 익
힌다. 과거 시험을 보러 간 유복은 두 동서를 만나 갖은 모욕을 당하지만, 그는 장원
으로 급제하고 두 동서는 낙방하고 만다. 수원 부사로 제수된 유복은 상주로 내려가
서 지난날 자기와 아내를 천대하던 장인, 장모와 처형, 동서들을 은혜로 대접하니 이
들은 전날의 잘못을 뉘우친다. 이후 병조 판서에까지 오른 유복은 명나라에 가서 변
방의 병란을 평정하는 공을 세우고 금의환향해 부귀영화를 누린다.

❖ 핵심 정리
• 갈래 : 영웅 소설, 애정 소설
• 성격 : 영웅적, 현실적
• 배경 : 조선 시대
• 주제 : 신유복의 고난 극복과 영웅적인 행적
• 특징 : ① 희생적인 사랑으로 남성을 영웅으로 만드는 적극적인 여인상을 구현함. ②
  다른 고전 소설에 비해 전기성이나 우연성이 적음. ③ 서술자가 등장인물이나 사건
  에 대한 자신의 생각을 직접 드러냄.

작자 미상, 〈신유복전(申遺腹傳)〉

❶ 신유복 ❷ 경패 ❸ 동서 ❹ 책 한 권 ❺ 희생적

◆ 제대로 작품 분석

1 ㅂ 2 ㄷ 3 ㅁ 4 ㄹ 5 ㄴ 6 ㄱ

01

정답률 40% | 매력적인 오답 ④ 20%

윗글의 서술상 특징으로 가장 적절한 것은?

정답인 이유

② 서술자가 등장인물이나 사건에 대한 자신의 생각을 직접 드러내고 있다.

○ → '유복은 활달한 영웅 ~', '어찌 어진 사람을 곤궁 속에 던져두시겠는가.' 등

⋯ 서술자는 '유복은 활달한 영웅이요, 처녀 역시 여자 중의 군자였다.'와 같이 등장인물에 대한 자신의 생각을 직접 드러내고 있다. 뿐만 아니라 '하늘이 어찌 어진 사람을 곤궁 속에 던져두시겠는가.', '그러므로 고생을 어찌 한탄할 것인가.'와 같이 사건에 대한 자신의 생각도 직접 드러내고 있다.

오답인 이유

④ (매력적인 오답) 시대적 배경에 대한 요약적 설명*을 통해 사건의 인과 관계를 드러내고 있다.

⋯ 제시된 부분에서 시대적 배경을 요약적으로 설명하는 부분은 나타나 있지 않다.

* 요약적 설명: 비교적 긴 시간 동안 이루어진 사건이나 상황을 압축해서 짧게 서술하는 것

① 순간적으로 장면을 전환하여 사건의 환상적 면모를 부각하고 있다.

⋯ 장면이 전환되는 부분은 있지만 이를 순간적으로 전환하고 있다고 보기는 어려우며, 사건의 환상적 면모를 부각하고 있다는 설명도 적절하지 않다.

③ 장면마다 서술자를 달리 설정하여 사건의 전모를 명확히 드러내고 있다.

⋯ 전지적 작가 시점이 일관되게 나타날 뿐, 장면마다 서술자를 달리 설정하고 있지 않다.

⑤ 인물의 외양을 과장되게 묘사하여 부정적 인물에 대한 풍자를 드러내고 있다.

⋯ 유소현과 김평 같은 부정적 인물은 등장하지만, 이들의 인물의 외양에 대한 과장된 묘사나 부정적 인물에 대한 풍자는 이 글에 드러나 있지 않다.

02

정답률 60% | 매력적인 오답 ③ 15%

[A]와 [B]에 나타난 인물의 말하기에 대한 설명으로 적절하지 않은 것은?

정답인 이유

② [A]에서 경패는 상대방의 동정심에 호소해 자신의 결정을 따르도록 유도하고 있다.

× → 유복의 동정심에 호소하고 있지 않음.

⋯ [A]에서 경패는 옛글과 옛 사람의 이야기를 들며 유복에게 입신출세를 위해 학문에 힘쓰라고 권유하고 있다. 동정심에 호소하는 말하기는 남의 처지를 안타깝게 여기는 마음을 이용해 상대방을 설득하는 방법으로, [A]에서 경패가 유복의 동정심에 호소하고 있지는 않다.

오답인 이유

③ (매력적인 오답) [A]에서 경패는 설의*적 물음을 구사하여 자신의 의중을 상대방에게 드러내고 있다.

○ → '문필을 배우지 않으면 공명을 어떻게 바라겠습니까?'

⋯ 경패는 [A]의 '문필을 배우지 않으면 공명을 어떻게 바라겠습니까?'에서 알 수 있듯이, 설의적 표현을 이용해 유복이 학문에 힘쓰기를 바라는 자신의 의중을 드러내고 있다.

* 설의(設疑): 쉽게 판단할 수 있는 사실을 의문의 형식으로 표현하여 상대편이 스스로 판단하게 하는 방법. 진짜 궁금해서 묻는 것이 아니라, 상대편이 스스로 생각해 보거나 판단해 보게 하여 의미를 강조하려는 의도이다.

① [A]에서 경패는 옛글을 인용하여 상대방의 각성*을 촉구하고 있다.

○ → "옛글에 '장부 세상에 나서 ~ 빛나게 하라' 하였으니"

⋯ 경패는 [A]의 "옛글에 '장부 세상에 나서 ~ 빛나게 하라' 하였으니"에서 알 수 있듯이, 옛글을 인용하여 유복으로 하여금 학문에 힘쓸 것을 촉구하고 있다.

* 각성(覺醒): 어떤 잘못이나 사실 등을 깨달아 앎. 예 그는 자신의 과오를 각성하고 성실한 생활을 하였다.

④ [B]에서 유복은 자신의 현재 처지를 들어 답답한 심경을 토로하고 있다.

○ → '글을 배우려 한들 어디서 배우며 책 한 권도 없으니 어쩌겠소.'

⋯ 유복은 [B]의 '글을 배우려 한들 어디서 배우며 책 한 권도 없으니 어쩌겠소.'에서 알 수 있듯이, 가진 게 없어 학문에 힘쓰기 어려운 자신의 처지를 들어 답답한 마음을 토로하고 있다.

⑤ [B]에서 유복은 상대방이 처하게 될 상황을 우려하여 행동에 나서기를 주저하고 있다.

○ → '장차 외로운 당신은 누구를 의지한단 말이요?'

⋯ 유복은 [B]의 '장차 외로운 당신은 누구를 의지한단 말이요?'에서 알 수 있듯이, 자신이 글을 배우는 동안 의지할 곳도 없이 홀로 남게 될 경패의 상황을 우려하여 행동에 나서기를 주저하고 있다.

03

정답률 65% | 매력적인 오답 ② 13%

㉠에 나타난 '경패'의 마음을 속담으로 표현할 때, 가장 적절한 것은?

정답인 이유

④ '동냥은 못 줘도 쪽박은 깨지 마라'고 도움을 주지는 못할망정 낭군을 곤란한 지경에 처하게 만들었군.

남을 도와주지는 못할망정 방해는 하지 말라는 말

⋯ ㉠은 유복을 박대한 유소현과 김평에 대한 경패의 분노가 담겨 있는 말이다. 유복은 과서장에 도착하여 자리를 얻지 못하고 민망해하다가 유소현과 김평을 발견하고 반가워 찾아가지만, 유소현과 김평은 화를 내고 꾸짖으며 유복을 내쫓는다. 경패는 민망한 상황에 처한 유복을 도와주기는커녕 오히려 많은 사람들 앞에서 망신을 준 유소현과 김평을 괘씸하게 여기고 있다. 이러한 상황에 어울리는 속담은 '남을 도와주지는 못할망정 방해는 하지 말라.'라는 의미를 지닌 '동냥은 못 줘도 쪽박은 깨지 마라'이다.

② 〔매력적인 오답〕 '믿는 도끼에 발등 찍힌다'라고 낭군이 철석같이 믿었던 사
　　　　　　　　　　믿고 있던 사람이 배반하여 오히려 해를 입음을 이르는 말
람들인데 도리어 배신하고 괴로움을 주었군.

⋯➡ 유복이 과거장에서 유소현과 김평을 발견하고 반가워 찾아가기
는 했지만, 집에서 자신과 경패를 내쫓는데 동참했던 그들을 철석같
이 믿었다고 볼 수는 없다.

① '선무당이 사람 잡는다'라고 어설픈 행동을 마구 일삼아 낭군을 곤경에 빠뜨
　　능력이 없어서 제구실을 못하면서 함부로 하다가 큰일을 저지르게 됨을 이르는 말
리려 했군.

⋯➡ 유소현과 김평이 유복을 박대하고 쫓아냈지만 어설픈 행동을 마
구 일삼았다고 볼 수는 없다.

③ '달면 삼키고 쓰면 뱉는다'라고 베풀어 준 은혜도 모르고 낭군이 어려울 때
　　옳고 그름이나 신의를 돌보지 않고 자기의 이익만 꾀함을 이르는 말
헌신짝처럼 도리를 저버렸군.

⋯➡ 유복이 유소현과 김평에게 은혜를 베풀었다는 내용은 나타나 있
지 않다.

⑤ '닭 잡아먹고 오리발 내민다'라고 얕은꾀로 자신들의 이익을 취하고도 낭군
　　옳지 못한 일을 저질러 놓고 엉뚱한 수작으로 속여 넘기려 하는 일을 이르는 말
에게 아무 잘못이 없는 척했군.

⋯➡ 유소현과 김평은 대놓고 유복을 박대하며 쫓아내고 이를 가족들
에게 말하고 있을 뿐 얕은꾀로 이익을 취하거나 유복에게 아무 잘못
이 없는 척한 것은 아니다.

04
정답률 55% | 매력적인 오답 ④ 12%

〈보기〉를 바탕으로 윗글을 정리할 때, ⓐ∼ⓔ에 대한 설명으로 적절하지
않은 것은? [3점]

━━━━〈보기〉━━━━

〈신유복전〉은 하늘에서 내려온 적강(謫降)의 인물인 유복의 일대기
　　　　　　　　　　　　　　 신선이 인간 세상에 내려오거나 사람으로 태어남.
를 다룬 영웅담이다. 이 소설에는 쫓겨난 여성이 남편을 출세시키는 이
야기인 '쫓겨난 여인 발복(發福) 설화'가 수용되어 있다. 이 소설은 대체
　　　　　　　　　　　　　　　　 운이 틔어서 복이 닥침.
로 아래와 같은 기본 구조를 바탕으로 서사가 전개된다.

┌─────────────────────────────┐
│　　적강을 한 남성 주인공이 태어남.　　　│ ⋯⋯⋯⋯ ⓐ
│　　　　　　유복　　　　　　　　　　　　│
└─────────────────────────────┘
　　　　　　　　　　↓
┌─────────────────────────────┐
│　비천한 처지의 남성 주인공이 뛰어난 품성을 지닌　│ ⋯⋯⋯⋯ ⓑ
│　　　　여성 주인공과 인연을 맺음.　　　　│
│　　　　　　경패　　　　　　　　　　　　│
└─────────────────────────────┘
　　　　　　　　　　↓
┌─────────────────────────────┐
│　　주인공들이 친지에 의해 쫓겨나 고난을 겪음.　│ ⋯⋯⋯⋯ ⓒ
│　호장 부부, 경패의 두 언니, 그 남편 유소현, 김평　│
└─────────────────────────────┘
　　　　　　　　　　↓
┌─────────────────────────────┐
│　여성 주인공의 뜻에 따라 남성 주인공이 수학(修學)함.│ ⋯⋯⋯⋯ ⓓ
│　　　원강 대사에게 무예와 글을 배움.　　│
└─────────────────────────────┘
　　　　　　　　　　↓
┌─────────────────────────────┐
│　　남성 주인공이 시험을 통과해 입신출세함.　│ ⋯⋯⋯⋯ ⓔ
│　　　　　장원 급제　　　　　　　　　　　│
└─────────────────────────────┘

③ ⓒ: 호장 부부에 의해 쫓겨나고 인근 동리 사람들에게조차 외면을 당하여 움
　　　　　　　　　　　　　　　　　 ✕ → 인근 사람들은 유복과 경패를 돕고자 했음.
집에서 곤궁하게 살아간다.

⋯➡ ⓒ는 주인공들이 친지에 의해 쫓겨나 고난을 겪는 단계이다. 유
복과 경패가 호장 부부에 의해 쫓겨나고 움집에서 곤궁하게 살아간
것은 맞지만, 인근 동리 사람들에게조차 외면을 당한 것은 아니다.
'인근 사람들이 유복의 가련한 정상과 경패의 지극한 정성을 불쌍히
여겨 음식을 아끼지 않고 주며'라고 하였으므로, 인근 동리 사람들은
불쌍한 처지의 유복과 경패를 돕고자 했음을 알 수 있다.

④ 〔매력적인 오답〕 ⓓ: 이십이 될 때까지는 절에서 내려오지 말라는 경패의
　　　　　　　　　　　⊙ → '팔 년을 공부하여 이십이 되거든 내려오십시오.'
뜻에 따라 유복이 원강 대사에게 글을 배운다.
　　　⊙ → '낭자의 정성을 거절 못하여 책을 옆에 끼고 절로 올라갔다.'

⋯➡ 경패는 유복에게 이십 살이 되기 전에 절에서 내려오면 절대로
세상에 있지 않겠다고 단호하게 말하였고, 유복은 그 뜻에 따라 원
강 대사를 찾아가 수학하게 된다.

① ⓐ: 규성이 무주 땅에 떨어져서 영웅이 난 줄 알았다는 원강 대사의 말에서
　　　⊙ → '십삼 년 전에 규성이 무주 땅에 떨어졌기 때문에 영웅이 난 줄 알았으나'
유복이 적강의 인물임이 제시된다.

⋯➡ '십삼 년 전에 규성이 무주 땅에 떨어졌기 때문에 영웅이 난 줄 알
았으나'라는 원강 대사의 말을 통해, 남성 주인공인 유복이 적강을
한 인물임을 알 수 있다.

② ⓑ: 떠돌아다니는 처지였던 유복이 여자 중의 군자인 경패와 부부가 되어 서
　　　⊙ → '어려서 부모를 잃고 유리걸식', '처녀 역시 여자 중의 군자'
로 사랑하며 살아간다.

⋯➡ 유복은 유리걸식하다가 뛰어난 품성을 지닌 여성 주인공 경패와
혼인하여 서로 깊은 정을 가지고 살아가는데, 이를 계기로 유복은
학문에 힘써 입신출세를 이루게 된다.

⑤ ⓔ: 유복이 과거 시험에서 뛰어난 실력을 발휘하여 장원 급제하고 전하의 명
　　　⊙ → '유복의 글을 보시고 칭찬', '신유복을 대궐로 입시'
령으로 대궐에 입시*하게 된다.

⋯➡ 유복은 과거 시험에서 '만장 중에 제일'일 만큼 뛰어난 글을 써서
장원 급제하고 임금의 명령으로 대궐에 입시하게 된다.

＊입시(入侍): 예전에, 대궐에 들어가서 임금을 뵙던 일. 📖 병조 판서 입
시요!

▶ 문제편 92~94쪽

| 정답 | 01 ④ | 02 ⑤ | 03 ③ | 04 ① |

[01~04] 다음 글을 읽고 물음에 답하시오.　　　　2018 3월 고1 전국연합

제대로 작품 분석　　　▶ 〈보기〉에서 적절한 것을 골라 넣으며 작품을 분석해 보자.

[앞부분의 줄거리] 군관 직책의 배비장은 제주 목사가 벌인 잔치에 자신은 여색을 멀리한다며
　　　　　　　　　　　　위선적인 지배 계층을 상징하는 인물. '비장'은 무관 벼슬 이름
참석하지 않는다. 이에 제주 목사는 기생 애랑을 시켜 배비장을 유혹하게 하고, 애랑은 자신에
　　　　　　　　　　　　　　　제주 기생으로, 배비장의 위선을 폭로하는 인물
게 반한 배비장에게 삼경에 집으로 오라는 편지를 보낸다.

　　강호에 병이 들어 덧없이 죽겠더니, 낭자 회답이 반갑도다. 삼경에 기약
　　　　　애랑에 대한 그리움　　　　　　　애랑　　　　밤 11시~새벽 1시
두고, 해 지기만 바라더니, 석양이 다 저물어 간다. 방자 입시(入侍) 보내
　약속을 하고　　　　　　　　　　　　　　　　　　　　　1
고 빈방 안에 문을 닫고 그 여자에게 잘 뵈려고 다시 의관을 차릴 적에, 외
　　　　　　　　　　　　　애랑
올 망건 정주 탕건, 쾌자, 전립 관대 띠에 동개*를 차 제법 그럴싸하고 빈
애랑에게 잘 보이려고 옷을 거창하게 차려 입음.
방 안에 혼자 우뚝 서서 도깨비 들린 듯이 혼잣말로 두런거리며 연습 삼아

하는 말이,

　「"가만가만 걸어가서 여자 문 앞에 들어서며 기침 한 번을 가만히 하면
　「 」: 애랑의 환심을 사기 위해 군대 예절을 보여 주는 연습을 함.
그 여인이 기척 채고 문을 펄쩍 열것다. 걸음을 한번 팔자걸음으로 이렇

게 걸어 들어가, 옛말에 이르기를, '수인사(修人事) 대천명(待天命)이라.'
　　　　　　　　　　　　　　　　사람의 힘으로 할 수 있는 일을 다하고, 그 후에 천명을 기다림.
하니, ㉠여자에게 한번 이렇게 군대의 예절로 뵈렸다.」

　한창 이리 연습할 제, 방자 놈이 뜻밖에 문을 펄쩍 열며,

　"나리, 무엇하오?"

　배비장 깜짝 놀라, / "너 벌써 왔느냐?"

　"예, 군례 전에 대령하였소."

　㉡"이놈, 내 깜짝 놀라 바로 땀이 난다."
　　　　　2
하며 동개한 채로 썩 나서니, 달이 진 산에 까마귀 울고, 고기잡이 불빛이
물에 비친다. 앞개울에 있던 사람은 돌아가고, 봄바람에 학이 운다.
　　　　　　　　　　　　　　　　　　　▶ 애랑을 만나려 나서는 배비장과 방자
　"앞서 기약 맺은 낭자, 이 밤중에 어서 찾아가자."

　거들거려 가려 할 제 방자 놈 이른 말이,

　┌"나으리, 생각이 전혀 없소. 밤중에 유부녀 희롱 가오면서 비단 옷 입
　│　　　　　　　　　　　　　　　　　　　3
　│고 저리 하고 가다가는 될 일도 안 될 것이니, 그 의관 다 벗으시오."
　│
　│"벗으면 초라하지 않겠느냐?" / "초라하거든 가지 마옵시다."
　│　배비장의 주저　　　　　　　　방자의 부추김
　│"이 애야, 요란히 굴지 마라. 내 벗으마."
　│　배비장의 수용
　│활짝 벗고 알몸으로 서서, / "어떠하냐?"
[A]│
　│"그것이 참 좋소마는, 누가 보면 한라산 매 사냥꾼으로 알겠소. 제
　│
　│주 인물 복색으로 차리시오."
　│
　│"제주 인물 복색은 어떤 것이냐?"
　│
　│"개가죽 두루마기에 노펑거지*를 쓰시오."
　│　방자의 제안 – 서민의 복장
　│"그것은 너무 초라하구나." / "초라하거든 그만두시오."
　│　배비장의 주저　　　　　　　방자의 부추김
　│"말인즉 그러하단 말이다. 개가죽이 아니라, 도야지가죽이라도 내
　│　　　　　　　　　　　　　　　　배비장의 수용 – 애랑을 만나고 싶은 마음
　└입으마."

하더니, 구록피(狗鹿皮) 두루마기에 노펑거지를 쓰고 나서서 앞뒤를 살펴
　　　　　　4
보며,

　"이 얘야, 범이 보면 개로 알겠다. 군기총(軍器銃) 하나만 내어 들고 가
　　　　　　　　　　　　　　　　　　　　군에서 사용하는 총
자."

　"무섭거든 가지 마옵시다."

　"이 얘야, 그러하단 말이냐? 네 성정 그러한 줄 몰랐구나. ㉢정 못 갈 터
이면, 내 업고라도 가마."
애랑을 만나고 싶어 하는 배비장의 간절한 마음
배비장이 뒤따라가며 하는 말이,

　"기약 둔 사랑하는 여자, 어서 가 반겨 보자."

　서쪽으로 낸 대나무로 얽은 창 돌아들어, 동쪽에 있는 소나무로 만든 댓
돌에 다다르니, 북쪽 창에 밝게 켠 등불 하나만이 외로이 섰는데, 밤은 깊
은 삼경이라. 높은 담 구멍 찾아가서 방자 먼저 기어들며,

　"쉬, 나리 잘못하다가는 일 날 것이니, 두 발을 한데 모아 요령 있게 들
　　　　　　　　　　　　　　　　　배비장을 골탕 먹이기 위한 제안
이미시오."

　배비장이 방자 말을 옳게 듣고 두 발을 모아 들이민다. 방자 놈이 안에
서 배비장의 두 발목을 모아 쥐고 힘껏 잡아당기니, ⓐ부른 배가 딱 걸려
　　　　　　　　　　　　　　　　　　　　　　　　　　　　5
서 들도 나도 아니하는구나. 배비장 두 눈을 희게 뜨고 이를 갈며,

　"좀 놓아다고!"

하면서, 죽어도 문자(文字)는 쓰던 것이었다.

　"포복불입(飽腹不入)하니 출분이기사(出糞而幾死)로다.*"
　　　　위기 상황에서도 문자를 씀. – 지배 계층의 허세에 대한 풍자
방자가 안에서 웃으며 탁 놓으니, 배비장이 곤두박질하였다가 일어나
앉으며 하는 말이,

　"매사가 순리로 아니 되니 큰 낭패로다. 산모의 해산법으로 말하여도 아
이를 머리부터 낳아야 순산이라 하니, 내 상투를 들이밀 것이니 잘 잡아
당겨라."

　방자 놈이 배비장의 상투를 노펑거지 쓴 채 왈칵 잡아당기니, 아무리 하
여도 나은 줄 모르겠다. 죽을 고비에서 살아났으니, 목숨은 원래 하늘에
달렸음이라. 「뻥 하고 들어가니 배비장이 아프단 말도 못 하고,
　　　　　　　　「 」: 양반의 체면상 아프다고 말하지 못하고 엉뚱한 말로 둘러대고 있음.
　㉣"어허, 아마도 내 등에는 꼰질곤자판*을 놓았나 보다."」
　　　　　　　　　　　　　　　▶ 애랑을 만나러 가는 길에 방자에게 놀림을 당하는 배비장
(중략)

　배비장이 한편 좋기도 하고 한편 조심도 되어, 가만가만 자취 없이 들어
가서 이리 기웃 저리 기웃 문 앞에 가서 사뿐사뿐 손가락에 침을 발라 문
4글자씩 규칙적으로 반복. 리듬감이 있는 율문체 – 판소리계 소설의 특징
구멍을 배비작 배비작 뚫고 한 눈으로 들여다보니, 깊은 밤 등불 아래 앉
은 저 여인, 나이 겨우 이팔의 고운 태도라, 켜 놓은 등불이 밝다 한들 너
　　　　　　　　　애랑　　　　　　　　애랑의 아름다운 모습
를 보니 어두운 듯, 피는 복숭아꽃이 곱다 하되 너를 보니 무색한 듯, 저
여인 거동 보소 김해 간죽 백통관에 삼등초를 서뿐 담아 청동 화로 백탄
판소리 창자의 목소리가 직접 드러남.
불에 사뿐 질러 빨아낸다. 향기로운 담배 연기가 한 오라기 보랏빛으로 피
어나니 붉은 안개 피어 돋는 듯, 한 오리 두 오리 풍기어서 창 구멍으로 돌
아 나온다. 배비장이 그 담뱃내를 손으로 움키어 먹다가 생 담뱃내가 콧구
멍으로 들어가서 재채기 한 번을 악칵 하니, 저 여인이 놀라는 체하고 문
　　　　　　　　　　　　　　　　　　　　　　　　　　　　　　6
을 펄쩍 열뜨리고,

　"도적이야."

　소리 하니, 배비장이 엉겁결에,

　"문안드리오."

저 여인이 보다가 하는 말이,

ⓜ"호랑이를 그리다가 솜씨 서툴러서 강아지를 그림이로고, 아마도 뉘
<u>집 미친개가 길 잘못 들어 왔나 보다.</u>"
> 배비장의 정체를 알고도 짐짓 모른 체함.

인두판으로 한 번 지끈 치니 배비장이 하는 말이,

"나는 개가 아니오."

"그러면 무엇이냐?"

"<u>배 걸덕쇠요.</u>" ▶배비장을 보고 놀라는 체하는 애랑
품위 없이 자신을 낮추어 말함. – 희화화, 해학적

– 작자 미상, 〈배비장전(裵裨將傳)〉

＊동개: 활과 화살을 찬 주머니
＊노펑거지: 노끈으로 만든 벙거지
＊포복불입하니 출분이기사로다. : 배가 불러 들어갈 수 없으니 똥이 나와 죽겠구나.
＊꼰질곤자판: 고누판. '고누'는 장기와 비슷한 옛날의 놀이

❖ 제대로 작품 분석의 〈보기〉
  ㉠ 방자의 제안 – 배비장의 권위를 깎으려는 의도
  ㉡ 배가 담 구멍에 걸림.(진퇴양난) – 인물의 희화화
  ㉢ 방자에게 자신의 행동을 들켰을까 봐 당황하는 모습
  ㉣ 제주 동헌 하인으로, 배비장의 위선을 폭로하는 인물
  ㉤ 배비장이 오는 것을 알고 있으면서도 일부러 모른 체함.
  ㉥ 인물의 희화화 – 서민 계층에 의해 조롱당하는 지배 계층의 모습

❖ 제목의 의미
'배비장'은 겉으로는 윤리 도덕을 외치면서도 속으로는 본능적인 욕구를 추구하는 위선적인 지배 계층을 상징한다. 이 작품은 배비장이 기생 애랑에게 반해 망신을 당하는 이야기를 통해 지배 계층의 허위를 풍자하고 있다. 판소리계 소설로, 판소리 창자의 말투와 리듬감 있는 문체적 특징이 잘 드러나 있다.

❖ 전체 줄거리
제주 목사의 비장으로 따라가게 된 배선달은 어머니와 아내에게 여자를 가까이하지 않겠다고 약속한다. 고생 끝에 제주에 도착한 목사 일행은 날마다 기생과 즐기지만, 배비장은 구관 사또의 정비장이 기생 애랑의 계교에 넘어가 이빨까지 빼어 주는 것을 보고 비웃는다. 제주 목사가 이를 알고 배비장을 골려 주기 위해 애랑을 시켜 유혹하게 한다. 어느 날 배비장은 애랑이 목욕하는 모습을 보고 난 후 애랑을 못잊어 병이 난다. 애랑은 방자와 의논하여 구체적으로 배비장을 골탕 먹일 계책을 꾸민다. 방자의 주선으로 배비장은 개가죽 옷을 입고 개구멍으로 애랑의 집을 찾아간다. 애랑을 만나는 도중 방자가 남편 행세를 하며 들이닥치자 황급해진 배비장은 피나무 궤에 들어가 몸을 숨긴다. 방자와 애랑은 여러 가지 방법으로 배비장을 골탕 먹인다. 배비장이 든 피나무 궤는 동헌으로 운반되고, 바다 위에 던져진 줄 안 배비장은 궤 속에서 도움을 청한다. 뱃사공으로 가장한 사람들이 궤문을 열어 주자, 배비장은 알몸으로 허우적거리며 동헌 대청에 머리를 부딪혀 온갖 망신을 당한다.

❖ 핵심 정리
• 갈래: 판소리계 소설, 풍자 소설
• 성격: 풍자적, 해학적
• 배경: 조선 시대
• 주제: 지배 계층의 위선적인 행위에 대한 폭로와 풍자
• 특징: ① 판소리로 불리어진 〈배비장 타령〉을 소설화한 작품임. ② 근원 설화(〈발치설화〉, 〈미궤 설화〉)를 가지고 있음. ③ 지배 계층의 허세에 대한 풍자를 통해 신분 질서가 무너져 가는 당대의 시대상을 반영함.

┌─────────────────────────┐
│ 제대로 감상법 모범 답안 │
└─────────────────────────┘

작자 미상, 〈배비장전(裵裨將傳)〉

❶ 배비장 ❷ 방자 ❸ 편지 ❹ 노펑거지 ❺ 풍자

❖ 제대로 작품 분석
 1㉣ 2㉢ 3㉠ 4㉥ 5㉡ 6㉤

㉠~㉤에 대한 설명으로 적절하지 않은 것은?

🔆 정답인 이유

④ ㉣: <u>방자에 대한 불만을 노골적*으로 드러내는 배비장의 모습이 나타나 있</u>
       × → 등이 아프다고 돌려서 말한 것
<u>다.</u>

… ㉣은 배비장이 어렵게 담 구멍을 지난 후에 한 말로, 양반의 체면상 등이 아프다고 직접적으로 말하지 못하고 돌려서 말한 것이다. 이것이 방자에 대한 불만을 드러낸 것은 아니다.

┌─────────────────────────────────────┐
│ ＊노골적(露骨的): 숨김없이 모두를 있는 그대로 드러내는 것 ⑳ 그는 우 │
│ 리에게 노골적으로 금품을 요구했다. │
└─────────────────────────────────────┘

☔ 오답인 이유

③ [매력적인 오답] ㉢: 애랑을 만나고 싶어 하는 배비장의 간절한 마음이 나타나 있다.

… ㉢에서 배비장이 하인인 방자를 업고라도 가겠다는 것은 애랑을 만나고 싶어 하는 배비장의 간절한 마음을 나타낸다.

① ㉠: 애랑의 환심을 사기 위해 노력을 하고 있는 배비장의 모습이 나타나 있다.

… ㉠에서 배비장이 애랑에게 잘 보이기 위해 군대 예절을 연습하는 것은 애랑의 환심을 사기 위해 노력하는 배비장의 모습을 나타낸다.

② ㉡: 방자에게 자신의 행동을 들켰을까 봐 당황하는 배비장의 태도가 나타나 있다.

… ㉡에서 배비장이 깜짝 놀란 것은 갑자기 들어온 방자에게 애랑의 환심을 사기 위한 자신의 연습이 들켰을까 봐 당황했기 때문이다.

⑤ ㉤: 배비장의 정체를 알고도 짐짓 모른 체하는 애랑의 태도가 나타나 있다.

… ㉤에서 애랑은 당연히 배비장의 정체를 알고 있음에도 불구하고 놀란 척하며 모른 체하고 있다.

〈보기〉를 바탕으로 윗글을 감상할 때, 적절하지 않은 것은? [3점]

┌─────────────────────〈보기〉─────────────────────┐
│   노래나 창을 하는 사람 │
│ 〈배비장전〉은 판소리계 소설로, 판소리 창자의 말투가 고스란히 드 │
│   ②의 근거 │
│ 러나 있고 리듬감이 있는 율문체를 통해 당대 서민들의 삶과 정서를 드 │
│   ①의 근거 │
│ 러내고 있다. 또한 다른 사람의 책략에 의해 주인공이 금욕적 다짐을 │
│   ③의 근거 │
│ 훼손당해 웃음거리가 되는 남성 훼절형 모티프를 바탕으로 하는 서사 │
│   절개나 지조를 깨뜨림. │
│ 구조를 보여 준다. 이를 통해 지배 계층의 허세에 대한 풍자와 조롱을 │
│   ④의 근거 │
│ 드러내고 신분 질서가 무너져 가는 당대 시대상 등을 반영하고 있다. │
└──┘

🔆 정답인 이유

⑤ 배비장이 애랑을 만나자마자 '배 걸덕쇠요.'라고 격식을 차리며 말하는 데서
                                              ×
<u>신분 질서가 무너져 가는 당대의 시대적 현실을 확인할 수 있겠군.</u>
    ×

… 배비장은 어렵게 애랑을 만난 자리에서 자신을 '배 걸덕쇠'라고 말하는데, '걸덕쇠(껄떡쇠)'는 '먹을 것을 몹시 탐하는 사람을 낮잡아 이르는 말'로 여기서는 '여자를 밝히는 사람'의 의미로 쓰였다. 이는 애랑이 배비장을 지칭해 도적이라고 말한 데 대해 자신을 낮추어

재미있게 표현한 것일 뿐이다. 격식을 차리는 모습이나 신분 질서가 무너져 가는 시대적 현실과는 관련이 없다.

② (매력적인 오답) '저 여인 거동 보소'라는 표현에서 청중을 향한 판소리 창자의 목소리가 직접 드러나는 판소리계 소설로서의 특징을 확인할 수 있
○ → 〈보기〉의 '판소리 창자의 말투가 고스란히 드러나 있고'
겠군.
···› '~ 거동 보소'는 판소리 창자가 공연할 때 청중들에게 하는 상투적인 말투로, 이 작품이 판소리계 소설임을 보여 준다.

① '가만가만 자취 없이 들어가서 이리 기웃 저리 기웃'에서 글자 수를 규칙적으로 반복하여 인물의 행동을 리듬감 있게 묘사하는 율문체를 확인할 수 있
○ → 〈보기〉의 '리듬감이 있는 율문체를 통해'
겠군.
···› '가만가만 / 자취 없이 / 들어가서 / 이리 기웃 / 저리 기웃'은 글자 수의 규칙적인 반복을 통해 배비장의 행동을 리듬감 있게 묘사하고 있다는 점에서 율문체의 문체적 특징을 보여 준다.

③ 배비장이 방자에 의해 '구룩피 두루마기에 노펑거지'까지 쓰면서 훼절한 상황에서 서민 계층에 의해 조롱당하는 지배 계층의 모습을 엿볼 수 있겠군.
○ → 〈보기〉의 '다른 사람의 책략에 의해 ~ 웃음거리가 되는 남성 훼절형 모티프'
···› 배비장이 방자가 시키는 대로 양반의 체면을 깎는 서민 복장을 한 것은 서민 계층에 의해 조롱당하는 지배 계층의 모습을 보여 준다.

④ 담 구멍에 걸려 있는 상황에서도 '죽어도 문자는 쓰'는 배비장의 모습을 통해 지배 계층의 허세에 대한 풍자를 엿볼 수 있겠군.
○ → 〈보기〉의 '지배 계층의 허세에 대한 풍자와 조롱'
···› 애랑을 만나러 가다가 담 구멍에 걸려 오도 가도 못하는 상황에서도 문자를 쓰는 배비장의 모습은 지배 계층의 허세에 대한 풍자를 보여 준다.

03

[A]의 재담 구조를 〈보기〉와 같이 도식화할 때, 이에 대한 설명으로 적절하지 <u>않은</u> 것은?

③ ㉰에서 방자는 긍정적인 결과를 제시하며 설득하고 있다.
× → 애랑의 집에 가지 말라고 자극하며 부추기고 있음.
···› [A]에 나타난 재담을 요약하면 다음과 같다. "그 의관 다 벗으시오."(방자의 제안) → "벗으면 초라하지 않겠느냐?"(배비장의 주저) → "초라하거든 가지 마옵시다."(방자의 부추김) → "내 벗으마."(배비장의 수용) → "개가죽 두루마기에 노펑거지를 쓰시오."(방자의 제안) → "그것은 너무 초라하구나."(배비장의 주저) → "초라하거든 그만두시오."(방자의 부추김) → "도야지가죽이라도 내 입으마."(배비장의 수용)
다시 말해 방자가 배비장에게 비단 옷을 벗고 서민의 옷을 입으라고 제안(㉮)하자, 배비장은 초라하지 않겠냐고 주저(㉯)한다. 이에 방자는 아예 애랑에게 가지 말라고 자극하며 배비장의 욕구를 부추기고(㉰), 배비장은 방자의 말대로 하겠다며 제안을 수용(㉱)하고 있다. 따라서 ㉰에서 방자는 배비장을 자극하며 부추기고 있을 뿐, 긍정적

인 결과를 제시하며 설득하고 있지 않다.

① (매력적인 오답) ㉮에서 방자는 배비장의 권위를 깎아내리는 말을 하고 있다.
···› ㉮에서 방자는 배비장에게 서민들이 입는 옷을 입도록 함으로써 배비장의 권위를 깎아내리고 있다.

② ㉯에서 배비장은 자신의 체면을 생각하며 반응하고 있다.
···› ㉯에서 배비장은 방자가 권유한 옷이 초라하지 않겠냐며 자신의 체면을 생각해 주저하고 있다.

④ ㉱에서 배비장은 방자의 말에 할 수 없이 호응하고 있다.
···› ㉱에서 배비장은 애랑을 만날 욕심에 방자의 요청을 할 수 없이 수용하고 있다.

⑤ ㉮~㉱에서 방자가 대화를 주도하며 재담의 구조가 반복되고 있다.
···› ㉮~㉱에서는 동일한 재담 구조가 반복되고 있는데, 배비장의 허위를 폭로하려는 방자가 대화를 주도하고 있다.

04

ⓐ의 상황을 나타내는 한자 성어로 가장 적절한 것은?

① 진퇴양난(進退兩難)
이러지도 저러지도 못하는 어려운 처지
···› '진퇴양난'은 '이러지도 저러지도 못하는 어려운 처지'를 뜻하는 말로, 애랑을 만나러 가다가 담 구멍에 걸려 오도 가도 못하게 된 배비장의 상황을 나타내기에 적절하다.

② 중과부적(衆寡不敵)
적은 수효로 많은 수효를 대적하지 못함.
···› 배비장이 적은 수로 많은 상대와 싸우고 있지 않다.

③ 역지사지(易地思之)
처지를 바꾸어서 생각하여 봄.
···› 배비장이 처지를 바꾸어서 생각해 볼 만한 상황이 아니다.

④ 난형난제(難兄難弟)
두 사물이 비슷하여 낫고 못함을 정하기 어려움.
···› 배비장이 수준이 비슷한 상대와 실력을 겨루고 있지 않다.

⑤ 고장난명(孤掌難鳴)
혼자의 힘만으로 어떤 일을 이루기 어려움.
···› 배비장이 혼자여서 어려움을 겪고 있는 것이 아니다.

[01~03] 다음 글을 읽고 물음에 답하시오.   2019 9월 고2 전국연합

제대로 작품 분석 ▶〈보기〉에서 적절한 것을 골라 넣으며 작품을 분석해 보자.

장 선생 맏손자가 여쭈되
노루, 잔치의 주인

"우리 집 잔치를 벌이려 하오매 각처 손님을 청하려니와 만일 산중의 왕
노루가 황제로부터 벼슬을 받아 잔치를 벌임.
백호산군(白虎山君)을 청치 아니하오면 후일에 필경 화가 될 듯하오니
호랑이, 당시의 권력자를 상징
어찌하오리까."

장 선생이 눈을 감고 오래 생각하다가 이르되

"백호산군은 힘만 믿고 사나워 친구를 모르고, 연전에 네 아비를 해하려

고 급히 쫓아오니 네 아비가 뛰기를 잘 못하였던들 하마 죽을 뻔하였나

니, 그러므로 내 집에 험한 기억이 있고, 또한 **산군**이 좌석에 참례하면

각처 손님이 필경 겁이 나고 두려워 잘 놀지 못할 것이니 **청치 아니함이**
호랑이를 잔치에 초대하지 않음. – 기존의 신분 질서가 약화된 사회의 모습을 드러냄.
마땅하도다."

▶ 잔치를 벌여 온갖 짐승을 초대한 노루

「이때 이화도화 만발하고, 왜철쭉 두견화가 새로이 피고 각색 방초가 드
「」: 계절적 배경 ①   향기롭고 꽃다운 풀
리웠으니 만학천봉에 춘흥이 가득하여 경개절승(景概絕勝)한지라.」 주인
봄꽃   경치가 빼어나게 좋음.
장 선생이 자리를 마련할 새 구름으로 차일 삼고 산세로 병풍 삼고 잔디로

포진하고, 장 선생은 갈건야복(葛巾野服)으로 손님을 기다리더니 동서남
갈건과 베옷 – 소박한 옷차림을 뜻함.
북 짐승 손님이 들어올 제, 「뿔 긴 사슴이며, 요망한 토끼며, 열없는 승냥이
「」: 잔치에 참석하는 손님들을 열거
며, 방정맞은 잔나비며, 요괴로운 여우며, 얼룽덜룽 두꺼비며, 까칠한 고

슴도치며, 빛 좋은 오소리며, 만신이 미련한 두더지며, 어이없는 수달피」

등이 앞서며 뒤서며 펄펄 뛰어 문이 메게 들어오니, 주인은 동쪽 계단에
장 선생
읍하고 객은 서쪽 계단에 올라 상좌를 다투어 좌석의 차례를 결단치 못하
윗사람이 앉는 자리
여 분분 난잡하니 주인은 어찌할 줄을 몰랐다. 두꺼비는 원래 위엄이 없는

지라 어수선하고 소란스러운 중에 아무 말도 못 하고 목구멍을 벌떡이며

엉금엉금 기어 한 모퉁이에 엎드려 거동만 보더니, 그중에 토끼란 놈이 깡
중재자의 역할을 하는 인물
충 뛰어 내달아 눈을 깜짝이며 말하되

"모든 손님은 훤화치 말고 내 말을 삼간 들어보소."
시끄럽게 지껄이며 떠듦.
주인 노루 대답하되
장 선생
"무슨 말씀이오니까."

토끼 왈

[A] 「"오늘 잔치에 조용히 좌를 정하여 예법을 정할 것이거늘 한갓 요란
    ②
만 하고 무례하니, 아무리 우리 잔치인들 놀랍지 아니하랴."」

노루란 놈이 턱을 끄덕이며 웃어 왈

"말씀이 가장 유리하니 원컨대 선생은 좋은 도리를 가르쳐 좌정케 하소
자리 잡아 앉음.
서."

토끼 모든 손님을 돌아보며 가로되

"내 일찍 들으니 '조정은 벼슬이요 향당은 나이'라 하오니 부질없이 다투
조정에서는 벼슬만 한 것이 없고, 마을에서는 나이만 한 것이 없다는 뜻
지 말고 **연치(年齒)**를 차려 좌를 정하소서."
    ③

노루가 허리를 수그리고 펄쩍 뛰어 내달아 왈

"내가 나이 많아 허리가 굽었노라. 상좌에 처함이 마땅하다."
노루가 나이 많다고 주장하는 근거
하고, 암닭의 걸음으로 엉금엉금 기어 상좌에 앉으니, 여우란 놈이 생각하
두꺼비와 나이를 다투다 패하는 인물
되, '저놈이 한갓 허리 굽은 것으로 나이 많은 체하고 상좌에 앉으니, **난들**

어찌 무슨 간계로 나이 많은 체 못 하리오.' 하고 나룻을 쓰다듬으며 내달
나이를 속여 상좌에 앉고자 함.
아 왈

"**내 나이 많아서 나룻이 세었노라.**"
    ④

한대, 노루 답 왈

"네 나이 많다 하니 어느 갑자에 났는가. 호패를 올리라."
여우의 주장을 확인하기 위해 호패를 보자고 함.
하니, 여우 답 왈

[B] 「"소년 시절에 호방하고 의협심이 있어 주색청루(酒色靑樓)에 다닐
「」: 상황을 모면하기 위한 여우의 변명
적에 술이 대취하여 오다가, 대신 가시는 길을 건넜다 하여 호패를

떼여 이때까지 찾지 못하였거니와, 천지개벽한 후 처음에 황하수 치

던 시절에 나더러 힘세다 하고 가래장부 되었으니 내 나이 많지 아
가래질할 때 가랫자루를 쥐는 사람
니 하리오. 나는 이러하거니 너는 어느 갑자에 났느냐."」

노루 답 왈

"천지개벽하고 하늘에 별 박을 때에, 날더러 궁통(窮通)하다 하여 별자
깊이 연구하여 통달하다
리를 분간하여 도수를 정하였으니 내 나이 많지 아니하리오."

하고 둘이 상좌를 다투거늘 두꺼비 곁에 엎드렸다가 생각하되, '저놈들이
    ⑤
서로 거짓말로 나이 많은 체하니 난들 거짓말 못 하리오.' 하고 공연히 건
두꺼비의 속마음
넛산을 바라보고 슬피 눈물을 흘리거늘 여우 꾸짖어 왈
거짓말로 나이 많음을 인정받기 위해 먼저 분위기를 잡음.
"저 흉간한 놈은 무슨 설움이 있기에 남의 잔치에 참례하여 상상치 못한
상황에 맞지 않는 모습을 보이는 두꺼비를 꾸짖음.
형상을 뵈느냐."

▶ 상좌를 차지하기 위해 나이 많음을 주장하는 짐승들

(중략)

또 여쭈되
지위가 자기보다 높은 사람을 높여 이르는 말
"존장이 천지만물을 무불통지하오니, 글도 아시니이까."
「」: 여우가 두꺼비의 나이를 의심하여 계속 질문함.
두꺼비 왈

"미련한 짐승아. 글을 못 하면 어찌 전사 알고 역대를 이르며 음양지술

을 어찌 알리오."

하거늘 여우 가로되

"존장은 문학도 거룩하니 풍월을 들으리이다."

두꺼비 부채로 서안(書案)을 치며 크게 읊어 왈
예전에 책을 얹던 책상
「"대월강우입(待月江隅入)하니 고루석연부(高樓夕烟浮)라.
「」: 유식한 체하는 두꺼비의 모습
금일군회중(今日群會中)에 유오대장부(惟吾大丈夫)라."」

읽기를 그치니 여우 왈

"존장의 문학이 심상치 아니하거니와, 실없이 문잡느니 존장의 **껍질**이
상대에게 우위를 점하고자 외양을 우스꽝스럽게 표현함. ①
어찌 우둘투둘하시나이까."

두꺼비 답 왈

"소년에 장안 팔십 명을 밤낮으로 데리고 지내다가, 남의 몸에서 옴이
피부병의 일종
올라 그리하도다."

여우 또 문 왈

"그리하면 눈은 왜 그리 노르시나이까."
상대에게 우위를 점하고자 외양을 우스꽝스럽게 표현함. ②
"눈은 보은현감 갔을 때에 대추 찰떡과 고욤을 많이 먹었더니 열이 성하

여 눈이 노르도다."

또 물어 왈

"그리하면 등이 굽고 목정이 움츠러졌으니 그는 어찌한 연고입니까."
상대에게 우위를 점하고자 외양을 우스꽝스럽게 표현함. ③

두꺼비 답 왈

"평양감사로 갔을 때에 마침 중추 팔월이라 연광정에 놀음하고 여러 기

생을 녹의홍상에 초립을 씌워 좌우에 앉히고, 육방 하인을 대하에 세우
연두저고리와 다홍치마 – 곱게 차려입은 옷차림

고 풍악을 갖추고 술에 대취하여 노닐다가, 술김에 정하에 떨어지며 곱

사등이 되고 길던 목이 움츠러졌음에, 지금까지 한탄하되 후회막급이

라. 술을 먹다가 종신(終身)을 잘못할 듯하기로 지금은 밀밭 가에도 가
술을 먹다가 잘못될까 봐 술을 먹지 않는다는 뜻

지 않느니라. 이른바 소 잃고 외양간 고치는 격이라."

또 문 왈

"존장의 턱 밑이 왜 벌떡벌떡하시나이까."
상대에게 우위를 점하고자 외양을 우스꽝스럽게 표현함. ④

두꺼비 답 왈

"너희 놈들이 어른을 몰라보고 말을 함부로 하기에 분을 참노라고 자연
⑥

그러하도다." ▶ 여우의 계속되는 추궁과 두꺼비의 응수

– 작자 미상, 〈두껍전〉

❖ 제대로 작품 분석의 〈보기〉

㉠ 여우가 나이가 많다고 주장하는 근거
㉡ 나이 많은 사람을 상좌에 앉히자고 제안함.
㉢ 여우의 계속되는 추궁에 모두 응수하는 두꺼비
㉣ 궤변으로 나이 많음을 인정받아 상좌를 차지하는 인물
㉤ 장 선생의 아들이 백호산군에게 죽임을 당할 위기를 겪음.
㉥ 자리를 정하지 못하고 소란스러운 상황을 정리하기 위해 문제를 지적함.

❖ 제목의 의미

'두꺼비'가 다른 동물들과의 나이 자랑에서 자신이 가장 나이가 많음을 주장하여 상좌(上座)에 앉게 된다는 내용을 담은 우화 소설이다. 신분 제도에 따른 지배 질서가 흔들리던 조선 후기의 사회상을 반영하고 있다. 관점과 결말에 따라 두꺼비를 지략을 통해 신분을 상승시키는 인물(평민)로 평가하기도 하지만, 거짓말을 잘 꾸며 내는 희화화의 대상(몰락 양반)으로 보기도 한다.

❖ 전체 줄거리

중국 명나라 때 옥포산에 살고 있는 장 선생이라는 노루가 잔치를 베풀면서, 호랑이만 빼고 산속의 온갖 짐승을 초청하였다. 잔치에 참석한 짐승들은 자리에 앉기 전에 상좌에 누가 앉을 것인지를 가지고 옥신각신한다. 토끼는 나이 많은 짐승을 상좌에 모시자고 제안한다. 이에 먼저 노루가 뛰어나오고, 다음에는 여우가 나이를 속이며 자기가 상좌에 앉으려 한다. 이때 두꺼비가 나서서 자기는 천지개벽 때 하늘에 별을 박았다고 하면서 상좌에 앉는다. 여우가 억울하여 이의를 제기하며 그때 구경한 것이 무엇이냐고 묻는다. 이에 두꺼비는 여우에게 먼저 말하게 한 다음 이를 받아치며 중국의 유명한 곳과 옛이야기를 섞어 이야기한다. 여우가 또 하늘 이야기를 하며 자기가 경험 많음을 자랑하려 하였으나 역시 두꺼비에게 미치지 못한다. 천문 지리, 육도삼략 등을 펼쳐 이야기하니 아무도 두꺼비가 상좌에 앉음을 탓하지 못한다. 잔치가 끝나자 두꺼비가 모든 짐승을 대표하여 감사 인사를 하고 헤어진다.

❖ 핵심 정리

• 갈래: 우화 소설, 세태 풍자 소설
• 성격: 우의적, 풍자적
• 배경: 중국 명나라 옥포산
• 주제: 짐승들의 자리 다툼을 통해 보는 조선 후기 신분제의 동요 양상
• 특징: ① 동물을 사람처럼 의인화하여 인간 세상을 풍자함. ② 상좌를 차지하기 위해 동물들이 나이 자랑을 하는 형식으로 되어 있음. ③ 조선 후기 사회 변화 속에서 발생했던 향촌 사회의 계층 간 갈등을 반영함.

01
정답률 58% | 매력적인 오답 ④ 16%

윗글에 대한 이해로 적절하지 않은 것은?

☀ 정답인 이유

① 주인은 토끼의 제안에 따라 동쪽에 있는 계단에 올랐다.
× → 토끼의 제안에 따라 동쪽 계단에 오른 것이 아님.
···› '주인은 동쪽 계단에 읍하고 객은 서쪽 계단에 올라 상좌를 다투어'라고 하였으므로, 주인인 노루가 토끼의 제안에 따라 동쪽에 있는 계단에 오른 것이 아니다. 토끼가 제안한 것은 '연치'를 기준으로 자리를 정하자는 것이다.

☂ 오답인 이유

④ (매력적인 오답) 장 선생의 아들은 백호산군에게 죽임을 당할 위기를 겪었다.
○ → '네 아비가 뛰기를 잘 못하였던들 하마 죽을 뻔하였나니'
···› 장 선생이 자신의 맏손자에게 말하는 장면에서 '연전에 네 아비를 해하려고 급히 쫓아오니 네 아비가 뛰기를 잘 못하였던들 하마 죽을 뻔하였나니'라고 하였다. 여기서 '네 아비'가 곧 '장 선생의 아들'이므로, 장 선생의 아들이 백호산군에게 죽임을 당할 위기를 겪었음을 알 수 있다.

② 여우는 슬피 우는 두꺼비의 속마음을 의심하여 꾸짖었다.
○ → '저 흉간한 놈은 ~ 상상치 못한 형상을 뵈느냐'
···› 서로 상좌를 차지하기 위해 다투는 상황에서 두꺼비가 슬피 우는 것은 다른 의도가 있다고 의심할 수 있다. 이에 여우는 '흉간한 놈'이라고 부르며 노루의 잔치에 초대되어 상황에 맞지 않는 모습을 보이는 두꺼비를 꾸짖고 있다.

③ 노루는 여우의 주장을 확인하기 위해 호패를 올리라고 하였다.
○ → '네 나이 많다 하니 어느 갑자에 났는가. 호패를 올리라.'
···› 노루는 '네 나이 많다 하니 어느 갑자에 났는가. 호패를 올리라.'면서, 나이가 많다는 여우의 주장을 확인하기 위해 호패를 보자고 요구하고 있다.

⑤ 노루는 허리가 굽었다는 이유를 들어 자신의 나이가 많음을 주장하였다.
○ → '내가 나이 많아 허리가 굽었노라.'
···› 상좌 다툼이 벌어지자 노루는 '내가 나이 많아 허리가 굽었노라. 상좌에 처함이 마땅하다.'면서, 상좌에 앉기 위해 자신의 나이가 많다고 주장하고 있다.

02
정답률 65% | 매력적인 오답 ③ 14%

[A]와 [B]의 말하기 방식에 대한 설명으로 적절한 것은?

☀ 정답인 이유

② [A]는 상황을 정리하기 위해 문제를 지적하고 있으며, [B]는 상황을 모면하
○ → 자리를 정하지 못하는 상황을 정리하기 위해 무례하다며 문제를 지적함.

기 위해 변명을 내세우고 있다.
○ → 호패를 보여 달라는 상황을 모면하기 위해 호패를 뗐다고 변명함.

⋯ [A]에서 토끼는 잔치에 초대된 짐승들이 서로 상좌를 차지하고 싶어 자리를 정하지 못하자, 상황을 정리하기 위해 요란하고 무례하다며 문제를 지적하고 있다. 그리고 [B]에서 여우는 노루가 나이를 확인하기 위해 호패를 요구하자, 소년 시절에 호패를 떼여 지금까지 찾지 못했다고 변명하며 상황을 모면하려 하고 있다.

🌂 오답인 이유

③ (매력적인 오답) [A]는 자신의 의도를 직접적으로 드러내고, [B]는 자신의 의도를 우회적으로 드러내고 있다.
×

⋯ [A]에서 토끼는 소란스러운 상황을 정리하고 예법에 따라 자리를 정하자며 자신의 의도를 직접적으로 드러내고 있다. [B]에서 여우는 소년 시절에 호패를 떼여 호패를 보여 줄 수는 없지만 황하수 치던 시절에 가래장부 되었을 정도로 나이가 많다며 역시 자신의 의도를 직접적으로 드러내고 있다.

① [A]는 상대를 설득하기 위해 고사를 인용하고 있으며, [B]는 상대의 주장을 반박하기 위해 자신의 경험을 언급하고 있다.
×

⋯ [A]에서 토끼가 다른 짐승들을 설득하기 위해 고사를 인용하지는 않았다. [B]에서 여우는 황하수 치던 시절에 힘이 세어 가래장부가 되었다며 자신의 경험을 언급하고 있다.

④ [A]는 자신이 원하는 바를 부탁하고 있으며, [B]는 상대방 주장의 부당함을
×   ×
언급하고 있다.

⋯ [A]에서 토끼는 다른 짐승들에게 문제를 지적하고 있을 뿐 원하는 바를 부탁하고 있다고 볼 수 없다. [B]에서 여우는 소년 시절에 호패를 떼였다고 변명하며 자신의 나이가 많다고 주장하고 있을 뿐 상대방 주장의 부당함을 언급하고 있다고 볼 수 없다.

⑤ [A]는 자신의 권위를 내세우고 있으며, [B]는 상대의 권위를 깎아내리고 있다.
×   ×
⋯ [A]에서 토끼는 문제를 지적하고 있을 뿐 자신의 권위를 내세우고 있지 않다. [B]에서 여우는 자신의 나이가 많다고 주장하며 노루의 나이를 묻고 있을 뿐 상대의 권위를 깎아내리고 있지 않다.

03

〈보기〉를 참고하여 윗글을 감상한 내용으로 적절하지 않은 것은? [3점]

> ─────〈보기〉─────
> 〈두껍전〉은 등장인물들의 행태를 통해 조선 후기 사회의 단면을 풍자
> 한 우화 소설이다. 조선 후기는 기존의 신분 제도에 따른 지배 질서가
> 작품의 주제 의식
> ①의 근거
> 약화되면서 새로운 질서가 대두되는 시기였다. 〈두껍전〉에서 중요한 관
> 심사는 이전과 다른 질서에 의해 누가 상좌에 앉아야 하느냐이다. 이 질
> 서에 따라 펼쳐지는 인물들의 행위는 풍자의 대상이 된다. 풍자는 상대
> 에게 우위를 점하기 위해 외양을 우스꽝스럽게 표현하거나 속임수를 쓰
> ⑤의 근거   ③의 근거
> 는 등의 비윤리적인 모습으로, 또 한문구를 이용하여 유식한 체하는 모
> 습으로도 드러난다.
> ④의 근거

☀️ 정답인 이유

② 노루가 '연치를 차려 좌를 정하'자는 기준에 동조하는 모습을 통해, 기존의

신분 질서를 옹호하는 인물을 풍자하는군.
× → 노루는 기존의 신분 질서를 옹호하는 인물이 아님.

⋯ 노루는 나이에 따라 자리를 정하자는 토끼의 제안에 동조하고 있다. 그런데 '나이'라는 기준은 신분을 중심으로 한 기존의 질서와는 거리가 멀다. 따라서 노루를 기존의 신분 질서를 옹호하는 인물로 볼 수는 없다.

🌂 오답인 이유

③ (매력적인 오답) 여우가 '난들 어찌 무슨 간계로 나이 많은 체 못 하리오'라고 생각하며 언변 대결에 참여하는 장면을 통해, 비윤리적 행위로 목적을 이루고자 하는 부정적인 행태*를 드러내는군.
○ → 〈보기〉의 '속임수를 쓰는 등의 비윤리적인 모습'

⋯ 노루가 먼저 자신의 나이가 많으니 상좌에 앉아야 한다고 주장하자, 여우는 '난들 어찌 무슨 간계로 나이 많은 체 못 하리오.'라고 생각하며 자신의 나이가 더 많다고 주장하고 있다. 이를 통해 속임수를 쓰는 등의 비윤리적 행위로 목적을 이루고자 하는 부정적인 행태를 드러내고 있다.

> * 행태(行態): 행동하는 양상. 주로 부정적인 의미로 씀. ⓔ 일부 정치인들의 비도덕적인 행태에 국민들은 분노를 느꼈다.

① 장 선생이 '산군'을 '청치 아니함이 마땅하도다'라고 말하는 장면을 통해, 기존의 신분 질서가 약화된 사회의 모습을 드러내는군.
○ → 〈보기〉의 '기존의 신분 제도에 따른 지배 질서가 약화'

⋯ 백호산군(호랑이)은 당시의 권력자를 상징한다. 장 선생이 잔치를 베풀면서 권력자인 백호산군을 초대하지 않은 것은 기존의 신분 질서가 약화된 사회의 모습을 드러내고 있다.

④ 두꺼비가 '부채로 서안을 치며 크게 읊'으며 말하는 내용을 통해, 유식한 체하는 인물의 모습을 풍자하는군.
○ → 〈보기〉의 '한문구를 이용하여 유식한 체하는 모습'

⋯ 두꺼비는 책상을 치며 한시를 읊고 있는데, 이를 통해 유식한 체하는 인물의 모습을 풍자하고 있다.

⑤ 여우가 두꺼비의 '껍질', '눈', '목정' 등에 대해 언급한 내용을 통해, 상대에게 우위를 점하고자 외양을 우스꽝스럽게 표현하는 모습을 풍자하는군.
○ → 〈보기〉의 '상대에게 우위를 점하기 위해 외양을 우스꽝스럽게 표현'

⋯ 여우는 두꺼비에게 '껍질이 어찌 우둘투둘하시나이까.', '눈은 왜 그리 노르시나이까.', '등이 굽고 목정이 움츠러졌으니 그는 어찌한 연고입니까.'라고 묻고 있다. 이를 통해 상대에게 우위를 점하고자 외양을 우스꽝스럽게 표현하는 모습을 풍자하고 있다.

고전
소설 **12** 백학선전

▶ 문제편 98~100쪽

정답 | 01 ③　　02 ②　　03 ④　　04 ①

[01~04] 다음 글을 읽고 물음에 답하시오.　2019 6월 고2 전국연합

제대로 작품 분석　▶〈보기〉에서 적절한 것을 골라 넣으며 작품을 분석해 보자.

[앞부분의 줄거리] 유백로는 조은하에게 백학선(백학이 그려진 부채)을 주며 결혼을 약속한다.
　　　　　　남자 주인공　　여자 주인공　　사랑의 정표
유백로는 조은하를 보호하기 위해 가달과의 전쟁에 원수로 출전하였으나, 간신 최국낭이 군
　　　　　　　　　　　　　　　　　　　　　　　　　　　　전형적인 악인
량 보급을 끊어 적군에 사로잡힌다. 태양선생과 충복의 도움으로 유백로의 소식을 접한 조은
하는 황제 앞에서 능력을 증명하고 정남대원수로 출전한다. 가달과 대결하던 중 조은하는 선
여성의 권위 향상을 보여 줌.
녀가 알려 준 백학선의 사용 방법을 떠올린다.

　원수가 말에서 내려 하늘에 절하고 주문을 외워 백학선을 사면으로 부
　조은하
치니 천지가 아득하고 뇌성벽력이 진동하며 무수한 신장(神將)이 내려와
　　　　①
도우니 저 가달이 아무리 용맹한들 어찌 당하리오? 두려워하여 일시에 말
에서 내려 항복하니 원수가 가달과 마대영을 마루 아래 꿇리고 크게 꾸
짖어,

　"네가 유 원수를 모셔 와야 목숨을 용서하려니와, 그렇지 않은즉 군법을
　　　　유백로
시행하리라."　▶ 전쟁에 나가 오랑캐를 물리치는 조은하

하니, 가달이 급히 마대영에게 명하여 유 원수를 모셔오라 하거늘 마대영
이 급히 달려 유 원수 있는 곳에 나아가,

　"원수는 저의 구함이 아니런들 벌써 위태하셨을 터이오니 저의 공을 잊
　　마대영이 유백로에게 선처를 부탁함.
지 마소서."

하고 수레에 싣고 몰아가거늘 원수가 아무런 줄 모르고 마루 아래 다다르
니 한 소년 대장이 맞이하여,

　"낭군이 대대 명가 자손으로 이렇듯 곤함은 모두 운명이라. 안심하여 개
의치 마소서."

하거늘, 유 원수가 눈을 들어본즉 이는 평생에 전혀 알지 못한 사람이라.
　　　유백로　　　　　　　　　　유백로가 조은하를 알아보지 못함.
손을 들어 칭찬하며,

　"뉘신지는 모르거니와 뜻밖에 죽어 가는 사람을 살려 본국 귀신이 되게
하시니 (　㉠　)이오나, 이제 패군한 장수가 되어 군부(君父)를 욕되
　　백골난망(白骨難忘)　　　　　　　임금을 아버지에 비유하여 이르는 말
게 하오니 무슨 면목으로 군부를 뵈오리오? 차라리 이곳에서 죽어 죄를
　　　　　　　　　　　　　　　　전쟁에서 패한 책임을 지고자 함.
갚을까 하나이다."

원수가 재삼 위로하며,
조은하
　"장수 되어 일승일패(一勝一敗)는 병가상사(兵家常事)*이오니 과히 번뇌
　　　　　　한 번 이기고 한 번 짐.
치 마소서."

유 원수가 예를 갖추어 인사하더라. 가달과 마대영을 죄인이 타는 수레
에 싣고 회군할 새 먼저 승전한 첩서*를 올리고 승전고를 울리며 행군하는
　　　　　　　　군사를 돌이켜 돌아가거나 돌아옴.
데 유 원수가 부끄러워하는 기색이 가득한 것을 보고 조 원수가 묻기를,

　"장군이 이제 사지(死地)를 벗어나 고국으로 돌아오시니 다행하거늘 어
　　　　　　죽을 지경의 매우 위험하고 위태한 곳
찌 이렇듯 수척하신지요?"

원수가 탄식하며,

　"제가 불충불효한 죄를 짓고 돌아오니 무엇이 즐거우리이까? 원수가 이
　　패전에 대한 자책
렇듯 걱정하시니 황공 불안하여이다."

조 원수가 짐짓 묻기를,

　"들자온즉 원수가 일개 여자를 위하여 자원 출전하셨다 하오니 이 말이
　　　　　　　　조은하를 가리킴.
옳으니이까?"

유 원수가 부끄러워하며 대답이 없거늘 조 원수가 또 묻기를,

　「"장군이 전에 길에서 일개 여자를 만나 백학선에 글을 써 주었더니
　　　　　유백로　　　　　　　조은하
　그 여자가 장성하여 백년을 기약하나 임자를 만나지 못하여 사면으
[A]
　로 찾아 서주에 이르러 장군의 비문을 보고 기절하여 죽었다 하오니
　어찌 애석하지 않으리오?"
　　　　　　　　　　　　　　　「　」³

유 원수가 듣고서 비참하여 탄식하기를,

　"제가 군부에게 욕을 끼치고 또 여자에게 원한을 쌓게 하였으니 내 차라
　　　　　　　　　　　　예전의 마음이 변하지 않았음을 드러냄.
리 죽어 모르고자 하나이다."

　원수가 미소하고 백학선을 내어 부치거늘 유 원수가 이윽고 보다가 묻
　유백로의 마음을 확인하고 조은하가 자신의 정체를 밝힘.
기를,

　"원수는 그 부채를 어디서 얻었나이까?"

원수가 대답하기를,

　"제 조부께서 상강현령으로 계실 때에 용왕의 현몽을 받고 얻으신 것이
　　조은하의 장난
오니다."

유 원수가 다시 묻지 아니하고 내심 헤아리기를, '세상에 같은 부채가 있
도다.' 하고 재삼 보거늘 원수가 이를 보고 참지 못하여,

　"장군이 정신이 가물거려 친히 쓴 글씨를 몰라보시는도다."
　　유백로가 백학선에 백년가약을 맺고자 하는 글귀를 적어 조은하에게 주었음.
하고 부채를 유 원수 앞에 놓으니 유 원수가 비로소 조 소저인 줄 알고
　　　　　　　　　　　　　　　　　　　　　　　　조은하
비회를 이기지 못하여 나아가 그 손을 잡고
마음속에 서린 슬픈 시름이나 회포
　「"이것이 꿈인지 생시인지 깨닫지 못하리로다. 나는 대장부로 불충불
　　비몽사몽(非夢似夢)
[B]　효를 범하고 몸이 죽을 곳에 들었으되 그대는 규중 여자로 출전입공
　　　　　　　　　　　　　　　　　　　　　　전쟁에 나가 공을 세움.
　(出戰立功)하고 죽은 사람을 살리니 가히 규중 호걸이로다."
　　　　　　　　　　　　　　　　　　　「　」⁴
하며 여취여광(如醉如狂)*하거늘 조 소저가 또한 슬픔과 기쁨이 교차하나
군중이라 말씀할 곳이 아니오, 황상이 기다리심을 생각하고 행군을 재촉
하니라.　▶ 유백로와 조은하의 재회

위수에 이르러 용신(龍神)께 제사하고 3만 군 혼백을 위로한 후 사당을
공간의 이동①　　　　　　　　　　　　　전쟁에서 죽은 군사들의 영혼
지어 사적(事績)*을 기록하고 농토를 나누어주고 철마다 제사를 받들고 장
졸을 놓아 보내어 말하기를,

　"돌아가 부모처자를 반기라."

하고 남은 군졸을 거느려 행하여 아미산에 이르러서 유 원수의 선산(先山)
　　　　　　　　　　　　　　공간의 이동②　　　　　조상의 무덤
에 성묘하고 전날 주인과 이웃을 모아 옛일을 이르며 금은을 흩어주고 태
양선생을 찾아 전날 베푼 덕택을 사례한 후 늙은 종 충복을 찾아 천금을
상사*한 후 서울로 향하니라.
　　공간의 이동③
조 원수가 표(表)를 올리기를,
　　　　임금에게 올리는 글
　「"정남대원수 조은하는 돈수백배*하옵고 천자께 올리나니 신첩이 폐하의
　특은을 입어 한 번 북을 울려 오랑캐를 소멸하옵고 유 원수를 구하오니
　⁵
　신첩의 외람하온 죄를 거의 갚을 듯하옵니다. 어전에 보고하올 일이 급
　하오나 조상 분묘를 수리하고 죄를 기다리겠나이다."」
　　　　　　　　　　　　　「　」: 남성 중심의 사회적 규범을 극복하지 못한 모습
하였더라.

상이 다 읽으시고 칭찬하여,

_{황제}

"기특하도다. 조은하는 규중여자로 출전입공함은 고금에 희한한 일이로다."

_{조은하에 대한 칭찬 – 조은하를 예외적인 존재로 여기고 있음.}

하시고 최국냥은 허리를 베어 죽이라 하시며 그 가족을 귀양 보내라 하시
₆
었다.

▶ 금의환향하는 두 사람과 간신의 최후

– 작자 미상, 〈백학선전〉

＊병가상사: 전쟁에서 흔히 있는 일
＊첩서: 보고하는 글
＊여취여광: 이성을 잃은 상태를 비유적으로 이르는 말
＊사적: 일의 실적이나 공적
＊상사: 칭찬하여 상으로 물품을 내려 줌.
＊돈수백배: 머리가 땅에 닿도록 계속 절을 함.

❖ 제대로 작품 분석의 〈보기〉
ㄱ 조은하의 영웅적 활약을 칭송함.
ㄴ 여성의 몸으로 전쟁에 출전한 일
ㄷ 권선징악(勸善懲惡), 사필귀정(事必歸正)
ㄹ 조은하의 영웅적 활약 – 비현실적인 요소
ㅁ 전쟁에서 패해 적의 포로가 된 유백로를 위로하는 조은하
ㅂ 예전의 마음이 변함이 없는지 유백로의 속마음을 떠보고 있음.

❖ 제목의 의미
'백학선'은 백학 모양의 그림이 그려진 부채로, 남자 주인공 유백로가 여자 주인공 조은하에게 정표로 준 것이다. 이 작품은 백학선이라는 소재를 중심으로 복잡한 서사를 긴밀히 구조화하고 있는데, 애정 소설과 여성 영웅 소설의 성격을 모두 가지고 있다. 결혼을 약속한 조은하와 유백로가 간신인 최국냥의 술책과 가달의 침공으로 위기에 처하지만, 조은하의 초월적 능력으로 고난을 극복하고 사랑을 이루게 된다.

❖ 전체 줄거리
천상의 선관과 선녀가 죄를 지어 인간계로 쫓겨나 명나라에서 유백로와 조은하로 태어난다. 학문을 배우기 위해 운수 선생에게 가던 열세 살의 백로는 길가에서 열 살의 은하를 만나 백학선이라는 집안의 보물에 백년가약을 맺고자 하는 글귀를 적어 주고 훗날을 기약한다. 그 뒤 병부상서 문공이 백로를 사위로 맞고자 하나, 백로가 벼슬을 얻은 뒤 하자고 거절하자 앙심을 품는다. 최국냥도 은하를 며느리로 맞고자 하나, 은하가 백로로 인해 거절하자 앙심을 품는다. 과거에 급제하여 어사가 된 백로는 은하를 찾아 나서지만, 결국 그녀를 찾지 못하자 크게 병이 든다. 이때 오랑캐 가달이 쳐들어오고, 백로는 최국냥이 간한 대로 대원수가 되어 가달을 막으려 한다. 하지만 최국냥이 군량을 보내 주지 않아 패전하여 가달에게 잡힌다. 방황하던 은하는 주막에서 점괘를 보고 백로가 위험함을 알고는 황제에게 자원한다. 병법과 무술에 신통력이 있음을 본 황제는 은하에게 원수 가달을 물리치도록 허락한다. 은하는 결국 선녀의 도움으로 오랑캐를 물리치고 백로를 구해 돌아온다. 이에 최국냥은 처벌을 받고, 백로와 은하는 연왕, 연왕비가 되어 팔순까지 살다가 하늘로 올라간다.

❖ 핵심 정리
· 갈래: 애정 소설, 여성 영웅 소설
· 성격: 영웅적, 전기적, 애정적
· 배경: 중국 명나라 때
· 주제: 남녀 간의 신의 있는 사랑과 우국충정
· 특징: ① '백학선'이라는 소재를 둘러싸고 인물 간의 사건이 전개됨. ② 충효와 같은 유교적 윤리보다는 애정을 더 중시하는 가치관이 드러나 있음. ③ 여성의 권위가 향상된 모습을 보임. ④ 서사의 진행 과정에 비현실적인 요소가 개입되어 있음.

제대로 감상법 모범 답안

작자 미상, 〈백학선전〉

❶ 조은하 ❷ 유백로 ❸ 최국냥 ❹ 백학선 ❺ 비현실적

❖ 제대로 작품 분석
1 ㄹ 2 ㅁ 3 ㅂ 4 ㄱ 5 ㄴ 6 ㄷ

윗글에 대한 설명으로 적절한 것만을 고른 것은?

ㄱ. 서사의 진행 과정에 비현실적인 요소가 개입되어 있다.
　ㄴ → '뇌성벽력이 진동하며 무수한 신장이 내려와 도우니'
ㄴ. 꿈과 현실을 교차하여 사건을 입체적으로 구성하고 있다.
　×
ㄷ. 인물의 심리를 구체적인 외양 묘사를 통해 드러내고 있다.
　×
ㄹ. 공간의 이동에 따른 인물의 행적을 요약적으로 제시하고 있다.
　ㅇ → '위수 → 아미산 → 서울'

☀ 정답인 이유

③ ㄱ, ㄹ

… 조은하가 백학선을 이용하여 뇌성벽력을 일으키고 신장을 불러왔다는 내용을 통해 비현실적인 요소가 개입되어 있음을 확인할 수 있다(ㄱ). 그리고 유백로와 조은하가 위수, 아미산, 서울로 이동하는 과정에서 죽은 군사의 혼백을 위로하고 선산에 성묘하는 등의 사건을 압축적으로 서술하고 있는 것을 통해 인물의 행적＊을 요약적으로 제시하고 있음을 확인할 수 있다(ㄹ).

＊행적(行蹟): 행위의 실적(實績)이나 자취 예 경찰은 사건 당시 용의자의 행적을 조사했다.

☂ 오답인 이유

② 매력적인 오답 ㄱ, ㄷ

… ㄱ은 적절하지만 ㄷ은 적절하지 않다. 유백로와 조은하를 중심으로 사건이 전개되고 있는데, 이들의 외양을 구체적으로 묘사하고 있지는 않기 때문이다.

① ㄱ, ㄴ

… ㄱ은 적절하지만 ㄴ은 적절하지 않다. 꿈에서 일어난 일은 아예 제시되어 있지 않기 때문이다.

④ ㄴ, ㄷ

… ㄴ과 ㄷ 모두 적절하지 않다.

⑤ ㄷ, ㄹ

… ㄹ은 적절하지만 ㄷ은 적절하지 않다.

[A]와 [B]에 대해 이해한 내용으로 가장 적절한 것은?

☀ 정답인 이유

② [A]는 상대의 속마음을 떠보고 있으며, [B]는 상대를 칭송하고 있다.
　ㅇ → 오랜만에 만난 유백로의 속마음을 떠봄.　ㅇ → 규중 호걸이라고 조은하를 칭송함.

… [A]는 오랫동안 유백로와 헤어져 있던 조은하가 자신이 죽었다고 거짓말을 하며 유백로의 속마음을 떠보는 말이다. 그리고 [B]는 유백로가 자신을 구한 사람이 조은하임을 알고 전쟁에 패한 자신과 비교하여 조은하를 규중 호걸이라고 칭송하는 말이다.

☂ 오답인 이유

③ 매력적인 오답 [A]는 상대의 처지를 걱정하고 있으며, [B]는 상대를 치하＊하고 있다.

… [A]에서 조은하가 유백로의 처지를 걱정하는 내용은 나타나 있지

않다. 또 [B]에서 유백로는 조은하에게 고마움이나 칭찬의 뜻을 표시하기보다는 조은하의 영웅적 활약을 칭송하고 있다.

> ＊치하(致賀): 남이 한 일에 대하여 고마움이나 칭찬의 뜻을 표시함. 예 교장 선생님께서 치하의 말씀을 하십니다.

① [A]는 상대의 잘못을 꾸짖고 있으며, [B]는 상대를 위로하고 있다.
⋯ [A]에서 조은하는 유백로의 속마음을 떠보고 있을 뿐 유백로의 잘못을 꾸짖고 있지 않다. 또 [B]에서 유백로가 조은하를 위로하는 내용은 나타나 있지 않다.

④ [A]는 상대의 능력을 시험하고 있으며, [B]는 상대를 회유＊하고 있다.
⋯ [A]에서 조은하가 유백로의 능력을 시험하는 내용은 나타나 있지 않다. 또 [B]에서 유백로가 조은하를 회유하는 내용도 나타나 있지 않다.

> ＊회유(懷柔): 어루만지고 잘 달래어 시키는 말을 듣도록 함. 예 그들은 마을 이장부터 회유하여 자기편으로 끌어들였다.

⑤ [A]는 상대에 대한 서운함을 드러내고 있으며, [B]는 상대를 설득하고 있다.
⋯ [A]에서 조은하가 유백로에 대한 서운함을 드러내는 내용은 나타나 있지 않다. 또 [B]에서 유백로는 조은하를 칭송하고 있을 뿐 조은하를 설득하고 있지 않다.

03
정답률 75%

〈보기〉를 바탕으로 윗글을 감상한 내용으로 적절하지 <u>않은</u> 것은? [3점]

> 〈보기〉
> 〈백학선전〉은 결혼을 약속한 남녀 주인공이 고난을 이겨내고 재회하는 애정 소설의 성격을 지닌다. 또한 남성 중심의 사회적 규범을 극복한 여자 주인공이 영웅적 면모를 보이는 여성 영웅 소설의 성격도 지닌다. 〈백학선전〉은 백학선이라는 소재에 다양한 서사적 기능을 부여함으로써 두 가지 성격을 유기적으로 구현했지만, 여자 주인공을 예외적인 존재로 그려 여성에 대한 사회적 인식을 변화시키지 못했다는 한계를 지니기도 한다.
> ③의 근거 / ①의 근거 / ⑤의 근거 / ②의 근거

☀ 정답인 이유

④ 조은하가 공적을 세운 후 황상에게 죄를 기다린다고 한 점에서 남성 중심의 사회적 규범을 극복하였음을 알 수 있군.
× → 공을 세우고도 죄가 있다고 여기는 것은 남성 중심의 규범을 극복한 것이 아님.
⋯ 조은하는 전쟁에서 공을 세웠음에도 불구하고 자신의 행동을 외람한 죄로 여기고 있는데, 이는 아직 남성 중심의 사회적 규범이 강하게 작용하고 있음을 의미하는 것이다. 조은하가 남성 중심의 사회적 규범을 극복하는 모습은 여자의 몸으로 전쟁에 출전하여 공을 세우는 것에서 확인할 수 있다.

☂ 오답인 이유

① 조은하가 오랑캐를 물리친 것에서 영웅으로서의 모습을 확인할 수 있군.
○ → 〈보기〉의 '여자 주인공이 영웅적 면모를 보이는 여성 영웅 소설의 성격'
⋯ 조은하가 오랑캐를 물리치고 나라를 위기에서 구하는 모습을 통해 조은하의 영웅적 면모를 확인할 수 있다.

② 황상의 말을 통해 조은하를 예외적인 존재로 여기고 있음을 확인할 수 있군.
○ → 〈보기〉의 '여자 주인공을 예외적인 존재로 그려'

⋯ 황상이 조은하를 칭찬하면서 '고금에 희한한 일'이라고 말하는 것을 통해 조은하를 예외적 존재로 여기고 있음을 알 수 있다.

③ 유백로와 조은하가 백년을 기약하고 헤어졌다가 다시 만났다는 점에서 애정 소설의 성격을 지닌다고 할 수 있군.
○ → 〈보기〉의 '남녀 주인공이 고난을 이겨내고 재회하는 애정 소설의 성격'
⋯ 결혼을 약속했던 조은하와 유백로가 헤어졌다가 전장에서 재회하는 모습을 통해 이 작품이 지닌 애정 소설의 성격을 확인할 수 있다.

⑤ 조은하가 위기를 극복하는 것과 유백로가 조은하를 알아보는 것에 기여한다는 점에서 백학선의 서사적 기능을 알 수 있군.
○ → 〈보기〉의 '백학선이라는 소재에 다양한 서사적 기능을 부여'
⋯ 조은하는 백학선을 이용해 전쟁에서 승리하였고, 유백로는 백학선을 보고 정남대원수가 조은하라는 사실을 알아차렸다. 이를 통해 백학선이 사건 전개에 있어 다양한 서사적 기능을 하고 있음을 알 수 있다.

04
정답률 60% | 매력적인 오답 ③ 15%

㉮에 들어갈 말로 가장 적절한 것은?

☀ 정답인 이유

① 백골난망(白骨難忘)
남에게 큰 은덕을 입었을 때 고마움의 뜻으로 이르는 말
⋯ 유백로가 조은하에게 목숨을 구해 주어 감사하다고 말하는 상황이므로, ㉮에는 '죽어서 백골이 되어도 잊을 수 없다는 뜻으로, 남에게 큰 은덕을 입었을 때 고마움의 뜻으로 이르는 말'인 '백골난망'이 들어가야 한다.

☂ 오답인 이유

③ 매력적인 오답 어부지리(漁夫之利)
두 사람이 이해관계로 서로 싸우는 사이에 엉뚱한 사람이 애쓰지 않고 가로챈 이익
⋯ 오랑캐를 물리치고 난 후이므로 양편이 싸우고 있는 상황이 아니고, 엉뚱한 사람이 이익을 얻고 있지도 않다.

② 사면초가(四面楚歌)
아무에게도 도움을 받지 못하는, 외롭고 곤란한 지경에 빠진 형편
⋯ 조은하가 오랑캐를 물리치고 유백로를 구했으므로, 아무에게도 도움을 받지 못하는 곤란한 상황이 아니다.

④ 이심전심(以心傳心)
마음과 마음으로 서로 뜻이 통함.
⋯ 유백로는 아직 조은하의 정체를 모르고 있으므로, 마음과 마음으로 서로 뜻이 통하는 상태가 아니다.

⑤ 적반하장(賊反荷杖)
잘못한 사람이 아무 잘못도 없는 사람을 나무람.
⋯ 잘못한 사람이 아무 잘못이 없는 사람을 나무라고 있는 상황이 아니다.

Ⅲ부 현대시

현대시 01 광야｜울타리 밖

▶ 문제편 104~105쪽

정답 ┃ 01 ③   02 ⑤   03 ①

[01~03] 다음 글을 읽고 물음에 답하시오.   2022 9월 고1 전국연합

제대로 작품 분석   ▶ 〈보기〉에서 적절한 것을 골라 넣으며 작품을 분석해 보자.

가 [1연] **소주제:** 광야의 생성과 원시성(과거)
■ 까마득한 날: 과거 – 태초
■ 하늘이 처음 열리고: '광야'의 탄생 – 천지개벽
■ 닭 우는 소리: 생명의 기척(대유법)
■ 들렸으랴: 설의적 표현

[2연] **소주제:** 광야의 광활함과 신성성(과거)
■ 연모해: 사랑하여(의인법)
■ 휘달릴 때도: 산맥들이 생겨나는 모습(활유법)
■ 범하던 못하였으리라: 침범하지 못하였으리라 – 신성성

[3연] **소주제:** 문명과 역사의 태동(과거)
■ 부지런한 계절이 피어선 지고: ¹
■ 큰 강물이 비로소 길을 열었다: 인류의 문명, 역사가 시작됨.

[4연] **소주제:** 암담한 현실과 극복의 의지(현재)
■ 지금: 현재
■ 눈 나리고: 부정적인 상황 – 일제 강점하의 시련
■ 내 여기 가난한 노래의 씨를 뿌려라: ²

[5연] **소주제:** 미래에 대한 기대와 확신(미래)
■ 천고의 뒤: 미래
■ 초인: 화자의 이상을 실현하는 존재 – 민족의 구원자, 지도자, 후손
■ 이 광야에서 목 놓아 부르게 하리라: ³

– 이육사, 〈광야〉

제대로 작품 분석의 〈보기〉
  ㉠ 부정적인 현재 상황을 극복한 미래를 기대, 확신함.
  ㉡ 부정적인 현재 상황을 적극적으로 극복하려는 태도
  ㉢ 계절(세월)의 흐름 – '꽃'에 비유. 추상적 개념의 구체화

❖ **제목의 의미**
'광야'는 이 시의 공간적 배경으로, 하늘이 처음 열리고 끊임없이 시간이 흐른 뒤 인류 문명이 시작된 공간이자 현재 눈이 내리는 부정적 상황에 놓인 공간이다. 화자는 이곳에 '초인'이 와 현재의 고난을 극복하고 밝은 미래를 맞이할 것이라는 기대를 드러내고 있다. 즉 '광야'는 우리 민족의 역사의 현장이자 삶의 터전을 의미한다.

❖ **작가 소개**
이육사(李陸史, 1904~1944): 시인. 경상북도 안동 출생. 본명은 원록(源祿). '육사'는 형무소 수인 번호 264에서 따왔다. 1933년 〈황혼〉으로 등단 후 일제 강점기의 민족 현실을 바탕으로 강인한 저항 의지를 담은 작품을 주로 창작하였다. 대표작으로 〈절

정〉, 〈꽃〉, 〈교목〉 등이 있다.

❖ **핵심 정리**
• 갈래: 자유시, 서정시
• 성격: 의지적, 지사적, 미래 지향적
• 주제: 조국 광복에 대한 신념과 의지
• 특징: ① 추상적 개념을 구체적 사물로 형상화하여 표현함. ② 과거(1~3연) – 현재(4연) – 미래(5연)의 시간의 흐름에 따라 시상을 전개함. ③ 상징적 시어와 의지적 어조로 부정적 현실에 대한 극복 의지를 드러냄.

나 [1연] **소주제:** 고향의 소녀, 소년과 들길의 모습
■ 머리가 마늘쪽같이 생긴: 머리 땋은 모양을 비유적으로 표현(직유법)
■ 한여름을 알몸으로 사는: ¹
■ 낯이 설어도 사랑스러운 들길: 고향에 대한 화자의 애정
■ 있다: 현재 시제 표현 – 마을이 존속하기를 희망하는 심리 반영

[2~3연] **소주제:** 고향의 꾸밈없는 모습
■ 아지랑이가 피듯 ~ 물이 흐르듯: ²
■ 천연(天然)히: 시상을 집약하며 주제를 함축함.

[4연] **소주제:** 정겨운 공동체가 있는 아름다운 고향 마을
■ 울타리 밖에도 화초를 심는 마을: ³
■ 오래오래 잔광이 ~ 마을이 있다: 아름다운 자연이 함께하는 마을
■ 있다: 현재 시제 표현 – 마을이 존속하기를 희망하는 심리 반영

– 박용래, 〈울타리 밖〉

❖ **제대로 작품 분석의 〈보기〉**
  ㉠ 순수한 모습
  ㉡ 비유적 표현 – 꾸밈이 없는 자연의 모습을 부각
  ㉢ 울타리 안과 밖을 구분하지 않음. – 인정이 있는 마을 공동체의 모습

❖ **제목의 의미**
화자가 회상하는 '마을'은 '울타리 밖에도 화초를 심는' 곳이다. 화초를 자신의 집 안뿐 아니라 울타리 밖에도 심는 것은 타인을 위하는 따뜻한 배려로, 마을 공동체의 정겨운 분위기를 떠올리게 한다. 즉 '울타리 밖'은 화자가 회상하는 마을의 긍정적인 모습을 드러내는 소재이다.

❖ **작가 소개**
박용래(朴龍來, 1925~1980): 시인. 향토적인 세계를 압축적이고 간결한 언어로 표현한 시를 썼다. 1955년 6월호 『현대문학』에 〈가을의 노래〉로 추천을 받은 뒤 〈황토길〉, 〈땅〉을 발표하며 등단했다. 《강아지풀》, 《백발(百髮)의 꽃대궁》 등과 같은 시집과 《우리 물빛 사랑이 풀꽃으로 피어나면》과 같은 산문집을 발표했다.

❖ **핵심 정리**
• 갈래: 자유시, 서정시
• 성격: 향토적, 회화적
• 주제: 천연하고 아름다운 고향 마을에 대한 그리움
• 특징: ① 현재 시제를 사용하여 시적 상황을 드러냄. ② 주로 시각적 이미지를 활용하여 마을의 풍경을 묘사함으로써 회화성을 살림. ③ 하나의 시어로 독립적인 연을 구성하여 의미를 강조함.

가 이육사, 〈광야〉

❶ 미래 ❷ 초인 ❸ 시간

◆ 제대로 작품 분석

1 ⓒ 2 ⓛ 3 ㉠

나 박용래, 〈울타리 밖〉

❶ 화초 ❷ 시각적 ❸ 반복

◆ 제대로 작품 분석

1 ㉠ 2 ⓛ 3 ⓒ

01

정답률 61% | 매력적인 오답 ② 15%

[A]~[E]에 대한 설명으로 적절하지 않은 것은?

☀ 정답인 이유

③ [C]: 추상적 대상을 구체화하여 광야가 끊임없이 생성되고 소멸되는 순환성

　　 ○ → '계절'을 꽃으로 구체화함.　　 ✕ → 광야의 순환성을 나타낸 것은 아님.

을 나타내고 있다.

⋯ '부지런한 계절이 피어선 지고'는 추상적 대상인 '계절'의 순환을 자연물인 꽃이 피어서 지는 것으로 구체화하여 나타낸 것이다. 즉 이는 시간의 흐름을 나타낸 것으로, '광야'라는 공간이 생성되고 소멸되는 순환성을 나타낸 것이라고 볼 수 없다.

☂ 오답인 이유

② **매력적인 오답** [B]: 인격화된 대상의 행위를 추측하여 광야의 신성성을 부

　　　　　　　　　　바다를 연모해 휘달리는 산맥들

각하고 있다.

⋯ '산맥들'은 '바다를 연모해 휘달'리는 존재로 인격화되어 있는데, 이들의 행위를 '차마 이곳을 범하던 못하였으리라'라고 추측함으로써 산맥도 범할 수 없었던 광야의 신성성을 부각하고 있다.

① [A]: 설의적 표현을 활용하여 원시성을 지닌 태초 광야의 모습을 강조하고

　　'들렸으랴'

있다.

⋯ '어데 닭 우는 소리 들렸으랴'는 어디에 닭 우는 소리가 들렸겠느냐는 의미로, 의문형 종결 어미 '-으랴'를 활용한 설의적 표현을 통해 어떤 생명체도 존재하지 않았던 태초 광야의 모습을 강조하고 있다.

④ [D]: 시각적 심상을 활용하여 고향의 모습을 선명하게 표현하고 있다.

⋯ '머리가 마늘쪽같이 생긴', '한여름을 알몸으로 사는'은 대상의 모습을 묘사한 표현으로, 시각적 심상을 형성하고 있다. [D]에서는 이러한 시각적 심상을 통해 소녀와 소년, 사랑스러운 들길이 있는 고향의 모습을 선명하게 표현하고 있다.

⑤ [E]: 비유적인 표현을 활용하여 인위적*이지 않은 마을의 모습을 드러내고 있다.

⋯ '아지랑이가 피듯', '태양이 타듯', '제비가 날듯', '길을 따라 물이 흐르듯'과 같은 비유를 통해 '천연(天然)'한, 즉 인위적이지 않은 마을의 모습을 드러내고 있다.

* 인위적(人爲的): 자연의 힘이 아닌 사람의 힘으로 이루어지는 것 ⓔ 우리 마을의 호수는 인위적으로 만든 것이다.

02

정답률 69%

㉠과 ⓛ에 대한 이해로 가장 적절한 것은?

　초인　화초

☀ 정답인 이유

⑤ ㉠은 화자가 지향하는 이상을 실현하는 존재이며, ⓛ은 화자가 지향하는 공

　○ → '노래'를 부를 존재임.　　　　　　　○ → 인정이 있는 마을 공동체

동체의 모습을 드러내는 대상이다.

⋯ (가)에서 화자는 광야에 '가난한 노래의 씨'를 뿌리고, 이것이 자라 노래가 불리게 될 미래를 기대하고 있다. ㉠ '초인'은 '천고의 뒤'에 광야에서 노래를 '목 놓아' 부를 존재이므로, 화자가 지향하는 이상을 실현하는 존재라고 할 수 있다. (나)에서 마을 사람들은 '울타리 밖'에도 ⓛ '화초'를 심는다고 했다. 화초를 울타리 안뿐 아니라 울타리 밖에도 심는 것은 화초를 남과 함께 나누려고 하는 태도로, 이를 통해 화자가 지향하는 인정이 있는 마을 공동체의 모습을 드러내고 있다.

☂ 오답인 이유

① ㉠은 화자를 각성하게* 하는 존재이며, ⓛ은 화자를 성찰하게 하는 대상이

　　　　　　　　　　　　　　　　　　　　　　　　　✕

다.

⋯ (가)에서 화자는 '초인'이 오기 전부터 '가난한 노래의 씨'를 뿌리며 부정적인 현실을 극복하려고 했으므로, '초인'이 화자를 각성하게 하는 존재라는 것은 적절하지 않다. (나)에서 화자는 '화초'를 통해 자기의 마음을 반성하거나 살피고 있지 않으므로, ⓛ이 화자를 성찰하게 하는 대상이라는 것은 적절하지 않다.

* 각성(覺醒)하다: 깨달아 알다. ⓔ 그는 자신의 지난 잘못을 각성하고 성실한 삶을 살기 위해 노력했다.

② ㉠은 공간의 황폐함을 심화하는 존재이며, ⓛ은 공간에 생명력을 부여하는

　　　　　　✕

대상이다.

⋯ (가)에서 '초인'은 '지금' 광야의 부정적인 현실을 극복할 존재이므로, ㉠이 공간의 황폐함을 심화하는 존재라는 것은 적절하지 않다. (나)에서 '화초'는 마을 사람들이 '울타리 밖'에 심는 것이므로, 마을에 생명력을 부여한다고 볼 수 있다.

③ ㉠은 공간의 변화를 가져오는 존재이며, ⓛ은 공동체의 인식 전환을 일으키

　　　　　　　　　　　　　　　　　　　　　　　　✕

는 대상이다.

⋯ (가)에서 '초인'은 '천고의 뒤'에 광야에 와 노래를 목 놓아 부름으로써 '지금' 광야의 부정적인 현실을 극복할 수 있는 존재이다. 따라서 ㉠은 공간의 변화를 가져오는 존재라고 할 수 있다. (나)에서 '화초'는 마을 사람들이 가진 공동체 의식을 보여 주는 대상일 뿐, 공동체의 인식 전환을 일으키는 대상이 아니다.

④ ㉠은 화자가 위화감*을 느끼게 하는 존재이며, ⓛ은 화자가 애상*감을 느끼

　　　　　✕　　　　　　　　　　　　　　　　　　　　✕

게 하는 대상이다.

⋯ (가)에서 화자는 미래에 '초인'이 오기를 기다리고 있으므로, ㉠이 화자에게 위화감을 느끼게 하는 존재라는 것은 적절하지 않다. 또한 (나)에서 마을은 아름답고 정겨운 분위기가 느러나므로 '화초'를 통해 화자가 애상감을 느낀다고 보기는 어렵다.

* 위화감(違和感): 조화되지 아니하는 어설픈 느낌 ⓔ 외국에서 오래 산 진수는 우리나라 교육 환경에 위화감을 느끼고 있었다.

* 애상(哀傷): 슬퍼하거나 가슴 아파함. ⓔ 이별에 관한 노래에서 애상의 정서가 느껴진다.

03

정답률 36% | 매력적인 오답 ② 24%

〈보기〉를 바탕으로 (가), (나)를 감상한 내용으로 적절하지 않은 것은? [3점]

─〈보기〉─

시에서의 시간 양상은 화자의 지향성을 내포하고 있다. 화자가 <u>미래 지향성을 보이는 경우, 시에서의 시간은 현재에서 미래로 나아가는 순 방향의 흐름을 보인다.</u> (가)의 성격 이때 화자는 현재의 결핍을 인식하고 과거로의 회귀 대신 <u>발전된 미래에 대한 신뢰를 바탕으로 부정적인 현재 상황을 적극적으로 극복하려 한다.</u> 미래 지향성을 보이는 화자의 특징 화자가 <u>과거 상황을 긍정적으로 인식하는 과거 지향성을 보이는 경우,</u> (나)의 성격 화자는 <u>미래에 대한 신뢰 없이 과거의 공간을 훼손되지 않은 원형으로 여기는 모습을 보인다.</u> 과거 지향성을 보이는 화자의 특징 이때 화자의 과거 회상이 현재 시제로 표현되기도 하는데, 이는 과거 공간이 존속하기를 소망하는 화자의 심리가 반영된 것으로 볼 수 있다.

☀ 정답인 이유

① (가)의 화자는 '큰 강물이 비로소 길을' 연 것을 통해 발전된 미래를 향한 희망을 확인하여 극복의 자세를 드러낸 것이겠군. ✕ → 과거의 상황임.

⋯ 〈보기〉에 따르면 (가)는 화자가 미래 지향성을 보이는 시로 볼 수 있다. 하지만 '큰 강물이 비로소 길을' 연 것은 광야에서 인류의 문명이 시작된 과거의 상황을 표현한 것이므로, 이를 미래를 향한 희망을 확인하여 극복의 자세를 드러낸 것으로 해석하는 것은 적절하지 않다. (가)에서 부정적인 현재 상황을 극복하려는 모습을 드러낸 부분은 화자가 '지금 눈 나리'는 광야에 '가난한 노래의 씨를 뿌'리는 모습이다.

☂ 오답인 이유

② 〔매력적인 오답〕 (가)의 화자가 '가난한 노래의 씨'를 뿌리고자 하는 것은 현재의 결핍을 인식하고 있기 때문이겠군.

⋯ 〈보기〉와 같이 미래 지향성을 보이는 (가)의 화자는 현재의 결핍을 인식하고, 부정적인 현재 상황을 적극적으로 극복하려 한다고 했다. 이를 참고할 때 (가)의 화자는 '지금 눈'이 내리는 현재의 결핍을 인식하고, '가난한 노래의 씨'를 뿌려 부정적인 현재 상황을 적극적으로 극복하려 하는 것으로 볼 수 있다.

③ (나)의 '소녀', '소년', '들길'이 존재하는 고향의 모습을 통해 화자가 고향을 훼손되지 않은 원형으로 여기고 있음을 알 수 있겠군.

⋯ 〈보기〉에 따르면 (나)는 과거 상황을 긍정적으로 인식하는 과거 지향성을 보이는 시로 볼 수 있다. 이 경우 화자는 과거의 공간을 훼손되지 않는 원형으로 여긴다고 했는데, 순수한 '소녀', '소년'과 '사랑스러운 들길'이 있는 고향의 모습을 통해 이러한 인식을 확인할 수 있다.

④ (나)의 '잔광'이 부시고 '별'이 뜨는 마을의 모습을 통해 화자가 마을을 긍정적으로 인식하고 있음을 알 수 있겠군.

⋯ (나)에서 '오래오래 잔광이 부'시고 '밤이면 더 많이 별이 뜨는' 마을은 아름다운 자연이 있는 공간으로, 마을에 대한 화자의 긍정적인 인식을 확인할 수 있다.

⑤ (나)의 '마을'을 '있다'로 표현하는 것은 마을의 모습이 존속하기를 소망하는 화자의 심리를 드러낸 것이겠군.

⋯ 〈보기〉를 참고할 때, (나)에서 마을에 대한 회상을 현재 시제 '있다'로 표현하는 것은 마을의 모습이 존속하기를 소망하는 화자의 심리를 드러낸 것으로 볼 수 있다.

현대시 **02** 소년 | 봄날

▶ 문제편 106~107쪽

정답 | **01** ① **02** ② **03** ③

[01~03] 다음 글을 읽고 물음에 답하시오. 2023 3월 고2 전국연합

제대로 작품 분석 ▶〈보기〉에서 적절한 것을 골라 넣으며 작품을 분석해 보자.

가

■ 단풍잎: 소멸 이미지
■ 가을이 뚝뚝 떨어진다: ¹
■ 뚝뚝: 상실감 부각
■ 진다, 있다, 든다, 난다, 본다, -린다: 현재 시제로 시적 상황 제시
■ 봄: 희망적 분위기
■ 가만히 하늘을 ~ 강물이 흐르고: '파란 물감'이 '눈썹', '손바닥', '손금'을 거쳐 '맑은 강물'이 됨.(연쇄적 방식)
■ 눈썹에 파란 물감이 든다: 하늘의 파란색이 소년에게 물듦.
■ 파란: 색채어
■ 아름다운 순이: ²
■ 맑은 강물: 화자의 내면
■ 사랑처럼 슬픈 얼굴 ~ 얼굴은 어린다: ³

– 윤동주, 〈소년〉

❖ 제대로 작품 분석의 〈보기〉

ⓐ 소년이 그리워하는 대상
ⓑ 소년의 내면 깊숙이 자리 잡은 순이
ⓒ 추상적 개념의 구체화, 하강 이미지

❖ 제목의 의미

이 시는 하늘을 바라보는 '소년'의 모습을 담고 있다. 하늘을 들여다보던 소년에게 파란 물감이 들고, 이 물감은 눈썹과 손바닥, 손금을 거쳐 맑은 강물로 변용되어 소년의 마음속에 흐른다. 이 맑은 강물에는 소년의 마음속에 있는 '아름다운 순이'의 얼굴이 어리는데, 이를 통해 순이에 대한 소년의 그리움이 드러나고 있다.

❖ 작가 소개

윤동주(尹東柱, 1917~1945): 시인. 북간도 출생. 양심에 따른 진실하고 순수한 삶과 고뇌 어린 자기 성찰의 자세를 담은 작품을 주로 창작했다. 많은 작품에 어두운 시대를 살면서도 순수하게 살아가고자 하는 내면의 의지가 담겨 있다. 1943년에 독립운동의 혐의로 일본 경찰에 검거되고 1945년 후쿠오카 형무소에서 옥사하였다. 유고 시집으로 《하늘과 바람과 별과 시》가 있다.

❖ 핵심 정리

• 갈래: 자유시, 서정시
• 성격: 서정적, 애상적
• 주제: 사랑하는 순이에 대한 소년의 사랑과 그리움
• 특징: ① 색채어와 감각적 이미지를 사용해 대상을 드러냄. ② 현재 시제를 사용하여 시적 상황을 드러냄. ③ 시어의 연쇄적 연결을 통해 시적 상황을 구체화하고 주제 의식을 부각함.

나 [1행~5행] 소주제: 아파트 앞에서 햇볕을 쪼이고 있는 할머니들

■ 할머니들이 ~ 햇볕을 쪼이고 있다: 화자가 관찰하고 있는 대상의 모습
■ 꼼꼼하게 햇볕을 채워넣고 있다: ¹
■ 있다: 현재 시제로 시적 상황 제시

[6~7행] 소주제: 햇볕을 쪼이는 할머니들의 변화에 대한 상상

■ **잘만 하면:** 할머니들의 변화에 대한 화자의 기대가 담김.

[8~11행] **소주제:** 햇볕을 몸과 마음으로 양껏 받는 할머니들

■ **한철 폭우처럼 쏟아지는 빛:** 2

■ **받는다, 눈부시다:** 현재 시제로 시적 상황 제시

■ **미처 몸에 스며들지 못한 ~ 모두 눈부시다:** 햇볕을 양껏 받은 할머니들의 변화

[12~15행] **소주제:** 봄의 생명력에 기뻐하는 할머니들

■ **나무마다 푸른 망울들이 터지고:** 봄의 생명력

■ **할머니 주름살들이 일제히 웃는다:** 3

■ **흘긴다, 웃는다:** 현재 시제로 시적 상황 제시

[16~21행] **소주제:** 봄볕을 쪼이는 할머니들의 입장을 추측함.

■ **오오, 얼마 만에 ~ 또 지나갔던가?:** 봄볕을 쪼이는 할머니들의 마음을 화자가 상상함.

■ **오오:** 영탄법

■ **할머니들은 가끔 눈을 비빈다:** 4

■ **비빈다:** 현재 시제로 시적 상황 제시

– 김기택, 〈봄날〉

❖ **제대로 작품 분석의 〈보기〉**

　⊙ 직유법
　ⓒ 봄을 맞은 나무의 변화를 보고 웃는 할머니들
　ⓒ 햇볕을 쪼이는 할머니들의 모습을 구체화, 능동성 부여
　② 할머니들이 봄볕을 쪼이는 지금처럼 만족스러웠던 환한 날을 떠올린다고 추측함.

❖ **제목의 의미**

화자는 봄날에 햇볕을 쪼이는 할머니들의 모습을 관찰하고 있다. 겨우내 얼었던 뼈와 관절들이 녹도록 봄볕을 쪼이는 할머니들의 모습과 눈부실 정도로 빛을 받고 있는 할머니들의 모습, 푸른 망울들이 터지는 나무의 변화를 보며 웃고 있는 할머니들의 모습을 표현하고 있다. 이러한 묘사와 상상력을 통해 화자는 봄날을 맞은 할머니들을 정감 어린 시선으로 그려 내고 있다.

❖ **작가 소개**

김기택(金基澤, 1957~): 시인. 1989년 한국일보 신춘문예에 시 〈꼽추〉와 〈가뭄〉이 당선되어 등단하였다. 일상과 사물에 대한 섬세하고 냉철한 관찰을 통해 의미를 발견하는 시를 많이 창작하였다. 시집으로 《태아의 잠》, 《사무원》, 《소》 등이 있으며, 주요 작품으로 〈멸치〉, 〈바퀴벌레는 진화 중〉 등이 있다.

❖ **핵심 정리**

　• 갈래: 자유시, 서정시
　• 성격: 관찰적, 감각적
　• 주제: 봄볕을 쪼이는 할머니들에 대한 정감 어린 시선
　• 특징: ① 감각적 이미지와 비유로 대상을 그려 냄. ② 현재 시제를 사용하여 시적 상황을 드러냄. ③ 영탄법과 설의법으로 시적 대상의 심정과 상황을 드러냄.

제대로 감상법 모범 답안

⑦ 윤동주, 〈소년〉

❶ 맑은 강물　❷ 순이　❸ 현재

❖ **제대로 작품 분석**

1 ⓒ　2 ⊙　3 ⓒ

⑭ 김기택, 〈봄날〉

❶ 할머니　❷ 푸른 망울들　❸ 감각적

❖ **제대로 작품 분석**

1 ⓒ　2 ⊙　3 ⓒ　4 ②

01

(가)와 (나)의 공통점으로 가장 적절한 것은?

☀ **정답인 이유**

① **현재 시제를 활용하여 시적 상황을 제시하고 있다.**
　○ → 현재형 어미 '-ㄴ다/-는다' 활용
　⋯ (가)는 '떨어진다', '든다', '묻어난다' 등에서 현재형 어미 '-ㄴ다'를 활용하여, 가을 하늘을 바라보는 소년에게 '파란 물감'이 스며들고 있는 상황을 제시하고 있다. (나)는 '받는다', '흘긴다', '웃는다' 등에서 현재형 어미 '-ㄴ다/-는다'를 활용하여, 봄볕을 쪼이고 있는 할머니들의 상황을 제시하고 있다.

☂ **오답인 이유**

② **연쇄법을 활용하여 역동적*인 분위기를 형성하고 있다.**
　(가) ○, (나) ×
　⋯ (가)는 '눈썹'에 든 '파란 물감'이 '손바닥'에 묻어나고, '손바닥'에서 '손금'으로 이어져 '맑은 강물'이 흐른다고 한 것에서 연쇄법을 활용하고 있다. 하지만 (나)는 연쇄법을 활용하고 있지 않다.

＊ 역동적(力動的): 힘차고 활발하게 움직이는 것

③ **다양한 음성 상징어*를 사용하여 대상을 묘사하고 있다.**
　(가), (나) 모두 ×
　⋯ (가)는 '뚝뚝'이라는 음성 상징어를 사용하여 '단풍잎 같은 슬픈 가을'이 떨어지는 모습을 묘사하고 있다. (나)의 '노곤노곤'은 나른하고 피로한 모양을 나타내는 음성 상징어로 볼 수도 있는데, 이를 통해 봄볕을 쪼이고 있는 할머니들의 모습을 묘사하고 있다. 하지만 (가)와 (나)에 그 외의 다양한 음성 상징어는 나타나 있지 않다.

＊ 음성 상징어: 의태어(사람이나 사물의 모양이나 움직임을 흉내 낸 말)나 의성어(사람이나 사물의 소리를 흉내 낸 말)를 사용하여 표현하는 방법

④ **말을 건네는 방식을 통해 대상과의 친밀감을 높이고 있다.**
　(가), (나) 모두 ×
　⋯ (가)와 (나) 모두 말을 건네는 방식을 사용하고 있지 않다.

⑤ **지시어의 연속적 배치로 대상에 대한 주목을 유도하고 있다.**
　(가), (나) 모두 ×
　⋯ (가)는 '여기저기서'에서, (나)는 '이렇게', '그새'에서 지시어가 들어간 표현이 사용되었다. 하지만 (가), (나) 모두 지시어의 연속적 배치로 대상에 대한 주목을 유도하고 있지는 않다.

02

〈보기〉를 바탕으로 (가)에 대해 이해한 내용으로 적절하지 않은 것은? [3점]

── 〈보기〉 ──

　(가)에 제시된 자연물들은 서로 간의 유사성을 바탕으로 연결되고 변용된다.
　'손바닥'에 묻어난 '파란 물감'이 '손금'으로 스며들면서 '맑은 강물'로 변용됨
또한 이 과정을 거쳐 맞닿은 주체의 신체적 변화를 유발하고
　'하늘'을 들여다보는 소년의 '눈썹'에 파란 물감이 듦.
내면의 정서를 표면화하는 것으로 제시된다. 이때 주체의 변화는 자연
　'맑은 강물'에서 '아름다운 순이의 얼굴'을 떠올림.
물의 속성에 조응하는 것으로 그려진다.

☀ **정답인 이유**

② **'따뜻한 볼'을 만지는 소년의 행동은 '하늘'과 연결되어 자연과의 합일*을 이룬 소년의 '황홀'함을 환기한다.**
　× → 황홀함을 느끼는 것은 맑은 강물에서 순이의 얼굴을 보았기 때문임.

⋯ 소년이 '두 손으로 따뜻한 볼'을 쓸자 '손바닥에도 파란 물감'이 묻어나는 것은, 파란 하늘과 소년이 연결되어 있음을 보여 주는 것이다. 그러나 이 행동이 소년이 느낀 황홀함을 환기하는 것은 아니며, (가)에서 소년이 황홀함을 느낀 이유는 '맑은 강물'에서 '아름다운 순이의 얼굴'을 보았기 때문이다.

> ∗ 합일(合一) : 둘 이상이 합하여 하나가 됨. 또는 그렇게 만듦. ⓐ 이 시의 주인공은 우주와 하나가 되는 <u>합일</u>의 경지를 추구하고 있다.

☂ 오답인 이유

④ (매력적인 오답) '강물'에 '순이의 얼굴이 어리'는 것은 소년이 '강물'의 '맑은' 속성에 조응해 '아름다운 순이'를 떠올린 것임을 드러낸다.

⋯ 소년은 '맑은 강물'에서 '순이의 얼굴'을 떠올리고 있다. '강물'에 '아름다운 순이'의 얼굴이 어리는 것은 '강물'의 '맑은' 속성과 '아름다운 순이'가 조응하기 때문이다.

① '하늘'을 '들여다보'려는 소년의 '눈썹'에 든 '파란 물감'은 자연물의 속성이 주체에 영향을 주었음을 드러낸다.

⋯ '하늘을 들여다보'려는 소년의 '눈썹'에 '파란 물감'이 든 것은 자연물인 '하늘'의 파란 속성이 소년에게 영향을 주었음을 보여 주는 것이다.

③ '손바닥'에 묻어난 '파란 물감'은 '손금'으로 스며들면서 '맑은 강물'로 변용되어 제시된다.

⋯ '하늘'에서 든 눈썹의 '파란 물감'이 소년의 '손바닥'에 묻고, 그 '손바닥'의 '손금'에 '맑은 강물'로 흐른 것은, '파란 물감'이 '손금'에 스며들어 '맑은 강물'로 변용된 것이라고 할 수 있다.

⑤ 소년이 '황홀히 눈을 감'아도 '순이의 얼굴은 어린다'는 것은 '순이'가 소년의 내면에 자리 잡은 대상임을 드러낸다.

⋯ '맑은 강물'은 소년의 내면이며, '강물'에 어린 '순이'는 소년의 내면에 있는 대상이다. 소년이 '황홀히 눈을 감'아도 순이가 떠오른다는 것은 순이가 소년의 내면에 자리 잡은 대상임을 보여 주는 것이다.

젖살'까지 상상하게 되었음을 부각하여 할머니들의 변화에 대한 화자의 기대를 드러내고 있군.

⋯ [B]에서 화자는 '~것 같고', '~것 같다'라고 하여, 봄볕을 쪼이는 할머니들의 변화에 대한 상상을 드러내고 있다. 즉 화자는 할머니들의 '마른버짐' 사이로 '아지랑이'가 피어오를 것 같고, '잘만 하면' '뽀얀 젖살'도 오를 것 같다고 하는데, 이때 '잘만 하면'은 할머니들의 변화에 대한 화자의 기대를 드러내고 있다고 할 수 있다.

① [A]에서 화자는 '햇볕을 쪼이'고 있는 할머니들의 행동을 '꼼꼼하게 햇볕을 채워넣'는 것으로 구체화하면서 할머니들의 모습에 능동성∗을 부여하고 있군.

⋯ [A]에서 화자는 할머니들이 '햇볕을 쪼이'는 모습을 주름 하나도 놓치지 않고 '꼼꼼하게 햇볕을 채워넣'는 것으로 구체화하고 있는데, 이를 통해 할머니들이 봄볕을 보다 능동적으로 받아들이고 있음을 표현하고 있다.

> ∗ 능동성(能動性) : 자신의 생각이나 뜻에 따라 행동하거나 그런 행동이 다른 것에 작용하는 성질 ⓐ 어떤 문제에 직면했을 때, 과감하게 대처할 수 있는 <u>능동성</u>을 가져라.

④ [D]의 화자는 '푸른 망울들'이 터지는 것을 보고 '주름살들이 일제히 웃'는 할머니들에 주목하여 봄의 생명력에 기뻐하는 할머니들에 대한 정감 어린 시선을 드러내고 있군.

⋯ [D]에서는 나무들이 봄볕에 '푸른 망울들'을 터뜨리고, 그 변화를 바라보며 환하게 웃는 할머니들의 모습이 나타나고 있다. 즉 할머니들의 웃음은 봄을 맞은 나무들이 보이는 생명력에 기쁨을 드러내는 것으로 볼 수 있는데, 화자는 이를 '주름살들이 일제히 웃는다.'라고 표현함으로써 할머니들에 대한 정감 어린 시선을 드러내고 있다.

⑤ [E]에서 할머니들이 '가끔 눈을 비비'는 것을 보고 화자는 이를 '한나절 한눈을 팔'던 '환한 빛'으로 인해 '환한 날'을 떠올렸기 때문이라고 여기고 있군.

⋯ [E]에서 화자는 봄볕을 쪼이는 할머니들이 '가끔 눈을 비비'는 모습을 보고, 할머니들이 봄볕을 쪼이는 지금처럼 만족스러웠던 환한 날을 떠올렸기 때문이라고 추측하고 있다.

03
정답률 58% | 매력적인 오답 ② 15%

[A]~[E]에 대한 감상으로 적절하지 <u>않은</u> 것은?

☀ 정답인 이유

③ [C]에서 화자는 '쏟아지는 빛'이 할머니들을 '모두 눈부신' 존재로 만들고 있다고 표현하여 '미처 몸에 스며들지 못한 빛'마저 담고자 하는 할머니들의
<u>의지를 부각하고</u>∗ 있군.
× → 미처 몸에 스며들지 못한 빛을 담고자 하는 의지는 드러나지 않음.

⋯ [C]에서 화자는 '한철 폭우처럼 쏟아지는 빛'을 양껏 받고 '미처 몸에 스며들지 못한 빛'이 흘러넘쳐 눈부시게 된 할머니들의 모습을 표현하고 있다. '미처 몸에 스며들지 못한 빛'은 눈부시게 보이는 할머니들의 모습을 나타낸 것일 뿐, 할머니들의 의지를 부각한 표현이 아니다.

> ∗ 부각(浮刻)하다 : 어떤 사물을 특징지어 두드러지게 하다. ⓐ 광고는 제품의 장점만 <u>부각</u>하여 소비자들의 관심을 끌어모았다.

☂ 오답인 이유

② (매력적인 오답) [B]의 '잘만 하면'이라는 시구는 '아지랑이'뿐만 아니라 '뽀얀

정답 | 01 ① 02 ④ 03 ③

[01~03] 다음 글을 읽고 물음에 답하시오. 2022 3월 고1 전국연합

제대로 작품 분석 ▶〈보기〉에서 적절한 것을 골라 넣으며 작품을 분석해 보자.

가 [1연] **소주제:** 툇마루에 앉아 달을 기다림.

■ 사개 틀린 고풍(古風)의 툇마루: ¹

■ 고풍: 예스러운 풍취나 모습

■ 달: ²

■ 아무런 생각 없이 / 아무런 뜻 없이: 달을 기다리는 데만 집중하는 화자의 모습

[2연] **소주제:** 달이 뜨고 감나무 그림자가 깔림.

■ 빛깔의 방석: ³

■ 보시시: 포근하게 살며시 = 살포시

■ 음성 상징어의 사용

• 사뿐, 보시시
→ 음성 상징어를 사용해 움직임의 정도를 나타냄.

■ 깔리우면: 가정적 표현으로, 마지막 행과 호응하여 기대를 드러냄.

[3연] **소주제:** 달의 점진적 움직임에 감응함.

■ 외론 벗: ⁴

■ 내 그림자: = 외론 벗(자연이 만들어 낸 것)

■ 서로 맞대고 있으려니: 자연과의 교감

■ 이 밤 옮기는 발짓: 달이 뜨는 것. 주체: 달(자연)

■ 들려오리라: ⁵

– 김영랑, 〈사개 틀린 고풍의 툇마루에〉

❖ **제대로 작품 분석의 〈보기〉**

㉠ 달빛으로 생긴 그림자
㉡ 추측의 표현 – 여운을 줌.
㉢ 화자의 그림자 – 외로움, 고독감
㉣ 화자가 기다리고 있는 대상(자연)
㉤ 오랜 세월의 흔적을 간직한 일상적 공간의 모습

❖ **제목의 의미**
'사개 틀린 고풍의 툇마루'는 화자가 달을 기다리고 있는 장소를 나타낸다. 한옥의 일부인 사개가 틀어졌다는 것과 '고풍(古風)'이라는 표현에서, 시적 공간이 오랜 세월의 흔적을 간직한 공간임을 알 수 있다. 이러한 공간의 모습은 시에서 드러나는 적막하고 쓸쓸한 정서와 조응한다. 화자는 적막한 툇마루에 앉아 달이 떠오르기를 기다리며 자연과 교감하는 모습을 보이고 있다.

❖ **작가 소개**
김영랑(金永郎, 1903~1950): 시인. 본명은 윤식(允植). 《시문학》 동인으로 참여하였으며, 잘 다듬어진 언어로 한국적 정서를 담은 서정시를 발표하여 순수 서정시의 새로운 경지를 개척하였다. 만년에는 민족주의적인 색채가 강한 작품을 발표하기도 했다 시집에 《영랑 시집》, 《영랑 시선》 등이 있다.

❖ **핵심 정리**
• 갈래: 자유시, 서정시
• 성격: 감각적, 서정적
• 주제: 달이 떠오르기를 기다리며 자연과 교감하는 마음
• 특징: ① 자연인 '달'을 '벗'처럼 여기며 교감하는 태도가 드러남. ② 대상의 움직임을 음성 상징어를 활용하여 나타냄. ③ 가정적 표현을 활용하여 화자의 정서를 드

러냄. ④ 추측을 나타내는 표현으로 시상을 종결하여 여운을 줌.

나 [1~13행] **소주제:** 우수를 지나면서 봄빛이 점점 뚜렷해짐.

■ 계절적 배경을 나타내는 시어의 사용

• 우수, 경칩
→ 이 시의 계절적 배경: 우수가 지나고 경칩이 되기 전으로, 아직 날이 쌀쌀하기는 해도 봄의 기운이 점차 뚜렷해지는 시기임.

■ 찰박대며 뛰어 건너는: ¹

■ 이쁜 발자욱 소리: 봄기운이 만져질 정도는 아니고 소리만 들림.

■ 가만가만: ²

■ 만지작일 수도 있었더니: 소리로만 듣던 봄기운이 만질 정도가 됨. → 자연의 변화를 보여 줌.

■ 그: 봄기운

■ 진솔 속곳을 갈아입고: 새것의 빛깔을 통해 봄기운을 표현함.

■ 그가 왔다.: ³

[14~18행] **소주제:** 경칩을 기대하며 자연과 교감함.

■ 따뜻한 달걀: ⁴

■ 경칩이 멀지 않다: 곧 완연한 봄이 올 것임.

– 정진규, 〈따뜻한 달걀〉

❖ **제대로 작품 분석의 〈보기〉**

㉠ 자연과의 교감
㉡ 주체 – 봄기운, 봄빛(자연)
㉢ 시구 반복 – 운율 형성, 의미 강조
㉣ 음성 상징어. '만지작'과 함께 어울려 움직임의 정도를 드러냄.

❖ **제목의 의미**
'따뜻한 달걀'은 화자가 '그'를 위해 이른 아침에 닭장으로 내려가서 집어낸 것이다. 여기서 '그'는 봄기운, 봄빛을 상징한다. 화자가 봄의 절기인 경칩이 가까워짐을 인식하며 달걀의 온기를 느끼고 있으므로, 제목 '따뜻한 달걀'은 화자와 자연의 교감을 나타내는 표현이다.

❖ **작가 소개**
정진규(鄭鎭圭, 1939~2017): 시인. 1960년 《동아일보》 신춘문예에 시 〈나팔서정〉이 당선되어 문단에 등단하였다. 초기에는 화려하고 섬세한 언어적 수사를 구사하고 자아의식의 심층에 탐닉하는 모습을 보였으며 시에 산문을 도입하면서 개인의식에서 집단의식으로 이행하는 모습을 보였다. 《연필로 쓰기》, 《뼈에 대하여》 등 다수의 시집을 발간하였다.

❖ **핵심 정리**
• 갈래: 자유시, 서정시
• 성격: 감각적, 낭만적
• 주제: 봄기운을 느끼며 다가오는 봄의 절기를 기다리는 마음
• 특징: ① 우수 무렵부터 경칩 직전에 이르는 시간의 흐름에 따라 시의 내용을 전개함. ② 자연을 의인화하여 표현함. ③ 시구를 반복하여 운율을 형성하면서 의미를 강조함.

제대로 감상법 모범 답안

가 김영랑, 〈사개 틀린 고풍의 툇마루에〉
❶ 고풍 ❷ 보시시

❖ **제대로 작품 분석**
1 ㉤ 2 ㉣ 3 ㉠ 4 ㉢ 5 ㉡

나 정진규, 〈따뜻한 달걀〉
❶ 달걀 ❷ 가만가만 ❸ 그가 왔다

❖ **제대로 작품 분석**
1 ㉡ 2 ㉣ 3 ㉢ 4 ㉠

(가)와 (나)의 공통점으로 가장 적절한 것은?

☀ 정답인 이유

① **음성 상징어*를 활용하여 움직임의 정도를 드러내고 있다.**
(가) 사뿐, 보시시, (나) 가만가만

⋯ (가)에서는 '사뿐', '보시시'와 같은 음성 상징어를 사용하여 달 그림자가 조금씩 움직이는 모습을 드러내었다. (나)에서는 '가만가만'이라는 음성 상징어를 '만지작일'과 함께 사용하여 소리로만 듣던 봄기운이 새끼발가락 하나를 쓰다듬듯 조금씩 다가오고 있음을 느끼는 화자의 조심스러운 태도를 드러내었다.

> * 음성 상징어(音聲象徵語): 의성어나 의태어를 사용하여 표현하는 방법
> – 의성어(擬聲語): 사람이나 사물의 소리를 흉내 낸 말
> 　　예 멍멍, 땡땡, 야옹야옹
> – 의태어(擬態語): 사람이나 사물의 모양이나 움직임을 흉내 낸 말
> 　　예 번쩍번쩍, 성큼성큼, 아장아장

☂ 오답인 이유

③ [매력적인 오답] **청자를 명시적*으로 드러내어 화자의 바람을 표출하고 있다.**
(가)와 (나) 모두 ×

⋯ (가)의 '외론 벗'과 (나)의 '그'가 인물을 가리키는 표현처럼 쓰이고 있으나, (가)에서 '외론 벗'은 화자의 그림자를 가리키는 표현이고, (나)에서 '그'는 봄기운을 빗댄 표현이다. 그러므로 (가)와 (나) 모두 청자를 명시적으로 드러내고 있지 않음을 알 수 있다.

> * 명시적(明示的): 내용이나 뜻을 분명하게 드러내 보이는 것 예 그 신문 기사는 사건의 진상을 명시적으로 다루지 않아 독자들에게 비난을 받았다.

② **원경과 근경을 대비하여 심리적 거리감을 표현하고 있다.**
(가)와 (나) 모두 ×

⋯ (가)와 (나) 모두 멀리 보이는 경치인 원경과 가까이 보이는 경치인 근경을 대비하여 제시하지 않았으며, 이를 이용해 심리적 거리감을 표현하지도 않았다.

④ **가정의 진술을 활용하여 현실 극복의 의지를 드러내고 있다..**
× → (가)에만 나타남.

⋯ (가)의 2연에서는 '깔리우면'이라는 가정의 표현을 사용하고 있으나, 이는 3연의 '이 밤 옮기는 발짓이나 들려오리라'와 호응하면서 화자가 기다리는 달이 떠오를 것이라는 기대를 드러내고 있다. 따라서 (가)에서는 가정의 진술을 활용하였으나 현실 극복의 의지를 드러내고 있다고 볼 수 없다. 그리고 (나)에서는 가정의 진술이 활용되지 않았다.

⑤ **추측을 나타내는 표현으로 시상을 종결하여 시적 여운을 자아내고 있다.**
× → (가)에만 나타남.

⋯ (가)의 3연에서는 '들려오리라'라는 추측을 나타내는 표현을 사용하여 시적 여운을 자아내고 있다. 그러나 (나)의 마지막 부분에 쓰인 '경칩이 멀지 않다 하였다.'는 추측을 나타내는 표현이 아니다.

㉠과 ㉡에 대한 설명으로 가장 적절한 것은?

☀ 정답인 이유

④ **㉠은 고독하고 적막한 상황이, ㉡은 생동*하는 청량한 기운이 형상화되는 공간이다.**

⋯ (가)의 ㉠(툇마루)은 화자가 '말없이 몸짓 없이' 앉아서 달을 기다리는 공간이며, 이곳에서 화자는 자신의 그림자를 '외론 벗'이라고 칭하여 외로움을 드러내고 있다. 따라서 ㉠은 고독하고 적막한 상황이 형상화되는 공간이다. (나)의 ㉡(산 여울)은 '새벽'에 '찰박대며 뛰어 건너는' 소리가 나고 우수를 지나 경칩으로 이어지는 계절의 변화가 나타나는 공간이므로, 생동하는 청량한 기운이 형상화되는 공간이라고 볼 수 있다.

> * 생동(生動): 생기 있게 살아 움직임. 예 그 고구려 시대의 벽화에서는 고구려인의 생동하는 기상을 느낄 수 있다.

☂ 오답인 이유

① [매력적인 오답] **㉠과 ㉡은 모두 오랜 세월의 흔적을 간직한 일상적 삶의 공간이다.**
× → ㉠에만 해당함.

⋯ ㉠은 집의 일부분이고 그 앞에 '고풍(古風)'이라는 말이 있으므로 오랜 세월의 흔적을 간직한 일상적 삶의 공간으로 볼 수 있다. 그러나 ㉡에서 '여울'은 물살이 세게 흐르는 곳을 가리키므로 오랜 세월의 흔적을 간직한 일상적 삶의 공간이라고 볼 수 없다.

② **㉠과 ㉡은 모두 화자가 현실을 관조*하며 스스로를 성찰하는 공간이다.**
(가)와 (나) 모두 ×

⋯ (가)의 화자는 ㉠에 앉아서 달을 기다리며 외로움과 고독감을 느끼고 있고, (나)의 화자는 ㉡을 통해 계절의 변화를 느끼고 있다. 따라서 두 곳 모두 화자가 현실을 관조하며 스스로를 성찰하는 공간에 해당하지 않는다.

> * 관조(觀照): 고요한 마음으로 사물이나 현상을 관찰하거나 비추어 봄. 예 그 시인의 시에는 인생에 대해 관조하고 삶의 의미를 찾고자 하는 태도가 드러난다.

③ **㉠은 상승하는 대상과 친밀감을, ㉡은 하강하는 대상과 일체감을 느끼는 공간이다.**
달 × / ×

⋯ (가)의 화자가 ㉠에 앉아 떠오르기를 기다리고 있는 대상인 '달'을 상승하는 대상이라고 볼 수는 있으나, 아직 달이 나타나지 않았으므로 화자가 대상과 친밀감을 느낀다고 볼 수 없다. (나)의 화자는 ㉡에서 '찰박대며 뛰어 건너는' 소리를 듣고 있지만 이는 하강하는 대상과는 관련이 없으며, 화자가 대상과 일체감을 느낀다고 볼 수도 없다.

⑤ **㉠은 지나온 삶에 대한 그리움이, ㉡은 현재의 삶에 대한 만족감이 드러나는 공간이다.**

⋯ (가)의 화자는 ㉠에서 고독감을 느끼면서 달이 떠오르기를 기대하고 있을 뿐 지나온 삶에 대한 그리움을 드러내지 않았다. (나)의 화자 역시 계절의 변화를 느끼며 완연한 봄이 오기를 기다리는 모습을 보일 뿐 현재의 삶에 대한 만족감을 드러내지는 않았다.

〈보기〉를 참고하여 (가)와 (나)를 감상한 내용으로 적절하지 **않은** 것은? [3점]

---〈보기〉---

(가)와 (나)는 자연의 순환적 질서에 감응하는 화자의 모습을 보여 준
_{(가) 밤이 되면 달이 뜨는 것, (나) 우수가 지나고 경칩이 오는 것}
다. (가)의 화자는 밤이 깊어지면서 달이 떠오르기를 기다리고 있고,
_{(가)의 화자의 상황과 정서}
(나)의 화자는 절기*가 바뀌면서 봄빛이 점점 뚜렷해지고 있음을 느끼
_{(나)의 화자의 상황과 정서}
고 있다. 시간의 흐름에 따른 자연의 점진적 변화를 감지하기 위해 화
자는 온몸의 감각을 집중하면서, 자연을 자신과 교감을 이루는 주체로
인식한다.

---

* 절기(節氣): 한 해를 스물넷으로 나눈, 계절의 표준이 되는 것. 입춘, 청명, 하지, 처서, 동지 등이 절기에 해당한다. 설이나 추석은 명절이 며 절기에 해당하지 않는다.
(나)에 언급된 우수와 경칩은 입춘과 춘분 사이에 들며 봄에 해당하는 절기이다. 우수는 양력 2월 18일경, 경칩은 3월 5일경에 해당한다. 아 직 날씨는 쌀쌀하지만 겨울이 끝나 가고 따뜻한 봄기운이 점점 퍼져 가는 것을 느낄 수 있는 시기임을 알 수 있다.

☀ 정답인 이유

③ (가)의 '떠오를 기척도 없는 달'과 (나)의 '이쁜 발자욱 소리' 하나의 자연의 순환적 질서가 지연되는 것에 대한 화자의 조바심을 유발하는 것으로 볼 수 있군.
_{✕ → (가)와 (나)의 화자 모두 조바심을 드러내지 않음.}

⋯ (가)의 화자는 '떠오를 기척도 없는 달'을 기다리며 고독감을 느끼 지만 나중에는 곧 달이 떠오를 것이라는 기대감을 드러내고 있으므 로 화자의 조바심을 유발한다고 볼 수 없다. (나)에서 화자는 우수를 지난 후 점점 더 봄기운이 뚜렷해지는 것을 느끼고 있으며 이러한 화자의 모습은 '이쁜 발자욱 소리'를 듣는 것에서도 나타난다. 화자 가 조바심을 느끼는 모습은 나타나지 않는다.

☂ 오답인 이유

② 매력적인 오답 (나)에서 소리로 인식되던 대상의 '새끼발가락'을 만질 수 있 게 되었다는 것은, 시간의 흐름에 따라 자연이 변화하는 양상을 표현한 것으 로 볼 수 있군.

⋯ (나)에서 화자는 봄기운을 의미하는 '그'가 '찰박대며 뛰어 건너는' 소리만 듣다가 '그 새끼발가락'을 만질 수 있게 되었다고 하였다. 이는 소리로만 듣던 봄기운이 전과 달리 직접 만져지는 듯하다는 뜻 이다. 따라서 시간의 흐름에 따라 자연이 변화하는 양상을 표현한 것으로 볼 수 있다.

① (가)의 화자가 '아무런 생각'이나 '뜻 없이' 달이 떠오르기를 기다리는 것은, 자연의 변화를 감지*하기 위해 온몸의 감각을 집중하는 것으로 볼 수 있군.

⋯ (가)에서 화자는 툇마루에 '없는 듯이 앉아' '아무런 생각'이나 '뜻 없이' 달을 기다리고 있다. 이는 화자가 달을 기다리는 것 이외의 어 떤 행동이나 생각도 하지 않고 있음을 보여 주므로, 달이 떠오르는 자연의 변화를 감지하기 위해 집중하는 것으로 볼 수 있다.

* 감지(感知): 느끼어 앎. ⓔ 동물의 눈은 인간의 눈보다 빛을 감지하는 능력이 더 뛰어나다.

④ (가)에서는 달이 뜨는 것을 '이 밤 옮기는 발짓'을 한다고 표현하고, (나)에서 는 뚜렷해진 봄빛을 '진솔 속곳을 갈아입'은 것으로 표현하여 자연을 행위의 주체로 인식하고 있군.

⋯ (가)의 '이 밤 옮기는 발짓이나 들려오리라'에서 '발짓'을 옮기는 주체는 화자가 기다리고 있는 달이다. 따라서 '달'이라는 자연을 행 위의 주체로 인식하고 있다. (나)에서 '진솔 속곳을 갈아입'고 온 존 재는 '그'이다. '그'는 봄기운을 가리키며, 새것 그대로인 것을 나타내 는 진솔 속곳을 입었다는 것은 봄빛이 선명해졌음을 나타낸다. 따라 서 (나)에서도 '봄빛'이라는 자연을 행위의 주체로 인식하고 있음을 알 수 있다.

⑤ (가)에서는 달이 만든 '내 그림자'를 '벗' 삼아 '서로 맞대고 있으려'는 데서, (나)에서는 '경칩'을 예감하며 '달걀'의 온기를 느끼는 데서 화자와 자연이 교 감*하는 모습이 나타나는군.

⋯ 〈보기〉에서는 (가)와 (나)의 화자가 자연을 교감의 주체로 생각해 서로 교감하는 모습을 보인다고 하였다. (가)에서 화자는 '내 그림자' 와 서로 맞대고 있으려 하면서 자연이 만들어 낸 그림자를 벗으로 삼으려 하므로, 화자와 자연이 교감하는 모습이 나타난다고 볼 수 있다. (나)에서도 화자는 자연인 '그'를 위해 달걀 두 알을 집어낸 뒤 경칩이 멀지 않다고 예감하면서 그 달걀에서 온기를 느끼고 있으므 로, 화자와 자연이 교감하는 모습이 나타난다고 볼 수 있다.

* 교감(交感): 서로 접촉하여 따라 움직이는 느낌 ⓔ 우리들은 대화를 나 누며 서로 교감하였다.

[01~03] 다음 글을 읽고 물음에 답하시오.   2021 3월 고1 전국연합

제대로 작품 분석   ▶〈보기〉에서 적절한 것을 골라 넣으며 작품을 분석해 보자.

가 [1] **소주제:** 달빛이 비치는 겨울 호수의 풍경

■ 양철로 만든 달: ¹

■ 수면 위에 떨어지고: 달빛이 호수 위에 비치는 모습

■ 부숴지는 얼음 ~ 옷소매에 스며든다: 얼음이 깨지는 소리가 날카롭게 들림. – 차갑고 쓸 쓸한 겨울 분위기 형성, 공감각적 심상(청각의 촉각화)

■ 호적: 태평소

■ 스며든다: 현재 시제 사용 – 시적 상황에 주목하도록 하는 효과

■ 홀로 거닐면: ²

■ 은모래: 호수의 보조 관념 ①

■ 화려한 꽃밭: 호수의 보조 관념 ②

■ 여윈 추억: 아픈 추억

■ 조각난 빙설이 눈부신 빛을 하다: 추억이 조각조각 떠오르는 모습 – 추억이라는 관념을 시 각적으로 형상화함.

[2] **소주제:** 황혼 무렵의 차창 밖 풍경

■ 낡은 고향: 먼 기억 속의 고향

■ 허리띠: ³

■ 강물: 향수를 불러일으키는 매개체 ①

■ 차창에 서리는: 화자의 위치가 변했음을 알 수 있음.

■ 노을: 향수를 불러일으키는 매개체 ②

■ 향수처럼 희미한 날개를 펴고 있었다: 노을이 펼쳐지는 모습 비유

[3] **소주제:** 늦은 오후 논둑의 풍경

■ 앙상한 잡목림: 스산한 분위기 형성

■ 잡목림: 여러 가지 나무가 자라는 숲

■ 한낮이 겨운 하늘이 투명한 기폭을 떨어뜨리고: 나뭇가지 사이로 보이는 오후의 하 늘 모습

■ 송아지: 화자의 애상적 정서가 투영된 소재

■ 서글픈 얼굴: ⁴

– 김광균, 〈성호 부근〉

❖ **제대로 작품 분석의 〈보기〉**

⟨
ㄱ 차갑고 날카로운 이미지
ㄴ 외롭고 쓸쓸한 화자의 모습
ㄷ 길게 이어져 흐르는 강물의 모습 비유
ㄹ 화자의 서글픈 심정을 송아지에 이입함.
⟩

❖ **제목의 의미**

'성호 부근'은 호수의 근처라는 뜻으로, 달빛이 비치는 겨울 호수 부근의 풍경을 회화적 으로 그리고 있는 작품이다. 이 작품은 숫자로 구별된 세 개의 장면으로 구성되어 있는 데, 각 장면에서는 다양한 이미지를 통해 겨울 호수와 그 부근의 풍경을 형상화하고 있 으며, 이 과정에서 애상적 정서를 환기하고 있다.

❖ **작가 소개**

김광균(金光均, 1914~1993): 시인. 경기도 개성 출생. 감각적이고 회화적인 기법으로 도 시인의 고독이나 우수를 그린 작품이 많다. 주요 작품으로 〈데생〉, 〈와사등〉 등이 있다.

❖ **핵심 정리**

• 갈래: 자유시, 서정시

• 성격: 회화적, 감각적

• 주제: 달빛에 비친 겨울 호수의 쓸쓸한 풍경

• 특징: ① 공간의 이동에 따라 시상을 전개함. ② 감각적 묘사와 비유를 통해 이미지 를 제시함. ③ 현재 시제를 사용하여 시적 상황을 드러냄.

나 [1~10행] **소주제:** 혼자가 아니라는 깨달음을 얻는 화자

■ 논고랑에 고인 물: ¹

■ 본다: 현재 시제 사용 – 시적 상황에 주목하도록 하는 효과

■ 마음이 행복해진다: 화자의 정서 직접 표출 – 자신이 혼자가 아님을 깨달으며 행복해짐.

■ 나뭇가지가 꾸부정하게 ~ 얼굴이 들어 있다: 물에 비친 대상 열거

■ 늘 홀로이던 ~ 함께 있다: ²

■ 누가 높지도 ~ 모두가 아름답다: 물에 비친 세상에 대한 긍정적 인식

[11~18행] **소주제:** 부정적인 모습을 버리고 마음의 평정을 찾는 화자

■ 거꾸로 서 있는 ~ 아프지 않다: ³

■ 산도 곁에 거꾸로 누워 있다: 혼자가 아니라는 깨달음 – 산을 의인화하여 친근감을 드러냄.

■ 늘 떨며 우왕좌왕하던: ⁴

■ 무심하고 아주 선명하다: 현재 자신의 모습 – 긍정적. 성찰을 통한 인식의 변화

– 이성선, 〈논두렁에 서서〉

❖ **제대로 작품 분석의 〈보기〉**

⟨
ㄱ 자아 성찰의 매개체
ㄴ 과거 자신의 모습 – 부정적
ㄷ 자신이 다른 존재들과 공존하고 있음을 발견하는 화자
ㄹ 물에 비친 자신의 모습을 부정적이지 않은 것으로 수용하는 화자의 태도
⟩

❖ **제목의 의미**

'논두렁에 서서'는 화자의 현재 위치를 나타내는 말로, 이 작품에는 논두렁에 선 채로 '논고랑에 고인 물'을 바라보며 자신과 자신을 둘러싼 존재들의 관계에 대해 생각하는 화자의 모습이 드러나 있다. 이러한 성찰을 통해 화자는 자신은 혼자가 아니라는 깨달 음을 얻고 있다.

❖ **작가 소개**

이성선(李聖善, 1941~2001): 시인. 동양적 달관의 세계를 모색하며, 자연 세계의 순수 함과 아름다움을 노래하는 작품을 많이 썼다. 주요 시집으로 《별이 비치는 지붕》, 《절 정의 노래》, 《내 몸에 우주가 손을 얹었다》 등이 있다.

❖ **핵심 정리**

• 갈래: 자유시, 서정시

• 성격: 관조적, 성찰적

• 주제: 자신과 자신을 둘러싼 존재들의 관계에 대한 성찰

• 특징: ① 현재 시제를 사용하여 시적 상황을 드러냄. ② 솔직하고 담백한 어조로 성 찰의 자세를 드러냄. ③ 과거의 자신과 현재의 자신을 대비하여 주제를 강조함.

제대로 감상법 모범 답안

가 김광균, 〈성호 부근〉

❶ 애상적 ❷ 양철 ❸ 송아지 ❹ 공간

❖ **제대로 작품 분석**

1 ㄱ 2 ㄴ 3 ㄷ 4 ㄹ

나 이성선, 〈논두렁에 서서〉

❶ 물 ❷ 무심하고 ❸ 현재

❖ **제대로 작품 분석**

1 ㄱ 2 ㄷ 3 ㄹ 4 ㄴ

(가)와 (나)에 대한 설명으로 가장 적절한 것은?

☀ 정답인 이유

② (가)와 (나)는 현재 시제를 활용하여 시적 상황에 주목하도록 하고 있다.
○ → (가): '스며든다', '서 있다' 등, (나): '본다', '행복해진다' 등

⋯ (가)에서는 '스며든다', '서 있다' 등과 같은 현재 시제를 활용하여 쓸쓸한 겨울 호수의 풍경을 바라보고 있는 화자의 상황에 주목하도록 하고 있다. (나)에서는 '본다', '행복해진다', '함께 있다', '아프지 않다', '선명하다' 등과 같은 현재 시제를 활용하여 논고랑에 고인 물을 바라보고 있는 화자의 상황과 화자의 인식 변화에 주목하도록 하고 있다.

☂ 오답인 이유

④ 매력적인 오답 (가)와 달리 (나)는 시선을 원경*에서 근경*으로 이동하면서
　　　　　　　　　　　　　　　　　　　　　　　　　×
시상을 전개하고 있다.

⋯ (나)에는 '논고랑에 고인 물'을 바라보는 화자의 시선이 드러나지만, 원경에서 근경으로의 시선의 이동은 드러나 있지 않다.

- -
＊원경(遠景): 멀리 보이는 경치. 또는 먼 데서 보는 경치
＊근경(近景): 가까이 보이는 경치. 또는 가까운 데서 보는 경치
- -

① (가)와 (나)는 음성 상징어*를 사용하여 대상의 생동감을 강조하고 있다.
　　　　　　×

⋯ (가)와 (나)에는 모두 음성 상징어가 사용되지 않았다. (가)와 (나)는 모두 조용하고 관조적인 느낌을 주며 시각적 이미지가 주를 이루고 있다.

- -
＊음성 상징어(音聲象徵語): 의성어나 의태어를 사용하여 표현하는 방법
📖 멍멍, 탕탕, 아장아장, 엉금엉금 등
- -

③ (가)와 (나)는 청자와 대화하는 방식을 활용하여 주제를 형상화하고 있다.
　　　　　　　　×

⋯ (가)와 (나)에는 모두 시적 청자가 드러나 있지 않으며, 청자와 대화하는 방식도 활용되지 않았다.

⑤ (나)와 달리 (가)는 동일한 시어를 반복하여 리듬감을 형성하고 있다.
　　　　　　　×

⋯ (가)에는 '노을'이라는 시어가 두 번 나타나지만, 전체적으로 동일한 시어를 반복하여 리듬감을 형성하고 있다고 볼 수 없다. 오히려 (나)에서 '있다', '거꾸로' 등과 같은 동일한 시어를 반복하여 리듬감을 형성하고 있다.

'송아지'의 '서글픈 얼굴'이 드러내는 정서가 극복될 수 있는 가능성을 암시
× → 나타나 있지 않음.
하고 있다.

⋯ '2'에서 '향수처럼 희미한 날개를 펴고 있었다'는 노을이 펼쳐지는 모습을 비유한 것으로, 고향을 그리워하는 애상적 정서를 환기하고 있다. '3'에서 '서글픈 얼굴을 하고 논둑 위에 서 있다'는 화자의 서글픈 심정을 송아지에 이입하여 표현한 것으로, 역시 애상적 정서를 환기하고 있다. 하지만 이러한 애상적 정서가 극복될 수 있는 가능성을 암시하고 있지는 않다. 〈보기〉에서도 (가)는 겨울 호수 부근의 풍경을 형상화하는 과정에서 애상적 정서가 환기된다고 했을 뿐, 애상적 정서의 극복에 관한 내용은 제시하고 있지 않다.

☂ 오답인 이유

① '1'에서는 '한 포기 화려한 꽃밭'으로 표현된 호수의 모습에 '양철'과 '얼음'이 환기하는 날카롭고 차가운 감각이 연결되면서 겨울 호수의 이미지가 형상화되고 있다.

⋯ 〈보기〉에서 (가)는 다양한 이미지를 통해 겨울 호수 부근의 풍경을 형상화하고 있다고 하였다. '1'에서 '한 포기 화려한 꽃밭'은 호수를 비유한 표현이다. 여기에 '양철로 만든 달', '얼음 소리가 / 날카로운 호적같이 옷소매에 스며든다'와 같이 날카롭고 차가운 이미지의 표현을 결합하여 차갑고 쓸쓸한 겨울 호수의 이미지를 형상화하고 있다.

② '1'에서 '달이 하나 수면 위에 떨어지'는 모습은 겨울 호숫가를 '홀로' 거니는 화자의 상황과 맞물리면서 쓸쓸한 정서를 드러내고 있다.

⋯ 〈보기〉에서 (가)는 겨울 호수와 그 부근의 풍경을 형상화하는 과정에서 애상적 정서가 환기된다고 하였다. 달이 뜬 호수 주변을 '홀로' 거니는 화자의 모습에서 이와 같은 쓸쓸한 정서를 엿볼 수 있다.

③ '2'의 '강물'과 '노을'은 '낡은 고향'과 '향수'의 이미지로 연결되면서 고향에 대한 그리움의 정서를 떠올리게 한다.

⋯ 길게 얼어붙은 '강물'의 모습을 '낡은 고향의 허리띠'에, 황혼 무렵 '노을'이 펼쳐지는 모습을 '희미한 날개를 펴는 향수'에 비유하여 고향에 대한 그리움의 정서를 드러내고 있다.

⑤ '1', '2', '3'에서는 각각 '조각난 빙설', '얼어붙'은 '강물', '앙상한 잡목림'과 같은 시구가 스산한* 분위기를 자아내면서 애상적 정서를 심화하고 있다.

⋯ 겨울 호수에서 보이는 '조각난 빙설', '얼어붙은 강물', '앙상한 잡목림' 등은 전반적으로 스산한 분위기를 자아내면서 애상적 정서를 심화하고 있다.

- -
＊스산하다: 몹시 어수선하고 쓸쓸하다. 📖 그는 바람이 불고 낙엽이 뒹구는 스산한 거리를 걷고 있었다.
- -

〈보기〉를 바탕으로 (가)를 이해한 내용으로 적절하지 않은 것은? [3점]

> 〈보기〉
>
> 　(가)는 숫자로 구별된 세 개의 장면으로 구성되어 있다. 각 장면에서
> 　　　　　　　　　　　　　　　　구성상의 특징
> 는 다양한 이미지를 통해 겨울 호수와 그 부근의 풍경이 형상화되고,
> 　　　　　　　　작품에서 형상화하고 있는 내용
> 이 과정에서 애상적 정서가 환기된다.
> 　　　　作品에 나타난 화자의 정서

☀ 정답인 이유

④ '2'의 '희미한 날개를 펴고 있었다'는 '3'의 '논둑 위에 서 있다'와 연결되면서,
　　　　　　　　　　　　　　　　　　　× → 내용이 연결된다고 볼 수 없음.

(나)를 감상한 내용으로 적절하지 않은 것은?

☀ 정답인 이유

① 화자는 '늘 떨며 우왕좌왕하던' 과거 자신의 모습과 '곁에 거꾸로 누워 있'는
　　　　　　　　　　　　　× → 서로 상반되는 모습
'산'의 모습을 동일시하고 있군.

⋯ '늘 떨며 우왕좌왕하던' 모습은 과거 '나'의 부정적인 모습이다. 화자는 '논고랑에 고인 물'을 바라보며 성찰을 한 결과, 자신의 모습을 예전과는 다르게 긍정적으로 인식하게 된다. 물에 비친 대상들은 화

자의 이러한 긍정적 인식 변화에 영향을 끼친 것들로, '곁에 거꾸로 누워 있'는 '산'도 물에 비친 대상의 하나이다. 따라서 '곁에 거꾸로 누워 있'는 '산'의 모습은 '늘 떨며 우왕좌왕하던' 과거 화자의 모습과 상반된다고 할 수 있다.

🌂 오답인 이유

⑤ [매력적인 오답] 물에 비친 자신의 모습을 '무심하고 아주 선명하다'라고 한 것에서, 화자가 물을 보는 행위를 통해 자기 자신에 대한 인식을 달리하게 되었음을 알 수 있군.

⋯→ 과거에 '늘 떨며 우왕좌왕하던' 화자는 물을 보는 행위를 통해 자기 자신을 '무심하고 아주 선명하다.'라고 생각하게 되었다. 이를 통해 화자가 마음의 평정을 찾고 자신에 대한 인식을 달리하게 되었음을 알 수 있다.

② '누가 높지도 낮지도 않은 모습'을 '아름답다'고 한 것에서 화자가 물에 비친 세상을 긍정적으로 보고 있음을 알 수 있군.

⋯→ 화자는 물에 비친 대상들을 '누가 높지도 낮지도 않다. / 모두가 아름답다.'라고 인식하고 있다. 이를 통해 화자가 물에 비친 세상을 긍정적으로 보고 있음을 알 수 있다.

③ '거꾸로 서 있는 모습'을 '아프지 않'은 것으로 받아들이는 화자에게서 물에 비친 자신의 모습을 부정적이지 않은 것으로 수용하는 태도가 드러나는군.

⋯→ 화자는 '논고랑에 고인 물'에 비친 '나뭇가지', '햇살', '새 그림자', '나의 얼굴'을 보면서 자신이 혼자가 아니라는 것을 깨닫고 행복해한다. 화자가 '거꾸로 서 있는 모습'을 아프지 않다고 여기는 모습에서 물에 비친 자신의 모습을 긍정적으로 수용하는 태도를 알 수 있다.

④ '늘 홀로'라고 생각했던 화자는 '나뭇가지', '햇살', '새 그림자'와 '나의 얼굴'이 '함께 있'는 모습에서 자신이 다른 존재들과 공존하고 있음을 발견하는군.

⋯→ 물에 비친 '나뭇가지', '햇살', '새 그림자', '나의 얼굴'을 바라보던 화자가 '늘 홀로이던 내가 / 그들과 함께 있다.'라고 인식하는 모습에서, 화자가 자신이 다른 존재들과 공존하고 있음을 발견했음을 알 수 있다.

▶ 문제편 112~114쪽

| 정답 | 01 ④ | 02 ② | 03 ⑤ | 04 ② |

[01~04] 다음 글을 읽고 물음에 답하시오. 2020 6월 고1 전국연합

제대로 작품 분석 ▶〈보기〉에서 적절한 것을 골라 넣으며 작품을 분석해 보자.

가 [1연] 소주제: 봄 숲에 비치는 햇빛
- **해:** 주관적 인식의 대상
- **제 빛에 겨워 흘러넘친다:** ¹
- **모든 초록, 모든 꽃들의 / 왕관이 되어:** 햇빛이 나무와 꽃에 비쳐 빛나는 모습을 '왕관'으로 표현
- **웃는다:** 해를 의인화하여 자연과의 교감을 나타냄. – 현재형 어미를 사용하여 생동감을 줌.
- **하늘의 푸른 넓이를 다해 웃는다:** 햇빛이 비치는 화창한 봄날의 모습

[2연] 소주제: 나뭇가지들의 초록 기쁨
- **해여, 푸른 하늘이여:** 영탄적 표현으로 화자의 정서를 나타냄. ① – 해와 푸른 하늘에 대한 감격
- **취해 찰랑대는 자기의 즙에 겨운:** ²
- **초록 기쁨이여:** 영탄적 표현으로 화자의 정서를 나타냄. ② – 봄날의 나뭇가지에 대한 감격

[3연] 소주제: 흙의 싱그러움
- **큰 향기로운 눈동자를 굴리며:** 주체: 흙 – 대지의 넉넉함과 향기로움
- **싱글거린다:** ³ – 현재형 어미를 사용하여 생동감을 줌

[4연] 소주제: 봄 숲에 넘치는 향기
- **오 이 향기:** 영탄적 표현으로 화자의 정서를 나타냄. ③ – 봄 숲의 향기에 대한 감격
- **내 코에 댄 ~ 나무들의 향기!:** 자연의 향기가 코로 전해지는 것을 비유적으로 나타냄.
- **하늘의, 향기:** ⁴

– 정현종, 〈초록 기쁨 – 봄 숲에서〉

❖ **제대로 작품 분석의 〈보기〉**
  ㉠ 생명력이 넘치는 모습
  ㉡ 쉼표를 활용하여 호흡의 흐름을 조절함.
  ㉢ 흙을 의인화하여 자연과의 교감을 나타냄.
  ㉣ 햇빛이 강하게 내리쬐는 모습을 감각적으로 표현

❖ **제목의 의미**
  햇살이 가득한 봄 숲을 배경으로, 넘치는 봄 숲의 생동감을 '초록 기쁨'이라고 표현하고 있다. 햇빛, 하늘, 초록잎의 나무, 흙 등의 자연물을 통해 봄 숲에서 느끼는 정서를 드러내고 있는 작품이다.

❖ **작가 소개**
  정현종(鄭玄宗, 1939~): 시인. 주로 생태계가 파괴되는 현실의 모습을 비판적으로 성찰하고, 생태 중심적 사고를 촉구하는 시 세계를 구축해 왔다. 주요 시집으로 《사물의 꿈》, 《떨어져도 튀는 공처럼》, 《사랑할 시간이 많지 않다》, 《갈증이며 샘물인》 등이 있다.

❖ **핵심 정리**
  • 갈래: 자유시, 서정시
  • 성격: 감각적, 예찬적, 영탄적
  • 주제: 생명력이 넘치는 봄 숲에 대한 예찬
  • 특징: ① 다양한 감각적 이미지로 대상에 대한 인상을 표현함. ② 자연물을 의인화하여 대상과의 교감을 나타냄. ③ 동일한 시어를 반복하여 의미를 강조함. ④ 영탄적 표현을 사용하여 화자의 정서를 나타냄. ⑤ 문장부호를 활용하여 호흡의 흐름을 조절함.

나 [1, 2행] **소주제:** 봄빛이 가득한 마을과 들길의 정경
- 들길은 마을에 ~ 내려서자 푸르러졌다: ¹

[3~5행] **소주제:** 바람에 흔들리는 보리의 모습
- **이랑:** 갈아 놓은 밭의 한 두둑과 한 고랑을 아울러 이르는 말
- **이랑 이랑 햇빛이 갈라지고:** ²
- **보리도 허리통이 부끄럽게 드러났다:** 보리가 바람에 휘는 모습 – 관능적 표현(의인화)

[6~9행] **소주제:** 암수 꾀꼬리의 정다운 모습
- **꾀꼬리는 엽태 혼자 날아 볼 줄 모르나니:** ³
- **암컷이라 쫓길 뿐 / 수놈이라 쫓을 뿐:** 암수가 정답게 노니는 꾀꼬리의 모습 – 봄날의 생명력

[10, 11행] **소주제:** 산봉우리의 아름다운 자태
- **얇은 단장하고 아양 가득 차 있는:** ⁴
- **산봉우리:** 주관적 인식의 대상
- **오늘밤 너 어디로 가 버리련?:** 아름다운 산봉우리가 밤이 되면 어둠 속으로 사라져 버리는 것에 대한 아쉬움 – 산봉우리를 의인화하여 친근하게 표현

– 김영랑, 〈오월〉

❖ **제대로 작품 분석의 〈보기〉**
　　㉠ 꾀꼬리는 늘 짝을 지어 날아다님.
　　㉡ 보리밭의 이랑 사이로 햇빛이 비춰 반짝이는 모습
　　㉢ 푸르게 물들기 시작한 오월의 산봉우리를 의인화한 표현
　　㉣ 화자가 본 시골길과 들판의 모습을 감각적으로 표현 – 색채 대비

❖ **제목의 의미**
'오월'의 봄을 배경으로 화자가 바라본 자연 정경을 생동감 있게 묘사하고 있는 작품이다. 아름답고 싱그러운 오월의 생명력을 향토적인 소재, 시각적 심상의 대비, 섬세한 시어, 구체적이고 감각적인 이미지들을 통해 형상화하고 있다.

❖ **작가 소개**
김영랑(金永郞, 1903~1950): 시인. 본명은 윤식(允植). 《시문학》 동인으로 참여하였으며, 잘 다듬어진 언어로 한국적 정서를 담은 서정시를 발표하여 순수 서정시의 새로운 경지를 개척하였다. 만년에는 민족주의적인 색채가 강한 작품을 발표하기도 했다. 시집에 《영랑 시집》, 《영랑 시선》 등이 있다.

❖ **핵심 정리**
- 갈래: 자유시, 서정시
- 성격: 감각적, 낭만적, 묘사적
- 주제: 오월에 느끼는 봄의 생동감
- 특징: ① 시선의 이동에 따라 시상을 전개함. ② 의인화와 색채 대비를 통해 오월의 생동감을 강조함. ③ 향토적 소재를 사용하고 있으며, 경쾌한 리듬감을 느낄 수 있음.

┌─ **제대로 감상법 모범 답안** ─┐

㉮ 정현종, 〈초록 기쁨 – 봄 숲에서〉
❶ 예찬 ❷ 왕관 ❸ 의인화

❖ **제대로 작품 분석**
1 ㉣ 2 ㉠ 3 ㉢ 4 ㉡

㉯ 김영랑, 〈오월〉
❶ 예찬 ❷ 꾀꼬리 ❸ 시선

❖ **제대로 작품 분석**
1 ㉣ 2 ㉡ 3 ㉠ 4 ㉢

01

정답률 88%

(가)와 (나)의 공통점으로 가장 적절한 것은?

☀ 정답인 이유

④ **자연물에 인격을 부여하여 화자가 자연과 교감하는 모습을 보여 주고 있다.**
　○ → (가): '(해는) 웃는다', '(흙은) 싱글거린다', (나): '보리도 ~ 드러났다', '산봉우리야 ~가 버리련?'
　… (가)에서는 '웃는다', '싱글거린다' 등과 같이 자연물인 '해'와 '흙'에 인격을 부여하여 화자가 자연과 교감하는 모습을 보여 주고 있다. (나)에서는 '보리도 허리통이 부끄럽게 드러났다', '산봉우리야 오늘밤 너 어디로 가 버리련?' 등과 같이 자연물인 '보리'와 '산봉우리'에 인격을 부여하여 화자가 자연과 교감하는 모습을 보여 주고 있다.

☂ 오답인 이유

① **화자가 인식한 사물의 특징에서 삶의 교훈을 이끌어 내고 있다.**
　×
　… (가)와 (나)는 모두 봄을 소재로 하여 자연의 아름다움을 노래하고 있을 뿐, 삶의 교훈을 이끌어 내고 있지 않다.

② **이상과 현실을 대비시켜 이상에 대한 화자의 염원을 나타내고 있다.**
　… (가)와 (나)에는 모두 이상과 현실의 대비나 이상에 대한 화자의 염원이 나타나 있지 않다.

③ **과거와 현재를 교차시켜 현실의 삶에 대한 반성의 태도를 나타내고 있다.**
　… (가)와 (나)에는 모두 과거의 모습이 드러나지 않으며, 삶에 대한 반성의 태도도 나타나 있지 않다.

⑤ **자연의 모습을 부각하여 자연에 합일*되지 못하는 인간의 고독감을 드러내고 있다.**
　　　　　　　　　　　　×
　… (가)와 (나)에는 모두 화자가 자연과 교감하는 모습이 드러날 뿐, 자연에 합일되지 못하는 인간의 고독감은 나타나 있지 않다.

┌─────────────────────────┐
＊ 합일(合一): 둘 이상이 합하여 하나가 됨. ⑪ 이론과 실제의 합일, 인간과 자연의 합일
└─────────────────────────┘

02

정답률 82%

(가)의 표현상 특징에 대한 설명으로 적절하지 **않은** 것은?

☀ 정답인 이유

② **반어적 표현*을 사용하여 숨은 의미를 나타내고 있다.**
　× → 주로 의인법과 영탄법이 사용됨.
　… (가)에는 원래 말하고자 하는 바와 반대가 되게 표현하는 반어적 표현이 사용되지 않았다. (가)에서는 주로 의인법과 영탄법 등을 사용하여 화자의 정서를 드러내고 있다.

┌─────────────────────────┐
＊ 반어(反語)적 표현: 나타내려는 뜻과는 반대가 되게 표현하는 방법으로, 원래의 의미가 부각되는 효과를 줌. ⑪ 죽어도 아니 눈물 흘리우리다. – 김소월, 〈진달래꽃〉
└─────────────────────────┘

☂ 오답인 이유

① **문장부호를 활용하여 호흡의 흐름을 조절하고 있다.**
　○ → 쉼표를 자주 사용함.
　… 쉼표를 여러 번 사용하여 호흡의 흐름을 조절하고 있다. 특히 '하늘의, 향기'에서처럼 쉼표를 쓸 이유가 없는 시구에 쉼표를 사용함으로써 각각의 시어에 주목하게 하는 효과를 주고 있다.

③ 동일한 시어를 반복함으로써 의미를 강조하고 있다.
　　○ → 4연에서 '향기'라는 시어가 반복됨.
　… 4연에서 '향기'라는 시어를 반복함으로써 봄 숲에서 느끼는 정서를 강조하고 있다.

④ 감각적 이미지로 대상에 대한 인상을 표현하고 있다.
　　○ → 시각적 이미지와 후각적 이미지로 봄 숲에서 느끼는 인상을 표현
　… 앞부분에서는 주로 시각적 이미지를 활용하여 봄 숲의 생동감을 표현하고 있으며, 뒷부분에서는 주로 후각적 이미지를 활용하여 봄 숲에 넘치는 향기를 표현하고 있다.

⑤ 영탄적 표현*을 사용하여 화자의 정서를 나타내고 있다.
　　○ → '해여, 푸른 하늘이여', '초록 기쁨이여', '오 이 향기'
　… '해여, 푸른 하늘이여', '초록 기쁨이여', '오 이 향기' 등과 같이 영탄적 표현을 사용하여 봄 숲의 아름다움과 생명력에 대한 화자의 환희와 감격을 나타내고 있다.

> * 영탄적(詠嘆的) 표현 : 슬픔, 놀라움, 기쁨 등의 고조된 감정을 감탄사, 감탄형 어미 등을 통해 표현하는 방법 ⓐ 산산이 부서진 이름이여!
> － 김소월, 〈초혼〉

03
정답률 75% | 매력적인 오답 ② 12%

ⓐ와 ⓑ에 대한 설명으로 가장 적절한 것은?

☀ 정답인 이유

⑤ ⓐ, ⓑ는 모두 화자가 관심을 갖고 주관적으로 인식하는 대상이다.
　　○ → 화자가 주관적 의미를 부여하여 참신하게 표현한 대상
　… (가)의 '해(ⓐ)'와 (나)의 '산봉우리(ⓑ)'에는 사전적 의미 외에 화자가 부여한 주관적 의미가 담겨 있다. (가)에서 '해'는 제 빛에 겨워 흘러넘치기도 하고, 나무와 꽃들의 왕관이 되기도 하고, 나무와 꽃들을 향해 웃기도 하는 모습을 보이는 대상이다. (나)에서 '산봉우리' 역시 예쁘게 단장을 하고 있고, 화자가 말을 건네기도 하는 대상이다. 이처럼 ⓐ, ⓑ는 모두 화자가 관심을 갖고 주관적 의미를 부여하여 참신하게 표현하고 있는 대상이다.

☂ 오답인 이유

② [매력적인 오답] ⓐ는 기쁨을 느끼는 화자와 동일시*되는 대상이다.
　　○ → 화자에게 기쁨을 주는 대상
　… (가)에서 화자는 '해'와 같은 자연물을 통해 기쁨을 느끼고 있으므로, '해'는 화자와 동일시되는 대상이 아니다.

> * 동일시(同一視) : 둘 이상의 것을 똑같은 것으로 봄. ⓐ 독자들은 종종 자신을 소설 속의 등장인물과 동일시하곤 한다.

① ⓐ는 화자의 지난 삶을 떠올리게 하는 대상이다.
　　× → 화자의 지난 삶은 나타나 있지 않음.
　… (가)에는 화자의 지난 삶이 나타나 있지 않으므로, '해'는 화자의 지난 삶을 떠올리게 하는 대상이 아니다.

③ ⓑ는 화자에게 새로운 행동을 촉구하는 대상이다.
　　× → 밤이 되면 사라져 화자에게 아쉬움을 주는 대상
　… (나)에서 '산봉우리'는 어둠 속으로 사라져 화자에게 아쉬움을 주는 존재이지, 화자에게 새로운 행동을 촉구하는 대상이 아니다.

④ ⓑ는 화자가 밤의 시간에 관찰하여 파악한 대상이다.
　　× → 밤이 되면 사라져 보이지 않음.
　… (나)에서 화자는 밤이 되면 '산봉우리'를 볼 수 없어 아쉬워하고 있으므로, '산봉우리'는 화자가 밤의 시간에 관찰하여 파악한 대상이 아니다.

04
정답률 78%

〈보기〉를 참고하여 ㉠~㉤을 감상한 내용으로 적절하지 않은 것은? [3점]

> 〈보기〉
> 　두 시는 모두 봄을 소재로 한 작품이다. (가)는 숲을 배경으로 해, 하늘, 나무, 꽃, 흙 등이 어우러지는 조화로움을 보여 준다. (나)는 보리밭이 펼쳐진 시골을 배경으로 봄날의 정감을 표현하고 있다. 이 시에서는 들, 보리, 꾀꼬리, 산봉우리 등으로 화자의 시선이 옮겨간다.
> 　　(가)와 (나)의 공통점 / (가)의 주제 의식 / (나)의 주제 의식 / (나)의 표현상의 특징

☀ 정답인 이유

② ㉡: '큰 향기로운 눈동자를 굴리며'의 주체는 흙을 바라보는 화자라 볼 수 있어.
　　× → 주체는 '흙'
　… '큰 향기로운 눈동자를 굴리며'의 주체는 화자가 아니라 '흙'이다. (가)에서 '흙'은 깊은 데서 '큰 향기로운 눈동자를 굴리며' 넌지시 주고받으며 싱글거린다고 하였다.

☂ 오답인 이유

① ㉠: 햇빛이 나무와 꽃에 비쳐 빛나는 모습을 '왕관'으로 표현한 것이라 볼 수 있어.
　… ㉠은 햇빛이 봄 숲으로 내려 나무와 꽃에 비치는 모습을 '왕관'에 비유하여 표현한 것이다.

③ ㉢: 자연의 향기가 코로 전해지는 것을 비유적으로 나타낸 것이라 볼 수 있어.
　… ㉢은 자연이 만들어 낸 향기가 코에 흠뻑 전해지는 모습을 비유적으로 나타낸 것이다.

④ ㉣: 화자가 본 시골길과 들판의 모습을 감각적으로 표현한 것이라 볼 수 있어.
　… ㉣은 들길이 마을로 이어져 붉은 황톳길이 나타나고, 마을의 골목길을 따라 내려가면 푸른 들판이 펼쳐지는 모습을 감각적으로 표현한 것이다.

⑤ ㉤: 보리밭의 이랑 사이로 햇빛이 비춰 반짝이는 모습을 나타낸 것이라 볼 수 있어.
　… ㉤은 들판의 보리가 바람에 흔들리면서 보리밭의 이랑 사이로 햇빛이 반짝이는 모습을 나타낸 것이다.

▶ 문제편 115~117쪽

정답 | 01 ① 02 ③ 03 ⑤ 04 ①

[01~04] 다음 글을 읽고 물음에 답하시오.　2020 11월 고1 전국연합

제대로 작품 분석
▶〈보기〉에서 적절한 것을 골라 넣으며 작품을 분석해 보자.

가 [1연] 소주제: 엄마와 둘이서 보낸 무서웠던 밤의 기억

■ 아배: '아버지'의 방언

■ 산비탈 외따른 집에 엄매와 나와 단둘이서: 어린 시절의 화자가 무서움을 느낄 수 있는 조건

■ 밤: 아버지의 부재 상황에서 무서움을 느꼈던 시간

■ 어느 산골짜기에서 ~ 쿵쿵거리며 다닌다: 1

■ 노나리꾼: 소나 돼지를 잡아먹는 밀도살꾼

[2연] 소주제: 조마구 이야기에 두려워했던 밤의 기억

■ 날기멍석: 낟알을 말릴 때 까는 멍석

■ 져간다는: 훔쳐 간다는

■ 닭보는: 닭을 지키는

■ 니차떡: '찰떡'의 방언

■ 오줌 누러 깨는: 화자가 두려움을 느끼게 된 계기

■ 밤: 설화 속의 이야기를 생각하며 두려움을 느꼈던 시간

■ 새까만 대가리 ~ 숨도 쉬지 못한다: 2

[3연] 소주제: 막내 고모의 시집갈 준비를 하던 날 밤의 기억

■ 고무: 고모

■ 치장감: 3

■ 밤: 가족 공동체와 보낸 정겨운 시간

■ 아릇목의 삿귀를 들고 ~ 달라고 조르기도 하고: 행위의 나열을 통해 정겨움을 구체적으로 형상화

■ 삿귀: 갈대를 엮어서 만든 자리의 가장자리

■ 천두: 천도복숭아

[4연] 소주제: 명절을 준비하던 날 밤의 기억

■ 밤: 먹을거리로 풍요로운 시간

■ 쩨듯하니: 환하게

■ 놀으며: 들썩들썩하며

■ 구수한 내음새 곰국이 ~ 가장 맛있다고 생각한다: 후각적, 미각적 이미지를 통해 풍요로움을 구체적으로 형상화

■ 일가집 할머니가 와서 ~ 떡을 빚는: 4

■ 얼마나 반죽을 ~ 빚고 싶은지 모른다: 송편을 빚고 싶어 하는 어린아이다운 모습

[5연] 소주제: 납일물을 받던 납일날 밤의 기억

■ 납일날: 조상이나 신에게 제사 지내는 날

■ 밤: 전통적 풍속을 따르던 시간

■ 할미귀신의 눈귀신도 ~ 든든히 녀기며: 눈귀신이 못 다닌다는 말에 안심하는 어린아이다운 모습

■ 곱새담: 풀, 짚으로 엮은 담

■ 정한: 깨끗한

■ 눈세기물: 눈석임물. 쌓인 눈이 속으로 녹아서 흐르는 물

■ 고뿔이 와도 ~ 앓아도 먹을 물: 약용으로 쓰인 납일물

— 백석, 〈고야(古夜)〉

❖ 제대로 작품 분석의 〈보기〉

　㉠ 혼인 때 사용할 옷감
　㉡ 일가친척이 모여 이야기를 나누며 송편을 빚는 모습
　㉢ 청각적 이미지를 통해 화자의 무서움을 구체적으로 형상화
　㉣ 시각적 이미지를 통해 화자의 두려움을 구체적으로 형상화

❖ 제목의 의미

'고야(古夜)'는 '옛날 밤'이라는 뜻으로, 화자가 어린 시절의 '밤'에 겪었던 다양한 추억과 그와 관련된 정서를 드러내고 있는 작품이다. 어린 시절의 화자에게 '밤'은 무섭고 두려운 생각에 겁이 났던 시간이자 전통적 풍속을 따르며 가족 공동체와 정겹게 지냈던 시간이기도 했는데, 이러한 기억을 통해 고향에 대한 화자의 그리움을 짐작할 수 있다.

❖ 작가 소개

백석(白石, 1912~1996): 시인. 본명은 기행(夔行). 평북 정주 출생. 1935년 《조선일보》에 〈정주성〉을 발표하면서 등단하였다. 토속적이고 향토색이 짙은 서정시를 창작하여 민속적인 시를 개척했다. 주요 작품으로 〈여승〉, 〈북방에서〉, 〈여우난골족〉 등이 있다.

❖ 핵심 정리

· 갈래: 자유시, 산문시, 서정시
· 성격: 회고적, 병렬적, 토속적
· 주제: 어린 시절의 밤에 관한 추억과 고향에 대한 그리움
· 특징: ① 어린 시절의 추억을 병렬적으로 구성함. ② 다양한 감각적 이미지를 활용하여 화자의 기억을 구체적으로 형상화함. ③ 방언을 사용하여 향토적 정감을 환기함. ④ 현재 시제를 사용하여 현장감을 부여함.

나 [1, 2행] 소주제: 겨울산에서 본 밑둥만 남은 나무들

■ 겨울산: 1

■ 밑둥만 남은 채 눈을 맞는 나무들: 시련과 고난을 겪는 존재들

[3~20행] 소주제: 나무의 나이테에서 연상한 어머니의 희생적 사랑

■ 드러난 나이테가 나를 보고 있다: 주객전도식 표현

■ 나이테: 힘겨운 삶을 이겨 낸 존재 – 어머니의 사랑을 연상하게 하는 매개체

■ 들여다볼수록 ~ 외길이 보인다: 2

■ 도타운: 사랑이나 인정이 많고 깊은

■ 그새 쌓인 눈: 계속되는 시련의 상황

■ 거무스레 습기에 ~ 눈물이 흐른다: 희생적인 삶을 사는 어머니의 모습

■ 신열: 병으로 인하여 오르는 몸의 열

■ 잘릴 때 쏟은 ~ 맺혀 빛나고: 나이테를 보며 어머니의 해산의 고통을 떠올림.

■ 해산한 여인의 땀: 톱밥 가루

■ 아직 나이테도 생기지 않은: 어린 나무(자식)

■ 어린것들: 고통을 이겨 내고 새롭게 탄생한 생명

■ 자라고 있다: 잘린 나무의 밑둥 옆에서 어린 나무가 자라남.

■ 도끼로 찍히고 ~ 기다리고 계신 어머니: 3

[21~23행] 소주제: 한결같은 사랑으로 자식을 지키는 어머니

■ 처음부터 끝까지 나를 바라보는: 한결같은 사랑으로 자식을 지키는

■ 나이테: 4

— 나희덕, 〈겨울산에 가면〉

❖ 제대로 작품 분석의 〈보기〉

　㉠ 시간적 · 공간적 배경
　㉡ 나이테의 외양 묘사 – 인자하고 자상한 이미지
　㉢ 자식을 향한 어머니의 모성을 떠올리게 하는 대상
　㉣ 나무가 겪는 시련과 고난 → 어머니의 희생적 사랑

❖ 제목의 의미

'겨울산에 가면'은 시적 상황을 나타내는 말로, 화자는 겨울산에 가서 밑둥만 남은 나무의 나이테를 보고는 어머니의 희생적인 사랑을 떠올리고 있다. 화자는 도끼로 찍히고 베인 채로 눈 속에 묻혀 있는 밑둥 잘린 나무의 나이테를 통해, 언제나 변함없이 자식을 위해 희생하는 어머니의 헌신적 사랑을 형상화하고 있다.

❖ 작가 소개

　나희덕(羅喜德, 1966~): 시인. 충남 논산 출생. 1989년 《중앙일보》 신춘문예에 〈뿌리에게〉가 당선되어 등단하였다. 운명과 자연에 순응하는 작품을 많이 썼다. 주요 작품으로 〈배추의 마음〉, 〈뿌리에게〉, 〈못 위의 잠〉 등이 있다.

❖ 핵심 정리

　• 갈래: 자유시, 서정시
　• 성격: 비유적, 관조적
　• 주제: 나이테를 통해 깨달은 어머니의 희생적 사랑
　• 특징: ① 대상을 의인화하여 주제 의식을 형상화함. ② 주객전도의 표현으로 긴장감을 조성함. ③ 시어('있다')의 반복을 통해 대상에 관심이 집중되도록 함.

제대로 감상법 모범 답안

(가) 백석, 〈고야(古夜)〉

❶ 고향　❷ 냅일눈　❸ 병렬적　❹ 방언

❖ 제대로 작품 분석

　1 ⓒ　2 ⓔ　3 ㉠　4 ⓛ

(나) 나희덕, 〈겨울산에 가면〉

❶ 희생　❷ 겨울산　❸ 나이테　❹ 주객전도

❖ 제대로 작품 분석

　1 ㉠　2 ⓛ　3 ⓔ　4 ⓒ

01

정답률 72% | 매력적인 오답 ③ 17%

(가)와 (나)의 표현상 특징에 대한 설명으로 가장 적절한 것은?

☀ 정답인 이유

① (가)는 (나)와 달리 **방언을 사용**하여 **향토적 정감*을 환기**하고 있다.
　　　　　○ → '아배', '니차떡', '재밤', '고무' 등

… (가)에서는 '아배', '니차떡', '재밤', '고무' 등과 같은 방언을 사용하여 향토적 정감을 불러일으키고 있다. 하지만 (나)에서는 방언이 사용되지 않았다.

> * 향토적 정감: 고향의 정취가 묻어나는 느낌 ⓔ 얼룩백이 황소가 / 해설피 금빛 게으른 울음을 우는 곳

☂ 오답인 이유

③ 매력적인 오답 (나)는 (가)와 달리 비유를 사용하여 시상을 구체화하고 있다.
　　　　　　　　　　　　　　(가)와 (나) 모두 ○

… (나)에서는 '밑둥만 남은 채 눈을 맞는 나무들'의 '나이테'를 '넓은 이마', '도타운 귀', '지친 손등', '들뜬 입술' 등에 비유하여 나이테에서 받은 느낌을 구체화하고 있다. 그리고 (가)에서도 '소를 잡아먹는 노나리꾼들'을 '도적놈들'에 비유하여 표현하고 있다.

② (가)는 (나)와 달리 명사형으로 시행을 종결하여 시상을 집약*하고 있다.
　　　　　　　　　　　　　(가)와 (나) 모두 ×

… (가)와 (나)는 모두 명사형으로 시행을 종결하고 있지 않다.

> * 시상의 집약: 시상을 한곳에 집중하여 강렬한 인상을 남기는 방법. 명사로 시행을 종결하면 시상을 집약하는 효과를 얻을 수 있음.

④ (나)는 (가)와 달리 색채어*를 활용하여 대상의 특징을 드러내고 있다.
　　　　　　　　　　　(가) ○, (나) ×

… 색채어를 활용하고 있는 것은 (나)가 아니라 (가)이다. (가)에서는 '새까만 대가리 새까만 눈알', '새빨간 천두', '째하얀 할미귀신' 등에서 색채어를 활용하여 대상의 특징을 드러내고 있지만, (나)에서는 색채어를 활용하지 않았다.

> * 색채어(色彩語): 색깔을 나타내는 시어. 색채어를 사용하면 강렬한 시각적 심상이 나타남. ⓔ 하얀 목련꽃이 활짝 피었다.

⑤ (가)와 (나)는 모두 음성 상징어를 활용하여 시적 상황을 부각하고 있다.
　　　　　　　　　(가)와 (나) 모두 ×

… (가)와 (나)에는 모두 음성 상징어가 나타나 있지 않다.

02

정답률 55% | 매력적인 오답 ② 22%

〈보기〉를 바탕으로 ㉠~ⓔ을 이해한 내용으로 적절하지 **않은** 것은? [3점]

〈보기〉

　서정 갈래의 현재 시제는 물리적 시간으로서의 현재가 아닌 가상적 현재를 의미하며 이를 통해 시적 효과를 유발한다. 즉, 과거 혹은 특정할 수 없는 어느 시점에서의 시적 대상과 상황에 대한 화자의 시적 체험을 현재 시제로 표현하게 되면, 독자는 화자의 주관적 인상과 인식, 그리고 감정과 행위에 집중하게 되고 그 상황이 마치 지금 여기에서 벌어지고 있는 듯한 생생함을 느끼게 된다.
　　　　서정 갈래에서 현재 시제의 의미 ①, ②
　　　　현재 시제를 사용했을 때의 시적 효과 ①
　　　　현재 시제를 사용했을 때의 시적 효과 ②

☀ 정답인 이유

③ (나)의 ⓒ은 밑둥만 남아 눈을 맞고 있는 나무들에 대한 인상을 물리적 시간인 현재로 표현하고 있다.
　　× → 물리적 시간으로서의 현재가 아닌 가상적 현재임.

… 〈보기〉에서 '서정 갈래의 현재 시제는 물리적 시간으로서의 현재가 아닌 가상적 현재를 의미'한다고 하였다. (나)의 '있다'에서는 밑둥만 남아 눈을 맞고 있는 나무들에 대한 인상을 현재 시제로 표현하고 있다. 이는 '어머니의 희생적 사랑'이라는 주제 의식을 형상화하기 위해 설정한 가상적 현재일 뿐, 물리적 시간으로서의 현재를 나타낸다고 볼 수 없다.

☂ 오답인 이유

② 매력적인 오답 (가)의 ⓛ은 정한 마음으로 냅일눈을 받는 화자의 행위와 주관적 감정에 집중하게 한다.
　　○ → 〈보기〉의 '독자는 화자의 주관적 인상과 인식, 그리고 감정과 행위에 집중'

… 〈보기〉에서 현재 시제로 표현하면 '독자는 화자의 주관적 인상과 인식, 그리고 감정과 행위에 집중'하게 된다고 하였다. (가)의 '받는다'에서는 냅일눈을 받는 화자의 행위를 현재 시제로 표현하여 독자로 하여금 화자의 행위와 정성스러운 마음에 집중하게 하고 있다.

① (가)의 ㉠은 소를 잡아먹는 노나리꾼이 다니는 상황이 마치 지금 여기에서 벌어지고 있는 듯한 느낌을 유발한다.
　　○ → 〈보기〉의 '그 상황이 마치 지금 여기에서 벌어지고 있는 듯한 생생함'

… 〈보기〉에서 현재 시제로 표현하면 '그 상황이 마치 지금 여기에서 벌어지고 있는 듯한 생생함을 느끼게 된다.'고 하였다. (가)의 '다닌다'에서는 소를 잡아먹는 노나리꾼이 다니는 상황을 현재 시제로 표현하여 독자로 하여금 지금 여기에서 벌어지는 것 같은 생생함을 느끼게 하고 있다.

④ (나)의 ⓔ은 나이테가 자신을 보고 있다는 화자의 인식을 가상적 현재로 표현하고 있다.
　　○ → 〈보기〉의 '서정 갈래의 현재 시제는 ~ 가상적 현재를 의미'

···〈보기〉에서 서정 갈래의 현재 시제는 '가상적 현재'를 의미한다고 하였다. '나이테가 나를 보고 있다'는, 화자가 나이테를 보고 있는 상황을 주체(나)와 객체(나이테)를 바꿔 표현한 것이다. (나)의 '보고 있다'는 이와 같은 화자의 주관적인 시적 체험을 가상적 현재로 표현한 것이다.

⑤ (나)의 ⑩은 밑둥 옆에 어린 나무가 자라고 있는 상황을 생생하게 느끼도록 하는 시적 효과를 얻고 있다.
○ → 〈보기〉의 '그 상황이 마치 지금 여기에서 벌어지고 있는 듯한 생생함'

···〈보기〉에서 현재 시제로 표현하면 '그 상황이 마치 지금 여기에서 벌어지고 있는 듯한 생생함을 느끼게 된다.'고 하였다. (나)의 '자라고 있다'에서는 어린 나무가 자라는 모습을 현재 시제로 표현하여 독자로 하여금 어린 나무의 모습을 생생하게 느끼도록 하는 효과를 주고 있다.

03
정답률 55% | 매력적인 오답 ④ 20%

〈보기〉를 바탕으로 (가)에 대해 감상한 내용으로 적절하지 <u>않은</u> 것은?

─〈보기〉─
이 작품은 '밤'에 대한 화자의 기억을 병렬적으로 드러내고 있다. 어
          작품의 특징
린 시절의 화자에게 '밤'은 무섭고 두려운 생각에 겁이 났던 시간이자
          화자에게 밤의 의미 ①
전통적 풍속을 따르며 가족 공동체와 정겹게 함께 한 풍요롭고 평온한
화자에게 밤의 의미 ②
시간이었는데, 행위의 나열과 선명한 감각 이미지를 통해 구체적으로
                    표현상의 특징
형상화되는 기억은 유년 시절 고향에 대한 화자의 그리움을 짐작하게
              작품의 주제 의식
한다.

정답인 이유

⑤ 5연의 밤은 '할미귀신'을 '든든히' 여기고 '눈'을 받아 '진상항아리'에 '채워두'
× → 할미귀신이 못 다닌다는 말을 든든히 여긴 것임.
는 전통적 풍속을 따르던 평온한 시간으로, 그 기억은 행위의 나열을 통해 구체적으로 형상화되고 있군.

···5연은 냅일날 밤에 냅일물을 받던 기억을 형상화하고 있는데, 그 밤은 전통적 풍속을 따르던 평온한 시간이다. '할미귀신의 눈귀신도 냅일눈을 받노라 못 난다는 말을 든든히 여기며'는 할미귀신의 눈귀신도 냅일눈을 받아야 하기 때문에 다니지 않는다는 말에 안심하는 어린아이다운 화자의 모습을 표현한 것이다. 따라서 할미귀신을 든든히 여긴다는 진술은 적절하지 않다.

오답인 이유

④ 매력적인 오답 4연의 밤은 '명절날' '곰국'의 '구수한 내음새'가 나고 화자가 '설탕 든 콩가루 소를 먹'는 등 먹을거리로 풍요로운 시간으로, 그 기억은 후각적 이미지와 미각적 이미지를 통해 구체적으로 형상화되고 있군.

···4연은 명절을 준비하던 날 밤의 기억을 형상화하고 있는데, 그 밤은 먹을거리로 풍요로운 시간이다. 그 기억은 '구수한 내음새'와 같은 후각적 이미지와 '설탕 든 콩가루소가 가장 맛있다'와 같은 미각적 이미지를 통해 구체적으로 형상화되고 있다.

① 1연의 밤은 '외딴 집'에서 '엄매'와 '단둘이서' 지내며 무서움을 느꼈던 시간으로, 그 기억은 청각적 이미지를 통해 구체적으로 형상화되고 있군.

···1연은 아버지가 타관으로 가서 오지 않는 밤의 기억을 형상화하고 있는데, 그 밤은 엄마와 둘이서 보내야 했던 무서웠던 시간이다. 그 기억은 '노나리꾼들이 도적놈들같이 쿵쿵거리며'와 같은 청각적 이미지를 통해 구체적으로 형상화되고 있다.

② 2연의 밤은 '오줌 누러' 잠이 깨었는데 '조마구'의 '새까만 눈알'이 자신을 들여다본다고 생각해 두려움을 느꼈던 시간으로, 그 기억은 시각적 이미지를 통해 구체적으로 형상화되고 있군.

···2연은 오줌을 누러 잠이 깬 날 밤의 기억을 형상화하고 있는데, 그 밤은 설화에 나오는 조마구 이야기에 두려움을 느꼈던 시간이다. 그 기억은 '새까만 대가리 새까만 눈알'과 같은 시각적 이미지를 통해 구체적으로 형상화되고 있다.

③ 3연의 밤은 '엄매'와 '시집갈' '막내고무'가 '바느질'을 할 때 그 옆에서 놀면서 화자가 가족 공동체와 보낸 정겨운 시간으로, 그 기억은 행위의 나열을 통해 구체적으로 형상화되고 있군.

···3연은 막내 고모의 시집갈 준비를 하던 날 밤의 기억을 형상화하고 있는데, 그 밤은 가족 공동체와 보낸 정겨운 시간이다. 그 기억은 '~ 밝아먹고', '~ 구워도 먹고', '~ 광대넘이를 뒤이고', '~ 듣기도 하고', '~ 조르기도 하고'와 같이 행위의 나열을 통해 구체적으로 형상화되고 있다.

04
정답률 83%

(나)의 나이테에 대한 이해로 가장 적절한 것은?

정답인 이유

① 자식을 향한 어머니의 모성*을 떠올리게 하는 대상이다.
○ → '도끼로 찍히고 / 베이고 눈 속에 묻히더라도 / 고요히 남아서 기다리고 계신 어머니'

···(나)는 밑둥만 남은 나무의 나이테를 보며 어머니의 희생적인 사랑을 연상하고 있는 작품으로, '나이테'는 자식을 향한 어머니의 모성을 떠올리게 하는 대상이다. '도끼로 찍히고 / 베이고 눈 속에 묻히더라도 / 고요히 남아서 기다리고 계신 어머니'에서 어머니의 희생적 사랑과 자식을 향한 변함없는 모성을 확인할 수 있다.

*모성(母性): 여성이 어머니로서 가지는 정신적 · 육체적 성질. 또는 그런 본능

오답인 이유

② 자식에게 어머니의 편안한 삶을 떠올리게 하는 계기이다.

···'습기에 지친 손등', '신열에 들뜬 입술', '도끼로 찍히고' 등에서 어머니의 삶이 편안하지 않았음을 알 수 있다.

③ 자식에 대한 어머니의 희생적 사랑을 단절시키는 소재이다.

···화자는 '나이테'를 통해 어머니의 희생적 사랑을 깨닫고 있다.

④ 어머니를 위해 헌신하는 자식의 강인함을 의미하는 소재이다.

···어머니를 위해 자식이 헌신하는 것이 아니라, 자식을 위해 어머니가 헌신하는 것이다. 자식은 '꺾으면 문드러질 만큼' 약한 존재로 그려지고 있다.

⑤ 성장한 자식을 떠나보낸 어머니의 무상감을 드러내는 대상이다.

···어머니는 한결같은 사랑으로 자식을 지키는 존재로, 어머니의 무상감은 나타나 있지 않다.

▶ 문제편 118~119쪽

정답 | **01** ④   **02** ②   **03** ③

[01~03] 다음 글을 읽고 물음에 답하시오.　　　2018 9월 고1 전국연합

제대로 작품 분석　　▶〈보기〉에서 적절한 것을 골라 넣으며 작품을 분석해 보자.

가 [1~8행] **소주제:** 설악산 대청봉에서 바라보는 세상의 모습
- 설악산 대청봉: 공간적 배경 ① – 세상을 멀리서 볼 수 있는 곳
- 발아래 구부리고 엎드린 ~ 바다를 내려다보니: 1
- 안달: 속을 태우며 조급하게 구는 일
- 온통 세상이 다 보이는 ~ 속속들이 다 알 것도 같다: 산 위에서 볼 때, 다 이해될 것 같은 세상의 모습

[9~17행] **소주제:** 속초와 원통에서 바라보는 세상의 모습
- 그러다 속초에 내려와 ~ 잠도 설치고 보니: 가까이에서 본 세상의 모습
- 속초: 공간적 배경 ② – 세상을 가까이에서 볼 수 있는 곳
- 중앙 시장 바닥: 2
- 노령노래: 생활을 위해 러시아로 떠나가는 참담한 심정을 노래한 함경도 민요. '노령'은 '러시아 연해주'를 뜻함.
- 원통: 공간적 배경 ③ – 세상을 가까이에서 볼 수 있는 곳
- 뒷골목: 세속적이고 평범한 삶을 느낄 수 있는 곳 ②
- 세상은 아무래도 ~ 같지만은 않다: 3

[18~20행] **소주제:** 삶에 대한 깨달음
- 지금 우리는 혹시 ~ 있는 것은 아닐까: 세상을 보는 편협한 관점에 대한 회의(두 관점을 모두 취하여 살펴야 함.) 《장자(莊子)》〈추수편(秋水篇)〉의 '대지관어원근(大知觀於遠近)'이라는 글귀와 관련됨.
- 너무 멀리서만 보고 있는 것: 4
- 너무 가까이서만 보고 있는 것: 속초, 원통에서 보는 세상 – 너무 어렵게 봄.

– 신경림, 〈장자를 빌려 – 원통에서〉

❖ **제대로 작품 분석의 〈보기〉**
　　㉠ 멀리서 본 세상의 모습
　　㉡ 세속적이고 평범한 삶을 느낄 수 있는 곳 ①
　　㉢ 설악산 대청봉에서 보는 세상 – 너무 쉽게 봄.
　　㉣ 산 아래의 마을에서 볼 때, 너무 복잡하여 이해하기 어려운 세상의 모습

❖ **제목의 의미**
　'장자를 빌려'는 중국의 사상가인 장자의 생각을 빌려 말하겠다는 시인의 의도를 드러낸 것이고, '원통에서'는 화자가 위치한 공간적 배경을 드러낸 것이다. 이 시는 《장자》의 〈추수편〉에 나오는 '대지관어원근(大知觀於遠近)'이라는 말을 빌려 우리의 삶을 너무 쉽게 또는 너무 어렵게 바라보는 것을 경계하고 있다.

❖ **작가 소개**
　신경림(申庚林, 1936~): 시인. 충북 충주 출생. 1955년 《문학예술》에 〈낮달〉, 〈갈대〉 등이 추천되어 등단하였다. 도시화와 산업화로 인해 소외된 농민들의 한과 울분을 노래한 시를 많이 발표하였다. 주요 시집으로 《농무》, 《새재》, 《남한강》, 《가난한 사랑 노래》 등이 있다.

❖ **핵심 정리**
- 갈래: 자유시, 서정시
- 성격: 성찰적, 교훈적
- 주제: 단순하기도 하고 복잡하기도 한 삶에 대한 깨달음
- 특징: ① 산 위와 산 아래의 세상의 모습을 대조하여 삶에 대한 관점을 제시함. ②

공간의 이동에 따라 시상을 전개함. ③ 질문을 던지는 형식을 통해 독자의 깨달음을 유도함.

나 [1, 2행] **소주제:** 시가 무엇이냐는 질문에 모른다고 대답함.
- 누군가 나에게 물었다. 시가 뭐냐고. 1
- 나는 시인이 못됨으로: 시인의 조건을 갖추지 못함. – 화자의 성찰적 자세

[3~6행] **소주제:** 여러 곳을 걷다가 남대문 시장에서 답을 찾음.
- 무교동과 종로와 ~ 생각나고 있었다: 2
- 무교동, 종로, 명동, 남산, 서울역 앞, 남대문 시장: 서민들이 살아가는 일상적 삶의 공간

[7~15행] **소주제:** '나'가 생각하는 진정한 시인
- 엄청난 고생 되어도: 무척 힘든 삶 속에서도
- 순하고 명랑하고 ~ 슬기롭게 사는 사람들: 인간다운 삶을 살아가는 사람들 – 시인의 조건
- 그런 사람들: 힘들어도 인정이 있고 슬기롭게 사는 사람들
- 알파, 고귀한 인류, 영원한 광명, 시인: 3
- 다름 아닌 시인이라고: 서민들의 성실하고 건강한 삶에 대한 긍정적 인식
- 시상 전개 과정의 특징

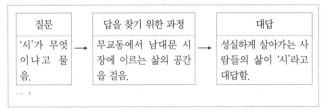

질문	답을 찾기 위한 과정	대답
'시'가 무엇이냐고 물음.	무교동에서 남대문 시장에 이르는 삶의 공간을 걸음.	성실하게 살아가는 사람들의 삶이 '시'라고 대답함.

→ 4

– 김종삼, 〈누군가 나에게 물었다〉

❖ **제대로 작품 분석의 〈보기〉**
　　㉠ 시와 시인의 존재 의미에 대한 질문
　　㉡ 서민들의 삶에 높은 가치를 부여한 표현
　　㉢ 묻고 답하는 방식을 활용하여 주제 의식을 드러냄.
　　㉣ 시가 무엇이냐는 질문에 대한 답을 찾는 과정 – 서민들의 삶 속에서 답을 찾음.

❖ **제목의 의미**
　'시가 무엇이냐'는 질문을 받은 화자가 그 물음에 대한 답을 제시하는 과정을 그린 작품이다. 화자는 하루종일 답을 찾기 위해 배회하다, 평범한 사람들의 소박한 삶에서 인간적인 가치를 발견하는 이들이 바로 시인이라고 말하고 있다.

❖ **작가 소개**
　김종삼(金宗三, 1921~1984): 시인. 황해도 은율 출생. 초기에는 순수시를 지향하였으나 이후 점차 현대인의 정신적 방황을 그린 작품을 주로 썼다. 주요 시집으로 《십이음계》, 《북치는 소년》, 《누군가 나에게 물었다》 등이 있다.

❖ **핵심 정리**
- 갈래: 자유시, 서정시
- 성격: 철학적, 사색적
- 주제: 시인의 사회적 책무와 서민들의 성실하고 건강한 삶에 대한 긍정
- 특징: ① 일상의 경험을 소재로 하여 시상을 전개함. ② 묻고 답하는 방식을 활용하여 주제 의식을 드러냄. ③ 공간의 이동에 따른 화자의 깨달음이 나타남.

제대로 감상법 모범 답안

가 신경림, 〈장자를 빌려 – 원통에서〉
❶ 경계 ❷ 설악산 대청봉 ❸ 대조 ❹ 공간

❖ **제대로 작품 분석**
1 ㉢   2 ㉡   3 ㉣   4 ㉠

나 김종삼, 〈누군가 나에게 물었다〉

❶ 시 ❷ 영원한 광명 ❸ 공간

◆ 제대로 작품 분석

1 ㉠ 2 ㉣ 3 ㉡ 4 ㉢

01

정답률 60% | 매력적인 오답 ⑤ 15%

(가)와 (나)의 공통점으로 가장 적절한 것은?

☀ 정답인 이유

④ 유사한 시구를 반복하여 시적 의미를 강조하고 있다.
○ → (가): '너무 ~ 보고 있는 것은 아닐까', (나): '~ 사람들이'

⋯ (가)에서는 '너무 ~ 보고 있는 것은 아닐까'라는 유사한 시구를 반복하여 삶을 바라보는 관점에 대한 깨달음을 강조하고 있다. 그리고 (나)에서는 '~ 사람들이', '~이고' 등의 유사한 시구를 반복하여 화자가 생각하는 시와 시인의 의미를 강조하고 있다. 따라서 (가)와 (나)에서는 모두 유사한 시구를 반복하는 방법으로 시적 의미를 강조하고 있다.

☂ 오답인 이유

⑤ **매력적인 오답** 설의적 표현*을 통해 현실에 대한 화자의 인식을 드러내고 있다.
(가) ○, (나) ×

⋯ (가)에서는 '~ 보고 있는 것은 아닐까'라는 설의적 표현을 통해 편협한 시선으로 세상을 바라보는 현실에 대한 화자의 인식을 드러내고 있다. 하지만 (나)에서는 설의적 표현을 사용하여 현실에 대한 화자의 인식을 드러내고 있지 않다.

╌╌╌╌╌╌╌╌╌╌╌╌╌╌╌╌╌╌╌╌╌╌╌╌╌╌╌╌╌
＊설의(設疑)적 표현: 의문문의 형식으로 누구나 알고 있거나 예측되는 결과를 표현하는 방법 **예** 그곳이 차마 꿈엔들 잊힐 리야. – 정지용, 〈향수〉
╌╌╌╌╌╌╌╌╌╌╌╌╌╌╌╌╌╌╌╌╌╌╌╌╌╌╌╌╌

① 도치*의 방식을 활용하여 주제를 부각하고 있다.
(가) ×, (나) ○

⋯ (나)에서는 '누군가 나에게 물었다. 시가 뭐냐고'에서 도치의 방식을 활용하여 시의 의미와 시인의 사회적 책무라는 주제를 부각하고 있다. 하지만 (가)에서는 도치의 방식을 활용하여 주제를 부각하고 있지 않다.

╌╌╌╌╌╌╌╌╌╌╌╌╌╌╌╌╌╌╌╌╌╌╌╌╌╌╌╌╌
＊도치(倒置): 문법에 맞는 정상적인 문장의 어순을 바꾸어 표현하는 방법 **예** '어머니, 보고 싶어요.' → '보고 싶어요, 어머니.'
╌╌╌╌╌╌╌╌╌╌╌╌╌╌╌╌╌╌╌╌╌╌╌╌╌╌╌╌╌

② 자연물*을 이용하여 화자의 정서를 표현하고 있다.
(가)와 (나) 모두 ×

⋯ (가)에 '설악산 대청봉', '산들', '바다'와 같은 자연물이 나타나 있기는 하지만, 이를 이용하여 직접적으로 화자의 정서를 표현하고 있지는 않다. 또 (나)에는 별다른 자연물이 등장하지 않는다.

╌╌╌╌╌╌╌╌╌╌╌╌╌╌╌╌╌╌╌╌╌╌╌╌╌╌╌╌╌
＊자연물(自然物): 시에 등장하는 자연 또는 자연을 구성하는 사물 **예** 꽃은 무슨 일로 피면서 쉬이 지고 / 풀은 어이하여 푸르는 듯 누르나니. – 윤선도, 〈오우가〉
╌╌╌╌╌╌╌╌╌╌╌╌╌╌╌╌╌╌╌╌╌╌╌╌╌╌╌╌╌

③ 계절적 배경을 통해 시적 분위기를 조성하고 있다.
(가)와 (나) 모두 ×

⋯ (가)와 (나)에는 특정한 계절적 배경이 나타나지 않으며, 이를 통해 시적 분위기를 조성하고 있지도 않다.

02

정답률 73% | 매력적인 오답 ④ 12%

〈보기〉를 참고하여 (가)를 감상한 내용으로 적절하지 않은 것은? [3점]

╔══════════════════════════════════════╗
〈보기〉

이 시는 장자의 〈추수편〉에 실린 '대지관어원근(大知觀於遠近)'을 빌
　　　　　　　 제목이 '장자를 빌려'인 이유
려 '큰 지혜는 멀리서도 볼 줄 알고, 가까이서도 볼 줄 아는 것'이라는
생각을 드러낸 작품이다. 특히 공간의 이동에 따른 관점의 변화를 그리
　　　　　　　　　　　　　　　　 시상 전개 방식의 특징
며, 삶을 바라보는 태도에 대한 성찰을 드러내고 있다.
　　　　 작품의 주제 의식
╚══════════════════════════════════════╝

☀ 정답인 이유

② 화자는 '바다'를 내려다보며 '세상살이 속속들이' 알기 위해서는 '가까이'에서
　　　　　　　　　　　　× → 멀리서 보면서 세상을 속속들이 다 알 것 같다고 느낌.
보아야 함을 깨달았겠군.

⋯ 화자는 세상을 멀리서 볼 수 있는 '설악산 대청봉'에 올라 '산들', '마을들', '바다'를 내려다보며 '세상살이 속속들이 다 알 것도 같다'라고 했으며, 세상을 가까이에서 볼 수 있는 '속초'와 '원통'에서 '세상은 아무래도 산 위에서 보는 것과 같지만은 않다'라고 하였다. 그런데 화자가 '바다'를 내려다보고 있는 곳은 '설악산 대청봉'이므로, 이는 세상을 멀리서 바라보는 상황이다. 따라서 화자가 '바다'를 내려다보며 세상을 알기 위해서는 '가까이'에서 보아야 함을 깨달았다는 설명은 적절하지 않다.

☂ 오답인 이유

④ **매력적인 오답** '속초'와 '원통'에서 겪은 일들로 인해 삶을 바라보는 화자의
　　　　　　　　　　 ○ → 세상은 산 위에서 보는 것과 같지만은 않다고 관점이 바뀜.
관점이 변화하였겠군.

⋯ 화자는 '속초'와 '원통'으로 내려와 '중앙 시장 바닥'과 '뒷골목'을 다니며 사람들의 고단한 삶을 가까이에서 경험하고는, '세상은 아무래도 산 위에서 보는 것과 같지만은 않다'라고 삶을 바라보는 관점이 변화하고 있다.

① '설악산 대청봉'에서 화자가 본 '산들'과 '마을들'은 '멀리'에서 본 세상의 모
　　○ → 설악산 대청봉에 올라 멀리서 본 모습만으로 세상을 알 것 같다고 느낌.
습이라 할 수 있겠군.

⋯ 화자는 설악산 대청봉에 올라 '산들'과 '마을들'을 내려다보는데, 이렇게 '멀리'에서 본 세상의 모습만으로 세상살이를 속속들이 다 알 것 같다고 느끼고 있다.

③ '함경도 아주머니들', '마늘 장수' 등을 만난 것은 화자에게 '가까이'에서 세상
　　○ → 서민들의 삶을 가까이에서 보고 삶에 대한 관점이 바뀜.
을 보는 경험이 되었겠군.

⋯ 설악산 대청봉에 올랐다가 속초와 원통으로 내려온 화자는 세상이 산 위에서 보는 것과 같지 않다는 것을 느끼는데, 그 계기는 '함경도 아주머니들', '마늘 장수'와 같은 사람들의 고단한 삶을 '가까이'에서 경험한 것이다.

⑤ 화자는 '멀리'와 '가까이'에서 본 세상의 모습을 비교하며 삶을 바라볼 때 두
　　○ → 편협한 관점이 아니라 균형 잡힌 관점이 필요하다고 봄.
관점이 모두 필요하다고 느꼈겠군.

⋯ 〈보기〉에서 이 작품은 '큰 지혜는 멀리서도 볼 줄 알고, 가까이서도 볼 줄 아는 것'이라는 생각을 드러냈다고 하였다. 화자는 설악산 대청봉과 같이 '멀리'에서 볼 때와 속초, 원통과 같이 '가까이'에서 볼 때의 세상의 모습을 비교하면서, 삶을 바라볼 때는 두 관점이 모두 필요하다고 말하고 있다.

다음은 학생이 (나)를 감상한 내용이다. 적절하지 않은 것은?

이 시의 제목을 보니, ㉠시란 무엇인가에 대한 질문이 이 시를 쓴 계
'누군가 나에게 물었다. 시가 뭐냐고'
기가 된 것 같아. 화자는 이 질문에 대해, ㉡자신은 '시인이 못됨으로'
'나는 시인이 못됨으로 잘 모른다고 대답하였다'
모른다고 대답하였어. 그래서 ㉢여러 곳을 다니며 사람들에게 그 답을
× → 사람들에게 답을 물어보지 않음.
물어보던 중, ㉣남대문 시장에서 질문에 대한 답을 얻게 되었어. 화자
'남대문 시장 안에서 빈대떡을 먹을 때 생각'
는 이런 경험을 통해 ㉤삶이 고되어도 맘 좋고 인정 넘치는 사람들이
'그런 사람들이 ~ 다름 아닌 시인'
다름 아닌 시인이라고 생각하게 된 것 같아.

☀ 정답인 이유

③ ㉢
× → 사람들에게 물어보지 않고 스스로 깨닫게 됨.

⋯ 화자가 무교동, 종로, 명동, 남산, 서울역 앞 등 여러 곳을 다니기
는 했지만, 사람들에게 '시가 뭐냐'는 질문에 대한 답을 물어보지는
않았다. 화자는 성실하고 건강한 서민들의 삶을 보며 진정한 시의
의미를 스스로 깨닫고 있다.

☂ 오답인 이유

① ㉠
⋯ 시의 제목과 '누군가 나에게 물었다. 시가 뭐냐고'라는 첫 행의 내
용으로 보아, 시란 무엇인가에 대한 질문이 시를 쓴 계기가 되었음
을 알 수 있다.

② ㉡
⋯ '나는 시인이 못됨으로 잘 모른다고 대답하였다'로 보아, 화자는
시가 뭐냐는 질문에 잘 모른다고 대답했음을 알 수 있다.

④ ㉣
⋯ '저녁녘 남대문 시장 안에서 / 빈대떡을 먹을 때 생각나고 있었다'
로 보아, 화자는 여러 곳을 다니다 남대문 시장에서 시가 뭐냐는 질
문에 대한 답을 얻게 되었음을 알 수 있다.

⑤ ㉤
⋯ '그런 사람들이 ~ 다름 아닌 시인이라고'로 보아, 화자는 고단하
지만 성실하고 건강하게 살아가는 사람들이 다름 아닌 시인이라고
생각하게 되었음을 알 수 있다. 이는 다시 말해 시인이라면 평범한
사람들의 소박한 삶에서 인간적인 가치를 발견해야 함을 의미하기
도 한다.

정답	01 ①	02 ②	03 ③

[01~03] 다음 글을 읽고 물음에 답하시오. 2019 6월 고2 전국연합

제대로 작품 분석 ▶〈보기〉에서 적절한 것을 골라 넣으며 작품을 분석해 보자.

가 [1~5행] 소주제: 산길을 걸으며 길을 만든 이들에 대해 생각함.

■ 이 길을 만든 이들: ¹
■ 길: ① 화자가 걷고 있는 산길 ② 민중의 역사
■ 나는 안다: ²
■ 그이들: 민중
■ 바람, 풀꽃: 화자의 애정과 믿음이 깃든 대상 – 민중 상징
■ 내 가슴 벅차게 하는 까닭: 민중에 대한 애정

[6~12행] 소주제: 평범한 사람들의 삶이 민중의 역사를 만들었음을 깨달음.

■ 옛 내음: 역사를 통해 알 수 있는 선인들의 삶
■ 신명나지 않았더냐: 민중에 대한 화자의 정서 직접 표출 – 설의법을 통한 의미 강조
■ 무엇에 쫓기듯 살아가는 이들, 힘을 다하여 비칠거리는 발걸음들: 힘들지만
최선을 다하여 살아가는 사람들 – 화자에게 삶의 의미를 깨닫게 하는 존재
■ 무엇 하나씩 저마다 다져놓고 사라진다: ³
■ 나는 배웠다: '나는 안다'의 변주 – 화자의 깨달음 강조

[13~17행] 소주제: 화자 자신도 민중의 역사에 동참하고 있다는 역사의식

■ 마침내 길을 만들고: 사소하고 평범한 일상이 모여 민중의 역사가 됨.
■ 왜 내가 지금 주저앉아서는 안 되는지: ⁴

– 이성부, 〈산길에서〉

❖ 제대로 작품 분석의 〈보기〉

㉮ 화자가 긍정적으로 인식하는 대상 – 민중의 역사를 만든 주체
㉯ 단정적 어조의 반복 – 힘겹게 사는 민중의 삶에서 깨달음을 얻고 있음을 강조
㉰ 사람의 발길이 모여 길을 만들듯, 민중의 삶이 쌓여 역사가 이루어짐. – 사소하고
평범한 삶에 의미 부여
㉱ 화자 자신이 걷고 있는 발걸음도 뒤에 올 사람들에게 길이 됨을 깨달음. – 민중의
역사에 동참하고 있다는 역사의식

❖ 제목의 의미

'산길'을 오르며 얻은 깨달음을 노래하고 있는 작품이다. 이 시에서 '길'은 하루하루 최
선을 다해 살아간 민중들이 만든 성과이자 역사를 의미한다. 화자는 새로운 역사를 만
들어 가는 과정이 힘들어도 포기하거나 좌절하지 않고 묵묵히 수행해 나갈 것을 다짐
하고 있다.

❖ 작가 소개

이성부(李盛夫, 1942~2012): 시인. 전남 광주 출생. 1962년 《현대문학》에 〈열차〉를 추
천받아 등단하였다. 왜곡된 현실에 대한 분노와 고통받는 민중들의 모습을 시적 상상
력과 서정성을 바탕으로 그린 현실 참여시를 썼다. 주요 작품으로 〈벼〉, 〈봄〉, 〈전라도〉
등이 있다.

❖ 핵심 정리

· 갈래: 자유시, 서정시
· 성격: 교훈적, 사색적, 성찰적
· 주제: 산길에서 깨닫는 삶의 가치와 의미
· 특징: ① 일상적 소재인 '길'을 통해 역사의식을 드러냄. ② 단정적 어조를 반복
하여 화자의 깨달음을 강조함. ③ 자연물에 인격을 부여하여 대상과의 교감을 드
러냄.

나 [1연] **소주제:** 참된 자아의 상실

■ 잃어버렸습니다: ¹

■ 주머니: 내면세계

■ 길에 나아갑니다: 자아 탐색의 과정

[2~4연] **소주제:** 참된 자아를 찾는 과정

■ 돌담: 자아의 회복을 가로막는 장애물 – 억압적 시대 상황

■ 쇠문: ²

■ 긴 그림자를 드리우고: 암울한 상황

■ 길은 아침에서 ~ 아침으로 통했습니다: 참된 자아의 회복을 위한 자기 성찰의 과정은
끊임이 없음.

[5연] **소주제:** 부끄러움의 인식

■ 돌담을 더듬어 ~ 부끄럽게 푸릅니다: ³

■ 하늘: 현실적 자아를 일깨우는 존재 – 성찰의 매개체

[6, 7연] **소주제:** 참된 자아의 회복과 현실 극복에 대한 의지

■ 풀 한 포기 없는 이 길: 암담한 현실

■ 담 저쪽: ⁴

■ 내(6연 2행): 참된 자아

■ 내가 사는 ~ 찾는 까닭입니다: 참된 자아를 회복하려는 결의

■ 내(7연 1행): 현실적 자아

■ 잃은 것: 참된 자아

– 윤동주, 〈길〉

❖ **제대로 작품 분석의 〈보기〉**

> ㉠ 화자의 지향점
> ㉡ 참된 자아의 상실
> ㉢ 참된 자아의 세계로 향하는 통로를 가로막는 장애물
> ㉣ 참된 자아를 회복하지 못하는 것에 대해 부끄러움을 느낌.

❖ **제목의 의미**

'길'은 자아 성찰의 공간이자 삶의 여정을 의미한다. 이 시는 '길'이라는 상징적 소재를
통해 잃어버린 참된 자아를 찾고 어둡고 암울한 현실을 극복하려는 화자의 여정을 형
상화하고 있다. 화자는 부정적 상황 속에서도 자기 탐색과 성찰을 통해 '잃어버린 나'를
회복하려고 끊임없이 노력하는 모습을 보이고 있다.

❖ **작가 소개**

윤동주(尹東柱, 1917~1945): 시인. 북간도 출생. 양심에 따른 진실하고 순수한 삶과 고
뇌 어린 자기 성찰의 자세를 담은 작품을 주로 창작했다. 많은 작품에 어두운 시대를
살면서도 순수하게 살아가고자 하는 내면의 의지가 담겨 있다. 1943년에 독립운동의
혐의로 일본 경찰에 검거되어 규슈 후쿠오카 형무소에서 옥사하였다. 유고 시집으로
《하늘과 바람과 별과 시》가 있다.

❖ **핵심 정리**

• 갈래: 자유시, 서정시
• 성격: 상징적, 고백적, 의지적
• 주제: 참된 자아의 회복과 현실 극복에 대한 의지
• 특징: ① 상징적 시어를 통해 내면세계를 형상화함. ② '길'을 걷는 여정을 통해 본
질적 자아를 찾고 현실을 극복하려는 의지를 드러냄. ③ 고백적이고 성찰적인 어조
로 내면적 결의를 드러냄.

┌─────────────────────────────┐
│ **제대로** 감상법 **모범 답안** ▶
└─────────────────────────────┘

🔷 **가** 이성부, 〈산길에서〉

❶ 역사 ❷ 길 ❸ 단정적 ❹ 인격

❖ **제대로 작품 분석**

1 ㉠ 2 ㉡ 3 ㉢ 4 ㉣

🔷 **나** 윤동주, 〈길〉

❶ 자아 ❷ 길 ❸ 돌담 ❹ 상징적

❖ **제대로 작품 분석**

1 ㉡ 2 ㉢ 3 ㉣ 4 ㉠

01

정답률 50% | 매력적인 오답 ② 22%

(가)와 (나)에 대한 설명으로 가장 적절한 것은?

☀️ **정답인 이유**

① **(가)는 (나)와 달리 자연물에 인격을 부여하여 대상과의 교감을 드러내고**
○ → (가)의 소리치는 '바람', 수줍게 오는 '풀꽃'
있다.

… 자연물에 인격을 부여했다는 것은 사람이 아닌 대상에 인격을 부
여하여 사람처럼 표현했다는 뜻이다. (가)에서는 '지금 조릿대밭 눕
히며 소리치는 바람', '이름 모를 풀꽃들 문득 나를 쳐다보는 수줍음
으로 와서'와 같이 자연물인 '바람, 풀꽃'에 인격을 부여하여 이들과
의 교감을 드러내고 있다. 하지만 (나)에는 자연물에 인격을 부여하
여 교감을 드러내는 부분이 나타나 있지 않다.

☂️ **오답인 이유**

② **매력적인 오답** **(나)는 (가)와 달리 동일한 종결 어미*를 반복하여 운율감**
× → (가)와 (나)는 모두
을 높이고 있다.

… (가)에서는 동일한 종결 어미 '-다', (나)에서는 동일한 종결 어미
'-ㅂ니다'를 반복하여 운율감을 높이고 있다.

> ＊종결 어미: 한 문장을 종결되게 하는 어말 어미. 평서형, 감탄형, 의문
> 형, 명령형, 청유형이 있다.

③ **(가)와 (나)는 모두 색채어를 활용하여 공간에 대한 인식을 드러내고 있다.**
× → (나)에서는

… (나)에서는 5연에서 '푸릅니다'라는 색채어를 활용하여 '하늘'에
대한 인식을 드러내고 있다. 하지만 (가)에는 색채어가 나타나 있지
않다.

④ **(가)와 (나)는 모두 공감각적 심상*을 제시하여 대상에 입체감을 부여하고**
(가)와 (나) 모두 ×
있다.

… (가)와 (나)에서는 모두 공감각적 심상을 제시하여 대상에 입체감
을 부여하고 있지 않다.

> ＊공감각(共感覺)적 심상: 하나의 감각적 대상을 다른 종류의 감각으
> 로 전이시켜 표현한 심상 **예** 가을밤같이 차게 울었다.(청각의 촉각화)
> – 백석, 〈여승〉

⑤ **(가)는 계절의 변화를 통해, (나)는 공간의 이동을 통해 시상을 구체화하고**
(가) ×, (나) ○
있다.

… (나)에서는 화자가 '길에 나아갑니다', '돌담을 끼고 갑니다', '풀
한 포기 없는 이 길을 걷는'과 같이 '길'을 걷고 있으므로 공간의 이
동을 통해 시상을 전개하고 있다고 볼 수 있다. 하지만 (가)에는 계
절의 변화가 나타나 있지 않다.

(가)의 화자에 대한 이해로 적절하지 <u>않은</u> 것은?

☀ 정답인 이유

② [B]: 삶의 고달픔이 어디에서 비롯되는지를 깨닫고 있다.
　　　× → 역사를 만들어 가는 민중의 위대함을 깨달음.

⋯▶ (가)에서 '길'은 하루하루 최선을 다해 살아간 민중들이 만든 성과
이자 역사를 의미한다. 그리고 [B]에서 화자가 가슴 벅찬 감동을 느
낀 이유는, 무수히 많은 사람의 발길이 모여 산길이 만들어지듯 민
중의 삶이 쌓여 역사가 이루어진다는 것을 깨달았기 때문이다. 하지
만 화자가 삶의 고달픔이 어디에서 비롯되는지를 깨닫고 있는 것은
아니다.

☂ 오답인 이유

③ [매력적인 오답] [C]: 집을 버리고 산길을 찾는 것에 즐거움을 느끼고 있다.
　　　○ → '서울을 버리는 일에 신명나지 않았더냐'

⋯▶ '집을 떠나고', '서울을 버리는 일에 신명나지 않았더냐'를 통해,
화자가 집을 버리고 산길을 찾는 것에 즐거움을 느끼고 있음을 알 수
있다.

① [A]: 길을 만든 이들이 누구인지 지각하고 있다.
　　　○ → '이 길을 만든 이들이 누구인지를 나는 안다'

⋯▶ '이 길을 만든 이들이 누구인지를 나는 안다'를 통해, 화자가 길을
만든 이들이 누구인지 지각하고 있음을 알 수 있다.

④ [D]: 사람은 누구나 삶의 자취를 남긴다는 사실을 알게 되었다.
　　　○ → '무엇 하나씩 저마다 다져놓고 사라진다'

⋯▶ '무엇 하나씩 저마다 다져놓고 사라진다'를 통해, 화자가 사람은
누구나 저마다의 삶의 자취를 하나씩은 남긴다는 사실을 깨닫게 되
었음을 알 수 있다.

⑤ [E]: 산길을 걷는 과정에서 포기하지 않는 삶의 태도를 다짐하고 있다.
　　　○ → '왜 내가 지금 주저앉아서는 안 되는지를 나는 안다'

⋯▶ '힘들고 어려워도', '주저앉아서는 안 되는지를 나는 안다'를 통해,
화자가 산길을 걷는 과정에서 포기하지 않는 삶의 태도를 다짐하고
있음을 알 수 있다.

☂ 오답인 이유

① 굳게 닫힌 '쇠문'을 통해 화자가 처한 부정적 상황을 드러낸다고 할 수 있군.

⋯▶ 화자와 잃어버린 참된 자아와의 만남을 가로막고 있는 '쇠문'은
화자가 처한 부정적 상황을 드러낸다고 볼 수 있다.

② 길이 '저녁에서 아침으로 통했다'는 것은 자기 탐색*의 과정이 끊임없이 이
어짐을 의미하겠군.

⋯▶ '길'이 '아침에서 저녁으로', '저녁에서 아침으로' 통했다는 것은 참된
자아의 회복을 위한 자기 탐색의 과정이 끊임없이 이어짐을 의미한다.

> *탐색(探索): 드러나지 않은 사물이나 현상 따위를 찾아내거나 밝히기
> 위하여 살피어 찾음. ⓔ 한국 고대 문화에 대한 진지한 탐색이 이루어
> 졌다.

④ '부끄럽게'를 통해 화자가 하늘을 보며 자기 성찰을 하고 있음을 짐작할 수
있군.

⋯▶ 참된 자아를 회복하지 못한 화자가 하늘을 '부끄럽게' 쳐다보는
것은 자기 성찰을 하고 있음을 나타낸 것이다.

⑤ 화자가 길을 걷는 이유는 '담 저쪽'의 '나'를 회복하기 위해서이겠군.

⋯▶ '담 저쪽'에 남아 있는 '나'는 화자가 잃어버린 참된 자아로, 화자
가 길을 걷는 이유는 이러한 참된 자아를 회복하기 위해서이다.

〈보기〉를 참고하여 (나)를 감상한 내용으로 적절하지 <u>않은</u> 것은? [3점]

> ─────────〈보기〉─────────
>
> 　이 시는 '길'이라는 상징적 소재를 통해 '잃어버린 나'를 되찾으려는
> 　　　　　　　　　　　　　　　자아 성찰의 공간, 삶의 여정을 상징
> 화자의 모습을 잘 보여 주는 작품이다. 이 시의 화자는 부정적 상황 속
>
> 에서 자기 탐색과 성찰을 통해, '잃어버린 나'를 회복하려고 끊임없이
> 　　　　　　　'잃어버린 나'를 찾기 위한 방법　　　작품의 주제 의식
> 노력하는 모습을 보인다.

☀ 정답인 이유

③ '눈물짓'는 행위는 절망적 상황을 극복하려는 화자의 노력을 나타낸 것이
　　　　　　　　× → 잃어버린 자아를 찾지 못한 화자의 절망감
겠군.

⋯▶ '돌담'은 자아의 회복을 가로막는 장애물을 상징하므로, 5연의 '돌
담을 더듬어 눈물짓다'는 잃어버린 자아를 찾지 못한 화자의 절망감
을 표현한 것으로 볼 수 있다. (나)가 전체적으로 참된 자아의 회복을
위한 의지를 형상화하고 있기는 하지만, '눈물짓'는 행위가 절망적 상
황을 극복하려는 화자의 노력이라고 볼 수는 없다.

▶ 문제편 122~124쪽

정답 | **01** ④　　**02** ②　　**03** ③　　**04** ①

[01~04] 다음 글을 읽고 물음에 답하시오.　　2018 6월 고1 전국연합

제대로 작품 분석

▶ 〈보기〉에서 적절한 것을 골라 넣으며 작품을 분석해 보자.

가 [1연] **소주제**: 우연히 맡게 된 감자 삶는 냄새

■ 달겨드는: '달려드는'의 방언

■ 이것: 감자 삶는 냄새

■ 치명적인 냄새: ¹

[2연] **소주제**: 감자로 끼니를 때우던 어린 시절과 어머니의 희생적 사랑 회상

■ 엄마 내 친구들은 ~ 먹는 줄 알아: 가난한 집안 형편 때문에 감자밥 도시락을 먹을 수밖에 없었던 어린 시절 – 대화체 사용

■ 때꺼리: 끼닛거리. 끼니로 할 음식감

■ 엄마 난 땅속에서 ~ 어지럼증을 매달고: ²

■ 엄마 밥주발엔 숟가락 꽂히지 않는다: 어머니의 희생적 사랑

■ 밥주발: 놋쇠로 만든 밥그릇

[3연] **소주제**: 감자 삶는 냄새로 떠올린 유년 시절의 어머니에 대한 그리움

■ 치명적인 그리움: ³

[4연] **소주제**: 가족에 대한 헌신적 사랑으로 살아오신 어머니

■ 꽃은 꽃대로 놓아두고 ~ 얼씬도 하지 않는: ⁴

■ 열한 개의 구덩이: 어머니가 보살폈던 열한 명의 식구

■ 늙은 애기집: 어머니 – 명사로 종결하여 여운을 줌.

　　　　　　　　　　　　　　　– 김선우, 〈감자 먹는 사람들〉

제대로 작품 분석의 〈보기〉

　㉠ 어머니에 대한 그리움
　㉡ 감자의 생태로 어머니의 희생적인 사랑을 형상화함.
　㉢ 어린 시절의 가난했던 삶에 대한 기억 – 과거 회상의 매개체
　㉣ 감자(가난)에 대한 부정적 감정을 공포심과 어지럼증으로 표현

제목의 의미

'감자 먹는 사람들'은 살림이 넉넉하지 않아 밥 대신 감자를 먹어야 했던 어린 시절 화자의 가족을 가리킨다. 이 시는 우연히 맡게 된 감자 삶는 냄새로 인해 과거를 떠올리며, 가난한 삶 속에서도 식구들을 위해 희생적인 삶을 살았던 어머니에 대한 그리움을 노래하고 있는 작품이다.

작가 소개

김선우(金宣佑, 1970~): 시인. 강원 강릉 출생. 1996년 《창작과 비평》을 통해 등단하였다. 여성성에 대한 탐구를 바탕으로 여성의 생명력을 노래하는 작품을 주로 발표하였다. 주요 시집으로 《내 혀가 입 속에 갇혀 있길 거부한다면》, 《도화 아래 잠들다》, 《내 몸속에 잠든 이 누구신가》 등이 있다.

핵심 정리

· 갈래: 자유시, 서정시
· 성격: 회상적
· 주제: 희생적인 삶을 살았던 어머니에 대한 그리움
· 특징: ① 독백과 대화를 통해 시상을 전개함. ② 후각적 이미지를 이용하여 과거 회상의 매개체로 사용함. ③ 땅 밑에서 자라는 감자와 가족을 위해 헌신하는 어머니를 동일시함.

나 [1연] **소주제**: 꿈과 이상을 추구하다 좌절했던 어린 시절

■ 노을: 어린 시절의 꿈과 이상

■ 그네를 힘차게 차고 올라 발을 굴렀지: ¹

■ 노을은 끝내 어둠에게 잡아먹혔지: 어린 시절의 꿈이 좌절됨.

■ 그넷줄: 꿈이 좌절된 후의 절망감이 투영된 대상

■ 오랫동안 삐걱삐걱 떨고 있었어: ① 그넷줄이 흔들리고 있는 모습 ② 절망감과 두려움으로 인해 떨고 있는 화자의 모습

[2연] **소주제**: 인생을 살면서 몇 번씩 겪게 되는 절망감

■ 나비: 꿈과 이상

■ '땅끝'의 중의적 의미

　① 전라남도 해남에 있는 지명
　② 환상 속의 아름다운 공간(2연 2행)
　③ 살면서 겪게 되는 절망적인 상황(2연 4행)
　④ 절망적이지만 희망을 품고 있는 공간(3연 8행)

■ 그건 아마도 끝이 아니었을지도 몰라: 어린 시절에 갔던 땅끝은 진정한 땅끝(절망)이 아니었음.

■ 그러나: 시상의 전환(과거 → 현재)

■ 파도가 끊임없이 땅을 먹어 들어오는 막바지: ²

■ 뒷걸음질: 삶의 시련과 고통에 쫓기는 모습

[3연] **소주제**: 절망 속에서 깨달은 삶의 희망

■ 파도가 아가리를 쳐들고 달려드는 곳: 위태롭고 절박한 상황

■ 찾아나선 것도 ~ 땅의 끝: 원하지 않았던 절망적 상황

■ 그런데: 시상의 전환(절망 → 희망)

■ 위태로움 속에 아름다움이 스며 있다: ³

■ 늘 젖어 있다는 것: 희망을 간직하고 있다는 것

■ 그걸 보려고 ~ 여기에 이르리라는 것이: ⁴

　　　　　　　　　　　　　　　– 나희덕, 〈땅끝〉

제대로 작품 분석의 〈보기〉

　㉠ 위태롭고 절박한 상황
　㉡ 현실을 극복하고 꿈을 이루기 위한 노력과 열정
　㉢ 절망 속에서 삶의 희망을 발견함. – 역설적 표현
　㉣ 절망 속에서도 희망이 존재한다는 깨달음이 삶을 지탱하는 힘이 될 것임.

제목의 의미

'땅끝'은 육지가 바다에 닿을 때 육지의 가장 끝을 의미하는데, 전라남도 해남에 있는 실제 지명이기도 하다. 여기에 이 시는 인생의 절망적 상황이라는 중의적 의미를 더해 시상을 전개하고 있다. 절망적인 상황에서도 삶의 희망을 발견할 수 있다는 역설적 인식을 바탕으로, 인생을 살아가는 바람직한 삶의 자세에 대한 깨달음을 드러내고 있는 작품이다.

작가 소개

나희덕(羅喜德, 1966~): 시인. 충남 논산 출생. 1989년 《중앙일보》 신춘문예에 〈뿌리에게〉가 당선되어 등단하였다. 운명과 자연에 순응하는 작품을 많이 썼다. 주요 작품으로 〈배추의 마음〉, 〈뿌리에게〉, 〈못 위의 잠〉 등이 있다.

핵심 정리

· 갈래: 자유시, 서정시
· 성격: 성찰적, 사색적, 회상적
· 주제: 인생의 절망 속에서 깨달은 역설적인 희망
· 특징: ① 과거 회상을 통해 시상을 전개함. ② '땅끝'의 중의성을 통해 주제를 효과적으로 나타냄. ③ 구체적 지명을 모티프로 활용하여 삶의 의미를 사색함. ④ 역설적 표현을 사용하여 주제를 부각함.

⑦ 김선우, 〈감자 먹는 사람들〉
❶ 헌신적 ❷ 열한 개의 구덩이 ❸ 늙은 애기집 ❹ 후각적

❖ 제대로 작품 분석
　1 ㉢　2 ㉣　3 ㉠　4 ㉡

㉯ 나희덕, 〈땅끝〉
❶ 희망 ❷ 그넷줄 ❸ 땅끝 ❹ 역설적

❖ 제대로 작품 분석
　1 ㉡　2 ㉠　3 ㉢　4 ㉣

01

정답률 70%

(가)와 (나)에 대한 설명으로 가장 적절한 것은?

☀ 정답인 이유

④ (나)는 **특정한 종결 어미를 반복하여 운율을 형성**하고 있다.
　○ → '발을 굴렀지', '잡아먹혔지', '찾아갔지' 등과 같이 '−지'를 반복함.
　⋯ (나)에서는 '발을 굴렀지', '잡아먹혔지', '찾아갔지', '서게도 되지', '이상하기도 하지' 등과 같이 종결 어미 '−지'를 반복하여 운율을 형성하고 있다.

☔ 오답인 이유

① (가)는 **설의적 표현을 통해 대상의 속성*을 강조**하고 있다.
　　　　×
　⋯ (가)에는 의문문의 형식으로 누구나 알고 있거나 예측되는 결과를 표현하는 설의적 표현이 나타나 있지 않다.

　┄┄┄┄┄┄┄┄┄┄┄┄┄┄┄┄┄┄┄┄┄┄┄┄┄┄┄┄
　＊ **속성(屬性)**: 사물의 특징이나 성질 ⓔ 대중문화는 일반적으로 상업성이라는 속성을 띠고 있다.
　┄┄┄┄┄┄┄┄┄┄┄┄┄┄┄┄┄┄┄┄┄┄┄┄┄┄┄┄

② (가)는 **반어적 표현을 활용하여 대상에 대한 냉소적* 태도를 드러내**고 있다.
　　　　　×
　⋯ (가)에는 나타내려는 뜻과는 반대가 되게 표현하는 반어적 표현이나 대상을 쌀쌀한 태도로 업신여기어 비웃는 냉소적 태도가 나타나 있지 않다.

　┄┄┄┄┄┄┄┄┄┄┄┄┄┄┄┄┄┄┄┄┄┄┄┄┄┄┄┄
　＊ **냉소적(冷笑的)**: 쌀쌀한 태도로 업신여기어 비웃는 것 ⓔ 이 작품은 우리 사회의 여러 가지 문제들을 냉소적으로 풍자하고 있다.
　┄┄┄┄┄┄┄┄┄┄┄┄┄┄┄┄┄┄┄┄┄┄┄┄┄┄┄┄

③ (나)는 **구체적 청자와의 대화를 통해 시상을 전개**하고 있다.
　　　　　×
　⋯ (나)에서는 구체적인 청자 없이 독백 형식으로 시상이 전개되고 있다.

⑤ (가)와 (나)는 **화자의 이동 경로에 따라 화자의 정서를 구체화**하고 있다.
　　　　　　　　　　　　　×
　⋯ (가)와 (나)에는 모두 화자의 이동 경로에 따라 정서를 구체화하고 있는 부분이 나타나 있지 않다.

02

정답률 73% | 매력적인 오답 ④ 10%

다음은 (가)의 화자가 어머니께 쓴 편지의 일부이다. 시적 상황을 고려할 때, ⓐ~ⓔ 중 적절하지 <u>않은</u> 것은?

─〈보기〉─

　⋯ 어머니, 그 시절 저는 ⓐ학교에 감자밥 도시락을 싸서 다니는 것
　　　　　　　　　　　'엄마 내 친구들은 내가 감자가 좋아서 감자밥 도시락만 먹는 줄 알아'
이 그렇게 좋지만은 않았습니다. 그래서 어느 날인가 그 얘기를 했더니

곁에 계시던 ⓑ할아버지께서는 감자 드시는 것이 오히려 좋다시며 저
　　　　　　　　× '할아버지는 땅 밑에서 감자알 크는 소리 들린다고 흐뭇해하셨지만'
를 나무라셨지요. 지금 생각해 보면 감자라도 밥에 섞지 않으면 11명이

나 되는 식구들을 먹이기가 쉽지 않았음을 이해하게 됩니다. 특히 ⓒ식

구들의 밥이 모자랄까 봐 식구들이 밥을 다 먹을 때까지 기다리시던 어
　'하나둘 숟가락 내려놓을 때까지 엄마 밥주발엔 숟가락 꽂히지 않는다'
머니의 모습이 아직도 눈에 선합니다. 하지만 그때 저는 어렸고, ⓓ감

자에 대한 거부감까지 가지고 있었습니다. ⓔ그런데 지금은 왜 이렇게
　　　　　　　　　　　　　　　　'난 땅속에서 자라는 것들이 무서운데, 뿌리 끝에 댕글댕글한 어지럼증을 매달고'
그리운지 모르겠습니다. 그것은 아마 어머니의 가족에 대한 사랑을 깨
　'치명적인 그리움'
달아서가 아닌가 합니다. ⋯

☀ 정답인 이유

② ⓑ
　× → 작품에 나타나 있지 않은 내용임.
　⋯ (가)에서 화자는 살림이 넉넉하지 않아 온 가족이 밥 대신 감자를 먹어야 했던 어린 시절을 회상하고 있다. '귀밝은 할아버지는 땅 밑에서 감자알 크는 소리 들린다고 흐뭇해하셨지만'은 할아버지가 감자라도 있어서 식구들의 끼니를 해결할 수 있다는 사실을 다행으로 여기고 있음을 나타낸 것이다. 할아버지가 감자 드시는 것을 오히려 좋아했다거나 화자를 나무랐다는 내용은 나타나 있지 않다.

☔ 오답인 이유

④ 【매력적인 오답】 ⓓ
　⋯ 화자는 어린 시절에 무서움과 어지럼증을 느낄 정도로 감자에 대해 거부감을 가지고 있었음을 알 수 있다.

① ⓐ
　⋯ '엄마 내 친구들은 내가 감자가 좋아서 감자밥 도시락만 먹는 줄 알아'를 통해, 화자는 학교에 감자밥 도시락을 싸서 다니는 것을 좋아하지 않았음을 알 수 있다.

③ ⓒ
　⋯ '하나둘 숟가락 내려놓을 때까지 엄마 밥주발엔 숟가락 꽂히지 않는다'를 통해, 어머니가 가난한 형편에 밥이 모자랄까 봐 식구들이 밥을 다 먹을 때까지 기다리셨음을 알 수 있다.

⑤ ⓔ
　⋯ 그토록 싫어했던 감자 삶는 냄새에서 '치명적*인 그리움'을 느끼는 것을 통해, 화자가 어머니의 희생적인 사랑을 깨닫고 어린 시절을 그리워하고 있음을 알 수 있다.

　┄┄┄┄┄┄┄┄┄┄┄┄┄┄┄┄┄┄┄┄┄┄┄┄┄┄┄┄
　＊ **치명적(致命的)**: 일의 흥망, 성패에 결정적으로 영향을 주는 것 ⓔ 공장의 화재는 그에게 치명적인 손실을 입혔다.
　┄┄┄┄┄┄┄┄┄┄┄┄┄┄┄┄┄┄┄┄┄┄┄┄┄┄┄┄

03

정답률 67% | 매력적인 오답 ② 10%

[A]~[C]에 대한 이해로 적절하지 않은 것은? [3점]

☀ 정답인 이유

③ [B]에서 화자는 '땅끝'을 현실에서 벗어난 이상적 공간으로 인식하고 있다.
　　　　　　　　　　　×→ 살면서 겪게 되는 절망적인 상황

⋯ [B]의 '그러나 살면서 몇 번은 땅끝에 서게도 되지'에서의 '땅끝'은 살면서 겪게 되는 절망적인 상황을 의미한다. 이 작품에서 '땅끝'은 중의적 의미를 내포하고 있는데, 화자가 어린 시절에 환상 속의 아름다운 공간으로 인식했던 것은 [B]의 2행에 제시된 '땅끝'이다.

☔ 오답인 이유

② 매력적인 오답 [A]에서 화자는 '그네'를 굴림으로써 이상적 대상에 다가가고 싶은 마음을 표현하고 있다.
　　　　　　　　　　　○→ '산 너머 고운 노을을 보려고'

⋯ [A]에서 '고운 노을'은 꿈과 이상을 의미한다. 노을을 보려고 '그네'를 힘차게 차고 올랐다는 것으로 보아, '그네'는 이상적 대상에 다가가고 싶은 화자의 마음을 표현한 것으로 볼 수 있다.

① [A]에서 화자는 '어둠'을 통해 자신이 느끼는 암담한 심정을 드러내고 있다.
　　　　　　　　　　　○→ '노을은 끝내 어둠에게 잡아먹혔지'

⋯ [A]에서 꿈과 이상을 상징하는 '노을'이 '어둠'에게 잡아먹혔다는 것으로 보아, '어둠'은 꿈과 이상이 좌절된 화자의 암담한 심정을 드러낸 것으로 볼 수 있다.

④ [C]에서 화자는 달려드는 '파도'를 삶의 위태로움으로 인식하고 있다.
　　　　　　　　　　　○→ '파도가 아가리를 쳐들고 달려드는 곳'

⋯ [C]에서 아가리를 쳐들고 달려든다고 한 것으로 보아, 화자가 '파도'를 삶의 위태로움으로 인식하고 있음을 알 수 있다.

⑤ [C]에서 화자는 '여기'에서 삶에 대한 역설적 깨달음을 얻고 있다.
　　　　　　　　　　　○→ '위태로움 속에 아름다움이 스며 있다'

⋯ [C]에서 위태로움 속에 아름다움이 스며 있다고 여기는 것으로 보아, 화자가 '땅끝'에서 삶에 대한 역설적 깨달음을 얻고 있음을 알 수 있다.

04

정답률 83%

〈보기〉를 참고할 때, ㉠~㉢ 중 ㉮에 해당되는 것으로 가장 적절한 것은?

―〈보기〉―

기억은 어떻게 재생되느냐에 따라 자발적 기억과 비자발적 기억으로 나눌 수 있다. 자발적 기억은 우리 의지에 따라 수행되는 기억이고, 비
　　　　　　　　　　　　자발적 기억의 개념
자발적 기억은 어떤 사건이나 사물 혹은 사람과 우연히 마주쳤을 때 발
　　　　　　비자발적 기억의 개념
생하는 기억이다. 완전히 잊었다고 생각했던 과거의 일이 어떤 일을 계
　　　　　　　　　　　비자발적 기억의 예
기로 우연히 떠오를 때가 있는데 이런 기억이 바로 비자발적 기억이다. 이때 ㉮비자발적 기억을 우연히 떠오르게 하는 요인으로 시각적 경험 뿐 아니라 후각, 촉각적 경험 등도 작용한다.

☀ 정답인 이유

① ㉠
　○→ 어린 시절의 가난했던 삶을 회상하게 하는 매개체

⋯ 〈보기〉에서 비자발적 기억은 '어떤 사건이나 사물 혹은 사람과 우연히 마주쳤을 때 발생하는 기억'이라고 하였고, 비자발적 기억을 떠오르게 하는 요인 중에는 후각적 경험도 있다고 하였다. (가)에서

어느 집 담장 곁을 지나다가 맡게 되는 '감자 삶는 냄새'는 화자로 하여금 잊고 있던 어린 시절을 떠올리게 하는 매개체의 역할을 하고 있다. 따라서 '감자 삶는 냄새'는 비자발적 기억을 우연히 떠오르게 하는 요인으로 작용하는 후각적 경험으로 볼 수 있다.

☔ 오답인 이유

② ㉡

⋯ '감자알'은 어린 시절에 화자가 먹었던 것으로, 비자발적 기억을 떠오르게 하는 요인과는 관련이 없다.

③ ㉢

⋯ '꽃'은 '감자'와 대비되어 아름답고 좋은 것을 의미하는 것으로, 비자발적 기억을 떠오르게 하는 요인과는 관련이 없다.

④ ㉣

⋯ '그넷줄'은 어린 시절에 화자가 '노을'을 보기 위해 사용했던 수단으로, 비자발적 기억을 떠오르게 하는 요인과는 관련이 없다.

⑤ ㉤

⋯ '나비'는 어린 시절에 화자가 좇던 꿈과 이상을 의미하는 것으로, 비자발적 기억을 떠오르게 하는 요인과는 관련이 없다.

IV 부 고전 시가

고전 시가 01 어부사시사 | 초당춘수곡

▶ 문제편 128~129쪽

정답 | 01 ③   02 ③   03 ④

[01~03] 다음 글을 읽고 물음에 답하시오.   2020 9월 고1 전국연합

제대로 작품 분석   ▶〈보기〉에서 적절한 것을 골라 넣으며 작품을 분석해 보자.

(가) 석양(夕陽)이 비꼈으니 그만하고 돌아가자
시간이 늦었으니 돌아가자는 뜻
석양이 기울었으니 그만하고 돌아가자.

돛 내려라 돛 내려라.
여음구 ① – 출항에서 귀항까지의 과정을 나타냄. 작품의 유기적 연결
돛 내려라 돛 내려라.

버들이며 물가의 꽃은 굽이굽이 새롭구나.
1
버들이며 물가의 꽃은 굽이굽이 새롭구나.

지국총 지국총 어사와
여음구(후렴구) ② – 노 젓는 소리와 어부의 소리를 나타낸 의성어. 사실감 부여
찌그덩 찌그덩 어여차
                    대구법
㉠삼공(三公)*을 부러워하랴/만사(萬事)를 생각하랴
속세의 사람들이 추구하는 가치에서 벗어난 화자의 모습 – 설의적 표현
삼정승을 부러워하겠는가? 세상만사를 생각하겠는가?

〈춘(春) 6〉
▶ 춘(春) 6: 석양 무렵까지 뱃놀이하는 즐거움

        대구법
궂은 비 멎어 가고/시냇물이 맑아 온다
여름의 계절감을 드러내는 소재
궂은비 멎어 가고 시냇물이 맑아 온다.

비 떠라 비 떠라
배 띄워라 배 띄워라.

낚싯대 둘러메니 깊은 흥(興)을 못 금(禁)하겠다
2
낚싯대를 둘러메니 깊은 흥을 금할 수 없구나.

지국총 지국총 어사와
찌그덩 찌그덩 어여차
㉡연강(煙江)* 첩장(疊嶂)*은 뉘라서 그려 냈고
자연의 아름다움에 대한 감탄 – 시조의 종장 형식에서 벗어남.
안개 낀 강과 겹겹이 둘러싼 산봉우리는 누가 이처럼 그려 냈는가.

〈하(夏) 1〉
▶ 하(夏) 1: 여름날 비가 갠 후의 아름다운 경치

㉢물외(物外)에 조흔 일이 어부 생애 아니러냐
3   깨끗한
속세를 벗어난 곳에서 깨끗한 일로 소일함이 어부의 생활이 아니더냐.

비 떠라 비 떠라
배 띄워라 배 띄워라.

「어옹(漁翁)을 욷디 마라 그림마다 그렷더라」
화자 자신을 가리킴. 「」: 어부로 살아가는 삶에 대한 자부심
고기 잡는 늙은이를 비웃지 마라. 그림마다 (늙은 어부가) 그려져 있더라.

지국총 지국총 어사와
찌그덩 찌그덩 어여차

사시(四時) 흥(興)이 흔 가지나 **추강(秋江)**이 으뜸이라
가을의 계절감을 드러내는 소재 – 화자가 긍정적으로 인식하는 대상
사계절의 흥취가 다 마찬가지이나 그중에도 가을 강이 제일이라.

〈추(秋) 1〉
▶ 추(秋) 1: 가을 강에 배를 띄우는 흥취

㉣「물가의 외로운 솔 혼자 어이 씩씩흔고」
「」: 겨울에도 변함없이 푸른 소나무의 절개
물가에 외로운 소나무 혼자 어찌 씩씩한가.

비 미여라 비 미여라
배 매어라 배 매어라.

험한 구름 흔(恨)치 마라 세상(世上)을 가리운다
                        속세
험한 구름 원망하지 마라 인간 세상을 가리는구나.

지국총 지국총 어사와
찌그덩 찌그덩 어여차
㉤파랑성(波浪聲)*을 싫어 마라 진훤(塵喧)*을 막는도다
4
파도 소리 싫어하지 마라 속세의 시끄러운 소리를 막는도다.

〈동(冬) 8〉
▶ 동(冬) 8: 속세와 단절된 자연 속에서의 삶
– 윤선도, 〈어부사시사(漁父四時詞)〉

* 삼공: 삼정승으로, 영의정, 좌의정, 우의정을 일컬음.
* 연강: 안개 낀 강
* 첩장: 겹겹이 둘러싼 산봉우리
* 파랑성: 물결 소리
* 진훤: 속세의 시끄러움

제대로 작품 분석의 〈보기〉

㉠ 풍류를 즐기는 화자의 모습
㉡ 봄의 계절감을 드러내는 소재
㉢ 속세를 멀리하고자 하는 화자의 태도
㉣ 속세를 벗어난 곳(자연) – 화자가 지향하는 공간

제목의 의미

'어부사시사'는 '어부의 한가로운 사계절 삶을 담은 노래'라는 뜻으로, 작가가 전남 보길도에 은거하며 지은 작품이다. 춘·하·추·동 각 10수씩 전 40수의 연시조로, 계절의 변화에 따라 시상을 전개하면서 어부 생활의 여유와 흥취를 드러내고 있다. 각 계절의 10수는 출항에서 귀항까지 어부의 하루 일과를 읊은 것으로, 세속에서 벗어나 자연과의 합일을 추구하는 마음을 노래하였다.

작가 소개

윤선도(尹善道, 1587~1671): 조선 중기의 문신. 호는 고산(孤山). 여러 차례의 유배와 말년의 은거 생활 속에서 77수의 국문 시가 작품을 남겼고, 정철과 함께 조선 시대 시가 문학의 쌍벽을 이루는 인물이다. 주요 작품으로 〈어부사시사〉, 〈우후요〉, 〈산중신곡〉 등이 있으며, 문집으로 《고산유고(孤山遺稿)》가 있다.

핵심 정리

• 갈래: 연시조(전 40수)
• 성격: 강호 한정가, 자연 친화적
• 주제: 계절에 따라 바뀌는 자연의 아름다움과 어부 생활의 흥취
• 특징: ① 계절의 변화에 따라 시상을 전개함. ② 초장과 중장, 중장과 종장 사이에 여음(후렴구)을 배치하여 운율을 형성하고 단조로운 흐름에 변화를 줌. ③ 대구법, 반복법, 의성어의 사용 등 다양한 표현법을 사용함.

❹ 초당 늦은 날에 깊이 든 잠 겨우 깨어
1
초가집에서 아침 늦게 깊이 든 잠 겨우 깨어

대창문을 바삐 열고 작은 뜰에 방황하니
늦게 일어나 작은 뜰을 서성임.

대나무 창문을 바삐 열고 작은 뜰에 방황하니

시내 위의 버들잎은 봄바람을 먼저 얻어
계절적 배경 - 봄

시내 위의 버들잎은 봄바람에 살랑이고

위성 땅 아침 비*에 원객(遠客)의 근심이라
왕유의 시 〈송원이사안서(送元二使安西)〉의 구절 - 이별의 배경

아침에 비가 내리니 나그네의 근심이 가득하구나.

수풀 아래 **뻐꾹새**는 계절을 먼저 알아
2

수풀 아래 뻐꾹새는 계절을 먼저 알아

태평세월 들일에는 **농부**를 재촉한다
봄이 와 바쁘게 들일을 해야 함. - 화자의 상황과 대비

태평한 시절에 들일(농사)을 하라고 농부를 재촉한다.

아아 내 일이야 잠을 깨어 생각하니
영탄적 어조 - 자신의 처지에 대한 탄식

아아, 내 신세야, 잠을 깨어 생각하니

세상의 모든 일이 모두가 허랑(虛浪)하다
세상사에 대한 무상감

세상의 모든 일이 모두가 쓸데없다.

공명(功名)이 때가 늦어 귀밑은 귀밑이요
입신양명을 이루지 못하고 나이가 듦.

벼슬길에 나갈 때를 놓쳐 백발로 늙었고

산업(産業)에 꾀가 없어 초가집 몇 칸이라
생계를 도모하는 재주가 없어서
▶ 1~10행: 늦은 봄날에 느끼는 근심과 무상감

돈 버는 일에 재주가 없어 초가집 몇 칸에 가난하게 사는구나.

백화주 두세 잔에 산수에 **정**이 들어
3

백화주 두세 잔을 마시고 자연에 취해서

홍도 벽도(紅桃碧桃)* 난발(爛發)한데 지팡이 짚고 들어가니
흐드러지게 활짝 피었는데

복숭아꽃이 활짝 피었는데 지팡이를 짚고 천천히 들어가니

「산은 첩첩 기이하고 물은 청청 깨끗하다
「」: 산에서 바라본 밝고 경쾌한 봄날의 정경 - 대구법

산은 첩첩 기이하고 물은 청청 깨끗하다.

안개 걷어 구름 되니 남산 서산 백운(白雲)이요

안개 걷혀 구름 되니 모든 산이 온통 흰 구름이요

구름 걷혀 안개 되니 계산 안개 봉이 높다」
당나라 하지장의 시 〈채련곡〉의 구절

구름 걷혀 안개 되니 안개가 걷힌 산천이 우뚝 솟아 높구나.

앉아 보고 서서 보니 별천지가 여기로다
근심과 무상감에서 벗어난 공간

앉아 보고 서서 보니 별천지가 여기로다.

때 없는 두 귀밑을 돌시내에 다시 씻고
세속에서 벗어나고 싶은 마음 - 소부와 허유의 고사 활용

때 없는 두 귀밑을 계곡물에 다시 씻고

탁영대(濯纓臺) 잠깐 쉬고 세심대(洗心臺)로 올라가니
갓끈을 씻는다는 뜻으로 세속을 초월함을 이름.└마음을 씻는다는 뜻으로 세속을 초월함을 이름.

탁영대에서 잠깐 쉬고 세심대로 올라가니

풍대(風臺)의 맑은 바람 심신이 시원하고
바람을 쐬는 곳

바람 부는 대의 맑은 바람 심신이 맑고 깨끗하고,

월사(月榭)의 **밝은 달**은 맑은 의미 일반이라
달을 구경하는 정자 4
▶ 11~20행: 산수를 둘러보며 자연을 즐김.

누각의 밝은 달은 맑다는 뜻과 마찬가지라.

— 남석하, 〈초당춘수곡(草堂春睡曲)〉

＊ 위성 땅 아침 비: 왕유의 시 구절로 벗과 이별하던 장소에 아침 비가 내리는 풍경을 말함.
＊ 홍도 벽도 : 복숭아꽃

❖ **제대로 작품 분석**의 〈보기〉
ㄱ 봄의 계절감을 드러내는 소재
ㄴ 화자가 긍정적으로 인식하는 대상
ㄷ 제목과 관련이 깊은 부분 - 작품 창작의 계기
ㄹ 풍류를 즐기는 화자의 모습 - 화자의 정서 변화에 기여하는 소재

❖ **제목의 의미**
'초당춘수곡'은 '초가집에서 봄에 잠을 자다가 일어나 읊은 노래'라는 뜻으로, 잠을 자다가 일어나 봄을 만끽한 사연과 그에 따른 회포를 해박한 지식을 곁들여 그린 가사 작품이다. 부귀는 세속 선비의 일시적인 영화이지만, 산수는 영구적인 친구라는 물아일체적 자연관이 잘 나타난다.

❖ **작가 소개**
남석하(南碩夏, 1773~1853): 조선 후기의 학자. 호는 추담(秋潭). 작품으로 〈사친곡〉, 〈원유가〉, 〈백발가〉 등이 있다.

❖ **핵심 정리**
• 갈래: 양반 가사, 은일 가사
• 성격: 풍류적, 자연 친화적, 애상적
• 주제: 봄날의 자연에서 느끼는 흥취
• 특징: ① 봄의 계절감이 드러나는 소재를 사용함. ② 영탄적 어조를 통해 화자의 정서를 부각함. ③ 대구법을 사용해 운율감을 형성함. ④ 세속적 가치와 자연의 아름다움을 대비해 주제를 강조함.

╔══════════════════════╗
제대로 감상법 모범 답안
╚══════════════════════╝

㉮ 윤선도, 〈어부사시사(漁父四時詞)〉
❶ 사계절 ❷ 물외 ❸ 외로운 솔 ❹ 계절

❖ **제대로 작품 분석**
1 ㄴ 2 ㄱ 3 ㄹ 4 ㄷ

㉯ 남석하, 〈초당춘수곡(草堂春睡曲)〉
❶ 입신양명 ❷ 농부 ❸ 백화주 ❹ 영탄적

❖ **제대로 작품 분석**
1 ㄷ 2 ㄱ 3 ㄹ 4 ㄴ

---

01   정답률 50% | 매력적인 오답 ② 20%

(가)와 (나)의 공통점으로 가장 적절한 것은?

☀ **정답인 이유**

③ 영탄적 어조를 통해 화자의 정서를 부각하고 있다.
○ → (가): '새롭구나', '막는도다' 등, (나): '아아 내 일이야', '여기로다' 등
⋯ (가)에서는 '굽이굽이 새롭구나', '진훤을 막는도다'와 같은 영탄적 어조를 통해 어부 생활의 흥취를 부각하고 있다. (나)에서는 '아아 내 일이야', '별천지가 여기로다' 등과 같은 영탄적 어조를 통해 봄날의 자연에서 느끼는 흥취를 부각하고 있다.

☂ **오답인 이유**

② 【매력적인 오답】 설의적 표현을 통해 시적 의미를 강조하고 있다.
(가) ○, (나) ✕
⋯ 설의적 표현은 의문문의 형식으로 누구나 알고 있거나 예측되는 결과를 표현하는 방법이다. (가)에서는 '삼공을 부러워하랴 만사를 생각하랴'에서 설의적 표현으로 세속적 가치를 추구하지 않겠다는 시적 의미를 강조하고 있다. 하지만 (나)에는 설의적 표현이 사용되지 않았다.

① 의인화된 대상을 통해 세태*를 비판하고 있다.

(가)와 (나) 모두 ×

┈┈ (가)의 '물가의 외로운 솔 혼자 어이 씩씩흔고'에서 소나무가 씩씩하다고 사람처럼 표현했지만 세태를 비판하고 있다고 볼 수는 없다. (나)의 '수풀 아래 뻐꾹새는 계절을 먼저 알아 / 태평세월 들일에는 농부를 재촉한다'에서 뻐꾸기가 농부를 재촉한다고 사람처럼 표현했지만 역시 세태를 비판하고 있다고 볼 수는 없다.

┌───┐
│ * 세태(世態) : 사람들의 일상생활, 풍습 따위에서 보이는 세상의 상태나 │
│ 형편 예 요즘 드라마에는 세태를 신랄하게 풍자하는 내용이 많다. │
└───┘

④ 촉각적 심상을 통해 시적 분위기를 조성하고 있다.

(가) ×, (나) ○

┈┈ (나)에서는 '풍대의 맑은 바람 심신이 시원하고'에서 촉각적 심상을 통해 시적 분위기를 조성하고 있다. 하지만 (가)에는 촉각적 심상이 나타나 있지 않다.

⑤ 역설적 표현을 통해 이상향에 대한 의지를 드러내고 있다.

(가)와 (나) 모두 ×

┈┈ (가)와 (나)에는 모두 모순되는 표현으로 그 속에 진리를 담는 역설적 표현이 나타나 있지 않으며, 이상향에 대한 의지가 드러나 있지도 않다.

02

정답률 75%

(가)와 (나)에 대한 설명으로 적절하지 않은 것은?

☀ **정답인 이유**

③ (가)의 '어옹'과 (나)의 '농부'는 화자의 처지에 공감하는 인물이다.

× → 화자 자신   × → 화자의 처지와 대비

┈┈ (가)의 '어옹'은 가을 강에 배를 띄우고 흥취를 즐기고 있는 화자 자신을 가리키는 말이므로, 화자의 처지에 공감하는 인물이라고 볼 수 없다. (나)의 '농부'는 봄이 와 바쁘게 들일을 해야 하는 인물이므로, 벼슬길에 나가지 못해 할 일이 없는 화자의 처지와 대비되는 인물이라고 볼 수 있다.

☁ **오답인 이유**

① (가)의 '버들'과 (나)의 '뻐꾹새'는 계절감을 드러내는 소재이다.

┈┈ (가)의 '버들'과 (나)의 '뻐꾹새'는 모두 봄의 계절감을 드러내는 소재이다.

② (가)의 '흥'과 (나)의 '정'은 자연에서 화자가 느끼는 정서이다.

┈┈ (가)에서 화자는 가을 강에서 느끼는 '흥'이 모든 즐거움 중에서 으뜸이라며 자신의 정서를 드러내고 있고, (나)에서 화자는 두세 잔의 술을 마시고 난 후 산수에 '정'이 들었다며 자신의 정서를 밝히고 있다.

④ (가)의 '추강'과 (나)의 '밝은 달'은 화자가 긍정적으로 인식하는 대상이다.

┈┈ 화자가 배를 띄우고 즐기고 있는 공간인 (가)의 '추강'과 화자가 누각에 올라 바라보고 있는 대상인 (나)의 '밝은 달'은 모두 화자가 긍정적으로 인식하는 대상이다.

⑤ (가)의 '낚싯대'와 (나)의 '백화주'는 풍류를 즐기는 화자의 모습을 드러내는 소재이다.

┈┈ (가)에서 화자가 한가롭게 '낚싯대'를 둘러멘 모습과 (나)에서 화자가 '백화주'를 마시며 산수를 감상하는 모습은 모두 풍류를 즐기는 화자의 모습을 보여 준다.

03

정답률 68% | 매력적인 오답 ③ 12%

〈보기〉를 참고하여 ㉠~㉤을 감상한 내용으로 적절하지 않은 것은? [3점]

┌─────────────────────〈보기〉─────────────────────┐
│ (가)에는 속세를 벗어나 자연의 아름다움을 즐기면서 유유자적한 삶 │
│ 작품의 주제 의식 │
│ 을 살고자 하는 화자의 모습이 드러나 있다. 이 작품에서 자연은 화자 │
│ 가 지향하는 공간으로 인간 세상과 대립되는 공간을 의미한다. 화자는 │
│ 작품에서 '자연'의 의미 │
│ 인간 세상을 멀리하고 자연에 귀의하고자 하는 태도를 보이고 있다. │
│ 작품에 나타난 화자의 태도 │
└───┘

☀ **정답인 이유**

④ ㉣은 자연에 귀의*하지 못한 사람으로 화자가 안타까워하는 대상으로 볼 수 있군.

× → 화자가 긍정적으로 평가하는 대상

┈┈ ㉣의 '물가의 외로운 솔'은 겨울에도 변함없이 절개를 지키는 푸른 소나무의 모습을 나타낸 것으로, 속세를 멀리하고 자연에서 유유자적한 삶을 살고자 하는 화자가 긍정적으로 평가하는 대상이다. 따라서 이는 자연에 귀의하지 못한 사람이 아니며, 화자가 안타까워하는 대상도 아니다.

┌───┐
│ * 귀의(歸依) : 돌아가거나 돌아와 몸을 의지함. 예 인간은 누구나 자연 │
│ 에 귀의하게 됩니다. │
└───┘

☁ **오답인 이유**

③ 매력적인 오답 ㉢은 인간 세상과 대립되는 자연으로 화자가 지향하는 공간으로 볼 수 있군.

┈┈ ㉢은 속세를 벗어난 곳, 즉 자연을 의미하므로, 이는 인간 세상을 멀리하고자 하는 화자가 지향하는 공간이라고 할 수 있다.

① ㉠은 속세의 사람들이 추구하는 가치에서 벗어난 화자의 모습을 드러낸다고 볼 수 있군.

┈┈ ㉠은 삼정승을 부러워하지 않겠다는 의미이므로, 이를 통해 속세의 사람들이 추구하는 입신양명 등의 가치에서 벗어난 화자의 모습을 엿볼 수 있다.

② ㉡은 화자가 자연의 아름다움에 감탄하며 이를 즐기고 있다고 볼 수 있군.

┈┈ ㉡은 자연 경관이 누군가 그려낸 것처럼 아름답다는 의미이므로, 이를 통해 화자가 자연의 아름다움에 감탄하고 있음을 알 수 있다.

⑤ ㉤은 인간 세상을 멀리하고자 하는 화자의 태도를 드러낸다고 볼 수 있군.

┈┈ ㉤은 파도 소리가 속세의 시끄러운 소리를 막아 주니 싫어하지 말라는 의미이므로, 이를 통해 인간 세상을 멀리하고자 하는 화자의 태도를 엿볼 수 있다.

❖ **핵심 정리**
· 갈래: 연시조(전 16수)
· 성격: 교훈적, 계몽적, 설득적
· 주제: 유교 윤리의 실천 권장
· 특징: ① 백성들의 교화를 위한 계몽적 성격의 노래임. ② 우리말로 된 일상어의 사용으로 백성들의 이해를 도움. ③ 청유형 어미의 사용으로 설득력을 높임. ④ 연시조의 형태를 취하고 있으나 각 수가 독립되어 있음.

[01~04] 다음 글을 읽고 물음에 답하시오.

2020 11월 고1 전국연합

제대로 작품 분석   ▶〈보기〉에서 적절한 것을 골라 넣으며 작품을 분석해 보자.

가 무 올 사룸들하 올흔 일 호쟈스라
구체적 청자 설정   ▢ : 1
마을 사람들아 옳은 일을 하자꾸나.

사룸이 되여 나셔 올티곳 못ᄒ면
사람으로 태어나서 올바르지 못하면

무쇼룰 갓 곳갈 싀워 밥 머기나 다르랴
사람이 올바르지 못하면 짐승과 다를 바가 없다는 뜻 – 설의적 표현
말과 소에게 갓이나 고깔을 씌워 밥을 먹이는 것과 무엇이 다르랴?

〈제8수〉
▶ 제8수: 올바른 행동 권유(향려유례)

「풀목 쥐시거든 두 손으로 바티리라
두 손으로 받쳐서 도와드리겠다는 의미
(어른이 움직이실 때) 내 팔목을 쥐는 일이 있거든 두 손으로 받치리라.

나갈 데 겨시거든 막대 들고 @조츠리라」
『』:2
(어른이) 밖에 나갈 곳이 있으시거든 지팡이를 들고 뒤따라 가리라.

향음쥬 다 파흔 후에 뫼셔 가려 ᄒ노라
마을에서 술을 마시며 잔치하던 일
술잔치가 다 끝난 뒤에는 (어른을) 모셔 가려고 하노라.

〈제9수〉
▶ 제9수: 어른을 공경하는 태도 권유(장유유서)

오늘도 다 새거다 호믜 메고 가쟈스라
근면 강조
오늘도 날이 다 밝았다 호미 메고 가자꾸나.

내 논 다 매여든 네 논 졈 매여 주마
3
내 논을 다 매거든 네 논을 좀 매어 주마.

올 길에 뽕 따다가 누에 먹겨 보쟈스라
돌아오는 길에 뽕을 따다가 누에 먹여 보자꾸나.

〈제13수〉
▶ 제13수: 근면과 상부상조 권유(무타농상)
– 정철, 〈훈민가〉

❖ **제대로 작품 분석의 〈보기〉**
　㉠ 상부상조의 태도
　㉡ 청유형을 사용하여 설득력을 높임.(계몽적, 교훈적)
　㉢ 유사한 통사 구조의 반복 – 운율 형성과 의미 강조

❖ **제목의 의미**
'훈민가'는 '백성을 가르치는 노래'라는 뜻으로, 작가가 강원도 관찰사로 재직하던 중에 백성들을 계몽하고 교화하기 위해 지은 총 16수의 연시조이다. 유교를 보편화하고 윤리 도덕의 실천을 가르치고자 한 목민가(牧民歌)로, 정감 어린 어휘와 청유형 어미를 활용하여 강한 설득력을 얻고 있다.

❖ **작가 소개**
정철(鄭澈, 1536~1593): 조선 중기의 문신이자 시인. 호는 송강(松江). 가사 문학의 대가로서 고산 윤선도와 함께 한국 시가 사상 쌍벽으로 일컬어진다. 〈사미인곡〉, 〈속미인곡〉, 〈성산별곡〉 등의 가사 작품 외에도 시조와 한시 작품을 남겼고, 저서로는 《송강집》과 《송강가사》가 있다.

나 일곱 되 사온 쌀 꾸어 온 쌀 두 되 갑고
가난한 시집 살림
일곱 되의 쌀을 사와 빌린 쌀 두 되를 갚고

부족타 ᄒ지 않는 말이 뜻을 순하게 ᄒ오미라
불평하지 말고 시집의 상황에 순응해야 함.
부족하다고 말하지 않는 것이 뜻을 순하게 하는 일이다.

깨진 그릇 좋단 말은 시가를 존중ᄒ미라
깨진 그릇을 좋다고 말하는 것은 시댁을 존중하는 일이다.

날고 기는 개 달긴덜 어른 압혜 감히 치며
어른을 공경해야 함.
날고 기는 개나 닭인들 어른 앞에서 감히 푸닥거리며

부인의 목소리를 문 밧게 감히 내며
여자는 큰소리를 내면 안 된다는 당시의 가치관을 엿볼 수 있음.
부인의 목소리를 문 밖에까지 감히 내며

해가 져서 황혼되니 무탈과경* 다행이요
해가 져서 어두워지니 탈 없이 하루를 보낸 것이 다행이요

달기 우러 새벽 되면 오는 날을 엇지 할고
하루를 힘들게 보내야 하는 상황에 대한 걱정
닭이 울어 새벽이 되면 다가오는 하루를 어찌 할 것인가.

전전긍긍 조심 마음 시각을 노흘손가
　　　　　　　잠시라도 마음을 놓을 수 없다 – 설의적 표현
두려워 떨며 조심하는 마음을 잠시라도 놓을 것인가.

행여 혹시 눈 밖에 날가 조심도 무궁ᄒ다
　　　　　　　　　시집 식구들의 미움을 받을까 봐서
행여 혹시 미움을 받을까 봐서 조심도 끝이 없다.

㉠친정에 편지하여 서러운 스셜 불가ᄒ다
자신의 서러운 처지를 친정에 알리기 어려워함.
친정에 편지하여 서러운 이야기를 늘어놓는 것은 안 된다.

시원치 아닌 달란 말이 한 번 두 번 아니여던
친정에 도와 달라는 말을 여러 차례 했었음.
시원하지 않은, (돈을) 달라는 말이 한 번 두 번 아니었는데

번번이 염치 읍시 편지마다 ᄒ잔 말가
번번이 염치없이 편지마다 (도와 달라는 말을) 한단 말인가.

㉡빈궁(貧窮)이 내 팔즈니 뉘 탓슬 ᄒ잔 말가
2
가난이 내 팔자니 누구 탓을 한단 말인가.

설매를 보내어서 이웃집에 꾸러가니
계집종의 이름
설매를 보내 이웃집에 (곡식을) 빌리러 가니

도라와서 우넌 말이「전에 꾼 쌀 아니 주고
　　　　　　　　　　『」: 이웃집 사람의 말을 직접 인용함.
돌아와서 울며 하는 말이, "이전에 빌린 쌀도 안 갚고

㉢염치 읍시 또 왔느냐 두 말 말고 바삐 가라」
염치없이 또 왔느냐. 두 말 말고 빨리 가라."

한심ᄒ다 이 내 몸이 금의옥식 길녀 ᄂ셔
자신의 처지에 대한 한탄   비단옷과 흰쌀밥, 호화스럽고 사치스러운 생활
한심하다 이 내 몸이 좋은 옷과 좋은 음식으로 자라서

전곡(錢穀)을 모르다가 일조(一朝)에 이을 보니
돈과 곡식　　　　　　　　하루아침에
돈과 곡식을 (걱정) 모르다가 하루아침에 이런 상황을 보니

이목구비 남 갓트되 엇지 이리 되얏넌고
시집에서의 힘겨운 삶에 대한 탄식
생김새는 남과 같은데 어찌 이리 되었는가.

수족이 건강ᄒ니 내 힘써 벌게 되면
3
손발이 건강하니 내가 힘써 (돈을) 벌게 되면

어느 뉘가 시비ᄒᆞ리 천한 욕을 면ᄒᆞ리라
어느 누가 시비하겠는가, 치욕스러운 상황은 면할 수 있으리라.

분한 마음 다시 먹고 치산범절* 힘쓰리라
분한 마음을 다시 먹고 재산을 늘리는 일에 힘쓰겠다.

김장ᄌᆞ 이부ᄌᆞ가 제 근본 부ᄌᆞ런가
처음부터 부자는 없다는 뜻
김 장자와 이 부자가 저희들이 원래부터 부자였는가.

ⓔ 밤낮으로 힘써 벌면 난들 아니 부ᄌᆞ될가
열심히 노력하여 부자가 되겠다는 다짐 – 설의적 표현
밤낮으로 힘써 벌면 나인들 부자가 아니 되겠는가.

「오색당ᄉᆞ 가는 실을 오리오리 ᄌᆞ아내니
「」: 부자가 되기 위해 열심히 길쌈을 함.
오색 명주실 가는 실을 올올이 자아내니

유황제 곤베틀에 필필이 ᄌᆞ아내어
유황제 곤베틀에 여러 필로 연이어 자아내어

한림 주서 관복감이며 병ᄉᆞ 수ᄉᆞ 군복감이며」
한림 주서의 관복 옷감이며 병사 수사의 군복 옷감이며

ⓜ 길쌈도 ᄒᆞ려니와 전답 ᄋᆞ더 역농ᄒᆞ니
재산을 늘리기 위해 열심히 일하는 모습
길쌈도 하려니와 논밭 얻어 힘써 농사를 지으니

때를 맞춰 힘써 ᄒᆞ니 가업이 초성*이라
집안의 생업
▶ 바람직한 시집살이의 모습 – 화자의 이야기
때를 맞춰 힘써 일하니 가업의 기반이 마련되는구나.

(중략)

산에 가 제ᄉᆞᄒᆞ기 절에 가 불공ᄒᆞ기
산에 가서 제사하기, 절에 가서 불공하기

불효부제* 제살ᄒᆞᆫ덜 귀신인덜 도와줄가
효도와 공경을 하지 않고 제사를 지낸들 귀신이라고 해서 도와주겠는가.

악병이며 중병이며 이질이며 구창이며
여러 가지 질병
악병이며 중병이며 이질이며 구창이며

이질 앓던 시아버지 초상ᄒᆞᆫ덜 상관ᄒᆞ랴
아픈 시아버지를 제대로 봉양하지 않은 괴똥어미
이질을 앓던 시아버지가 초상을 당한들 상관하겠는가.

저의 심ᄉᆞ 그러ᄒᆞ니 서방인덜 온전할가
괴똥어미   효를 행하지 않아 화가 남편에게 미침.
저(괴똥어미)의 마음이 그러하니 서방인들 온전할까.

아들 죽고 우넌 말이 아기딸이 마저 죽어
설상가상의 상황
아들 죽고 울었는데 아기 딸이 마저 죽어

세간이 탕진ᄒᆞ니 노복인덜 잇슬손가
살림을 탕진하니 종들인들 남아 있겠는가.

제ᄉᆞ음식 초릴 적에 정성 읍시 ᄒᆞ엿스니
정성 들여 제사를 지내지 않은 괴똥어미
제사 음식을 차릴 때에 정성 없이 하였으니

앙화(殃禍)가 엇지 읍실손가 셋째 아들 반신불수
지은 죄의 앙갚음으로 받는 재앙
재앙이 어찌 없겠는가. 셋째 아들은 반신불수

문전옥답 큰 농장이 물난리에 내가 되고
집 가까이에 있는 기름진 논
문전옥답 큰 농장이 물난리가 나서 시내가 되고(물에 잠기고)

안팎 기와 수백간이 불이 붓터 밧치 되고
수백 칸의 넓은 기와집이 불이 붙어 밭이 되고

태산갓치 쌓인 전곡 뉘 물건이 되단말가
태산같이 쌓였던 돈과 곡식은 누구의 물건이 되었단 말인가.

춤혹ᄒᆞ다 괴똥어미 단독일신 뿐이로다
도리를 지키지 않아 참혹한 상황에 놓이게 된 괴똥어미 – 계몽적, 교훈적
참혹하다 괴똥어미 혼자의 몸이 되었구나.

일간 움집 ᄋᆞ더 드니 기한(飢寒)을 견딜손가
배고픔과 추위
한 칸의 움집을 얻어 지내니 배고픔과 추위를 견디겠는가.

「다 떠러진 베치마를 이웃집의 ᄋᆞ더 입고
「」: 괴똥어미의 비참한 삶의 모습
다 떨어진 베치마를 이웃집에서 얻어 입고

뒤축 읍넌 흔 집신을 짝을 모와 ᄋᆞ더 신고
뒤축 없는 헌 짚신을 짝을 모아 얻어 신고

압집에 가 밥을 ⓑ빌고 뒤집에 가 장을 빌고
앞집에 가서 밥을 빌어먹고 뒷집에 가서 장을 빌어먹고

초요기를 겨우 ᄒᆞ고 불 못때넌 찬 움집에
끼니를 먹기 전에 우선 시장기를 면하기 위하여 음식을 조금 먹음.
요기를 겨우 하고 불도 못 때는 찬 움집에

헌 거적을 뒤여스고 밤을 겨우 새여ᄂᆞ셔
헌 거적을 뒤집어쓰고 밤을 겨우 새우고 나서

새벽 바람 찬바람에 이 집 가며 저 집 가며
새벽 바람 찬바람에 이 집 가며 저 집 가며

다리 절고 곰배팔에 희희소리 요란ᄒᆞ다」
꼬부라져 붙어 펴지 못하게 된 팔
다리 절고 곰배팔에 희희소리 요란하다.

불효악행 ᄒᆞ던 죄로 앙화를 바더시니
괴똥어미가 참혹한 삶을 살게 된 원인
불효와 악행을 한 죄로 재앙을 받았으니

복선화음* ᄒᆞᆫ 줄을 이를 보면 분명ᄒᆞ다
▶ 잘못된 시집살이의 모습 – 괴똥어미의 이야기
착하게 살면 복을 받고 악하게 살면 벌을 받는 것이 이를 보면 분명하다.

딸아딸아 요내딸아 시집ᄉᆞ리 조심ᄒᆞ라
구체적 청자 설정   딸에 대한 직접적 당부
딸아 딸아 내 딸아 시집살이 조심해라.

어미 행실 본을 바다 괴똥어미 경계ᄒᆞ라
이상적 부녀자의 삶   잘못된 부녀자의 삶
▶ 딸에게 당부하는 말
어미의 행실을 본을 받고 괴똥어미를 경계해라.

– 작자 미상, 〈복선화음록〉

* 무탈과경 : 아무 탈 없이 하루를 보냄.   * 치산범절 : 재산을 늘리는 일
* 초성 : 기반이 마련됨.   * 불효부제 : 효도와 공경을 하지 않음.
* 복선화음 : 착한 이에게 복을 주고 악한 이에게 재앙을 줌.

❖ 제대로 작품 분석의 〈보기〉

> ㉠ 이 글의 주제 의식이 담겨 있는 말
> ㉡ 시집이 가난하다고 해도 존중해야 함.
> ㉢ 화자의 태도 변화 – 자신이 직접 돈을 벌 생각을 함.
> ㉣ 가난의 원인을 남의 잘못이 아닌 자신의 운명으로 돌림.
> ㉤ 효도와 공경을 행하지 않으면 귀신도 도와주지 않음. – 유교적 가치관

❖ 제목의 의미
'복선화음록'은 '착한 이에게 복을 주고 악한 이에게 재앙을 주는 내용을 기록한 글'이라는 뜻으로, 어머니가 시집가는 딸에게 올바른 부녀자의 삶에 대해 가르치기 위해 쓴 계녀 가사이다. 화자 자신에 관한 이야기를 통해 바람직한 시집살이의 모습을 제시하고, 괴똥어미에 관한 이야기를 통해 잘못된 시집살이의 모습을 제시함으로써, 부녀자가 지켜야 할 시집살이의 규범을 전달하고 있다.

❖ 핵심 정리
• 갈래 : 규방 가사, 계녀 가사
• 성격 : 교훈적, 계몽적
• 주제 : 부녀자로서의 올바른 삶의 자세와 태도
• 특징 : ① 청자를 설정하여 직접 교훈을 전달함. ② 바람직한 사례와 부정적인 사례를 대조하여 제시함. ③ 설의적 표현을 사용하여 의미를 강조함.

제대로 감상법 모범 답안

㉮ 정철, 〈훈민가〉
❶ 교화 ❷ 올흔 일 ❸ 청유형

❖ 제대로 작품 분석
1 ㉡ 2 ㉢ 3 ㉠

㉯ 작자 미상, 〈복선화음록〉
❶ 시집 ❷ 깨진 그릇 ❸ 복선화음 ❹ 대조

❖ 제대로 작품 분석
1 ㉡ 2 ㉣ 3 ㉢ 4 ㉤ 5 ㉠

(가)와 (나)의 공통점으로 가장 적절한 것은?

☀ 정답인 이유

④ 유사한 통사 구조를 활용하여 운율을 형성하고 있다.
○ → (가): '~거든 ~리라', (나): '~이 ~되고'

···› (가)에서는 '폴목 쥐시거든 두 손으로 바티리라'와 '나갈 데 겨시거든 막대 들고 조츠리라'에서 '~거든 ~리라'의 유사한 통사 구조를 활용하여 운율을 형성하고 있다. 그리고 (나)에서는 '문전옥답 큰 농장이 물난리에 내가 되고'와 '안팎 기와 수백간이 불이 붓터 밧치 되고'에서 '~이 ~되고'의 유사한 통사 구조를 활용하여 운율을 형성하고 있다.

☂ 오답인 이유

② 매력적인 오답 선경후정* 방식을 활용하여 시상을 전개하고 있다.
(가)와 (나) 모두 ×

···› 선경후정은 앞부분에서는 풍경을 묘사하고 뒷부분에서는 화자의 정서를 표현하는 것을 말하는데, 이러한 선경후정 방식은 (가)와 (나) 모두에 나타나 있지 않다.

┌───┐
* 선경후정(先景後情): 앞부분에서는 풍경을 그리듯이 보여 주고, 뒷부분에서는 화자의 정서를 표현하는 시상 전개 방식 예 훨훨 나는 저 꾀꼬리 / 암수 정답게 노니는데, / 외로울사 이내 몸은 / 뉘와 함께 돌아갈꼬. - 유리왕, 〈황조가〉
└───┘

① 청유형 어미*를 활용하여 대상을 예찬하고 있다.
(가) ○, (나) ×   (가)와 (나) 모두 ×

···› (가)에서는 'ㅎ쟈스라', '가쟈스라', '보쟈스라' 등에 청유형 어미를 활용했지만 대상을 예찬하고 있지는 않다. (나)에는 청유형 어미가 활용되지 않았다.

┌───┐
* 청유형 어미: 동사나 보조 동사의 어간에 붙어 화자가 청자에게 같이 행동할 것을 요청하는 뜻을 나타내는 활용 어미 예 보자, 보자꾸나, 보세.
└───┘

③ 고사성어를 활용하여 주제 의식을 강조하고 있다.
(가)와 (나) 모두 ×

···› 고사성어는 옛날에 있었던 일에서 유래하여 관용적인 뜻으로 굳어져 쓰이는 말인데, (가)와 (나)에는 모두 고사성어가 활용되고 있지 않다.

⑤ 계절의 순환을 활용하여 시적 의미를 부각하고 있다.
(가)와 (나) 모두 ×

···› (가)와 (나)에는 모두 계절과 관련된 표현이나 계절의 순환이 나타나 있지 않다.

㉠~㉤을 이해한 내용으로 적절하지 않은 것은?

☀ 정답인 이유

③ ㉢: 쌀을 꾸러 찾아간 이웃집에서 들은 말을 설매에게 하소연하는 화자의 모습이 나타나 있다.
× → 화자에게 전하는 설매의 모습

···› ㉢은 화자가 설매에게 한 말이 아니라, 설매가 화자에게 한 말이다. 화자는 곡식을 빌리기 위해 이웃집에 설매를 보냈는데, 설매가 돌아와 이웃집에서 들은 말을 화자에게 전한 것이다.

☂ 오답인 이유

⑤ 매력적인 오답 ㉤: 재산을 늘리기 위해 열심히 일하는 화자의 모습이 나타나 있다.

···› ㉤에는 재산을 늘리는 일에 힘쓰겠다고 다짐한 화자가 길쌈을 하고 농사를 짓는 등 열심히 일하는 모습이 나타나 있다.

① ㉠: 자신의 서러운 처지를 친정에 알리기 어려워하고 있는 화자의 모습이 나타나 있다.

···› ㉠에는 이미 여러 번 친정에 도움을 청했던 화자가 또다시 편지를 하여 자신의 서러운 처지를 알리는 것을 어려워하는 모습이 나타나 있다.

② ㉡: 가난의 원인을 타인의 잘못이 아닌 자신의 운명으로 돌리는 화자의 모습이 나타나 있다.

···› ㉡에는 가난한 집으로 시집을 온 화자가 가난의 원인을 남의 탓이 아니라 자신의 팔자라고 생각하는 모습이 나타나 있다.

④ ㉣: 자신도 김 장자와 이 부자처럼 부자가 될 수 있다고 생각하는 화자의 모습이 나타나 있다.

···› ㉣에는 화자가 밤낮으로 힘써 일하면 자신도 부자가 될 수 있다고 생각하는 모습이 나타나 있다. 화자는 김 장자와 이 부자도 처음부터 부자는 아니었을 것이라며, 열심히 노력하여 부자가 되겠다는 태도를 드러내고 있다.

@와 ⓑ에 대한 이해로 가장 적절한 것은?

☀ 정답인 이유

① @는 타인을 위한, ⓑ는 자신을 위한 주체의 행위를 의미한다.
○ → 노인을 공경하는 행위   ○ → 자신이 먹고살기 위한 행위

···› (가)에서 @가 포함되어 있는 행은 '어른이 밖에 나갈 곳이 있으시거든 지팡이를 들고 뒤따라 가리라.'라는 뜻이므로, @는 노인이라는 타인을 위한 공경의 행위임을 알 수 있다. (나)에서 ⓑ가 포함되어 있는 행은 '앞집에 가서 밥을 빌어먹고 뒷집에 가서 장을 빌어먹고'라는 뜻이므로, ⓑ는 불효와 악행으로 비참한 삶을 살고 있는 '괴똥어미'가 자신을 위해 한 행위임을 알 수 있다.

☂ 오답인 이유

② @는 절망감이 반영된, ⓑ는 기대감이 반영된 주체의 행위를 의미한다.

···› @에는 노인을 위한 화자의 공경심이, ⓑ에는 '괴똥어미'의 절망감이 반영되어 있다.

③ @는 단절을 초래하는, ⓑ는 화합을 유도하는 주체의 행위를 의미한다.

···› @는 단절과는 거리가 있는 행위이고, ⓑ는 화합과는 거리가 있는 행위이다.

④ @는 자연에 순응하는, ⓑ는 자연으로 도피하는 주체의 행위를 의미한다.

···› @는 유교적 가치관인 장유유서(長幼有序)를 따르는 행위이고, ⓑ는 이웃의 도움에만 기대어 생계를 이어가는 괴똥어미의 비참한 행위이다.

⑤ @는 제기된 문제를 해결하기 위한, ⓑ는 해결된 문제의 원인을 찾기 위한 주체의 행위를 의미한다.

···› @와 ⓑ는 제기된 문제의 해결이나 해결된 문제의 원인 탐색과는 관련이 없다.

정답률 **43%** | 매력적인 오답 ④ **22%**

〈보기〉를 바탕으로 (가)와 (나)를 감상한 내용으로 적절하지 **않은** 것은? [3점]

〈보기〉

조선 시대에는 옳은 일의 실천, 어른 공경, 상부상조, 부녀자의 덕목
<u>〈훈민가〉의 주제 의식</u>　　　　　　　　<u>〈복선화음록〉의 주제 의식</u>
과 같은 가르침을 전달하고자 하는 작품들이 있었다. 이러한 작품들은
가르침의 전달 효과를 높이기 위해 비유 대상 혹은 화자와 대비되는 대
<u>작품의 특징 ①</u>
상을 활용하고, 구체적인 청자를 제시했다. 또한 화자가 스스로 실천하
　　　<u>작품의 특징 ②</u>　　　　　　　　　<u>작품의 특징 ③</u>
려는 행위를 제시하는 방식을 활용하여 설득 효과를 높이기도 하였다.

🌞 정답인 이유

② (나)에서 '이질 앓던 시아버지'를 도와주지 않는 '귀신'을 통해, 화자와 대비
　　　　　　　　　　　　　× → 화자와 대비되는 대상은 '괴똥어미'이며, 상부상조를 강조하고 있지 않음.
되는 대상으로 상부상조를 강조하고 있음을 짐작할 수 있군

··· (나)는 바람직한 시집살이의 모습을 보이는 화자와 잘못된 시집살
이의 모습을 보이는 괴똥어미를 대비하여 부녀자의 올바른 삶의 자
세를 전달하는 작품이다. 따라서 화자와 대비되는 대상은 '귀신'이 아
니라, '이질 앓던 시아버지'를 제대로 봉양하지 않은 '괴똥어미'이다.
그리고 (나)에 상부상조를 강조하는 내용은 나타나 있지 않다.

☂ 오답인 이유

④ (매력적인 오답) (가)의 '풀목'을 '쥐시'면 '두 손으로 바티리라'는 것을 통해
어른에 대한 공경을, (나)의 '시가를 존중'하여 '깨진 그릇 좋단 말'을 한 것을
통해 부녀자의 덕목을 드러내고 있음을 짐작할 수 있군.

··· (가)에서 어른이 팔목을 쥐시면 두 손으로 받치겠다는 것은 어른
을 공경하는 태도를 드러낸 것이다. 그리고 (나)에서 깨진 그릇을 좋
다고 말하며 가난한 시집을 존중하는 것은 부녀자의 올바른 덕목을
드러낸 것이다.

① (가)에서 '갓 곳갈'을 쓰고 '밥'을 먹는 'ᄆᆞ쇼'를 통해, 비유 대상으로 옳은 일
의 실천을 강조하고 있음을 짐작할 수 있군.

··· (가)에서 사람이 올바르지 못하면 말과 소에 갓이나 고깔을 씌워
밥을 먹이는 것과 다르지 않다는 것은, 올바르지 못한 사람을 말과
소에 비유하여 옳은 일의 실천을 강조한 것이다.

③ (가)의 'ᄆᆞ올 사룸둘'에게 '올ᄒᆞᆫ 일 ᄒᆞ쟈스라'라고 한 것과 (나)의 '딸'에게
'시집스리 조심ᄒᆞ라'라고 한 것을 통해, 구체적인 청자를 제시하고 있음을
짐작할 수 있군.

··· (가)는 백성들에게 유교 윤리를 가르치기 위한 작품으로, 'ᄆᆞ올
사룸둘'이 구체적인 청자이다. (나)는 시집가는 딸에게 올바른 부녀
자의 덕목을 가르치기 위한 작품으로, '딸'이 구체적인 청자이다.

⑤ (가)의 '내'가 자신의 '논'을 다 매거든 '네 논'도 매어 준다는 것과 (나)의 '수
족이 건강'한 '내'가 '힘써' 벌겠다는 것을 통해, 화자가 스스로 실천하려는
행위를 제시하고 있음을 짐작할 수 있군.

··· (가)에서 화자는 자신의 논을 다 매고 나면 상대방의 논을 매어
주겠다며 스스로 실천하려는 행위를 제시하고 있다. (나)에서 화자
는 가업을 일으키기 위해 건강한 자신이 힘써 일하겠다며 스스로 실
천하려는 행위를 제시하고 있다.

고전 시가 03 　유민탄 | 장육당육가

▶ 문제편 133~135쪽

정답 | **01** ④　　**02** ①　　**03** ②

[01~03] 다음 글을 읽고 물음에 답하시오.　　　　　2019 9월 고1 전국연합

제대로 작품 분석　　　▶〈보기〉에서 적절한 것을 골라 넣으며 작품을 분석해 보자.

🗝 백성들의 어려움이여, 백성들의 어려움이여	蒼生難蒼生難
<u>백성의 어려움에 대한 탄식</u>	
흉년 들어 ⊙너희들은 먹을 것이 없구나	年貧爾無食
<u>백성들</u>	
ⓒ나는 너희들을 구제할 마음이 있어도	我有濟爾心
<u>화자 - 백성에게 연민을 느끼는 이</u>	
너희들을 구제할 힘이 없구나	而無濟爾力
1	
백성들의 괴로움이여, 백성들의 괴로움이여	蒼生苦蒼生苦
<u>백성의 괴로움에 대한 탄식</u>	
날이 추워 네가 이불이 없을 때	天寒爾無衾
ⓒ저들은 너희들을 구제할 힘이 있어도	彼有濟爾力
너희들을 구제할 마음이 없구나	而無濟爾心
<u>백성을 외면하는 관리 비판</u>	▶ 1~8행: 백성에 대한 연민과 관리들에 대한 비판
원컨대, 잠시라도 소인배의 마음을 돌려서	願回小人腹
<u>백성의 고통을 외면하는 마음</u>	
군자의 생각을 가져 보게나	暫爲君子慮
<u>백성의 고통을 헤아리는 마음</u>	
군자의 귀를 빌려	暫借君子耳
<u>백성의 이야기를 들으려는 자세</u>	
백성의 말을 들어 보게나	試聽小民語
	▶ 9~12행: 관리들을 군자로 만들고 싶은 소망
백성은 할 말 있어도 임금은 알지 못하니	小民有語君不知
<u>백성의 뜻이 임금에게 전달되지 않음.</u>	
오늘 백성들은 모두 살 곳을 잃었구나	今歲蒼生皆失所
궁궐에서는 매양 백성을 걱정하는 조서 내리는데	北闕雖下憂民詔
<u>임금의 명령을 알릴 목적으로 적은 문서</u>	
지방 관청에 전해져서는 한갓 헛된 종이 조각	州縣傳看一虛紙
3	
서울에서 관리를 보내 백성의 고통을 물으려	特遣京官問民瘼
<u>중앙 관리를 보내지만 지방 관리와 차이가 없음.</u>	
역마로 날마다 삼백 리를 달려도	馹騎日馳三百里
백성들은 문턱에 나설 힘도 없어	吾民無力出門限
어느 겨를에 마음속 일을 말이나 하겠소	何暇面陳心內事
<u>마음속 일을 말하지 못함. - 설의적 표현</u>	▶ 13~20행: 임금의 조치도 소용없는 현실
비록 한 고을에 한 서울 관리 온다고 해도	縱使一郡一京官
서울 관리는 귀가 없고 백성은 입이 없다네	京官無耳民無口
<u>서울 관리는 듣지 않고 백성은 말하지 못함.</u>	
'급회양* 같은 착한 관리를 불러다가	不如喚起汲淮陽
아직 죽지 않은 백성을 구해봄만 못하리라 」	未死孑遺猶可救
	▶ 21~24행: 해결 가능성이 보이지 않는 현실의 암담함
	- 어무적, 〈유민탄(流民歎)〉

* 급회양: 중국 한나라 때 선정(善政)을 베푼 것으로 유명한 태수

❖ 제대로 작품 분석의 〈보기〉

　⊙ 관리들, 지배 계층
　ⓒ 지방 관리들의 안일한 태도
　ⓒ 백성을 구제하지 못하는 안타까움
　ⓔ 착한 관리를 불러 백성을 구제하고 싶은 마음

❖ 제목의 의미

'유민탄'은 '유민(일정한 거처 없이 이리저리 떠돌아다니는 백성)의 탄식'이라는 뜻이다.
흉년이 들어 먹을 것이 없고 날이 춥지만 덮을 것이 없는 백성의 괴로운 신세를 한탄
하면서, 가난한 백성의 어려움을 대변하고 관리들의 선정을 촉구하고 있다. 양반이 아

니라 관노 출신인 어무적의 작품이라는 점에서 그 내용이 더욱 사실적인 느낌을 주고 있다.

❖ 작가 소개
어무적(魚無迹): 조선 연산군 때의 시인. 호는 낭선(浪仙). 사대부인 아버지와 관비인 어머니 사이에서 태어나 신분이 천했다. 매화나무에까지 세금을 부과하는 관리를 비판하는 〈작매부(斫梅賦)〉라는 시를 쓴 탓에 후에 도망하여 유랑하다가 죽었다고 한다. 주요 작품으로 〈유민탄(流民嘆)〉, 〈신력탄(新曆嘆)〉 등이 있다.

❖ 핵심 정리
• 갈래: 한시
• 성격: 비판적, 사실적
• 주제: 백성의 고통을 외면하는 부패한 관리들에 대한 비판
• 특징: ① 백성이 고통받는 현실을 사실적으로 드러냄. ② 화자와 관리들을 대비하여 관리들에 대한 비판적 인식을 드러냄. ③ 반복과 대구를 활용하여 운율을 형성하고 의미를 강조함. ④ 설의적 표현으로 현실에 대한 안타까움을 부각함.

나 「내 이미 백구 잊고 백구도 나를 잊네
　　　　화자　　　갈매기 – 자연
둘이 서로 잊었으니 누군지 모르리라」
언제나 해옹을 만나 이 둘을 가려낼꼬　　　▶ 1수: 자연과 한 몸이 되어 사는 삶
　　　바다에 사는 늙은이

붉은 잎 산에 가득 빈 강에 쓸쓸할 때
계절적 배경 – 가을
가랑비 낚시터에 낚싯대 제 맛이라
　　　　　　　풍류를 즐기는 모습
「세상에 득 찾는 무리 어찌 알기 바라리」　　　▶ 2수: 자연 속에서 낚시를 즐기며 사는 삶
세속적 가치를 추구하는 사람들

내 귀가 시끄러움 네 바가지 버리려믄
네 귀를 씻은 샘에 내 소는 못 먹이리*
　　　　　　　3
공명은 해진 신이니 벗어나서 즐겨보세　　　▶ 3수: 부귀공명을 멀리하며 사는 삶
세속적 가치

옥계산 흐르는 물 못 이루어 달 띄우네
화자가 머무는 공간　　　연못
맑으면 갓끈 씻고 흐리거든 발 씻으리
세속이 맑으면 뜻을 펼치고 그렇지 않으면 은둔하여 싶. – 굴원의 〈어부사〉의 한 대목
어찌타 세상 사람 청탁(淸濁)* 있는 줄 모르는고
　4　　　　　　　　　　　　　　　　　▶ 4수: 자연과 함께 살아가는 삶
　　　　　　　　　　　　　　　　　　– 이별, 〈장육당육가(藏六堂六歌)〉

＊네 귀를 ~ 못 먹이리: 벼슬 제안을 듣고 귀가 더럽혀졌다며 영수에 귀를 씻은 허유와 그 물을 소에게도 먹이지 않으려 했다는 소부의 고사에서 차용한 것임.
＊청탁: 맑음과 흐림을 아울러 이르는 말

❖ 제대로 작품 분석의 〈보기〉
　㉠ 공명에 대한 부정적 인식
　㉡ 옳고 그름을 모르는 세상 사람들에 대한 비판
　㉢ 물아일체 – 화자와 자연이 구분되지 않는 경지
　㉣ 세속의 무리는 자연 속에서 사는 기쁨을 알 수 없음. – 설의적 표현

❖ 제목의 의미
'장육당'은 작가가 옥계산에 은거할 때 살던 거처이고, '육가'는 6수를 단위로 한 연시조이다. 이 작품도 원래 전 6수의 연시조이지만 현재 원문은 전하지 않고 작가의 종손자가 번역한 한역시 4수만 남아 전한다. 갑자사화로 인해 유배되었다 풀려난 작가가 옥계산에 은거하며 쓴 작품으로, 옳고 그름을 분간하지 못하는 사람들을 비판하면서 분별 있는 삶의 자세를 노래하고 있다.

❖ 작가 소개
이별(李鼈): 조선 중기의 문인. 고려 말의 대학자인 이제현의 후손으로, 사육신 박팽년

의 외손이었던 까닭에 과거에 응시할 수 없었다. 벼슬길이 막히자 세상을 버리고 황해도 평산의 옥계산에 은거하였다. 평산에서 죽었으며, 그곳에서 자신의 울분과 현실에 대한 마음을 풍자적으로 드러낸 연시조 〈장육당육가〉를 지었다.

❖ 핵심 정리
• 갈래: 연시조
• 성격: 은일적, 현실 비판적
• 주제: 속세에서 벗어나 자연에 묻혀 사는 즐거움
• 특징: ① 설의적 표현과 중국 고사를 활용하여 화자의 태도를 드러냄. ② 대구적 표현으로 운율을 형성하고 의미를 강조함. ③ 자연과 속세의 대비를 통해 주제를 강조함.

┌──────────────────────────┐
│ **제대로 감상법 모범 답안** │
└──────────────────────────┘

가 어무적, 〈유민탄(流民嘆)〉
❶ 비판　❷ 소인배　❸ 설의

❖ 제대로 작품 분석
　1 ㉢　2 ㉠　3 ㉡　4 ㉣

나 이별, 〈장육당육가(藏六堂六歌)〉
❶ 비판　❷ 득 찾는 무리　❸ 대구

❖ 제대로 작품 분석
　1 ㉢　2 ㉣　3 ㉠　4 ㉡

01 　　　　　　　　　정답률 47% | 매력적인 오답 ③ 25%

(가)와 (나)에 대한 설명으로 가장 적절한 것은?

☀ **정답인 이유**

④ **(가)와 (나) 모두 설의적 표현을 활용하여 시적 의미를 부각하고 있다.**
　○ → (가)의 '어느 겨를에 ~ 말이나 하겠소', (나)의 '세상에 득 ~ 알기 바라리'

⋯ 설의적 표현은 쉽게 판단할 수 있는 사실을 의문의 형식으로 표현하여 의미를 강조하는 방법이다. (가)에서는 '어느 겨를에 마음속 일을 말이나 하겠소'라는 설의적 표현을 사용하여 '백성들이 마음속의 고통을 말할 수 없다.'라는 의미를 부각하고 있다. 그리고 (나)에서는 '세상에 득 찾는 무리 어찌 알기 바라리'라는 설의적 표현을 사용하여 '세속의 무리는 자연 속에서 사는 기쁨을 알 수 없다.'라는 의미를 부각하고 있다.

☂ **오답인 이유**

③ 　매력적인 오답　**(나)는 (가)와 달리 대구＊적 표현을 사용하여 시적 운율감을 형성하고 있다.**
　　　　　　　　　　× → (가)와 (나) 모두

⋯ (가)에서는 '서울 관리는 귀가 없고 백성은 입이 없다네' 등에서 대구적 표현을 사용하여 운율감을 형성하고 있다. 그리고 (나)에서도 '내 이미 백구 잊고 백구도 나를 잊네', '맑으면 갓끈 씻고 흐리거든 발 씻으리' 등에서 대구적 표현을 사용하여 운율감을 형성하고 있다.

┌─────────────────────────────────────┐
│ ＊대구(對句): 구조가 비슷한 문장을 나란히 배열하여 의미를 강조하거 │
│ 나 리듬감을 형성하는 방법 예 도화행화는 석양리예 퓌여 잇고, / 녹양 │
│ 방초는 세우 중에 프르도다. – 정극인, 〈상춘곡〉 │
└─────────────────────────────────────┘

① **(가)는 (나)와 달리 색채 대비를 통해 시적 분위기를 환기하고 있다.**
　(가)와 (나) 모두 ×

⋯ (가)에는 색채 이미지가 드러나는 표현이 아예 나타나 있지 않다.

(나)에는 '붉은'이라는 색채 이미지가 나타나지만 다른 색과 대비하고 있지는 않다.

② (가)는 (나)와 달리 선경후정의 방식을 통해 시상을 전개하고 있다.
(가)와 (나) 모두 ×
… (가)와 (나)에는 모두 선경후정의 시상 전개 방식이 나타나 있지 않다.

⑤ (가)와 (나) 모두 자연물에 인격을 부여하여 화자의 정서를 드러내고 있다.
× → (나)에서는
… (나)에서는 '백구도 나를 잊네'와 같이 '백구'에 인격을 부여하여 물아일체의 경지를 이룬 화자의 정서를 드러내고 있다. 하지만 (가)에는 자연물에 인격을 부여한 표현이 나타나 있지 않다.

02
정답률 85%

㉠~㉢에 대한 설명으로 적절하지 않은 것은?

☀ 정답인 이유

① ㉠은 자신들의 삶을 돌보지 않는 ㉡을 원망하고 있다.
× → 백성이 화자를 원망하고 있지 않음.
… ㉠은 고통받는 '백성'을 의미하고, ㉡은 백성에게 연민을 느끼는 '화자'를 의미하며, ㉢은 백성의 고통을 외면하는 '관리들'을 의미한다. 화자가 백성을 구제하지 못하는 안타까움을 드러내고 있기는 하지만, 백성이 화자를 원망하는 내용은 나타나 있지 않다.

☂ 오답인 이유

② ㉡은 ㉠을 구제하지 못하는 것에 안타까움을 느끼고 있다.
○ → '나는 너희들을 구제할 마음이 있어도 / 너희들을 구제할 힘이 없구나'
… '너희들을 구제할 힘이 없구나'를 통해, 화자가 백성을 구제하지 못하는 것에 안타까움을 느끼고 있음을 알 수 있다.

③ ㉡은 ㉢이 군자와 같은 생각을 갖기를 바라고 있다.
○ → '원컨대, 잠시라도 소인배의 마음을 돌려서 / 군자의 생각을 가져 보게나'
… '군자의 생각을 가져 보게나'를 통해, 화자가 관리들이 백성의 고통을 헤아리는 군자와 같은 생각을 갖기를 바라고 있음을 알 수 있다.

④ ㉢은 ㉠의 삶을 구제할 힘을 지니고 있다.
○ → '저들은 너희들을 구제할 힘이 있어도 / 너희들을 구제할 마음이 없구나'
… '저들은 너희들을 구제할 힘이 있어도'를 통해, 관리들이 백성을 구제할 힘을 지니고 있음을 알 수 있다.

⑤ ㉢은 ㉠이 겪고 있는 문제를 해결하지 않고 있다.
○ → '저들은 너희들을 구제할 힘이 있어도 / 너희들을 구제할 마음이 없구나'
… '너희들을 구제할 마음이 없구나'를 통해, 관리들이 백성이 겪고 있는 문제를 해결하지 않고 있음을 알 수 있다.

03
정답률 68% | 매력적인 오답 ① 15%

〈보기〉를 참고하여 (나)를 감상한 내용으로 적절하지 않은 것은? [3점]

─〈보기〉─
(나)는 갑자사화로 인해 유배되었다 풀려난 작가가 옥계산에 은거하
조선 연산군 10년(1504)에 폐비 윤씨와 관련하여 많은 선비들이 죽임을 당한 사건
며 쓴 작품이다. 이 작품을 통해 작가는 세속적 가치를 멀리하고 자연
③의 근거
속에서 자연과 하나 되어 풍류를 즐기는 삶을 추구하고 있음을 보여 주
①, ④의 근거
고 있다. 또한 옳고 그름을 분간하지 못하는 사람들을 비판하면서 분별
⑤의 근거
있는 삶의 자세에 대한 의지도 드러내고 있다.

☀ 정답인 이유

② '빈 강'에서 쓸쓸해 하는 모습에서 유배되었다 풀려나도 '득 찾는 무리'로부터 벗어나기 어려운 화자의 현실이 드러나는군.
× → 빈 강에서 낚시를 즐기는 모습에서 세속의 무리와 거리를 두겠다는 의지가 드러남.
… 〈보기〉에서 작가는 세속적 가치를 멀리하고 자연 속에서 자연과 하나 되어 풍류를 즐기는 삶을 추구하고 있다고 하였다. 화자는 빈 강에서 낚시를 하고 풍류를 즐기면서, 이런 즐거움을 '득 찾는 무리'는 모를 것이라고 하였다. 즉 화자는 '득 찾는 무리'로부터 벗어나기 어려운 것이 아니라, 이들과 거리를 둔 채 풍류를 즐기고 있는 것이다.

☂ 오답인 이유

① 매력적인 오답 '백구'와 '나'가 서로 잊어 누군지 모른다는 것에서 화자가 자연과 하나가 된 삶을 살고 있음을 보여 주는군.
○ → 〈보기〉의 '자연 속에서 자연과 하나 되어'
… '내 이미 백구 잊고 백구도 나를 잊네'는 자연과 물아일체를 이룬 화자의 모습을 보여 주는 것으로, 이를 통해 화자가 자연과 하나가 된 삶을 살고 있음을 알 수 있다.

③ '공명'을 '해진 신'에 비유한 것에서 화자가 세속적 삶의 가치를 멀리하고 있음이 드러나는군.
○ → 〈보기〉의 '세속적 가치를 멀리하고'
… '공명은 해진 신이니'는 세속적 가치인 '공명'을 보잘것없는 '해진 신'에 비유한 것으로, 이를 통해 화자가 세속적 삶의 가치를 멀리하고 있음을 알 수 있다.

④ '옥계산'에서 '물', '달'과 함께 지내는 모습에서 화자의 자연 친화적 삶의 태도가 드러나는군.
○ → 〈보기〉의 '자연과 하나 되어 풍류를 즐기는 삶을 추구'
… '옥계산 흐르는 물 못 이루어 달 띄우네'는 화자가 자연 속에서 풍류를 즐기고 있는 모습으로, 이를 통해 화자의 자연 친화적 삶의 태도를 알 수 있다.

⑤ '세상 사람'을 '청탁'을 모르는 사람들로 여기는 것에서 맑고 탁함을 분간할 수 있어야 한다는 화자의 인식이 드러나는군.
○ → 〈보기〉의 '분별 있는 삶의 자세에 대한 의지'
… '어찌타 세상 사람 청탁 있는 줄 모르는고'는 옳고 그름을 분간하지 못하는 사람들에 대한 비판을 드러낸 것으로, 이를 통해 맑고 탁함을 분간할 수 있어야 한다는 화자의 인식을 알 수 있다.

고전시가 **04**	방 안에 켜 있는 촉불~	꿈에 다니는 길이~	님이 오마 하거늘~

▶ 문제편 136~137쪽

정답 | 01 ② 02 ⑤ 03 ②

[01~03] 다음 글을 읽고 물음에 답하시오.   2017 6월 고1 전국연합

제대로 작품 분석 ▶ 〈보기〉에서 적절한 것을 골라 넣으며 작품을 분석해 보자.

가
「방(房) 안에 켜 있는 촉(燭)불 눌과 이별하였기에
 _{감정 이입의 대상 누구와}
 겉으로 눈물 지고 속 타는 줄 모르는고」_{『 』:1}
 _{촛농}
 저 촉(燭)불 날과 같아서 속 타는 줄 모르도다
 ₃   _{화자의 슬픔}

– 이개

❖ **제대로 작품 분석의 〈보기〉**
 ㉠ 초의 심지
 ㉡ 촛불과 화자의 동일시
 ㉢ 화자의 애타는 마음을 촛불의 타는 심지와 흐르는 촛농으로 형상화함.

❖ **작가 소개**
이개(李塏, 1417~1456): 조선 전기의 문신. 호는 백옥헌(白玉軒). 직제학을 지냈으며, 시문이 청절(淸節)하고 글씨를 잘 썼다. 사육신(死六臣)의 한 사람으로, 세조 2년(1456)에 단종의 복위를 꾀하다가 실패하여 처형되었다. 〈훈민정음 해례〉 편찬 및 〈용비어천가〉 주해 작업에 참여하였다.

❖ **핵심 정리**
 • 갈래: 평시조
 • 성격: 절의가, 여성적, 애상적
 • 주제: (단종과의) 이별의 슬픔
 • 특징: ① 무생물인 촛불을 의인화하여 주제를 형상화함. ② 화자의 슬픈 감정을 촛불에 이입하여 표현함.

나
꿈에 다니는 길이 자취가 남는다면 – 가정법
 님의 집 창(窓) 밖에 석로(石路)라도 닳으리라
 _{돌길}   ₂
 꿈길이 자취 없으니 그를 슬퍼하노라
 _{다녀간 흔적이 남지 않음.}   ₃

– 이명한

❖ **제대로 작품 분석의 〈보기〉**
 ㉠ 임을 만날 수 있는 공간
 ㉡ 꿈에서 임을 자주 만나러 감.(과장법)
 ㉢ 임이 화자의 마음을 알 수 없음을 안타까워함.

❖ **작가 소개**
이명한(李明漢, 1595~1645): 조선 인조 때의 문신. 호는 백주(白洲). 이괄의 난 때 왕을 공주로 호종하여 팔도에 보내는 교서를 작성하였다. 벼슬은 예조 판서와 공조 판서를 지냈다. 성리학에 밝았고, 시와 글씨에도 뛰어났다. 병자호란 때 심양까지 잡혀갔던 의분을 노래한 시조 6수가 전하며, 저서에 《백주집》이 있다.

❖ **핵심 정리**
 • 갈래: 평시조
 • 성격: 연정가, 애상적
 • 주제: 임에 대한 간절한 그리움
 • 특징: ① 불가능한 상황을 가정하며 시상을 전개함. ② 과장된 표현으로 임에 대한 그리움을 강조함.

다
님이 오마 하거늘 저녁밥을 일찍 지어 먹고
 _{기다림의 대상}
 중문 나서 대문 나가 지방 위에 치달아 앉아 이수(以手)로 가액(加額)
하고* 오는가 가는가 건넌 산 바라보니 거머횟들* 서 있거늘 저야 님
                                              ₁
이로다. 버선 벗어 품에 품고 신 벗어 손에 쥐고 곰븨님븨 님븨곰븨
                                        _{엎치락뒤치락하며 급히 달려가는 모습 – 음성 상징어 ①}
천방지방 지방천방* 진 데 마른 데 가리지 말고 워렁충창* 건너가서
_{엎치락뒤치락하며 급히 달려가는 모습 – 음성 상징어 ②}
정(情)엣말 하려 하고 곁눈을 흘깃 보니 상년(上年) 칠월 사흗날 갉아 벗긴
_{정겨운 말}   _{작년}
주추리 삼대* 살뜰이도 날 속였구나
₂   _{알뜰히도(반어법)}
 「모처라 밤일세망정 행여 낮이런들 남 웃길 뻔 하괘라」
_{마침, 아서라, 그만두어라}   _{『 』:3}

– 작자 미상

* 이수로 가액하고: 손을 들어 이마에 얹고
* 거머횟들: 검은 듯 흰 듯한 것
* 곰븨님븨 님븨곰븨 천방지방 지방천방: 엎치락뒤치락 허둥거리는 모양
* 워렁충창: 우당탕퉁탕
* 주추리 삼대: 밭머리에 모아 세워 둔 삼의 줄기

❖ **제대로 작품 분석의 〈보기〉**
 ㉠ 임으로 착각한 대상
 ㉡ 화자의 독백 – 허탈감과 자기 위로
 ㉢ 갓 쓰고 흰 두루마기를 입은 모양 – 화자가 임으로 착각함.

❖ **핵심 정리**
 • 갈래: 사설시조
 • 성격: 연정가, 해학적, 과장적
 • 주제: 임을 기다리는 애타는 마음
 • 특징: ① 음성 상징어를 사용한 과장된 행동 묘사를 통해 화자의 들뜬 심리를 생동감 있게 표현함. ② 자연물을 임으로 착각한 화자의 모습을 해학적으로 표현함.

제대로 감상법 모범 답안

가 이개, 〈방 안에 켜 있는 촉불~〉
❶ 동일시 ❷ 촛불 ❸ 이입
❖ 제대로 작품 분석
 1 ㉡ 2 ㉠ 3 ㉢

나 이명한, 〈꿈에 다니는 길이~〉
❶ 석로라도 닳으리라 ❷ 과장
❖ 제대로 작품 분석
 1 ㉠ 2 ㉡ 3 ㉢

다 작자 미상, 〈님이 오마 하거늘~〉
❶ 허탈감 ❷ 주추리 삼대 ❸ 음성 상징어
❖ 제대로 작품 분석
 1 ㉢ 2 ㉠ 3 ㉡

(가)~(다)의 공통점에 대한 설명으로 가장 적절한 것은?

☀ 정답인 이유

② **영탄적 표현**[*]을 통해 시적 상황에 대한 화자의 정서를 부각하고 있다.
   ○ → (가)의 '모르도다', (나)의 '슬퍼하노라', (다)의 '속았구나'와 '하괘라' 등

→ (가)에서는 종장의 '모르도다'와 같은 영탄적 표현을 통해 임과 이별한 화자의 슬픔을 강조하고 있다. 그리고 (나)에서는 종장의 '슬퍼하노라'와 같은 영탄적 표현을 통해 임에 대한 화자의 간절한 그리움을 강조하고 있다. 또 (다)에서는 중장의 '속았구나'와 종장의 '하괘라'와 같은 영탄적 표현을 통해 '주추리 삼대'를 임이라고 착각한 상황에 대한 화자의 겸연쩍음과 실망감을 강조하고 있다. 따라서 (가)~(다)에서는 모두 영탄적 표현을 통해 시적 상황에 대한 화자의 정서를 부각하고 있다.

> * 영탄적(詠嘆的) 표현: 슬픔, 놀라움 등의 고조된 감정을 감탄사, 감탄형 어미 등을 통해 표현하는 방법 예 산산이 부서진 이름<u>이여</u>! - 김소월, 〈초혼〉

☂ 오답인 이유

③ (매력적인 오답) 자조적[*] 어조를 통해 과거의 행동에 대한 화자의 자책감을
                 (가) ×, (나) ×, (다) ○   (가), (나), (다) 모두 ×
드러내고 있다.

→ (가)와 (나)에는 자조적 어조가 나타나지 않으며, (다)의 종장에만 부분적으로 자조적 어조가 나타나 있다. 하지만 (다)의 종장에서도 주추리 삼대를 임으로 착각하여 허둥지둥 달려간 자신의 행동이 남들을 웃길 뻔했다고 해학적이면서도 자조적으로 말하는 것일 뿐, 과거 행동에 대한 화자의 자책감이 드러나 있지는 않다.

> * 자조적(自嘲的): 스스로 자기를 비웃는 듯한 것 예 사업에 실패한 친구는 <u>자조적</u>인 태도로 힘없이 대답했다.

① 청각적 심상을 활용하여 애상적[*] 분위기를 조성하고 있다.
   (가) ×, (나) ×, (다) △   (가) ○, (나) ○, (다) ×

→ (가)와 (나)에는 청각적 심상이 활용되지 않았으며, (다)에는 '우당탕퉁탕'이라는 뜻의 음성 상징어 '워렁충창'이 청각적 심상으로 활용되었다. 하지만 '워렁충창'은 임이 온 것으로 생각하고 급하게 달려가는 화자의 모습을 해학적으로 표현한 것일 뿐, 애상적 분위기를 조성하는 표현이 아니다.

> * 애상적(哀傷的): 슬퍼하거나 가슴 아파하는 것 예 돌아가신 할머니의 제사가 나오면 가족이 모두 <u>애상적</u> 분위기에 빠진다.

④ 역설적 표현을 통해 부정적인 상황에 대한 화자의 극복 의지를 나타내고 있다.
   (가), (나), (다) 모두 ×   (가), (나), (다) 모두 ×

→ 역설적 표현은 표면적으로는 이치에 어긋나는 듯하나 그 속에 진리를 담는 표현 방법이다. (가)~(다)에는 모두 역설적 표현이나 부정적인 상황에 대한 극복 의지가 나타나 있지 않다.

⑤ 가정적 상황을 제시하여 현재에 비해 미래가 나아질 것이라는 기대감을 드
   (가) ×, (나) ○, (다) ×   (가), (나), (다) 모두 ×
러내고 있다.

→ (가)와 (다)에는 가정적 상황이 나타나지 않으며, (나)의 초장 '꿈에 다니는 길이 자취가 남는다면'에서 상황을 가정하고 있다. 하지만 이는 꿈속에서 임의 집에 무수히 다녀간 화자의 간절한 그리움을 강조하기 위한 것일 뿐, 현재에 비해 미래가 나아질 것이라는 기대감을 드러내고 있지는 않다.

(가), (나)에 대한 이해로 적절하지 않은 것은?

☀ 정답인 이유

⑤ (나)의 '그를 슬퍼하노라'에서 '슬퍼하노라'는 자신을 찾아 주지 않는 임에 대한 화자의 원망이 담겨 있다.
                       × → 임이 화자의 마음을 알 수 없을 것이라는 슬픔

→ (나)의 화자가 '그를 슬퍼하노라'라고 말한 것은 꿈속의 길에 자취가 남는다면 임의 집으로 향하는 돌길이 수없이 다녀간 자신의 발자취로 인해 닳아 없어졌을 테지만, 꿈속에서는 흔적이 남지 않으므로 임이 화자의 마음을 알 수 없을 것이라고 생각하기 때문이다. 이런 화자의 생각은 임에 대한 간절한 그리움으로 인한 것이므로 화자가 임을 원망하고 있다는 설명은 적절하지 않다.

☂ 오답인 이유

② (매력적인 오답) (가)의 '저 촉(燭)불 날과 같아서'에서 '촉(燭)불'은 화자와 동일시되는 대상이다.

→ '촉불'이 자신과 같다고 하였으므로, 화자는 임에 대한 그리움과 슬픔으로 인해 애를 태우며 눈물을 흘리고 있는 자신과 '촉불'을 동일시하고 있는 것이다.

① (가)의 '겉으로 눈물 지고'에서 '눈물'은 촛농이 흘러내리는 모습을 비유한 것으로 화자의 슬픔을 형상화하고 있다.

→ '눈물'은 '촛농'과 화자의 '눈물'을 동시에 의미하는 시어로, 촛농이 흘러내리는 모습을 눈물을 흘리는 모습에 빗대어 임과 이별한 화자의 슬픔을 형상화하고 있다.

③ (나)의 '꿈에 다니는 길'에서 '꿈'에는 화자의 소망이 투영되어 있다.

→ 화자는 '꿈'에서 돌길이 닳을 정도로 임의 집을 찾아가고 있으므로, 꿈속에서나마 임과 재회하기를 바라는 화자의 소망이 '꿈'에 투영되어 있다고 볼 수 있다.

④ (나)의 '석로(石路)라도 닳으리라'에서 '닳으리라'는 임에 대한 화자의 간절한 그리움을 드러내고 있다.

→ '닳으리라'는 돌길이 닳을 정도로 화자가 임의 집에 자주 갔다는 의미이므로, 이를 통해 임에 대한 화자의 간절한 그리움을 알 수 있다.

〈보기〉를 바탕으로 (다)를 감상한 내용으로 적절하지 않은 것은? [3점]

> ───────────── 〈보기〉 ─────────────
>
> 조선 후기에 등장한 사설시조는 형식 면에서 평시조와 달리 중장이
>   ④의 근거
> 제한 없이 길어졌다. 내용 면에서는 실생활 소재들을 활용하여 일상에
> 서 일어나는 문제를 주로 다루었는데 솔직함, 해학성, 애정을 서슴없이
>   ③의 근거   ⑤의 근거
> 표현하려는 대담성 등을 그 특징으로 하며 비유, 상징 등 다양한 표현
> 기법을 활용하여 대상을 생동감 있게 그려 냈다.   ①의 근거

☀ 정답인 이유

② 일상에서 흔히 볼 수 있는 '버선', '신'이라는 소재를 활용하여 임의 소중함을 상징하고 있군.
                   × → 임을 맞으러 가는 화자의 모습을 솔직하게 그림.

→ 〈보기〉에서 사설시조는 실생활 소재들을 활용하여 일상에서 일

어나는 문제를 주로 다루었다고 하였다. (다)는 '버선', '신'과 같이 일상에서 흔히 볼 수 있는 소재를 활용한 것은 맞지만, 이 소재들이 임의 소중함을 상징하고 있지는 않다.

오답인 이유

④ **매력적인 오답** 임을 그리워하는 절실한 마음을 드러내기 위해 화자의 행동을 구체적으로 제시하다 보니 중장이 길어졌군.
○ → 〈보기〉의 '중장이 제한 없이 길어졌다'

⋯ (다)의 중장은 임을 그리워하는 절실한 마음을 드러내기 위해 화자의 행동을 구체적으로 적다 보니 길이가 늘어난 것으로 이해할 수 있다.

① '곰븨님븨', '천방지방' 같은 음성 상징어를 활용하여 화자의 행동을 생동감 있게 표현하고 있군.
○ → 〈보기〉의 '다양한 표현 기법을 활용하여 대상을 생동감 있게 그려'

⋯ '곰븨님븨'와 '천방지방'은 엎치락뒤치락하며 허둥지둥 달려가는 모양을 흉내 낸 음성 상징어로, 이를 통해 임이 온 줄 알고 급하게 달려가는 화자의 행동이 생동감 있게 드러난다.

③ '주추리 삼대'를 임으로 착각하여 달려가는 화자의 우스꽝스러운 모습에서 해학성을 느낄 수 있군.
○ → 〈보기〉의 '솔직함, 해학성'

⋯ 화자는 건넌 산에서 '거머횟들'을 보고 임이 왔다고 생각하여 엎치락뒤치락하며 허둥지둥 달려갔으나 화자가 본 것은 사실 '주추리 삼대'였다. 화자가 '주추리 삼대'를 임으로 착각한 것이나 임이 왔다고 생각하여 달려가는 모습에서 해학성을 느낄 수 있다.

⑤ '진 데 마른 데 가리지' 않고 임에게 가서 '정(情)엣말'을 하려는 모습에서 애정을 표현하려는 화자의 대담성을 엿볼 수 있군.
○ → 〈보기〉의 '애정을 서슴없이 표현하려는 대담성'

⋯ 화자는 '진 데 마른 데 가리지 말고 워렁충창 건너가서' 임에게 '정엣말'을 하려고 했다. 이런 화자의 행동에서 임에 대한 애정을 과감히 드러내려는 대담성을 엿볼 수 있다.

고전
시가 **05** 단가육장

▶ 문제편 138~139쪽

정답 | 01 ② 02 ⑤ 03 ②

[01~03] 다음 글을 읽고 물음에 답하시오.   2017 3월 고1 전국연합

제대로 작품 분석   ▶〈보기〉에서 적절한 것을 골라 넣으며 작품을 분석해 보자.

적객*에게 벗이 없어 공량(空樑)*의 제비로다
  화자의 외로운 처지   화자의 처지와 유사 – 감정 이입
귀양살이하는 사람에게 벗이 없어 빈 대들보의 제비뿐이구나.

㉠종일 하는 말이 무슨 사설 하는지고
    제비를 의인화하여 끊임없이 시름을 풀어내는 모습으로 형상화
온종일 하는 말이 무슨 이야기를 하는 것인가.

어즈버 내 풀어낸 시름은 널로만 하노라*
    1
아아 내가 풀어낸 시름은 너보다노 많도나.

〈4장〉
▶ 4장: 유배 생활의 외로움과 시름

인간(人間)에 유정*한 벗은 명월밖에 또 있는가
      2
인간 세상에 인정이 있는 벗은 밝은 달 외에 또 있는가.

㉡천 리를 멀다 아녀 간 데마다 따라오니
    항상 함께해 주는 진정한 벗의 모습을 보임.
천 리를 멀다 하지 않고 가는 곳마다 따라오니

어즈버 반가운 옛 벗이 다만 너인가 하노라
            명월
아아 반가운 옛 벗이 다만 너뿐인가 하노라.

〈5장〉
▶ 5장: 시름을 위로해 주는 명월

설월(雪月)에 매화를 보려 잔을 잡고 창을 여니
    3
눈 위에 비치는 달빛에 매화를 보려고 잔을 들고 창을 여니

섞인 꽃 여읜 속에 잦은 것이 향기로다
  유배 생활로 피폐한 화자의 모습   변함없는 지조와 충절
눈 속에 섞여 있는 시든 꽃에서 향기가 풍겨나는구나.

어즈버 호접(胡蝶)*이 이 향기 알면 애 끊일까 하노라
        4   원망의 정서
아아 나비가 이 향기 알면 몹시 슬퍼할까 하노라.

〈6장〉
▶ 6장: 자신의 충정을 알아주기를 소망함.
– 이신의, 〈단가육장〉

＊적객 : 귀양살이하는 사람
＊공량 : 들보
＊널로만 하노라 : 너보다 많도다.
＊유정 : 인정이나 동정심이 있음.
＊호접 : 나비

❖ 제대로 작품 분석의 〈보기〉
  ㉠ 유배객을 위로해 주는 존재
  ㉡ 화자의 충절을 몰라주는 임금을 상징
  ㉢ 지조와 절개를 잃지 않는 화자를 상징
  ㉣ 제비와의 비교를 통해 유배지에서 느끼는 시름을 강조함.

❖ 제목의 의미
  '단가'는 시조를 달리 이르는 말이므로, 곧 '시조 6수'라는 의미이다. 이 작품은 유배지에서의 생활과 심경을 담은 6수의 연시조이다. 작가는 광해군 9년(1617년) 인목대비의 폐위를 반대하는 상소문을 올렸다가 함경도로 유배되는데, 그때의 심정과 처지가 작품에 잘 드러나 있다.

◈ 작가 소개
이신의(李愼儀, 1551~1627): 조선 중기의 문신. 호는 석탄(石灘). 임진왜란 때 향군을 거느리고 적과 싸워 공을 세웠다. 이후 광해군 때 영창대군을 죽이고 인목대비를 유폐하려는 데 대해 항소를 올렸다가 유배되었다. 인조반정으로 풀려나 형조참의와 형조참판 등을 지냈다. 주요 저서에 《석탄문집》이 있다.

◈ 핵심 정리
 • 갈래: 연시조
 • 성격: 절의적, 상징적
 • 주제: 임금에 대한 그리움과 변함없는 충절
 • 특징: ① 자연물에 관습적, 상징적 의미를 부여하여 화자의 상황과 정서를 드러냄. ② 자연물에 감정을 이입하여 화자의 정서를 강조함. ③ 유배지에서 느끼는 개인적 정서를 진솔하게 드러냄. ④ 설의적 표현으로 화자의 정서를 효과적으로 드러냄.

╭─ 제대로 감상법 모범 답안 ─╮

이신의, 〈단가육장〉

❶ 유배 ❷ 명월 ❸ 호접 ❹ 자연물

◈ 제대로 작품 분석
 1 ㉣ 2 ㉠ 3 ㉢ 4 ㉡

01

윗글에 대한 설명으로 가장 적절한 것은?

☀ **정답인 이유**

② '5장'은 설의적 표현을 사용하여 화자의 정서를 효과적으로 드러내고 있다.
　○ → '인간에 유정한 벗은 명월밖에 또 있는가'

　⋯ 설의적 표현은 쉽게 판단할 수 있는 사실을 의문의 형식으로 표현하여 의미를 강조하는 방법이다. 5장의 '인간에 유정한 벗은 명월밖에 또 있는가'는 '인간 세상에 인정이 있는 벗은 밝은 달 외에는 없다.'라는 뜻으로, 설의적 표현을 사용하여 화자의 정서를 효과적으로 드러내고 있다.

☂ **오답인 이유**

③ (매력적 오답) '6장'은 점층적*으로 시상을 전개하여 화자의 의지를 강조하고 있다.
　×

　⋯ 6장은 자신의 충정을 임(임금)이 알아주기를 소망하는 부분으로, 점층적인 시상 전개가 나타나 있지 않다.

┌─────────────────────────────────────┐
╎ *점층적(漸層的): 그 뜻을 점점 강하게, 크게, 고조되게 표현하는 방법
╎ 📖 이 몸이 죽고 죽어 일백 번 고쳐 죽어 – 정몽주, 〈단심가〉
└─────────────────────────────────────┘

① '4장'은 동일한 시어를 반복하여 주제 의식을 강화하고 있다.
　×

　⋯ 4장은 유배 생활의 외로움과 시름이 드러난 부분으로, 동일한 시어의 반복이 나타나 있지 않다.

④ '4장'과 '5장'은 현재와 과거를 대조하여 화자의 내적 갈등을 드러내고 있다.
　×

　⋯ 4장과 5장에는 귀양살이를 하고 있는 화자의 현재 상황만 드러나 있을 뿐, 현재와 과거를 대조하고 있지 않다.

⑤ '5장'과 '6장'은 색채의 대비를 활용하여 대상을 구체적으로 묘사하고 있다.
　×

　⋯ 5장의 '명월', 6장의 '설월'과 '매화' 등에서 색채 이미지를 느낄 수 있지만, 색채의 대비를 활용하고 있지는 않다.

02

〈보기〉를 참고하여 윗글을 감상한 내용으로 적절하지 않은 것은? [3점]

┌─────────────〈보기〉─────────────┐
│ 　이신의는 충절과 신의를 중시했던 사대부로, 인목대비 폐위에 반대하
│ 　　　　　　　　　　　　　　　　　　작품 창작의 계기
│ 는 글을 올렸다는 이유로 귀양을 가게 된다. 〈단가육장〉은 그가 귀양살
│ 　　　　　　　　　　　　　　　　　　①의 근거
│ 이를 하면서 느낀 생각과 감정을 풀어낸 작품으로, 화자는 자연물을 친
│ 　　　　　　　　　　　　　　　　　　③의 근거
│ 화적인 시선으로 바라보며 자신의 감정을 투영하기도 한다. 또한 자연
│ 물에 자신이 지향하는 유교적 이념을 투사하기도 한다.
│ ②, ④의 근거
└─────────────────────────────────┘

☀ **정답인 이유**

⑤ '이 향기'에는 귀양살이를 오기 전의 삶에 대한 화자의 동경이 투영되어 있군.
　× → 화자의 변함없는 지조와 충절

　⋯ 6장의 '이 향기'는 매화가 풍기는 향기로, 임금을 향한 화자의 변함없는 지조와 충절을 상징한다. 화자는 자신의 충절을 몰라주는 임금을 원망하고 있을 뿐, 귀양살이를 오기 전의 삶에 대해 동경하고 있지 않다. 〈보기〉에도 귀양살이를 오기 전의 삶에 대한 내용은 나타나 있지 않다.

☂ **오답인 이유**

③ (매력적 오답) '명월'을 '너'로 지칭하고 '매화를 보려 잔을 잡고 창을 여'는 행위에서 자연물에 친화적인 화자의 시선을 엿볼 수 있군.
　○ → 〈보기〉의 '자연물을 친화적인 시선으로 바라보며'

　⋯ 화자는 5장에서 자연물인 '명월'을 '너'로 지칭하며 사람처럼 대하고, 6장에서 눈 속에 핀 '매화'를 보기 위해 잔을 잡고 창을 여는 행위를 보여 주고 있다. 이를 통해 자연물을 친밀하게 여기는 화자의 태도를 확인할 수 있다.

① '풀어낸 시름'은 '적객'으로 살아가는 화자의 처지와 관련이 있다고 볼 수 있군.
　○ → 〈보기〉의 '귀양살이를 하면서 느낀 생각과 감정을 풀어낸 작품'

　⋯ 4장에서 화자는 자신이 '풀어낸 시름'이 들보의 제비가 풀어낸 시름보다 많다고 한탄하고 있다. 이러한 '시름'은 유배를 와 귀양살이를 하고 있는 화자의 외로운 처지와 관련이 있음을 알 수 있다.

② '간 데마다 따라오'는 '명월'은 화자가 지향하는 '신의'가 투사'된 자연물로 볼 수 있겠군.
　○ → 〈보기〉의 '자연물에 자신이 지향하는 유교적 이념을 투사'

　⋯ 5장에서 화자는 천 리를 멀다 하지 않고 가는 곳마다 자신을 따라오는 '명월'을 신의를 지키는 반가운 옛 벗으로 보고 있다. 그러므로 '명월'은 화자가 지향하는 유교적 이념 중 신의가 투사된 자연물로 볼 수 있다.

┌─────────────────────────────────────┐
╎ *투사(投射): 어떤 일을 다른 일에 반영시켜 나타냄. 📖 그는 은연중에 자
╎ 신의 감정을 글 속에 투사시키고 있었다.
└─────────────────────────────────────┘

④ '설월'에 핀 '매화'는 화자가 지향하는 '충절'의 이념과 관련지을 수 있겠군.
　○ → 〈보기〉의 '자연물에 자신이 지향하는 유교적 이념을 투사'

　⋯ 6장에서 '설월'에 핀 '매화'는 충절과 신의를 중시했던 사대부인 화자 자신을 상징한다. 따라서 한겨울에도 눈 속에서 꽃을 피우는 '매화'는 화자가 지향하는 유교적 이념 중 충절의 이념과 관련지을 수 있다.

정답률 **63%** | 매력적인 오답 ③ **12%**

㉠과 ㉡에 대해 이해한 내용으로 적절한 것은?

🔆 **정답인 이유**

② ㉠과 ㉡은 화자가 처한 상황을 부각하는 시간과 거리로 볼 수 있다.
    ○ → '종일'과 '천 리'는 화자의 상황과 처지를 부각하는 시간과 거리

⋯ 화자는 '종일' 이야기하는 제비보다 자신의 시름이 많다고 한탄하고 있는데, 여기서 '종일'은 시름이 많은 화자의 상황과 처지를 부각하는 시간으로 볼 수 있다. 그리고 화자는 신의를 지키는 명월이 '천 리'가 멀다 하지 않고 따라왔다고 했는데, 여기서 '천 리'는 멀리 떨어진 곳에 귀양을 온 화자의 상황과 처지를 부각하는 거리로 볼 수 있다.

☔ **오답인 이유**

③ 【 매력적인 오답 】 ㉠과 ㉡은 화자와 '인간'과의 심리적 거리감을 구체화한 것
                                                 × → ㉡은
으로 볼 수 있다.

⋯ '천 리'는 실제 거리가 아니라 화자와 인간 세상과의 심리적 거리감을 구체화한 것으로 볼 수 있지만, '종일'은 심리적 거리감과 관련이 없다.

① ㉠과 ㉡은 화자의 '벗'에 대한 태도 변화를 이끌어 낸다고 볼 수 있다.
                ㉠과 ㉡ 모두 ×

⋯ '종일'과 '천 리'는 모두 화자의 태도 변화와는 관련이 없다.

④ ㉠은 화자의 내적 갈등이 심화되는 시간, ㉡은 화자의 내적 갈등이 해소되는
                         ×   ×
공간으로 볼 수 있다.

⋯ '종일'은 화자가 내면의 시름을 풀어내는 시간일 뿐 화자의 내적 갈등이 더욱 심화되는 시간으로 볼 수 없다. 또 '천 리'는 화자가 유배 생활을 하는 곳과 인간 세상과의 거리를 나타낼 뿐 화자의 내적 갈등이 해소되는 공간으로 볼 수 없다.

⑤ ㉠은 미래에 대한 화자의 낙관적 전망을, ㉡은 비관적 전망을 드러낸다고 할
                                 ×   ×
수 있다.

⋯ '종일'과 '천 리'는 낙관적이든 비관적이든 미래에 대한 화자의 전망과는 관련이 없다.

고전 시가 06 견회요

▶ 문제편 140~141쪽

정답 | **01** ②   **02** ④   **03** ①

[01~03] 다음 글을 읽고 물음에 답하시오.
                                                         2016 6월 고1 전국연합

제대로 작품 분석   ▶ 〈보기〉에서 적절한 것을 골라 넣으며 작품을 분석해 보자.

슬프나 즐거오나 옳다 하나 외다* 하나
                          그르다
슬프나 즐거우나 옳다 하나 그르다 하나
내 몸의 해올 일만 닦고 닦을 뿐이언정
내 몸의 할 일만 닦고 닦을 뿐이로다.
그 밖의 여남은 일이야 분별할 줄 이시랴
          다른, 나머지   근심, 걱정, 생각
그 밖의 다른 일이야 걱정할 필요가 있겠는가.
                                       〈제1수〉
                            ▶ 제1수: 신념에 충실한 강직한 삶

내 일 망령된* 줄을 내라 하여 모를 것인가
권신 이이첨의 횡포를 고발하는 상소를 올린 일
내 일이 주책맞은 줄 나라고 하여 모르겠는가.
이 마음 어리석기도 임 위한 탓이로세
                   임금
이 마음이 어리석은 것도 모두가 임을 위한 탓이로구나.
아무가 아무리 일러도 임이 생각하여 보소서
아무개가   모함하여도
그 누가 아무리 헐뜯더라도 임이 헤아려 살피소서.
                                       〈제2수〉
                        ▶ 제2수: 억울한 심정의 하소연과 결백 주장

      추성(楸城)* 진호루(鎭胡樓) 밖에 울어 예는 저 시내야
         2   감정 이입의 대상 ①
      추성 진호루 밖에서 울며 흐르는 저 시냇물아.
      므음 호리라* 주야에 흐르는가
[A]   무엇
      무엇을 하려고 밤낮으로 흐르느냐.
      임 향한 내 뜻을 조차 그칠 줄을 모르는가
      일편단심(一片丹心)
      임 향한 내 뜻을 따라 그칠 줄 모르는구나.
                                       〈제3수〉
                        ▶ 제3수: 임금을 향한 변함없는 충성심

      뫼흔 길고 길고 믈은 멀고 멀고
      □: 화자와 어버이 사이의 장애물
      산은 길고 길고 물은 멀고 멀고.
      어버이 그린 뜻은 많고 많고 하고 하고
[B]   3
      어버이 그리워하는 뜻은 많기도 많다.
      어디서 외기러기는 울고 울고 가느니
                        감정 이입의 대상 ②
      어디서 외기러기는 슬피 울며 가는가.
                                       〈제4수〉
                        ▶ 제4수: 부모님에 대한 그리움

어버이 그릴 줄을 처음부터 알아마는
    직언을 하다가 귀양을 가게 되면 이렇게
어버이 그리워할 줄은 처음부터 알았지만
임금 향한 뜻도 하늘이 삼겨시니
임금을 향한 충성심
임금 향한 뜻도 하늘이 만들어 주셨으니

진실로 임금을 잊으면 그 불효인가 여기노라
직언하여 보필하지 않으면
진실로 임금을 잊으면 그것이 불효인가 하노라.

〈제5수〉
▶ 제5수: 연군지정(戀君之情)의 당위성
– 윤선도, 〈견회요(遣懷謠)〉

* 외다: 그르다, 잘못되다
* 망령된: 언행이 상식에서 벗어나 주책이 없는
* 추성(楸城): 지은이가 유배되었던 함경북도 경원
* 므음 호리라: 무엇을 하려고

◈ 제대로 작품 분석의 〈보기〉

ㄱ 충과 효의 동일시
ㄴ 윤선도의 첫 유배지
ㄷ 반복을 통해 그리움의 정서를 강조함.
ㄹ 할 일 – 임금에 대한 충성. 우국충정(憂國衷情)

◈ 제목의 의미
'견회요'는 '시름을 달래는 노래'라는 의미로, 윤선도가 유배지에서 자신의 억울한 심정과 결백을 하소연하며 부모와 임금을 그리워하는 마음을 담아낸 전 5수의 연시조 작품이다. 부모에 대한 효심과 임금에 대한 충성심을 동일시했던 사대부의 의식이 잘 드러나 있다.

◈ 작가 소개
윤선도(尹善道, 1587~1671): 조선 중기의 문신. 호는 고산(孤山). 여러 차례의 유배와 말년의 은거 생활 속에서 77수의 국문 시가 작품을 남겼고, 정철과 함께 조선 시대 시가 문학의 쌍벽을 이루는 인물이다. 주요 작품으로 〈어부사시사〉, 〈우후요〉, 〈산중신곡〉 등이 있으며, 문집으로 《고산유고(孤山遺稿)》가 있다.

◈ 핵심 정리
• 갈래: 연시조(전 5수)
• 성격: 연군적, 우국적
• 주제: 유배지에서 느낀 우국충정과 부모에 대한 그리움
• 특징: ① 감정 이입을 통해 화자의 정서를 드러냄. ② 대구법과 반복법을 사용하여 주제를 강조함. ③ 각 연이 독립적이면서도 전체 주제 안에서 유기적으로 연관을 맺음.

제대로 감상법 모범 답안

윤선도, 〈견회요〉

❶ 유배 ❷ 시내 ❸ 외기러기 ❹ 대구법

◈ 제대로 작품 분석
1 ㄹ 2 ㄴ 3 ㄷ 4 ㄱ

01
정답률 77%

윗글에 나타난 표현상 특징으로 적절한 것은?

☀ 정답인 이유

② 설의적 표현을 통해 화자의 의지를 드러내고 있다.
○ → '분별할 줄 이시랴', '모를 것인가', '그칠 줄을 모르는가'
⋯ 〈제1수〉의 '그 밖의 여남은 일이야 분별할 줄 이시랴'에서 설의적 표현을 사용하여 자기가 할 일 외에 다른 일은 염두에 두지 않겠다는 화자의 의지를 드러내고 있다. 〈제2수〉의 '내 일 망령된 줄을 내라 하여 모를 것인가'에서도 설의적 표현을 사용하여 자신의 모든 행동이 임을 위한 행동이었음을 강조하고 있다. 또 〈제3수〉의 '임 향한 내 뜻을 조차 그칠 줄을 모르는가'에서도 설의적 표현을 통해 임을

따르고자 하는 화자의 의지를 강조하고 있다.

☂ 오답인 이유

① 반어적 표현을 통해 시적 긴장감을 높이고 있다.
×
⋯ 나타내려는 뜻과 반대가 되게 표현하여 의미를 강조하는 반어적 표현이 사용되지 않았다.

③ 점강적 표현을 통해 대상의 특성을 강조하고 있다.
×
⋯ 그 뜻이 점점 약해지거나 작아지게 표현하는 점강적 표현이 사용되지 않았다.

④ 과장된 표현을 통해 현실 비판 의식을 나타내고 있다.
×
⋯ 과장된 표현이 사용되지 않았으며, 자신의 억울한 심정을 하소연하고 있을 뿐 현실 비판 의식을 드러내고 있지 않다.

⑤ 감각적 표현을 통해 대상의 아름다움을 나타내고 있다.
×
⋯ 청각적 이미지와 시각적 이미지 등의 감각적 표현이 사용되었지만, 이를 통해 임금과 부모에 대한 그리움을 드러내고 있을 뿐 대상의 아름다움을 나타내고 있지 않다.

02
정답률 75% | 매력적인 오답 ② 10%

[A]와 [B]에 대한 이해로 적절한 것은?

☀ 정답인 이유

④ [A]와 [B]에는 대상의 속성에 빗대어 화자의 심정이 드러나고 있다.
○ → [A]: 주야에 흐르는 '시내', [B]: 울고 가는 '외기러기'
⋯ [A]에서 화자는 밤낮을 가리지 않고 흐르는 '시내'의 속성에 빗대어 임금을 향한 변함없는 마음을 드러내고 있다. 그리고 [B]에서도 화자는 울며 날아가는 '외기러기'의 속성에 빗대어 어버이를 그리워하는 마음을 드러내고 있다.

☂ 오답인 이유

② 매력적인 오답 [A]에는 화자의 고뇌하는 모습이, [B]에는 유유자적하는 모습이 나타나고 있다.
×   ×
⋯ [A]에는 임금을 향한 변함없는 마음이 드러나므로 화자가 고뇌하고 있다고 보기 어렵다. 또 [B]에는 어버이를 그리워하는 마음이 드러날 뿐 화자가 유유자적하는 모습이 나타나 있지 않다.

① [A]에는 과거의 공간이, [B]에는 현재의 공간이 나타나고 있다.
×   ×
⋯ [A]와 [B]에는 모두 화자가 유배 생활을 하고 있는 현재의 공간이 나타나 있다.

③ [A]와 [B]에는 화자가 동경하는 세계가 구체적으로 드러나고 있다.
×
⋯ [A]에서는 임금을 향한 변함없는 마음, [B]에서는 어버이에 대한 그리움을 노래하고 있다. [A]와 [B]에는 모두 화자가 동경하는 세계가 나타나 있지 않다.

⑤ [A]와 [B]에는 자연의 모습을 관조*하는 화자의 태도가 드러나고 있다.
×
⋯ [A]와 [B]에는 임금과 어버이에 대한 마음이 드러나 있을 뿐, 자연의 모습을 관조하는 태도가 나타나 있지 않다.

* 관조(觀照): 고요한 마음으로 사물이나 현상을 관찰하거나 비추어 봄.
예 동양적 정서는 자연과 인생에 대한 관조를 담고 있다.

〈보기〉를 바탕으로 윗글을 이해할 때 적절하지 <u>않은</u> 것은?

┌─〈보기〉─────────────────────┐
〈견회요〉는 윤선도가 유배 생활 동안 지은 작품이다. 옛사람들에게
<u>유배(流配)</u>는 세상과의 격리로 외롭고 힘든 것이었다. 유배 동안에 작
　　작품 창작의 계기
가는 작품을 통해, 자신의 내면을 들여다보면서 <u>자신이 추구하는 삶의</u>
자세를 드러내거나, <u>자연물을 매개로 임금이나 어버이에 대한 그리움</u>
　⑤의 근거　　　　　　　　　　③, ④의 근거
<u>을 표현하기도 하였다.</u> 때로는 작품 속에 자신의 억울함을 호소하거나
모함을 한 상대편에 대한 부정적인 감정을 드러내기도 하였다.
　　②의 근거
└──────────────────────────┘

☀ 정답인 이유

① 제1수의 '내 몸의 해올 일만 닦고 닦을 뿐'은 작가가 내면 성찰을 위해서 자
신을 세상과 격리시킨 것이라 볼 수 있겠군.　×→ 타의에 의해 유배된 것

⋯ '내 몸의 해올 일만 닦고 닦을 뿐'에는 자신이 해야 할 일만 열심
히 하겠다는 화자의 내면 성찰이 담겨 있다. 하지만 화자가 유배를
온 것은 타의에 의한 것일 뿐, 내면 성찰을 위해 스스로 세상과 격리
시킨 것이 아니다. 〈보기〉에도 작가가 내면 성찰을 위해 자신을 세
상과 격리시켰다는 내용은 나타나 있지 않다.

☁ 오답인 이유

⑤ [매력적인 오답] 제5수의 '불효인가 여기노라'는 작가가 추구하는 삶의 자세
를 드러낸 것으로 볼 수 있겠군.　○→〈보기〉의 '자신이 추구하는 삶의 자세를 드러내거나'

⋯ '불효인가 여기노라'는 신하된 자로서 임금을 잊는 것은 어버이께
불효를 저지르는 일과 같다는 뜻으로, 임금에 대한 충성과 어버이에
대한 효를 동일시하는 화자의 가치관을 엿볼 수 있다.

② 제2수의 '임이 생각하여 보소서'는 작가가 임금에게 자신의 억울함을 호소하
는 것으로 볼 수 있겠군.　○→〈보기〉의 '자신의 억울함을 호소하거나'

⋯ '임이 생각하여 보소서'는 유배를 온 자신의 처지가 억울하다고
임금에게 호소한 것이다.

③ 제3수의 '울어 예는 저 시내야'는 작가가 자연물을 매개로 임금에 대한 그리
움을 드러내는 것으로 볼 수 있겠군.　○→〈보기〉의 '자연물을 매개로 임금이나 어버이에 대한 그리움을 표현'

⋯ '시내'는 화자의 감정이 이입된 객관적 상관물로, '울어 예는 저
시내야'는 자연물을 매개로 임금에 대한 그리움을 드러낸 것이다.

④ 제4수의 '길고 길고', '멀고 멀고'는 작가가 거리감을 통해 어버이에 대한 그
리움을 드러낸 것으로 볼 수 있겠군.　○→〈보기〉의 '어버이에 대한 그리움을 표현'

⋯ '길고 길고', '멀고 멀고'는 '길다'와 '멀다'라는 거리감이 느껴지는
표현을 통해 유배지에서 어버이에 대한 그리움을 드러낸 것이다.

정답 | 01 ①   02 ②   03 ③   04 ④

[01~04] 다음 글을 읽고 물음에 답하시오.   2018 11월 고1 전국연합

▨ 제대로 작품 분석   ▶〈보기〉에서 적절한 것을 골라 넣으며 작품을 분석해 보자.

가 ㉠남은 다 쟈는 밤에 닉 어이 홀로 씨야
　　　　1

　　남은 다 자는 밤에 나는 어찌 홀로 깨어

　　옥장(玉帳) 깊푼 곳에 쟈는 님 싱각는고
　　옥으로 장식한 장막　　　　2

　　옥장 깊은 곳에 자는 임을 생각하는가

　　㉡천리(千里)예 외로운 꿈만 오락가락 하노라
　　　　　　　　　　3

　　천 리에 외로운 꿈만 오락가락 하는구나

　　　　　　　　　　　　　　　　　　　　　 － 송이

❖ 제대로 작품 분석의 〈보기〉

　　㉮ 임과의 정서적 거리감
　　㉯ 의문형 표현으로 임에 대한 그리움을 강조함.
　　㉰ 임에 대한 그리움으로 잠을 이룰 수 없음. – '남'과 '나'의 상황 대비

❖ 작가 소개

　송이(松伊): 18세기 중반의 기생이자 여류 시인. 주요 작품으로 〈솔이 솔이라 하니~〉,
　〈남은 다 쟈는 밤에~〉 등이 있다.

❖ 핵심 정리

　• 갈래: 평시조
　• 성격: 연정가, 애상적
　• 주제: 임에 대한 그리움
　• 특징: ① 의문형 표현으로 임에 대한 그리움을 강조함. ② '남'과 화자의 상황을 대
　　비하여 화자의 외로운 처지를 부각함. ③ 구체적 수치를 통해 임과의 정서적 거리
　　감을 표현함.

나 그립고 그리워도 볼 수가 없어
　　화자의 정서　　　　　임의 부재

　　마음은 바람에 나부끼는 <u>종이 연 같아라</u>

　　㉢돗자리라면 말아 두고 돌이라면 굴러 낼 수 있으련만
　　　　'돗자리'나 '돌'과 달리 '마음의 응어리'는 없앨 수 없음.

　　이 마음의 응어리 어느 때나 고칠까   ▶ 1~4행: 임을 그리워하는 마음
　　의문형 표현으로 임에 대한 그리움 강조

　　그리운 사람은 멀리 하늘 모퉁이에 있는데
　　　　　　　　　　임이 있는 곳

　　구름 뜬 하늘 아래 늘어진 푸른 버들
　　화자가 있는 곳　　　　　수심에 잠긴 화자의 모습

　　아득한 시름은 끝이 없어라

　　㉣홀로 앉아 공후를 타니
　　　　　2

　　공후는 하소연하는 듯 흐느끼는 듯

　　다 타도록 비단 적삼 젖는 줄도 몰랐네
　　　　　　자기도 모르게 눈물이 흐름.　 ▶ 5~10행: 수심을 달래기 위해 공후를 연주함.

　　원컨대 쌍쌍이 나는 [새]가 되어서
　　　　　　　　　　화자의 분신 ①

　　임 향한 창 앞에 서 있고자

　　원컨대 밝은 달이 되어
　　　　　　　화자의 분신 ②

　　임의 창문 휘장 뚫어 비춰 들고자
　　임과 함께 하고 싶은 소망　　3

ⓜ슬픈 노래 잠 못 드는 밤 어찌 이리 긴고
임에 대한 그리움에 잠들지 못함. – 의문형 표현으로 화자의 정서 강조
꿈속에서도 요산 남쪽 건너지 못하였네
　　　　　장애물　　　　4
기나긴 그리움에 공연히 애만 끊노라　　▶ 11~17행: 임을 다시 만나고 싶은 마음
임에 대한 간절한 그리움

－ 성현, 〈장상사(長相思)〉

❖ 제대로 작품 분석의 〈보기〉
　　㉠ 임과 함께 하고 싶은 소망
　　㉡ 꿈속에서도 임을 만나지 못함.
　　㉢ 공후의 소리를 통해 화자의 답답함과 슬픔을 표현
　　㉣ 임을 그리워하는 화자의 내면을 시각적으로 형상화함.

❖ 제목의 의미
'장상사'는 '긴 그리움'이라는 뜻으로, 여성 화자를 등장시켜 임에 대한 그리움을 형상화하고 있는 한시이다. 작가의 신분을 고려할 때, 임과 화자의 관계에 빗대어 왕에 대한 신하의 사랑을 표현한 '충신연주지사'의 성격을 지닌 작품으로 볼 수 있다.

❖ 작가 소개
성현(成俔, 1439~1504): 조선 성종 때의 문신. 호는 부휴자(浮休子)·용재(慵齋)·허백당(虛白堂). 대제학(大提學) 등을 지냈고, 《악학궤범》을 편찬하여 음악을 집대성하였다. 저서에 《용재총화》, 《허백당집》 등이 있다.

❖ 핵심 정리
· 갈래: 한시
· 성격: 애상적, 충신연주지사
· 주제: 임에 대한 그리움
· 특징: ① 적절한 비유와 상징적 소재를 동원하여 화자의 섬세한 내면을 표현함. ② 여성 화자를 등장시켜 임에 대한 그리움을 형상화함. ③ 임과 화자의 관계를 임금과 신하의 관계로 볼 경우 충신연주지사에 해당함.

다 명황(明皇)*은 귀비(貴妃)*롤 주겨나 여히여니
당나라 현종은 양귀비를 죽여서나 이별하였지만
셟다 셟다 혼돌 우리ㄱ티 셜울런가
　　1
서럽다 서럽다 한들 우리같이 서러울까.
사라셔 못 보니 더욱 ᄒᆞ나 망극(罔極)ᄒᆞ다　　▶ 1~3행: 임과 이별한 슬픔
당나라 현종, 양귀비와 대비하여 화자의 서러움을 부각함.
살아 있는데 못 보니 더욱 슬프다.
수심(愁心)은 블이 되여 가슴애 픠여나니
근심하는 마음　　화자의 애타는 마음을 '불'에 비유
근심은 불이 되어 가슴에 피어나니
절로 난 그 블이 눔의 탓도 아니로딕
　　　2
저절로 난 그 불이 남의 탓도 아니로다.
내히 하 셜워 수인씨(燧人氏)*롤 원(怨)ᄒᆞ노라
내 서러움이 커서 (불을 전했다는) 수인씨를 원망하는구나.
함양궁전(咸陽宮殿)*이 다믄 삼월(三月) 블거셔도
　　　　　　　　　　　　3개월
함양궁전이 다만 삼 개월만 불에 탔어도
지금(至今)에 그 블롤 오래 탓다 ᄒᆞ것마ᄂᆞᆫ
지금에 와서는 그 불을 오래 탔다 하건마는
이 원수(怨讎) 이 블은 몃 삼월(三月)을 디내연고
가슴의 불이 오랫동안 꺼지지 않음.
이 원수와 같은 이 불은 몇 번의 삼 개월을 타는 것인가.
눈물은 임우(霖雨)가 되고 한숨은 ᄇᆞᄅᆞᆷ이 되여
　　　　　　장마
눈물은 장마가 되고 한숨은 바람이 되어
블거니 쁘리거니 그츨 적도 업서시니
슬픔의 심화
불거니 뿌리거니 그칠 때가 없었으니
이 비로 뎌 블을 쁨즉도 ᄒᆞ다마ᄂᆞᆫ
임우＝눈물　수심
이 비로 저 불을 끌 수 있을 만도 하다마는

엇찌 혼 블인디 풍우중(風雨中)에 투노왜라
꺼지지 않는 불 = 화자의 깊은 수심
어찌된 불인지 비바람 속에서도 타는구나.
수화상극(水火相克)*도 거즛말이 되엿고야
물과 불이 상극이란 말도 거짓말이 되었구나.
픠거니 쁘리거니 승부(勝負) 업시 싸호거든
(불이 피거니 (비가) 뿌리거니 승부 없이 싸우는데
죠고만혼 몸은 전장(戰場)이 되엿ᄂᆞ다
조그마한 내 몸은 전쟁터가 되었구나.
아이고 하ᄂᆞ님아
화자가 기원하는 대상
아이고 하느님아
칠석(七夕)비 ᄂᆞ리워 이 싸홈 말이쇼셔
가슴에 난 불이 꺼지기를 바람.
칠석날 비를 내려 이 싸움을 말리소서.
어엿쌘 이 몸은 살가 녀겨 브라ᄂᆞ다　　▶ 4~19행: 임과의 이별로 인한 깊은 수심
불쌍한　　　　임과 만나야 살 수 있다는 의미
불쌍한 이 몸은 살기를 바랍니다.
알고져 전생(前生)의 므슴 죄(罪)롤 지어두고
알고 싶구나, 전생에 무슨 죄를 지었기에
여흴 제 검던 머리 희도록 못 보는고
　　3
헤어질 때 검던 머리가 희도록 못 보는가.
스랑은 혜염업서* 노소(老少)도 모ᄅᆞᆫᄂᆞᆫ가
내 사랑은 생각이 없어서 늙어 가는 것도 모르는가.
십년전(十年前) 맹서(盟誓)롤 오늘 믄득 싱각ᄒᆞ니
임에 대한 사랑의 맹세
십 년 전 맹세를 오늘 문득 생각하니
금석(金石) ᄀᆞᆺ튼 말솜이 어제론덧 그제론덧 귀예 징징ᄒᆞ야시니
쇠나 돌처럼 굳은 약속 – 금석맹약(金石盟約)
금석 같은 말씀이 어제인 듯 그제인 듯 귀에 쟁쟁하니
이 ᄆᆞᄋᆞᆷ 이 맹서(盟誓) 진토(塵土)가 되다 니즐소냐
의문형 표현으로 화자의 다짐을 강조함.
이 마음 이 맹세 티끌과 흙이 된다고 잊겠는가.
아소온 내 뜻은 다시 볼가 브라거든
재회에 대한 소망
아쉬운 내 뜻은 (임을) 다시 볼까 바라는 것이니
일년(一年) 삼백일(三百日)에 니친 홀니 이실소냐
　　4
일 년 삼백 일에 하루라도 잊은 날이 있겠는가.
　　　　　　　　　　　　　　　　　　▶ 20~27행: 임에 대한 영원한 사랑

－ 박인로, 〈상사곡(相思曲)〉

* 명황, 귀비: 당나라 현종과 양귀비. 안사의 난으로 양귀비가 죽음.
* 수인씨: 중국 고대 전설상의 제왕. 불을 쓰는 법을 전하였다고 함.
* 함양궁전: 진나라 때 중국 함양에 지어진 궁전으로 항우가 불태웠는데 삼 개월 동안 꺼지지 않았다고 함.
* 수화상극: 물과 불은 서로 용납하지 않는다는 뜻
* 혜염업서: 생각이 없어서

❖ 제대로 작품 분석의 〈보기〉
　　㉠ 임과 이별한 후 많은 시간이 흐름.
　　㉡ 이별의 원인이 자신에게 있다고 생각함.
　　㉢ 의문형 표현으로 화자의 서러움을 강조함.
　　㉣ 잠시도 잊은 적이 없음. – 임에 대한 간절한 마음

❖ 제목의 의미
'상사곡'은 '임을 그리워하는 마음을 담은 노래'라는 뜻으로, 장부(丈夫)가 임을 그리워하는 형식을 빌려 변함없는 연군(戀君)의 정을 드러내고 있는 가사 작품이다. 임과 이별한 화자의 처지와 이별의 안타까움, 임에 대한 그리움과 임과의 재회를 바라는 심정 등을 그리고 있다.

❖ 작가 소개
박인로(朴仁老, 1561~1642): 조선 중기의 문인으로 임진왜란 때는 무인으로도 활약하였다. 경상북도 영천 출생. 호는 노계(蘆溪) 또는 무하옹(無何翁). 주요 작품으로 〈노계가〉, 〈누항사〉, 〈태평사〉, 〈조홍시가〉 등이 있다.

제대로 감상법 모범 답안

가 송이, 〈님은 다 자는 밤에~〉

❶ 남 ❷ 옥장 ❸ 대비

❖ 제대로 작품 분석
1 ㉢ 2 ㉡ 3 ㉠

나 성현, 〈장상사(長相思)〉

❶ 종이 연 ❷ 여성

❖ 제대로 작품 분석
1 ㉣ 2 ㉢ 3 ㉠ 4 ㉡

다 박인로, 〈상사곡(相思曲)〉

❶ 블 ❷ 남녀

❖ 제대로 작품 분석
1 ㉢ 2 ㉡ 3 ㉠ 4 ㉣

01

정답률 68% | 매력적인 오답 ③ 10%

(가)~(다)에 대한 공통점으로 가장 적절한 것은?

정답인 이유

① 의문형 표현을 활용하여 화자의 정서를 강조하고 있다.
○ → (가)의 '자는 님 싱각는고', (나)의 '어느 때나 고칠까', '어찌 이리 긴고', (다)의 '우리ᄀ티 셜울런가', '진토이 되다 니줄소냐'

⋯ (가)에서는 '옥장 깊푼 곳에 자는 님 싱각는고'에서 의문형 표현을 활용하여 임에 대한 화자의 그리움을 강조하고 있다. 그리고 (나)에서는 '이 마음의 응어리 어느 때나 고칠까', '슬픈 노래 잠 못 드는 밤 어찌 이리 긴고' 등에서 의문형 표현을 활용하여 임을 만나지 못하는 화자의 그리움과 슬픔을 강조하고 있다. 또 (다)에서는 '셟다 셟다 흔들 우리ᄀ티 셜울런가', '이 ᄆᆞᆷ 이 맷서 진토이 되다 니줄소냐' 등에서 의문형 표현을 활용하여 화자의 서러움과 변함없는 사랑을 강조하고 있다. 따라서 (가)~(다)는 모두 의문형 표현을 활용하여 화자의 정서를 강조하고 있다.

오답인 이유

③ [매력적인 오답] 언어유희를 활용하여 화자의 태도를 해학적*으로 표현하고 있다.
(가), (나), (다) 모두 ×

⋯ (가)~(다)에는 모두 언어유희나 해학적인 표현이 나타나 있지

않다.

＊해학적(諧謔的): 익살스럽고도 품위가 있는 말이나 행동이 있는 것 ⓔ 이 작품에서는 탐욕스럽고 인색한 주인공을 해학적으로 묘사하고 있다.

② 색채어를 활용하여 대상을 감각적으로 형상화하고 있다.
(가) ×, (나) ○, (다) ○

⋯ (나)에서는 '푸른 버들', (다)에서는 '검던 머리 희도록'에서 색채어를 활용하여 대상을 감각적으로 형상화하고 있다. 하지만 (가)에는 색채어가 나타나 있지 않다.

④ 풍자의 기법을 활용하여 대상에 대한 비판 의식을 드러내고 있다.
(가), (나), (다) 모두 ×

⋯ (가)~(다)에는 모두 풍자의 기법이나 대상에 대한 비판 의식이 나타나 있지 않다.

⑤ 계절감을 나타내는 시어를 활용하여 시적 분위기를 조성하고 있다.
(가) ×, (나) ○, (다) ○

⋯ (나)에서는 '푸른 버들', (다)에서는 '칠석'에서 약하기는 하지만 계절감을 느낄 수 있다. 하지만 (가)에는 계절감을 나타내는 시어가 나타나 있지 않다.

02

정답률 83%

㉠~㉢에 대한 설명으로 적절하지 <u>않은</u> 것은?

정답인 이유

② ㉡: 화자의 '쑴'을 통해 화자가 먼 곳에서 여유롭게 살고자 하는 염원을 표현하고 있다.
× → 만날 수 없는 임에 대한 화자의 그리움

⋯ ㉡에서 '쑴'은 임을 만나고 싶어 하는 화자의 소망을 나타낸 것이다. 그런데 '외로운 쑴만 오락가락 ᄒᆞ노라'라고 하였으므로, 화자가 임을 만나기 어려운 상황임을 알 수 있다. 따라서 ㉡은 화자가 먼 곳에서 여유롭게 살고자 하는 염원이 아니라, 만날 수 없는 임에 대한 화자의 그리움을 표현한 것이다.

오답인 이유

① ㉠: '남'과 화자의 서로 다른 상황을 통해 화자가 놓인 외로운 처지를 표현하고 있다.
○ → '남'은 다 자고 있는데 화자만 홀로 깨어 있음.

⋯ 다 잠들어 있는 '남'의 상황과 임 생각에 홀로 깨어 있는 화자의 상황을 대비하여 화자가 놓인 외로운 처지를 표현하고 있다.

③ ㉢: '돗자리', '돌'과 대비되는 화자의 마음을 통해 화자의 맺혀 있는 감정을 강조하고 있다.
○ → 말아 두고 굴려 낼 수 있는 '돗자리', '돌'과 달리 '마음의 응어리'는 고칠 수 없음.

⋯ 말아 두거나 굴려 낼 수 있는 '돗자리'와 '돌', 그리고 고칠 수 없는 화자의 '마음의 응어리'를 대비하여 화자의 맺혀 있는 감정을 강조하고 있다.

④ ㉣: 화자가 연주하는 '공후'의 소리를 통해 화자의 답답함과 슬픔을 표현하고 있다.
○ → '공후'를 연주하는 소리가 '하소연하는 듯 흐느끼는 듯'함.

⋯ '공후'를 연주하는 소리가 '하소연하는 듯 흐느끼는 듯'하다고 함으로써 화자의 답답함과 슬픔을 표현하고 있다.

⑤ ㉢: 화자가 '밤'에 잠을 자지 못하는 상황을 통해 화자의 애절한 감정을 강조하고 있다.
○ → 잠을 이루지 못하는 '밤'이 너무나 길다고 느낌.

⋯ 그리운 임 생각에 잠을 이루지 못하다가 밤이 너무나 길다고 탄식하는 상황을 통해 화자의 애절한 감정을 강조하고 있다.

〈보기〉를 바탕으로 (나)와 (다)를 감상한 내용으로 적절하지 않은 것은? [3점]

〈보기〉

  '충신연주지사'는 충성스러운 신하가 왕을 그리워하며 부른 노래를
의미하는데, (나)와 (다)가 여기에 속한다. 이러한 주제 의식을 담은 노
래들은 신하가 왕으로부터 멀리 떨어져 이별이 오래 지속된 상황에서
생긴 감정을 표현하고 있다. 왕에 대한 신하의 사랑과 그리움을 주로
표현하며, 자신의 마음을 몰라주는 왕에 대한 원망을 드러내기도 한다.

☀ **정답인 이유**

③ (다)의 '수심'이 '가슴'에 피어난 것이 '놈의 탓도 아니로딕'라고 한 것은 신하
가 자신의 마음을 몰라주는 왕을 원망하고 있음을 나타낸 것이겠군.
  ✕ → 화자는 이별의 원인이 남에게 있다고 생각하지 않음.

⋯ (다)에서 화자가 '수심'을 느끼는 것은 임과 이별하여 만날 수 없
기 때문인데, '놈의 탓도 아니로딕'라고 하였으므로 화자는 이별의
원인이 남이 아니라 자신에게 있다고 여기는 것이다. 이를 〈보기〉를
바탕으로 해석하면 신하가 왕으로부터 멀리 떨어지게 된 것을 왕의
탓으로 여기지 않는다는 것으로 이해할 수 있으므로, 신하가 왕을
원망하고 있다고 감상하는 것은 적절하지 않다.

☂ **오답인 이유**

⑤ 〔매력적인 오답〕 (나)의 '밝은 달이 되어' '임의 창문 휘장'에 비추겠다는 것과
(다)의 '내 뜻은 다시 볼가 브라거든'이라고 한 것은 왕에 대한 신하의 사랑
을 나타낸 것이겠군.
  ○ → 〈보기〉의 '왕에 대한 신하의 사랑'

⋯ (나)의 '밝은 달이 되어 / 임의 창문 휘장 뚫어 비춰 들고자'와
(다)의 '내 뜻은 다시 볼가 브라거든'은 모두 임과 함께 하고 싶은 화
자의 소망을 드러낸 것이다. 〈보기〉를 참고하면 이는 왕에 대한 신
하의 사랑을 나타낸 것으로 이해할 수 있다.

① (나)의 '그리운 사람'이 '멀리 하늘 모퉁이에 있는데'라고 한 것은 신하가 왕
으로부터 멀어져 있는 상황을 나타낸 것이겠군.
  ○ → 〈보기〉의 '신하가 왕으로부터 멀리 떨어져'

⋯ '그리운 사람은 멀리 하늘 모퉁이에 있는데'는 임과 화자가 이별
하여 헤어져 있는 상황을 드러낸 것이다. 〈보기〉를 참고하면 이는
신하가 왕으로부터 멀리 떨어져 있는 상황을 나타낸 것으로 이해할
수 있다.

② (나)의 '기나긴 그리움에 공연히 애만 끊노라'라고 한 것은 신하가 왕을 그리
워하고 있음을 나타낸 것이겠군.
  ○ → 〈보기〉의 '왕에 대한 신하의 그리움'

⋯ '기나긴 그리움에 공연히 애만 끊노라'는 임에 대한 화자의 간절
한 그리움을 드러낸 것이다. 〈보기〉를 참고하면 이는 왕으로부터 멀
리 떨어져 있는 신하가 왕을 그리워하고 있음을 나타낸 것으로 이해
할 수 있다.

④ (다)의 '여흴 제 검던 머리 희도록 못 보는고'라고 한 것은 신하와 왕이 오랫
동안 이별하고 있음을 나타낸 것이겠군.
  ○ → 〈보기〉의 '이별이 오래 지속'

⋯ '여흴 제 검던 머리 희도록 못 보는고'는 화자가 임과 이별한 이후
로 많은 시간이 흘렀음을 드러낸 것이다. 〈보기〉를 참고하면 이는 신
하와 왕의 이별이 오랫동안 지속되고 있음을 나타낸 것으로 이해할
수 있다.

새와 블에 대한 설명으로 가장 적절한 것은?

☀ **정답인 이유**

④ '새'는 화자의 간절한 바람을 드러내고, '블'은 화자의 애타는 정서를 부각하
고 있다.
  ○ → 임에게 가고 싶은 화자의 소망   ○ → 화자의 깊은 근심

⋯ (나)에서 화자는 '새'가 되어 임에게 가까이 가고 싶어 하므로, '새'
는 화자의 간절한 바람을 드러내는 소재로 볼 수 있다. 그리고 (다)
에서 화자의 근심을 의미하는 '블'은 비바람에도 꺼지지 않고 타고
있으므로, '블'은 화자의 애타는 정서를 부각하는 소재로 볼 수 있다.

☂ **오답인 이유**

① '새'는 화자의 심리 전환을 표출하고, '블'은 화자의 성격 변화를 유도하고 있
다.

⋯ (나)에서 화자의 심리가 전환되거나, (다)에서 화자의 성격이 변
화하고 있는 부분은 나타나 있지 않다.

② '새'는 화자의 현재 상황을 표현하고, '블'은 화자의 미래 모습을 암시하고 있
다.

⋯ (나)의 '새'는 화자의 소망을 나타내고 있고, (다)의 '블'은 화자의
현재 마음 상태를 나타내고 있다.

③ '새'는 화자의 내적인 갈등을 강조하고, '블'은 화자의 외적인 화해를 보여 주
고 있다.

⋯ (나)의 '새'는 화자의 소망을 나타내므로 내적인 갈등과 관련이 없
고, (다)의 '블'은 화자의 근심을 나타내므로 외적인 화해와 관련이
없다.

⑤ '새'는 화자의 반성적인 태도를 나타내고, '블'은 화자의 실천적인 행위를 제
시하고 있다.

⋯ (나)의 '새'는 화자의 소망을 나타내므로 반성적인 태도와 관련이
없고, (다)의 '블'은 화자의 마음 상태를 나타내므로 실천적인 행위와
관련이 없다.

▶ 문제편 145~147쪽

정답 | **01** ② **02** ④ **03** ⑤

[01~03] 다음 글을 읽고 물음에 답하시오. 2019 6월 고2 전국연합

제대로 작품 분석 ▶〈보기〉에서 적절한 것을 골라 넣으며 작품을 분석해 보자.

(가)

燕子初來時	못 보던 제비 날아와
喃喃語不休	지지배배 지지배배 조잘대네
	무엇인가를 하소연하는 모습
語意雖未明	무얼 말하는지 잘은 모르겠으나
似訴無家愁	집 없는 서러움을 호소하는 듯
	삶의 터전을 빼앗긴 백성들의 서러움
榆槐老多穴	느릅 회나무 늙어 구멍 많은데 ②
何不此淹留	어찌 거기에 깃들지 않니
燕子復喃喃	제비 다시 지지배배 지지배배
似與人語酬	마치 묻는 이에게 대답하듯
榆穴鸛來啄	「느릅나무 구멍은 황새 와 쪼고 △3
槐穴蛇來搜	회나무 구멍은 뱀이 와 뒤지네요」
	「」: 당시의 사회상 암시 – 가렴주구(苛斂誅求)

제비의 울음소리에서 삶의 터전을 잃고 방황하는 백성들의 모습을 떠올림.

화자의 질문

제비의 대답

– 정약용, 〈고시(古詩)〉

❖ 제대로 작품 분석의 〈보기〉
㉠ 백성을 수탈하는 관리
㉡ 관리에게 수탈당하는 백성
㉢ 제비가 살 만한 곳 → 백성들의 보금자리

❖ 제목의 의미
정약용이 쓴 〈고시〉 27수 중 한 수로, 조선 후기 지배층의 횡포를 우의적인 수법으로 풍자한 한시이다. 겉으로는 황새나 뱀으로부터 수난을 당하는 제비에 대해 이야기하고 있으나, 사실은 당시 지배층이 백성을 수탈하는 모습을 풍자하고 있다.

❖ 작가 소개
정약용(丁若鏞, 1762~1836): 조선 후기의 학자. 호는 다산(茶山). 문장과 경학(經學)에 뛰어난 학자로, 유형원과 이익 등의 실학을 계승하고 집대성하였다. 신유사옥 때 전라남도 강진으로 귀양 갔다가 19년 만에 풀려났다. 저서에 《목민심서》, 《흠흠신서》, 《경세유표》 등이 있다.

❖ 핵심 정리
• 갈래: 한시(5언 고시)
• 성격: 풍자적, 우의적, 비판적
• 주제: 지배층의 횡포와 피지배층의 고통
• 특징: ① 제비를 의인화하여 우의적 수법으로 세태를 풍자함. ② 화자와 제비의 대화 형식으로 시상을 전개함.

(나)

형님 온다 형님 온다 분고개로 형님 온다 → a – a – b – a 구조
시집갔던 사촌 언니
형님 마중 누가 갈까 형님 동생 내가 가지
형님의 사촌 동생 – 형님의 이야기를 이끌어 냄.
형님 형님 사촌 형님 시집살이 어떱뎁까 1
▶ 가: 형님의 시집살이에 대한 사촌 동생의 호기심
이애 이애 그 말 마라 시집살이 개집살이
앞밭에는 당추(唐楸)* 심고 뒷밭에는 고추 심어 2
㉠고추 당추 맵다 해도 시집살이 더 맵더라
'고추', '당추'와 비교하여 시집살이의 고통을 표현

둥글둥글 수박 식기(食器) 밥 담기도 어렵더라
수박처럼 둥근 그릇
도리도리 도리소반(小盤)* 수저 놓기 더 어렵더라
┐상 차리는 예절의 어려움
㉡오 리(五里) 물을 길어다가 십 리(十里) 방아 찧어다가
┐육체적 고달픔
아홉 솥에 불을 때고 열두 방에 자리 걷고
대식구 뒷바라지의 어려움
외나무다리 어렵대야 시아버니같이 어려우랴
┐시부모 모시기의 어려움
나뭇잎이 푸르대야 시어머니보다 더 푸르랴
서슬 퍼런 시어머니에 대한 두려움
㉢시아버니 호랑새요 시어머니 꾸중새요
무서운 시아버지 꾸중을 잘하는 시어머니
동세 하나 할림새요 시누 하나 뾰족새요
고자질을 잘하는 동서 성격이 날카로운 시누이
시아지비 뾰중새요 남편 하나 미련새요
퉁명스러운 시아주버니 자신의 마음을 몰라주는 남편
자식 하난 우는 새요 나 하나만 썩는 샐세 ┐3
울기를 잘하는 자식 속이 썩는 화자
귀먹어서 삼 년이요 눈 어두워 삼 년이요
말 못해서 삼 년이요 석 삼 년을 살고 나니
9년
「㉣배꽃같던 요내 얼굴 호박꽃이 다 되었네 ○: 결혼 전의 고왔던 옛 모습
삼단같던 요내 머리 비사리춤*이 다 되었네 △: 결혼 후의 초라해진 현재 모습
백옥같던 요내 손길 오리발이 다 되었네」
「」4
열새 무명 반물치마* 눈물 씻기 다 젖었네
두 폭 붙이 행주치마 콧물 받기 다 젖었네
울었던가 말았던가 베갯머리 소(沼)* 이뤘네
베갯머리가 눈물로 연못이 되었음.(과장법)
㉤그것도 소(沼)라고 거위 한 쌍 오리 한 쌍
자식들을 비유한 표현
쌍쌍이 때 들어오네
① 때를 맞추어 들어오다. ② 떼를 지어 들어오다.
③ 물에 떠서 들어오다.

▶ 서: 시집살이의 고충

▶ 결: 해학적인 체념

– 작자 미상, 〈시집살이 노래〉

*당추: 고추의 한 종류
*도리소반: 둥글게 생긴 작은 밥상
*비사리춤: 싸리나무의 껍질
*반물치마: 짙은 남색 치마
*소: 작은 연못

❖ 제대로 작품 분석의 〈보기〉
㉠ 사촌 동생의 질문(대화체)
㉡ 결혼 전과 후를 대조하여 시집살이의 고충을 토로함.
㉢ 언어유희로 시집살이의 어려움을 해학적으로 표현함.
㉣ 시집 식구들과 자신을 새에 비유하여 시집살이의 괴로움을 해학적으로 표현함.

❖ 제목의 의미
'시집살이'의 고충을 사촌 자매끼리 대화하는 형식으로 표현한 민요이다. 남성 중심의 가족 관계 속에서 시집살이를 하는 여인들의 삶의 애환을 해학적 표현과 언어유희의 방법으로 드러내고 있다.

❖ 핵심 정리
• 갈래: 민요
• 성격: 해학적, 서민적, 풍자적
• 주제: 시집살이의 한(恨)과 체념
• 특징: ① 언어유희와 비유를 통해 해학성을 유발함. ② 대구와 반복을 사용하여 리듬감을 형성하고 의미를 강조함. ③ 사촌 동생의 물음과 형님의 대답으로 이루어진 대화 형식을 취함.

제대로 감상법 모범 답안

(가) 정약용, 〈고시(古詩)〉
❶ 연민 ❷ 제비 ❸ 의인화

❖ 제대로 작품 분석
1 ㉡ 2 ㉢ 3 ㉠

④ 작자 미상, 〈시집살이 노래〉

❶ 시집살이 **❷** 개집살이 **❸** 대화

❖ 제대로 작품 분석

1 ㉠ 2 ㉢ 3 ㉣ 4 ㉡

01

정답률 43% | 매력적인 오답 ⑤ 38%

(가)와 (나)의 공통점으로 가장 적절한 것은?

정답인 이유

② 대화 형식을 활용하여 현실에 대한 인식을 드러내고 있다.
　　○ → (가): 화자와 제비의 대화 형식, (나): 사촌 동생과 형님의 대화 형식

⋯ (가)에서는 화자와 제비의 대화 형식을 활용하여 백성들이 수탈을 당하는 현실에 대한 비판적인 인식을 드러내고 있다. 그리고 (나)에서는 사촌 동생의 물음과 형님의 대답으로 이루어진 대화 형식을 활용하여 고달픈 시집살이에 대한 비판적인 인식을 드러내고 있다. 따라서 (가)와 (나)의 공통점은 대화 형식을 활용해 현실에 대한 비판적인 인식을 드러내고 있다는 것이다.

오답인 이유

⑤ 【매력적인 오답】 자연물에 감정을 이입하여 대상에 대한 안타까움을 강조하고 있다.
　　　　　×

⋯ (가)에서는 '제비'라는 자연물을 의인화하여 세태를 풍자하고 있을 뿐, 자연물에 화자의 감정을 이입하지 않았다. (나)에서도 감정 이입의 표현 방법은 사용되지 않았다.

① 반어적인 표현을 사용하여 시적 정서를 부각하고 있다.
　×

⋯ (가)와 (나)에서는 모두 반어적 표현이 사용되지 않았다.

③ 시간의 흐름을 통해 깨달음에 이르는 과정을 제시하고 있다.
　×

⋯ (가)와 (나)에서는 모두 시간의 흐름에 따라 내용을 전개하고 있지 않으며, 깨달음에 이르는 과정도 제시되어 있지 않다.

④ 감각적 이미지*를 활용하여 자연의 아름다움을 드러내고 있다.
　×

⋯ (가)와 (나)에서 감각적 이미지를 활용하고 있기는 하지만, 자연의 아름다움을 드러내고 있지는 않다.

┄┄┄┄┄┄┄┄┄┄┄┄┄┄┄┄┄┄┄┄┄┄┄┄┄┄┄┄┄┄┄┄
* 감각적 이미지 : 시각, 청각, 후각, 촉각, 미각 등 감각과 관련된 이미지를 모두 아우르는 개념
┄┄┄┄┄┄┄┄┄┄┄┄┄┄┄┄┄┄┄┄┄┄┄┄┄┄┄┄┄┄┄┄

02

정답률 80%

ⓐ~ⓔ 중 (가)를 이해한 내용으로 적절하지 않은 것은?

> 오늘 수업 시간에 정약용의 〈고시〉가 조선 후기 지배층의 횡포와 피지배층의 고난을 드러낸 작품임을 배웠어. 이 작품에서 ⓐ'황새'와 '뱀'은 백성들을 괴롭히는 지배 세력을 상징하고, ⓑ'제비'는 지배 세력으로부터 착취당하는 백성들을 상징해. ⓒ피지배층의 고난은 삶의 터전마저 빼앗기는 절박한 상황으로 그려지고 있어. ⓓ그런 상황에서도 백
> 　　　　　　　　　○ → 구멍을 쪼고 뒤지는 '황새'와 '뱀' – 지배 세력
> 　　　　　　　　　○ → 나무 구멍에 깃들지 못하는 '제비' – 착취당하는 백성
> 　　　　　　　　○ → '집 없는 서러움' – 삶의 터전을 잃은 백성의 고통
> 　　　　　　　　　　　　　　　　　　　× → 드러나지 않음.

성들은 현실에 굴하지 않는 꿋꿋한 모습을 보여. 이 작품을 통해 ⓔ작가는 당대의 부정적 현실을 우회적으로 고발하고 있어.
　　　○ → '제비'를 의인화해 우회적으로 현실 고발

정답인 이유

④ ⓓ
　×　→ 백성들이 수탈을 당하는 모습만 드러남.

⋯ (가)에서 '제비'는 지배층에게 수탈을 당하는 피지배층을 상징한다. 이 작품은 제비가 집 없는 서러움을 호소하는 듯 운다는 표현을 통해 피지배층인 백성들의 고난을 드러내고 있다. 하지만 현실에 굴하지 않는 백성들의 꿋꿋한 모습은 드러나 있지 않다.

오답인 이유

① ⓐ

⋯ 제비가 나무 구멍에 깃들지 못하도록 구멍을 쪼고 뒤지는 '황새'와 '뱀'은 백성들을 수탈하는 지배 세력을 상징한다.

② ⓑ

⋯ 황새와 뱀 때문에 나무 구멍에 깃들지 못하는 '제비'는 지배 세력으로부터 착취당하는 백성들을 상징한다.

③ ⓒ

⋯ '집 없는 서러움을 호소하는 듯'에서 삶의 터전마저 빼앗기는 백성들의 절박한 상황을 확인할 수 있다.

⑤ ⓔ

⋯ '제비'를 의인화한 우의적 수법을 통해 당대의 부정적 현실을 우회적으로 고발하고 있다.

03

정답률 75%

〈보기〉를 바탕으로 (나)를 감상한 내용으로 적절하지 않은 것은? [3점]

> ───────〈보기〉───────
> 〈시집살이 노래〉는 고통스러운 시집살이를 하는 아녀자들의 생활을
> 　　　　　　　　　　　작품의 주제 의식
> 진솔하게 표현한 민요이다. 이 작품 속 여인은 대하기 어려운 시집 식구와 과중한 가사 노동으로 인해 힘든 삶을 살고 있다. 이러한 삶 속에
> 봉건적 가족 관계 속에서 여성이 겪는 고통
> 서 여인은 자신의 처지를 한탄하기도 하고, 체념하는 태도를 보이기도
> 　　　　　　　　　　작품에 나타난 화자의 정서와 태도
> 한다.

정답인 이유

⑤ ⑩에서 '거위'와 '오리'에 빗대어 현실에 대응하지 못하고 체념하는 자신을
　　　　　　　　× → '거위'와 '오리'는 화자가 아니라 자식들을 비유한 표현
드러내고 있군.

⋯ (나)에서 화자가 고통스러운 시집살이에 대응하지 못하고 체념하는 태도를 보이는 것은 맞지만, 화자가 자신을 '거위'와 '오리'에 빗대어 표현하고 있지는 않다. ⑩에서 거위와 오리는 화자의 자식들을 비유한 표현이다.

오답인 이유

① ㉠에서 '고추', '당추'와 비교하여 시집살이의 고통을 표현하고 있군.
　　　　　○ → '고추', '당추'의 매움 < 시집살이의 매움 – 시집살이의 고통

⋯ ㉠에서는 '고추', '당추'보다 시집살이가 더 맵다며 시집살이의 고통을 드러내고 있다.

② ㉠에서 '오 리'와 '십 리'를 활용하여 감당해야 할 노동이 과중함*을 강조하
○ → '오 리'와 '십 리'의 거리 – 가사 노동의 과중함
고 있군.

⋯ ㉠에서는 '오 리'와 '십 리'라는 과장된 표현을 통해 가사 노동의
과중함을 강조하고 있다.

┌───┐
│ *과중(過重)하다: 부담이 지나쳐 힘에 벅차다. 🔘 각자에게 업무가 과 │
│ 중하다 보니 가족들과 함께 지낼 시간이 거의 없다. │
└───┘

③ ㉡에서 '호랑새'와 '꾸중새'를 활용하여 시아버지와 시어머니를 대하기 힘든
○ → 무서운 시아버지(호랑새), 꾸중을 잘하는 시어머니(꾸중새) – 대하기 힘든 존재
존재로 표현하고 있군.

⋯ ㉡에서는 시집 식구들을 새에 비유하여 시집살이의 괴로움을 표
현하고 있다. '호랑새'는 무서운 시아버지, '꾸중새'는 꾸중을 잘하는
시어머니를 비유한 것으로, 화자가 시아버지와 시어머니를 대하기
힘든 존재로 생각하고 있음을 알 수 있다.

④ ㉢에서 '배꽃'과 '호박꽃'을 대비하여 초라하게 변한 자신의 모습을 한탄하고
○ → '배꽃(결혼 전)'과 '호박꽃(결혼 후)'의 대비 – 초라하게 변한 모습
있군.

⋯ ㉢에서는 결혼 전과 후를 대비하여 시집살이의 고충을 토로하고
있다. '배꽃'은 결혼 전의 고왔던 옛 모습, '호박꽃'은 결혼 후의 초라
해진 현재 모습을 비유한 것이다.

정답 | 01 ③   02 ⑤   03 ④   04 ①

[01~04] 다음 글을 읽고 물음에 답하시오.   2018 11월 고2 전국연합

제대로 작품 분석   ▶〈보기〉에서 적절한 것을 골라 넣으며 작품을 분석해 보자.

가

예 가는 뎌 각시 본 듯도 흐뎌이고.
　　　　저 젊은 여인 → 중심 화자(을녀)
저기 가는 저 각시 본 듯도 하구나.

텬샹(天上) 빅옥경(白玉京)을 엇디흐야 니별(離別)흐고,
　　　　1　　　　　　　　　　　　　임과 이별한 을녀의 현재 상황
천상의 백옥경(임이 계시는 궁궐)을 어찌하여 이별하고,

히 다 뎌 져믄 날의 눌을 보라 가시는고.   ▶ 서사 1: 갑녀의 물음
　　　　　　　　　누구를
해 다 져서 저문 날에 누구를 만나려 가시는가?

어와 네여이고 내 스셜 드러 보오.
　　　너 → 보조적 인물(갑녀)
아, 너로구나. 내 이야기를 좀 들어 보오.

내 얼굴 이 거동이 님 괴얌 즉흔가마는
　　　　모습, 형체　　　임이 사랑함 직한가마는
내 모습과 이 태도가 임이 사랑함 직한가마는

엇딘디 날 보시고 네로다 녀기실식
　　　　　　　　　　　여기시기에
어찌된 일인지 나를 보시고 너로구나 하며 특별히 여기시기에

[A]

나도 님을 미더 군ᄠᅳ디 전혀 업서
　　　　임금을 상징　　다른 생각이
나도 임을 믿어 딴 생각이 전혀 없어

이릭야 교틱야 어즈러이 구돗쩐디
　　　2
아양도 부리고 교태도 떨며 지나치게 굴었던지

반기시는 ᄂᆞᆺ비치 녜와 엇디 다ᄅᆞ신고.
　　　　　　얼굴빛이
반기시는 얼굴빛이 옛날과 어찌 달라졌는가.

누어 싱각흐고 니러 안자 혜여흐니
　　　　　　　　　　헤아리니, 생각하니
누워 생각하고 일어나 앉아 생각해 보니

내 몸의 지은 죄 뫼ᄀᆞ티 빠혀시니
아양과 애교를 부리며 지나치게 굴었던 일
내 몸의 지은 죄가 산처럼 쌓였으니

하ᄂᆞᆯ히라 원망흐며 사ᄅᆞᆷ이라 허믈흐랴
　　　　　　　　　　　　　　탓하겠는가(설의법)
하늘을 원망하며 사람을 탓하겠는가.

셜워 플텨 혜니 조믈(造物)의 타시로다.   ▶ 서사 2: 을녀의 대답
　　풀어 생각하니　조물주
서러워 풀어 생각해 보니 조물주의 탓이로구나

　　　　　　　(중략)

모첨(茅簷) 춘 자리의 밤듕만 도라오니
초가집 처마
초가집 찬 잠자리에 한밤중에 돌아오니

반벽청등(半壁靑燈)은 눌 위흐야 불갓는고.
　　3
벽 가운데 걸려 있는 등불은 누구를 위하여 밝혀 놓았는가.

오ᄅᆞ며 ᄂᆞ리며 헤쓰며 바니니
임의 소식을 알 길이 없어 헤매는 모양
(산을) 오르내리며 (강가를) 헤매며 방황하니

져근덧 역진(力盡)흐야 풋줌을 잠간 드니
　　　　　　　　　　임과 만날 수 있는 매개
잠깐 사이에 힘이 다하여 풋잠을 잠깐 드니

졍셩(精誠)이 지극흐야 ᄭᅮᆷ의 님을 보니
　　　　　　　　　꿈 – 소망 성취의 공간
정성이 지극했던지 꿈에 임을 보니

옥(玉) 구툰 얼굴이 반(半)이나마 늘거셰라.
임의 얼굴의 변화 – 임 곁에 자신이 있어야 함을 암시
옥같이 곱던 얼굴이 반도 넘게 늙어 있구나.

무옴의 머근 말솜 슬쿠장 슓쟈 흐니
온갖 정과 회포
마음속에 품은 생각을 실컷 아뢰고자 하니

눈믈이 바라 나니 말인들 어이흐며
연달아
눈물이 계속 쏟아져 말도 하지 못하고

정(情)을 못다흐야 목이조차 몌여흐니
못다 풀어
정을 풀지도 못하여 목조차 메니

오면된 ⓐ 계셩(鷄聲)의 줌은 엇디 쎄돗던고.
방정맞은
방정맞은 닭 소리에 잠은 왜 깬단 말인가.

▶ 본사: 을녀의 하소연

어와, 허스(虛事)로다. 이 님이 어디 간고.
헛된 일
아, 헛된 일이로다. 이 임이 어디 갔는가.

결의 니러 안자 창(窓)을 열고 브라보니
잠결에, 꿈결에
잠결에 일어나 앉아 창을 열고 바라보니

어엿븐 그림재 날 조출 뿐이로다.
불쌍한, 가련한
불쌍한 그림자만이 나를 따를 뿐이로다.

출하리 싀여디여 낙월(落月)이나 되야이셔
화자의 분신 – 소극적 사랑(간접적, 일시적 이미지)
차라리 죽어 없어져서 지는 달이나 되어

님 겨신 창(窓) 안히 번드시 비최리라.
변함 없는 사랑의 다짐
임 계신 창 안에 환하게 비치리라.

▶ 결사 1: 을녀의 소망

각시님 돌이야쿠니와 구준 비나 되쇼셔.

각시님, 달은커녕 궂은비나 되십시오.

▶ 결사 2: 갑녀의 위로

– 정철, 〈속미인곡〉

❖ 제대로 작품 분석의 〈보기〉

┌───┐
│ ㉠ 을녀가 생각하는 이별의 원인   │
│ ㉡ 임과의 만남을 방해하는 장애물   │
│ ㉢ 옥황상제가 산다는 궁궐(임금이 있는 궁궐) │
│ ㉣ 화자의 분신 – 적극적 사랑(직접적, 지속적 이미지) │
│ ㉤ 객관적 상관물 – 불을 밝혀도 찾아오는 사람이 없음 → 화자의 외로움 부각 │
└───┘

❖ 제목의 의미
'속미인곡'은 〈사미인곡〉의 '속편'으로, 송강 정철이 반대파의 탄핵을 받고 벼슬에서 물러나 고향인 전남 창평에서 은거할 때 지은 작품이다. 임과 이별한 여인의 애달픈 마음에 의탁하여 연군의 정을 표현한 '충신연주지사'이다.

❖ 작가 소개
정철(鄭澈, 1536~1593): 조선 중기의 문신이자 시인. 호는 송강(松江). 가사 문학의 대가로서 고산 윤선도와 함께 한국 시가 사상 쌍벽으로 일컬어진다. 가사 작품 외에도 시조와 한시 작품을 남겼고, 저서로는 《송강집》과 《송강가사》가 있다.

❖ 핵심 정리
• 갈래: 양반 가사, 정격 가사
• 성격: 충신연주지사, 여성적
• 주제: 임금을 그리는 정(연군지정)
• 특징: ① 대화 형식으로 내용을 전개함. ② 순우리말을 절묘하게 구사함. ③ 연군의 정을 임과 이별한 여인의 마음에 빗대어 표현함. ④ 자연물에 상징적 의미를 부여해 화자의 심정을 효과적으로 드러냄.

🌀 「봄은 오고 쏘 오고 플은 플으고 쏘 플으니」¹
자연 현상은 어김없이 순환함. – 대구, 반복
봄은 오고 또 오고 풀은 푸르고 또 푸르니
나도 이 봄 오고 이 플 프르기 구티
나도 이 봄 오고 이 풀 푸른 것같이

어느날 고향(故鄕)의 도라가 노모(老母)씌 뵈오려뇨.
늙은 어머니 – 그리움의 대상   고향에 갈 수 없는 화자의 처지
어느 날 고향에 돌아가 노모를 뵐 수 있을 것인가.

▶ 1수: 고향으로 돌아갈 수 없는 화자의 처지

친년(親年)*은 칠십오(七十五)ㅣ오 영로(嶺路)*는 수천리(數千里)오
노모에 대한 걱정
어머님(노모) 연세는 칠십오 세요 고갯길은 수천 리나 되오.

도라갈 기약(期約)은 가디록 아득 흐다.
언제 돌아갈 수 있을지 알 수 없는 상황임.
(고향에) 돌아갈 기약은 갈수록 아득하다.

[B]
아마도 좀 업슨 중야(中夜)의 눈물 계워 셜웨라.
한밤중   고향에 돌아가지 못하는 서러움
아마도 잠 없는 한밤중에 눈물겨워 서러워라.

▶ 2수: 노모에게 돌아갈 기약이 아득한 슬픔

ⓑ 기럭이 아니 느니 편지(片紙)룰 뉘 전(傳)흐리
기러기가 날지 않으니 편지를 누가 전할까.

시름이 フ득흐니 꿈인들 이룰손가
노모에 대한 걱정 때문에 잠을 이루지 못함.(설의법)
시름이 가득하니 꿈인들 꿀 수 있겠는가.

매일(每日)의 노친(老親) 얼굴이 눈의 삼삼(森森)흐야라.
노모에 대한 그리움
날마다 노친(노모)의 얼굴이 눈에 어른거리는구나.

▶ 6수: 노모를 그리워하는 마음

동산(東山)을 올라 보니 고국(故國)도 멀셔이고
고향과의 거리감
동산을 올라 보니 고국이 멀구나.

태행(太行)이 어드메오 구룸이 머흐레라
화자의 고향에 있는 산
태행산이 어느 곳인가 구름이 머물고 있구나.

갈스록 애일촌심(愛日寸心)*이 여림심연(如臨深淵)* 흐여라.
효도할 시간이 많지 않음에도 노모에게 갈 수 없는 현실에 대한 안타까움
갈수록 노모를 모실 시간이 흐르면서 깊은 못 가에 있는 듯 조심스럽구나.

▶ 7수: 노모에게 갈 수 없는 현실에 대한 안타까움

내 죄(罪)를 아옵거니 유찬(流竄)이 박벌(薄罰)*이라
자신이 지은 죄를 인정함.
내 죄를 알거니 유배를 보낸 것이 가벼운 벌이라.

지처(至處) 성은(聖恩)을 어이 흐야 갑소올고
이르는 곳마다 임금의 은혜를 어떻게 하여 갚겠는가.

노친(老親)도 혀려 혜시고 하 그리 마오쇼셔.
아들의 귀양을 마음 아프게 여기지 마시오.
노친도 널리 이해하시고 그렇게 생각하지 마시오.

▶ 10수: 노모에 대한 부탁

하늘이 놉흐시나 누즌 듸를 드르시니
임금 ①   백성, 혹은 화자와 노모 ①
하늘이 높지만 낮은 곳을 드리우고

일월(日月)이 갓가오샤 하토(下土)의 비최시니
임금 ②   백성, 혹은 화자와 노모 ②
해와 달이 가까워서 땅(인간 세상)을 비치니

아므라타 우리 모자지정(母子至情)을 술피실 제 업수오랴.
우리 모자를 살필 날이 있을 것이다.(설의법) – 화자의 기대감
아무리 한들 (임금이) 우리 모자의 정을 살피실 적이 없겠는가.

▶ 11수: 임금의 선처에 대한 기대감

– 이담명, 〈사노친곡〉

* 친년: 어머님 연세
* 영로: 고갯길
* 애일촌심: 부모님을 모실 시간이 흐르는 것을 안타까워하는 마음
* 여림심연: 깊은 못 가에 있는 듯 조심스러움.
* 유찬이 박벌: 죄가 너무 커서 귀양 보내는 일이 오히려 가벼운 처벌임.

✦ 제대로 작품 분석의 〈보기〉

ⓐ 고향과의 거리감
ⓑ 소식을 전하지 못하는 안타까움
ⓒ 고향을 더욱 멀게 느끼게 하는 장애물
ⓓ 임금의 은혜를 갚을 수가 없음.(설의법)
ⓔ 자연과 화자의 처지를 대비하여 화자의 안타까움을 강조함.

✦ 제목의 의미

'사노친곡'은 '노친(늙은 부모)을 그리워하는 노래'라는 뜻으로, 귀양을 간 화자가 고향에 계신 노모에 대한 걱정과 그리움을 노래한 연시조이다. 늘 제 본모습을 찾는 자연과 달리 고향으로 돌아가지 못하는 화자는, 자신의 처지에 대한 한탄과 함께 노모를 그리워하는 마음을 애절하게 드러내고 있다.

✦ 작가 소개

이담명(李聃命, 1646~1701): 조선 후기의 문신. 호는 정재(靜齋). 1670년 문과에 급제하였고 대사헌, 이조참판 등을 지냈다. 경신환국, 갑술옥사 등에 연루되어 파직과 복직, 유배를 반복하였다. 저서에 《정재문집》이 있다.

✦ 핵심 정리

• 갈래: 연시조(전 12수)
• 성격: 애상적, 한탄적
• 주제: 고향에 계신 노모에 대한 그리움
• 특징: ① 자연 현상과 화자의 처지를 대비하여 화자의 그리움을 부각함. ② 대구법과 설의법 등을 사용하여 화자의 정서를 드러냄. ③ 구체적 수치를 이용하여 화자의 안타까움을 강조함.

제대로 감상법 모범 답안 〈

㉮ 정철, 〈속미인곡〉

❶ 그리움 ❷ 낙월 ❸ 구준 비 ❹ 대화

✦ 제대로 작품 분석

1 ⓒ 2 ⓑ 3 ⓓ 4 ⓐ 5 ⓔ

㉯ 이담명, 〈사노친곡〉

❶ 고향 ❷ 기러기 ❸ 구룸 ❹ 대비

✦ 제대로 작품 분석

1 ⓔ 2 ⓐ 3 ⓑ 4 ⓒ 5 ⓓ

01

정답률 68% | 매력적인 오답 ② 12%

[A]와 [B]에 대한 설명으로 가장 적절한 것은?

☀ 정답인 이유

③ [A]와 [B]는 모두 설의적 표현을 사용하여 의미를 강조하고 있다.
  ○ → [A]의 '사롬이라 허믈ᄒᆞ랴', [B]의 '뉘 전ᄒᆞ리', '쑴인돌 이룰손가'

⋯ [A]에서는 '하늘히라 원망ᄒᆞ며 사롬이라 허믈ᄒᆞ랴'라는 설의적 표현을 사용하여 하늘을 원망하거나 사람을 탓할 수 없다는 시적 의미를 강조하고 있다. 그리고 [B]에서는 '기력이 아니 ᄂᆞ니 편지를 뉘 전ᄒᆞ리', '시름이 ᄀᆞ독ᄒᆞ니 쑴인들 이룰손가'라는 설의적 표현을 사용하여 편지를 전할 수 없고 꿈도 꿀 수 없다는 시적 의미를 강조하고 있다.

☂ 오답인 이유

② **매력적인 오답** [B]와 달리 [A]는 대구법을 사용하여 운율을 형성하고 있다.
  × → [A]와 [B]는 모두

⋯ [A]의 '하늘히라 원망ᄒᆞ며 사롬이라 허믈ᄒᆞ랴', [B]의 '봄은 오고 ᄯᅩ 오고 플은 플으고 ᄯᅩ 플으니'와 '쳔년은 칠십오ㅣ오 영로는 수쳔리오' 등에서 대구법이 사용되었다.

① [A]와 달리 [B]는 직유법을 사용하여 대상의 속성을 드러내고 있다.
  × → [A]와 [B]는 모두

⋯ [A]의 '내 몸의 지은 죄 뫼ᄀᆞ티 ᄡᅡ혀시니', [B]의 '나도 이 봄 오고 이 플 프르기 ᄀᆞ티'에서 직유법이 사용되었다.

④ [A]와 [B]는 모두 의성어를 활용하여 대상의 생동감을 드러내고 있다.
  [A]와 [B] 모두 ×

⋯ [A]와 [B]에서는 모두 의성어가 활용되지 않았으며, 생동감이 두드러진다고 볼 수도 없다.

⑤ [A]와 [B]는 모두 의인법*을 활용하여 대상을 친근하게 드러내고 있다.
  [A] ×, [B] ○

⋯ [A]에서는 의인법이 활용되지 않았으며, [B]에서는 '기러기'를 편지를 전하는 대상으로 그리고 있으므로 의인법이 활용되었다고 볼 수 있다.

> ＊의인법: 사람이 아닌 대상에 인격을 부여하여 사람처럼 표현하는 방법
> 예 청산아 웃지 마라, 백운아 조롱 마라. – 정구의 시조

02

정답률 50% | 매력적인 오답 ② 20%

ⓐ와 ⓑ의 공통점으로 가장 적절한 것은?

☀ 정답인 이유

⑤ 화자가 처한 현실 상황을 깨닫게 하는 소재이다.
  ○ → '계성' – 임이 부재하는 현실을 깨닫게 함.
  '기러기' – 노모에게 소식을 전할 수 없는 현실을 깨닫게 함.

⋯ (가)에서 '꿈'은 일시적이나마 임과 화자의 만남을 가능하게 하는 매개체의 역할을 하는데, '계성'은 잠을 깨움으로써 임이 부재하는 화자의 현실을 깨닫게 하는 소재이다. 그리고 (나)에서 화자는 유배를 와 노모와 멀리 떨어져 있는데, 날지 않는 '기러기'는 노모에게 소식을 전할 수 없는 화자의 현실을 깨닫게 하는 소재이다.

☂ 오답인 이유

② **매력적인 오답** 화자의 감정이 이입되어 있는 소재이다.

⋯ '계성'은 임과의 만남을 방해하는 장애물이고, '기러기'는 노모에게 소식을 전해 줄 존재이다. 따라서 모두 화자의 감정이 이입되어 있는 소재가 아니다.

① 화자의 소망을 실현시켜 주는 소재이다.

⋯ '계성'은 장애물의 역할을 하므로 화자의 소망을 실현시켜 주는 소재가 아니며, '기러기' 역시 날지 않고 있으므로 화자의 소망을 실현시켜 주는 소재로 볼 수 없다.

③ 화자가 추구하는 이상향을 드러내는 소재이다.

⋯ '계성'과 '기러기'는 모두 화자가 추구하는 이상향과 관련이 없다.

④ 자연에 대한 화자의 경외감*을 보여 주는 소재이다.

⋯ '계성'과 '기러기'는 화자가 처한 현실을 깨닫게 할 뿐, 자연에 대한 경외감과 관련이 없다.

> ＊경외감(敬畏感): 공경하면서 두려워하는 감정 예 그의 신비스러운 행적은 사람들에게 경외심을 불러일으켰다.

〈보기〉를 바탕으로 (가)와 (나)를 감상한 내용으로 적절하지 <u>않은</u> 것은? [3점]

> ─────〈보기〉─────
>
> 정쟁(政爭)으로 인한 낙향이나 유배는 많은 문학 작품 창작의 계기가
> 되었다. 이러한 작품에 드러난 그리움과 원망의 정서는 충과 효를 적극
> 적으로 실현할 수 없는 작가의 처지에서 기인한다. 그리움은 이별의 슬
> 픔, 임금에 대한 연모와 감사, 가족에 대한 염려 등으로 표출되며 이 과
> 정에서 우의적 형상화가 나타나기도 한다. 또한 원망은 정치적 반대 세
> 력에 대한 울분, 자신을 잊은 임금에 대한 서운함, 죄를 지은 자신에 대
> 한 자책 등으로 드러난다.

(②의 근거 / ⑤의 근거 / ①의 근거 / ③의 근거)

☀ 정답인 이유

④ (가)는 '셜워 플텨 혜'는 모습에서 임금에 대한 서운함을, (나)는 '구룸'이 험한
모습에서 정치적 반대 세력에 대한 울분을 드러내고 있군.
  × → 조물주(운명)의 탓으로 돌림.
  × → 고향에 갈 수 없는 상황을 부각함.

⋯ (가)에서 화자는 '조믈의 타시로다.'와 같이 임과 이별한 상황을
조물주의 탓으로 돌리고 있지, 임금에 대한 서운함을 드러내고 있지
는 않다. 그리고 (나)에서 '구룸'이 험한 모습은 고향에 갈 수 없는 화
자의 상황을 부각할 뿐, 정치적 반대 세력에 대한 울분을 드러내는
것이 아니다.

☂ 오답인 이유

③ (매력적인 오답) (가)는 '내 몸의 지은 죄'를 생각하며 자신의 잘못을 탓하는
모습을, (나)는 '유찬이 박벌'이라며 자신이 지은 죄를 인정하는 모습을 드
러내고 있군.

⋯ (가)에서 화자는 '내 몸의 지은 죄'가 '뫼フ티 짜혀시니 하늘히라
원망호며 사룸이라 허믈호랴'라며 임과의 이별에 있어 자신의 잘못
을 탓하는 모습을 보이고 있다. 또 (나)에서 화자는 '유찬이 박벌'이
라며 유배가 오히려 가벼운 처벌이라고 자신이 지은 죄를 인정하는
모습을 보이고 있다.

① (가)는 임금을 떠난 작가의 처지를 '님'을 잃은 여인의 모습으로 설정함으로
써 군신 관계를 우의적*으로 형상화하여 드러내고 있군.

⋯ (가)에서는 임금을 떠나 유배를 온 처지를 임과 이별한 여인의 모
습에 빗대어 우의적으로 형상화하고 있다.

> ┈┈┈┈┈┈┈┈┈┈┈┈┈┈┈┈┈┈┈┈┈┈┈┈┈┈
> * 우의적(寓意的): 어떤 의미를 직접 말하지 않고 다른 사물에 빗대어 넌
> 지시 표현하는 것 ⑩ 이솝 우화는 <u>우의적</u> 방법을 통해 인생의 중요한
> 교훈들을 가르치고 있다.
> ┈┈┈┈┈┈┈┈┈┈┈┈┈┈┈┈┈┈┈┈┈┈┈┈┈┈

② (나)는 '노모'와의 거리감을 '영로는 수천리'로 나타내어 작가가 유배지에서
느끼는 가족과의 이별의 슬픔을 드러내고 있군.

⋯ (나)에서는 '영로는 수천리'라는 표현으로 노모가 계신 고향과
의 거리감을 나타내어 유배지에서 느끼는 이별의 슬픔을 드러내고
있다.

⑤ (가)는 죽어서 '낙월'이 되고 싶어 하는 모습을 통해 임금에 대한 연모를, (나)
는 '성은'을 생각하는 모습을 통해 임금에 대한 감사를 드러내고 있군.

⋯ (가)에서는 '낙월'이 되어서라도 임의 곁에 있고 싶다고 소망하는
모습을 통해 임금에 대한 연모를 드러내고 있으며, (나)에서는 '성은'
을 갚을 길이 없다고 탄식하는 모습을 통해 임금에 대한 감사를 드러
내고 있다.

(나)에 대해 이해한 내용으로 적절하지 <u>않은</u> 것은?

☀ 정답인 이유

① 〈1수〉의 '봄은 오고 쏘 오'는 것에서 〈2수〉의 '도라갈 기약'이 실현될 것이라
는 화자의 확신이 드러나는군.
  × → 자연과의 대비를 통해 고향에 돌아갈 수 없는 화자의 안타까운 상황을 부각함.

⋯ 〈1수〉에서 화자는 어김없이 돌아오는 봄과 고향에 돌아가지 못하
는 자신의 처지를 대비하고 있다. 따라서 '봄은 오고 쏘 오고'는 화자
의 안타까움을 강조하기 위한 것일 뿐, 화자가 '도라갈 기약'이 실현
될 것이라고 확신하는 것이 아니다.

☂ 오답인 이유

⑤ (매력적인 오답) 〈11수〉의 '모자지정을 솔피실' 때가 있으리라고 생각하는 것
에서 화자의 기대감이 드러나는군.
  ○ → 임금이 모자지정을 살펴줄 것이라고 기대함.

⋯ 〈11수〉의 '우리 모자지정을 솔피실 제 업수오랴'는 하늘의 해와
달이 땅을 비치는 것처럼, 임금이 서로 만나지 못하는 모자의 정을
살펴줄 때가 있을 것이라는 화자의 기대감을 표현한 것이다.

② 〈2수〉의 '중야'에 '좀'을 이루지 못하고 흘리는 '눈물'을 통해 화자의 시름이
드러나는군.
  ○ → 노모에 대한 걱정과 그리움

⋯ 〈2수〉의 '중야의 눈물 계워 셜워라'는 멀리 떨어져 보지 못하는
나이 많은 노모에 대한 화자의 걱정과 그리움을 나타낸 것이다.

③ 〈2수〉의 '친년은 칠십오'라는 것을 떠올리는 모습과 〈7수〉의 '갈수록 애일촌
심'을 느끼는 모습에서 화자의 근심이 드러나는군.
  ○ → 나이가 많은 노모에 대한 근심

⋯ 〈2수〉의 '친년은 칠십오'는 나이 든 노모를 걱정하는 것이고,
〈7수〉의 '갈수록 애일촌심'은 부모님을 모실 시간이 흘러감을 안타
까워하는 것이므로, 이는 노모에 대한 화자의 근심을 드러낸 것이다.

④ 〈6수〉의 '매일' '노친 얼굴'을 떠올리는 모습과 〈7수〉의 '동산을 올라' '고국'을
바라보는 행위에는 화자의 간절함이 드러나는군.
  ○ → 고향에 계신 노모를 그리워하는 간절한 마음

⋯ 〈6수〉의 '매일의 노친 얼굴이 눈의 삼삼ᄒ야라'와 〈7수〉의 '동산
을 올라 보니 고국도 멀셔이고'는 고향에 계신 노모를 그리워하는 화
자의 간절한 마음을 드러낸 것이다.

V부 갈래 복합

갈래 복합 01 노계가 | 자연과 문헌

▶ 문제편 152~154쪽

정답 | 01 ① 02 ③ 03 ④ 04 ②

[01~04] 다음 글을 읽고 물음에 답하시오.

2023 3월 고2 전국연합

제대로 작품 분석

▶〈보기〉에서 적절한 것을 골라 넣으며 작품을 분석해 보자.

가 지팡이 짚고 바람 쐬며 좌우를 돌아보니
_{자연을 즐기고 있는 화자의 모습}
누대의 맑은 경치 아마도 깨끗하구나
_{누각과 대사와 같이 높은 건물}
㉠물도 하늘 같고 하늘도 물 같으니
_{유사한 문장 구조의 반복 (~도 ~같고(같으니))}
푸른 물과 긴 하늘이 한빛이 되었거든
_{일체감 – 자연물 간의 구분과 경계가 사라짐.}
물가에 갈매기는 오는 듯 가는 듯 그칠 줄을 모르네
¹
㉡바위 위 산꽃은 수놓은 병풍 되었고
_{'산꽃'과 '버들'을 일상적 사물인 '병풍', '장막'에 빗댐. – 자신을 둘러싼 자연의 모습을 표현}
시냇가 버들은 초록 장막 되었는데

좋은 날 좋은 경치 나 혼자 거느리고

㉢꽃피는 시절 허송하지 말리라 하고

아이 불러 하는 말, 이 깊은 산속에서 해산물을 볼쏘냐

㉣살진 고사리, 향기로운 당귀를 돼지고기, 사슴고기 섞어서 크나큰
_{자연에서 얻을 수 있는 식재료를 나열하여 상황에 대한 화자의 만족감을 표현함.}
바구니에 흡족히 담아두고

붕어회에다 눌어, 꿩 섞어 먹음직하게 구워지거든
_{잉엇과의 민물고기}
술동이의 맑은 술을 술잔에 가득 부어

한잔, 또 한잔 취토록 먹은 후에

㉤복숭아꽃 붉은 비 되어 취한 낯에 뿌리는데
_{붉은색의 색채 이미지를 통해 화자의 취흥을 드러냄.}
낚시터 넓은 돌을 높이 베고 누우니

무회씨 때 사람인가, **갈천씨 때 백성***인가
³
태평성대를 다시 보는가 생각노라 ▶ 아름다운 자연의 경치를 감상하며 취흥을 즐김.
_{현재 자신의 삶을 태평성대로 인식하며 그에 대한 지향을 드러냄.}
이 힘이 누구 힘인가, 성은이 아니신가
_{태평성대가 임금의 은혜임을 강조함.(문답법)}
강호에 물러난들 임금 걱정이야 어느 때에 잊을까
_{화자가 자연에 은거하면서도 임금을 걱정함.}
때때로 머리 들어 북극성 바라보고

남모르는 눈물을 하늘 끝에서 흘리도다

평생에 품은 뜻을 빕니다, 하느님이시여
_{하느님에게 직접 기원함.}
「마르고 닳도록 우리 임금 만세를 누리소서
「;: 명령형 어미 '—소서'를 통해 태평성대가 영원하기를 바라는 마음을 드러냄.
태평한 세상에 삼대일월* 비추소서

영원무궁토록 전란을 없애소서
⁴
밭 갈고 샘 파서 격양가*를 부르게 하소서」

이 몸은 이 강산풍월에 늙을 줄을 모르도다
▶ 현재의 태평성대가 영원히 계속되기를 기원함.
– 박인로, 〈노계가〉

---

* 무회씨 때 사람, 갈천씨 때 백성 : 중국 상고시대 전설상의 제왕인 무회씨와 갈천씨 때의 태평성대의 사람
* 삼대일월 : 중국에서 왕도 정치가 행해졌던 하·은·주 시대
* 격양가 : 중국 요 임금 때 늙은 농부가 배를 두드리고 땅을 치면서 천하가 태평하다며 불렀다는 노래

❖ 제대로 작품 분석의 〈보기〉

> ㉠ 강호를 이루는 자연물이 조화롭게 어울림.
> ㉡ 전란이 태평성대를 방해하지 않기를 바람.
> ㉢ 태평성대를 살았던 사람 – 화자 자신과 동일시함.
> ㉣ 의지적 어조로 꽃피는 시절의 경치를 마음껏 감상하겠다는 태도를 드러냄.

❖ 제목의 의미

전란을 겪은 작가가 말년에 은거지인 노계에 머무르며 그곳의 경치를 예찬하고 자연에 묻혀 사는 흥취를 노래한 가사이다. 이 작품에서 화자는 노계의 아름다운 모습을 묘사하고 강호에서 풍류를 누리는 삶에 대한 만족감을 드러낸 뒤, 태평성대가 영원히 계속되기를 기원하고 있다. 제목 '노계가'는 은거지인 노계를 배경으로, 그곳에서의 삶을 노래한 작품임을 드러낸다.

❖ 작가 소개

박인로(朴仁老, 1561~1642): 조선 중기의 문인으로 임진왜란 때는 무신으로도 활약하였다. 경상북도 영천 출생. 호는 노계(蘆溪) 또는 무하옹(無何翁). 주요 작품으로 〈노계가〉, 〈누항사〉, 〈태평사〉, 〈조홍시가〉 등이 있다.

❖ 핵심 정리

- 갈래: 가사
- 성격: 자연 친화적, 강호 한정가
- 주제: 강호에서의 만족스러운 삶과 태평성대가 영원히 계속되기를 바라는 소망
- 특징: ① 자연에서 한가롭게 생활하는 화자의 모습을 구체적으로 형상화함. ② 색채 이미지와 비유를 활용해 자연의 모습을 표현함. ③ 하느님에게 직접 기원하는 방식으로 주제 의식을 드러냄.

나 [장면 1] (처음 ~ 자연에 대한 우리 인류의 최고 능력은 직감일 것이다)

소주제: 인간은 직감을 통해 자연의 본질을 인식할 수 있음.

- 자연은 왜 존재해 있나? ~ 그의 성격이다: ¹
- 직감 이상으로 ~ 최고 능력은 직감일 것이다: 직감을 사용해 자연의 정체를 파악할 수 있음.

[장면 2] (한 사람이라도 ~ 빛나는 생명의 예술가는 아니다)

소주제: 예술가는 자연에 대한 솔직한 감각을 표현해야 함.

- 자연에 대한 솔직한 감각을 표현하라: ²
- 조금도 그따위에 ~ 시인은 없는가?: 직감으로 자연을 노래하는 예술가가 없음을 안타까워함.(설의법으로 강조)
- 경승지에 가려면 ~ 예술가는 아니다: 문헌을 통해 자연을 표현하는 태도를 비판함.
- 조그만 학문과 고고의 사무가, 빛나는 생명의 예술가: 대조

[장면 3] (금강산은 금강산이라 ~ 문헌이란 별무가치인 것이다)

소주제: 문헌은 자연의 본질이나 생명력과 관계가 없음.

- 본래의 금강산, 소문거리의 '모델'로서의 금강산 ~ 계산된 삽화로서의 금강산: 대조
- 무근지설: 근거 없이 떠도는 말
- 고완품: 오래되었거나 희귀한 옛 물품
- 고적: 옛 문화를 보여 주는 건물이나 터

- 자연에게 있어 문헌이란 별무가치인 것이다: ³

[장면 4] (흔히 시인들은 ~ 끝)
소주제: 예술가는 문헌에 의존하지 말고 자연을 표현해야 함.

- 시인들은 자연을 ~ 문헌에 수족이 묶인다: 자연을 표현할 때 문헌에 기대는 태도를 비판함.

- 문헌은 학자들에게 던져두라: 명령형 어미 '-라'를 통해 예술가의 태도 변화를 촉구함. ②

— 이태준, 〈자연과 문헌〉

❖ **제대로 작품 분석의 〈보기〉**
> ㉠ 문헌은 자연의 본질에 대한 접근을 방해하는 요소임.
> ㉡ 명령형 어미 '-라'를 통해 예술가의 태도 변화를 촉구함. ①
> ㉢ 문답의 방식을 통해 인간이 자연의 모든 것을 모른다는 점을 강조함.

❖ **제목의 의미**
이태준이 1941년 발표한 수필집 《무서록》에 수록된 수필로, '문헌'에 의존하여 '자연'을 표현하는 예술가들에 대한 비판적 인식을 드러낸 글이다. 즉 글쓴이는 당시의 예술가들이 문헌에 얽매여 자연의 본질, 생명력을 제대로 표현하지 못하고 있음을 비판하며, 직관을 통해 자연에 대한 솔직한 감각을 드러낼 것을 역설하고 있다.

❖ **작가 소개**
이태준(李泰俊, 1904~?): 소설가. 단편 소설의 서정성을 높여 예술적 완성도와 깊이를 이루었다는 점에서 우리나라의 대표적 소설가로 평가받는다. 주요 작품으로는 〈그림자〉, 〈까마귀〉, 〈복덕방〉 등이 있다.

❖ **핵심 정리**
- 갈래: 수필
- 성격: 비판적, 직설적
- 주제: 고유한 직관을 통해 자연의 생명을 드러내는 예술가의 태도 촉구
- 특징: ① 대조의 방식을 통해 본래 자연의 모습과 바람직한 예술가의 태도를 부각함. ② 문답의 방식, 설의법, 명령형 어미 등을 활용하여 작가의 의도를 강조함.

제대로 **감상법 모범 답안**

㉮ 박인로, 〈노계가〉

❶ 임금 ❷ 갈매기 ❸ 태평성대 ❹ 하느님

❖ **제대로 작품 분석**
1 ㉠ 2 ㉣ 3 ㉢ 4 ㉡

㉯ 이태준, 〈자연과 문헌〉

❶ 비판 ❷ 문헌 ❸ 대조

❖ **제대로 작품 분석**
1 ㉢ 2 ㉡ 3 ㉠

01 정답률 24% | 매력적인 오답 ⑤ 37%

(가)와 (나)에 대한 설명으로 가장 적절한 것은?

☀ **정답인 이유**

① (가)와 (나)는 모두 명령형 어미를 통해 주제 의식을 드러내고 있다.
㉠ → (가): '-소서', (나): '-라'
┈ (가)는 명령형 어미 '-소서'를 반복하여 태평성대가 영원히 계속되기를 바라는 마음을 드러내고 있다. (나)는 명령형 어미 '-라'를 활용해 예술가의 태도 변화를 촉구하는 주제 의식을 드러내고 있다.

☂ **오답인 이유**

⑤ 매력적인 오답 (나)와 달리 (가)는 초월적 공간을 설정하여 고조된 감정을 드러내고 있다.
× → 나타나지 않음.
┈ (가)와 (나) 모두 초월적 공간을 설정하고 있지 않다. (가)의 화자가 있는 곳은 강호, 즉 자연으로 초월적인 공간이 아니다.

② (가)와 (나)는 모두 문답의 방식을 통해 현실에 대한 비판을 드러내고 있다.
(가), (나) 모두 ○   (가) ×, (나) ○
┈ (가)는 '이 힘이 누구 힘인가, 성은이 아니신가'에서 문답의 방식을 사용하여 '태평성대를 다시 보는' 것이 임금의 은혜임을 드러내고 있다. 하지만 이를 통해 현실에 대한 비판을 드러내고 있지는 않다. (나)는 '자연은 왜 존재해 있나? 모른다.', '자연은 왜 아름다운가? 모른다.' 등에서 문답의 방식을 활용하고 있는데, 이를 통해 인간은 '직감'으로 자연의 정체를 보고 들을 수밖에 없다고 말하고 있다. 이는 직감이 아닌 문헌에 기대어 자연을 표현하는 예술가들을 비판하는 근거가 되므로, (나)는 현실에 대한 비판을 드러내고 있다고 할 수 있다.

③ (가)와 (나)는 모두 대조의 방식을 활용하여 태도의 변화를 드러내고 있다.
(가) ×, (나) ○   (가), (나) 모두 ×
┈ (가)에서 대조의 방식을 활용한 부분이나, 화자의 태도 변화가 나타난 부분을 찾을 수 없다. (나)에서는 '조그만 학문과 고고의 사무가'와 '빛나는 생명의 예술가'를, '본래의 금강산'과 '소문거리의 '모델'로서의 금강산', '계산된 삽화로서의 금강산'을 대조하고 있지만, 이를 통해 태도의 변화를 드러내고 있지는 않다.

④ (가)와 달리 (나)는 시선의 이동을 통해 계절적 배경을 다채롭게 드러내고 있다.
× → (나)와 달리 (가)는
┈ (가)는 '바위 위 산꽃은 수놓은 병풍 되었고 / 시냇가 버들은 초록 장막 되었는데' 등에서 시선의 이동을 통해 '꽃피는 시절'이라는 계절적 배경을 다채롭게 드러내고 있다. 하지만 (나)에는 시선의 이동을 통해 계절적 배경을 다채롭게 드러내고 있는 부분을 찾을 수 없다.

02 정답률 81%

㉠~㉢에 대한 이해로 적절하지 않은 것은?

☀ **정답인 이유**

③ ㉢: 의지적인 어조를 활용하여 학문 수양을 게을리하지 않으려는 자세를 드러내고 있다.
'-리라'   × → 자연의 경치를 마음껏 즐기겠다는 자세
┈ ㉢에서는 '꽃피는 시절 허송하지 말리라'와 같이 의지적 어조를 활용하여, 꽃피는 시절의 경치를 마음껏 즐기겠다는 화자의 태도를 드러내고 있다. 하지만 학문 수양에 대한 자세를 드러낸 부분은 찾을 수 없다.

☂ **오답인 이유**

① ㉠: 유사한 문장 구조를 반복하여 자연물 간의 경계가 사라진 풍광을 묘사하고 있다.
┈ '물도 하늘 같고 하늘도 물 같으니'에서 '~도 ~같고(같으니)'의 문장 구조를 반복하여 푸른빛의 '물'과 '하늘'이 '한빛'이 되어 경계가 사라진 풍광을 묘사하고 있다.

② ㉡: 일상의 사물에 빗대어 화자를 둘러싼 자연의 모습을 표현하고 있다.
┈ '병풍'과 '장막'에 빗대어 '바위 위 산꽃'과 '시냇가 버들'을 표현하고 있고, 이를 통해 화자를 둘러싼 자연의 모습을 묘사하고 있다.

④ ⓔ: 자연에서 얻을 수 있는 재료를 나열하여 상황에 대한 만족감을 표현하고 있다.

…▷ 자연에서 얻을 수 있는 '살진 고사리', '향기로운 당귀', '돼지고기', '사슴고기'와 같은 식재료를 나열하여, 자연 속에 있는 화자 자신의 상황에 대한 만족감을 표현하고 있다.

⑤ ⓜ: 자연물의 색채 이미지를 활용하여 화자의 취흥을 강조하고 있다.

…▷ '복숭아꽃 붉은 비 되어'에서 자연물의 색채 이미지를 활용하고 있고, 자연물의 붉은 색채 이미지가 화자의 취한 얼굴로 이어지면서 자연 속에서 술을 마시며 풍류를 즐기는 화자의 취흥을 강조하고 있다.

03
정답률 70% | 매력적인 오답 ② 11%

〈보기〉를 읽고 (가), (나)를 감상한 내용으로 적절하지 않은 것은? [3점]

──〈보기〉──

　　(가)의 작가는 전란을 체험한 후 강호에 은거하며 태평성대를 추구
　　　　　　(가)의 작가의 인식
하고, (나)의 작가는 자연의 본질에 대한 통찰을 촉구한다. 이들은 일관
　　　　　　　　(나)의 작가의 인식
되고 영속적인 가치를 지향한다. 비록 작가의 지향을 방해하는 일시적
　　　영속히 계속되는 것
인 요소가 있더라도, 이 지향은 과거에서 현재로, 다시 미래로 지속성
　　　　　　　　(가)는 전란, (나)는 문헌
을 갖고 이어진다.

☀ 정답인 이유

④ (나)에서 '옥녀봉', '명경대'와 같은 이름으로 자연을 규정하는 것은 자연의 일관성과 지속성에 대한 통찰의 결과라는 작가의 인식을 확인할 수 있군.
× → 자연의 일관성과 지속성을 통찰하지 못하게 만드는 요소라고 봄.

…▷ (나)에서 글쓴이는 '옥녀봉이니 명경대니 하는 이름과 전설'이 '본래의 금강산'과는 아무런 관계도 없다고 말하고 있다. 즉 '옥녀봉', '명경대'와 같은 이름으로 자연을 규정하는 것은 자연을 있는 그대로 보고 느끼고 노래하는 것을 어렵게 만들고, 자연의 일관성과 지속성을 통찰하지 못하도록 만드는 방해 요소라고 할 수 있다.

☂ 오답인 이유

② 매력적인 오답 (가)에서 작가가 자신을 '무회씨 때 사람', '갈천씨 때 백성'과 동일시하여 과거와 현재를 잇는 것은 시간이 흘러도 영속되는 가치에 대한 작가의 인식을 드러낸 것으로 볼 수 있군.

…▷ (가)의 화자는 아름다운 자연 속에서 술을 마시고 취흥을 즐기다가 돌을 베고 누워 '무회씨 때 사람인가, 갈천씨 때 백성인가'라고 생각하고 있다. 이는 화자가 자신을 태평성대의 인물과 동일시하는 것으로, 현재 태평성대에 가까운 자신의 생활에 대한 만족을 드러내면서 영속적인 가치인 평화로운 삶에 대한 작가의 지향을 드러낸 것이다.

① (가)의 '물가에 갈매기'가 '오는 듯 가는 듯 그칠 줄을 모르네'라는 구절에서 어울림에 영속성을 부여하고 이를 지향하는 작가의 태도를 확인할 수 있군.

…▷ (가)의 '물가에 갈매기는 오는 듯 가는 듯'은 강호를 이루는 자연물인 물가와 갈매기가 조화롭게 어울리는 모습을 나타낸 것으로, '그칠 줄을 모르네'는 그러한 조화로운 광경이 지속됨을 드러내는 것이다.

③ (가)의 '영원무궁토록 전란을 없애소서'라는 구절에서 전란이라는 일시적인 요소가 '태평한 세상'이라는 영속적인 가치를 방해하지 않기를 바라는 작가의 인식을 확인할 수 있군.

…▷ '평생에 품은 뜻을 빕니다, 하느님이시여', '영원무궁토록 전란을 없애소서'에는 전란을 겪었던 작가가 화자를 통해 하느님께 평화에 대한 염원을 빌고 있음이 드러난다. 전란이라는 일시적인 요소가 '태

평한 세상'이라는 영속적인 가치를 방해하지 않기를 바라는 작가의 인식이 반영되어 있는 것이다.

⑤ (나)에서 '문헌'은 '소문거리의 모델', '계산된 삽화'를 양산함으로써 자연의 영속적인 본질에 대한 접근을 방해하는 요소가 된다는 작가의 인식을 확인할 수 있군.

…▷ (나)에서 '소문거리의 모델'과 '계산된 삽화'로서의 금강산은 '본래의 금강산'과 대조되는 것으로, 자연의 본질과는 관계없는 인간의 기록들인 '문헌'에서 양산된 것이라고 할 수 있다. 작가는 '자연에게 있어 문헌이란 별무가치'라고 하며, '문헌'이 자연의 영속적 본질에 대한 접근을 방해하는 요소라는 인식을 드러내고 있다.

04

(나)의 빛나는 생명의 예술가가 갖추어야 할 태도로 가장 적절한 것은?

☀ 정답인 이유

② 직관을 통해 자연에 대한 솔직한 감각을 드러낼 수 있어야 한다.

…▷ (나)의 글쓴이는 '자연에 대한 우리 인류의 최고 능력은 직감'이라고 하며, 예술가는 '자연에 대한 솔직한 감각을 표현'해야 한다고 말하고 있다. 이를 통해 '빛나는 생명의 예술가'가 갖추어야 하는 태도는 직관을 통해 자연에 대한 솔직한 감각을 드러내는 것임을 알 수 있다.

☂ 오답인 이유

① 자연의 모든 것을 알아낼 수 있다는 확신으로 탐구에 임해야 한다.
× → 글쓴이는 인간이 자연의 모든 것을 모른다고 봄.

…▷ '우리는 자연의 모든 것을 모른다. 우리는 영원히 그의 신원도, 이력도 캐어낼 수 없을 것이다.'라고 한 것으로 보아, 자연의 모든 것을 알아낼 수 있다고 확신하는 것은 적절하지 않다.

③ 여러 기록을 참고하며 자연의 새로운 경지를 소개할 수 있어야 한다.
× → 글쓴이는 문헌을 참고하여 자연을 표현하는 것에 부정적임.

…▷ '경승지에 가려면 문헌부터 뒤지는, 극히 독자의 감각력에 자신이 없는 사람은 예술가는 아니다.', '자연에게 있어 문헌이란 별무가치인 것'이라고 한 것으로 보아, 여러 기록을 참고하여 자연에 대해 표현하는 것은 '빛나는 생명의 예술가'의 태도가 아니다.

④ 경승지를 보고 이를 대상으로 한 시편을 인용하여 작품을 창작할 수 있어야 한다.
× → 글쓴이는 문헌에 묶이지 말고 보고 느낀 대로 표현하라고 함.

…▷ 글쓴이는 '경승지에 가려면 문헌부터 뒤지는' 예술가들을 비판적으로 바라보면서, '자연에 대한 솔직한 감각을 표현'하라고 말하고 있다. 따라서 경승지를 대상으로 한 시편을 인용하여 작품을 창작하는 것은 '빛나는 생명의 예술가'의 태도가 아니다.

⑤ 자연과 관련된 인간의 내력을 소재로 삼아 자신의 예술성을 표현할 수 있어야 한다.
× → 글쓴이는 자연과 관련된 인간의 내력에는 관심이 없을 것이라고 봄.

…▷ '백두산에서 어떠한 인간의 때 묻은 내력이 있든지 없든지, 조금도 그따위에 관심할 것이 없어'라고 한 것으로 보아, 자연과 관련된 인간의 내력을 예술의 소재로 삼아야 한다는 것은 적절하지 않다.

정답 | **01** ④ **02** ① **03** ② **04** ① **05** ③

[01~05] 다음 글을 읽고 물음에 답하시오. 2021 6월 고1 전국연합

제대로 작품 분석 ▶〈보기〉에서 적절한 것을 골라 넣으며 작품을 분석해 보자.

가 십 년(十年)을 경영(經營)ᄒᆞ여 **초려삼간(草廬三間)** 지여 내니

십 년을 준비하여 (자연 속에) 초가삼간을 지었으니

「나 ᄒᆞᆫ 간 ᄃᆞᆯ ᄒᆞᆫ 간에 **청풍(淸風)** ᄒᆞᆫ 간 맛져 두고
　○: 자연

내가 한 칸, 달이 한 칸, 청풍이 한 칸씩 차지하고

강산(江山)은 들일 ᄃᆡ 업스니 둘러 두고 보리라」
『』: 2　　　　　　　　　　 ─ 자연 친화, 물아일체(物我一體)의 삶

강산은 집안에 들일 데가 없으니 (집 주위에 병풍처럼) 둘러 두고 보리라.

─ 송순

❖ **제대로 작품 분석의 〈보기〉**

　ᄀ 소박한 생활 → 안분지족(安分知足)
　ᄂ 자연을 화자인 '나'와 동일한 인격체로 여김.

❖ **작가 소개**

송순(宋純, 1493~1583): 조선 시대의 문신이자 시인. 호는 면앙정(俛仰亭). 말년에 전남 담양에 은거하면서 자연 친화적인 가사 작품인 〈면앙정가〉를 지었고, 저서에 《기촌집(企村集)》 등이 있다.

❖ **핵심 정리**

• 갈래: 평시조
• 성격: 전원적, 풍류적
• 주제: 자연 속에서 안빈낙도하며 사는 삶
• 특징: ① 자연을 의인화하여 물아일체의 태도를 드러냄. ② 자연과 벗하며 살아가려는 화자의 정서를 기발한 발상으로 표현함. ③ 자연을 소유의 대상으로 생각하지 않는 자연관이 드러남.

나 서산의 아침볕 비치고 구름은 낮게 떠 있구나 ┐
아침 해가 떠오름.

서산에 아침볕 비치고 구름은 낮게 떠 있구나.

비 온 뒤 **묵은 풀**이 뉘 **밭**에 더 짙었든고 ├ 아침에 일을 시작함.
해야 할 농사일

비 온 뒤에 짙어진 풀이 누구의 밭에 더 짙어졌는가?

두어라 차례 정한 일이니 매는 대로 매리라 ┘

아아! 차례가 정해진 일이니 묵은 풀을 매는 대로 매리라.

〈제1수〉
▶ 아침에 김매기를 하러 나섬.

▭: 시어의 반복 → 운율 형성

둘러내자* 둘러내자 긴 고랑 둘러내자

휘감아서 걷어 내자. 휘감아서 걷어 내자. 우거진 고랑을 휘감아서 걷어 내자.

바라기 역고*를 고랑마다 둘러내자

바랭이와 여뀌 풀 등의 잡초를 고랑마다 휘감아서 걷어 내자.

잡초 짙은 긴 사래 마주 잡아 둘러내자

잡초가 우거진 이랑은 함께 힘을 모아 휘감아서 걷어 내자.

〈제3수〉
▶ 우거진 잡초를 뽑음.

땀은 듣는 대로 듣고 볕은 쬘 대로 쬔다
뙤약볕 아래서 땀을 흘리며 힘겹게 노동을 함.

땀은 떨어지는 대로 떨어지고 볕은 쬘 대로 쬔다.

청풍에 옷깃 열고 긴 휘파람 흘리 불 때
3

시원한 바람에 옷깃을 열고 긴 휘파람을 멋들어지게 불 때,

어디서 길 가는 손님네 아는 듯이 머무는고
관념적인 사대부

어디서 길 가는 손님이 (이 마음을) 아는 듯이 머무는가.

〈제4수〉
▶ 땀 흘리며 일을 한 후 휴식을 취함.

밥그릇에 **보리밥**이요 사발에 **콩잎 나물**이라
농부들이 먹는 점심 ─ 소박한 음식

밥그릇에는 보리밥이요 사발에는 콩잎 나물이 담겨 있구나.

내 밥 많을세라 네 반찬 적을세라
4

내 밥이 많을까 걱정이고 네 반찬이 적을까 염려스럽다.

먹은 뒤 한숨 졸음이야 너나 나나 다를소냐
너나 나나 같음.(설의법)

밥 먹은 뒤 한숨 졸음이 오는 것이 너나 나나 다르겠느냐.

〈제5수〉
▶ 함께 어울려 소박한 점심을 먹음.

돌아가자 돌아가자 해 지거든 돌아가자 ┐
하루의 농사일을 마치고 집으로 돌아감.

돌아가자 돌아가자 해 지거든 돌아가자.　　　　　　　　　├ 해 질 무렵
　　　　　　　　　　　　　　　　　　　　　　　　　　　일을 마침.
냇가에 손발 씻고 호미 메고 돌아올 제

시냇가에서 손발을 씻고 호미를 메고 돌아올 때

어디서 **우배초적(牛背草笛)**이 함께 가자 재촉하는고 ┘
5

어디서 소의 등에 타고 가면서 부는 풀피리 소리가 함께 가자고 재촉하는가.

〈제6수〉
▶ 해 질 무렵 일을 마치고 집으로 돌아감.
─ 위백규, 〈농가구장(農歌九章)〉

＊ 둘러내자: 휘감아서 뽑자.
＊ 바라기 역고: 잡초의 일종
＊ 우배초적: 소의 등에 타고 가면서 부는 풀피리 소리

❖ **제대로 작품 분석의 〈보기〉**

　ᄀ 농부들의 흥취
　ᄂ 땀 흘려 일하는 노동의 공간
　ᄃ 농부들이 함께 어울려 식사를 함.
　ᄅ 바람을 맞으며 잠시 휴식을 취함.
　ᄆ 농부들이 힘을 합쳐 잡초를 뽑는 모습

❖ **제목의 의미**

'농가'는 시가의 내용과 관련되는데 농촌에서 일하며 부르는 노래 또는 농민이 부르는 노래라고 이해할 수 있다. 또한 '구장'은 이 작품이 전 9수로 이루어져 있음을 나타낸다. 즉, '농가구장'은 노동하는 농민의 입장에서 농촌의 생활을 노래한 9수의 연시조라는 의미이다.

❖ **작가 소개**

위백규(魏伯珪, 1727~1798): 조선 후기의 실학자로 천문, 지리, 산수 등을 잘하였다. 《존재집》, 《정현신보(政弦新譜)》, 《고금(古琴)》 등의 저서를 지었다.

❖ **핵심 정리**

• 갈래: 연시조(전 9수)
• 성격: 전원적, 사실적
• 주제: 농가의 생활과 농사일을 하는 즐거움
• 특징: ① 시간의 흐름에 따라 시상을 전개함. ② 동일한 시어를 반복하여 운율을 형성함. ③ 농촌에서 살아가는 삶을 일하는 농부의 시각에서 사실적으로 그려 냄.

다 우리 집 뒷동산에 복숭아나무가 하나 있었다. 「그 꽃은 **빛깔이 시원치 않고** 그 열매는 맛이 없었다. 가지에도 **부스럼이 돋고** 잔가지는 무더기로 자라 참으로 볼 것이 없었다.」지난 봄에 이웃에 박 씨 성을 가진 이의 손을
1　　　　　　　　　　　　　　　　　　　　　　　　　　　　『』: 2

빌어 **홍도 가지**를 접붙여 보았다. 그랬더니 그 꽃이 아름답고 열매도 아주
┌ 글쓴이의 경험 - 복숭아나무에 홍도 가지를 접붙이자 아름다운 꽃을 피우고 튼실한 열매를 맺음.
튼실하였다.┘ 애초에 한창 잘 자라는 나무를 베어 버리고 잔가지 하나를 접
붙였을 때에 나는 그것을 보고 '대단히 어긋난 일을 하는구나' 하고 생각
하였다. 그런데 어느새 밤낮으로 싹이 나 자라고 비와 이슬이 그것을 키워
눈이 트고 가지가 뻗어 얼마 지나지 않아 울창하게 자라 제법 그늘을 드리
우게 되었다. 올봄에는 꽃과 잎이 많이 피어서 붉고 푸른 비단이 찬란하게
서로 어우러진 듯하니 그 경치가 진실로 볼 만하였다.
▶ 볼 것 없던 복숭아나무가 접붙이기를 통해 새롭게 바뀜.
　　오호라, 하나의 복숭아나무, 이것이 심은 땅의 흙도 바꾸지 않고 그 뿌
　　　　　　　　　　　　　　　　　　　　　　　3
리의 종자도 바꾸지 않았으며 단지 접붙인 한 줄기의 기운으로 줄기도 되
고 가지도 되어 아름다운 꽃이 밖으로 피어나 그 **자태가 돌연히 다른 모
습**으로 바뀌니 보는 이로 하여금 눈을 씻게 하고 지나가는 이가 많이 찾아
오솔길을 내게 되었다. 이러한 기술을 가진 이는 그 조화의 비밀을 아는
이가 아닌가! 신기하고 또 신기하도다. ▶ 접붙이기를 통해 큰 변화가 일어난 것이 신기함.
　　내가 여기에 이르러 느낀 바가 있었다. 사물이 변화하고 바뀌어 개혁을
　　　글쓴이의 깨달음이 제시될 것임.
하게 되는 것은 오로지 초목에 국한한 것이 아니오, 내 몸을 돌이켜 본다
하여도 그런 것이니 어찌 그 관계가 멀다 할 것인가! **악한 생각**이 나는 것
복숭아나무를 접붙인 경험에서 알게 된 것을 인간의 삶에 적용함.
을 결연히 내버리는 일은 나무의 옛 가지를 잘라 내버리듯 하고 **착한 마음**
의 실마리 싹을 끊임없이 움터 나오게 하기를 새 가지로 접붙이듯 하여,
뿌리를 북돋아 잘 기르듯 마음을 닦고 가지를 잘 자라게 하듯 깊은 진리에
이른다면 이것은 시골 사람에서 성인에 이르기까지 나무 접붙임과 다른
것이 무엇이겠는가! ▶ 나무 접붙임을 하듯 악한 생각을 잘라 버리고 착한 마음이 생기게 해야 함.
　　《주역》에 이르기를 ㉠"땅에서 나무가 자라나는 것은 승괘(升卦)*이니 군
　┌ 권위 있는 책의 내용을 인용함. → 4
자가 이로써 덕을 순하게 하여 작은 것을 쌓아 높이 크게 한다." 하였으니,┘
이것을 보고 어찌 스스로 힘쓰지 아니하겠는가. 그리고 또 느낀 바가 있
다. 오늘부터 지난 봄을 돌이켜보면 겨우 추위와 더위가 한 번 바뀐 것뿐
인데 한 치 가지를 손으로 싸매어 놓은 것이 저토록 지붕 위로 높이 자라
꽃을 보게 되었고, 또 장차 그 열매를 먹게 되었으니 만약 앞으로 내가 몇
해를 더 살게 된다면 이 나무를 즐김이 그 얼마나 더 많을 것인가! 세상 사
람들은 자기가 **늙는 것만 자랑하여 팔다리를 게을리 움직**이고 그 마음 씀
　　　　　　5
도 별로 소용되는 바가 없다. 이로 미루어 보면 또한 어찌 마음을 분발하
여 뜻을 불러일으키기를 권하지 아니하겠는가. 이 모든 것은 다 이 늙은이
　　　　　　　　6
를 경계함이 있으니 이렇게 글을 지어 마음에 새기노라.
▶ 늙었다 하여 게으르게 살며 마음을 쓰지 않는 것을 경계함.
　　　　　　　　　　　　　　　　　　　　　　　　－ 한백겸, 〈접목설(接木說)〉

* 승괘: 육십사괘의 하나. 땅에 나무가 자라남을 상징함.

❖ **제대로 작품 분석의 〈보기〉**
　㉠ 글의 중심 소재
　㉡ 글쓴이의 깨달음을 뒷받침함.
　㉢ 복숭아나무의 특징 - 볼 것 없음.
　㉣ 삶의 태도를 바꾸어 분발하며 살기를 바람.
　㉤ 늙었다 하여 게으르게 사는 태도를 비판함.
　㉥ 흙이나 종자 등을 바꾸는 근본적인 변화는 없음.

❖ **제목의 의미**
　'접목설'에서 '설(說)'은 한문 문체의 하나로, 보통 글쓴이의 경험을 제시하고 그것에서
　얻은 깨달음을 서술하는 방식으로 전개된다. '접목'은 나무를 접붙이는 것을 나타내는
　말로, 글쓴이가 복숭아나무에 홍도 가지를 접붙였던 경험을 가리킨다. 즉, '접목설'은
　'나무에 접붙였던 경험에서 얻은 깨달음을 서술한 수필'임을 알려 주는 제목이다.

❖ **작가 소개**
　한백겸(韓百謙, 1552~1615): 조선 중기의 학자. 호는 구암이며 실학의 선구자로 평가
　되는 인물이다. 《구암유고(久庵遺稿)》, 《기전고(箕田考)》, 《동국지리지(東國地理志)》
　등의 저서를 남겼다.

❖ **핵심 정리**
　• 갈래: 고전 수필, 설(說)
　• 성격: 교훈적, 성찰적
　• 주제: 접목의 경험에서 얻은 삶의 자세에 대한 깨달음
　• 특징: ① 나무 접붙이기라는 일상적 경험에서 얻은 깨달음을 제시함. ② 권위 있는
　　글의 내용을 인용하여 자신의 깨달음을 뒷받침함.

　제대로 감상법 모범 답안

㉮ 송순, 〈십 년을 경영하여~〉
❶ 자연 ❷ 의인화

❖ 제대로 작품 분석
　1 ㉠　2 ㉡

㉯ 위백규, 〈농가구장〉
❶ 농가 ❷ 노동 ❸ 시간

❖ 제대로 작품 분석
　1 ㉡　2 ㉢　3 ㉣　4 ㉢　5 ㉠

㉰ 한백겸, 〈접목설〉
❶ 경험 ❷ 복숭아나무 ❸ 깨달음 ❹ 인용

❖ 제대로 작품 분석
　1 ㉠　2 ㉢　3 ㉥　4 ㉡　5 ㉤　6 ㉣

01 　　　　　　　　　　　　정답률 **43%** │ 매력적인 오답 ⑤ **25%**

(가)~(다)에 대한 설명으로 적절한 것은?

　정답인 이유

④ (가)와 (나)는 시어의 반복을 통해 리듬감을 형성하고 있다.
　　　　　　○ → (가): '흔 간', (나): '둘러내자', '돌아가자'
　… (가)의 중장에서는 '흔 간'이라는 시어를 반복함으로써 리듬감을
　형성하고 있다. (나)의 〈제3수〉에서는 '둘러내자'를, 〈제6수〉에서는
　'돌아가자'를 반복함으로써 리듬감을 형성하고 있다.

　오답인 이유

⑤ 매력적인 오답 (가)와 (다)는 구체적인 묘사를 통해 계절감을 부각하고
　　　　　　　　　　　　(가) ×, (다) ○
있다.
　… (가)에서 대상의 모습을 구체적으로 묘사한 부분은 제시되지 않
　았으며, 자연 속에 지어진 초려삼간이 공간적 배경인 점은 알 수 있
　으나 계절감이 부각되고 있지는 않다. (다)에서는 복숭아나무의 모
　습을 구체적으로 묘사하여 제시하였는데, 이를 통해 '봄'이라는 계절
　감을 부각하고 있다. 따라서 두 작품 중 (가)는 구체적인 묘사를 통
　해 계절감을 부각한 작품에 해당하지 않는다.

① (가)는 공간의 이동에 따라 시상을 전개하고 있다.
　　　　　× → 공간의 이동이 나타나지 않음.
　… (가)에서는 '달'과 '청풍'에게 초가집의 방을 한 칸씩 맡기겠다는
　기발한 발상으로 시상을 전개하고 있을 뿐, 화자의 공간 이동이 나
　타나 있지 않다. 화자 자신이 초려삼간에 있다가 강산이 있는 곳으

로 이동하는 등의 공간 변화가 작품에 제시되어야 공간의 이동에 따른 시상 전개가 나타난다고 할 수 있다.

② (나)는 색채어의 대비를 활용하여 주제를 강조하고 있다.
× → 색채어의 대비가 나타나지 않음.

⋯ (나)는 농부가 아침에 일을 시작하여 그날의 농사일을 마치고 집에 돌아갈 때까지의 과정을 시간의 흐름에 따라 보여 주고 있는 작품이다. 일을 하는 모습이나 휴식을 취하는 모습 등이 제시되기는 하였으나 특별히 색채가 드러나는 말이 두드러지게 사용되지는 않았다. '청풍'은 부드럽고 맑은 바람을 가리키는 말로 색채어라고 보기 어렵다. 색채어의 대비가 나타나려면 적어도 두 개 이상의 색채어가 제시되어야 하는데, (나)에서 색채어가 대비되어 사용된 부분은 찾을 수 없으므로 적절한 설명이 아니다.

③ (다)는 음성 상징어를 사용하여 생동감을 드러내고 있다.
× → 음성 상징어를 사용하지 않음.

⋯ 음성 상징어는 소리를 흉내 낸 말인 의성어 또는 모양이나 움직임을 흉내 낸 말인 의태어를 가리킨다. (다)에서는 의성어나 의태어가 사용되지 않았다.

02
정답률 53% | 매력적인 오답 ③ 22%

(나)를 활용하여 '전원일기'라는 제목으로 영상시를 제작하기 위해 학생들이 협의한 내용으로 적절하지 않은 것은?

☀ 정답인 이유

① 〈제1수〉는 아침부터 농기구를 가지고 밭을 가는 농부의 모습을 보여 주면 좋겠어.
× → 밭의 모습이 제시되나 밭을 가는 모습은 제시되지 않음.

⋯ 〈제1수〉에는 비 온 뒤 밭에 묵은 풀이 짙게 자라 있는 모습이 제시되어 있는데, 화자는 이에 대해 '두어라 차례 정한 일이니 매는 대로 매리라'라고 말하고 있다. 따라서 화자가 짙게 자란 묵은 풀을 매는 작업을 할 것임은 알 수 있으나, 〈제1수〉에서 화자가 농기구를 가지고 밭을 갈고 있는 모습이 직접 나타나지는 않으므로 영상시를 제작하기 위한 내용으로 적절하지 않다.

☂ 오답인 이유

③ 매력적인 오답 〈제4수〉는 옷깃을 열고 바람을 쐬고 있는 농부의 모습을 보여 주면 좋겠어.
○ → '청풍에 옷깃 열고 긴 휘파람 흘리 불 때'

⋯ 〈제4수〉에서 농부는 땀을 흘리며 볕 아래에서 일을 하다가 청풍에 옷깃을 열고 휘파람을 불며 쉬고 있다. 따라서 옷깃을 열고 바람을 쐬고 있는 농부의 모습을 보여 주겠다는 계획은 영상시를 제작하기 위한 내용으로 적절하다.

② 〈제3수〉는 농부들이 함께 잡초를 뽑고 있는 모습을 보여 주면 좋겠어.
○ → '잡초 짙은 긴 사래 마주 잡아 둘러내자'

⋯ 〈제3수〉의 '둘러내자'가 '휘감아서 뽑자'라는 뜻을 지닌 말이고 '바라기 역고'가 잡초의 종류를 나타낸다고 하였으므로 〈제3수〉에서 농부들이 이랑의 잡초를 뽑고 있음을 알 수 있다. 특히 〈제3수〉 종장의 '잡초 짙은 긴 사래 마주 잡아 둘러내자'에 사용된 '마주 잡아'라는 시어를 통해 농부들이 힘을 합쳐 이랑의 잡초를 뽑고 있는 모습을 떠올릴 수 있으므로 영상시를 제작하기 위한 내용으로 적절하다.

④ 〈제5수〉는 농부들이 모여 식사하고 있는 모습을 보여 주면 좋겠어.
○ → '내 밥 많을세라 네 반찬 적을세라'

⋯ 〈제5수〉에는 보리밥에 콩잎 나물을 반찬 삼아 밥을 먹는 장면이

나온다. '내 밥 많을세라 네 반찬 적을세라'의 '내'와 '네'를 통해 농부들이 함께 모여 식사하고 있음을 알 수 있으므로 영상시를 제작하기 위한 내용으로 적절하다.

⑤ 〈제6수〉는 해 질 무렵에 농사일을 마치고 마을로 돌아오는 농부의 모습을 보여 주면 좋겠어.
○ → '해 지거든 돌아가자 ~ 호미 메고 돌아올 제'

⋯ 〈제6수〉에는 해 질 무렵에 냇가에서 손발을 씻고 농사 도구인 호미를 메고 돌아오는 농부의 모습이 제시되어 있으므로 영상시를 제작하기 위한 내용으로 적절하다.

03
정답률 63% | 매력적인 오답 ① 18%

〈보기〉를 참고하여 (가)와 (나)를 감상한 내용으로 적절하지 않은 것은? [3점]

〈보기〉

조선 시대 사대부들의 시조에는 자연이 자주 등장하는데, 작품 속 자연에 대한 인식이 같지는 않다. (가)에서의 자연은 속세를 벗어난 화자가 동화되어 살고 싶어 하는 공간이자 안빈낙도(安貧樂道)의 공간으로
관념적인 삶의 공간
그려져 있다. 반면에 (나)에서의 자연은 소박하게 살아가는 삶의 현장이자 건강한 노동 속에서 흥취를 느끼는 공간으로 그려져 있다.
실제로 노동하며 살아가는 삶의 공간

☀ 정답인 이유

② (가)의 화자는 '강산'에서 벗어나 '돌', '청풍'과 하나가 되어 살아가려는 태도를 보이고 있군.
× → 자연에서 살고 싶어 함.

⋯ (가)의 화자는 자신의 거처인 초려삼간에 '돌'과 '청풍'을 들여 살고자 하므로 '돌', '청풍'과 하나가 되어 살아가려는 태도를 보이고 있다. 그런데 화자는 자신의 집이 '강산'을 들일 곳이 없어서 공간을 내어 줄 수는 없지만 그것을 집 주변에 둘러 두고 보겠다고 말하고 있다. 이는 강산에서 벗어나려는 태도가 아니라 '돌', '청풍'과 마찬가지로 '강산'과도 어우러져 살아가려는 태도를 보인 것이다.

☂ 오답인 이유

① 매력적인 오답 (가)의 '초려삼간'은 화자가 안빈낙도하며 사는 공간으로 볼 수 있군.

⋯ 〈보기〉에서 (가)의 자연은 안빈낙도의 공간으로 그려져 있다고 하였다. (가)의 화자는 십 년을 준비해서 방 세 칸짜리 작은 초가집을 마련한 후 '돌', '청풍', '강산'과 같은 자연과 함께 살아가고자 한다. 이는 화자의 '초려삼간'이 자연 속에 있음을 의미하므로 초려삼간을 화자가 안빈낙도하며 사는 공간으로 볼 수 있다.

③ (나)의 '묵은 풀'이 있는 '밭'은 화자가 땀 흘리며 일해야 하는 공간으로 볼 수 있군.

⋯ 〈보기〉의 내용을 고려할 때 (나)에서 자연은 삶의 현장이자 건강한 노동이 이루어지는 공간이다. 따라서 '묵은 풀'이 있는 '밭'을 화자가 땀 흘리며 일해야 하는 공간으로 보는 것은 적절하다.

④ (나)의 '보리밥'과 '콩잎 나물'은 노동의 현장에서 맛보는 소박한 음식으로 볼 수 있군.

⋯ (나)에서 자연은 소박하게 살아가는 삶의 현장으로 그려져 있다고 하였다. 농부들은 농사일을 하다가 보리밥과 콩잎 나물로 함께 식사를 한 뒤 휴식을 취한다. 따라서 '보리밥'과 '콩잎 나물'은 노동의 현장에서 맛보는 소박한 음식으로 볼 수 있다.

⑤ (나)의 화자가 '호미 메고 돌아올' 때에 듣는 '우배초적'에서 농부들의 흥취를 느낄 수 있군.

··· (나)에서 자연은 소박하게 살아가는 삶의 현장이자 건강한 노동 속에서 흥취를 느끼는 공간으로 그려져 있다고 하였다. 따라서 하루의 일을 마치고 돌아오는 화자가 듣는 '우배초적'은 농부의 흥취를 보여 주는 소재라 할 수 있다.

04
정답률 80%

(다)의 글쓴이가 ⊙을 인용한 이유로 가장 적절한 것은?

☀ 정답인 이유

① 자신이 깨달은 바를 뒷받침하기 위해

··· 글쓴이는 ⊙을 인용한 뒤 그 내용을 근거로 하여 '어찌 스스로 힘쓰지 아니하겠는가.'라고 언급하고 있다. 그런데 이 스스로 힘써야 한다는 내용은 복숭아나무를 접붙였던 경험을 통해 글쓴이가 깨달은 내용이므로, 자신이 깨달은 바를 뒷받침하기 위해 당시에 권위를 지녔던 《주역》에 실린 ⊙을 인용하였음을 알 수 있다.

☂ 오답인 이유

② 자신의 상황을 반어적으로 드러내기 위해
× → ⊙은 글쓴이의 깨달음과 일맥상통하는 의미를 지님.

··· ⊙은 글쓴이가 깨달은 내용과 비슷한 맥락을 지녀 깨달은 내용을 뒷받침하는 기능을 하므로, 글쓴이 자신의 상황을 반어적으로 드러내는 것과는 거리가 멀다.

③ 자신의 지식이 보잘것없음을 성찰하기 위해
× → 글쓴이는 자신의 지식이 보잘것없다는 내용을 언급하지 않음.

··· 《주역》에 실린 ⊙을 인용한 까닭은 그 내용을 통해 주제의 설득력을 높일 수 있기 때문인 것이지, 자신의 지식이 보잘것없다고 생각해 이를 성찰하려고 인용한 것이 아니다.

④ 자신과 군자의 삶이 다르지 않음을 강조하기 위해
× → 글쓴이가 자신의 삶을 군자의 삶과 비교한 내용은 없음.

··· 글쓴이가 자신의 삶과 군자의 삶을 비교하지 않았으므로, 자신과 군자의 삶이 다르지 않음을 강조하기 위해 ⊙을 인용하였다는 설명은 적절하지 않다.

⑤ 자신이 살고 있는 세태*를 지난날과 비교하기 위해
× → 글쓴이가 세태를 비교한 내용은 드러나지 않음.

··· 글쓴이가 자신이 현재 살고 있는 세상의 세태를 지난날과 비교하지 않았으므로 자신이 살고 있는 세태를 지난날과 비교하기 위해 ⊙을 인용하였다는 설명은 적절하지 않다.

> *세태(世態): 사람들의 일상생활, 풍습 따위에서 보이는 세상의 상태나 형편 예 오늘날 우리 사회의 세태를 사실적으로 그려 낸 영화가 개봉되었다.

05
정답률 75%

다음은 학생이 (다)를 읽고 정리한 메모이다. ⓐ~ⓔ 중 적절하지 않은 것은?

─〈보기〉─

접목설(接木說)

ⓐ 글쓴이는 '빛깔이 시원치 않'은 꽃과 '부스럼이 돋'은 가지가 달린 복숭아나무를 소재로 글을 썼다. → 1문단

ⓑ 글쓴이는 이웃에 사는 박 씨의 도움으로 '홍도 가지'를 접붙인 후 자라난 꽃과 열매를 본 경험을 제시하였다. → 1문단

ⓒ 글쓴이는 사물이 '자태가 돌연히 다른 모습'으로 바뀌기 위해서는 근본의 변화가 중요함을 강조하였다.
× → 심은 땅의 흙도 뿌리의 종자도 바뀌지 않았음.

ⓓ 글쓴이는 사물이 변화하는 이치를 사람들이 깨달아 실천하게 되면, '악한 생각'을 버리고 '착한 마음'을 자라게 하는 변화가 가능하다고 여겼다. → 3문단

ⓔ 글쓴이는 '늙는 것만 자랑하여 팔다리를 게을리 움직이'는 사람들에게 삶의 태도를 바꾸도록 권하고 싶어 한다. → 4문단

☀ 정답인 이유

③ ⓒ

··· 2문단에서 글쓴이는 홍도 가지를 접붙였던 복숭아나무의 변화에 대해 '심은 땅의 흙도 바꾸지 않고 그 뿌리의 종자도 바꾸지 않았'다면서 '단지 접붙인 한 줄기의 기운으로' 그 자태가 돌연히 다른 모습으로 바뀐 것에 대해 신기해하였다. 즉, 복숭아나무의 자태가 바뀌는 데 근본의 변화가 있었던 것은 아니다.

☂ 오답인 이유

① ⓐ

··· 글쓴이는 집 뒷동산에 있는 복숭아나무를 소재로 글을 시작하고 있는데, 그 복숭아나무가 꽃은 빛깔이 시원치 않고 열매는 맛이 없으며 가지에도 부스럼이 돋고 잔가지가 무더기로 자라 볼 것이 없다고 설명하였다.

② ⓑ

··· 1문단에서 글쓴이는 '지난 봄에 이웃에 박 씨 성을 가진 이의 손을 빌어 홍도 가지를 접붙여 보았'는데 이전에는 볼 것 없는 존재였던 그 복숭아나무에서 아름다운 꽃이 피고 튼실한 열매가 맺은 것을 본 자신의 경험을 제시하였다.

④ ⓓ

··· 1문단과 2문단에서 복숭아나무에 홍도 가지를 접붙였다가 복숭아나무가 매우 아름다운 꽃을 피우고 튼실한 열매로 변모한 것을 본 경험에 대해 설명하였다. 그리고 이어지는 3문단에서 '사물이 변화하고 바뀌어 개혁을 하게 되는 것은 오로지 초목에 국한한 것이' 아니라는 깨달음을 드러내고 있다. 그러면서 구체적으로 옛 가지를 잘라 내버리듯 악한 생각을 내버리고, 새 가지로 접붙이듯 착한 마음의 실마리 싹을 끊임없이 움터 나오게 해야 한다고 말하고 있다.

⑤ ⓔ

··· 글쓴이는 4문단에서 세상 사람들이 '자기가 늙는 것만 자랑하여 팔다리를 게을리 움직'인다고 언급한 뒤, 이러한 사람들에게 '어찌 마음을 분발하여 뜻을 불러일으키기를 권하지 아니하겠는가.'라고 말하였다.

[01~04] 다음 글을 읽고 물음에 답하시오. 2021 3월 고1 전국연합

제대로 작품 분석 ◀ ▶〈보기〉에서 적절한 것을 골라 넣으며 작품을 분석해 보자.

가
[A]
고인(古人)*도 날 못 보고/나도 고인 못 뵈네 ┐ 대구법
학문과 덕이 높은 성현
고인을 못 봐도 **가던 길** 앞에 있네 ├ 연쇄법
가던 길 앞에 있거든 아니 가고 어찌할까 ┘
2

〈제9수〉
▶ 제9수: 성현의 학문 수양을 본받겠다는 다짐

[B]
버슬살이하던 시절
당시(當時)에 가던 길을 몇 해를 버려 두고 ┐
인격 도야와 학문 수양에 힘쓰던 시절   학문 수양을 게을리함.
어디 가 다니다가 이제야 돌아왔는고 ├ 연쇄법
3
이제야 돌아왔으니 **딴 데** 마음 말으리 ┘
학문 수양의 길로 돌아옴.   학문 정진에 대한 다짐

〈제10수〉
▶ 제10수: 학문 수양에 대한 다짐

청산(靑山)은 어찌하여 만고(萬古)에 푸르르며 ┐
└불변성, 영원성   오랜 세월
├ 대구법
유수(流水)는 어찌하여 주야(晝夜)에 그치지 않는고 ┘
낮과 밤
우리도 그치지 마라 만고상청(萬古常靑)*하리라
4

〈제11수〉
▶ 제11수: 학문 수양에 대한 변함없는 의지
– 이황, 〈도산십이곡〉

＊고인: 옛 성인(聖人), 성현
＊만고상청: 아주 오랜 세월 동안 항상 푸름.

❖ 제대로 작품 분석의 〈보기〉
㉠ 변함없는 학문 수양의 태도
㉡ 버슬살이에 대한 후회와 반성
㉢ 학문 수양의 길(성현의 가르침)
㉣ 옛 성현의 가르침을 본받고 살겠다는 다짐(설의법)

❖ 제목의 의미
'도산십이곡'은 '도산 서원에서 지은 열두 곡의 노래'라는 뜻으로, 작가가 벼슬을 사직하고 향리로 돌아와 도산 서원에서 후학을 양성할 때 지은 진 12수의 연시조이다. 자연에 동화된 생활을 하면서 사물을 접하는 감흥을 노래한 '언지 6곡'과 학문 수양에 임하는 심경을 노래한 '언학 6곡'으로 구성되어 있다.

❖ 작가 소개
이황(李滉, 1501~1570): 조선 시대의 유학자. 호는 퇴계(退溪). 조선 성리학 발달의 기초를 형성했다. 벼슬에서 물러난 뒤 고향에 돌아와 도산 서원에서 후진을 양성하고 학문을 닦는 데 힘썼다. 저서에 《퇴계전서(退溪全書)》 등이 있다.

❖ 핵심 정리
· 갈래: 연시조(전 12수)
· 성격: 교훈적, 예찬적
· 주제: 자연 친화적 삶의 추구(언지 6곡)와 학문 수양에 대한 의지(언학 6곡)
· 특징: ① 유학자의 자연 관조적 자세와 학문 정진에 대한 의지가 잘 나타남. ② 작품 전체적으로 보면 어려운 한자어가 많이 쓰임. ③ 대구법, 설의법, 연쇄법 등을 사용하여 주제를 부각함.

나 [장면 1] (처음 ~ 어떠한 사명도 할 수가 없을 것이다)
소주제: 실천하지 않는 지식인에 대한 비판
■ 간단하고 명료: 성인들의 가르침의 특징 ①
■ 누구나 다 알아들을 수 있는 내용: 성인들의 가르침의 특징 ②
■ 불필요한 접속사와 ~ 어렵게 만들어 놓았다: 학자들에 대한 비판 ① – 현실과 괴리됨.
■ 어떻게 살아야 ~ 이러쿵저러쿵 따지려 든다: 학자들에 대한 비판 ② – 실천하지 않음.
■ 생동하던 언행: 성인들의 가르침
■ 지식의 울안에 갇히고 만다: 지식을 위한 지식으로 머물게 됨.
■ 이와 같은 ~ 신용하고 싶지 않다: ¹
■ 맹점: 미처 생각이 미치지 못한, 모순되는 점이나 틈
■ 사색이 따르지 않는 ~ 어디에다 쓸 것인가: 깊이 있는 생각과 실천이 없는 지식은 쓸모가 없음.
■ 바닥이 드러난 세상: 현실에 대한 부정적 인식
■ 곡학아세와 비겁한 침묵: 지식인들의 잘못된 태도
■ 아는 것을 어떻게 살리고 있느냐가 중요하다: 실천의 중요성 강조
■ 인간의 탈을 쓴 인형: ²
■ 인간다운 인간: 주체적이고 실천하는 인간
■ 인형의 집: 실천하지 않고 지식 자체에만 매몰되어 있는 삶

[장면 2] (무학이란 말이 있다 ~ 끝)
소주제: 사회와 이웃에 관심을 갖고 실천하는 자세의 필요성
■ 무용론: ³
■ 많이 배웠으면서도 배운 자취가 없는 것: 무학의 의미 ①
■ 지식 과잉에서 ~ 경계한 뜻에서 나온 말: 무학의 의미 ②
■ 지식이나 정보에 ~ 삶이 소중하다는 말: 무학의 의미 ③
■ 여러 가지 지식에서 ~ 신념이 일상화: 무학의 의미 ④
■ 지식이 인격과 단절될 때: 지식이 삶과 실천에서 멀어질 때
■ 이 시대의 실상을 모른 체하려는 무관심: ⁴
■ 함께 나누어 짊어진다는 뜻: '사랑한다는 것'의 의미
■ 끌려가는 짐승: 주체적이지 못하고 수동적인 인간(= 인형)
■ 신념을 가지고 당당하게 살아야 할 인간: 주체적이고 실천하는 인간(= 살아 움직이는 인간)

– 법정, 〈인형과 인간〉

❖ 제대로 작품 분석의 〈보기〉
㉠ 필요가 없다는 주장
㉡ 주체적이지 못하고 수동적인 인간
㉢ 실천이 없는 학문이나 지식에 대한 불신
㉣ 사회에 관심을 갖지 않고 실천하지 않는 태도

❖ 제목의 의미
'인형'은 '주체적이지 못하고 수동적인 존재로서의 인간'을 의미하고, '인간'은 '주체적이고 실천하는 존재로서의 인간'을 의미한다. 이 작품은 '인형'과 '인간'의 대비를 통해 참된 인간은 인형처럼 수동적이지 않으며, 지식을 배운 다음 그것을 사회와 이웃을 위해 실천해야 한다고 강조하고 있는 수필이다.

❖ 작가 소개
법정(法頂, 1932~2010): 승려이자 수필가. 1954년에 출가하였다. 불교의 가르침을 바탕으로 하여 일상적 소재를 쉽고 간결하게 표현한 수필을 많이 썼다. 주요 작품으로 〈무소유〉, 〈설해목〉, 〈맑은 기쁨〉 등이 있다.

❖ 핵심 정리
· 갈래: 수필
· 성격: 사색적, 비판적
· 주제: 배운 지식을 실천하는 자세의 필요성
· 특징: ① '인형'과 '인간'이라는 비유적 표현의 대비를 통해 주제를 강조함. ② 설의적 표현을 사용하여 의미를 강조함.

가 이황, 〈도산십이곡〉

❶ 수양 ❷ 고인 ❸ 만고상청 ❹ 연쇄법

◆ 제대로 작품 분석

1 ⓒ 2 ⓔ 3 ⓒ 4 ⓙ

나 법정, 〈인형과 인간〉

❶ 비판 ❷ 인형 ❸ 설의

◆ 제대로 작품 분석

1 ⓒ 2 ⓛ 3 ⓙ 4 ⓔ

01

정답률 35% | 매력적인 오답 ⑤ 32%

(가)와 (나)의 공통점으로 가장 적절한 것은?

정답인 이유

① 옛사람의 행적을 긍정적으로 바라보고 있다.

○ → (가): 성인이 남긴 학문의 길을 따르겠다고 다짐함. (나): 성인들의 가르침은 간단하고 명료함.

┈▶ (가)의 화자는 옛 성인('고인')이 남긴 학문의 길을 따르겠다고 다짐하고 있다. 그리고 (나)의 글쓴이는 지나간 성인들의 가르침은 하나같이 간단하고 명료하며 들으면 누구나 다 알아들을 수 있는 내용이라고 하였다. 따라서 (가)와 (나)는 모두 옛사람의 행적을 긍정적으로 바라보고 있음을 알 수 있다.

오답인 이유

⑤ 매력적인 오답 지식인의 부정적 태도에 대한 냉소적*인 인식을 나타내고

(가) ×, (나) ○

있다.

┈▶ (나)에서는 실천하지 않는 지식인들을 부정적으로 바라보며 냉소적인 인식을 나타내고 있지만, (가)에서는 끊임없이 학문에 정진해 온 '고인'의 삶에 대해 긍정적인 인식을 나타내고 있다.

* 냉소적(冷笑的): 쌀쌀한 태도로 업신여기어 비웃는 것 ⓔ 그 친구는 나에게 늘 냉소적이었다.

② 새로운 도전에 대한 기대감을 형상화하고 있다.

(가)와 (나) 모두 ×

┈▶ (가)에서 화자가 학문의 길에서 벗어나 살았던 시절을 반성하며 다시 학문에 정진하겠다는 의지를 보이고 있기는 하지만, 이를 새로운 도전이라고 볼 수는 없다. (나)에는 새로운 도전이 나타나 있지 않다.

③ 사물의 아름다움에 대한 예찬적* 태도를 드러내고 있다.

(가)와 (나) ×

┈▶ (가)에 '청산'과 '유수'에 대한 예찬적 태도가 나타나기는 하지만, 이는 사물의 아름다움이 아니라 자연의 변하지 않는 속성을 예찬한 것이다. (나)에는 사물의 아름다움에 대한 예찬적 태도가 나타나 있지 않다.

* 예찬적(禮讚的): 무엇이 훌륭하거나 좋거나 아름답다고 찬양하는 것 ⓔ 이 소설에는 새로운 시대에 대한 예찬적 태도가 나타나 있다.

④ 자연과 하나 되는 삶의 과정을 순차적으로 제시하고 있다.

(가)와 (나) 모두 ×

┈▶ (가)에서 '청산'과 '유수'처럼 변함없이 학문에 정진하겠다는 화자의 의지가 나타나기는 하지만, 자연과 하나 되는 삶의 모습을 제시

하고 있지는 않다. (나)에도 자연과 하나 되는 삶의 모습이 나타나 있지 않다.

02

정답률 60% | 매력적인 오답 ③ 15%

[A]와 [B]에 대한 설명으로 적절하지 않은 것은?

정답인 이유

④ [A]와 [B]는 모두 부정 표현을 사용하여 반성하는 자세를 드러내고 있다.

[A]와 [B] 모두 ○   [A] ×, [B] ○

┈▶ [A]에서는 '못'과 '아니'라는 부정 표현을 사용하였지만, 성현의 학문 수양을 본받겠다는 자세만 나타날 뿐 반성하는 자세가 드러나 있지 않다. [B]에서는 '말으리'라는 부정 표현을 사용하였으며, '어디 가 다니다가 이제야 돌아왔는고'에 학문 수양을 게을리했던 과거를 반성하는 자세가 드러나 있다. 따라서 [A]와 [B]에서는 모두 부정 표현을 사용했지만, 반성하는 자세는 [B]에만 드러나 있고 [A]에는 드러나 있지 않다.

오답인 이유

③ 매력적인 오답 [A]와 [B]는 모두 의문형 어구를 활용하여 화자의 태도를 드러내고 있다.

[A]: '아니 가고 어찌할까', [B]: '이제야 돌아왔는고'

┈▶ [A]에서는 '아니 가고 어찌할까'라는 의문형 어구를 활용하여 성현의 학문 수양을 본받겠다는 다짐을 드러내고 있다. [B]에서는 '이제야 돌아왔는고'라는 의문형 어구를 활용하여 과거에 대한 반성적 태도를 드러내고 있다.

① [A]는 유사한 문장 구조를 활용하여 운율감을 형성하고 있다.

'고인도 날 못 보고', '나도 고인 못 뵈네'

┈▶ [A]의 초장에서는 '고인도 날 못 보고'와 '나도 고인 못 뵈네'가 대구를 이루며 운율감을 형성하고 있다.

② [B]는 시간과 관련된 표현을 활용하여 상황 변화의 기점을 강조하고 있다.

'당시에 가던 길', '이제야 돌아왔는고'

┈▶ [B]에서는 학문 수양에 소홀했던 '당시'와 다시 학문 수양에 정진하겠다고 다짐하는 '이제'라는 시간과 관련된 표현을 활용함으로써 화자의 태도가 변했음을 강조하고 있다.

⑤ [A]와 [B]는 모두 앞 구절의 일부를 다음 구절에서 반복하여 내용을 연결하

[A]: '고인 못 뵈네' → '고인을 못 봐도', '가던 길 앞에 있네' → '가던 길 앞에 있거든', [B]: '이제야 돌아왔는고' → '이제야 돌아왔으니'

고 있다.

┈▶ [A]에서는 초장의 '고인 못 뵈네'가 중장에서 '고인을 못 봐도'와 같이 반복되고 있으며, 중장의 '가던 길 앞에 있네'가 종장에서 '가던 길 앞에 있거든'과 같이 반복되고 있다. [B]에서는 중장의 '이제야 돌아왔는고'가 종장에서 '이제야 돌아왔으니'와 같이 반복되고 있다. 이렇게 연쇄법을 사용하면 내용을 유기적으로 연결할 수 있다.

※ 〈보기〉를 참고하여 03번과 04번의 두 물음에 답하시오.

─〈보기〉─

문학 작품의 감상 과정에서 독자는 작품에 제시된 대상이나 상황 간의 관계를 파악함으로써 내용을 더 잘 이해할 수 있다. (가)와 (나)의 독

문학 작품의 내용을 더 잘 이해할 수 있는 방법

자는 이러한 방식을 통해 ㉠학문의 길을 걷는 사람이 지녀야 하는 올

(가)와 (나)의 주제 의식

바른 삶의 태도를 발견하게 된다.

(가)와 (나)를 감상한 내용으로 적절하지 <u>않은</u> 것은? [3점]

☀ 정답인 이유

④ (나)에서는 '말의 갈래를 쪼개고 나누'는 태도와 '자신의 문제는 묻어' 두는
<u>→ 서로 대비되는 태도가 아님.</u>
태도가 대비되면서 학문 수양에서 자기 중심적 태도를 버려야겠다는 다짐이
드러나고 있다.

⋯ (나)에서 말의 갈래를 쪼개고 나눈다는 것은 지식인들이 실천은
하지 않고 현실과 괴리된 채 지식 자체에만 매몰되는 모습을 나타낸
것이고, 자신의 문제를 묻어 둔다는 것 역시 행동하고 실천하지 않
는 지식인들의 모습을 나타낸 것이다. 이는 모두 지식인의 잘못된
태도를 나타낸 것이지, 서로 대비되는 태도가 아니다.

☂ 오답인 이유

① 매력적인 오답 (가)의 9수에서는 '고인'과 '나'가 만나지 못하는 현실을 인식
하고 학문 수양이라는 '가던 길'을 매개*로 '고인'을 따르겠다는 화자의 의도
가 드러나고 있다.

⋯ (가)의 9수에서는 비록 화자가 옛 성현을 직접 만날 수는 없지만,
성현이 걸었던 학문 수양의 길을 자신도 걸음으로써 성현의 가르침
을 본받겠다는 화자의 다짐을 드러내고 있다.

> *** 매개(媒介):** 둘 사이에서 양편의 관계를 맺어 줌. ⑩ 문학은 우리 두
> 사람 사이를 이어 주는 <u>매개</u>의 역할을 하고 있다.

② (가)의 10수에서는 '당시에 가던 길'과 '딴 데'가 대비되면서 학문 수양 이외
에 다른 것에는 힘을 쏟지 않겠다는 화자의 의지가 드러나고 있다.

⋯ (가)의 10수에서는 학문 수양에 힘썼던 시절을 의미하는 '당시에
가던 길'과 벼슬길에 올라 학문 수양에 소홀할 수밖에 없었음을 의미
하는 '딴 데'를 대비하고 있다. 화자는 '딴 데 마음 말으리'라고 하며
앞으로는 학문 수양에만 전념하겠다는 의지를 드러내고 있다.

③ (가)의 11수에서는 '청산'과 '유수'의 공통적 속성이 '우리도 그치지' 않겠다는
다짐과 연결되면서 끊임없이 학문에 정진*하겠다는 자세가 드러나고 있다.

⋯ (가)의 11수에서는 불변성과 영원성을 공통적 속성으로 하는 '청
산'과 '유수'를 예찬하면서 끊임없이 학문에 정진하겠다는 화자의 자
세를 드러내고 있다.

> *** 정진(精進):** 힘써 나아감. ⑩ 그는 조용한 암자에 머물며 공부에 <u>정진</u>
> 하였다.

⑤ (나)에서는 '살아 움직이는 인간'과 '끌려가는 짐승'이 대비되면서 학문을 통
해 배운 신념을 바탕으로 당당하게 살아가겠다는 태도가 드러나고 있다.

⋯ (나)에서는 주체적이고 실천하는 인간을 뜻하는 '살아 움직이는
인간'과 주체적이지 못하고 수동적인 인간을 뜻하는 '끌려가는 짐승'
을 대비함으로써 배운 지식을 사회와 이웃을 위해 실천하며 당당하
게 살아가야 한다고 강조하고 있다.

(나)의 무학(無學)의 의미를 바탕으로 〈보기〉의 ㉠을 설명한 내용으로 적
절하지 <u>않은</u> 것은?

☀ 정답인 이유

② 배움이 부족하여 지식을 인격과 별개로 보는 태도이다.
× → 지식을 인격과 별개로 보는 지식인은 사이비요 위선자가 됨.

⋯ (나)의 '무학(無學)'을 있는 그대로 해석하면 '배운 것이 없음.'이라
는 뜻이다. 하지만 글쓴이는 4문단에서 '무학'은 '전혀 배움이 없거나
배우지 않았다는 뜻이 아님.'이라고 설명하고 있으며, '지식이 인격
과 단절될 때 그 지식인은 사이비요 위선자가 되고 만다.'라고 강조
하고 있다. 즉, 지식을 인격과 별개로 보는 태도는 학문의 길을 걷는
사람이 지녀야 하는 올바른 삶의 태도가 아니라, 경계하고 지양해야
할 삶의 태도이다.

☂ 오답인 이유

③ 매력적인 오답 많이 배웠으면서 배운 자취를 자랑하지 않는 태도이다.
○ → 4문단의 '많이 배웠으면서도 배운 자취가 없는 것을 가리킴'

⋯ 4문단에서 '무학'은 '많이 배웠으면서도 배운 자취가 없는 것'을
가리킨다고 하였다.

① 지식의 과잉에서 오는 관념성을 경계하는 태도이다.
○ → 4문단의 '지식 과잉에서 오는 관념성을 경계한 뜻에서 나온 말'

⋯ 4문단에서 '무학'은 '학문이나 지식을 코에 걸지 않고 지식 과잉에
서 오는 관념성을 경계한 뜻에서 나온 말'이라고 하였다.

④ 지식에서 추출된 진리에 대한 신념이 일상화된 태도이다.
○ → 4문단의 '지식에서 추출된 진리에 대한 신념이 일상화'

⋯ 4문단에서 '무학'은 '여러 가지 지식에서 추출된 진리에 대한 신념
이 일상화'된 것이라고 하였다.

⑤ 지식이나 정보에 얽매이지 않은 자유롭고 발랄한 태도이다.
○ → 4문단의 '지식이나 정보에 얽매이지 않은 자유롭고 발랄한 삶이 소중하다는 말'

⋯ 4문단에서 '무학'은 '지식이나 정보에 얽매이지 않은 자유롭고 발
랄한 삶이 소중하다는 말'이라고 하였다.

[01~04] 다음 글을 읽고 물음에 답하시오.   2020 11월 고1 전국연합

제대로 작품 분석   ▶〈보기〉에서 적절한 것을 골라 넣으며 작품을 분석해 보자.

(가) 행장이 거제에 진을 치고 이순신을 해치기 위해 온갖 계책을 내고 있
왜군의 선봉장 – 실존 인물   중심인물 – 실존 인물
었다. 하루는 행장이 부하 장수인 요시라에게 말하였다.
행장의 부하

"이순신을 결단낼 계책을 행하라."

요시라가 명을 듣고 평소 교류가 있던 김응서를 찾아가 은근히 말하였다.
조선의 장수

┌ "우리 평행장은 본래 처음부터 화친하고자 했으나, 청정이 홀로 싸움
│   행장   다툼 없이 가까이 지냄. 왜군의 장수
│ 을 주장하는 통에, 서로 틈이 생겨 이제는 청정을 죽이려 하고 있소이
[A] 다. 오래지 않아 청정이 다시 바다에 나오리니, 내가 연락하거든 그
│ 즉시 수군을 거느리고 나아와 공격하면 청정을 죽일 수 있을 것이오.
│
└ 그렇게 되면 조선의 원수도 갚고 우리 장군의 한도 씻을 것이오."
「」: 이순신을 없애기 위한 왜군의 책략

응서가 이 일을 조정에 고하니, 조정에서는 요시라의 말을 믿고 이순신
ㄹ
에게 바다로 나아가 청정을 치게 하였다. 권율 또한 한산도에 이르러 순신
조선의 장수
에게 말하였다.

"그대는 마땅히 요시라의 약속을 믿고 기회를 잃지 않도록 하라."

하지만 이순신은 이것이 도적의 간사한 계략인 줄 알고 출전을 주저하
이순신만이 적의 계책을 알아차림.
였다.

정유년 정월에 드디어 웅천에서 보고가 올라왔다.

"이번 달 십오 일에 청정의 선봉 부대가 장문포에 이르렀다."
이순신이 출전해야 할 상황이었음.
뒤이어 요시라에게서도 연락이 왔다.

"청정이 이미 뭍에 내렸다."
이순신이 출전하지 않아 청정을 죽일 기회를 잃었다는 의미
이미 기회를 잃었다는 소식이었다. 조정에서는 이 소식을 듣고 그 허물
잘못 저지른 실수
을 순신에게 물었다.   ▶ 왜군의 계책으로 조정에 책임 추궁을 당하게 된 이순신

[중략 부분의 줄거리] 통제사로 임명된 원균은 칠천도에서 크게 패하고, 선조는 이순신을 다
시 통제사에 임명한다.

「순신이 군관 십여 명과 아전 수십 명을 데리고 진주를 지나 옥과에 이르
「」: 2
니, 백성들이 길을 메우고 순신을 따르거늘, 순신의 군사가 이미 백여 명
이순신에 대한 백성들의 두터운 신망
이 넘었다. 순천에 이르러 무기를 내어 가지고 보성에 가서 보니, 겨우 십
여 척의 전선이 남아 있을 뿐이었다.」 전라 수사 김억추를 불러, 전선을 수
전쟁을 치르기에 매우 불리한 상황
습하라 하고, 또 다른 장수에게는 서둘러 전선을 만들라 하고, 또한 장수
들을 모아 엄하게 주의를 주어 말하였다.

"우리는 왕명을 받자왔으니 마땅히 죽기를 각오하고 나라의 은혜를 갚
죽기를 각오하고 싸우고자 하는 멸사봉공의 정신
으리라."

말씀에 의기가 깊게 배어 있으니, 장수들 중에 감동하지 않는 이가 없었
다. 한편 조정에서는 이순신이 가진 배가 적어 도적을 막지 못할까 걱정하
상황을 제대로 판단하지 못하는 조정의 무능함
여, 차라리 육지에 올라 싸우라고 명하였다. 그러자 순신이 이렇게 임금께

아뢰어 청하였다.

임진년부터 오륙 년 동안 적이 감히 전라도와 충청도를 침범하지 못한
것은 우리 수군이 요해처를 지킨 결과입니다. 이제 신이 전선 육십 척을
전쟁에서, 자기편에는 꼭 필요하면서도 적에게는 해로운 지점
거느리고 나아가 죽기를 각오하고 싸우면 가히 승리할 수 있을 것입니다.
만약 바다를 버리면 적이 서해 바다를 거쳐 한강으로 들어갈 것이니, 어찌
3
두렵지 아니하리이까. 그러하오나 신이 죽기 전에는 도적이 감히 업신여
기지 못하리이다.

정유년 구월에 적선 수백 척이 바다를 덮어 오거늘, 순신이 다급하게 명
조선의 수군과 대비되는 상황
령하길,

"십여 척 전선으로 맞아 싸우라."

하는데, 거제 부사 안위가 가만히 도망하려 하는 것이었다. 순신이 이를
보고 맨 앞에서 외쳤다.

"안위 너가 어찌 군법에 죽으려 하느냐? 너가 이제 달아나면 살 수 있을
도망치는 안위를 크게 혼내는 이순신
거라 생각하느냐!"

안위가 당황하여 큰 소리로 대답하길,

"어찌 진격치 아니하리이까."

하고는, 적진에 달려들어 싸우는데, 적선이 안위의 배를 둘러싸고 공격하
사면초가의 상황
니 안위가 거의 죽게 되었다. 이를 본 순신이 급히 구원하러 가는데, 적선
수백 척이 함께 나와 순신을 둘러싸고 어지러이 공격하니, 대포 소리가 바
4
다에 진동하고 창검이 사방을 둘러싸는지라. 순신이 바다에서 곤경에 처
한 것을 보고 장수들이 탄식하여 말하길,

"우리가 이곳에 있는 것은 오로지 통제사를 믿기 때문이다. 이제 이렇듯
이순신
위태로우니 어찌 가만히 있으리오."

하고는, 전선을 휘몰아 적을 공격하니라. 조선 수군이 죽음을 각오하고 싸
우니, 적이 당황하여 잠깐 물러나게 되었다. 그러자 순신이 그 틈을 타 적
을 많이 죽이니 결국 적이 패하여 달아나더라.
위기를 극복하고 승리하는 이순신   ▶ 열악한 군사력으로 왜군에 맞서 싸우는 이순신
– 작자 미상, 〈임진록〉

❖ **제대로 작품 분석의 〈보기〉**

ㄱ 안위를 구하려다 위기에 빠진 이순신
ㄴ 이순신이 바다에서 싸우려고 하는 이유
ㄷ 이순신의 행적을 서술자가 요약하여 서술함.
ㄹ 적의 계획을 파악하지 못하는 조정의 무능함

❖ **제목의 의미**
'임진왜란'이라는 역사적 사실에 허구적 요소를 가미한 역사 군담 소설로, 실존 인물을
등장시켜 패전으로 인한 수모를 정신적으로 보상받기 위한 소망을 드러내고 있는 작품
이다. 임진왜란 이후 조선 사회가 지닌 여러 가지 문제점들을 민중의 시각에서 제기하
면서 날카로운 방법으로 비판하고 있어 큰 의미를 지닌다.

❖ **전체 줄거리**
〈임진록〉은 한 인물을 주인공으로 하는 다른 소설들과는 달리 여러 인물들의 일화들
을 순차적으로 엮은 단편집의 성격을 띠며, 내용은 다음과 같이 크게 네 부분으로 구
성되어 있다.
① 임진왜란이 일어나기 직전의 국내외 사정과 왜의 침략 기도
② 나라를 지키려는 민중들은 결사 항전하지만, 부패하고 무능한 왕조와 양반 계급은
책임을 회피하고 도망가기에만 급급함.
③ 곳곳에서 의병이 일어나고 육지와 바다에서 왜적에게 패배를 안겨 주면서 마침내
전쟁에서 승리함.
④ 전후 수습 과정으로 사명당이 왜에 건너가 항복을 받음.

❖ 핵심 정리
- 갈래: 역사 소설, 군담 소설
- 성격: 전기적(傳奇的), 설화적
- 주제: 임진왜란 패배에 대한 정신적 보상과 승리
- 배경: 시간 – 임진왜란 전후
  공간 – 조선 팔도 및 왜국
- 특징: ① 역사적 사실을 바탕으로 민중의 소망을 반영함. ② 임진왜란을 전후하여 전해지는 전쟁 설화들을 문자로 정착시킴. ③ 임진왜란 중에 활약한 인물들의 영웅적 활약상을 나열하는 방식으로 전개됨.

❹ [장면 1] (S#51)

소주제: 적에 맞서 싸우려는 이순신의 계획에 반대하는 부하들

- **우수영. 이순신 집무실:** 공간적 배경
- **우수영:** 전라도와 경상도의 각 우도(右道)에 둔 수군절도사의 군영
- **혼이 담기는 글씨:** 결연한 의지를 보여 줌.
- **장계:** 지방에 나가 있는 신하가 중요한 일을 왕에게 보고하던 일
- **전하… 지금 신에게는 ~ 할 수 있는 일입니다:** 현재의 상황을 언급하며 자신의 의지를 표현함.
- **글씨를 쓰던 ~ 파르르 떨린다:** 몸이 정상적이지 않은 상황임을 알 수 있음.
- **울돌목의 좁은 ~ 싸우려는 계획:** ¹
- **소장:** 장수가 자기를 낮추어 이르던 말
- **이 싸움은 불가합니다:** 싸움에서 이길 수 없다고 생각함.
- **다른 장수들도 ~ 뚫고 외친다:** 대부분의 장수가 이순신의 계획에 반대함.
- **구선:** 거북선
- **전선이 귀하고 군사 한 명이 귀한 때:** 그럴듯한 이유를 붙여 싸움을 피하려고 함.
- **그대들의 뜻이 정히 그러하다면……. 좋다:** 장수들의 예상과는 다른 이순신의 반응
- **장수들의 안색이 다소나마 밝아진다:** ²

[장면 2] (S#52)

소주제: 죽음을 각오하고 싸우기 위해 우수영을 불태우는 이순신

- **(밤):** 시간적 배경
- **화광:** 타는 불의 빛
- **두려움과 불안함, ~ 긴장된 분위기:** ³
- **커다란 기름통을 ~ 김돌손, 황보만:** 두 사람에게 미리 기름을 가져오라고 지시했음을 알 수 있음.
- **부어라:** 우수영을 불태우기 위해 기름을 부으라고 명령함.
- **(망설인다) ……:** 내적 갈등
- **우수영 본채에 기름을 붓기 시작한다:** 예상하지 못한 이순신의 결정
- **놀라며 웅성거리는 ~ 이순신을 쳐다본다:** 이순신의 뜻을 헤아리지 못하고 당황해하는 군사들
- **순식간에 불길에 휩싸이는 본채:** ⁴
- **아직도 살고자 ~ 금치 못할 일이다:** 강하게 군사들을 질책하는 이순신
- **우수사 배설:** 거북선에 불을 지르고 도주한 장수
- **그래서 우리는 구선도 더 이상 없다:** 절망적인 상황
- **사색:** 죽은 사람처럼 창백한 얼굴빛
- **바다에서 죽고자:** 우수영을 불태우는 이유
- **살아도 더 이상 돌아올 곳이 없다:** 죽음을 각오하고 싸울 수밖에 없음.

– 전철홍 · 김한민, 〈명량〉

❖ 제대로 작품 분석의 〈보기〉

> ㉠ 열악한 상황에서 이순신이 선택한 방법
> ㉡ 이순신이 자신들의 의견을 받아들일 것이라고 생각함.
> ㉢ 지시문을 통해 인물들의 심리와 분위기를 직접 제시함.
> ㉣ 이제 군사들에게는 돌아올 곳이 없음. – 죽음을 각오하고 싸우겠다는 이순신의 의지

❖ 제목의 의미

'명량'은 전라남도 해남군 화원반도와 진도 사이에 있는 좁은 해협을 가리킨다. 이 작품

은 1597년(선조 30년) 이순신이 이끄는 조선 수군이 명량에서 왜군을 크게 무찌른 명량 대첩을 바탕으로 한 영화 〈명량〉의 시나리오이다. 영화 〈명량〉은 2014년에 개봉하여 한국 영화 사상 최다 관객을 동원하는 기록을 세웠다.

❖ 전체 줄거리

오랜 전쟁으로 인해 혼란이 극에 달한 조선으로 왜군이 또다시 북상해 온다. 나라가 존망의 위기에 처하자 조정에서는 누명을 쓰고 파면당했던 이순신 장군을 삼도수군 통제사로 재임명한다. 그러나 이순신 장군이 돌아왔을 때에는 이미 두려움에 가득 차 전의를 잃은 병사와 백성들만이 남아 있고, 설상가상으로 마지막 희망이었던 거북선 마저 불에 타버리고 만다. 여기에 뛰어난 지략을 지녔으나 잔인하기 그지없는 장수 구루지마가 왜군 대장으로 나서 330척의 배를 이끌고 다가온다. 이순신 장군은 12척의 배를 이끌고 명량 바다에서 외로운 싸움을 시작한다. 힘겨운 싸움 끝에 이순신과 조선 수군은 구루지마를 죽이고, 결국 왜군은 퇴각하게 된다.

❖ 핵심 정리
- 갈래: 시나리오
- 성격: 영웅적, 교훈적
- 주제: 이순신의 영웅적 활약
- 특징: ① 대비되는 인물들의 태도를 통해 주인공의 영웅적인 모습을 부각함. ② 지시문을 활용하여 인물들의 심리, 행동, 상황 등을 효과적으로 제시함.

제대로 감상법 모범 답안

❼ 작자 미상, 〈임진록〉

❶ 이순신 ❷ 조정 ❸ 소망

❖ 제대로 작품 분석
1 ㉣ 2 ㉢ 3 ㉡ 4 ㉠

❹ 전철홍 · 김한민, 〈명량〉

❶ 안위 ❷ 우수영 ❸ 울돌목 ❹ 지시문

❖ 제대로 작품 분석
1 ㉠ 2 ㉡ 3 ㉢ 4 ㉣

01

정답률 70%

(가)에 대한 이해로 적절하지 않은 것은?

🔆 **정답인 이유**

⑤ 안위는 적을 피해 달아나다가 적선에 둘러싸여 위기에 처했다.
  × → 적진에 달려들어 싸우다가

··· 적선 수백 척을 보고 가만히 도망하려 했던 안위는 이순신의 '군법에 죽으려 하느냐?'라는 호통을 듣고 적진에 달려들어 싸우다가 적선에 둘러싸여 거의 죽을 위기에 처하게 된다. 즉, 안위는 적을 피해 달아나다가 위기에 처한 것이 아니라 적과 싸우다가 위기에 처한 것이다.

☂ **오답인 이유**

① 요시라는 행장의 명을 수행하기 위해 김응서를 찾아갔다.
  ○ → '요시라가 명을 듣고 평소 교류가 있던 김응서를 찾아가'

··· 이순신을 결딴낼 계책을 행하라는 행장의 명을 듣고, 요시라는 그 명을 수행하기 위해 평소 교류가 있던 김응서를 찾아갔다.

② 권율은 순신에게 요시라를 믿고 청정을 공격할 것을 지시했다.
  ○ → '권율 또한 ~ 마땅히 요시라의 약속을 믿고'

··· 조정에 이어 권율 또한 이순신에게 마땅히 요시라의 약속을 믿고 기회를 잃지 않도록 하라고 지시하였다.

③ 김억추는 순신으로부터 전선을 수습하라는 명을 받았다.
○ → '김억추를 불러, 전선을 수습하라 하고'

⋯ 순천에 이르러 무기를 내어 가지고 보성에 도착한 이순신은 겨우 십여 척의 전선만 남아 있는 것을 보고 전라 수사 김억추를 불러 전선을 수습하라고 명하였다.

④ 순신은 바다를 버리면 적이 한강으로 들어갈 것이라고 생각했다.
○ → '바다를 버리면 적이 서해 바다를 거쳐 한강으로 들어갈 것이니'

⋯ 이순신은 육지에 올라 싸우라는 명을 받자, 임금께 아뢰어 만약 바다를 버리면 적이 서해 바다를 거쳐 한강으로 들어갈 것이라며 바다에서 싸우기를 청하였다.

02
정답률 80%

(나)에 대한 설명으로 가장 적절한 것은?

☀ 정답인 이유

⑤ S#51에서 장수들이 싸움이 불가하다고 한 것은 S#52에서 이순신이 우수영
○ → 싸움이 불가하다고 말하는 장수들(원인) → 우수영 본채를 불태우는 이순신(결과)
본채를 불태워 자신의 결심을 드러내는 것의 계기가 된다.

⋯ S#51에서 안위를 비롯한 장수들은 '승산이 없는 싸움입니다! 훗날을 도모하십시오.'라며 싸움이 불가하다고 말하고 있다. 이를 계기로 이순신은 S#52에서 군사들을 마당에 모이게 하고 우수영 본채를 불태운 후 '나는 바다에서 죽고자 우수영을 불태운다!'라며 자신의 결심을 드러내고 있다.

☂ 오답인 이유

① S#51에서 이순신이 숙연한* 얼굴로 장계를 쓴 것은 S#52에서 장수들이 기대감을 키우는 것의 원인이 된다.

⋯ S#52에서 장수들이 기대감을 가지게 된 것은, S#51에서 싸움이 불가하다는 자신들의 주장에 이순신이 '그대들의 뜻이 정히 그러하다면……'이라고 했기 때문이다.

✱ 숙연(肅然)하다: 고요하고 엄숙하다. 📖 처음 가 본 법정은 분위기가 매우 숙연했다.

② S#51에서 안위가 이순신에게 무릎을 꿇은 것은 S#52에서 이순신의 망설임이 표출되는 것의 근거가 된다.

⋯ S#51에서 안위를 비롯한 장수들이 이순신에게 무릎을 꿇은 것은 사실이지만, S#52에 이순신의 망설임이 나타나 있지는 않다. S#52에서 망설이고 있는 것은 본채에 불을 놓으라는 명을 들은 김돌손과 황보만이다.

③ S#51에서 안위가 군사 한 명도 귀하다고 한 것은 S#52에서 군사들이 생각을 바꾸어 절망을 극복하는 것의 이유가 된다.

⋯ S#52에는 '우리는 죽음을 피할 수 없다!'라는 이순신의 말에 절망하는 군사들의 모습만 나타날 뿐, 군사들이 생각을 바꾸어 절망을 극복하는 모습은 나타나 있지 않다. 그리고 이러한 상황과 S#51에서 안위가 군사 한 명도 귀하다고 한 것은 아무 관련이 없다.

④ S#51에서 이순신이 군사들을 모으라 명령한 것은 S#52에서 군사들이 두려움으로 구선에 불을 지르는 것의 동기가 된다.

⋯ S#51에서 이순신이 군사들을 모으라 명령한 것은 우수영 본채를 불태우고 군사들을 독려하기 위해서이다. 그리고 S#52에 나타난 이순신의 말에 따르면 구선에 불을 지른 것은 우수사 배설이다. 군사들이 두려움으로 구선에 불을 지른 것이 아니다.

03
정답률 90%

[A]와 [B]의 말하기 방식으로 가장 적절한 것은?

☀ 정답인 이유

④ [A]는 벌어질 상황을 언급하며 상대에게 정보를 제공하고 있고, [B]는 현재
○ → '청정을 죽일 수 있을 것'(벌어질 상황), '청정이 다시 바다에 나오리니'(정보 제공)
의 상황을 언급하며 자신의 의지를 표현하고 있다.
○ → '열두 척의 배'(현재의 상황), '죽을힘을 다하여'(의지 표현)

⋯ [A]에서는 '수군을 거느리고 나아와 공격하면 청정을 죽일 수 있을 것'이라고 벌어질 상황을 언급하며 '오래지 않아 청정이 다시 바다에 나오리니'라고 상대에게 정보를 제공하고 있다. [B]에서는 '아직 열두 척의 배가 남아 있사옵니다.'라고 현재의 상황을 언급하며 '죽을힘을 다하여 싸우면 오히려 할 수 있는 일입니다.'라고 자신의 의지를 표현하고 있다.

☂ 오답인 이유

① [A]는 역사적 사실을 제시하며 상대를 조롱하고 있고, [B]는 자신의 신분을 언급하며 상대를 질책*하고 있다.

⋯ [A]에는 역사적 사실이나 상대를 조롱하는 내용이 나타나 있지 않으며, [B]에도 신분 언급이나 상대를 질책하는 내용이 나타나 있지 않다.

✱ 질책(叱責): 꾸짖어 나무람. 📖 아버지의 질책에 나는 아무런 변명도 하지 않았다.

② [A]는 현실의 상황을 고려하며 자신의 주장을 유보*하고 있고, [B]는 주어진 상황을 분석하며 상대의 희생을 강요하고 있다.

⋯ [A]는 이순신을 없애기 위한 왜군의 계책일 뿐 자신의 주장을 유보하고 있지 않으며, [B]는 자신의 의지를 드러낼 뿐 상대의 희생을 강요하고 있지 않다.

✱ 유보(留保): 어떤 일을 당장 처리하지 아니하고 나중으로 미루어 둠. 📖 그는 작가의 꿈을 유보한 채 출판사를 운영하고 있다.

③ [A]는 과거의 경험을 회상하며 자신의 행위를 비판하고 있고, [B]는 미래의 상황을 가정하며 자신의 행위를 정당화*하고 있다.

⋯ [A]에는 회상이나 자신의 행위를 비판하는 내용이 나타나 있지 않으며, [B]에도 가정이나 자신의 행위를 정당화하는 내용이 나타나 있지 않다.

✱ 정당화(正當化): 정당성이 없거나 정당성에 의문이 있는 것을 무엇으로 둘러대어 정당한 것으로 만듦. 📖 어떤 이유로도 폭력을 정당화할 수는 없다.

⑤ [A]는 문제 상황을 언급하며 상대에게 해결 방법을 제시하고 있고, [B]는 문제가 해결된 현실을 언급하며 자신의 감정을 토로하고 있다.

⋯ [A]에 언급된 문제 상황과 해결 방법은 모두 이순신을 없애기 위한 계책일 뿐이며, [B]는 어려운 상황이지만 죽을힘을 다해 해결하겠다는 의지를 드러낼 뿐 문제가 해결된 현실이 아니다.

〈보기〉를 바탕으로 (가)와 (나)를 비교한 내용으로 적절하지 **않은** 것은? [3점]

〈보기〉

서사 갈래에서는 서술자가 이야기 진행 과정을 요약하여 서술하거
나 상황을 직접 묘사할 수 있고, 인물의 정서나 태도, 행동 등을 독자에
게 직접 설명하기도 한다. 반면 극 갈래에서는 서술자가 없어 주로 대
사를 활용하여 이야기의 진행 과정이 제시되는데, 연출을 위한 지시문
을 통해 인물의 정서나 태도, 행동, 상황 등이 제시되기도 한다.

(서사 갈래의 특징 ①, 서사 갈래의 특징 ②, 극 갈래의 특징 ①, 극 갈래의 특징 ②)

☀ 정답인 이유

② (가)에서는 '마땅히 죽기를 각오'해야 한다는 장수들의 결심에 감동하는 순신
의 정서를 서술자가 직접 설명하고 있고, (나)에서는 '본채에 기름을 붓기 시
작'하자 당황하는 군사들의 정서가 지시문을 통해 제시되고 있다.
(× → 이순신의 결심에 장수들이 감동함.)

┅ (가)에서는 장수들의 결심에 이순신이 감동한 것이 아니라 '마땅
히 죽기를 각오하고 나라의 은혜를 갚으리라.'라는 이순신의 말에 장
수들이 감동한 것으로, 이러한 장수들의 정서를 서술자가 직접 설명
하고 있다. (나)에서는 본채에 기름을 붓기 시작하자 당황한 군사들
의 정서를 '놀라며 웅성거리는 군사들'과 같은 지시문을 통해 제시하
고 있다.

☂ 오답인 이유

③ 【매력적인 오답】 ③ (가)에서는 전투를 '명령하'는 순신의 '다급'한 태도를 서
술자가 직접 설명하고 있고, (나)에서는 장수들에게 대답을 하는 이순신의
'담담'한 태도가 지시문을 통해 제시되고 있다.

┅ (가)에서는 '순신이 다급하게 명령하길'이라고 서술자가 이순신의
태도를 직접 설명하고 있고, (나)에서는 '(의외로 담담하게)'라고 이
순신의 태도를 지시문을 통해 제시하고 있다.

① (가)에서는 순신이 '진주를 지나' '보성'에 이르기까지의 과정을 서술자가 요
약하여 서술하고 있고, (나)에서는 안위가 '승산이 없는 싸움'이라며 이순신
을 설득하는 과정이 대사를 통해 제시되고 있다.

┅ (가)에서는 통제사로 다시 임명된 이순신이 '진주 → 옥과 → 순
천 → 보성'에 이르는 과정을 서술자가 요약하여 서술하고 있고,
(나)에서는 '소장 목숨을 걸고 ~ 이 싸움은 불가합니다!', '아무리 적
들을 ~ 귀한 때입니다!', '뜻을 거두지 ~ 칼에 죽겠습니다!'와 같이
안위가 이순신을 설득하는 과정이 대사를 통해 제시되고 있다.

④ (가)에서는 '창검이 사방을 둘러싸'서 순신이 위기에 처한 상황을 서술자가
묘사하고 있고, (나)에서는 '화광이 어지럽게 군사들을 비추'는 긴장된 상황
이 지시문을 통해 제시되고 있다.

┅ (가)에서는 '적선 수백 척이 ~ 창검이 사방을 둘러싸는지라.'라고
서술자가 이순신이 위기에 처한 상황을 묘사하고 있고, (나)에서는
'화광이 어지럽게 군사들을 비추고 ~ 긴장된 분위기다.'라고 긴장된
상황을 지시문을 통해 제시하고 있다.

⑤ (가)에서는 장수들이 '전선을 휘몰아 적을 공격하'는 행동을 서술자가 직접
설명하고 있고, (나)에서는 이순신이 '파르르 떨'리는 손의 '경련'에도 '다시
글씨를 이어 가'는 행동이 지시문을 통해 제시되고 있다.

┅ (가)에서는 '전선을 휘몰아 적을 공격하니라.'라고 적과 싸우는 장
수들의 행동을 서술자가 직접 설명하고 있고, (나)에서는 '오른손이
경련으로 파르르 떨린다. 왼손으로 잡고 다시 글씨를 이어 가는'과
같이 비장한 각오로 임금에게 장계를 쓰는 이순신의 행동을 지시문
을 통해 제시하고 있다.

갈래 복합 05 | 태산이 높다 하되~ | 사청사우 | 이옥설

▶ 문제편 166~167쪽

정답 | **01** ③　**02** ⑤　**03** ④　**04** ①

[01~04] 다음 글을 읽고 물음에 답하시오. 　2020 6월 고1 전국연합

제대로 작품 분석 ▶〈보기〉에서 적절한 것을 골라 넣으며 작품을 분석해 보자.

가 태산이 높다 하되 하늘 아래 뫼히로다.
(산이로다)
「오르고 또 오르면 못 오를 리 업건마는,」 『』: 실천과 노력의 중요성
(2)
「사람이 제 아니 오르고 뫼만 높다 하더라.」
(3) 『』: 핑계를 대고 노력하지 않는 사람들 비판

– 양사언의 시조

◆ **제대로 작품 분석의 〈보기〉**

⊙ 노력하지 않고
© 높은 이상과 목표
© 목표를 이루기 위한 노력

◆ **작가 소개**

양사언(楊士彦, 1517~1584): 조선 시대의 문신이자 서예가. 호는 봉래(蓬萊). 1546년(명
종 1년) 문과에 급제하여 이후 40여 년간 관직 생활을 하였다. 안평 대군, 김구(金緋),
한호 등과 함께 조선 전기의 4대 서예가로 꼽히며 시에도 능하였다. 저서에 《봉래시집》
이 있다.

◆ **핵심 정리**

· 갈래: 평시조
· 성격: 교훈적, 비유적
· 주제: 목표를 이루기 위한 실천과 노력의 중요성
· 특징: ① 삶의 교훈을 전달하고자 하는 목적성이 두드러짐. ② 이상을 이루기 위한
도전과 노력을 산에 오르는 것에 비유함.

나
```
[A] ┌ 乍晴還雨雨還晴   언뜻 개었다가 다시 비가 오고 비 오다가 다시
  │       변덕스러운 날씨      개이니,
  └ 天道猶然況世情   하늘의 도도 그러하거늘, 하물며 세상 인정이라.

[B] ┌ 譽我便是還毁我   「나를 기리다가 문득 돌이켜 나를 헐뜯고,
  │       『』: 변덕스러운 사람들의 모습 – 대구법
  └ 逃名却自爲求名   공명을 피하더니 도리어 스스로 공명을 구함이라.」

[C] ┌ 花門花謝春何管   「꽃이 피고 시는 것을, 봄이 이찌 다스릴고.
  │       자연의 순리        순리에 맡기는 존재
  └ 雲去雲來山不爭   구름 가고 구름 오되, 산은 다투지 않음이라.」
      가변적인 대상       불변적인 대상   『』: 대조법

[D] ┌ 寄語世人須記認   「세상 사람들에게 말하노니, 반드시 기억해 알아
  │               두라
  └ 取歡無處得平生   기쁨을 취하려 한들, 어디에서 평생 즐거움을
                  얻을 것인가를.」 『』: 도치법
```

– 김시습, 〈사청사우(乍晴乍雨)*〉

* **사청사우(乍晴乍雨):** 날이 맑았다 비가 오다 함. 변덕스런 날씨를 가리킴.

◆ **제대로 작품 분석의 〈보기〉**

⊙ 세태에 따라 인정이 변하는 사람들
© 날씨처럼 변덕스러운 인정 – 염량세태(炎凉世態)
© 세태에 따라 처세를 달리한다고 즐거움을 얻을 수는 없음.

제목의 의미
'사청사우'는 '날이 맑았다 비가 오다 함.'을 뜻하는 말로, 이러한 날씨에 빗대어 세상 인정의 변덕스러움을 노래한 작품이다. 화자는 세속적인 가치의 헛됨을 경계하면서 순리대로 의연하게 살라고 충고하고 있다. 대구법, 대조법, 도치법 등을 활용하여 주제 의식을 효과적으로 형상화하고 있다.

작가 소개
김시습(金時習, 1435~1493): 조선 전기의 학자. 호는 매월당(梅月堂). 생육신의 한 사람으로, 승려가 되어 방랑 생활을 하며 절개를 지켰다. 유·불(儒佛) 정신을 아울러 포섭한 사상과 탁월한 문장으로 일세를 풍미하였다. 한국 최초의 한문 소설 〈금오신화〉를 지었고, 저서에 《매월당집》이 있다.

핵심 정리
- 갈래: 한시(7언율시)
- 성격: 비유적, 경세적
- 주제: 변덕스러운 인간 세상에 대한 비판
- 특징: ① 변덕스러운 사람들의 인정을 자연 현상에 빗대어 표현함. ② 대조를 이루는 소재를 통해 주제를 효과적으로 전달함.

나 행랑채가 퇴락*하여 지탱할 수 없게끔 된 것이 세 칸이었다. 나는 마
<small>대문간 곁에 있는 집채 = 문간채</small>
지못하여 이를 모두 수리하였다. 그런데 그 두 칸은 앞서 장마에 비가 샌
<small>행랑채 수리를 오랫동안 미뤄 왔음을 알 수 있음.</small>
지가 오래되었으나, 나는 그것을 알면서도 망설이다가 손을 대지 못했던
<small>제때 적절한 조치를 취하지 않음.</small>
것이고, 나머지 한 칸은 비를 한 번 맞고 샜던 것이라 서둘러 기와를 갈았
던 것이다. ㉮이번에 수리하려고 본즉 비가 샌 지 오래된 것은 그 서까래,
<small>제때 적절한 조치를 취함.</small>
추녀, 기둥, 들보가 모두 썩어서 못 쓰게 되었던 까닭으로 수리비가 엄청
나게 들었고, 한 번밖에 비를 맞지 않았던 한 칸의 재목들은 완전하게 하
여 다시 쓸 수 있었던 까닭으로 그 비용이 많지 않았다.
<small>삶, 인생사</small>　　　　　▶ 퇴락한 행랑채의 수리 경험(대조, 예시)
　나는 이에 느낀 것이 있었다. 사람의 몸에 있어서도 마찬가지라는 사실
<small>경험을 통해 깨달음을 얻음.</small>　　　　　　　　　<small>유추 ①</small>
을. 잘못을 알고서도 바로 고치지 않으면 곧 그 자신이 나쁘게 되는 것이
마치 나무가 썩어서 못 쓰게 되는 것과 같으며, 잘못을 알고 고치기를 꺼
리지 않으면 해(害)를 받지 않고 다시 착한 사람이 될 수 있으니, 저 집의
재목처럼 말끔하게 다시 쓸 수 있는 것이다.　　　▶ 삶의 이치를 깨달음.(유추)
　뿐만 아니라 나라의 정치도 이와 같다.「백성을 좀먹는 무리들을 내버려
<small>유추 ②</small>　　　　　　　　　　　　　　<small>탐관오리</small>
두었다가는 백성들이 도탄*에 빠지고 나라가 위태롭게 된다. 그런 연후에
급히 바로잡으려 하면 이미 썩어 버린 재목처럼 때는 늦은 것이다.」어찌
<small>소 잃고 외양간 고친다, 사후약방문(死後藥方文)</small>
삼가지 않겠는가.　　　　　　　　　▶ 깨달음을 나라의 정치에 적용함.(확대 적용)
<small>자신과 타인에 대한 경계의 태도(설의법)</small>

　　　　　　　　　　　　　　　　　　　– 이규보, 〈이옥설(理屋說)〉

---

* 퇴락(頹落): 낡아서 무너지고 떨어짐.
* 도탄(塗炭): 몹시 곤궁하거나 고통스러운 지경을 이르는 말

제대로 작품 분석의 〈보기〉
> ㉠ 한 번밖에 비를 맞지 않은 한 칸의 재목
> ㉡ 때를 놓치지 않는 개혁과 결단의 필요성
> ㉢ 잘못된 것을 알고도 고치지 않으면 더 큰 문제가 생김. – 호미로 막을 것을 가래로 막는다

세목의 의미
'이옥'은 '집을 수리하다'라는 뜻으로, 이 작품은 집을 수리한 경험을 통해 삶의 이치를 깨닫는다는 내용의 고전 수필이다. 집수리와 같은 평범한 예를 통해 사람이 살아가는 올바른 자세와 방법을 제시하고, 나아가 나라를 바로잡고 백성의 안정된 삶을 위한 시의적절한 정치 개혁의 필요성을 역설하고 있다.

작가 소개
이규보(李奎報, 1168~1241): 고려 시대의 문신. 호는 백운거사(白雲居士). 당대의 뛰

어난 시인으로서 호탕하고도 웅려한 시풍을 구사하여 일세를 풍미하였다. 주요 저서에 《동국이상국집(東國李相國集)》이 있고, 작품으로 〈동명왕편〉, 〈슬견설〉, 〈주뢰설〉 등이 있다.

핵심 정리
- 갈래: 고전 수필, 설(說)
- 성격: 경험적, 교훈적, 유추적
- 주제: 잘못을 알고 바로 고쳐 나가는 자세의 중요성
- 특징: ① '사실 – 의견'의 구성 방식을 취함. ② 하나의 사건이나 사물로부터 그와 비슷한 다른 사건이나 사물로 논의를 확장해 나가는 유추의 방법으로 내용을 전개함.

제대로 감상법 모범 답안

가 양사언, 〈태산이 높다 하되~〉
❶ 노력　❷ 산

제대로 작품 분석
1 ㉡　2 ㉢　3 ㉠

나 김시습, 〈사청사우(乍晴乍雨)〉
❶ 자연 현상　❷ 대조

제대로 작품 분석
1 ㉡　2 ㉠　3 ㉢

다 이규보, 〈이옥설(理屋說)〉
❶ 행랑채　❷ 유추

제대로 작품 분석
1 ㉢　2 ㉠　3 ㉡

01
<small>정답률 68% | 매력적인 오답 ① 15%</small>

(가)~(다)의 공통점으로 가장 적절한 것은?

☀ 정답인 이유
③ 바른 삶을 살아가는 자세에 대해 말하고 있다.
○ → (가): 끊임없이 노력하는 자세, (나): 순리대로 사는 자세, (다): 잘못을 알고 고쳐 나가는 자세
⋯ (가)의 화자는 목표를 이루기 위해 끊임없이 노력하는 자세의 중요성을 말하고 있고, (나)의 화자는 변덕스러운 세상 인정을 비판하면서 욕심을 버리고 순리대로 살 것을 권하고 있으며, (다)의 글쓴이는 잘못을 알고 바로 고쳐 나가는 자세의 중요성을 말하고 있다. 따라서 (가)~(다)는 모두 바른 삶을 살아가는 자세에 대해 말하고 있다.

☂ 오답인 이유
① (매력적인 오답) 자신의 가치관을 성찰하며 개선하고 있다.
⋯ (가)와 (나)의 화자는 바른 삶의 자세에 대해 말하고 있을 뿐, 자신의 가치관을 성찰하고 있지 않다. (다)의 글쓴이는 집을 바로 수리하지 않은 자신을 성찰하고 있다고 볼 수도 있지만, 전체적으로는 경험을 통해 깨달은 바람직한 삶의 자세를 제시하고 있다.

② 현재 처한 상황을 극복하고자 노력하고 있다.
⋯ (가)~(다)에는 현재 처한 상황을 극복하고자 노력하는 모습이 나타나 있지 않다.

④ 이념과 현실 사이의 갈등 속에서 방황하고 있다.
　… (가)~(다)에는 이념과 현실 사이에서 갈등하고 방황하는 모습이
　나타나 있지 않다.
⑤ 추구하는 이상 세계의 모습을 구체적으로 언급하고 있다.
　… (가)~(다)에는 이상 세계에 대한 내용이나 이를 추구하는 모습이
　나타나 있지 않다.

02
정답률 43% | 매력적인 오답 ① 20%

[A]~[D]에 대한 설명으로 적절하지 않은 것은?

☀ 정답인 이유

⑤ [A]~[D]에서는 세상 사람들을 청자로 설정하여 묻고 답하며 시상을 전개하
　　　　　　　　　　　 ○ → '세상 사람들에게 말하노니'　　　　　　 ×
고 있다.
　… [D]의 '세상 사람들에게 말하노니'를 통해 (나)가 '세상 사람들'을
　청자로 설정하고 있음을 알 수 있다. 하지만 (나)에는 묻고 답하는
　방식으로 시상을 전개하는 문답법이 사용되지 않았다.

☂ 오답인 이유

① 매력적인 오답 [A]에서는 자연 현상에 빗대어 세상 인정에 대한 화자의 부
　　　　　　　　　　　 ○ → '언뜻 개었다가 ~ 다시 개이니'
정적 인식을 드러내고 있다.
　… [A]에서는 '언뜻 개었다가 다시 비가 오고 비 오다가 다시 개이
　니'와 같이 변덕스러운 날씨라는 자연 현상에 빗대어, 세상 인정도
　그와 같이 변덕스럽다며 세상 인정에 대한 부정적 인식을 드러내고
　있다.

② [B]에서는 대구법*을 사용하여 세상 인정에 대한 구체적인 사례를 들고 있다.
　　　　　　 ○ → '나를 기리다가 / 나를 헐뜯고', '공명을 피하더니 / 공명을 구함이라'
　… [B]에서는 '나를 기리다가'와 '나를 헐뜯고', '공명을 피하더니'와
　'공명을 구함이라'와 같이 대구법을 사용하여 변덕스러운 세상 인정
　에 대한 구체적인 사례를 들고 있다.

✱ 대구법(對句法): 같거나 비슷한 문장 구조를 나란히 배열하는 방법 ⓔ
　더우면 꽃 피고 추우면 잎 지거늘 – 윤선도, 〈오우가〉

③ [C]에서는 가변적*인 대상과 불변적*인 대상을 대조하여 화자의 의도를 분
　　　　　　 ○ → '구름(가변적)' ↔ '산(불변적)'
명히 하고 있다.
　… [C]에서는 가변적인 대상인 '구름'과 불변적인 대상인 '산'을 대조
　하여, '산'처럼 변함없이 의연하게 살아야 한다는 화자의 의도를 분
　명히 하고 있다.

✱ 가변적(可變的): 바꿀 수 있거나 바뀔 수 있는 것
✱ 불변적(不變的): 모양이나 성질이 변하지 아니하는 것

④ [D]에서는 도치법*을 활용하여 화자가 전달하고자 하는 바를 강조하고 있다.
　　　　　　 ○ → '반드시 기억해 알아 두라.'와 '~ 얻을 것인가를.'의 어순을 바꿈.
　… [D]에서는 '반드시 기억해 알아 두라.'와 '기쁨을 취하려 한들, 어
　디에서 평생 즐거움을 얻을 것인가를.'의 어순을 바꾼 도치법을 활용
　하여 세태에 따라 처세를 달리한다고 즐거움을 얻을 수는 없다는 화
　자의 생각을 강조하고 있다.

✱ 도치법(倒置法): 문법에 맞는 정상적인 문장의 어순을 바꾸어 표현하는
　방법 ⓔ '어머니, 보고 싶어요.' → '보고 싶어요, 어머니.'

03

〈보기〉를 참고하여 (다)를 이해한 내용으로 가장 적절한 것은? [3점]

〈보기〉
　설(說)은 일반적으로 두 단계의 구조로 나뉜다. 글쓴이의 개인적인
　　　　　　　　　　　　 전반부 + 후반부
경험을 들려주는 ㉠전반부와 그로부터 얻은 결과를 독자에게 전하는
　　　　　　글쓴이의 경험
㉡후반부로 구분된다. 글쓴이의 주관이 직접적으로 드러나고 경험담
　　　 의미 발견　　　　　　　　　　 '설'의 특징
이 기반이 되기 때문에 수필과 비슷하다.

☀ 정답인 이유

④ ㉡은 ㉠의 사실적 상황을 바탕으로 유추*한 것이다.
　　○ → 경험에서 얻은 깨달음을 인간의 삶과 나라의 정치에 유추하여 적용함.
　… 〈보기〉에서 '설(說)'은 일반적으로 글쓴이의 경험을 담고 있는 전
　반부와 그러한 경험에서 얻은 결과를 독자에게 전하는 후반부의 두
　단계로 이루어진다고 하였다. (다)의 후반부인 인간의 삶과 나라의
　정치에 대한 글쓴이의 생각(㉡)은 전반부인 퇴락한 행랑채를 수리한
　구체적 경험(㉠)을 바탕으로 유추한 것이다.

✱ 유추(類推): 같은 종류의 것 또는 비슷한 것에 기초하여 다른 사물을 미
　루어 추측하는 방법. 두 개의 사물이 여러 면에서 비슷하다는 것을 근거
　로 다른 속성도 유사할 것이라고 미루어 짐작함. ⓔ 마라톤은 목적을 갖
　고 뛰어야 완주가 가능한 것처럼, 인생도 목표를 갖고 꾸준히 노력하는
　사람이 성공한다.

☂ 오답인 이유

① ㉠은 문제에 대해 다양한 해결책을 제시하고 있다.
　… ㉠에는 행랑채를 수리한 경험이 제시되어 있을 뿐, 문제의 다양
　한 해결책과는 관련이 없다.

② ㉠과 ㉡은 서로 상반되는 견해를 제시하고 있다.
　… ㉠에서 ㉡을 유추한 것이므로, ㉠과 ㉡은 상반되는 견해가 아니
　라 유사한 견해로 볼 수 있다.

③ ㉠이 사건의 결과라면 ㉡은 그 원인에 해당한다.
　… ㉠은 구체적 경험이고, ㉡은 이에서 얻은 깨달음을 인간의 삶과
　나라의 정치에 적용한 것이다.

⑤ ㉠은 ㉡에서 얻은 깨달음을 자신의 생활에 적용한 것이다.
　… ㉠에서 얻은 깨달음을 삶과 정치에 적용한 것이 ㉡이다.

04

㉮에 대한 반응으로 가장 적절한 것은?

☀ 정답인 이유

① 호미로 막을 걸 가래로 막았군.
　○ → 적은 힘으로 충분히 처리할 수 있는 일에 쓸데없이 많은 힘을 들이는 경우를 이르는 말
　… 비가 새는 것을 처음 알았을 때 행랑채를 수리했다면 수리비가
　적게 들었을 텐데, 비가 샌 지 오래되어 재목이 모두 썩어서 못 쓰게
　된 까닭으로 수리비가 엄청나게 들었다고 하였다. 이에 대한 반응으
　로는 '적은 힘으로 충분히 처리할 수 있는 일에 쓸데없이 많은 힘을
　들이는 경우를 비유적으로 이르는 말'인 '호미로 막을 걸 가래로 막
　았군.'이 적절하다.

② 낫 놓고 기역자도 모르는 격이군.

　··· 기역자 모양으로 생긴 낫을 놓고도 기역자를 모른다는 뜻으로, 사람이 글자를 모르거나 아주 무식함을 이르는 말

③ 까마귀 날자 배 떨어진 상황이군.

　··· 아무 관계 없이 한 일이 공교롭게도 때가 같아 어떤 관계가 있는 것처럼 의심을 받게 됨을 이르는 말

④ 개구리 올챙이 적 생각 못하는군.

　··· 형편이나 사정이 전에 비하여 나아진 사람이 지난날의 미천하거나 어렵던 때의 일을 생각지 아니하고 처음부터 잘난 듯이 뽐냄을 이르는 말

⑤ 우물에 가서 숭늉을 찾는 경우이군.

　··· 모든 일에는 질서와 차례가 있는 법인데 일의 순서도 모르고 성급하게 덤빔을 이르는 말

갈래
복합 **06** 오우가 | 꽃 출석부 1

▶ 문제편 168~171쪽

정답 | **01** ①　　**02** ③　　**03** ④　　**04** ③　　**05** ④

[01~05] 다음 글을 읽고 물음에 답하시오.　　　2020 3월 고1 전국연합

제대로 작품 분석　　　▶〈보기〉에서 적절한 것을 골라 넣으며 작품을 분석해 보자.

가 내 벗이 몇이나 하니 수석(水石)과 송죽(松竹)*이라.
　　□ : 1　　　　　문답법
　내 친구가 몇인가 하니 물과 바위, 소나무와 대나무로구나.
동산(東山)에 달 오르니 긔 더욱 반갑구나.
　　　　그것이
　동산에 달 떠오르니 그 더욱 반갑구나.
두어라 이 다섯 밧긔 또 더하여 무엇하리.
　　　다섯 벗(오우)　　　　무엇하겠는가(설의법)
　두어라, 이 다섯 외에 친구가 더 있어서 무엇하리.　　　〈제1수〉
　　　　　　　　　　　　　　▶ 제1수: 다섯 벗의 소개

구룸 빛이 좋다 하나 검기를 자로 한다.
가변성 ①　깨끗하다　　　자주
　구름의 빛깔이 깨끗하다고 하나 검기를 자주 한다.　　대구법
바람 소리 맑다 하나 그칠 적이 하노매라.
가변성 ②　　　　　　많도다
　바람 소리가 맑다고 하나 그칠 때가 많도다.
좋고도 그칠 뉘 없기는 믈뿐인가 하노라.
　　　　　　　　　　영원성
　깨끗하고도 그칠 때가 없는 것은 물뿐인가 하노라.　　〈제2수〉
　　　　　　　　　　　　　　▶ 제2수: 물의 깨끗함과 영원성

ⓐ곶은 무슨 일로 피면서 쉬이 지고
　순간성 ①
　꽃은 무슨 일로 피자마자 쉽게 지고　　대구법
플은 어이 하여 푸르는 듯 누르나니
　순간성 ②
　풀은 어찌하여 푸르러지자마자 곧 누런빛을 띠는가.
아마도 변치 아닐손 바위뿐인가 하노라.
　　　변하지 않는 것은　2
　아마도 변하지 않는 것은 바위뿐인가 하노라.　　〈제3수〉
　　　　　　　　　　　　　　▶ 제3수: 바위의 불변성

더우면 꽃 피고 추우면 잎 지거늘 → 대구법
　3
　더우면 꽃이 피고 추우면 잎이 지거늘
솔아 너는 어찌 눈서리를 모르느냐.
지조와 절개　　고난, 시련
　소나무야, 너는 어찌 눈서리를 모르느냐.
구천(九泉)의 뿌리 곧은 줄을 글로 하여 아노라.
땅속 깊은 밑바닥
　깊은 땅속까지 뿌리가 곧은 줄을 그것으로 미루어 알겠노라.　〈제4수〉
　　　　　　　　　　　　　　▶ 제4수: 소나무의 지조와 절개

나무도 아닌 것이 풀도 아닌 것이 → 대구법
　나무도 아닌 것이 풀도 아닌 것이
곧기는 뉘 시키며 속은 어이 비었느냐. → 대구법
곧은 절개와 청빈함
　곧은 것은 누가 시켰으며 속은 어이 비어 있느냐.
저렇게 사시(四時)에 푸르니 그를 좋아하노라.
　　　사철, 사계절　　　　　4
　저러고도 사시사철 푸르니 그를 좋아하노라.　　〈제5수〉
　　　　　　　　　　　　　　▶ 제5수: 대나무의 청빈함과 절개

작은 곳이 높이 떠서 만물을 다 비추니
달   온 세상의 사물

작은 것이 높이 떠서 만물을 다 비추니

밤중에 광명(光明)이 너만한 이 또 있느냐.
                        달 – 광명과 과묵함

밤중에 밝은 빛이 너만 한 것이 또 있겠느냐.

보고도 말 아니 하니 내 벗인가 하노라.
침묵의 미덕을 지닌 선비의 모습

보고도 말을 하지 않으니 내 벗인가 하노라.
〈제6수〉
▶ 제6수: 달의 밝음과 과묵함
– 윤선도, 〈오우가(五友歌)〉

＊송죽: 소나무와 대나무

❖ 제대로 작품 분석의 〈보기〉
ㄱ 불변성
ㄴ 일반적인 자연물의 특징
ㄷ 대나무 – 지조와 절개, 청빈
ㄹ 다섯 벗 – 물, 바위, 소나무, 대나무, 달

❖ 제목의 의미
'물, 바위, 소나무, 대나무, 달' 등 자연의 '다섯 벗(오우)'이 지닌 덕성을 예찬하고 있는 작품이다. 윤선도가 56세 때 유배지에서 돌아와 전라남도 해남 금쇄동에 은거할 무렵에 지은 전 6수의 연시조이다. 시적 대상인 자연물을 불변성이나 영원성, 절개, 지조 등 인간의 덕성을 지닌 존재로 그림으로써 조선 시대의 선비가 중시했던 유교적인 세계관을 드러내고 있다.

❖ 작가 소개
윤선도(尹善道, 1587~1671): 조선 중기의 문신. 호는 고산(孤山). 여러 차례의 유배와 말년의 은거 생활 속에서 77수의 국문 시가 작품을 남겼고, 정철과 함께 조선 시대 시가 문학의 쌍벽을 이루는 인물이다. 주요 작품으로 〈어부사시사〉, 〈우후요〉, 〈산중신곡〉 등이 있으며, 문집으로 《고산유고(孤山遺稿)》가 있다.

❖ 핵심 정리
• 갈래: 연시조(전 6수)
• 성격: 예찬적
• 주제: 자연의 다섯 벗에 대한 예찬
• 특징: ① 자연물을 의인화하여 그것이 지닌 긍정적 속성을 예찬함. ② 대조되는 속성의 자연물을 함께 제시하여 의미를 강조함. ③ 문답법, 대구법, 대조법, 설의법 등 다양한 표현 방법을 사용함.

🔵 [장면 1] (처음 ~ 기억 못하게 되었다)
소주제: 하찮은 잡초처럼 보여 심고 잊어버린 복수초
■ 복수초: 중심 소재. 글을 쓰게 된 계기
■ 하찮은 잡초처럼 보였다: 복수초에 대한 첫인상
■ 눈 속에서 핀다는 그 복수초인지 잘 믿기지 않았다: ¹
■ 그게 있던 자리조차 기억 못하게 되었다: 기억을 하지 못할 만큼 복수초에 대해 특별한 느낌을 받지 못함.

[장면 2] (아마 3월이 ~ 궁금하지 않았을지도 모른다)
소주제: 복수초의 생명력과 꽃이 피는 순서에 따라 생긴 출석부
■ 아마 3월이 되자마자였을 것이다: 시간의 경과 – 봄
■ 샛노란 꽃이 두 송이: 잊고 있었던 복수초의 꽃
■ 황량한: 황폐하여 거칠고 쓸쓸한
■ 생뚱스러워: 상황에 맞지 아니하고 엉뚱한 데가 있어
■ 큰 눈이 왔다: 복수초의 생명력을 확인하게 되는 계기
■ 샛노란 꽃의 속절없음을 생각하고 있었다: ²
■ 놀랍게도 제일 먼저 녹은 데가 복수초 언저리였다: 눈을 이겨 낸 복수초의 생명력에 놀라워함.
■ 고 작은 풀꽃: 눈 쌓인 땅을 녹이고 피어난 복수초에 대한 글쓴이의 친근감이 드러남.
■ 지열: 햇볕을 받아 땅 표면에서 나는 열

■ 집에 손님만 오면 그걸 구경시킨다: 복수초를 기특하고 대견하게 생각했기 때문에
■ 내가 기대하는 것만치 신기해 해 주는 이가 별로 없다: 글쓴이의 예상과 다른 주변 사람들의 반응
■ 이런 것까지: 복수초와 같이 하찮은 꽃까지
■ 올해는 복수초가 1번: 복수초가 가장 먼저 꽃을 피웠으므로
■ 꽃이 제일 먼저 핀 것은 ~ 꽃대를 밀어 올릴 것이다: 글쓴이는 꽃들의 이름과 특성, 꽃이 피는 시기 등을 잘 알고 있음.
■ 출석부: 꽃의 이름을 피는 순서에 따라 정리한 것 – ³

[장면 3] (내가 출석을 부르지 않아도 ~ 끝)
소주제: 꽃들이 피기를 기다리는 기쁨
■ 하나도 결석하지 않고 전원 출석하기를 바라기 때문에: 때가 되면 자연의 섭리에 따라 모든 꽃이 피어나기를 바람.
■ 그것들이 뿌리로, 씨로 잠든 땅을 함부로 밟지 못한다: 꽃에 대한 애정
■ 부양: 생활 능력이 없는 사람의 생활을 돌봄.
■ 그것들은 내가 기다리지 않아도 올 것이다: 자연의 순환에 따른 것이므로
■ 기다리는 기쁨 때문에 기다린다: ⁴
– 박완서, 〈꽃 출석부 1〉

❖ 제대로 작품 분석의 〈보기〉
ㄱ 기다리는 것조차 기쁠 만큼 꽃들에게 애정을 느낌.
ㄴ 복수초가 큰 눈을 이기지 못하고 죽을 것이라고 생각함.
ㄷ 겉으로 보기에는 눈 속에서 필 정도로 강인해 보이지 않았기 때문에
ㄹ 자연의 질서에 따라 차례대로 피고 지는 꽃들에 대한 글쓴이의 애정과 기대감이 담겨 있는 표현

❖ 제목의 의미
글쓴이는 마당에 피는 꽃들의 이름과 그 꽃이 피는 시기 등을 모두 알고 있는데, 피는 순서에 따라 꽃의 이름과 함께 번호를 매긴 것을 '꽃 출석부'라고 부르고 있다. 글쓴이는 하찮은 잡초처럼 보였던 복수초의 생명력에 감탄하면서, 계절의 질서에 맞추어 차례대로 피어나는 꽃들에 대한 애정을 드러내고 있다.

❖ 작가 소개
박완서(朴婉緖, 1931~2011): 소설가. 1970년 마흔 살의 나이로 《여성 동아》에 〈나목〉이 당선되어 작품 활동을 시작하였다. 한국 전쟁과 분단, 여성 억압적 사회 구조 등에 대해 문제를 제기하는 작품들을 많이 썼다. 주요 작품으로 〈엄마의 말뚝〉, 〈그 많던 싱아는 누가 먹었을까〉 등이 있다.

❖ 핵심 정리
• 갈래: 경수필
• 성격: 체험적, 사색적
• 주제: 봄꽃에 대한 애정
• 특징: ① 마당에서 꽃을 기르는 글쓴이의 경험을 바탕으로 함. ② 글쓴이의 세심한 관찰력과 섬세한 감정이 잘 드러남. ③ '꽃 출석부'라는 비유적 표현을 통해 꽃 피기를 기다리는 설렘과 기쁨을 드러냄.

⟩ 제대로 감상법 모범 답안 ⟨

🔶 윤선도, 〈오우가(五友歌)〉
❶ 예찬 ❷ 물 ❸ 바위 ❹ 대조

❖ 제대로 작품 분석
1 ㄹ   2 ㄴ   3 ㄴ   4 ㄷ

🔶 박완서, 〈꽃 출석부 1〉
❶ 질서 ❷ 복수초 ❸ 출석부 ❹ 관찰력

❖ 제대로 작품 분석
1 ㄷ   2 ㄴ   3 ㄹ   4 ㄱ

정답률 70% | 매력적인 오답 ② 12%

(가)와 (나)의 공통점으로 가장 적절한 것은?

☀ 정답인 이유

① **색채어를 사용하여 대상을 감각적으로 묘사하고 있다.**
　○ → (가)의 '검기', '푸르니', (나)의 '흑갈색', '검은', '샛노란', '황금색' 등
　…▶ 색깔을 나타내는 색채어를 사용하면 강렬한 시각적 심상이 나타난다. (가)에서는 〈제2수〉의 '검기', 〈제3수〉의 '푸르듯', 〈제5수〉의 '푸르니' 등에서 색채어를 사용하여 대상을 감각적으로 묘사하고 있다. 그리고 (나)에서도 '흑갈색 잔뿌리', '검은 흙', '샛노란 꽃', '진한 황금색', '더욱 샛노랗게' 등에서 색채어를 사용하여 대상을 감각적으로 묘사하고 있다.

☂ 오답인 이유

② **매력적인 오답** 설의적 표현을 통해 대상에 대한 그리움을 강조하고 있다.
　(가) ○, (나) ×　　　(가)와 (나) 모두 ×
　…▶ 설의적 표현은 의문문의 형식으로 누구나 알고 있거나 예측되는 결과를 표현하는 방법이다. (가)에서는 〈제1수〉의 '또 더하여 무엇하리', 〈제6수〉의 '너만한 이 또 있느냐' 등에서 설의적 표현을 사용하고 있지만, 이를 통해 대상에 대한 그리움을 강조하고 있지는 않다. 또 (나)에는 설의적 표현이 나타나 있지 않다.

③ **음성 상징어를 사용하여 상황을 생동감 있게 그리고 있다.**
　(가) ×, (나) ○
　…▶ 음성 상징어는 의성어나 의태어를 사용하여 표현하는 방법이다. (나)에서는 '축 처진 소나무 가지'에서 '물건 따위가 아래로 늘어지거나 처진 모양'을 나타내는 '축'이 음성 상징어로 사용되었지만, (가)에는 음성 상징어가 나타나 있지 않다.

④ **말을 건네는 방식을 통해 대상과의 유대감을 드러내고 있다.**
　(가) ○, (나) ×　　　(가)와 (나) 모두 ○
　…▶ (가)에서는 '솔아 너는 어찌 눈서리를 모르느냐' 등에서 말을 건네는 방식으로 자연물에 대한 화자의 애정을 표출하고 있다. 하지만 (나)에는 대상에 대한 애정은 드러나지만 말을 건네는 방식은 나타나 있지 않다.

⑤ **반어적 표현을 사용하여 심리 변화의 양상을 나타내고 있다.**
　(가)와 (나) 모두 ×
　…▶ 반어적 표현은 나타내려는 뜻과는 반대가 되게 표현하는 방법이다. (가)와 (나)에는 모두 반어적 표현이 나타나 있지 않다.

정답률 82%

〈보기〉를 바탕으로 (가)와 (나)를 감상한 내용으로 적절하지 않은 것은? [3점]

---〈보기〉---

　(가)의 화자와 (나)의 글쓴이는 모두 관찰한 경험을 바탕으로 사물의
　　　　　　　　　　　　　　　　　(가)와 (나)의 공통점
속성을 인식하고 있다. 사물의 속성을 인식하는 것은 사물의 모습에서
　　　　　　　　　　　　　사물의 속성을 인식하는 것의 의미
추상적인 의미를 발견해 내는 것이다. 그런데 관찰된 겉모습은 사물의
속성을 인식하는 데 도움이 되기도 하지만, 경우에 따라서는 방해가 되
관찰된 겉모습이 인식에 긍정적 역할을 하는 경우　관찰된 겉모습이 인식에 부정적 역할을 하는 경우
기도 한다.

☀ 정답인 이유

③ **(가)의 〈제6수〉에서 화자는 '달'이 높이 떠 있는 것이, 보고도 말 아니 하는 과묵함이라는 속성을 인식하는 데 방해가 된다고 생각하고 있군.**
　× → '달'이 높이 뜬 것과 '과묵함'의 속성은 관련이 없음.

…▶ (가)의 〈제6수〉에서 '달'은 만물을 비추는 '광명'의 속성과 보고도 말을 하지 않는 '과묵함'의 속성을 모두 가지고 있다. '달'이 높이 뜬다면 만물을 비추기에 유리할 뿐, '과묵함'이라는 속성을 인식하는 데 방해가 된다고 볼 수 없다.

☂ 오답인 이유

① **(가)의 〈제4수〉에서 화자는 눈서리 속에서도 잎이 지지 않는 모습에서, 시련에 굴하지 않는 굳건함을 '솔'의 속성으로 인식하고 있군.**
　…▶ (가)의 〈제4수〉에서 벗으로 소개된 '솔'은 지조와 절개를 상징하고, '눈서리'는 '솔'에게 닥친 시련이나 고난을 의미한다. 따라서 '솔아 너는 어찌 눈서리를 모르느냐'는 시련에 굴하지 않는 '솔'의 굳건함을 표현한 것이다.

② **(가)의 〈제5수〉에서 화자는 곧고 사계절 그 푸름을 잃지 않는 모습에서, 본모습을 지켜 나가는 꼿꼿함을 '대나무'의 속성으로 인식하고 있군.**
　…▶ (가)의 〈제5수〉에서 벗으로 소개된 '대나무'는 지조와 절개, 청빈을 상징한다. 따라서 '저렇게 사시에 푸르니'는 지조와 절개를 잃지 않고 본모습을 지켜 나가는 '대나무'의 꼿꼿함을 표현한 것이다.

④ **(나)에서 글쓴이는 하찮은 잡초처럼 보이는 겉모습으로 인해 눈 속에서 피는 '복수초'의 강인함이라는 속성을 한동안 인식하지 못했던 것이군.**
　…▶ (나)에서 복수초를 처음 본 글쓴이는 하찮은 잡초와 같이 생긴 겉모습으로 인해 복수초가 눈 속에서 핀다는 것을 믿지 못한다. 이처럼 보잘것없는 겉모습 때문에 글쓴이는 복수초의 '강인함'이라는 속성을 한동안 인식하지 못한 것이다.

⑤ **(나)의 글쓴이는 작은 키로는 견디기 어려운 두터운 눈을 녹이고 꽃을 피운 모습에서, 역경을 이겨 내는 생명력을 '복수초'의 속성으로 인식하고 있군.**
　…▶ (나)에서 글쓴이는 키가 작고 볼륨이 느껴지지 않는 겉모습과 달리 두터운 눈을 녹이고 꽃을 피운 복수초에 경탄하고 있는데, 이는 글쓴이가 '역경을 이겨 내는 강인한 생명력'을 복수초의 속성으로 인식한 것이다.

정답률 70% | 매력적인 오답 ③ 10%

〈보기〉는 (가)의 시상 전개 과정을 나타낸 것이다. 이를 바탕으로 (가)를 이해한 내용으로 적절하지 않은 것은?

---〈보기〉---

제1수	제2, 3수	제4, 5수	제6수
A	B	C	D

☀ 정답인 이유

④ **B와 C에서 중심 소재로 향했던 화자의 시선이 D에서는 내면으로 이동하고 있다.**
　× → 화자의 시선은 내면으로 이동하지 않고 계속 '다섯 벗'을 향해 있음.
　…▶ (가)에서는 먼저 A에서 '물, 바위, 소나무, 대나무, 달'의 다섯 벗을 소개한 다음, B~D에서 각각의 벗이 지닌 덕성을 예찬하고 있다. B~D에서 화자의 시선은 각각의 벗을 향하고 있을 뿐, D에서 화자의 내면으로 이동하고 있지 않다.

☂ 오답인 이유

③ **매력적인 오답** C에서는 B와 유사하게 대구의 방법을 활용하여 시적 운율감을 이어가고 있다.
　○ → 〈제2수〉의 초장과 중장, 〈제3수〉의 초장과 중장, 〈제4수〉의 초장, 〈제5수〉의 초장과 중장
　…▶ B에서는 '구름 빛이 좋다 하나 검기를 자로 한다 / 바람 소리 맑

다 하나 그칠 적이 하노매라.', '꽃은 무슨 일로 피면서 쉬이 지고 / 풀은 어이 하여 푸르는 듯 누르나니'에서 대구의 방법이 사용되었다. 그리고 C에서는 '더우면 꽃 피고 / 추우면 잎 지거늘', '나무도 아닌 것이 / 풀도 아닌 것이', '곧기는 뉘 시키며 / 속은 어이 비었느냐.'에서 대구의 방법을 활용하고 있다. 따라서 B와 C에서는 모두 대구의 방법을 활용하여 운율감을 형성하고 있다.

① A에서는 중심 소재를 무생물, 생물, 천상의 자연물로 묶어 제시하고 있다.
　　　○→ 수석(무생물), 송죽(생물), 달(천상의 자연물)
⋯ A에서는 중심 소재인 다섯 벗을 무생물인 '수석', 생물인 '송죽', 천상의 자연물인 '달'로 묶어 제시하고 있다.

② B에서는 대조의 방식을 활용하여 중심 소재를 예찬하고 있다.
　　　○→ '구름, 바람' ↔ '물', '꽃, 풀' ↔ '바위'
⋯ B의 〈제2수〉에서는 쉽게 변하는 가변성을 지닌 '구름, 바람'과 대조하여 영원성을 지닌 '물'을 예찬하고 있다. 그리고 〈제3수〉에서는 순간성을 지닌 '꽃, 풀'과 대조하여 불변성을 지닌 '바위'를 예찬하고 있다.

⑤ B, C, D의 각 수에서는 A에서 언급된 중심 소재를 순차적으로 배치하고 있다.
　　　○→ 각 수마다 '물, 바위, 소나무, 대나무, 달' 배치
⋯ A에서 '물, 바위, 소나무, 대나무, 달'의 다섯 벗을 소개한 다음, B~D의 각 수에서 각각의 벗이 지닌 덕성을 순차적으로 예찬하고 있다.

04　　　　　　　　　　　　　　정답률 55% | 매력적인 오답 ④ 28%

'꽃'에 대한 심리적 태도를 고려할 때 ㉠과 ㉡에 대한 이해로 가장 적절한 것은?

☀ 정답인 이유

③ ㉠에는 화자의 거리감이, ㉡에는 글쓴이의 친근감이 담겨 있다.
　　　○→ '피면서 쉬이 지고'　　　○→ '고 작은 풀꽃'
⋯ (가)의 〈제3수〉에서 변하지 않는 '바위'와 달리, '꽃'은 피었다가 쉽게 지는 가변적 존재로 그려져 있다. 화자는 가변적 존재인 '꽃'에 대해 부정적으로 인식하고 있으므로, ㉠에는 화자의 거리감이 담겨 있다고 볼 수 있다. 그리고 (나)에서 글쓴이는 큰 눈을 이겨 내고 꽃을 피운 '복수초'에 대해 긍정적으로 바라보며 놀라워하고 있다. 글쓴이는 강인한 생명력을 지닌 복수초를 보면서 '고 작은 풀꽃'이라고 애정을 담아 말하고 있으므로, ㉡에는 글쓴이의 친근감이 담겨 있다고 볼 수 있다.

☂ 오답인 이유

④ 【 매력적인 오답 】 ㉠에는 화자의 비애감이, ㉡에는 글쓴이의 애상감이 담겨 있다.
⋯ (가)에서 화자가 '꽃'을 부정적으로 바라보고 있기는 하지만, ㉠에 화자의 비애감이 담겨 있다고 보기는 어렵다. 또 (나)에서 글쓴이는 '복수초'를 애정 어린 시선으로 바라보고 있으므로, ㉡에 글쓴이의 애상감이 담겨 있다고 볼 수도 없다.

① ㉠에는 화자의 동질감이, ㉡에는 글쓴이의 이질감이 담겨 있다.
⋯ ㉠에 '꽃'에 대한 화자의 동질감이 담겨 있다고 볼 수 없으며, ㉡에 '복수초'에 대한 글쓴이의 이질감이 담겨 있다고 볼 수도 없다.

② ㉠에는 화자의 안도감이, ㉡에는 글쓴이의 불안감이 담겨 있다.
⋯ ㉠에 '꽃'에 대한 화자의 안도감이 담겨 있다고 볼 수 없으며, ㉡에 '복수초'에 대한 글쓴이의 불안감이 담겨 있다고 볼 수도 없다.

⑤ ㉠에는 화자의 자괴감*이, ㉡에는 글쓴이의 만족감이 담겨 있다.
⋯ ㉡에 눈을 이겨 내고 꽃을 피운 '복수초'에 대한 글쓴이의 만족감이 담겨 있다고 볼 수는 있지만, ㉠에 '꽃'에 대한 화자의 자괴감이 담겨 있다고 볼 수는 없다.

＊ 자괴감(自愧感): 스스로 부끄러워하는 마음 ⓔ 나는 그분께서 나를 그렇게 높게 평가한 데 대해서 자괴감이 들었다.

05　　　　　　　　　　　　　　　　　　정답률 85%

(나)의 내용을 고려할 때, ⓐ에 담긴 의미로 가장 적절한 것은?

☀ 정답인 이유

④ 자연의 질서에 따라 차례대로 피고 지는 꽃들에 대한 글쓴이의 애정과
　　　○→ 꽃이 피는 순서에 따라 번호를 매겨 '출석부'라 부름. – 애정과 기대감
기대감이 담겨 있다.
⋯ (나)에서 글쓴이는 기쁜 마음으로 꽃이 피기를 기다리며 피는 순서에 따라 꽃의 이름과 함께 번호를 매겨 '출석부'라 부르고 있다. 이러한 표현에는 자연의 질서에 따라 차례대로 피고 지는 꽃들에 대한 글쓴이의 애정과 기대감이 담겨 있다.

☂ 오답인 이유

① 더 많은 종류의 꽃들을 마당에 심고 싶어 하는 글쓴이의 소망이 담겨 있다.
　　　✕→ 나타나 있지 않은 내용임.
⋯ 출석부의 번호가 100번이 넘을 정도로 마당에 많은 꽃이 있다는 것은 알 수 있지만, 글쓴이가 더 많은 종류의 꽃들을 마당에 심고 싶어 한다는 내용은 나타나 있지 않다.

② 소박한 꽃보다 화려한 꽃의 가치를 우선시했던 자신을 돌아보는 태도가 담겨 있다.
　　　✕→ 소박한 꽃에 대해 애정을 보임.
⋯ 글쓴이는 화려한 꽃의 가치를 우선시하지 않고, 복수초나 민들레, 제비꽃, 할미꽃 등 소박한 꽃에 대해서도 애정을 보이고 있다.

③ 추웠던 겨울이 지나고 꽃이 피는 봄이 빨리 오기를 기다리는 글쓴이의 조급함이 담겨 있다.
　　　✕→ 자신이 기다리지 않아도 꽃이 필 것이라고 생각함.
⋯ 글쓴이는 자신이 기다리지 않아도 자연의 질서에 따라 꽃들이 피어날 것이라고 생각하고 있으므로, 글쓴이가 조급함을 보이고 있지는 않다.

⑤ 소중하게 가꾼 꽃들을 자신만이 아니라 주변 사람들과 함께 즐기기를 바라는 마음이 담겨 있다.
　　　✕→ '출석부'의 의미와 관련이 없음.
⋯ 글쓴이가 마당에 핀 꽃을 주변 사람들에게 자랑했다는 내용은 나타나 있지만, 이는 '출석부'의 의미와 관련이 없다.

정답 | **01** ② **02** ③ **03** ⑤ **04** ④ **05** ④

[01~05] 다음 글을 읽고 물음에 답하시오.
2019 9월 고1 전국연합

제대로 작품 분석 ▶〈보기〉에서 적절한 것을 골라 넣으며 작품을 분석해 보자.

가 [1연] **소주제:** 멀고도 험한 삭주구성

■ 물로 사흘 ~ 산을 넘은 육천 리요: 대상과의 거리감

■ 물로 사흘 배 사흘: 삭주구성이 먼 곳에 있음을 보여 줌.

■ 삭주구성: ¹

■ 산: 장애물

[2연] **소주제:** 돌아갈 수 없는 삭주구성

■ 함빡히: 물이 쪽 내배도록 젖은 모양

■ 제비: 돌아갈 수 없는 화자의 처지를 보여 주는 존재

■ 가다가 비에 걸려 오노랍니다: 제비도 가지 못할 만큼 멀리 있는 삭주구성

■ 저녁에는 높은 산 / 밤에 높은 산: ²

[3연] **소주제:** 꿈속에서라도 가고 싶은 삭주구성

■ 가끔가끔 꿈에는 사오천 리: 현실보다 가까워진 삭주구성과의 거리 – 화자의 간절한 마음

■ 가다 오다 돌아오는 길: 꿈에서도 삭주구성에 가지 못함.

[4연] **소주제:** 간절한 그리움이 담긴 삭주구성

■ 님을 둔 곳이길래: 그리움의 이유 – 임이 있는 곳이기 때문에

■ 새: ³

[5연] **소주제:** 삭주구성에 대한 그리움과 체념

■ 구름: 화자의 처지와 대비되는 존재 ② – 가지 못하는 화자의 처지를 부각함.

■ 밤쯤은 어디 바로 가 있을 텐고: ⁴

■ 삭주구성은 산 너머 / 먼 육천 리: 시구의 반복을 통해 화자의 체념과 좌절감을 부각함. – 명사로 마무리하여 여운 형성

– 김소월, 〈삭주구성(朔州龜城)〉

❖ **제대로 작품 분석의 〈보기〉**

ㄱ 자신과 달리 갈 수 있는 '구름'에 대한 부러움의 표현
ㄴ 화자의 고향. 가고 싶어도 가지 못하는 그리움의 대상
ㄷ '높은 산'을 반복하여 삭주구성이 가기 어려운 곳임을 나타냄.
ㄹ 화자의 처지와 대비되는 존재 ① – 가지 못하는 화자의 처지를 부각함.

❖ **제목의 의미**
'삭주'와 '구성'은 평안북도에 있는 지역으로, 그리운 임이 살고 있는 '삭주구성'에 대한 간절한 그리움을 형상화한 작품이다. 삭주구성을 그리워하지만 갈 수 없는 처지의 화자와 자유롭게 오갈 수 있는 자연물을 대비하여 화자의 그리움을 부각하고 있다.

❖ **작가 소개**
김소월(金素月, 1902~1934): 시인. 본명은 정식(廷湜). 평북 구성 출생. 1920년 《창조》에 〈낭인의 봄〉 등 5편의 시를 발표하면서 등단하였다. 이별과 그리움에서 비롯하는 슬픔을 주제로 하여 민요조의 율격에 담은 격조 높은 시를 많이 발표했다. 시집으로 《진달래꽃》이 있다.

❖ **핵심 정리**
· 갈래: 자유시, 서정시
· 성격: 애상적, 체념적
· 주제: 삭주구성에 대한 그리움
· 특징: ① 7·5조, 3음보의 민요적 율격과 시구의 반복을 통해 리듬감을 줌. ② 자연물과의 대비를 통해 화자의 처지를 부각함. ③ 명사로 시상을 마무리하여 여운을 남김.

나 [1연] **소주제:** 얼어붙은 땅에서 무씨를 갈고 있는 아낙네들

■ 아낙네들: 화자의 관찰 대상 ①

■ 얼어붙은 땅: 아낙네들을 더욱 고단하게 하는 노동의 조건

■ 무씨를 갈고 있었습니다: 고된 노동의 모습

■ 그네들의 등에 업힌 아이들: 일을 하며 아이들까지 돌봐야 하는 처지

■ 논두렁: ¹

[2연] **소주제:** 뻘밭에서 흙투성이 연뿌리를 캐고 있는 당신

■ 당신: 화자의 관찰 대상 ②

■ 아직 물이 마르지 않은 뻘밭: ²

■ 흙투성이 연뿌리를 캐고 있었습니다: 고된 노동의 모습

[3연] **소주제:** 당신의 도로뿐인 생애에 대한 연민

■ 혹시 당신이 ~ 상처가 아니었습니까: ³

■ 동체: 물체의 중심을 이루는 부분

■ 도로뿐인 한 생애: ⁴

■ 목청을 다해 불러도: 당신에 대한 연민과 위로

■ 삽을 찍어 얼어붙은 연뿌리를 캐고 있었습니다: 여전히 고된 삶을 살아가는 당신

– 이성복, 〈당신〉

❖ **제대로 작품 분석의 〈보기〉**

ㄱ 생계를 위한 노동의 현장
ㄴ 당신의 고된 삶에 대한 연민의 태도
ㄷ 당신을 더욱 고단하게 하는 노동의 조건
ㄹ 나아지지 않는 삶을 살아가는 사람들의 고달픈 처지

❖ **제목의 의미**
'당신'은 고된 노동을 하며 힘겹게 살아가는 사람들을 의미한다. 화자는 얼어붙은 땅을 파고 무씨를 갈고 있는 '아낙네들'과 물이 마르지 않은 뻘밭에서 연뿌리를 캐고 있는 '당신'을 연민의 시선으로 바라보며 그들을 위로하려는 모습을 보이고 있다.

❖ **작가 소개**
이성복(李晟馥, 1952~): 시인. 경북 상주 출생. 1977년 《문학과 지성》에 〈정든 유곽에서〉를 발표하며 등단하였다. 정제된 언어와 섬세한 감수성으로 우리 시대의 정신적 위기를 노래한 시인으로 평가된다. 주요 시집으로 《뒹구는 돌은 언제 잠깨는가》, 《그 여름의 끝》, 《호랑가시나무의 기억》 등이 있다.

❖ **핵심 정리**
· 갈래: 자유시, 서정시
· 성격: 산문적, 애상적
· 주제: 힘겨운 삶을 살아온 사람들에 대한 연민의 정
· 특징: ① 소외된 사람들의 삶을 사실적으로 묘사함. ② 의문형 문장을 반복하여 대상에 대한 연민을 드러냄. ③ 비교적 담담한 어투와 산문적 진술을 이용하여 시상을 전개함.

다 [장면 1] (처음 ~ 중략 이전)
소주제: 골목길의 다양한 풍경

■ 담장 위 장미가 ~ 나방 그림자가 벽에 부딪친다: ¹ – 현재 시제를 사용하여 생동감을 부여함.

■ 장미가 붉은 혀를 깨물고 있다: 장미꽃이 붉게 피어 있는 모습 묘사

■ 비누 냄새 풍기는 ~ 길 따라 휘어지며 흘러내린다: 하수도의 모습 묘사

■ 저녁 식사 시간 골목길은 음식 냄새들의 유원지다: 저녁 준비로 각 집에서 음식 냄새가 흘러나오는 모습

■ 유원지: 돌아다니며 구경하거나 놀기 위하여 여러 가지 설비를 갖춘 곳

■ 직장 나가는 ~ 발짝 소리에 밟힌다: 출근 시간의 분주한 모습

■ 얼어붙은 길 ~ 부지직 소리를 낸다: 얼어붙은 길이 미끄럽지 않게 연탄재를 뿌리는 모습

[장면 2] (중략 이후 ~ 골목길이 어떤 길인가!)
소주제: 강의를 들었던 경험과 자신의 직접 체험에 대한 회상

- **건축가 이일훈 선생의 강의를 들은 적이 있다:** 강의 체험에 대한 회상
- **한적한:** 한가하고 고요한
- **방앗간:** 2
- **눈시울이 뜨거워지고 눈물이 났습니다:** 완벽한 건축물을 만난 감동
- **완벽한 건축물:** 방앗간
- **가슴이 찡했다:** 이일훈 선생이 받은 감동에 대해 공감했기 때문에
- **그 비슷한 느낌을 받아 보았기에:** 글쓴이도 어떤 대상에 대해 진한 감동을 받은 적이 있었음.
- **완벽한 골목길:** 글쓴이가 감동을 느낀 대상
- **평화롭고 완벽한 담장:** 담장이 없는 것을 가리킴. – 글쓴이가 '골목길'에 대해 감동을 느낀 이유
- **불신의 산물로 세워지는 ~ 그 어마어마한 차이:** 3
- **산물:** 어떤 것에 의하여 생겨나는 사물이나 현상을 비유적으로 이르는 말
- **왠지 모르게 골목길이 건강해 보이기 시작했다:** 골목길에 대한 긍정적 인식

[장면 3] (노동을 마치고 ~ 끝)

소주제: 삶의 때가 묻은 골목길에 대한 애정

- **노동을 마치고 ~ 흘러넘치는 길이 아닌가:** 서민들의 일상적인 삶의 터전으로서의 골목길의 모습
- **만삭:** 아이 낳을 달이 다 참. 또는 달이 차서 배가 몹시 부름.
- **삶 때가 묻어 반질반질 윤기가 도는 길:** 4

　　　　　　　　　　　　　　 – 함민복, 〈길의 열매 집을 매단 골목길이여〉

◈ 제대로 작품 분석의 〈보기〉
　㉠ 골목길에 대한 글쓴이의 애정을 드러내는 표현
　㉡ 건축가 이일훈 선생이 완벽하다고 생각하는 건축물
　㉢ 골목길의 다양한 풍경과 그 안의 모습에 대한 구체적 묘사
　㉣ 높이 세워진 담장(불신)과 담장이 없는 길 담장(믿음)의 대비

◈ 제목의 의미
'골목길'은 서민들의 삶 때가 묻어 있는 공간이자 서민들이 어우러져 생활을 이어가는 삶의 터전을 의미한다. 이 작품은 골목길의 다양한 풍경과 그 안에서 펼쳐지는 삶의 모습을 구체적으로 보여 줌으로써 담장이 없이 어우러져 살아가는 공간으로서의 '골목길'에 대한 애정을 드러내고 있다.

◈ 작가 소개
함민복(咸敏復, 1962~): 시인. 충북 충주 출생. 1988년 《세계의 문학》에 시 〈성선설〉을 발표하며 등단하였다. 인간적인 애정과 진솔함이 담긴 작품을 주로 썼다. 시집에 《우울氏의 一日》, 《모든 경계에는 꽃이 핀다》, 《말랑말랑한 힘》 등이 있고, 산문집에 《눈물은 왜 짠가》 등이 있다.

◈ 핵심 정리
- 갈래: 경수필
- 성격: 회고적, 체험적, 대비적
- 주제: 다양한 삶의 모습이 어우러진 골목길에 대한 애정
- 특징: ① 골목길의 다양한 풍경을 구체적으로 열거함. ② 현재 시제를 사용하여 생동감을 줌. ③ 대비적 상황을 제시하여 주제 의식을 강조함.

제대로 감상법 모범 답안

㉮ 김소월, 〈삭주구성(朔州龜城)〉
❶ 삭주구성 ❷ 제비 ❸ 대비

◈ 제대로 작품 분석
　1 ㉡　2 ㉢　3 ㉣　4 ㉠

㉯ 이성복, 〈당신〉
❶ 연민 ❷ 뻘밭 ❸ 의문

◈ 제대로 작품 분석
　1 ㉠　2 ㉢　3 ㉡　4 ㉣

㉰ 함민복, 〈길의 열매 집을 매단 골목길이여〉
❶ 완벽한 ❷ 방앗간 ❸ 골목길 ❹ 현재

◈ 제대로 작품 분석
　1 ㉢　2 ㉡　3 ㉣　4 ㉠

01　　　　　　　　　정답률 53% | 매력적인 오답 ⑤ 20%

(가)~(다)에 대한 설명으로 가장 적절한 것은?

☀ 정답인 이유

② (가)와 (다)는 대비적 상황을 제시하여 주제 의식을 강조하고 있다.
　ㅇ → (가): 화자 ↔ '새, 구름', (다): 높이 세운 '담장' ↔ 담장이 없는 '길 담장'
⋯ (가)에서는 삭주구성에 가고 싶지만 갈 수 없는 화자의 상황과 자유롭게 마음껏 오고 가는 '새, 구름'의 상황을 대비하여 '삭주구성에 대한 그리움'이라는 주제 의식을 강조하고 있다. 그리고 (다)에서는 불신의 산물로 세워지는 '담장'과 함께 살아가는 똑같은 인간이라는 믿음으로 세운 '길 담장'을 대비하여 '골목길에 대한 애정'이라는 주제 의식을 강조하고 있다.

☂ 오답인 이유

⑤ (매력적인 오답) (가)~(다)는 모두 공감각적 이미지를 통해 계절감*을 드러내고 있다.
　　　　　　　　　　　　 (가)~(다) 모두 ×
⋯ 공감각적 이미지는 하나의 감각적 대상을 다른 종류의 감각으로 전이시켜 표현한 것을 말한다. (다)의 '물소리도 길 따라 휘어지며 흘러내린다'는 청각적 이미지를 시각적 이미지로 전이시킨 공감각적 이미지로 볼 수 있지만, 이를 통해 계절감을 드러내고 있지는 않다. 그리고 (가)와 (나)에는 공감각적 이미지가 쓰인 표현이 나타나 있지 않다.

> ＊계절감(季節感): 계절의 변화에 따라 일어나는 느낌 ⓔ 그녀는 봄의 계절감을 살릴 수 있는 꽃 주먹밥을 만들어 보기로 하였다.

① (가)와 (나)는 명사로 시행을 마무리하여 여운을 주고 있다.
　　(가) ㅇ, (나) ×
⋯ (가)에서는 '먼 육천 리'와 같이 명사로 시행을 마무리하여 여운을 주고 있다. 하지만 (나)에서는 '~ 연뿌리를 캐고 있었습니다'와 같이 서술형으로 종결하고 있다.

③ (나)와 (다)는 반어적 표현을 통해 대상의 의미를 부각하고 있다.
　　(나)와 (다) 모두 ×
⋯ 반어적 표현은 나타내려는 뜻과는 반대가 되게 표현하여 의도를 강조하는 방법이다. (나)와 (다)에는 모두 반어적 표현이 나타나 있지 않다.

④ (가)~(다)는 모두 음성 상징어를 사용하여 생동감*을 부여하고 있다.
　　　　　　　　　　(가) ×, (나) ×, (다) ㅇ
⋯ 음성 상징어는 의성어나 의태어를 사용하여 표현하는 방법이다. (다)에서는 '후드득', '부지직'과 같은 음성 상징어를 사용하고 있지만, (가)와 (나)에는 음성 상징어가 나타나 있지 않다.

> ＊생동감(生動感): 생기 있게 살아 움직이는 듯한 느낌 ⓔ 시장에서는 살아 움직이고 있다는 생동감을 느낄 수 있다.

정답률 83%

[A]~[E]를 감상한 내용으로 적절하지 <u>않은</u> 것은?

☀ 정답인 이유

③ [C]에서는 삭주구성이 더 멀어진 '꿈' 속 상황을 제시하여 화자의 안타까움을
× → '육천 리'의 거리가 꿈속에서 '사오천 리'로 줄어듦.
드러내고 있군.

⋯ [C]에서 삭주구성은 '육천 리'나 떨어져 있지만 가끔 꿈에서는 '사오천 리'에 있다고 하였다. 이는 화자가 삭주구성을 간절히 그리워하기 때문에 꿈속에서 거리가 줄어든 것으로 볼 수 있다. 따라서 꿈속에서 삭주구성이 더 멀어졌다고 감상하는 것은 적절하지 않다.

☂ 오답인 이유

① [A]에서는 '물로 사흘 배 사흘'을 통해 삭주구성이 먼 곳에 있음을 보여 주고
○ → 배를 타고 사흘을 가야 할 정도로 먼 곳에 있음.
있군.

⋯ [A]에서는 삭주구성이 배를 타고 사흘을 가야 할 정도로 먼 곳에 있음을 보여 주고 있다.

② [B]에서는 '높은 산'을 반복하며 삭주구성이 가기 어려운 곳임을 나타내고
○ → '높은 산'이 가로막고 있어 가기 어려움.
있군.

⋯ [B]에서는 장애물을 의미하는 '높은 산'을 반복함으로써 삭주구성이 가기 어려운 곳임을 나타내고 있다.

④ [D]에서는 '님을 둔 곳이길래'를 통해 삭주구성을 그리워하는 이유를 제시하
○ → 임이 있는 곳이기 때문에 삭주구성을 그리워함.
고 있군.

⋯ [D]에서는 '님을 둔 곳이길래'를 통해 화자가 삭주구성을 그리워하는 이유가 임이 있는 곳이기 때문임을 제시하고 있다.

⑤ [E]에서는 자유롭게 '날아가는 나는 구름'을 통해 삭주구성에 가고 싶은 화자
○ → 화자와 '구름'을 대비하여 삭주구성에 가고 싶은 마음을 부각함.
의 마음을 부각하고 있군.

⋯ [E]에서는 삭주구성에 가고 싶지만 가지 못하는 화자와 자유롭게 날아가는 '구름'을 대비함으로써 삭주구성에 가고 싶은 화자의 마음을 부각하고 있다.

정답률 80%

〈보기〉를 바탕으로 (나)를 감상한 내용으로 적절하지 <u>않은</u> 것은? [3점]

─〈보기〉─

이 작품의 화자는 노동을 하며 고단하게 살아온 사람들의 모습을 그
①, ②의 근거
리고 있다. 그리고 그들의 고달픈 처지와 삶의 상처를 떠올리며, 그들
④의 근거
에 대한 연민의 정서를 드러내고 있다.
③의 근거

☀ 정답인 이유

⑤ 화자가 '목청을 다해' 당신을 부른 것은 삶의 상처를 위로받고 싶은 마음을
× → '당신'을 위로하기 위한 것이지 화자가 위로받고자 한 것이 아님.
드러낸 것으로 볼 수 있겠군.

⋯ 화자는 뻘밭에서 얼어붙은 연뿌리를 캐고 있는 '당신'을 목청을 다해 부르고 있다. (나)가 노동을 하며 고단하게 살아온 사람들에 대한 연민의 정서를 드러내고 있다는 〈보기〉의 내용을 고려할 때, 이는 고된 노동을 하며 힘겹게 살아가는 사람들에 대한 연민과 위로의 마음을 드러낸 것이지 화자 자신이 위로받고자 한 것이 아니다.

☂ 오답인 이유

① '얼어붙은 땅'은 아낙네들이 일하는 것을 더 고단하게 한다고 볼 수 있겠군.
○ → 〈보기〉의 '노동을 하며 고단하게 살아온 사람들의 모습'

⋯ '얼어붙은 땅'은 그 땅을 파고 무씨를 갈아야 하는 아낙네들의 노동을 더욱 고단하게 하고 있다.

② 물이 마르지 않은 뻘밭에서 일하는 '당신'은 고된 노동을 하고 있는 사람으
○ → 〈보기〉의 '노동을 하며 고단하게 살아온 사람들의 모습'
로 볼 수 있겠군.

⋯ 아직 물이 마르지 않은 뻘밭에서 흙투성이 연뿌리를 캐고 있는 '당신'은 고된 노동을 하며 힘겹게 살아가는 사람이다.

③ 화자가 '당신의 상처'를 연뿌리보다 질기고 뻣세다고 한 것은 그들의 삶에
○ → 〈보기〉의 '그들에 대한 연민의 정서'
대한 연민을 드러낸 것으로 볼 수 있겠군.

⋯ 화자는 고된 노동을 하는 '당신'의 삶에 대해 연민을 느끼고 있기 때문에 그들의 상처가 연뿌리보다 질기고 뻣세지 않냐고 걱정하고 있다.

④ '도로뿐인 한 생애'는 나아지지 않는 삶을 살아가는 사람들의 고달픈 처지를
○ → 〈보기〉의 '그들의 고달픈 처지와 삶의 상처를 떠올리며'
드러냈다고 볼 수 있겠군.

⋯ '도로뿐인 한 생애'는 아무리 열심히 일해도 헛되이 수고한 것이 되어 버리는, 즉 나아지지 않는 삶을 살아가는 사람들의 고달픈 처지를 드러내고 있다.

정답률 85%

㉠과 ㉡에 대한 설명으로 가장 적절한 것은?

☀ 정답인 이유

④ ㉠과 ㉡은 모두 생활을 이어가는 삶의 터전으로서의 공간이다.
○ → ㉠: 고된 노동으로 생계를 이어가는 공간, ㉡: 서민들의 삶의 터전

⋯ (나)의 '논두렁'은 아낙네들이 생계를 위해 아이들을 등에 업고 고된 노동을 하는 공간이며, (다)의 '골목길'은 가장이 노동을 마치고 귀가하고 아낙네들이 가족을 위해 장을 봐서 집을 향해 돌아가는 공간이다. 따라서 ㉠과 ㉡은 모두 사람들이 생활을 이어가는 삶의 터전이라고 할 수 있다.

☂ 오답인 이유

① ㉠은 ㉡과 달리 지나온 삶에 대한 그리움의 공간이다.
㉠과 ㉡ 모두 ×

⋯ '논두렁'과 '골목길'은 모두 지나온 삶에 대한 그리움의 공간과는 거리가 멀다.

② ㉠은 ㉡과 달리 실현하고 싶은 소망이 드러나는 공간이다.
㉠과 ㉡ 모두 ×

⋯ '논두렁'과 '골목길'은 모두 생활을 이어가는 삶의 터전일 뿐, 실현하고 싶은 소망이 드러나는 공간으로 볼 수 없다.

③ ㉡은 ㉠과 달리 현실에 대한 부정적 인식이 드러나는 공간이다.
㉠ ○, ㉡ ×

⋯ '얼어붙은 땅'이라는 노동의 조건을 고려할 때 '논두렁'은 현실에 대한 부정적 인식이 드러나는 공간으로 볼 수도 있다. 하지만 '골목길이 건강해 보이기 시작했다.'를 고려할 때 '골목길'은 현실에 대한 부정적 인식이 드러나는 공간으로 볼 수 없다.

⑤ ㉠과 ㉡은 모두 자연의 섭리에 대한 깨달음이 나타나는 공간이다.
㉠과 ㉡ 모두 ×

⋯ '논두렁'과 '골목길'은 모두 자연의 섭리에 대한 깨달음이 나타나는 공간과는 거리가 멀다.

다음은 (다)에 대한 학생의 감상문이다. ⓐ~ⓔ 중, 적절하지 않은 것은?

> 이 글에서 ⓐ글쓴이는 골목길의 다양한 풍경과 그 안의 모습을 보여
> ○ → '담장 위 장미가 ~ 나방 그림자가 벽에 부딪친다.'
> 주고 있다. ⓑ글쓴이는 시골 방앗간이 완벽한 건축물이라고 말하는 이
> ○ → '가슴이 핑했다 ~ 더 그랬을 것이다.'
> 일훈 선생의 강의에 공감하며, ⓒ자신이 만났던 완벽한 골목길을 떠올
> ○ → '나도 완벽한 골목길을 만났었다.'
> 리게 되었다. ⓓ이일훈 선생의 강의는 글쓴이가 골목길에 대한 자신의
> × → 드러나지 않음.
> 편견을 발견하고 후회하는 계기가 되었다. 그리고 ⓔ글쓴이는 골목길
> 을 우리들의 삶 때가 묻은 길이라고 표현하며 골목길에 대한 애정을 드
> ○ → '우리들의 삶 때가 묻어 반질반질 윤기가 도는 길'
> 러내고 있다.

☀ 정답인 이유

④ ⓓ
× → 이일훈 선생의 강의는 '완벽한 골목길'을 떠올리는 계기가 됨.

···▶ 이일훈 선생의 강의에 공감한 글쓴이는 완벽한 골목길을 만났던
자신의 체험을 떠올리게 된다. 글쓴이는 서민들이 어우러져 살아가
는 골목길에 대해 애정을 드러내고 있는데, 그 이전에 골목길에 대
해 편견을 가지고 있었다는 내용은 나타나 있지 않다.

☂ 오답인 이유

① ⓐ

···▶ (다)의 '중략' 이전 부분에서 글쓴이는 골목길의 다양한 풍경과 골
목길을 지나는 다양한 사람들의 모습을 보여 주고 있다.

② ⓑ

···▶ 글쓴이는 자신도 어느 골목길에서 이일훈 선생과 비슷한 느낌을
받은 적이 있다며 이일훈 선생의 강의에 공감하고 있다.

③ ⓒ

···▶ 이일훈 선생의 강의를 들은 글쓴이는 자신이 만났던 완벽한 골목
길을 떠올리고 있다.

⑤ ⓔ

···▶ 글쓴이는 서민들이 어우러져 살아가는 삶의 공간인 골목길에 대
해 '우리들의 삶 때가 묻어 반질반질 윤기가 도는 길'이라며 애정을
드러내고 있다.

▶ 문제편 175~177쪽

정답	**01** ④	**02** ③	**03** ②	**04** ①	**05** ⑤

[01~05] 다음 글을 읽고 물음에 답하시오.   2019 6월 고1 전국연합

제대로 작품 분석   ▶〈보기〉에서 적절한 것을 골라 넣으며 작품을 분석해 보자.

가
「잠아 잠아 짙은 잠아 이내 눈에 쌓인 잠아
「」: '잠'을 의인화하여 해학적으로 표현함.
염치 불구 이내 잠아 검치 두덕* 이내 잠아」
잠의 욕심이 언덕처럼 쌓였음.
어제 간밤 오던 잠이 오늘 아침 다시 오네   ▶ 1~3행: 염치없이 찾아드는 잠
1

잠아 잠아 무삼 잠고 가라 가라 멀리 가라
무슨 잠이냐   잠을 쫓고 싶은 화자의 심정
세상 사람 무수한데 구태 너는 간 데 없어
구태여   갈 데가 없어
원치 않는 이내 눈에 이렇듯이 자심(滋甚)*하뇨
점점 더 심해지는가 – 설의적 표현
주야에 한가하여 월명 동창 혼자 앉아
달이 밝은 동쪽의 창
삼사경 깊은 밤을 허도(虛度)이 보내면서
밤 11시~새벽 3시   헛되이
잠 못 들어 한하는데 그런 사람 있건마는
2

㉠무상불청(無常不請)* 원망 소래 온 때마다 들난고니
잠을 원망하는 화자   ▶ 4~10행: 바쁜 자신을 찾아오는 잠에 대한 원망
석반(夕飯)*을 거두치고 황혼이 대듯마듯
다 먹고   되자마자
㉡낮에 못 한 남은 일을 밤에 할랴 마음먹고

언하당(言下當)* 황혼이라 섬섬옥수(纖纖玉手)* 바삐 들어

등잔 앞에 고개 숙여 실 한 바람 불어 내어
한 발 정도의 실
드문드문 질긋 바늘 두엇 뜸 뜨듯마듯
두어 땀
난데없는 이내 ⓐ잠이 소리 없이 달려드네
▶ 11~16행: 저녁을 먹고 바느질을 시작하자마자 또 찾아드는 잠
㉢눈썹 속에 숨었는가 눈알로 솟아 온가
「」: 4
이 눈 저 눈 왕래하며 무삼 요수 피우든고
무슨 요상한 수단
맑고 맑은 이내 눈이 절로 절로 희미하다   ▶ 17~19행: 잠으로 인해 눈이 희미해짐.

– 작자 미상, 〈잠노래〉

---

* 검치 두덕 : 욕심 언덕
* 자심(滋甚) : 더욱 심함.
* 무상불청(無常不請) : 청하지 않은
* 석반(夕飯) : 저녁밥
* 언하당(言下當) : 말이 끝나자마자 바로. 여기서는 '그런 생각을 하자마자 바로'의 뜻임.
* 섬섬옥수(纖纖玉手) : 가냘프고 고운 여자의 손

◈ 제대로 작품 분석의 〈보기〉

> ㉠ 아침에 일어나도 계속 졸림.
> ㉡ 잠이 쏟아지는 상황을 해학적으로 표현
> ㉢ 밤늦게까지 일을 해야 하는 화자의 고달픈 삶
> ㉣ 잠에 들지 못하는 사람 – 화자의 처지와 상반됨.

◈ 제목의 의미

'잠'을 의인화하여 쏟아지는 잠을 참으며 밤에도 일해야 하는 고달픈 삶의 모습을 형상
화한 작품으로, 대구 지방에 전해지는 민요이다. 이른 새벽부터 늦은 밤까지 계속되는
노동을 견뎌야 하는 평민 여성의 고된 삶을 드러내고 있다.

◈ 핵심 정리

· 갈래 : 민요, 노동요
· 성격 : 해학적, 서민적

- 주제: 밤새워 바느질하는 삶의 고달픔
- 특징: ① '잠'을 의인화하여 청자로 설정함. ② 일하지 않아도 되는 다른 사람과 노동에 시달리는 화자의 처지를 대조함. ③ 해학적이고 익살스러운 표현을 사용함.

🕪 귓도리 저 귓도리 어여쁘다 저 귓도리 →a–a–b–a 구조

귀뚜라미 저 귀뚜라미 불쌍하다 저 귀뚜라미

어인 귓도리 지는 달 새는 밤의 긴 소리 쟈른 소리 ⓐ절절(節節)이 슬픈

소리 제 혼자 우러 녜어 사창(紗窓) ⓑ여왼 잠을 살뜰히도* 깨우는구나
          비단 창문 – 여인이 거처하는 방   알뜰히도(반어법)

어찌 된 귀뚜라미가 지는 달, 새는 밤에 긴 소리 짧은 소리, 마디마디 슬픈 소리로 저 혼자 계속 울어, 비단 창문 안의 얕은 잠을 얄밉게도 깨우는구나.

『두어라 제 비록 미물(微物)이나 무인동방(無人洞房)에 내 뜻 알 이
          보잘것없는 존재   홀로 지내는 여인의 방
는 너뿐인가 하노라』
『』3

두어라, 제가 비록 미물이지만 독수공방하는 나의 뜻을 알아줄 이는 너뿐인가 하노라.

– 작자 미상

＊살뜰히도 : 알뜰하게도, 여기서는 '얄밉게도'의 뜻임.

❖ **제대로 작품 분석의 〈보기〉**
- ㉠ 감정 이입의 대상, 동병상련의 대상
- ㉡ 귀뚜라미에게 동병상련을 느끼는 화자
- ㉢ 화자의 슬픔을 '귓도리'의 울음소리를 통해 드러냄.

❖ **핵심 정리**
- 갈래: 사설시조
- 성격: 연정가
- 주제: 독수공방(獨守空房)의 외로움
- 특징: ① 대상(귀뚜라미)에 화자의 감정을 이입함. ② 청각적 심상을 사용하여 화자의 외로움을 드러냄. ③ 비슷한 시어들을 반복하고 반어적 표현을 사용함.

🕪 물은 하나의 국가요, 용은 그 나라의 군주다. 물고기 가운데 큰 것으로 고래, 곤어, 바닷장어 같은 것은 군주를 안팎에서 모시는 여러 신하이다. 그 다음으로 메기, 잉어, 다랑어, 자가사리 같은 것은 서리나 아전의 무리다. 이밖에 크기가 한 자 못 되는 것들은 물나라의 만백성이라 할 수 있다. 상하가 서로 차례가 있고 큰 놈이 작은 놈을 통솔하니, 그것이 어찌 사람과 다르겠는가?
▶ 국가의 상황을 물속의 세계에 빗댐.

그러므로 용은 물나라를 다스리면서, 날이 가물어 마르면 반드시 비를 내려 주고, 사람이 물고기를 다 잡아 버릴까 염려하여서는 큰 물결을 겹쳐 일어나게 하여 덮어 준다. 그러한 것이 물고기에 대해서 은혜를 끼침이 아닌 것은 아니다.
    군주
▶ 백성을 보살펴야 하는 군주의 역할

하지만 물고기에게 인자하게 베푸는 것은 한 마리 용뿐이요, 물고기를 학대하는 것은 수많은 큰 물고기들이다. 고래와 암코래는 조류를 들이마
          백성을 수탈하는 것
                  탐관오리
셔서 작은 물고기를 잡아먹는 일을 자신의 시서(詩書)로 삼고, 교룡과 악어는 물결을 헤치며 삼키고 씹어 먹어 작은 물고기를 잡아먹는 것을 거친 땅의 농사일로 삼으며, 문절망둑, 쏘가리, 두렁허리, 가물치의 족속은 틈을 타서 발동을 해서 작은 물고기를 자신의 은이요 옥으로 삼는다. 강자는
          백성을 수탈하는 행위
약자를 삼키고, 지위가 높은 자는 아랫것을 약탈하니, 진실로 강한 자, 높
은 자가 싫증 내지 않는다면 작은 물고기는 반드시 남아나지 않을 것이다.   3
▶ 백성을 수탈하는 탐관오리
슬프다! 작은 물고기가 없다면 용이 누구와 더불어 군주가 되며, 저 큰
          백성이 없으면 나도 존재하지 못함.
물고기들이 어찌 으스댈 수 있겠는가? 그러므로 용의 도리란 작은 물고기   4

들에게 구구한 은혜를 베풀어 주는 것보다, 차라리 먼저 그들을 해치는 족
속들을 물리치는 것만 못하리라!
▶ 군주의 가장 중요한 과제

아아, 사람들은 물고기에게만 큰 물고기가 있는 줄 알고 사람에게도 큰
          탐관오리의 수탈이 겉으로 잘 드러나지 않음.
물고기가 있는 줄을 알지 못하니, 물고기가 사람을 슬퍼하는 것이 어찌 사
                  현실에 대한 개탄
람이 물고기를 슬퍼하는 것보다 심하지 않다고 하랴?
▶ 불합리한 현실에 대한 개탄
– 이옥, 〈어부(魚賦)〉

❖ **제대로 작품 분석의 〈보기〉**
- ㉠ 백성을 보살피는 군주의 모습
- ㉡ 물속의 세계와 인간 사회의 공통점
- ㉢ 군주가 해야 할 일 – 탐관오리 척결
- ㉣ 탐관오리를 제어하지 못하면 백성을 구제할 수 없음.

❖ **제목의 의미**
'부(賦)'는 한문 문체의 하나로, '어부'는 '물고기에 붙이는 글'이라는 뜻이다. 국가의 상황을 물속의 세계에 빗대어 현실을 비판하고 있는 작품으로, 군주는 백성을 괴롭히는 관리들을 잘 다스리는 것이 가장 중요하다고 강조하고 있다.

❖ **작가 소개**
이옥(李鈺, 1760~1815): 조선 후기 정조 때의 문인. 호는 문무자(文無子), 매화외사(梅花外史) 등. 문체반정에 연루되어 벼슬길에 나서지 못했으나, 자신의 문체를 고치지 않고 신념을 지켰다. 주요 작품으로 〈심생전〉, 〈유광억전〉 등이 있다.

❖ **핵심 정리**
- 갈래: 고전 수필
- 성격: 우의적, 교훈적, 경세적
- 주제: 올바른 국가 경영의 중요성 강조
- 특징: ① 국가의 상황을 물속의 세계에 빗대어 표현함. ② 부정적 정치 현실을 우의적으로 비판함. ③ 나라의 근본이 백성에게 있다는 인식을 바탕으로 함.

제대로 감상법 모범 답안

🕪 작자 미상, 〈잠노래〉
❶ 바느질 ❷ 원망 소래 ❸ 의인화

❖ **제대로 작품 분석**
1 ㉠ 2 ㉣ 3 ㉢ 4 ㉡

🕪 작자 미상, 〈귓도리 저 귓도리~〉
❶ 귀뚜라미 ❷ 사창 ❸ 이입

❖ **제대로 작품 분석**
1 ㉠ 2 ㉢ 3 ㉡

🕪 이옥, 〈어부(魚賦)〉
❶ 관리 ❷ 용 ❸ 큰 물고기 ❹ 우의

❖ **제대로 작품 분석**
1 ㉡ 2 ㉠ 3 ㉣ 4 ㉢

01

(가)~(다)의 공통점으로 가장 적절한 것은?

☀ 정답인 이유

④ **부정적인 현재 상황에 대해 탄식*하는 태도를 드러내고 있다.**
○ → (가): 잠을 참아야 하는 상황, (나): 독수공방하는 상황, (다): 백성이 수탈당하는 상황
⋯ (가)에서 화자는 쏟아지는 잠을 참으면서까지 일을 해야 하는 상황에 대해 탄식하는 태도를 보이고 있다. 그리고 (나)에서 화자는 독수공방하는 자신의 처지에 외로움을 느끼며 탄식하는 태도를 보이고 있다. 또 (다)에서 글쓴이는 관리들이 백성을 수탈하는 현실에 대해 안타까움을 느끼며 탄식하는 태도를 보이고 있다.

> * 탄식(歎息): 한탄하여 한숨을 쉼. 예 그녀는 헛되이 보낸 지난날을 후회하며 탄식하였다.

☂ 오답인 이유

⑤ (매력적인 오답) **일상생활과 관련된 사물의 속성에서 삶의 교훈을 이끌어 내고 있다.**
(가) ~ (다) 모두 ×
⋯ (가)의 '바늘'이나 (나)의 '사창' 등 일부 일상생활과 관련된 사물이 나타나기는 하지만, (가)~(다) 모두 사물의 속성이 드러나거나 사물의 속성에서 교훈을 이끌어 내고 있지 않다.

① **대상의 부재로 인한 그리움의 심정을 드러내고 있다.**
(가) ×, (나) ○, (다) ×
⋯ (나)에는 독수공방하는 외로운 처지와 이로 인한 그리움의 심정이 드러나 있지만, (가)와 (다)에는 대상의 부재나 그리움의 심정이 드러나 있지 않다.

② **현실의 어려움을 극복하려는 의지적 태도를 보이고 있다.**
(가) △, (나) ×, (다) ○
⋯ (가)에서는 쏟아지는 잠을 이겨 내려고 노력하고 있으므로 부분적으로나마 어려움을 극복하려는 의지적 태도가 나타나 있다고 볼 수도 있다. (나)에서는 독수공방하는 외로운 처지가 나타나지만 이를 극복하려는 의지적 태도가 나타나 있지는 않다. (다)에서는 백성이 수탈당하는 상황을 비판하며 올바른 군주의 도리를 강조하고 있으므로 어려움을 극복하려는 의지적 태도가 나타나 있다고 볼 수 있다.

③ **이상과 현실의 괴리*에 대해 절망적인 심경을 표출하고 있다.**
(가) ~ (다) 모두 ×
⋯ (가)~(다) 모두 이상과 현실이 괴리되거나 이에 대해 절망적인 심경을 표출하고 있지 않다.

> * 괴리(乖離): 서로 어그러져 동떨어짐. 예 우리는 기성세대와 신세대의 괴리를 좁힐 수 있는 방안을 강구하고 있다.

02

(가), (나)에 대한 설명으로 적절한 것은?

☀ 정답인 이유

③ **(가)와 (나)는 모두 시간적 배경을 통해 시적 상황을 구체화하고 있다.**
○ → (가): '황혼', '밤', (나): '지는 달 새는 밤'
⋯ (가)에서는 '황혼', '밤'과 같은 시간적 배경을 통해 밤늦게까지 잠을 참으며 일해야 하는 화자의 고달픈 상황을 구체화하고 있다. 그리고 (나)에서는 '지는 달 새는 밤'이라는 시간적 배경을 통해 독수공

방하며 잠을 이루지 못하는 화자의 외로운 상황을 구체화하고 있다.

☂ 오답인 이유

④ (매력적인 오답) **(가)와 (나)는 모두 설의적 표현을 통해 시적 의미를 강조하고 있다.**
× → (가)는
⋯ (가)에서는 '이렇듯이 자심하뇨'라는 설의적 표현을 통해 의미를 강조하고 있지만, (나)에는 설의적 표현이 나타나 있지 않다.

① **(가)와 달리 (나)는 동일한 시어의 반복을 통해 운율을 형성하고 있다.**
× → (가)와 (나)는 모두
⋯ (가)에서는 '잠아', '가라' 등과 같은 동일한 시어의 반복을 통해, (나)에서는 '귓도리', '소리' 등과 같은 동일한 시어의 반복을 통해 운율을 형성하고 있다.

② **(나)와 달리 (가)는 청각적 심상을 통해 계절감을 드러내고 있다.**
× → (나)는
⋯ (나)에서는 귀뚜라미 소리라는 청각적 심상을 통해 가을의 계절감을 드러내고 있지만, (가)에서는 청각적 심상이라고 할 수 있는 '원망 소래'가 계절감을 드러내고 있지 않다.

⑤ **(가)와 (나)는 모두 색채의 대비를 통해 표현 효과를 높이고 있다.**
(가)와 (나) 모두 ×
⋯ (가)와 (나)에는 모두 색채의 대비가 나타나 있지 않다.

03

ⓐ, ⓑ에 대한 이해로 가장 적절한 것은?

☀ 정답인 이유

② **ⓑ는 외부적 요인으로 인해 방해받고 있다.**
○ → '살뜰히도 깨우는구나'
⋯ (나)에서 '여읜 잠'은 설핏 든 잠을 뜻하는데, 화자는 이러한 잠마저도 귀뚜라미 소리에 깨고 있다. 따라서 화자의 '여읜 잠'은 귀뚜라미 소리라는 외부적 요인으로 인해 방해받고 있다.

☂ 오답인 이유

③ (매력적인 오답) **ⓐ와 달리 ⓑ는 화자가 현실로부터 벗어나기 위한 행위이다.**
ⓐ와 ⓑ 모두 ×
⋯ (가)에서 '잠'은 밤늦게까지 일해야 하는 화자를 방해하는 역할을 할 뿐 현실로부터 벗어나기 위한 행위로 볼 수 없다. (나)에서 '여읜 잠'은 화자의 외로운 처지를 보여 줄 뿐 현실로부터 벗어나기 위한 행위와 관련이 없다.

① **ⓐ는 화자의 목적을 이루기 위한 보조적 수단이다.**
×
⋯ (가)에서 '잠'은 화자의 목적을 이루기 위한 수단이 아니라, 오히려 낮에 못 한 남은 일을 밤늦게까지 해야 하는 화자를 방해하고 있다.

④ **ⓑ와 달리 ⓐ는 화자의 고통을 해소시키고 있다.**
ⓐ와 ⓑ 모두 ×
⋯ (가)에서 '잠'은 밤늦게까지 일해야 하는 화자의 고통을 오히려 심화시키고 있다. (나)에서 '여읜 잠'은 독수공방하며 외롭게 지내는 화자의 고통을 해소하는 것과 관련이 없다.

⑤ **ⓐ와 ⓑ는 모두 화자가 거부하는 대상이다.**
× → ⓐ는
⋯ (가)에서 화자는 '잠'을 거부하고 밤늦게까지 일하려 하지만, (나)에서 화자는 '여읜 잠'을 거부하는 것이 아니라 귀뚜라미 소리 때문에 어쩔 수 없이 잠에서 깬 것이다.

04

㉠~㉤을 감상한 내용으로 적절하지 <u>않은</u> 것은?

☀ 정답인 이유

① ㉠: 화자와 상반된 처지에 있는 사람이 '잠'에게 불만을 드러내고 있다.
　× → 화자가 '잠'에게 드러내는 불만

┈▶ ㉠은 '청하지도 않은 (나에게 찾아와서) 원망 소리를 올 때마다 듣느냐'라는 뜻이다. 따라서 '원망 소래'는 화자와 상반된 처지에 있는 사람이 '잠'에게 드러내는 불만이 아니라, 화자가 '잠'에게 드러내는 불만이다.

☂ 오답인 이유

④ [매력적인 오답] ㉣: 화자의 내면적 슬픔을 '귓도리'의 울음소리를 통해 간접적으로 드러내고 있다.

┈▶ ㉣에서 독수공방하는 외로운 처지의 화자는 '귓도리'의 울음소리를 '절절이 슬픈 소리'라고 표현하고 있다. 이는 화자의 외로움과 슬픔을 '귓도리'의 울음소리를 통해 간접적으로 드러낸 것이다.

② ㉡: 쉬지도 못하고 밤늦게까지 일을 해야 하는 화자의 고달픈 삶이 나타나 있다.

┈▶ ㉡에서 화자는 낮에 끝내지 못한 일을 밤에 잠도 자지 못하고 처리해야 하는 고달픈 삶의 모습을 보이고 있다.

③ ㉢: '잠'을 의인화하여 잠이 쏟아지는 화자의 현재 상황을 해학적으로 표현하고 있다.

┈▶ ㉢에서 화자는 잠이 쏟아지는 상황을, 잠이 이 눈 저 눈을 오고 가면서 요상한 수단을 피운다고 표현하고 있다. 이는 잠이 쏟아지는 괴로운 상황을 해학적으로 표현한 것이다.

⑤ ㉤: 혼자 살아가는 자신의 외로운 처지를 알아주는 유일한 대상이 '귓도리'라는 화자의 인식이 드러나 있다.

┈▶ ㉤에서 '너'는 '귓도리'를 가리킨다. 화자는 자신의 외로운 처지를 알아주는 유일한 대상이 '귓도리'라며 귀뚜라미에게 동병상련의 감정을 드러내고 있다.

에도 백성의 태도에 대한 내용은 나타나 있지 않다.

☂ 오답인 이유

④ [매력적인 오답] 작은 물고기를 해치는 족속을 물리치는 것이 용의 도리라고 하는 것은 군주가 해야 할 가장 중요한 일이 관리를 잘 다스리는 일임을 말해 주는군.
　○ → 〈보기〉의 '관리들을 잘 다스리는 것이 군주로서 해야 할 가장 중요한 일'

┈▶ (다)에서 '용의 도리란 ~ 차라리 먼저 그들을 해치는 족속들을 물리치는 것'이라고 한 것은 군주가 해야 할 가장 중요한 일이 백성을 수탈하는 관리들을 잘 다스리는 일임을 말해 준다.

① 용이 큰 물결을 일어나게 하여 물고기를 덮어 주는 것은 백성을 어질게 살피는 군주의 모습으로 볼 수 있군.
　○ → 〈보기〉의 '군주를 용에 ~ 백성을 작은 물고기에 빗대어 현실 세계를 비판'

┈▶ (다)에서 '용은 ~ 사람이 물고기를 다 잡아 버릴까 염려하여서는 큰 물결을 겹쳐 일어나게 하여 덮어 준다.'고 한 것은 군주가 백성을 위험으로부터 보호하고 어질게 살피는 모습으로 볼 수 있다.

② 교룡과 악어가 작은 물고기를 잡아먹는 것은 백성을 수탈하는 관리들의 모습으로 볼 수 있군.
　○ → 〈보기〉의 '백성들을 수탈하는 큰 물고기, 즉 관리들'

┈▶ (다)에서 '교룡과 악어는 물결을 헤치며 삼키고 씹어 먹어 작은 물고기를 잡아먹는'다고 한 것은 백성을 수탈하는 관리들의 모습으로 볼 수 있다.

③ 작은 물고기가 없으면 용이 군주가 될 수 없다고 하는 것은 나라의 근본이 백성에게 있다는 글쓴이의 인식을 보여 주는군.
　○ → 〈보기〉의 '나라의 근본은 작은 물고기인 백성'

┈▶ (다)에서 '작은 물고기가 없다면 용이 누구와 더불어 군주가 되며'라고 한 것은 나라의 근본이 백성에게 있다는 글쓴이의 인식을 보여 준다.

05

〈보기〉를 바탕으로 (다)를 감상한 내용으로 적절하지 <u>않은</u> 것은? [3점]

〈보기〉
　〈어부〉는 국가의 상황을 물속의 세계에 빗대고, 군주를 '용'에, 여러
　　　　　　　　　　　　　　　　　　①의 근거
신하를 '큰 물고기'에, 백성을 '작은 물고기'에 빗대어 현실 세계를 비판
하고 있다. 글쓴이는 나라의 근본은 '작은 물고기'인 백성이므로 백성들
　　　　　　　　　　　③의 근거　　　　　　　　　　②의 근거
을 수탈하는 '큰 물고기', 즉 관리들을 잘 다스리는 것이 군주로서 해야
　　　　　　　　　　　④의 근거
할 가장 중요한 일임을 강조하고 있다.

☀ 정답인 이유

⑤ 사람들이 사람에게도 큰 물고기가 있는 줄을 알지 못한다고 하는 것은 관리들의 수탈에 적극적으로 저항하지 않는 백성의 태도를 비판하는 것이군.
　× → 관리들이 백성을 수탈하는 현실 비판

┈▶ (다)에서 '사람들은 물고기에게만 큰 물고기가 있는 줄 알고 사람에게도 큰 물고기가 있는 줄을 알지 못하니'는 관리들이 백성을 수탈하는 현실을 비판하고 이에 대한 안타까움을 드러낸 것이지, 관리들의 수탈에 저항하지 않는 백성의 태도를 비판한 것이 아니다. 〈보기〉

[01~05] 다음 글을 읽고 물음에 답하시오.

2018 9월 고1 전국연합

제대로 작품 분석 ▶〈보기〉에서 적절한 것을 골라 넣으며 작품을 분석해 보자.

㉮ 어와 성은(聖恩)이야 망극(罔極)할사 성은(聖恩)이다

아아, 임금의 은혜로구나. 끝이 없는 임금의 은혜로구나.

강호(江湖) 안로(安老)도 분(分) 밧긔 일이어든
　　　　　　　　　분수 밖의

강호에서 편안하게 늙어 가는 것도 내 분수에 넘치는 일인데

하물며 두 아들 정성을 다해 봉양함은 또 어인가 하노라
　　　　　자식들이 정성을 다해 자신을 봉양함.

하물며 두 아들이 정성을 다해 봉양함은 또 어찌된 일인가 하노라.

〈제2수〉
▶ 제2수: 임금의 은혜에 감사하는 마음

전나귀 바삐 몰아 다 저문 날 오신 손님
다리를 저는 나귀

다리 저는 나귀를 바삐 몰아 해질 무렵에 오신 손님

보리피 거친 밥에 찬물(饌物)*이 아조 업다

보리껍질 거친 밥에 반찬이 될 만한 것이 전혀 없다.

아희야 배 내어 띄워라 그물 놓아 보리라
　　　　　　　물고기를 잡아 반찬으로 내놓으려 함.

아이야 배 내어 띄워라. 그물을 놓아 (물고기를 잡아) 보리라.

〈제4수〉
▶ 제4수: 자연에서의 소박한 삶의 모습

달 밝고 바람 잔잔하니 물결이 비단일다
자연의 아름답고 평화로운 모습

달이 밝고 바람이 잔잔하니 물결이 비단 같구나.

단정(短艇)*을 비스듬히 놓아 오락가락 하는 흥(興)을
자연 속에서 유유자적하는 삶의 모습(강호한정)

자그마한 배에 비스듬히 누워 유유자적하는 즐거움을

백구(白鷗)야 하 즐겨 마라 세상(世上) 알가 하노라
　　　　　　　　　자연에서 느끼는 즐거움을 자신만 알았으면 하는 마음

갈매기야 너무 즐겨 마라 세상 사람들이 알까 두렵다.

〈제5수〉
▶ 제5수: 달밤에 배 위에서 유유자적하는 즐거움

모래 우희 자는 ㉠백구(白鷗) 한가(閑暇)할샤

모래 위에서 자는 갈매기 한가하구나.

강호(江湖) 풍취(風趣)를 네가 지닐 때 내가 지닐 때
　　　　　　　　　갈매기　　　　화자

자연의 풍경이 네 것인가 내 것인가.

석양(夕陽) 반범귀흥(半帆歸興)*은 너도 날만 못 하리라
　　　　　　　　　　　　　　갈매기　화자

석양에 돛을 반쯤 올리고 돌아오는 흥은 너도 나만 못 하리라.

〈제6수〉
▶ 제6수: 갈매기와 즐기며 배를 타고 돌아오는 흥겨움

식록(食祿)*을 긋친 후(後)로 어조(漁釣)*을 생애(生涯)하니
세속적인 삶　　　　　　　　자연 속의 삶

벼슬을 마친 후에 낚시를 하며 살아가니

헴 업슨 아이들은 괴롭다 하지마는
생각 없는 사람들(속세의 사람들)

생각 없는 사람들은 괴롭다 하겠지만

두어라 강호한적(江湖閑適)이 이 내 분(分)인가 하노라
　　　　　④　　　　　　　　자연에서의 삶에 대한 만족감

두어라 자연에서 한가하게 지내는 것이 내 분수인가 하노라.

〈제9수〉
▶ 제9수: 자연에서 유유자적하는 삶에 대한 만족감
－ 나위소, 〈강호구가(江湖九歌)〉

＊찬물: 반찬이 될 만한 것
＊단정: 자그마한 배
＊반범귀흥: 돛을 반쯤 올리고 돌아오는 멋
＊식록: 먹고 살기 위한 벼슬
＊어조: 낚시질

❖ **제대로 작품 분석의 〈보기〉**
　㉠ 소박한 삶의 모습
　㉡ 화자의 정서를 부각하는 소재
　㉢ 자연 속에서 한가로움을 즐기는 것
　㉣ 자연에서의 편안한 삶이 임금의 은혜 때문이라고 생각함.

❖ **제목의 의미**
'강호'에서의 삶을 노래한 '9수'의 연시조이다. 이 작품은 나이가 들어 벼슬에서 물러난 화자가 임금에 대한 감사의 마음을 드러내면서, 강호에서 자연을 즐기며 소박하게 살아가는 생활을 노래하고 있다. 세속의 삶을 부러워하지 않고 강호의 삶에 만족하는 태도가 잘 표현되어 있다.

❖ **작가 소개**
나위소(羅緯素, 1583~1667): 조선 중기의 문신. 1623년에 문과에 급제하고, 1627년에 정묘호란이 일어나자 무기와 군량의 조달에 힘썼다. 관직에서 물러난 후 고향인 나주에 돌아와 한가로운 생활을 하면서 〈강호구가〉를 지었다.

❖ **핵심 정리**
- 갈래: 평시조, 연시조
- 성격: 자연 친화적, 강호한정가
- 주제: 소박하지만 한가한 자연 생활에서 느끼는 흥취
- 특징: ① 영탄적 표현을 통해 화자의 정서를 효과적으로 드러냄. ② 의인화된 청자를 설정해 말을 건네며 화자의 흥취를 드러냄. ③ 소박한 삶에 대한 만족감과 함께 연군지정을 노래함.

㉯ 이자(李子)가 저녁의 서늘함을 맞아, 뜰에 나가 거닐다가 ㉡거미가 있
　　　글쓴이 자신
는 것을 보았다. 짧은 처마 앞에 거미줄을 날리며 해바라기 가지에 그물을
펴고 있었다. 가로로 치고 세로로 치고 벼리로 하고 줄로 하는데, 그 너비
　　　　　　　　　　　　　　　그물의 위쪽 코를 꿰어 놓은 줄
는 한 자가 넘고 그 제도는 규격에 맞으며 촘촘하며 성글지 않아 실로 교
　　　　　　　　　　　　　　　사이가 뜨지
묘하고도 기이하였다. 이자는 그것이 간교한 마음이 있다고 여겨 지팡이를
　　　　　　　　　　　　　　거미줄에 대한 이자의 생각
들어서 거미줄을 걷어버렸다. 그것을 다 걷어내고는 또 내치려고 하는데,
거미줄 위에서 소리치는 것이 있는 듯하였다. ▶ 거미줄을 없앤 이자
거미를 의인화하여 표현함.
　"나는 내 줄을 짜서 내 배를 도모하려 하거늘 그대에게 무슨 관계가 있
　　　　　　　　　　먹고 살려
다고 이같이 나를 해치는가?"

이자가 성내어 말하였다.

　"덫을 설치하여 산 것을 죽이니 벌레들의 적이다. 나는 다시 또 너를 제
　　　거미줄
거하여 다른 벌레들에게 덕을 베풀려고 한다." ▶ 거미의 항의와 이자의 꾸짖음
이자가 거미줄을 없앤 이유
다시 웃으며 말하는 것이 있었다.

　"아, 어부가 설치한 그물에 바닷물고기가 걸러드는 것이 어부가 포학해
　　　　　　　　거미의 거미줄과 대응 ①
서이겠는가? 우인(虞人)*이 놓은 그물에 들짐승이 푸줏간에 올려지는
　　　　　　　　거미의 거미줄과 대응 ②
것이 어찌 우인의 교(敎)이겠는가? 법관이 내건 법령에 뭇 완악한 사람
　　　　거미의 거미줄과 대응 ③　　　　고집스럽고 사나운

이 옥에 갇히는 것이 어찌 법관의 잘못이겠는가? 그대는 어찌하여 복희씨(伏羲氏)의 그물*을 시비하지 아니하고 백익(伯益)의 불태움*을 부정

거미의 거미줄과 대응 ④ 거미의 거미줄과 대응 ⑤

하지 아니하며 고요(皐陶)의 형벌 제정을 책망하지 아니하는가? 무엇이

거미의 거미줄과 대응 ⑥

이것과 다르겠는가? 더구나 그대는 내 그물에 걸려든 놈을 알기나 하는

허황하고 착실하지 못하며 행실이 좋지 못한

가? 나비는 허랑방탕한 놈일 뿐 분단장을 하여 세상을 속이고 번화함을

3

좋아하여 좇으며 흰 꽃에 아첨하고 붉은 꽃에 아양 떤다. 이 때문에 내

가 그물로 잡게 되는 것이다. 파리는 참으로 소인배라. 옥 또한 참소를

남을 헐뜯어서 죄가 있는 것처럼 꾸며 윗사람에게 일러바침.

입었고 술과 고기에 자기 목숨을 잊어버리고 이익을 좋아하여 싫증 내

지 않는다. 이 때문에 내가 그물로 잡게 되는 것이다. 매미는 자못 청렴

정직하여 글하는 선비와 비슷하지만 '선명(善鳴)'이라 스스로 자랑하며

좋은 울음

시끄럽게 울어 그칠 줄 모른다. 이리하여 내 그물에 걸려들게 된 것이

다. 벌은 실로 시랑 같은 놈이라. 제 몸에 꿀과 칼을 지니고 망령되이 관

승냥이와 이리를 아울러 이르는 말

아에 나아간다고 하면서 공연히 봄꽃 탐하기를 일삼는다. 이리하여 내

그물에 걸려든 것이다. 모기는 가장 엉큼한 놈이라. 성질이 흉악한 짐승

같아 낮에는 숨고 밤에는 나타나서 사람의 고혈을 빨아댄다. 그렇기에

기름과 피

내 그물에 걸려든 것이다. 잠자리는 품행이 없어 경박한 공자처럼 편안

지체가 높은 집안의 아들

히 있을 겨를이 없으며 홀연히 회오리바람인 양 날아다닌다. 그렇기에

또한 내가 그물로 잡게 되는 것이다. 그 밖에 불나방이 화(禍)를 즐기는

것, 초파리가 일을 좋아하는 것, 반딧불이가 허장성세하여 불빛을 내는

실속은 없으면서 큰소리치거나 허세를 부림.

것, 하늘소가 함부로 그 이름을 훔치는 것, 선명한 옷차림을 한 하루살이

무리, 수레바퀴를 막아서는 말똥구리 무리와 같은 것들은 재앙을 스스

로 만들어 흉액을 피할 줄 모르니 그물에 몸이 걸려 간과 뇌가 땅바닥을

칠하게 된다. 아, 세상은 성강(成康)의 시절이 아니어서 형벌을 놓아두

중국의 성왕과 강왕의 시절 – 태평성대

고 쓰지 않을 수 없고, 사람은 신선이나 부처가 아니어서 소찬(素餐)만

고기나 생선이 들어 있지 아니한 반찬

먹을 수도 없다. 저들이 그물에 걸린 것은 곧 저들의 잘못이지 내가 그

물을 쳤다고 하여 어찌 나를 미워한단 말인가? 또 그대가 저들에게 어찌

하여 사랑을 베풀면서 나에게만은 어찌하여 화를 내고, 나를 훼방하면

벌레를 대하는 이자의 태도가 공평하지 않다고 지적함.

서까지 도리어 저들을 감싸준단 말인가? 아, 기린은 사로잡을 수 없는

것이고 봉황은 유인할 수 없는 것이니 군자는 도를 알아서 죄를 지어 구

4

속됨으로써 재앙을 입지 않아야 한다. 이러한 것을 거울 삼아 삼가고 힘

쓸지어다! 그대의 이름을 팔지 말며 그대의 재주를 자랑하지 말며 이욕

사사로운 이익을 탐내는 욕심

으로 화를 부르지 말며 재물에 목숨을 바치지 마라. 경박하거나 망령되

이 굴지 말며 원망하거나 시기하지 말며 땅을 잘 가려서 밟고 때에 맞추

어 오고 가야 한다. 그렇지 않으면 세상에는 더 큰 거미가 있으니 그 그

세상사의 옳고 그름을 판단하는 존재

물이 나보다 천 배, 만 배가 될 뿐이 아닐 것이다."   ▶ 거미의 반박과 충고

이자가 이 말을 듣고, 지팡이를 던지고 달아나다가 세 번이나 자빠지면서

5

문지방에 이르렀는데 문에 자물쇠를 채우고서야 몸을 구부리고 비로소 한

숨을 쉬었다. 거미는 그 실을 내어 다시 처음과 같이 그물을 치고 있었다.

▶ 이자의 깨달음

– 이옥, 〈거미를 읊은 부〉

* 우인: 고대 중국에서 산림(山林)을 맡아보던 벼슬아치
* 복희씨의 그물: 복희씨는 중국 신화 속에 나오는 사람으로 노끈을 맺어 그물을 만들어
  서 사냥하고 고기를 잡았다고 함.
* 백익의 불태움: 백익은 순임금의 신하로 산에 불을 질러 태자 짐승이 도망하여 숨었
  다고 함.

❖ **제대로 작품 분석의 〈보기〉**

⊙ 이자에게 깨달음을 주는 소재
ⓛ 자신의 잘못을 깨닫고 부끄러움을 느낌.
ⓒ 거미줄에 잡힌 벌레들과는 대조적인 존재
ⓔ 앞에 열거한 것들처럼 자신의 거미줄에도 잘못이 없다는 뜻
ⓜ 군자와 대조되는 존재들 – 허영심과 물욕에 사로잡힌 인물들을 비유함.

❖ **제목의 의미**
'부(賦)'는 한문 문체의 하나로, 이 작품은 '거미'의 목소리를 빌려 도리에 어긋나는 삶을 사는 존재들을 비판하고 있다. 거미는 허영심, 물욕, 자만심 등의 잘못된 품성을 갖고 있는 존재들은 벌을 받아야 마땅하며, 인간 역시 벌을 면하기 위해서는 도를 지키고 죄를 짓지 말아야 한다고 주장하고 있다.

❖ **작가 소개**
이옥(李鈺, 1760~1815): 조선 후기 정조 때의 문인. 호는 문무자(文無子), 매화외사(梅花外史) 등. 문체반정에 연루되어 벼슬길에 나서지 못했으나, 자신의 문체를 고치지 않고 신념을 지켰다. 주요 작품으로 〈심생전〉, 〈유광억전〉 등이 있다.

❖ **핵심 정리**
• 갈래: 한문 수필
• 성격: 교훈적, 우의적, 비판적
• 주제: 인간 세태에 대한 비판과 경계
• 특징: ① 일상적이고 평범한 사물을 새로운 시각으로 바라봄. ② 거미를 의인화하여 현실의 모습을 비판함. ③ 우의적 방법으로 주제를 형상화함.

제대로 감상법 모범 답안

⑦ 나위소, 〈강호구가(江湖九歌)〉
❶ 벼슬 ❷ 식록 ❸ 어조 ❹ 영탄

❖ 제대로 작품 분석
1 ⓔ 2 ⊙ 3 ⓛ 4 ⓒ

⑭ 이옥, 〈거미를 읊은 부〉
❶ 거미 ❷ 나비 ❸ 의인화

❖ 제대로 작품 분석
1 ⊙ 2 ⓔ 3 ⓜ 4 ⓒ 5 ⓛ

---

01   정답률 74%

(가)와 (나)에 대한 설명으로 가장 적절한 것은?

☀ **정답인 이유**

④ (나)에는 부정적인 세상의 모습을 비판하는 태도가 드러나 있다.

○ → '거미'의 말을 통해 부정적인 인간 세상의 모습을 비판함.

⋯ (나)에서 거미줄에 걸려든 '나비, 파리, 매미' 등은 허영심과 물욕으로 가득 찬 인간들의 부정적인 속성을 우의적으로 드러낸 것이다. 이 작품은 '거미'의 말을 통해 부정적인 인간 세상의 모습을 우의적으로 비판하며 경계해야 할 삶의 태도를 드러내고 있다.

☂ **오답인 이유**

① (가)에는 유한한 삶에 대한 회의적 태도가 드러나 있다.

✕ → 자연 속에서 지내는 삶에 대한 만족감

⋯ (가)에는 자연 속에서 한가롭게 살아가는 삶에 대한 화자의 만족감이 나타날 뿐, 유한한 삶에 대한 회의적 태도는 드러나 있지 않다.

② (가)에는 초월적 세계에 대한 동경의 태도가 드러나 있다.

✕ → 자연 속에서 지내는 삶에 대한 만족감

⋯ (가)에는 자연 속에서 살아가는 삶의 모습만 나타날 뿐, 초월적

세계나 이에 대한 동경의 태도는 드러나 있지 않다.

③ (나)에는 자신의 한계를 극복하려는 의지적 태도가 드러나 있다.
　　　　　×→ 한계가 언급되어 있지 않음.
⋯⋯ (나)에 등장하는 '이자'나 '거미'의 한계가 언급되지 않았으며, 한계를 극복하려는 의지적 태도도 드러나 있지 않다.

⑤ (가)와 (나)에는 이상과 현실의 괴리에 대해 고뇌하는 태도가 드러나 있다.
　　　　　×→ 이상과 현실의 괴리가 나타나 있지 않음.
⋯⋯ (가)에는 자연 속에서 한가롭게 지내는 삶에 대해 만족하는 태도가 나타나 있고, (나)에는 부정적인 인간 세상의 모습에 대해 비판하는 태도가 나타나 있다. 모두 이상과 현실의 괴리나 이에 대해 고뇌하는 태도는 드러나 있지 않다.

02
정답률 76%

⊙과 ⓒ을 비교한 내용으로 가장 적절한 것은?

☀ 정답인 이유

③ ⊙은 화자의 정서를 부각하는 소재이고, ⓒ은 이자에게 깨달음을 주는 소재
　　○→ '석양 반범귀흥은 너도 날만 못 하리라'　○→ '이 말을 듣고, 지팡이를 던지고 달아나다가'
이다.
⋯⋯ (가)에서 화자는 '백구'와 비교하며 자신의 흥취가 매우 크다는 것을 강조하고 있으므로, '백구'는 자연에서 느끼는 화자의 흥취를 부각하는 소재라고 할 수 있다. 그리고 (나)에서 이자는 거미줄을 쳐서 벌레들을 잡는 이유에 대한 '거미'의 말을 듣고 부끄러워하고 있으므로, '거미'는 이자에게 깨달음을 주는 소재라고 할 수 있다.

☂ 오답인 이유

① ⊙은 화자의, ⓒ은 이자의 심리적 갈등을 해소시켜 주는 소재이다.
⋯⋯ (가)에서 화자는 자연 속에서의 삶에 만족하고 있으므로 심리적 갈등을 겪고 있지 않다. (나)에서 이자도 '거미'로 인해 깨달음을 얻고 있을 뿐 심리적 갈등을 겪고 있지 않다.

② ⊙은 화자에게, ⓒ은 이자에게 인생의 무상함을 느끼게 하는 소재이다.
⋯⋯ (가)에서 화자는 자연 속에서의 삶에 만족하고 있으므로 인생의 무상함을 느끼고 있지 않다. (나)에서 이자도 '거미'로 인해 인간의 세태에 대한 깨달음을 얻고 부끄러워하고 있을 뿐 인생의 무상함을 느끼고 있지 않다.

④ ⊙은 화자가 외로움을 느끼게 하는 소재이고, ⓒ은 이자에게 두려움을 주는 소재이다.
⋯⋯ (가)에서 화자는 자연 속에서 흥취를 느끼고 있을 뿐 외로움을 느끼고 있지 않다. (나)에서 이자가 지팡이를 던지고 달아난 것은 부끄러움 때문이지 두려움 때문이 아니다.

⑤ ⊙은 화자의 과거를 떠올리게 하는 소재이고, ⓒ은 이자가 미래를 예측하게 하는 소재이다.
⋯⋯ (가)와 (나)에는 과거를 떠올리거나 미래를 예측하는 내용이 나타나 있지 않다.

03
정답률 55% | 매력적인 오답 ② 20%

(가)의 표현상의 특징으로 가장 적절한 것은?

☀ 정답인 이유

④ 영탄적 어조를 통해 화자의 정서를 표현하고 있다.
　　○→ '어와', '한가할샤' 등
⋯⋯ (가)에서는 '어와', '한가할샤' 등과 같은 감탄사 및 감탄형 어미를 사용하여 영탄적 어조를 드러내고 있다. 이를 통해 임금에게 감사한 마음, 자연에서 느끼는 흥취 등을 효과적으로 표현하고 있다.

☂ 오답인 이유

② 매력적인 오답 연쇄법을 사용하여 시적 의미를 강조하고 있다.
　　　　×
⋯⋯ 앞 구절의 끝부분을 다음 구절을 시작할 때 되풀이하여 의미를 강조하는 연쇄법은 사용되지 않았다.

① 과거와 미래를 대비하여 주제를 부각하고 있다.
⋯⋯ '식록을 긋친 후로 어조을 생애하니'에서 화자가 과거에 벼슬을 했다는 것과 현재 낚시를 하며 살아간다는 것을 알 수 있지만, 미래의 상황이 나타나 있지는 않다.

③ 반어적 표현을 통해 시적 긴장감을 조성하고 있다.
　　×
⋯⋯ 나타내려는 뜻과 반대가 되게 표현하여 원래의 의미를 부각하는 반어적 표현은 사용되지 않았다.

⑤ 근경에서 원경으로 시선을 이동하며 시상을 전개하고 있다.
　　　　×
⋯⋯ 각 수마다 화자의 상황과 정서에 따라 시상이 전개되고 있을 뿐, 시선의 이동에 따른 시상 전개는 나타나 있지 않다.

04
정답률 60% | 매력적인 오답 ① 15%

〈보기〉를 참고하여 (가)를 감상한 내용으로 적절하지 않은 것은? [3점]

〈보기〉
〈강호구가〉는 나위소가 관직에서 물러난 뒤 고향인 나주에 돌아와 영
　　　　　　　　　　　　　　　　　　　④의 근거
산강을 배경으로 지은 작품이다. 이 작품은 나이가 들어 벼슬에서 물러난 처지에서 성은(聖恩)의 감격을 드러내며, 강호에서 자연을 즐기며
　　　　①의 근거　　　　　　　　　　　　　④의 근거
소박하게 살아가는 어부의 생활을 노래하였다. 또한 세속의 삶을 부러워하지 않고, 강호의 삶에 만족하는 태도가 잘 표현되어 있다.
　　②의 근거　　　　⑤의 근거

☀ 정답인 이유

③ '세상 알가 하노라'에는 자연에서 누리는 흥을 세속의 사람들에게 알리고자 하는 모습이 드러나 있군.
　　　　　　　　　×→ 화자 자신만 알았으면 하는 마음
⋯⋯ (가)에서 '세상 알가 하노라'는 '세상 사람들이 알까 두렵다'는 뜻이다. 이는 자연에서 느끼는 즐거움을 세상 사람들은 모르고 화자 자신만 알았으면 하는 마음을 드러낸 것이지, 사람들에게 널리 알리고자 하는 모습을 나타낸 것이 아니다. 〈보기〉에도 자연에서 누리는 흥을 세속의 사람들에게 알리고자 한다는 내용은 나타나 있지 않다.

☂ 오답인 이유

① 매력적인 오답 '망극할사 성은이다'에는 자연을 즐기며 자식의 봉양을 받는 것을 임금의 은혜로 여기는 모습이 드러나 있군.
　　　　　　　　　　○→〈보기〉의 '성은의 감격'
⋯⋯ 화자는 강호에서 편안하게 늙어 가는 것도, 두 아들이 정성을 다해 자신을 봉양하는 것도 모두 성은 때문이라며 임금의 은혜에 감사하는 모습을 보이고 있다.

② '아희야 배 내어 띄워라 그물 놓아 보리라'에는 손님을 대접하기 위해 낚시를 하는 소박한 삶의 모습이 드러나 있군.
○ → 〈보기〉의 '소박하게 살아가는 어부의 생활'

⋯ 화자는 손님에게 대접할 반찬이 전혀 없다며 낚시를 해서 반찬을 마련하겠다는 소박한 삶의 모습을 보이고 있다.

④ '식록을 긋친 후로 어조을 생애하니'에는 관직에서 물러난 뒤 강호에서 어부의 삶을 살고 있는 모습이 드러나 있군.
○ → 〈보기〉의 '관직에서 물러난 뒤 고향인 나주에 돌아와'

⋯ 화자는 벼슬을 마친 후에 낚시를 하며 살아가고 있다고 말하며 관직에서 물러난 뒤 강호에서 유유자적한 어부의 삶을 살고 있는 모습을 보이고 있다.

⑤ '이 내 분인가 하노라'에는 자연에서 유유자적하는 삶에 만족하는 모습이 드러나 있군.
○ → 〈보기〉의 '강호의 삶에 만족하는 태도'

⋯ 화자는 자연 속에서 한가롭게 사는 것이 자신의 분수에 맞는다며 자연에서 유유자적하는 삶에 만족하는 모습을 보이고 있다.

05
정답률 80%

〈보기〉를 바탕으로 (나)를 이해한 내용으로 적절하지 <u>않은</u> 것은?

────────〈보기〉────────

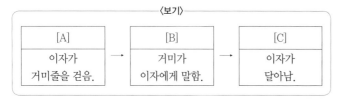

[A]		[B]		[C]
이자가 거미줄을 걷음.	→	거미가 이자에게 말함.	→	이자가 달아남.

☀ 정답인 이유

⑤ [C]에서 이자는 [B]에 의문을 품고 이를 해결할 방법을 모색하고 있군.
× → 자신의 잘못을 깨닫고 부끄러움을 느낌.

⋯ [A]에서 이자가 거미줄을 걷자, [B]에서 거미는 이자에게 거미줄에 걸린 벌레들의 부정적인 속성과 군자의 도에 대해 말한다. 그러자 [C]에서 이자는 부끄러움을 느끼고 달아난다. 즉 [C]에서 이자가 달아난 것은 거미의 말에 자신의 잘못을 깨닫고 부끄러움을 느꼈기 때문이지 이자가 [B]에 의문을 품은 것이 아니다.

☔ 오답인 이유

① 이자는 다른 벌레들을 살리기 위해 [A]의 행동을 하는군.
○ → '너를 제거하여 다른 벌레들에게 덕을 베풀려고 한다.'

⋯ 이자는 거미줄을 제거하여 다른 벌레들에게 덕을 베풀겠다며 다른 벌레들을 살리기 위해 거미줄을 걷었음을 밝히고 있다.

② 거미는 [B]에서 벌레들이 그물에 걸린 이유를 설명하고 있군.
○ → '더구나 그대는 내 그물에 ~ 땅바닥을 칠하게 된다.'

⋯ 거미는 이자에게 나비, 파리, 매미, 벌, 모기, 잠자리, 부나방 등 각 벌레들의 부정적 속성을 바탕으로 벌레들이 그물에 걸린 이유를 설명하고 있다.

③ 거미는 [B]에서 벌레들의 모습을 인간들의 삶의 모습으로 확장하고 있군.
○ → '군자는 도를 알아서 ~ 때에 맞추어 오고 가야 한다.'

⋯ 거미는 벌레들의 모습을 인간들의 삶의 모습으로 확장하여, 인간들에게 군자의 도를 지키고 이를 거울 삼아 부정적 행동을 경계하라고 말하고 있다.

④ [B]에서 거미는 근거를 들어 [A]의 행동이 잘못되었음을 지적하고 있군.
○ → '아, 어부가 설치한 그물에 ~ 저들을 감싸준단 말인가?'

⋯ 거미는 자신이 거미줄을 치는 것은 인간들이 잘못했을 때 형벌을 주는 것과 다르지 않다는 점을 근거로 들어 이자가 거미줄을 걷는 행동이 잘못되었음을 지적하고 있다.

▶ 문제편 182~185쪽

정답 | **01** ⑤ **02** ③ **03** ④ **04** ②

[01~04] 다음 글을 읽고 물음에 답하시오.
2018 6월 고1 전국연합

제대로 작품 분석 ▶〈보기〉에서 적절한 것을 골라 넣으며 작품을 분석해 보자.

가 어리석고 세상 물정 어둡기는 나보다 더한 이 없다
가장 어리석고 세상 물정 어둡다
어리석고 세상 물정에 어둡기로는 나보다 더한 사람이 없다.

길흉화복을 하늘에 맡겨 두고
운명론적 세계관
길흉화복을 하늘에 맡겨 두고

「누항(陋巷)* 깊은 곳에 초가를 지어 두고
화자 자신이 사는 곳
누추한 거리 깊은 곳에 초가를 지어 놓고

굿은 날씨에 썩은 짚이 땔감이 되어
굿은 날씨에 썩은 짚이 땔감이 되어

세 홉 밥 닷 홉 죽에 연기(煙氣)도 많기도 많구나
초라한 음식
세 홉 밥 다섯 홉 죽을 만드는 데 연기가 많기도 많구나.

설 데운 숭늉에 고픈 배를 속일 뿐이로다」
「」: 화자의 궁핍한 생활
덜 데운 숭늉으로 고픈 배를 속일 뿐이로다.

㉠ 생애 이러하다 대장부의 뜻을 옮기겠는가
1
생활이 이렇게 구차하다고 한들 대장부의 뜻을 바꿀 것인가?

안빈일념(安貧一念)*을 적을망정 품고 이셔
가난하지만 안빈낙도하고 싶은 마음
가난 속에서도 마음을 편히 갖겠다는 생각을 적을망정 품고 있어서

옳은 일을 좇아 살려 하나 날이 갈수록 어긋난다
▶ 1~9행: 누항에서 안빈일념으로 살려는 의지
옳은 일을 좇아 살려 하지만 날이 갈수록 뜻대로 되지 않는다.

(중략)

소 한 번 주마 하고 엉성하게 하는 말씀
진심으로 하는 말이 아님.
'소 한 번 빌려 주마.' 하고 엉성하게 하는 말을 듣고

친절하다 여긴 집에
친절하다고 여긴 집에

㉡ 달 없는 황혼에 허위허위 달려가서
화자의 다급한 심정이 드러남.
달 없는 저녁에 허둥지둥 달려가서

「굳게 닫은 문 밖에 우두커니 혼자 서서
「」: 2
굳게 닫은 문 밖에 우두커니 혼자 서서

큰 기침 에헴이를 오래토록 하온 후에」
'에헴.' 하고 큰 기침을 오래도록 한 후에

어와 그 뉘신고 염치 없는 내옵노라
소 주인의 말   화자의 말
▶ 10~15행: 농사를 지으려고 소를 빌리러 감.
"어, 거기 누구신가?" 묻기에 "염치없는 저올시다."

「초경도 거왼데 그 어찌 와 계신고」
저녁 7시 ~ 9시   「」: 소 주인의 말
"초경도 거의 지났는데 무슨 일로 와 계신고?"

「해마다 이러하기 구차한 줄 알건마는
「」: 화자의 말 – 연민에 호소함.
"해마다 이러기가 구차한 줄 알지마는

소 없는 가난한 집에 걱정 많아 왔노라」
화자의 가난한 삶의 모습
소 없는 가난한 집에서 걱정 많아 왔소이다."

「공짜로나 값을 쳐서나 줌 직도 하지마는
「」: 3

"공짜로나 값을 치거나 간에 빌려 주면 좋겠지만

다만 어제 밤에 건넛집 저 사람이
　다만 어젯밤에 건넛집에 사는 사람이

목 붉은 수꿩을 구슬 같은 기름에 구워 내고
　목이 붉은 수꿩을 구슬 같은 기름에 구워 내고,　─ 소 주인이 건넛집에 소를
　　　　　　　　　　　　　　　　　　　　　　　　　　빌려 주기로 한 이유

갓 익은 삼해주(三亥酒)를 취하도록 권하거든
[A]　좋은 술

갓 익은 좋은 술을 취하도록 권하였는데

이러한 은혜를 어이 아니 갚을런고
　건넛집에 소를 빌려 주기로 했다는 뜻

이러한 은혜를 어떻게 갚지 않겠는가?

내일로 주마 하고 큰 언약 하였거든
　내일 (소를 빌려) 주마 하고 굳게 약속을 하였기에

실약(失約)이 미편(未便)하니* 말하기가 어려왜라,
　　4

약속을 어기기가 편하지 못하니 (당신에게 빌려 준다고) 말하기가 어렵구료."

사실이 그러하면 설마 어이할고
　사실이 그렇다면 설마 어쩌겠는가?

헌 모자 숙여 쓰고 축 없는 짚신에 설피설피 물러 오니
　　　　　　　　　　　　　화자의 실망감

헌 모자를 숙여 쓰고 뒤축 없는 짚신을 신고 기운이 없이 물러나오니

풍채 적은 모습에 개 짖을 뿐이로다
　　　　화자의 참담한 심정 고조 ①　　　▶ 16~28행: 소를 빌리려다가 수모를 당하고 옴.

보잘것없는 내 모습에 개가 짖을 뿐이로다.

누추한 집에 들어간들 잠이 와서 누웠으랴
　누추한 집에 들어간들 잠이 와서 누워 있겠는가?

북창에 기대 앉아 새벽을 기다리니
　북쪽 창에 기대앉아 새벽을 기다리니

무정한 오디새는 이 내 한을 돕는구나
　화자의 참담한 심정 고조 ②

무정한 오디새는 나의 한을 북돋우는구나.

ⓒ아침이 끝나도록 슬퍼하며 먼 들을 바라보니
　　　　　　화자의 처량한 모습

아침이 끝날 때까지 서글퍼하며 먼 들을 바라보니,

즐거운 농가(農歌)도 흥 없이 들리는구나
　　　　　　　　　참담한 마음 때문에

즐거워 부르는 농부들의 노래도 흥 없이 들리는구나.

세상 인정 모른 한숨은 그칠 줄을 모르는구나
　야박한 인심에 대한 한탄

세상 인정 모르는 한숨은 그칠 줄을 모르는구나.

ⓓ아까운 저 쟁기*는 볏보님도 좋을시고*
　　5

아까운 저 쟁기는 쟁기의 날도 좋구나.

가시 엉킨 묵은 밭도 쉽게 갈련마는
　가시가 엉킨 묵은 밭도 쉽게 갈 수 있으련만

빈 집 벽 가운데에 쓸데없이 걸렸구나
　빈 집 벽 가운데에 쓸데없이 걸려 있구나.

봄농사도 거의로다 팽개쳐 던져 두자
　농사를 포기할 수밖에 없는 비애감　　　▶ 29~38행: 야박한 세태를 한탄하며 농사를 포기함.

봄 농사도 거의 다 지났구나. (농사일은) 팽개쳐 던져 버리자.

강호(江湖)에서 큰 꿈을 생각한 지도 오래더니
　자연에 묻혀 살겠다는 꿈

자연과 더불어 살겠다는 꿈을 꾼 지도 오래더니

먹고 사는 것이 누가 되어 아아 잊었구나
　먹고사는 것이 괴로움이 되어 아아 잊어버렸구나.

저 물가를 바라보니 푸른 대나무가 많기도 많구나
　저 물가를 바라보니 푸른 대나무가 많기도 많구나.

ⓔ교양 있는 선비들아 낚싯대 하나 빌려다오
　　　자연에서 한가롭게 사는 삶을 실천하고자 함.

교양 있는 선비들아 낚싯대 하나 빌려 다오.

갈대꽃 깊은 곳에 명월청풍(明月淸風) 벗이 되어
　　　　　　　　　　자연

갈대꽃 깊은 곳에서 밝은 달과 맑은 바람의 벗이 되어

임자 없는 풍월강산(風月江山)에 절로절로 늙으리라
　　　　자연　　　　　　　　　　▶ 39~44행: 자연을 벗 삼으며 늙기를 소망함.

임자가 없는 자연 속에서 근심 없이 늙으리라.

　　　　　　　　　　　　　　　　　－ 박인로, 〈누항사(陋巷詞)〉

---

* 누항: 누추한 곳
* 안빈일념: 가난 속에서도 마음을 편히 갖겠다는 생각
* 실약이 미편하니: 약속을 어기기가 어려우니
* 쟁기: 말이나 소에 끌려 논밭을 가는 농기구
* 볏보님도 좋을시고: 쟁기 날이 잘 관리된 상태라는 의미로 추정됨.

❖ 제대로 작품 분석의 〈보기〉 ─────────
> ⓐ 현실과 체면 사이의 상반된 모습
> ⓑ 소를 빌려 달라는 부탁을 거절당함.
> ⓒ 안빈일념의 가치를 추구하겠다는 의지
> ⓓ 소 주인의 말 – 소를 빌려 줄 수 없다는 완곡한 거절
> ⓔ 농사를 짓지 못하게 되어 쟁기가 쓸모없어짐. – 화자의 안타까움

❖ 제목의 의미
'누항사'는 '누추한 거리에서의 노래'라는 뜻으로, 박인로가 벼슬에서 물러나 고향에 돌아가 생활하던 중에 한음 이덕형이 찾아와 누항 생활의 어려움을 묻자 그에 대한 답으로 지은 가사이다. 전란 후의 궁핍한 생활을 사실적으로 드러내면서도, 자연에서 안빈낙도하며 충효·우애·신의의 유교적 가치관을 추구하는 삶을 살고자 하는 마음을 노래하고 있다.

❖ 작가 소개
박인로(朴仁老, 1561~1642): 조선 중기의 문인으로 임진왜란 때는 무인으로도 활약하였다. 경상북도 영천 출생. 호는 노계(蘆溪) 또는 무하옹(無何翁). 주요 작품으로 〈노계가〉, 〈누항사〉, 〈태평사〉, 〈조홍시가〉 등이 있다.

❖ 핵심 정리
* 갈래: 가사
* 성격: 사실적, 전원적
* 주제: 누항에 사는 선비의 곤궁한 삶과 안빈낙도의 추구
* 특징: ① 대화체를 사용함. ② 전쟁(임진왜란) 직후의 궁핍한 삶을 사실적이고 구체적으로 형상화함. ③ 농촌의 일상생활과 관련된 어휘들과 어려운 한자어가 함께 쓰임.

---

❹ [장면 1] (처음 ~ 원망스러워 말이 나오지 않았다)
소주제: 돌아오지 않는 남편을 찾아 춘천으로 떠난 아내
■ 중로: 중늙은이. 젊지도 아니하고 아주 늙지도 아니한 사람
■ 아내는 기다리다 못해 ~ 춘천으로 떠났다: ¹
■ 춘천을 손바닥만하게 알았나 봐요: 세상 물정 모르는 순박함
■ 하룻밤을 여관에서 뜬눈으로 새웠지요: 남편의 안위를 걱정하는 아내의 사랑

[장면 2] (트럭에다 사과를 싣고 ~ 끝)
소주제: 남편의 사랑으로 힘든 일을 이겨 낼 수 있었던 아내
■ 가는 길에 사람을 몇 태웠다고 했다: 인정이 많은 남편의 성품
■ 그들이 사과 가마니를 ~ 제 값을 받을 수 없었다: 남편이 바로 돌아오지 못한 이유
■ 기숙: 자기 집이 아닌 남의 집에서 기거함.
■ 전보도 옳게 제 구실을 하지 못하던 8·15 직후: 시대적 배경 – 남편이 연락을 하지 못한 이유
■ 남편은 한 번도 그 손을 놓지 않았다: ²
■ 세파: 모질고 거센 세상의 어려움
■ 이제 아이들도 다 커서 대학엘 다니고 있으니: 아내 혼자 자식들을 잘 길러냄.
■ 제가 지금까지 살아 ~ 그것 때문일지도 모르지요: ³
■ 행복은 반드시 부와 일치하진 않는다: 이 글의 주제 의식
■ 경구: 진리나 사상을 간단하게 적은 문구

　　　　　　　　　　　　　　　　　－ 김소운, 〈가난한 날의 행복〉

❖ 제대로 작품 분석의 〈보기〉 ─────────
> ⓐ 아내에 대한 미안함과 사랑의 표현
> ⓑ 힘든 삶을 견딜 수 있게 한 남편의 사랑
> ⓒ 남편이 오지 않자 춘천으로 남편을 찾으러 떠난 아내

◈ 제목의 의미

'가난' 속에서도 서로에 대한 애정과 배려를 잃지 않는 사람들의 모습을 통해 진정한 '행복'의 의미를 생각하게 하는 수필이다. 가난하지만 서로 사랑하며 행복하게 살아가는 세 쌍의 부부 이야기를 옴니버스 형식으로 제시하여 행복이 물질적 풍요에 있지 않다는 깨달음을 전달하고 있다.

◈ 작가 소개

김소운(金素雲, 1907~1981): 시인이자 수필가. 부산 출생. 일본에 한국 문학을 소개하는 데 크게 기여하였다. 생활 주변의 사물에 대한 관찰을 통해 삶의 의미를 돌아보는 작품을 많이 썼다. 주요 작품으로 〈물 한 그릇의 행복〉, 〈특급품〉, 〈피딴문답〉 등이 있다.

◈ 핵심 정리

- 갈래: 경수필, 희곡적 수필
- 성격: 담화적, 교훈적
- 주제: 가난 속에서 피어난 따뜻한 사랑과 행복
- 특징: ① 옴니버스식 구성으로 이루어짐. ② 세 쌍의 가난한 부부의 일화를 제시함. ③ 주제를 직접적으로 드러냄.

제대로 감상법 모범 답안

⑦ 박인로, 〈누항사(陋巷詞)〉

❶ 농사 ❷ 안빈일념 ❸ 개 ❹ 대화체

◈ 제대로 작품 분석

1 ⓒ 2 ㉠ 3 ㉣ 4 ㉡ 5 ㉤

⑭ 김소운, 〈가난한 날의 행복〉

❶ 행복 ❷ 경춘선 ❸ 일화

◈ 제대로 작품 분석

1 ⓒ 2 ㉠ 3 ㉡

(가)와 (나)의 공통점으로 가장 적절한 것은?

☀ **정답인 이유**

⑤ 구체적 일화*를 활용하여 지향하는 삶의 태도를 드러내고 있다.
　　○ → (가): 소를 빌리러 간 일화, (나): 남편을 찾으러 춘천에 간 일화

⋯ (가)에는 화자가 이웃에 소를 빌리러 갔다가 빌리지 못하고 그냥 돌아와 농사짓기를 포기한 후 자연에서 늙어 가겠다고 다짐하는 일화가 나타나 있다. 이를 통해 가난한 삶 속에서도 안빈낙도를 지향하는 화자의 삶의 태도를 드러내고 있다. 그리고 (나)에는 과일을 팔러 간 남편이 소식이 없자 기다리다 지친 아내가 남편을 찾으러 춘천에 갔다가 함께 돌아오는 일화가 나타나 있다. 이를 통해 가난하더라도 애정과 배려를 잃지 말아야 한다는 삶의 태도를 드러내고 있다.

┌─────────────────────────────────────┐
│ * 일화(逸話): 세상에 널리 알려지지 아니한 흥미 있는 이야기 ㉺ 그는 │
│ 숨은 일화를 공개했다. │
└─────────────────────────────────────┘

☂ **오답인 이유**

③ **매력적인 오답** 공간의 이동을 통해 대상에 대한 그리움을 드러내고 있다.
　　(가)와 (나) 모두 ○　(가) ✕, (나) ○

⋯ (나)에서는 서울에서 춘천으로의 공간의 이동을 통해 남편에 대한 아내의 사랑과 그리움을 드러내고 있다. 하지만 (가)에서는 소 주인의 집과 화자의 집 사이의 공간의 이동이 나타나지만, 이를 통해

대상에 대한 그리움을 드러내고 있지는 않다.

① 특정한 인물을 통해 자신의 삶을 반성하고 있다.
　　(가)와 (나) 모두 ✕

⋯ (가)와 (나)에서는 모두 특정한 인물을 통해 자신의 삶을 반성하고 있지 않다.

② 감정의 절제*를 통해 사건을 객관적으로 바라보고 있다.
　　(가)와 (나) 모두 ✕

⋯ (가)에서 화자는 '아침이 끝나도록 슬퍼'했다고 하였고, (나)에서 아내는 '너무도 행복해서 그저 황홀에 잠'겼다고 하였다. (가)와 (나)에서는 모두 감정을 절제하지 않고 직접 드러내고 있으며 사건을 객관적이 아니라 주관적으로 바라보고 있다.

┌─────────────────────────────────────┐
│ * 절제(節制): 정도에 넘지 아니하도록 알맞게 조절하여 제한함. ㉺ 어렸 │
│ 을 때부터 절제의 미덕을 가르쳐야 한다. │
└─────────────────────────────────────┘

④ 영탄적 표현을 활용하여 화자의 간절한 소망을 드러내고 있다.
　　(가) ○, (나) ✕

⋯ (가)에서는 '아아 잊었구나', '절로절로 늙으리라' 등에서 영탄적 표현을 활용하여 화자의 소망을 드러내고 있지만, (나)에는 영탄적 표현이 나타나 있지 않다.

[A]와 [B]에 대한 이해로 적절하지 않은 것은?

☀ **정답인 이유**

③ [A]는 [B]와 달리 비유적 표현을 활용하여 인물의 특징을 드러내고 있다.
　　○　　　　　　　　✕

⋯ [A]에서는 '구슬 같은 기름'처럼 비유적 표현을 활용하고 있지만, 이를 통해 인물의 특징을 드러내고 있지는 않다.

☂ **오답인 이유**

⑤ **매력적인 오답** [A]와 [B]는 모두 대화를 활용하여 중심인물의 상황을 전달하고 있다.
　　○ → [A]의 '화자와 소 주인의 대화'와 [B]의 '서술자와 여인의 대화'

⋯ [A]에서는 화자와 소 주인의 대화를 활용하여 소를 빌리려다 실패한 화자의 상황을 전달하고 있다. [B]에서도 글쓴이와 여인의 대화를 활용하여 남편의 사랑을 추억하며 힘든 삶을 견디고 살아온 여인의 상황을 전달하고 있다.

① [A]는 규칙적인 음보* 사용을 통해 리듬감을 형성하고 있다.
　　○ → '굳게 닫은 / 문 밖에 / 우두커니 / 혼자 서서'

⋯ [A]에서는 '굳게 닫은 / 문 밖에 / 우두커니 / 혼자 서서'와 같이 주로 4음보의 반복을 통해 리듬감을 형성하고 있다.

┌─────────────────────────────────────┐
│ * 음보(音譜): 시에 있어서 운율을 이루는 기본 단위. 우리나라 시의 경 │
│ 우 대체로 휴지(休止, 일시적인 정지)의 주기라고 할 수 있는 3음절이 │
│ 나 4음절이 한 음보를 이룬다. │
└─────────────────────────────────────┘

② [B]는 경구를 활용하여 글을 효과적으로 마무리하고 있다.
　　○ → '행복은 반드시 부와 일치하진 않는다.'

⋯ [B]에서는 마지막 부분에서 '행복은 반드시 부와 일치하진 않는다.'라는 경구를 활용하여 주제 의식을 부각하며 글을 효과적으로 마무리하고 있다.

④ [B]는 [A]와 달리 특정한 어휘를 사용하여 구체적 시대상을 반영하고 있다.
　　○ → '전보, 8·15 직후, 6·25 때'

⋯ [B]에서는 '전보', '8·15 직후', '6·25 때' 등의 어휘를 사용하여 구체적인 시대상을 드러내고 있다.

〈보기〉를 참고하여 ㉠~㉤을 이해한 것으로 적절하지 <u>않은</u> 것은? [3점]

〈보기〉

〈누항사〉는 전란을 겪은 사대부가 누항에서 스스로 노동하며 가난하
게 살면서도 <u>이상적 삶을 추구하려고</u> 노력하는 모습을 그리고 있다. 화
작품의 주제 의식
자가 처한 상황과 심리의 변화는 다음과 같은 흐름을 나타낸다.

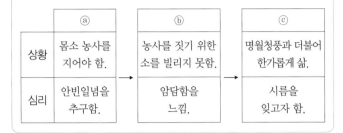

	ⓐ	ⓑ	ⓒ
상황	몸소 농사를 지어야 함.	농사를 짓기 위한 소를 빌리지 못함.	명월청풍과 더불어 한가롭게 삶.
심리	안빈일념을 추구함.	암담함을 느낌.	시름을 잊고자 함.

☀ 정답인 이유

④ ㉣에는 ⓒ의 심리가 화자의 눈에 비친 대상에 투영되어 있다.
   ✕ → 시름을 잊고자 하는 심리가 아니라 화자의 안타까움이 투영
  ᐧᐧᐧ ㉣에서 '쟁기'는 소를 빌리지 못해 농사를 짓지 못하게 되어 쓸모
가 없어진 물건이다. 따라서 이는 시름을 잊고자 하는 화자의 심리
가 투영된 대상이 아니라, 농사를 짓지 못하게 된 화자의 안타까움
을 부각하는 소재이다.

☂ 오답인 이유

① 매력적인 오답 ㉠에는 ⓐ의 심리에서 드러나는 가치를 이루고자 하는 화자
의 의지가 드러나고 있다.
  ᐧᐧᐧ ㉠에는 가난하고 힘든 삶이지만 안빈일념의 가치를 추구하겠다
는 화자의 의지가 드러나 있다.

② ㉡에는 ⓐ의 상황을 해결하고자 하는 화자의 다급한 심정이 제시되어 있다.
  ᐧᐧᐧ ㉡에는 몸소 농사를 지어야 하기 때문에 직접 소를 빌리러 '허위
허위' 달려가는 화자의 다급한 심정이 제시되어 있다.

③ ㉢에는 ⓑ의 심리가 화자의 처량한 모습을 통해 드러나고 있다.
  ᐧᐧᐧ ㉢에는 소를 빌리지 못하고 집에 돌아온 후, 농사를 짓지 못하게
된 암담함에 밤새 잠을 이루지 못하고 슬퍼하는 화자의 처량한 모습
이 드러나 있다.

⑤ ㉤에는 ⓒ의 상황을 실천하기 위한 화자의 의도가 드러나고 있다.
  ᐧᐧᐧ ㉤에는 명월청풍과 더불어 한가롭게 사는 삶을 실천하기 위해 낚
싯대를 빌리려는 화자의 의도가 드러나 있다.

☂ 오답인 이유

① 매력적인 오답 '풍월강산'은 환상적 세계를, '경춘선'은 낭만적 세계를 의미
                   ✕   ○
하는 공간이다.
  ᐧᐧᐧ '경춘선'은 아내가 남편의 사랑을 확인한 공간이므로 낭만적 세계
를 의미한다고 볼 수도 있지만, '풍월강산'은 화자가 가난하더라도
편안하고 한가롭게 살고자 하는 공간이므로 환상적 세계를 의미한
다고 볼 수 없다.

③ '풍월강산'은 과거에 대한 동경을, '경춘선'은 현재의 자긍심*을 드러내는 공
                ✕   ✕
간이다.
  ᐧᐧᐧ '풍월강산'은 과거에 대한 동경이 아니라 앞으로 바라는 삶의 태
도를 실천하고자 하는 공간이며, '경춘선'은 현재의 자긍심이 아니라
과거의 추억이 깃든 공간이다.

> ＊ 자긍심(自矜心): 스스로에게 긍지를 가지는 마음 ⑳ 민수는 자신의 직
> 업에 대해 자긍심을 가지고 있다.

④ '풍월강산'은 현재의 어려움을 비판하는, '경춘선'은 미래의 희망을 기원하는
                         ✕   ✕
공간이다.
  ᐧᐧᐧ '풍월강산'은 현재의 어려움을 비판하는 공간이 아니며, '경춘선'
역시 미래의 희망을 기원하는 공간이 아니다.

⑤ '풍월강산'은 전통적인 삶의 모습을, '경춘선'은 현대적인 삶의 모습을 드러
           ○   ✕
내는 공간이다.
  ᐧᐧᐧ '풍월강산'은 자연 속에서 욕심 없이 살아가고자 하는 삶의 모습
을 나타낸다는 점에서 전통적인 삶의 모습을 드러내는 공간으로 볼
수도 있지만, '경춘선'은 현대적인 삶의 모습을 드러내는 공간으로
볼 수 없다.

(가)의 풍월강산과 (나)의 경춘선에 대한 설명으로 가장 적절한 것은?

☀ 정답인 이유

② '풍월강산'은 현재의 소망을 다짐하는, '경춘선'은 과거의 추억이 깃든 공간
   ○ → 안빈일념의 소망을 다짐하는 공간   ○ → 아내와 남편의 추억이 깃든 공간
이다.
  ᐧᐧᐧ (가)에서 '풍월강산'은 농사일을 포기한 화자가 강호에서 안빈일
념의 꿈을 꾸며 살겠다는 현재의 소망을 다짐하는 공간이다. 그리고
(나)에서 '경춘선'은 남편의 사랑 때문에 힘든 삶을 견디며 살아올 수
있었던 아내의 추억이 깃든 공간이다.

[01~05] 다음 글을 읽고 물음에 답하시오.   2018 3월 고1 전국연합

제대로 작품 분석   ▶ 〈보기〉에서 적절한 것을 골라 넣으며 작품을 분석해 보자.

가 한국 서정 시가는 고대로부터 현대에 이르기까지 형식적 요소와 내용
중심 화제
적 요소가 계승되거나 새롭게 변용, 창조되면서 문학적 전통을 이어왔다.

서정 시가의 전통은 일반적으로 형식적 측면에서는 3음보, 또는 4음보의
                                                    1
율격을 바탕으로 한 규칙적인 음보율을 보이고 있다는 점을, 내용적 측면

에서는 한(恨)의 정서, 해학과 풍자, 자연 친화, 이상향 추구 등을 담아내
한국 서정 시가의 전통 ② – 내용적 측면
고 있다는 점을 들 수 있다. (나)의 〈초부가(樵夫歌)〉는 4음보를 바탕으로
                                        형식적 측면에서의 전통 계승
산간에서 나무꾼들이 나무를 하면서 부르던 민요이고, (다)의 〈길〉은 3음
2   형식적 측면에서의 전통 계승
보를 바탕으로 나그네의 처지를 노래한 현대시이다. (나)와 (다)는 형식적,
내용적 측면에서의 전통 계승 – 한의 정서
내용적 측면에서 한국 서정 시가의 전통을 잇고 있는 작품이라고 할 수

있다.

❖ **제대로 작품 분석의 〈보기〉**
　㉠ 한국 서정 시가의 전통 ① – 형식적 측면
　㉡ 내용적 측면에서의 전통 계승 – 한의 정서

❖ **핵심 정리**
　• 갈래: 평론, 설명문
　• 해제: 한국 서정 시가의 전통에 대해 설명한 글로, 형식적 측면과 내용적 측면에서
　　어떤 특질이 한국 서정 시가의 전통으로 이어져 오고 있는지를 살펴본 다음, 〈초부
　　가〉와 〈길〉이 이러한 전통을 잇고 있는 작품이라고 설명하고 있다.
　• 주제: 한국 서정 시가의 형식적, 내용적 측면에서의 특질과 전통의 계승

나
　　나무하러 가자 이히후후* 에헤
　　1   후렴구
　　남 날 적에 나도 나고 나 날 적에 남도 나고

　　세상 인간 같지 않아 이놈 팔자 무슨 일고
[A] 신분의 귀천으로 나누어진 세상
　　지게 목발 못 면하고 어떤 사람 팔자 좋아
　　화자의 신분 – 나무꾼   높은 신분으로 태어난 사람
　　「고대광실 높은 집에 사모*에 풍경 달고
　　「」: 화자와 대조적인 상황
　　만석록*을 누리건만」이런 팔자 어이하리

　　항상 지게는 못 면하고 남의 집도 못 면하고
　　머슴과 나무꾼이라는 자신의 처지 한탄
　　죽자 하니 청춘이요 사자 하니 고생이라
　　　　　　　▶ 1~8행: 지게 일과 머슴살이를 면하지 못하는 신세 한탄
　　「세상사 사라진들 치마 짧은 계집 있나
　　「」: 아내와 자식, 재산이 없는 신세
　　다박머리 자식 있나 광 넓은 논이 있나
[B] 사래 긴 밭이 있나 버선짝도 짝이 있고
　　　　　　　　　　　 2
　　토시짝도 짝이 있고 털먹신도 짝이 있는데

　　쳉이* 같은 내 팔자야 자탄한들 무엇하리
　　　　　　　　　　　설의적 표현
　　한탄한들 무엇하나 청천에 ㉠저 기럭아
　　　　　　　　　　　　　　　 3
　　너도 또한 임을 잃고 임 찾아서 가는 길가

　　더런 놈의 팔자로다 이놈의 팔자로다
　　아무리 고생을 해도 나아지지 않는 신세 한탄
　　언제나 면하고 오늘도 이 짐을 안 지고 가면
[C]   4
　　어떤 놈이 밥 한 술 줄 놈이 있나
　　설의적 표현
　　가자 이히후후   ▶ 9~19행: 가족과 재산이 없는 신세 한탄

– 작자 미상, 〈초부가(樵夫歌)〉

＊이히후후: 나무를 할 때 내뱉는 한숨 소리
＊사모: 관복을 입을 때 쓰는 모자
＊만석록: 만 석의 녹봉
＊쳉이: 곡식을 까불러 쭉정이 등을 골라내는 '키'의 방언

❖ **제대로 작품 분석의 〈보기〉**
　㉠ 감정 이입의 대상
　㉡ 고달픈 인생이 언제 끝날지 알 수 없음.
　㉢ 화자의 처지와 대조되는 소재 – 외로움 강조
　㉣ 나무를 하러 산에 갈 때 부르는 노래임을 알 수 있음.

❖ **제목의 의미**
'초부'는 '나무꾼'을 뜻하는 말로, 이 작품은 나무꾼들이 나무를 하면서 불렀던 민요이
다. 남의 집에서 머슴살이를 하면서 평생 지게를 지고 산에서 나무를 해야 하는 화자의
고통스러운 삶과 외로움이 잘 드러나 있다. 화자와 대조를 이루는 상황의 제시, 감정이
이입되거나 시적 정서와 분위기를 환기하는 소재의 사용 등을 통해 고달프게 살아가는
화자의 처지를 부각하고 있다.

❖ **핵심 정리**
　• 갈래: 민요
　• 성격: 탄식적, 비관적
　• 주제: 머슴살이하는 나무꾼의 신세 한탄
　• 특징: ① 화자의 처지와 대조되는 소재를 제시하여 주제를 강조함. ② 열거, 대조,
　　대구 등 다양한 표현 방법을 사용하여 효과적으로 표현함. ③ 객관적 상관물을 통
　　해 화자의 정서를 드러냄.

다　어제도 하로밤
　　　　　유랑 생활의 반복을 드러냄.
　　나그네 집에

　　가마귀 가왁가왁 울며 새웠소.   ▶ 1연: 불안한 유랑 생활의 모습
　　화자의 불안한 심리 반영

　　「오늘은
　　「」: 2
　　또 몇 십 리
　　유랑 생활의 반복
　　어디로 갈까.

　　산으로 올라갈까

　　들로 갈까

　　오라는 곳이 없어 나는 못 가오.」   ▶ 2, 3연: 갈 곳 없는 화자의 처지
　　　　　　　　　화자 – 고향에 갈 수 없는 나그네

　　말 마소, 내 집도

　　정주(定州) 곽산(郭山)*
　　평안북도 성수군 곽산면
　　차(車) 가고 배 가는 곳이라오.   ▶ 4연: 고향에 돌아가지 못하는 안타까움
　　가지 않는 것이 아니라 가지 못하고 있음을
　　보여 줌으로써 화자의 안타까움을 강조함.

　　여보소, 공중에

　　㉡저 기러기

　　공중엔 길 있어서 잘 가는가?
　　나그네의 현실과 대조되는 공간

여보소, 공중에

저 기러기

열 십자(十字) 복판에 내가 섰소.   ▶ 5, 6연: 방향 상실의 비애
네거리 – 갈 곳이 정해지지 않은 막막한 처지

갈래갈래 갈린 길
4
길이라도

내게 바이* 갈 길은 하나 없소.   ▶ 7연: 갈 곳이 없는 화자의 비극적 현실 상황
전혀 – 상황이 절망적임을 강조

– 김소월, 〈길〉

* 정주(定州) 곽산(郭山): 김소월의 고향
* 바이: 아주 전혀

❖ 제대로 작품 분석의 〈보기〉
  ㉠ 화자의 처지와 상반되는 존재 – 부러움의 대상
  ㉡ 'ㄱ, ㄹ' 음의 반복 – 운율적 효과, 방향 상실감 심화
  ㉢ 자문자답의 형식으로 갈 곳 없는 나그네의 비애를 드러냄.
  ㉣ 화자의 처지 – 일제 강점기 고향을 상실한 우리 민족을 상징

❖ 제목의 의미
'길'은 화자의 삶의 여정이자, 끝없이 떠도는 유랑의 길을 의미한다. 이 작품은 정처 없이 떠돌아야 하는 나그네의 비애를 통해, 일제의 수탈로 삶의 터전을 상실하고 유랑의 삶을 살아야 했던 우리 민족의 정한을 노래하고 있다. 전통적 율격인 3음보를 바탕으로 하오체와 말을 건네는 듯한 어투, 감정을 이입한 소재의 사용을 통해 갈림길에서 방황하는 화자의 절망과 안타까움을 효과적으로 표현하고 있다.

❖ 작가 소개
김소월(金素月, 1902~1934): 시인. 본명은 정식(廷湜). 평북 구성 출생. 1920년 《창조》에 〈낭인의 봄〉 등 5편의 시를 발표하면서 등단하였다. 이별과 그리움에서 비롯하는 슬픔을 주제로 하여 민요조의 율격에 담은 격조 높은 시를 많이 발표했다. 시집으로 《진달래꽃》이 있다.

❖ 핵심 정리
  • 갈래: 자유시, 서정시
  • 성격: 전통적, 애수적
  • 주제: 유랑하는 삶의 비애와 정한
  • 특징: ① 특정 대상에게 말을 건네는 방식으로 시상을 전개함. ② 각 연을 3행씩 규칙적으로 배열하고 3음보의 전통적 율격을 사용함. ③ 객관적 상관물을 통해 화자의 정서를 드러냄.

─── 제대로 감상법 모범 답안 ───

㉮ 〈한국 서정 시가의 전통〉
❶ 형식 ❷ 자연 친화

❖ 제대로 작품 분석
  1 ㉠ 2 ㉡

㉯ 작자 미상, 〈초부가(樵夫歌)〉
❶ 한탄 ❷ 지게 목발 ❸ 기력 ❹ 대조

❖ 제대로 작품 분석
  1 ㉣ 2 ㉢ 3 ㉠ 4 ㉡

㉰ 김소월, 〈길〉
❶ 유랑 ❷ 기러기 ❸ 열십자 복판 ❹ 3음보

❖ 제대로 작품 분석
  1 ㉣ 2 ㉢ 3 ㉠ 4 ㉡

정답률 72% | 매력적인 오답 ④ 15%

(가)를 바탕으로 (나)와 (다)를 감상한 내용으로 적절하지 않은 것은?

☀ 정답인 이유

⑤ (나)의 '나무하러 가자'와 (다)의 '산으로 올라갈까'에서는 모두 이상향을 추구하는 화자의 태도를 엿볼 수 있군.
× → 한의 정서가 나타나 있음.

… (가)에서 한국 서정 시가의 전통 중 하나로 이상향의 추구를 꼽고 있다. 하지만 (나)의 '나무하러 가자'는 고달픈 삶을 살고 있는 나무꾼의 한탄이 담겨 있는 표현이고, (다)의 '산으로 올라갈까'는 가야 할 곳이 없는 화자의 비애가 드러나는 표현이다. 따라서 이 표현들에는 이상향을 추구하는 화자의 태도가 나타나 있지 않다.

☂ 오답인 이유

④ [매력적인 오답] (다)의 '어제도 하로밤 / 나그네 집에'에서는 3음보의 전통적 율격이 두 행에 걸쳐 구현되어 있음을 알 수 있군.
○ → (가)의 '〈길〉은 3음보를 바탕으로 나그네의 처지를 노래'

… (다)에서는 '어제도 ∨ 하로밤 ∨ 나그네 집에'라는 3음보의 율격을 '어제도 하로밤 / 나그네 집에'와 같이 두 행에 나누어 배치하고 있다.

① (나)의 '세상 인간 같지 않아 이놈 팔자 무슨 일고'에서는 4음보의 전통적 율격을 확인할 수 있군.
○ → (가)의 '〈초부가〉는 4음보를 바탕으로'

… (나)는 대체로 '세상 인간 ∨ 같지 않아 ∨ 이놈 팔자 ∨ 무슨 일고'와 같이 4음보의 전통적인 율격을 취하고 있다.

② (나)의 '지게 목발 못 면하고'를 통해 작품 속의 화자가 나무꾼임을 알 수 있군.
○ → (가)의 '산간에서 나무꾼들이 나무를 하면서 부르던 민요'

… (나)의 '지게 목발'은 지겟다리를 뜻하는 말로, 이를 통해 작품 속의 화자가 지게를 지고 나무를 해야 하는 나무꾼임을 알 수 있다.

③ (나)의 '사자 하니 고생이라'에서는 고달픈 삶을 살아가는 화자의 한의 정서를 엿볼 수 있군.
○ → (가)의 '서정 시가의 전통은 ~ 내용적 측면에서는 한의 정서'

… (나)의 '사자 하니 고생이라'에는 아무리 고생을 해도 좀처럼 나아지지 않는 고달픈 삶에 대한 화자의 한탄이 담겨 있다.

02 정답률 73% | 매력적인 오답 ⑤ 10%

(나)와 (다)의 공통점으로 가장 적절한 것은?

☀ 정답인 이유

① 말을 건네는 듯한 어투를 통해 정서를 나타내고 있다.
○ → (나): '저 기러아 ~ 가는 길가', (다): '여보소, 공중에 저 기러기'

… (나)에서는 '기력'을 청자로 설정하여 '너도 또한 임을 잃고 임 찾아서 가는 길가'와 같이 말을 건네는 듯한 어투를 사용하고 있다. (다)에서도 마찬가지로 '기러기'를 청자로 설정하여 '여보소∼'와 같이 말을 건네는 듯한 어투를 사용하고 있다.

☂ 오답인 이유

⑤ [매력적인 오답] 반어적 표현을 활용하여 화자가 처한 상황을 강조하고 있다.
(나)와 (다) 모두 ×

… (나)와 (다)에는 모두 나타내려는 뜻과 반대가 되게 표현하여 원래의 의미를 부각하는 반어적 표현이 나타나 있지 않다.

② 선명한 색채 대비*를 통해 화자의 심리를 부각하고 있다.
(나)와 (다) 모두 ×

··· (나)와 (다)에는 모두 선명한 색채 대비가 나타나 있지 않다.

> * 색채 대비 : 서로 다른 색채가 뚜렷하게 대비를 이루며 시상이 전개되
> 는 것으로, 시각적 이미지가 강하게 제시된다. 예 하늘 밑 푸른 바다가
> 가슴을 열고 / 흰 돛단배가 곱게 밀려서 오면 – 이육사, 〈청포도〉

③ 수미상응의 시상 전개를 통해 구성상 안정감을 주고 있다.
(나) ○, (다) ×

··· '수미상응'은 시의 처음과 끝에 형태적, 의미적으로 동일하거나 유사한 시구를 배열하는 시상 전개 방식으로, '수미상관'이라고도 한다. (나)에서는 첫 행에 사용된 '가자 이히후후'가 마지막 행에서도 반복되어 부분적으로 수미상응의 시상 전개가 쓰였다고 볼 수 있지만, (다)에는 수미상응의 시상 전개가 나타나 있지 않다.

④ 공감각적 이미지를 활용하여 계절의 흐름을 표현하고 있다.
(나)와 (다) 모두 ×

··· (나)와 (다)에는 모두 공감각적 이미지가 활용된 부분이 나타나 있지 않다.

03

정답률 63% | 매력적인 오답 ⑤ 20%

㉠과 ㉡에 대한 설명으로 가장 적절한 것은?

☀ 정답인 이유

③ ㉡은 ㉠과 달리 화자의 처지와 대조를 이루고 있다.
㉠ → 화자와 달리 공중에 길이 있는 듯이 자유롭게 날아가고 있음.

··· (나)의 '저 기럭'은 '너도 또한 임을 잃고 임 찾아서 가는 길가'에서 알 수 있듯이, 가족도 재산도 없이 힘겹게 살아가는 화자의 심정이 이입된 대상이다. 반면 (다)의 '저 기러기'는 열십자 복판에서 어디로 가야 할지 몰라 막막해하는 화자와 달리 공중에서 어딘가를 향해 자유롭게 날아가고 있으므로, 화자의 처지와 상반되는 존재이자 화자가 부러워하는 대상이다. 따라서 ㉡은 ㉠과 달리 화자의 처지와 대조를 이루고 있음을 알 수 있다.

☂ 오답인 이유

⑤ 매력적인 오답 ㉠과 ㉡은 모두 화자의 심정을 위로해 주는 대상이다.
㉠과 ㉡ 모두 ×

··· ㉠은 힘겹게 살아가는 화자의 심정이 이입된 대상이고, ㉡은 막막해하는 화자의 처지와 대조를 이루는 대상일 뿐, 모두 화자의 심정을 위로해 주고 있지 않다.

① ㉠은 ㉡과 달리 화자에게 삶의 깨달음을 주고 있다.
㉠과 ㉡ 모두 ×

··· ㉠과 ㉡은 모두 화자에게 삶의 깨달음을 주고 있지 않다.

② ㉠은 ㉡과 달리 화자가 부러워하는 대상에 해당한다.
× → ㉡은 ㉠과 달리

··· ㉠은 화자와 마찬가지로 임을 잃고 임을 찾아서 날아가고 있으므로, 화자가 부러워하는 대상이 아니다. 반면 ㉡은 화자와 달리 공중에서 어딘가를 향해 자유롭게 날아가고 있으므로, 화자가 부러워하는 대상에 해당한다.

④ ㉡은 ㉠과 달리 임에 대한 화자의 그리움을 환기한다.
× → ㉠은 ㉡과 달리

··· ㉠은 짝이 없어 외로워하는 화자가 임을 찾아서 가고 있다고 여기는 대상이므로, 임에 대한 그리움을 환기하고 있다고 볼 수 있다. 반면 ㉡은 어디로 가야 할지 몰라 막막해하는 화자의 처지를 부각하는 대상이므로, 임에 대한 화자의 그리움을 환기하고 있다고 볼 수 없다.

04

정답률 82%

[A]~[C]에 대한 설명으로 적절하지 않은 것은?

☀ 정답인 이유

⑤ [A]~[C]는 모두 짝이 있는 물건을 열거*하며 화자의 애상감을 점층적으로 표현하고 있다.
× → [B]에서만 짝이 있는 물건을 열거함.

··· [B]에서는 '버선짝', '토시짝', '털먹신' 등 짝이 있는 물건을 열거하며 짝이 없는 화자의 애상감을 드러내고 있다. 하지만 [A]와 [C]에서는 화자의 신세 한탄만 나타날 뿐, 짝이 있는 물건을 열거하고 있지 않다.

> * 열거(列擧) : 여러 가지 예나 사실을 낱낱이 죽 늘어놓음. 예 그는 우리
> 의 잘못을 낱낱이 열거하였다.

☂ 오답인 이유

① [A]는 빈부와 귀천의 불평등한 상황을 제시하여 현실에서 느끼는 괴로움을 토로하고 있다.

··· [A]에서는 '지게 목발 못 면하'는 화자 자신과 '고대광실 높은 집에 사모에 풍경 달고 / 만석록을 누리'는 팔자 좋은 사람을 대조하여 불평등한 현실에서 느끼는 화자의 괴로움을 토로하고 있다.

② [B]는 유사한 문장 구조를 사용하여 가난하고 외롭게 살아가는 화자의 모습을 강조하고 있다.

··· [B]에서는 '~ 못 면하고', '~ 있나', '~ 짝이 있고' 등과 같이 유사한 문장 구조를 사용하여 가난하고 외롭게 살아가는 화자의 모습을 강조하고 있다.

③ [C]는 체념적인 어조를 활용하여 고생을 면할 기약*이 없는 삶을 한탄하고 있다.

··· [C]에서는 '더런 놈의 팔자로다', '언제나 면하고'와 같이 체념적 어조로 아무리 고생을 해도 나아지지 않는 자신의 신세에 대해 한탄하고 있다.

> * 기약(期約) : 때를 정하여 약속함. 또는 그런 약속 예 언제 만난다는 기
> 약도 없이 그들은 헤어졌다.

④ [A]와 [C]는 고된 노동을 할 때 내뱉는 한숨 소리를 통해 화자의 심정을 표현하고 있다.

··· [A]와 [C]에서는 '이히후후 에헤', '이히후후'와 같이 고된 노동을 할 때 내뱉는 한숨 소리를 통해 힘겨워하는 화자의 심정을 표현하고 있다.

05

정답률 70% | 매력적인 오답 ③ 12%

〈보기〉를 참고하여 (다)를 감상한 내용으로 적절하지 않은 것은? [3점]

> ─── 〈보기〉 ───
> '길'은 목적지를 향한 길일 수도 있고, 원점으로 되돌아오는 길일 수
> ③의 근거
> 있으며, 지향점을 상실한 채 방황하는 길일 수도 있다. 김소월의 〈길〉
> ①의 근거
> 은 이와 같은 길의 속성을 바탕으로 일제 강점기에 삶의 터전인 고향을
> ②, ③, ⑤의 근거
> 상실한 우리 민족의 비애를 길과 연결된 다양한 공간을 통해 형상화하
> 고 있다.

④ '열십자 복판'은 화자가 되돌아가고 싶은 원점으로서 화자의 갈등을 야기*하
는 공간이라고 할 수 있겠군.
× → 어디로 가야 할지 몰라 방황하고 있음을 보여 주는 공간

… (다)에서 '열십자 복판'은 어디로 가야 할지 몰라 막막해하는 화자
가 서 있는 곳이므로, 화자가 되돌아가고 싶은 원점이라고 볼 수 없
다. 화자가 되돌아가고 싶은 원점은 화자의 고향이자 정신적 지향처
를 의미하는 '정주 곽산'이라고 할 수 있다.

┌───┐
│ * 야기(惹起): 일이나 사건 따위를 끌어 일으킴. 예 회사 측의 무성의한 │
│   태도가 노사 분규를 야기했다. │
└───┘

③ 매력적인 오답 '정주 곽산'은 지향점이지만 '오라는 곳'이 아니라는 점에서
화자의 슬픔을 심화한다고 볼 수 있겠군.
○ → 〈보기〉의 '목적지를 향한 길', '우리 민족의 비애'

… '정주 곽산'은 화자의 정신적 지향처이다. 차도 가고 배도 가는 곳
이지만 정작 화자는 돌아갈 처지가 못 된다는 점에서 '정주 곽산'은
화자의 슬픔을 심화한다고 볼 수 있다.

① '나그네 집'에 '어제도' 머물렀던 것은 목적지를 잃은 화자의 방황이 계속되
고 있음을 보여 준다고 할 수 있겠군.
○ → 〈보기〉의 '지향점을 상실한 채 방황하는 길'

… '나그네 집'은 지향점을 상실한 채 방황하는 화자가 '어제도' 머물
렀던 공간이라는 점에서 화자의 유랑과 방황이 계속되고 있음을 보
여 준다.

② '들'은 삶의 터전인 고향을 잃어 어디로도 갈 수 없는 화자의 비애와 연관 지
어 이해할 수 있겠군.
○ → 〈보기〉의 '삶의 터전인 고향을 상실한 우리 민족의 비애'

… 화자는 오라는 곳이 없어 '산'으로도 '들'로도 갈 수 없는 처지에
놓여 있다. 이는 삶의 터전인 고향을 잃고 낯선 길을 헤매야 하는 화
자의 비애와 연관 지어 이해할 수 있다.

⑤ '갈린 길'은 일제 강점기에 삶의 방향을 잃어버린 우리 민족의 모습을 상징
적으로 보여 준다고 할 수 있겠군.
○ → 〈보기〉의 '삶의 터전인 고향을 상실한 우리 민족의 비애'

… '갈린 길'은 방향성을 상실한 채 정처 없이 떠돌아야 하는 화자가
서 있는 곳이다. 일제 강점기라는 시대적 상황을 고려할 때 이러한
화자의 모습은 삶의 방향을 잃어버린 우리 민족의 모습을 상징한다.

갈래 복합 **12** 황계사 | 봄의 단상

▶ 문제편 190~192쪽

정답 | **01** ③　　**02** ①　　**03** ③　　**04** ⑤

[01~04] 다음 글을 읽고 물음에 답하시오.　　　　2019 11월 고1 전국연합

제대로 작품 분석　　　　▶ 〈보기〉에서 적절한 것을 골라 넣으며 작품을 분석해 보자.

가 일조(一朝) 낭군(郎君) 이별 후에 소식조차 돈절(頓絕)*하야
하루아침에, 갑자기 / 임과 이별한 상황
하루아침에 낭군과 이별한 후에 소식조차 끊어져

자네 일정 못 오던가 무삼 일로 아니 오더냐
¹
그대 정말 못 오는가. 무슨 일로 안 오는가.

이 아해야 말 듣소　　　　▶ 1~3행: 임과 이별한 후 소식조차 끊긴 상황
후렴구
이 아이야 말 들어 보소.

황혼 저문 날에 개가 짖어 못 오는가
임을 못 오게 하는 장애물 ①
황혼이 저무는 날에 개가 짖어 못 오는가.

이 아해야 말 듣소
이 아이야 말 들어 보소.

춘수(春水)가 만사택(滿四澤)*하니 물이 깊어 못 오던가
도연명의 〈사시(四時)〉에 나오는 시구 인용 / 임을 못 오게 하는 장애물 ②
봄철의 물이 사방의 못에 가득하니 물이 깊어 못 오는가.

이 아해야 말 듣소
이 아이야 말 들어 보소.

하운(夏雲)이 다기봉(多奇峰)*하니 산이 높아 못 오던가
도연명의 〈사시(四時)〉에 나오는 시구 인용 / 임을 못 오게 하는 장애물 ③
여름 구름이 많은 기이한 봉우리를 이루니 산이 높아 못 오는가.

이 아해야 말 듣소
이 아이야 말 들어 보소.

한 곳을 들어가니 육관대사 성진(性眞)이는 석교상(石橋上)에서 팔선
녀 다리고 희롱한다
한 곳을 들어가니 육관 대사의 제자 성진이는 돌다리 위에서 팔선녀를 데리고 희롱한다.

지어자 좋을시고
조음구 – 작품 내용과 무관함.
지화자 좋을시고.

『병풍에 그린 황계(黃鷄) 수탉이 두 나래 둥덩 치고 짜른 목을 길게 빼
『ㅣ:³
어 긴 목을 에후리어
병풍에 그린 누런 수탉이 두 날개를 툭툭 치며 짧은 목을 길게 빼어 긴 목을 쭉 펴서

사경일점(四更一點)*에 날 새라고 꼬꾀요 울거든 오랴는가』
새벽 1시 ~ 3시
사경일점에 날이 새라고 꼬끼오 울거든 오려고 하는가.

자네 어이 그리하야 아니 오던고　　　　▶ 4~14행: 돌아오지 않는 임에 대한 원망
임에 대한 원망
그대 어이 그토록 안 오는가.

너란 죽어 황하수(黃河水) 되고 날란 죽어 도대선(都大船)* 되야
황하강. 여기서는 큰 강을 뜻함.
너(임)는 죽어 황하강이 되고 나는 죽어 큰 나룻배가 되어

밤이나 낮이나 낮이나 밤이나
⁴
밤이나 낮이나 낮이나 밤이나

바람 불고 물결치는 대로 어하 둥덩실 떠서 노자
재회에 대한 소망　　　　▶ 15~17행: 죽어서라도 임을 만나고 싶은 소망
바람 불고 물결치는 대로 어하 두둥실 떠다니며 놀자.

저 ㉠달아 보느냐
⁵
저 달아 보느냐.

임 계신 데 명휘(明暉)를 빌리려문* 나도 보게
임의 안전과 무사함을 확인하고 싶음.

임이 계신 곳 밝은 빛을 비춰 주렴. (임 계신 데) 나도 보게.

이 아해야 말 듣소
이 아이야 말 들어 보소.

추월(秋月)이 양명휘(揚明暉)하니 달이 밝아 못 오던가
　　　　　　　　　　　　임을 못 오게 하는 장애물 ④

가을 달이 밝게 빛나니 달이 밝아 못 오는가.

어데를 가고서 네 아니 오더냐
임에 대한 원망과 그리움

어디를 가서 너는 안 오느냐.

지어자 좋을시고　　　　　　　▶ 18~23행: 오지 않는 임에 대한 그리움
지화자 좋을시고.

　　　　　　　　　　　　　　　　　　　　　　　　－ 작자 미상, 〈황계사〉

＊돈절: 편지, 소식 따위가 갑자기 끊어짐.
＊춘수가 만사택: 봄철의 물이 사방의 못에 가득함.
＊하운이 다기봉: 여름 구름이 많은 기이한 봉우리를 이룸.
＊사경일점: 새벽 1시에서 3시 사이인 사경(四更)의 한 시점(時點).
＊도대선: 큰 나룻배.
＊명휘를 빌리려문: 밝은 빛을 비춰 주렴.

❖ 제대로 작품 분석의 〈보기〉
　㉠ 기원의 대상
　㉡ 김만중의 소설 〈구운몽〉의 내용 인용
　㉢ 항상 – 임과 함께하고 싶은 마음 강조
　㉣ 임이 오지 않아 느끼는 화자의 답답한 심정
　㉤ 불가능한 상황을 가정하여 오지 않는 임에 대한 원망을 드러냄.

❖ 제목의 의미
'황계'는 털빛이 누런 닭을 뜻하는데, 임에 대한 간절한 그리움을 병풍에 그린 황계 수탉에 의탁하여 표현하고 있는 가사 작품이다. 돌아오지 않는 임을 원망하며 임이 속히 돌아오기를 바라는 간절한 심정을 노래하고 있다.

❖ 핵심 정리
· 갈래: 가사(가창 가사)
· 성격: 한탄적, 소망적
· 주제: 임에 대한 간절한 그리움
· 특징: ① 임이 오지 못하는 상황을 열거하거나 불가능한 상황을 가정하여 임에 대한 원망과 그리움을 강조함. ② 잘 알려진 문학 작품을 인용하여 화자의 정서를 구체화함. ③ 가창을 고려하여 후렴구가 나타남.

🔵 「온갖 꽃들 피어나 고운 비단을 펼쳐 놓은 듯한데, 푸른 숲 사이로 다
「」: 봄의 경치와 사람들의 모습에 대한 인상
문다문 보이니 참으로 알록달록하다. 들판에는 푸른 풀이 무성이 돋아 소
　　　　　　　　　　　　　　　좀 드문 모양
들이 흩어져 풀을 뜯는다. 여인들은 광주리 끼고 야들야들한 뽕잎을 따는
　　　　　　　　　　　　　　　　　반들반들 윤기가 돌고 보들보들한
데 부드러운 가지를 끌어당기는 손이 옥처럼 곱다. 그들이 서로 주고받는
민요는 무슨 가락의 무슨 노래일까.」

　가는 사람과 앉은 사람, 떠나는 사람과 돌아오는 사람들 모두가 봄을 즐기
　　　　　　　　　　　　　　봄을 대하는 일반적인 사람들의 마음
느라 온화한 표정이니 그 따뜻한 기운이 나에게도 전해지는 것 같다. 그런데
먼 사방을 바라보는 나의 마음은 왜 이토록 민망하고 답답하기만 할까.
1　　　　　　　　　　　　　　　　　▶ '나'의 경험 – 봄의 경치와 사람들의 모습
　봄이 되어 붉게 장식한 궁궐에도 해가 길어지니, 온갖 일들로 바쁜 천자
(天子)에게도 여유가 생긴다. 화창한 봄빛에 설레어 가끔 높은 대궐에 올
라 먼 곳을 바라보노라면 장구 소리는 높이 울려 퍼지고, 발그레한 살구꽃
이 일제히 꽃망울 터뜨린다. 너른 중국 땅의 아름다운 경치를 바라보니 기
　　　　　　　　　　　　　　　　봄을 대하는 태도 ① – 부귀한 사람
쁘고 흡족하여 옥잔에 술을 가득 부어 마신다. 부귀한 사람이 봄을 볼 때
는 이러하리라.　　　　　　　　　　　天子

　왕족과 귀족의 자제들은 호탕한 벗들과 더불어 꽃을 찾아다니는데, 수

레 뒤에는 붉은 옷 입은 기생들을 태웠다. 가는 곳마다 자리를 펼쳐 옥피
　　　　　　　　　　　　　　　　　　2
리와 생황을 연주하게 하며, 곱게 짠 비단 같은 울긋불긋한 꽃을 바라보
고, 취한 눈을 치켜뜨고 이리저리 거닌다. 화려하고 사치스러운 사람이 봄
을 볼 때는 이러하리라.　　　　　　　왕족과 귀족의 자제들

　한 어여쁜 부인이 빈 방을 지키고 있다. 천 리 멀리 떠도는 남편과 이별
한 뒤 소식조차 아득해져 한스럽다. 마음은 물처럼 일렁거려, 쌍쌍이 나는
　　　　　　　　　　　　　　　　　　봄을 대하는 태도 ③ – 슬프고 비탄에 찬 사람
㉡제비를 보다가 난간에 기대어 눈물 흘린다. 슬프고 비탄에 찬 사람이 봄
을 볼 때는 이러하리라.　　　　남편과 이별한 부인

(중략)

　군인이 출정하여 멀리 고향을 떠나와 지내다가 변방에서 또 봄을 맞아
　　　　　　　　　　　　　　　군에 입대하여 싸움터에 나감.
풀이 무성히 돋는 걸 볼 때나, 남쪽 지방으로 귀양 간 나그네가 어두워질
무렵 푸른 단풍나무를 보게 될 때면, 언제나 발길을 멈추고 고개를 들어
　　　　　　　　　　　　　　　　봄을 대하는 태도 ④ – 집 떠난 나그네
이윽히 보고 있지만 마음은 조급하고 한스러워진다. 집 떠난 나그네가 봄
　　　　　　　　　　　　　　　출정한 군인이나 귀양 간 나그네와 같은 사람
을 볼 때는 이러하리라.　　　　▶ '나'의 생각 – 봄을 대하는 사람들의 태도 차이

　여름날에는 찌는 듯한 더위가 고생스럽고, 가을은 쓸쓸하기만 하며, 겨
　　　　　　　　　　　봄과 다른 계절의 차이점
울에는 꽁꽁 얼어붙어 괴롭다는 걸 나는 잘 알고 있다. 이 세 계절은 너무
한 가지에만 치우쳐서 변화의 여지도 없이 꽉 막힌 것 같다. 「그러나 봄날
　　　　　　　　　　　　　　　　　　　　　　　　　　　「」: 3
만은 보이는 경치와 처한 상황에 따라, 때로는 따스하고 즐거운 마음이 들
게도 하고, 때로는 슬프고 서러워지게 하기도 하고, 때로는 절로 노래가
나오게 하기도 하고, 때로는 흐느껴 울고 싶게 만들기도 한다.」 사람들의
마음을 하나하나 건드려 움직이니 그 마음의 가닥은 천 갈래 만 갈래로 모
두 다르다.

　그런데 나 같은 이는 어떠한가. 「취해서 바라보면 즐겁고, 술이 깨어 바
　　　　　　　　　　　글쓴이　　　　　「」: 상황에 따라 글쓴이도 봄을 대하는 태도가 달라짐.
라보면 서럽다. 곤궁한 처지에서 바라보면 구름과 안개가 가려진 것 같고,
출세하고 나서 바라보면 햇빛이 환히 비치는 것 같다. 즐거워할 일이면 즐
거워하고 슬퍼할 일이면 슬퍼할 일이다.」 닥쳐오는 상황을 마주하고 변화
하는 조짐을 순순히 따르며 나를 둘러싼 세상과 더불어 움직여 가리니, 한
　　　　　　　　　　　　　　　　　　　　　　4
가지 법칙만으로 헤아릴 수는 없는 것이다.
　　　　　　　　　　　　▶ '나'의 깨달음 – 상황과 처지에 따라 봄을 대하는 태도가 달라짐.
　　　　　　　　　　　　　　　　　　　　　　　　　　　　　－ 이규보, 〈봄의 단상〉

❖ 제대로 작품 분석의 〈보기〉
　㉠ 상황의 변화를 따르며 살겠다는 글쓴이의 깨달음
　㉡ 봄을 대하는 사람들의 태도가 차이를 보이는 이유
　㉢ 봄을 대하는 태도 ② – 화려하고 사치스러운 사람
　㉣ 다른 사람들과 다른 글쓴이의 마음 – 작품 창작의 계기

❖ 제목의 의미
'단상'은 '생각나는 대로의 단편적인 생각'을 뜻하므로, '봄의 단상'은 봄에 대해 떠오르는 생각들을 적은 글이라는 뜻이다. 부귀한 사람과 슬픈 사람, 집 떠난 사람 등 상황과 처지에 따라 봄을 대하는 태도가 각기 다르다는 인식을 바탕으로, 글쓴이 역시 상황의 변화를 따르며 유연하게 살겠다는 태도를 드러내고 있다.

❖ 작가 소개
이규보(李奎報, 1168~1241): 고려 시대의 문신. 호는 백운거사(白雲居士). 당대의 뛰어난 시인으로서 호탕하고도 웅려한 시풍을 구사하여 일세를 풍미하였다. 주요 저서에 《동국이상국집(東國李相國集)》이 있고, 작품으로 〈동명왕편〉, 〈슬견설〉, 〈주뢰설〉 등이 있다.

❖ 핵심 정리
· 갈래: 고전 수필, 한문 수필

- 성격: 체험적, 사색적
- 주제: 각자의 상황과 처지에 따라 다르게 느껴지는 봄
- 특징: ① '경험 → 생각 → 깨달음'의 순으로 내용이 전개됨. ② 추측과 열거를 통해 상황에 따른 사람들의 다양한 정서를 드러냄. ③ 봄과 다른 계절을 대조하여 봄의 특성을 강조함.

제대로 감상법 모범 답안

가 작자 미상, 〈황계사〉

❶ 소식 ❷ 황계 ❸ 산 ❹ 불가능

✎ 제대로 작품 분석

1 ② 2 ⓒ 3 ⑩ 4 ⓔ 5 ⑤

나 이규보, 〈봄의 단상〉

❶ 상황 ❷ 봄날 ❸ 깨달음

✎ 제대로 작품 분석

1 ② 2 ⓒ 3 ⓛ 4 ⑤

01

정답률 62% | 매력적인 오답 ④ 13%

(가)와 (나)의 공통점으로 가장 적절한 것은?

☀ 정답인 이유

③ **추측을 나타내는 표현을 통해 자신의 생각을 드러내고 있다.**

○ → (가): '~ 못 오던가', (나): '~ 사람이 봄을 볼 때는 이러하리라.'

⋯ (가)에서는 '물이 깊어 못 오던가', '산이 높아 못 오던가' 등에서 추측을 나타내는 표현을 통해 임이 오지 않는 이유에 대한 화자의 생각을 드러내고 있다. 그리고 (나)에서는 '부귀한 사람이 봄을 볼 때는 이러하리라.', '화려하고 사치스러운 사람이 봄을 볼 때는 이러하리라.' 등에서 추측을 나타내는 표현을 통해 상황과 처지에 따라 봄을 받아들이는 사람들의 태도가 달라진다는 글쓴이의 생각을 드러내고 있다.

☂ 오답인 이유

④ [매력적인 오답] **언어유희*를 통해 현실에 대한 태도를 간접적으로 드러내고 있다.**

(가)와 (나) 모두 ×

⋯ (가)와 (나)에는 모두 소리나 의미의 유사성 등을 이용해 말놀이를 하듯 재미있게 표현하는 언어유희가 나타나 있지 않다. 따라서 이를 통해 현실에 대한 태도를 간접적으로 드러내고 있다고 할 수도 없다.

> *** 언어유희(言語遊戱):** 소리나 의미의 유사성 등을 이용해 말놀이를 하듯 재미있게 표현하는 것 예 아닌게 아니라 우리 뺑파가 열녀도 더 되고 백녀다 백녀.

① **환상적 공간의 묘사를 통해 긴장된 분위기를 드러내고 있다.**

(가)와 (나) 모두 ×

⋯ (가)와 (나)에는 모두 환상적 공간을 묘사하고 있는 부분이 나타나 있지 않다. 따라서 이를 통해 긴장된 분위기를 드러내고 있다고 할 수도 없다.

② **부르는 말의 반복을 통해 자신의 고조된 감정을 드러내고 있다.**

(가) ○, (나) ×

⋯ (가)에서는 '이 아해야(이 아이야)'와 같이 부르는 말을 반복하고 있지만, 이는 가창을 고려한 후렴구일 뿐 화자의 고조된 감정을 드러

내고 있다고 볼 수 없다. 그리고 (나)에는 부르는 말이 나타나 있지 않다.

⑤ **명령형 어조를 통해 대상에 대한 생각을 강조하여 드러내고 있다.**

(가)와 (나) 모두 ×

⋯ (가)와 (나)에는 모두 명령형 어조가 나타나 있지 않다. 따라서 이를 통해 대상에 대한 생각을 강조하여 드러내고 있다고 할 수도 없다.

02

정답률 75% | 매력적인 오답 ② 12%

㉠과 ㉡에 대한 설명으로 가장 적절한 것은?

☀ 정답인 이유

① **㉠은 화자의 소망을 드러내는, ㉡은 인물의 처지를 부각하는 소재이다.**

○ → 임을 보고 싶은 소망을 드러냄.   ○ → 남편과 이별한 부인의 슬픔을 부각함.

⋯ (가)에서는 화자가 '달'에게 자신도 임을 볼 수 있도록 임이 계신 곳을 밝게 비춰 달라고 기원하고 있으므로, ㉠은 임과 다시 만나고 싶은 화자의 소망을 드러내는 소재로 볼 수 있다. 그리고 (나)에서는 남편과 이별한 부인이 '쌍쌍이 나는 제비'를 보다가 눈물을 흘리고 있으므로, ㉡은 남편과 이별한 처지인 부인의 슬픔을 부각하는 소재로 볼 수 있다.

☂ 오답인 이유

② [매력적인 오답] **㉠은 화자의 처지와 동일시*되는, ㉡은 인물의 상황과 대비되는 소재이다.**

× ○

⋯ (나)에서 '제비'는 쌍쌍이 날고 있으므로 남편과 이별하여 홀로 있는 부인의 상황과 대비되는 소재로 볼 수 있지만, (가)에서 '달'은 화자가 자신의 소망을 기원하는 대상이므로 화자의 처지와 동일시되는 소재가 아니다.

> *** 동일시(同一視):** 둘 이상의 것을 똑같은 것으로 봄. 예 노인들은 드라마를 현실과 동일시하는 경향이 있다.

③ **㉠은 화자의 행동을 유도*하는, ㉡은 인물의 외적 갈등을 해소하는 소재이다.**

× ×

⋯ (가)에서 '달'은 화자가 자신의 소망을 기원하는 대상일 뿐 화자의 행동을 유도하는 소재가 아니며, (나)에서 '제비'는 인물의 처지를 부각할 뿐 외적 갈등을 해소하는 소재가 아니다.

> *** 유도(誘導):** 사람이나 물건을 목적한 장소나 방향으로 이끎. 예 행사를 공개적으로 하여 일반인의 참여를 유도하였다.

④ **㉠은 화자와 대상을 연결해 주는, ㉡은 인물과 대상을 단절시키는 소재이다.**

× ×

⋯ (가)에서 '달'이 화자와 임을 연결해 주고 있지는 않으며, (나)에서 '제비'가 이미 이별한 상태인 부인과 남편을 다시 단절시키고 있지도 않다.

⑤ **㉠은 화자의 부정적 인식을 내포*하는, ㉡은 긍정적 인식을 투영하는 소재이다.**

⋯ (가)에서 '달'은 화자가 소망을 기원하는 대상이지 부정적 인식을 내포하는 소재가 아니며, (나)에서 '제비'는 부인의 처지를 부각하고 있을 뿐 긍정적 인식을 투영하는 소재가 아니다.

> *** 내포(內包):** 어떤 성질이나 뜻 따위를 속에 품음. 예 동생의 표정은 무언가 꿍꿍이를 내포하고 있는 것 같다.

〈보기〉를 바탕으로 (가)를 감상한 내용으로 적절하지 <u>않은</u> 것은? [3점]

─────〈보기〉─────

〈황계사〉는 임과 이별한 상황에서 화자가 느끼는 답답함과 그리움을 형상화한 작품이다. 화자는 임과의 재회가 늦어지는 이유를 외부적 요 _{①의 근거} _{②의 근거} 인에서 찾으려 하거나, 불가능한 상황을 가정함으로써 임이 돌아오지 않는 것에 대한 원망을 드러내고 있다. 그런데 이런 원망에는 이별의 _{④의 근거} 상황에서 벗어나 임과 재회하기를 간절하게 바라는 화자의 마음이 담 겨 있다. _{⑤의 근거}

☀ **정답인 이유**

③ '물'이 깊고 '산'이 높다는 것에서, 화자가 임과 이별하게 된 이유를 외부적 요인에서 찾고 있음을 알 수 있군.   × → 임과의 재회가 늦어지는 이유

⋯ (가)에서 화자는 '물이 깊어 못 오던가', '산이 높아 못 오던가'라고 임이 오지 않는 이유를 추측하고 있다. 이는 화자가 '물'이 깊고 '산' 이 높다는 외부적 요인에서 임과의 재회가 늦어지는 이유를 찾고 있 는 것이지, 이를 임과 이별하게 된 이유로 볼 수 없다. 임과 이별한 이유는 작품에 제시되어 있지 않다.

☂ **오답인 이유**

④ (매력적인 오답) '병풍에 그린 황계'가 '꼬끼요 울거든 오라는가'라고 하는 것 에서, 불가능한 상황을 가정하여 임이 돌아오지 않는 것에 대한 원망을 드러 ○ → 〈보기〉의 '불가능한 상황을 가정함으로써 임이 돌아오지 않는 것에 대한 원망' 내고 있음을 알 수 있군.

⋯ 병풍에 그린 누런 수탉이 짧은 목을 길게 빼서 우는 것과 같은 불 가능한 상황이 현실에서 이루어져야만 임이 올 것이냐고 한탄하는 모습에서, 떠난 후 돌아오지 않는 임에 대한 화자의 원망을 확인할 수 있다.

① '이별 후'에 '소식조차 돈절*'한 것에서, 화자가 임과 이별한 상황임을 알 수 ○ → 〈보기〉의 '임과 이별한 상황' 있군.

⋯ 하루아침에 갑자기 낭군과 이별한 후에 소식조차 끊어진 모습에 서, 화자가 임과 이별한 상황임을 확인할 수 있다.

┌─────────────────────────────────────
│ ＊돈절(頓絶): 편지나 소식 따위가 딱 끊어짐. 예 서울 가신 낭군님은 소
│ 식조차 돈절하니 어찌 이리 매정한가.
└─────────────────────────────────────

② '무삼 일로 아니 오더냐'라고 하는 것에서, 임과 이별한 상황에서 느끼는 화 자의 답답한 심정을 알 수 있군. ○ → 〈보기〉의 '이별한 상황에서 화자가 느끼는 답답함'

⋯ 무슨 일로 오지 않는 것이냐고 답답해하는 모습에서, 임과 이별 하여 소식조차 끊긴 상황에서 화자가 느끼는 답답한 심정을 확인할 수 있다.

⑤ '황화수'와 '도대선'이 되어 '떠서 노자'라고 한 것에서, 화자가 재회를 간절히 바라고 있음을 알 수 있군. ○ → 〈보기〉의 '임과 재회하기를 간절하게 바라는 화자의 마음'

⋯ 죽어서 큰 강과 나룻배가 되어 떠다니며 같이 놀자고 하는 모습에 서, 죽어서라도 임과 재회하고 싶어 하는 화자의 간절한 마음을 확인 할 수 있다.

〈보기〉는 (나)의 내용을 구조화한 것이다. 이에 대한 이해로 적절하지 <u>않은</u> 것은?

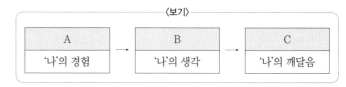

─────〈보기〉─────

A	→	B	→	C
'나'의 경험		'나'의 생각		'나'의 깨달음

☀ **정답인 이유**

⑤ A의 경험으로부터 이어진 C의 깨달음은 자신을 '둘러싼 세상'을 변화시키고 자 하는 의지로 확장되는군.   × → 상황의 변화를 따르며 유연하게 살겠다는 생각

⋯ (나)에서 상황과 처지에 따라 봄을 받아들이는 사람들의 태도가 달라진다는 것을 알게 된 글쓴이는 '닥쳐오는 상황을 마주하고 변화 하는 조짐을 순순히 따르며 나를 둘러싼 세상과 더불어 움직여 가리 니'라며 자신의 깨달음을 드러내고 있다. 이는 상황의 변화를 따르며 유연하게 살겠다는 것이지, 자신을 둘러싼 세상을 변화시키겠다는 것이 아니다.

☂ **오답인 이유**

② (매력적인 오답) B에서 '천자'가 봄의 '경치'를 바라보는 모습을 통해 봄을 대 하는 부귀한 사람의 태도를 생각하고 있군.

⋯ B에서 글쓴이는 아름다운 경치를 바라보며 흡족해하는 천자의 모습을 통해 봄을 대하는 부귀한 사람의 태도를 추측하고 있다.

① A에서 자신과 달리 '봄을 즐기느라 온화한 표정'인 '사람들'을 바라본 경험은 B가 시작되는 계기가 된다고 볼 수 있군.

⋯ A에서 민망하고 답답하기만 한 글쓴이와 달리 사람들이 온화한 표정으로 봄을 즐기는 모습은, B에서 글쓴이가 봄을 대하는 사람들 의 다양한 태도를 생각하는 계기가 되었다.

③ B에서 '왕족과 귀족의 자제들'과 '나그네'가 봄을 대하는 입장은 서로 대비되 는군.

⋯ B에서 호탕한 벗들과 꽃을 찾아다니며 봄을 즐기는 '왕족과 귀족 의 자제들'과 달리, '집 떠난 나그네'는 조급하고 한스러운 모습을 보 이고 있다.

④ B의 생각들은, 봄을 '보이는 경치와 처한 상황'에 따라 다르게 받아들일 수 있다는 C의 깨달음으로 이어지는군.

⋯ B에서 봄을 대하는 사람들의 태도 차이에 대해 생각한 글쓴이는, C에서 각자의 상황과 처지에 따라 봄을 다르게 받아들일 수 있다는 깨달음을 얻고 있다.

빠른 정답
CHECK